“十三五”国家重点档案保护与开发利用项目

南京长江大桥档案

项目筹备（上）

《南京长江大桥档案》编委会　编

南京出版传媒集团 南京出版社

图书在版编目(CIP)数据

南京长江大桥档案. 项目筹备：全2册/《南京长江大桥档案》编委会编. -- 南京：南京出版社，2018.12

（南京长江大桥档案）

ISBN 978-7-5533-2452-4

Ⅰ. ①南… Ⅱ. ①南… Ⅲ. ①铁路公路两用桥－桥梁工程－工程档案－南京 Ⅳ. ①U448.12②G275.3

中国版本图书馆CIP数据核字（2018）第267662号

书　　名：南京长江大桥档案

编　　者：《南京长江大桥档案》编委会

出版发行：南京出版传媒集团

南 京 出 版 社

社址：南京市太平门街53号　　邮编：210016

网址：http://www.njcbs.cn　　电子信箱：njcbs1988@163.com

天猫1店：https://njcbcmjtts.tmall.com/　　天猫2店：https://nanjingchubanshets.tmall.com/

联系电话：025-83283893、83283864（营销）　025-83112257（编务）

出 版 人：项晓宁

出 品 人：卢海鸣

责任编辑：朱天乐　凌　霄

装帧设计：王　俊

责任印制：杨福彬

排　　版：南京新华丰制版有限公司

印　　刷：南京爱德印刷有限公司

开　　本：889毫米×1194毫米　1/16

印　　张：59.5

版　　次：2018年12月第1版

印　　次：2018年12月第1次印刷

书　　号：ISBN 978-7-5533-2452-4

定　　价：2000.00元（全二册）

天猫1店　天猫2店

“十三五”国家重点档案保护与开发利用项目——南京长江大桥档案

项目成员单位

江苏省档案馆
江苏省政协文史委员会
中铁大桥局集团有限公司
南京市档案局
南京出版传媒集团·南京出版社
南京广播电视集团有限责任公司
南京市博物总馆·梅园新村纪念馆
南京市城市建设档案馆

项目领导小组

组　长　陈向阳
副组长　赵　深　陈万田　孙　敏
成　员　薛春刚　马跃福　蔡宜军　刘兢兢

项目系列成果

南京长江大桥档案全文数据库
“南京长江大桥档案”丛书
《南京长江大桥——亲历、亲见、亲闻实录》
国家记忆·南京长江大桥档案史料展
《国家记忆·南京长江大桥》电视纪录片
《老照片——南京长江大桥旧影》

《南京长江大桥档案》编纂出版委员会

编纂出版工作领导小组

顾　问　阎　立　周继业
主　任　陈向阳
副主任　孙　敏　秦伟朋　孔爱萍
成　员　张　军　卢海鸣　周健民　马跃福
　　　　　蔡宜军　刘兢兢　薛春刚

编纂委员会

顾　问　谢　波
主　编　陈向阳
副主编　孙　敏
成　员　张　军　周健民　任凤鸣　薛春刚　巫　勇
　　　　　朱振标　周云峰　袁飞绪　朱天乐

编纂出版工作领导小组办公室

主　任　薛春刚
副主任　夏　蓓　周健民　周云峰
成　员　王　伟　刘跃清　朱天乐　付志琼　陈志远　王明莉
　　　　　刘　倩　姜　健　朱万悦　章建波　凌　霄

弘扬南京长江大桥精神
昂扬奋进伟大复兴新征程

樊金龙

习近平总书记在十三届全国人大一次会议闭幕会上深刻阐述了伟大民族精神，这样的民族精神既流淌在每个中国人的血液里，也凝聚在那些巍然屹立的历史地标上。周恩来总理曾自豪地告诉国际友人："新中国有两大奇迹,一个是南京长江大桥，一个是林县红旗渠。"作为第一座由中国人自行设计、自主建造的双层式公铁两用特大型桥梁，南京长江大桥以气贯长虹的"中国跨度"和气吞山河的"民族气概"，成为中华民族的重要精神坐标。对照这一坐标，我感到南京长江大桥不仅是历史的"活化石"，而且也是未来的"指向标"，她所蕴含的精神内涵历久而弥新，值得我们大力传承和弘扬，为我们在新时代新征程上增添强大的精神力量。

弘扬南京长江大桥精神，就是要弘扬自主自强的奋斗精神。大桥是"站起来"的中国人民在党的领导下，靠自己的智慧和力量建成的一座"争气桥"。时至今日，我们科技和产业上所面对的"围追堵截"一点也不比过去少，只有坚持以我为主，在自主可控上下足功夫，才能真正"争口气"，实现发展的高质量。弘扬创新创造的进取精神。大桥的建设史就是一部持续填补"中国空白"乃至"世界空白"的科技创新史。审视当下，面对原始创新和基础研究的突出短板，更要勇闯科技创新的

“无人区”，才能占据制高点，赢得发展的引领型优势。弘扬精细精美的工匠精神。正因为建设上精益求精，大桥虽经50年的超负荷运行，仍然保持在“壮年”状态。面对当前发达国家和发展中国家的“两头挤压”，江苏制造和江苏建造只有秉承工匠精神，创造“人有我优”的品质和品牌，才能永远立于不败之地。弘扬拼搏拼命的献身精神。大桥既是建设者们一块钢、一颗钉架起的钢铁巨龙，也是用血肉之躯挺起的中国脊梁。江苏过去的成就是“一起苦”“一块干”出来的，建设“强富美高”新江苏更需要“闯”的锐气、“拼”的劲头，打开发展的新局面。弘扬合心合力的团结精神。大桥的建成，是全国人力物力财力集中汇聚的结果。现在“一带一路”、长江经济带、长三角一体化等国家战略在江苏交汇叠加，我们既要勇挑担子、为国家大局做更大贡献，也要汇聚各方合力，推动江苏实现更好的发展。

党的十九大吹响了奋进新时代、开启新征程的号角，在这样一个历史起点上，我们迎来了南京长江大桥建成通车50周年。庆祝是为了牢记初心，纪念是为了更好前行。要把大桥所凝聚的伟大民族精神融入血脉，激励我们在新时代筑起更多的“南京长江大桥”，跨越各种新的“天堑”和“天险”，向着中华民族伟大复兴的光辉彼岸昂扬奋进。

（作者为中共江苏省委常委、省政府常务副省长、省委秘书长）

目 录

一、立项与组织

二、地质报告

三、地理环境

四、技术协作

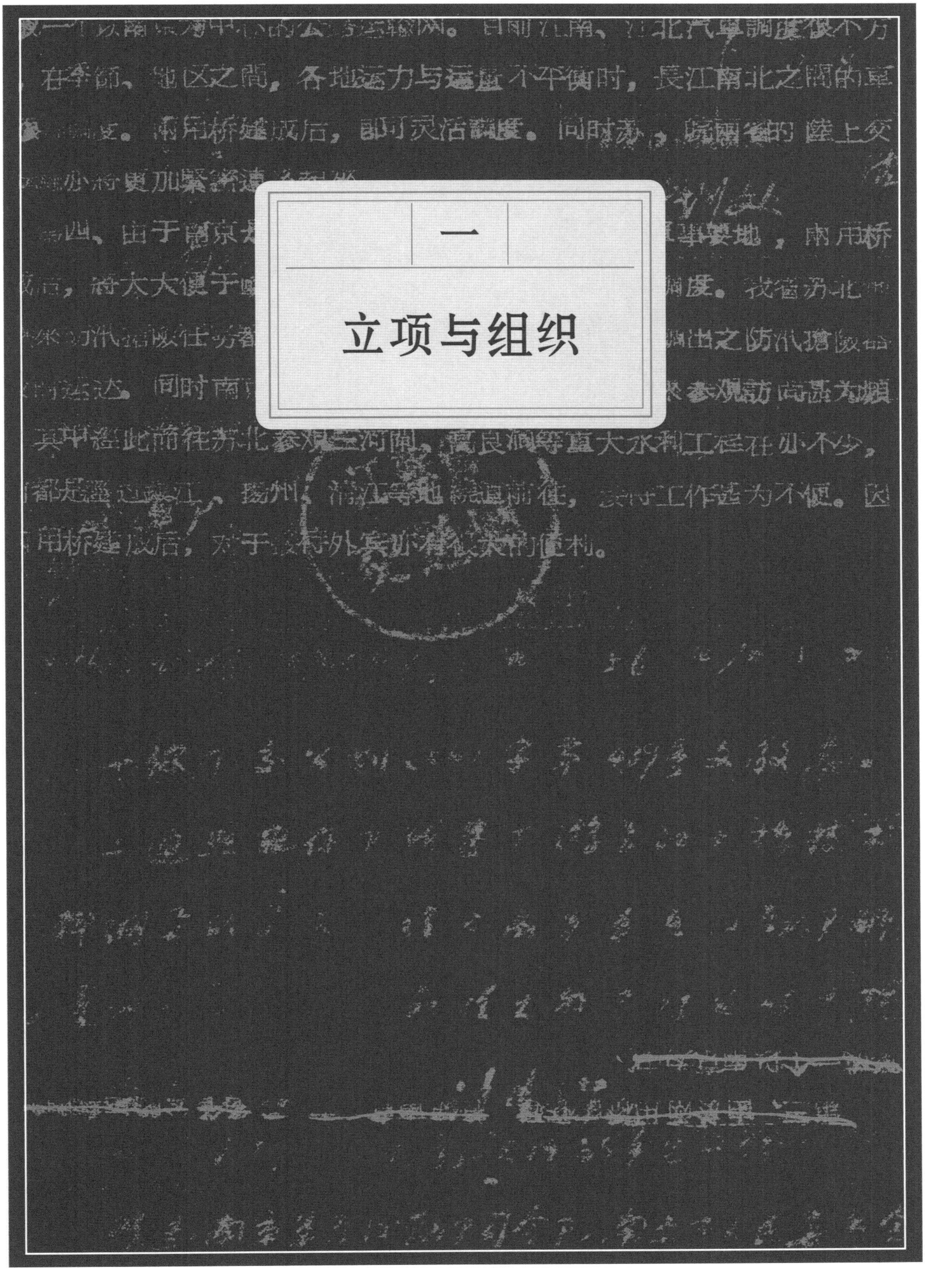

一

立项与组织

江苏省交通厅关于建设长江大桥意见的报告

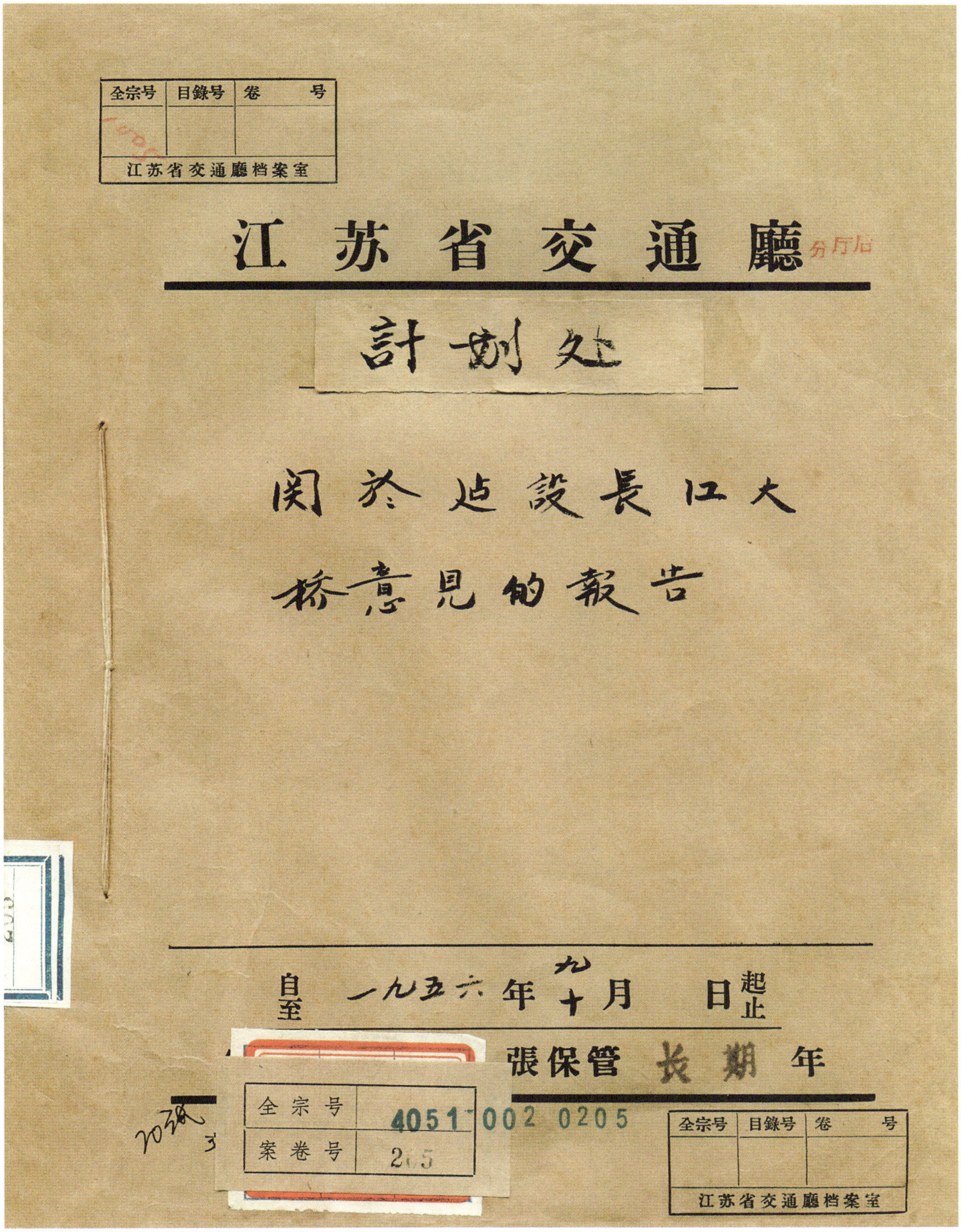
全宗号 | 目錄号 | 卷 号
江苏省交通廳档案室

江苏省交通廳 分厅局

計划处

関於建設長江大桥意見的報告

自至 一九五六年 九 十 月 日 起止

張保管 长期 年

全宗号 4051 002 0205
案卷号 205

20张

全宗号 | 目錄号 | 卷 号
江苏省交通廳档案室

卷内目录

顺序号	文件作者	文件字号	文件日期	标题	文件张号
1	交通部	交公划（56）439	1956 9.8	转知下游长江大桥有关资料提纲请在九月廿五日前报送我部	1
2	〃	交计邓 00578	1956 10.5	关于建设下游长江大桥意见的报告	2-19
3	南京市人委	宁建办字604	1956 9.6	关于搜集设计长江大桥有关的技术经济资料的公函	20

呈
廳長閱

工程處 計劃處

中华人民共和国交通部

轉知下游長江大桥有关資料提綱請在九月廿五日前报送我部

交公划(56)字第439号

江苏省交通厅、安徽省交通厅：

关于下游長江大桥修筑鉄路公路两用桥問題。前經电請你省提供有关經济技术資料。茲接鉄道部鉄密办設武(56)字第777号函略开「下游長江大桥。已由我部設計总局大桥設計事务所开始勘測設計。桥址位置。拟定南京与蕪湖两方案。詳細比較。茲因編制設計意見书。亟須各項方案的技术經济依据。特附送关于下游長江大桥採用鉄路公路两用桥桥式的技术經济資料綱要一份，即請參酌提出书面意見。于本年度十月底以前寄交我部以資研究」現將資料綱要附录于后：

一、对于公路桥的具体要求：

1.桥面几条車道　二条？　四条？

2.桥面寬度　7公尺？　14公尺？

3.桥上淨孔

4.活載等級　汽13級？　汽18級？

5.运行車輛类型　客車、貨車、拖拉机、坦克

6.人行道寬度　1.5公尺？　2.5公尺

二、以上各項要求的經济根据

1.本桥上公路系統中。属于那条干綫、省綫、或地方綫？附公路系

图。

2.解放后大江南北公路运輸的发展情况，历年客貨运統計。

3.建桥后公路运輸发展远景，1962年的，1967年的

4.两用桥对于城市发展的影响。

以上資料綱要，經我們研究，認为你省可在省的范圍內，但可能联系有关部門及軍区提出以上資料及要求，然后再由我部在全国范圍內加以进一步研究补充，为此，請將資料及要求提前于九月廿五日前完成报送我部为荷。

中華人民共和國交通部

一九五六年九月八日

计划工程两处会同研究提出资料，经厅研究并报部，本月廿日以前呈报。

[illegible] 九、十三、

江苏省交通廳

关於建設下游長江大桥意見的报告

(56)交計鄧字第00578号

交通部

一、你部交公划(56)字第439号文敬悉。

二、遵照你部所發下游長江大桥技術經济資料綱要的要求，經与南京軍区后勤部研究并征得他們的同意，兹提出我廳对建設大桥的意見，隨文报送你部，請察閱。

附：关於建設下游長江大桥的意見一分。

江蘇省交通廳

1956年10月5日

抄送：南京軍区后勤部司令部，南京市人民委員会（各附意見一分。

关於建設下游長江大桥的意見

一、关於公路桥的具体要求：

1、桥面：4条車道；

2、桥面寬度：14公尺（按照公路設計准則）；

3、桥上淨孔：4.5 公尺（按公路設計准則）；

4、活載等級：汽18級拖80；

5、运行車輛类型：客車、貨車、拖拉机、坦克（請考慮淨空）；

6、人行道寬度：2.5公尺。

二、以上各項要求的經济根据：

1、公路圖及表（附后）。

2、解放后大江南北公路运輸客貨运輸是統計（詳附表）。

3、建桥后公路运輸發展远景：

甲、建桥后对公路綫所起变化：

長江大桥建成后，大江南北公路綫可貫通暢达，而起着公路綫枢纽的作用。苏北原有之泎浦綫、清圩綫、鹽圩綫、通圩綫及苏南原有之寧
联系
杭綫、寧建綫、寧湖綫寧陶綫、寧蕪綫等，建桥后均能直接运輸，因此以南京为中心，北可直达徐州，东可深入南通，东北抵臨鹽城及新海連地区，南至浙江省杭州等地区，不僅將便利和加速社会物資运轉，且对旅客往來也有很大的便利。

乙、建桥后对公路运輸發展情況：

㈠客运方面：

目前來往苏南北的旅客，大致在鎮江中轉，使該港口拥挤，經常發生一时不易运出，特别是淮、鹽、通等地旅客因長江阻隔不能当天抵寧增加旅途困难。如建桥后，苏南北直接客运業务开展，則該地区旅客皆可当天到达南京，以及於南京有关各綫旅客亦可免除由鎮江中轉而直接

来往苏南北各地。同时苏北各地輪木船客运任务，將会移轉一部分至汽車运輸，必然擴大汽車客运运輸量。初步估計，有关各綫客运量增長情况如下：

(1)苏北鎮扬、通扬、清扬三綫旅客周轉量增長以56年为基数，57年增長21.68%，62年增長108.71%，67年增長205.26%。

(2)苏南寧杭、寧蕪、寧湖、寧陶四綫旅客周轉量增長以56年为基数，57年增長6.85%，62年增長65%，67年增長107.34%。

(3)以上两地点各綫合計旅客周轉量增長以56年为基数，57年增長19.27%，62年增長101.6%，67年增長189.32%。

(二)貨运方面

以往由安徽等地运輸的物資（包括过往物資）为数極大，據55年不完整的統計达几十万噸，而这些物資目前均賴輪渡运輸，不僅使輪渡运輸任务过重，且因輪渡船装卸、过渡等手續繁瑣，必然提高了运輸成本和运輸時間緩慢，影响物資流轉。今后大江南北公路綫貫通，是項运輸任务將会趋向於公路运輸。同時工鑛企業亦將隨着交通的暢达而紛紛地建厂，必然增加了产品运輸。根據南京市区55年短途貨运情况，預計56年貨物周轉量并以此为基数，則57年將增長25%。62年增長78.5%，67年增長155.3%。

（后附逐年增量的客貨运量数）

4、南京桥对於城市發展的影响。

南京，位於長江下游，为寧滬、津浦、寧蕪鉄路之交点，江苏省会亦設於此。人口113万余人，其中城鎮人口为104万余人，估全市人口数的91，7%。从歷史上來看，南京原系消費城市，但經过解放几年來的建設和經济改造，已逐步轉变为工業城市。規模較大的重工業有：下关电厂、南京灯泡厂、南京机床厂、南京有綫电厂和無綫电厂，永利寧厂（原为 肥厂，目前系另建一 肥厂），南京拖拉机修造厂等；輕工業如棉毛紡織、火柴、肥皂等也甚發达；軍事工業也佔主要地位。工厂分布最大部均在江南，但江北方面工厂亦有相当数量。文化教育事業素称發達，尤以高等院校較多，而科学研究机关亦不少。在軍事上亦屬華东要地，現南京軍区、軍事学院和駐寧各兵种部队亦为数很多。因此，南京市不但是江苏的政治、經济和文化中心，而且为長江航运和鉄路干綫之樞紐，亦为華东國防前綫指揮中心。隨着國家社会主义建設的發展，以及为解放台灣的斗爭，南京市在经济上和軍事上的位置將愈來愈顯得重要。

但是，目前南京市因地跨長江南北，長江兩岸之下关和浦口虽有輪渡連通，但行人往來确有很多不便，市內和南北陸路运輸不能直达，特別是滬寧、津浦二綫的客貨列車[illegible]，大大地影响了物資运轉和列車周轉的速度。如建鉄路、公路兩用桥以后，这种情况將完全改观。具体地可从下列几方面說明：

第一、火車过江可以不再需用輪渡，大大縮短火車停歇时間，使物資可以及时运轉，旅客亦不需再停車待渡。这样不但鉄路运輸吞吐量將大大提高，而長途旅客亦可大大縮短在途时間，減少旅途辛苦。

第二、南京市市、郊区及鄰近几个縣分原为長江阻隔，兩用桥建成后則緊密連結起來，短程陸上运輸与城市交通大为方便，工農業产品和各种物資將得到迅速交流。如永利寧厂之化学肥料可以及时供应江南有关地区農村需要，江北鄰近地区所需之工業品亦可及时得到供应。其他在工農業生产上，如原料与成品可以迅速相互交流的事例还很多。據南京港务局統計，輪渡运量每天約有1万人次，隨行帶貨亦有好几百噸。

江苏省交通廳發文稿紙

第三、由於南用桥的修建，將使南京成为江苏全省公路运輸的中樞，形成一个以南京为中心的公路运輸网。目前江南、江北汽車調度很不方便，在季節、地区之間，各地运力与运量不平衡时，長江南北之間的車輛很难調度。南用桥建成后，即可灵活調度。同时苏、皖兩省的陸上交通亦將更加緊密連系起來。

第四、由于南京是江苏的政治中心和華东地区的軍事要地，南用桥建成后，將大大便于國家机关的行政管理和軍事上的調度。我省苏北地区歷來防汛搶險任务都相当緊張，这样亦可使由南京調出之防汛搶險器材及时运达。同时南京的名勝古蹟較多，國际友人前來参观訪問甚为頻繁；其中經此前往苏北参观三河閘、高良澗等重大水利工程者亦不少，目前都是經过鎮江、揚州、清江等地繞道前往，接待工作甚为不便。因此南用桥建成后，对于接待外賓亦有很大的便利。

文 56交计邮 字第0081号　56年10月9日发

一、係了京公判（56）字第439号文敬悉。

二、遵照你厅所属下游长江大桥技术经济资料纲要的要点 [illegible] 南京军区后勤部研究并 [illegible] 大桥的意 [illegible]

[illegible] 长江大桥的意见一份

抄送：南京军区后勤部司令部、南京市人民委员会（[illegible]）[illegible]

工程處
養路處
計劃處

廳長 呈閱

江蘇省交通廳
總收文第1075號
1956年9月8日

江苏省南京市人民委員会
关于搜集設計長江大桥有关的技术經济資料的公函

寧建办興字第６０４号

江苏省交通廳：

前經中華人民共和國鉄道部設計总局大桥設計事务所与我市联系，为長江大桥采用鉄路公路兩用桥桥式，需要蒐集各項有关的技术經济資料並征求对公路桥的具体要求。其中有下列几項，需請你廳惠予协助搜集，並提出对公路桥标准的意見，請于９月１５日前檢寄我委，以資彙編轉送。

⑴与大桥銜接的國道（或省道）的技术等級，公路系統示意圖。

⑵桥上淨空及活載等級。

⑶桥面寬度。

⑷南京市对外几條公路，例如浦六、江浦、寧杭、寧溧、寧蕪等路的每日平均和最高的客运人次及貨运的流向和流量。解放后历年的統計數字。

⑸建桥以后公路运輸發展远景的推測。

１９５６年９月６日

113

中共江苏省委建议兴建浦口至南京间的长江大桥的电报

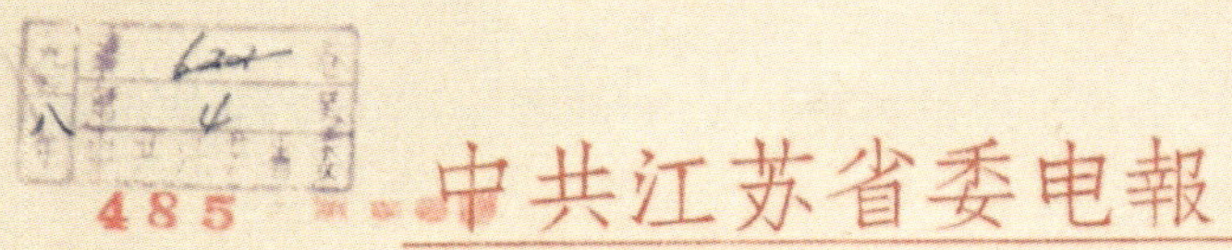

485

中共江苏省委电報

总号 58苏字897　緩急程度 急　月号 巳

簽發者　原号 发313

抄送：各常委，工业部，省人委办公厅，計委，交通厅，南京市委。

建議兴建浦口至南京間的長江大桥

國家計委、鉄道部党組并报上海局：

浦口至南京間的長江渡口，为我国当前北方各省与东南沿海諸省的交通孔道。由于工农业生產的大跃进，今年經京滬鉄路通过浦口过江南运的貨量剧增，輪渡口積压待运的物資常在10万噸左右。估計在“二五”期間运量还会大大增長，据初步測算，上海市和其他各省过境的物資及本省需渡江南运的物資，1959年約为1700万噸，60年約为3100万噸，61年約为4200万噸，62年約为5200万噸。至62年將超过现有通过能力的11倍强。單运和客运的增長量尚未匡算在內。为了解决鉄路渡江南运物資的困难，兴建浦口至南京間的長江大桥已屬勢在必行。因此，我們建議國家計委和鉄道部党組將兴建浦口至南京間的長江大桥列入“二五”規划之內

中共江苏省委机要处

，并即着手争取在1961年前建成，以应需要。当否，請即示复。

中共江苏省委

1958年6月20日

南京长江大桥施工计划报告书

南京长江大桥
施工計划报告書

鉄道部大桥工程局

一九五九年八月

目　录

南京长江大桥施工計划报告

鉄道部部长並党組:

南京长江大桥工程，我們奉部指示在1958年开始筹备。今年，1959年1月23日完成了初步設計，送部鑑定。原定年度投資計划5,000万元，拟爭取年內正式开工，后因机械材料問題，准备工作进展很慢，中央上海会議后，奉部指示，年度投資縮減为2,000万元，进行准备工作，6月鉄道部計划落实会議后，又压縮为1,500万元。会后，我局对南京长江大桥的任务进行了詳細研究，今年上半年实际完成投資計划214万元，仅佔年度計划的14%。

实际完成和正在进行的項目有：1.南岸引桥試桩完成；2.工地鉄路便綫27.6公里因无鋼軌，仅完成7.4公里；3.工地两岸起重碼头基本完成；4.两岸工地生产生活房屋开始建筑；5.管桩制造厂，大部完成、开始生产；6.工地給水两岸各建成沉淀池一座，水塔、管路尚未动工；7.工地用地范围拆迁工作，因一項料补償問題，现仍未能解决；8.其他工作均未开始。

当我們研究今年計划时，我們認为南京长江大桥工程规模庞大，技术复杂，时間也較长，投資数大，需要有一个总的施工計划作为奋斗目标，經国家批准，並作出决定，动員各方面力量，按計划促其实现。如此，則今年度投資1,500万元不为多，(因总概算是27,000万元)經过二、三季度的努力，可以爭取完成和超額完成。

所以，我們在会后，集中力量，編制了南京长江大桥总的施工計划，报請审核，並乞作明确指示。

— 1 —

南京长江大桥施工計划概要説明

一、关于工程概貌、总工作量和总进度的安排

南京长江大桥桥址，經初步設計鑑定，在輪渡下游1,400公尺，南京宝塔桥附近。正桥总长1,574公尺，鉄路引桥浦口岸3,025公尺，南京岸1,491公尺；公路引桥浦口岸785公尺，南京岸752公尺。跨越两岸沿江馬路，各有复式桥台一座，各长128公尺。全桥总长(鉄路)6,346公尺(现按淨空26公尺計算)，桥为公鉄两用桥，上层公路，路面宽18公尺，两側人行道各2.25公尺。下层双軌鉄路。正桥9墩10孔，除浦口岸第一孔为单孔，跨度128公尺外，余9孔为每孔跨度160公尺三孔一联，三联連續梁。鋼梁因跨度較长，其主要杆鈑材料採用合金鋼。

南京长江最高水位为吳淞零点上10.22公尺，最低水位为1.54公尺，施工水位定为吳淞零点上7.5公尺，岩盘1号墩最低－85公尺，施工时採用沉井不到岩盘，其余採用管柱法施工，下入岩盘，2号墩岩盘标高－62公尺，最深；8号墩－52公尺，最浅。即最深基础，在高水位情况下水下72.22公尺，最浅亦达62.22公尺。施工时墩位最大水深30.5公尺，鉄路軌底至岩面最大高度97.6公尺；公路路冠至岩面最大高度113.6公尺。施工时並有潮水影响，流速在一日內有較大的变化。

控制整个工程进度的。也是全桥工程的关鍵是桥墩基础施工，除了技术条件和机具設备条件外。有两个因素决定工期和进度：一是每一个桥墩的計算工期，现全桥九个桥墩共三类，以水位的深浅，施工的难易，最低14个月，最高的16个月；又因工序和水位的关系，使桥墩在施工期間經过两次洪水，及保証洪水及台风季节的稳定，除一号和九号墩外每墩开工时間将限制在每年的10月和10月以后。二是同时在江心施工的桥墩数量受通航航道的限制，必需在施工期間留下航

道。

所以，計划安排，以1号和9号作为試驗墩，59年准备，60年一季度开始。洪水后开始2号、6号及8号墩施工，即正式开工。61年开始3号、5号及7号墩，62年开始4号墩施工。

这样安排在61年江面还会出现6个桥墩同时施工的局面，再紧的話，不仅机具增加，航道也不好安排了。

所以，总工期最短的可能是47个月。今年下半年和明年上半年加紧准备，爭取明年10月正式开工，以47个月的工期作为我們的奋斗目标。总的施工計划即以这个目标編制的。

总的施工計划內容，包括全桥工程总进度表、施工組織机构、劳动力計划、机具材料、材料分年計划，並附特种材料表，以及分年投資計划。

南京大桥总工作量是鋼結构~~55,000~~ 60000吨，圬工355,300立公方；我們詳細分析后，得出几个基本概念，作为施工組織的依据：

（一）水中基础：共九个桥墩，以2号墩为代表，每墩需下管柱850公尺，鑽岩105公尺，水下合灌注10,750公方，承台墩身合4,040公方。

全部管柱920节，~~共6,000公尺，加送桩~~为6,900公尺。两岸各設一管桩制造厂，每厂每日生产能力应为1节。

全部鑽岩总延长705公尺，每日鑽进需3.20公尺。

全部水下混凝土量82,510公方，全部承台墩身合量~~34,880~~ 39,730立方，水上最高一日合用量为1,000公方。

施工的鋼結构（鋼围令、鋼沉井，各种构架，法兰盘、桩靴桩帽等）共26,000吨，每月生产能力应为1,000吨，两岸各設鋼結构車間，月生产能力各300吨，余400吨請地方支援工厂担任。

（二）引桥及桥台工程：引桥及桥台总延长6,309公尺，桥墩183个。

全部管桩需用量210,910公尺，管桩厂生产量为每月10,000公尺，每日需打桩330公尺。

全部引桥及桥台合量为142,530立公方，每岸每日合灌注量100方設备能力需200方。

全部引桥及桥台預应力合梁共需1,363片，每岸預应力合梁制造厂，应每日生产一片。

（三）鋼梁架設，总重34,180吨，加平衡梁共38,680吨。20个月架完，每月1,934吨，实际架設和鉚合的能力每月应为2,400吨。

（关于鋼料来源，和工厂制造能力未計算，其日期的要求是59年三季提料单定貨，60年三季进料，60年四季开始生产，62年一季度第一孔制成試拼，运出。63年三季制完运出。鑄鋼支座，28个，680吨，60年提設計訂貨，61年交貨）。

二、关于組織机构的安排

我們考虑了南京大桥工程规模大于武汉大桥，而技术又比較复杂，施工时間也較长，在这一时期內为我局的重点工程，从局的領导上說需要全力以赴，在正式开工前先組織部份力量組成南京长江大桥工程指揮部，大桥局于60年正式开工前即迁宁办公，直接領导該項工程施工。故总的領导机构不另設立。

根据武汉大桥經驗，两岸各設一个桥工处，分担江心及两岸工程，各桥工处組織，处机关以原桥工处組織不变，各队及輔助工厂相应加強；考虑到南京大桥引桥工程所需管桩数巨大(210,910公尺)，月产量需10,000公尺。在南岸工地設一永久性的管桩制造厂，在大桥任务完成后繼續生产，供应今后其他大桥工程应用。管桩制造、預应力梁制造两岸各設一临时制造厂。为桥面合版採取輕質合，在南岸並增設一陶粒制造厂。其他两岸在原机电队的基础上加強机械修配車間，並增設金屬結构車間。两岸並在原桥处木工車間的基础上各設一木材加工厂。

劳动力的需要量如附表，共需12,000人。以二个桥处来担任，数量相差較大，短期由普通工培养难以担負任务。如以四个处集中在南京大桥，全路其他特大桥任务在三、四年内恐受影响。所以，我們考虑投入三个桥工处到南京，留两个处担任其他特大桥任务。这样在干部、技术人員技术工人、卫生人員尚有一个缺数：管理干部97人，由我們从全局調剂提拔解决；技术人員，桥梁缺47人，机电缺28人，需部从学校新毕业人員及现有人員中調配。技术工人中，土建工人缺4,000人，由我們自行从学徒工、普通工中培养解决，金屬工人缺2479人，我們自行解决一部分，但較高級的鉚工、車床工、机械司机，由于需要确保質量安全，仍需部解决一部分。同时請南京市指定一机械修配厂协助工作。航运人員，包括輪长、舵手、机工、水手长、水手，因船舶数量較武汉大桥时有成倍的增加，同时，武汉大桥时亦多系地方临时支援，我們搜集了全部这方面的人員，尚缺641人。請部向交通部或海軍請求支援。医务人員除南京市已同意指定一医院担任重病治疗外，两岸工地医疗救护工作，尚缺医务人員53人。

三、关于机械装备各表的說明

机具設备我們在初步設計中和初步設計以前曾提出总的請求書，这次我們按工作量，按总进度表将水上和陆上施工机械作了詳細的核对，制成按各工序分項的計划表，同时，各补助工厂亦按产量的要求核定了机械配备的各表，测量試験仪器和科学研究仪器，以及主要的工具均分列表，这样眉目清楚，便于审核，作为审查总計划表的依据。

各表內数字均按本工程实际需用量加检修时間的备用量核实的，同时註明了我們现有数和我們桥机厂自制数。

少数机具，国內不能生产，或質量要求較高的，我們註明了希望国外訂貨。

从总的数量和种类看，並不十分难以解决，即使国家不拟列入专案办理，铁道部如能列入专案办理亦可解决。

四、关于材料計划的說明

分年的主要材料表，我們是从60年起，59年的已提出申請，故未重复，这也是今后几年材料供应的总的概念，施工中当按年度工程进度，提出詳細申請計划。

我們还根据武汉大桥及现在工程中的經驗，編制特种材料表，这些都是平时不易解决，时常碰到的"小拦路虎"，提出来以便有所准备。

在材料中最大一項特种材料是鋼梁用的ST 52号低錳合金鋼（苏联鋼号或HJI—2）用量較大，質量规格要求較严，国內生产屡經交涉，能否生产（包括滿足数量、質量、规格的要求）其說不一，我們建議仍以国外訂貨为宜。

五、关于分年度投資計划說明

这个分年投資計划是按总进度表編制的，如工程进度沒有大的延迟和加速，大体上是如此。施工中将按年提出实际投資計划，可能小有出入。

鋼梁部分是按架梁的时間計算的，这从部来說，这項投資需要提前在鋼料定貨和鋼梁制造时即已支付。

机具投資前两年較多，是为了保証工程的开工所必需，以后逐年的补充数字，将按施工时具体情况，和定貨到达先后有所出入。

铁道部大桥工程局

1959年8月5日

南京长江大桥主要数字表

項　　目		单　位	数　　量	备　　註
正桥总长		公尺	1,574	1−128+3—3×160
鉄路引桥	浦口岸	公尺	3,025	
	南京岸	公尺	1,491	
公路引桥	浦口岸	公尺	785	
	南京岸	公尺	752	
复式桥台		公尺	256	每岸长 128 公尺
全桥总长		公尺	6,346	包括正桥、鉄路引桥及复式桥台
鉄路路面		綫	2	
公路路面寬度		公尺	18	
人行道		公尺	2.25	两側均有
正桥鉄路設計活儎			上下部，中—24級	
公路設計活儎			汽—18級	
公路检算活儎			拖—80	
鉄路限制坡度			40‰ 4‰	
鉄路最小半径		公尺	1,200	
公路限制坡度			3.5%	
公路最小半径		公尺	250	
地震等級		度	6	
CT3 碳鋼容許应力		公斤/公分^2	1,400	
ST 52 低合金鋼容許应力		公斤/公分^2	2,000	
引桥鉄路設計活儎			上下部，中22級	
鋼料总数量		吨	114,952	
圬工总数量		立方公尺	355,300	
总造价		万元	27,949.8	概算总数

南京长江大桥淨空及水文資料表

項目	单位	数量	备註
三百年周期流量	立方公尺/秒	87,200	
三百年周期水位	公尺	10.07	
一百年周期流量	立方公尺/秒	80,100	
一百年周期水位	公尺	9.83	
历史观测最大流量	立方公尺/秒	93,900	1954年
历史观测最低水位	公尺	1.54	1956年
历史最高水位	公尺	10.22	
設計 允許最高通航水位	公尺	8.27	初步設計为8.10公尺
通航淨空垂直	公尺	24	初步設計为26公尺 尙候国务院最后批示
通航淨空水平	公尺	120	

南京长江大桥上部結构主要数字表

項目	单位	說明	备註
桥式		1−128+3−3×160	一孔間支梁，三联三等跨連續梁平弦加下加劲桿
桁式		菱形	
节間长	公尺	8	
跨度中部桁高	公尺	16	
中間立点处桁高	公尺	30	
主桁中心距	公尺	14	
軌底标高	公尺	35.01	中間一联平坡，两边下坡
公路路冠标高	公尺	50.21	中間一联平坡，两边下坡
軌底至梁底高	公尺	2.74	初設假定数字
桿件最大截面	公分^2	2,016	
最重桿件重量	吨	25	
最重桿件安装时包括节点鈑重	吨	37	
单位延公尺鋼料重	吨/公尺	21.4	
最长桿件	公尺	16.9	
安装方法		全伸臂法	
正桥用低合金鋼	吨	22,400	
正桥用低碳鋼	吨	11,300	
公路面鋪	立方公尺	6,500	

表Ⅳ　(三)Φ550管桩制造厂主要机具(南京岸一座每月产量10,000公尺)

順序	机具名称	規格	单位	数量	解决办法					备註
					現有	自制	移用	国外訂貨	国内購置	
1	离心机		套	2	1	1				电动机申請
2	天車	10^T	台	2					2	已批准1台
3	拌合机	400^l	台	2	2					
4	鍋爐	$40\sim50^{HP}$	台	2	2					
5	爬行吊机	10^T	台	1					1	
6	龙門吊机		台	1		1				包括电动葫蘆
7	碰焊机		台	2					2	
8	切鋼筋机		台	2					2	
9	鋼筋調直机		台	1					1	
10	鋼筋变截面机		台	1					1	
11	电焊机		台	20	7				13	
12	剪鈑机	16^{mm}	台	1					1	
13	曲軸冲床		台	1					1	
14	摩擦式压力机	70^T	台	2					2	
15	車法兰盘車床	土制	台	2		2				电动机申請
16	車床	6呎	台	2					2	已批准1台
17	鑽床		台	2					2	
18	自动烧割器		台	1					1	
19	螺絲床		台	2	2					
20	鼓风机		台	3					3	
21	砂輪机		台	3	3					
22	洗石机		台	1					1	
23	輸送带	15^m	台	3					3	
24	鋼模鈑		套	40		40				

南京长江大桥建设委员会关于大桥概况及准备工程进行情况文件

南京长江大桥概况及准备工程进行情况

以前从来没有人敢到跨越南京长江江面修桥。解放的中国人民在中国共产党正确的领导下，准备建設一座史无前例的跨过波浪滔天，一公里半寬江面且水深流急的大桥。

大桥桥址选定在南京岸宝塔桥下游，由象山起直对浦口岸滁河，大約經过农业机械分院北面边緣。

桥式为鉄路公路两用桥。下层为鉄路双綫，上层为公路，路面寬１８公尺，可併行６車，两側設人行道各寬２.２５米。正桥鋼桁梁为１６０公尺跨度的連續梁，計９孔，浦口岸接一孔１２８公尺簡支梁，总計１０孔。总长１５７４米。鉄路引桥采用跨度３１.７米的預应力鉛梁，南京岸引桥长１６１９米，浦口岸长３１５３米，公路引桥亦用３１.７米預应力鉛梁，南京岸桥长８８０米，浦口岸９１３米，总計鉄路桥面长６３４６米，公路桥面长３３６７米，桥下可通行海洋巨輪。

在桥址綫上已进行全面的地質勘探工作，按地質分析初步結論可以进行全桥初步設計。为了进一步探討，于最近补鉆一些探孔，正在进行中。

全桥初步設計业已完成並呈报鉄道部取得初步同意。

７、８、９月为长江洪水季节，最高水位达１０.２２米（吳淞零点起算），一般洪水位在９米以上，平均流速达２.３６米／公斤，同时該季节时常发台风，江面上最大风速达２７.８米／秒，最大风力約为１０級左右，均不利于建桥施工。适宜时期为１０月至次年６月，一年之中大約有８、９个月可能正常施工。現以施工水位７.５米为标准进行桥墩設計，在此情况下最大水深为３０.５米，平均水深为２３.１米。河床复盖层（泥沙砾石）最厚４３.５米，平均厚４０米左右，基底岩层为頁岩砂岩間互层。岩层比較軟，結构复杂破碎，有小断层，因而承載力較低。基础管柱須深入岩层

·１·

5～10米。桥墩高出水面20余米，墩总高达90米以上，虽然各方面自然条件並不太好，据地质专家的分析与上下游另选桥位比較，宝塔桥附近仍属較好的地位。

正桥桥墩9个，除1号墩采用沉井不落到岩盘上之外（因岩层太深），其余8个桥墩采用3米或3·6米直徑的大管柱，比之武汉長江大桥用的1·55米直徑体壳大4～5倍，长度長1倍至2倍，因此就修建武汉長江大桥的經驗来說仅供参考和启发，不能全盘搬用。大管柱長达70多米，穿过覆盖层40多米，不但管柱本身需要新型的、特殊强固的构造，而且需用加强水上起重吊船（能力100吨），需用威力强大的震动打桩机（震力500吨～600吨，武汉長江大桥用的是90吨），需要大型水下鉆岩机（口徑2·6米至3·8米），需用更高的高压射水設备（40个大气压）。以上均无现成产品，需国内設计和試制。何种管柱类型較为适宜，使用何种材料制造，何种制造的好，如何下沉，如何避免高压射水嘴在偶然間停水时管嘴不被泥沙堵閉，如何在大管柱内进行水下鉆岩稳妥可靠，如何在深水之下灌注水下混凝土保証质量，等等一系列的无案可稽，无书可考的新技术均需經过試驗。另外对此种软弱岩层之安全承载力需經过一番試驗，研究，考証，引桥基桩（0·55米直徑管柱）承载力需經过多次試打試压，31·7米铁路預应力鉛梁（从来未做过的）需試制和試压，公路輕质合桥面板（亦系未曾做过的），需試制輕质陶粒，試制桥面薄板及进行承压、磨損、实用等試驗研究。浦口岸之桥头高填土路基（因地基松軟）需进行地基加固試驗研究。另外1号墩为体积庞大的沉井，要借自重下沉40多米，如何克服摩擦阻力及正面阻力，均为前人所未做过的新工作。总之建設南京長江大桥首要工作为若干技术难题必須通过科学研究及实际試驗，通过不同方式不同方法的比較，在技术理論上充实根据，在操作工艺上取得一些經驗。目的要使施工詳图的設計及施工組織設計达到合理（稳妥，經济及快速施工）的要求。

目前試驗工作正分头进行。試驗性工程的設計已大体完成，已制出

3・6公尺及3・0公尺預应力管柱，試驗墩圍令設計31・7米鉄路預应力鉸梁結构設計等图紙，並且已制成3・6米預应力管柱一节（7・5米长）。南京岸已打下引桥試桩27根，試压2根（24米及32米各一根），輕質合公路桥面板已試制6块，以上試驗結果虽大体不出所料，但仍需多次进行，方得結論。其余試驗性工程及試驗研究工作正在設計和筹备施工之中，預計在第四季度可全面展开。

其次全桥工程施工的准备工作。

武汉长江大桥建成之后，大桥工程局担任起另外几座鉄路特大桥梁的任务，如重庆长江桥，广州珠江桥，南昌赣江桥，郑州黄河桥，邳县中运河桥等等原建桥队伍分配五、六处。今后还要继續分担全国鉄路若干特大桥梁的設計和施工。大約可以集中原有老工人五分之二到一半，人数大約2千到3千人到南京桥。南京长江大桥工程量比之武汉长江大桥大一倍以上，預估全面开工时需技术工人1万2千人左右，因此需要由其他单位支援和調集若干人，同时招收新工人及学徒工若干人，必須經过生长壮大学习鍛炼一个阶段。目前已达到工地的老工人1049人，学徒工1084人，到今年年底前預計全部人数老工人2000人，学徒工1800人。

預計大桥全面施工需要輸船鉄駁，运輸車辆，起重机械，动力机器，电力設备，基础工程机械，合工程机械，金工机械，木工机械，电动机具等总数为1325台。除由大桥工程局調集原有一部分外，需在国内购置913台，向国外訂货49台，自行制造85台。半年来，在国家的統一安排下已批准110台，截至目前为止已到現場施工机械226台。

初步估計全桥需要鋼材11万6千吨，其中桁梁用鋼3万9千吨，桥墩及引桥用7万7千吨左右。到8月底为止已运到工地3188吨，木材需要9万9千立方米左右，已到5469立方米，水泥需要14万吨左右，已到2876吨，二三項料仅今年需要300万元，已购到100万元左右。

施工場地，南京岸占地1000亩左右，浦口岸1050亩左右，其中須拆迁公有房屋草舍約13,000平方米，拆迁民房草舍15,500平方米，正在进行中。在場地填土及平整之后，进行三类工程的施工。 ・3・

三类工程进行概要

工程项目	单位	总需要量	1959年8月底完成	正在进行	备註
生产房屋	平方米	40,000			
其中 南京岸	〃	27,300	6500		另有简单結构4400m²
浦口岸	〃	12,700	95	2880	另有竹蓆結构7000m²
生活房屋	〃	56,200			
其中 南京岸	〃	27,800	3000		另有简单結构1750m²
浦口岸	〃	28,400		3512	
铁路专用綫及岔綫軌道	公里	27·6			
其中 南京岸	〃	14·5	3·9		
浦口岸	〃	13·5	3·5		
標綫軌道	〃	16			
其中 南京岸	〃	6	1·0		
浦口岸	〃	10			
公路交通綫	〃	21			
其中 南京岸	〃	8·0	0·8	1·1	
浦口岸	〃	13·0	1·5		
碼头	座	4			
其中 南京岸	〃	2	1	1	
浦口岸	〃	2		2	
总变电站	瓩	12,600			
其中 南京岸	〃	6,600	3,600		
浦口岸	〃	6,000	1,800		
动力綫	公里	22·4			
其中 南京岸	〃	10·0	5·6		
浦口岸	〃	12·4	1·2		
給水管路	〃				
其中 南京岸	〃	5	1·50		
浦口岸	〃	13			

·4·

总之，南京岸筹备工作进行較早自1月起至8月底总計完成203万元，为年度計划800万元25·4%，机械购置已完成111万元为年度計划500万元22·2%，其他費（拆迁购地及工人轉移費等）已付出15万元为年度計划200万元之7·5%，总計完成329万元，为全年总投資1500万元的22%。

在反对右傾、鼓足干勁，进一步开展增产节約运动，及大战9月迎国庆的偉大号召下，工地展开了轰轰烈烈地誓师比武，千方百計的完成任务的生产高潮。大桥工程局亦正在調动人力、机械、材料向南京集中。預計今明两年內，将試驗和准备两大前提打下基础，明年洪水及台风季节后南京长江江面及其两岸将出現声势浩大的施工战斗場面，並可宣布开工。

南京长江大桥建設委員会

1959年9月11日

·5·

中共铁道部大桥局党委关于南京长江大桥工程指挥部有关领导成员及下设机构问题与中共江苏省委的往来文件

中国共产党江苏省委员会（　　）

發文　59苏　字第　2422　号

主送机关：铁道部大桥工程局党委

抄送机关：省委交通部、組織部，省人委办公厅，南京市委，南京铁路局党委。

事　　由：

收文机关批办：

铁道部大桥工程局党委：

关于南京长江大桥工程指揮部的組成人員，省委决定由周一峰同志任政委，彭敏同志任指揮。杜景云同志任付政委，田誠同志任付政委，宋次中、朱世源、何賜乐、王勇等同志任付指揮。关于指揮部机构等問題，同意你們的意見。

中共江苏省委員会

1959年11月6日

南京长江大桥工程指揮部（意見）

政治委員： 周一峯（由省委决定）
指揮长： 彭敏（鉄道部大桥工程局党委第一书記兼局长）
付政治委員： 杜景云（鉄道部大桥工程局党委书記）
付指揮长： 王誠（請省委决定）
付指揮长： 宋次中（鉄道部大桥工程局党委付书記兼付局长）
付指揮长： 朱世源（鉄道部大桥工程局付局长）
付指揮长： 何賜乐（鉄道部大桥工程局付局长）

指揮部下列机构：

办公室

施工調度处

公安处

卫生处

行政处

設計、机械、材料部門不另設处的建制，其业务由大桥工程局的設計处、机械处、材料处統一掌管办理。在大桥工程局未迁南京前，各业务处可在南京各設一部分人員办公，处理具体业务。

原建桥委員会办公室併入指揮部。

以上意見是否妥当，請省委审查批示。

此致

敬礼

中共鉄道部大桥工程局委員会

1959年11月2日于南京

中共江苏省委组织部、交通工作部关于长江大桥工程局组织领导关系问题的意见

中共江苏省委交通组织工作部（报告）

發文 (59)交工 字第 81 号

主送机关：省委

抄送机关：省委組织部，交通部，大桥局党委。

事　由：

收文机关批办：

省委：

鉄道部大桥工程局即將由武汉迁至南京，根据中共中央交通工作部指示，該局党的組织領导关系转交江苏省委領导。为此，我們于十月三日召集大桥局党委书記彭敏、杜景云同志和組织部長方毅同志、南京市委組织部曹庆和同志、市委交通部付部长庄　同志等座談了組织領导关系問題。現將座談意見报告如下：

大桥局迁来南京后，其党的領导关系转由江苏省委領导。該局党的政治工作、思想工作，由省委交通工作部管理；大桥基本建設工程的具体业务，由省基本建設委員会管理。大桥局的干部管理工作根据中央干部分管的規定办理。处級以上的党的政治工作干部由省委（通过省委交通部）管理；处級以

·1·

上的行政、技术干部由局党委研究确定并征求省委交通部、組织部同意后报中央鉄道部批准任免；处級以下的干部由大桥局管理，其調动、任免由大桥局党委研究决定。党員干部調动时，其組织关系的转移，均經过省委組织部。

大桥局党委下屬的五个桥樑工程处，一个机械厂，一个学校，一个勘測設計处共八个党委，分設在郑州、南京、南昌、重庆、广州、汉阳等地。这些单位的党的組织領导关系，由大桥局党委和所在地党委双重領导。干部的学习由当地党委管，干部的調动、任免、处分等由局党委征求当地党委的意見后报批。至于参加党代大会，則根据省委組织部确定的名額由全局（包括下属单位）党代表大会或党委会选出党代表参加江苏省党代表大会。在南京市的二个桥樑工程处，考虑到許多方面与南京市有密切联系，因之由南京市委和大桥局党委双重領导。

以上領导关系的划分是否有当，請批示。

附：大桥局本届党委名单一分

中共江苏省委 組织 交通 部

一九五九年十一月十日

·2·

局本届党委是于1956年7月，党員代表大会选举产生。并报上級批准，委員会由下列17人組成：

第一书記	彭　敏	局　長
书　　記	杜景云	
付书記	代树芬	
付书記	宋次中	付局長
委　　員	朱世源	付局長
〃	何赐乐	〃
〃	韋荣襄	区工会主席
〃	方　毅	党委組织部長兼人事处長
〃	閻　兴	党委宣傳部付部長代理部長
〃	池湧波	党委办公室主任兼局团委书記
〃	刘　夫	监委书記
〃	周永生	第四桥樑工程处处長
〃	苏命聞	第一桥樑工程处党委书記
〃	杨守高	第二桥樑工程处党委书記
〃	刘金兰	第五桥樑工程处党委书記
〃	管业良	一桥处領工員（在校学习）
〃	方开瑞	二桥处党支部书記（在校学习）

常委会由下列8同志組成：

彭　敏	杜景云
代树芬	宋次中
朱世源	韋荣襄
方　毅	池湧波

中共江苏省委关于长江大桥工程局组织领导关系的意见

中国共产党江苏省委员会（　　）

發文　(59)苏 字第 2471 号

主送机关：省委組織部、交通部。

抄送机关：南京市委，长江大桥工程局党委。

事　由：

收文机关批办：

省委組織部、交通部：

11月10日关于长江大桥工程局党的組織領导关系等問題的报告悉。大桥局在南京市的两个桥梁工程处，应由大桥局党委垂直領导，有关工作，与南京市取得联系。

其余問題，均同意你們提出的意見。

中共江苏省委員会

1959年11月16日

南京长江大桥组织机构表

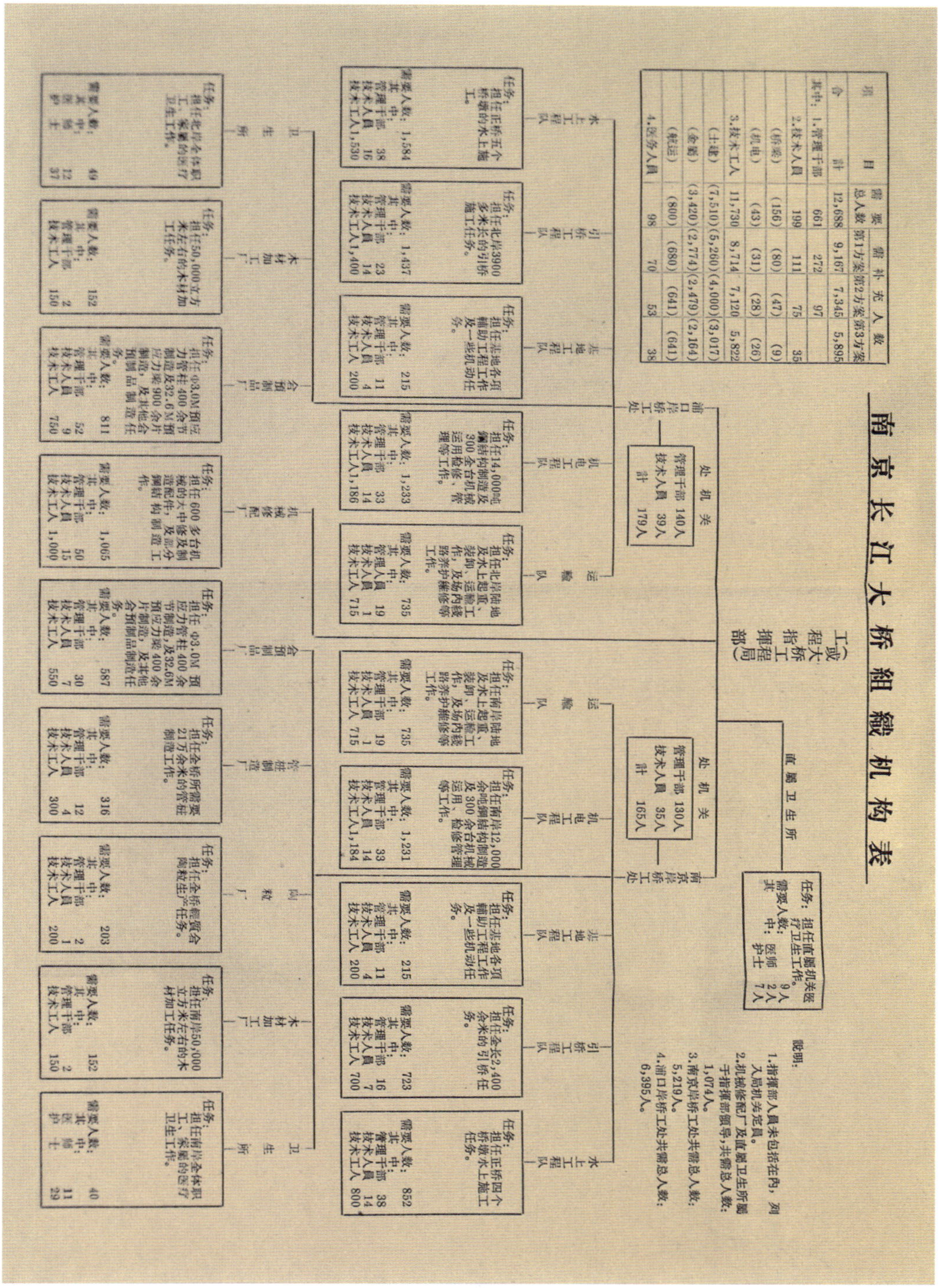

南京长江大桥組織机构表

項　　　目	需要总人数	需补充人数 第1方案	第2方案	第3方案
合　　計	12,688	9,167	7,345	5,895
其中：1.管理干部	661	272	97	
2.技术人員	199	111	75	35
（桥梁）	(156)	(80)	(47)	(9)
（机电）	(43)	(31)	(28)	(26)
3.技术工人	11,730	8,714	7,120	5,822
（土建）	(7,510)	(5,260)	(4,000)	(3,017)
（金属）	(3,420)	(2,774)	(2,479)	(2,164)
（航运）	(800)	(680)	(641)	(641)
4.医务人員	98	70	53	38

铁道部大桥工程局呈送重编南京长江大桥初步设计文件

江苏省計划委員會
总收文計委字第40号
1960年1月7日 時到

鉄道部大桥工程局

呈送重编南京長江大桥初步設計文件

桥办(59)字第0071号

鉄道部

南京長江大桥初步設計文件，曾在今年1月15日編制完成，送部鑑定；由于桥下淨空高度問題，各方面意見未能一致。經在部的領导下，与交通部一再研究协商，於最近將淨空問題解決，当即据此重編初步設計，茲特隨函附上並將其中主要修改的六点分述于下。

(1)桥下淨空高度，确定为在最高允許航行水位+8·27米之上加24米，較前定最高允許航行水位+8·10米之上加26米，降低1·83米。

(2)正桥七号墩的位置，处於基岩两个断层之間，如果不能放在断层作用消失或減少的地方，岩石承載力將在10公斤/平方厘米以下，处理比較困难。由于初測时鉆孔較少，墩位只能暫按地形断面佈置。現以已有足夠的鉆探資料，可以將七号墩基础，选放在两断层間局部較完整的岩层上，故改按地質控制条件，进行佈置，所有墩位，均向浦口岸移动29米，因而对建議方案的百尺标及下部結构工程量，均作了相应的修改。

(3)考慮到浦口岸桥台及堤防的安全，則在一号墩处的冲刷綫标高，根据墩位已向岸边移动了29米，应維护在-30米以上，浦口岸的防护工程，既属必須，一号墩处的計算冲刷綫，即可定在标高-30。如此則一号墩沉井下沉至标高-41，已达安全。前定沉井下沉至标高-51，在施工上既无缺少把握，根据上述情况，亦无必要。

(4)桥头堡的美术設計，在原來的五个比較方案之外，又增加了两个比較方案。最后根据省市审查意見，完成了建議方案，並編制了美术方案初步設計說明书。所有这些方案都肯定了复式桥头堡这个型式；复式桥头堡的長度原定約１２８米，現根据美术設計要求，改定为９７米。

(5)施工期限，由于正式开工日期由本年１０月初推迟至６０年１０月中旬，主要机具配备的数量由于过去考虑未尽妥善，因而都进行了修改。

(6)全桥概算因引桥及正桥下部工程费用降低，而正桥上部鋼結构厂价則以最近調整关系有所增加，故进行了重編，总数較前降低約５７６万元。

附件：南京长江大桥初步設計說明书１册，設計图23張，綜合概算一册，美术方案初步設計說明书一册，美术方案照相册一本。

抄送

江苏省人民委員会（8）

铁道部大桥工程局

１９５９年１２月１５日

中共江苏省委组织部关于长江大桥局、南京铁路局党代表选举向省委的报告

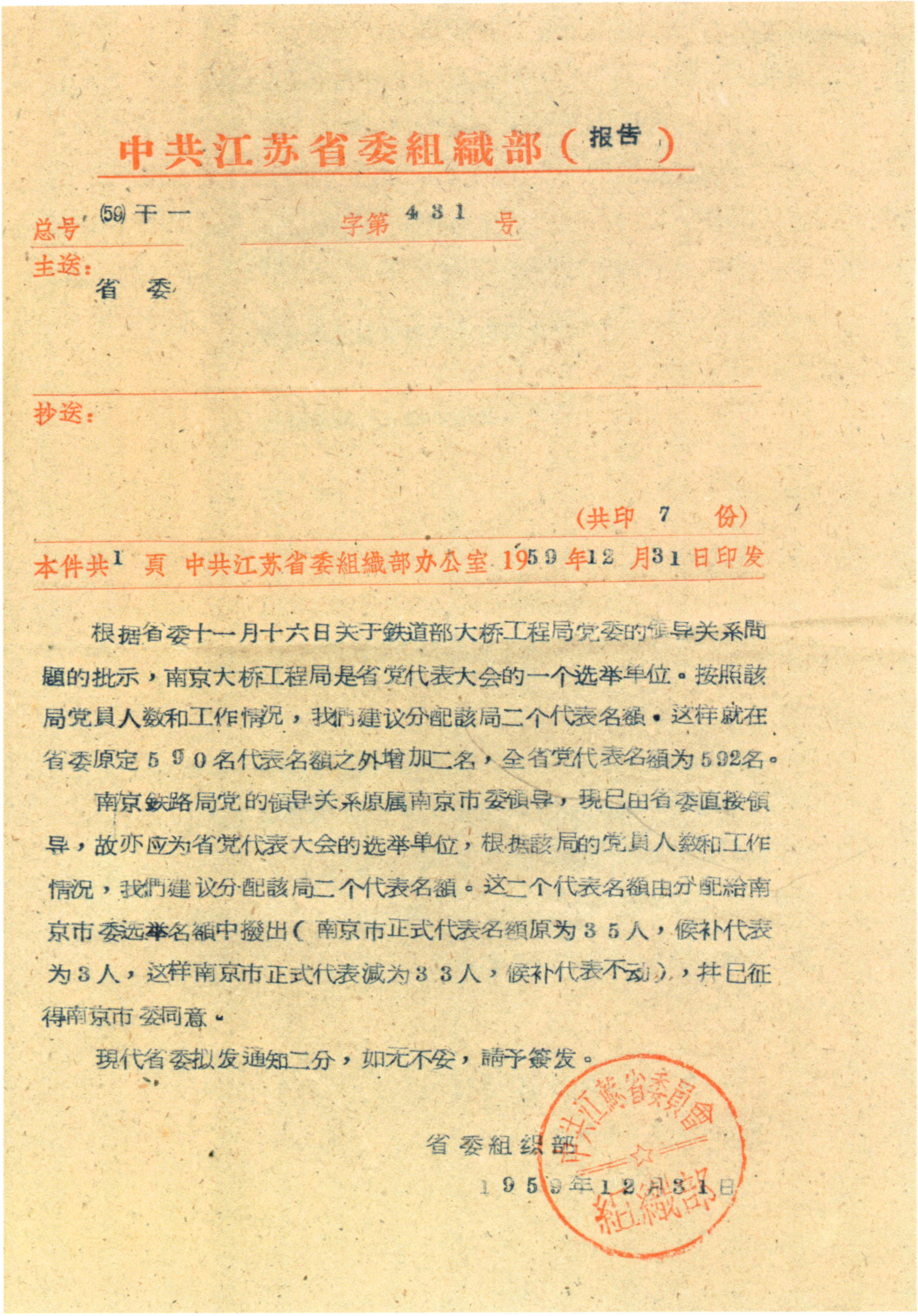

中共江苏省委組織部（报告）

总号（59）干一 字第 4 3 1 号

主送：

省 委

抄送：

（共印 7 份）

本件共1 頁 中共江苏省委組織部办公室 1959 年12 月31 日印发

根据省委十一月十六日关于鉄道部大桥工程局党委的領导关系問題的批示，南京大桥工程局是省党代表大会的一个选举单位。按照該局党員人数和工作情况，我們建议分配該局二个代表名額。这样就在省委原定５９０名代表名額之外增加二名，全省党代表名額为592名。

南京鉄路局党的領导关系原属南京市委領导，现已由省委直接領导，故亦应为省党代表大会的选举单位，根据該局的党員人数和工作情况，我們建议分配該局二个代表名額。这二个代表名額由分配給南京市委选举名額中撥出（南京市正式代表名額原为３５人，候补代表为３人，这样南京市正式代表減为３３人，候补代表不动），并已征得南京市委同意。

現代省委拟发通知二分，如无不妥，請予簽发。

省委組织部

１９５９年１２月３１日

彭敏关于南京长江大桥1959年计划完成情况和1960年计划安排致中共江苏省委的报告

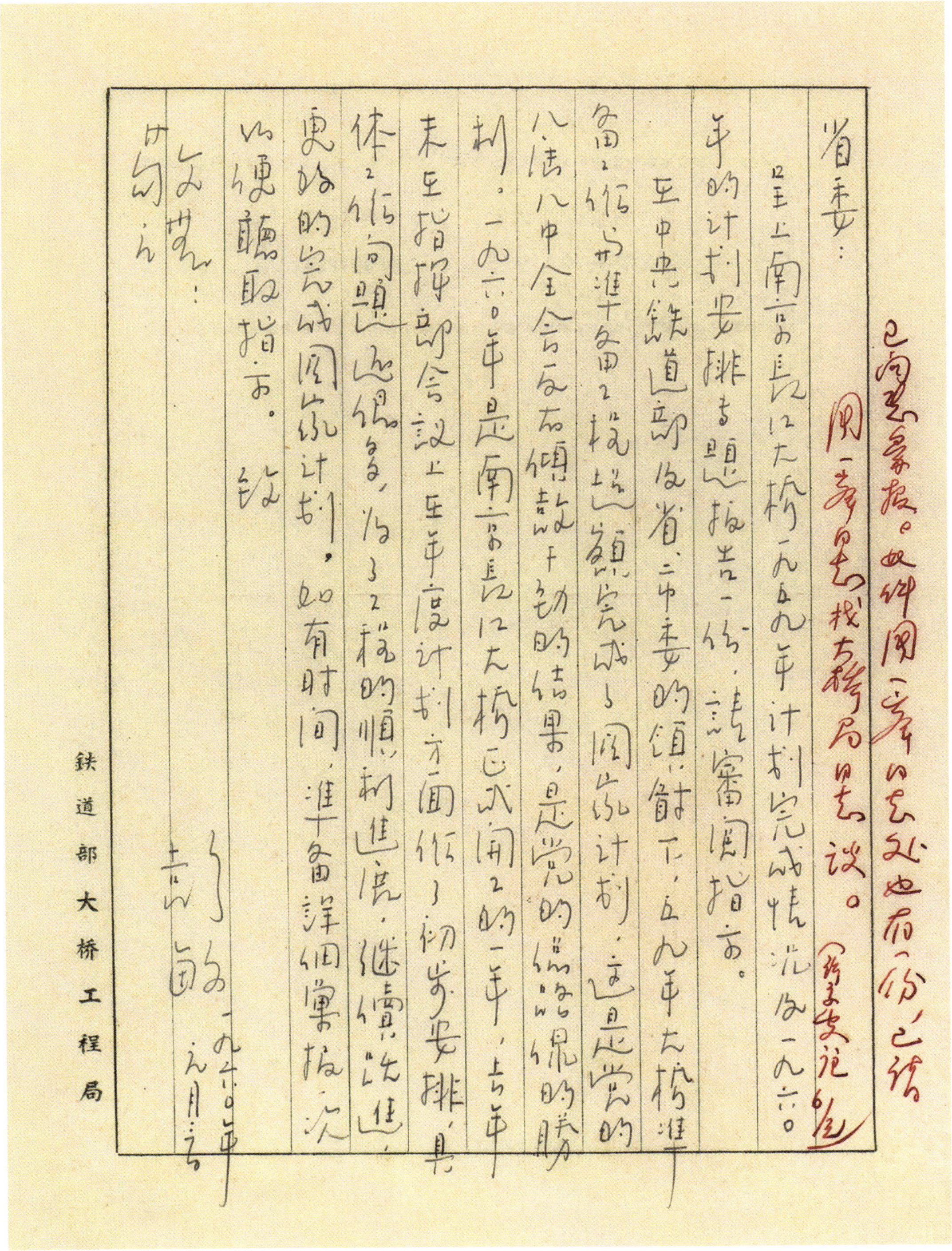
省委：

呈上南京长江大桥一九五九年计划完成情况及一九六〇年的计划安排专题报告一份，请审阅指示。

在中共铁道部及省、市委的领导下，五九年大桥准备工作已胜利完成了国家计划，这是党的八届八中全会反右倾鼓干劲的结果，是党的总路线的胜利。一九六〇年是南京长江大桥正式开工的一年，去年末在指挥部会议上对本年度计划方面作了初步安排，具体工作问题还很多，为了工程的顺利进行，继续改进，更好的完成国家计划，如有时间，准备详细汇报情况以便听取指示。致

敬礼！

附件

彭敏

一九六〇年元月三日

已向志豪报。如仰周一峰同志处也有一份，已请周一峰同志找大桥局同志谈。（许家屯 6/2）

铁道部大桥工程局

南京长江大桥１９５９年計划

完成情况和１９６０年計划安排的报告

南京长江大桥1959年計划
完成情况和1960年計划安排的报告

(一)

1959年南京长江大桥准备工作和准备工程超额完成了国家計划。

6月铁道部会議修訂的計划是1,500万元，我們根据准备工作的主要项目，分为建筑安装800万元，机具购置500万元，其他(拆迁、地亩购置、搬移等)200万元。至年終实际完成：建筑安装912·1万元，超額112·1万元；机具购置1,253万元，超額753万元；其他173万元，未完成。

总計完成2,338·1万元，超額完成838·1万元，为計划的155·8%。这是在中央和省市委正确领导下，特别是在党的八届八中全会后，反右傾，鼓干劲的基础上取得的成績。

完成的主要项目：

三类工程：生产、生活房屋45,200平方米(計划63,600平方米)，专用运输轨13·2公里(計划15公里)，高压输电线路8·7公里(計划5·8公里)，其他道路、给水、照明設备，完成約50%。

一类工程：1号墩钢板桩围堰完成；9号墩完成围笼制造拼装196吨及下沉围笼的准备工作；試驗墩进行了3·6米和3·0米預应力钢筋混凝土管柱及3·0米钢管柱的下沉，均未下沉到标高；引桥基础打桩，計打Ø0·55米管桩24,182米(計划16,000米)，灌筑承台混凝土1,337方(計划2,387方)，即已完成了34个引桥桥墩的基桩，其中5个已灌注了混凝土承台。

机具购置，包括收到定貨机械255台，船舶21艘，局属桥梁机械制造厂自制机械191台。另，局內部調撥主要机械112台。

科学研究試驗和勘測設計工作完成的情况是：

科学試驗项目1959年計划37项，桥梁科学研究所自行担負的项目

·1·

为18项，正在进行的有12项，尚未进行的有6项；和外单位协作项目19项，至年終全部完成的項目有8項，正在进行尚未得出結果的有7项，未进行研究的有4项。

由于南京长江大桥工程在基础施工上技术的复杂性，在世界桥梁工程上没有任何先例，必須自行研究、試驗来解决，这些研究試驗的項目在桥梁科学上都是一些尖端項目。如：ø3.0米、3.6米用鋼筋和鋼絲的預应力管柱制造和下沉（入土48公尺）；250型震动打桩机的設計和試制；頁岩岩石深层承载力的研究；250級輕質混凝土；下沉大型沉井（入土43米）；跨度31.7米的铁路預应力鋼筋混凝土梁的設計試制；60～70米深水下混凝土的灌注；ø3.2米的鉆机和鉆头及利用放射性同位素测土壤密度等，都是世界各国研究机关成年累月正研究着或尚未研究的新問題。我們为了建設南京长江大桥的需要，必須鼓足干劲，在最短期間加以解决。

目前从已完成的項目来看，还是个关键性的問題，試驗的3根管柱下沉均未到岩盘，都发生了問題，正研究解决中；250型震动打桩机已試制成功；鉆ø3.2米鉆孔的鉆机，已有了設計尚未試制；1号墩大型沉井下沉的射水系統的研究尚未有結果；南京桥基础頁岩的强度不同，岩石深层承載的計算公式尚未得出；立面焊縫自动电焊机及深水切割研究尚未进行……必須加强这方面的工作和力量，猛攻技术关，为設計和施工提供科学的资料和可靠的方法。

勘測設計工作：勘探工作外业部分全部完成，地質报告9月已完成初稿，經地質专家鑑定，又进行了补充和修訂。

設計工作：初步設計1月份完成送部鑑定，淨空未定，有关的部分亦未定；淨空問題決定后又根据部的指示，修訂了初步設計，12月送部鑑定。

全桥施工設計累計完成68%。

施工詳图为保証目前施工进行，已完11項。

美术設計方案，初步設計已經完成送呈鑑定。 ·2·

从1959年完成情况看，基本上是良好的，但有几个较大的問題：

一、計划总额虽超额完成，但其中主要項目的完成情况不很好。如：拆迁中一部分綫路中心的房舍尙未拆出，影响明年引桥工程；三类工程中，輸电綫路、給水、道路、照明、通訊未按計划完成，影响明年工程的展开；生产、生活房屋未完成，影响工人陆續进場。主体工程中，1号墩开工、9号墩围籠制造提前了及引桥基础超額完成是好的，但試驗墩和其他試驗工程未完成，对于今后基础工程的設計和施工技术問題的解决有重大关系和影响。

二、机械购置的超額是因为計划列的投資数少，而实际需要的机械完成情况並不好，拖輪、9級高压水泵、30吨起重船、20m^3的空气压縮机、2，400千伏安的变压器、各种吊机、电动机和載重汽車等主要机械，以及車間用的大型机床等关鍵性的机械均未按計划買到，对于明年工程的全面展开也有较大的影响。同时，桥机厂的新厂建設尙未完成投入生产。

三、設計工作中，从工作进度来看，完成的工作量是很大的；但由于試驗墩和其他試驗工作未得到結果，对于正桥各墩的設計、1号墩的下沉深度，尙没有可靠的依据。初步設計和美术初步設計尙未得到批准，下一步的工作亦无依据。这是設計方面的主要問題。

（二）

1960年的計划，考虑到：⑴1959年工作完成的情况；⑵国家下达的投資数字；⑶实际的施工力量；⑷总的施工計划；⑸着溺的方向。初步安排了全年投資5，000万元的具体計划項目和全年的进度。

年度投資总数5，000万元。

建筑安装定为3，105万元，其中項目：

一、試驗墩全部完成，並包括其他研究試驗項目；

二、1号墩沉井下沉到标高－36·7米（争取下到－41米）；

·3·

三、2号墩鋼沉井圍堰下沉到河床；

四、7号墩鋼沉井圍堰下沉到河床；

五、9号墩进行到水下混凝土封底；

六、两岸引桥工程打桩10万米；

七、承台及墩身混凝土灌注4万立方；

八、架設預应力梁90片；

九、三类工程全部完成，包括：工地生产、生活房屋124,000平方米，道路、电力、給水、通訊、照明。

投資外預备項目：

(一)爭取第5个墩开工；

(二)引桥打桩1万米，混凝土灌注5,000方，預应力梁10片。

这主要看机具設备和材料供应情况，国家如有可能給以增加，到三季度时即予增列，爭取提前完成。

机具购置列1,600万元。按目前需要提出的件名計算，約需3,000万元，为了保証高速度施工，不拟压縮，仍按計划項目申請国家分配和自制。总概算机具設备費为5,915万元，今明两年共4,253万元，还有今后几年仍需增添一部分机具設备，超过了很多，但估計到南京长江大桥完工前，另一长江大桥必将开工，机具可轉出一部分，作为新工程項下使用。

其他列295万元。

这样分配，首先保証了关鍵工程（江心基础部分）能按施工总进度表进行，而且可以在工程进行順利和国家分配材料、机械充足的情况下，多做一部分工程，更有效地保証工期。

在进度方面，总的輪廓是：

(一)第一季度应着重三类工程的継續完成和試驗墩及其他試驗工作的完成，1号墩継續施工，9号墩开工。

(二)第二季度应着重在三类工程的全部完成、試驗墩及其他試驗工作完成，

·4·

技术設計的全部完成和1、9号墩継續施工。

(三)第三季度为洪水及台风季节，工程重点是2号墩和7号墩开工的一切准备工作、桥台及引桥工程和1、9号墩継續施工，並作到能安全渡过洪水和台风。

(四)第四季度是正式开工后的工程全面展开的局面，江心有1、2、7、9四个桥墩同时施工，两岸引桥和桥台継續施工，部分引桥预应力梁进行架設；鋼梁应开始制造。

在机具供应上，1960年尚需补充926台，一季度急需解決：

⑴变压器2，400千伏安35／6千伏3台

⑵　〃　〃　6／0.4千伏3台

⑶高压水泵（9級）20台

⑷履带吊机8台

⑸轨道吊机2台

⑹汽車起重机4台

⑺电动葫芦10台

⑻各型电动机178台

⑼載重汽車38辆

⑽主施工計划报告书上表Ⅳ(十)所列的18台制造車間主要設备

⑾800～1,000匹馬力拖輪1艘。

同时，必須爭取桥梁机械制造厂在一季度基本建成投入生产，因为大桥所需的机械相当大的部分是自制，1960年自制机械产值約800万，該厂如不建成投入生产，影响极大，第⑽项大型車間設备即为装备該厂所用。有了这少数的大型設备，很多机械即可自制不需国家分配了。这是迫切需要解決的問題。

在材料供应上，1960年所需鋼材为26,000吨。其中，鉄口最

大的有：薄鋼板，全年需1，500吨，作預应力梁、脊線、鋼沉井圍堰等用。鋼管全年需538吨，作风管、水管、蒸汽管、射水管之用。鋼絲繩全年需529吨，其中37%以上的占50%，为了江心抛錨和起吊围籠管柱等重物所用。高强度鋼絲，全年需850吨，要求的强度为17，000公斤/平方公厘，这是引桥預应力梁需用的，特别是部鑑定委員会提出引桥載重提为中26級，非这样高的强度才能解决問題。合金电焊条全年約需5吨，为制造修理大鉆头用。銅料30吨。矽鋼片40吨。

为了工地布置全部完成，1959年有19.5公里鋼軌未到，1960年尚需12.2公里，共需31.7公里，輕便軌50公里，1959年亦全部未解决，考虑到一年有几十万吨物质的运輸，特别是重軌是非常需要的，不然将使用巨量的人力来进行运搬。

鋼板桩500吨，国外訂貨尚未进口。

1960年需要木材19，200立方，水泥27，000吨，这在数量上問題可能不大，但在質量、品种、产地上均尚有些問題。

其他特种材料方面，有高压胶管，要求60公斤以上压力的30，000米，需要国家指定专門工厂承制，才能解决。氧气瓶需500个，国内工厂不能制造，需国外訂貨。

航空机油30吨，供压风机使用，中央不分配，解决不了。

此外，焦炭1，000吨，軸承9，774套，为自制机械用，也不好解决。电纜106公里，为江心工程各桥墩施工供电所用，也需中央分配才能解决。

1960年，是南京长江大桥正式开工的一年，不論在技术問題上和物質供应問題上，都还有不少問題需要加以解决。为实现开門紅和紅到底的要求，首先必須在党的領导下，政治掛帅，充分发动群众，猛攻技术关，大搞技术革命和技术革新，以实現全面的机械化，才能做到不間断的施工（没有没解决的技术問題拦路）和高速度的施工。我們相信，在中央和省、市亲切

·6·

关怀及全国支援下，經过我們本身的努力，一定能够得到解决，使南京长江大桥能按照計划进行施工，多快好省地完成国家任务。

1959年12月31日

·7·

中共江苏省委关于召开党的四届一次代表大会致大桥局党委的通知

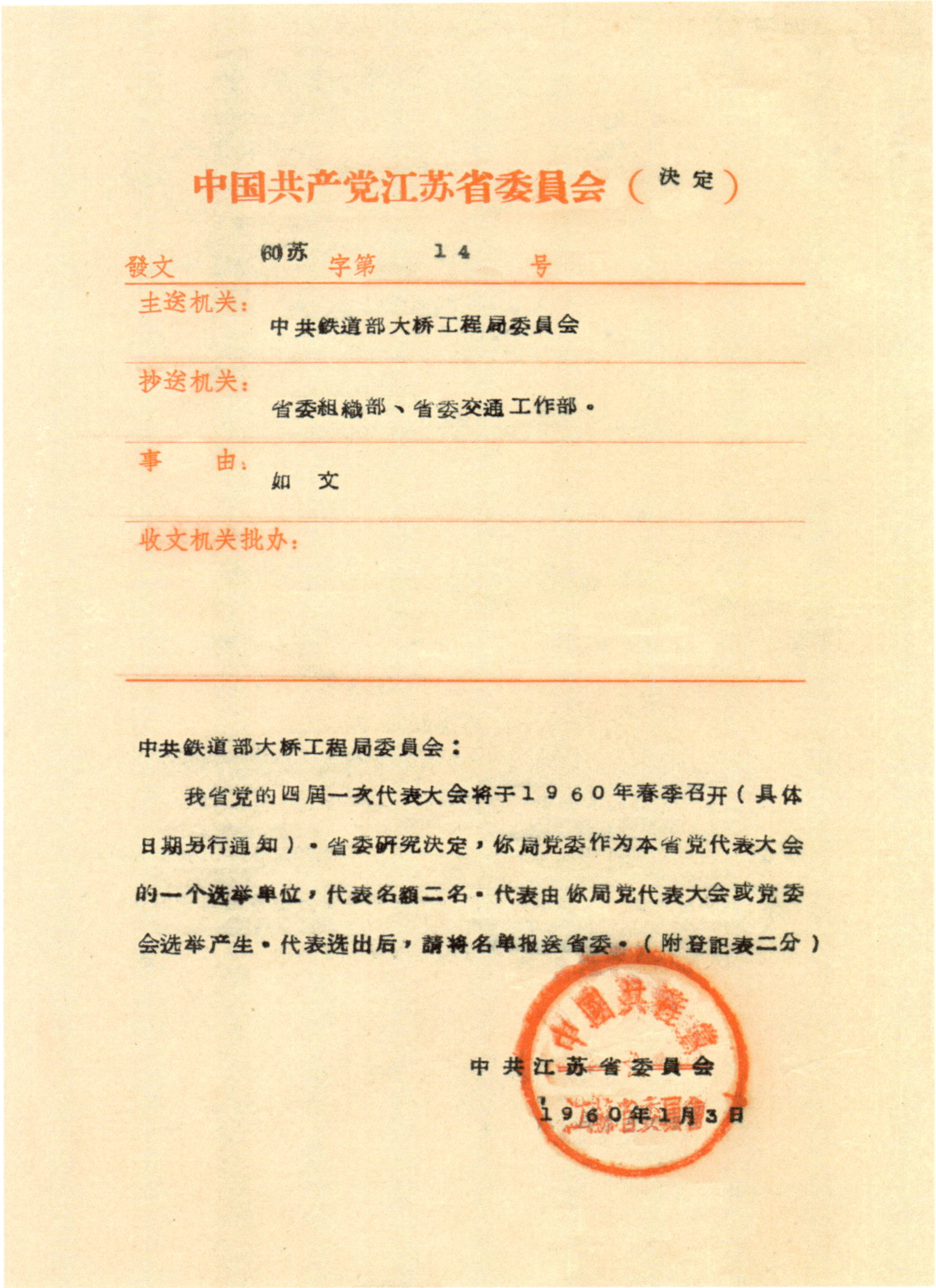

中国共产党江苏省委员会（决定）

發文 (60)苏 字第 14 号

主送机关：中共鉄道部大桥工程局委員会

抄送机关：省委組織部、省委交通工作部。

事　由：如　文

收文机关批办：

中共鉄道部大桥工程局委員会：

我省党的四届一次代表大会将于1960年春季召开（具体日期另行通知）。省委研究决定，你局党委作为本省党代表大会的一个选举单位，代表名額二名。代表由你局党代表大会或党委会选举产生。代表选出后，請將名单报送省委。（附登記表二分）

中共江苏省委員会

1960年1月3日

铁道部报送南京长江大桥初步设计意见

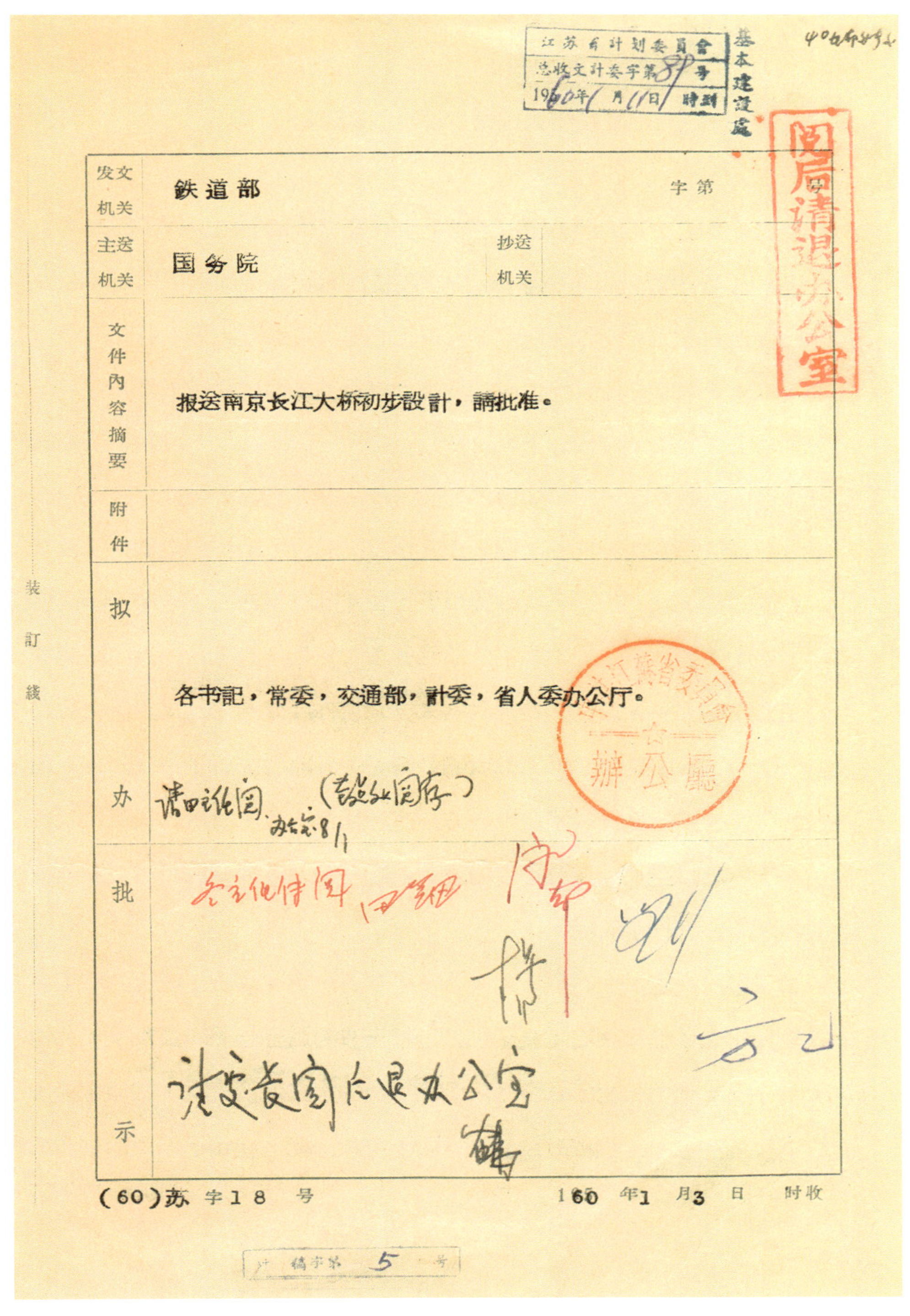

江苏省计划委员会 基本建设处
总收文计委字第89号
1960年1月11日 時到

阅后请退办公室

发文机关	鉄道部		字第 号
主送机关	国务院	抄送机关	
文件內容摘要	报送南京長江大桥初步設計，請批准。		
附件			
拟办	各书記，常委，交通部，計委，省人委办公厅。 请田(?)圈阅。(最后送(?)阅存) 办公室 8/1		
批示	请送交省办公室		

江苏省委员会办公厅

(60)办 字18 号 1960 年1 月3 日 时收

稿字第 5 号

中华人民共和国铁道部

铁鑑刘(59)字第　3536号

报送南京长江大桥初步設計請批准由

国务院：

我部于1956年起，即着手对下游長江大桥的桥址进行了勘查。1958年8月与有关各部門一起，研究下游長江大桥修建問題，确定了設計原則並已报告国务院。同时还指定了大桥工程局負責設計施工，並在省市委的領导下成立了南京長江大桥建設委員会，进行施工前的准备工作。

大桥工程局在党的領导下，坚持政治掛帅、依靠群众，运用了修建武汉長江大桥的經驗，在短期內編好了初步設計。在編制設計过程中，由中国科学院技术科学部协助吸收了全国三十几个設計单位，研究单位和大学院校参加，广泛动員群众提方案，共計提出了正桥上部結构方案39个、下部結构方案10个、美术方案图40幅；並召开了有使用、施工、設計、研究等单位的工人、专家一、二百人参加的两次技术协作会议。經过反复研究提出了初步設計方案。1959年1月我們邀請有关各部門进行了审查鑑定，因为在設計以前曾广泛地征求意見，多方面进行研究比較，設計的質量比較好；除去桥下通航淨空尺寸与交通部的意見未能一致外，对于該桥的建設規模、主要技术条件都作了决定。

桥下通航淨空尺寸問題于1959年9月决定。大桥工程局的职工在党的八届八中全会提出反右傾鼓干勁开展增产节約运动号召的鼓舞下，发揮了极大的干勁。他們根据10个月来繼續搜集的水文地質資料，按照中央和部鑑定会议的决定，对該桥的設計进行了检查和修正，提出了修改的初步設計

—1—

文件及施工計划报告书。又南京長江大桥的美术方案在两次技术协作会議上肯定了塔式桥头堡的形式，並建議由南京工学院进行設計，嗣后又根据鑑定会議意見和省市的意見进行了补充，提出美术方案的初步設計。此外大桥工程局还正在进行施工前的准备和必要的試驗工作，这些試驗工作是与大桥正式施工相結合的。

南京長江大桥是一座比武汉長江大桥更大更难修的桥，它的特点是基础深、技术新、桥高、桥長、工程量大。由于水深复蓋层厚，該桥基础深度达７７．５米，超过曾經号称世界最深基础的美国旧金山海灣大桥。該桥基础施工采用比武汉長江大桥还大的鋁管柱，鋼梁采用低合金鋼制造，引桥是用大跨度預施应力鉈梁，这些都是世界水平的新技术。桥梁的高度由桥头堡上的宝頂至最深的管柱底面达１４４米，桥下还可以常年通航５０００吨海輪。該桥正桥長１５７４米，連同两岸引桥共長５９２２米，将成为亚洲現在最長的桥梁，即在世界上目前也是少有。該桥所用鋼材数量、水泥及混凝土的数量很大，为武汉長江大桥的２．５～３倍。根据初步設計及施工計划該桥将于１９６０年１０月开始施工，預計１９６４年１１月全桥建成通車，工期为４９个月。全桥造价为２７３７４万元。兹将編成这座大桥的設計概要，隨文附上参攷。对于这个初步設計我們又进行了一次审查，提出如下改善意見：

一、鉄路引桥設計載重等級改为中２６級。

二、第一号桥墩基底改为爭取下沉至标高－５１米，施工时如下沉困难达不到这个标高时另行决定。

我們認为这座大桥的設計文件質量很好，施工計划切实可行，美术方案

—2—

也很恰当。由于这座大桥的工程意义重大、技术复杂、所需的特殊机具材料很多，为解决建桥中所需的机具材料、劳力调配、交通运输等問題，希望中央給予大力支持，並批轉各有关部門大力协助。

我們深信在党的領导下，有全国各部門的大力协作和支援，只要坚持政治掛帅，貫彻执行党的社会主义建設总路綫，貫彻执行全党全民办鉄路的方針，反右傾，鼓干劲，大搞群众运动，大闘技术革命和技术革新，这座大桥是完全可以質量良好地建成，並且还可能提早建成。

附：南京長江大桥設計概要；

南京長江大桥初步設計；

南京長江大桥施工計划报告书；

南京長江大桥美术方案初步設計。

（交通部、軍交部、海軍部仅有初步設計主要文件一分；冶金部、一机部仅有初步設計主要文件一分、施工計划报告书一分；江苏省委、南京市委、大桥指揮部、大桥局均无附件）。

中华人民共和国鐵道部

1959年12月29日

抄：国家計委、国家建委、交通部、冶金工业部、第一机械工业部、軍事交通部、海軍司令部、中共江苏省委会、中共南京市委会、南京長江大桥工程指揮部、大桥工程局。

—3—

南京长江大桥工程指挥部关于南京长江大桥工程长期规划的意见

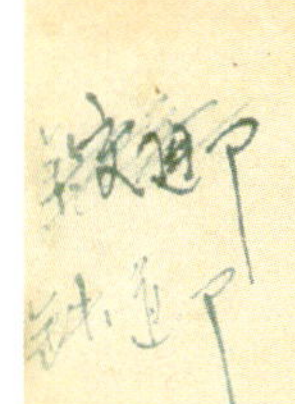

江苏省計划委員會
总收文計委字第323号
1960年1月27日 時到

本建議處

南京长江大桥工程指揮部
提出南京长江大桥工程长期規划的意見

宁桥計60字第002号

江苏省計划委員会：

你委計基田60字第11号函要求提出基本建設长期規划的意見，兹将我部南京长江大桥工程1960年—1962年基本建設規划意見表1份（詳見附件）請予鉴核。

南京长江大桥工程指揮部

1960年1月25日

抄送：計划处

铁道部南京长江大桥工程指挥部关于大桥桥头设计三个方案致中共江苏省委、南京市委报告

发文机关	铁道部南京长江大桥工程指挥部		字第 号
主送机关	省委、市委。	抄送机关	
文件内容摘要	南京长江大桥桥头设计，已最后评审三个方案。现在南京工学院陈列，打算四月五日前将设计图纸送部审核。请江、彭及省市领导同志去抽空看看。		
附件			
拟办	请书记们阅 文 1/4		
批示			

60字14号　　　　1[illegible]年4月[illegible]日　时收

鉄道部大桥工程局

中央江苏省委　南京市委：

南京长江大桥美术設計方案，根据吕付部长在上海向中央汇报后的指示，我局与中国建筑学会进行了联系，委托該会广泛向全国各主要建筑設計单位及高等学校建筑院系征求新的桥头美术方案設計。有南京工学院、同济大学、上海民用建筑設計院、华东工业建筑設計院、江苏城市建筑設計院、南京城市建設局設計院、清华大学、建筑科学研究院、鉄道部专业設計院、北京城市规划局設計院、重庆工程学院、西北工业建筑設計院、广东省設計院、西南工业建筑設計院、华南工学院、北京工业建筑設計院、中南工业建筑設計院等17个单位共提出58个新方案，图紙144張。这些新方案丰富多采，琳琅满目。

同时，又联系中国建筑学会，由該会指定付理事长、南京工学院付院长楊廷宝以及刘敦楨（南京工学院教授）、童寯（南京工学院教授）、吳景祥（同济大学建筑系主任）、方山寿（西北工业建筑設計院总建筑师）、張镈（北京城市规划局設計院总建筑师）、鲍鼎（武汉市城市规划委員会主任）、代念慈（北京工业建筑設計院总建筑师）、陈植（上海民用建筑設計院院长）赵深（华东工业建筑設計院付院长）、哈雄文（哈尔濱工学院建筑系主任）、陈伯齐（华南工学院建筑系主任）等共計12位建筑专家組成了南京长江大桥美术方案設計評审委員会，由楊廷宝主持于3月19日至3月22日在南京召开了方案討論会（实到楊廷宝、刘敦楨、童寯、吳景祥、方山寿、張镈、鲍鼎、代念慈8人）。

經这次会議分析研究的結果，指出了七个方案作为参考方案并認为其中三个方案可作为探討桥头建筑形式的基础，交原設計单位按照討論会所起草見加以研究改进，提出补充方案，估計約10天左右可完成。我局拟于下月5日前后將全部設計方案图紙送部，希轉請中央审閱，以便确定方案而利施工。

这些新方案均在南京工学院陈列，請江书記、彭书記及省市其他領导同志抽空去看看，并請提出意見和指示，我們好进行工作。

此　致

敬　禮

1960年3月29日

国家计委对南京长江大桥设计的意见

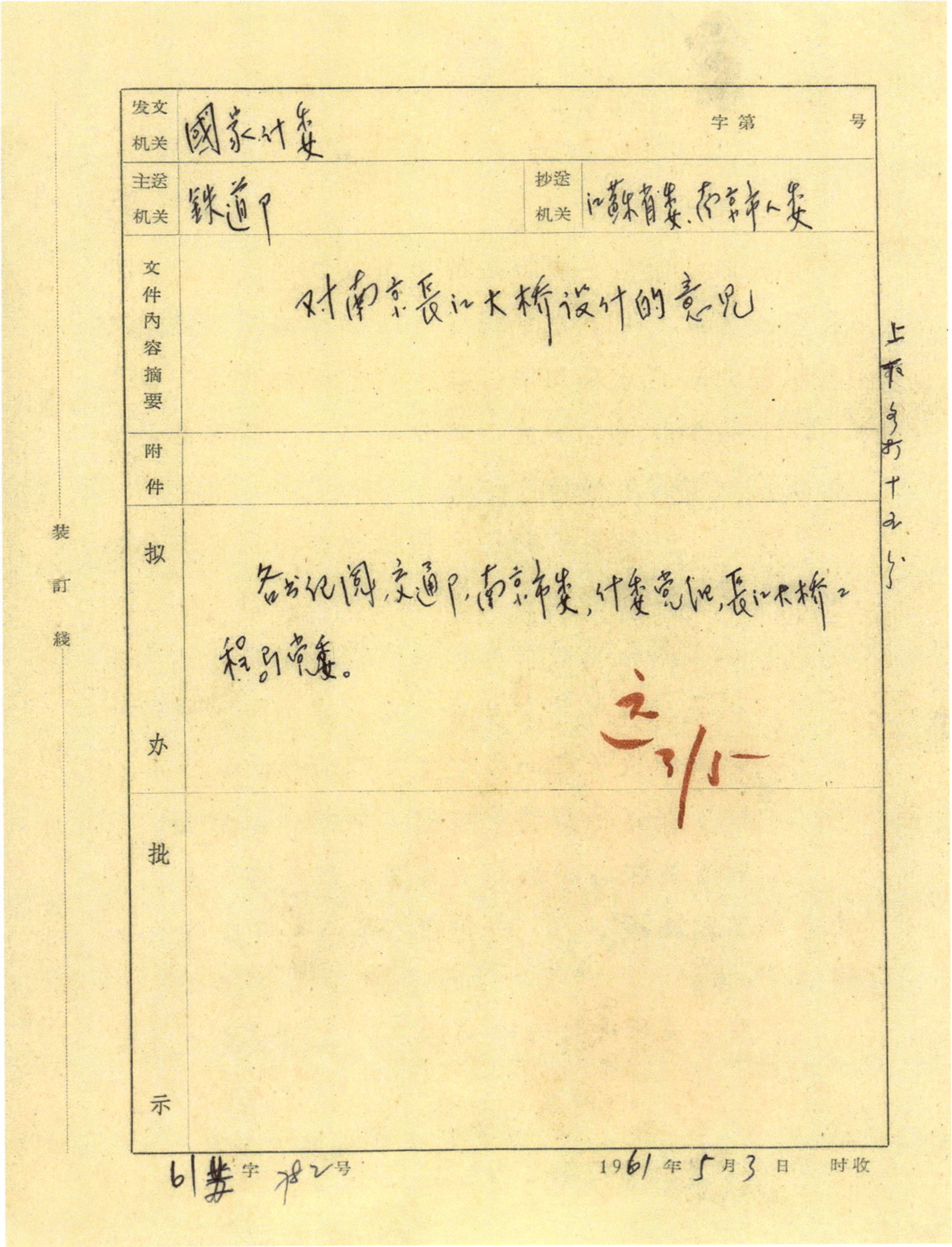

发文机关	國家计委		字第 号
主送机关	铁道部	抄送机关	江苏省委、南京市人委
文件内容摘要	对南京長江大桥设计的意見		
附件			
拟办	各书记阅，交通部、南京市委、计委党组、長江大桥工程局党委。 之 7/5		
批示			

上报多打十五份

61委字782号　1961年5月3日 时收

計交渠字526号

对南京长江大桥設計的意见

铁道部：

你部报請国务院审批的南京长江大桥初步設計及鉄密鉴武（60）字第2333号前国家建委的施工設計鉴定意见均悉，經研究后，提出以下意见：

（一）桥位、桥式、载重等级、上下部結构及总預算，均同意你部的意见。

（二）铁路引桥长度，同意你部会同江苏省委研究的在浦口岸延长883米的意见。

（三）公路引桥坡度問題，同意采用3.5%，連續坡长不应超过500米，在兩岸公路引桥的中部，各插入一段长度不小于50米的平坡。

（四）长江兩岸防护問題，同意你部意见。

（五）高压电力綫在大桥上过江問題，水利电力部因工期配合不上，已同意不在大桥上架設輸电綫。

（六）关于大桥的建成时間，在計划中，再行确定。

国家計划委員会

1961年4月27日

抄：总参軍事交通部、交通部、水电部、江苏省委、南京市人委。

二

地质报告

南京长江大桥水质分析综合表——浦口—大厂水文地质勘探工程

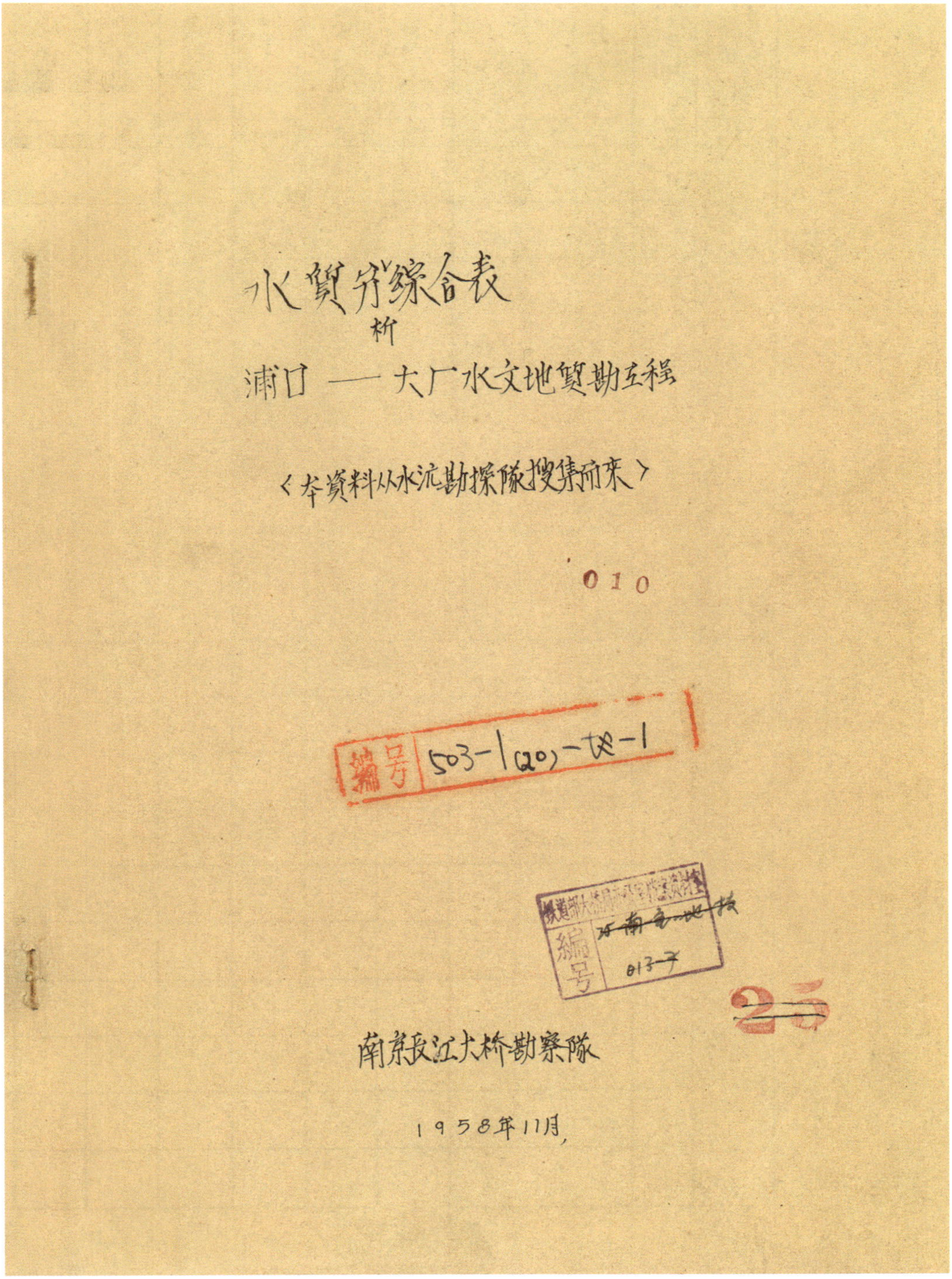
水質分析綜合表

浦口——大厂水文地質勘探工程

〈本資料从水流勘探隊搜集而來〉

010

編号 503-1(20)-

南京長江大桥勘察隊

1958年11月

P:

含水层颗粒分析登

钻孔编号	实验室编号	取样深度 自～至（公尺）	颗粒直径（公厘）									
			>100	100~80	80~60	60~40	40~20	20~10	10~4	4~2	2~1	
1	2	3	4	5	6	7	8	9	10	11	12	13
2	1	28.00—29.00										
	2	32.00—33.00										3
	3	38.00—39.00								6.4	5.9	8.
	4	43.00—45.50									7.7	0.
	5	48.50—49.50						5	13	18.2	24.2	16.
	6	51.50—52.50						9.4	17.9	19.7	19.7	10.
	7	57.00—58.00						35.8	11.5	12.4	13.9	17.
	8	61.00—62.00						13	15.8	24.3	21	9.
	9	67.00—68.00						23	16.8	16.6	20.4	8.8
5	1	25.00—26.00										
	2	30.00—31.00										
	3	36.00—37.00										
	4	39.00—40.00									3.8	0.
	5	41.50—42.00									4.9	5.
	6	44.00—45.00								0.3	1.8	1.
61	1	31.00—32.00								0.1	0.9	0.
	2	35.00—36.00							0.6	1.2	2.0	1.
	3	41.00—42.15							2.0	19.4	24.6	9.

制表　　　　检查

表　　工程名称：

(%)				总 数							不均匀係数	土壤名称
0.25~0.10	0.10~0.05	<0.05	統計	卵石	砾石	砾砂	砂	尘土	d_{10}	d_{60}		
15	16	17	18	19	20	21	22	23	24	25	26	27
78.9	19.6					100						细砂
81.6	13.8					100						〃 〃
62.9	15				6.4	93.6						〃 〃
50.4	12.8					100						〃 〃
9.4	1.2				36.2	63.8						砾砂
9.8	0.9				47.0	53.0						〃 〃
6.3	0.9				59.7	40.3						砾石
5.1	2.0				53.1	46.9						〃 〃
4.8	1.1				58.4	41.6						砾石
51.5	48.5					100						细砂
72.5	26.5					100						〃 〃
7.8	19.1					100						细砂
65.5	25.8					100						〃 〃
62.6	9.9					100						〃 〃
77.2	11.3				0.8	99.2						细砂
84.3	1.8				0.1	99.9						〃 〃
48.8	1.7				1.8	98.2						〃 〃
1.0	0.4				21.4	78.6						砾砂

审核

判断：从分析结果视之此水没有腐蚀性，故不必防腐之设备。

材料室
化学组. 58.11.22.

南京水利科学研究所
材料结构研究室

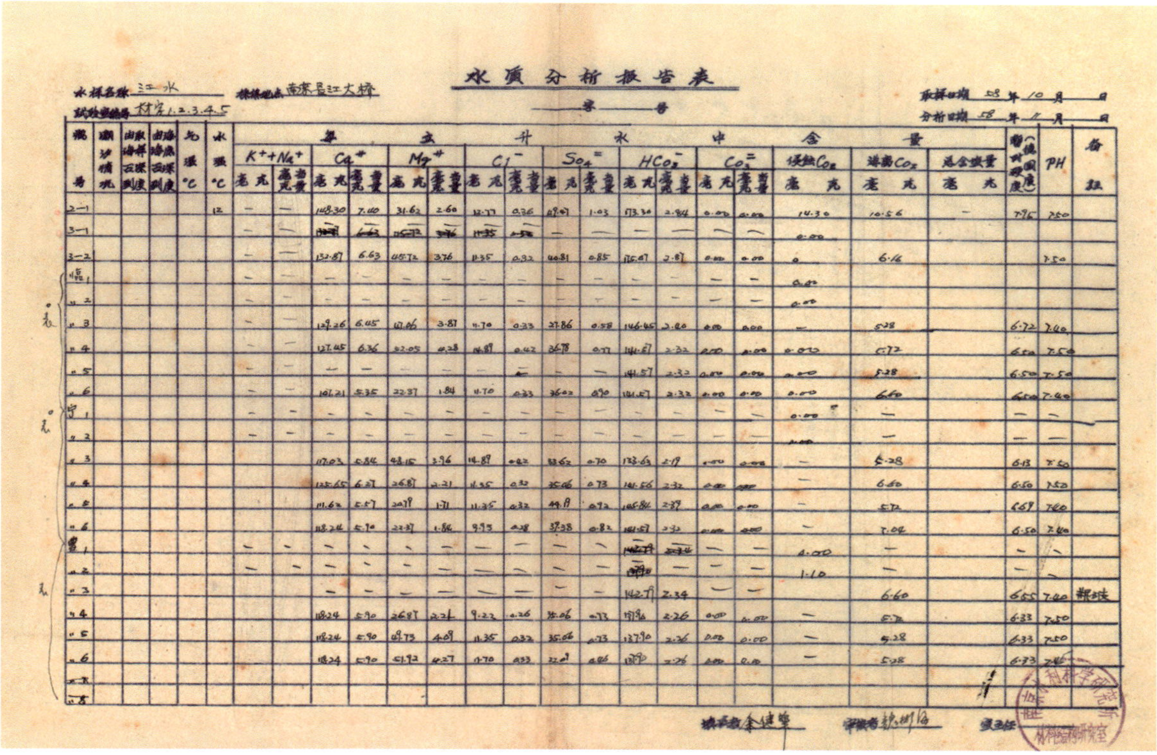

水质分析报告表

水样名称 江水　取样地点 南京长江大桥

试验室编号 材字1.2.3.4.5　字 号

取样日期 58年10月 日

分析日期 58年11月 日

编号	含沙情况	由取样至试验历时	由试验至分析历时	气温 °C	水温 °C	K^++Na^+ 毫克	K^++Na^+ 毫克当量	Ca^{++} 毫克	Ca^{++} 毫克当量	Mg^{++} 毫克	Mg^{++} 毫克当量	Cl^- 毫克	Cl^- 毫克当量	$SO_4^=$ 毫克	$SO_4^=$ 毫克当量	HCO_3^- 毫克	HCO_3^- 毫克当量	$CO_3^=$ 毫克	$CO_3^=$ 毫克当量	侵蚀CO_2 毫克	游离CO_2 毫克	总含铁量 毫克	暂时硬度(德国度)	PH	备注
2-1					12	—	—	148.30	7.40	31.62	2.60	12.77	0.36	49.47	1.03	173.30	2.84	0.00	0.00	14.30	10.56	—	7.95	7.50	
3-1						—	—	~~[illegible]~~	~~6.63~~	~~115.72~~	~~3.76~~	~~11.35~~	~~0.32~~	—	—	—	—	—	—	0.00					
3-2						—	—	132.87	6.63	115.72	3.76	11.35	0.32	40.81	0.85	175.07	2.87	0.00	0.00	0	6.16			7.50	
临1						—	—	—	—	—	—	—	—	—	—	—	—	—	—	0.00					
〃2						—	—	—	—	—	—	—	—	—	—	—	—	—	—	0.00					
〃3						—	—	129.26	6.45	47.06	3.87	11.70	0.33	27.86	0.58	146.45	2.40	0.00	0.00	—	5.28		6.72	7.40	
〃4						—	—	127.45	6.36	52.05	4.28	14.89	0.42	36.78	0.77	141.57	2.32	0.00	0.00	0.00	5.72		6.50	7.50	
〃5						—	—	—	—	—	—	—	—	—	—	141.57	2.32	0.00	0.00	0.00	5.28		6.50	7.50	
〃6						—	—	107.21	5.35	22.37	1.84	11.70	0.33	36.02	0.90	141.57	2.32	0.00	0.00	0.00	6.60		6.50	7.40	
宁1						—	—	—	—	—	—	—	—	—	—	—	—	—	—	0.00	—		—	—	
〃2						—	—	—	—	—	—	—	—	—	—	—	—	—	—	0.00	—		—	—	
〃3								117.03	5.84	48.15	3.96	14.89	0.42	33.62	0.70	133.63	2.19	0.00	0.00	—	5.28		6.13	7.50	
〃4								125.65	6.27	26.87	2.21	11.35	0.32	35.06	0.73	141.56	2.32	0.00	0.00	—	6.60		6.50	7.50	
〃5								111.62	5.57	20.78	1.71	11.35	0.32	44.17	0.92	145.84	2.39	0.00	0.00	—	5.72		6.69	7.60	
〃6								118.24	5.90	22.37	1.84	9.93	0.28	39.38	0.82	141.57	2.32	0.00	0.00	—	7.04		6.50	7.40	
[illegible]1						—	—	—	—	—	—	—	—	—	—	~~142.77~~	~~2.34~~	—	—	0.00	—		—	—	
〃2						—	—	—	—	—	—	—	—	—	—	~~[illegible]~~	—	—	—	1.10	—		—	—	
〃3								—	—	—	—	—	—	—	—	142.77	2.34	—	—		6.60		6.55	7.40	新鲜
〃4								118.24	5.90	26.87	2.21	9.22	0.26	35.06	0.73	137.96	2.26	0.00	0.00	—	5.72		6.33	7.50	
〃5								118.24	5.90	49.73	4.09	11.35	0.32	35.06	0.73	137.90	2.26	0.00	0.00	—	5.28		6.33	7.50	
〃6								118.24	5.90	51.92	4.27	11.70	0.33	22.09	0.46	137.90	2.26	0.00	0.00	—	5.28		6.33	7.45	
〃7																									
〃8																									

填表者 余建华　审核者 孙树海　室主任

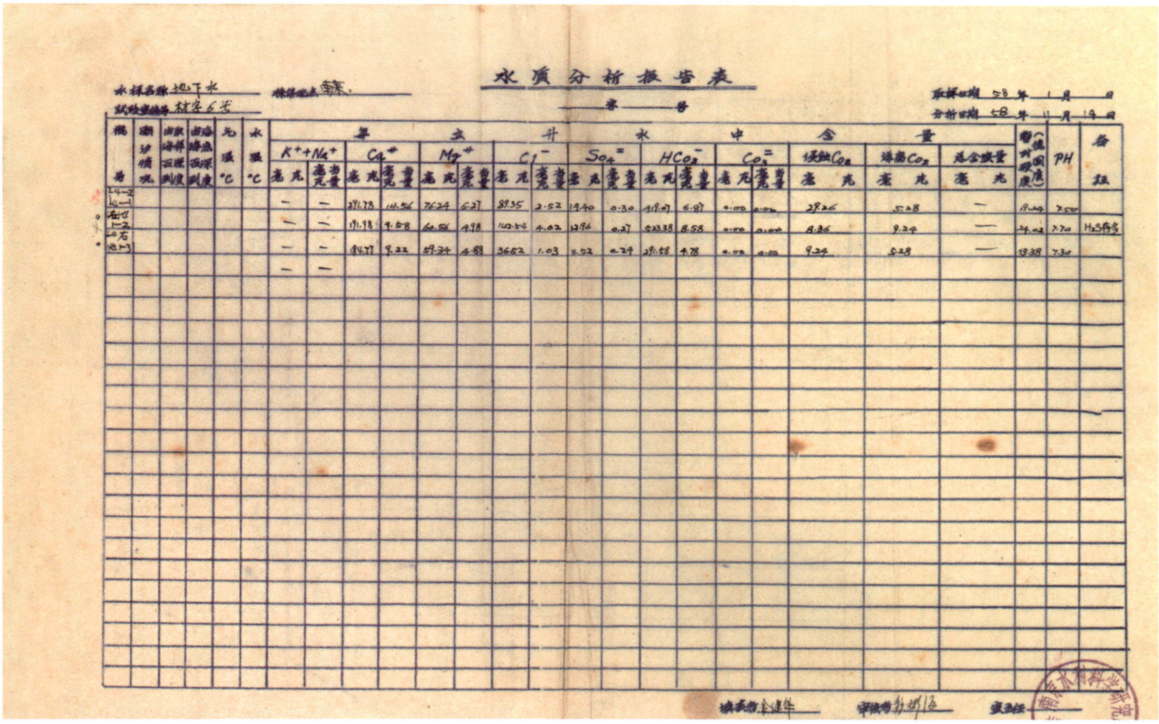

水质分析报告表

水样名称 地下水　取样地点 南京

试验室编号 材字6号　字 号

取样日期 58年1月 日

分析日期 58年11月14日

编号	含沙情况	由取样至试验历时	由试验至分析历时	气温 °C	水温 °C	K^++Na^+ 毫克	K^++Na^+ 毫克当量	Ca^{++} 毫克	Ca^{++} 毫克当量	Mg^{++} 毫克	Mg^{++} 毫克当量	Cl^- 毫克	Cl^- 毫克当量	$SO_4^=$ 毫克	$SO_4^=$ 毫克当量	HCO_3^- 毫克	HCO_3^- 毫克当量	$CO_3^=$ 毫克	$CO_3^=$ 毫克当量	侵蚀CO_2 毫克	游离CO_2 毫克	总含铁量 毫克	暂时硬度(德国度)	PH	备注
L4-2 L4-1						—	—	291.78	14.56	76.24	6.27	89.35	2.52	19.40	0.30	419.07	6.87	0.00	0.00	29.26	5.28	—	19.24	7.50	
石世 1-2						—	—	191.98	9.58	60.56	4.98	142.54	4.02	12.96	0.27	523.38	8.58	0.00	0.00	8.36	9.24	—	24.02	7.70	H_2S气多
L4石 世1-3						—	—	184.77	9.22	59.34	4.88	36.52	1.03	11.52	0.24	291.58	4.78	0.00	0.00	9.24	5.28	—	13.38	7.30	
						—	—																		

填表者 余建华　审核者 孙树海　室主任

水 質

水样名称________________ 采集地点________________

試驗室編号________________

瓶号	潮汐情况	由取样面深到度	由海底面深到度	气温 ℃	水温 ℃	每立… $K^+ + Na^+$ 毫克	$K^+ + Na^+$ 毫克当量	Ca^{++} 毫克	Ca^{++} 毫克当量	Mg^{++} 毫克	Mg^{++} 毫克当量	C－ 毫克	毫克…
粮-1/2		0.5	运河粮口	—	—	/	/	217.03	10.83	66.15	5.44	67.37	1.
惠-1/2		"	惠民河口	—	—	/	/	97.39	4.86	23.83	1.96	18.79	0.
煤-1/2		"	煤炭港口	—	—	/	/	105.21	5.25	21.89	1.80	14.18	0.
L6-1 (1-2#)		4.70	浦口岸	—	—	/	/	154.11	7.69	60.56	4.98	33.68	0.
L6-北 (1-2#)		0.50	"	/	—	/	/	209.62	10.46	50.95	4.19	29.78	0.
L5-1/2		4-5	南京岸	/	—	/	/	66.33	3.31	30.52	2.51	18.15	1.
L5右沙 (1-2#)		0.5	"	/	/	/	/	53.11	2.65	18.60	1.53	80.49	2.
L5左沙 (1-2#)		"	"	/	/	/	/	88.38	4.41	31.62	2.60	164.18	4.
浅8-1		28.00	浦口岸引线	/	/	/	/	101.60	5.07	23.23	1.91	65.60	1.
浅8		5.83	浦口岸	/	/	/	/	126.25	6.30	27.00	2.22	64.89	1.
武3-1/2		2-2.5	22戴村	/	/	/	/	89.38	4.46	14.96	1.23	29.08	0.
浅9-1/2		2.0	南京岸	/	/	/	—	159.72	7.97	28.33	2.33	9.22	0.
浅4北 1-2		0.5	南京岸	/	/	/	/	37.68	1.88	12.65	1.04	71.63	2.
浅4-1		10.0-12.00	"	/	/	/	/	95.19	4.75	18.12	1.49	101.77	2.
浅11-1		4.54	浦口岸	/	/	—	—	142.89	7.13	39.76	3.27	7.80	0.
五元 浅5水塘		34.00	張家山	/	/	—	—	47.70	2.38	18.24	1.50	58.86	1.
浅5		"	"	/	/	—	—	47.09	2.35	18.73	1.54	58.86	1.
浅12		1.45	浦口岸	/	/	—	—	140.48	7.01	36.72	3.02	7.08	0
L8-1/2		0.86	"	/	—	—	—	134.47	6.71	37.94	3.12	8.51	0
浅6-1/2		"	南京岸	/	—	—	—	17.84	0.89	9.00	0.74	8.51	0

析报告表

字________号

取样日期______年______月______日

分析日期______年______月______日

水中含量									暂时硬度(德国度)	PH	备註
$SO_4^{=}$		HCO_3^{-}		$CO_3^{=}$		侵蚀CO_2	游离CO_2	总含盐量			
克	毫克当量	毫克	毫克当量	毫克	毫克当量	毫克	毫克	毫克			
6	0.18	333.78	5.47	—	—	9.02	34.76	—	15.32	7.30	11月18日分析
[illegible]	0.21	169.64	2.78	—	—	11.44	10.56	—	7.78	7.30	〃
6	0.18	126.92	2.08	—	—	2.64	5.28	—	5.82	7.65	〃
.1	0.75	233.71	3.83	—	—	4.62	5.28	—	10.72	7.90	11月22日分析
4	0.28	252.62	4.14	—	—	18.70	10.56	—	11.59	7.30	〃
7	0.57	331.34	5.43	—	—	0.66	15.84	—	15.20	7.50	11月27日分析
4	0.18	195.87	3.21	8.70	0.29	23.56	没有	—	9.80	8.40	〃
5	0.48	278.86	4.57	11.90	0.13	6.16	没有	—	14.28	8.80	〃
39	1.57	377.71	6.19	—	—	没有	34.76	—	17.33	7.20	〃
76	2.39	22.58	0.37	—	—	没有	21.12	—	1.04	7.45	12月3日分析
25	0.48	368.56	6.04	—	—	没有	42.68	—	16.91	7.30	〃
27	4.40	450.94	7.39	—	—	没有	23.76	—	20.69	7.90	12月4日分析
93	0.79	152.55	2.50	—	—	2.10	7.92	—	7.00	7.50	〃
61	0.70	240.42	3.94	—	—	没有	21.12	—	11.03	7.25	〃
.67	2.18	595.56	9.76	—	—	没有	~~88~~ 98.56	—	27.33	6.90	12月16日分析
37	0.82	219.06	3.59	—	—	5.28	10.56	—	10.05	7.30	〃
.81	0.85	215.40	3.53	—	—	3.52	7.92	—	9.88	7.45	〃
25	4.36	439.34	7.20	—	—	没有	89.32	—	20.16	6.85	12月18日分析
3.37	3.09	526.00	8.62	—	—	1.32	80.08	—	24.14	6.95	〃
3.73	0.39	128.75	2.11	—	—	25.26	34.76	—	5.91	6.65	〃

填表者 王[illegible]　　审核者 魏林[illegible]　　室主任 陈[illegible]

水

水样名称________ 采集地点________

試驗室編号________

瓶号	潮汐情况	由取海样面深到度	由海海底面深到度	气温 ℃	水温 ℃	每立 K⁺+Na⁺ 毫克	K⁺+Na⁺ 毫克当量	Ca^{++} 毫克	Ca^{++} 毫克当量	Mg^{++} 毫克	Mg^{++} 毫克当量	C⁻ 毫克	毫克…
L2-1								20.64	1.03	4.50	0.37		
宁3								32.46	1.62	13.38	1.10		
宁4								17.43	0.87	3.77	0.31		
宁5								15.43	0.77	2.92	0.24		
宁6								16.43	0.82	3.16	0.26		
L3-2								36.87	1.84	23.46	1.93		
臨3								17.84	0.89	6.57	0.54		
臨4								35.47	1.77	14.47	1.19		
臨6								14.83	0.74	3.16	0.26		
L6-1 (L6-1)								53.11	2.65	1.70	0.14		
L6-[illegible]								58.31	2.91	14.11	1.16		
粮仁2								60.32	3.01	24.56	2.02		
惠仁2								27.05	1.35	6.54	0.54		
缘仁2								29.26	1.46	6.08	0.50		
曹4								16.43	0.82	3.77	0.31		
曹5								16.83	0.84	6.93	0.57		
曹6								16.83	0.84	7.17	0.59		
L4-1								81.16	4.05	21.16	1.74		
L4 钻池-1								53.31	2.66	16.78	1.38		
L4-右池-1								51.30	2.56	16.34	1.36		

析报告表

_字__________号

取样日期______年______月______日

分析日期______年______月______日

水中含量									暂时硬度（德国度）	PH	备註
$SO_4^{=}$		HCO_3^{-}		$CO_3^{=}$		侵蚀CO_2	游离CO_2	总含盐量			
克	毫克当量	毫克	毫克当量	毫克	毫克当量	毫克	毫克	毫克			

填表者 魏树海　　审核者__________　　室主任__________

南京长江大桥初勘工程地质报告

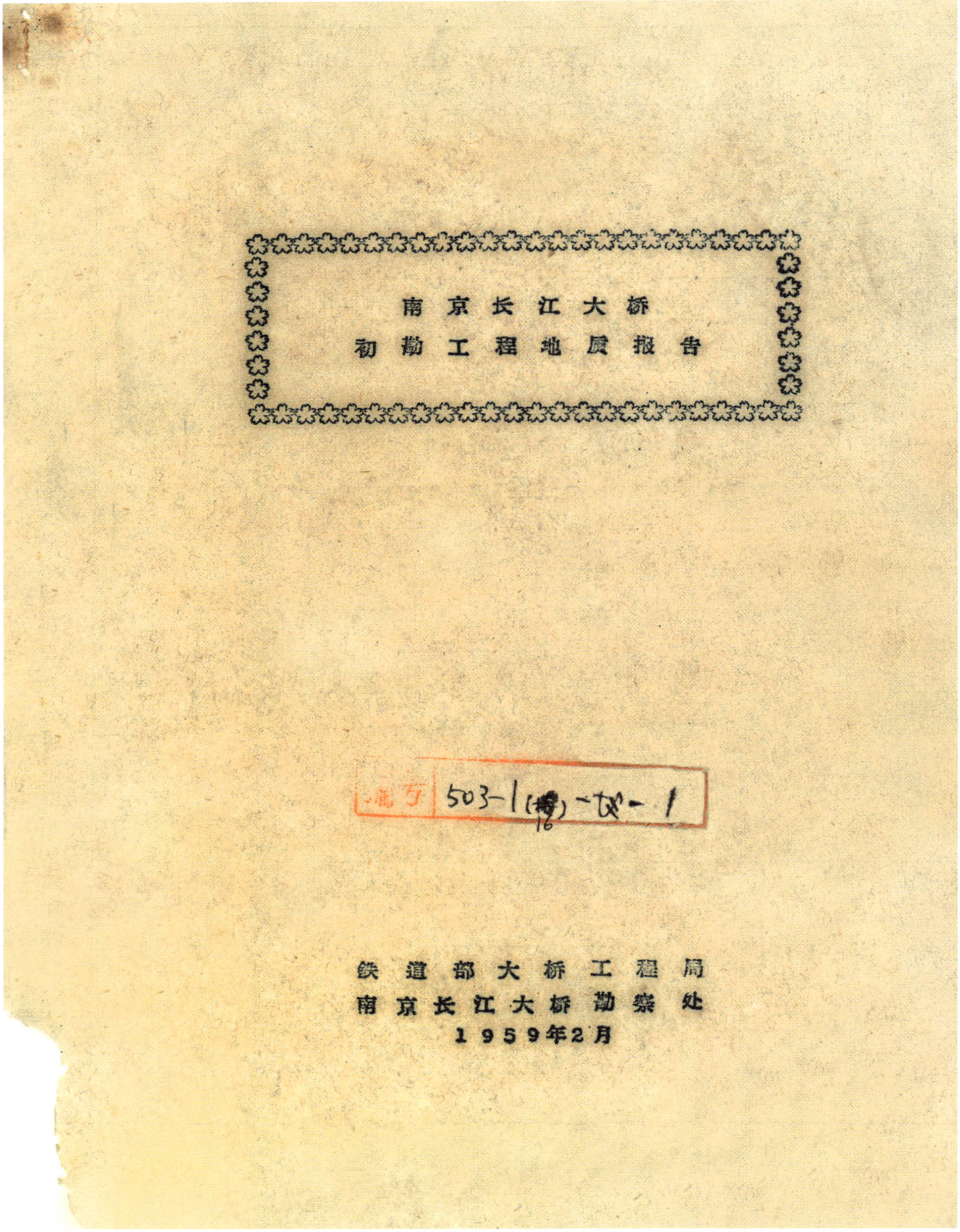

南京长江大桥
初勘工程地质报告

铁道部大桥工程局
南京长江大桥勘察处
1959年2月

目　　錄

南京长江大桥初勘工程地质报告

第一章　緒言

南京长江大桥的桥位选择开始于1956年秋天的意見书設計阶段。在南京河段选择了两个桥址：板桥附近的上三山桥址（离南京宝塔桥桥址約35公里）和下关区附近的宝塔桥桥址。前者在經济指标和使用意义有較显著缺点，故没有經过地質条件的勘探就放棄了，因此后者就成为一的过河方案。56年的草勘桥位在初勘桥位下游約25公尺，桥长了些，引线方向較曲折。草勘工程地質工作仅是控制性的，曾概略地进行紫府山区1/10000地質图的测繪，在河槽桥线上鉆了4个孔，两岸边鉆1个，初步提供了有关河槽岩性、土層組成和构造概念等資料，但不的工程地質条件没有得到充分的揭示。

初勘桥址中线是企图改善草勘桥位的某些测量指标（桥长，引线平韵廓）而在1958年確定的，正桥长（河寬）約1，500公尺以NS9°方向过河，与主要流向成82度两岸引线，均沿直线伸延，南京岸引桥約1，500公尺，浦口岸引桥长約5，600公尺。

初勘工程地質勘察开始于1958年10月結束于1959年1月

勘察队伍是在党的統一領导下，在全国一盘棋的思想指导下組成的。江苏省地質局、中国科学院地質研究所、南京大学地質系、南京工学院木系和地方的許多部門都参与工作，无論在技术上、人力上、設备上，是提供了广泛的可貴的援助，因此勘察工作的多、快、好、省才成为可

初勘工程地質測繪的目的，主要解决組成河谷谷部紅色岩系的构分層对比和其他地質因素的作用等問題。进行过1/2.5万区域地質图155km²、1/1000工程地質图45km²和1/5000桥线工程地質图的测繪，还进行过野外实測、地層剖面和岩組統計等工作。

·3·

初勘工程地质钻探，广泛而有效的，全面进行，提供了桥渡工程所需的极重要地质資料。勘探从水陆两方向同时进行；在河槽由三条勘探线組成一个网，桥址构成土線各線間距合为75M，成一矩形。两岸引線，仅沿桥位線上进行勘探。共使用过岩心钻机5台（150--300M）人力土钻[illegible]合計完成。

正桥部份：水上基岩孔37个　复蓋层1354.60M　基岩471.13M

　　　　　陆上基岩孔　6个　复蓋层　450.63M　基岩103.25M

南京岸引桥：

陆上土钻孔10个　复蓋层335.82M

陆上基岩孔　2个　复蓋层　86.72M　基岩35.64M

浦口岸引桥：

陆上土钻孔14个　复蓋层478.79M

陆上基岩钻孔3个　复蓋层247.80M　基岩75.80M

初勘試驗只限于室内进行工作量如下：

岩石抗压試驗704块　岩石光片鑑定　2块

原状土試驗189个　岩石孢子花粉分析4个

水质分析　44个

简易砂土分析300个

由于长江复蓋的紅层地质及其工程地质条件，是一个新問題，能供給使用参考的已有地质文献，資料较少。至于更老地层地质（如紫金山地质）曾参阅过一些流行文献。

南京长江大桥初勘工程地质勘察总的工作原则是：先普遍了解，继而解决問題，揭示問題的数和质。由于赢得了时間，初勘应解决的問題都大体确定和解决了。

·2·

第二章　桥渡自然地理与区域地质

一、河流水文与区域地质：

南京桥渡处于长江流道收放咽口地段，因而江面窄而顺直，离上游10kM^{2}有一江心洲（长13kM、宽2～3kM），下游2·8kM有一七里洲。上游1kM的煤炭港附近，江面最窄约1·1kM，桥渡区河宽1·5kM，水流坡度极小，流势平稳，河流从西南流向东北，最大水深20～30米。水位年度变化，以2月最低8月最高，历史最高水位为10·22M（1954年8月）历史最低水位为1·54M（1956年2月）。水位年度变化幅度不大，但受潮汐影响，从而使水位的日变化幅度变大了。

桥渡地区包括南北两岸及河槽共206kM^{2}面积。南京岸有幕府山区，象山，狮子山丘陵。浦口岸有顶头山，二顶山区及浦镇丘陵。区域的地质背景较复杂，现把区域地层及构造略述于下：

从古生代到新生代地层都有出露，古生代岩性较单一，以灰岩为主。中生代岩性较复杂，以灰岩、砾岩、砂岩和火成岩为主，新生代则以砾岩、砂岩、页岩以及松散沉积物为主。古生代和中生代地层组成两岸高山及丘陵，新生代地层则多组成二岸阶地及基础。

Cm—O：砾状灰岩、薄层灰岩和页岩，分布在浦口区顶部。

O_1：崙山灰岩为深灰色灰岩、矽化灰岩、白云质灰岩、页岩含磷页岩，分布在幕府山二顶山一带。

S：高家边页岩：杂色页岩，分布在幕府山西南坡。

D：乌桐石英岩：为石英砂岩、石英质砾岩，分布在幕府山东北坡。

C_2：黄龙灰岩：致密白云质灰岩和结晶灰岩，分布在幕府山东北坡。

C_3：船山灰页：灰白色厚层灰岩，分布在幕府山东北坡。

·3·

P_1: 栖霞灰岩：深灰色灰岩，含燧石结核之臭灰岩，分布在幕府山东北坡。

T： 青龙灰岩：薄层灰岩及页岩，分布在幕府山东北坡。

Cr: 角砾岩：火山角砾岩、砂岩、页岩、安山岩、凝灰质砂岩，分布在浦口一带。

PG: 浦口层：红色角砾岩、砂岩、页岩，分布在两岸阶地下及河槽中。

NG: 赤山砂岩：砖红色松散状砂岩，分布在青凉山一带。

Q_1: 雨花台层：砂岩、砾岩，分布于浦口高阶地上。

Q_2: 红黄色亚粘土，分布于两岸阶地上。

Q_3: 下蜀系黄土状砂粘土，分布于阶地与河漫滩上。

Q_4: 现代砂土、砾石沉积，分布于河槽及漫滩之上。

本区新老各期构造运动都形成了明显的褶曲与断裂，其特点为：

1.主要构造线为N50°—70°E。

2.喜马拉雅山期的断裂以N50°—70°E，纵断层和N280°—320°W横断层为主的高角度断裂（60°—80°），以后除有N60°—70°W、N300°—310°W二组加强上列构造线外，尚有N10°E，N350°—360°W二组较新构造方向出现。

中生代以前的古老构造轮廓为三河村向斜与幕府山背斜以及[illegible]头山背斜组成一褶曲带向斜开扩，背斜狭窄，二翼地层因受断和次一级构造影响往往不对称。浦口系即在这样的构造盆地里发育，並组成当今的红色向斜。

现把有关桥渡区域性地质的几个方面分述如下：

二、组成长江的基底岩石——第三纪浦口层

浦口层组成长江阶地，河漫滩，河槽的基底，正个桥渡建筑物都置位在红色岩系上，是建桥的直接研究对象。浦口层为陆相湖盆沉积，成因类因素多而复杂，靠山前有洪积物冲积物存在，山区来的灰岩和石英岩和少量火山岩的基底碎屑經胶結而成角砾岩及砾岩，也有河流相湖相的砂岩、頁岩沉积。当时气候乾燥、炎热，紅色頁岩中有泥裂現象。

浦口层可分为八大层，由老至新为：

PGⅧ：褐紅色粘土質頁岩夾少量砂岩，含云母和灰色斑点状或条带状构造，抗水性差，組成浦口岸的高河漫滩基底。

PGⅦ：棕褐色砂，質頁岩与灰綠色砂岩互层分布同上。

PGⅥ$_2$：棕紅色松散状砂岩，成岩作用不完全，胶結松散，用手压之即碎，組成浦口岸边古河槽。

PGⅥ$_1$：淡紅色局部松散状砂岩夾薄层頁岩，具交错层結构，組成深槽右侧斜坡。

PGⅤ$_2$：棕褐色，紫灰色頁岩夾砂岩，砂岩呈薄层状与頁岩成渐变层理，分布近浦口岸。

PGⅤ$_1$：淡紅色、灰綠色砂岩夾棕褐色頁岩或二者互层，組成河槽基底中部。

PGⅣ：粘土質頁岩，棕褐色，含石膏脈，並夾有淡紅色砂岩，砂質頁岩，組成一挤压破碎带，易軟化和崩解，分布在河槽基底的南部。

PGⅢ：暗紅色分选不良的角砾岩，常夾有砂岩透鏡体，砾石呈稜角或次圆形，砾石成份多为灰岩，石英岩及少量火山岩，胶結物为铁質和钙質，比較坚硬，分布在近南京岸之河槽。

PGⅡ：棕紅色砂岩局部胶結松散組成，在南京岸之高漫滩基底。

PGⅠ$_2$：棕紅色砂岩，局部胶結松散，組成在南京岸河漫滩基底。

PGⅠ$_1$：底部砾岩，岩性同PGⅢ分布在南京岸象山附近，組成一紅

·三·

阶地的基底。

紅色岩系的相变很大，局部性显著，地面出露少而零散，对比性較为困难，在与Cr紀地层的划分上尚有分歧，有人主張把下部划归Cr，但具体根据不多，我們仍以第三紀浦口层論之。

紅色岩层的构造在桥渡地区組成一向斜，軸部在浦口岸的三河村附近（离岸边約2.3km），我們称之为三河村向斜，走向N50°—60°E 略向下游（NE）傾斜，軸部核心地层为平坦而广闊的頁岩，节理不甚发育，二翼以砂岩、砾岩为主，因受断层和相变影响呈不对称状，北翼地层較完整，南翼缺失較多，傾角偏高，一般在50°—60° 紅色岩系的破碎构造，应属喜馬拉雅期，存在有两个破碎系統：一为N20°E 和N290°W的两組，傾角60°—70°，特点是較新且規模小，近南北、东西向，一般节理密集，並有小断层的錯动。

另一为較老的沿襲于海西期或燕山期古老断裂而发育的，其方向为N50°W 和N 60°E，这組常組成較大的断层，造成块状断裂。N50°W組于桥渡地区普遍发育，N20°E多見于南京，N290°W又多見于浦口，河槽則以N 60°E 裂隙頻繁。

紅色岩系与古生代地层多成断层接触，中生代地层却以不整合接触为主，並在砂、頁岩中見到原始性的变位錯动。由此見証浦口层构造的不均一性。

三、第四紀地质地貌和新构造运动

桥渡区域阶地出露較完整，1、2、3級阶地在浦口一带清楚可見，組成各級阶地基底均为浦口层。

最老的三級阶地多由Q_1的雨花台砾石层及方山玄武岩組成，地面高程約为60米，砾石层厚約20—30m。

二級阶地由Q_2的黄色半坚硬状态的砂粘土組成，地面高程約为35—40m。

·6·

一級阶地，多残缺不全，由Q_3的下蜀系組成，地面高程变化較大，約在20m以下。

为桥渡綫所直接穿过的河谷地貌，除流水的河床外，还有高低河漫滩，一級溜蝕阶地和二級滩上阶地。两岸低河滩出露不完整，面积少。浦口岸低河滩在枯水期露出水面，高程为3－4m，仅寬50m。两岸高河滩发育完整，地勢平坦，地面高程为6－10m，北岸寬4公里，南岸寬1·5公里，多出現池沼和湿地。組成河床和高低河滩的复盖，均为第四紀(Q_4)的的近代冲积层，它由两部份組成：下部为古长江砂、砾沉积，充填于古河道中，广泛分布于浦口沿岸深部地带，在南京岸也有基底砾出現的。該层的流水沉积物，全由較粗粒碎屑組成，以粗砂、砾砂、圆砾、卵石为主，尤以后两者占优勢，中砂稍見。一般砂粒粒徑均大于0·5M/M，砾石以1－4Cm占多，10－15Cm或稍大的卵石也有，砾石形状多为次元形。砂 砾层，顏色淺，多呈灰白色，質純不含泥，砂粉多为石英，砾石成份多由石英岩，燧石，乳石英和少量火成岩組成，有部份雨花台层，再經搬入的材料。

最大厚度达45公尺。上部为近代河流砂土淤积物，分布广泛，构成河床和河漫滩的表面复盖层。两岸漫滩表层均出現砂粘土，灰色，局部已成淤泥，大部具有流动状态，多呈薄层理，与粉砂成互层。浦口岸出現厚度較稳定，約在10–20公尺間，南京岸厚度变化較剧，最大厚度为35公尺，較薄的仅有1－2公尺。河床和河滩，表层土的下部均由粉、細砂組成，呈灰黄或灰黑色，顆粒均勻，几乎不含大于0·5M/M的顆粒，0·5–0·25M/M約占10－15%，0·25–0·1M/M約占60–70%，有时少于0·1M/M，也达30%。砂粒成份以石英，黑色矿物和云母为主，在砂层中含有不規則状砂粘土透鏡体。

組成河谷基本河岸为一級溜蝕阶地和二級滩上阶地，均为下蜀系所分

·3·

布。一級潜蝕阶地潜埋在地表以下約5－10M，台面标高約为5–0M，为近代河流淤积的砂土所复盖。二級阶地全露在地表，浦口岸台面标高約为35–40M，南京岸台面标高約为25–35M。由浦口层組成的一、二級阶地基底，都具有大体相同的高度，浦口岸基底高程約为5M，南京岸較低約为－15M，具有显著风化壳，残积层厚約5M－10M。

組成阶地的下蜀系土壤，呈黄或棕黄色，层理不显，但仍可分层，並以砂质粘土为主，也出现有粘土，黄土质砂粘土。下蜀系土层，稍具大孔隙，有时能直立成壁，天然含水量較少，一般呈半坚硬状态。其中出现的粘土层含有鉄錳锈斑和少結核。

阶地的破坏和切割較深，常見有细谷切割的淤泥质粘土沉积，阶地斜坡也稍为滑坡所破坏，滑坡的规范都很少，滑坡体宽約10M，多沿南北、东西方向分布。滑坡产生的原因与1954年历史性特大洪水的淹浸，和近期人的大兴工方工程有关，但也可能与浦口层基底的断裂存在而造成的泉水的出现有关。

南京地区的沿江新构造运动我們研究的不詳。在調查时得到两点象征性和概念：

1.南京岸獅子山城墙普遍产生裂縫，一般方向都具有一致性，也可能是地基的动变形和結构上的缺陷有关。但总的建筑状态仍良好。

2.在浦口的素思巷的黄土层中，好象有错动现象，但为错动所經过的城墙却沒有变化，这也說明影响不大。

但根据桥渡地区，第三紀断裂大量存在的事实，新构造运动仍是一个不容忽視的問題。

四、水文地质簡介

桥渡地区的主要含水层（砂、砾层），分布在南京、浦口两岸的灰黄色砂粘土（厚8－15M）之下，直至岩面与河槽中各种砂层，砾石层(厚30—50M)含水层沟通，形成浦镇——象山間的巨大含水层。南京岸含水层厚50—10公尺，在象山下消失，浦口岸含水层厚70—20公尺。浦口岸边如长江古河道，仍由原层的粉、细砂层，砾砂和卵石层組成。其次砂粘土也含孔隙潜水。

两岸地下水位均出现在砂粘土中，其埋藏深度为0·5—1·5公尺。地下水位除洪水季节外，均高于地面江水，說明地下水通过 此含水层来补給江水，但洪水期間，与涨潮期間則反——即江水倒灌地下水。地下水的补給源主要是大气降水，和西山区基岩裂隙水，其迳流条件也较好。地下砂砾层的地下水动态，不仅受大气降水，地表江水的影响，同时也受到潮汐的影响。

浦口岸的水量很富，給浦口发展大工业提供足够的水流条件，当下降为5·80公尺，涌水量27·7公升/秒，单位涌水量4·78公升/秒。

桥渡地区的地下水，地表江水及池塘水均属低矿化的軟水。

1.南京岸地下水，多为重碳酸——钙镁水。

2.南京岸地表池塘多为重碳酸盐——钙水和少許重碳酸——鉀钠水。

3.江水为重碳酸——鉀钠水。

4.浦口地表地下水，均系重碳酸——钙水，而江边地下水(如46孔)为重碳酸——钠鉀水。

由于桥渡地区地下水位較高，埋藏甚淺(仅0·5—1·5M)很多地段在砂粘土中出现，因而使引桥基础之管桩与承载岩层之摩擦减小，使深管桩下入深度增加，同时在开挖坑时，地下水的渗入亦将給施工条件带来不便。特别是两高填方地段，由于水参予使土的状态有了改变(呈流动状态)，其物理力学性质也将变坏，从而給高填方地段的地基稳定提出了新的課題。

从水的化学成份，据ГОСТ4796—49规范評定，对各种类水泥

·9·

均无侵蚀性。

第三章　桥渡工程地质条件

桥渡线包括正桥，引桥及高填方地段，共长6090M，由红色向斜组成，基底上部为第四纪近代河流冲积层，古长江砂砾沉积，和下蜀系粘土层，基底全部由红色岩系组成。

现把桥渡工程地质的几个问题及其評价分述如下：

一、河槽岩石組成及其工程地質条件之評价：

前已提及河槽处于三河村向斜之南翼，是单斜构造，PGⅢ-PGⅣ分布较完整，使其地质特征及工程地质特性（計用虽有五种不同岩性，三种不同力学性质的岩石类型）概可分为三类：

1.岩质岩石：主要为角砾岩，水平分布寬約300M，砾石大小不匀（2～20Cm）胶结优佳。成份多为石英石，灰岩等，其具有极好的抗水性和耐风化性，裂隙少，风化薄（0.4M左右），从而使岩石整体完整性较好。另外过水后不崩解，不泥化，軟化系数k一般为0.8—0.9以上，强度也大，現使用数値为250—300kG/Cm²。其力学上之习惯破裂面为卵石与胶結物之接触处，以及所夹之砂岩透镜体之方向，因此其又象有一定程度的不均一性。江下岩面起伏不大，横向坡度約为5°/00，上列的各項条件，給大型桥梁地基提供了极好的前提，可以断言，管柱之鉆岩深度也将大为减少，又由于岩石平整风化薄之特性必将对施工时的基础下沉稍限，砌置等工作更加有利。但角砾岩中的鈣质溶蝕現象（溶洞、裂隙充填）应加注意。

2.半岩质岩石：包括有明显结构的砂岩，未受构造断裂作用的頁岩，以及二者之互层地带。分布寬度約为700M，岩面有一定起伏，横向坡度約为1/100具有一定的軟化性能，（軟化系数k約为0.5—0.6），抗水

·10·

性亦差，遇水剥解，风化深度较前类岩石为大。根据我們分析結果，認为其力学性質在很大程度上决定于岩石結构和厚度，例如：厚层状的頁岩远比薄层頁岩，以及互层状頁岩来得好，厚层状砂岩，多呈局部松散，又由于岩石中常含有灰色斑点和条带状結构，这不仅使力学性質变为复杂，也促使岩性的不均一。此类岩石抗压强度也不大，一般頁岩为 50kG/Cm^2，砂岩为 60kG/Cm^2，綜上所述，可以看出，它不是建桥的理想地基。因为这将增加管柱的鉆孔嵌岩深度（据初步計算将大于砾岩一倍）。另外在二岩不同岩性上的桥墩，在考虑其抗压强度差異时，必然会兼大而取小，这无形中降低了具有較大抗压强度的岩石力学性能。再其次在管柱嵌岩石时也将可能导致孔內漏砂，漏水，掉块，甚至坍塌的不良现象。总之它的工程地質条件不甚佳，但仍不失为大型桥梁基础的可靠地基。

3.松散、破碎岩石：包括松散状砂岩，和断层破碎带的頁岩，角砾岩和粘泥（其中局部有較致密的岩石）。分布寬度約为 450M，系岩深槽处与断层分布带的岩石，具有极低的抗压强度，一般为 20kG/Cm^2，有的为 4—6kG/Cm^2，甚至有的要作为松散岩石处理。抗水性差。有些断层泥是半坚硬状态，在断层破碎带以及頁岩的裂隙中带有透明，結晶，纖維三种不同状态的石膏，呈脈状充塡其中，这将使我們考虑它的軟化性能以及脫流的可能性。另外由于断层带的岩性松軟，从而使风化更加强烈，其后果常造成比一般岩面約低 3—4 M 的低洼部份。基岩深槽地带为古长江切割而成，該地呈一狭谷状。由此我們認为它的工程地質条件极为复杂，实属工程建筑的不良地基，在基础設計与施工时，必須对其結构加固和处理，俾使墩台有一定的可靠保証，否則将会产生基础变形与不均匀的沉陷。

二、河槽的地质构造及其工程地質評价

河槽基岩属于紅色向斜层的南翼，軸向 NEE，傾向 NW，主要构造破裂亦沿此方向产生並在頁岩中出現 NEE 向的断层挤压破碎带。左岸松散

·31·

砂岩中的古长江深槽，亦以此方向延伸。另組之近乎 SN, Ew 之构造多以剪切裂隙的形式出现，往往产生在頁岩和砂岩的夹层中，裂隙多具水平的或斜向的擦痕和鏡面。寬度約为1－2 M／M，在局部层位中，有少数粘土，石膏和方解石脈的充填。裂隙的普遍发育将大大降低了岩石的完整性，抗压强度以及耐风化性。岩心最主要的块为长度0.15—0.30M，也有被切割成2—5CM的碎块。除了人为及大断裂所造成的影响不計外，岩心获得率均偏低一般約在60—70%。又往往由于裂隙的密集，加之水的侵蝕与破坏，导致岩石的軟化加剧，从而也造成一些风化层的加深。

河槽較大断裂，发生在PGⅣ 的頁岩中，是建桥的不良工程地质地段，該断层为高角度（60°—70°）沿走向，且为斜移性质的断层，傾向北岸，上盘向后向下移动，　下盘向前向上移动，組成寬約200M的断层挤压破碎带。河槽中角砾岩（PGⅢ）与砂岩夹頁岩（PGV）的不同角度出現，是由于断层的存在而引起的。解決在該带中修建桥墩的可能性是工程地质的重要任务。經过勘探查明：

1.破碎带中，以破碎軟化岩石为主，完整岩石占少数，仅占寬的1/20，沿走向呈狭窄条带出現，裂隙較多，二者之間有一过渡影响带，以构造裂隙密集，局部岩石松脆，为其特征。桥墩基础应尽量放置在完整带的岩石上，因寬度不够，則利用了其二邻侧影响带的部份岩石，力求不单偏于一边，这样可簡化基础的处理和地基不同性质的变形。柔形岩石在江底所組成的挤压破碎带，成层結构不清，並发生很显著的柔性变形，傾角变大，出現大量的變形，破裂面，並波及其两旁岩石，所以破碎带的規模就大，破碎产物多种，給勘探和基础处理增加困难。在这样工程地质条件下，修建桥梁，其跨度，桥墩的具体位置和基础的类型以及处理方法，則多取決于地质条件，經济比较不是唯一因素。

2.古长江深槽的出現是构造和岩性結合的产物，深槽右侧斜坡岩石与

·12·

槽底左侧斜坡岩石的不同角度接触（20°—60°）以及在接触带中，采岩率的降低（50%以下），表明了有走向断层的存在。其性质亦为高角度豎断层，下盘組成深槽，深槽之进一步沿走向发展，是取决于松散状砂岩之岩性上的特征。古长江深槽，略具狭谷形状，寬深比为1:0.18谷緣坡度达10—20%，谷之最高，最低点相差24M，由河床之表至谷底最深处84M土，槽二側呈不对称状，南側比北側高　公尺，且北陡（70°左右），南稍緩（55°左右）。若以标高－70M計算，槽寬为150M若以变坡点計算則为200M左右，愈往桥綫下游，槽口加寬，但深度並有加深之趋势。

由于深槽之存在，增加了建桥工程地质条件的复杂性，使得1号桥墩不能直接放到基岩之上。另外在其右侧高坡上修桥墩，必须注意斜坡的稳定性。地层的傾向与斜坡大体一致，並由于傾角大与NEE組裂隙的出現，更加重了影响，故选择桥墩位置应远离槽边在其30M以外为宜。因此地质条件就同样影响了桥梁的結构，式形和基础尺寸。

总之由河槽地质构造复杂，所引起的工程地质条件的不良性，对建桥都会产生不同程度的影响，但只要充分認識其存在和分布的規律性以及严重程度，並对地基与基础結构加以正确处理和适应其特点，也能保証坚固雄偉的南京长江大桥的安全。

三、河流水文特征及其工程地质評价

桥前河道順直，流势轉向平稳，更由于上游煤炭港和浦鎮二河岸經过系統的沉排护岸工程之故，河流的游行性被大大的約束了，流向較順直，沒有严重刷岸現象。河床的实測冲刷不剧，一般为2—3M，历史最大冲刷深度达14M，目前河道主流綫靠N岸，稍具冲刷特性，而南岸有淤高的趋向。总觀之，可認为河流基本达到蝕积平衡状态，在河床断面上，不会产生很大的变化。

· 13 ·

目前江底沉积由N而S顺序是:

1.为流动状态砂粘土沉积，宽230M$^{\pm}$，厚7—8M。

2.中、细砂沉积，宽762M$^{\pm}$。

3.细、粉砂沉积，宽413M$^{\pm}$。

没有发现粗粒径的堆积。悬浮物多为∠0.05MM的，一般为0.01MM占60—70%。

根据观测，中粒砂远比粉砂和砂粘土稳定性为大。

河槽表层内(标高约为—40M处)发现有近代飘流树木的掩埋，怀疑为木质船只，也发现人工开采的焦炭，但量不多，且不普遍，不能构成巨大障碍物。考虑到桥墩建成后，一般冲刷和局部冲刷的可能性(冲刷深度S岸約为30M$^{\pm}$，N岸約为35—40M)，因此我們对上部复盖层的研究只限于水流与颗粒的推移关系，冲刷的分析、基础的施工、下沉的作用等方面。

四、两岸工程地质評价

1.两岸松软土结构特性:

两岸分布的近代河流淤积层，除細砂外，大部份砂粘土和粉砂都具有不良的工程地质性质，土质松软。其具体表现为厚层砂粘土的流动及淤泥化粉砂的液化及其游动性。

浦口岸表层砂粘土厚7—19公尺，除顶部1—2M呈黄褐色，稍具铁质锈斑，为可塑状外，余均为深灰色砂粘土，薄层状，层間夹有粉砂，土质较軟，多为流动状，局部地点有机含量增多，稍具腐臭。

南京岸表层土土质特征与浦口岸相似，惟厚度变化大，薄者1.00公尺，厚者35公尺。

两岸表层土下的粉砂，均飽含水，颗粒細而均匀，几乎不含大于0.25M/M的颗粒，小于0.1M/M的約占50%，組成颗粒矿物成份除石

·14·

另外还有较多量的片状云母，因此粉砂就具有触变流动的性质。

2.软土物理力学性质：

两岸软土，以天然含水量大（35–45%），天然孔隙比大（0.9–1.1），有机物含量大（3–5%）为其物理性上的特征，因而其相对稠度比（B）常在0.9～B>1，普遍具有微流动性质。该软土具有较不均一，且较低的抗剪强度，三轴剪力φ值为0–2°，C值0.04–0.05kG/Cm²，固结快剪φ值15°±，C值0.1–0.15kG/Cm²，固结慢剪φ值20°–25°，C值0.2–0.3kG/Cm²，一般均有较大的压缩性，压缩系数0.03–0.05 Cm²/kG，从土的物理力学性的指标上也反映出土质松软的特征。

3.松软土工程地质评价：

松软土的存在是桥渡工程地质的不利因素，对两岸引桥和铁路路堤的建筑复杂化了，由于桥的净空高，两岸铁路线较长，但两岸出现表层松软土，大大限制了填筑高填方的可能性（填方高4M，减少引桥1公里），根据现有地质资料分析，填土高度应在13M以下，以12–13M为宜，且路基、底和断面必须经特殊处理（如打砂井、砂桩、砂垫层等），这将无疑地影响引线建筑的造价和工期。

在松软土中，以桩基修筑引桥桥墩也比较复杂，因土层松软与桩的表面摩擦力少，且会引起桩群间的整体变形，所以要在桩长和根数上去适应，故也提高了造价。

4.半坚硬土——下蜀系粘性土的性状：

两岸基本河岸均出现下蜀系粘性土，它是较良好的引桥和路堤的基底，也是路堤较好填土材料，具有下述地质特征：

(1)分布和厚度都很稳定，水平和垂直变化较少，厚度一般不小于10M，土质性状较均一，易于掌握规律。

(2)天然含水量较少，约在20–25%间，天然容重也较大，为1.95–2.0kG/Cm²，孔隙比较少，约为0.6–0.7。

·三·

在不为地面水所直接湿润的情况下，一般均具有中坚硬状态，相对稠度值1.3—1.0，压缩系数不大，约在0.01—0.008 cm^2/kG，内摩擦角15°—20°凝聚力0.5—0.8 kG/cm^2，所以在該土层中以建筑天然地基为宜。

第四章　　工程地质結論

南京长江大桥的工程地质条件较复杂，具体表现为河槽有基岩深槽，断层挤压破碎带的存在以及岩性的不均一，力学强度偏低。两岸则为复盖层过厚和松软土的出现等。但基岩深槽埋藏过深，对基础砌筑无影响，可利用古长江沉积的粗粒碎屑经加固（水泥）处理后直接作为地基。发生在頁岩中的破碎带可根据其破碎性质和规律，选择地把基础放在較完整，受断层影响較少的岩石中。但基础的尺寸和砌置深度（指管柱基础）要服从于地质条件。（如基础宽度减少，用化学溶液加固）基岩承载力的不足（50—70 kG/cm^2）除了今后加强試驗的代表性，采用合理的設計方法外，还可以用加深管柱鉆岩深度，用少徑单根管柱的靜载試驗成果来校正。在角砾岩中注意可能出现溶洞。頁岩中的过厚风化和砂岩的局部松散，砂岩頁岩互层时的軟化夹泥，都是可能出现的不良地质因素。

两岸引桥采用桩基础，使可能对桩尖部、細砂进行土壤的化学加固以增强柱桩的承载力，克服表工摩擦力的不足。

桥渡地区的地面水，地下水对各种水泥均无侵蚀性。

建桥所用的天然建筑材料除砂子外，其余均能就地取材，就地解决（如填土材料、片石、碎石、部份砂砾等）。

附件

1. 桥渡区域地质图1/2.5万……………………………一幅
2. 桥渡区域工程地质图1/10000……………………一套
3. 桥渡区域综合工程地质图1/5000…………………一套
4. 上、中、下三线工程地质剖面图…………………三張
5. 线路工程地质纵剖面图……………………………一張
6. 南京、浦口岸工程地质剖面图……………………各一張
7. 河槽基岩地质图……………………………………一張
8. 野外实测地质剖面…………………………………一張
9. 水质分析报告………………………………………一份
10. 土工試驗报告………………………………………二份
11. 岩石抗压試驗成果和统計表………………………一套
12. 钻孔柱状图…………………………………………全套
13. 岩心素描图…………………………………………全套
14. 钻孔布置图…………………………………………一張

报告书编写者：勘测队地质组
建桥地质负责人：李华瑜

·22·

南京长江大桥地质总结

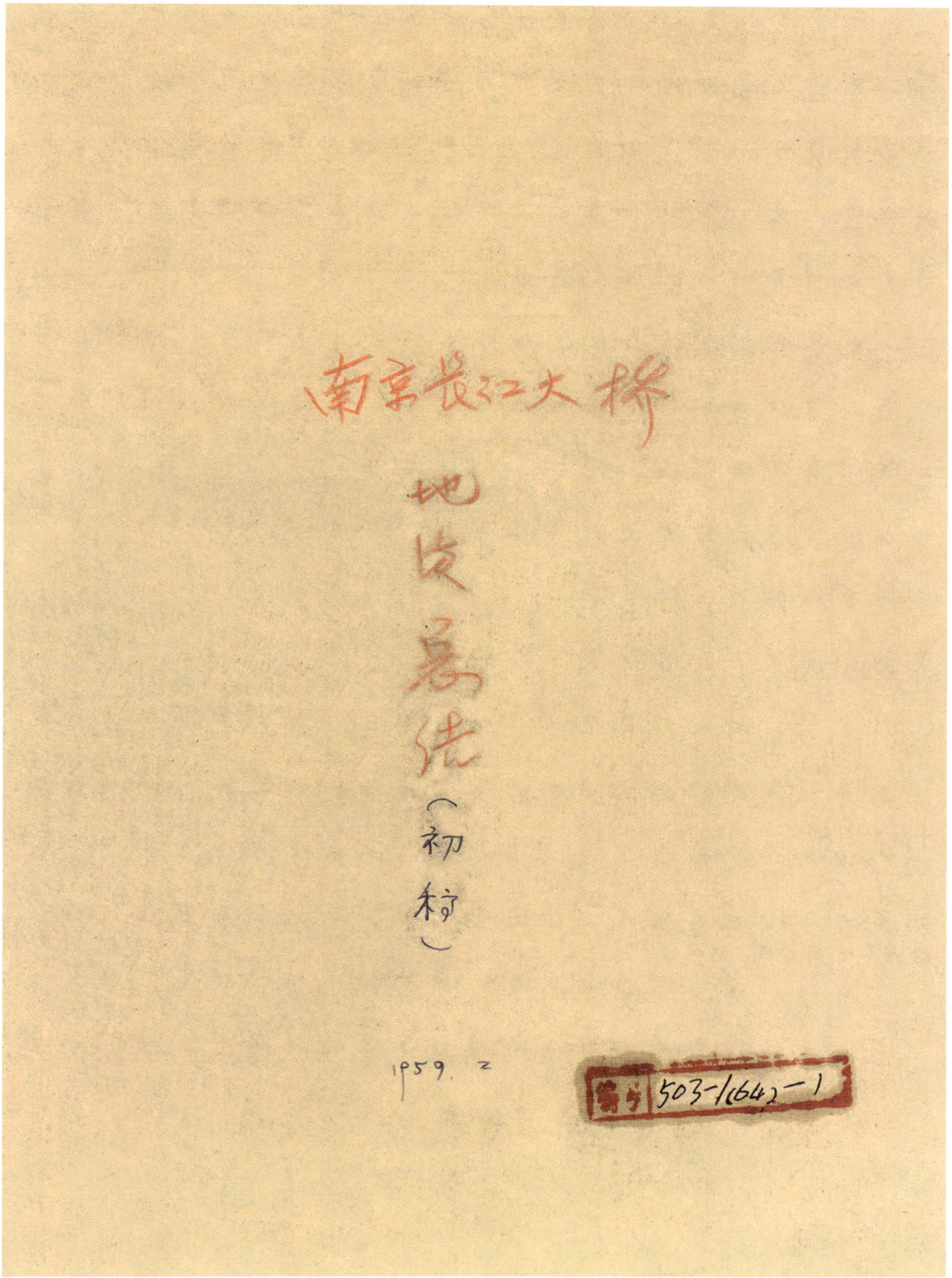
南京长江大桥

地质总结

(初稿)

1959.2

编号 503-1(64)-1

一、~~绪　论~~

南京长江大桥，是~~我国目前正在积极兴建的最巨大的桥梁。它将~~建在~~南京城北~~宝塔桥与~~浦口~~岸浦镇之间，~~横跨长江，使华东长江天堑变成通途。对于华东经济的发展有着重大的意义。它又一次地显示了中国人民在党的领导下，具有着更大伟大的气魄和创造力。~~

~~南京位处长江下游，~~距海口约三百多公里，属低山丘陵区。长江以~~南西北东~~西南、东北向流经这里~~并偏~~的向正东~~去~~方向。没洲~~宽广~~~~宽~~窄变化~~的~~较大，可

由1公里多到10公里。

~~一般~~主桥渡区~~浦口~~左岸宽约3.6公里，南岸宽约1.6公里。地面标高7～10.3米左右，高出普通水位河面3～4米。两岸系侵蚀堆积地州，南岸标高约4米，~~浦口~~左岸~~为~~45～60米。两岸山丘有幕府山和馒头山，标高分别在200米和184米左右，~~但它们~~都对铁路引线~~没有~~无直接影响。

查1. ~~南京长江大桥~~渡区地形图查 — 在图上拟用虚线表示建桥地址。

桥渡区地形如图1所示。

长江河槽水深约25米，最高洪水~~位时~~可达30米，河底标高一般约-24米左右，河槽复盖层厚约~~24~~40米，浸蚀~~时~~

20×25=500　　九升横直两用大稿纸 20—47

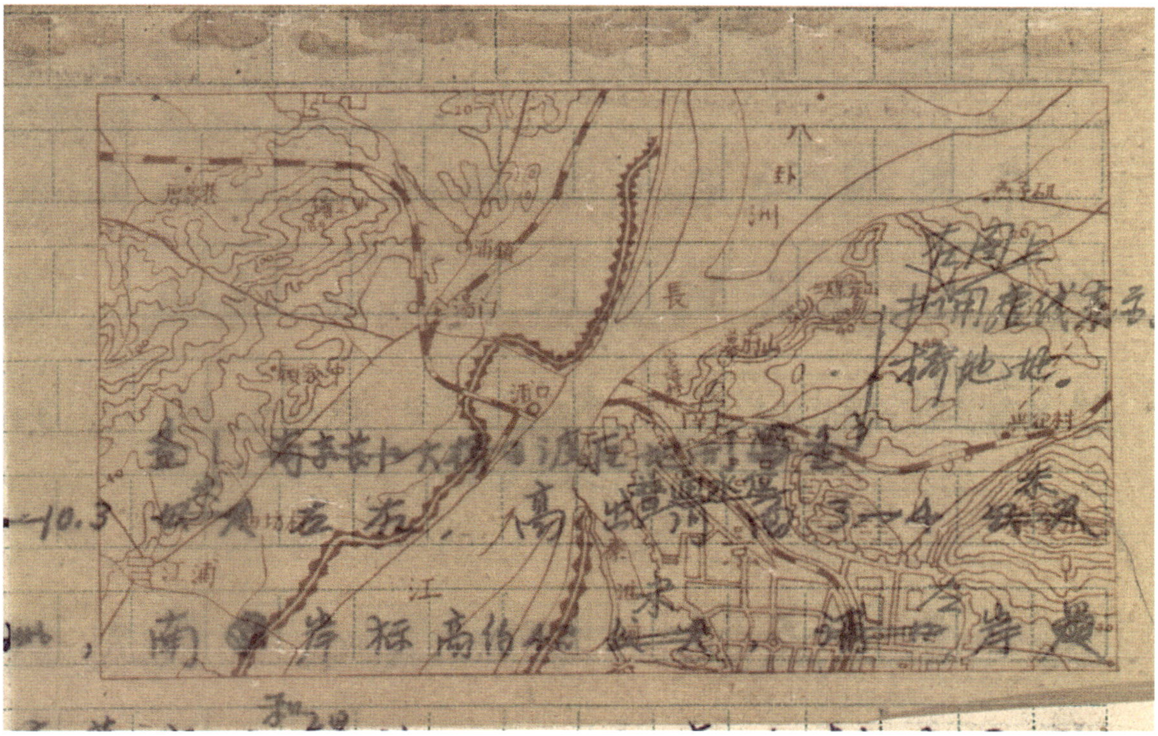
長
江
江浦

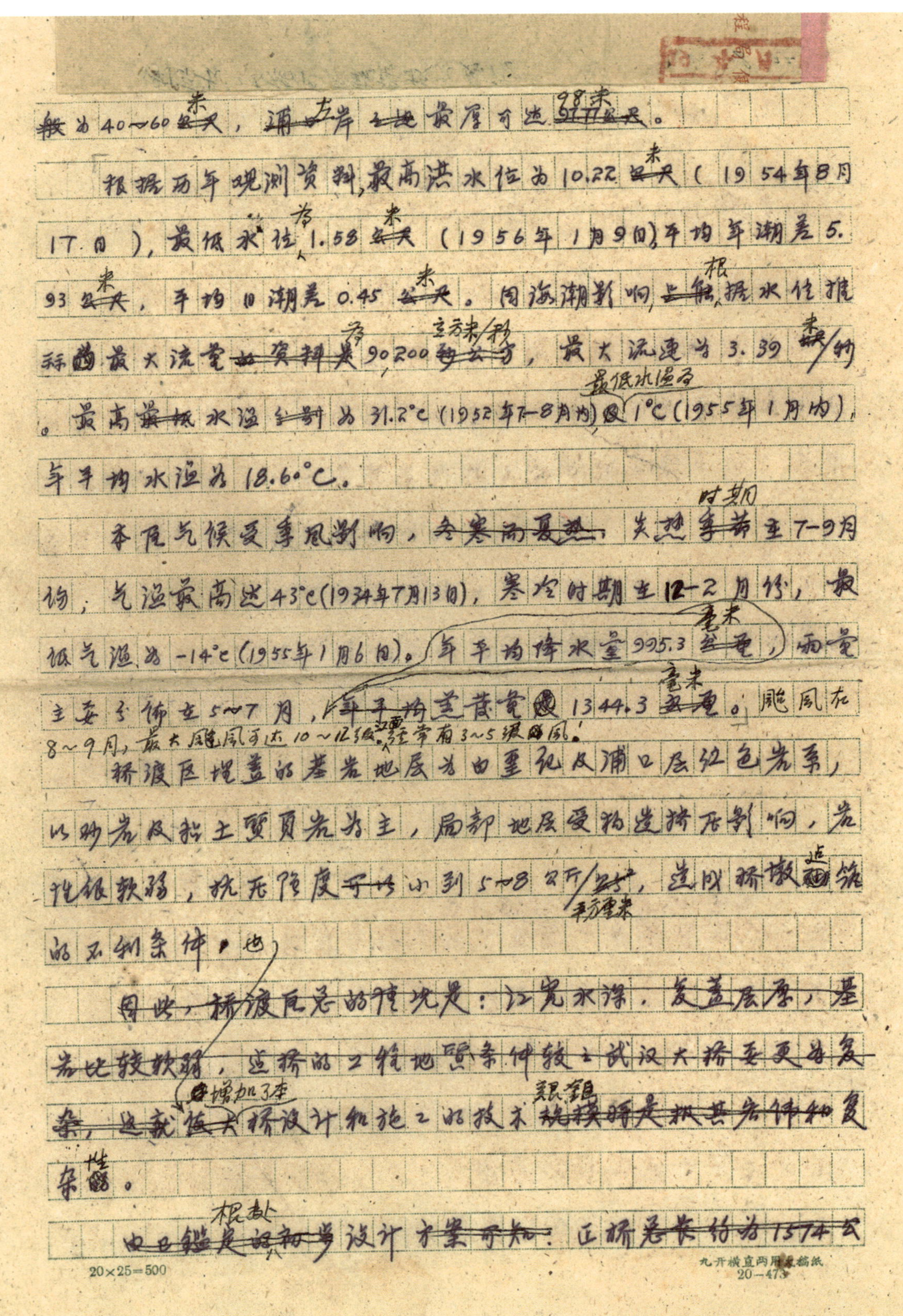

般为40～60米，左岸最厚可达98米。

根据历年观测资料，最高洪水位为10.22米（1954年8月17日），最低水位为1.58米（1956年1月9日），平均年潮差5.93米，平均日潮差0.45米。因海潮影响，根据水位推算最大流量为90200立方米/秒，最大流速为3.39米/秒。最高水温为31.2°C（1952年7—8月内），最低水温为1°C（1955年1月内），年平均水温为18.60°C。

本区气候受季风影响，炎热时期在7—9月份，气温最高达43°C（1934年7月13日），寒冷时期在12—2月份，最低气温为-14°C（1955年1月6日）。雨量主要分布在5～7月，年平均降水量995.3毫米，蒸发量为1344.3毫米。飓风在8～9月，最大飓风可达10～12级，江面经常有3～5级风。

桥渡区覆盖的基岩地层为白垩纪及浦口层红色岩系，以砂岩及粘土质页岩为主，局部地层受构造挤压影响，岩性很软弱，抗压强度小到5～8公斤/平方厘米，造成桥墩建筑的不利条件，也增加了本桥设计和施工的技术艰巨复杂性。

根据设计，正桥

20×25=500　　九开横直两用文稿纸 20—473

~~及~~采用三孔三联160米的连续桁~~式结构，在浦口岸加~~和一孔128米的简支桁，共有9墩2台。~~两岸桥头均用复式桥头堡美术布置~~。两岸引桥~~上部结构~~采用32.7米的预应力钢筋混凝土梁，左岸铁路引桥有108孔？~~，共计91孔长3025公尺，公路引桥24孔长784公尺~~。右岸铁路引桥有45孔。~~空长1452公尺，公路引桥23孔长752公尺~~。正桥墩台基础以开口沉井和钢筋混凝土大型管柱钻岩筑成，~~嵌在基岩上，基础尺寸有21.8×12.9，21.2×16.6公尺及直径为24公尺的圆形共三种~~。

引桥基础主要以φ55厘米管桩筑成。~~深入土内约32公尺~~。

~~由上所述~~，为了顺利地完成~~这一宏大工程所必须在这样~~这种伟大、艰巨复杂的条件下进行的工程，首先必须详细地作好地质勘测工作。~~任务同样是艰巨的~~

~~——南京长江大桥~~勘测工作，开始于1956年，当时进行了部份钻探工作，1958年大跃进以来，九月间~~始~~起了全面开展~~的工程地质勘测~~，1960年二月胜利完成了初勘任务，接着~~三月~~转入技勘工作，~~目前~~至 年 月地质勘测工作全部完成。~~现~~兹将勘测的结果~~分别~~概述如下。

孔数待查。

4.

二、桥渡区域的地质特性：

桥渡区域在大地构造位置上属于下扬子准地槽（南京凹陷），这个准地槽自下古生代以来长期处于地壳振荡运动的控制下，交替沉积了从震旦纪以后各个时代的海相、海陆交替相和陆相的地层。下三叠纪的青龙灰岩沉积后，开始上升为陆，下三叠末期的海西运动（印支运动）及中生代燕山运动（后者主要表现断裂及岩浆活动），为地区主要的造山运动期，形成了今日的山地形轮廓的基础，并在山前及山间盆地堆积了白垩纪（[illegible]）及第三纪（浦口层）红色地层，它们在后期的断块活动作用下，产生不对称和缓褶皱。

因此，桥渡区附近的地层出露是比较完整的（如图2）。尤其是在南岸幕府山区，地层自奥陶纪仑山灰岩至第三纪红层出露最全，但不见震旦纪及寒武纪地层。左岸馒头山二顶山区，则富震旦纪及寒武纪地层，而奥陶纪—白垩纪之间为一极显明的不整合，中上古生代地层缺失甚多。

1、震旦纪（Sn）硅质灰岩

震旦纪硅质灰岩，由灰褐色灰岩及燧石层组成。一般为上下两层，下层为厚层硅质灰岩，上层为薄层硅质灰岩，岩质坚硬，有闭藻

20×25=500　　九开横直两用大稿纸 20-473

化石，经南京古生物研究所初步鉴定为震旦纪地层。分布于~~浦口~~左岸山凤西北坡。构成石碑山附近的一个大背斜的轴部，其背斜的西北及东南翼出露均不完整。

2. 寒武—奥陶纪(Cm—O)灰岩及页岩：

寒武—奥陶纪灰岩及页岩，分布在~~浦口~~左岸馒头山、二顶山、石碑山等处。一般分作三层，~~一般~~层薄而性脆。下层为灰褐色豆状灰岩，中层为黑色页岩，上层为灰色薄层灰岩夹页岩。

图2 桥渡区~~概况~~地质图（拟在图上用虚线表明选桥地址）

3. 奥陶纪仑山灰岩：

主要分布在右岸幕府山及~~浦口~~左岸万婆山西南坡。下层为豆状及鲕状石灰岩，上层则为白云质灰岩，含有燧石结核。组成了南岸幕府山(沿江走向东北及西南)大背斜的南翼，并为次一级的背向斜及断层所复杂化，其背斜的北翼因断层而没于江中。

4. 白垩纪及老第三纪：

白垩纪主要为角砾岩及安山岩等；老第三纪即一般所谓浦口层，主要为红色的砂岩及页岩，它们构成了河槽及两岸引桥的岩石基底。~~后面将专门说述。~~

~~上述奥陶纪地层，组成了南京岸幕府山(沿江走向北东南西)的一个大背斜的南翼，并为次一级的背向斜及断层所~~

20×25=500　　九开横直两用大稿纸 20-473

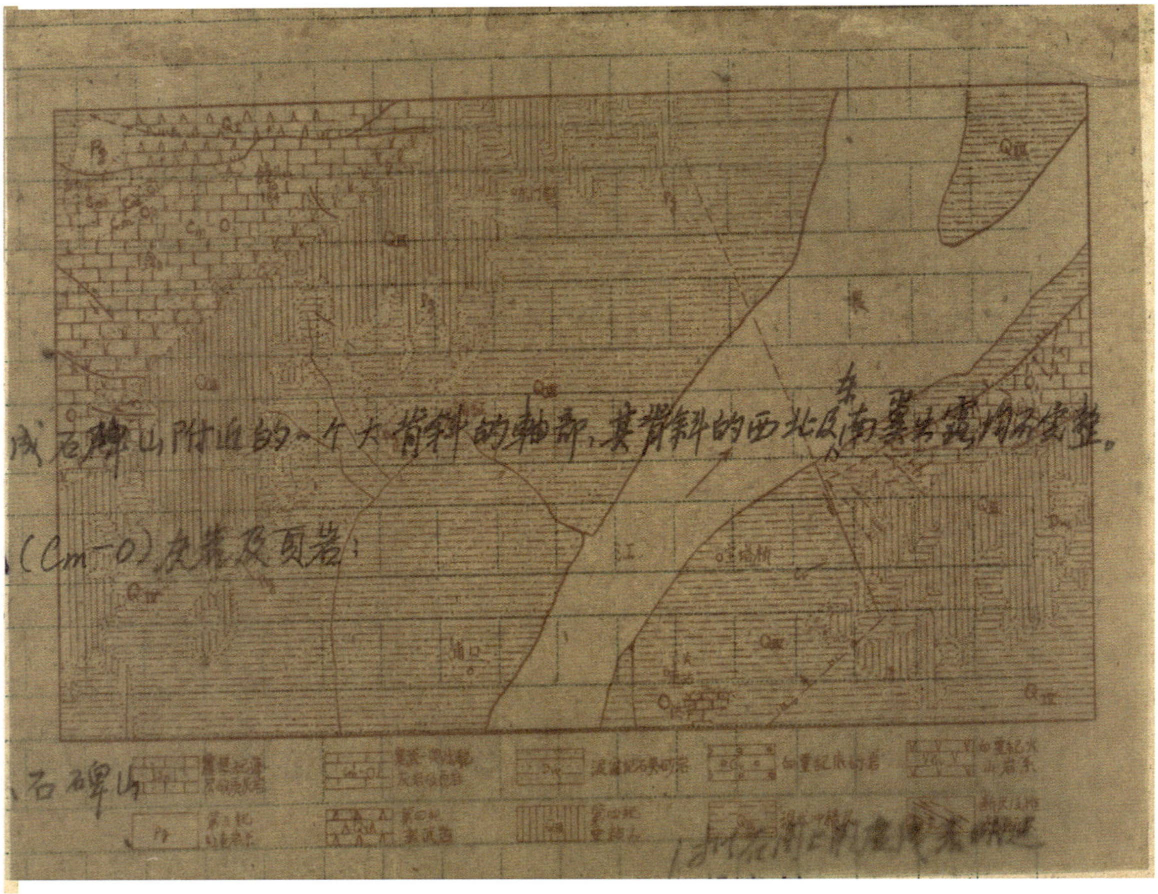

6

复杂化。这个背斜的北翼，因断层而没于江下。

寒武纪及寒武-奥陶纪一套地层，则构成了浦口岸石牌山附近的一个大背斜的轴部，这个背斜之北西及东南翼出露均不完整。

三、桥渡区域的地质构造特征：

在二个这的大背斜之间，桥渡区域的白垩纪及浦口层红色地层，组成了一个N60E方向的和缓向斜。研究证明，向斜的轴部约在北岸河漫滩的中部（如图3）。轴部附近地层倾角为0—25°，两翼倾角一般为30—45°局部有的为60°。

拟在图上用虚线表示桥墩位置。

图3. 鲸头山—象山间河谷（桥渡）地质剖面图

桥墩位于这个主要由浦口层构成岩石基底的向斜之上。两岸近山麓部份，分布了白垩纪的角砾岩、砂砾岩及火山岩。

我们知道，地质构造特征是影响工程建筑物稳定性的最重要的因素，在大桥的地质构造分析中，我们着重注意了这样二个问题：(1)向斜轴部是否在左岸基岩深槽处？

20×25=500

九开横直两用大稿纸
20—473

~~8~~西北号墩附近~~一些孔均~~获砂粘土质页岩的破碎岩芯，该处是否有巨大的断层？关于这二个问题，我们

~~因为若把大桥原来设想的，向斜轴部在深槽附近的说）由于岩性的不对称替代之能用巨大的断层来解释深槽的成因，加上大8号墩处也被看作可能有百多米宽的大断层存在，那么大桥的工程地质条件将大为复杂化。~~

~~在与工地勘探同志的密切合作下，我们~~通过对红层较大范围的工程地质测绘，裂隙专门统计，以及单孔与下岩层倾斜定向试验工作，~~以~~经分析~~这二个问题为中心~~研究，得到了对桥渡区地质构造~~上~~的一些主要看法：

~~X.(1)~~桥渡区　向斜底部白垩纪砾岩~~与~~下部奥陶纪灰岩呈明显的不整合接触(图4)，而上部为断层接触。白垩纪火山岩系与浦口层的接触处，多为下蜀亚粘土覆盖，从为数不多的露头追索中发现，应为整合或假整合接触。区内中生代的断裂方向一般是N60°E及N330°W二组，如图5所见之幕府山附近的断层(地垒型构造)，但它们均距桥线较远。

图4 浦口岸C_1砾岩与灰岩间不整合

1. ~~〈2〉深槽~~左岸单孔定向试验表明，该处地层不是倾向南东，而是倾向北西，即那里地下红砂岩的产状是N40-50E，NW∠32°则向斜轴部应偏向~~浦~~左岸，应经进一步证实轴部在

9（中文习惯南东应写为东南，北西应写为西北）

20×25=500　　九开横直两用大稿纸 20-473

8

浦口岸漫滩中部三河村附近。由构造分析和岩性地层对比，我们认为深槽主要是由于岩性软弱及河流侵蚀作用的结果，另从对南京"古长江"的分析也说明，古河道深槽在此处的出现，符合自然河曲变化的规律，并非突然的转折。

2. 根据工程地质测绘资料得知，浦口层中普遍发育着N275°-290°W及N10°-20°E方向的裂隙，有的并产生错距约1米的断层，在市区较大范围内，并未发现大的断裂，但在红层砂页岩互层接触处，由于物理力学性质差异较大，褶皱时必然产生的层面滑动和挤压是很明显的，后期的风化和浸水作用，往往使页岩造成软弱带（图5）。因此在进行钻孔初步分析后，我们认为七号墩附近并非一个宽大的断层，可能为顺层及N10°E两个方向的小断层的产物，某些岩芯的破碎，还不能不估计到钻探的人工扭动对于软弱页岩所造成的影响。后期勘探表明，在这个破碎软弱带的中部存在着宽40多米的较坚实的页岩。

图5. 浦口层砂页岩间的层面滑动图

3. 河槽的红层向斜，在南岸可以不对称的相连背向斜的和缓褶皱，延伸很长。由河槽至雨花台一段范围内，就发现存在着五个向背斜构造，即南京河槽向斜，古平岗背斜，清凉山向斜，鼓山小背斜，以及五台山雨花台间的

20×25=500

九开横直两用大稿纸 20—473

9.

大向斜。地层倾角一般为10°-25°，有的几乎水平成层，褶皱轴向为北东及北西两种，形态上表现为向斜宽阔，背斜较窄。这反映了红层的褶皱，主要是受着老的断裂作用的控制。

四、桥渡区基岩地层的分层问题

（按岩性的地层划分，在工程地质分析中有着主要的意义。据阿·米·古里也夫专家所指出，没有详细的岩性地层划分，就不可能编出准确的地质剖面和正确地鉴别断裂运动的性质。上述构造分析，在一定程度上我们就是借助了地层层位之分析。同时，详细的分层，对於了解区域地质特性、岩石的成因，以及岩石工程地质性质的变化，也是一个极其重要的手段。）基岩地层必须详细的分层。

桥渡区的红层，是指包括白垩纪火山岩系及浦口层红色岩系的一套以紫色、暗红色为主的地层，就工作区及皖南一带所见，种种迹象说明它们应属于半干旱气候下，山间或山前盆地由洪积冲积成因类型，间夹火山岩流的作用。由於化石缺少，分层是比较困难的。我们采用了最常用的露头追索加密(测)剖面的工作方法，在两岸进行了五个实测剖面及其它踏勘的参考剖面，结合与钻孔资料的比对，初步得出红层分层的下列系统：

20×25=500　　　　九开横直两用大稿纸 20-473

10

时代	层次	柱状图	厚度（米）	岩性简述	出露位置
老第三纪	浦口层（Pg）		70	砖红色砂页岩、红紫色含大砾石的砂岩，下部有锰蚀灰砂岩，含少量火山岩砾石	清凉山底路东、宠街口一带
			300-400	棕紫色砂岩夹页岩，砂岩有中粒细粒二种，局部呈灰色，岩性坚实	浦口吴桥乡、救养院一带
			100-200	红紫色页岩夹砂岩，新鲜页岩坚实，法向接触处比较软弱	浦口救养院一带
			250-400	砾状砂岩夹含砾砂岩，砂岩中含有小圆砾石，直径约1cm，局部含软弱的红色页岩砂石，可为红层之标准层	浦口土山子、南京挹江门、五台山
			200-380	紫红色页岩，岩性较软弱，易被风化而现含有砂岩夹层	浦口黄家顶山亭泉附近
			8	黄灰色凝灰砂岩，风化[illegible]	顶山亭泉附近
			80-350	红褐色砂岩及火山岩石类砾石之砾岩	二顶山南坡
白垩纪	[illegible]系（Cr）		30	紫红色砂岩	
			30	紫灰色安山岩及安山玢岩	馒头山、二顶山南麓
			20	紫灰色火山角砾岩	馒头山南麓
			40	紫红色砂页岩	馒头山南麓
			100	紫灰色微红色长石砂岩，相当于[illegible]	[illegible]
			40	底部砾岩，十分坚硬，喀斯特[illegible]	馒头山南坡

（岩层厚度表明在柱状图上不够清楚？）

图6、白垩纪及浦口层综合柱状图

如图6所示，白垩纪与浦口层的划分，基本上只是以火山岩系为界，前已谈到二者在右岸的接触为整合或假整合，局部为断层接触。因此，这种通常所称的浦口层是否肯定就是老第三纪，这是值得进一步研究的。它的准确时代的确定，从构造层的观点来看，对于研究桥渡区中生代构造破裂体系的是否存在是有意义的。我们曾在浦口岸东门镇附近梅子山子[illegible]中的薄层灰绿色砂岩夹层中找到植物化石，可惜尚未为研究鉴定名，希望地层研究者能去作深入地探索。这里初步将其定为老第三纪。

在将桥渡区红层与附近苏北皖南一带红层对比后，发现层位特性上有大致相同之规律，列表如下。

20×25=500　　九开横直两用大稿纸 20—473

11.

区域红层概略对比表

时代＼地区		凤阳陵、盱眙一带（据南大地质系高梅丽等）	宁镇山脉	南京浦口沿江一带 1959	
第三纪	赤山砾岩 100m	红褐色砂岩、夹石灰质红色砂岩。	石灰质砂岩、红紫色砂岩，部份含多量安山岩砂石，并夹薄层细砂岩 ＞200m	浦口层 约1020	P_{y4-5} 红色砂岩、褐色砂岩，及红紫色砂岩、夹页岩 约370m
	宜南层 150m	砖红色砂岩、砾状砂岩及红色页岩	绿色及暗紫色砂岩、砾状砂岩夹页岩 220m		P_{y1-3} 红紫色页岩夹砂岩、砾状砂岩、紫红色页岩 约650m
白垩纪	道统葛村系 2000m	流纹岩、紫红色页岩、及火山角砾岩。	绛紫色砂岩、凝灰砂岩及火山角砾岩 约400m	Cr_{7-8} 凝灰岩、砂岩、夹鲜红色薄层砂岩 88-350m	
		紫红色及灰绿色页岩、砂岩、安山岩、火山块集岩。	火山块集岩 安山岩 ↓ 揭底	Cr_{4-6} 紫红色砂页岩、安山岩、安山玢岩、火山角砾岩 共80m	
		紫红色页岩、及石灰质底砂岩		Cr_{1-3} 紫红色页岩、砂岩、及底部石灰质砂岩 共18m	

老？

（表中数字是否指厚度？）

五、桥渡区岩石的工程地质性质及水文地质特征：

（一）、基岩地层

桥渡区出现的红层，主要为坚硬岩石（强度大于50公斤/平方厘米），部份为半坚硬岩石（强度小于50公斤/平方厘米），个别部位为破碎软弱岩石（强度5—10公斤/平方厘米）。~~上述~~各分层岩性均多近似，故按其岩性和强度，分类论述于下，最后按桥线剖面所遇之各层基岩，依数理统计法原理分别给出一般计标指标，以供设计参考使用。

（1）砾岩及角砾岩

系以Cr_1（及Cr_5）为代表，系暗灰色石灰质砾岩及暗紫色角砾岩，主要分布在两岸漫滩以上地带，南东岸河槽附近基底亦有分布。砾石成份为灰岩、石英岩、燧石~~结核~~，直径5—

20×25=500　　九开横直两用大稿纸 20—473

15厘米，最大可达1米。一般以含灰岩砾石为主，胶结物有钙质及泥质，胶结良好。左岸砾岩地面发育着喀斯特小溶沟（图7）但桥下Cr_1中的溶蚀裂隙绝大部分为方解石晶簇所充填，并未见有溶洞（间壁光滑、系溶蚀的）的存在。饱和水抗压强度在130公斤/平方厘米以上，一般试验数值为300—500，最大可有638公斤/平方厘米，为良好的地基。

图7.白垩纪底砾岩的喀斯特现象

（2）火山角砾岩、安山岩、安山玢岩

紫灰色，角砾为安山岩，粒径2-5厘米，最大可有40厘米，性脆而坚硬，野外露头常为绿色苔藓植物所复盖，极易辨认。主要裂隙方向为N50°E及N30°W二组，易风化，风化后强度变化很大，主要分布在左岸山麓。安山岩及安山玢岩亦为紫灰色，极易风化成高岭土。

（3）紫红色砂岩

以Pg_2 Pg_4及Pg_2之砂岩为代表，结构致密，构造破裂少，有中粒及细粒砂岩两种，切片知颗粒直径分别为0.24-0.28及0.04-0.08毫米，矿物成分以石英为主（45%），其次为方解石（20%）及斜长石（<10%），其它为胶结物及少量重矿物。颗粒呈次棱角状，为接触式及基底式胶结，胶结物为钙质及泥质铁质，细粒砂岩泥质铁质含量增多，颜色并加深。砂岩中并见交错层及龟裂等现象（图8），Pg_2砾状砂岩尚含有少量石英砾石及紫红色软弱页岩的砾石，反映了它们的陆相

13.

洪积冲积的成因特点。天然抗压强度一般为60—129公斤/平方厘米，饱和抗压强度为50—110公斤/平方厘米。

图8 浦口层中龟裂纹

(4)紫红页岩

Pg1、Pg3可为代表，有粘土质页岩及砂质页岩二种，呈紫红色或灰紫色，钻孔岩芯可见局部有灰绿色斑点，直径一般为1.5厘米，新鲜岩石强度可以与砂岩相似，但受构造挤压的影响较大。饱和抗压强度多在45—100公斤/平方厘米之间。由野外观察及试验资料可见，强度Pg3又较Pg1为高。河槽软弱带则应当作特殊一类岩石看待。

(5)软弱带页岩及松散状软弱砂岩

七号墩附近的破碎软弱页岩及深槽附近松散状砂岩，是河槽两个最重要的软弱岩石基底。暗红色软弱页岩是挤压破碎和小断层活动的产物（见构造分析），岩芯获得率平均仅25.8—36%，裂隙发育，原生的及人工的擦痕均很多，含有0.2—3厘米不连续的石膏细脉，局部有可见直径约为2公分的个别石膏晶体，岩性软弱，天然抗压强度一般在8—17公斤/平方厘米之间，软弱带内之完整页岩，强度则为22—30公斤/平方厘米。河槽附近的松散状砂岩，构造破裂并不明显，浅红到灰白色，孔隙大，岩性很软弱，表明经受过强烈的淋滤作用，抗压强度只在5—15公斤/平方厘米之间。

上述各类岩石中，以最后一类岩性极其软弱，对桥墩

20×25=500　　九开横直两用大稿纸 20—473

14.

基础的砌置不利，应作处理。岩石中零散的少量的石膏细脉，对工程是不会产生有意义的影响的。

现将桥线基础所遇地层，划分下列单元，根据初步试验资料，在保证率为90—99.9%时，得出下列设计指标，可作设计选取用指标值时之参考。

试验指标 / 工程地质单元		抗压强度（kg/cm²）				K	备註
		α=0.900		α=0.999			
		R′	R	R′	R		
R_{g4}	页岩	191.8±41.3	327.2±29.0	191.8±167.1	327.2±117.3	0.59	1.各单元统计资料有5—27个不等，一般在10个左右。 2.R、R′系别指天然状态和饱和抗压强度，K为软化系数。 3.孔桐用某有R′<R的情况
R_{g3}	页岩	37.4±18.1	127.2±13.9	37.4±42.1	127.2±46.3	0.30	
R_{g2}	滑槽处松砂岩	75.2±26.8	62.9±21.0	75.2±72.7	62.9+52.3	—	
	滑槽处软弱松砂岩	16.13±4.98	9.50±2.90	16.13±11.71	9.50±8.70	—	
	一般细砂岩	64.1±20.4	87.0±27.8	64.1±62.5	106.3±43.7	0.74	
R_{g1}	砂岩	109.5±9.1	106.3±17.2	109.5±19.6	73.9±75.0	1.00	
	软弱影响的页岩	111±20.2	73.9±29.6	111±54.5	24.3±19.2	—	
	软弱的页岩	24.8±3.3	24.3±4.7	44.8±9.1	319.2±128.4	1.00	
Cr_7	受破碎影响砂岩	305±14.9	319.2±31.9	305±35.15	348.0±156.7	0.95	
	一般砂岩	360.7±44.5	348.0±62.8	360.7±96.5	348.0±156.7	1.00	
Cr_6	砂岩	307.0±76.9	238.5	307.0±204.1	238	—	

二、两岸松软土

桥渡区河槽松软土层厚约30—35公尺，一般为细砂及中砂。两岸则具明显的二元结构。

如图3所示，南岸由於岩石基底构成了三级台阶（高程分别为-60，-40，-5.5公尺），松软土的厚度并不相同。深槽处

20×25=500　　　　九开横直两用大稿纸 20—473

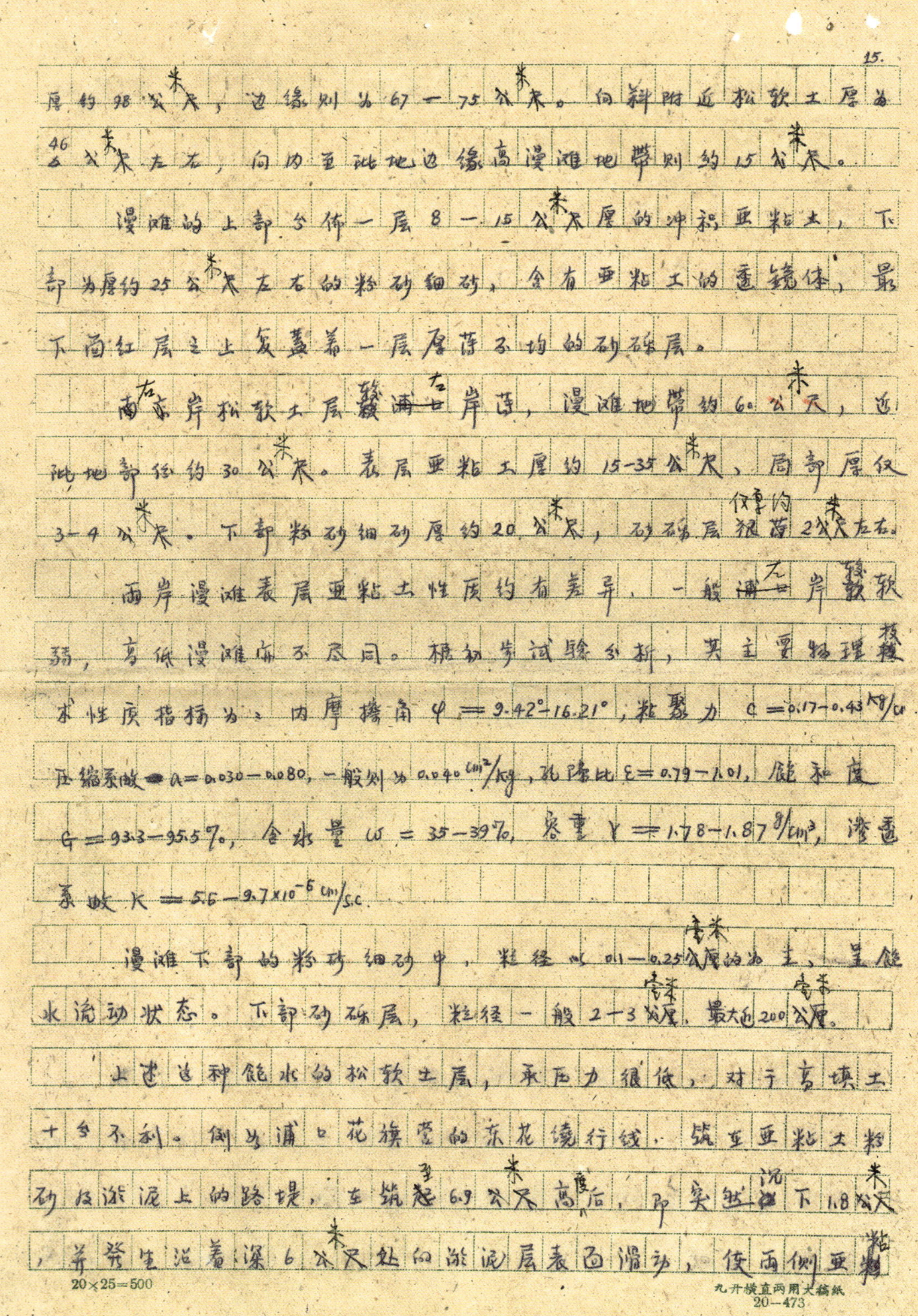

15.

厚约98米，边缘则为67—75米。向斜附近松软土厚为46米左右，向两至洼地边缘高漫滩地带则约15米。

漫滩的上部分布一层8—15米厚的冲积亚粘土，下部为厚约25米左右的粉砂细砂，含有亚粘土的透镜体，最下面红层之上复盖着一层厚薄不均的砂砾层。

右岸松软土层较左岸薄，漫滩地带约60米，近洼地部分约30米。表层亚粘土厚约15-35米，局部厚仅3-4米。下部粉砂细砂厚约20米，砂砾层仅厚约2米左右。

两岸漫滩表层亚粘土性质约有差异，一般左岸较软弱，高低漫滩亦不尽同。据初步试验分析，其主要物理技术性质指标为：内摩擦角 $\varphi = 9.42°-16.21°$，粘聚力 $c = 0.17-0.43\ kg/cm^2$，压缩系数 $a = 0.030-0.080$，一般则为 $0.040\ cm^2/kg$，孔隙比 $\varepsilon = 0.79-1.01$，饱和度 $G = 93.3-95.5\%$，含水量 $\omega = 35-39\%$，容重 $\gamma = 1.78-1.87\ g/cm^3$，渗透系数 $K = 5.6-9.7 \times 10^{-6}\ cm/sec$。

漫滩下部的粉砂细砂中，粒径以0.1—0.25毫米的为主，呈饱水流动状态。下部砂砾层，粒径一般2—3毫米，最大达200毫米。

上述这种饱水的松软土层，承压力很低，对于高填土十分不利。例如浦口花旗营的东花绕行线，筑在亚粘土粉砂及淤泥上的路堤，在筑至6.9米高度后，即突然沉下1.8米，并发生沿着深6米处的淤泥层表面滑动，使两侧亚粘

20×25=500　　九升横直两用大稿纸 20—473

165

土涌起，鼓出宽度达20-24米，路堤遭到破坏。因此在这里进行高填土作业时，地基的人工加固是极其必要的。

两岸阶地上的棕黄色亚粘土，为南京地区广泛分布的第四纪上更新世（$Q_{Ⅲ}$）的黄土状亚粘土，通称所谓下蜀系粘土。岩性均一，呈半坚硬状态，具较大的强度。据南京一般指标值是：$\varphi=25°-30°$，$c=0.5-0.8\ kg/cm^2$，$a=0.016-0.008\ cm^2/kg$，$\varepsilon=0.56-0.61$，$W=18.5-25\%$，$\gamma=1.95-2.05\ g/cm^3$，$K=n\times10^{-5}\ cm/sec$，系良好的土基。

四3 水文地质特征

从水文地质的观点来看，这里可有三个含水层的地区，即两岸石灰岩及石灰质砂岩的喀斯特裂隙水区，阶地和河及细谷地下水区；以及广阔的河漫滩富水带。河槽红层，为隔水层。灰岩地区，在浦口岸有着久已令人注意的一些重要泉水，如出口流量为107.9-135.0升/秒的珍珠泉、流量为35.6-36.0升/秒的响水泉等一些中温硫酸重碳酸质的泉水。阶地和河及细谷，含有不多的潜水和承压水，它对南京市供水方面颇有意义。上者对于这桥没有直接影响。具有重要意义的，是富含地下水的漫滩地带，这对于管柱的下沉和地基加固都有密切关系。

如前所述，漫滩地带冲积亚粘土下面，分布着厚层的砂层及砾砂层，为桥渡区的主要含水层。含水层厚左岸达43-53米左右，右岸则有50-55米，一般为承压水，水位埋藏深度约为1.5-5.0米。据这工部浦口水源试验资

17

料知：砂砾层K=97-121米/日，影响半径R=250-300米，单位涌水量为4.78-8.67升/秒。上部粉砂细砂层，K=15-26米/日，R=150米左右，单位涌水量为0.25-2.7升/秒。

此外，浅孔资料表明，上部亚粘土尚含有浅层潜水，水位埋藏深度为0.5-1.5米。

深部砂层地下水，属重碳酸钙及重碳酸钙镁类型，pH值约为7.2，矿化度0.34-1.2克/升，硬度较大含铁较多，对混凝土没有侵蚀性。浅层地下水，一般亦属重碳酸钙镁类型，矿化度一般约0.8克/升，pH值为6.8-7.5，硬度变化很大。局部硫酸离子含量可达84mg/L（浦口乌江村），成为硫酸重碳酸水。部分近地表水池及小河上地区（特别是南京岸），水质亦可变为重碳酸钙钠水，侵蚀性CO_2达14.3-29.3mg/L（南京岸金陵村、深泉四），水质同于地表水池，表明受到了污染。

因此，地下水和两岸地表水的作用在于：⑴使浸湿土体呈饱和状态及流动状态，减少了土层的摩擦力及粘聚力。⑵两岸局部地段地下水及地表水池，水质具有硫酸盐及CO_2侵蚀性，必须予以注意。

六、四、新地质构造问题

在讨论了上述的一些基本工程地质问题后，关于七号墩附近破碎软弱带及工作区的新地质构造活动特性问题，

20×25=500　　九开横直两用大稿纸 20—473

18

引起了人们广泛的注意。对此，我们提出一些初步的看法。

（我们知道，新地质构造活动是指第三纪以来晚近的地壳运动，延续至今约700万年。通常对于工程具有重要意义的是地质历史约100万年的第四纪期间的运动，特别是第四纪全新世期间的所谓现代地质构造运动。

新地质构造的正确认识和了解，对工程建筑的稳定性影响很大，但如果将假构造（外力作用所生）误为新构造运动的结果，则将人为地使工程地质条件复杂化，妨碍工程的正常进行和拖延工程的进行。

据此，根据了解和观察到的实际资料，来谈谈我们对桥渡区新地质构造特性的认识。）

~~一、地区新地质构造的主要迹象：~~

1、南京地区广泛发育着以老第三纪红层为基底的四级阶地，阶地上除第二级阶地覆有下更新（Q_I）的花岳砂砾石层外，一、二、三各级阶地表层几乎全部为Q_{II-III}亚粘土复盖，阶地高程尚无一致划分标准。南京地区工作时，我们采用的一、二、三、四各级阶地的台面高程（及阶地基底高程）相应约为：25(17)、40(30)、65(60)、110米。

据茹振仁、丘元禧等同志实习报告所称，区内还广泛分布着与方山、猪头山等高为200米的一级剥蚀面。

20×25=500　　九开横直两用大稿纸 20—473

在测绘中发现新生代地层有二组裂隙，在红层中广泛分布，裂隙常见的产状是：N275°-290°W，NE∠60-70°，N10°-26°E，NW∠60°-80°，也有方向就是南北或东西的，不过一般方向南北的倾向东，方向东西的倾向南，因此是有高倾角。浦口的水泉附近，见到N290°W组的裂隙发展为小的断层，错开了上层复的Q_2砂砾层，错距约1米。右岸的第三纪红层，N10°E组裂隙，在南京的中华门外发展为错距不到1米的小断层。

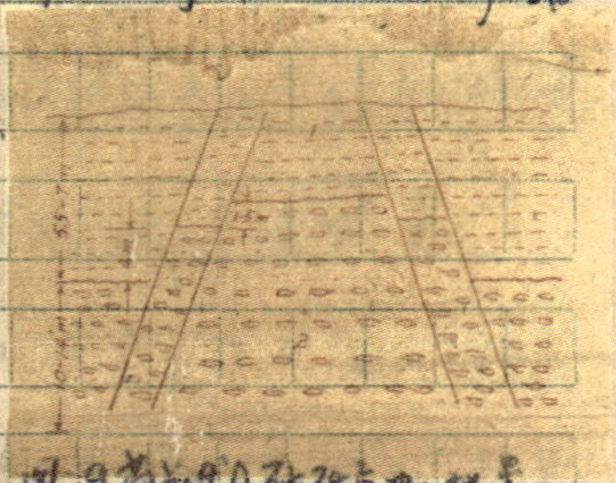

图9 第九号Q_2砂砾层中小地垒

3. 南大第二阶在泉发下库洛夫同志，在第九号Q_2砂石层中，发现了如图9所示的地垒性质的小断层。

4. 浦口岸镇头山北坡的水泉四一线，Q_2的砂砾石层及玄武岩层以近东西向方向，与寒武—奥陶纪灰岩以断层接触（图2），断距较大。

5. 左岸浦镇思泉采取土剖面，见QⅢ亚粘土中有一组产状为N10°E，NW∠80°-90°的裂隙（图10），具上盘下移性质的擦痕，但也常可见其他旋泉。另在吴家后山，山坡上QⅢ亚粘土的小型塌方，其方向与亚粘土中近南北向的一组裂隙都一致。

图10 QⅢ亚粘土中的小裂隙

6. 根据从公元345年至1949年苏皖的地震历史记载资料，说明了有地震是连续的稳定的，有的震后影响值（震源

20×25=500

九开横直两用大稿纸 20—473

宁镇西向北东微一带，烈度一般只有4-5级，只在公元462年，1372年，1399年，1831年可能达到6级。现今南京地震烈度的正式资料是六级。

三、桥渡区新地质构造特性的一些看法：

从所述工作区各级阶地及第四纪下更新世（Q_1）地层的断层的存在，反映了地区新地质构造的两个最基本的类型——升降运动及新构造断裂是存在的。但是，自第四纪以来，以主要作用的整体的升降，对工程建设影响最大的新构造断裂只是发生在第四纪的初期，规模也较小，理由是：

1. 地区新构造裂断，所见只是影响到Q_1砂石层，断裂幅度不大，特别是桥渡区附近红层仅发生小的错动，未见大的断裂。因此，这断裂规模不大，时间早在60万年以前。

2. Q_{III}亚粘土中裂隙并不显著，无明显错动痕迹，可能为升降运动所派生，或由局部因素所引起，例如地震。

3. 除阶地存在是地区上升的标志外，工作区现代仍受东缘上升区、上升幅度据华东师大分析，每年约1毫米。不过就所调查，桥线割切所示基岩古河槽及某些近代全附的较厚层松软土层的覆盖，应该估计到，在Q_{III}末期及Q_{IV}初期，地区曾经历下降作用为主的过程。

4. 我们知道，在苏联专家帮助下，国内已得了很好的

20×25=500　　九升横直两用大稿纸 20—473

间比较，以及断裂地震所引起的可能性的想法。我们也研究了一些重要的水电站工程（例如刘家峡、三门峡）的新地质构造评价，进行了比较后，显然新地质构造对南京长江大桥情况并不是很严重的。这因为：

1.新断裂只是发生在几万年前，幅度并不大，现代区域新构造的规律是和缓的上升，没有现代断裂作用。因此，在桥三百年左右的历史时期，就会发生断裂作用，可能性是小的。

2.地震一般最高只是六级，历史上未见地构造断裂现象出现的现象。而六级地震今后会导致断裂发生可能性很小。

3.古老的建筑物，例如南京城墙、古楼等，自明代以来是稳定的，没有受到断裂及地震的破坏。旧着跨越粘土的裂缝延伸方向，附近城墙仍无错动变形。

近代修建的，在靠近（横跨有几个大断裂）地区，例如苏北宿迁一带（这是在东西向新构造延伸线上），已修了许多水工建筑物（因该地的新构造断裂主要是在更新世初期，更新世晚期没有断裂现象），现在仍安全运行着。

(3)幕府山沿江N50–60°方向的灰岩陡壁，曾被怀疑是断层崖；壁上各层溶洞被认为是因断层不断上升运动，使幕府山抬升受到水流侵蚀的结果，根据浸湖铁路勘测资料，我们认为灰岩陡壁是原断层线崖的性质，断层发生在浦口层之前，从溶洞的高程可比附近阶地层位对比的情况看来。

20×25=500　　九开横直两用大稿纸 20—473

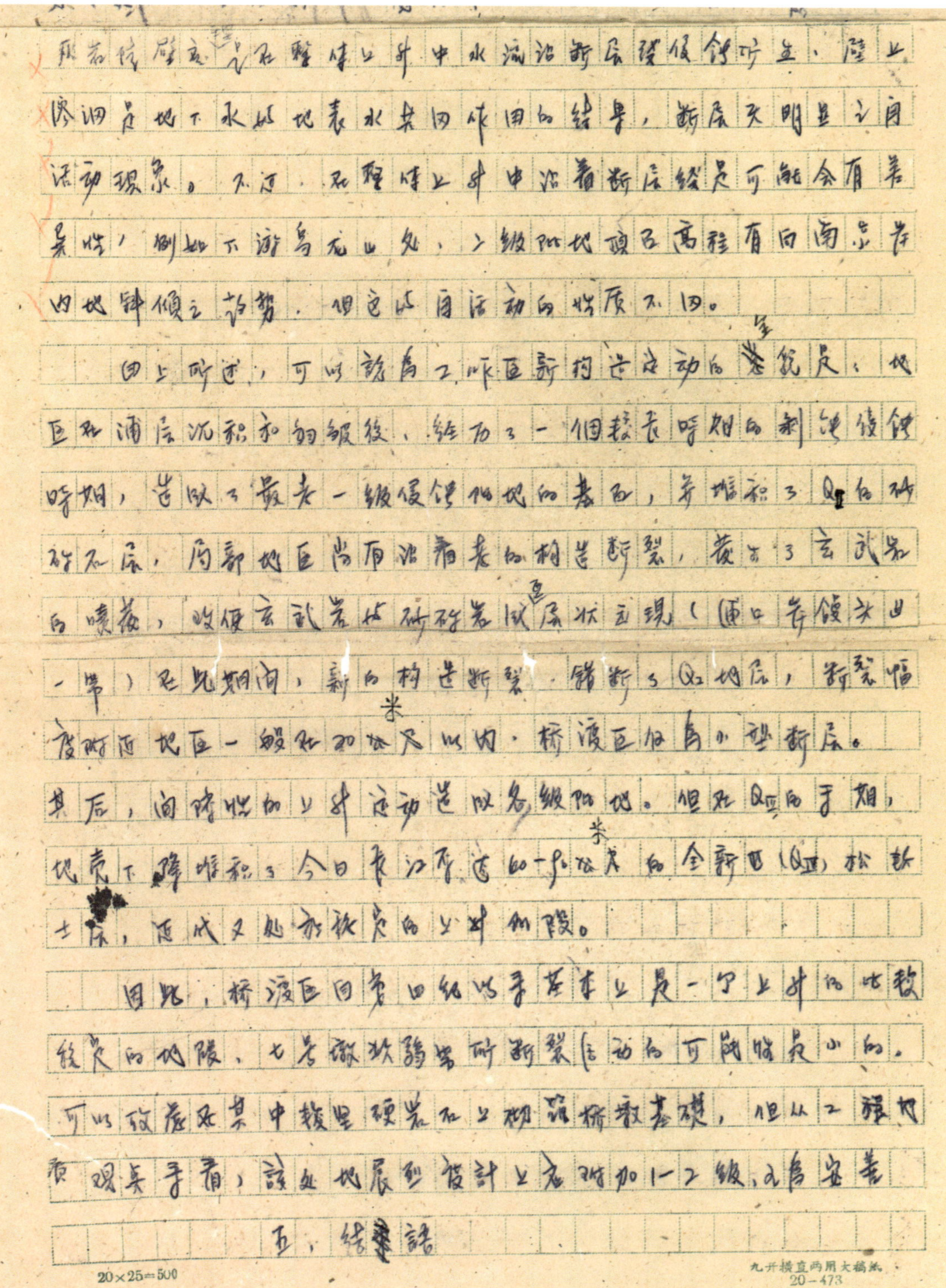

玄武岩陡壁亦是在整体上升中水流沿断层线侵蚀所生，壁上溶洞是地下水与地表水共同作用的结果，断层并未明显之再活动现象。不过，在整体上升中沿着断层线是可能会有差异性，例如下游乌龙山处，二级阶地顶面高程有向南岸岸内地缓倾之趋势，但这与再活动的性质不同。

由上所述，可以认为工作区新构造运动的全貌是：地区在浦口层沉积和钩𩇕组后，经历了一个较长时期的剥蚀侵蚀时期，造成了最老一级侵蚀阶地的表面，并堆积了Q_{II}的砂砾石层，局部地区尚有沿着老的构造断裂，发生了玄武岩的喷发，致使玄武岩与砂砾岩成互层状出现（浦口岸边狮子山一带）在此期间，新的构造断裂，错断了Q_{II}地层，断裂幅度附近地区一般在20米以内，桥渡区仅为小型断层。其后，间歇性的上升运动造成各级阶地。但在Q_{III}的末期，地壳下降堆积了今日长江底达60—80米的全新世(Q_{IV})松散土层，近代又处于稳定的上升阶段。

因此，桥渡区自第四纪以来基本上是一个上升的比较稳定的地段，七号微型断层所断裂活动的可能性是小的。可以考虑在其中较坚硬岩石上放置桥墩基础，但从工程地质观点来看，该处地震烈度设计上应附加1—2级，以为妥善。

五、结束语

20×25=500　　九开横直两用大稿纸 20—473

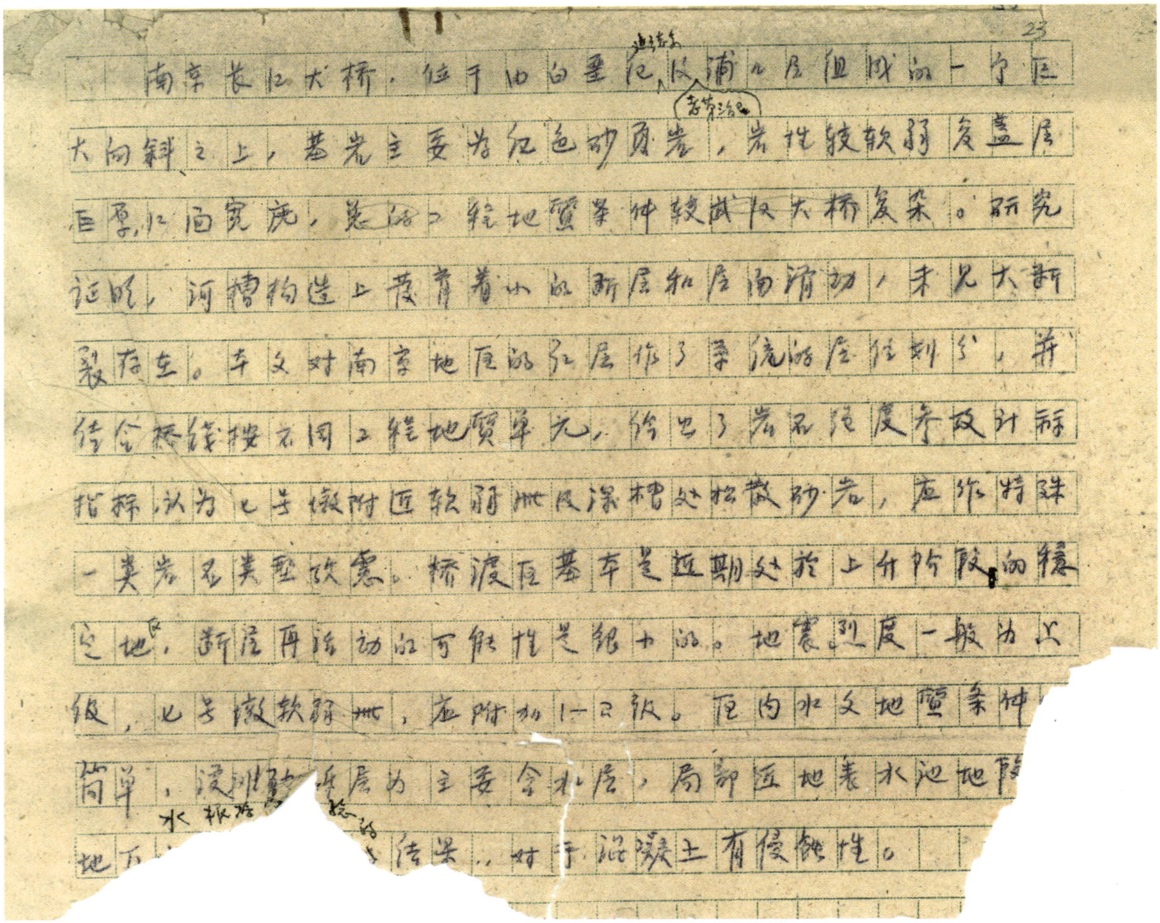

23

南京长江大桥，位于由白垩纪浦口层组成的一个巨大向斜之上，基岩主要为红色砂页岩，岩性较软弱，复盖层巨厚，江面宽广，总的工程地质条件较武汉大桥复杂。研究证明，河槽构造上发育着小的断层和层间滑动，未见大断裂存在。本文对南京地区的红层作了系统的层位划分，并结合桥线按不同工程地质单元，给出了岩石强度参数计算指标，认为七号墩附近软弱带及深槽处松散砂岩，应作特殊一类岩石类型考虑。桥渡区基本是近期处于上升阶段的稳定地区，断层再活动的可能性是很小的。地震烈度一般为八级，七号墩软弱带，应附加1—2级。区内水文地质条件简单，浅[illegible]层为主要含水层，局部区地表水池地段地下[illegible]结果，对于混凝土有侵蚀性。

南京长江大桥工程地质勘察方法及工程地质条件

南京长江大桥
工程地质勘察方法及
工程地质条件

江苏省地质局参加南京长江大桥勘察工作人員編写

一九五九年四月

目 录

前　言

南京长江大桥将在南京市下关宝塔桥与浦口东北东門鎮間架起，是連接津浦、宁沪两大干綫的巨大建筑物，它是沟通南北运輸的主要命脈。它是在祖国建設事业的飞跃发展，运輸任务日益繁重的形势下提出要求而兴建的。

桥的规模无論从跨度、結构、淨空以及基础型式都十分宏大，属世界一流。跨越长江正桥长約为1574公尺，浦口引桥約为3025公尺，經过一段高塡路基与津浦綫的林场車站接軌；南京引桥长約1491公尺，亦經高塡土路基与宁沪綫的和平門車站接軌，全桥长6090公尺，桥式为公路六車道、鉄路复綫的双层两用桥。

桥渡地区有关地质构造方面工作研究頗詳，至于工程建筑方面早在数十年前日人曾異想用江底隧洞穿过长江作为掠夺中国南北財富的主要干綫。解放后在党的領导下大力发展交通运輸事业，曾于1956年开始进行設計意见书工作的調査，接着1958年在全国大跃进的形势下开始了南京长江大桥的初步設計的勘査。經过几个月的时間不但完成了初勘任务，确定了桥位中綫，而且还开始了技术設計的勘察工作。

通过这一阶級工作，基于前人成就的基础上在科学院谷德振先生的指导下，以及南京大学地质系的师生帮助下，我們积累了点滴經驗和对南京长江大桥工程地质条件的初步看法，愿做以介紹。由于我們水平較低，难免有不洽之处，望各位指正。

（一）桥渡工程地质勘察方法

1）桥位选择和方案比較：

桥渡过河的主要方向首先取决于整个鉄路綫路的总体规划和沿河城市规划发展的要求，南京长江大桥修建的目的就是代替目前宁浦輪渡的作用，同时促进南京市工农业的进一步繁荣和城市的更加美化。因此，桥位选择的范围只局限于南京市的沿江一带，目前所选定的桥位在使用技术上和經济上均較合理，桥位上游一公里的煤炭港附近江面虽窄（約1100公尺），正桥可縮短；但水文条件不佳且建桥时与輪渡的正常工作有干扰，且引綫也穿插过市不利于市政的发展。再往上游則为江心洲一带的泛流水道，江面宽广。桥位下游河身漸宽，流道分叉，且幕府山高聳江边，地形恶劣，实为建桥不良地区。目前确定的宝塔桥——临江村桥址在区域地质上言也为合适。若桥往下移，将受到較老級横向大断裂的影响，可能遇到灰岩組成的河槽基底，往上移則为现有巨大建筑物所不容，所以我們不用众多的单独方案来作地质比較，因为区域地层走向主要构造断裂大体与流向一致，要在已經限制得很小的范围内企图寻找特殊良好的地段是困难的。若遇有横向断裂（大体与桥綫平行）并不足畏，桥位只作少許移动即可避免，根据以上特点，我們采取勘探点的网状布置来代替方案比較。事实也証明这样做符合多、快、好、省。

2）設計意圖及对工程地质要求：

南京长江大桥的桥式按公路、铁路两用桥設計，鉄路双軌，公路車道宽18公尺。桥下淨空应满足万吨海輪通航无阻，在最高通航水位+8.10公尺以上，保留26公尺高度，通航淨空宽度不小于120公尺。用大跨度的鋼梁架設于以大型管柱作为基础的墩台上，基础大部砌置在基岩之上。两岸引桥以管桩为基础为主，靠象山下蜀系分布处采用明挖基础。为确保南京长江大桥基础的稳定，及使用上的安全，对工程地质提出如下要求：

a)老第三紀浦口层的分布与性质及其力学性。

Б)浦口岸边长江古河道基岩深槽形态的探查。

b)河槽断裂的存在、类型及其性质的分析。

r)对管柱（或管桩）和明挖基础承载岩层的物理、力学性质的研究。

D)两岸引桥与高填方分界的土质依据。

3）勘察阶段的划分和工作要领：

勘察階段的划分乃由于結构物的等級、区域研究程度、地质构造情况复杂程度而决定。一般大型桥梁勘察多分四个階段：設計意见书，初步設計，技术設計，詳图工程地质勘察。由于祖国各項事业的全面跃进，促使勘察、設計、施工的三結合，因而在勘察階段划分和内容上与以前有所不同，即所謂两阶段勘察。

(A) 初步設計的工程地质勘查：

它的中心任务是研究比較方案选定最好的桥渡方案并經較詳細探查后确定桥位中綫，桥墩位置和基础类型。

由于南京长江大桥有了1956年設計意见书阶段所提供的地质資料，仅确定了一个桥渡方案（宝塔桥方案）。基于縮短正桥长度的要求把1956年所定桥位向上游移动約100多公尺，以此作为初勘选綫地段。为在已确定的地段选择最好的桥渡过河中心綫，采用間隔为75公尺的三条勘探綫和区域性地质測繪工作以进一步来查明下列問題：

i）用測繪不同比例尺地质图和实测剖面的方法查明桥渡地区老第三紀浦口层紅色岩系的层序和接触，新老构造运动的关系及其强度以及地下地质的对比。

ii)用水、陆勘探的办法查明桥渡綫上的掩閉地质，揭示出复盖层和基岩的沉积规律岩性、厚度等变化和有关水文地质条件。

iii)进行大量試驗工作确定土、岩的土质特征和逕流的化学特征。

(Б) 技术設計阶段的工程地质勘察：

由于勘測与設計、施工的紧密配合，加之任务紧急，故我們技术設計阶段也包括施工詳图阶段，并把以往的技术設計阶段工作很大一部分列入初步設計工作中去进行。

当桥位中綫确定以后，技术設計阶段的勘察任务是确定各墩台的詳細工程地质条件及附属結构物（管柱厂、供水站、試驗墩………）的工程地质条件。

通过鉆探和試驗工作来解决：

i)各墩台的岩石表面、岩石性质的变化。

ii)各墩台的构造情况——断裂、裂隙。

iii)墩台的基础岩层承載力及其处理。

iiii)为施工条件所进行的施工試驗工作（打桩、拔桩試驗、試驗墩的試筑、明挖基础的載荷試驗、高填方試驗段的观察。）提供地质上的依据。

技勘原則上不再进行野外測繪以細致的勘探和試驗为主。在大桥全面展开施工时，为了施工技术上的目的可以适当保留少量勘探力量配合工作。

—6—

4）地質测繪：

这是認識地质构造的最基本的方法。为了詳尽的解决前一节所提出的問題，我們进行了两万五千分之一地质图测繪和大比例尺（1/5000）的工程地质测繪。前者目的在于解决区域地质构造問題，后者是专門解决地貌和物理地质现象及新构造运动等問題。

經过地质测繪工作我們有下列几点看法：

a）用系統分析地表构造（断层、裂隙）結合鉆探来推断江底基岩构造（断层）的存在。

Б）江底基岩构造的存在不仅限于在地表露头所暴露的，很多实际情况表明，地面测繪所統計出来的断裂系統是偏少了，因此在对比和分析掩閉断裂时应以严密的勘探网的控制和岩心結构、矿物成份的变化、微少构造裂隙的分析为基础。

勘探网的布置：

在已选定的桥渡过河地段布置一个由三条間距为75公尺的平行綫构成的勘探网（如图1）每条綫上有五——七个間距300公尺的鉆孔成斜交排列，其在一条綫上正投影为100公尺

所以采用这样网式布置的目的在于：a）地层走向为N55E而斜排鉆孔近垂直于地层走向。网状布置可以控制全部地层和构造綫的存在。Б）三条綫同时又可做为桥位比較綫。

鉆孔深度的决定乃由于基底岩层的埋藏，产状及岩石性质决定：a）在河槽中作为浦口层岩层性质了解的鉆孔，鉆入基岩不应少于10公尺，一般为15—20公尺，Б）专門了解构造的鉆孔鉆入基岩最少25公尺。因为南京桥渡地区构造綫多呈高角度发出在松軟岩层中，且岩层傾角較陡，打过深鉆孔沒有实际意义。В）两岸引綫鉆孔均按单綫布置，为了解第四紀松散层性质和基岩情况以及桥渡区构造輪廓，每五百公尺布置一基岩鉆孔鉆进新鮮岩石內15公尺，每200公尺布一浅孔，其深度不但要滿足設計要求而且查清岩面。г）在已基本选定的桥位中綫（上綫）在三要地段加密鉆孔，查清浦口岸边深槽形态和軟弱断裂带的宽度和性质仅而在坏地段中找出較好地带，孔深度可視具体情况而定，一般不宜太深。

試驗工作是工程地质勘察工作中的主要項目之一，亦是評定岩石工程地质条件的主要依据。

a）用比較精确的方法在野外試驗室进行土壤分类指标。

Б）求出工程計算使用的直接計算指标。

对老第三紀浦口层均在鉆孔中取出大量岩芯进行抗压試驗，由于岩层性质不同，我們采用不同的試驗方法。坚硬的角砾岩多在风干后再飽和水状态下进行，因为这种岩石胶結較好，胶結物多为鉄质、矽质和鈣质的。飽水状态对岩石极限抗压强度沒有很大影响。砂岩頁岩胶結較松，裂隙发育，且有层面滑动存在完整性不强，含水状态大大的影响到岩石抗压强度。由此我們采用了以天然状态为主，同时又将飽水状态、风干状态、烘干状态下的試驗成果加以比較，这样能接近实际并反映了岩石的天然强度，并又考虑到施工时的高压水对岩石强度的影响。

对第四紀粘性土及下蜀系粘土，我們作了比較詳尽的試驗工作：除了物理性质的試驗外，对土的力学性质做得也很詳細如：第四紀松軟粘性土，是两岸引桥及高填土方（15公尺）以上的地基，考虑到以后的使用条件和施工过程中的不同，作了压縮試驗、和部分的渗透試驗，以及各种剪力試驗；以固結快剪为主，相应的用慢剪、固結慢剪、快剪作比較，同时也为了对高填方地段，包括淤泥质土进行了三軸压縮（三軸剪力）試驗和无例限抗压試驗。

初勘工程地质文件——由于南京地区地质资料丰富，不但减少了我們测繪工作量，而且文字报告的内容和篇幅，都与武汉长江大桥有所不同。

— 6 —

在多快好省的原则下我們編制了如下文件:

a)1/25000区域地质图。

Б)1/10000桥渡地区地质图。

В)1/5000綜合工程地质图。

г)桥渡三条比較綫的工程地质剖面图。

Д)土壤分析总表。

Е)地下水、江水、污水分析一览表。

工程地质勘察簡要說明。

(二)桥渡工程地质条件

1)桥渡自然地理地質:

南京桥渡处于长江流道收放溢口地段，因而江面狹窄而順直，离上游10公里有一江心洲（长13公里宽2～3公里），下游2.8公里有一七里洲。上游1公里的煤炭港附近江面最窄約1.1公里，桥渡区河宽1.5公里，水流坡度极小，流势平稳，河流从西南流向东北，最大水深20—30公尺。水位年变化以2月最低8月最高，历史最高水位为10.22公尺（1954.8）历史最低水位为1.54（1956.2）。水位年变化幅度不大，但受潮汐影响，从而使水位的日变化幅度变大了。

桥渡地区包括南北二岸及河槽共206.25平方公里面积。南京岸有幕府山区、象山、獅子山丘陵。浦口岸有饅头山二頂山区及浦鎮丘陵。区域的地质背景較复杂，现把区域地层及构造略述于下:

从古生代到新生代地层都有出露，古生代岩性較单一，以頁岩为主。中生代岩性較复杂以灰岩、砾岩、砂岩和火成岩为主。新生代则以砾岩、砂岩、頁岩以及松散沉积物为主。古生代和中生代地层組成二岸高山及丘陵，新生代地层则多組成二岸阶地及基底。

本区新老各期构造运动都形成了明显的褶曲与断裂，其特点为:

区域主要构造綫为喜馬拉雅运动所产生的以N50°—70°E級断层和N 280°～320°W横断层为主的高角度断裂（60°—80°），以后除有N60°—70°W、N300°—310°W二組加驟上列构造綫外，倘有N10°E、N350°～360°W二組新构造方向出现。

2）組成长江的基底岩石——第三紀浦口层:

浦口层組成长江阶地，河漫滩、河槽的基底，整个桥渡建筑物都配置在紅色岩系上，是建桥的直接研究对象。浦口层为陆相湖盆沉积，成因类型繁多而复杂，靠山前有洪积物冲积物存在，山区来的灰岩和石英岩和少量火山岩的基底碎屑經胶結而成角砾岩及砾岩，也有河流相、湖相的砂岩、頁岩沉积，兹时气候干燥炎热，紅色頁岩中有泥裂现象。

紅色岩层的构造在桥渡地区組成一向斜，軸部在浦口岸的三河村附近（离岸边約2.3公里），称之为三河村向斜，走向N50°～60°E，略向下游。

3）第四紀地層、地貌和新构造运动:

桥渡区域阶地出露較完整，一、二、三、級阶地在浦口一带清楚可见，組成各級阶地基底均为浦口层。

最老的三級阶地多由Q_1的雨花台砾石层及方山玄武岩組成，地面高程約为60M，砾石层厚約20～30M。二級阶地由Q_2的黄紅色半坚硬状态的砂粘土組成，地面高程約为35～45M。

—4—

一級阶地多残缺不全，由Q_3的下蜀系組成，地面高程变化較大，約在20M以下。

为桥渡綫所直接穿过的河谷地貌，除流水的河床外还有高低河漫滩，出露不完整，面积少。浦口岸低河滩在枯水期露出水面，地面高程为3～4M，宽仅50M。两岸高河滩发育完整，地势平坦，地面高程为6～10M；北岸宽4公里，南岸宽1.5公里，多出现池沼和湿地。組成河床和高低河滩的复盖层均为第四紀Q_4的近代冲积层，它由两部分組成：下部为古长江砂砾沉积，充填于古河道中，广泛分布于浦口沿岸深部地带。在南京岸也有呈底砾分现的，該层为流水沉积物，全由較粗碎屑組成，以粗砂、砾砂、圓砾、卵石为主，尤以后两者占优势。中砂稍见，一般砂粒直径均大于5MM，砾石以1～4cm占多数；10～15cm或稍大的卵石也有，砾石成份由石英岩、灰岩、燧石、石英和少量火成岩組成，有部分雨花台层再經运入的材料，最大厚度达45公尺。上部为近代河流砂土淤积物，分布广泛构成河床和河漫滩的表面复盖，两岸漫滩表层均出现砂粘土，呈灰黑色局部已成淤泥，大部具有微流动状态，多呈薄层理与粉砂成互层，浦口岸出现厚度較稳定，約在10～20M。而南京岸厚度变化較剧，最大厚度为35M，較薄的仅有1～2M，河床和河滩表层土的下部均由粉、細砂組成，呈灰黄或灰黑色，顆粒均匀，几乎不含大于0.5mm的顆粒，0.5～0.25mm的約占10～15%，0.25～0.1mm的約占60～70%，有时小于0.1mm的也达30%，砂粒成份以石英、黑色矿物和云母为主，在砂层中含有不规则状砂粘土透鏡体。

組成河谷基本河岸一級潛蝕阶地和二級滩上阶地均为下蜀系所分布。一級潛蝕阶地潛埋在地表以下約5～10M，台面高程約为近代河流淤积的砂土所复盖，二級阶地全露在地表。浦口岸台面高程約为35～40M，南京岸台面高程約为25～35M，由浦口层組成。一、二阶地基底都具有大体相同的高度。浦口岸基底高程約为-5M，南京岸較低約为-15M，具有显著风化壳残积层，厚約5M。

組成阶地的下蜀系呈土黄或棕黄色，层理不显但仍可分层并以砂质粘土为主，也出现有粘土、黄土质砂粘土的下蜀系土层，稍具大孔隙，有的能直立成壁，天然含水量較少，一般呈半坚硬状态，其出现的粘土层含有鉄錳銹斑和小結核。阶地的破坏和切割較深，常见有細谷切割的淤泥质粘土沉积，阶地斜坡稍被滑坡破坏，滑坡的范围都很小，滑坡体宽約10M，多沿南北、东西方向分布，滑坡产生的原因与1954年历史特大洪水的淹沒和近期人为大兴土方工程有关，但也可能与浦口层基底的断裂存在而造成泉水的出现有关。

南京地区的沿江新构造运动我們研究得不詳，在調查时得到两点象征性的概念：

a)南京岸獅子山城墙普遍产生裂縫，一般方向都具有一致性，也可能是地基的重力变形和結构上的缺陷，但总的建筑状态仍良好。

b)在浦口素思巷的黄土层中好象有錯动现象，但根据为錯动所經过的城墙却沒有变化，这也說明影响不大。

但根据桥渡地区第三紀断裂大量存在的事实，新构造运动仍是一个不容忽視的問題。

4）水文地质簡介：

桥渡地区的主要含水层（砂砾层）分布在浦口、南京两岸的灰黑色砂粘土(厚18—15M)之下，直至岩面与河槽中各种砂层砾石层（厚30—50M）含水层沟通形成浦鎮——象山間的巨大含水层。南京岸含水层厚10—50M，在象山下消失；浦口岸含水层厚70—20M，浦口岸边为长江古河道，乃由原层的粉細砂层、砾砂和卵石层組成，其次砂粘土也含孔隙潛水。

两岸地下水位均出现在砂粘土中，其埋藏深度为0.5—1.5M，地下水位除洪水季节外，均高于地表江水，說明地下水通过此含水层来补給江水，但洪水期間与涨潮期間则相反——

一八一

即江水倒灌于地下水，地下水的补給水源主要是大气降水和两岸山区基岩裂隙水，其逕流条件也較好，地下砂砾层的地下水动态不仅受大气降水、地表水的影响，也同时受到潮汐的影响。

浦口岸的水量极富，給浦口发展大工业提供足够的水源条件，当下降为0.80M，涌水量27.7公升/秒，单位涌水量4.78公升/秒。

桥渡地区的地下水、地表江水及池塘水均属低矿化的軟水。

Ⅰ南京岸地下水多为重碳酸——鈣镁水。

Ⅱ南京岸地表池塘水多为重碳酸——鈣水和少許重碳酸——鉀　鈉水。

Ⅲ江水为重碳酸——鉀　鈉水。

Ⅳ浦口地表、地下水均系重碳酸——鈣水，而江边地下水（如L 6孔）为重碳酸——鈉鉀水。

由于桥渡地区地下水位較高，埋藏甚浅（仅0.5—1.5M）很多地段在砂粘土中出现，因而使引桥基础之管桩与承載岩层之摩擦減小，使深管桩下入深度增加。同时在开挖基础时，地下水的渗入亦将給施工条件带来不便，特别是两岸高填方地段，由于水的渗入使水的状态有了改变。（呈流动状态），其物理、力学性质也将变坏。从而給高填方地段的地基稳定提出了新的課題。

根据ГОСТ 47696—49规范評定水的化学成份对任何种类混凝土均沒有侵蝕性。

5）桥渡工程地质的几个問題及其評价：

桥渡綫包括正桥、引桥及高填方地段共长6,090M，由紅色向斜組成。基底上部为第四系近代河流冲积层，古长江砂砾沉积和下蜀系粘土层，基底全部为紅色岩系。

a）河槽岩石組成及其工程地质条件之評价　前已提及，河槽处于三河村向斜之南翼，呈单斜构造，PgⅣ—PgⅥ　分布較完整，按其地质特征及工程地质特性（計出现有五种不同岩性，三种不同力学性质的岩石类型）概可分为三类：

Ⅰ）胶結、坚硬岩石：主要为角砾岩，水平分布宽約300M，砾石大小不匀（2～20cm），胶結犹佳，成份多为石英岩、灰岩等；其具有极好的抗水性和耐风化性，裂隙少，风化浅（0.4M±），从而使岩石整体完整性較好，另外遇水后不崩解、不泥化、軟化系数K一般为0.8～0.9以上强度也大，现使用数值为250～300kg/cm²，其力学上之习惯破裂面为卵石与胶結物之接触处，以及所夹之砂岩透鏡体之方向；因此其又兼有一定程度的不均一性，江下岩面起伏不大，横向坡度約为5‰。上列的各項条件，給大型桥梁地基提供了极好的前提，可以断言管柱之鉆岩深度也大为減小；又由于岩石平整、风化薄之特性，必将对施工的基础下沉、凿岩、砌置等工作更加有利。

Ⅱ）半坚硬岩石：包括具有明显結构的砂岩、未受构造断裂作用的頁岩，以及二者之互层地带。

分布宽度約为700M，岩面有一定起伏，横向坡度約为1/100，具有一定的軟化性能（軟化系数約为0.5～0.6）；抗水性亦差，遇水崩解，风化深度較Ⅰ类岩石为大。根据我們分析結果，認为其力学性质在很大程度上决定于岩石結构和厚度。例如：厚层状的頁岩远比薄层頁岩、以及互层状、交錯层状的岩石来得好。厚层状砂岩多呈局部松散，又由于岩石中常含有黄色斑点和条带状結构，这不仅使力学性质变为复杂，也促使岩性的不均一，抗压强度也不大，一般頁岩为50kg/cm²，砂岩为60kg/cm²，綜上所述，可以看出它不是建桥的理想地基；因为这将增加管柱的凿岩深度（据初步計算将大于砾岩一倍），另外在二种不同岩性上的桥墩在考虑其抗压强度的差異时为了确保安全，必然会棄大而取小，这无形中降低了具有較大抗压强度的岩石力学性能，再其次在管柱凿岩时，也将可能导致孔內漏砂、漏水、掉块、甚至坍塌的不良现象。总之它的工程地质条件不佳，但仍不失为大型桥梁基础的可靠地基。

Ⅲ）松散，破碎岩石：包括松散状砂岩和断层破碎带的頁岩、角砾岩和粘泥（其中局部有較致密的岩石）。

分布宽度約为450M，基岩深槽处与断层分布带的岩石只有极低的抗压强度，一般在20kg/cm²，有的为4～6kg/cm²，甚至更有的要作为松散岩石处理；抗水性差，有些断层泥呈半坚硬状态；在断裂破碎带以及頁岩的裂隙中带有透明、結晶、纤維三种不同状态的石膏——呈脈状充填其中。这将使我們必須考虑的軟化性能以及脫硫的可能性。另外由于断层带的岩性松軟，从而使风化更加强烈，其后果常造成比一般岩面約低3～4M的低洼部分。基岩深槽地带为古长江切割而成，該地呈一狹谷状，由此我們認为它的工程地质条件极为复杂，实属工程建筑的不良地基，在基础設計与施工时，必須对其結构加固和处理，俾使墩台有一定的可靠保証，否則将会产生基础变形与不均匀的沉陷。 32

б)河槽的地质构造及其工程地质評价。

河槽基岩属于紅色向斜层的南翼，軸向NEE，傾向NW，主要构造破裂亦沿此方向产生；并在頁岩中出现NEE向的断层挤压破碎带，左岸松散砂岩中的古长江深槽，亦以此方向延伸，另組之近乎SN、EW之构造多以剪切裂隙的形式出现，往往产生在頁岩和砂頁岩的夹层中，裂隙多具水平的或斜向的擦痕和鏡面，宽度約为1～2mm，在局部层位中有少数粘土、石膏和方解石脈的充填，裂隙的普遍发育，将大大降低了岩石的完整性、抗压强度以及耐风化性。岩心最主要的块段长度为0.15～0.30M，也有被切割成2～5cm的碎块，除了人为及大断裂所造成的影响不計外；岩心获得率均偏低，一般約在60～70%，又往往由于裂隙的密集，加之水的侵蝕与破坏，导致岩石的軟化加驟，从而也造成一些风化层的加深。

河槽較大断裂，发生在PgⅣ的頁岩中，是建桥的不良工程地质地段。該断层为高角度（60～70°），沿走向、且为斜移性质的断层，傾向北岸，上盘向后向下移动；下盘向前向上移动，組成宽約200M的断层挤压破裂带。河槽中角砾岩、（PgⅣ）与砂岩夹頁岩（PgⅤ）的不同角度出现，是由于断层的存在而引起的，解决在該带中修建桥墩（如图二）中的可能性是工程地质工作的重要任务，經过勘探查明：

a)破碎带中以破碎軟化岩石为主，完整岩石占少数，仅占宽的1/20沿走向呈狹窄条带出现，裂隙較多，二者之間有一过渡影响带，以构造裂隙密集，局部岩石松脆为其特征。桥墩基础应尽量放置在完整带的岩石上，因宽度不够，则利用了其二邻侧影响带的部分岩石，力求不单偏于一边，这样可簡化基础的处理和地基不同性质的变形。柔形岩石在江底所組成的挤压破碎带，成层結构不清，并发生很显著的柔性变形，傾角变大，出现大量的菱形破裂面；并波及其二旁岩石，所以破碎带的规模就大，破碎产物多种，給勘探和基础处理增加困难，在这样工程地质条件下修建桥梁，其桥墩跨度的具体位置和基础的类型以及处理方法則多取决于地质条件，經济比較不是唯一因素。

б)古长江深槽的出现是构造和岩性結合的产物。深槽右側斜坡岩石与槽底、左側斜坡岩石的不同角度接触（20～60°）以及在接触带中，采岩率的降低（50%以下）；表明了有走向断层的存在，其性质亦为高角度正断层，下盘組成深槽，深槽之进一步沿走向发展是取决于松散状砂岩之岩性上特征。古长江深槽略具狹谷形状；宽深比为1∶0.18，谷緣坡度达10～20‰，谷之最高最低点相差24M，由河床表面至谷底最深处約为84M±，槽二側呈不对称

—8—

状，南侧比北侧約高3～4M，且N陡(70°±)，S稍緩(55°±)，若以标高-70M計算，桥宽为170M；若以变坡点計算則为200M±，愈往桥綫下游，槽口加宽，但深度并有加深之趋势。由于深槽之存在，增加了建桥工程地质条件的复杂性，使一号桥墩(如图三)不能直接放在基岩之上；另外在其右侧高坡上修桥墩，必須注意斜坡的稳定性。地层的傾向与斜坡大体一致，并由于傾角大与NEE組裂隙的出现，更加重了影响，故选择桥墩位置应远离槽边在25～30M以外为宜，因此地质条件就同样影响了桥梁的結构形式和基础尺寸。

总之由河槽地质构造复杂所引起的工程地质条件的不良性，对建桥都会产生不同程度的影响，但只要充分認識了其存在和分布的规律性以及严重程度，并对地基与基础結构加以正确处理，和适应其特点，也能保証坚固雄伟的南京长江大桥安全性。

в)河流水文特征及其工程地质評价。

桥前河道順直，流势轉向平稳，这主要由于上游煤炭港和浦鎮二河岸經过系統地沉排护岸工程之故，河流的蛇行性被大大地約束了。流向較順直，沒有严重冲刷岸的危险，河床的实測冲刷不剧，一般为2—3M，历史最大冲刷深度达14M，目前河道主流綫靠N岸，呈冲刷特性；南岸有淤高的趋向，总观約可認为基本达到沉积平衡状态。在河床断面上不会产生很大的变化。

目前江底沉积由N而S順序是：

a)为流动状态的砂粘土沉积，宽230M±，厚7～8M。

б)中細砂沉积，宽762M±。

в)細粉砂沉积，宽413M±。

沒有发现粗粒径的堆积，悬浮物多为<0.05MM。一般0.01MM占60～70%。

根据观測，中細砂远比粉砂和砂粘土稳定性为大，河槽表层內(約为标高-40M处)发现有现代飘流树木的陷埋，怀疑为木质船只也发现人工开采的煤，不但不多且不普遍，不能构成巨大障碍物，考虑到桥墩建成后一般冲刷和局部冲刷的可能性(冲刷深度S岸約为30M±，N岸約为35～40M)，因此对上部复盖层的研究只限于水流与顆粒的推移关系，冲刷的分析，基础的施工下沉作用方面。

г)两岸工程地质条件評价：

两岸因基岩埋藏較深，对桥渡引綫建筑无多大作用，故不进行論述。现对第四紀沉积物中的两类不同性质类型的基土簡述如下：

近代淤积的松軟土层：

Ⅰ)两岸松軟土結构特性：

两岸分布的近代河流淤积层，除細砂外，大部分砂粘土和粉砂都具有不良的工程地质条件，土质松軟，其具体表现为厚层砂粘土的流动及淤泥化、粉砂的液化及其游动性。浦口岸表层砂粘土，厚7～19公尺，除頂部1～2公尺呈黃褐色，稍呈鉄质銹斑，为可塑状外，余均为深灰色的砂粘土，薄层状，层面間夹有粉砂，土质較軟，多为流动状。局部地点有机物含量增多，稍具腐臭。

南京岸表层土土质特征与浦口岸相似，惟厚度变化較大薄者1公尺，厚者35公尺。

两岸表层土下的粉砂均飽含水，顆粒細而均匀，几乎不含大于0.25m/m的顆粒，少于0.1m/m的約占50%。組成顆粒矿物成份，除石英外，还有較多量的片状云母，因此粉砂具有松散，流动的特性。

Ⅱ)軟土物理力学性质：

—8—

两岸軟土以天然含水量大（35—45%），天然孔隙比大（0.9—1.1）有机物含量大（3—5%），为其物理性上的特征，因而其相对稠度較（B）常为0.9>B≥1，普遍具流有微动性质。該軟土具有較不均一，且偏低的抗剪强度：三軸剪力的φ值为0°—2°，C值0.04—0.05kg/cm²，固結快剪φ值15°左右，C值0.1—0.5kg/cm²，固結慢剪φ值20°—25°，C值0.2—0.3kg/cm²。一般均有較大的压縮性，压縮系数为0.03—0.05，从土的物理力学性质的指标上，也反映出土质松軟的性质。

Ⅲ）松軟土工程地质評价：

松軟土的存在，是桥渡工程地质的不利因素，对两岸引桥和鉄路路基的建筑复杂化了。由于桥的淨空高，两岸联絡綫很长，但两岸出现表层松軟土，大大限制了填筑高填方的高度，（填土高4M減少引桥1公里），根据现有地质資料分析，填土高度应在15M以下，以12—13M为宜，且路基基底和断面必須經特殊处理，（如打砂井、砂桩、砂垫层等）无疑的也将会影响引綫建筑的造价和工期。

在松軟土中 以桩基价引桥桥墩比較复杂。因土层松軟，与桩的表面摩擦力少，且会引起桩羣間的整体变形，所以要在桩长和根数上去适应，所以也提高了造价。

Ⅳ）半坚硬土——下蜀系粘性土的性状：

两岸的基本河岸均出现下蜀系粘性土，它是較良好的引桥和路堤的基底，也是路堤填土材料，具有下述地质特性：

一）分布和厚度都很稳定，水平和垂直变化較少，厚度一般不小于10M，土质性状較均一，易于掌握规律。

二）天然含水量較少，約在20—25%間；天然容重也較大，为1.95—2.0g/cm³；孔隙比較少，約为0.6—0.7；在不为地面水所直接湿潤的情况下，一般均具有半坚硬状态，相对稠度值B≤O；压縮系数不大，約在0.01—0.008cm²/kg；內摩擦角15°—20°，凝聚力0.5—0.8kg/cm²；所以在該土层中以建筑天然地基为宜。

結 語

由前所述，可知桥渡区工程地质条件十分复杂，正桥部分1号墩的基岩深槽、7号墩的断层破碎带，都要求我們継續詳細的研究，以便能有更乐观的看法。引桥与高填方地段的砂粘土流动状态，也不可忽視，不加以認真处理，輕則基础变形，重則会导致土体結构的破坏，甚至涌出，必然会影响桥的正常运輸。在目前桥位已定的情况下，技术設計与施工詳图勘察更迫不及待，同时对上述地基的工程地质处理，分别由鉄道科学院，天津大学等单位負責，我們势必配合他們工作，提供必要地质資料，以备大桥早日动工兴建，緩和运輸紧张状态。

—四—

南京长江大桥桥渡区综合工程地质图

南京長江大桥桥渡区
綜合工程地質图

图幅索引

5820	5822			
5620	5622	近代冲積层		
5420	近代冲積层	近代冲積层 江	5426	5428
	长	5224	5226	5228

503-1(62)-4

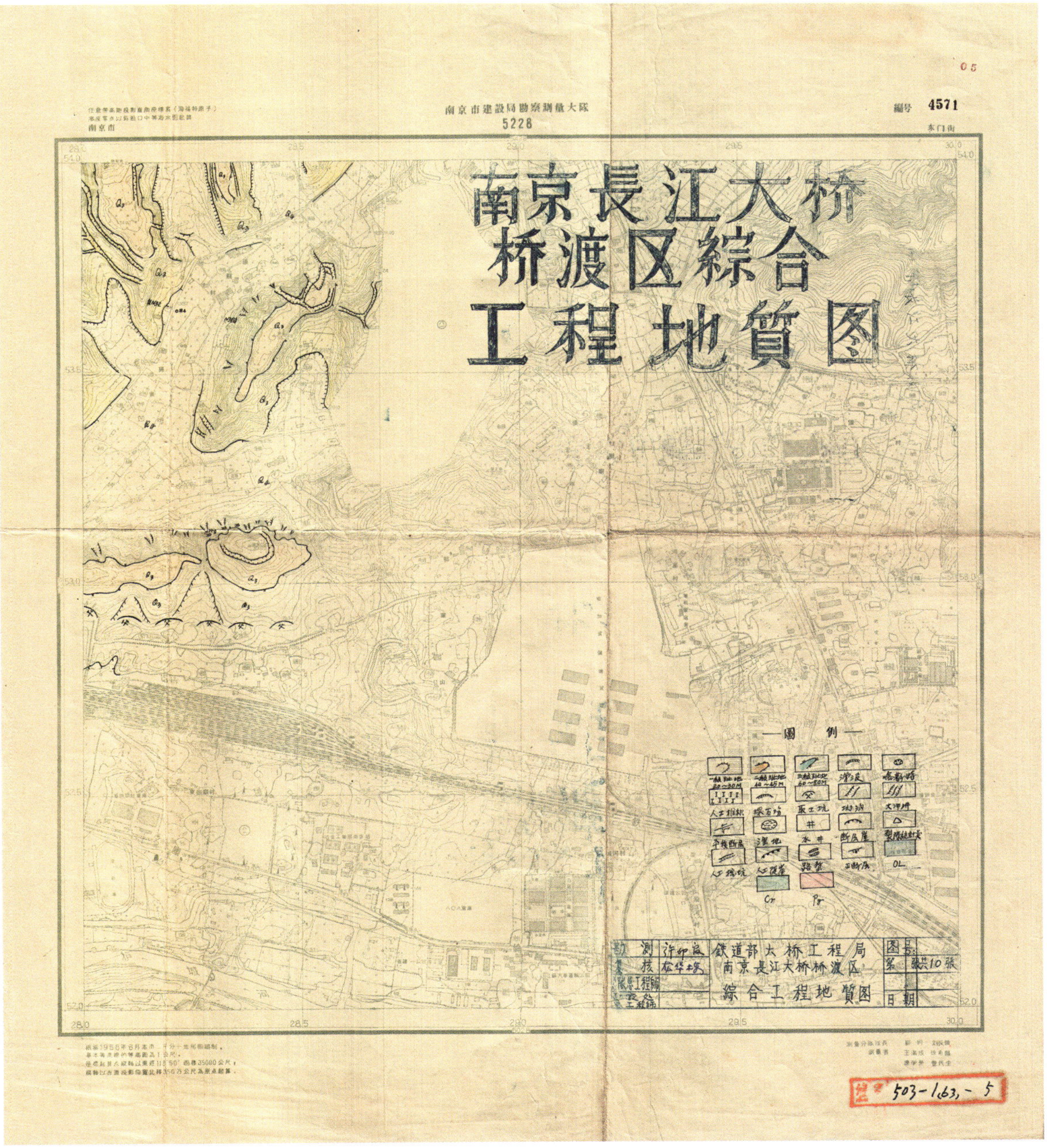
南京市建設局勘察測量大隊
5228
編号 4571
南京市
南京長江大桥
桥渡区綜合
工程地質图
一圖例一
Cr
Pr
OL
勘 測
審 核
鉄道部大桥工程局
南京長江大桥桥渡区
綜合工程地質图
图号
第 張共10張
日期
503-1,63,-5

南京长江大桥钻孔布置图

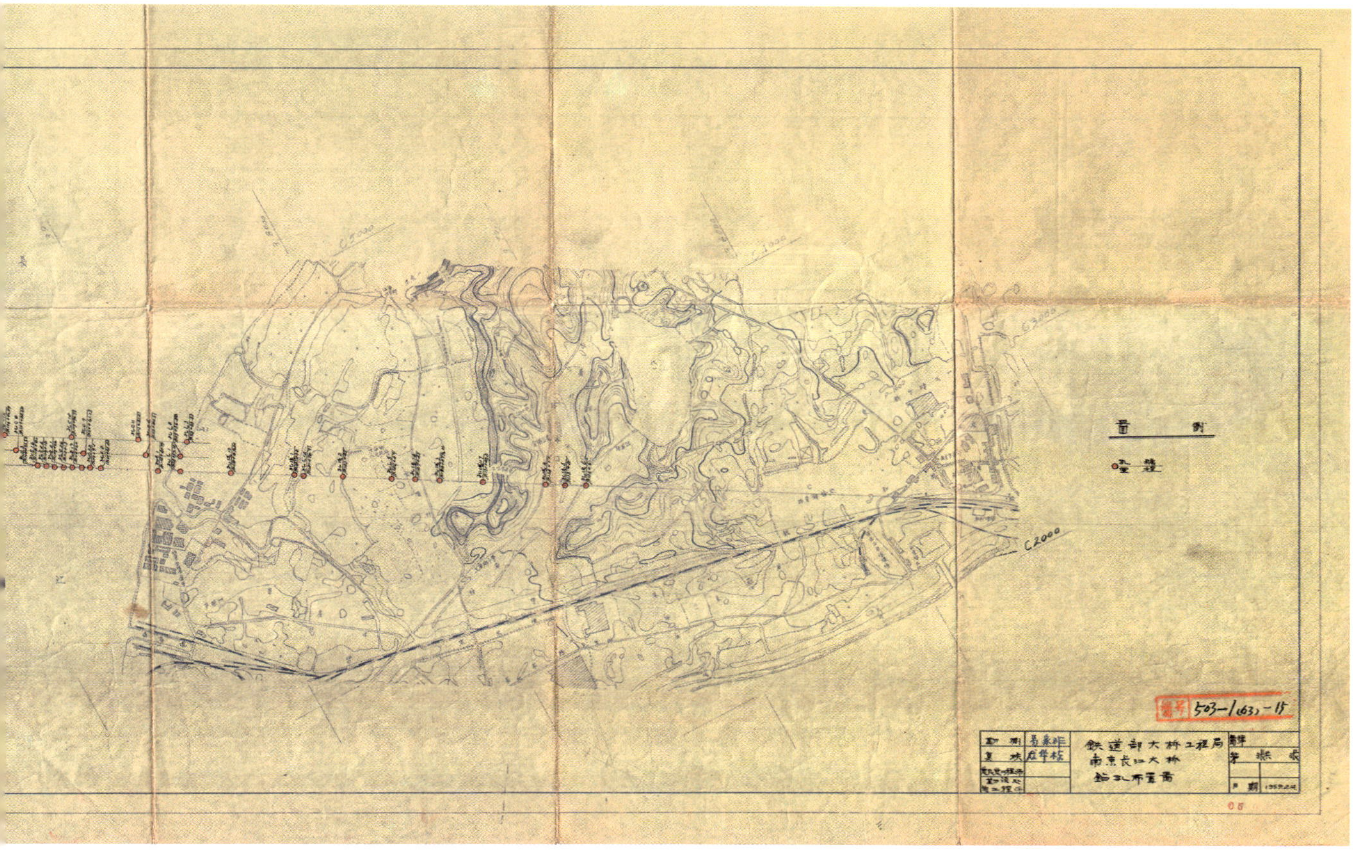
图例
钻孔
503-1(63)-15
铁道部大桥工程局
南京长江大桥
钻孔布置图

南京长江大桥工程地址纵面图

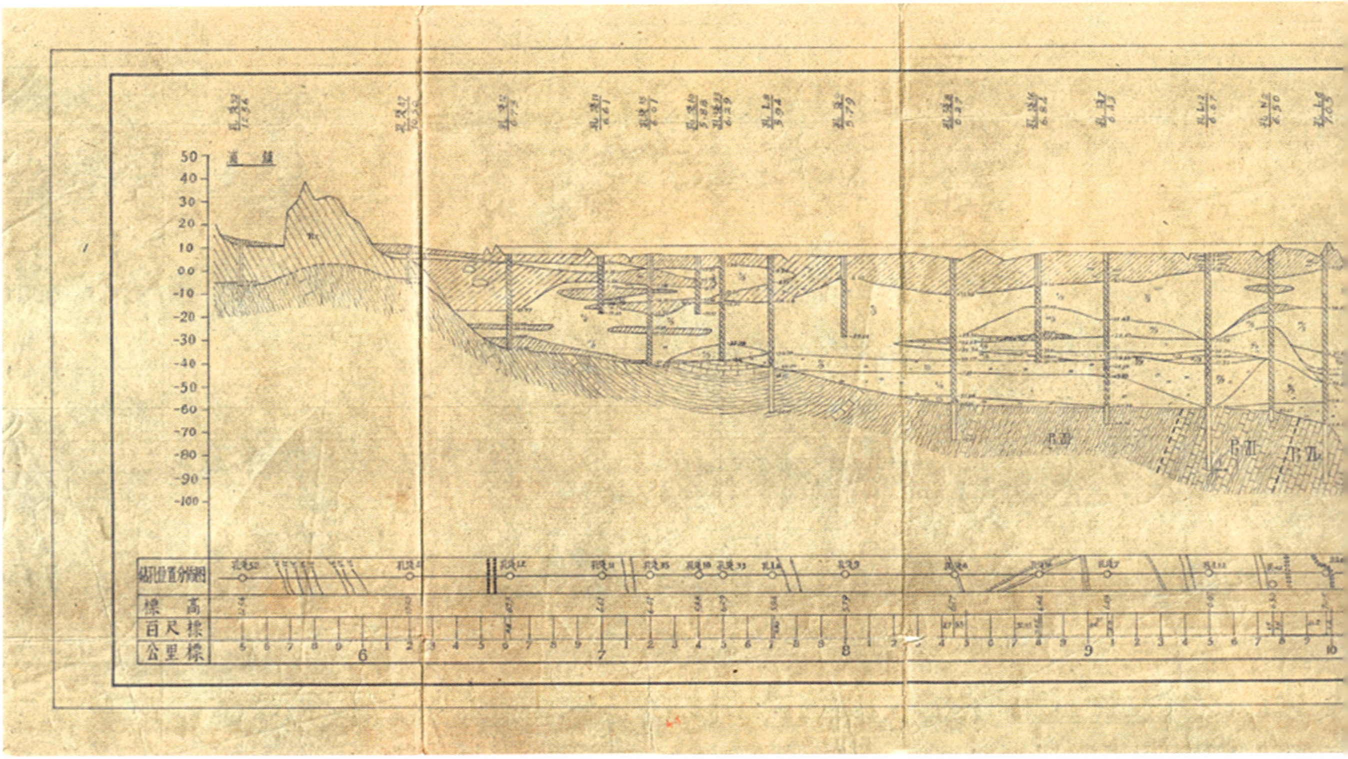

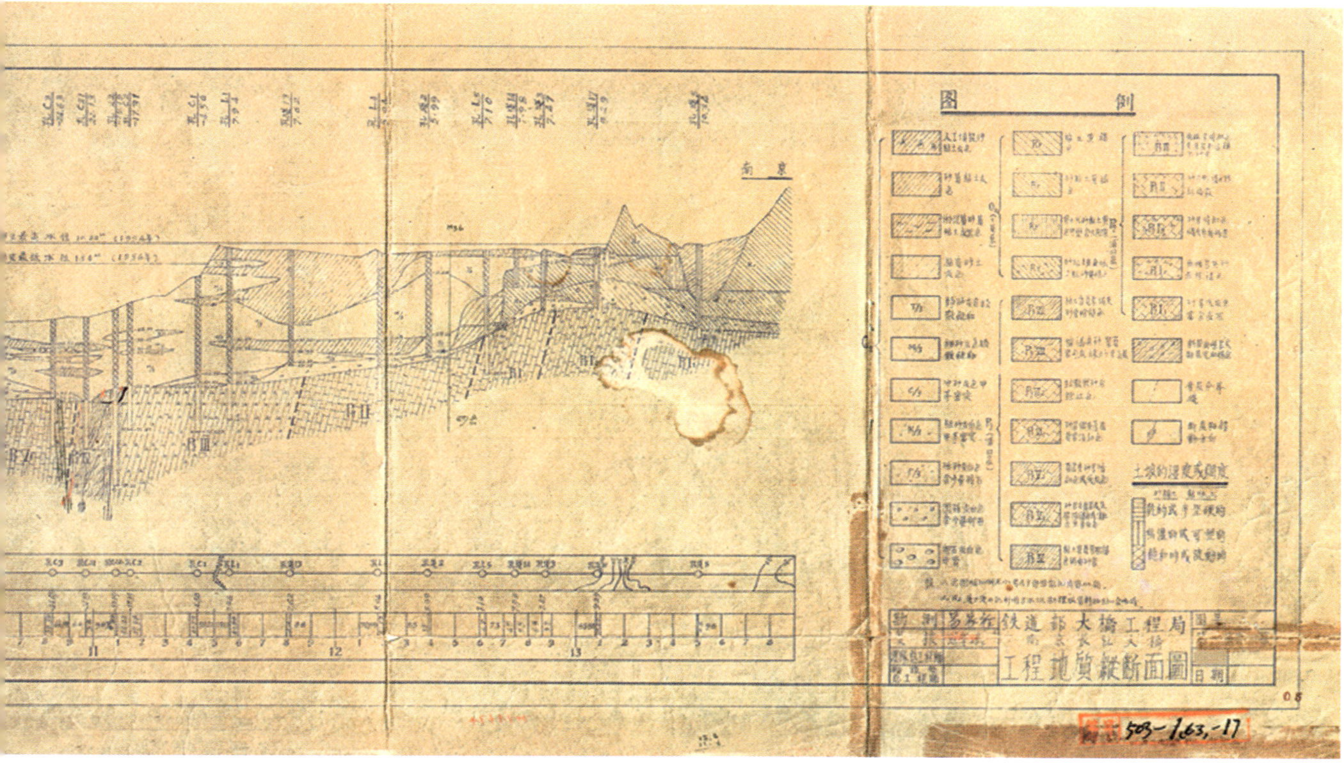
图例
南京
铁道部大桥工程局
南京长江大桥
工程地質縱斷面圖
日期
503-1,63,-17

南京长江大桥引桥浦口岸地质断面图

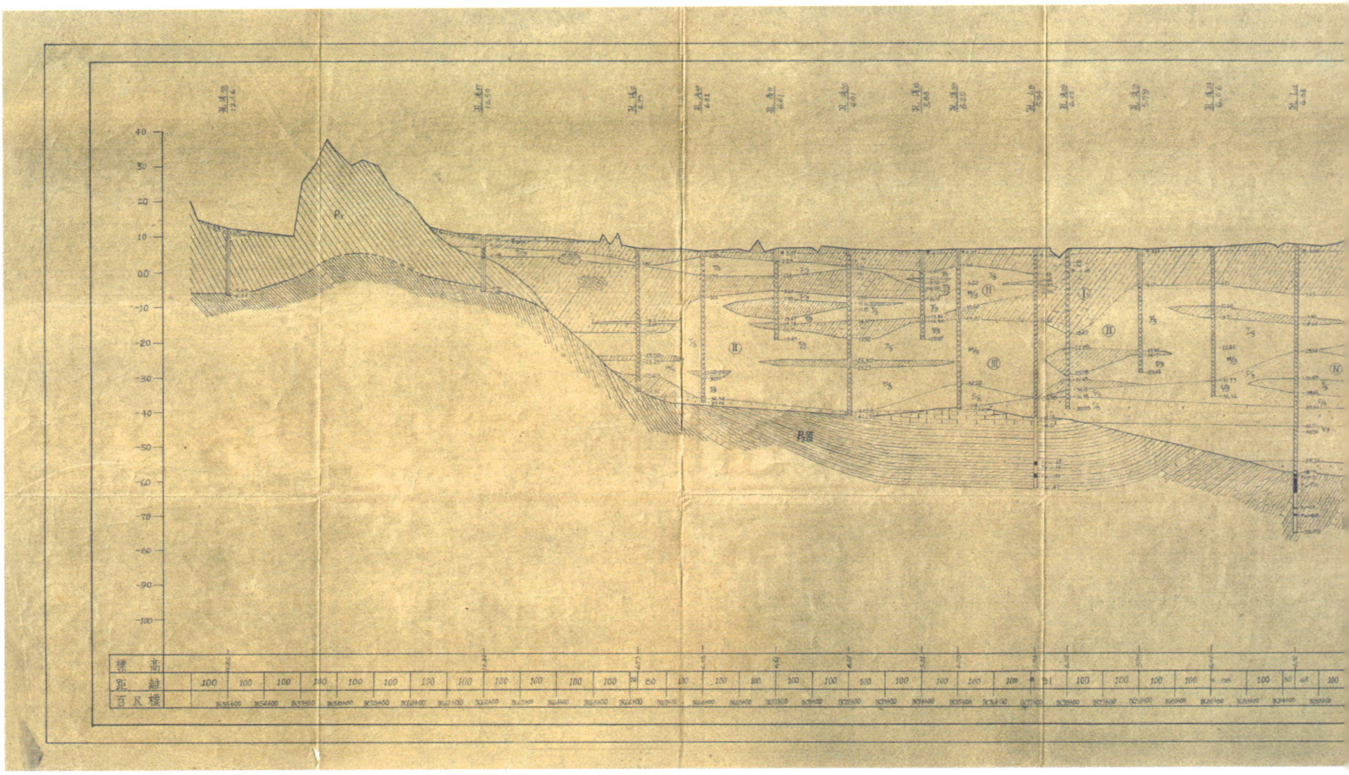

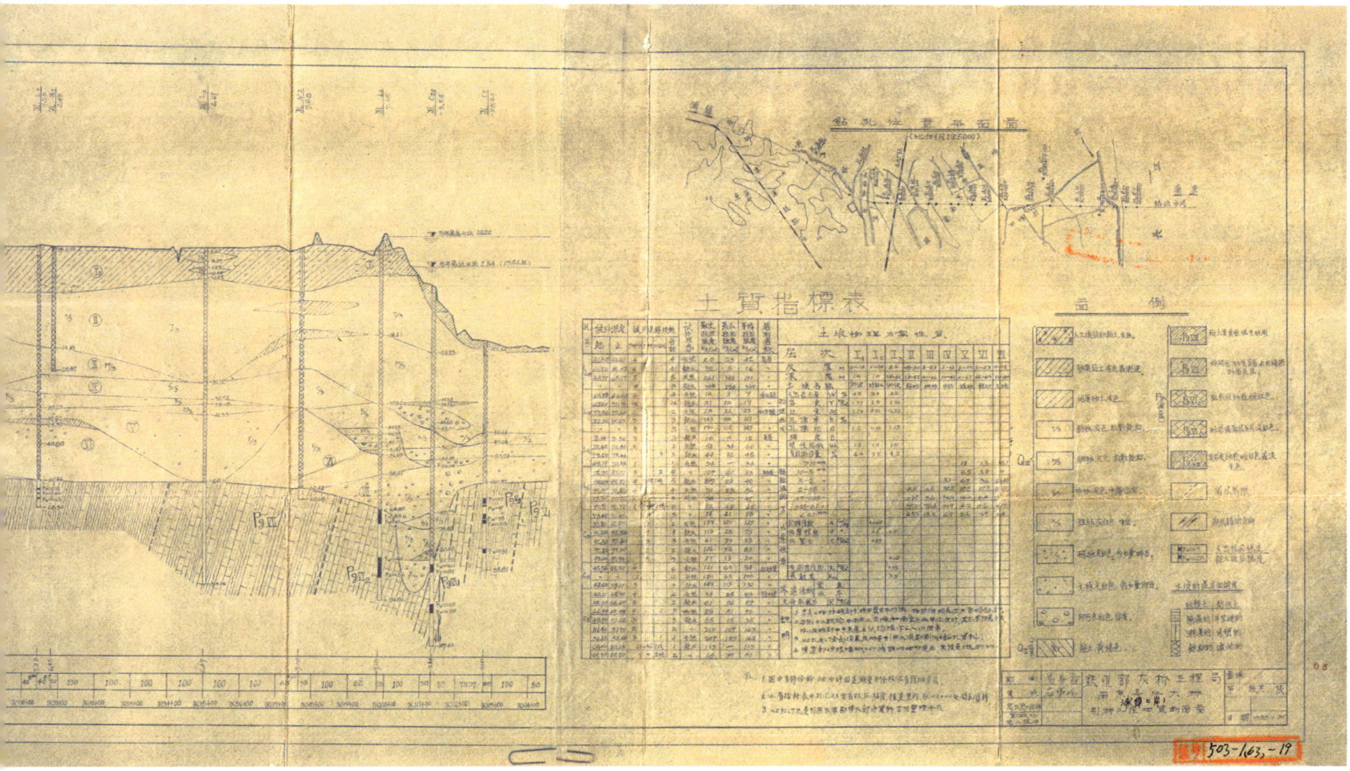

土質指標表
圖例
鐵道部大桥工程局
503-163-19

南京长江大桥河槽基岩地质图

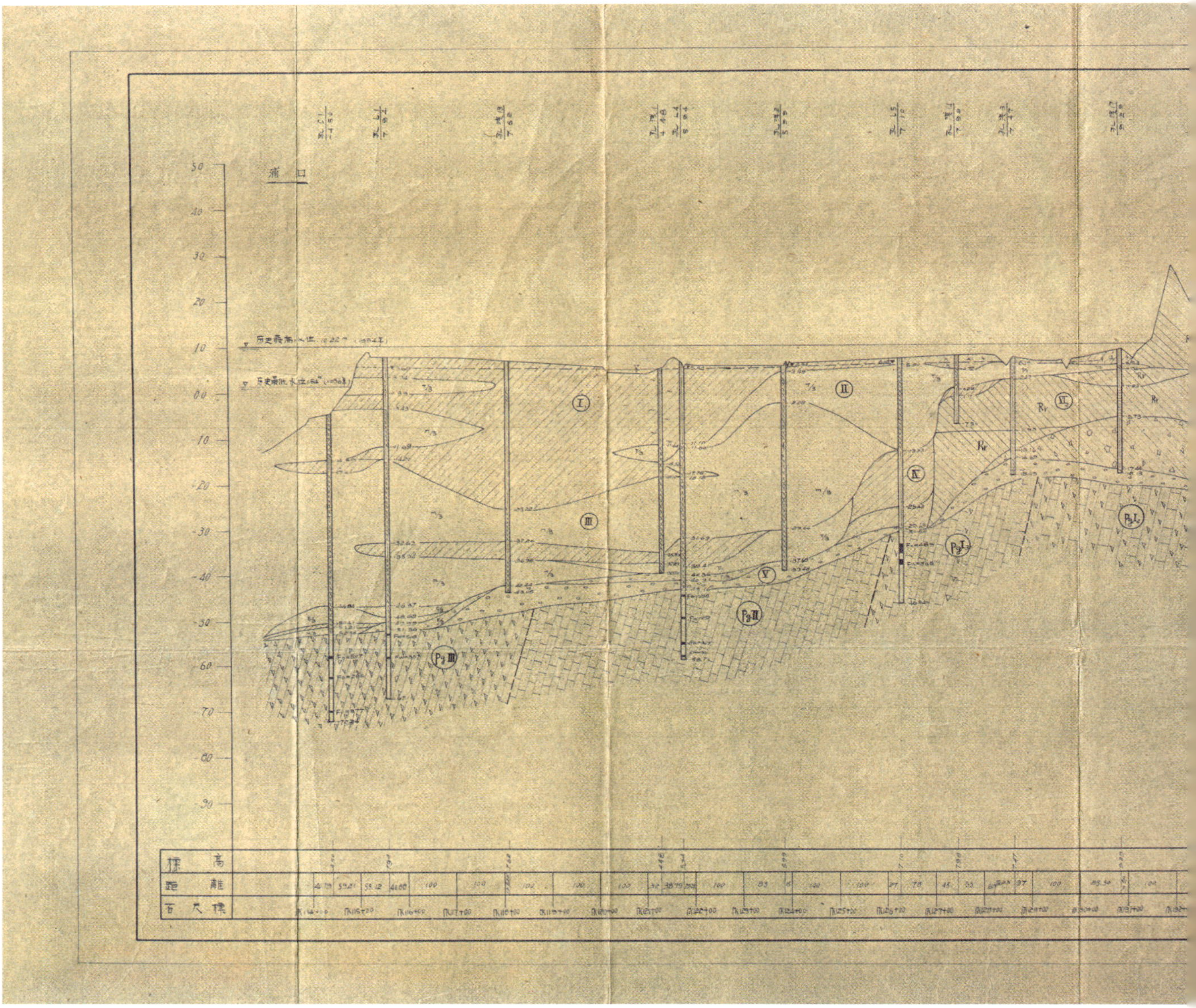

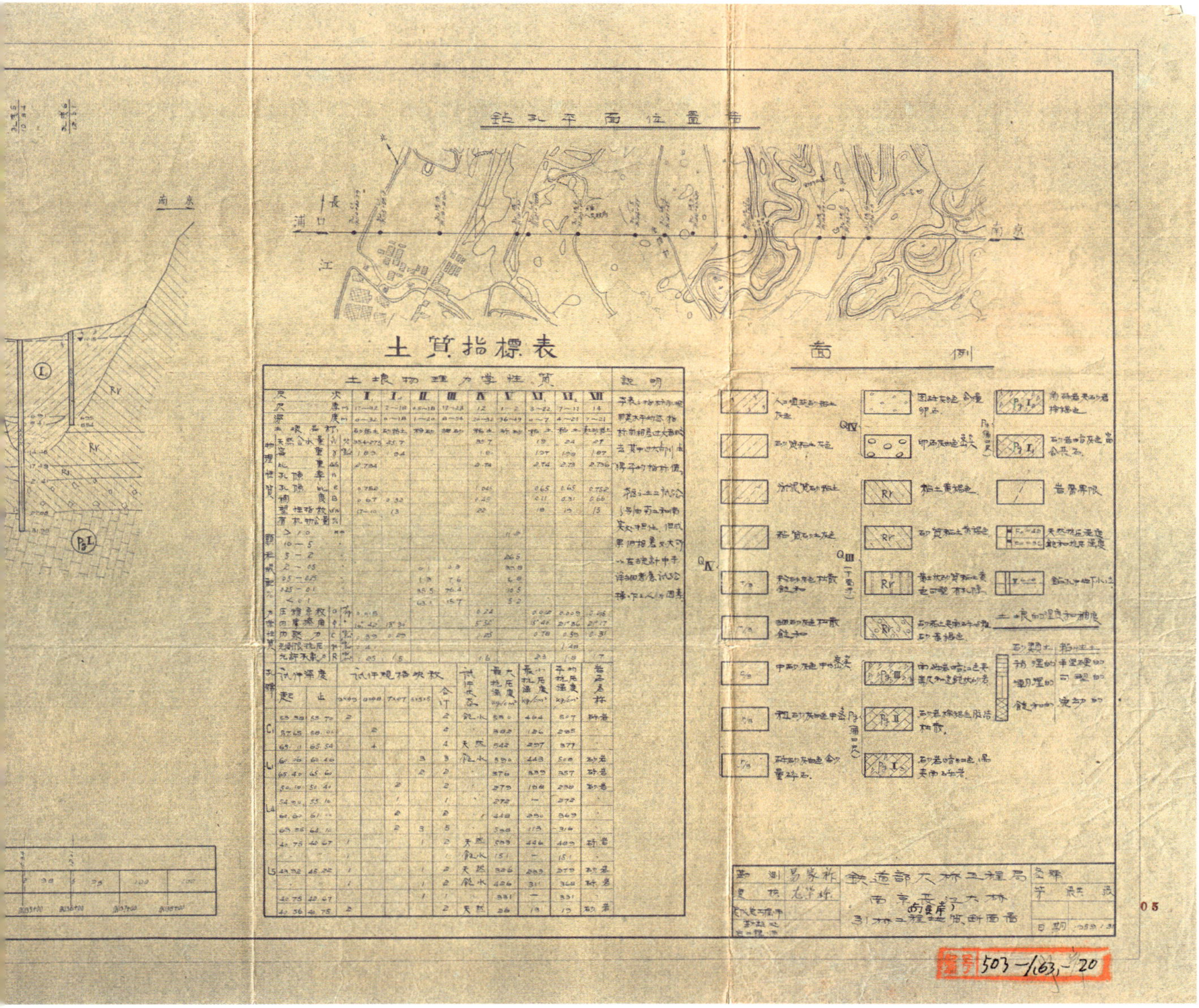
鉆孔平面位置图
浦口
長江
南京
土質指標表
圖例
土壤物理力學性質
說明
鐵道部大桥工程局
档号 503-1(63)-20

浦口

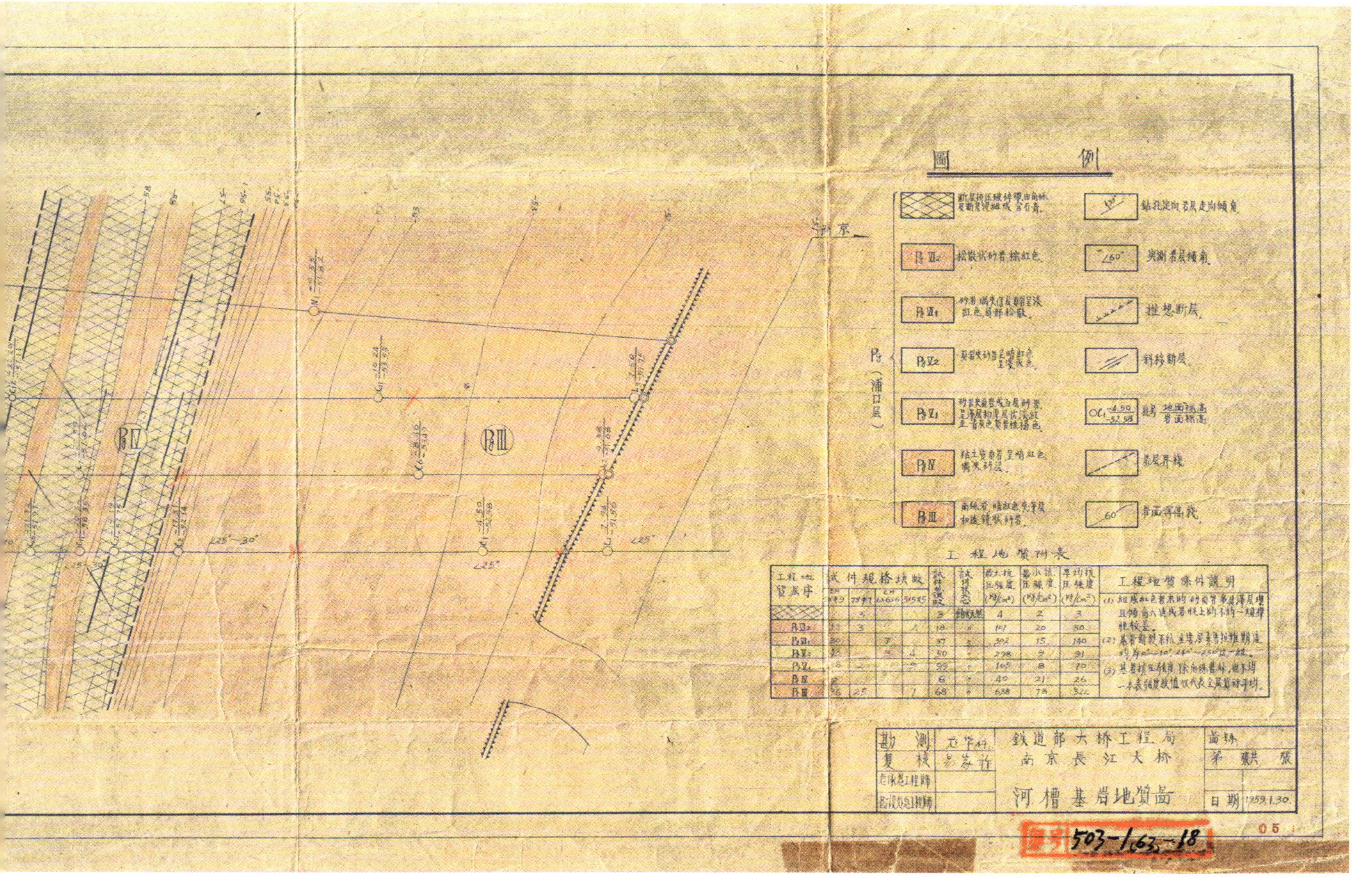
圖 例
工程地質附表
工程地質條件說明
鉄道部大桥工程局
南京長江大桥
河槽基岩地質圖
勘 測
复 核
日 期 1959.1.30.
503-1.63-18

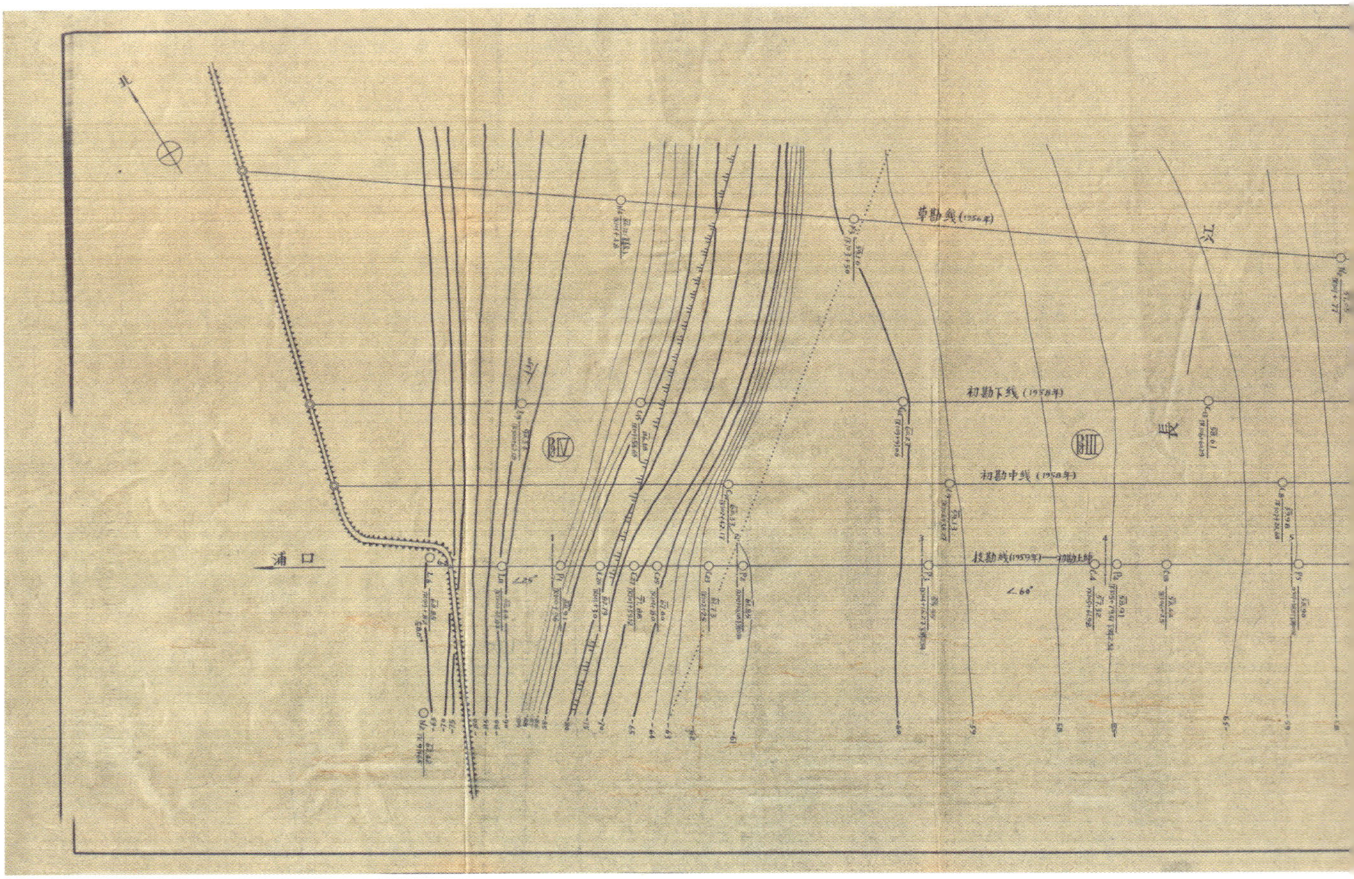
北
草勘线(1956年)
江
初勘下线(1958年)
初勘中线(1958年)
技勘线(1959年)——初勘上线
浦口
∠25°
∠60°

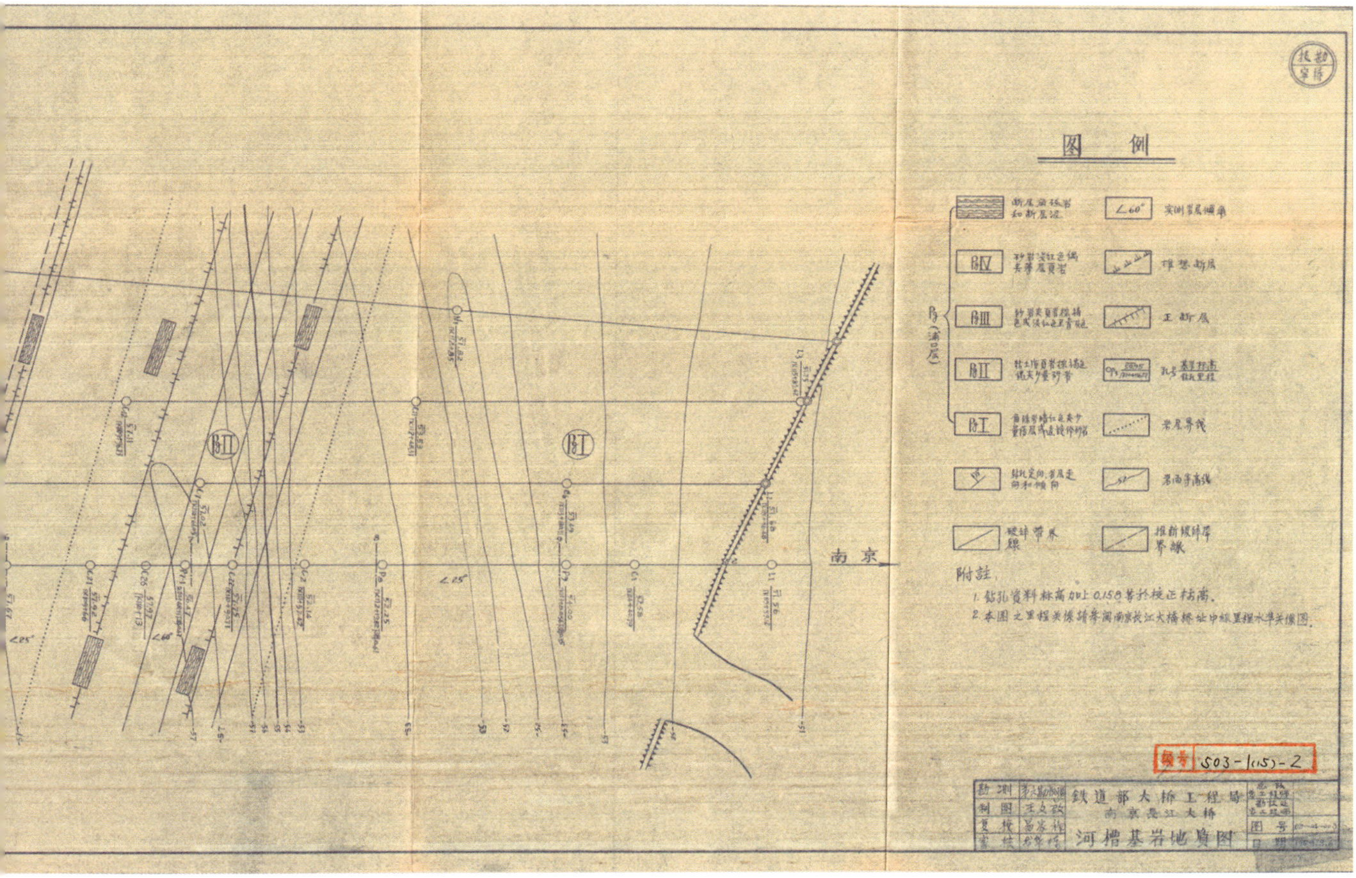
图例
实测岩层倾角
推想断层
正断层
破碎带界线
附註：
1. 钻孔资料标高加上0.158等於校正标高。
2. 本图之里程关係请参阅南京长江大桥桥址中線里程水準关係图。
南京
编号 503-1(15)-2
铁道部大桥工程局
南京長江大桥
河槽基岩地質图
勘测
制图
复核
审核
图号
日期

南京长江大桥工程地质断面图

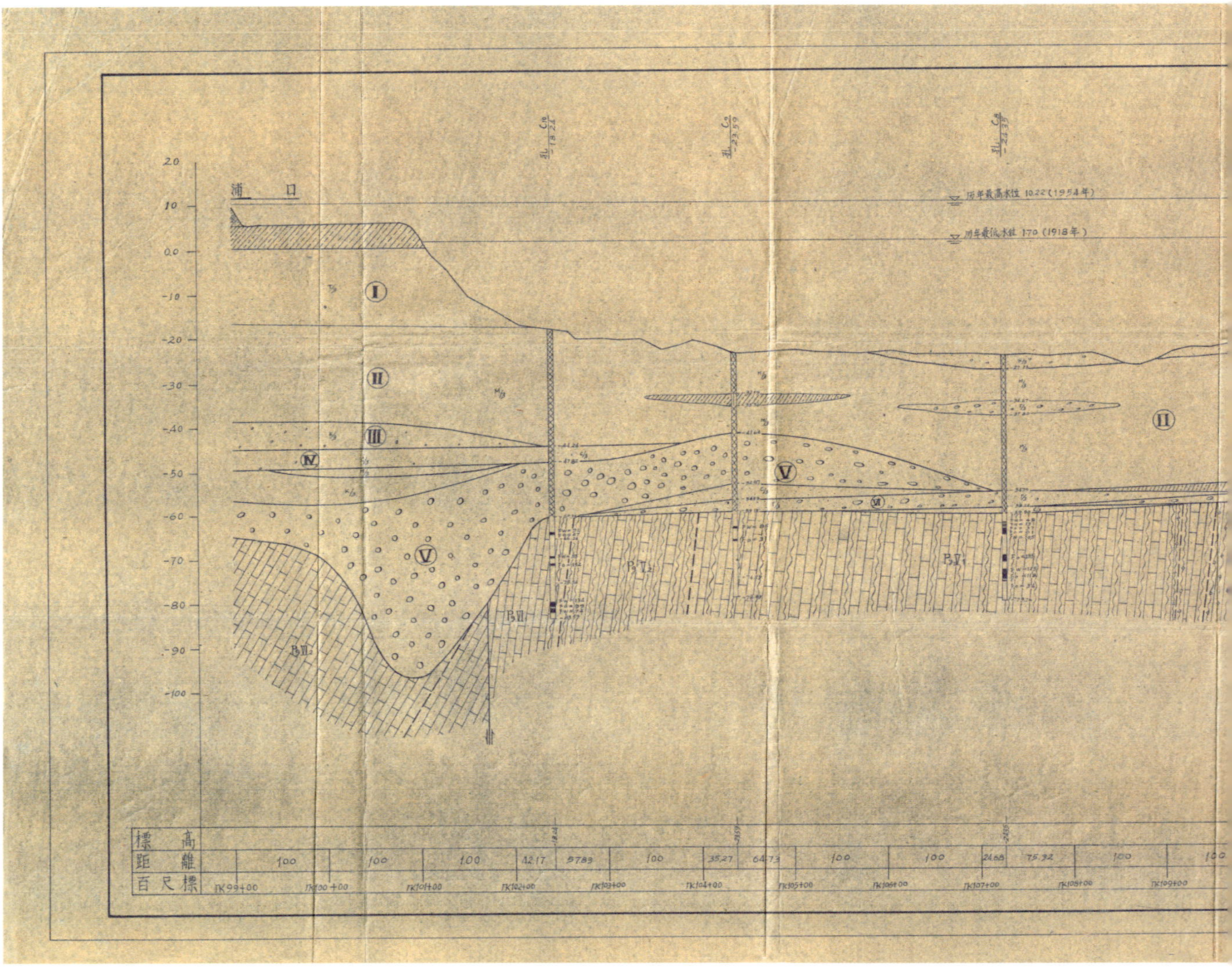

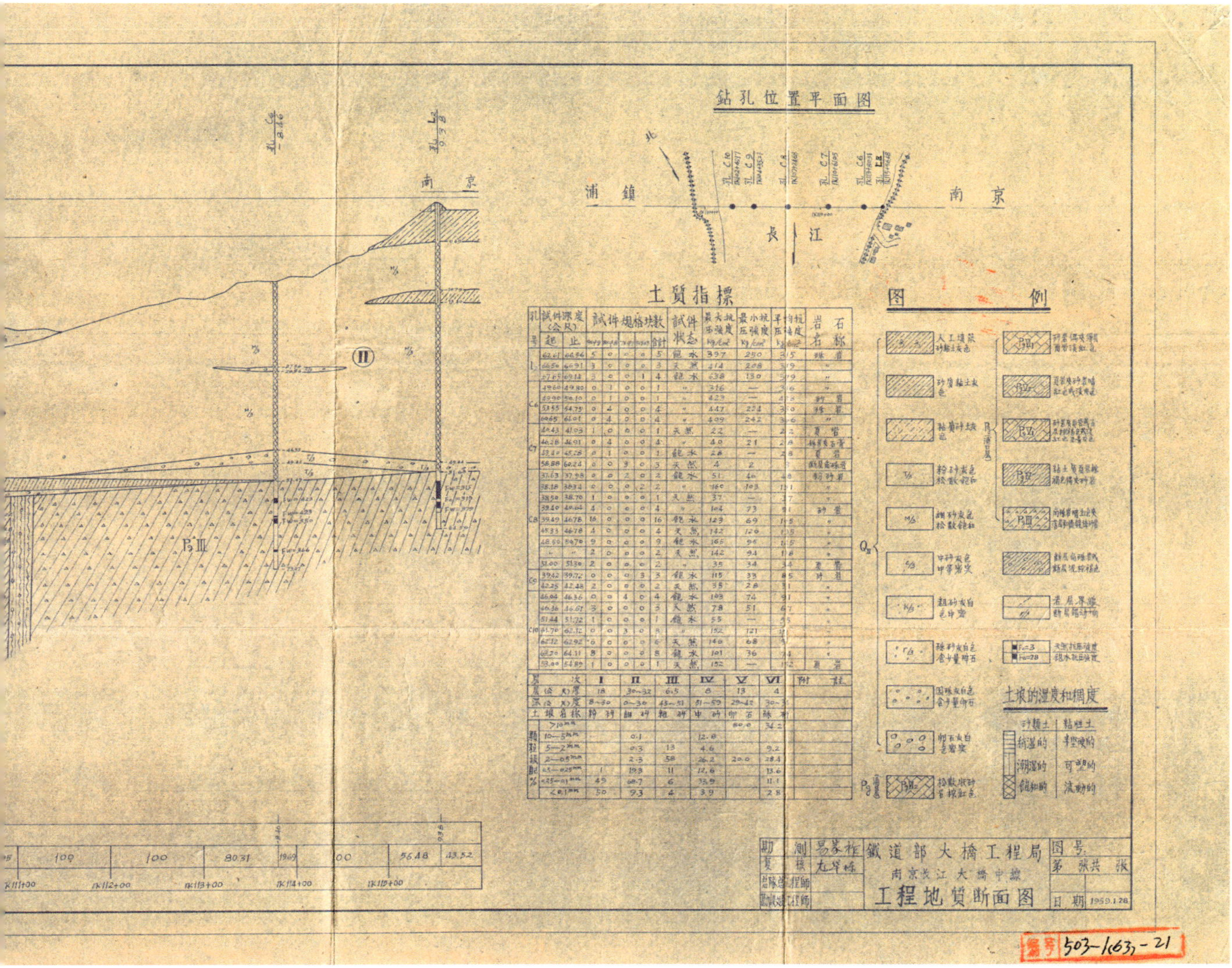
鉆孔位置平面图
浦鎮
長江
南京
土質指標
图例
土壤的湿度和稠度
鐵道部大橋工程局
南京長江大橋中線
工程地質断面图
503-1(63)-21

南京长江大桥下线工程地质断面图

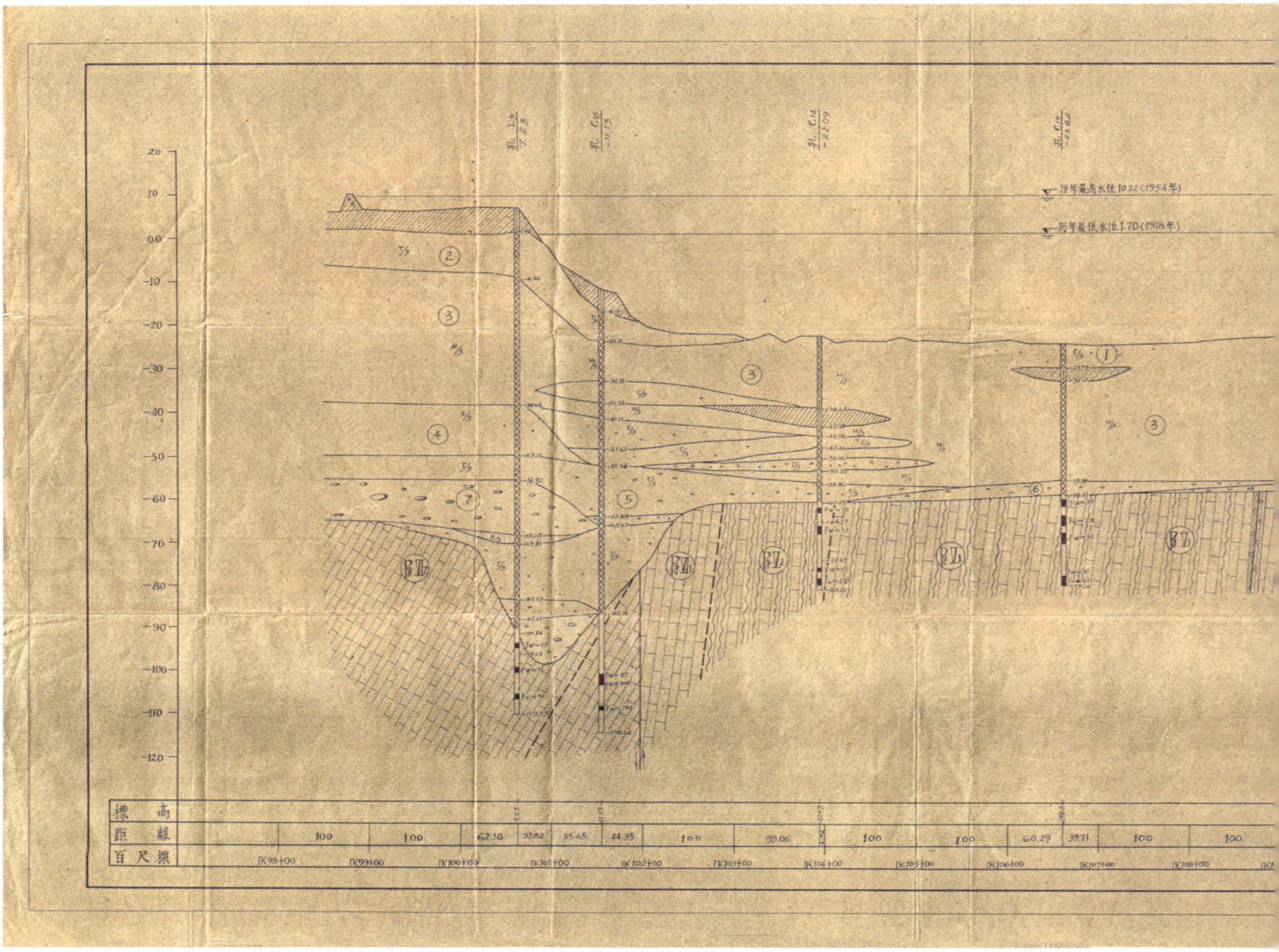

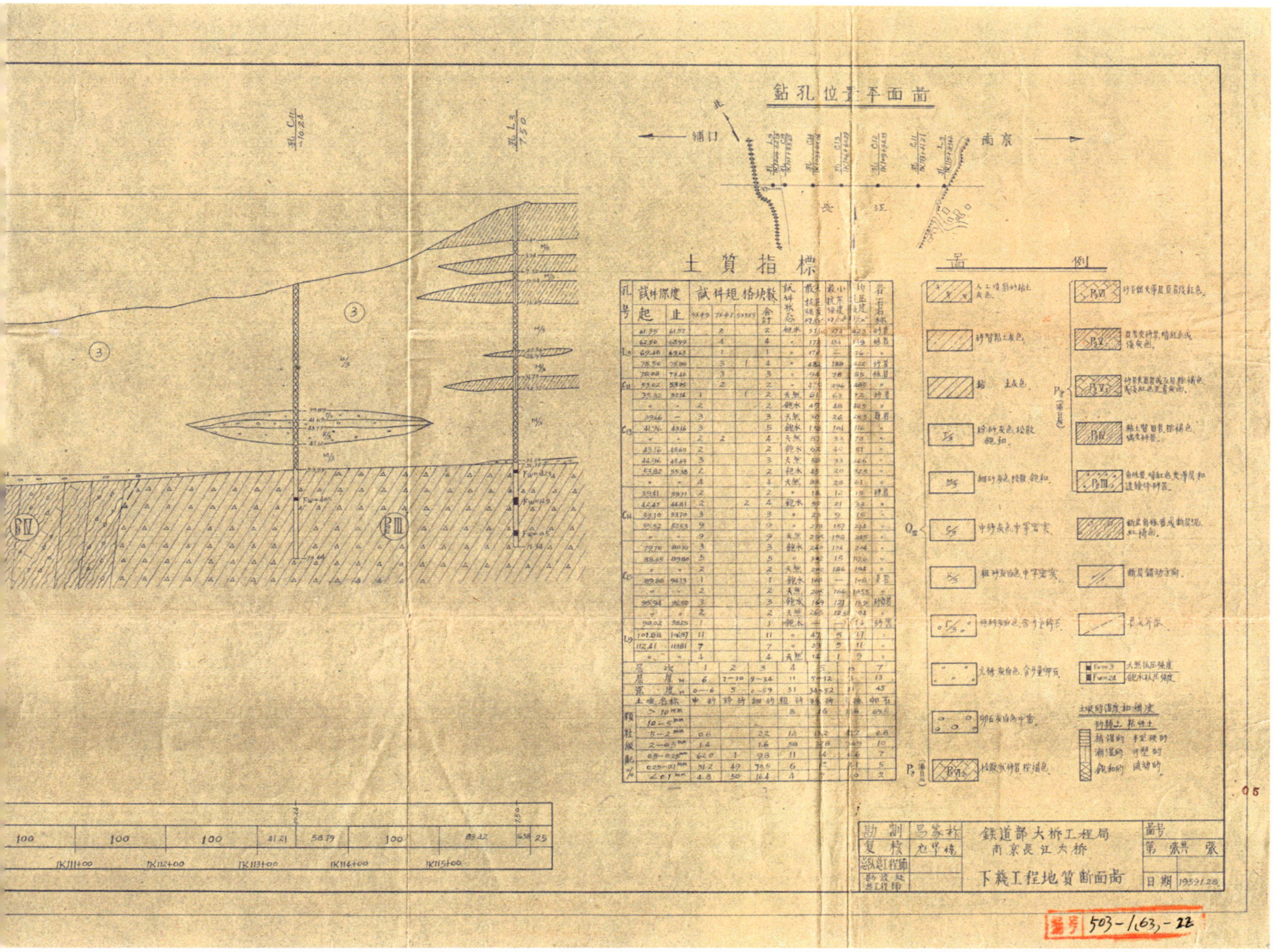
鉆孔位置平面圖
浦口
南京
土質指標
圖例
鉄道部大橋工程局
南京長江大桥
下蜀工程地質斷面圖

南京长江大桥上线工程地质断面图

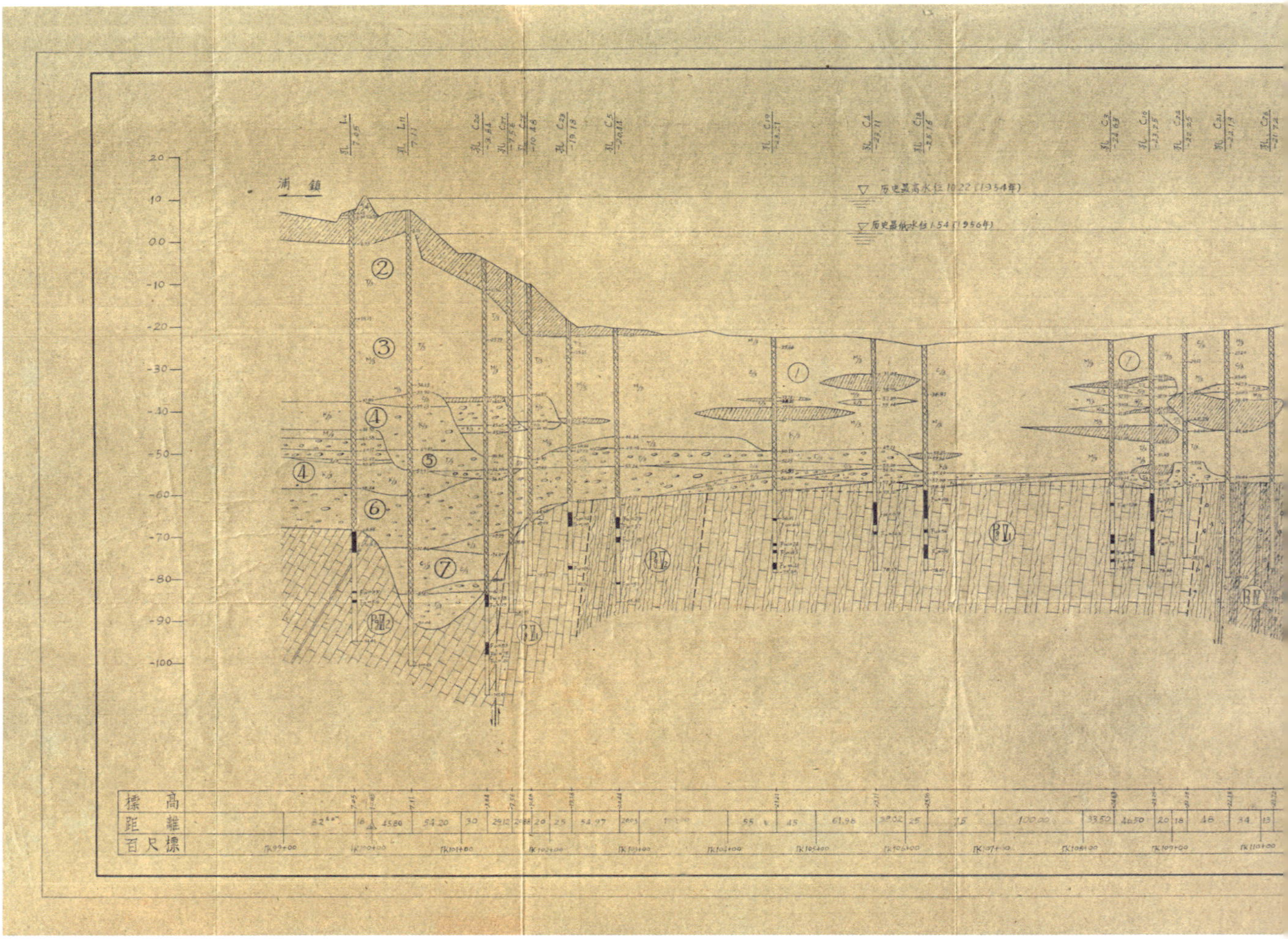

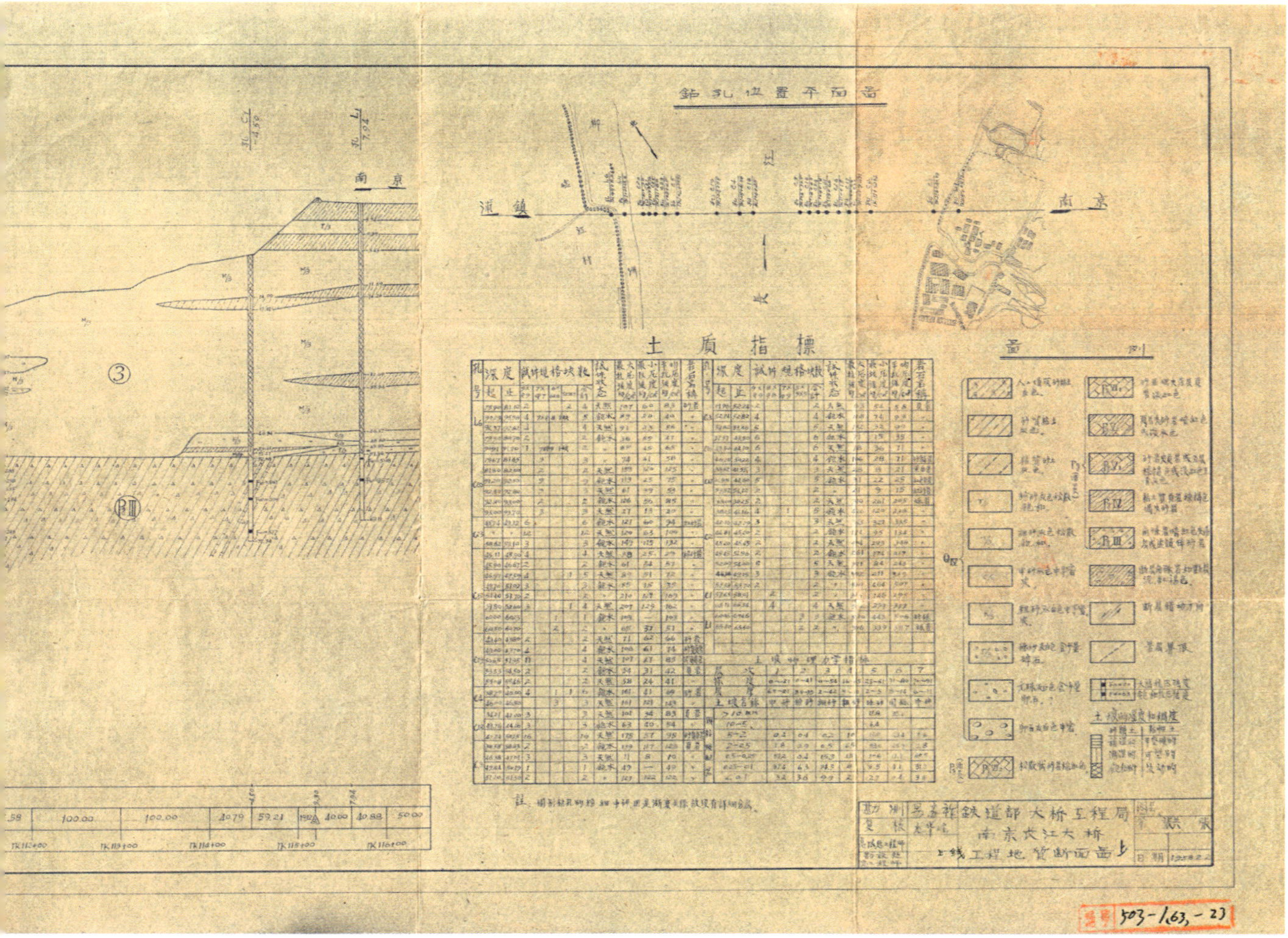
鉆孔位置平面图
道镇
南京
土质指标
图例
铁道部大桥工程局
南京长江大桥
上线工程地質断面图
503-1,63,-23

南京长江大桥工程地质纵断面图

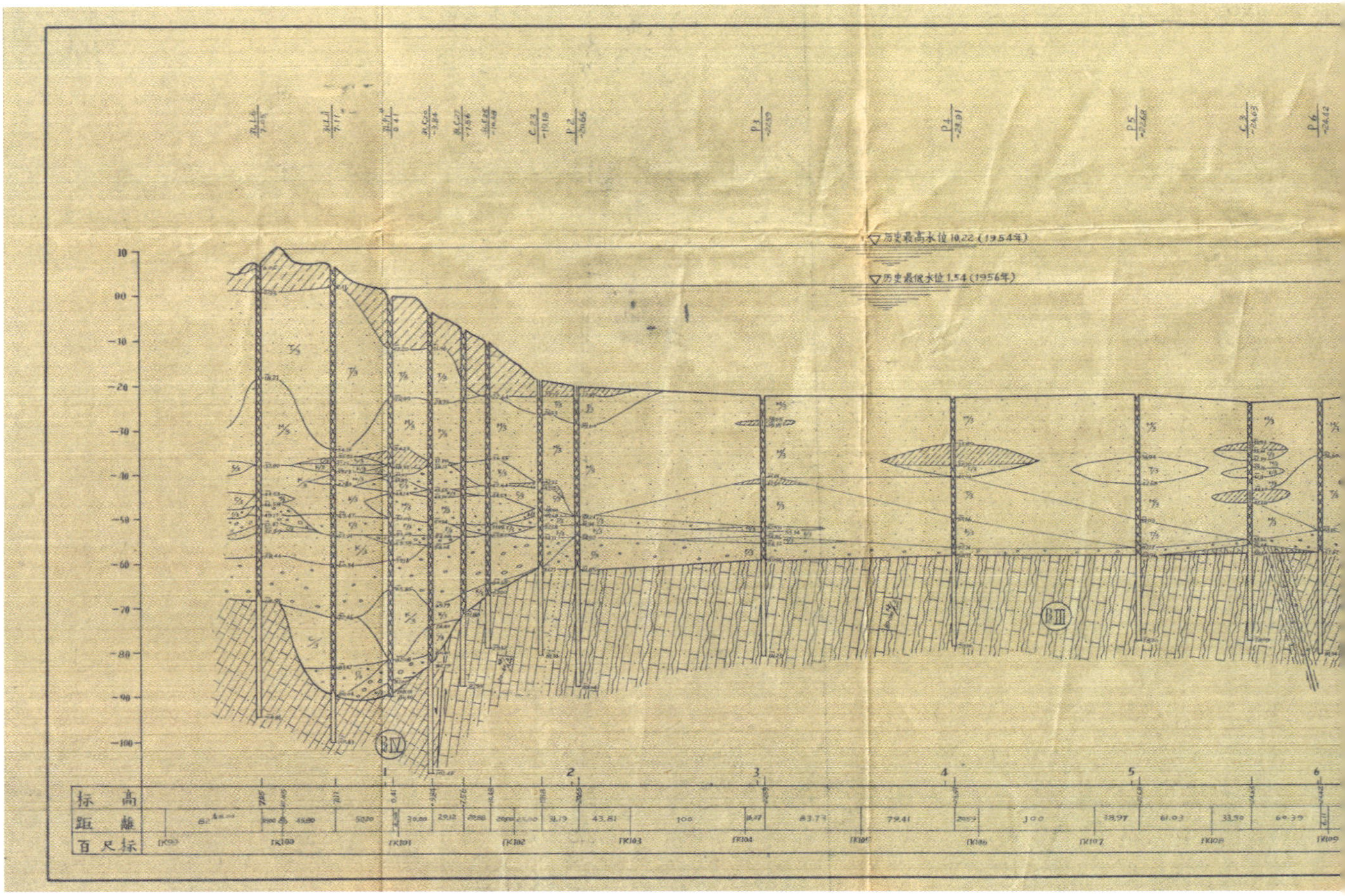

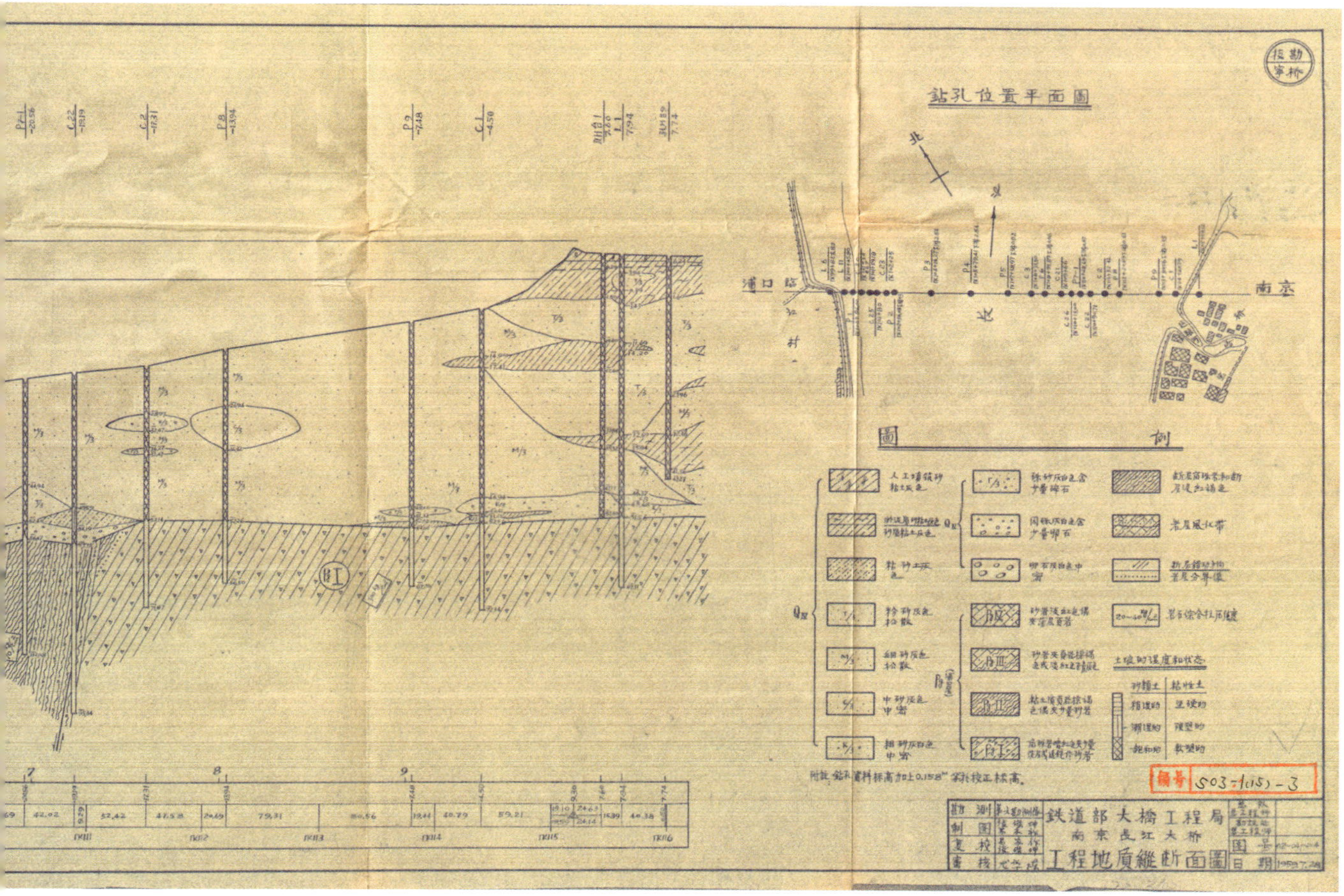
鉆孔位置平面圖
浦口
南京
圖 例
土壤的狀態和狀態
编号 503-1(15)-3
鉄道部大橋工程局
南京長江大桥
工程地质縱断面圖
勘测
制图
复校
审核
图号
日期

南京长江大桥南京岸桥台工程地质图

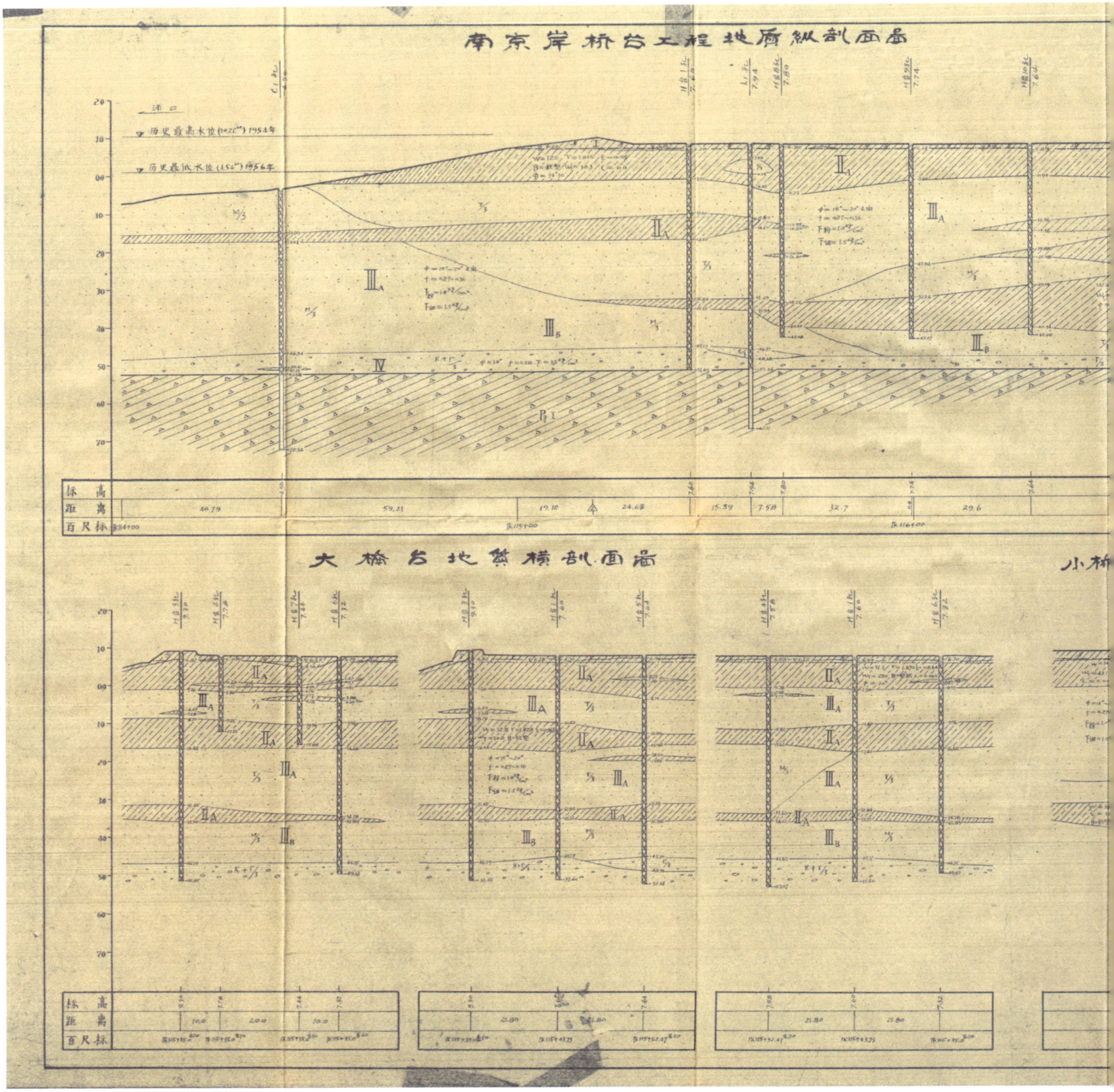

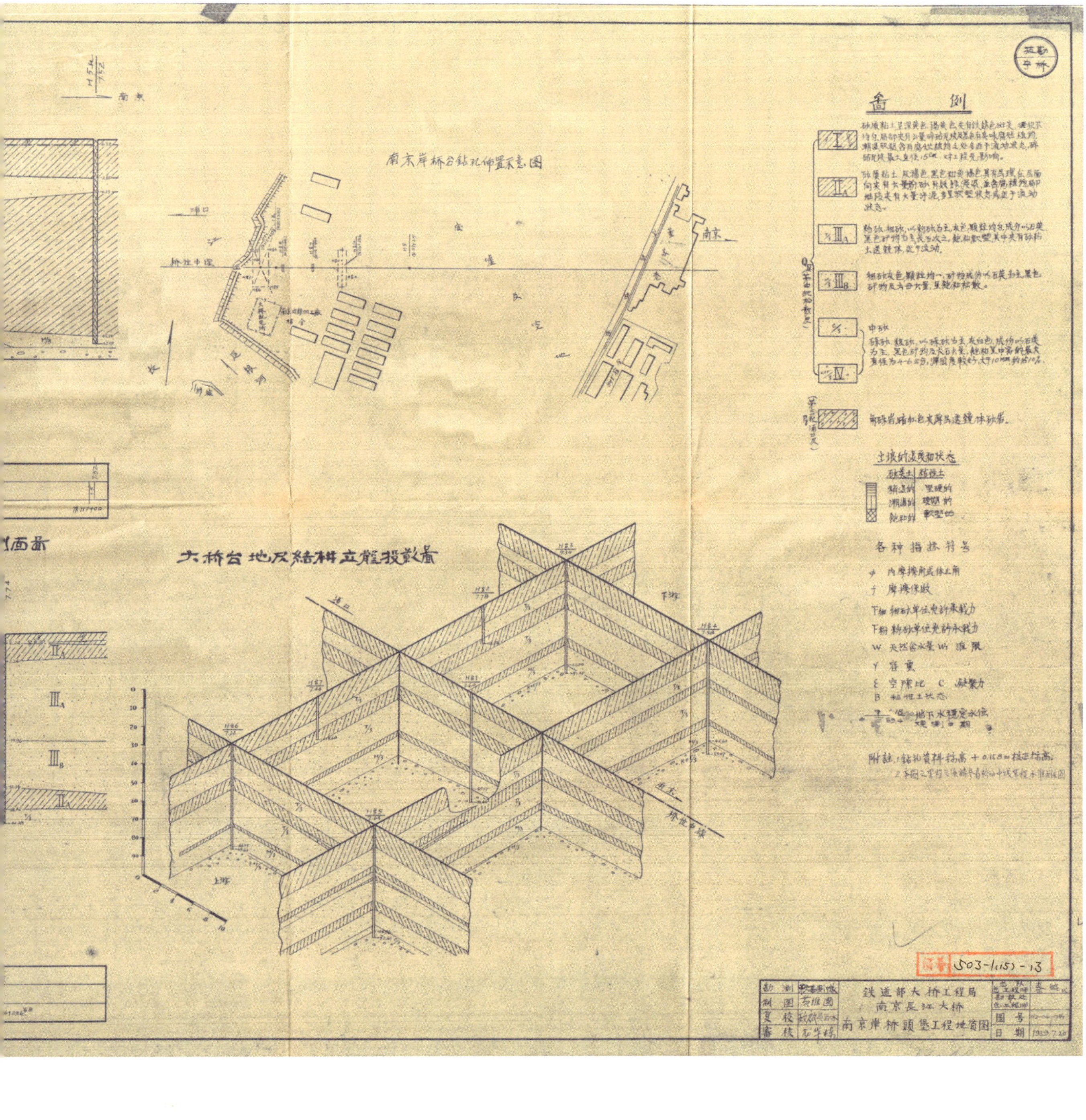
南京岸桥台鉆孔佈置示意图
大桥台地层結構立體投影圖
圖例
土壤的湿度和状态
各种指標符号
503-1(15)-13
鉄道部大桥工程局
南京長江大桥
南京岸桥頭堡工程地質图
勘测
制图
复校
審核
圖号
日期
1959.7.20

南京长江大桥浦口岸桥台工程地质图

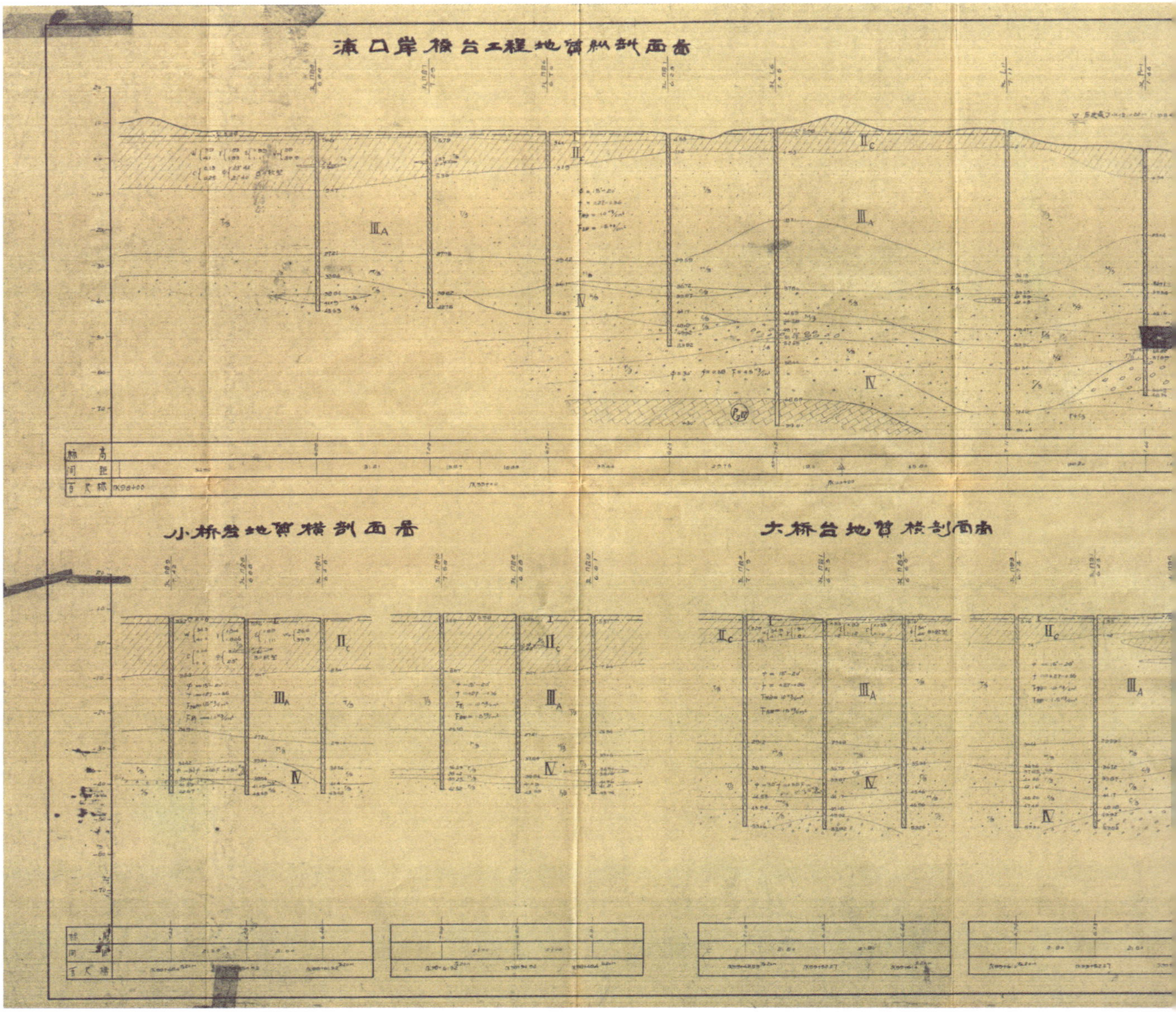

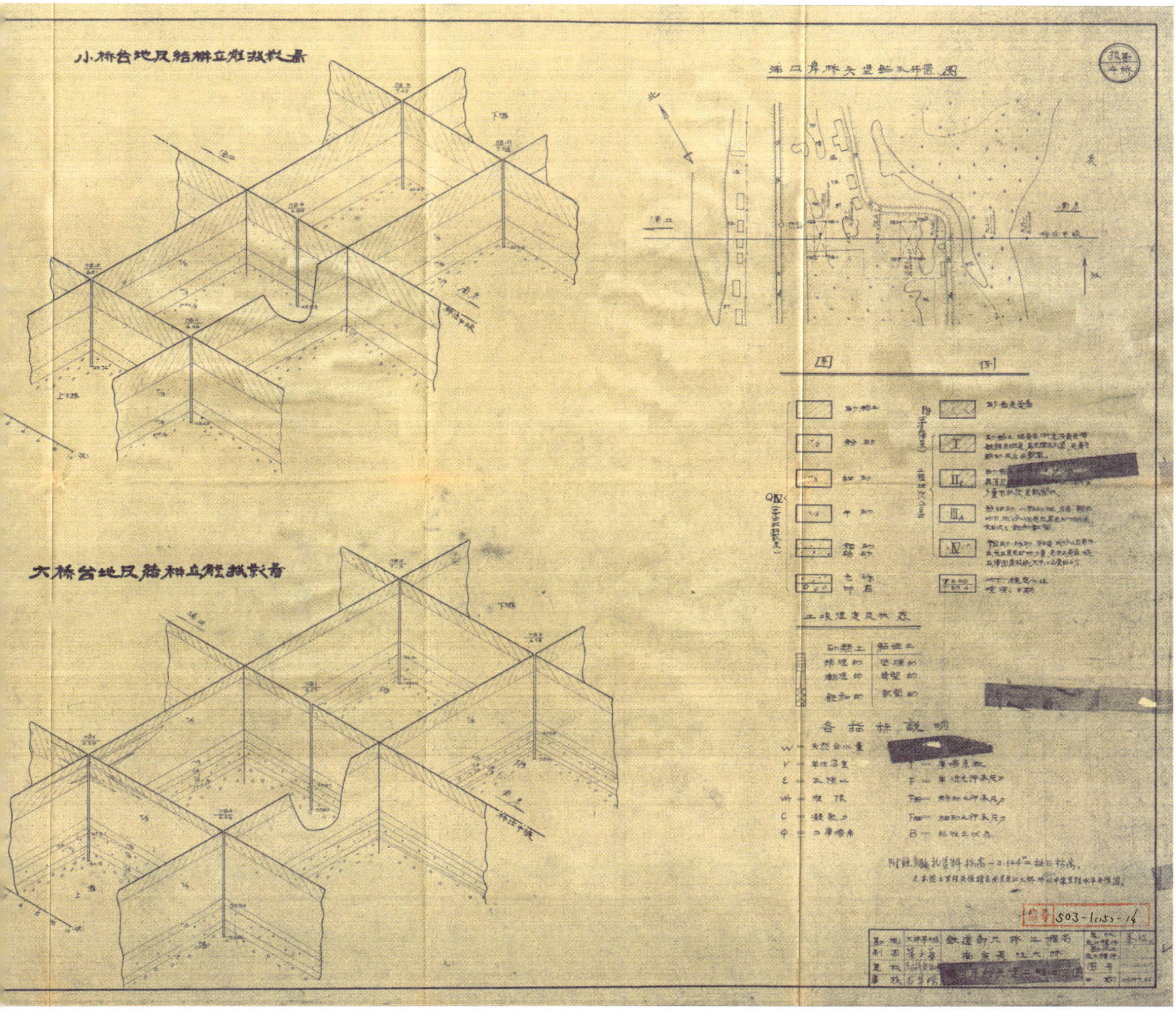
图例
各指标说明
S03-1(15)-14
铁道部大桥工程局
南京长江大桥

南京长江大桥南京岸铁路引桥工程地质断面图

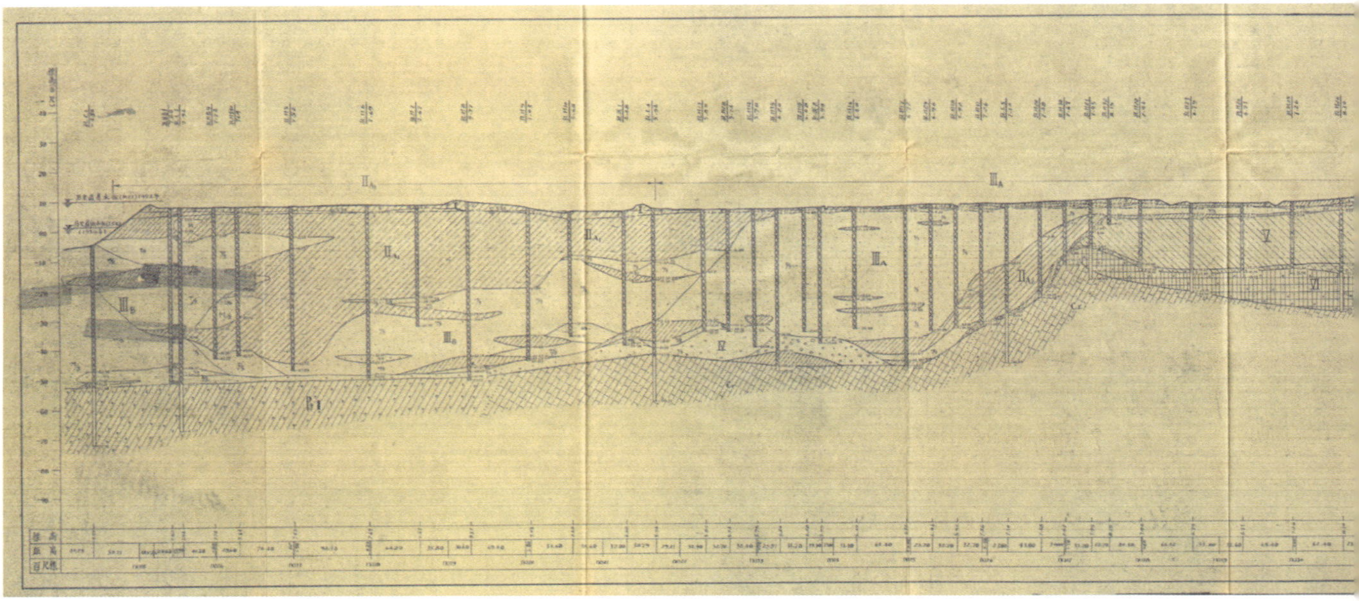

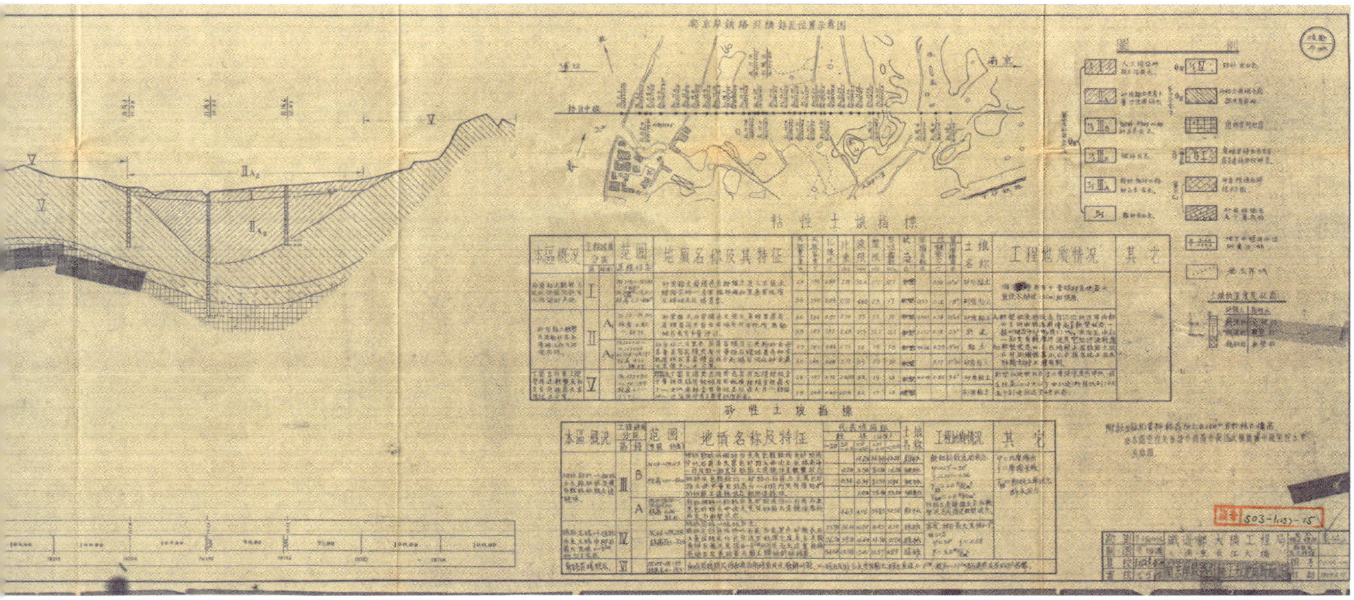

图例
南京
粘性土壤指标
本区概况
范围
地质名称及其特征
土壤名称
工程地质情况
其它
砂性土壤指标
本区概况
范围
地质名称及其特征
工程地质情况
其它

南京长江大桥南京岸公路引桥工程地质断面图

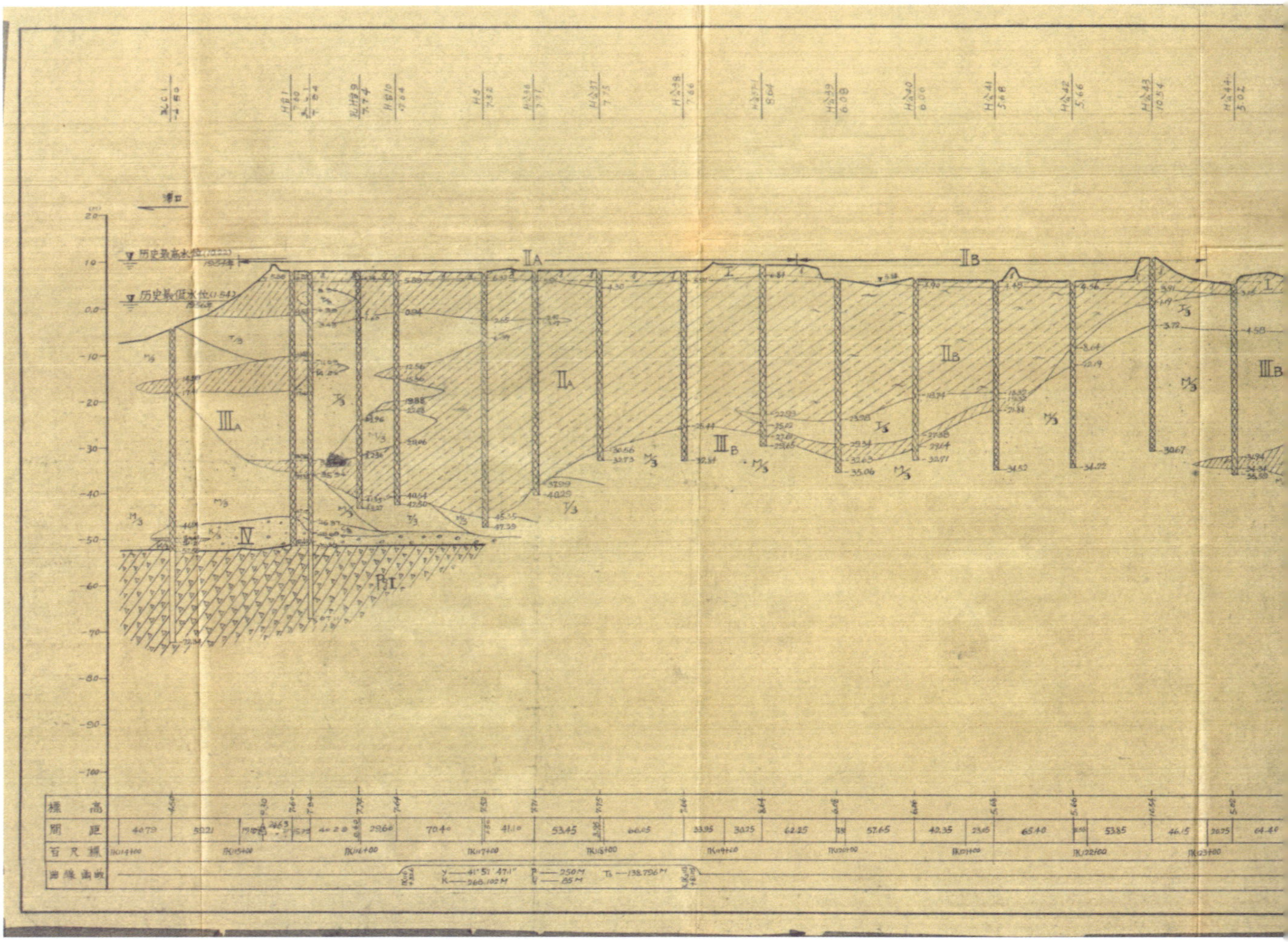

南京长江大桥浦口岸铁路引桥工程地质断面图

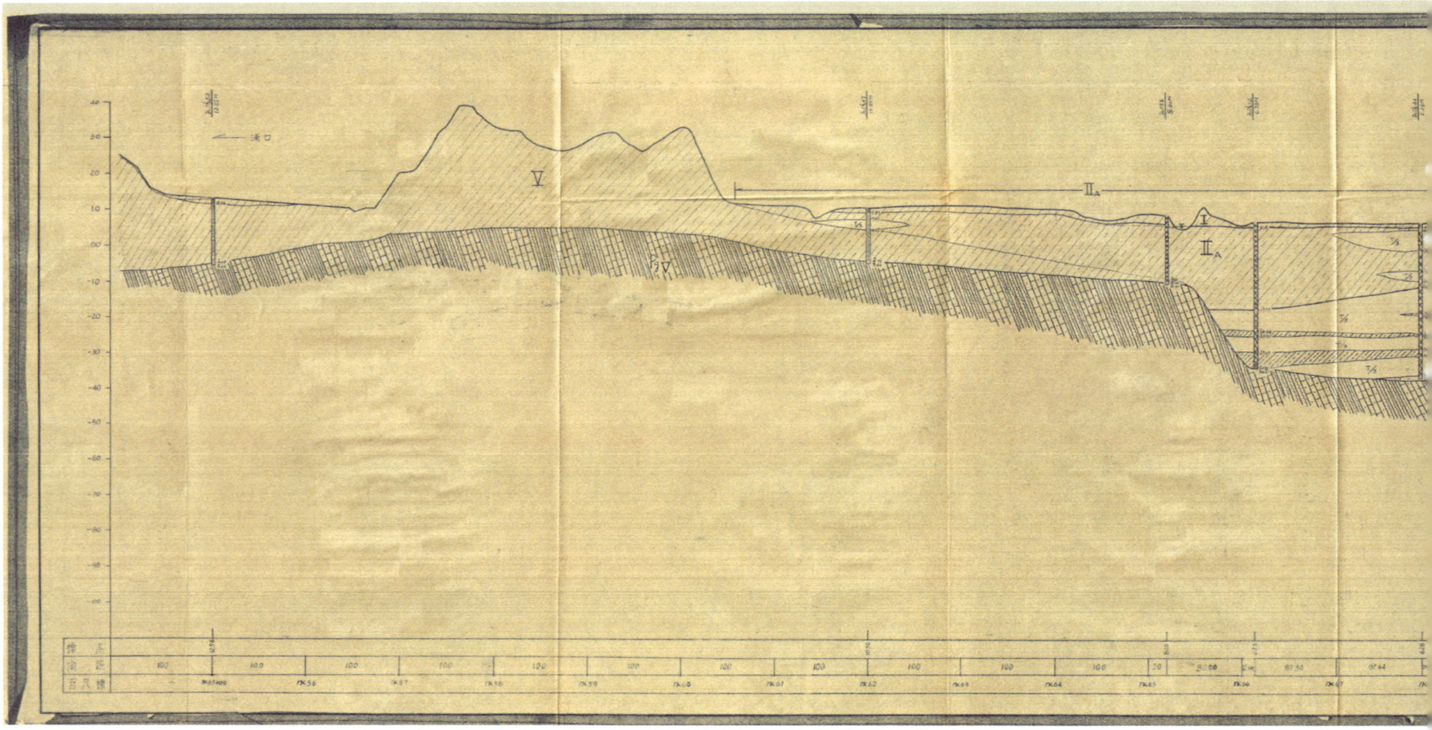

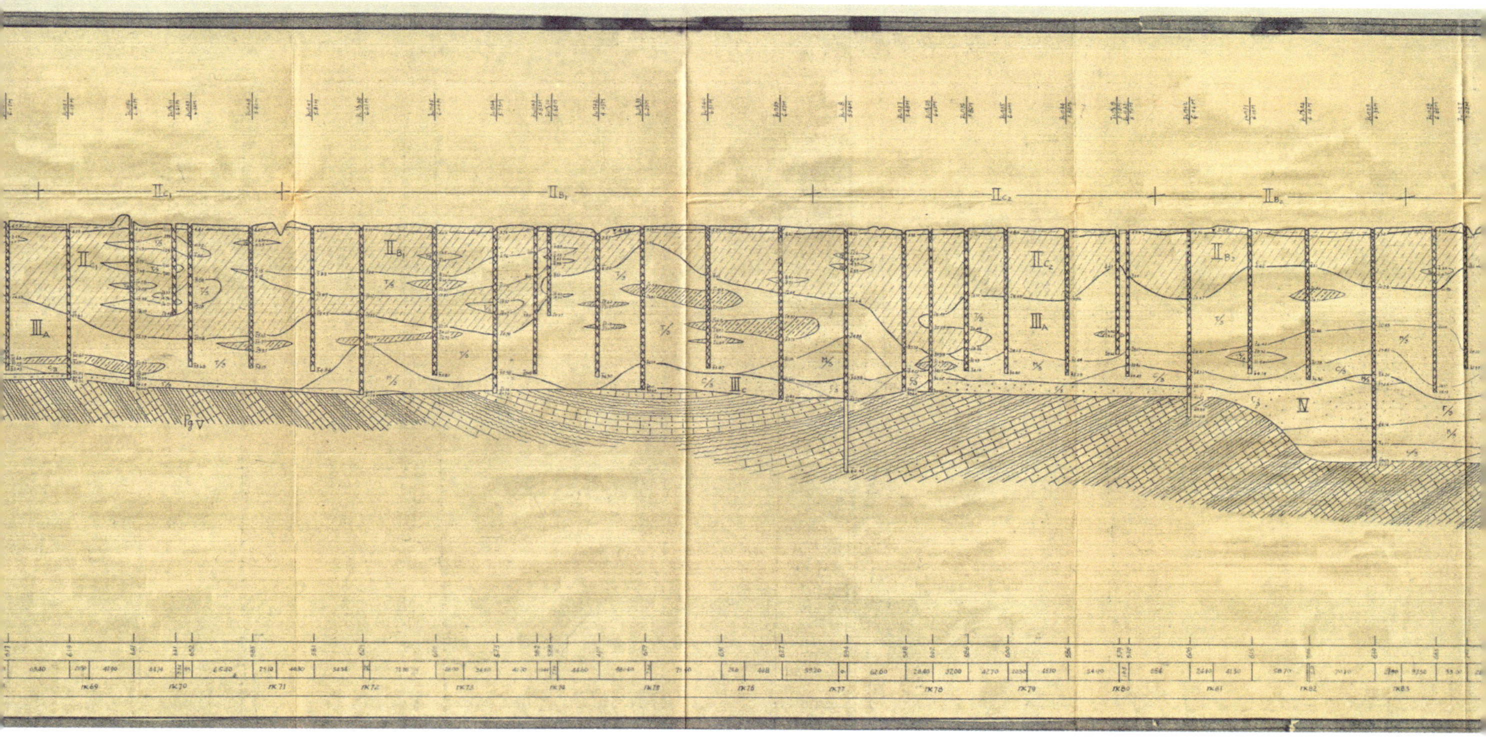

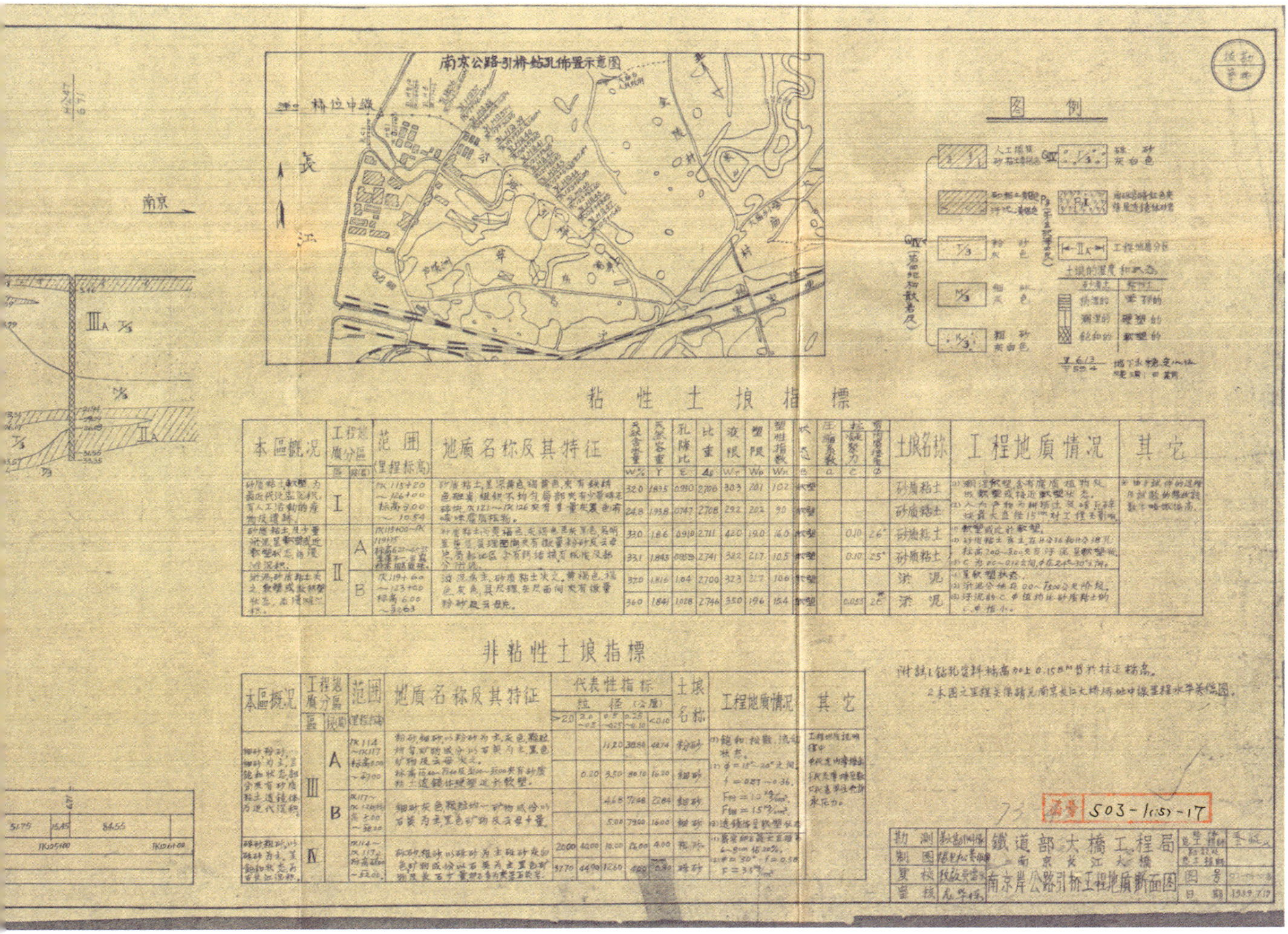

粘性土壤指標

本區概况	工程地质分区 区	段	范围（里程标高）	地质名称及其特征	天然含水量 W%	天然容重 γ	孔隙比 ε	比重 Δs	液限 WT	塑限 Wp	塑性指数 Wn	状态 B	压缩系数 a	粘聚力 c	内摩擦角 φ	土壤名称	工程地质情况	其它
砂质粘土软塑，为最近代沉积，有人工活动的痕迹及遗迹。	Ⅰ		IK115+20~126+00 标高3.00~10.54	砂质粘土，呈深黄色褐黄色，夹有铁锈色斑点，组织不均匀，局部夹有少量碎石碎块，IK121~IK126夹有多量灰黑色有臭味腐殖物。	32.0	1.835	0.950	2.706	30.3	20.1	10.2	软塑				砂质粘土	(1)潮湿软塑，含有腐质植物及成软塑或接近软塑状态。(2)人为合和为耕植土及碎石碎块最大直径15cm，对工程无影响。	*由于试件的选择及试验的影响，数据略微偏高。
					24.8	1.938	0.747	2.708	29.2	20.2	9.0	软塑				砂质粘土		
砂质粘土及少量淤泥呈软塑或近软塑状态，为冲积沉积。	Ⅱ	A	IK119+00~IK119+35 标高[illegible]	砂质粘土以黄褐色、灰褐色居多，层理间夹有微量粉砂及云母，[illegible]	33.0	1.86	0.919	2.711	42.0	19.0	16.0	软塑		0.10	26°	砂质粘土	(1)软塑或近于软塑。(2)砂质粘土为主，[illegible]标高7.00~5.00夹有淤泥呈软塑状。(3)c为0.0~0.12之间，φ在24°~30°之间。	
					33.1	1.843	0.959	2.741	32.2	21.7	10.5	软塑		0.10	25°	砂质粘土		
淤泥，砂质粘土次之，软塑或软状塑状态，为河湖沉积。		B	IK119+60~123+00 标高6.00~30.63	淤泥为主，砂质粘土次之。黄褐色、褐色、灰色，具层理，在层面间夹有微量粉砂及云母。	37.0	1.816	1.04	2.700	32.3	21.7	10.6	软塑				淤泥	(1)呈软塑状态。(2)淤泥分布在0.0~7.00公尺阶段。(3)淤泥的c、φ值均比砂质粘土的c、φ值小。	
					36.0	1.841	1.028	2.746	35.0	19.6	15.4	软塑		0.055	26°*	淤泥		

非粘性土壤指標

本區概况	工程地质分区 区	段	范围（里程标高）	地质名称及其特征	代表性指标 粒径（公厘）>2.0	2.0~0.5	0.5~0.25	0.25~0.10	<0.10	土壤名称	工程地质情况	其它
细砂、粉砂，以细砂为主，呈饱和状态，部分夹有砂质粘土透镜体，为近代沉积。	Ⅲ	A	IK114~IK117 标高0.00~-27.00	粉砂、细砂，以粉砂为主，灰色，颗粒所含矿物成分以石英为主，黑色矿物及云母次之。[illegible]夹有砂质粘土透镜体，呈软塑。			11.20	38.86	48.74	粉砂	(1)饱和、松散、流动状态。(2)φ=15°~20°之间，f=0.27~0.36，$F_{粉}=10 t/m^2$，$F_{细}=15 t/m^2$。(3)透镜体呈软塑状态。	工程地质说明[illegible]
						0.20	3.50	80.10	16.20	细砂		
		B	IK117~IK126+[illegible] 标高-5.00~-58.00	细砂灰色，颗粒均一，矿物成分以石英为主，黑色矿物及云母少量。			4.68	72.48	22.84	细砂		
							5.00	79.00	16.00	细砂		
砾砂粗砂，以砾砂为主，呈饱和状态，为古代河流沉积。	Ⅳ		IK114~IK117+[illegible] 标高-48.00~-52.00	砾砂、粗砂，以砾砂为主，灰白色，矿物成分以石英为主，黑色矿物及长石少量[illegible]	20.00	40.00	10.00	26.00	4.00	粗砂	(1)基岩卵石最大直径6~9cm约20%。(2)φ=30°，f=0.58，$F=35 t/m^2$	
					37.70	44.90	12.60	4.80	0.40	砾砂		

附注：1.钻孔资料标高加上0.15公尺即为校正标高。

2.本图之里程关系请见南京长江大桥桥址中线里程水平关系图。

勘测	[illegible]	铁道部大桥工程局	[illegible]	[illegible]
制图	[illegible]	南京长江大桥		
复核	[illegible]	南京岸公路引桥工程地质断面图	图号	[illegible]
审核	[illegible]		日期	1959.7.17

南京长江大桥浦口岸公路引桥工程地质断面图

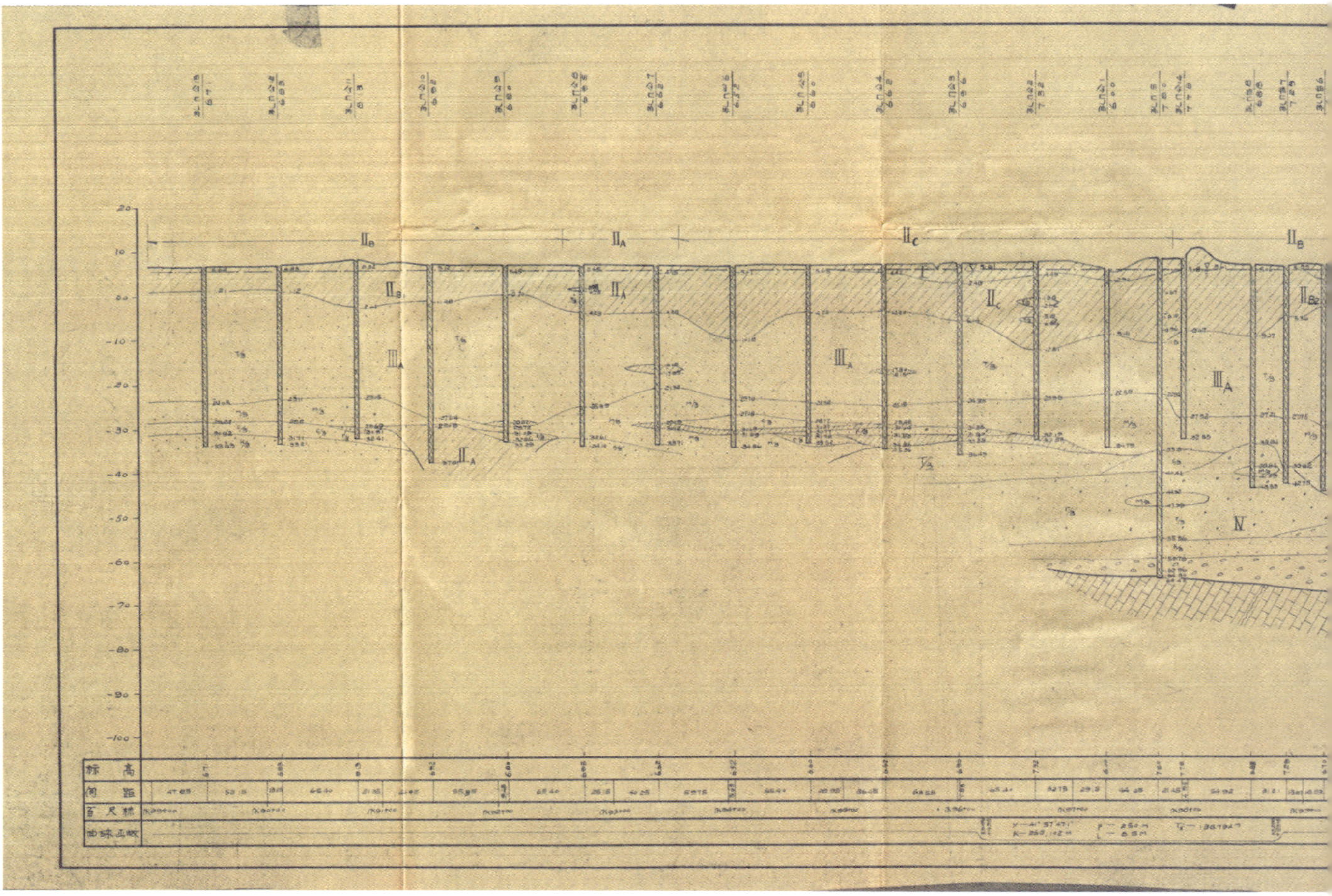

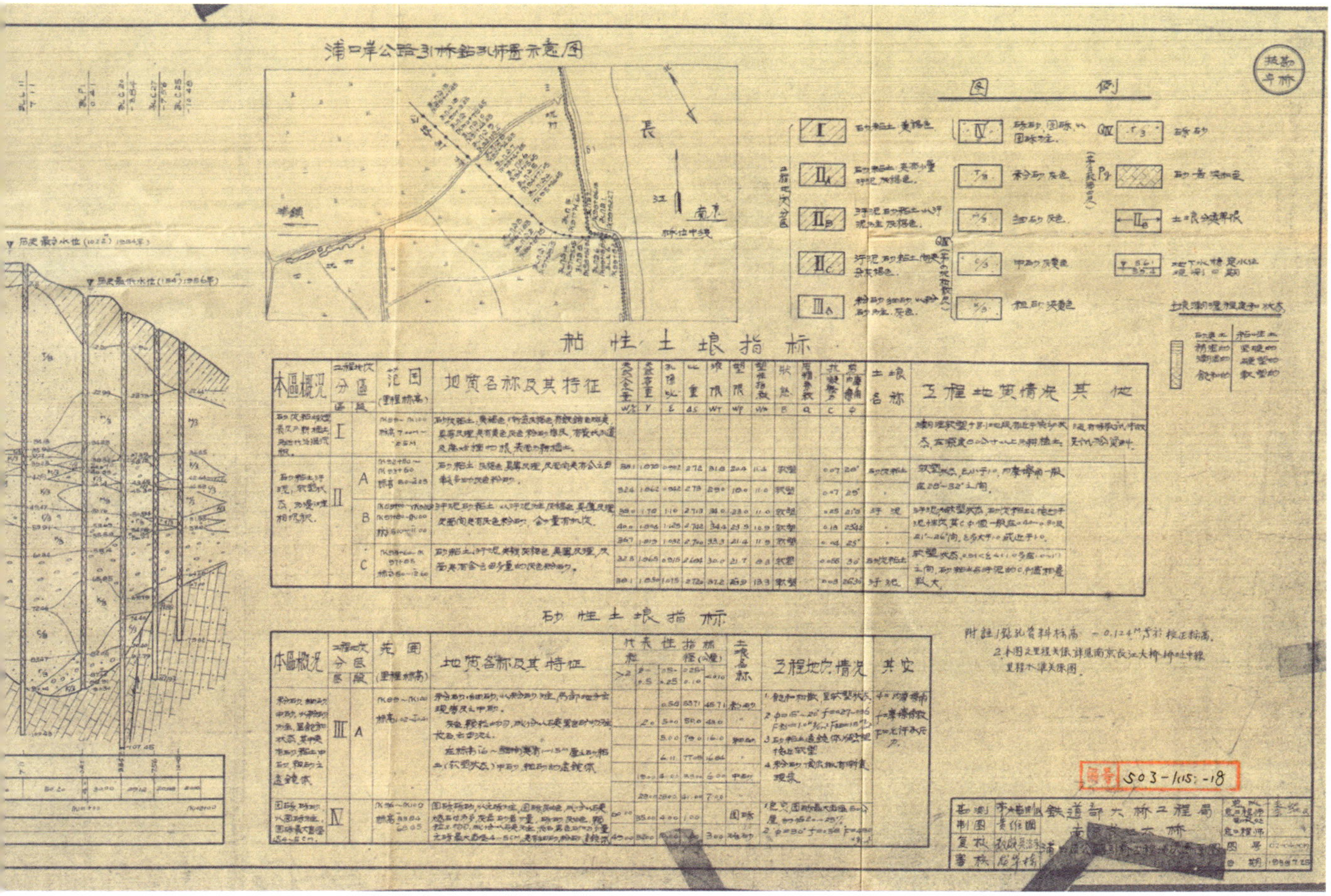
浦口岸公路引桥钻孔桩位示意图
图例
粘性土壤指标
本區概况
分區
范围（里程标高）
地质名称及其特征
土壤名称
工程地质情况
其他
砂性土壤指标
附註：1.钻孔资料标高 −0.124M 系补校正标高。
2.本图之里程为依据南京长江大桥桥址中线里程系统关系图。
档号 503-1115-18
铁道部大桥工程局
勘测
制图
复核
审核
图号
日期

南京长江大桥下线工程地质断面图

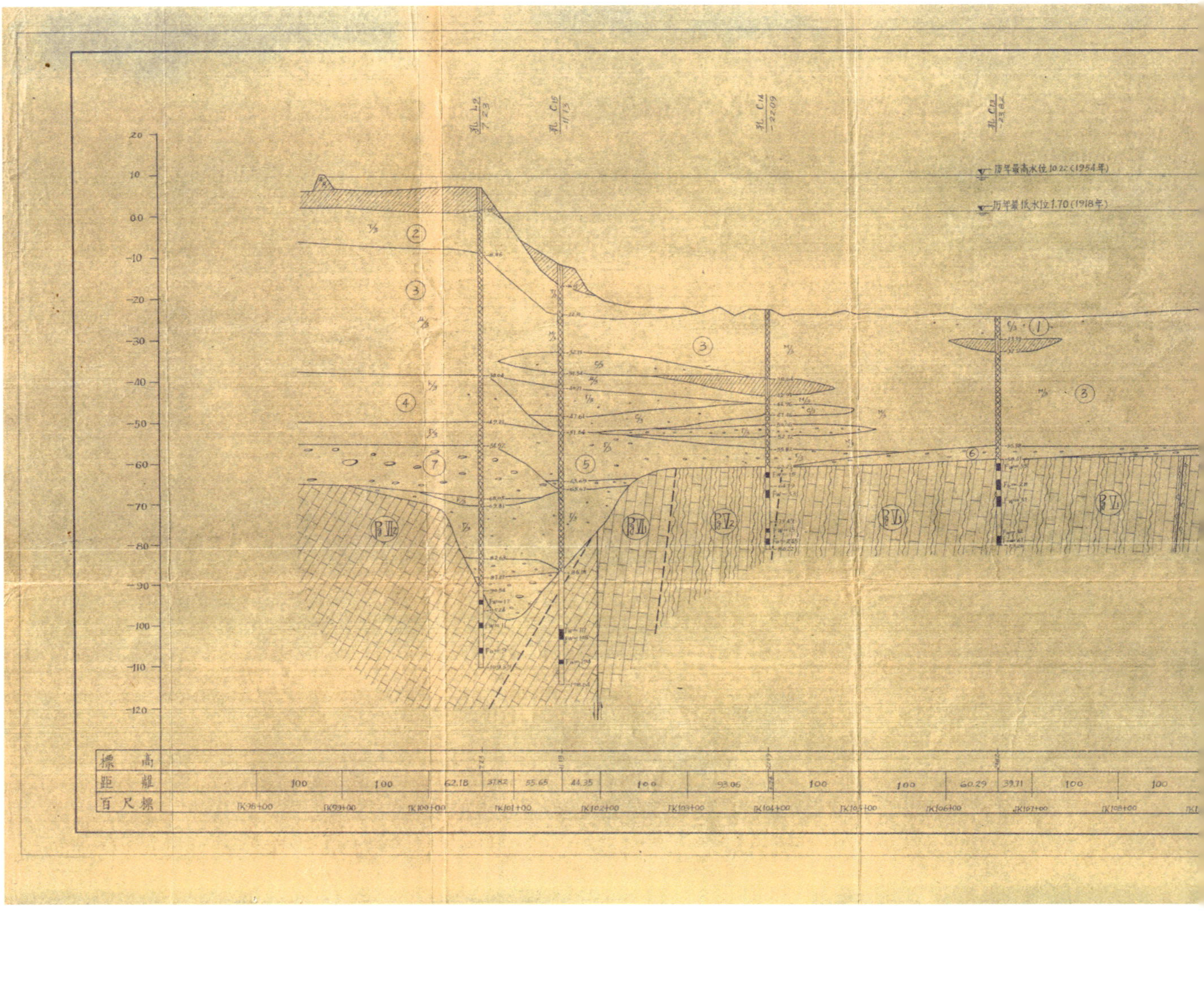

南京长江大桥综合工程地质图

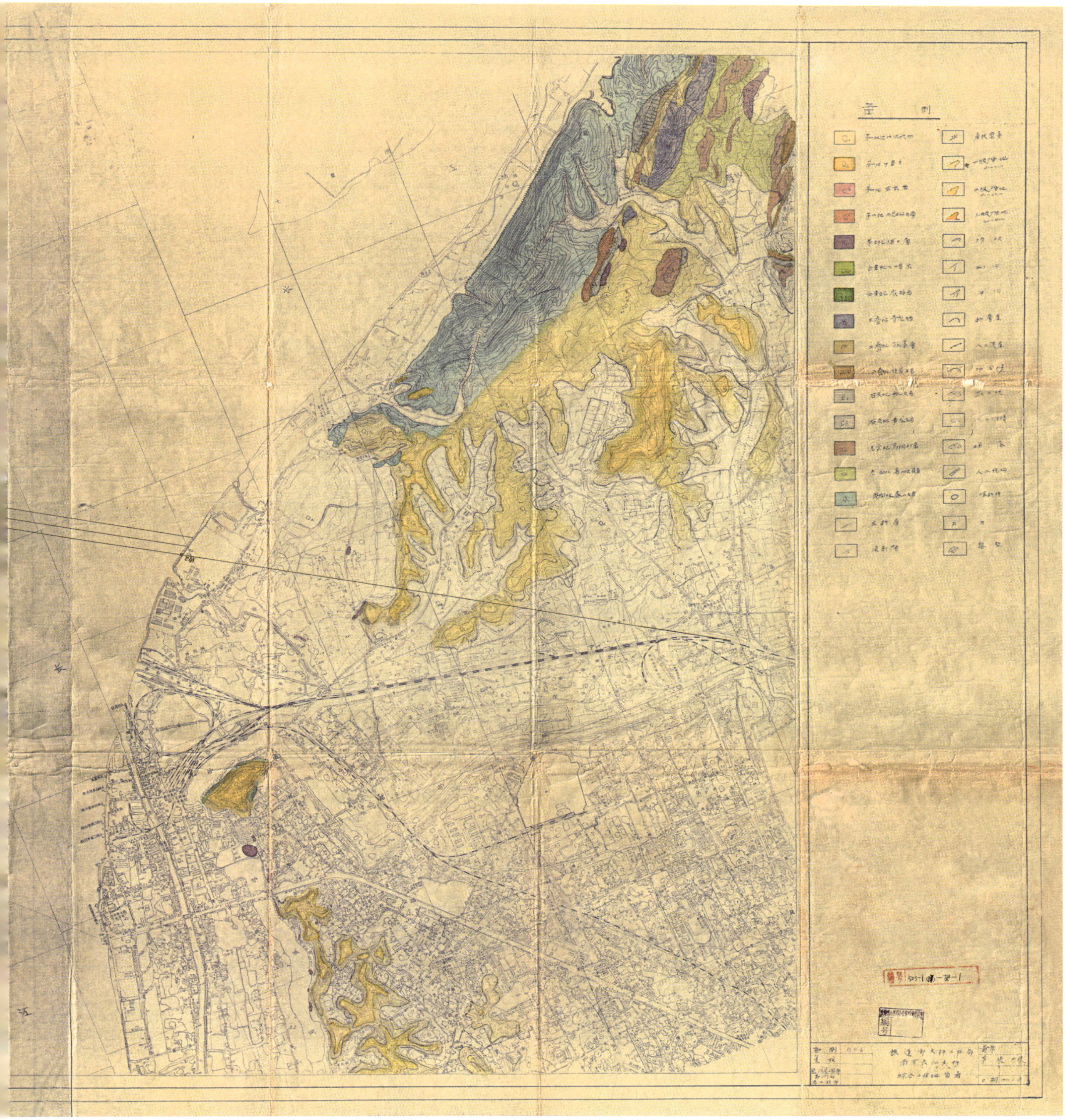
图例
编号

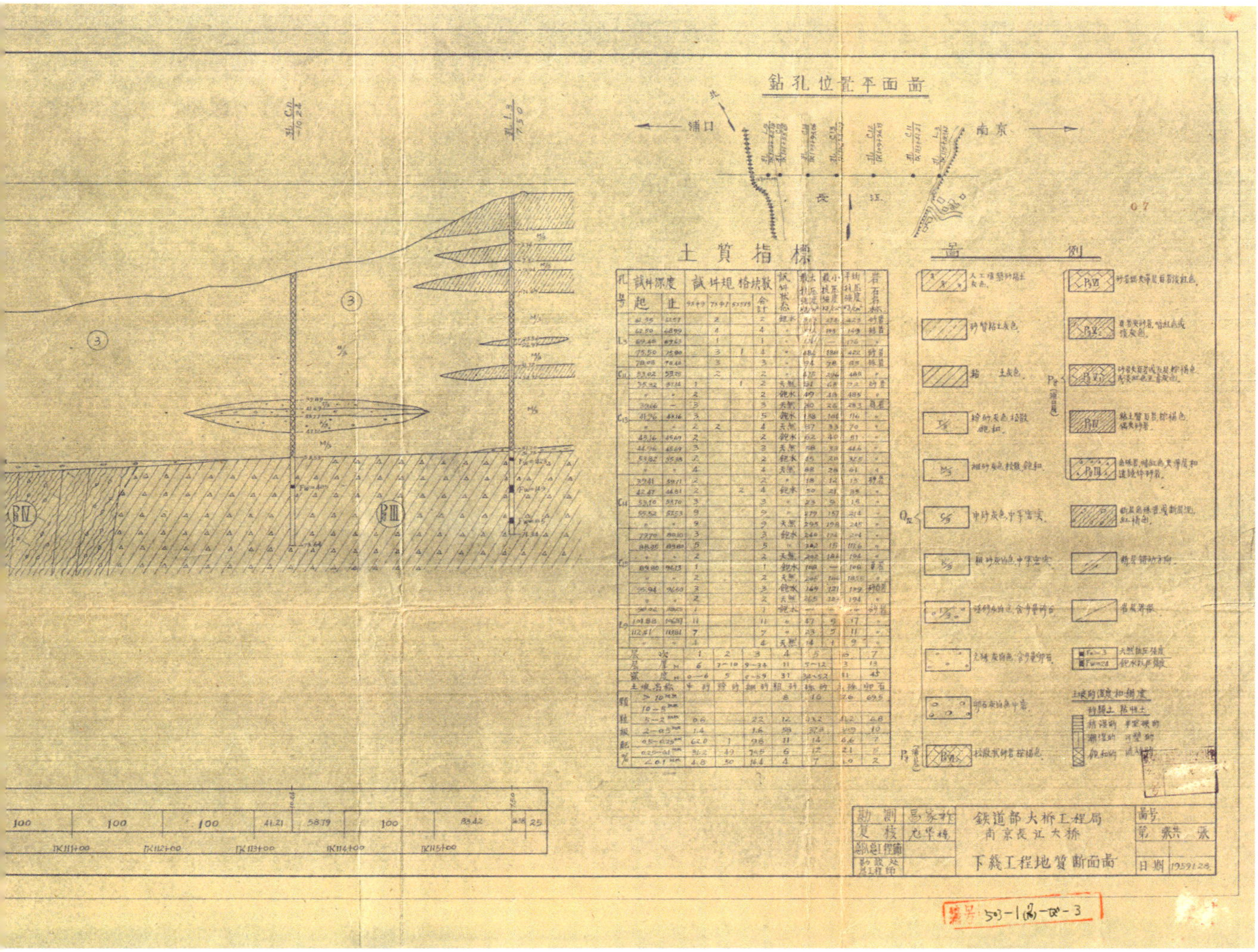
鉆孔位置平面圖
浦口
南京
長
江
土質指標
圖例
勘測
復核
鉄道部大桥工程局
南京長江大桥
下綫工程地質斷面圖
圖号
日期 1959.1.28
档号 503-1(高)-05-3

引桥工程地质断面图（浦口）

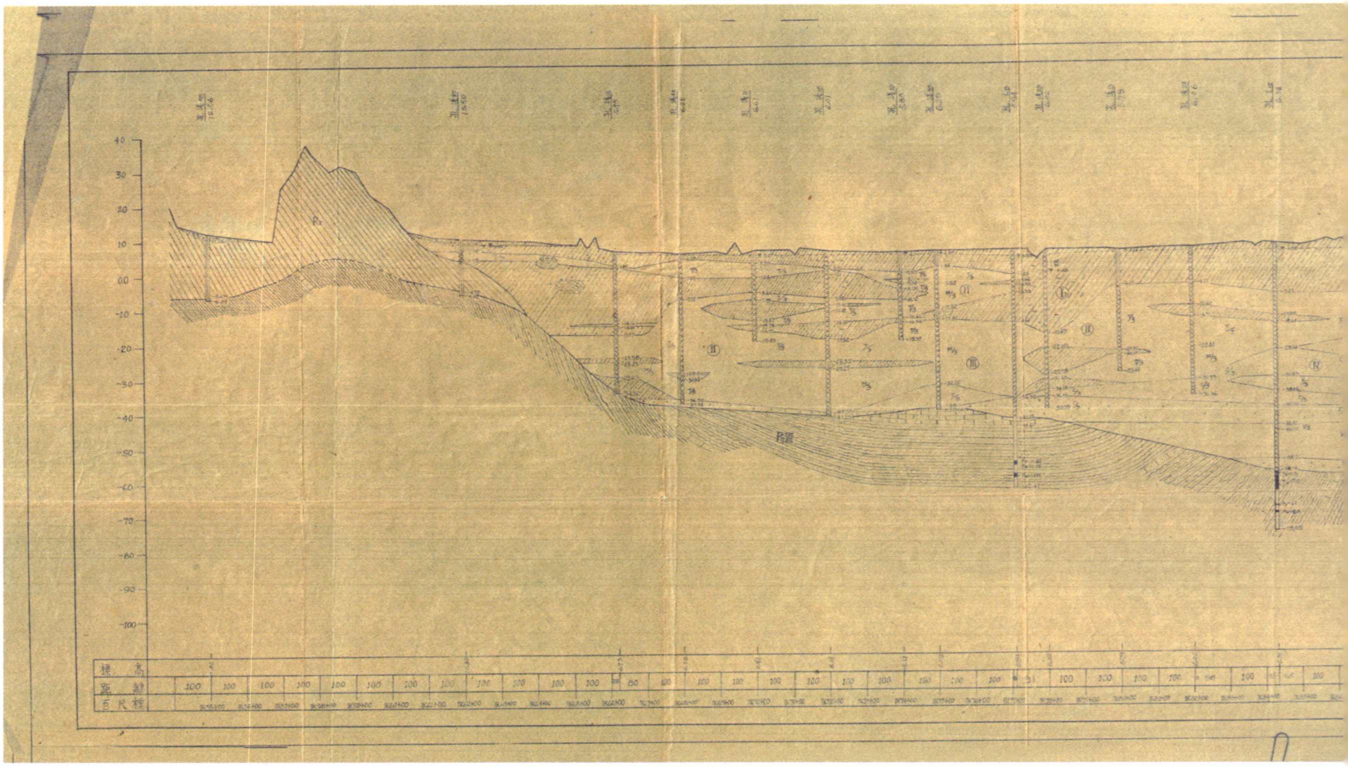

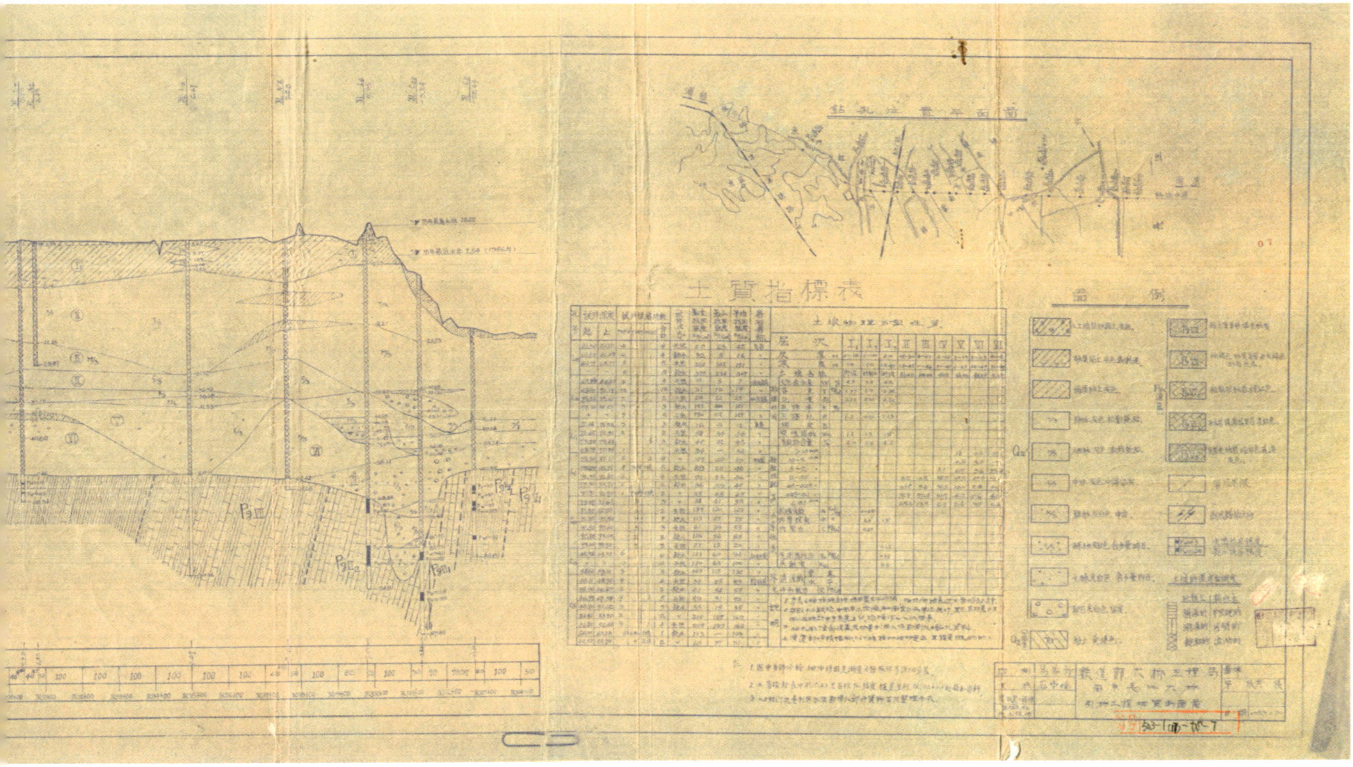

土質指標表
圖例

引桥工程地质断面图（南京）

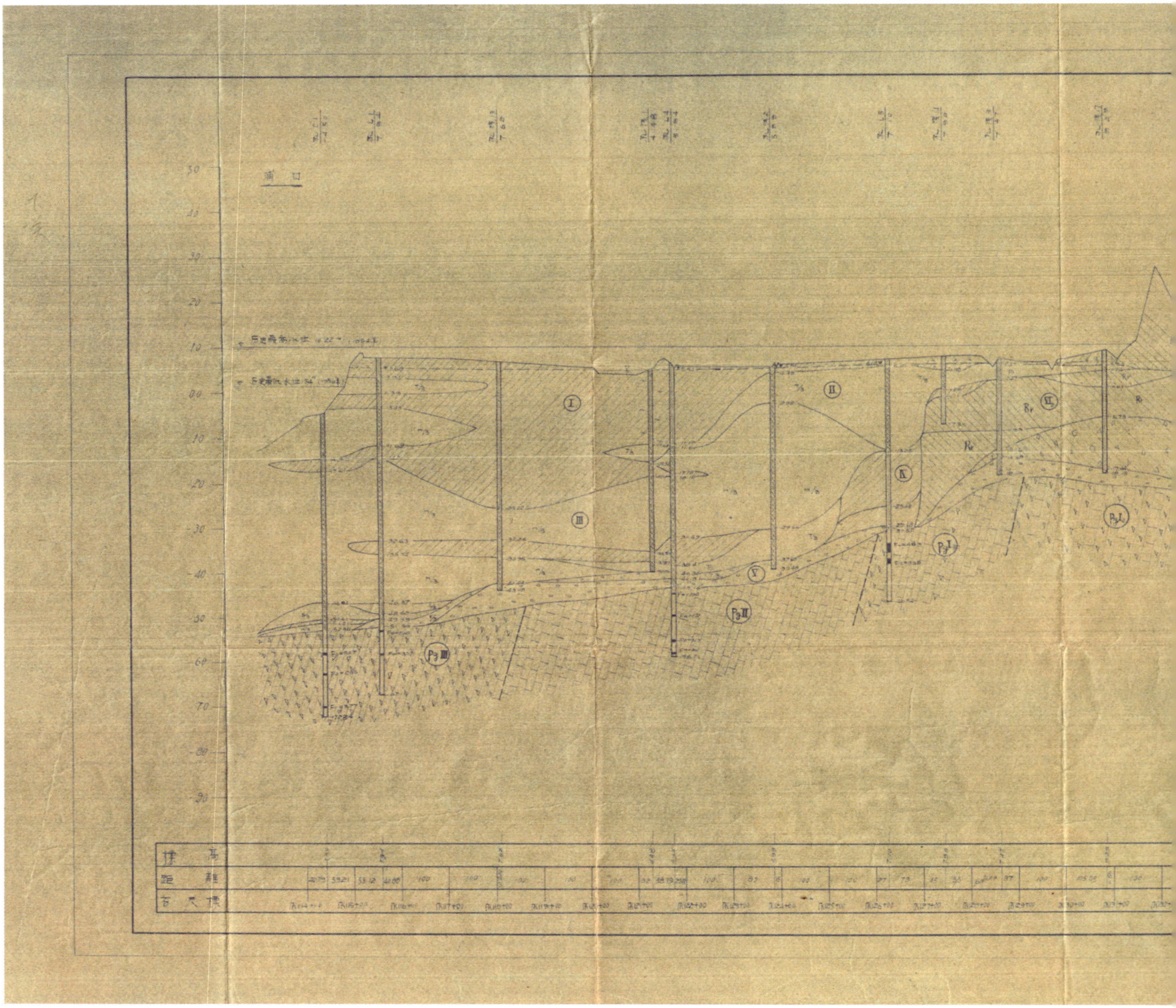

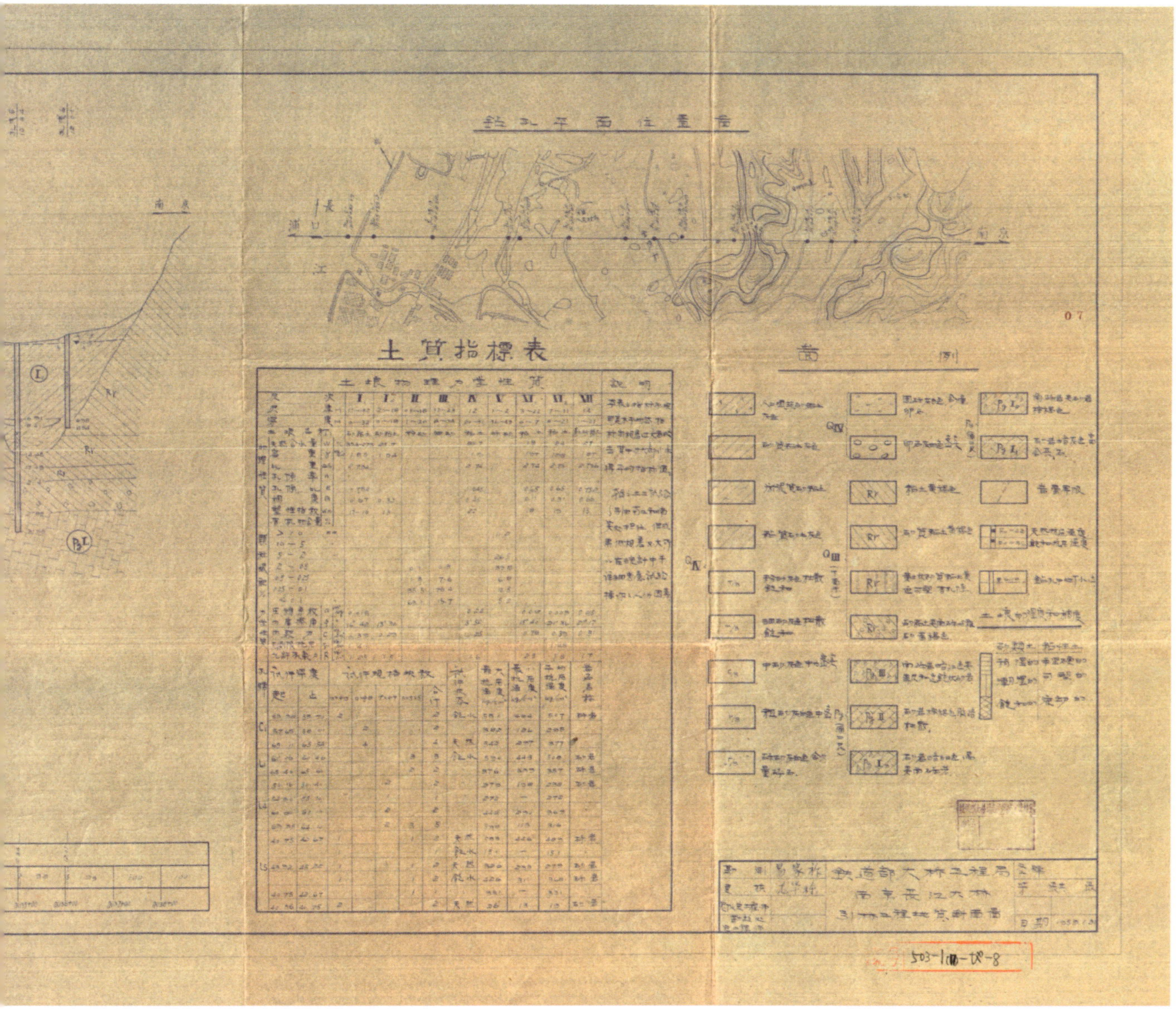
土質指標表
圖例
浦口
南京
鉄道部大桥工程局
南京長江大桥
07
503-1-8

南京长江大桥水质分析报告表

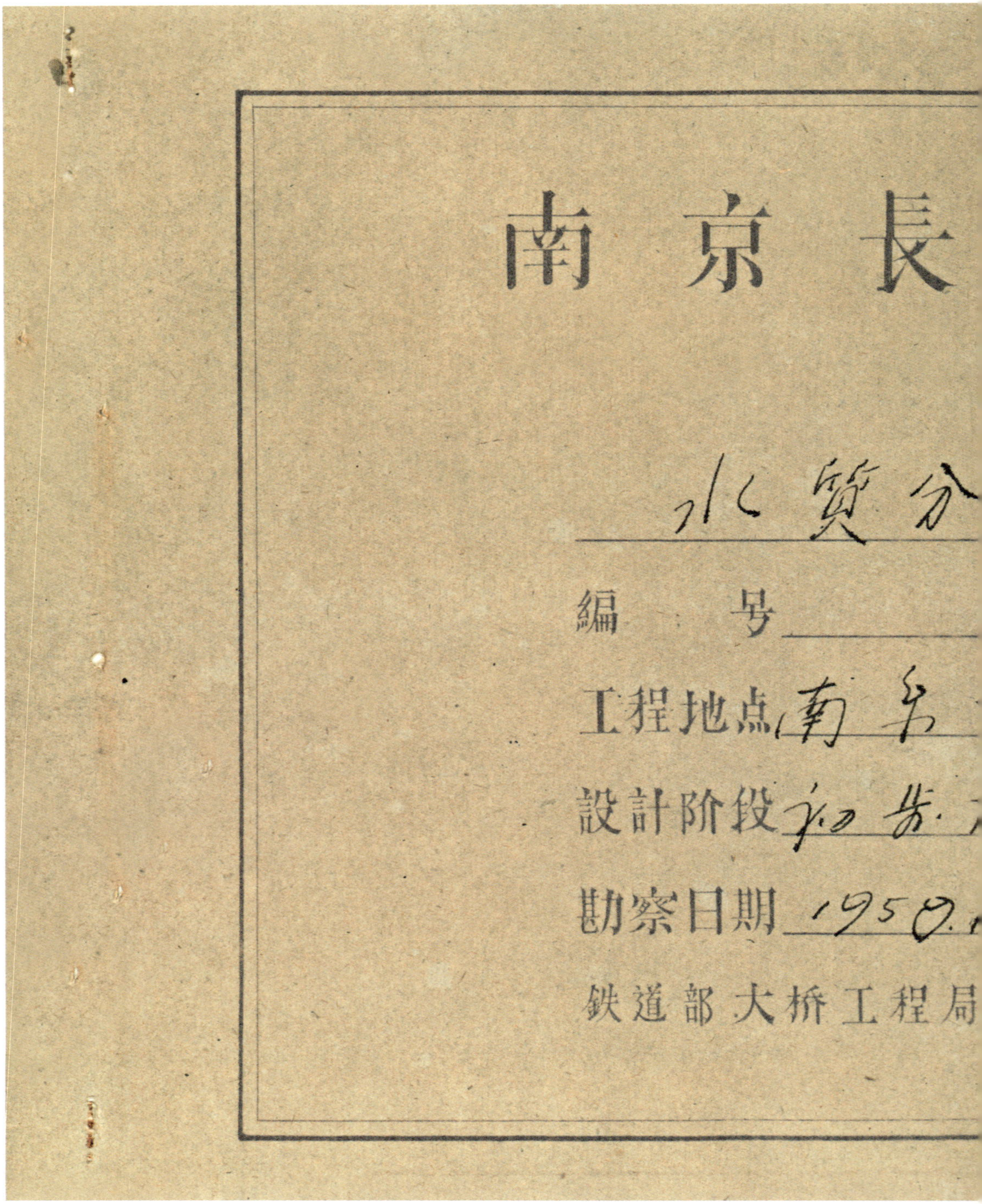

南京長

水質分

編　号

工程地点 南京

設計阶段 初步

勘察日期 1950.

铁道部大桥工程局

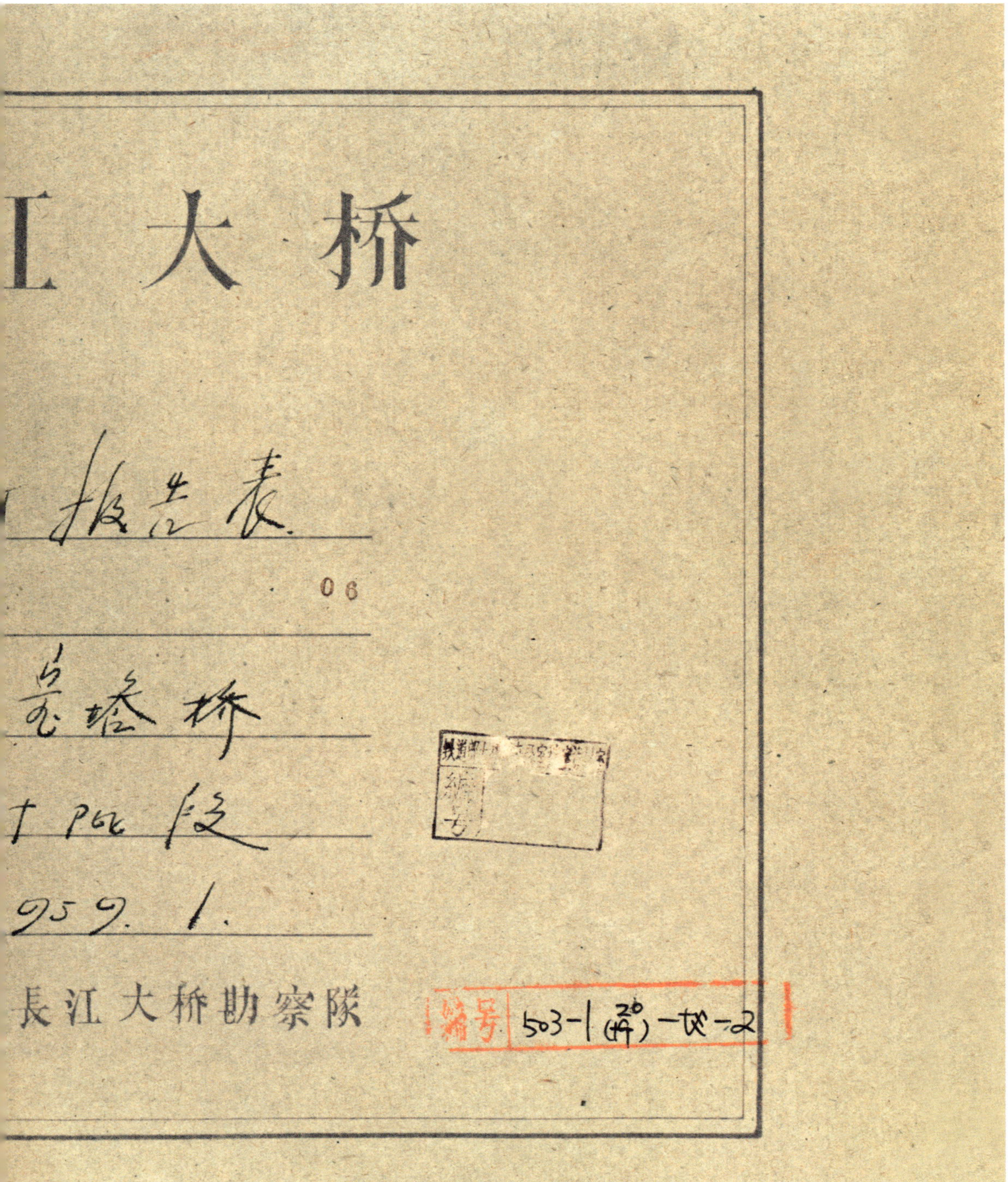
江大桥

报告表

06

塔桥

段

959. 1.

長江大桥勘察隊

编号 503-1

建筑工程部机械凿井公司 南京浦口至大厂供水水文……

水源勘探队　　　　1958

顺序号/钻孔号	取样地点	取样/分析日期	物理检验：气味	嗅味	颜色	煮沸沉淀	混浊度	气温/水温℃	一立升中含量	化学分析：阳离子 $K^{+}+Na^{+}$	Ca^{++}	Mg^{++}	Fe^{++}	Al^{+++}	NH_4^{+}	统计	阴离子 Cl'	SO_4''
1/1	浦口金星村	58.4.25 58.4.27	无	无	黄	多量白色沉淀	87	25 15	毫克	4.20	120	35.6	19.58	无	3.20	182.56	6.95	97.91
									毫克当量	0.168	15.989	2.927	0.701	/	0.177	9.962	0.196	2.038
									当量%	1.69	60.12	29.38	7.03		1.78	100	1.97	20.46
2/3	浦口 V 红旗社九福分社一队	58.5.3 58.5.7	无	无	黄	少量白色	120	21.5 15.5	毫克	24.1	111.0	8.39	33.57	无	1.61	178.67	12.5	3.29
									毫克当量	0.964	5.54	0.69	1.202	/	0.089	8.485	0.353	0.068
									当量%	11.36	65.29	8.13	14.17	/	1.05	100	4.16	0.80
3/4	浦镇 V 蚂蚁公村东南	58.4.19 58.4.23	无	无	无	白色沉淀	<9	22.5 14.0	毫克	55.60	120.8	29.88	无	无	2.57	228.85	8.0	81.62
									毫克当量	2.224	7.027	2.457	/	/	0.142	11.85	0.226	1.699
									当量%	18.77	59.3	20.73		/	1.20	100	1.91	14.34
4/5	浦口红旗社 吉庆分社三队	58.4.28 58.5.1	无	无	黄	少许白色沉淀	110	23 15.5	毫克	50.55	140	1.75	33.57	无	3.22	229.09	4.5	3.29
									毫克当量	2.022	6.987	0.144	1.202	/	0.178	10.533	0.127	0.068
									当量%	19.20	66.33	1.37	11.41	/	1.69	100	1.21	0.64
5/6	浦口 九福社三队	58.5.4 58.5.9	无	无	淡黄	多量白色	11	20 15	毫克	15.39	128	27.95	9.09	无	0.8	181.23	9.1	19.75
									毫克当量	0.0154	6.388	2.298	0.325		0.044	9.6704	0.257	0.411
									当量%	6.30	66.06	23.76	3.36		0.46	100	2.658	4.25
6/7	浦口 落子村南	58.4.18 58.4.29	无	无	黄	白色沉淀	58	23 16.5	毫克	49.28	144.0	26.86	12.59	无	5.14	237.87	9.5	3.29
									毫克当量	1.971	7.187	2.209	0.451	/	0.285	12.103	0.268	0.068
									当量%	16.29	59.38	18.25	3.73	/	2.35	100	2.21	0.56
7/8	浦口 汉河铁桥旁	58.4.27 58.5.1	无	无	黄	少许白色	49	25 16	毫克	86.53	130.1	无	30.07	无	6.43	253.13	17.0	17.69
									毫克当量	3.461	6.488	/	1.077	/	0.356	11.382	0.479	0.368
									当量%	30.41	57.00	/	9.46	/	3.13	100	4.27	3.23
8/9	浦口 大兴公社三队	58.4.30 58.5.7	无	无	微黄	白色沉淀	<9	22 15.5	毫克	17.4	100	19.22	0.7	无	0.51	137.83	32.1	44.47
									毫克当量	0.696	4.991	1.59	0.025	/	0.028	7.33	0.905	0.925
									当量%	9.50	68.09	21.69	0.34	/	0.38	100	12.34	12.62
9/10	浦口 小柳洲分社	58.5.5 58.5.9	无	无	淡黄	多量白色	90	17 15	毫克	42.07	93	0.65	19.58	无	2.57	157.87	8.7	69.12
									毫克当量	1.6827	4.642	0.053	0.701	/	0.142	7.2207	0.245	1.439
									当量%	23.304	64.287	0.734	9.708	/	1.967	100	3.393	19.929
10/11	浦口 十四中学附近	58.4.26 58.5.1	无	泥味	淡黄	少许白色	<9	20 15	毫克	70.53	127	微量	无	无	痕迹	197.53	66.5	99.97
									毫克当量	2.821	6.338					9.159	1.875	2.081
									当量%	30.8	69.2				/	100	20.47	22.72
11/⑫	浦口 V 三河乡马头村	58.4.16 58.4.19	无	无	黄	多量白色	210	26.5 15.0	毫克	8.70	158	33.42	5.6	无	0.82	206.54	8.8	299.5
									毫克当量	0.348	7.886	2.748	0.201	/	0.045	11.228	0.248	6.236
									当量%	3.10	70.23	24.47	1.80		0.40	100	2.21	55.54
12/13	浦口 两浦公园内	58.4.25 58.5.1	无	臭味	黄	少许白色	90	25 17	毫克	57.68	142	微量	30.07	无	6.43	236.18	29	48.55
									毫克当量	2.3072	7.087		1.077	/	0.356	10.8272	0.818	1.011
									当量%	21.31	65.455	/	9.947		3.288	100	7.555	9.337
13/⑭	浦口 V 老江口附近	58.4.12 58.4.17	无	无	黄	多量白色	245	15.	毫克	118.0	98.0	15.94	2.10	无	3.68	257.72	46.4	52.66
									毫克当量	4.72	4.891	1.311	0.075	/	0.204	11.201	1.308	1.096
									当量%	42.14	43.67	11.70	0.67	/	1.82	100	11.68	9.79
14/⑮	浦口 马头村以北	58.4.17 58.4.23	无	无	淡黄	白色沉淀	81	33 15.5	毫克	147.78	276.8	35.47	9.09	无	无	469.14	13.5	842.55
									毫克当量	5.911	13.914	2.917	0.325	/	/	23.067	0.381	17.543
									当量%	25.63	60.32	12.64	1.41	/	/	100	1.65	76.06
15/⑯	浦口 三河乡北三合村	58.4.14 58.4.19	无	臭腥	黄	多量白色	205	17	毫克	5.30	115.0	15.0	2.10	无	痕迹	137.4	14.0	11.52
									毫克当量	0.211	5.74	1.233	0.075	/	/	7.250	0.395	0.24
									当量%	2.91	79.07	16.99	1.03	/	/	100	5.44	3.31

制表 [illegible]　　　　检……

勘測工程				浅钻孔水質分析綜合表										图号
析子				特殊項目分析										
			总計	硬度（德国度）				酸度	PH值	SiO_2	消耗氧	溶介氧	游离CO_2	库尔洛夫表示式
NO_3	NO_2	統計		总硬	非炭酸	总硷	暫硬							
0.71	痕跡	576.49	759.07	456	70	386								
0.01	/	9.962	19.924	25.5	3.92	21.5		82.5	6.9				72.6	$CO^2_{0.073}M_{0.70}\frac{HCO^3_{77}SO^4_{20}}{Ca_{60}Mg_{29}}T15^{\circ}$
0.1	/	100	200	度	度	度								
0.35	无	507.8	686.47	403	无	403								
0.006	/	8.485	16.97	22.5		22.5		150	6.9				132	$CO^2_{0.132}M_{0.59}\frac{HCO^3_{95}}{Ca_{65}K+Na_{11}Fe_{14}}T15.5^{\circ}$
0.07	/	100	200											
0.35	0.03	695.12	923.77	570	74	496								
0.006	0.001	11.85	23.7	31.8	4.15	27.65		47.5	7.3				41.8	$CO^2_{0.042}M_{0.82}\frac{HCO^3_{84}SO^4_{14}}{Ca_{59}Mg_{21}K+Na_{19}}T14^{\circ}$
0.04	0.01	100	200											
痕跡	痕跡	638.53	867.62	517	无	517								
/	/	10.533	21.066	28.8		28.8		185	7.0				162.8	$CO^2_{0.162}M_{0.71}\frac{HCO^3_{98}}{Ca_{66}K+Na_{19}Fe_{11}}T15.5^{\circ}$
/	/	100	200											
0.89	0.02	578.15	759.38	450.8	1.3	449.5								
0.018	0.0004	9.6704	19.3408	25.2	0.073	25.1		81	6.9				71.28	$CO^2_{0.071}M_{0.68}\frac{HCO^3_{93}}{Ca_{66}Mg_{24}}T15^{\circ}$
0.145	0.004	100	200											
0.53	痕跡	730.68	938.55	588	无	588								
0.009	/	12.103	24.206	32.8		32.8		98	7.1				86.24	$CO^2_{0.056}M_{[illegible]85}\frac{HCO^3_{97}}{Ca_{59}Mg_{[illegible]}K+Na_{16}}T16.5^{\circ}$
0.08	/	100	200											
0.89	0.16	677.46	930.57	526	无	526								
0.014	0.003	11.382	22.764	29.4		29.4		87	7.1	6.8	17.37	0.7	76.56	$CO^2_{0.076}M_{0.80}\frac{HCO^3_{92}}{Ca_{57}K+Na_{30}}T16^{\circ}$
0.12	0.03	100	200											
88.6	3.29	412.42	550.45	338	138	200								
1.429	0.072	7.33	14.66	18.9	7.7	11.2		45	7.1	2.8	5.01	7.7	39.6	$CO^2_{0.039}M_{0.51}\frac{HCO^3_{55}SO^4_{13}Cl_{12}}{Ca_{68}Fe_{22}}T15.5^{\circ}$
19.5	0.98	100	200											
1.06	0.03	415.63	573.5	308.7	32.7	276								
0.017	0.0007	7.2207	14.4414	17.3	1.83	15.4		81.7	6.9				71.9	$CO^2_{0.072}M_{0.51}\frac{HCO^3_{76}SO^4_{20}}{Ca_{64}K+Na_{23}Fe_{10}}T15^{\circ}$
0.235	0.01	100	200											
17.72	0.82	483.91	681.44	415	170	245								
0.286	0.018	9.159	18.318	23.2	9.5	13.7		17.5	7.4				15.4	$CO^2_{0.015}M_{0.64}\frac{HCO^3_{53}SO^4_{23}Cl_{20}}{Ca_{69}K+Na_{31}}T15^{\circ}$
3.12	0.20	100	200											
8.86	0.1	597.80	804.6	685	455	230								
0.143	0.002	11.228	22.456	38.6	25.4	12.9		30	7.0				26.4	$CO^2_{0.026}M_{0.79}\frac{SO^4_{56}HCO^3_{41}}{Ca_{70}Mg_{24}}T15^{\circ}$
1.27	0.02	100	200											
痕跡	0.01	626.56	862.74	503	53	450								
	0.0002	10.8272	21.6544	28.1	2.95	25.1		127.5	7.0				112.2	$CO^2_{0.112}M_{0.76}\frac{HCO^3_{83}}{Ca_{65}K+Na_{21}Fe_{10}}T17^{\circ}$
/	0.002	100	200											
29.24	0.33	636.15	873.87	416	无	416								
0.472	0.007	11.201	22.402	23.2		23.2		41	7.1	2.55	13.76	3.928	36.08	$CO^2_{0.036}M_{0.78}\frac{HCO^3_{74}Cl_{12}SO^4_{10}}{Ca_{44}K+Na_{42}Mg_{12}}$
4.21	0.06	100	200											
1.42	0.04	1169.83	1638.97	973.8	717.8	256								
0.023	0.001	23.067	46.134	54.4	40	14.4		77	6.9				67.76	$CO^2_{0.068}M_{1.61}\frac{SO^4_{76}HCO^3_{22}}{Ca_{60}K+Na_{26}Mg_{13}}T15.5^{\circ}$
0.09	0.01	100	200											
8.86	0.1	429.76	567.16	330	6	324								
0.183	0.002	7.259	14.518	18.5	0.34	18.16		31.2	7.2				27.39	$CO^2_{0.027}M_{0.51}\frac{HCO^3_{89}}{Ca_{79}Mg_{17}}$
1.98	0.02	100	200											

审核

建筑工程部机械凿井公司 水派勘探队　南京浦口至大厂供水水文……

1958……

顺序号/钻孔号	取样地点	取样/分析日期	物理检驗 氣味	嗅味	颜色	煮沸沉澱	混濁度	氣温/水温°C	一立升中含量	化学分…… 陽离子 $K^{+}+Na^{+}$	Ca^{++}	Mg^{++}	Fe^{++}	Al^{+++}	NH_4^{+}	統計	Cl'	SO_4''
16/(17)	浦口三塊村	58.4.11 58.4.17	无	无	黄	多量白色		12° 15°	毫克	5.10	114.0	23.59	1.40	无	2.06	140.15	8.0	1.23
									毫克当量	0.204	5.69	1.94	0.05	-	0.114	7.998	0.226	0.026
									当量%	2.55	71.14	24.26	0.63		1.42	100	2.82	0.32
17/(19)	仝上	58.4.5 58.4.10	无	泥味	深黄	多量白色	870		毫克	20.63	129.0	12.67	2.10	/	0.64	165.04	17.0	117.25
									毫克当量	0.825	6.438	1.042	0.075	/	0.035	8.415	0.479	244.1
									当量%	9.804	76.506	12.383	0.891		0.416	100	5.692	29.008
18/(20)	浦口臨江村	58.4.4 58.4.10	无	泥味	深黄	多量白色	1440		毫克	31.2	114.0	27.96	2.1	/	0.13	175.39	7.2	5.35
									毫克当量	1.2479	5.69	2.299	0.075	/	0.007	9.3189	0.203	0.111
									当量%	13.391	61.059	24.67	0.805	/	0.075	100	2.179	1.191
19/21	浦口馬头村	58.4.12 58.4.17	无	无	黄	多量白色			毫克	116.58	106.0	19.22	4.2		4.10	250.1	8.4	3.29
									毫克当量	4.663	5.29	1.580	0.15	/	0.227	11.91	0.237	0.068
									当量%	39.15	44.42	13.26	1.26		1.91	100	1.99	0.57
20/(22)	浦口双塊村	58.4.9 58.4.17	无	无	黄	多量白色		21°	毫克	18.70	120.0	27.78	5.6		0.57	172.05	6.0	无
									毫克当量	0.748	5.989	2.284	0.2		0.032	9.253	0.169	
									当量%	8.08	64.73	24.68	2.16		0.35	100	1.83	
21/(23)	浦口头塊村	58.4.5 58.4.10	无	泥味	深黄	少許白色	700		毫克	2.01	30.0	1.53	5.60		4.63	43.77	5.2	19.75
									毫克当量	0.0804	1.497	0.126	0.20		0.256	2.1594	0.147	0.411
									当量%	3.723	69.324	5.835	9.262		11.856	100	6.808	19.033
22/24	浦口双塊村	58.4.15 58.4.19	无	无	黄	多量白色	205		毫克	112.2	196.0	31.23	5.6		2.06	347.09	11.0	272.76
									毫克当量	4.488	9.782	2.568	0.201		0.114	17.153	0.310	5.679
									当量%	26.16	57.03	14.97	1.17		0.67	100	1.81	33.10
23/(25)	浦口头塊西村	58.4.7 58.4.17	无	无	黄	多量白色		22° 14°	毫克	1.93	106.0	24.68	2.10		0.36	135.07	15.0	1.23
									毫克当量	0.077	5.29	2.029	0.075		0.02	7.491	0.423	0.026
									当量%	1.03	70.62	27.09	1.0		0.26	100	5.64	0.35
24/26	仝上	58.4.7 58.4.10	无	泥味	深黄	多量白色	690		毫克	61.46	133.0	15.94	2.1		1.29	213.79	36.0	217.22
									毫克当量	2.4584	6.638	1.311	0.075		0.072	10.5544	1.015	4.523
									当量%	23.293	62.893	12.421	0.711		0.682	100	9.617	42.854
25/27	浦镇梅花山	58.5.7 58.5.14	无	无	白色	多量白色	54	18° 16°	毫克	25.23	184.0	34.5	13.99		0.1	257.82	4.8	318.01
									毫克当量	1.009	9.183	2.837	0.501		0.005	13.535	0.135	6.621
									当量%	7.45	67.85	20.96	3.7		0.04	100	1.00	48.92
26/28	浦口头塊北村	58.4.7 58.4.10	无	泥味	深黄	多量白色	1620		毫克	23.03	162.0	36.69	9.09		1.56	232.37	5.0	3.29
									毫克当量	0.921	8.085	3.017	0.326		0.086	12.435	0.141	0.068
									当量%	7.407	65.018	24.262	2.622		0.691	100	1.134	0.547
27/29	浦镇梅花山北	58.5.9 58.5.19	无	泥味	微黄	多量白色	<9	21°	毫克	1.24	112	33.2	无		0.21	136.65	12.5	55.54
									毫克当量	0.0479	5.59	2.73			0.012	8.3817	0.353	1.156
									当量%	0.593	66.693	32.571			0.143	100	4.212	13.792
28/30	浦口錦央村	58.5.8 58.5.14	无	无	淡黄	无	69		毫克	9.18	110.0	23.41	37.07		0.21	179.87	7.0	27.98
									毫克当量	0.367	5.49	1.925	1.327		0.012	9.121	0.197	0.583
									当量%	4.02	60.19	21.11	14.55		0.13	100	2.16	6.39
29/31	浦镇東門金庄	58.4.23 58.4.27	无	无	淡黄	多量白色	81		毫克	62.23	146	31.23	30.07		无	269.53	112.4	87.63
									毫克当量	2.489	7.287	2.568	1.077			13.421	3.170	1.824
									当量%	18.55	54.3	19.13	8.02			100	23.62	13.59
30/32	浦口復兴村	58.5.10 58.5.19	无	无	淡黄	白色沉澱	72		毫克	5.75	140	49.54	3.34		2.57	201.2	10.0	25.92
									毫克当量	0.23	6.987	4.074	0.15		0.142	11.583	0.282	0.541
									当量%	1.986	60.322	35.172	1.295		1.225	100	2.435	4.671

制表 叶方新　　　　检查

勘測工程 水質分析綜合表 編号

析 子			總計	特殊項目分析 硬度(毫克/公升 德国度)				酸度	PH值	SiO_2	消耗氧	溶介氧	游离CO_2	庫尔洛夫表示式
NO_3'	NO_2'	統計	總計	总硬	非炭酸	总鹼	暫硬							
.35	0.07	481.79	627.94	387	无	387								
.006	0.002	7.998	15.996	21.6		21.6		87	7.1				76.56	$CO^{2}_{0.077}\,M_{0.56}\,\frac{HCO^{3}97}{Ca71\ Mg24}$ T15°
.08	0.03	100	200											
24.3	0.06	470.19	635.23	407	168	239								
.715	0.001	8.415	16.83	22.7	9.4	13.3		20	7.3			6.2	17.6	$CO^{2}_{0.017}\,M_{0.59}\,\frac{HCO^{3}57\ SO^{4}29}{Ca77\ Mg12\ K+Na10}$
3.497	0.012	100	200											
0.35	0.04	561.94	737.33	450	无	450								
.006	0.0009	9.3189	18.6378	25.1		25.1		77	6.9			3.97	67.76	$CO^{2}_{0.068}\,M_{0.65}\,\frac{HCO^{3}97}{Ca61\ Mg25\ K+Na13}$
.064	0.01	100	200											
0.53	痕跡	[illegible]	367.92	580	无	580								
.009		11.91	23.82	32.4		32.4		112	7.0				98.56	$CO^{2}_{0.099}\,M_{0.83}\,\frac{HCO^{3}97}{Ca44\ Mg13\ K+Na39}$
.08		100	200											
0.35	痕跡	560.23	732.88	454	无	454								
.006	/	9.253	18.506	25.3		25.3		86	6.8				75.68	$CO^{2}_{0.076}\,M_{0.64}\,\frac{HCO^{3}98}{Ca65\ Mg25}$
.06	/	100	200											
2.53	0.02	122.66	166.43	96	18	78								
.041	0.0004	2.1594	4.3188	5.38	1.05	4.35		5	7.5			3.52	4.4	$CO^{2}_{0.004}\,M_{0.151}\,\frac{HCO^{3}72\ SO^{4}19}{Ca69\ NH^{4}12}$
1.90	0.018	100	200											
0.35	痕跡	964.87	1311.96	764	206	558								
.006	/	17.153	34.306	42.7	11.6	31.1		36.2	7.3				31.86	$CO^{2}_{0.032}\,M_{1.20}\,\frac{HCO^{3}65\ SO^{4}33}{Ca57\ K+Na26\ Mg15}$
.04	/	100	200											
.18	痕跡	445.85	580.92	470	118	352								
.003		7.491	14.982	26.3	6.59	19.71		36	7.0				31.68	$CO^{2}_{0.032}\,M_{0.524}\,\frac{HCO^{3}94}{Ca71\ Mg27}$ T14°
.04		100	200											
1.06	0.02	559.3	772.09	446	196	250								
.017	0.0004	10.5544	21.1088	24.9	10.9	13.9		18	7.3			3.78	15.84	$CO^{2}_{0.016}\,M_{0.739}\,\frac{HCO^{3}47\ SO^{4}43}{Ca63\ K+Na23\ Mg12}$
.161	0.004	100	200											
1.11	0.07	736.35	994.17	602.7	264.7	338								
.018	0.002	13.535	27.07	33.7	14.8	18.9		46.5	7.3				40.92	$CO^{2}_{0.041}\,M_{0.947}\,\frac{HCO^{3}50\ SO^{4}49}{Ca68\ Mg21}$ T16°
.13	0.02	100	200											
.35	0.16	754.22	986.59	611	无	611								
.006	0.003	12.435	24.87	34.2		34.2		140	7.0			1.98	123.2	$CO^{2}_{0.123}\,M_{0.871}\,\frac{HCO^{3}98}{Ca65\ Mg24}$
.048	0.024	100	200											
1.6	0.03	488.13	624.78	416.5	73.5	343								
.013	0.0007	8.3817	16.7634	23.25	4.10	19.15		10.5	7.4				9.24	$CO^{2}_{0.009}\,M_{0.587}\,\frac{HCO^{3}82\ SO^{4}14}{Ca67\ Mg33}$
.155	0.008	100	200											
痕跡	0.16	543.88	723.75	438.55	21.55	417								
/	0.003	9.121	18.242	24.5	1.2	23.2		114	6.8				100.32	$CO^{2}_{0.1}\,M_{0.639}\,\frac{HCO^{3}91}{Ca60\ Mg21\ Fe15}$
	0.03	100	200											
7.72	0.16	714.45	983.98	515	108	407								
.286	0.003	13.421	26.842	28.7	6.05	22.7		40.5	7.3				35.64	$CO^{2}_{0.036}\,M_{0.94}\,\frac{HCO^{3}61\ Cl24\ SO^{4}14}{Ca54\ Mg19\ K+Na19}$
.13	0.02	100	200											
痕跡	0.06	692.34	893.54	553.7	15.7	538								
/	0.001	11.583	23.166	30.9	0.8	30.1		46	7.4	2.4	7.46	3.84	40.48	$CO^{2}_{0.040}\,M_{0.81}\,\frac{HCO^{3}93}{Ca60\ Mg35}$
/	0.008	100	200											

審核

水样名称 ________ 采取地点 ________ 水质分析报

试验室编号 ________ ________ 容 ________

编号	由地面计取样深度	取样地点	离子含量									
			$K^+ + Na^+$		Ca^{++}		Mg^{++}		Cl^-		$SO_4^{=}$	
			毫克	毫克当量	毫克	毫克当量	毫克	毫克当量	毫克	毫克当量	毫克	毫克当量
报1-3	0.5	江报河口	/	/	217.03	10.83	66.15	5.44	67.37	1.90	8.64	
惠1-3	〃	东河 [illegible]	/	/	97.39	4.86	23.83	1.96	18.79	0.53	10.08	
浒1-3	〃	[illegible]	/	/	105.21	5.25	21.89	1.80	14.13	0.40	8.64	
L6-1 (1-2井)	4.7	南岸	/	/	154.11	7.69	60.56	4.98	33.68	0.95	36.01	
L6-井 (1-2井)	0.5	〃	/	/	209.62	10.46	50.95	4.19	29.78	0.83	13.44	
L5-1-2	4-5	南岸	/	/	66.33	3.31	30.52	2.51	58.15	1.64	27.37	
L5 [illegible] (1-2井)	0.5	〃	/	/	53.11	2.65	18.60	1.53	80.49	2.27	8.64	
L5 [illegible] (1-2井)	〃	〃	/	/	88.33	4.41	31.62	2.60	164.13	4.63	27.05	
浅9-1	28.0	南岸 [illegible]	/	/	101.60	5.07	23.23	1.91	65.60	1.85	75.39	
浅8	5.33	南岸	/	/	126.25	6.30	27.00	2.22	64.89	1.83	144.76	
浅3-1-2	2-2.5	南岸	/	/	89.35	4.46	14.96	1.23	29.08	0.82	23.05	
浅9-1-2	2.0	[illegible]	/	/	159.72	7.97	28.33	2.33	9.22	0.26	211.27	
浅4 [illegible] 1-2	0.5	南岸	/	/	37.68	1.88	12.65	1.04	71.63	2.02	37.93	
浅4-1	10-12	南岸	/	/	95.19	4.75	18.12	1.49	101.77	2.87	33.61	
浅11-1	4.54	南岸	/	/	142.89	7.13	39.76	3.27	7.80	0.22	106.67	
浅6 [illegible]	34.0	[illegible]	/	/	47.70	2.33	18.24	1.50	58.86	1.66	39.37	
浅6	〃	〃	/	/	47.09	2.35	18.73	1.54	58.86	1.66	40.31	
浅12	1.45	南岸	/	/	140.48	7.01	36.72	3.02	7.02	0.48	209.75	
L8-1-2	0.34	〃	/	/	134.47	6.71	37.94	3.12	8.51	0.24	148.37	
浅6-1	〃	南岸	/	/	17.84	0.89	9.00	0.74	8.51	0.24	18.73	

说明：根据一般土木建筑施工验收暂行技术规范判定，该[illegible]
水泥、砖石砌体、砼、钢筋砼、砖石砼没有[illegible]
侵蚀（仅供参考）

化学组

表

取样日期____年____月____日

分析日期____年____月____日

中		含		量			暂时硬度	固定硬度	PH	备注
HCO_3^-		$CO_3^=$		侵蚀CO_2	游离CO_2	总含铁量				
毫克	毫当量	毫克	毫当量	毫克	毫克	毫克				
.78	5.47	/	/	9.02	34.76	/	15.32		7.30	11月19日分析
.64	2.78	/	/	11.44	10.56	/	7.78		7.30	〃
.92	2.08	/	/	2.64	5.28	/	5.82		7.65	〃
.71	3.33	/	/	4.62	5.28	/	10.72		7.90	11月20日分析
.62	4.14	/	/	18.70	10.56	/	11.59		7.30	〃
.34	5.43	/	/	0.66	15.84	/	15.20		7.50	11月27日分析
.37	3.21	8.70	0.29	23.54	没有	/	9.80		8.40	〃
.86	4.57	15.90	0.53	6.16	没有	/	14.28		8.80	〃
.71	6.19	/	/	没有	34.76	/	17.33		7.20	〃
.58	0.37	/	/	没有	21.12	/	1.04		7.45	12月3日分析
.56	6.04	/	/	没有	42.68	/	16.91		7.30	〃
.94	7.39	/	/	没有	23.76	/	20.69		7.90	12月4日分析
.55	2.50	/	/	2.50	7.92	/	7.00		7.50	〃
.42	3.94	/	/	没有	21.12	/	11.03		7.25	〃
.56	9.76	/	/	没有	98.56	/	27.33		6.90	12月16日分析
.06	3.59	/	/	5.28	10.56	/	10.05		7.30	〃
.40	3.53	/	/	3.52	7.92	/	9.88		7.05	〃
.34	7.20	/	/	没有	89.32	/	20.16		6.85	12月13日分析
.00	8.62	/	/	1.32	80.08	/	24.14		6.95	〃
.75	2.11	/	/	29.26	34.76	/	5.91		6.65	〃

大中分对于波特兰水泥、火山灰波特兰和矿渣波特兰

作用，其中沙水样（L_6-北、L_5左侧、浅$_6$（2））侵蚀酸

、三、三.

填表者 王桂珍 审核者 魏林海 室主任 陈伯超

土壤实验报告初勘资料

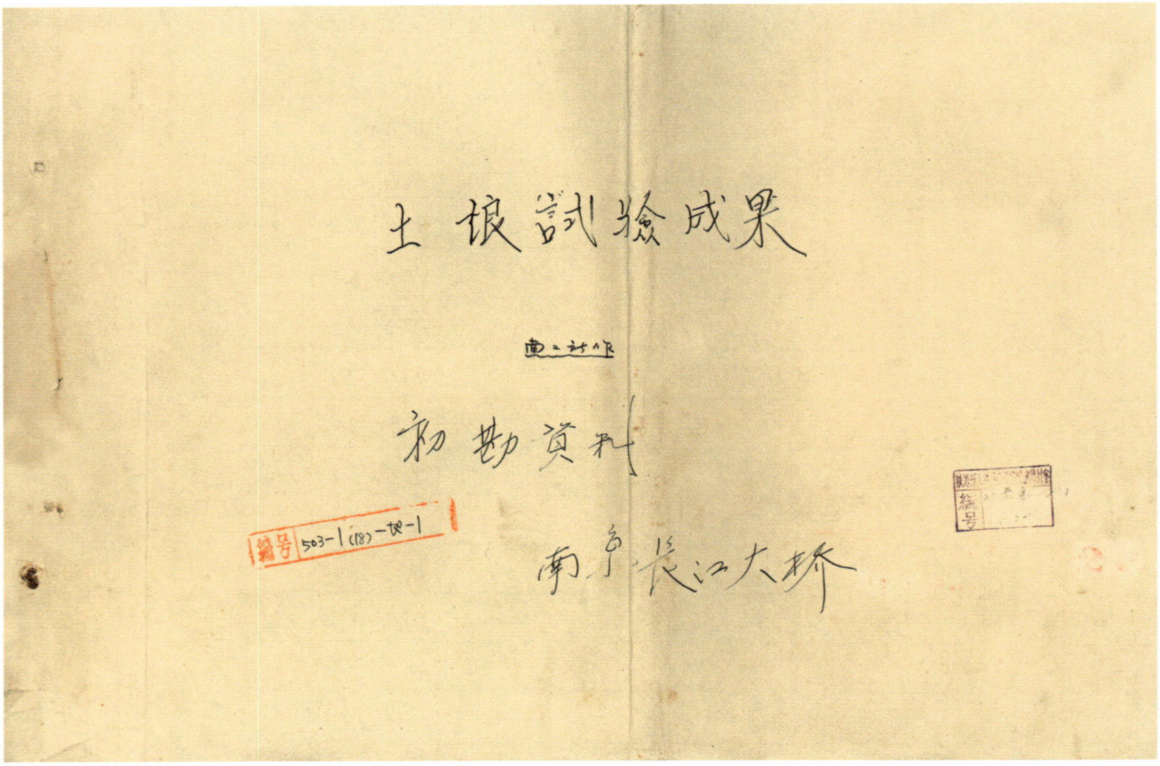

南京工学院土木工程系土工试验室　　　　第 1 页共 4 页

工程名称　南京長江大桥
工程编号　58－06

土分析总表

填表日期 1958年12月20日

土样编号	取土深度 地面以下（公尺）	绝对标高（公尺）	含水量 w %	湿容重 γ	干容重 γ_d	土粒比重 Δ_s	孔隙比 ε	饱和度 G	按变规的状态确定	流限 w_T %	塑限 w_n %	塑性指数 w_n %	压缩系数 a	凝聚力 c	内摩擦角 φ	垂直渗透系数 K_{10}	有机质含量 %	[illegible]	>20	20~10	10~2	2~0.5	0.5~0.25	0.25~0.1	0.1~0.05	0.05~0.002	<0.002	土类名称	计算强度 R
L[illegible]	4.18~4.51		43	1.77	1.23	2.733	1.222	96.0		33	21	12		~~[illegible]~~	~~[illegible]~~		3.96	[illegible]							4	82	14	[illegible]	
L3	20.02~26.44		32	1.85	1.40	2.717	0.94	92		30	20	10	0.033				2.40	[illegible]						4	46	39	11	~~粉土~~ 亚粘土	
L5-x	[illegible]		上43 下37	1.73 1.82	1.33	2.73	1.057	96		45	21	24	0.041	0.27	5°30′		4.84	[illegible]										粘土	
L5-x	[illegible]		34	1.85	1.38	2.761	1.001	94		42	20	22	0.025	0.29	15°04′		4.98	无										粘土	
L5-x	[illegible]		35	1.82	1.35	2.752	1.019	96		40	21	19		0.17*	1°*		3.93	[illegible]										粘土	
象-1	1.50		17	1.88	1.61	2.751	0.714	65		34	16	18	0.012	0.9	11°50′*													粘土	
象-2	1.50		18	1.97	1.67	2.749	0.646	77		35	16	19	0.008															粘土	
象-3	7.00		18	1.97	1.67	2.75	0.650	78		35	17	18																粘土	
象-4	7.50		18	1.97	1.67	2.763	0.654	78		34	17	17	0.022	1.23**	19°50′*													~~粉土~~ 亚粘土	
C10-16	34.20		16	2.11	1.82	2.718	0.526	85		36	20	16										4	10	6	33	32	15	~~粉土~~ 亚粘土	
L5-4	32.52~32.90		30	1.85	1.42	2.740	0.930	88		42	19	23	0.013	0.28**	20°45′**	（此样[illegible]）												粘土	
L5-4	32.52~32.90																4.69	无											

附註：* 係固结快剪成果　** 係固结慢剪成果

试验室负责人 [南京工学院土木工程系 土工試驗室 印] 张克恭　　校核 [illegible]　　填表 [illegible]

南京工学院土木工程系土工试验室　　　　第 2 页共 4 页

工程名称　南京長江大桥
工程编号　58－06

土分析总表

填表日期 1958年12月20日

土样编号	取土深度 地面以下（公尺）	绝对标高（公尺）	含水量 w %	湿容重 γ	干容重 γ_d	土粒比重 Δ_s	孔隙比 ε	饱和度 G	按变规的状态确定	流限 w_T %	塑限 w_n %	塑性指数 w_n %	压缩系数 a_{1-2}	凝聚力 c	内摩擦角 φ	垂直渗透系数 K_{10}	有机质含量 %	盐酸反应	>20	20~10	10~2	2~0.5	0.5~0.25	0.25~0.1	0.1~0.05	0.05~0.002	<0.002	土类名称	计算强度 R
岸T-1	[illegible]		31	1.92	1.47	2.725	0.853	99		35	21	14	0.041	0.36	26°36′**		4.74	强烈										亚粘土	
岸T-2	[illegible]		35	1.85	1.37	2.722	0.987	97		37	21	16	0.050	0.19	22°30′		2.40	〃										亚粘土	
岸T-3	[illegible]		36	1.84	1.35	2.707	1.006	98		/	/	/	*0.039	0.11	34°54′		2.59	弱											
岸T-4	[illegible]		44	1.85	1.28	2.729	1.134	100		38	21	17	0.085	0.23	17°12′		3.17*** (10.07)	强烈										淤泥土	

附註：* 塑性試验成果待补。
** 試验成果各点偏离较大，c,φ值恢参改。
*** 平行测定差值较大恢参改，最后成果待补。

试验室负责人 [南京工学院土木工程系 土工試驗室 印]　　校核 [illegible]　　填表 张克恭

南京工学院土木工程系土工试验室　　　　　　　　　　　　　　　　　　　　　　　　第 3 页共 4 页

工程名称　南京长江大桥
工程编号　58-06

土分析总表

填表日期1958年12月20日

土样编号	取土深度 自地面以下	绝对标高	含水量 W	容重 湿 γ	容重 干 $γ_d$	土粒比重 $Δ_s$	孔隙比 ε	饱和度 G	按天然状态的稠度	流限 W_T	塑限 W_n	塑性指数 W_n	压缩系数 a	抗剪强度（固结快剪）凝聚力 C	抗剪强度（固结快剪）内摩擦角 φ	垂直渗透系数 K_{10}	有机质含量	盐酸反应	卵碎石 >20	圆砾或角砾 20~10	圆砾或角砾 10~2	砂粒 粗 2~0.5	砂粒 中 0.5~0.25	砂粒 细 0.25~0.1	砂粒 极细 0.1~0.05	粉粒 0.05~0.002	粘粒 <0.002	土类名称	计标强度 R
	公尺	公尺	%	公分/公分³	公分/公分³					%	%	%	公分²/公斤	公斤/公分²	度	公分/秒	%		%	%	%	%	%	%	%	%	%		公斤/公分²
浅4-1	1.00-1.25		25	1.97	1.58	2.692	0.703	96		28	16	12	0.010	0.10	24°20′		2.4	无										亚粘土	
浅4-2	3.15-3.34		28	上2.0 下1.95	1.56 1.52	2.752	0.752 0.737	100 96		33	16	17	0.023	0.20	19°48′													〃	
浅4-3	3.80-4.10		26	2.03	1.61	2.732	0.698	100		31	16	15	0.015	~~0.35~~	~~17°30′~~													〃	
浅4-4	5.42-5.73		27	1.94	1.53	2.740	0.791	94		33	16	17	0.010	0.52	20°20′													〃	
浅4-5	7.24-7.57		27	1.97	1.55	2.734	0.764	97		33	18	15	0.010	0.18	24°12′													〃	
浅4-6	9.53-9.78		27	2.00	1.58	2.736	0.731	100		33	16	17	0.017	0.20	27°30′													〃	
浅4-7	12.30-12.55		28	2.00	1.56	2.737	0.753	100		35	19	16	0.018	0.55	17°45′													〃	
浅4-8	14.11-14.41		上29 下25	1.93 2.00	1.49 1.63	2.755	0.844 0.690	96 100		35	18	17	0.015	0.37	15°05′													〃	

→0.844

试验室负责人　南京工学院土木工程学系 土工試驗室（印）　张克恭　　　　校核　唐念慈　　　　填表　陈炳兴

南京工学院土木工程系土工试验室　　　　　　　　　　　　　　　　　　　　　　　　第 4 页共 4 页

工程名称　南京長江大桥
工程编号　58-06

土分析总表

填表日期1958年12月20日

土样编号	取土深度 自地面以下	绝对标高	含水量 W	容重 湿 γ	容重 干 $γ_d$	土粒比重 $Δ_s$	孔隙比 ε	饱和度 G	按天然状态的稠度	流限 W_T	塑限 W_n	塑性指数 W_n	压缩系数 a	抗剪强度（固结快剪）凝聚力 C	抗剪强度（固结快剪）内摩擦角 φ	垂直渗透系数 K_{10}	有机质含量	盐酸反应	卵碎石 >20	圆砾或角砾 20~10	圆砾或角砾 10~2	砂粒 粗 2~0.5	砂粒 中 0.5~0.25	砂粒 细 0.25~0.1	砂粒 极细 0.1~0.05	粉粒 0.05~0.002	粘粒 <0.002	土类名称	计标强度 R
	公尺	公尺	%	公分/公分³	公分/公分³					%	%	%	公分²/公斤	公斤/公分²	度	公分/秒	%		%	%	%	%	%	%	%	%	%		公斤/公分²
浅3-1	1.00-1.30		22	2.03	1.66	2.734	0.645	93		36	16	20	0.008	0.17	16°10′		2.74	无										粘土	
浅3-2	6.01-6.32		23	2.08	1.69	2.745	0.625	100		40	20	20	0.004	1.04	17°42′													粘土	
浅3-3	8.10-8.37		25	2.05	1.64	2.739	0.665	100		38	19	19	0.006	0.63	17°15′													粘土	
浅3-4	10.30-10.75		24	2.06	1.66	2.722	0.640	100		37	17	20	0.010	1.00	22°12′													粘土	
浅3-5	12.33-12.50		22	2.09	1.71	2.738	0.595	100		43	15	28	0.012	1.08	19°48′													粘土	
浅3-6	14.22-14.47		22	2.04	1.69	2.717	0.622	96		39	19	20	0.008	0.89	25°40′													粘土	
浅3-7	15.11-15.42		25	2.04	1.63	2.714	0.661	100		41	20	21	0.010	1.01	11°24′													粘土	
浅3-8	17.68-17.96		21	1.98	1.54	2.694	0.642	87		33	13	20	0.011	0.58	20°45′													粘土	
浅3-9	20.31-20.65		23	2.04	1.65	2.711	0.629	94		36	18	18	/	0.64	22°46′													粘土	

试验室负责人　南京工学院土木工程学系 土工試驗室（印）　张克恭　　　　校核　唐念慈　　　　填表　李瑞炎

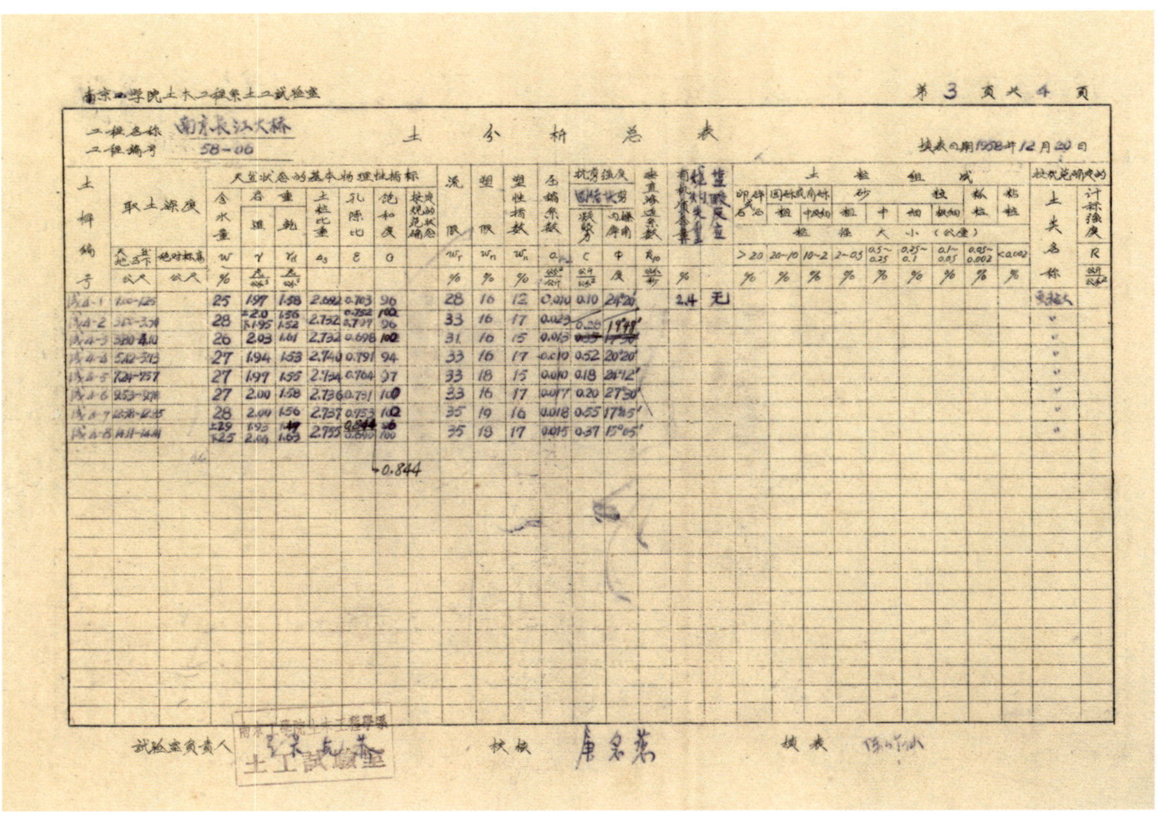

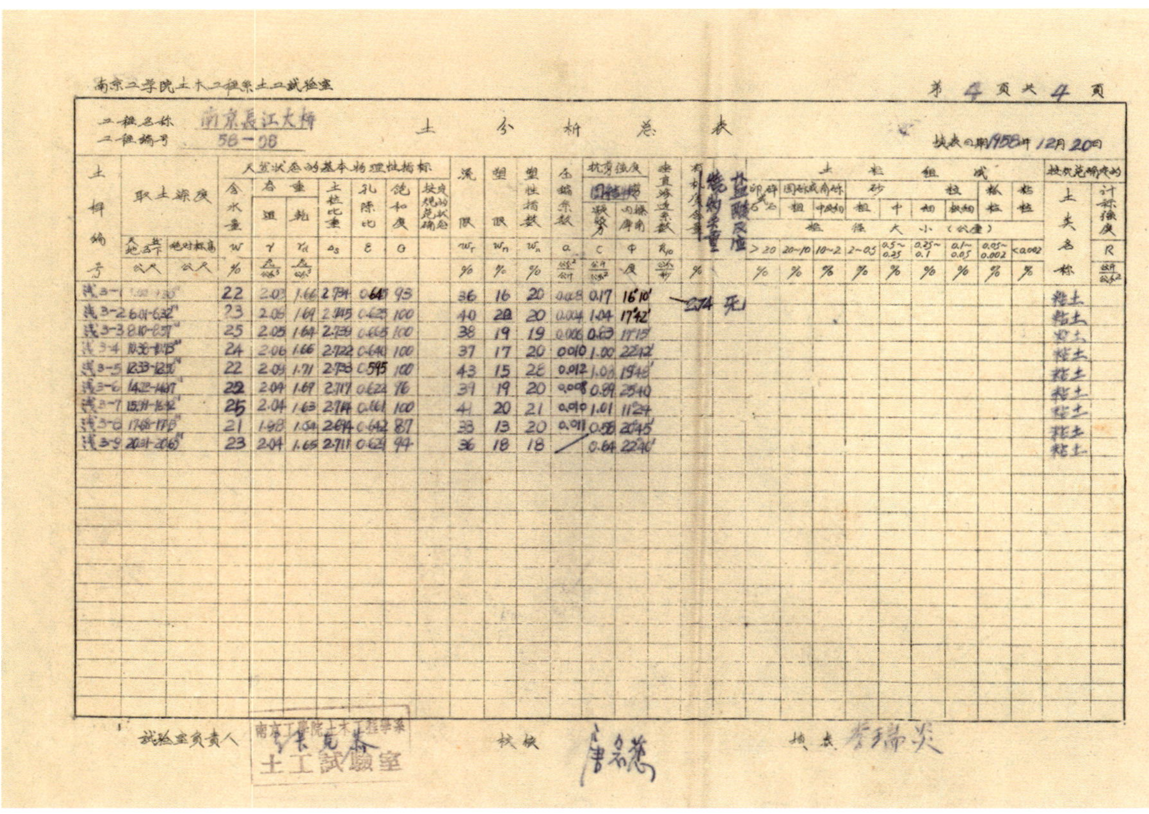

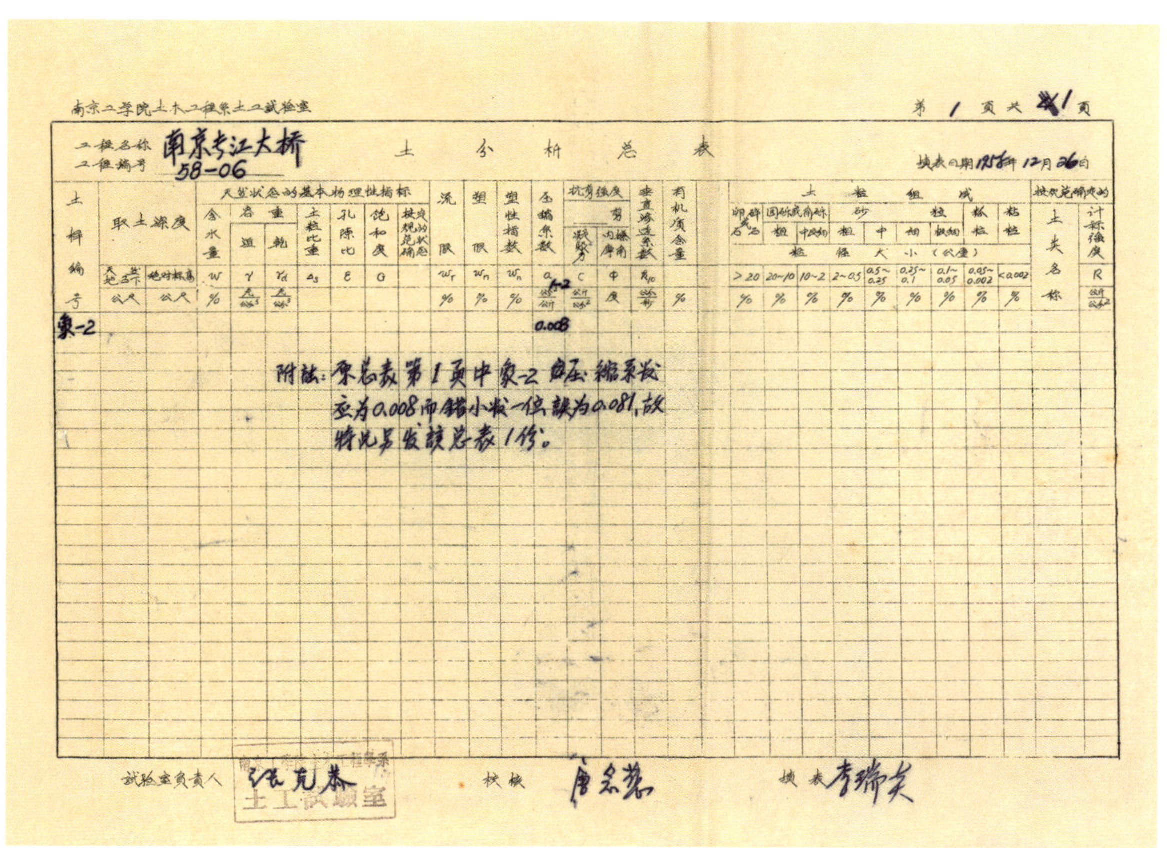

南京工学院土木工程系土工试验室

第 1 页 共 1 页

工程名称 南京长江大桥
工程编号 58-06

土分析总表

填表日期 1958年12月26日

土样编号	取土深度 天然地面下 (公尺)	取土深度 绝对标高 (公尺)	含水量 w (%)	容重 湿 γ	容重 干 γd	土粒比重 Δs	孔隙比 ε	饱和度 G	按负荷的无侧限抗...	流限 W_r (%)	塑限 W_n (%)	塑性指数 W_n (%)	压缩系数 a	抗剪强度 粘聚力 c	抗剪强度 内摩擦角 φ (度)	垂直渗透系数 K_{10}	有机质含量 (%)	>20 (%)	20~10 (%)	10~2 (%)	2~0.5 (%)	0.5~0.25 (%)	0.25~0.1 (%)	0.1~0.05 (%)	0.05~0.005 (%)	<0.005 (%)	土类名称	计标强度 R
象-2													0.008															

附注：原总表第1页中象-2的压缩系数应为0.008而错小数一位误为0.081，故特此另发该总表1份。

试验室负责人 张克恭　校核 唐念慈　填表 李瑞英

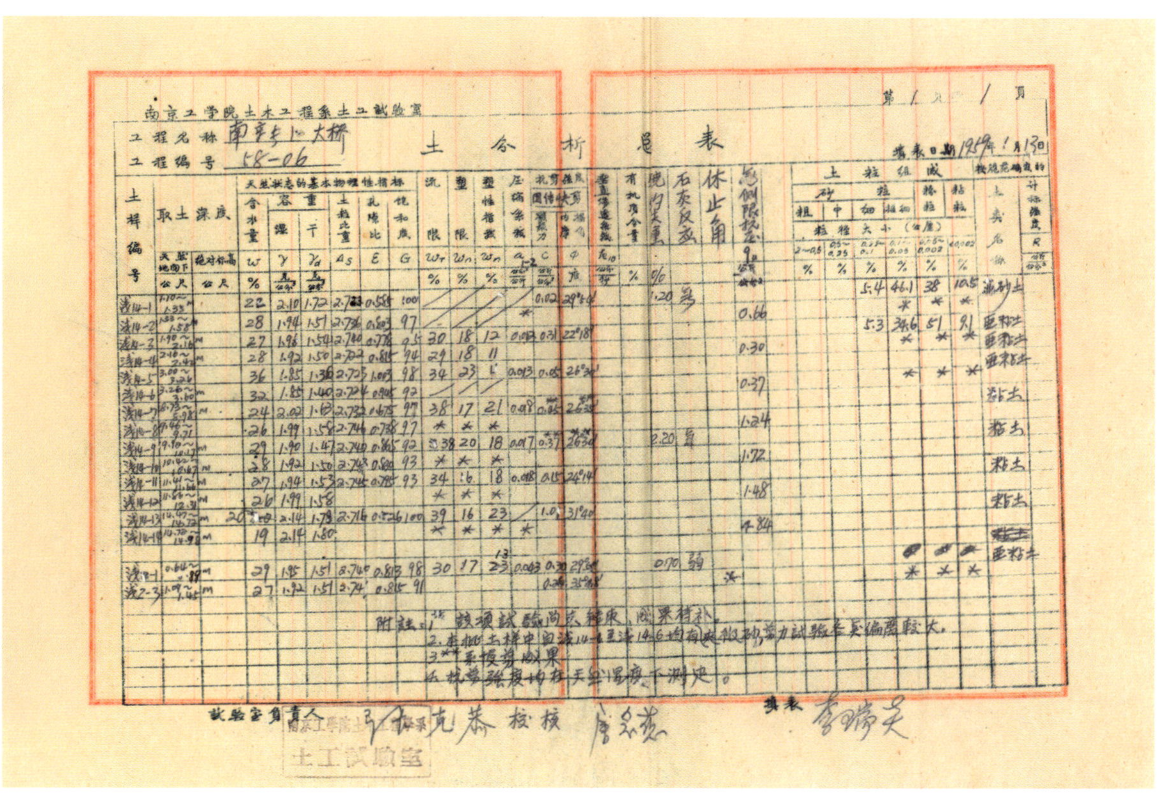

南京工学院土木工程系 土工试验室

南京工学院土木工程系土工试验室

第 1 页 共 1 页

工程名称 南京长江大桥
工程编号 58-06

土分析总表

填表日期 1959年1月13日

土样编号	取土深度 天然地面下 (公尺)	绝对标高 (公尺)	含水量 w (%)	容重 湿 γ	容重 干 γd	土粒比重 Δs	孔隙比 ε	饱和度 G	流限 W_r (%)	塑限 W_n (%)	塑性指数 W_n (%)	压缩系数 a	抗剪强度 粘聚力 c	抗剪强度 内摩擦角 φ (度)	垂直渗透系数 K_{10}	有机质含量 (%)	烧灼失重 (%)	石灰反应	休止角	侧限抗压 q_u	粗 2~0.5 (%)	中 0.5~0.25 (%)	细 0.25~0.1 (%)	极细 0.1~0.05 (%)	粉粒 0.05~0.005 (%)	粘粒 <0.005 (%)	土类名称	计标强度 R
浅14-1	1.10~1.35 m		22	2.10	1.72	2.723	0.585	100	/	/	/	/	0.02	29°56′			1.20	弱					5.4	46.1	38	10.5	亚砂土	
浅14-2	1.33~1.58 m		28	1.94	1.57	2.736	0.803	97	/	/	/	*								0.66				*	*	*		
浅14-3	1.90~2.16 m		27	1.96	1.54	2.740	0.778	95	30	18	12	0.012	0.31	22°18′									5.3	34.6	51	9.1	亚粘土	
浅14-4	2.10~2.42 m		28	1.92	1.50	2.722	0.815	94	29	18	11									0.30				*	*	*	亚粘土	
浅14-5	3.00~3.26		36	1.85	1.36	2.725	1.003	98	34	23	11	0.013	0.05	26°30′													亚粘土	
浅14-6	3.26~3.60 m		32	1.85	1.40	2.724	0.945	92	/	/	/									0.37				*	*	*		
浅14-7	5.73~5.98 m		24	2.02	1.63	2.732	0.675	97	38	17	21	0.08	0.05	26°35′													粘土	
浅14-8	9.46~9.71		26	1.99	1.58	2.746	0.738	97	*	*	*									1.24								
浅14-9	9.90~10.17 m		29	1.90	1.47	2.740	0.865	92	38	20	18	0.017	0.37	26°30′			2.20	弱									粘土	
浅14-10	10.42~10.67 m		28	1.92	1.50	2.743	0.830	93	*	*	*									1.72								
浅14-11	11.41~11.66 m		27	1.94	1.53	2.745	0.795	93	34	16	18	0.018	0.15	24°14′													粘土	
浅14-12	11.56~12.31 m		26	1.99	1.58				*	*	*									1.48								
浅14-13	14.47~14.72 m		20	2.14	1.78	2.716	0.526	100	39	16	23	/	1.0	31°40′													粘土	
浅14-14	14.70~14.98 m		19	2.14	1.80				*	*	*	*								4.84							~~粘土~~	
浅2-1	0.64~0.89 m		29	1.95	1.51	2.740	0.813	98	30	17	13	0.043	0.30	29°36′			0.70	弱						[illegible]	[illegible]	[illegible]	亚粘土	
浅2-3	1.09~1.45 m		27	1.92	1.51	2.74	0.815	91					0.24	35°48′						*				*	*	*		

附注：1.* 该项试验尚未结束，成果待补。
2. 本批土样中自浅14-1至浅14-6均有很细的粘土夹层，故剪力试验结果偏差较大。
3.** 系换算成果
4. 抗剪强度均在天然湿度下测定。

试验室负责人 张克恭　校核 唐念慈　填表 李瑞英

南京工学院土木工程系 土工试验室

南京工学院土木工程系土工試驗室

工程名称 南京長江大橋

工程编号 58-06

土分析总表

第1頁共1頁

填表日期1959年1月13日

土样编号	取土深度 天然地面下 公尺	绝对标高 公尺	含水量 w %	容重 湿 γ 克/公分³	容重 干 γd 克/公分³	土粒比重 Δs	孔隙比 ε	饱和度 G	流限 wT %	塑限 wn %	塑性指数 wn %	压缩系数 a1-2 公分²/公斤	抗剪强度 凝聚力 c 公斤/公分²	抗剪强度 内摩擦角 φ 度	垂直渗透系数 k10 公分/秒	有机物含量（烧灼失重） %	石灰反应	砂粒 粗 2~0.5 %	砂粒 中 0.5~0.25 %	砂粒 细 0.25~0.1 %	砂粒 极细 0.1~0.05 %	粉粒 0.05~0.002 %	粘粒 <0.002 %	土类名称	计算强度 R 公斤/公分²
下關系Q 1			20	2.00	1.67	2.736	0.635	86	36	18	18	0.012	0.60	22°45′		3.22	弱				20.8	57.0	22.2	粘土	
〃〃2			20	2.00	1.67		0.635	86					0.52	22°45′*											
〃〃3			20	1.92	1.60	2.731	0.705	78	33	17	16	0.012	0.46	22°12′		2.99	無				21.5	60.4	18.1	亚粘土	
〃〃4			20	1.95	1.63		0.678	81					0.45	21°45′*											
〃〃5			26	1.86	1.48	2.736	0.848	84	33	18	15	/	0.42	12°24′		2.5?	弱				7.8	68.9	23.3	亚粘土	
〃〃6			26	1.78	1.41		0.940	76				/	0.45	15°30′**											
〃〃7			27	1.85	1.46	2.740	0.875	84	32	19	13	0.018	0.46	14°00′		2.57	無				21.5	63.8	14.7	亚粘土	
〃〃8			25	1.87	1.50		0.823	83					0.49	17°10′**											

附註：*均系快剪成果。

**各点偏高较大，成果供参考。

試驗室負責人 張克恭　校核 唐念慈　填表 李瑞炎

南京工学院土木工程系土工試驗室

第1頁共3頁

南京工学院土木工程系土工試驗室

工程名称 南京長江大橋

工程编号 58-06

土分析总表

填表日期1959年1月26日

土样编号	取土深度 天然地面下 公尺	绝对标高 公尺	含水量 w %	容重 湿 γ 克/公分³	容重 干 γd 克/公分³	土粒比重 Δs	孔隙比 ε	饱和度 G	流限 wT %	塑限 wn %	塑性指数 wn %	压缩系数 a1-2 公分²/公斤	抗剪强度 凝聚力 c 公斤/公分²	抗剪强度 内摩擦角 φ 度	垂直渗透系数 k10 公分/秒	有机物含量 %	无侧限抗压强度 qu 公斤/公分²	休止角 ψ 度	砂粒 粗 2~0.5 %	砂粒 中 0.5~0.25 %	砂粒 细 0.25~0.1 %	砂粒 极细 0.1~0.05 %	粉粒 0.05~0.002 %	粘粒 <0.002 %	土类名称	计算强度 R 公斤/公分²
浅14-2	1.33~1.58											0.017										43.0	53.0	4.0		
〃-4	2.16~2.42																			0.3	21.5	29.7	39.5	9.0		
〃-6	3.36~3.60																			0.3	36.5	30.2	29.0	4.0		
〃-10	10.42~10.67									35	18	17														
〃-14	14.72~14.98									39	17	22	0.011													
浅2-2	0.84~1.09		25	1.95	1.56	2.75	0.761	90									0.48									
〃-3	1.00~1.45																	43°		1.4	40.2	36.6	20.1	1.7		

附註：本批成果（系补充）1959年1月13日所提供的浅14孔1~14号及浅2孔1~3号土样分析总表。

总队

試驗室負責人 張克恭　校核 唐念慈　填表 張鉄城

南京工学院土木工程系土工試驗室

南京工学院土木工程系土工试验室

第2页共3页

工程名称 南京长江大桥　　土分析总表

工程编号 58-06　　填表日期1959年元月5日

土样编号	取土深度 天然地面下 公尺	绝对标高 公尺	含水量 W %	容重 湿 γ	容重 干 γ_d	土粒比重 Δ_s	孔隙比 ε	饱和度 G	流限 W_T %	塑限 W_n %	塑性指数 W_n %	压缩系数 a	抗剪强度 凝聚力 C	抗剪强度 内摩擦角 φ	垂直渗透系数 k_{10}	有机质含量 %	石灰反应	无侧限抗压强度	灵敏度 K		土粒组成 粗 2~0.5 %	中 0.5~0.25 %	细 0.25~0.1 %	极细 0.1~0.05 %	粉粒 0.05~0.002 %	粘粒 <0.002 %	土类名称	计算强度 R
钻2-1-1	1.50~1.80		42	1.80	1.27	2.71	1.135	100	44	22	22	/	0.13	10°30′		4.46	强烈										粘土	
〃-1-2	1.80~2.10		43	1.78	1.26	2.72	1.190	100	42	24	18				2.800⁻⁷	/	/	0.61	3.0								粘土	
〃-2-1	3.60~3.90		*																									
〃-2-2	3.90~4.20		*																									
〃-2-3	4.20~4.50		*																									
〃-3-1	6.40~6.70		36 / 41	1.81	1.33 / 1.28	2.72	1.045 / 1.125	94 / 100	33	20	13	0.070	0.011	9°10′		4.00	强烈										淤泥	
〃-3-2	6.70~7.00		44	1.73	1.20	2.72	1.268	100	+ /	+ /	+ /				1.700⁻⁷	/	/	0.31	3.4								+ /	
〃-3-3	7.30~7.60		44	1.76	1.22	2.72	1.225	100	40	21	19	0.075	0.013	7°46′		3.83	强烈										粘土	
〃-3-4	7.60~7.90		38	1.79	1.30	2.72	1.090	95	35	20	15				/	/	/	0.41	4.8								淤泥	
〃-4-1	7.90~8.20		40	1.75	1.24	2.72	1.175	93	36	20	16	0.030	0.012	6°46′		4.01	强烈										〃	
〃-4-2	8.20~8.50		40	1.80	1.30	2.72	1.090	100	39	25	14				2.300⁻⁷	/	/	0.20	2.5								〃	
〃-4-3	9.30~9.74		*																									
〃-4-4	9.74~10.14		*																									
〃-5-1	10.14~10.44		*																									
〃-5-2	10.44~10.74		41	1.82	1.29	2.71	1.100	100	40	25	15	/	0.18	16°30′		5.20	强烈										淤泥	
〃-5-3	10.74~11.04		40	1.78	1.27	2.71	1.130	96	44	24	20				4.600⁻⁷	/	/	0.35	2.6								粘土	

附注：1.* 三轴固结排水试验尚未进行(含水率等[illegible])成果材料。
2.+ 试验[illegible]成果材料。
3.• 灵敏度[illegible]塑土[illegible](0~20%)[illegible]

试验室负责人 张克恭　　校核 唐宗尧　　填表 [illegible]

南京工学院土木工程系土工试验室

第3页共3页

工程名称 南京长江大桥　　土分析总表

工程编号 58-06　　填表日期1959年元月21日

土样编号	取土深度 天然地面下 公尺	绝对标高 公尺	含水量 W %	容重 湿 γ	容重 干 γ_d	土粒比重 Δ_s	孔隙比 ε	饱和度 G	流限 W_T %	塑限 W_n %	塑性指数 W_n %	压缩系数 a	抗剪强度 凝聚力 C	抗剪强度 内摩擦角 φ	垂直渗透系数 k_{10}	有机质含量 %	石灰反应	无侧限抗压强度	灵敏度 K	水平渗透系数	土粒组成 粗 2~0.5 %	中 0.5~0.25 %	细 0.25~0.1 %	极细 0.1~0.05 %	粉粒 0.05~0.002 %	粘粒 <0.002 %	土类名称	计算强度 R
钻3-1	1.50~1.80		38	1.78	1.29	2.73	1.120	92	40	21	19	0.108	0.018	25°30′		3.60	强烈	~~0.82~~	~~3.6~~								粘土	
〃2	1.80~2.10		42	1.80	1.27	2.72	1.140	100	36	24	12							0.82	3.6	1.800⁻⁷							淤泥	
〃3	2.10~2.40		47	1.70	1.16	2.71	1.340	95	40	23	17	0.094	0.012	9°30′		5.30	强烈										淤泥	
〃4	2.40~2.70		44	1.76	1.22	2.72	1.230	97	33	23	10				3.400⁻⁷	1.50	强烈	0.28	3.1								淤泥	
〃5	2.70~3.30		*																									
〃6	3.30~		*																									
〃7			*																									
〃8	~5.20		*																									

附注：1.* 试验尚未进行成果材料。
2.• 灵敏度[illegible]塑土[illegible](0~20%)[illegible]

试验室负责人 张克恭　　校核 唐宗尧　　填表 [illegible]

编号

土工试验室：南京工学院土木工程系土工试验室

工程名称：南京长江大桥

工程编号 58－06

土样编号	取土深度 公尺	天然状态的基本物理性状数 含水量 %	容重 湿	容重 干	比重	孔隙比	饱和度 %	流限 %	塑限 %	塑性指数 %	压缩系数
浅29-1	3.60—3.90	43	1.81	1.26	2.72	1.15	100	41	21	20	0.041
〃2-2	3.90—4.20	44	1.74	1.21	2.72	1.35	96	46	32	14	
〃2-3	4.20—4.50										
浅29-2	6.70—7.00							43	25	18	
〃4-3	9.30—9.74	48	1.71	1.15	2.72	1.34	97	42	29	13	0.066
〃4-4	9.74—10.14	42	1.29	1.26	2.72	1.16	99	46	32	14	
〃-5	10.14—10.44				2.72			41	28	13	
浅35-5	3.00—3.30	36	1.84	1.35	2.73	1.02	98	40	23	17	0.015
〃-6	3.30—3.65	44	1.80	1.25	2.73	1.18	100	41	27	14	
〃-7	3.65—4.00				2.72			40	26	14	
〃-8	4.90—5.20	44	1.75	1.20	2.73	1.28	94	32	19	13	
浅2-2	0.89—1.09							31	18	13	
〃-3	1.09—1.45				2.73						

试验室主任 张克恭　　　　校核

(18)一地一2

06

第1页共1页

送来日期 年 月 日

[illegible]	[illegible]	[illegible]	[illegible]	[illegible]	土粒组成：砂粒 粗	砂粒 中	砂粒 细	砂粒 极细	粉粒	黏粒	按规范确定的 土壤名称	计算强度（公斤/公分²）
											粘土	
…10^{-4}											亚粘土	
		有										
											粘土	
	3.40	有									淤泥	
…$\times10^{-?}$											亚粘土	
3.75×10^{-6}												
	2.47	有									粘土	
…$\times10^{-5}$											淤泥	
			0.246	5.0								
…$\times10^{-6}$	1.39	有	0.255	4.4							淤泥	

填表 武克为

…（签名残）

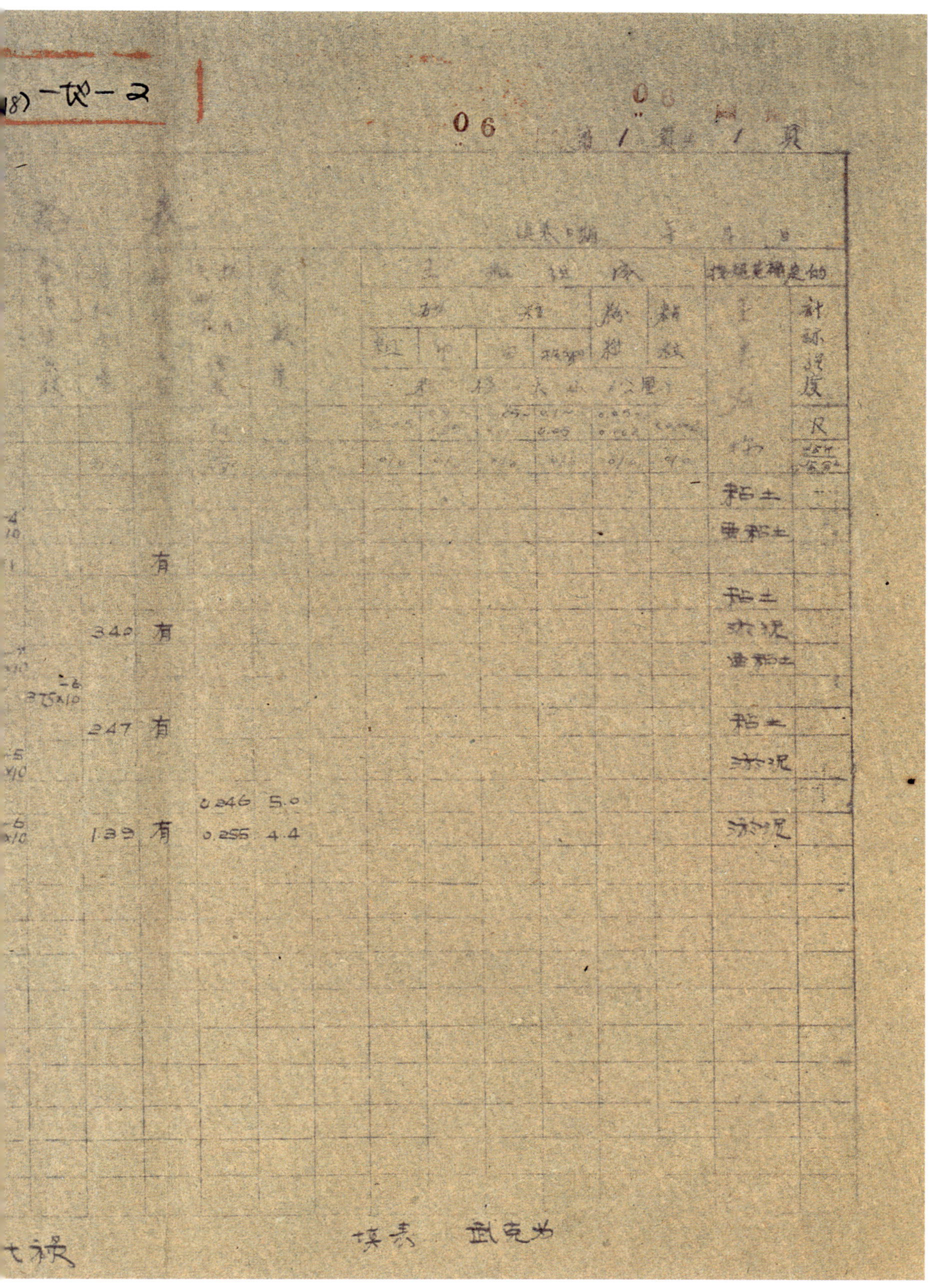

南京市城

土壤

工程名称 南京長江大桥

土樣號數	鑽孔編號	取土深度（公尺）自	取土深度（公尺）至	物理：天然含水量 W%	容重：自然狀態 γ	容重：乾燥狀態 γH	比重（假定值）δo	飽和度 G%	孔隙率 n%	自然孔隙比 e	阿提羅別：液限 WT
40-1	第40孔	2.0	2.3	43.5	1.76	1.23	2.70	98	54.6	1.20	41.1
40-2	〃	2.3	2.6	35.2	1.81	1.33	〃	94	50.7	1.03	28.6
40-5	〃	7.5	8.5	25.6	1.98	1.58	2.68	98	41.2	0.70	30.9
40-7	〃	9.7	10.2	43.9	1.75	1.22	2.70	97	54.9	1.22	41.2
40-8	〃	11.5	12.0	44.7	1.74	1.20	〃	97	55.4	1.24	37.7
40-9	〃	14.0	14.5	23.8	1.91	1.56	〃	87	42.4	0.74	28.0
40-10	〃	15.5	16.0	31.1	1.84	1.40	2.68	92	47.7	0.91	30.2
40-11	〃	17.5	18.0	39.4	1.79	1.28	2.70	97	52.4	1.10	40.3
40-14	〃	25.5	26.0	37.9	1.79	1.30	〃	95	51.9	1.08	37.7
40-15	〃	27.0	27.5	30.4	1.81	1.39	2.68	88	48.2	0.93	26.3
40-16	〃	31.5	32.0	38.7	1.77	1.28	2.70	94	52.7	1.12	37.8
45-1	第45孔	2.0	2.5	35.0	1.84	1.36	2.70	96	49.5	0.98	36.4
45-2	〃	4.0	4.5	41.7	1.80	1.27	〃	100	52.9	1.13	34.4
45-3	〃	6.0	6.5	26.6	1.97	1.56	〃	98	42.4	0.74	30.2
45-4	〃	8.5	9.0	22.1	1.87	1.53	〃	78	43.3	0.76	36.7
45-6	〃	10.0	10.5	18.2	2.07	1.75	〃	91	35.1	0.54	30.2
47-1	第47孔	2.0	2.5	26.5	1.92	1.52	2.70	92	43.8	0.78	33.0
47-2	〃	4.0	4.5	25.7	1.89	1.50	2.68	88	43.8	0.78	29.7
47-3	〃	5.5	6.0	24.8	1.90	1.52	2.68	87	43.2	0.76	30.5
47-4	〃	8.0	8.5	20.7	2.04	1.69	2.70	94	37.4	0.60	35.7
47-5	〃	9.5	10.0	20.5	2.02	1.68	〃	91	37.9	0.61	37.6
47-6	〃	11.5	12.0	22.0	2.04	1.67	〃	97	38.0	0.62	36.2
47-7	〃	13.5	14.0	20.4	2.04	1.69	2.72	92	37.7	0.61	36.4

試驗室＿＿＿＿＿＿　　　　校核 文

設局試驗室

合同編號……………

報告

試驗編號……………

報告日期 59.5.26

性				質						土壤依据联工业和天然建筑物设计标准及技术规范«НИТУ 127—55»确定之耐压力基本值 Kg/cm²	備註
稠度 B	狀態	土壤名称	内摩擦角 φ	内聚力 (Kg/cm²) C	1~3kg/cm² 之压缩系数 cm²/kg	压縮性	有機含量 %				
1.16	流动	亚粘土								查不出	内摩擦角φ是用固结快剪方法剪切的，固结時间不小于16小時。
1.70	〃	〃								〃	
-0.66	坚硬	亚砂土	41°	0.13	0.013	中				2.50	
0.92	可塑	亚粘土								查不出	
1.50	流动	〃	32°	0.07	0.067	中				〃	
0.43	坚硬	〃			0.018	中				2.43	
1.17	流动	亚砂土								查不出	
0.94	可塑	亚粘土	26°	0.09	0.050	中				〃	
1.01	流动	〃								〃	
1.71	〃	亚砂土	35°	0.08	0.021	中				〃	
1.07	〃	亚粘土			0.047	中				〃	
0.90	可塑	亚粘土								1.05	
2.56	流动	〃								查不出	
0.74	可塑	〃	16°	0.18	0.029	中				1.69	
0.05	坚硬	〃			0.013	中				2.40	
0.14	〃	〃	31°	0.63	0.014	中				2.90	
0.59	可塑	亚粘土								1.59	
0.53	〃	〃			0.014	中				1.59	
-0.78	坚硬	亚砂土	39°	0.08						查不出	
0.09	〃	亚粘土								2.75	
-0.10	〃	〃			0.014	中				2.72	
0.07	〃	〃								2.70	
0.08	〃	粘土	19°	1.18	0.009	低				4.90	

填表 王書华

南京市城

土壤

工程名称：南京長江大桥

土樣號數	鑽孔編號	取土深度（公尺）自	取土深度（公尺）至	物理							
				天然含水量 W%	容重 自然狀態 γ	容重 乾燥狀態 γH	比重（假定值）γ0	飽和度 G%	孔隙率 n%	自然孔隙比 e	阿提別…… 液限 WT
52-1	第12孔	1.5	2.0	24.2	1.96	1.58	2.70	92	41.6	0.71	27.3
52-2	〃	3.5	4.0	27.0	1.92	1.51	〃	93	44.0	0.79	39.4
52-3	〃	5.5	6.0	24.1	1.98	1.59	〃	94	41.0	0.69	31.4
52-4	〃	7.5	8.0	23.7	2.02	1.63	〃	98	39.5	0.65	33.7
52-5	〃	9.5	10.0	22.7	1.98	1.61	〃	91	40.3	0.67	33.6
52-6	〃	11.5	12.0	22.2	2.03	1.66	〃	96	38.5	0.63	31.1
52-7	〃	13.5	14.0	22.0	2.02	1.66	〃	94	38.6	0.63	30.5
52-8	〃	15.5	16.0	23.0	1.98	1.61	〃	92	40.4	0.68	31.4
52-9	〃	17.5	18.0	24.8	1.99	1.59	〃	96	41.0	0.69	28.4

試驗室＿＿＿＿＿＿　　校核

設局試驗室

驗報告

合同編號……………

試驗編號……………

報告日期 59.5.26

性					質						
稠度 B	狀態	土壤名称	内摩擦角 φ	内聚力 (kg/cm²) C	1~3kg/cm²之压缩系数 cm²/kg	压縮性	有機含量 %			土壤依苏联房屋和工业础築物天然地基設計标准及技术规範«НИТУ 127—55»確定之耐压力基本值 Kg/cm²	備註
0.77	可塑	亚粘土								1.77	内摩擦角是用固结快剪方法剪切的，固结时间不小于16小时。
0.22	坚硬	〃			0.022	中				2.35	
0.51	可塑	〃	22°	0.27	0.019	〃				1.83	
0.36	〃	〃								1.97	
0.30	〃	〃			0.018	中				1.90	
0.39	〃	〃			0.012	〃				2.04	
0.40	〃	〃								2.04	
0.43	〃	〃			0.020	中				1.87	
0.73	〃	〃			0.020	〃				1.83	

填表 王香华

土壤分析统计表

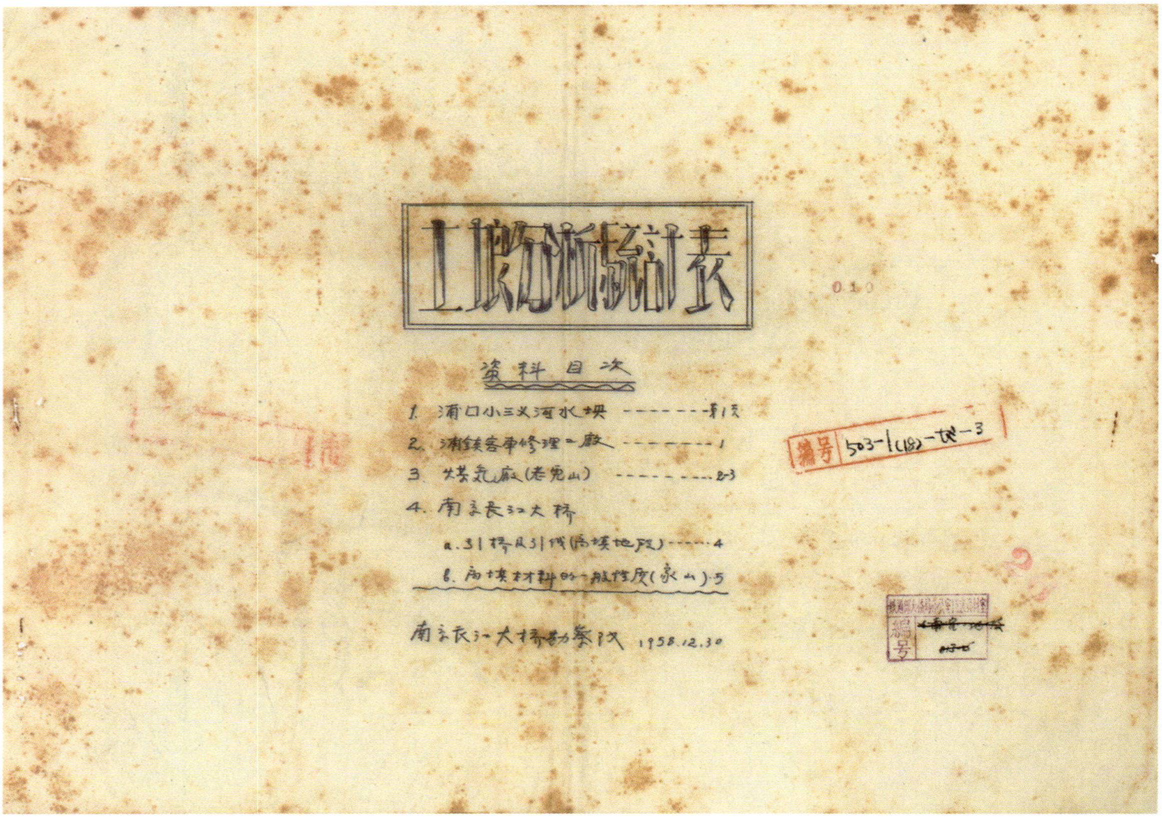

土壤分析统计表

010

资料目次

1. 浦口小三汊河水坝 ---------- 第1页
2. 浦铁客车修理工厂 ---------- 1
3. 煤气厂(老虎山) ---------- 2-3
4. 南京长江大桥
   a. 引桥及引线(南岸地段) ------ 4
   b. 南岸材料的一般性质(象山) ·5

南京长江大桥勘察队 1958.12.30

编号 503-1(18)-长-3

工程名称：

土分析综合表

填表日期 58年12月29日

土样编号	钻孔编号	取土深度 自	取土深度 至	天然状态的基本物理性质指标 含水量	容重 湿	容重 干	比重	孔隙比	孔隙率	饱和度	塑性限度 液限	塑限	塑性指数	稠度	状态	土样名称	力学性质指标 内摩擦角	凝聚力	压缩系数	压缩性	休止角		有机质含量	标准规范确定的耐压强度	备注
		公尺		W	γ	γ	Δ	ε	n	G	W_T	W_P	W_n	B			φ	C	a					R	
		自	至	%	吨/米³	吨/米³			%		%	%	%				度	公斤/厘米²	厘米²/公斤		度		%	公斤/厘米²	
浦口小三义河水坝																									
试验次数	数值	35																							
14	最大值	1.0	8.5	54.4	1.85			1.23		100	36.3	25.2	17.8	3.62	流动	砂粘	3°		0.053	中					
	最小值			33.21	1.76			0.97		92	30.8	20.2	8.1	0.91		〃			0.044	〃					
	平均值			46.5	1.80		2.70	1.11		96	31.8	21.5	12.0	1.59		〃	3°	0	0.049	〃					
浦镇客车修理工厂																									
试验次数	数值	0	3.5																						
	最大值	0	3.5	46.8	2.02		2.75	1.31		100	52.9	27.2	20.7			人工填土—砂粘土	11°	0.30							
	最小值			26.7	1.75		2.68	0.71		92	30.1	18.2	11.1				10°	0.22							
16	平均值			31.2	1.88		2.70	0.92		96	33.8	21.6	15.6				10°30′	0.26	〈力学试验作两个〉						
	最大值	3.0	8.5	46.3	1.99		2.72	1.38		100	32.3	24.7	17.4		流动	砂粘土	35°	0.52	0.055	〈仅有一个特大值 a=1.040〉					
	最小值			25.0	1.72		2.69	0.78		89	27.2	17.7	11.4				6°	0.08	0.028						
20	平均值			38.1	1.76		2.70	1.11		75	34.8	22.1	12.4				17°42′	0.25	0.06						

试验室：　　　　校核　　　　填表　　　　抄录

工程名称：煤气厂

土分析综合表

填表日期 58年12月29日

土样编号	钻孔编号	取土深度 自	取土深度 至	天然状态的基本物理性质指标 含水量	容重 湿	容重 干	比重	孔隙比	孔隙率	饱和度	塑性限度 液限	塑限	塑性指数	稠度	状态	土样名称	力学性质指标 内摩擦角	凝聚力	压缩系数	压缩性	休止角		有机质含量	标准规范确定的耐压强度	备注
		公尺		W	γ	γ	Δ	ε	n	G	W_T	W_P	W_n	B			φ	C	a					R	
层号		自	至	%	吨/米³	吨/米³			%		%	%	%				度	公斤/厘米²	厘米²/公斤		度		%	公斤/厘米²	
	钻1			15.2 18.6	2.12 2.20		2.70	0.51 0.62		99			14.3 15.2	0.06 0.12		砂粘			0.017	中				3.0	
1	钻4	1.0	3.00	22.8	2.04		2.70	0.62		99			15.4	0.42		〃			0.009					2.1	本地段工厂资料采考上表
2		3.0	4.70	33.2	1.9		2.70	0.62					8.6	1.06		粘砂	29°	0.07	0.024	中					
3		4.70	7.0	33.1	1.88		〃	0.88					12.6	0.94		砂粘								1.9	
1	钻7	1.0	2.30	25.7	1.94		〃	0.75		93			15.7	0.64		〃								1.7	
2		2.30	4.50	33.1– 33.8	1.84 1.87		2.68 2.70	0.92 0.95		96			2.8 9.9	1.59 4.76		粘砂									
3		4.50	7.0	39.4	1.8		2.7	1.05					11.5	1.51											
	钻2			21.3	2.01		2.70	0.50		79			15.2– 16.0	0.30		砂粘			0.013	中				2.2–3.0	
〈1〉	钻5	1.0	2.5	32.1	1.89		2.72	0.90		97			17.3	0.85		粘土			0.029	中				1.7	
2		2.5	4.10	28.0	1.92		2.68	0.79		96			2.8	2.65	流动	粘砂土	34°	0.05	0.009	低					
3		4.10	6.0	21.2	2.08		2.71	0.58		100			11.7	0.04	坚硬	砂粘土			0.006	〃				2.8	
4		5.0	7.0	21.4	2.01		1.65	0.63					15.4		可塑	〃			0.005	〃				2.~2.3	
1	钻8	0	2	28.6	1.94		2.70	0.79		80			10.6	1.0		砂粘								1.6	
2		2	4.5	33.5	1.80		2.68	0.92		87			2.8	4.01		粘砂土									
3		4.5	7.0	37.1 47.8	1.74 1.79		2.70	1.07– 1.29		100			19.6 15.8	1.50		砂粘土									

试验室：　　　　校核　　　　填表　　　　抄录

工程名称：煤气厂

土分析综合表

填表日期 58年12月29日 No 2

土样编号	钻孔编号	取土深度		含水量	容重 湿	容重 干	比重	孔隙比	孔隙率	饱和度	液限	塑限	塑性指数	稠度	状态	土样名称	内摩擦角	凝聚力	压缩系数	压缩性	休止角		有机质含量	容许承载力	备注
		公尺		w	γ	γd	Δ	ε	n	G	W_T	W_n	W_n	B			φ	C						R	
层号		自	至	%	克/公分³	克/公分³			%		%	%	%				度	公斤/公分²	公分²/公斤		度		%	公斤/公分²	
<1>	拔3	0	2.5	33.8	1.98		2.72	0.75		86	~~[illegible]~~	~~[illegible]~~	19.5	0.26		粘土								2.3	
2		2.5	14.50	26.3 28.2	1.90 2.08		2.70	0.56 0.69		96			14.8 16.7	0.29 0.58		砂粘								1.8–2.3	
<1>	拔6	0.5	2.0	—	1.99		2.70	0.67		90			17.5			灰色粘土	32°	0.02	0.009					2.7	
1	拔9	0.5	2.0	28.7	1.89		2.68	0.77		100			10.6	1.01	流动	砂粘土									
2		2.0	4.0	33.0	1.89		2.68	0.88					5.0	2.70	〃	粘砂土	32°	0.08	0.012						
3		4.0	7.0	37.5	1.85		2.70	1.01		100			9.9	2.02	〃	砂粘土	32°	0.02	0.022						

试验室： 校核 填表 计算

工程名称：

土分析总表

填表日期 年 月 日

土样编号	钻孔编号		取土深度		含水量	容重 湿	容重 干	比重	孔隙比	孔隙率	饱和度	液限	塑限	塑性指数	稠度	状态	土样名称	内摩擦角	凝聚力	压缩系数	压缩性	休止角		有机质含量	容许承载力	备注
			公尺		w	γ	γd	Δ	ε	n	G	W_T	W_n	W_n	B			φ	C						R	
试验次数	数值		自	至	%	克/公分³	克/公分³			%		%	%	%				度	公斤/公分²	公分²/公斤		度		%	公斤/公分²	
1		L6	4.16	4.51	43	1.77		2.733	1.222		96	33	21	12			淤泥									
1		L3	20.02	20.44	32	1.85		2.717	0.94		92	30	20	10			亚粘土			0.033						
4	最大值	L5			43	1.85		2.761	1.24		96	45	21	24			粘土	11°50′	0.29	0.041						20°45′（固结慢剪）
	最小值				30	1.73		2.736	0.930		88	40	19	19			粘土	1°0′	0.17	0.013						
	平均值				35.7	1.80		2.740	1.045		88	42	20	22				5°52′	0.25							
3	最大值	濮7	2.05	8.63	35	1.92		2.725	1.006		99	37	21	16			砂粘土	34°54′	0.36	0.050						固结慢剪
	最小值				31	1.84		2.707	0.853		97	35	21	14			〃	22°30′	0.11	0.039						
	平均值				33	1.88		2.718	0.9048		98	36	21	15			〃	28°0′	0.22	0.043						
1		濮7	10.82	11.13	44	1.85		2.729	1.334		100	38	21	17			淤泥	17°12′	0.23	0.085						
8	最大值	濮4	10	[illegible]	29	2.04		2.755	0.844		100	35	19	17			亚粘土	27°30′	0.55	0.023						
	最小值				25	1.93		2.692	0.690		94	28	16	12			〃	15°05′	0.10	0.010						
	平均值				27	1.97		2.736	0.752		98	32	17	15			〃	21°17′	0.31	0.015						
9	最大值	濮3	1.0	20.63	25	2.08		2.745	0.665		100	43	20	26			粘土	25°40′	1.08	0.012						
	最小值				21	1.98		2.711	0.595		87	36	13	18			〃	11°24′	0.17	0.004						
	平均值				23	2.01		2.724	0.638		97	38	17	21			〃	16°30′	0.81	0.008						

试验室： 校核 填表 计算

土分析总表

工程名称：　　　　填表日期1958年12月29日

土样编号	钻孔编号	取土深度（公尺）自	至	含水量 w %	容重 湿 γ 克/公分³	容重 干 γd 克/公分³	比重 Δs	孔隙比 ε	孔隙率 n %	饱和度 G	液限 wT %	塑限 wP %	塑性指数 wn %	稠度 B	状态	土样名称	内摩擦角 φ 度	凝聚力 C 公斤/公分²	压缩系数 公分²/公斤	压缩性	休止角 度		有机质含量 %	按规范确定的计算强度 R 公斤/公分²	备註
象(第一层)—1	N=2	1.50		17	1.92	1.64	2.75	0.683		70	35	16	19			下蜀系粘土	11°50′	0.9	0.010						
象(第三层)—2	N=2	7.0	7.50	18	1.97	1.67	2.76	0.652		78	35	17	18			〃	19°30′	1.23	0.022						

試验室：　　　校核　　　填表　　　计算

土分析统计表

工程名称：南京长江大桥　　　填表日期 59年元月14日

土样编号	统计项目	钻孔编号	取土深度（公尺）自	至	含水量 w %	容重 湿 γ 克/公分³	容重 干 γd 克/公分³	比重 Δs	孔隙比 ε	孔隙率 n %	饱和度 G	液限 wT %	塑限 wP %	塑性指数 wn %	稠度 B	状态	土样名称	内摩擦角 φ 度	凝聚力 C	压缩系数	压缩性	無限抗压 qu 公斤/公分²	灵敏度	有机质含量 %	按规范确定的计算强度 R 公斤/公分²	备註
	最大	浅9	0.9	7.5	48.7	1.86		2.74				48.8	25.6	15.3				31°	0.20			0.42	1.9			
	最小				36.7	1.78		2.71				27.2	22.0	13.6				19°	0.02			0.18	2.3			
1R	平均				41.3	1.79		2.72				34.4	23.5	13.4			砂粘土	27°	0.083			0.32	4.3			
	最大	浅8	1.2	10.78	44.7	1.82		2.74				45.0	26.2													
	最小				38	1.79		2.70				40.3	24.7													
3	平均				40.1	1.81		2.73				42.4	23.8	11.4			砂粘土	31°	0.50			0.42	2.6			
	最大	浅14	16.95	20.15	25.3	2.04		2.73				30.6	19.4	11.4				31°	0.50							
	最小		Rr		20.7	2.01		2.71				38.2	19.2	8.8				25°	0.33							
4	平均				25.0	2.02		2.72				27.0	18.3	10.1				28°	0.41			1.80				
	最大	浅11			46.3	1.83						38.1	20.8	13.2					0.15							
	最小				36.0	1.76						32.9	21.9	10.3					0.04							
4	平均				40.8	1.79		2.72				34.0	22.1	11.9			砂粘土	21°	0.095			0.36				
	最大	浅12			42.2	1.91						45.5	27.1	16.7				32°	0.46							
	最小				32.3	1.74						27.1	21.6	10.9				16°	0							
6	平均				37.27	1.84						34.8	24.1	10.7			砂粘土	24°	0.13							

試验室：水利科学研究院土工研究室　　　校核　　　填表 黄□国　　　计算

工程名称：南京长江大桥

土分析总表

填表日期 59年元月16日

土样编号		钻孔编号	取土深度（公尺）自	至	含水量 W %	容重 湿 γ 克/公分³	容重 乾 γd 克/公分³	比重 Δs	孔隙比 ε	孔隙率 n %	饱和度 G	液限 W_T %	塑限 W_n %	塑性指数 W_n %	稠度 B	状态	土样名称	内摩擦角 φ 度	凝聚力 C	压缩系数	压缩性	无侧限抗压	灵敏度	有机质含量 %	按规范确定的计算强度 R	备注
试次	最大值	L8			85.4	1.81						44.7	24.8					31°	0.02							
	最小值				30.1	1.76						35.1	18.8					19°	0.0							
11	平均				39.1	1.80		2.74				40	23.7	16.3			砂粘土	27°	0.01			0.20	1.2			
	最大值	浅5	0	24	42.5	2.07						43.1	26.5	16.9				29°	0.72							
	最小值		<1>		20.3	1.83						27.5	17.1	7.6				3°	0.19							
11	平均				27.1	1.95						34.8	21.9	12.9			砂粘土	24°	0.45							
	最大值		24	30	27.5	2.04						45.3	27.1	18.8				27°	0.34							
	最小值		<2>		18.9	1.82						24.7	17.1	14.3				8°	0.22							
6	平均		Rr		23.8	1.98						34.1	22.1	12.0			砂粘土	11°	0.70 快							
	最大值	浅6			38.3	2.01						43.7	20.9	13.7				20°	0.56							
	最小值				23.2	1.87						30.9	20.0	10.0				2°	0							
	平均				24.5	1.94						34.2	20.8	12.8			砂粘土	8°30'	0.26							

试验室：水利科学研究院土工研究室　校核　填表 黄炳国　计算

工程名称：南京长江大桥

土分析总表

填表日期 59年元月14日

土样编号		钻孔编号	取土深度（公尺）自	至	含水量 W %	容重 湿 γ 克/公分³	容重 乾 γd 克/公分³	比重 Δs	孔隙比 ε	孔隙率 n %	饱和度 G	液限 W_T %	塑限 W_n %	塑性指数 W_n %	稠度 B	状态	土样名称	内摩擦角 φ 度	凝聚力 C	压缩系数	压缩性	无侧限抗压	灵敏度	有机质含量 %	按规范确定的计算强度 R	备注
试次	最大值	浅14	11	9.0	32	2.10	1.72		1.003		100	34	23					26°35'	0.05	0.018						
	最小值		<1>		22	1.85	1.40		0.675		92	28	18					27°18'	0.02	0.012						
7	平均				28	1.89	1.54	2.733	0.815		94	31	18	12			砂粘土	25°37'	0.19	0.015		0.41				
	最大值		9—		29	2.14	1.80	2.746	0.865		97	38	20	25				31°40'	0.01			0.84*				*0.84未作平均值。
	最小值		<2>		18	1.82	1.47	2.716	0.52		93	34	16	18				26°24'	0.15			1.24				
7	平均		Rr		24	1.98	1.58	2.731	0.652		95	37	18	18			粘土	26°30'	0.37	0.017		1.47				
材料土壤试验																										
南京新山下蜀土 4					20	1.85	1.67	2.746	0.655		81	35	18	17			粘土	22°15'	0.52	0.012						
浦口下蜀土 4					25	1.85	1.46		0.865		83	32	14	14			砂粘土	10°40'	0.05	0.018						

试验室：南工土木系　校核　填表 黄炳国　计算

南京长江大桥土壤、岩石试验图表

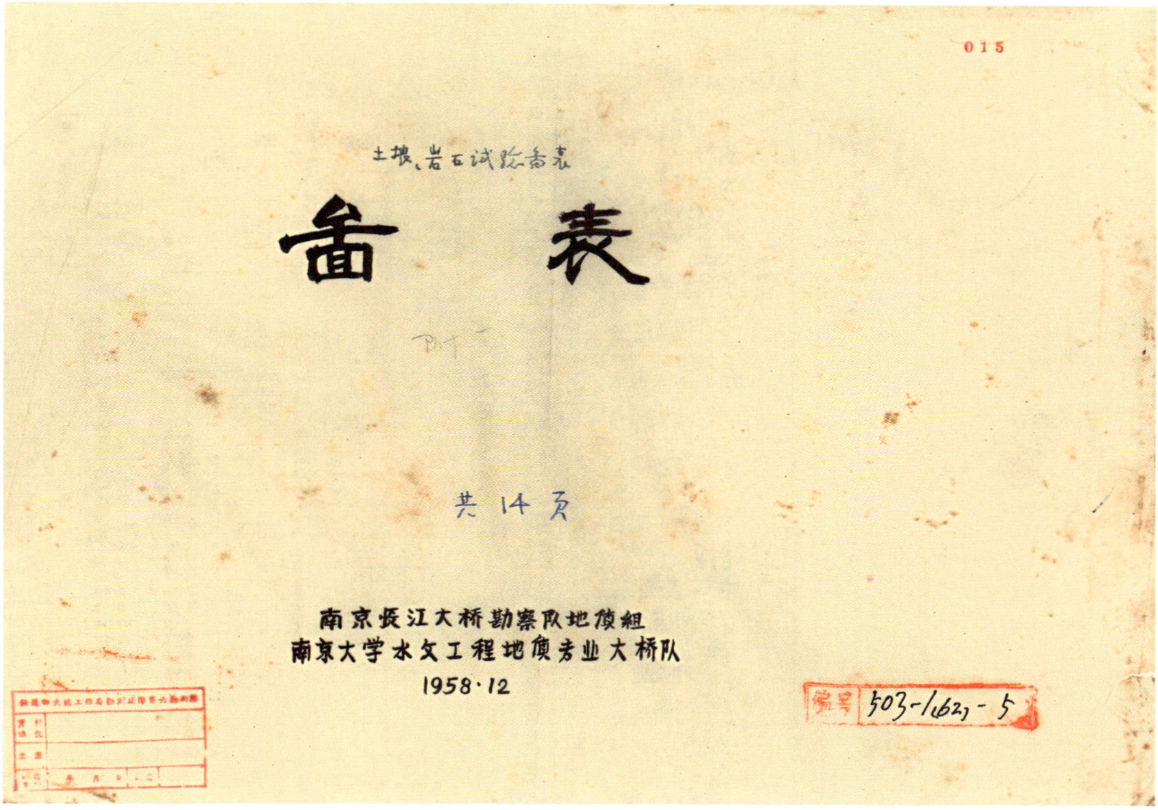

015

土壤、岩石试验图表

图　表

共 14 页

南京長江大桥勘察队地質組
南京大学水文工程地質专业大桥队
1958·12

编号 503-(62)-5

各地区土壤、岩

鉆孔号碼	地理位置		数值名称	土石名称	实驗次数	压缩係数	土石名称	实驗次数	压缩係数	土石名称	实驗次数	压缩係数	土石名称	实驗次数	压缩
L3 L5	南京长江大桥（南京岸）	-20.03~-22.90 M	最大值							可塑亚粘土	1	0.033			
			最小值									0.033			
			平均值									0.033			
浅孔3,4	南京长江大桥（南京岸）	1.00~17.93 M	最大值							〃	8	0.012			
			最小值									0.004			
			平均值									0.0086			
	南京长江大桥象山剖面既样（南京岸）	1.50~7.50 M	最大值												
			最小值												
			平均值												
	下关江岸防洪墙地基（南京岸）	7.52~30.16 M	最大值										亚粘土	9	0.0
			最小值												0.0
			平均值												0.0
	南京煤气厂（南京岸）	0.00~7.00 M	最大值	流动亚粘土		0.024				可塑亚粘土		0.056	坚强亚粘土		0.
			最小值			0.004						0.009			0.
			平均值			0.0129						0.021			0.
	大庙乡（南京岸）	1.00~11.00 M	最大值				流动状亚粘土		0.064	可塑亚粘土		0.023	坚强亚粘土	1	0.0
			最小值						0.032			0.013			0.0
			平均值						0.0397			0.018			0.
浅孔7	南京长江大桥（浦口岸）	2.05~11.12 M	最大值										亚粘土	4	0.
			最小值												0.
			平均值												0.
	浦口江岸防洪墙地基（浦口岸）	8.11~23.97	最大值										亚粘土	8	0.
			最小值												0.
			平均值												0.
	浦口小三汊河水坝（浦口岸）	1.00~8.50 M	最大值				流动状亚粘土	14	0.053						
			最小值						0.044						
			平均值						0.049						
	浦镇客車修理厂（浦口岸）	3.00~8.50 M	最大值				流动状亚粘土	52	0.055						
			最小值						0.028						
			平均值						0.046						
			最大值												
			最小值												
			平均值												
			最大值												
			最小值												
			平均值												

縮系数、抗压强度彙總表

附图表1

实驗次数	压缩係数	岩名称	实驗次数	抗压强度	土石名称	实驗次数	抗压强度	土石名称	实驗次数	抗压强度	岩名称	实驗次数	抗压强度	附註
	0.041			638			542			704			850	其中0.013为慢剪 係深孔资料
3	0.013	角砾岩饱和	44	78	角砾岩天然	20	84	角砾岩风干	8	182	角砾岩烘干	5	421	
	0.0263			304			337			394			661	岩石试驗系全部大桥地区
	0.023			718			326			483			824	
8	0.010	砂岩饱和	49	20	砂岩天然	32	13	砂岩风干	5	195	砂岩烘干	1	824	
	0.0145			198.65			109.34			331			824	岩石试驗系全部大桥地区
	0.022			433			262			316				为象山一、三2层
3	0.008	砂砾岩饱和	8	134	砂砾岩天然	1	262	砂砾岩风干	2	260				
	0.014			229			262			288				岩石试驗系整个大桥区
	0.068													
0	0.024													
	0.0484													
														流动状亚粘土取样深度 3.00～11.00 可塑状亚粘土取样深度 1.00—14.50 坚硬粘土取样深度 3.00～3.50M
				61										岩石试驗係整个大桥区
		页岩饱和	2	61										
				61										
	0.068													
2	0.050													
	0.059													
														其中亦有少数非流动的

1959.1.12

岩石力學

岩石名称	最大抗压强度	最小抗压强度	平均抗压强度	岩石高强度地質因素	实验
角礫岩	飽和426 天然533	151 446	304.75 489.5	粒径大至8cm，質地不均匀，粒状构造，膠结物为矽質、鉄質、粘土質等，有方解石脉貫串某些试件中，在上下底分别有裂隙。	试件 在加 23+ 大裂
砂岩	飽和210 天然326	20 13	73.14 100.7	飽和： 成份为石英，组织成细密状，粒状构造，无裂缝。 天然： 有礫石存在，粒径7cm，組织均匀，粒状构造，鉄質粘土質，有一大裂缝成[illegible]，中上部有[illegible]方解石脉。	天然： 试件 延裂 裂 飽和： 试件 两底面 小缺
頁岩	飽和61	61	61	成份为石英等，組织緻密状，矽粒大小中等，在矽岩与頁岩之间有一5cm长的粘土帶。	
附註	抗压强度的單位：公斤/公分^2		角礫岩｛角礫岩		

附图表4

…度分析表

…石低强度地质因素	其它因素	一般力學特点	建議使用数值
…： …较大的灰岩，石灰岩等。 …质地不均匀，有柱状 …造，泥质胶结物，沿大 …面有裂缝，个别碎 …脱落。 …岩：…石灰岩的碎石，直径大…4cm，质地不均匀，砂质铁质粘土质的胶结物，碎石…有许多裂缝。	试件上底面有个缺口 试件完整	1.有裂缝时抗压强度影响大，当裂缝被方解石脉填充时抗压强度相应的增加。 2.砂质，铁质，粘土质胶结时抗压大，泥质胶结时抗压就小。 3.具有大碎石时抗压强度并增加。 4.试件的完整，抗压强并有关。	
…成份为石英砂，但结构…细中柱状构造，泥质胶…物，砂岩夹层于粘土夹层…间。 …份为石英，赤铁矿等，…均匀，泥铁质胶结物，…裂缝贯穿试件中。	饱和 试件下底面有缺口。 天然 试件下底面及周围有缺口	1.有裂缝使之抗压强度降低 2.粘土质胶结，比铁质胶结抗压强度高。 3.砂岩层及粘土层相间抗压强度小。 4.石英存在抗压强度增高 5.试件的缺口存在影响抗压强度	
…由于分析尚不够。	仝左		

…石灰岩
…粉砂岩
…细砂岩

页岩 { 页岩 / 砂页岩

岩石

岩石名称	max	min	平均	岩石高强度地质因素
角砾岩	饱和 638 天然 542 风干 704 烘干 850	~~304~~ 78 ~~320~~ 84 ~~394~~ 182 ~~661~~ 421	304 320 394 661	粒径小於2cm，质地不均匀，块 结构、裂缝穿过个别1cm以上的
砂砾岩	饱和 433 天然 262 风干 316 烘干	~~229~~ 134 262 ~~288~~ 260	229 262 288	砾石较少且细小，块状结构， 缝、层理方向为40°。
砂岩	饱和 718 天然 287 风干 483 烘干 824	~~366~~ 113 ~~239~~ 190 ~~331~~ 195 824	366 239 331 824	细数状~~的~~自结构，质地均匀，无 砾石大小一般小於1cm。
附註	单位：公斤/公分²；角砾岩{角砾岩、砾 岩、细砾岩}；砂岩{砂岩、细砂岩}			

附图表5

度分析表

岩石低强度地质因素	一般力学特点	建议使用数值
细颗粒4cm一很小，粒状结构质不均匀，颗粒在2cm以下，砾石排列乱，有风化现象，破碎极严	1.岩石结构对强度的影响大，高强度的块状结构，低强度为粒状。 2.风化现象和岩石的破碎减低岩石强度。	
成岩砾石较多，有风化现象，裂。 理方向为40°。	1.岩石的裂缝降低岩石的力学强度。 2.风化现象减低抗压强度。	
粒状，质地均匀，无裂缝，层为30°，沿层面理有裂缝。		

南京[illegible]

钻孔号码	地理位置	钻孔深度	极值	试验次数	自然含水量 W%	试验次数	自然孔隙比 ε	试验次数	流性限度 WL%	试验次数	塑性限度 WP%	试验次数	稠度 B
	南京汽车厂（南京岸）		最大值		47.8		1.29		37.5		24.1		4.70
			最小值		28.0		0.77		23.4		17.4		1.01
			平均值		34.63		21.33		28.03		20.25		2.38
	大庙乡 南京岸	3.00~11.00M	最大值		28.1		0.81		32.1		21.1		0.99
			最小值		22.2		0.70		27.9		16.9		0.35
			平均值		25.35		0.742		29.58		18.75		0.637
	大庙乡 南京岸	1.00~10.5M	最大值		43.9		1.21		39.5		23.5		2.37
			最小值		28.1		0.80		25.4		19.1		1.06
			平均值		34.1		0.95		30.64		20.5		1.30
			最大值										
			最小值										
			平均值										
	浦口 七里河 水坝	1.0~8.5M	最大值		54.5		1.23		36.3		25.2		3.62
			最小值	14	35.2	14	0.97	14	30.8	14	20.2	14	0.91
			平均值		40.5		1.11		31.8		21.5		1.59
	浦镇客车修理厂	3.0~8.5M	最大值		46.30		1.31		32.3		24.7		/
			最小值	52	25.00	52	0.78	52	29.2	52	17.1		/
			平均值		38.10		1.11		34.8		22.1		/

附图号5/6.

质试验成果汇总表　　1959.1.14.

性…数…公斤	试验次数	凝聚力 C 公斤/公分²	试验次数	内摩擦角中度	试验次数	允许承压抗压强度自然状态	试验次数	允许承压抗压强度重塑	附注
6		／		／		／		／	可塑性亚粘土
9		／		／		／		／	
1		／		／		／		／	
3		0.37		22°		／		／	可塑状亚粘土
3		0.31		20°		／		／	
8		0.34		21°		／		／	
64		0.11		24°		／		／	流动状亚粘土
32		0.00		17°		／		／	
397		0.042		22°		／			
53		0		3°		／		／	多为流动状态的亚粘土
44		0				／		／	
49		0		3°		／		／	
55		0.52		35°					多流动不分粘土
28	52	0.08	52	6°					偶有一个a=1.046的特大值
46		0.25		19°42′					

南京長江大桥附近之地區[illegible]

鉆孔号码	地理位置	鉆孔深度	权值	試驗次数	自然含水量 W%	試驗次数	自然孔隙比 ε	試驗次数	流性限度 WL %	試驗次数	塑性限度 WP %	試驗次数	[illegible]
L5	南京長江大桥深處（南京岸）	20.02~52.90M	最大值	4	43.0	4	1.24	4	45.0	4	21.0		
			最小值		30.0		0.93		40.0		19.0		
			平均值		35.7		1.045		42.0		20.0		
浅孔5	长江大桥浅孔（南京岸）	10~20.63M	最大值	9	25.0	9	0.665	9	43.0	9	20.0		
			最小值		21.0		0.595		36.0		13.0		
			平均值		23.0		0.638		38.0		17.0		
	南京長江大桥西山剖面北[illegible]（南京岸）	1.50~7.50M	最大值	2	18.0	2	0.683	2	35.0	2	17.0		
			最小值		17.0		0.652		35.0		16.0		
			平均值		17.5		0.667		35.0		16.50		
	大庙郊 南京岸	3.00~3.50	最大值	1	28.6	1	0.84	1	43.5	1	24.7	1	0.[illegible]
			最小值		28.6		0.84		43.5		24.7		0.[illegible]
			平均值		28.6		0.84		43.5		24.7		0[illegible]
			最大值										
			最小值										
			平均值										
			最大值										
			最小值										
			平均值										
			最大值										
			最小值										
			平均值										
			最大值										
			最小值										
			平均值										
			最大值										
			最小值										
			平均值										
			最大值										
			最小值										
			平均值										

附图表7

物理性質試驗彙总表

1959.1.14.

压缩性係数 a 公分²/公斤	試驗次数	凝聚力 c 公斤/公分²	試驗次数	内摩擦角 φ 度	試驗次数	允许承胀抗压强度 自然状态	試驗次数	允许承胀抗压强度 重塑	附註
0.041	4	0.29	4	11°50′					20°45′ 固结快剪 粘土
0.013		0.17		1°0′					
0.0253		0.25		5°52′					
0.012	9	1.08	9	25°40′					粘土
0.004		0.17		11°24′					
0.008		0.81		16°30′					
0.022	2	1.23	2	19°30′					係下蜀粘土
0.008		0.9		11°50′					
0.014		1.07		15°40′					
0.022	1	0.39	1	14°					坚硬粘土
0.022		0.59		14°					
0.022		0.39		14°					

汾（

南京長江大橋附近之地质要[illegible]

鉆孔号碼	地理位置	鉆孔深度	权值	試驗次数	自然含水量 W%	試驗次数	自然孔隙比 ε	試驗次数	流性限度 Wт %	試驗次数	塑性限度 Wp %	試驗次数	稠度 B
46	南京长江大桥（浦口岸）	4.16~4.51M	最大值		43		1.222		33		21		/
			最小值	1	43	1	1.222		33		21		/
			平均值		43		1.222		33		21		/
浅7	南京长江大桥（南京岸）	20.82~[illegible]M	最大值		44		1.334		38		21		/
			最小值	1	44	1	1.334		38		21		/
			平均值		44		1.334		38		21		/
	南京化肥厂（南京岸）	4.00~8.70M	最大值		32.1		0.90		38.3		21.1		1.06
			最小值	5	15.2		0.42		28.6		14.4		0.06
			平均值		18.29		0.71				17.8		
			最大值										
			最小值										
			平均值										
			最大值										
			最小值										
			平均值										
			最大值										
			最小值										
			平均值										
			最大值										
			最小值										
			平均值										
			最大值										
			最小值										
			平均值										
			最大值										
			最小值										
			平均值										
			最大值										
			最小值										
			平均值										

附图表8

理性質試驗彙總表

[illegible]	試驗次數	凝聚力 C 公斤/公分	試驗次數	內摩擦角 φ 度	試驗次數	允許承壓抗剪強度 自然狀態	試驗次數	允許承壓抗剪強度 重塑	附註
		/		/		/		/	
		/		/		/		/	淤泥
		/		/		/		/	
1		0.23		17°21'		/		/	
5		0.23		17°12'		/		/	淤泥
5		0.23		17°12'		/		/	
4		0.09		34					
4		0.02		28					流动状
9		0.055		30.75					亚粘土.

南京长江大桥附近各

钻孔号码	地理位置	钻进深度	数值名称	土壤名称	实验次数	W 自然含水量 %	土壤名称	实验次数	W 自然含水量 %	土壤名称	实验次数	W 自然含水量 %	土壤名称	实验次数	W 自然含水量 %
L3 L5	南京长江大桥深孔(南京岸)	-20.03~-33.90M	最大值							可塑亚粘土	L3 1	32.0			
			最小值									32.0			
			平均值									32.0			
浅孔3.4	南京长江大桥浅孔(南京岸)	1.00~17.93M	最大值							亚粘土	426 8	29.0			
			最小值									25.0			
			平均值									27.0			
	南京长江大桥岛头剖面原状土(南京岸)	1.50~2.50M	最大值												
			最小值												
			平均值												
	下关江岸防洪墙地基(南京岸)	7.52~-30.14M	最大值							亚粘土	236	45.8			
			最小值									22.3			
			平均值									35.17			
	南京煤新(南京岸)	1.00~7.00	最大值	流动亚粘土		32.1				可塑亚粘土		47.8	坚硬亚粘土		21.2
			最小值			15.2						28.0			12.3
			平均值			18.29						34.63			16.75
	大庙乡(南京岸)	1.00~11.00	最大值				流动亚粘土		43.9	可塑状亚粘土		28.1			
			最小值						28.1			22.2			
			平均值						34.1			25.35			
浅孔7	南京长江大桥(浦口岸)	2.05~11.13M	最大值	淤泥	1	44.0				亚粘土	3	35.0			
			最小值			44.0						31.0			
			平均值			44.0						33.0			
	浦口江岸防洪墙地基(浦口岸)	8.11~-23.97M	最大值							亚粘土	207	42.8			
			最小值									22.1			
			平均值									31.86			
	浦口小汊河水填(浦口岸)	1.00~8.50M	最大值				流动状亚粘土	11	54.4						
			最小值						35.2						
			平均值						40.5						
	浦镇客车修理厂(浦口岸)	3.00~8.50M	最大值				流动状亚粘土	52	46.3						
			最小值						25.0						
			平均值						38.1						

附图表9

…的土壤自然含水量、流性限度汇总表

	土壤名称	实验次数	Wт 流性限度 %	土壤名称	实验次数	Wт 流性限度 %	土壤名称	实验次数	Wт 流性限度 %	土壤名称	实验次数	Wт 流性限度 %	土壤名称	实验次数	Wт 流性限度 %	附註
							可塑状亚粘土	L3	30.0				粘土	L5	45.0	
								1	30.0					4	40.0	
									30.0						42.0	
							亚粘土	4aL	35.0				粘土	33L	43.0	
								8	28.0					9	36.0	
									32.0						38.0	
													下富粘土		35.0	
														2	35.0	
															35.0	
							亚粘土		47.0							其中亦有粘未分
								224	27.3							
									37.1							
	流动亚粘土		28.3				可塑亚粘土		37.5	坚强亚粘土		33.40				
			28.6						23.4			30.50				
									28.03			31.95				
				流动状亚粘土		39.5	可塑状亚粘土		32.1				坚硬粘土		43.5	流动状亚粘土取样深度 3.00~11.00M
						35.4			27.9						43.5	可塑〃〃〃 1.00~14.50M
						30.64			29.58						43.5	坚硬粘土 3.00~3.50M
	流泥		38.0				亚粘土		37.0							
		1	38.0					3	35.0							
			38.0						36.0							
							亚粘土		49.4							其中亦有粘土未分开.
								111	26.0							
									35.24							
				流动状亚粘土		36.3										
					14	30.8										
						31.8										
				流动状亚粘土		32.3										
					52	29.2										
						34.8										

1959.1.13

岩石力學

岩石名称	max	min	平均	岩石高強度地質同
角砾岩	饱和 638 天然 542 风干 704 烘干 850	78 84 182 421	304 320 394 661	粒径小于2cm，質地 块状结构，裂缝穿过 1cm以上的砾石
砂砾岩	饱和 432 天然 262 风干 316 烘干	134 262 260	229 262 288	砾石较小且细，块状结 无裂缝． 层理方向
砂岩	饱和 718 天然 287 风干 483 烘干 824	113 190 195 824	366 239 331 824	细粒状结构，无裂缝 地均匀． 砾石大小一般 1cm．
附註	单位：公斤/厘米²． 角砾岩{角砾岩 砾岩 细砂岩 {砂砾岩			

…度分析表

…石依强度地质因素	一般力学特点	建議使用數值
…粗细颗粒 4cm—很小,粒…结构质地不均匀,颗粒…以下,砾石排列紊乱。…有风化现象,破碎很严重	1. 岩石结构对强度的影响大,高强度的为块状结构,低强度为粒状 2. 风化现象和岩石的破碎减低岩石强度。	
…大小岩砾石较多,有风化…象,有裂痕。…层理方向为40°。	1. 岩石裂缝降低岩石的力学强度。 2. 风化现象减低抗压强度	
…细粒状,质地均匀,多裂缝…理为30°,沿层面层理有…缝。		
…岩 砂岩 { 砂岩 细砂岩		

岩石力學…

岩石名称	最大抗压强度	最小抗压强度	平均抗压强度	岩石高强度地质因素	其…
角礫岩	飽和 426 天然 533	151 446	304.75 489.5	粒径大至 8cm，质地不均匀，粒状构造胶结物，矽质，鉄質粘土质等，有一方解石脉贯串試件中，在上底有一长 5cm 之裂缝	試… 在力… 23°… 大裂…
砂岩	飽和 210 天然 326	20 13	73.14 100.7	飽和： 成份为石英，组织成细密状，粒状构造，无裂缝。 天然： 有砾石存在，粒径 7cm，组织均匀，粒状构造，鉄质粘土质，有一大裂缝成 60° 仰角，中上部有多条方解石脉	天然： 試… 延裂… 飽和： 試… 面底… 小鉄…
頁岩	飽和 61	61	61	成份为石英，组织緻密状，砂粒大小中等，在砂岩与页岩之间有一 5cm 长的粘土带。	試件：下底… 上。
附註	抗压强度的单位：公斤/公分²			角礫岩 { 角石集岩…	

度分析表

石低强度地質因素	其它因素	一般力學特点	建議使用数值
和： 礫石較大，灰岩及矽岩。组质地不均匀，粒状构造。質胶结物，沿大礫石边有裂缝，个别礫石脱落 ： 灰岩及矽岩礫石，粒径大的4cm不均匀，矽质、铁质、粘土質的结物，礫石边缘有许多小裂缝	试件上底面有小缺口。 试件完整	1. 有裂缝对抗压强度影响大。当裂缝被方解石脉填充时抗压强度相应的增加。 2. 矽质、铁质、粘土质胶结时抗压、泥质胶结时抗压就小。 3. 具有大礫石时抗压强度亦增加。 4. 试件的完整抗压强度亦有关。	
和： 份为石英质，组织均匀，细状构造，泥质胶结物。夹层与粘土夹层相间。 份为石英，赤铁矿等，组织匀，泥、铁质胶结物，有裂缝贯串试件。	饱和， 试件下底面有缺口。 天然 试件下底面及周围有缺口。	1. 有裂缝使之抗压强度降低。 2. 粘土质胶结，比泥铁质胶结抗压强度高 3. 矽层及粘土层相间抗压强度小。 4. 礫石存在抗压强度增高。 5. 试件的缺口存在影响抗压强度	
左：由於分析的岩少。	全左。 本		

{ 矽岩
粉矽岩
细矽岩 } 頁岩 { 頁岩
矽頁岩 }

岩石力学

抗压强度数量统计

岩石名称	块数	饱和状态 <100 7×φ7	饱和状态 <100 9×φ9	饱和状态 100~200 5×5×5	饱和状态 100~200 7×φ7	饱和状态 100~200 9×φ9	饱和状态 200~300 7×φ7	饱和状态 200~300 9×φ9	饱和状态 300~400 5×5×5	饱和状态 300~400 7×φ7	饱和状态 300~400 9×φ9	饱和状态 400~500 5×5×5	饱和状态 400~500 7×φ7	饱和状态 400~500 9×φ9	饱和状态 >500 5×5×5	饱和状态 >500 7×φ7	饱和状态 >500 9×φ9	天然状态 <100 9×φ9	天然状态 100~200 7×φ7	天然状态 200~300 7×φ7	天然状态 200~300 9×φ9	天然状态 300~400 7×φ7	天然状态 300~400 9×φ9	天然状态 400~500 9×φ9	天然状态 >500 7×φ7	100~200 7×φ7	100~200 9×φ9
角砾岩	1	3	1		1	6	4	3		6	7		4	2	1		2	1		1	5	2	6	2	1		1
砂砾岩	1				5		1			1			1								1						
砂岩	3			1	3		5	2	1	1		2	3		1	2			1	1						1	
共計	5	3	1	1	9	6	10	5	1	8	7	2	8	2	2	2	2	1	1	2	6	2	6	2	1	1	1
附註	单位：公斤/厘米²　角砾岩{角砾岩 砾岩}　细砾岩　砂砾岩{																										

统計表

		烘干状态			最大抗压强度				最小抗压强度				平均抗压强度				地质描述
400/2/500 7×φ7	7500 7×φ7	400/2/500 9×φ9	7500 7×φ7	9×φ9	饱和	天然	风干	烘干	饱和	天然	风干	烘干	饱和	天然	风干	烘干	
2	2	1	2	2	638	542	704	850	78	84	182	421	304	320	394	661	角砾岩饱和状态41试样 〃 天然 〃 18 〃 〃 风干 〃 8 〃 〃 烘干 〃 5 〃
					433	262	316		134	262	260		229	262	288		砂砾岩 饱和状态 9-1 〃 〃 天然 〃 1 〃 〃 风干 〃 2
1			1		718	287	483	824	113	190	195	824	366	239	331	824	砂岩 饱和 〃 24-3 〃 〃 天然 〃 2 〃 〃 风干 〃 5 〃 〃 烘干 〃 1
3	2	1	3	2													

砂岩 { 砂岩
细砂岩

岩石力学

抗压强度数量统计

饱和状态

岩石名称	状态/抗压强度 失效	<100 7×7	<100 6×6	<100 5×5	100~200 7×7	100~200 6×6	100~200 5×5	200~300 7×7	200~300 6×6	200~300 5×5	300~400 7×7	300~400 6×6	300~400 5×5	400~500 7×7	400~500 6×6	400~500 5×5	>500 7×7	>500 6×6	>500 5×5
角砾岩						1			1				1			1			
砂岩	8	1	17	3		4	2		1										
页岩	1		2																
合計	9	1	9	3		5	2		2				1			1			

天然状态

岩石名称	状态/抗压强度 失数	<100 7×7	<100 6×6	<100 5×5	100~200 7×7	100~200 6×6	100~200 5×5	200~300 7×7	200~300 6×6	200~300 5×5	300~400 7×7	300~400 6×6	300~400 5×5	400~500 7×7	400~500 6×6	400~500 5×5	>500 7×7	>500 6×6	>500 5×5
角砾岩																1		1	
砂岩	4		16	2		5	5			1		1							
页岩																			
合計	4		16	2		5	5			1		1				1		1	

附註：

角砾岩｛角砾岩

砂岩｛砂岩、粉砂岩、细砂岩

页岩｛页岩、砂页岩

抗压

統計表

烘干状态	合計	最大抗压强度				最小抗压强度				平均抗压强度				地質描述
		飽和	天然	風干	烘干	飽和	天然	風干	烘干	飽和	天然	風干	烘干	
	6	426	533			151	446			304.75	489.5			角砾岩 飽和岩样 4 〃 天然 2
	70	210	326			20	13			73.14	100.7			砂岩 飽和岩样 36-8 〃 天然 〃 34-4
	3	61				61				61				页岩 飽和岩样 3-1
	79													

注：公斤/公分²

土壤物理性

地理位置	取土标高（公尺）	试验项目／值	自然含水量	自然孔隙比	流性限度	塑性限度	稠
南京炼氧厂		最大值	32.1	0.90	38.3	21.1	1.06
		最小值	15.2	0.42	28.6	14.4	0.0
		平均值	18.29	0.71	27.63?	17.8	0.4
〃		最大值	47.8	1.29	37.5	24	4.7
		最小值	28.0	0.77	23.4	17.	1.0
		平均值	34.63	21.33?	28.03	20.25	2.
〃		最大值	21.2	0.58	33.40	213	-0.0
		最小值	12.3	0.42	30.50	153	-0.2
		平均值	16.75	0.50	31.95	183	-0.1
		最大值					
		最小值					
		平均值					
		最大值					
		最小值					
		平均值					

…验统計表

…缩性系数	凝聚力	内摩擦角	抗压强度 自然状态	允许剪胀抗压强度 重塑	備註
.024	0.09	34			
.004	0.02	28		流动亚砂土	
.0129	0.055	30.75			
.056	/	/			
.009	/	/		可塑亚粘土	
.021	/	/			
.006	/	/			
.013	/	/		坚强亚粘土	
.0095	/	/			

土壤物理性

地理位置	取土标高(公尺)	试验名称 / 数值	自然含水量	自然孔隙比	流性限度	塑性限度	稠度
浦口下关江岸防洪墙地基	8.11～(-30.14)	最大值	~~48.7~~ 45.8	1.57	49.4	~~27.8~~ 27.3	2.8
		最小值	22.1	0.69	26.0	14.1	0.1
		平均值	~~34~~ 33.849	0.989	35.14	20.57	0.9
浦口江岸防洪墙地基	8.11～(-23.97)	最大值	42.8	1.57	49.4	26.4	1.7
		最小值	22.1	0.69	26.0	15.8	0.2
		平均值	31.86	0.9626	35.24	20.43	1.004
下关江岸防洪墙地基	7.52～(-30.14)	最大值	45.8	1.34	47.0	27.3	2.8
		最小值	22.3	0.69	27.3	14.1	0.1
		平均值	35.17	1.014	37.1	20.643	0.92 ~~0.87~~
		最大值					
		最小值					
		平均值					
		最大值					
		最小值					
		平均值					

…验统計表

…性系数	凝聚力	内摩擦角	抗压强度 自然状态	允许膨胀抗压强度 重塑	備註
…068	0.56	38.4°	1.36	0.39	
…011	0	8.3°	0.17	0.04	
…043	0.17	25.42°	0.5677	0.1307	
…068	0.42	38.4°	1.03	0.39	
…011	0	20.05°	0.17	0.04	
…44 10次	0.164 26次	27.3° 16次	0.51 88次	0.134 16次	
…68	0.56	34.2°	1.36	0.15	
…015	0	8.3°	0.19	0.052	
…438 …294 19次	0.175 41次	24.23° 41次	0.596 18次	0.114 33次	

土壤物理性

地理位置	取土标高(公尺)	试验名称 / 参数值	自然含水量	自然孔隙比	流性限度	塑性限度	稠
大庙乡	3.00-11.00	最大值	43.9	1.21	39.5	23.5	2.3
		最小值	28.1	0.8	25.4	19.1	1.0
		平均值	34.1	0.95	30.64	20.5	1.3
"	1.00-11.75	最大值	28.1	0.81	32.1	21.1	0.9
		最小值	22.2	0.70	27.9	16.9	0.3
		平均值	25.35	0.742	29.575	18.75	0.63
"	3.00-3.50	最大值	28.6	0.84	43.5	24.7	0.2
		最小值	28.6	0.84	43.5	24.7	0.2
		平均值	28.6	0.84	43.5	24.7	0.2
		最大值					
		最小值					
		平均值					
		最大值					
		最小值					
		平均值					

验统計表

缩性系数	凝聚力	内摩擦角	抗压强度 自然状态	允许膨胀抗压强度 重塑	備註
064	0.11	24.00			流动状的粘土
032	0.0	17.00			
0393	0.042	22.00			
023	0.37	22			可塑状的粘土
013	0.31	20			
18	0.34	21			
022	0.39	14			坚硬粘土 仅一个试验
022	0.39	14			
22	0.39	14			

南京长江大桥岩心抗压试验报告

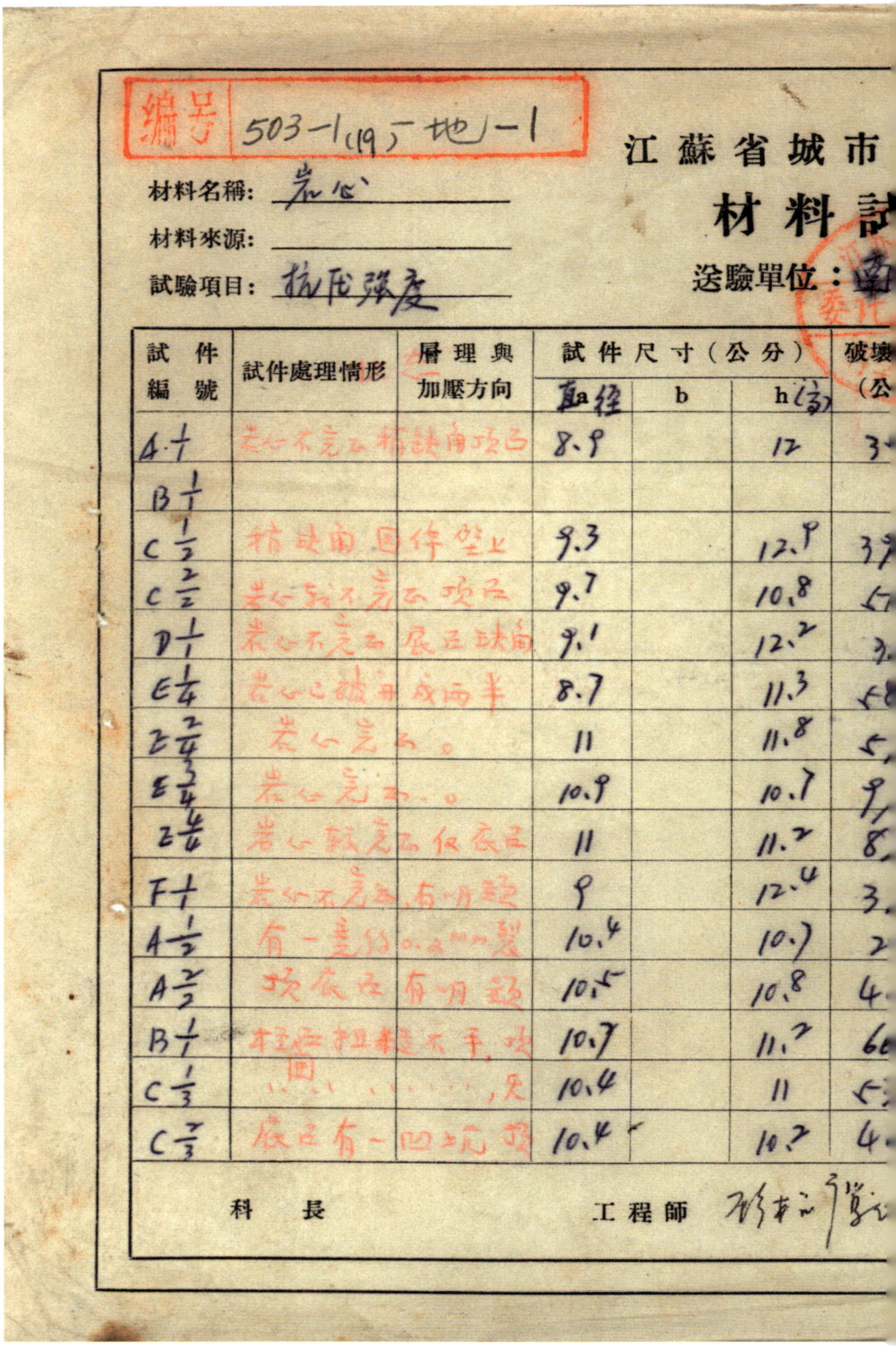

编号 503-1(19)5 地/-1

江蘇省城市……

材料試……

材料名稱: 岩心

材料來源:

試驗項目: 抗压强度

送驗單位: ……

試件編號	試件處理情形	層理與加壓方向	試件尺寸(公分) 直径 a	b	h(高)	破壞…(公…
A 1/1	岩心不完正 稍缺角顶面		8.9		12	[illegible]
B 1/1						
C 1/2	稍缺角 四仵壁上		9.3		12.9	[illegible]
C 2/2	岩心较不完正 顶面		9.7		10.8	[illegible]
D 1/1	岩心不完正 底面缺角		9.1		12.2	[illegible]
E 1/4	岩心已破开成两半		8.7		11.3	[illegible]
E 2/4	岩心完正。		11		11.8	[illegible]
E 3/4	岩心完正。。		10.9		10.7	[illegible]
E 4/4	岩心较完正 仅底面		11		11.2	[illegible]
F 1/1	岩心不完正,有明显		9		12.4	[illegible]
A 1/2	有一直径0.2mm裂		10.4		10.7	[illegible]
A 2/2	顶底面有明显		10.5		10.8	[illegible]
B 1/1	柱面粗糙不平,顶		10.7		11.2	[illegible]
C 1/3	〃 〃 〃 〃,类		10.4		11	[illegible]
C 2/3	底面有一凹坑		10.4		10.2	[illegible]

科長　　　　工程師 [illegible]

1

010

局設計院

P1

報告

試　字第（59）02　號

收到日期：59　年10月22日

報告日期：59　年10月27日

大桥

強度 /Cm²	平　均	試樣重（克）	單位重 克/公分³	平　均	備　註 面积（cm²）
65	有隙密和风干裂纹。				62.1
7.5	稍有小裂隙。				67.9
7.2	和圆石缺角。				73.8
6.15	有裂隙。				65
7.7	用3道细铁丝固绕。				59.4
62.6					95
04					93.3
6.4	缺角。				95
1.3	裂隙　顶底面稍缺角。				63.6
5.9	隙不停切割。				85
5.4	裂隙。				86.5
3.4	面仅有一风干裂纹				90
2.4	隙层。				85
6.5	底面有不规则横向风干裂隙。				85

核　徐纠芳　　　試　驗　李先武

24号

江蘇省城市

材料試

材料名稱：岩心

材料來源：

試驗項目：抗压强度

送驗單位：南

試件編號	試件處理情形	層理與加壓方向	試件尺寸（公分）			破壞（公
			直径 a	b	h（高）	
A 1/1			8.9		12	3
B 1/1						
C 1/2			9.3		12.9	3
C 2/2			9.7		10.8	5
D 1/1			9.1		12.2	3
E 1/4			8.7		11.3	5
E 2/4			11		11.8	5
E 3/4			10.9		10.7	9
E 4/4			11		11.2	8
F 1/1			9		12.4	3
A 1/2			10.4		10.7	2
A 2/2			10.5		10.8	4
B 1/1			10.7		11.2	66
C 1/3			10.4		11	53
C 2/3			10.4		10.2	4

科長　　　　工程師 [illegible]

2

P1

局設計院

報告

試字第（59）02號

收到日期：59年10月22日

報告日期：59年10月27日

江大桥

限強度 g/Cm²	平均	試樣重（克）	單位重 克/公分³	平均	備註
					面积（cm²）
56.5					62.1
57.5					67.9
65.2					73.8
56.15					65
77.7					59.4
62.6					95
04					93.3
76.4					95
51.3					63.6
25.9					85
55.4					86.5
73.4					90
52.4					85
56.5					85

核 徐钊芳　　試驗 李光武

江蘇省城市……

材料試……

材料名稱：岩石

材料來源：

試驗項目：抗壓強度

送驗單位：南……

試件編號	試件處理情形	層理與加壓方向	試件尺寸（公分） 直a徑	b	h(高)	破壞……（公……
C 3/3	岩石表完好 稍缺		10.7		11.3	5…
D 1/1	岩石完好 表面		10		10.3	6…
A 1/1	天然层，缺角多。		7.7		9	3…
B 1/1	两面不完好 缺角，		7.7		9.1	2…
C 1/1	上下面稍缺角。		5.8		7.5	4…
D 1/2	岩石完好。		7		8.1	5…
D 2/2	〃 〃 〃 稍缺		7		7.6	8…
E 1/1	岩石完好。		7		7.5	3…
F 1/1	两面缺角。		6.7		7.4	4…
1	半圆柱状态		8.7		9.2	1…
2	〃		7.7		8.5	1…
3	〃		8.8		9.3	2…
4	〃		7.7		9[illegible]	1…

科　長　　　　工程師 [illegible]

3

010

P7.

局設計院

報告

試 字第( ) 02 號

收到日期: 59 年10月22日

報告日期: 59 年10月27日

江大桥

限強度 /Cm²	平 均	試樣重(克)	單位重 克/公分³	平 均	備 註 面积(cm²)
2.7	风干易碎。				90
2.8	直径变少。				78.5
78.3					46.6
59.1	石棱磨园。				46.6
80					26.4
32					38.5
217	同。				38.5
75					38.5
39					35.3
.69	岩心不完整。				59.5
.44	—				46.6
.46					60.7
					46.6

核 徐介芳　　　　試 驗 李光武

江蘇省城市

材料試

材料名稱：岩心

材料來源：

試驗項目：抗压强度

送驗單位：南

試件編號	試件處理情形	層理與加壓方向	試件尺寸（公分）			破壞荷（公斤）
			直a径	b	h（高）	
C $\frac{3}{3}$			10.7		11.3	56
D $\frac{1}{1}$			10		10.3	6
A $\frac{1}{1}$			7.7		9	[illegible]
B $\frac{1}{1}$			7.7		9.1	[illegible]
C $\frac{1}{1}$			6.8		7.5	4
D $\frac{1}{2}$			7		8.1	[illegible]
D $\frac{2}{2}$			7		7.6	8
E $\frac{1}{1}$			7		7.5	[illegible]
F $\frac{1}{1}$			6.7		7.4	4
1			8.7		9.2	1
2			7.7		8.5	1
3			8.8		9.3	[illegible]
4			7.7		9.2	1

科　長　　　　工程師 [illegible]

4

局設計院

報告

Pl.

試 字第（ ） 02 號

收到日期： 59 年 10月 22日

報告日期： 59 年 10月 29日

江大桥

強度 Cm²	平 均	試樣重（克）	單位重 克/公分³	平 均	備 註 面积（cm²）
2.7					90
2.8					78.5
8.3					46.6
9.1					46.6
80					26.4
32					38.5
17.					38.5
5					38.5
9					36.3
.69					59.5
.44					46.6
3.46					60.7
3.22					46.6

核 徐仁芳 試驗 李尧武

建筑工程部华东第三工程公司材料試驗室

試驗报告 010

品名 砂岩　　送驗单位 ~~長江大桥 [illegible]~~ 第六勘测队

产地 　　試驗項目 抗压 取岩日期：57.11.17

結果：

鉆孔号	岩样编号	尺寸（公分）	面积（公分²）	总荷（KG）	极限（KG/cm²）
X6-4	2 4/6	10.5×11.5	86.6	3500	40.5
X6-4	2 5/6	10.5×10	86.6	3900	45
X6-4	3 3/8	10.5×12	86.6	5500	63.5
X6-4	3 4/8	9.1×10	65	4800	74
X6-4	3 6/8	8.8×12	60.9	2500	41.1
X6-4	7 2/3	9.8×11.5	70.9	3400	48
X6-4	7 3/3	10×11	78.5	6200	79
X6-4	8 2/4	9.7×11	73.9	2500	33.8

主管　　　　試驗員

南京市第一建筑工程公司材料检验专用章

建筑工程部华东第三工程公司材料試驗室

試驗报告

品名 砂岩　　送驗单位 长江大桥 ~~[illegible]~~ 第六勘测队

产地　　試驗項目 抗压　收到日期：57.11.17

結果：

鉆孔号	原编号	尺寸（公分）	面积（公分²）	总荷（KG）	极限（KG/cm²）
X6-4	2 4/6	10.5×11.5	86.6	3500	~~40.5~~ 46.5
X6-4	2 5/6	10.5×10	86.6	3900	45
X6-4	3 3/8	10.5×12	86.6	5500	63.5
X6-4	3 4/8	9.1×10	65	4800	74
X6-4	3 6/8	8.8×12	60.9	2500	41.1
X6-4	7 2/3	9.5×11.5	70.9	3400	48
X6-4	7 3/3	10×11	78.5	6200	79
X6-4	8 2/4	9.7×11	73.9	2500	33.8

主管　　試驗員

（印章：南京市第一建筑工程公司材料检验试验专用章）

010

建筑工程部华东第三工程公司材料試驗室

試驗报告

品名 砂岩　　送驗单位 長江大桥[illegible] 第六勘测队

产地　　試驗項目 抗压　　报告日期：57.11.7

結果：

	鉆孔号	原編号	尺寸（公分）	面积（公分²）	总荷（KG）	极限（Kg/cm²）	
岩心完整	Ⅹ-6-4	9 1/4（2）	11×11.2	95	6500	68.5	不甚松散
〃	Ⅹ-6-4	5 1/4	12×10.5	113	1000	8.85	甚松散
岩心完整	Ⅹ-6-4	9 1/4（1）	11×12	95	2800	29.4	甚松散
〃	Ⅹ-6-4	9 1/4（4）	10.3×11.3	83.4	5700	68.4	不甚松散
岩心完整含黏土质	Ⅹ-6-4	4 1/2	11×11.5	95	4800	50.6	甚松散
岩心完整	Ⅹ-6-4	9 1/4（3）	11×11.5	95	4200	44.2	不甚松散
岩心较完整 下表面[illegible]	Ⅹ-6-4	8 1/4（1）	8.4×11	55.5	1600	28.8	较松散
上下表缺角 岩心完整	Ⅹ-6-4	8 1/4（2）	10.8×11.8	86.6	6000	69.2	较松散
〃	Ⅹ-6-4	8 1/4（3）	10.5×12	86.6	3400	39.2	〃
岩心完整	Ⅹ6-5	8 1/2	10.1×11.5	80	2200	27.5	甚松散
〃	Ⅹ6-5	8 3/4（1）	11×11.2	95	3400	35.8	〃
岩心完整	Ⅹ6-5	8 3/4（2）	10.5×11.7	86.6	6400	73.9	不甚松散
不甚完整 下表缺角	Ⅹ6-5	8 4/4	10.5×13.6	86.6	5200	59.9	甚松散
〃	Ⅹ6-5	9 1/2（1）	10×11	78.5	6100	77.8	不甚松散
岩心完整	Ⅹ6-5	9 1/2（2）	10×11	78.5	9500	121	不松散
〃	Ⅹ6-5	9 1/2（3）	10.5×11.8	86.6	6200	71.5	甚松散

主管　　　　試驗員

建筑工程部华东第三工程公司材料試驗室

試驗报告

品名 砂岩　　送驗单位 长江大桥工程局 第六勘测队

产地　　試驗項目 抗压　　报告日期:57.11.7

結果:

鉆孔号	原编号	尺寸(公分)	面积(公分²)	总荷(KG)	极限(Kg/cm²)
X-6-4	9$\frac{1}{4}$(2)	11×11.2	95	6500	68.5
X-6-4	5$\frac{1}{4}$	12×10.5	113	1000	8.85
X-6-4	9$\frac{1}{4}$(1)	11×12	95	2800	29.4
X-6-4	9$\frac{1}{4}$(4)	10.3×11.3	83.4	5700	68.4
X-6-4	4$\frac{6}{6}$	11×11.5	95	4800	50.6
X-6-4	9$\frac{1}{4}$(3)	11×11.5	95	4200	44.2
X-6-4	8$\frac{2}{4}$(1)	8.4×11	55.5	1600	28.8
X-6-4	8$\frac{2}{4}$(2)	10.5×11.8	86.6	6000	69.2
X-6-4	8$\frac{2}{4}$(3)	10.5×12	86.6	3400	39.2
X6-5	8$\frac{1}{4}$	10.1×11.5	80	2200	27.5
X6-5	8$\frac{3}{4}$(1)	11×11.2	95	3400	35.8
X6-5	8$\frac{3}{4}$(2)	10.5×11.7	86.6	6400	73.9
X6-5	8$\frac{4}{4}$	10.5×13.6	86.6	5200	59.9
X6-5	9$\frac{1}{2}$(1)	10×11	78.5	6100	77.8
X6-5	9$\frac{1}{2}$(2)	10×11	78.5	9500	121
X6-5	9$\frac{1}{2}$(3)	10.5×11.8	86.6	6200	71.5

主管　　南京市第一建筑工程公司材料检验专用章　　試驗員

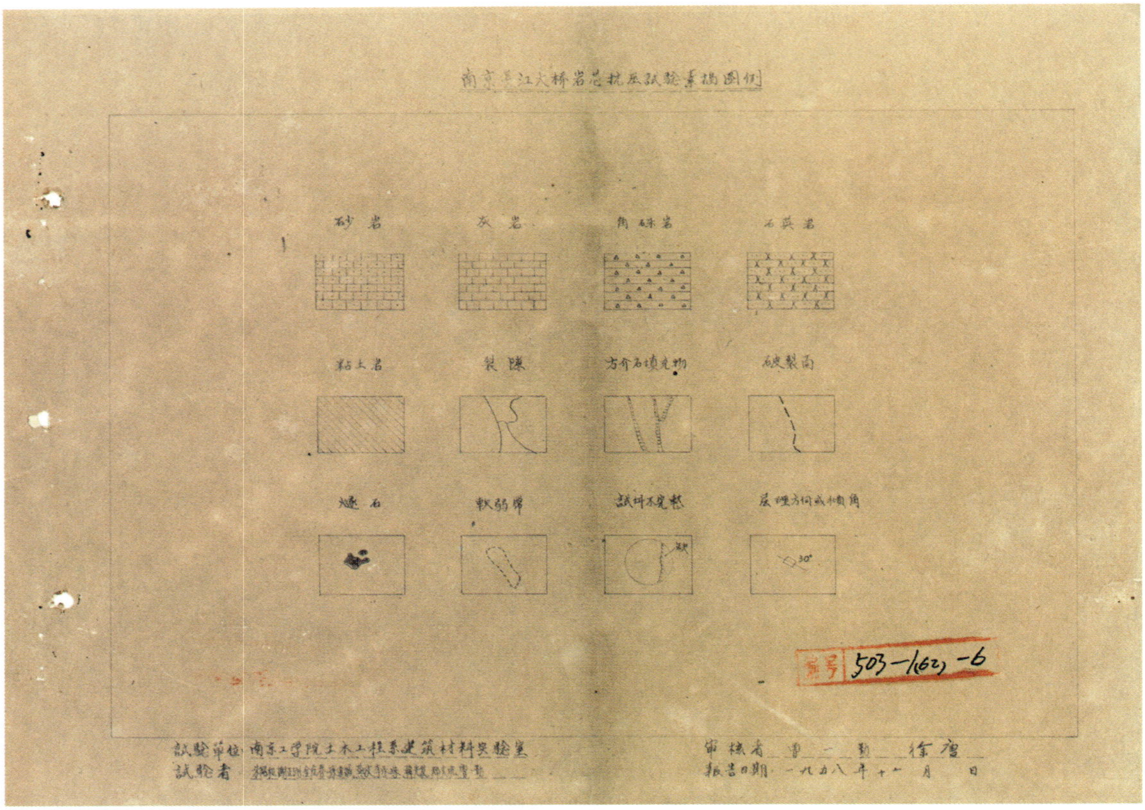
南京長江大桥岩芯抗压試驗素描圖例
砂岩
灰岩
角砾岩
石英岩
粘土岩
裂隙
方介石填充物
破裂面
燧石
軟弱帶
試件不完整
30°
档号 503-1(62)-6
試驗單位 南京工学院土木工程系建筑材料实验室
試驗者
审核者
報告日期 一九五八年十一月 日

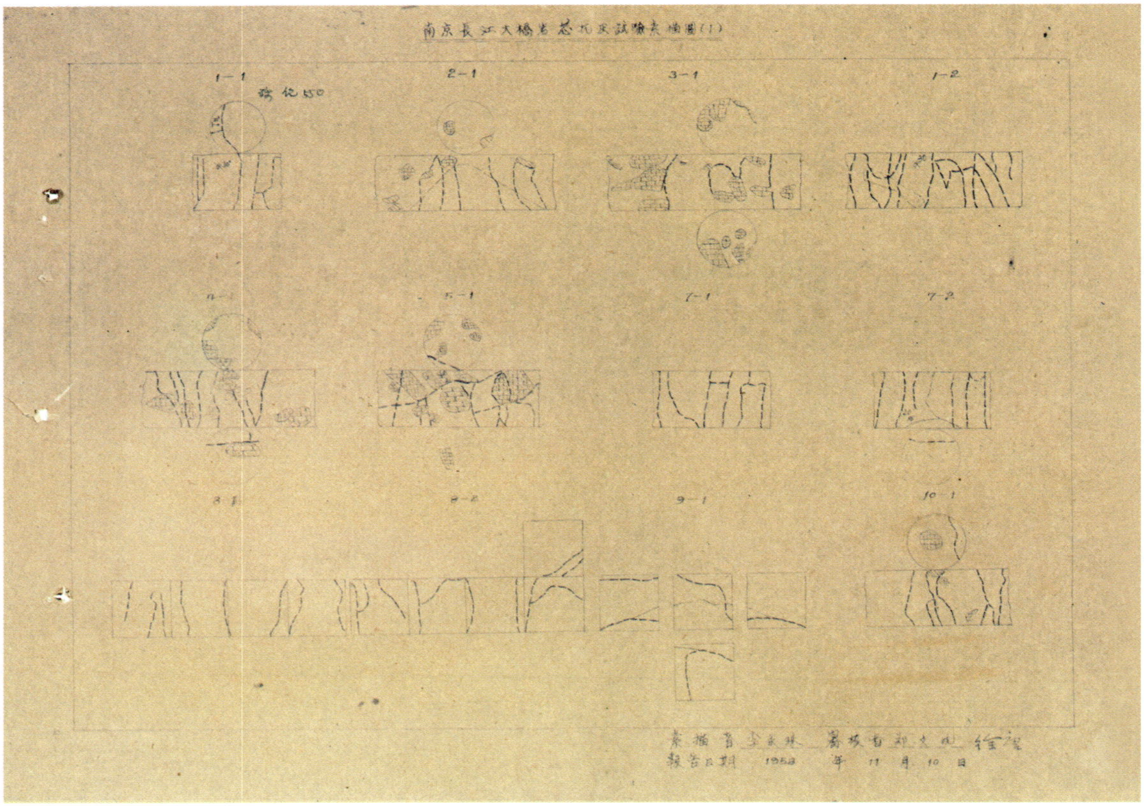
南京長江大橋岩芯抗压試驗素描圖(1)
1-1
2-1
3-1
1-2
5-1
7-1
7-2
9-1
10-1
報告日期 1958 年 11 月 10 日

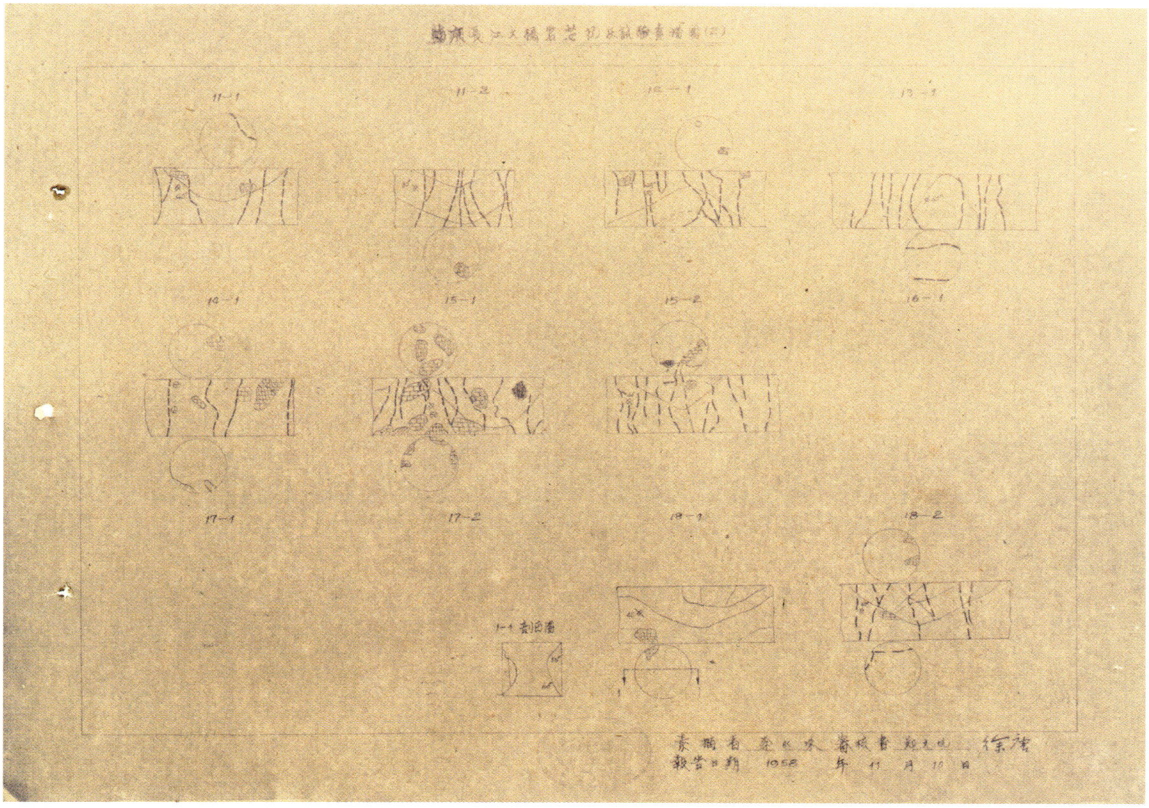
南京长江大桥岩芯抗压试验素描图(2)
报告日期 1958 年 11 月 10 日

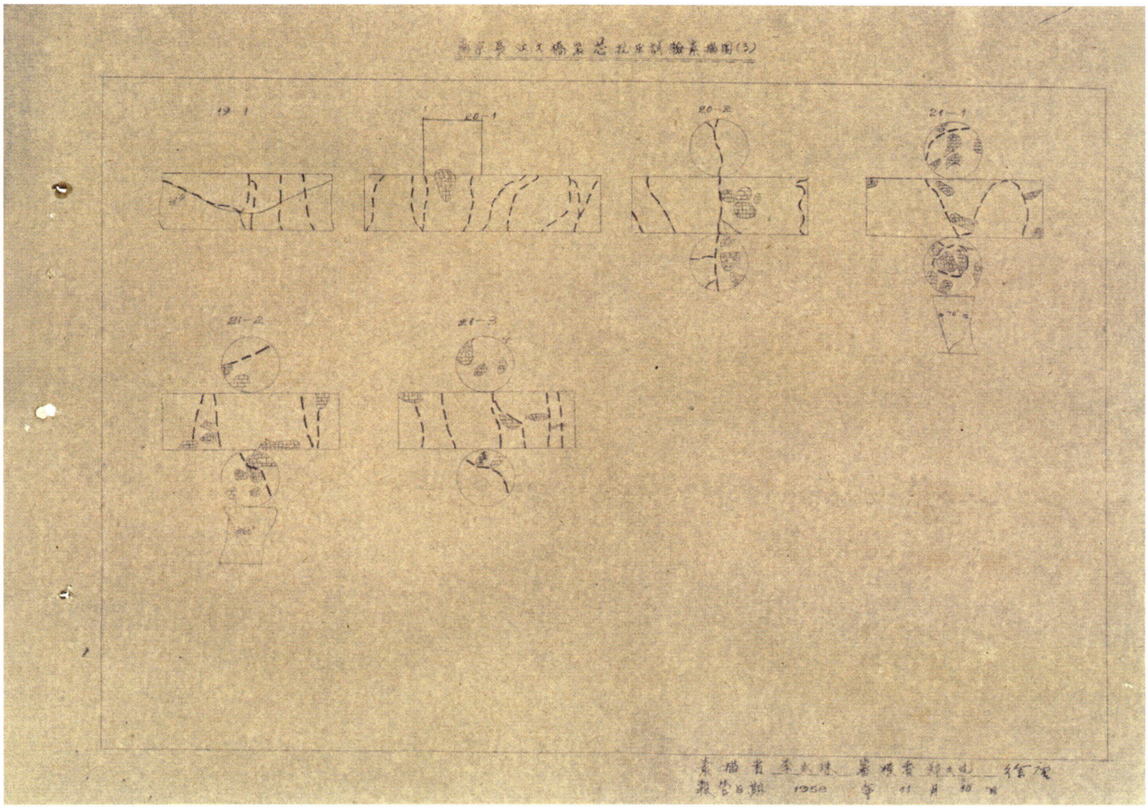
南京长江大桥岩芯抗压试验素描图(3)

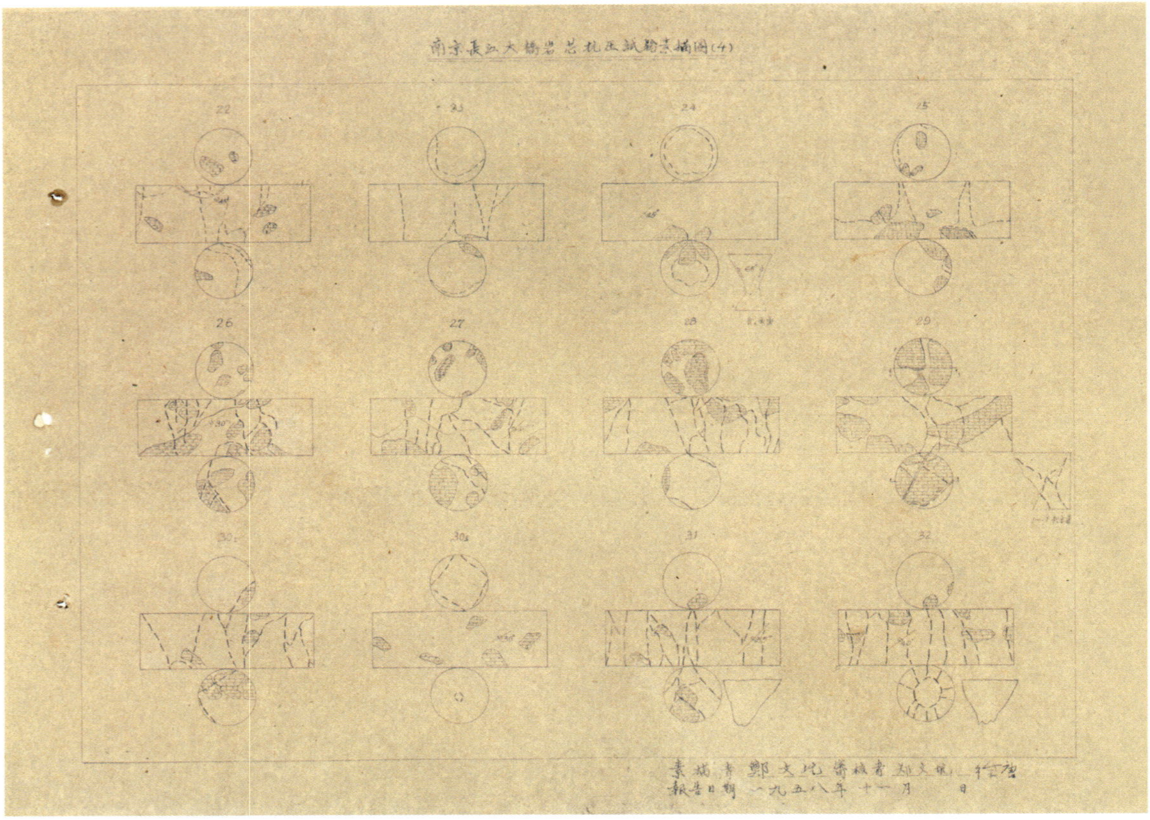
南京長江大橋岩芯抗压試驗素描圖(4)
22
23
24
25
26
27
28
29
30₁
30₂
31
32
素描者
審核者
報告日期 一九五八年 十一月 日

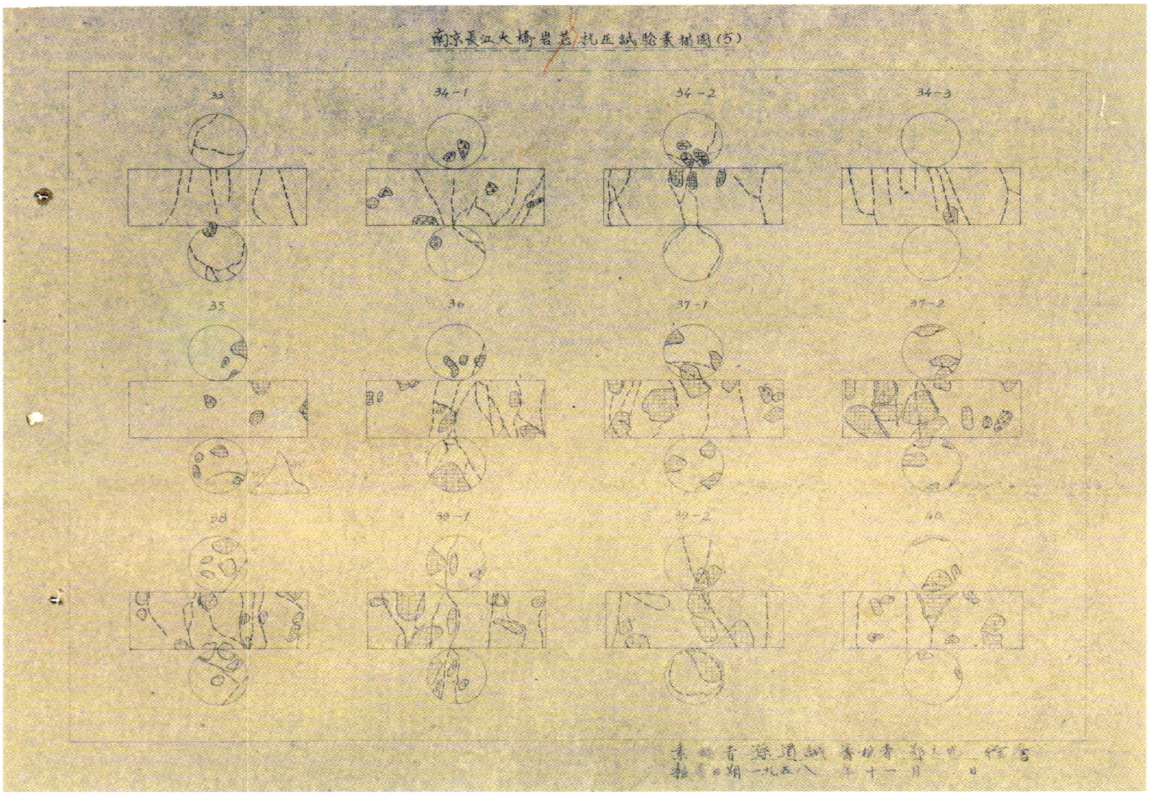
南京長江大橋岩芯抗压試驗素描圖(5)
33
34-1
34-2
34-3
35
36
37-1
37-2
38
39-1
39-2
40
審核者
報告日期 一九五八 年 十一 月 日

南京長江大橋岩芯抗压試驗素描図(6)

素描者 鄭文玑 審核者 郑文玑 徐澄
報告日期 一九五八年十一月 日

南京長江大橋岩芯抗压試驗素描図(7)

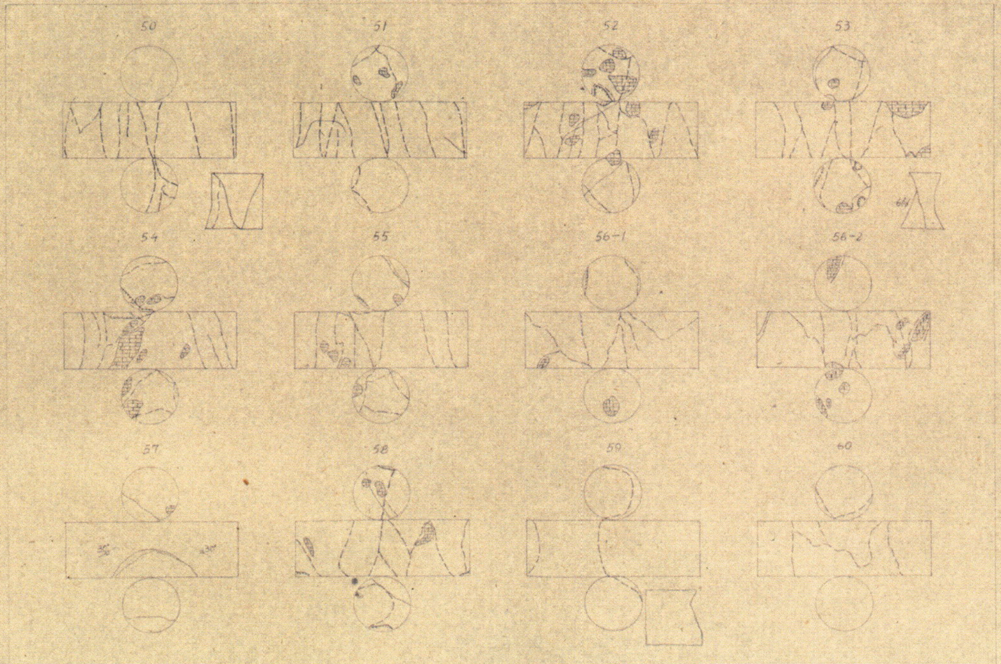

素描者 孫道誠 審核者 郑文玑 徐澄
報告日期 一九五八年十一月 日

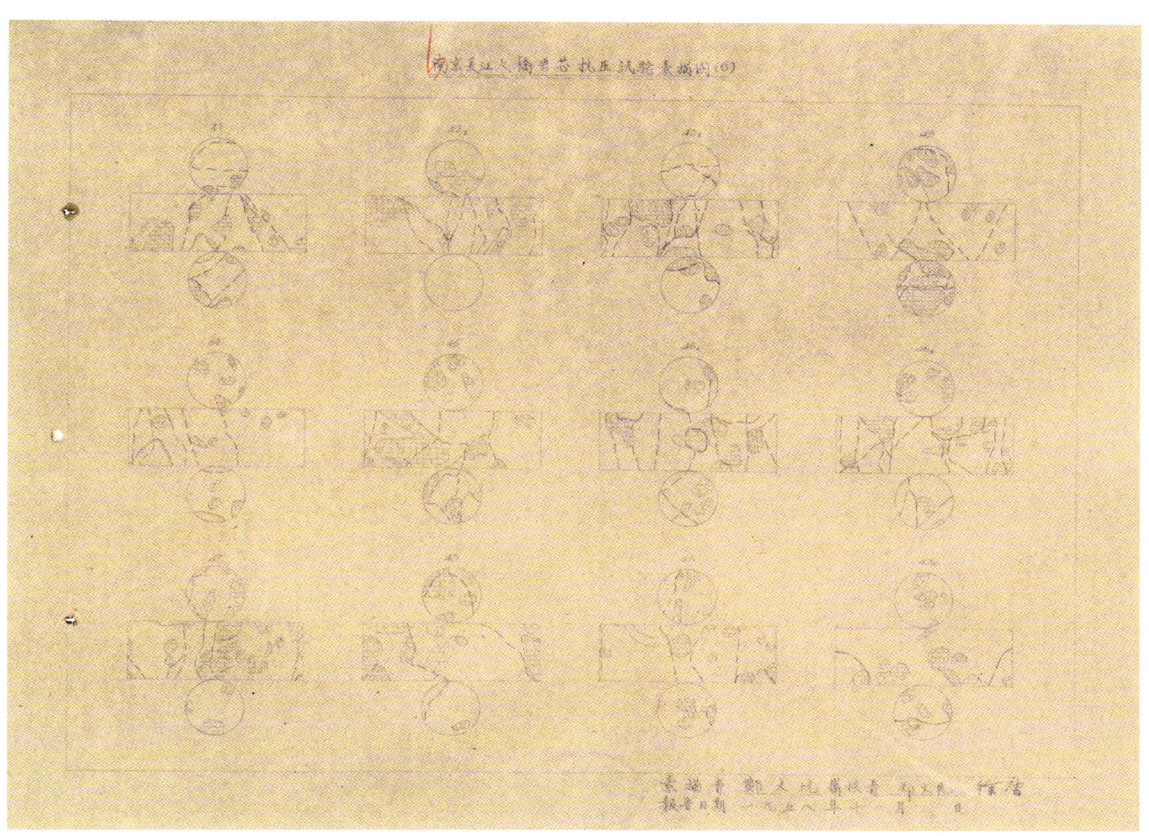

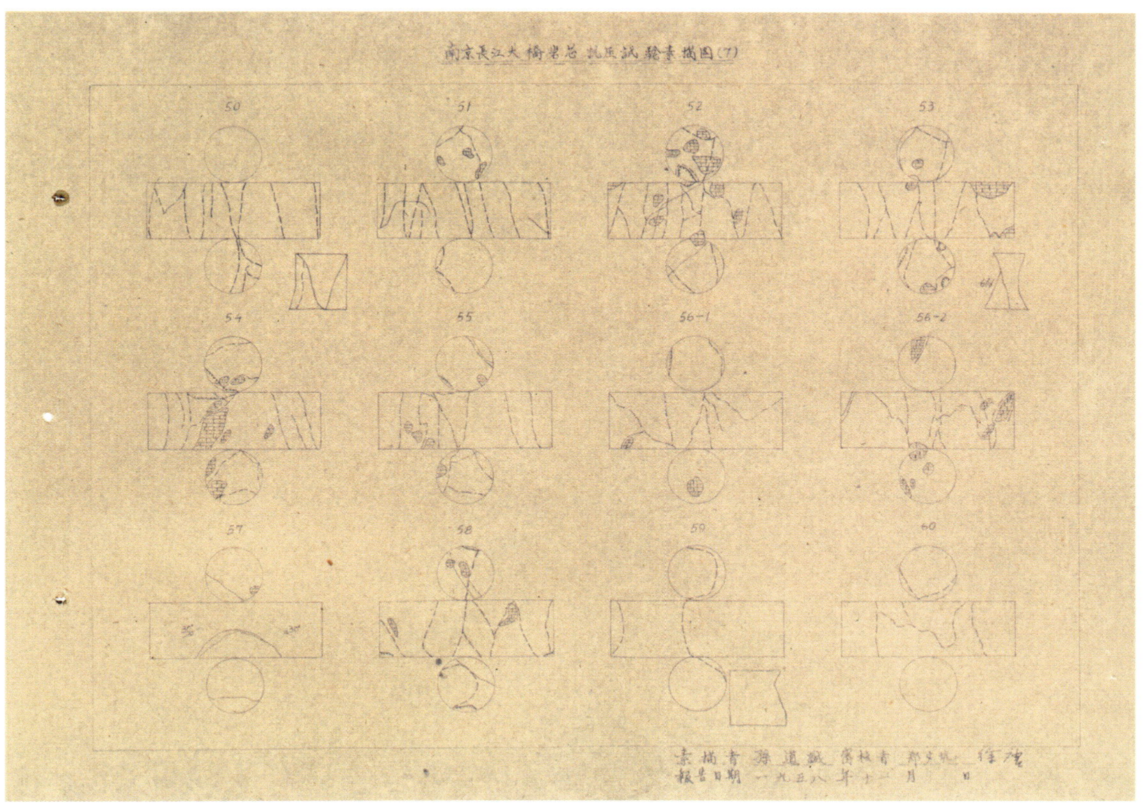

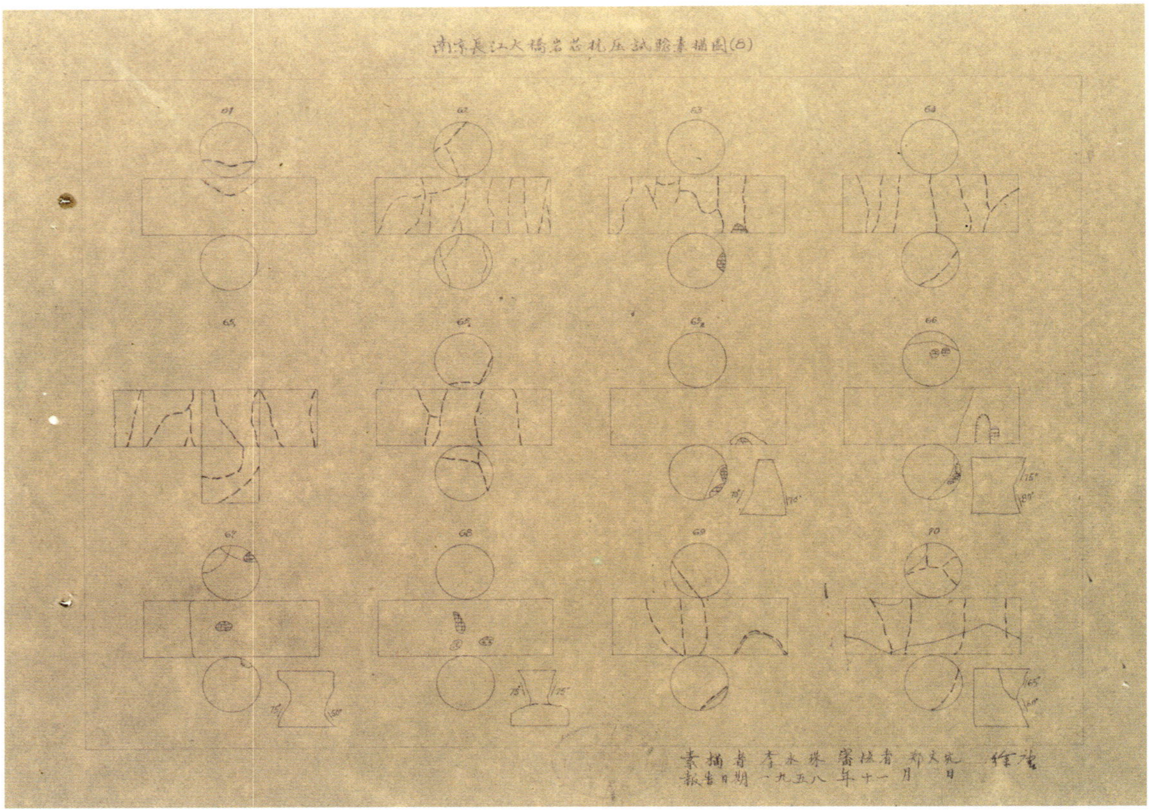
南京長江大橋岩芯抗压試驗素描圖(8)
報告日期 一九五八年十一月 日

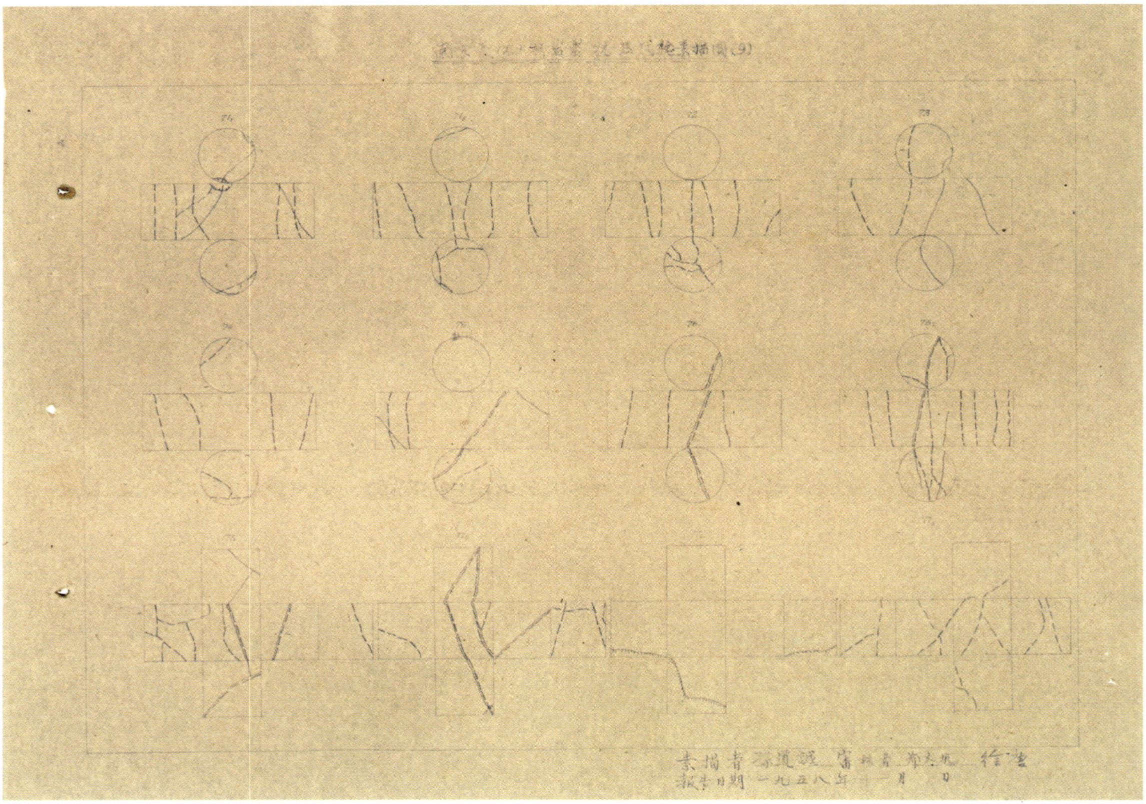
報告日期 一九五八年十一月 日

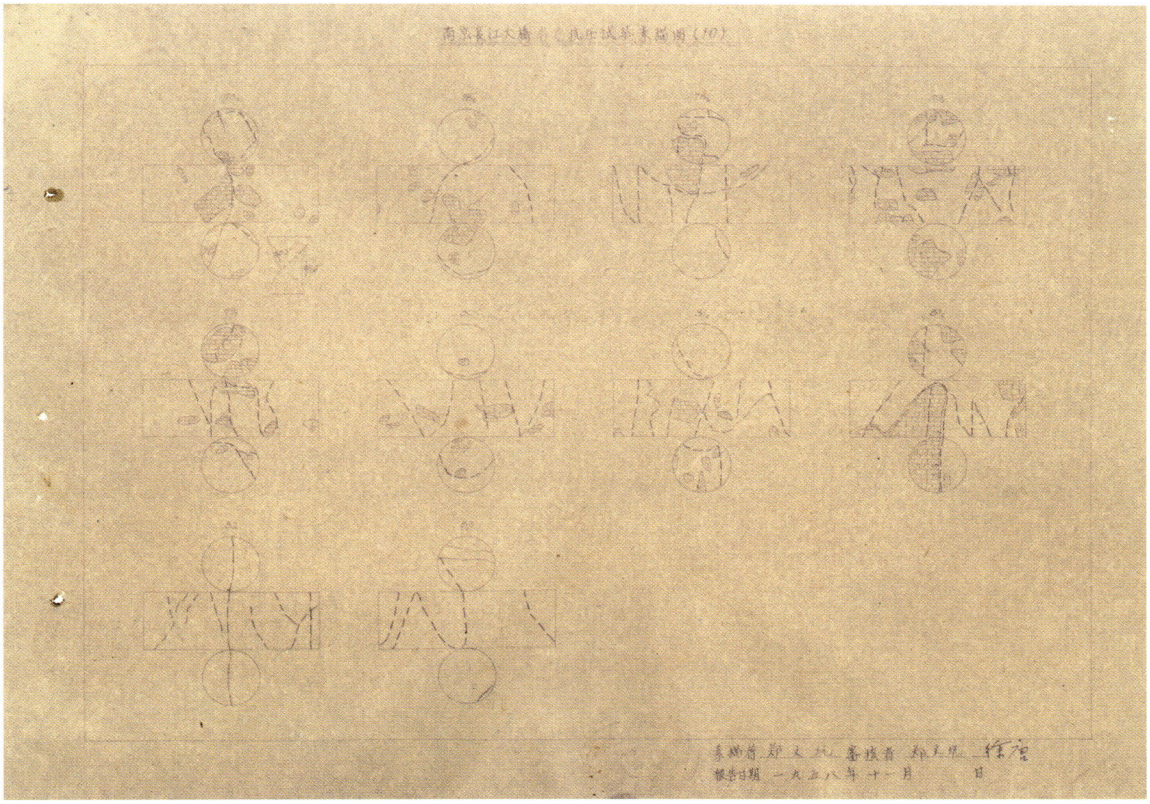
报告日期 一九五八年十一月 日

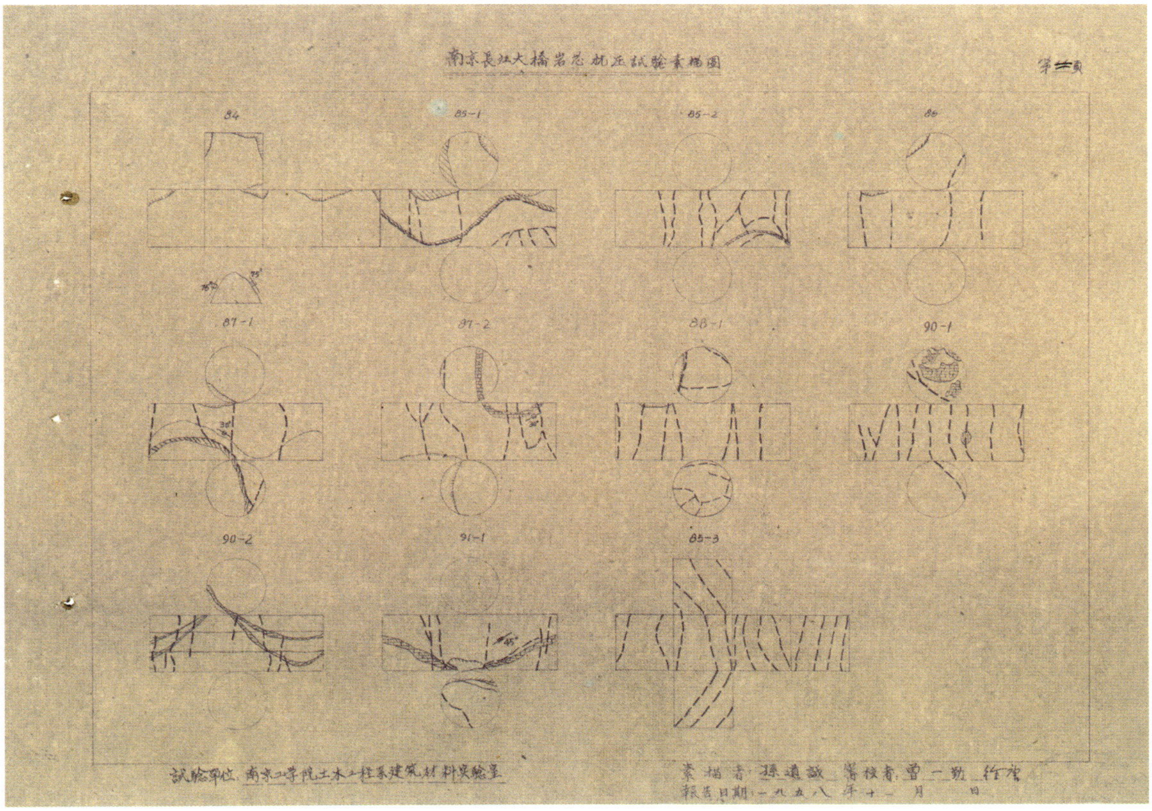
南京長江大橋岩芯抗压試驗素描图
84
85-1
85-2
86
87-1
87-2
88-1
90-1
90-2
91-1
85-3
試驗单位 南京工学院土木工程系建筑材料实验室
报告日期 一九五八年十一月 日

南京長江大橋岩芯抗压試驗素描圖　　　　第二页

試驗單位：南京工学院土木工程系建筑材料实驗室　　　　素描者：孙道诚　審核者：曾一勤

報告日期：一九五八年十一月　日

南京長江大橋岩芯抗压試驗素描圖　　　　第三页

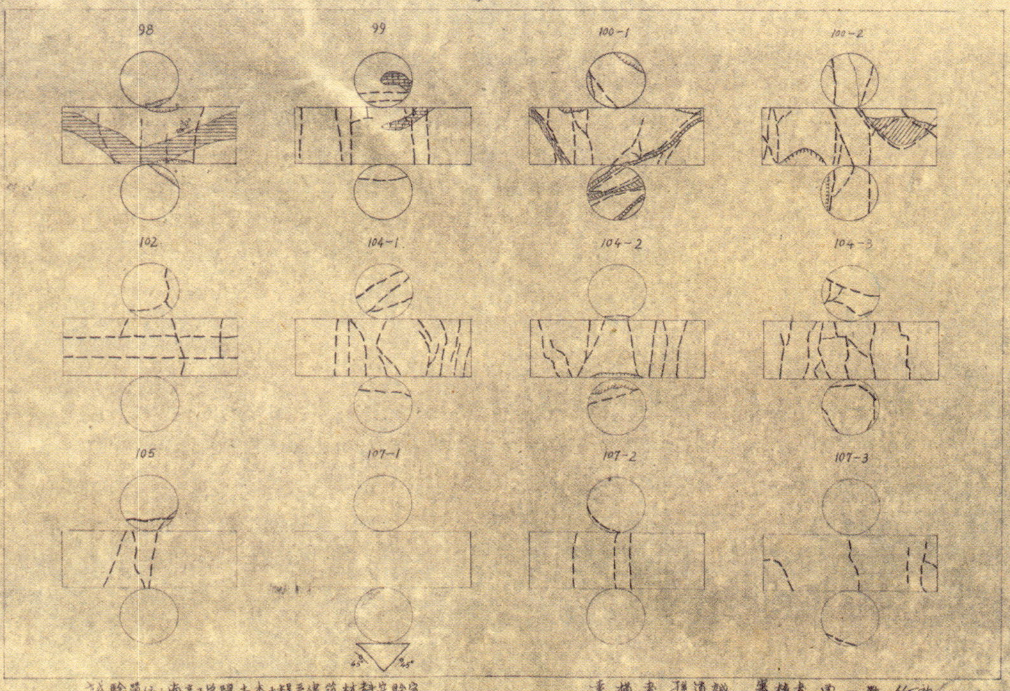

試驗單位：南京工学院土木工程系建筑材料实驗室　　　　素描者：孙道诚　審核者：曾一勤

報告日期：一九五八年十一月　日

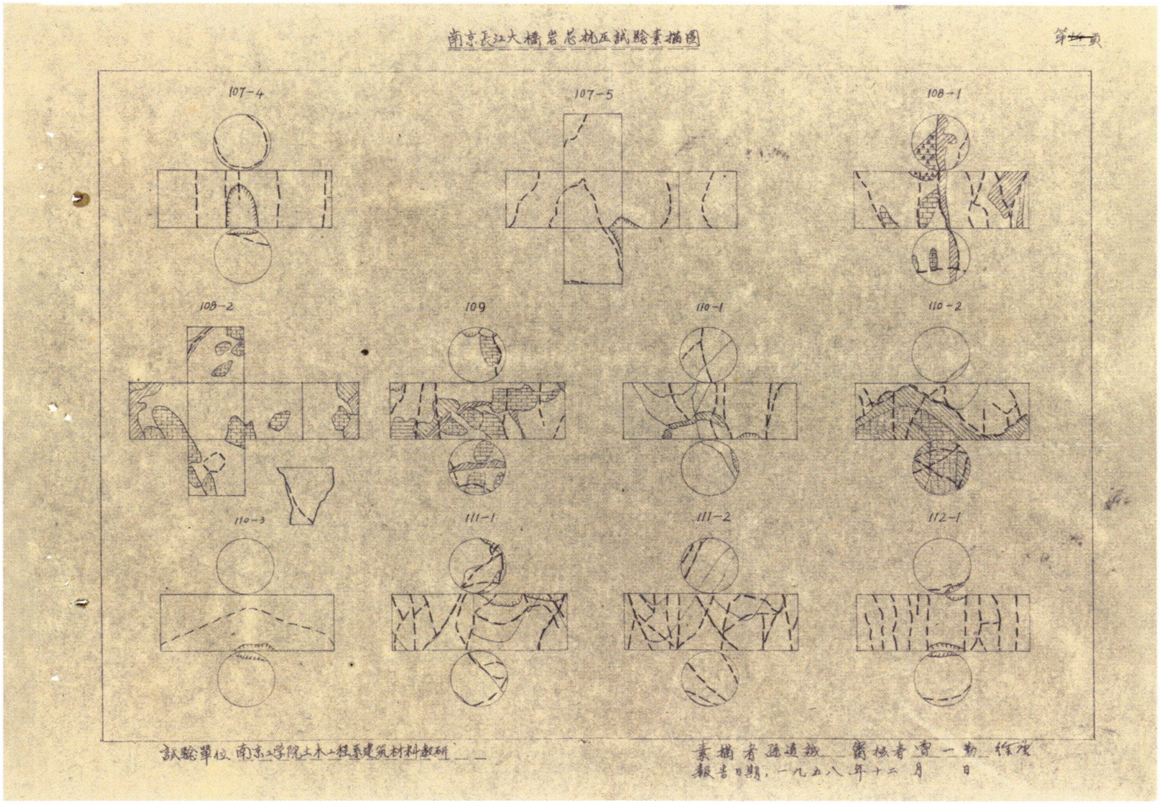
南京長江大橋岩芯抗压試驗素描圖
第 頁
107-4
107-5
108-1
108-2
109
110-1
110-2
110-3
111-1
111-2
112-1
試驗單位 南京工学院土木工程系建筑材料教研
素描者 孫道誠 審核者 賈一勤 徐葆
報告日期 一九五八年十二月 日

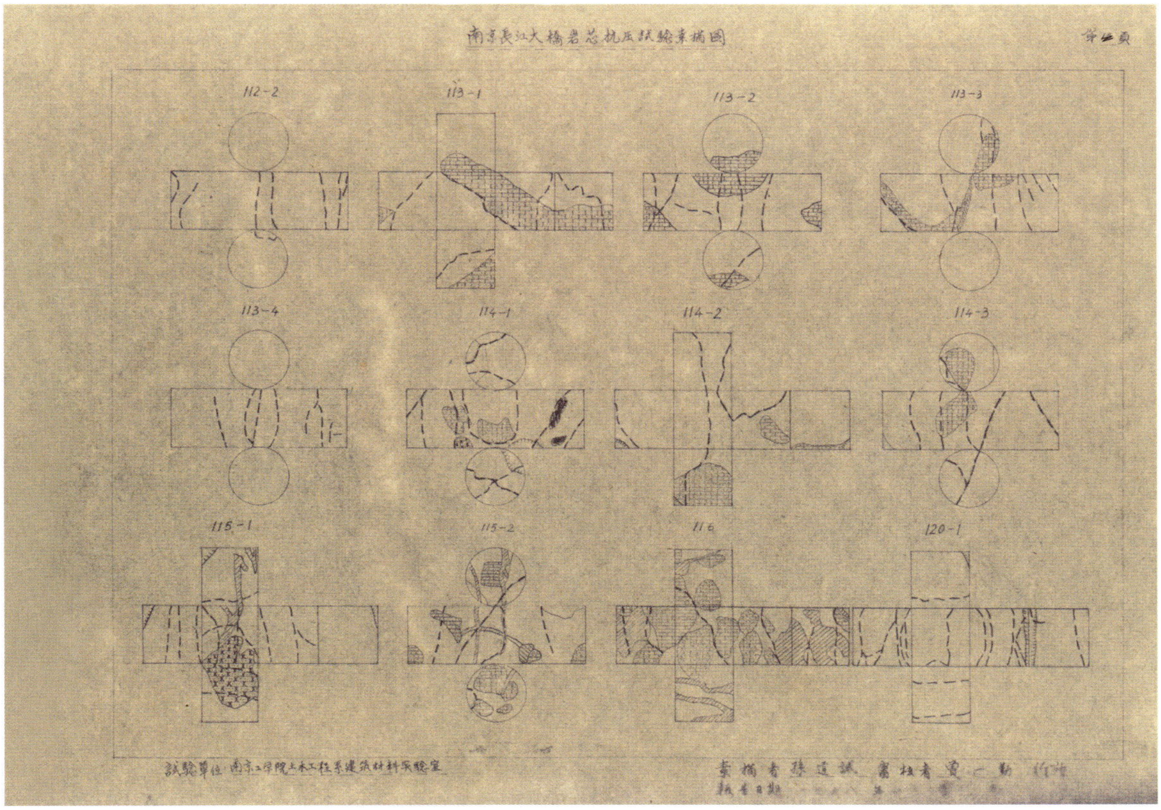
南京長江大橋岩芯抗压試驗素描圖
第 頁
112-2
113-1
113-2
113-3
113-4
114-1
114-2
114-3
115-1
115-2
116
120-1
試驗單位 南京工学院土木工程系建筑材料試驗室
素描者 孫道誠 審核者 賈一勤 徐葆
報告日期

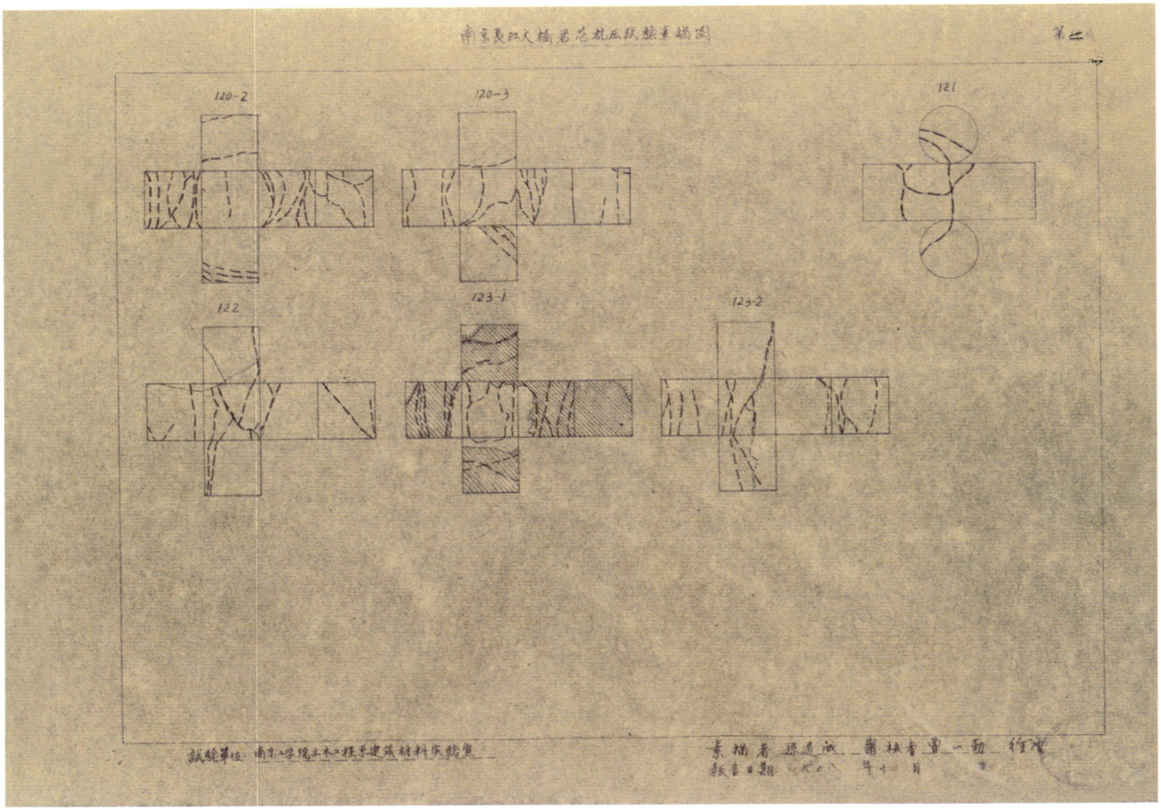
南京長江大橋岩芯抗压試驗素描图
120-2
120-3
121
122
123-1
123-2
試驗單位：南京工学院土木工程系建筑材料实驗室
素描者
審核者
報告日期

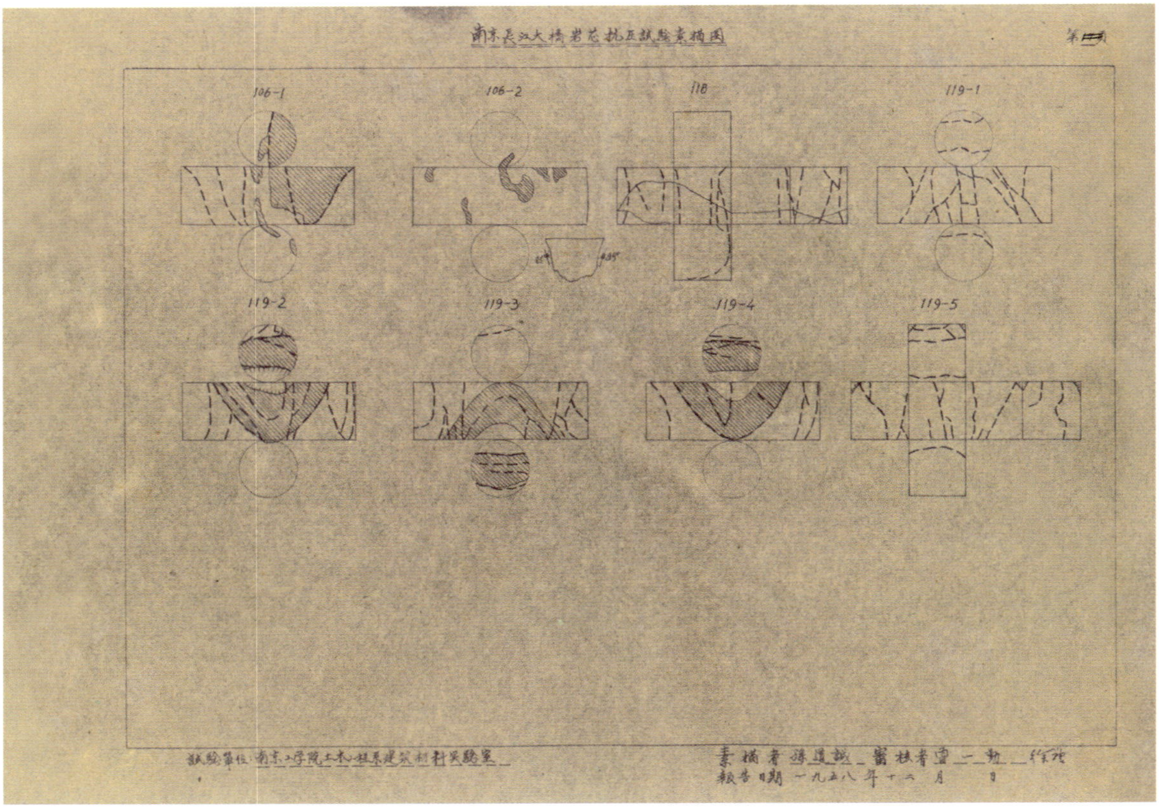
南京長江大橋岩芯抗压試驗素描图
106-1
106-2
118
119-1
119-2
119-3
119-4
119-5
試驗單位：南京工学院土木工程系建筑材料实驗室
素描者
審核者
報告日期 一九五八年十二月 日

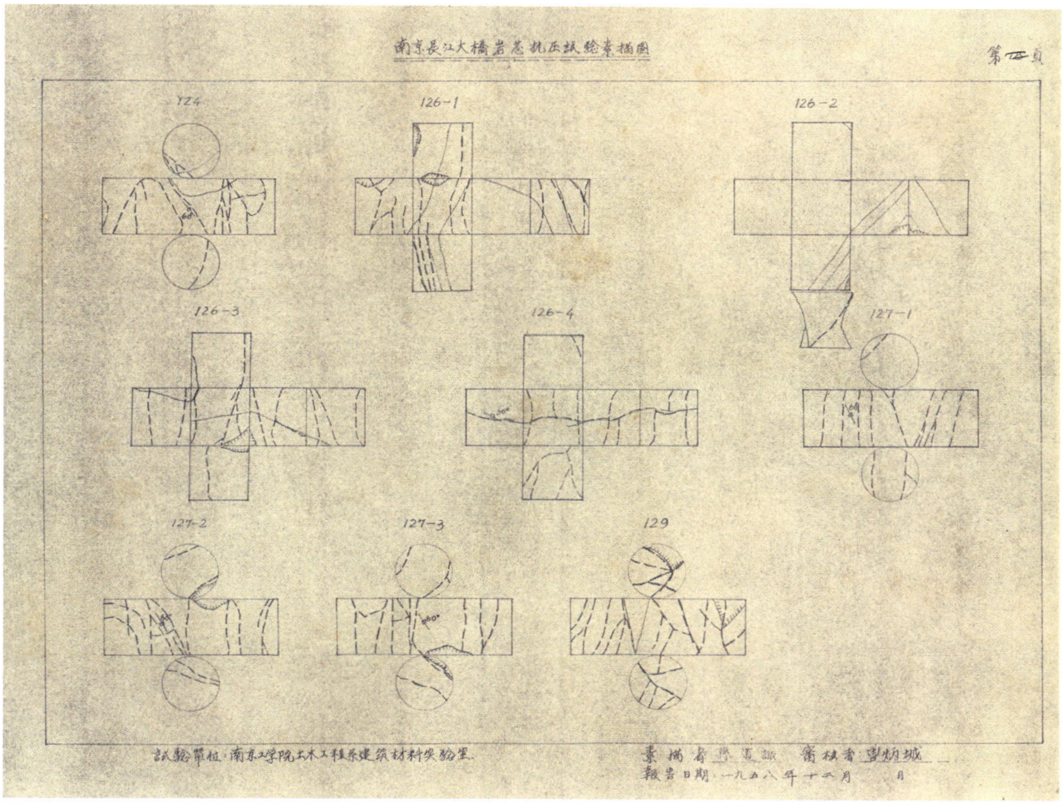
南京長江大橋岩芯抗压試驗素描圖
第四頁
124
126-1
126-2
126-3
126-4
127-1
127-2
127-3
129
試驗單位：南京工学院土木工程系建筑材料实验室
素描者
審核者
報告日期：一九五八年十二月 日

南京長江大橋岩芯抗压試驗素描圖
第五頁
130-1
130-2
130-3
130-4
131-1
131-2
131-3
131-4
131-5
131-6
132-1
試驗單位：南京工学院土木工程系建筑材料实验室
素描者
審核者
報告日期：一九五八年十二月 日

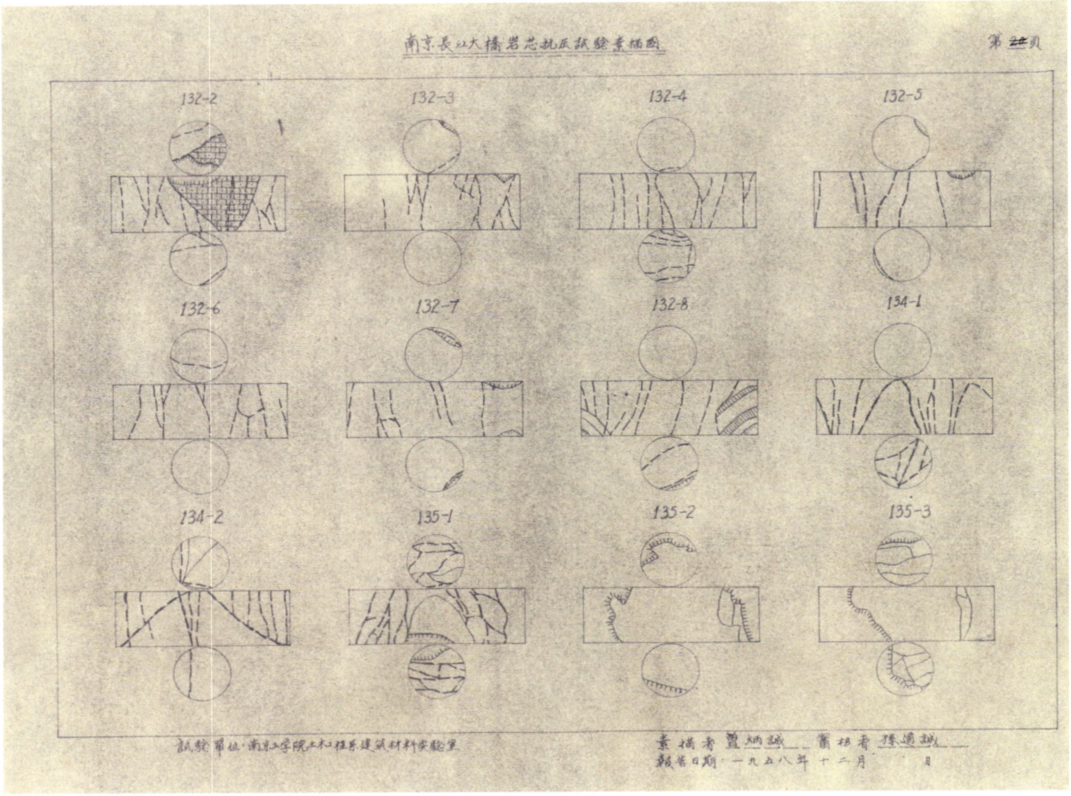
南京長江大橋岩芯抗压試驗素描圖
132-2
132-3
132-4
132-5
132-6
132-7
132-8
134-1
134-2
135-1
135-2
135-3
試驗單位：南京工学院土木工程系建筑材料实验室
報告日期：一九五八年十二月　日

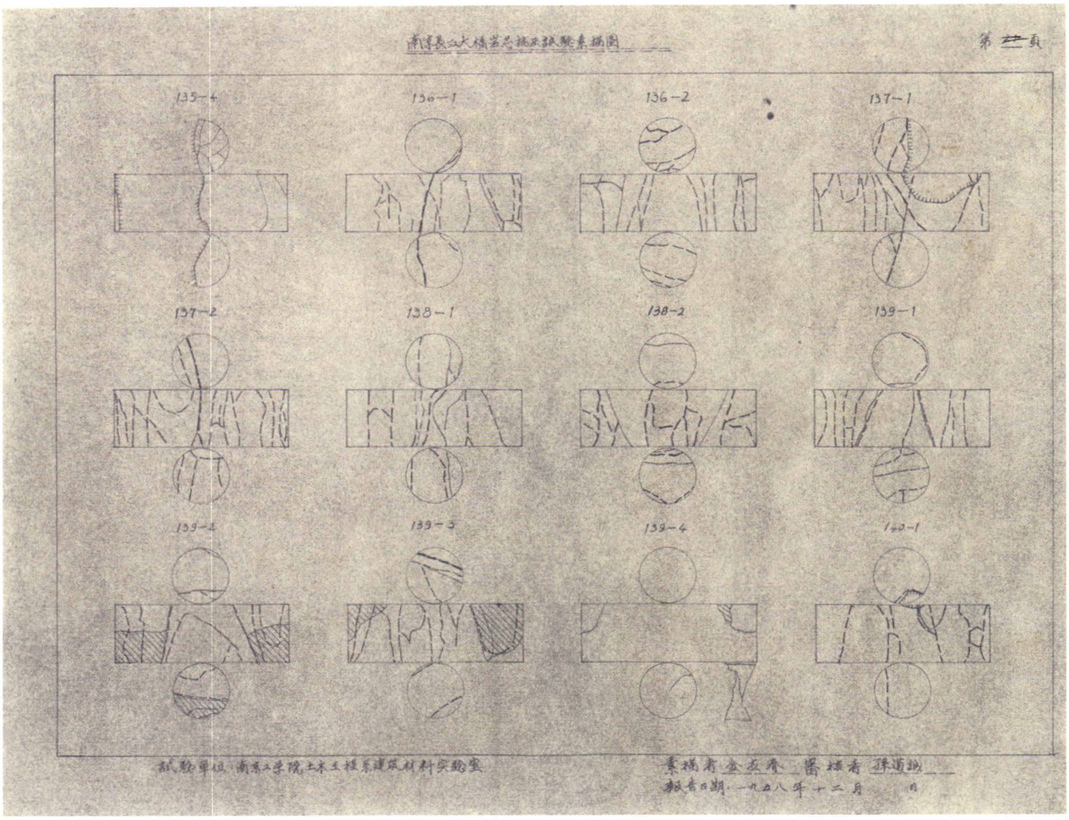
南京長江大橋岩芯抗压試驗素描圖
135-4
136-1
136-2
137-1
137-2
138-1
138-2
139-1
139-2
139-3
139-4
140-1
試驗單位：南京工学院土木工程系建筑材料实验室
報告日期：一九五八年十二月　日

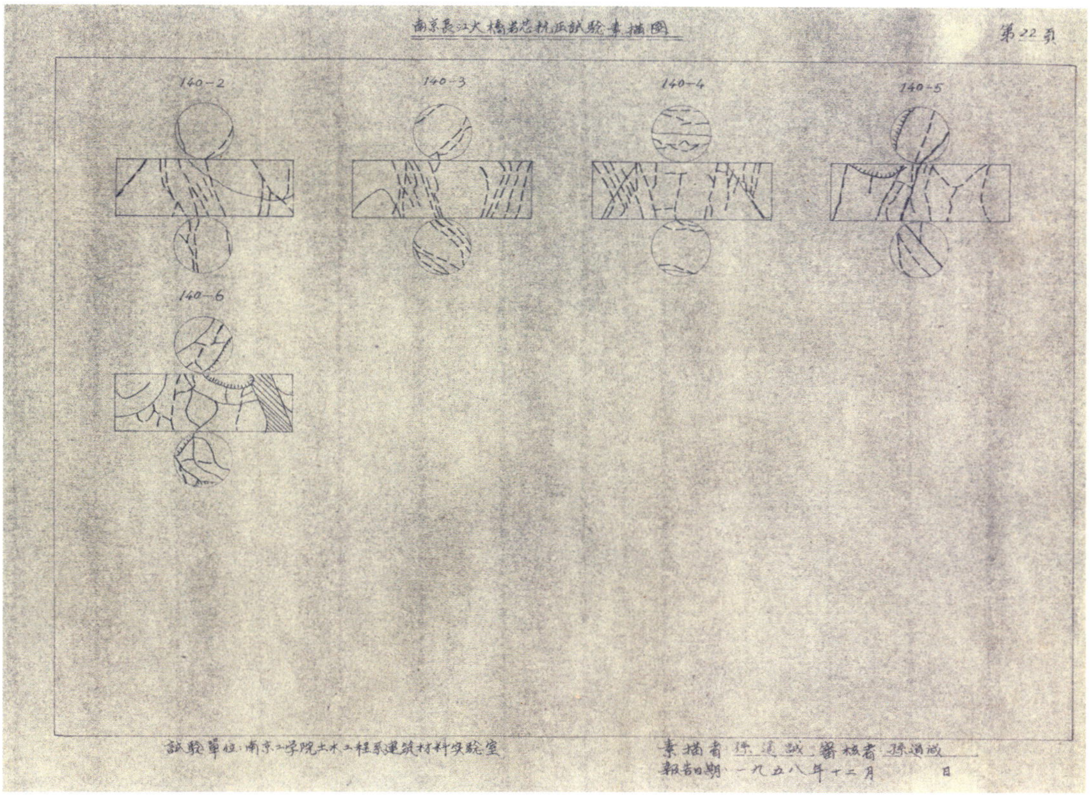
南京長江大橋岩芯抗压試驗素描圖 第22頁

試驗單位：南京工学院土木工程系建築材料实驗室　　素描者 孫道誠 審核者 孫道誠
報告日期 一九五八年十二月　日

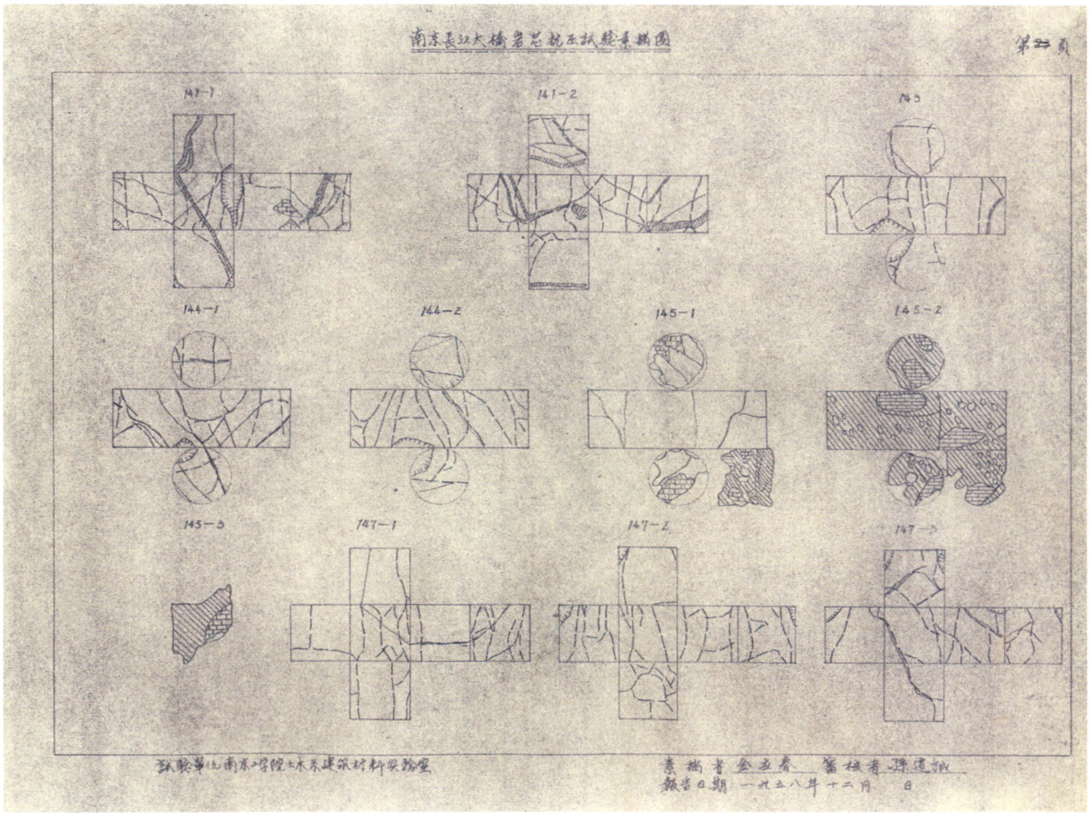
南京長江大橋岩芯抗压試驗素描圖 第23頁

試驗單位：南京工学院土木系建築材料实驗室　　素描者 金立春 審核者 孫道誠
報告日期 一九五八年十二月　日

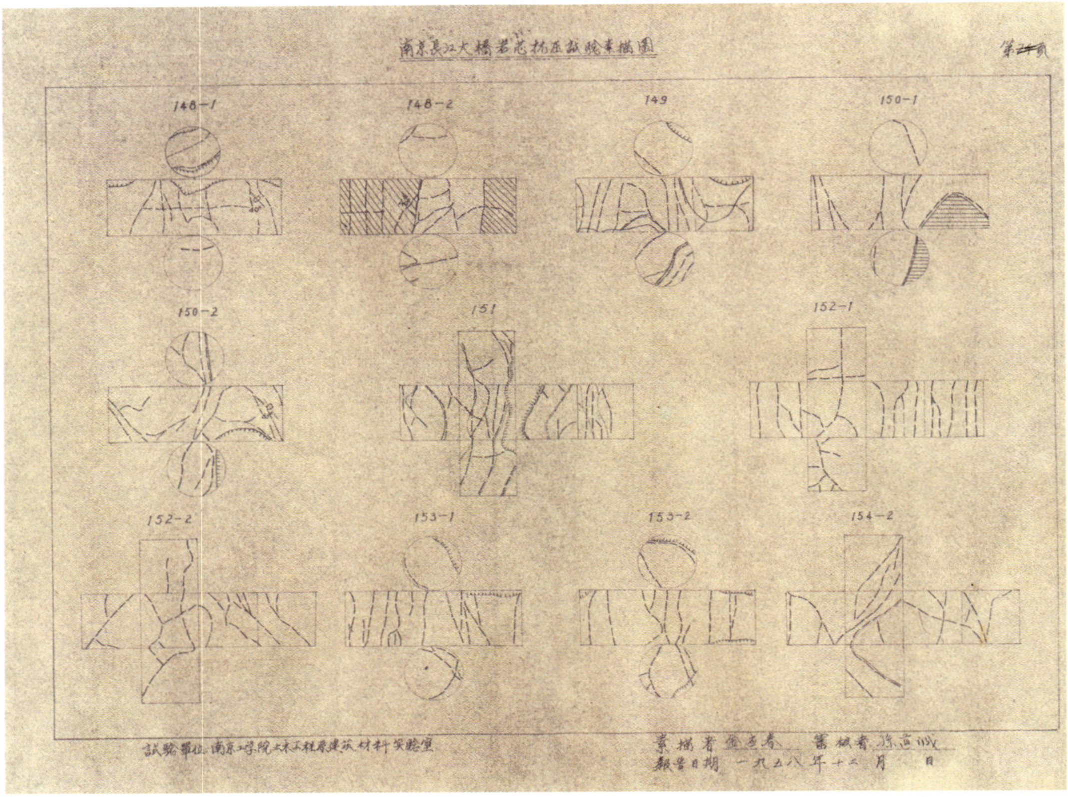
南京長江大橋岩芯抗压試驗素描圖
148-1
148-2
149
150-1
150-2
151
152-1
152-2
153-1
153-2
154-2
試驗單位：南京工学院土木工程系建筑材料实验室
素描者 金立春 審核者 孫道誠
報告日期 一九五八年十二月 日

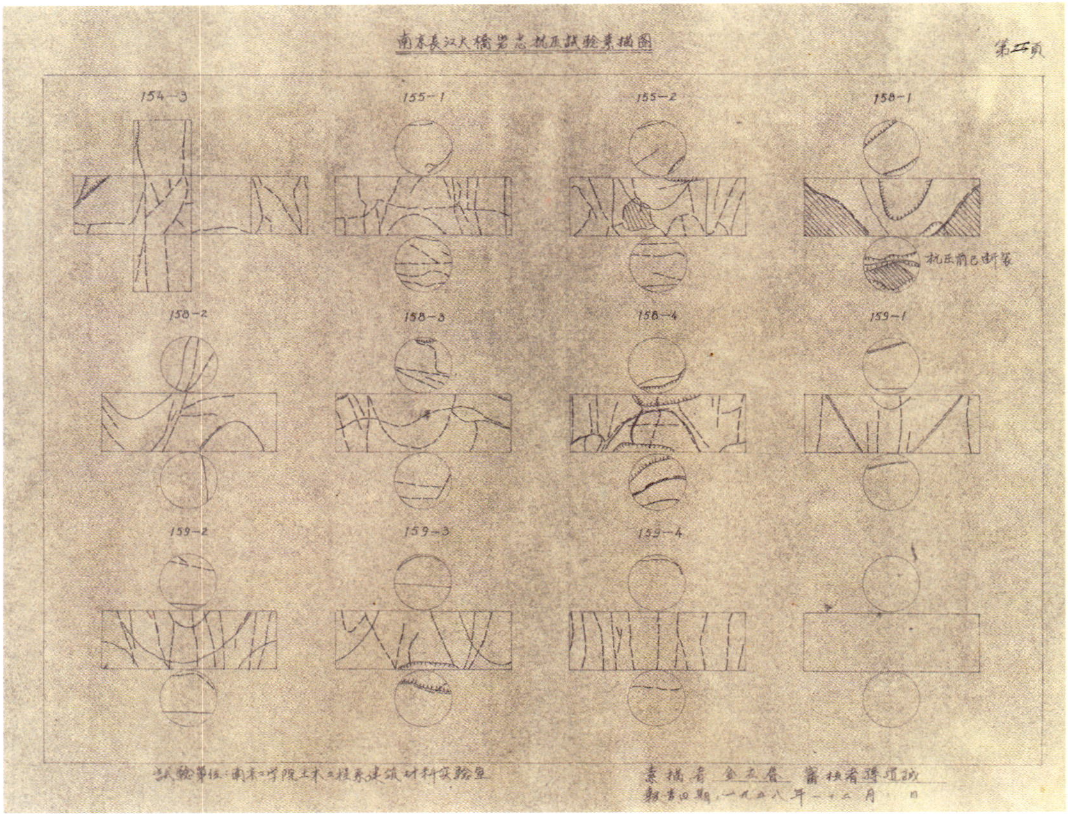
南京長江大橋岩芯抗压試驗素描圖
154-3
155-1
155-2
158-1
抗压前已断裂
158-2
158-3
158-4
159-1
159-2
159-3
159-4
試驗單位：南京工学院土木工程系建筑材料实验室
素描者 金立春 審核者 孫道誠
報告日期 一九五八年十二月 日

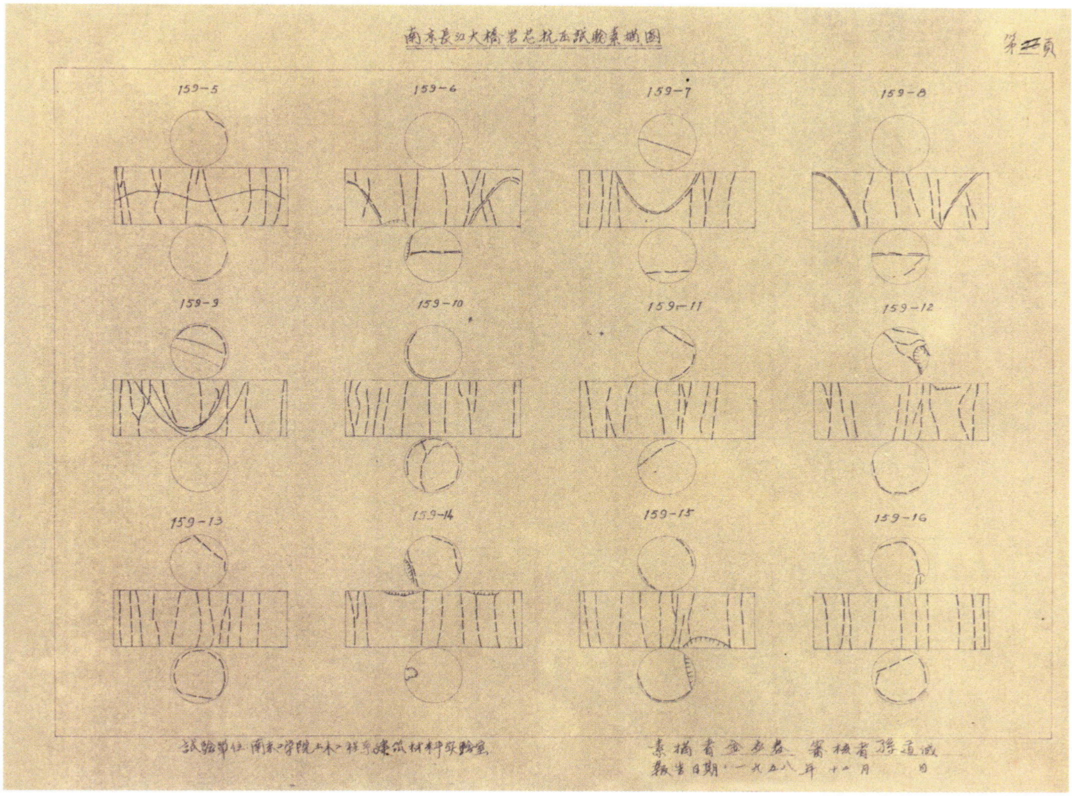
南京長江大橋岩芯抗压試驗素描图
159-5
159-6
159-7
159-8
159-9
159-10
159-11
159-12
159-13
159-14
159-15
159-16
試驗單位：南京工学院土木工程系建筑材料实验室
素描者　審核者
報告日期：一九五八年十二月　日

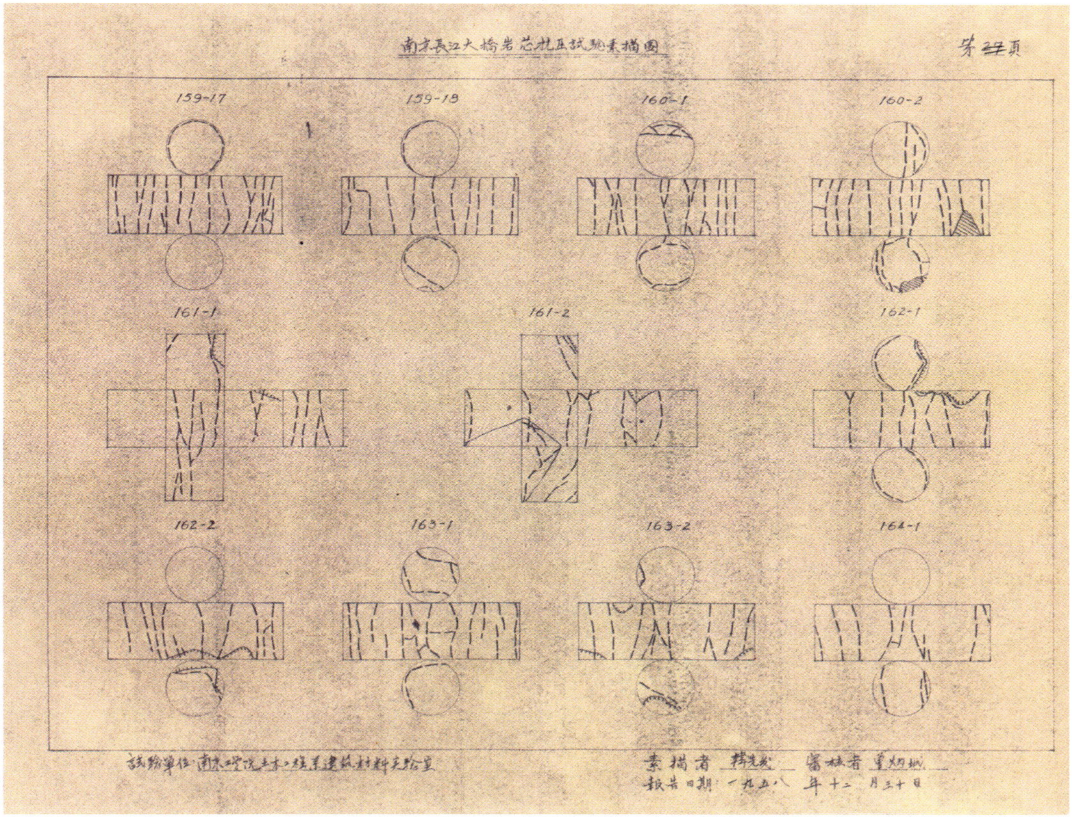
南京長江大橋岩芯抗压試驗素描图
159-17
159-18
160-1
160-2
161-1
161-2
162-1
162-2
163-1
163-2
164-1
試驗單位：南京工学院土木工程系建筑材料实验室
素描者　審核者
報告日期：一九五八年十二月三十日

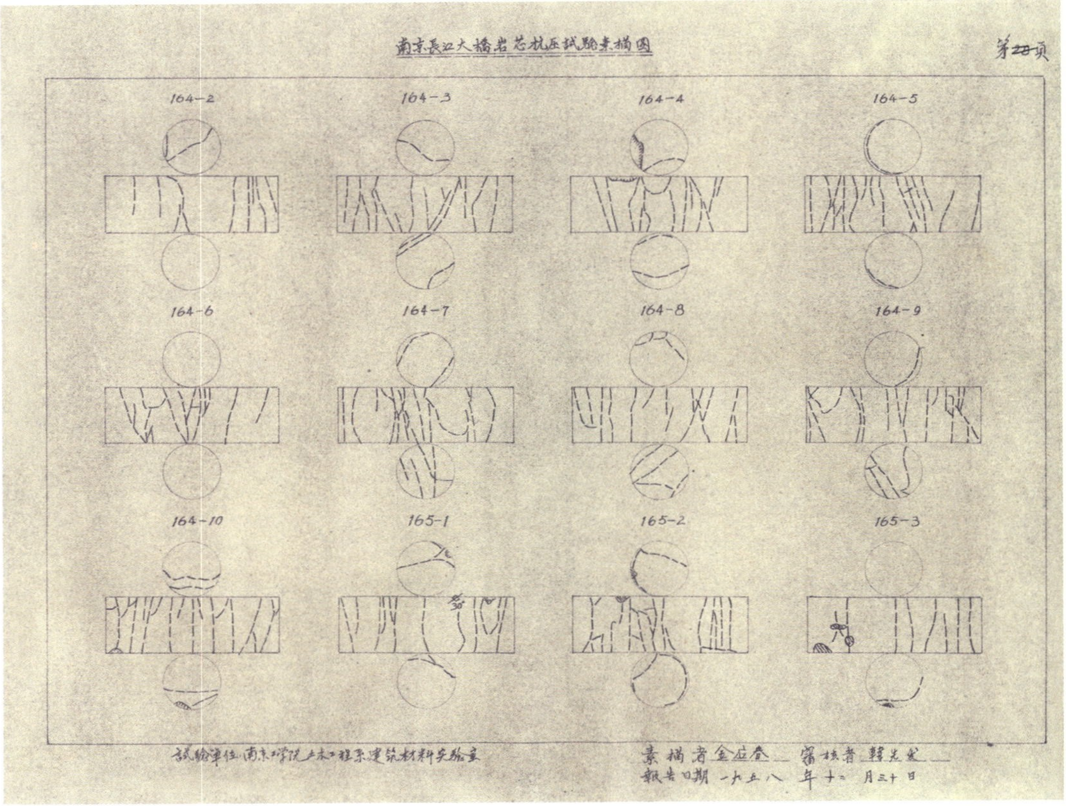
南京長江大橋岩芯抗压試驗素描图
164-2
164-3
164-4
164-5
164-6
164-7
164-8
164-9
164-10
165-1
165-2
165-3
試驗单位：南京工学院土木工程系建筑材料实验室
素描者
審核者
报告日期 一九五八年十二月三十日

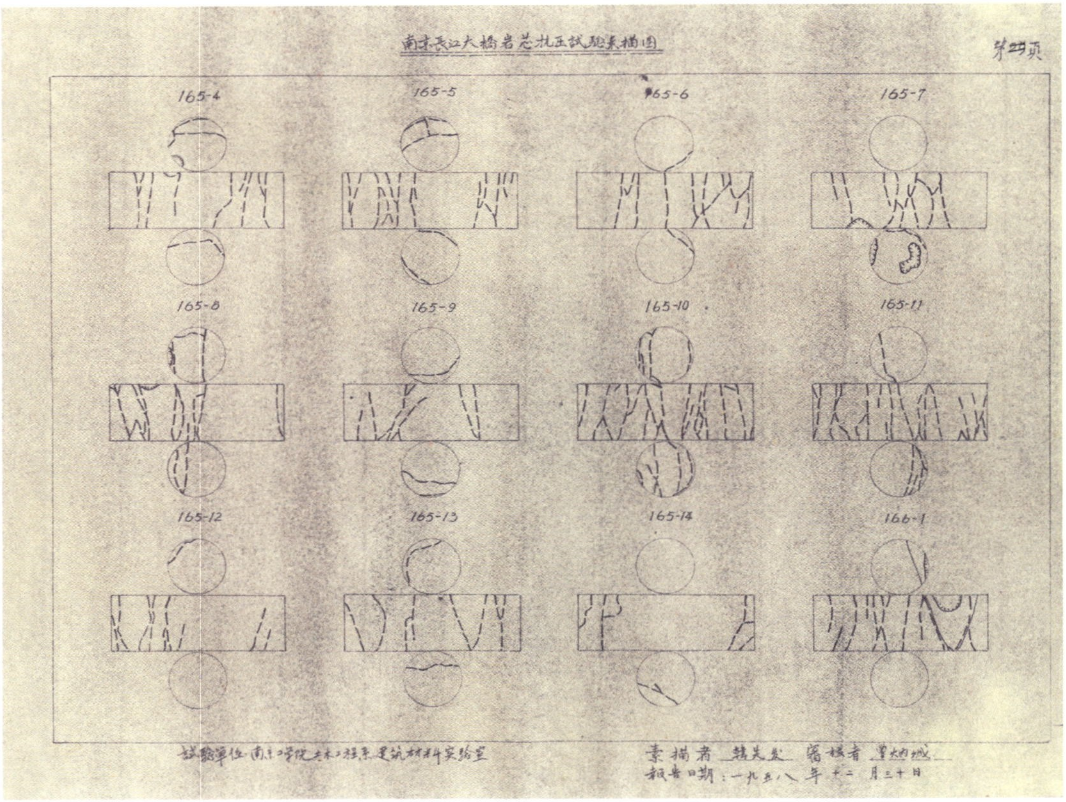
南京長江大橋岩芯抗压試驗素描图
165-4
165-5
165-6
165-7
165-8
165-9
165-10
165-11
165-12
165-13
165-14
166-1
試驗单位：南京工学院土木工程系建筑材料实验室
素描者
審核者
报告日期：一九五八年十二月三十日

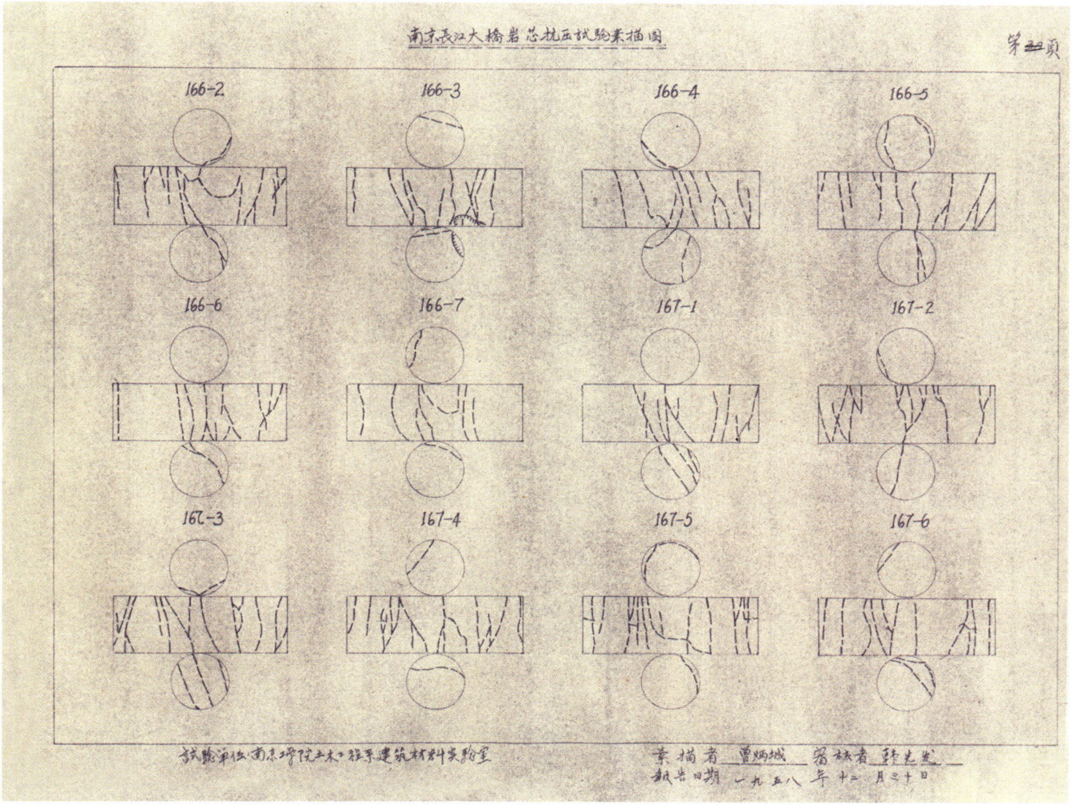
南京長江大橋岩芯抗压試驗素描圖
第30頁
試驗单位：南京工学院土木工程系建筑材料实验室
素描者 曾炳城 審核者 韩光发
報告日期 一九五八年十二月二十日

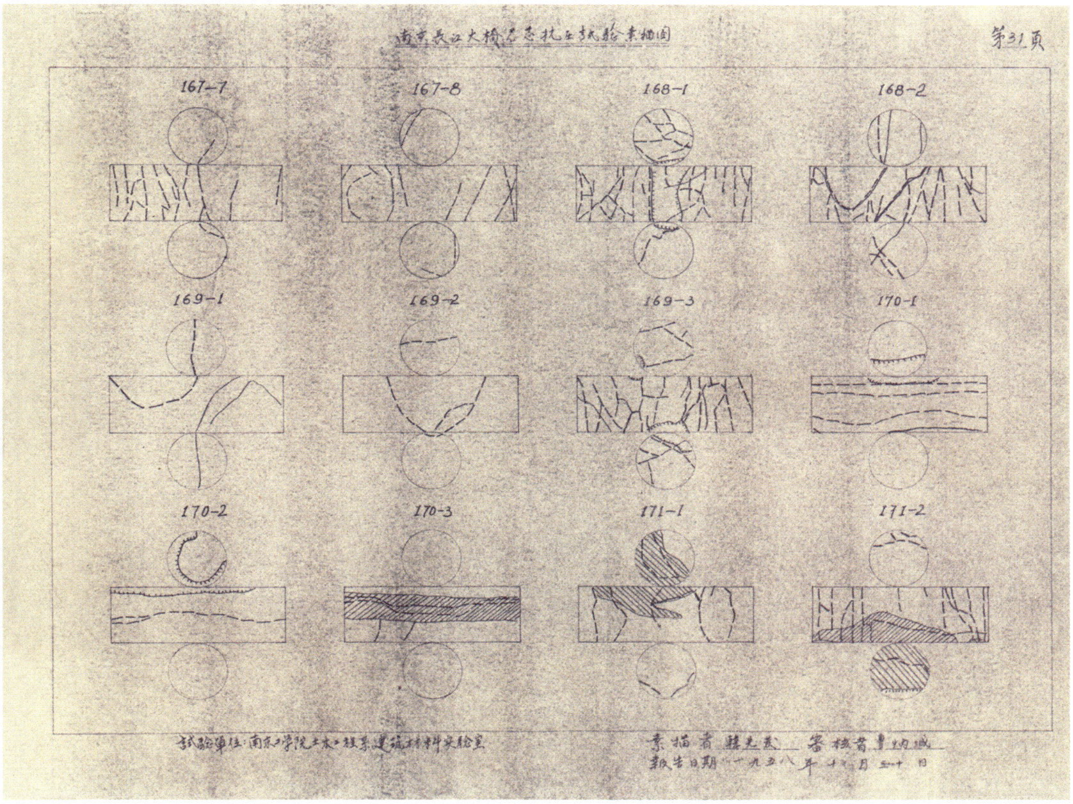
南京長江大橋岩芯抗压試驗素描圖
第31頁
試驗单位：南京工学院土木工程系建筑材料实验室
素描者 韩光发 審核者 曾炳城
報告日期 一九五八年十二月二十日

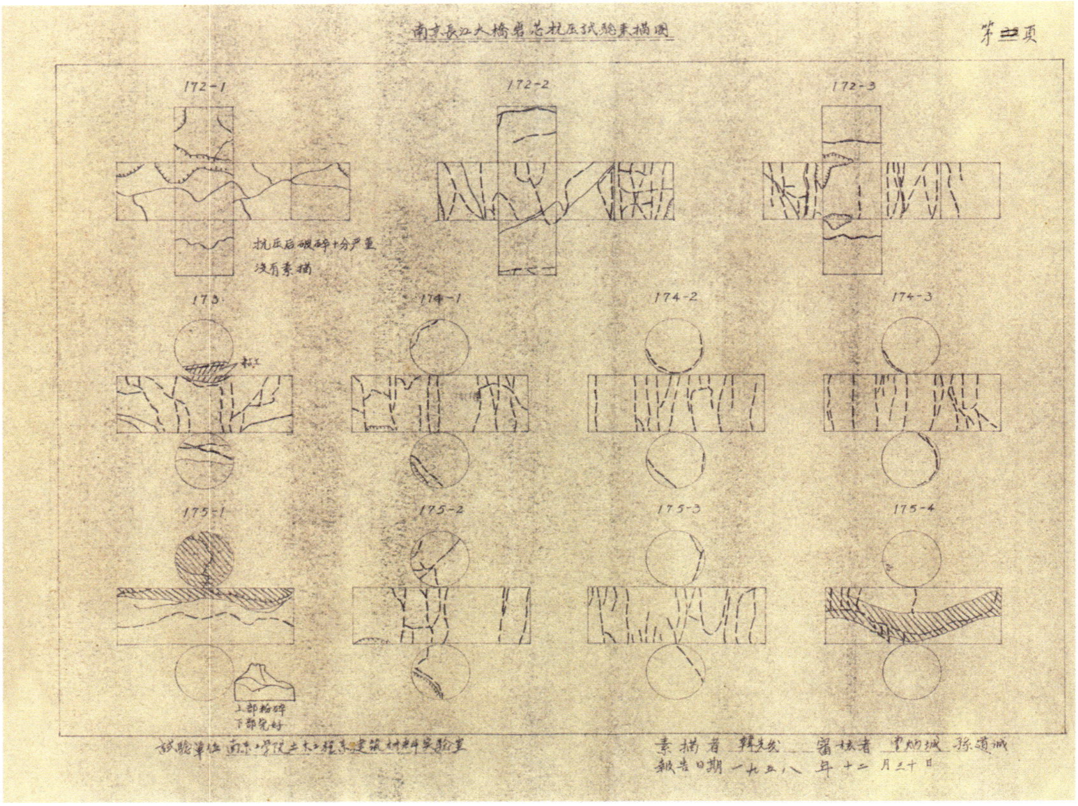
南京長江大橋岩芯抗压試驗素描圖
172-1
172-2
172-3
抗压后破碎十分严重
没有素描
173
174-1
174-2
174-3
175-1
175-2
175-3
175-4
上部粉碎
下部完好
試驗单位 南京工学院土木工程系建筑材料实验室
素描者
審核者
報告日期 一九五八 年 十二 月三十 日

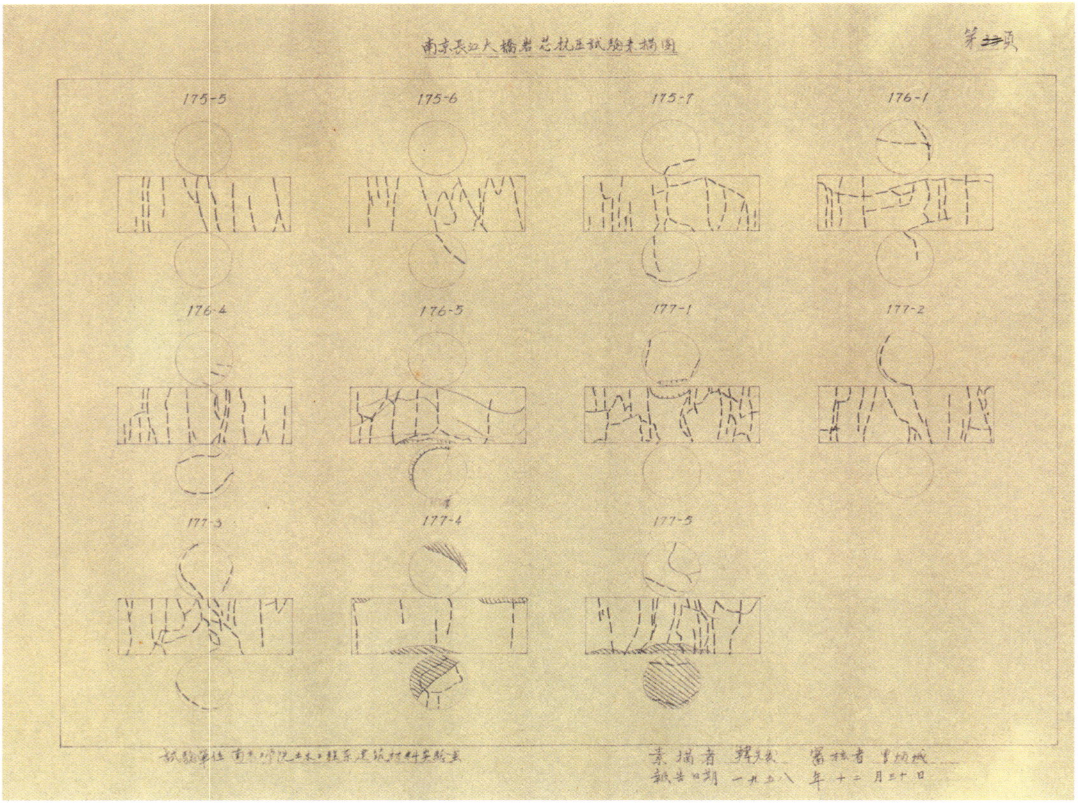
南京長江大橋岩芯抗压試驗素描圖
175-5
175-6
175-7
176-1
176-4
176-5
177-1
177-2
177-3
177-4
177-5
試驗单位 南京工学院土木工程系建筑材料实验室
素描者
審核者
報告日期 一九五八 年 十二 月三十 日

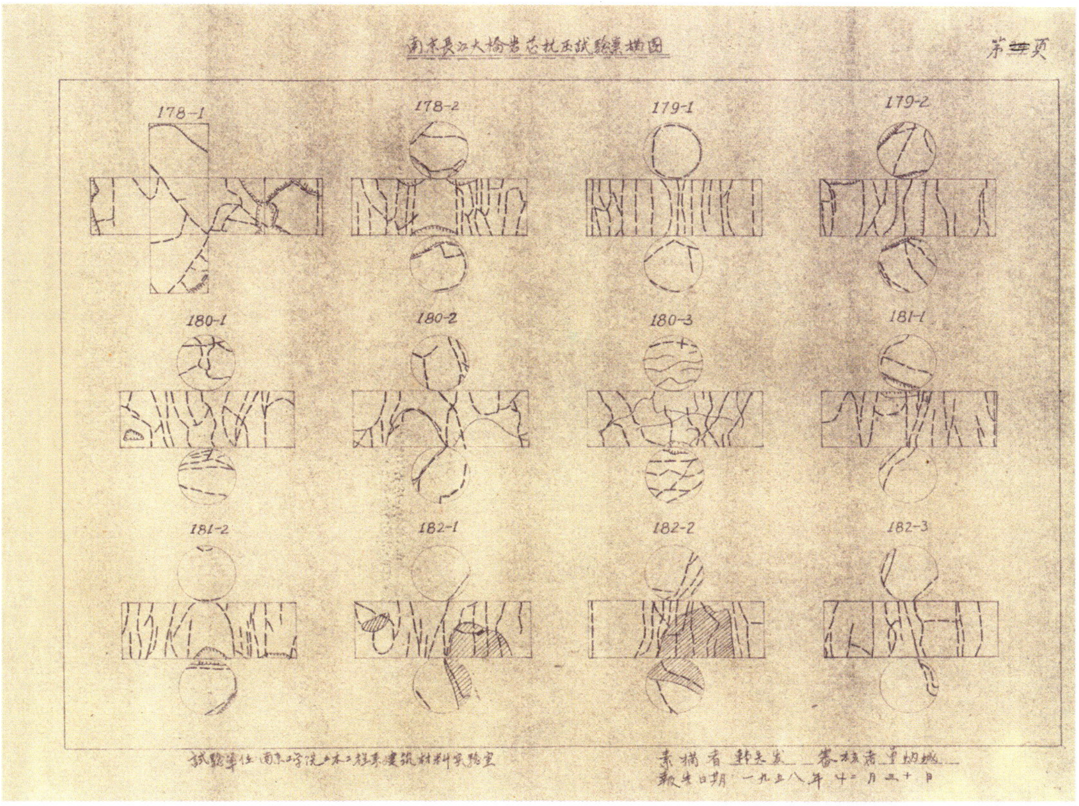
南京長江大橋岩芯抗压試驗素描图
178-1
178-2
179-1
179-2
180-1
180-2
180-3
181-1
181-2
182-1
182-2
182-3
試驗單位 南京工学院土木工程系建筑材料实验室
素描者
审核者
日期 一九五八年十二月二十日

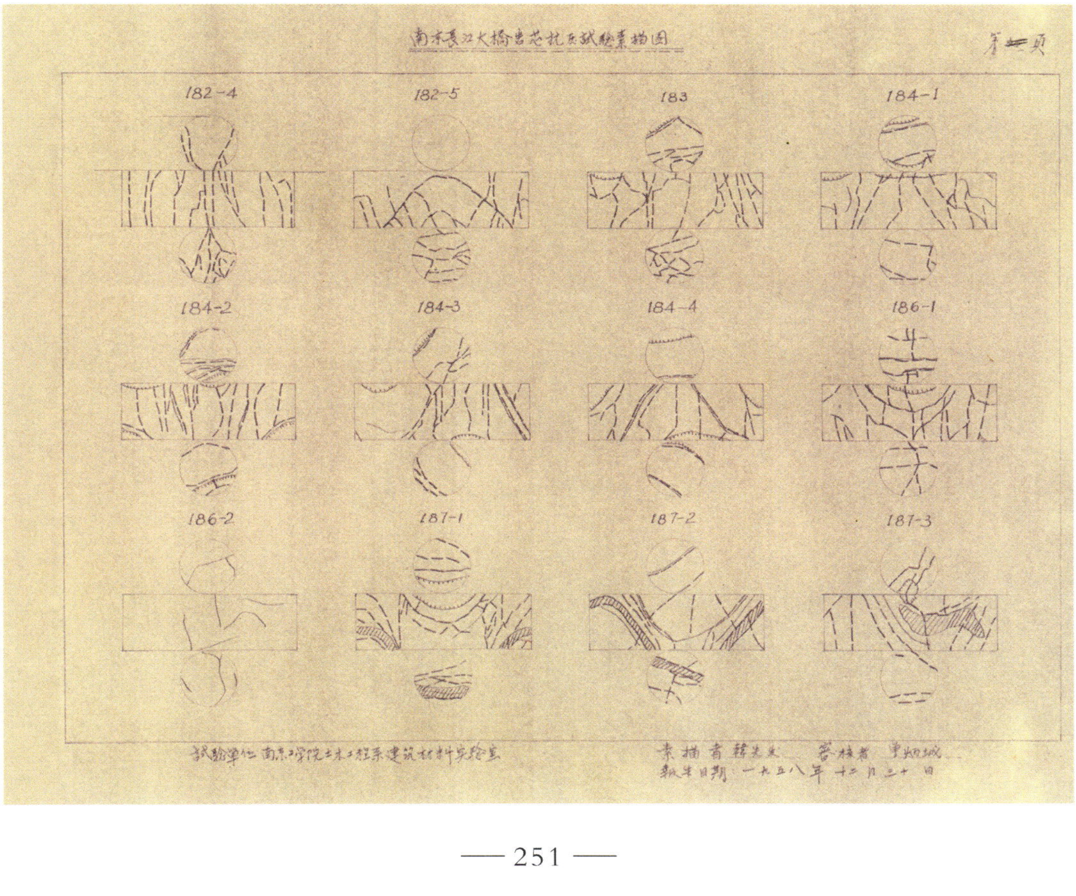
南京長江大橋岩芯抗压試驗素描图
182-4
182-5
183
184-1
184-2
184-3
184-4
186-1
186-2
187-1
187-2
187-3
試驗單位 南京工学院土木工程系建筑材料实验室
素描者
审核者
日期 一九五八年十二月二十日

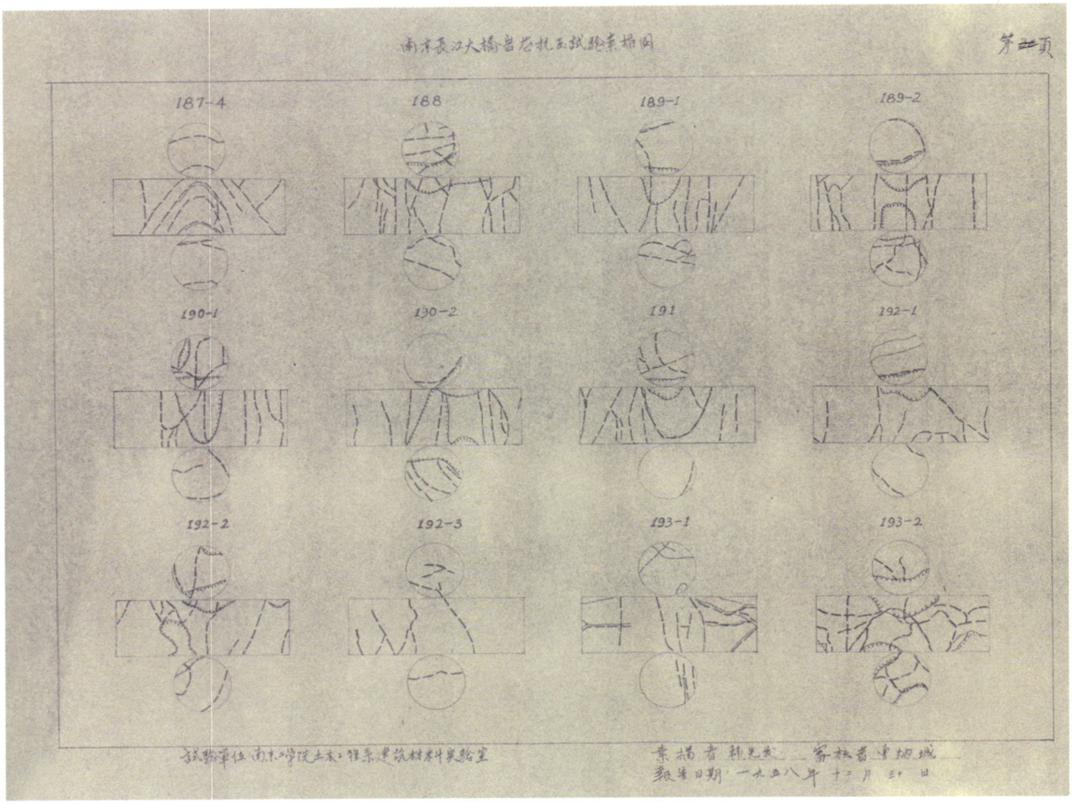
南京长江大桥岩芯抗压试验素描图
第二页
187-4
188
189-1
189-2
190-1
190-2
191
192-1
192-2
192-3
193-1
193-2
试验单位 南京工学院土木工程系建筑材料实验室
报告日期 一九五八年十二月三十日

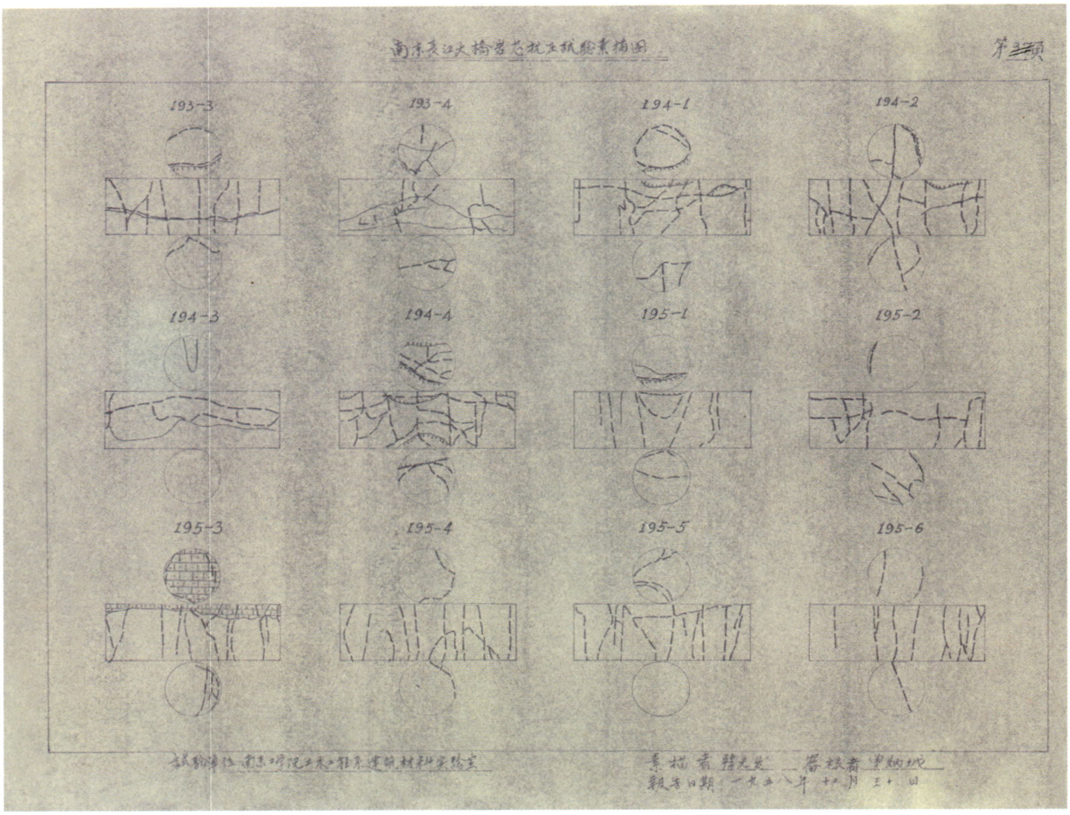
南京长江大桥岩芯抗压试验素描图
第三页
193-3
193-4
194-1
194-2
194-3
194-4
195-1
195-2
195-3
195-4
195-5
195-6
试验单位 南京工学院土木工程系建筑材料实验室
报告日期 一九五八年十二月三十日

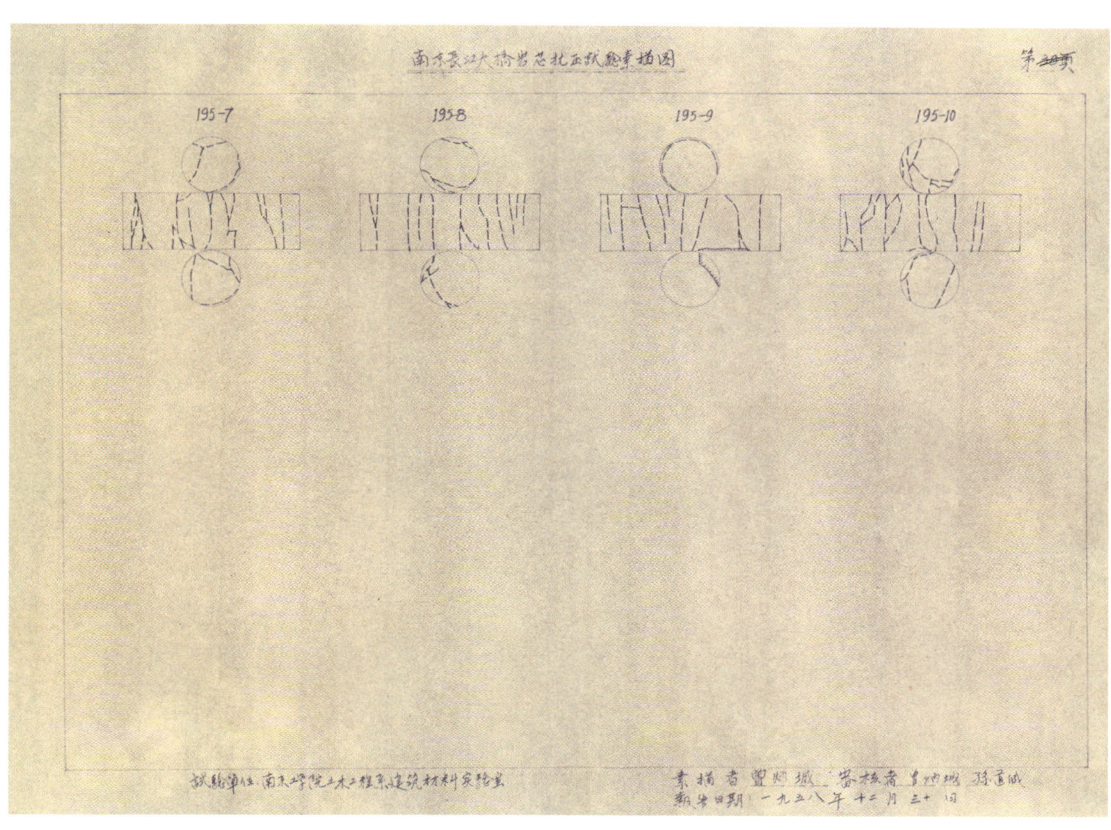

南京长江大桥岩芯抗压试验素描图

第 页

试验单位：南京工学院土木工程系建筑材料实验室

素描者 曹炳城 审核者 曹炳城 孙道成

报告日期 一九五八年十二月三十日

南京长江大桥岩芯抗压试验素描图

第 页

试验单位：南京工学院土木工程系建筑材料试验室

素描者 曹炳城 审核者

报告日期 一九五九年 九月 日

南京長江大橋岩芯抗压試驗素描圖

第廿頁

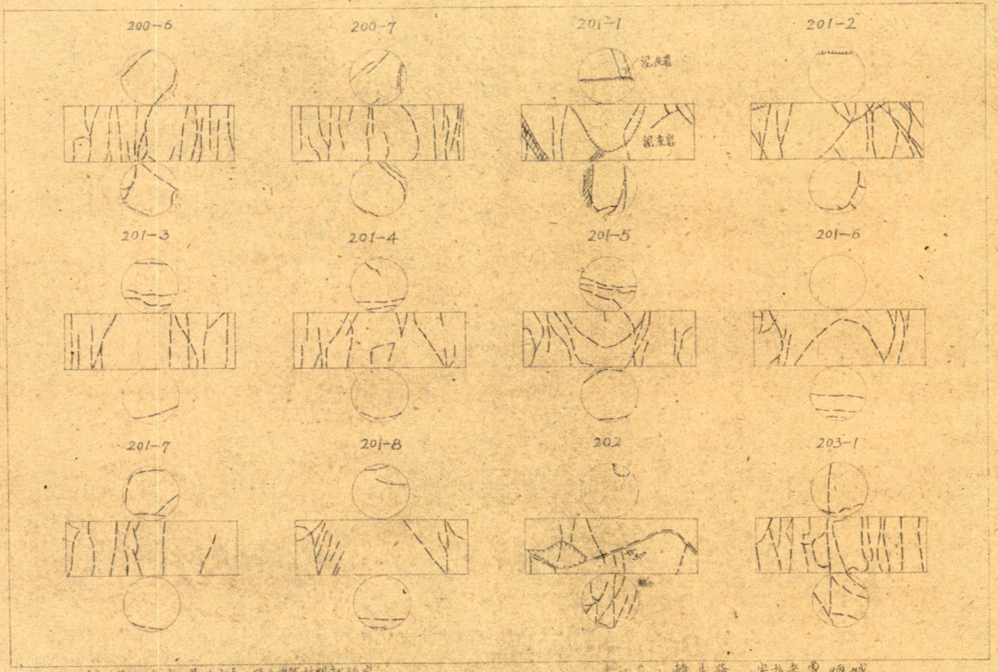

試驗單位：南京工學院土木工程系建築材料試驗室

素描者 韓先發 審核者 曹炳城

報告日期 一九五九年 七月 日

南京長江大橋岩芯抗压試驗素描圖

第廿頁

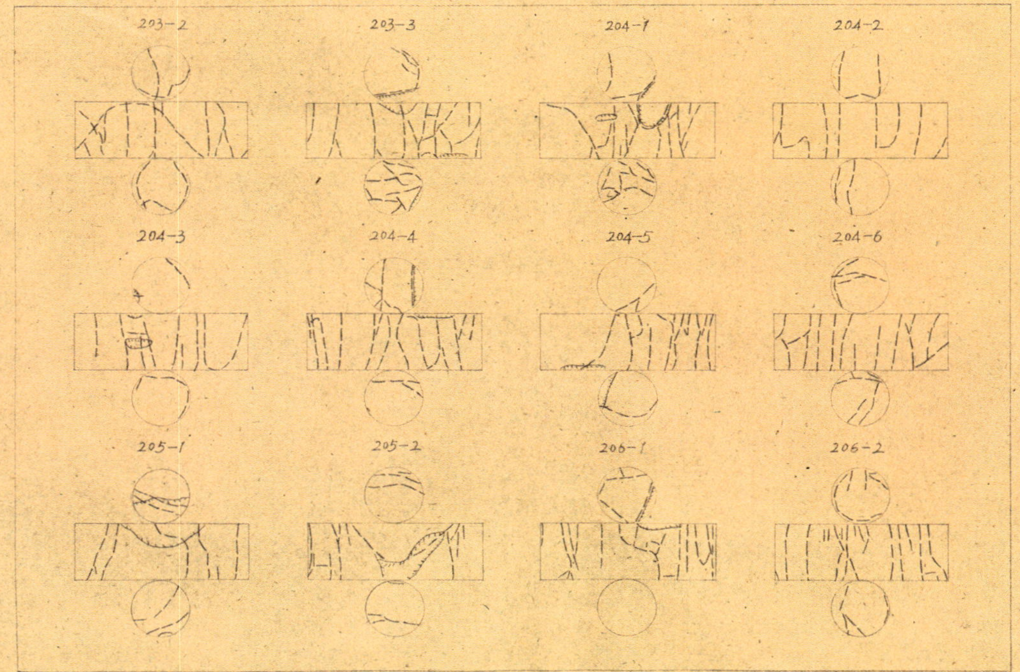

試驗單位 南京工學院土木工程系建築材料試驗室

素描者 韓先發 審核者 曹炳城

報告日期 一九五九年 七月 日

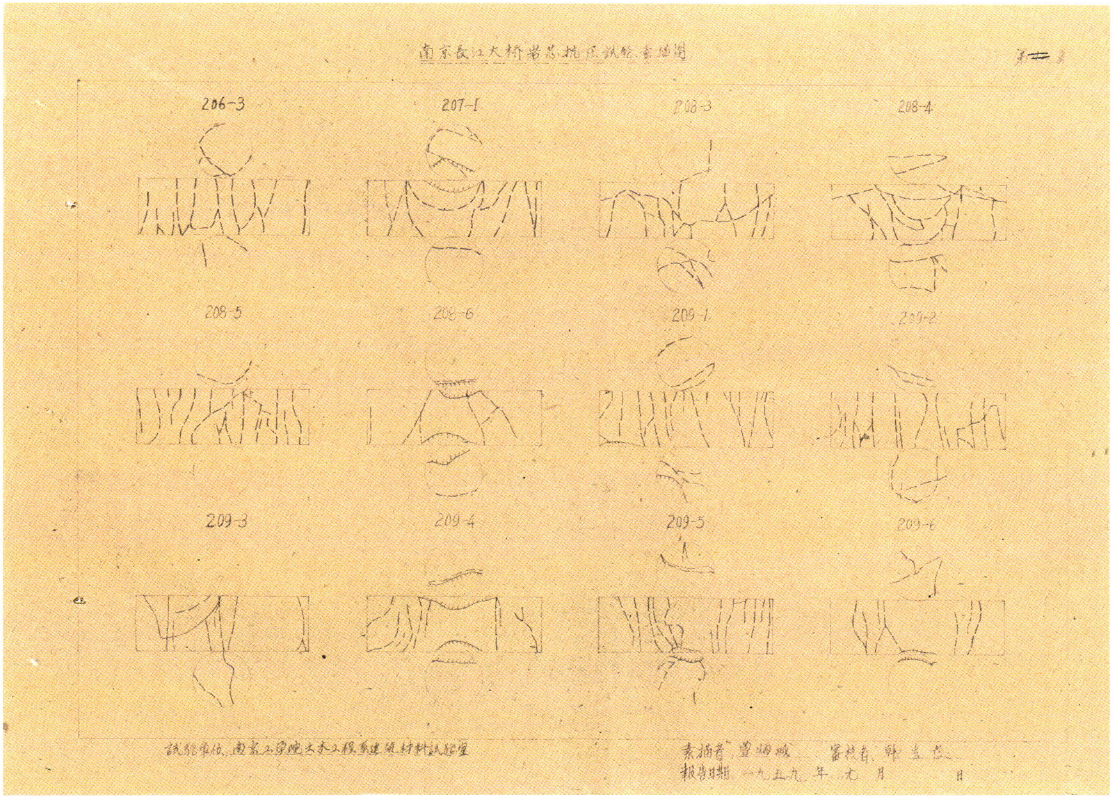
南京長江大桥岩芯抗压試驗素描图
206-3
207-1
208-3
208-4
208-5
208-6
209-1
209-2
209-3
209-4
209-5
209-6
試驗单位 南京工学院土木工程系建筑材料試驗室
报告日期 一九五九 年 七 月 日

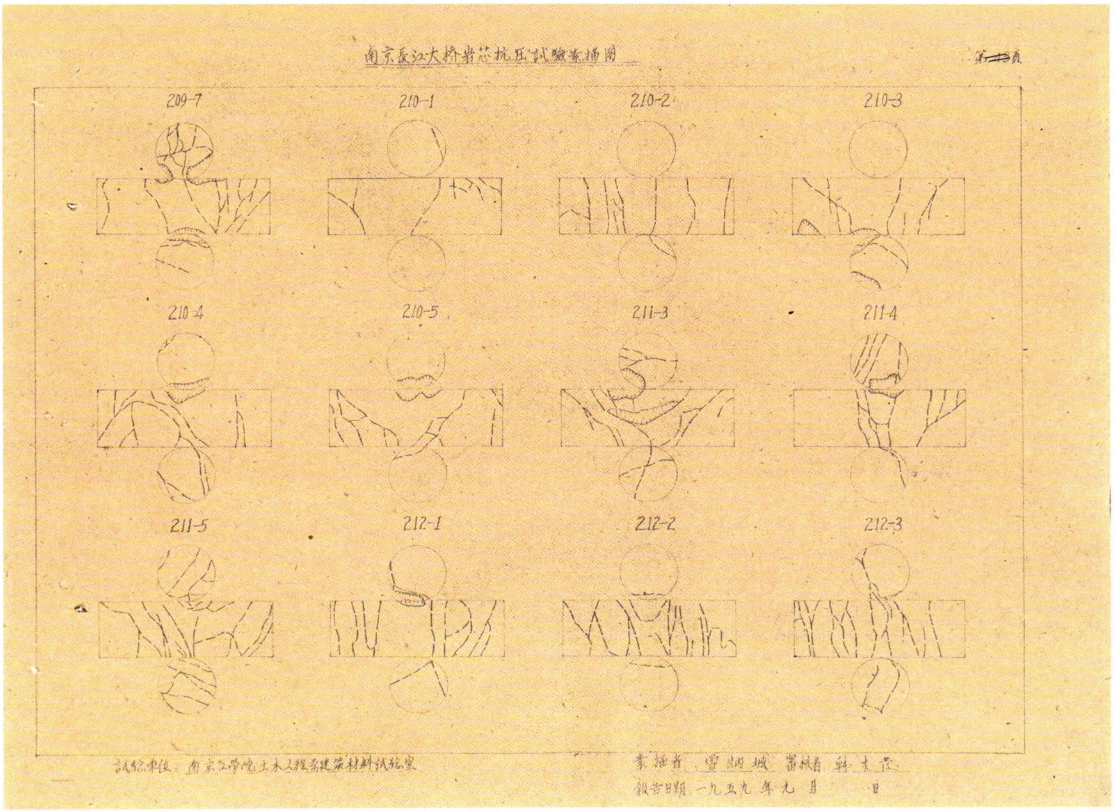
南京長江大桥岩芯抗压試驗素描图
209-7
210-1
210-2
210-3
210-4
210-5
211-3
211-4
211-5
212-1
212-2
212-3
試驗单位 南京工学院土木工程系建筑材料試驗室
报告日期 一九五九 年 九 月 日

南京長江大橋岩芯抗压試驗素描圖　　第廿页

試驗单位　南京工學院土木工程系建筑材料試驗室　　素描者：曾炳城　　審核者：魏克昌
報告日期：一九五九年六月　日

南京長江大桥岩芯抗压試驗素描圖　　第廿页

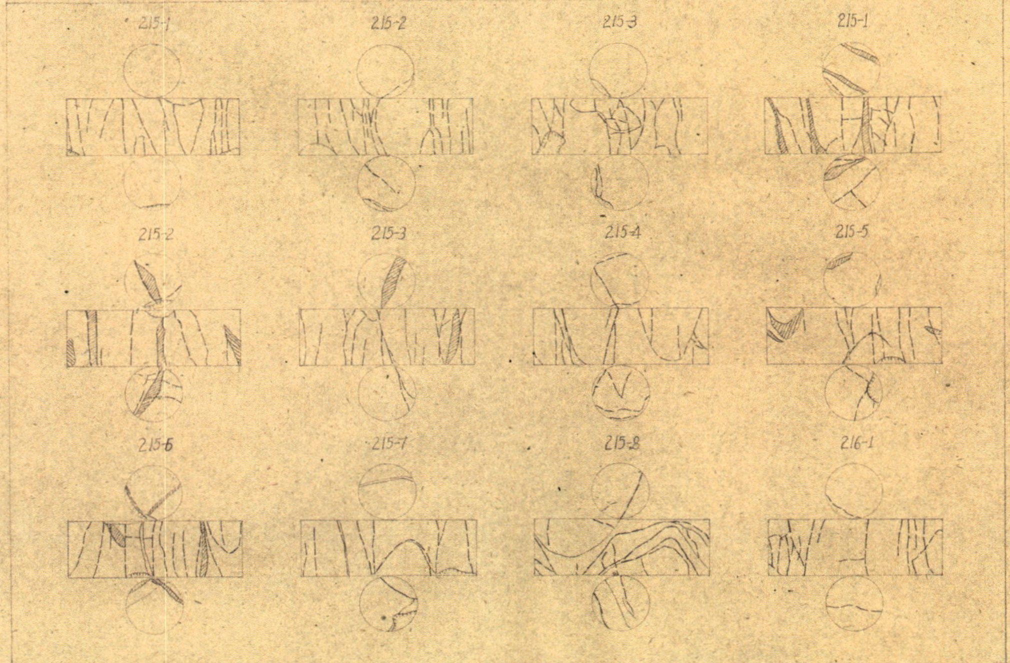

試驗单位　南京工學院土木工程系建筑材料試驗室　　素描者：曾炳成　　審核者：魏克昌
報告日期：一九五九年九月　日

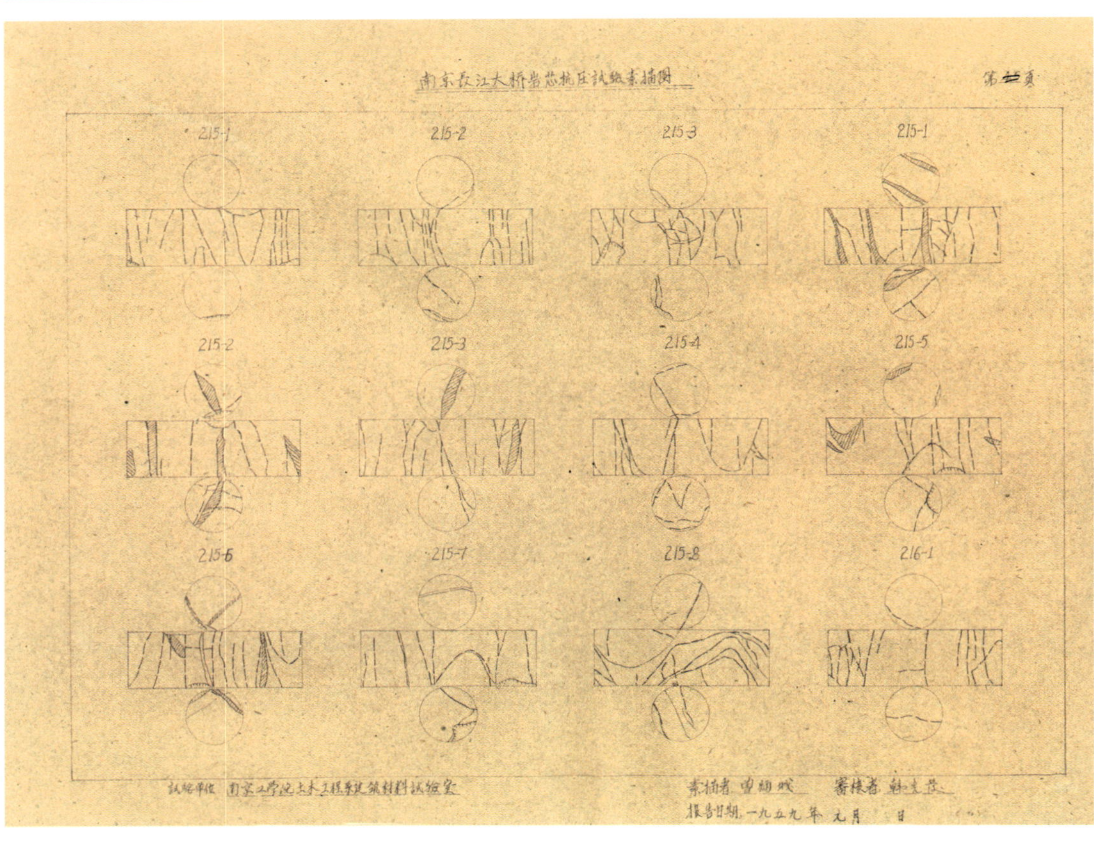

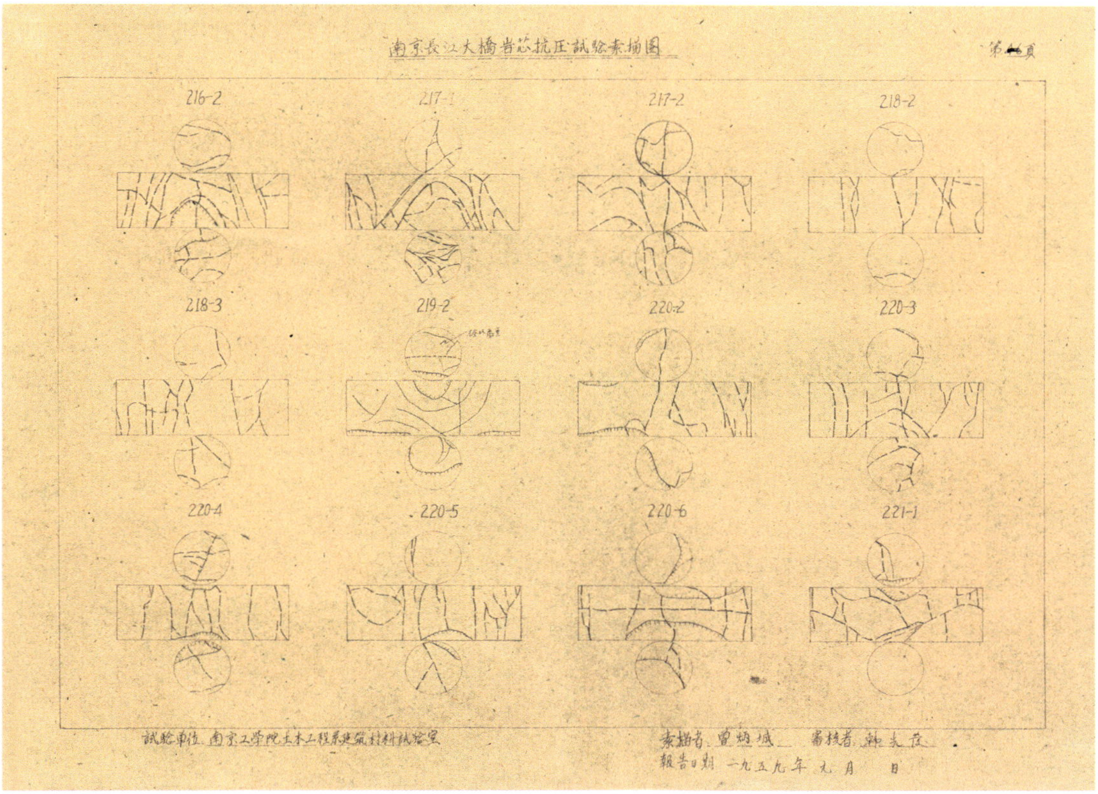
南京長江大橋岩芯抗压試驗素描图
216-2
217-1
217-2
218-2
218-3
219-2
220-2
220-3
220-4
220-5
220-6
221-1
試驗单位 南京工学院土木工程系建筑材料試驗室
素描者 曾炳城 審核者
報告日期 一九五九年 九月 日

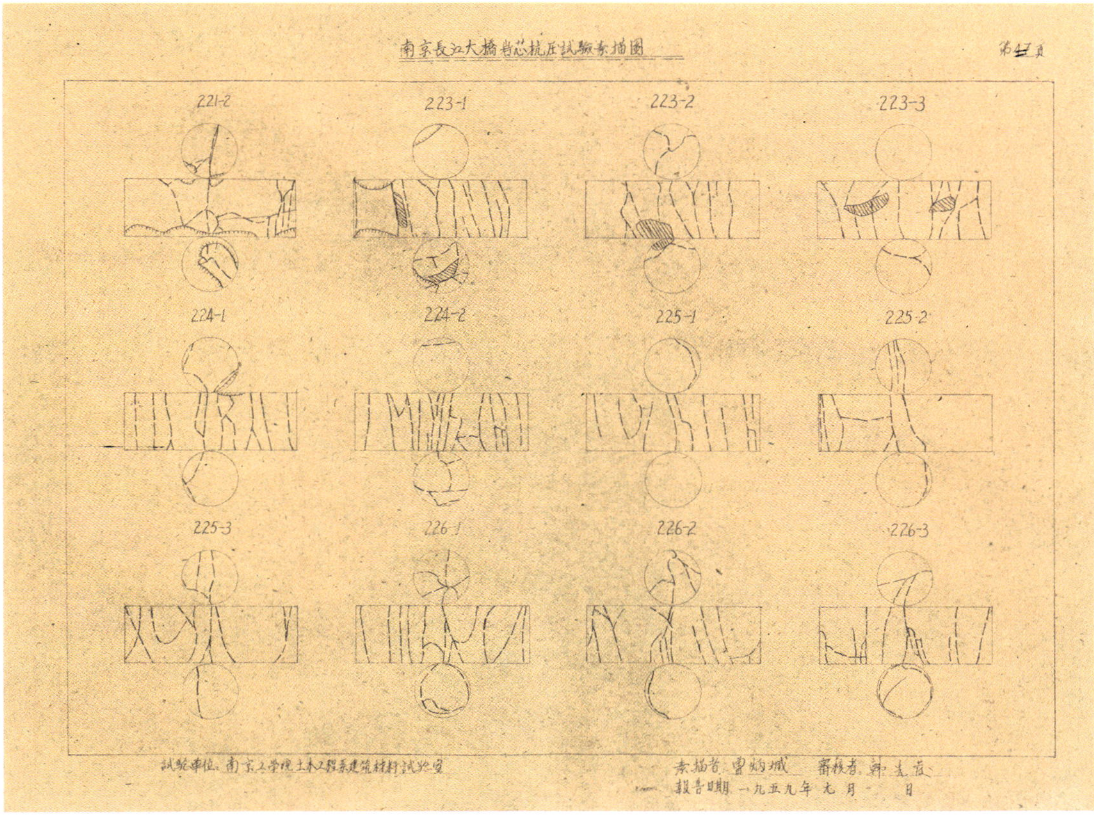
南京長江大橋岩芯抗压試驗素描图
221-2
223-1
223-2
223-3
224-1
224-2
225-1
225-2
225-3
226-1
226-2
226-3
試驗单位 南京工学院土木工程系建筑材料試驗室
素描者 曾炳城 審核者
報告日期 一九五九年 九月 日

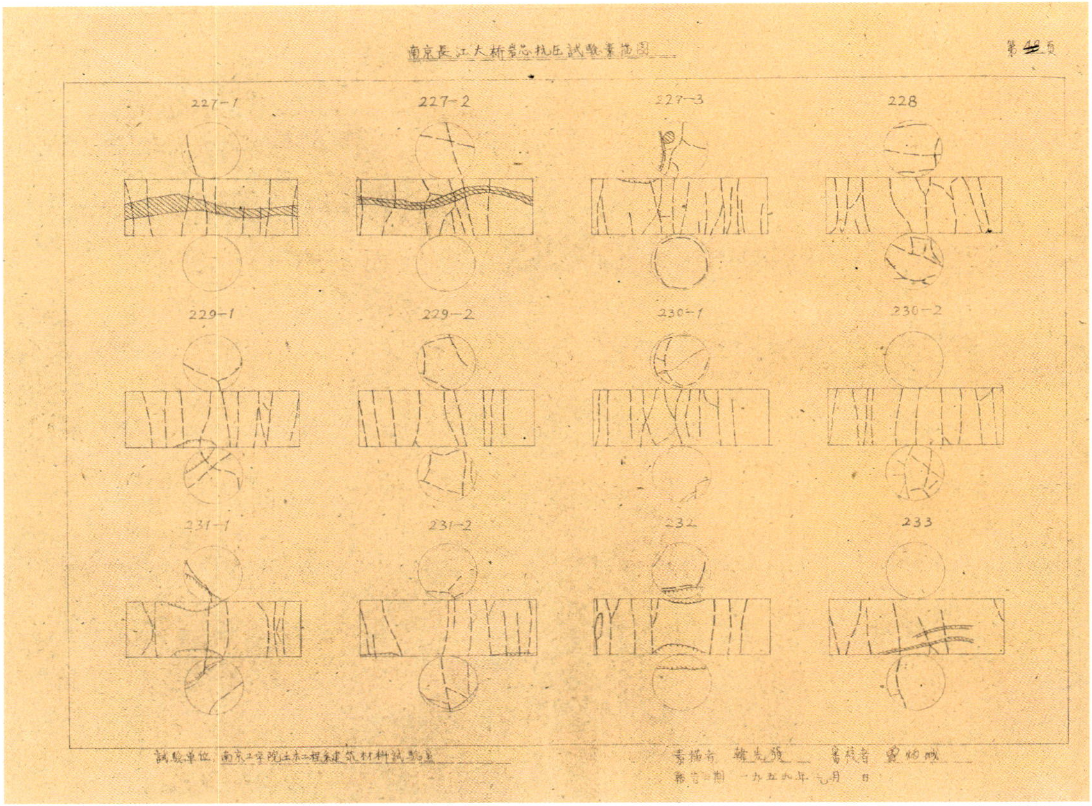
南京長江大桥岩芯抗压試驗素描图
227-1
227-2
227-3
228
229-1
229-2
230-1
230-2
231-1
231-2
232
233
試驗单位 南京工学院土木工程系建筑材料試驗室
素描者 韓光發 審核者 曹炳熾
報告日期 一九五九年九月 日

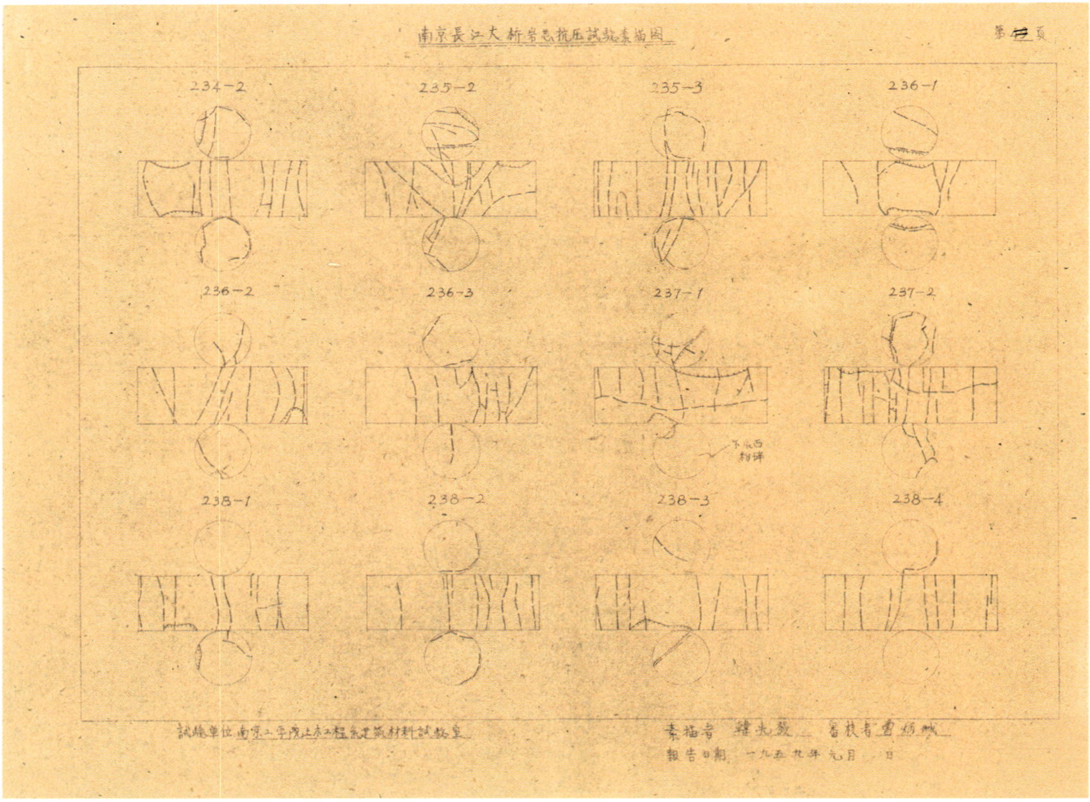
南京長江大桥岩芯抗压試驗素描图
234-2
235-2
235-3
236-1
236-2
236-3
237-1
237-2
238-1
238-2
238-3
238-4
試驗单位 南京工学院土木工程系建筑材料試驗室
素描者 韓光發 審核者 曹炳熾
報告日期 一九五九年九月 日

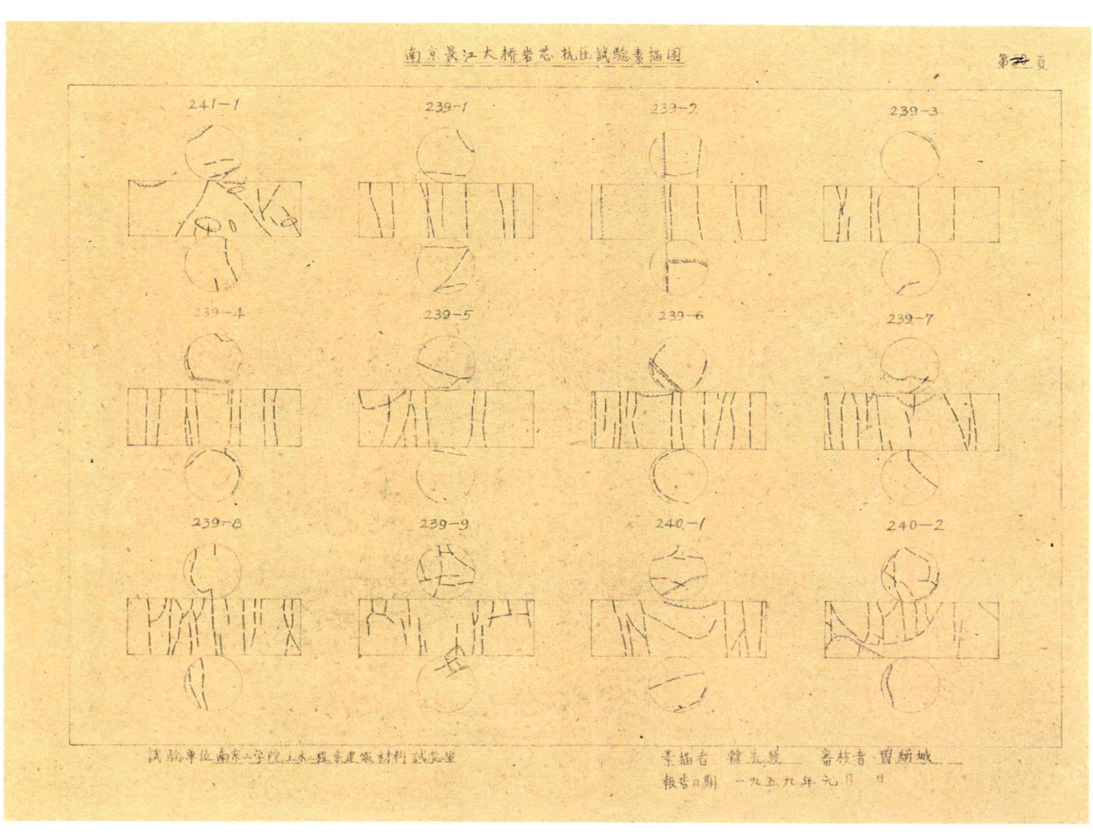

南京長江大桥岩芯抗压試驗素描図

第 頁

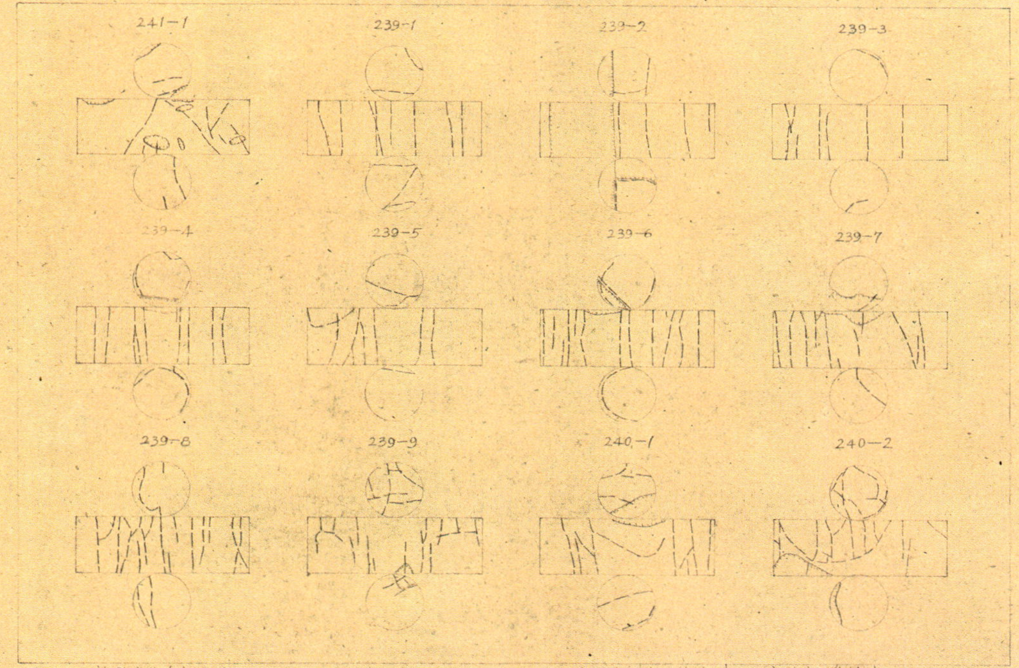

試驗单位 南京工学院土木工程系建筑材料試驗室

素描者 韓先楚　審校者 曾炳城

報告日期 一九五九年元月 日

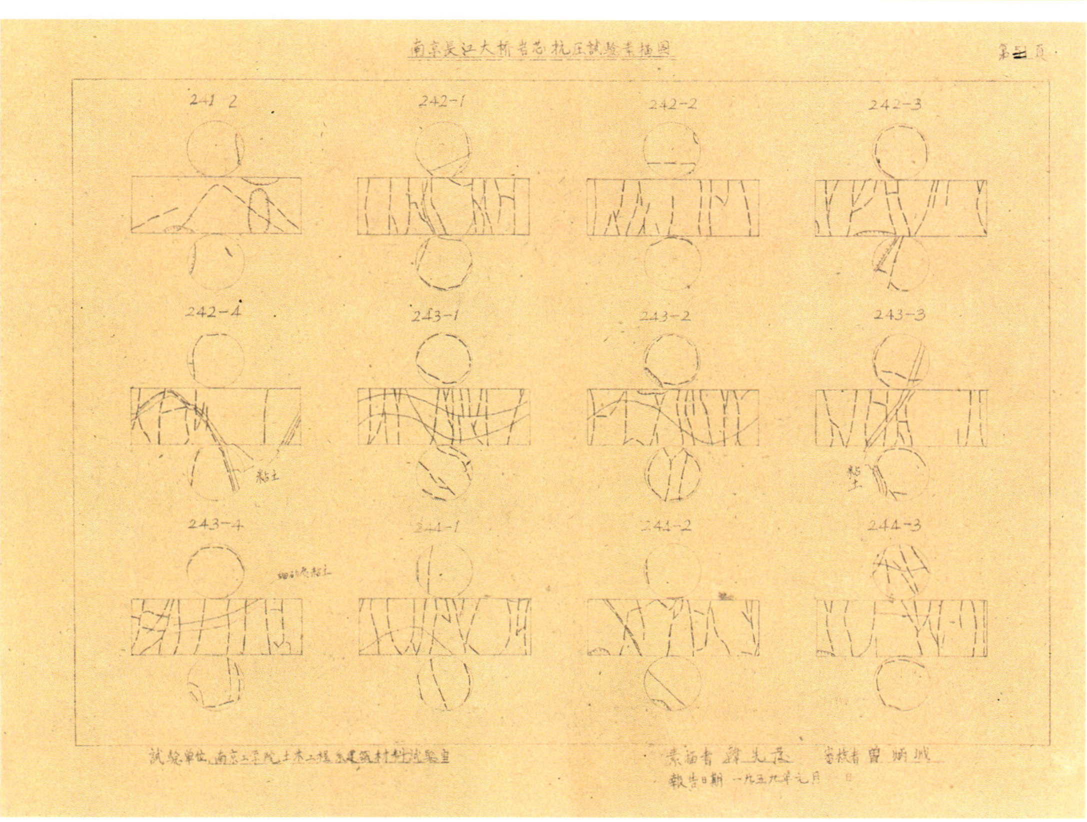

南京長江大桥岩芯抗压試驗素描図

第 頁

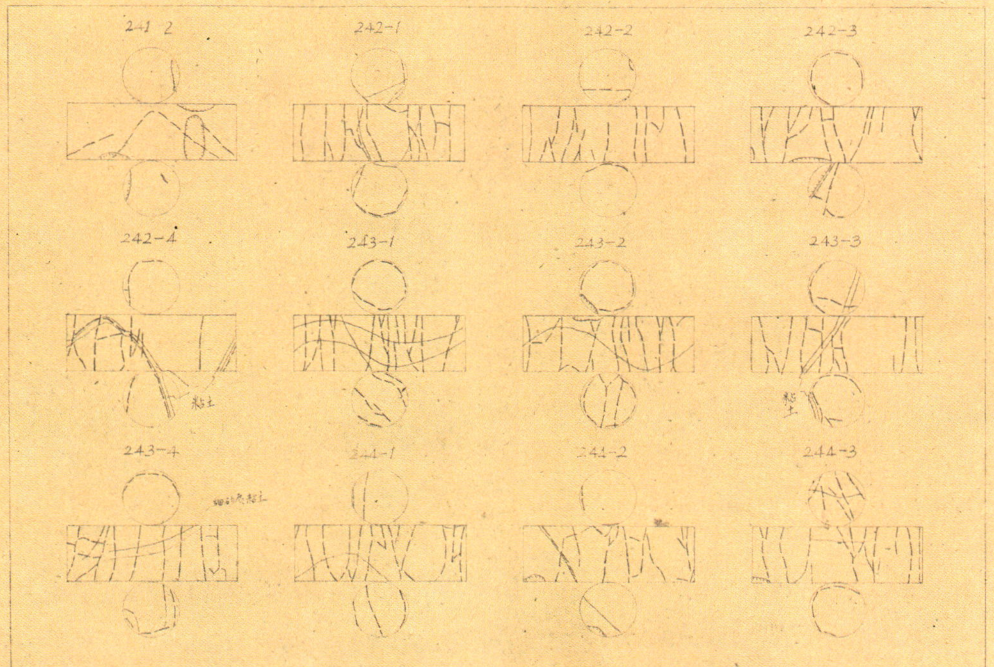

試驗单位 南京工学院土木工程系建筑材料試驗室

素描者 韓先楚　審校者 曾炳城

報告日期 一九五九年元月 日

南京長江大桥岩芯抗压試驗素描图　第二頁

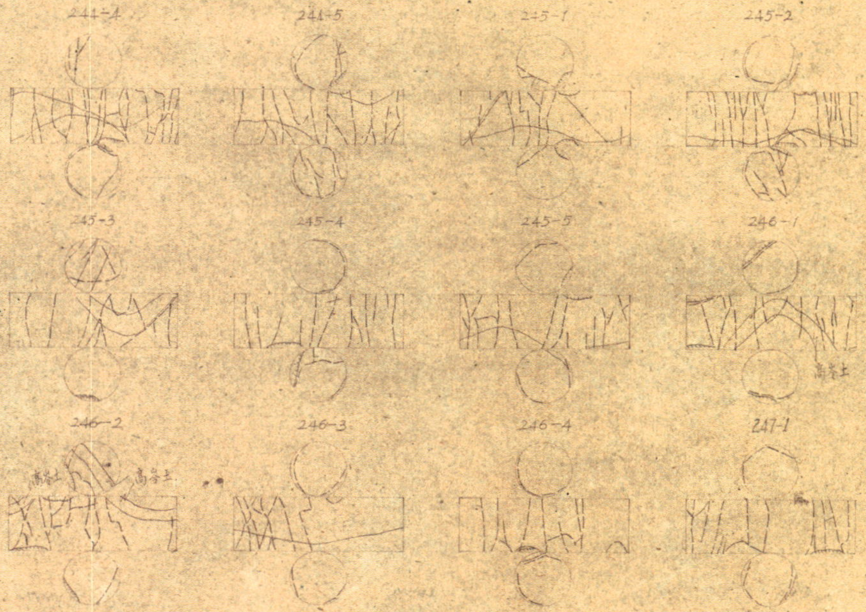

試驗单位 南京工学院土木工程系建筑材料試驗室

素描者 罗生发　审核者 曹炳城

报告日期 一九五九年九月　日

南京長江大桥岩芯抗压素描图　第三頁

試驗单位 南京工学院土木工程系建筑材料試驗室

素描者 [illegible]　审核者 曹炳城

报告日期 一九五九年九月　日

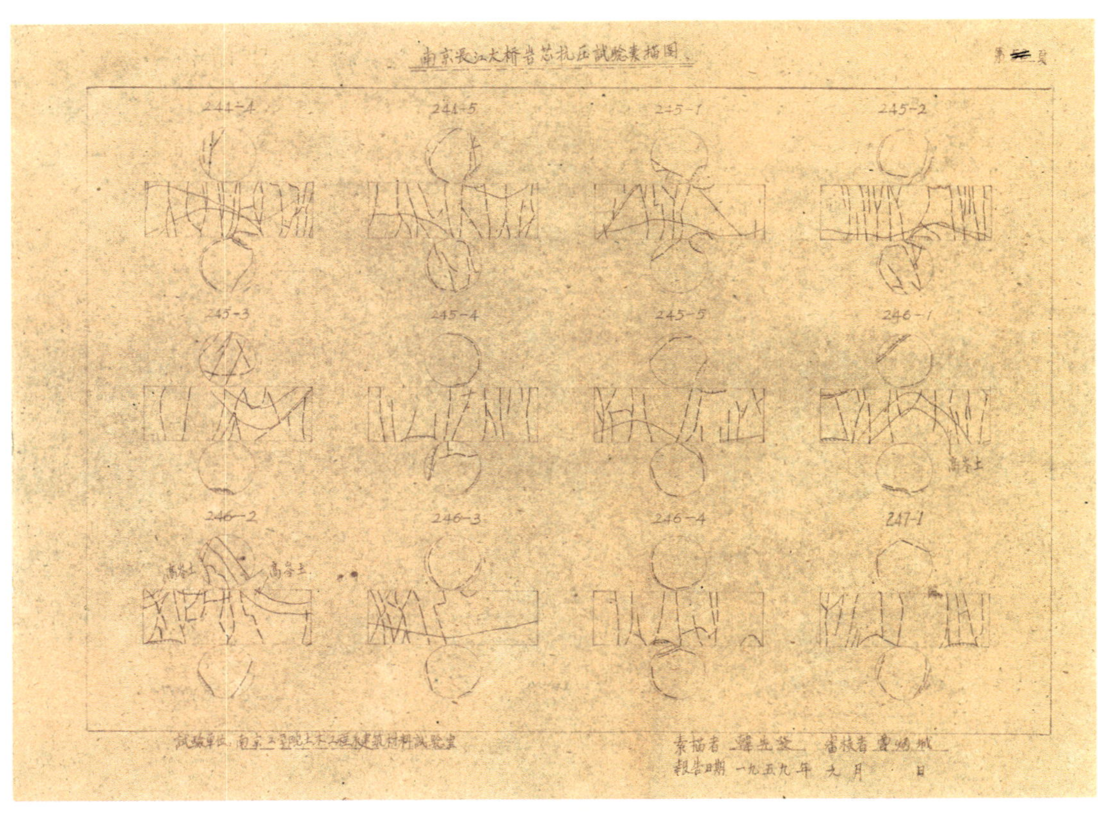

南京西郊板桥三山矶地址概要

P 1

南京西郊板橋三山磯地質概要

（附地質略圖）

張祖還
（南京大学地质系）

一、位置及交通

板橋在南京中華门以西15公里，属南京市郊雨花台区，為一較大的集鎮，附近有磚瓦廠和倉庫等机構，寧蕪鐵路古雄車站就設在板橋鎮近旁，寧蕪公路也從鎮旁經过。三山磯在板橋鎮以西約五公里，西临長江，附近有三山鄉，居民約數十户。

自南京中華门至板橋鎮有鉄路及公路經过，交通比較方便。自板橋鎮至三山磯，有公路支線可以通到江边，再沿江堤可以直达三山磯下，路程約6—7公里。过去曾有輕便鐵路自鳳凰山經板橋鎮附近直达江边碼头，現在鋼軌已經拆除，路基尚在。

二、地形

板橋鎮附近，宁蕪鉄路線以西直到江边，主要為揚子江冲積平原，地形平坦，水田密佈。板橋西南至三山磯一帶，有下蜀系粘土层構成之階地，平均高出地面約20公尺，蜿蜒起伏，直达江边。三山磯為一孤立小山，突出在長江边，山形作西北—東南向延長，約五六百公尺，宽約三四百公尺，山峯有三，皆高出江面五六十公尺，与上述下蜀系階地並不相連。三山磯山頂也有下蜀系粘土层掩蓋，厚度不大，兩側山麓有岩石露头，似經

No.

中百8—16 稿紙（20×25）横直兩用

编号 503—1(21)—资—4

P. 2

江流冲蚀，形成陡壁。江边则岩石出露比较新鲜，伸入江中，形成石矶。

三、地质

三山矶主要由白垩纪火山喷出岩系组成，即所谓「建德系」。岩石以安山岩为主，新鲜部分呈蓝黑色，具斑状结构，斑晶粗大，含量很多，直径可达1/2厘米左右，以中性长石为主，并有少量黑云母片，具有完整的六角形结晶。石基呈灰黑色，结晶细致，肉眼不能辨别。风化以后，岩石渐变为灰褐色至灰黄色，长石斑晶形成白色斑点，非常明显。新鲜岩石，性甚坚硬，可以承受较大压力，在钻孔爆破方面，亦不困难（过去曾採作石料）。

显微镜下观察，岩石呈斑状结构，斑晶较粗，成份主要为中性斜长石，具半自形晶体，正长石极少见，无石英，同时有少量黑色矿物，以黑云母及辉石为主。石基部分结晶极细，由长条形斜长石和黑色矿物（黑云母，辉石，角闪石）细粒组成。

掩盖在建德系火山岩之上为下蜀系（Q_{2-3}），主要为褐黄色粉砂质粘土。近江边部分掩盖较薄，厚度约在一二尺左右，距江边愈远，覆盖层愈厚，在三山矶西南端，下蜀系覆盖层可达五六尺左右。喷出岩系的风化情况也不一致，在江边矶头伸入水面以上部分，喷出岩直接出露，岩石很新鲜，岩性坚硬。下蜀系掩盖部分以下之火山岩，表面风化较深，一般需向下约二三尺，才能

No.

中百8－16 稿纸（20×25）横直两用

P. 3

达到新鲜部分，三山矶旁採石坑中，可以很清楚地看到。

喷出岩的层面极不显著，不容易确定。其中有一组裂隙近乎水平，比较发育，可能就表示层面，近江边处略向N20°E方向倾斜，倾角5°-10°，岩层表面常有小孔洞，可能就是熔岩流表面上留下的氣泡，但也可能由於江水溶蚀而形成。

在江边新鲜岩石出露部分，节理非常发育。其中最主要的一组方向近乎東—西，以至N70°W，另外还有两组，方向為N60°E和N10°W，倾角都很大，约70°-80°。沿近乎東西向的节理常有[illegible]炯石英脉贯入，最宽者可达5公分左右，一般在1公分左右。此外岩石中的小裂隙也很多，分佈比较零乱，無显著的规律，其中常有方解石细脉充填。

三山矶地形的发育，似与近乎東—西向的节理有关，三山矶的延長方向也近乎N70°W，两侧形成陡壁和悬岩，大多沿节理面形成。

四、工程地质问题

三山矶附近江面较窄，南岸有三山矶，基岩出露，北岸完全為冲積层掩盖。三山矶本身主要由喷出火成岩组成，岩性坚硬，构造简单，风化部分也不很深，作為桥基，问题不大。至於江面以下的情况尚不了解。北岸冲積层覆盖厚度如何，也需要进行试探才能明瞭。此处江面较窄，是建桥的有利条件。三山矶西方面临江岸，山顶高出

中百8—16稿纸（20×25）横直两用

No.

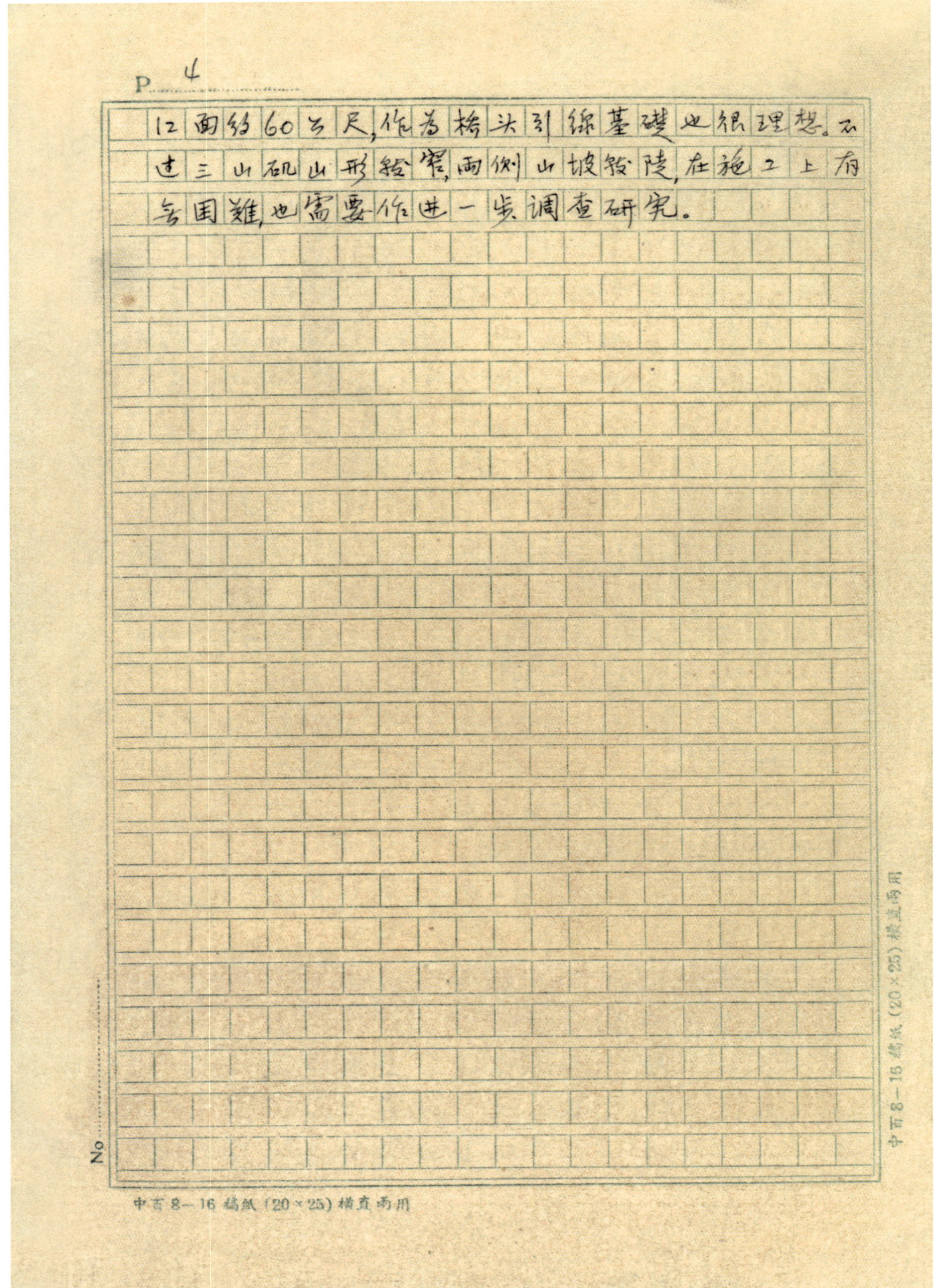

P 4

江面约60公尺，作为桥头引线基础也很理想。不过三山矶山形较窄，两侧山坡较陡，在施工上有会困難，也需要作进一步调查研究。

中百8—16稿纸(20×25)横直两用

No

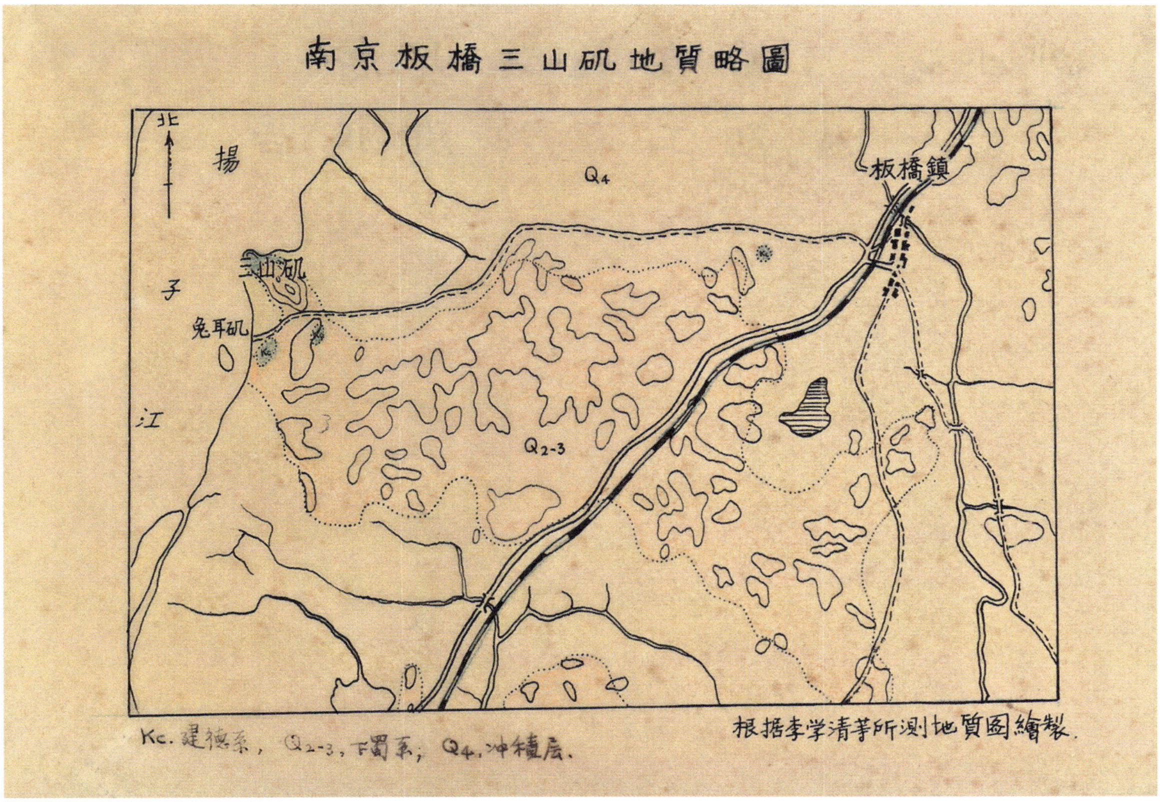
南京板橋三山矶地質略圖
北
揚
子
江
三山矶
兔耳矶
板橋鎮
Q_4
Q_{2-3}
Kc. 建德系，Q_{2-3}，下蜀系；Q_4，冲積层.
根据李学清等所测地質圖繪製.

南京长江大桥技勘工程地质报告

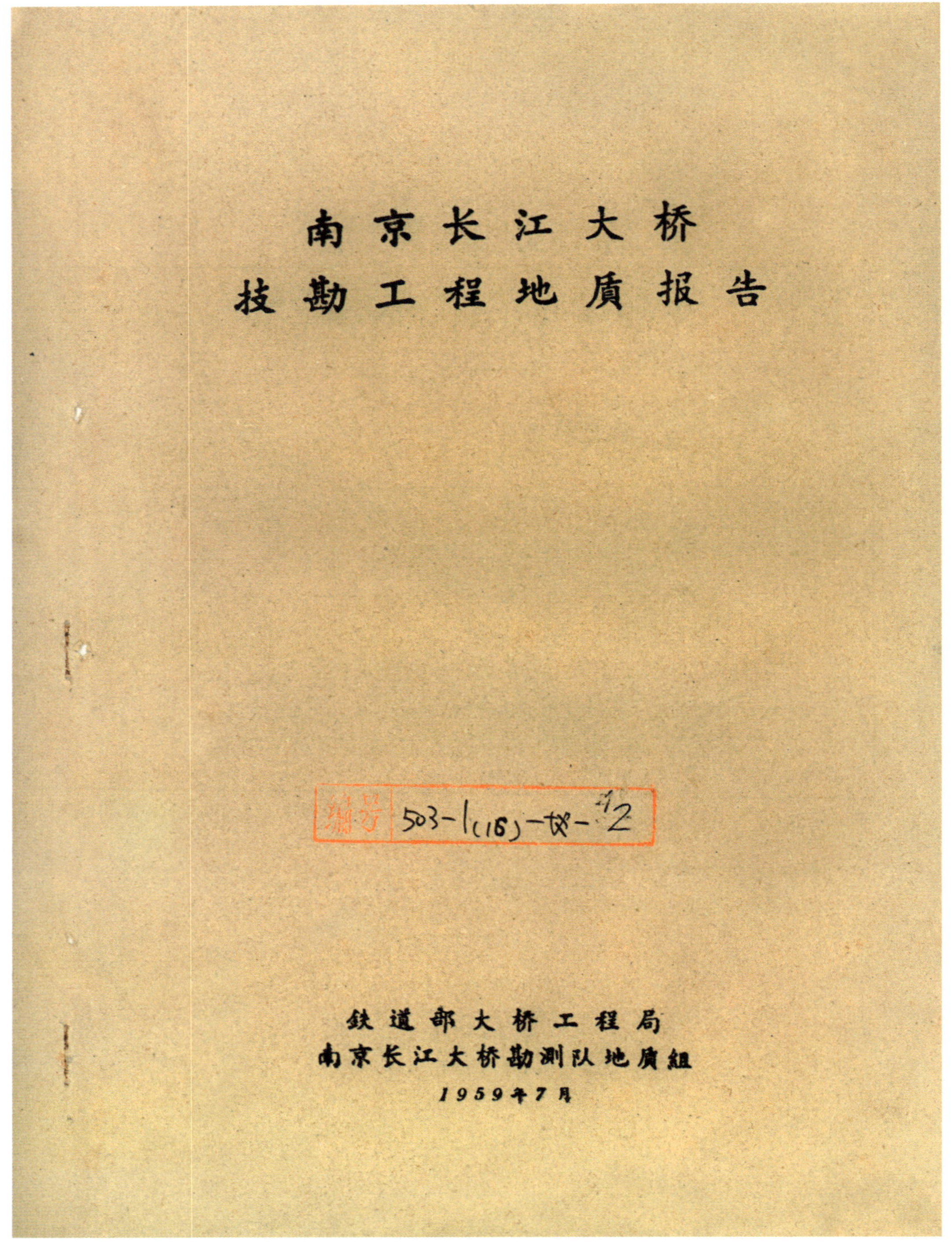

南京长江大桥
技勘工程地质报告

铁道部大桥工程局
南京长江大桥勘测队地质組
1959年7月

目 錄

第一章　概論

南京長江大桥最初阶段的勘察开始于1956年的秋天，当时选定在板桥的上三山，南京的宝塔桥，鎮江的礁山等三个桥位，后鑑于使用要求，經济比較以及地质上等原因在同年12月仅对南京宝塔桥桥址进行少量勘探，並提供了进行桥梁設計意見书設計的概略地质資料。1958年的工农业大跃进国民經济的各个部門对鉄路运輸提出了更高更多和更迫切的要求，因此南京长江大桥的及早修建被提到日程上来了，为提供大桥初步設計所需地质資料，初勘工作从1958年10月开始。

初勘历时4月結束于1959年的1月。初勘的目的在于确定桥渡方案查明建桥的工程地质条件。我們在河中布置了間距75米的三条勘探綫，並交叉成探網状。两岸陆地布置了勘探綫共鉆孔63个总延长进尺3470.64公尺(内基岩795.41公尺)，並进行大量土工、水质和岩石实验室試驗；与此同时对两岸广大地区也进行过不同比例尺地质测繪(1/5000，1/10000，1/25000)。初勘工作的完成为大桥設計和施工提供了重要的技术依据。

經初勘全部工作查明目前大桥所选定的桥位是合理的，它通过南京肉类联厂(原和記外厂)与浦口的临江村間江面寬約1500公尺，其連絡綫在南京岸长1.5公里通过象山一带直接与和平門車站接軌，浦口岸长約3.1公里穿过浦鎮。直达林場車站，桥梁全长約6.2公里。另外公路引桥二岸共1.5公里，宝塔桥桥位避开了幕府山临江大断层的恶劣影响，断层在象山与金陵村間通过越往上游越靠近江边預計在中山码头附近下水，从此长江始与断层重合，直延至上三山以至有白垩紀建德系火山岩(安山岩)在江边出現，从构造和岩性上說建桥的合理性愈不良了。在桥位下游0.7～0.8公里首先(草鞋洲船厂附近)要遇到NW向大的横向断裂它切断长江向两岸很远的地方伸延，再往下游在江边与江心遇幕府山沿江

·2·

大断层且出現古生代寄山灰岩，喀斯特溶洞极度发育，以断层直至龙潭一带。

从上三山至龙潭长約100公里沿江地带只有目前所肯定桥位地质条件上才是比較优越的。

經初勘工作表明以下几点：

1.組成河谷基底的老第三紀紅色岩系成一向斜构造，軸部在浦口岸浸滩的中部。在河槽靠南京岸的頁岩系和夾砂岩中出現NE向断层挤压破碎带其作用和影响地层寬度約有170公尺。在靠浦口岸边有一基岩深槽比一般岩面竟低下达30^{M}实为古长江沿松散砂岩和断裂所切割而成。河槽中較普遍发育NE，NEE，NW的三組裂隙。

2.河槽基岩岩性較复杂，相变也剧。从坚硬的角砾岩，砂岩，松散或局部松散的砂岩軟化崩解的頁岩，砂质頁岩以及相变大的砂岩，頁岩的互层都有，除角砾岩外，岩石抗压强度均偏低且不均一，一般在50—100KG/cm^{2}个別地段要＜50Kg/Cm^2。

3.两岸表层均复盖有厚約2～35公尺的松軟砂粘土或淤泥，土質不良，粗砂，砾石，埋藏在地面30公尺以下。

因此初步确立了地质条件对大桥建設的深刻影响。

南京长江大桥初步設計的主要設計方案和原則除了服从于建設社会主义的总路綫，滿足使用，經济，技术上的可能性外，並充分考虑到所有不良的工程地质条件对建筑的影响。正桥的上部結构采用160^{M}联續菱形桁式已經考虑到基岩深槽的形态和斜坡的稳定性（指2号墩）和頁岩断层带中可能有局部完整岩石带事实（由C17鉆孔发現即7号墩的位置）下部結构（除1号墩外），全用管柱基础是为了适应江中水深（30公尺）复盖层厚（30～40公尺）基岩承載力較低等特点。1号墩用沉井是根据江水淺复盖层过厚砂砾承載力低而决定的。两岸引桥特长除了桥高的主要

·3·

因素外，还与两岸表土土層不良填筑路堤不能过高(＞１２公尺)有关。

大桥的初步設計經鉄道部鑑定后技勘工作于５９年２月下旬开始外业結束于６月１３日全部地質文件完成于７月２０日。

技勘是根据已經确定的大桥設計規模进行的。江中按照各墩不同基础尺寸和要求原則上鈷５孔大体成梅花形布置鈷入基岩中１０～３５公尺(１号墩除外)，两岸引桥隔一墩鈷一孔，深約为４０公尺，並为了控制基岩又每隔４个鈷孔鈷一深孔，至岩面即止。江中正桥勘探分两个阶段，第一期工程是按照初步确定的桥墩位置以查明７号墩为重点，对每个桥墩先鈷一孔显然仍系普查性的勘探，借以初步了解桥墩的地質可靠性，在３月底，各墩位里程最后确定时，随即展开了大規模的墩台勘探，截至６月中旬共鈷孔１８６个，延长进尺10030·6公尺，內基岩1165·05公尺已基本了解各墩台的工程地質条件，但由于基岩相变复杂，断裂丛多，規律难循，故至今尚存在下列問題，有待洪水期后継續探明。

1. ７号墩的断裂規模。

2. ６号墩的断裂規模，特点，松散砂岩的分布以及其承載的最后确定。

3. ３号墩近南京岸部分构造問題及岩石抗压强度的确定。

4. １号墩的沉木性質，是否会是沉船。

南京长江大桥的勘探，凝結着一盘棋的大协作精神，参加初勘工作的除本队龙华棟等４人外，尚有江苏地質局刘百云等５人，南京大学罗国煜等若干名师生，科学院地質研究所許印官等３人。参加技勘工作的，除本队及地質局的９个同志外，尚有北京地質学院張傑坤等师生６人。最后参加制图的有：

鉄道部：龙华棟　易家祚　王文启　祁文法

北京地質学院：張傑坤　李慈君　吳洛冰　耿效云

江苏地質局：刘百云　黄繼国　李光德　董文华　楊見松

·３·

报告书由下列人員分工写成：

第一章　概　論	龙华棟
第二章　区域地質构造	張傑坤
第三章　水文地質条件	〃
第四章　新构造运动	〃
第五章　正桥工程地質条件	
一、河槽地質特征及正桥基础設計規模	張傑坤
二、1号墩工程地質条件	〃
三、2号墩　〃	〃
四、3号墩　〃	耿效云
五、4号墩　〃	〃
六、5号墩　〃	李慈君
七、6号墩　〃	〃
八、7号墩　〃	龙华棟
九、8号墩　〃	張傑坤
十、9号墩　〃	〃
十一、河槽各墩工程地質总評	〃
第六章　引桥及桥台工程地質条件	王文启　吳洛冰
一、二岸第四紀地質沉积規律	
二、　〃　工程地質評价	
結　論	張傑坤

报告最后由龙华棟审定。

最后还必須提到的是，科学院谷德振先生从选綫一直到技勘結束，都給予很多的指导，南京大学肖楠森、罗国煜二先生也給了不少帮助，在此均向他們表示謝意。

·至·

第二章　区域地质构造

本区在大地构造上属南京凹陷，它長期以来受到地壳侵蝕运动的影响，从而沉积了海相、陆相，以及二者交替沉积的一些盖层，后期这一凹陷对紅层的发育，更有着直接的作用，紅层沉积之后，又在断块运动作用下产生了不对称的和緩褶縐。

一、地层发育概况：

总的說来本区各系地层普遍受到了褶曲及断裂的影响，綠之岩性的各異，从而使其出露不均。例如浦口岸出露有Sn砂質頁岩，Cm砾状頁岩，O崙山頁岩，以及Cr砾岩、砂岩、火山岩系，Pg紅层Q_1雨花台层，第四系等。而D烏桐砂岩，以及J象山統，則跡象不明。南京岸的幕府山地区又迥然不同，不仅分布有大面积的崙山灰岩，尚有S高家边頁岩，D烏桐砂岩，C_2黄龙灰岩，C^3船山灰岩，P_1棲霞灰岩，T青龙灰岩，以及$CrPg$各系，甚至在清涼山一带尚可見有Ng赤山砂岩，但惟独不見Sn、Cm二系灰岩，这一特点又恰恰說明了本区断裂規模及其所导致的后果，由于老岩层对建桥无直接影响，故在此不拟贅述。

二、构造特性：

桥渡区由南北两个背斜及中間紅层向斜組成，总的特点是：背斜窄而向斜寬广、开濶，南岸幕府山区复杂，北部饅头山，二頂山区略显簡单，背斜出露不全受断裂控制明显。其分别以幕府山，大頂山为軸部，前者走向NE其WN翼完全缺失，由ES翼組成高山，后者走向NEE其ES翼及WN翼的一部分缺失，組成地垒型的高山，紅层向斜軸部在离浦口岸2·3Km的三河村，我們名之为三河村向斜。整个桥渡将配置在这个向斜之上，其由Cr及Pg二系岩石組成，軸向N50～60°E，向斜中心傾角0°—20°，二翼傾角一般为40°—50°，局部地区可达60°—70°，这个向斜二翼由于受到断裂与相变的关系，也表現出明显的不对称，N翼多褶曲，而南翼多断裂，这一事实也

·壹·

符合了南部活动强度大于北部的特点的。

断裂构造也較頻繁，它的存在使岩层产生缺失与不連續現象，断层以縱向断层与横向断层为主，前者多分布于北岸饅头山，龙王山WN坡以及南岸幕府山的WN坡，断层走向为N55°E，傾角几近直立，后者多在长江西岸高山地区出現，走向N300—320°W，及N340°W—N20°E等，区內中生代断裂方向一般是N60°E及N330°W二組，新生代喜馬拉雅期断裂除一組沿襲燕山期之N60°E方向发育並造成断裂外，尙有N280—290°W及N0—20°E二組，其中N280°—290°W多見于浦口，N0—20°E又多見于南京，河槽則以N60°E表現頻繁。

第三章　水文地質条件

本区主要含水层概可分为4个：

1.二岸灰岩喀斯特水区，有泉4处，总涌水量为$19880M^3$/CymKu，属重碳酸鈣水，以大气降水补給为主，动态受气候控制。

2.基岩裂隙水及风化带孔隙水区，水量微弱，补給与动态受气候控制更加明显。

3.阶地溺谷含水区，主要为細砂砾石层，含水不丰。

4.长江漫滩孔隙潜水区，含水丰富。河槽紅层系隔水层。1、2、3諸含水层对建桥无直接关系，不拟詳述。4含水层水平变化不匀，含水层为細砂、中砂、砾石层，以潜水为主，局部地区略具承压性能，单位涌水量，細砂层約为0.3~2.7Ł/SeC，K=7~21m/CymKu，R=150公尺±，中砂砾石层，　=4.78~6.67Ł/SeC，K=97~121公尺/CymKuR=250~300公尺，均为重碳酸鈣型水，补給来源，有长江水，大气降水，长江漫滩富水带，在北岸引桥区实际上包括一段滁河冲积而成的地带，其界限大致在浦鎮至永利宁专用綫附近。其中粗砂与砾石分布不甚普遍，仅在沿

·五·

江一带，概以浦口老江口至头𬒗村为分界点，该地段为昔日长江古河床主流經过之处，含水較丰富，砾石成份主要为石英岩，其次为灰岩、砂岩、火成岩等，粒徑一般为3～5mm，最大达200mm，这些含水层中还夹有薄层粘质砂土及砂粘土，其多呈透鏡体状出现，含水层頂板多为粘质砂土及砂质粘土，底板岩层为浦口层砂岩。

浦口岸含水层厚31～57公尺，南京岸含水层厚一般在33～51公尺，个别地段仅10多公尺了，北岸近江边处埋深1.6～4.6公尺(1958.11)，北段埋深0.7～3.7公尺(1958.11)，南京岸埋深0.36～1.6公尺之間。

淺层地下水，多为重碳酸鈣镁水，矿化度在0.5～0.8g/l之間PH 6.8—7.5。深层地下水，多为重碳酸鈣型水，矿化度0.34～1.2g/l，PH值6.9～7.8之間，水质良好。地下水的存在大大地改变了土体的物理、力学性能，二岸不同地区出现很多淤泥，流砂，其摩擦力及凝聚点均为偏低，势必加长試桩来增大摩擦，造价就更增高了。

第四章　新构造运动

南京长江大桥属特級建筑物，其本身对地质上有着很高的要求，加之河槽基岩4个断层（7号墩的左右侧，6号墩的左侧，1号墩的下部深槽处）和引桥基础下断层的出现，更促使人們担心它的再活动性，为此对新构造的論証就有极重要的意义了。

根据观测与收集資料来看（其中包括南京大学供給的資料），南京地区新构造有如下跡象：

1.在浦口响水泉附近見到N 290° W組的裂隙发展为小断层，错开了上层复盖的Q_2亚粘土层，错距的1公尺。

·9·

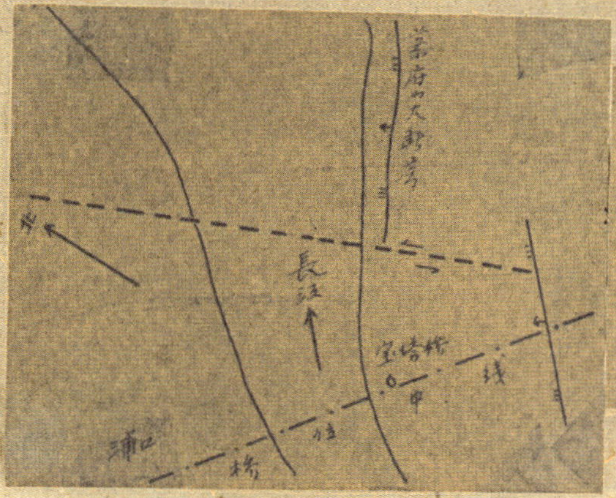

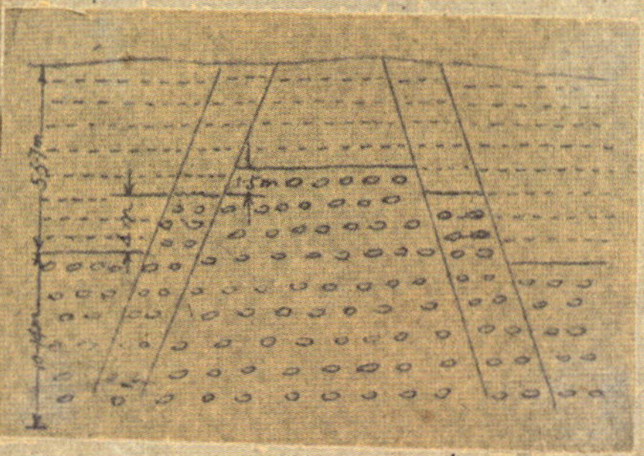

图1

2.南大苏联专家麦尔摩洛夫在菊花台 Q_1 砾石采石場中发現了为图1所示的地垒性质小断层。

3.浦口岸觀头山北坡姚家回一带 Q_1 砂砾层以及玄武岩以近 EW 向与 Cm—O 灰岩成断層接触，断距較大。

4.下關曾漉桥 Q_2 层中見有輕微断裂，断距不大。

5.浦鎮息素巷取土剖面在 Q_3 亚粘土中見有产状为 N10°E NW∠80°—90°的裂縫且有上盘下移性质擦痕，但追索未見其他跡象，另外在点将台后山，山坡之 Q_3 亚粘土的小型坍方，其方向与裂隙方向一致。

6.长江水利委員会在1924、1927、1953先后施測，校測了安徽—江苏段的精密水準点，在25—30年的时間內，发現鎮江至蕪湖間是稳定的，变化幅度1—2公厘，而蕪湖至东流为下沉地段变化幅度在0—6公分，鎮江往下为上升地段，变化幅度为0—11公分（見图2、图3）。

7.离桥綫50m之南京肉类加工厂，为一七层鋼筋混凝土大建筑，建于1918年，基础为12×12吋的連續桩基，在建筑四周僅有水准基点，以測变形及沉陷，40年来，共无变化。

8.南京自公元353年至1949年的1956年的地震紀載中，地

·3·

上海
南京
镇江
扬州
杭州
合肥
芜湖
安庆
崇明
东海

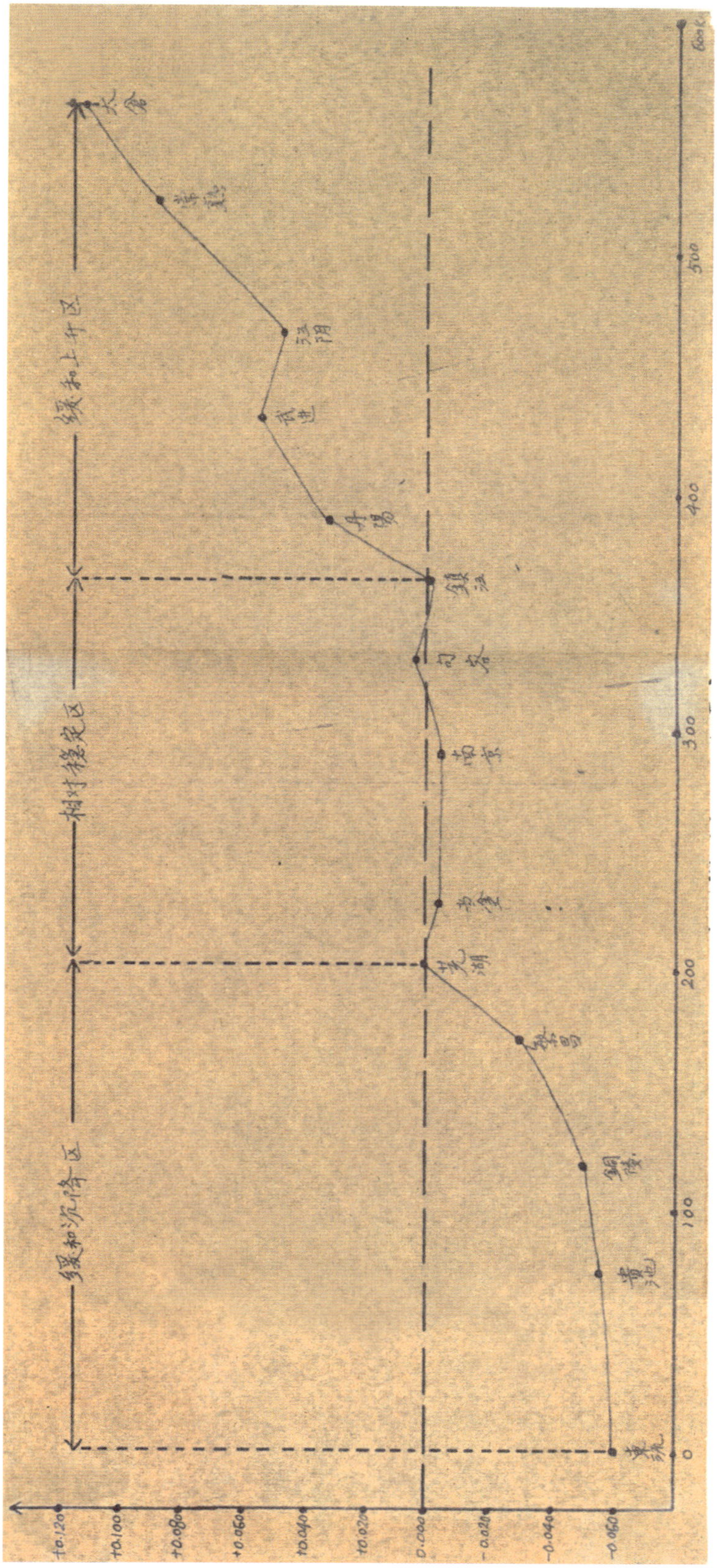
缓和沉降区
相对稳定区
缓和上升区
芜湖
南京
镇江
丹阳
武进
江阴
太仓
0
100
200
300
400
500
+0.120
+0.100
+0.080
+0.060
+0.040
+0.020
0.000
-0.020
-0.040
-0.060

震烈度均在4—5级，仅1399年一次为10级，說明地震較为稳定，远离震源中心，目前科学院所定南京地区烈度也不超过6级。

9.玄武岩的溢出，亦說明該期地区有着强烈差異性运动。綜上所述，我們可以清楚地看到自第三紀以后，本区不仅表現大面积的升降运动（阶地的出現和Q 的堆积）也伴随着产生一定程度的断裂活动，但就其强度講是不大的，且愈往近代，程度愈加减弱。Q_1所見明显，Q_2表现輕微，Q_3只見到裂隙了，同时Q_3裂隙的出现究否属于新构造运动的产物，也值得討論，我們認为南大罗国煜同志对其的分析是合理的：即其无明显錯动痕跡，可能为升降运动所派生，或由局部因素所引起（如地震）。近代更处于稳定阶段，古老建筑物的屹立无恙，也是証明，如古楼及古老城墙等自明代以来是稳定的，且沿着Q_3亚粘土內的裂隙延伸方向，附近城墙也无錯动，值得提出的是近30年长办的精密水准测量資料，更雄辯地說明了南京地区的稳定性，因此我們認为河槽中断层是存在的，但是已不再活动了。不过为确保大桥稳定，建議在設計6、7二墩基础时，应把地震烈度提高2級—即以8級計算，以便使基础結构，具有更强的抗震性能。

第五章 正桥工程地质条件

一、河槽地质特征及正桥基础設計提議：

(一)复盖层性质：

河槽基岩之上均为近代江流堆积，南京长江虽处下游，但搬运能力仍較强烈，由于近代长江主流多偏浦口岸，故該处岩性无論从水平变化抑或垂直变化上都显复杂，近南京岸已极为簡单，今分区敘述如下：

1.10号桥台与8号墩之間，岩性单一，自上往下为均匀的細砂层，层厚在35—58m之間，其中間或夹有厚为2—6公尺的砂粘土与中砂

·五·

层，下部局部地区有极薄之粗砂或砾砂层，本段标高在－15～－19之間。

2.8墩－4墩之間，岩性較上多变，但仍表現簡单，上部盖以30—40公尺之粉細砂层，下部有2－5公尺之砾砂或园砾層，中間夹有厚約1—6公尺且不連續的砂粘土，中砂，粗砂透鏡体粗顆粒 一般以1－4公分居多，最大者可达10－30公分标高在－20至－23公尺之間。

3.4墩至〇号桥台之間，其中尤以2墩至岸边更显杂乱，其上部有5－8公尺的砂粘土，往下即为粉細砂，中砂，粗砂，砾砂等，这种不明显的規律槪以标高－50公尺为界，其下变化更大，並以成一寬200m；深25m的深槽，槽中堆积以粗、中砂，圓砾与卵石为主，最大粗顆粒直徑为10－13Cm，其厚度深槽处为40—50公尺，1号墩下为50公尺，2－4号墩下为2－10公尺，复盖层厚最大达95公尺。

总觀之，复盖层性质还較稳定，据觀测認为中細砂远比粉砂、砂粘土来得稳定，南岸有不明显的淤高趋势，江中无近代之孤石，亦无特大之砾石和卵石，在一般的情况下，不会影响管柱及沉井下沉的。

(二)浦口系紅层的发育：浦口层組成二岸阶地、漫滩及河槽基地、整个建筑物均在其上，因此是建桥的直接研究对象，根据地表露头及河槽鉆孔揭露的岩性証明，紅色岩系相变极大，規律难循、局部性显著，对比性較为困难，如在6号墩下，二孔平面距仅2·8公尺，而同层砂岩由5·13公尺变到7·3公尺。砾岩的顆粒分选极差，岩层的产状变化也极突出，这些跡象都一致表明了其当时的沉积环境，是在干燥、炎热的半干旱气候条件下的山間湖盆沉积，成因类型也极繁多，該系分层实属困难，至今爭論不一，有人主張划归Cr但具体根据不多，我們仍以老第三紀論之，今从老到新分层如下

P_{gI} ：暗紅色、紅紫色砾岩，分布在燕子磯附近，組成8～9二墩基础。

·17·

P_{gII}：紫紅色粘土質頁岩，含石膏脈，岩性軟弱松脆，易风化，地表出露不多，組成7墩基础。

P_{gIII}：棕紅色砂岩，砂质頁岩互层，底部以厚层砂岩夹薄层砂质頁岩为主，中部反之，上部互层状明显，內夹有砾状砂岩和砾状頁岩，分别有直徑1－3公分的小 砾石，局部地区还夹有一些松散砂岩，組成2、3、4、5、6墩基础。

P_{gIV}：淡紅色，棕紅色松散状砂岩，成岩作用不完全，胶結松散，用手压之即碎，組成浦口岸边古河槽。

P_{gV}：鋅紅色或降紫色砂頁岩，並含有砾石，桥渡区地表沒有出露，多分布在浦口岸浸滩基底，組成向斜中心。

㈢構造特征：

正桥位于三河村向斜之南翼，表現为单斜構造，向斜軸向N50°－60°E但岩层产状变異較大，由向斜中心南来，由N60°E $\xrightarrow{NW10°-20°}$ N40°E（2墩）∠40°－50°，个别地段有N20°E的，到5墩其傾角增大至60－70°，3墩，6墩基岩傾角变化极大，一般可以10°60°以上，在P_{3-5}之20公尺岩层中，傾角由上至下从5°－30°－85° 由此可見其不規則的程度了，区域的紅色岩系与古生代地层多成断层接触，与中生代地层以不整合接触为主，並在砂頁岩中見到原始性的层位錯动，由此足証浦口层構造的不均一性。

河中經鉆探探明有較大断层4个：

1.走向断层：顺走向发育，分布在7墩左右二側，产状N50°ENW∠70°±，且为斜移性质的断层，上盘向后向下移动，下盘向前向上移动，左側断层寬95m，右側寬48m，大多为断层角砾岩，边部角砾岩变少，破碎岩石增多，P_{gIV}松散砂岩中之断层也属此性质。

2.6号墩左側之裙 走向高角度正断层，断层走向N65°E ^{SE}∠70－80°

· 41 ·

为一仅向断层，該处应力集中，破碎嚴烈，砂頁岩角砾挤压成块，但角砾岩中还有大块的砂岩块段，致密堅硬；軟硬相間更促使工程地质条件复杂，极易导致沉陷的发生。

除上列主要断裂外，还有很多近乎垂直的小型横断层或是挤压影响带，錯距极小，由1—3公分，特点是面窄，傾角陡，且往往上寬下窄，到一定深度就尖灭了。

在构造力的作用下，伴隨断裂发生的同时，也发育着三組构造裂隙，其特点是近断裂带多而集中，在二組裂隙交处，岩心破碎較烈，裂隙寬一般为1—2公厘，最大者可达1—3公分，裂隙产状分别为NEE、NNE、NWW，傾角为10—20°，40—50°，60—80°等。

㈣正桥基础設計規模：

根据河槽不同的地層特点及施工技术的可能，正桥9个墩其基础設計規模如下：見图4

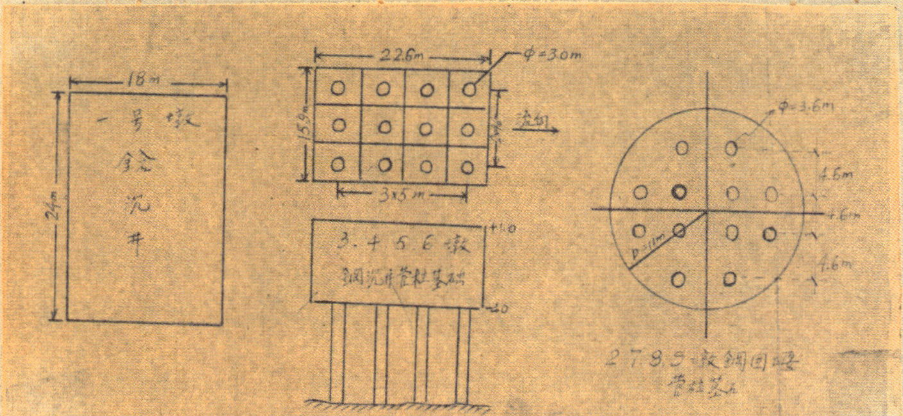

图4

1.1号墩鋼筋混凝土沉井基础，尺寸18×24公尺，刃脚标高为－41公尺或－52.5公尺。

2.3、4、5、6各墩采用鋼沉井管柱基础，φ=3.0公尺的管柱12根，尺寸22·6X15·9公尺。

3、2、7、8、9各墩采用鋼板桩圍堰基础，ϕ=3·6公尺管柱共10—12根基岩嵌岩深度初定为8公尺。

二、1号墩工程地質条件：

(一)墩的勘探状况：

本墩共鉆4孔，除离墩心6公尺之P_1孔外，其他3孔，基本以P_1为中心的等边三角形形式布置，P_1孔至各孔距約为12公尺，因复盖层厚达90公尺，大多数孔没有到达岩面，孔深均在68—72公尺，P_1孔深90·71公尺，內包括基岩1·39公尺。

(二)复盖层性状：

上部为一稳定之砂粘土层厚12—15公尺，由P_1往南逐渐加厚，土层性質湿潤、可塑，靠頂部約5公尺呈流动状态，底部与粉砂接界处，砂粒含量漸增，往下为粉砂、細砂、中砂、粗砂，显然为一沉积輪迴，其下又是細砂、砾砂、卵石等，但在細砂与中砂間夹有一层砂粘土，厚3—4公尺，經取样試驗結果为：

孔号	取样深度	含水量	湿容重	干容重	比重	隙比	飽和度	流限
P_1	37·35—38·07	24	1·85	1·49	2·70	0·81	80	32
P_{1-3}	37·01—37·60	45	1·67	1·17	2·68	1·03	93	50

塑限	塑性指数	稠度	凝聚力	內摩擦角
18	14	0·43	0·04	27°30′
34	16	0·7	0·065	11°50′

从上指标中表明土层具有塑性，但含水量变化較大。

下部沉积有二层圓砾或卵石，成份多为石英岩，石灰岩以及火成岩等，其滚圓度較好，分选不良，一般多为2—5公分，最大者达13公分。

(三)基岩特性：

1.构造情况：墩下为由松散状暗紅色砂岩組成的基岩深槽，深槽右側斜坡岩石与槽底，左側斜坡岩石的不同角度接触（20°—60°）以及在接触带中

· 13 ·

采岩率的降低（50%以下）与部分岩心松散成岩粉，加之强度的低下，쒸发现了有走向断层存在，其性质也为高角度正断层，下盘组成深槽，另外岩性胶結不良，易松散，江流冲刷条件好，就为深槽进一步地沿走向发展提供了方向，古长江深槽二側呈不对称狀，南側比北側略高3－4公尺，且北陡（70°±），南稍緩（55°±），寬深比1:0.65，谷緣坡度达10—20%，谷之最高最低点相差25公尺，由河床表面至谷底深97.5公尺，若以标高－70公尺計算，槽寬175公尺，若以谷緣處計算則为200公尺，愈往桥綫下游槽口愈寬，且深度並有加深之趋势。由于深槽之存在，增加了建桥工程地質条件的复杂性，使1号桥墩不能直接放在基岩之上。

2.岩性松散，又兼受构造和水流冲刷，风化亦强，表层岩心多为小块及岩粉狀。

3.岩石抗压强度：附近一孔C 20曾作23块試件，强度結果以20—40居多，个别也有达100多KG的，但无代表性，由于基础不拟置于基岩上，故不贅述。

主要工程地問題：

即是粉細砂的摩擦力不大，基础粗砂承載不高，难滿足設計要求，在标高－40公尺以下砂砾层允許承載力順次为：粗砂4.0Kg/Cm²，細砂2.0Kg/Cm²，砾砂4.0Kg/Cm²，圓砾及卵石5.0Kg/Cm²在标高－52公尺以上有承載力較低的細砂层（厚約5－6公尺），不是理想的大型沉井的基底，若基底能砌筑于52公尺的砾砂上則更可保穩定，在条件允許下应对砂砾层進行加固。

㈣結論及处理意見：

沉井尺寸大，基础埋置深，施工技术定会复杂，如何提高井壁粉砂之摩擦力，以及沉井刃角处之粗砂或砾砂强度是首要任务。

在标高－37.7公尺处发現一厚約0.2公尺之沉木，它的出現提供

·十三·

水流冲刷深度的資料，另外根据其他孔的分析，在河床下約37公尺发現木头可能为古代漂流树木而遭陷埋的，若为沉船似不能达此深度，为慎重計应补加鉆孔查明实况，在P_1孔底部垂3公尺样管1根，离基础已深，可不考虑。

三、2号墩工程地質条件

共鉆孔5个，以16×16的正方形布置，孔徑多为127及110二种，孔深65—67.5公尺。复盖层厚40—42公尺。鉆入基岩20—25公尺，采岩率均达80—90%。

复岩层：从上往下逐渐变粗，成一較为完整旋迴。表层有2—5公尺的砂质粘土及粘土复盖，此层粘土及砂粘土湿潤可塑，但粉粒含量較多。其下为粉、細砂、中砂、粗砂、砾砂及圆砾，局部地区有变异，但仍以細砂、砾砂、圆砾为主。底部粗顆粒呈不規則状，一般顆粒在1—2公分，部分可达5—7公分，厚度达14—15公尺。

基岩：基础主要部分均为老第三紀浦口层的　　厚层頁岩、夹砂岩，属中坚硬岩石，在P_{2-2}、P_{2-3}孔砂岩增多，頁岩以砂质頁岩为主；砂岩则以細粒砂岩与粉砂岩为主，胶結质多为泥质及鉄质鈣质，砂岩中常夹有一些不規則的松散砂岩，尤以灰綠色的泥质粉砂岩，更易松散，其中以P_{2-3}孔較为严重，頁岩断面上鏡面多显系受构造力之作用产生层面滑动及有規則的裂开，頁岩中多含一些形似　球体的原岩有　机质斑点，頁

·15·

岩层理发育見图6有的地方砂頁岩无明显界限呈过渡状态。在P_2及P_{2-2}孔底部有一些砾状砂岩，P_2孔44—46公尺，P_{2-1}孔48—50公尺处見有受压影响之岩段，岩心柱面凹凸不平，裂隙密集，鏡面集多，整个墩上部有机質含量較多，P_{2-1}，P_{2-3}，P_{2-4}三孔受构造影响显著，除裂隙发育和鏡面多而外，岩心柱亦短，P_2及P_{2-3}孔岩心完整。

风化不明显。构造除一些挤压迹象外，别无其他，岩面較平緩，高差为1.2m，由P_{2-4}孔逐渐往P_2及P_{2-2}減低。

岩相变化大，产状不一致，綜合之系为N41°—43°E，NW∠40°—50°若将P_{2-3}頂部砂質頁岩与砂岩截然分开，則产状变化更多。

主要工程地質問題

松散砂岩的工程地質特性及其承載确定，是一重大問題，前已提及尤以灰綠色之泥質粉砂岩最为松散，輕者用手捻碎，重者取上巳成岩粉見图6該砂岩遇水崩解，显然抗載性能势必減低，难者在于松散砂岩缺乏規律，仅在P_2及P_{2-3}孔标高—68.62公尺以下不規則出現，这主要决定于岩

26

相的变化及地下水的活动，該砂岩承載力极低，例如P_{2-3}孔标高—68.32—70.41公尺处其强度仅19.9Kg/Cm而此段上下砂岩之强

·16·

度又都为100Kg/Cm²，显然处理不当，可能产生不均匀之沉陷，幸者是松散砂岩分布不普遍，管柱基础仅在近南京岸上游局部地区才能碰到。

另外一个問題是基础范圍內强度不匀，浦口岸下游部分仅50~80Kg/Cm²而在其他部分多在100~150Kg/Cm²以上，前者区域內如强度不滿足設計要求，又势必加深管柱入岩深度，带来了施工上的困难和造价的增高。

抗压强度的决定：

在已作的59块試件中資料証明，除局部受构造影响之頁岩及松散砂岩外，一般强度还較均匀。

砂质頁岩及砂岩强度約100~150Kg/Cm²，在近浦口岸下游之界限內，强度仅50~80Kg/Cm²，松散砂岩20~50Kg/Cm²。

結論及处理意見：

上述情况証明，本墩条件尚好，只在2个部分需加处理：

1.对頁岩强度低的地段可增加管柱凿岩深度8－10公尺。

2.对松散砂岩，可鉆过該段岩石或加以处理，提高强度方可。

四、3号墩工程地质条件

(一)一般情况：

該墩共鉆孔6个，顺流綫方向近正方形布置。鉆孔深58~60公尺，其复盖层厚度35~38公尺，鉆入基岩21~25公尺，鉆头規格110及127各孔鉆进正常，每班进尺6－8公尺。內P_{3-4}孔因操作技术不良产生孔斜，仅鉆入岩石5.38公尺。P_{3-5}为弥补P_{3-4}之不足和P_{3-3}取样不够要求而补的，鉆入基岩30.09公尺，並大部取样試驗，P_3复盖层中有套管一根，P_{3-3}孔附近河床上有平放的鉆杆一根，P_{3-5}移孔时发生掉铅事故，使套管折断，虽經打捞，尚有一部份埋入岩石中，希在施工时更加注意。岩心采取率67－81%。

(二)一般地质特征：

·5·

1.复盖层变化：本墩位于浦口岸主流地段，岩性由上至下由细变粗，顺次为细砂，砾砂，卵石，中間夹有厚約2公尺的塑性砂粘土。細砂、砾砂层厚稳定，一般顆粒均匀，成份以石英为主，其次有砂岩、灰岩、燧石、火成岩等，底部为厚約4－5公尺的砾砂，卵石等透鏡体状，分选不好，最大粒徑15－30公分，約占20%土，以1－2公厘居多，卵石成份同上，滚圓度好，呈椭圓，扁平状。

2.基岩：棕紅色頁岩、砂岩，属老第三紀浦口层的半坚硬岩石，砂岩主要为粉砂岩，也有部分細砂岩，鈣质胶結居多，泥质胶結次之，致密坚硬。頁岩为粘土质頁岩和砂质頁岩两种，质硬性脆，內有豆粒大的灰綠色有机质斑点，板状构造，遇盐酸起泡。

岩面起伏不大，标高在—58.50～—60.03公尺，最大高差1.5公尺，最小高差0.1公尺，向南京岸傾伏，产状变化极大，在寬12公尺的范圍內走向由N20°E～N60°E，NW/∠0—85傾角由0°—85°岩相变化剧烈，由浦口向南京方向，砂岩、頁岩交替出现，在平面上其出露寬度4－5公尺，砂岩中常夹有1－3公厘的薄层頁岩，有的甚至成1－5公厘的砂质頁岩互层，个别孔还見到交錯层和砾状砂岩。

构造裂隙发育，縱横交錯，造成岩石破碎，最发育的有二組：即N15°～20°E，∠80°—90°及N60°E ∠60°，多为封閉裂隙。並发生过顺层面性质的滑动，有明显的鏡面和擦痕，張开裂隙多为粘土及石膏充填，石膏成纖維状及針状（見图7），最大裂隙3公厘寬，在P_3的頂部和

全7

·18·

P_{3-3}底部，有挤压破碎頁岩，多挤压成菱块体，或成餅干似的片状及块状有局部輕微位移(見图8)，其破裂寬度約1公尺。

图8

(三)主要工程地质問題:

在P_3頂部−62·55~−64·95公尺和P_{3-3}底部标高−75·65~−76·69公尺出現的挤压破碎帶，其大大地影响了强度值，在挤压带附近仅16·6Kg/Cm²，另外裂隙的普遍发育交錯切割了岩石，不仅破坏了其完整性，同时也降低了岩石抗軟性能。

抗压强度的确定：試件共80个，內砂岩35块，頁岩45块，完整的砂岩在19块中强度100−220Kg/Cm²的17块，30−50Kg/Cm²，的2块，有石膏充塡或掉块的16块，强度均在100−240Kg/Cm²，在21块完整的頁岩中，100−200Kg/Cm²占16块，50−100Kg/Cm²占5块，有裂隙或掉块的24块，100−200Kg/Cm²11块，50−100Kg/Cm²10块，16−50Kg/Cm²3块。从强度看100−200Kg/Cm²的占了$\frac{2}{3}$，强度50−100Kg/Cm²的不多，不完整或有裂隙的强度並不低，但还不能說明岩石的均一性，例如P_3孔的8块頁岩試样中，其値仅16−75Kg/Cm²，其中以40−50Kg/Cm²的居多，P_{3-2}，P_{3-3}取样极少(鉆进过程中，岩石多被破碎，无法滿足試件长度)，加之各孔鉆进时均有事故，不能說明其情况良好。建議砂岩用90−100Kg/Cm²，砂質頁岩可用80−100Kg/Cm²，粘土質頁岩用40−60Kg/Cm²。

·19·

1.从岩石强度看P_{3-1}，P_{3-5}取样最多，且試件强度都在$100Kg/Cm^2$以上，故左半墩工程地質条件良好，相对右半墩較差。

2.由于构造还未探清，且P_3，P_{3-3}岩样值不是低就是过少，今后需加以查明。

五、4号墩工程地質条件

(一)一般情况：

該墩共鉆孔5个，正方形布置，孔深54～60公尺，鉆入岩石深度20～25公尺，鉆头規格110。岩面标高－57.13～－58.91公尺，各孔鉆进正常，班进尺約7～3公尺，岩心完整。采岩率81—88%。

(二)一般地質特征：

1.复盖层：墩位近河槽中間，复盖层厚33～35公尺，岩性变化較有規律自上而下由細变粗大致可分为两层，上部以粉細砂为主，厚約27～28公尺，局部也出現中粗砂，中間夹有一层不規則厚度0.83～4.30公尺的塑性砂粘土透鏡体。下部約为厚6.0～7.0公尺，以分选性不好的砾砂卵石层分布，最大直徑3.0公分左右，約占20%。以1—2公分占大量，还含有中細砂，砾石成份以石英为主，夹有燧石，灰岩，火成岩，滚园度較好。

2.基岩：褐色頁岩夹砂岩和淺紅色砂岩夹頁岩属老第三紀浦口层的半堅硬岩石。本墩頁岩多夹有薄层粉砂岩没有夹层的仅在P4～1頂部出現。砂岩一般是粉細砂岩，局部出現中砂岩，全部砂岩以鈣質胶結为主也有泥質、鉄質胶結致密堅硬，砂岩中常夹有漸变状薄层砂質頁岩，岩石出露較杂，由浦口向南京，砂岩、頁岩交替出現砂岩在平面上最大出露寬11公尺，占墩范圍的一半。岩面起伏不大，标高－57.13～58.91公尺，最大高差1.74公尺，最小高差0.09公尺，岩石由北向南变低，岩相变化較大，砂岩的粗細变化不規律，岩层成夹层出現均有漸变現象。砂岩夹薄

·20·

层頁岩和頁岩夹砂岩，不仅层理清晰（見图），且有相变过渡的趋势。

图四

构造裂隙不甚发育一般为WE60°，倾角6° NW300°～330°倾角60°～75°，裂隙分为密閉的，張开的，后者一般被石膏和粘土充填，最大寬度約3mm，地层产状NE45°傾向NW∠60°。

㈢主要工程地质特征：

本墩工程地质条件較优，以砂岩为主，岩性較均一，风化不顯构造裂隙不甚发育，裂隙多为石膏充填，寬度最大3公厘，裂隙密閉的多，裂开的少。

岩石抗压强度：

共作試件94块，以天然偏干状态为主，試件为园柱体，直徑7.5～10.5公分，其中砂岩試件87块。試件完整的及部分不完整的，强度100～200Kg/Cm²，共66块占76%。强度70～80Kg/Cm²，17块占20%。飽水的4块，强度为35Kg/Cm²占4%。偏于安全（代表性不够），因此对砂岩使用値可考慮用80～100Kg/Cm²。

頁岩：共7块，强度100～260Kg/Cm²，4块，强度40～55Kg/Cm²，2块，外形不完整的强度30Kg/Cm²仅1块，（无代表性）所以使用値应以80～100Kg/Cm²，为可用值。从强度看一般砂岩和完整的頁岩强度

·21·

较高都在100Kg/Cm²以上。有裂隙缺块的不少，其岩强度减低，但数量不多。全墩岩石的岩性和强度较均一建议用80～100Kg/Cm²的统一数值。

(四)結論和处理意見：

4号墩从岩性构造上较单一，工程地质条件是比较好的，其嵌岩深度应比其他墩为浅（8、9墩除外）。

六、5号墩工程地质条件

(一)墩的勘探布置和情况：

本墩共鉆孔5个，顺水流方向近长方形布置。孔深一般19—23公尺，最深入基岩27·39公尺，孔径均为130㎜由于岩性均一，坚硬、鉆孔口径大，因而鉆进情况良好，没发生任何事故，班进尺一般8—11公尺，P_5孔略低，班进尺3·2—6·4公尺，采岩率87—93%。

本墩亦无任何人为障碍物。

(二)复盖层工程地质条件：

本墩复盖层厚度介于33·5～35·9公尺，P_5最厚为36·22公尺，以P_5向四周变薄。复盖层岩性均一，规律明显，从河底往下共可分三大层：顶部共厚约27公尺的粉细砂层，中部砾砂层与底部圆砾层。

顶部砂层以细砂为主，夹有粉、中、粗砂，共同特点是呈灰黑色、饱水、松散、颗粒均一、成份以石英为主，云母、长石、黑色矿物次之，偶含薄层粘土及少量砾石。在砂层内共夹有二层层透镜状砂质粘土，该二层砂粘土在墩的下游部份厚而稳定（第一层厚5公尺，第二层厚2—4公尺）至墩的上游部份变薄，甚至尖灭，砂粘土为灰黑色、可塑、含云母及贝壳片。

中部砾砂稳定，厚2—3·5公尺，均分布墩内，呈灰黑色，颗粒>6公分的占29—32%，6—2公分占12—15%、20—1公厘的占5—18%、<1公厘占35%。

·22·

底砾层出现标高－55～56公尺，厚度2·1～3·4公尺，在墩的上游部份较厚，下游部份变薄，由圆砾及卵石組成，呈灰色颗粒滚圆度好，分选不好，大者30公分，小的为细砂級，成份同細砂；>2公分的占40—51%，20—2公厘的占33－20%。

(三)基岩的工程地质評价：

1.岩面起伏及风化情况：本墩岩面标高介于－57～－59公尺間最大高差1·39公尺，最小高差0·04公尺，以墩的浦口岸上游最低，向其余方向逐渐升高。

风化层变化：（0·5～1·0公尺），风化程度很微，仅有不显的岩石結构破坏現象，仍成完整岩石，但强度却有降低（砂岩 43·3Kg/Cm^2 頁岩 49Kg/Cm^2）。

2.岩性特征：本墩基岩属老第三紀浦口层的紫紅色頁岩及紫紅，灰白色砂岩組成，属半坚硬岩石类，墩內平面出露全部是頁岩，两側均为砂岩。

頁岩主要为粘土质頁、部份砂质頁岩、紫紅色、坚硬、致密、局部由于岩性亦脆裂隙发育，从而使岩心表面呈豹皮状及松软状态，頁岩层理局部清晰、常存薄层砂頁岩互层、偶含圆孔状及云朵状灰綠色的有机质斑点，底部有砾状砂岩（見图）。

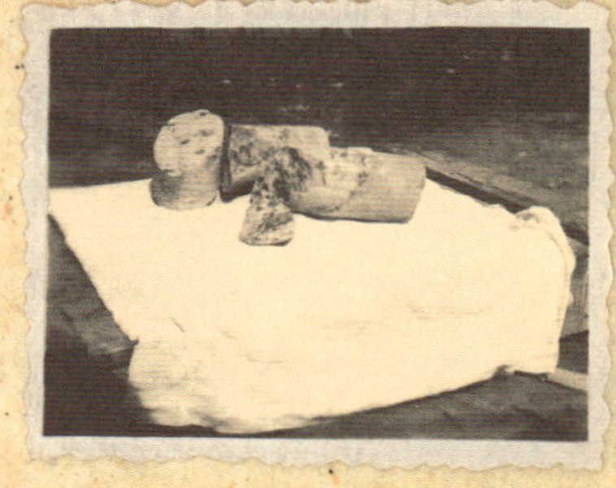

頁岩层：頂部以頁岩，砂质頁岩为主；偶夾有薄层粉砂岩，底部砂岩增多，过渡成二者的互层，紫紅色頁岩和砂质頁岩无明显界綫，颗粒粗細

·23·

渐变，夹层砂岩呈淡紅色。

砂岩：有細砂岩、粗砂岩2种，細砂岩为紫紅色，較致密，层面清楚，交錯层明显，粗砂岩呈灰色，泥質胶結較为松散，顆粒成份为石英、長石等。

总观本墩岩性較均一、相变不剧，岩层吸稳定。

3.构造特征：岩层走向略有变化，从北至南由N50°E渐变至N38°E傾向NW 傾角60--70° 一般65°

本墩构造单一，为三河村大向斜一翼，呈单斜构造，除普遍性存在裂隙外，仅在两孔中有一段裂隙集中，极輕挤压带，构造破碎少（在P_{5-1}厚3.5公尺，P_{5-3}厚1.2公尺），破碎带为多向，裂隙密集，擦痕鏡面明显，岩心被切割成菱块状，長約5－10公分。主要破裂面，傾角达75－80°，其方向約为NNE 傾向NW，由于本墩其余各孔均未发现有同样破碎带，推测可能仅由于局部裂隙密集而致，並无錯动。

4.强度变化規律及指标的确定：本墩共进行岩心抗压試驗139块，試件均为圓柱体，高与直徑大致相等，直徑±9公分的共92块占66%，直徑±10公分的共47块占34%。

现对試件强度变化綜合如下表：　　　　表1

試件状态	強度 kg/cm²	砂岩 天然 块數	砂岩 天然 %	砂岩 飽水 块數	砂岩 飽水 %
完整	>200	5	25	8	9.8
	100－200	2	10	28	35.8
	50－100			4	5
	<50				
有缺块	>200	5	25	4	5
	100－200	2	10	29	35.8
	50－100			6	7.4
	<50				
有裂隙	>200	4	20	1	1.2
	100－200	2	10		
	50－100				
总計		20	100%	80	100%

·24·

从上表看出：

1.饱水比天然状态的低，頁岩同之，水下施工时要加以考虑。

2.有缺口及裂隙的岩心試件其强度一般並不低，同时实际岩石埋于地下要比取出的岩心密实，有側压，抗压强度定更高。

3.采用值：对砂岩因仅有的一点（P_{5-1}）松散砂岩跑到墩外，墩內砂岩强度高、岩性常透均一、取100Kg/Cm²沒問題。頁岩破碎带因破碎程度不重，且出露角度陡、可适当安排管柱位置和嵌岩深度，便可避过，若个別管柱不能避开可降低基底抗压强度的25%适应之。

表2

岩石状态	块数	%	强度	分析
表层风化带	5	13	35	沒有代表性
加工外形不完整	4	10	40	〃
有裂隙	2	10	5	不良因素
完整	28	62	70-100	主要变化区段

㈣不良工程地質問題及处理意見：

1.松散砂岩：仅在墩的浦口岸下游角的P_{5-1}孔一頂有1-2公尺厚，岩层伸到墩外，因此虽胶結不好，較松散，强度低，但厚度极薄影响不大，可当风化层处理。

2.頁岩輕微破碎带：呈局部性影响不大。

成一带，按現在墩的南京岸上游角P_{5-3}孔基岩面下4 公尺出現，以破碎带傾角30°計算，則在墩內离P_{5-3}孔8公尺范圍內，这一破碎带可能位于嵌岩深度（8公尺）內，只要施工过程中加以注意即可。

七、6号墩工程地質条件

㈠墩的勘探布置和情况：

本墩順流向近長方形布置，共鉆孔10个，但有价值的孔只7个，作廢的3孔中，P_{6-4}'由于定位后未校核，后孔移位，无效。P_{6-6}'由于定好位开鉆时忽遇过8級大风，船向南京岸移动4公尺，与P_{6-2}只有2公尺。

在打入复盖层10公尺后移孔，P_{6-6}孔原意图应为现在P_{6-7}孔位置，以探明断层角砾岩的情况，但移孔时核对发现位置错了，只距P_{6-2}孔1·6公尺资料只供参考。

其余各孔深一般56—68公尺，P_{6-5}孔因打到断层角砾岩，加深至76·08公尺，钻入层岩一般21—33公尺，P_{6-5}最深达基岩下41·21公尺。钻孔直径127 110移孔均为110，一般钻进正常，但常有涌砂，一般涌进尺4—7公尺，P_6与P_{6-4}低些，只25公尺，而P_{6-2}、P_{6-3}高些7—9公尺，采岩率介于72·9%～86%间，这是由于岩性不均一，且有不同程度的岩石破碎，由于口径小，风浪影响及钻探技术欠佳使采岩率不高。

(一)复盖层的工程地质条件

本墩复盖层从河底往下大致可分为二大层：上部为厚约32公尺的砂层（粗、中、细、粉各级砂粒均有，总的规律是从上至下，由粗至细）与下部圆砾卵石层。

上部砂层中的各级砂粒层厚度极不稳定，与其中夹的粘性土成渐变关系，但砂粒分选滚圆度均很好，石英粒为主，长石、云母、黑色矿物次之，顶部偶夹贝壳碎片，该层中共夹有三层砂质粘土，粘土其厚薄不一（从0·5～4公尺均有），多成透镜状，湿润软塑，有薄层理，沿层面分布大量云母片。

下部底砾层出现标高介于—53·5～—56·7公尺间，厚度介于2·31～4·44公尺间，在墩的浦口岸上游角内最厚，向其余方向变薄，该层由圆砾及卵石组成，最大粒径8—10公分，一般2—4公分，卵石层中>4公分，占14—28%，以石英岩为主，其余为燧石，及其他火成岩等，滚圆度稍好，分选极不好，有>10公分的卵石，亦有少量细、中砂粒，圆砾层中>7公厘的占7—26%，亦以石英岩为主，分选不好。

·239·

㈢基岩的工程地质评价：

1.岩面起伏及基岩风化情况：本墩岩面标高介于−57·6～59·3 公尺間，最大高差1·65公尺，最小高差0·01公尺，岩面以墩心附近最高，向各方向降低，在浦口岸下游角岩又略有升高，因而在墩的靠浦口岸一边形成一大致顺水流方向的凹沟。

风化面約为高程−50～−59 公尺，风化深度一般0·4～1·0公尺，最大1·3公尺（P_6），最小0·2公尺（P_{6-6}），风化程度一般均不剧，仅有不明显的結构破坏現象，个别孔有风化为土状結构岩石，但仍成完整柱状。

2.一般岩性特征：本墩基础亦是属老第三紀浦口层的頁岩和砂岩，屬半坚硬岩石。墩內平面，出露全是頁岩，在墩的靠南京岸外側出露砂岩，頁岩分粘土质頁岩及砂质頁岩两种，粘土质頁岩紅褐色，坚硬，致密，但性脆，层理清楚，常夹有灰綠色圆形有机质斑点，也常見薄层粉砂岩与頁岩互层，偶有砂岩砾石（小透鏡状园孔状）。砂质頁岩，紅褐色，坚硬，断面隐約看到砂粒及大量云母片，亦夹薄层粉砂岩。

砂岩亦有粗砂岩細砂岩之分，粗砂岩呈灰白色多鈣质胶结，胶結程度不等，差的易捻成粉和崩解，成份为长石、石英、云母、輝石等，細砂岩，黄褐色，坚硬，致密，常有薄层頁岩互层及夹頁岩砾石，交错层明显。

墩下岩性从上到下大致可分为四层。最頂粘土质頁岩为主，夹少量薄层砂岩，灰色厚层粗砂岩，砂质頁岩夹厚层砂岩，粘土质頁岩。

岩相变化极剧，以墩下厚层粗砂岩为例，其厚度变化极大，常过渡到砂质頁岩，如P_{6-5}与P_{6-7}孔平面上距只有2·8公尺，但厚度却从5·13～7·3公尺。

3.构造特征：

产状变化較大，但只能取一致一致方向N40°E傾向NW傾角一般∠35°，个别地方变陡或变緩，如P_{6-2}中部一段傾角由10°～20°变至底部∠40°–∠50°。挤压破碎带相交于桥墩的左側边緣，約在高程−76公尺处，以NEE

·27·

向反倾斜断层，规模较大，出现断层角砾岩（见图），近墩心处也有类似此性质的破裂，但规模已较小，顺层破碎程度更轻。

图11

本墩断层是走向N65°E高角度（75°—80°）正断层，倾向SE（与岩层倾向相反），一条出露于本墩浦口岸下游角外5—7公尺，插入墩内，該带在P 6—5 出露标高为—94.80公尺垂直厚度大于15公尺（没打到底板），另一条出露于墩心附近，插入墩近南京岸半部，在P_6的底板标高为—60.33公尺，这两条断裂带都由断层角砾岩組成，頁岩有极严重挤压现象，成小結核及碎块亮面极多的疏松岩心柱，带中砂岩由于性硬较破碎，但有錯动及頁岩挤进现象，此断层真正厚度不明。

顺层破碎带位于墩下厚层粗砂岩之下，由于靠南京岸半部插入墩內，与上述断层近直交，岩心破碎程度在各孔中表现程度不同，P_6中岩心有明显砂岩錯动现象，P 6—1孔中則表现为裂隙密集，岩心碎成大块，棱形体亮面多，擦痕清楚，P 6—3中只是有輕微挤压现象，頁岩成片状直立排列，岩心表面粗糙不平，稍加震动即崩落，P6—7孔中由于砂岩多表现为頁岩挤压于砂岩中。除此，紅色頁岩中构造裂隙发育，主要有3組走向为NEE，NNE，EW，一組大致顺层（∠40°—50°），一組高角度（∠60°—80°）一組近水平鏡面及擦痕明显，斜向擦痕多，水平的少，裂隙充填粘土质及石膏（石膏量不多，厚約1—2mm）。

·28·

4.基岩抗压强度的变化规律和指标的确定:

本墩共試件69块,試件均为圆柱体,高与直徑大致相等,直徑8—10公分,絕大部分是天然(偏干)状态,砂岩>100Kg/Cm^{2}占全部,且完整的占72%,故使用值可为90—100Kg/Cm^2(松散砂岩除外)。

頁岩試驗40块,状态同上,其抗压值变化情况为:

試件状态	块数	%	主要变化值	分析
风化影响	9	22	45—50	沒有代表性值偏低
破碎带有裂隙的	4	10	15—25	不良因素
完整的(稍含裂隙个别外形稍不完整)	27	68	70—100	完整代表性

考虑到裂隙和破碎带的存在試件是天然(偏干)状态,可能与实际有出入,建議使用代表完整岩石的低值即頁岩使用70Kg/Cm^2。

5.不良工程地质类型及处理意見:

(1)风化情况,如前所述,风化不严重仅有厚度变化,但根据鉆探过程中常发生漏砂,塌孔現象,因此有必要使管柱强力下沉,保証进入新鮮基岩內一定深度。

(2)断层角砾岩带:特点是破碎挤压剧烈,頁岩成片状,亮面,既多又軟承压力极低,而其中夹的砂岩则坚硬,因而物理力学性质不均一,墩位左側外緣的断层破碎重,断得深(标高—99.76公尺沒穿透),斷层带中岩石已完全破坏了原来結构,頁岩成近直立片状排列夹层坚硬砂岩起了破坏作用,把頁岩挤得更碎,岩石松軟无法确定其抗压强度,但其在墩边—84.80公尺外出现不会直接影响桥位岩石的完整,严重的是墩心附近那条,由于資料不足,平面出露寬度不明,估計在商P6孔附近沿N65°E方向为界,向SE延伸2.6公尺之带状范围內,在角砾岩带仍埋于岩面下10公尺內,这带以外則埋藏深>10公尺,已无影响。

建議在这一影响范围內下管柱时,着岩深度加深至超角砾岩带,放于

·29·

坚硬砂岩之上，施工中要打超前鈷，探明角砾岩带深度。

在范圍以外凿岩可仍保持8公尺，基础放于角砾岩带之上的頁岩中。

⑶挤压破碎带：局部破碎較剧，一般較輕，厚度和順层的延續性挤压程度均有所变化，都說明主应力作用方向不明显，滑动少为多向裂隙干扰，結果NEE裂隙是主要的，另外还有NNE、NWW的，並有輕微錯动挤压現象，但由于位于基岩下11公尺（P_{6-3}）～21公尺（P_{6-4}）已大大深于凿岩深度，因而影响不甚严重，只要采用强度指标数值时考虑其安全系数即可。

⑷松散砂岩：在厚层粗粒砂岩中，有局部范圍（P_6、P_{6-1}），松散胶結不好，成小块状及粉状破易崩解，肯定这一段中抗压强度不大，推測与墩内的高角度断层角砾岩带有关，断层成为地下水良好通道，水滲入部份的溶解鈣質胶結物，使层中局部松散。

由于范圍不广，松散部份上、下砂岩均坚硬，强度>100Kg/Cm^2，所以建議管柱放于底部坚硬砂岩之上。

对今后工作意見：

1.补孔探明墩內断层角砾岩带傾向范圍，性質垂直及平面厚度。

2.补孔探明松散砂岩分布規律。

3.补孔做抗压試驗，目前指标少，而且不均匀，尤其破碎带，松散砂岩附近岩石的指标更嫌不足。

八、7号墩工程地質条件

㈠勘探情况：

本墩共有鈷孔14个，內技勘11个，初勘鈷孔C26、C22离墩位較远，但起控制两側断层位置作用，C19孔是初勘在断层带中唯一遇到完整岩石的，对进一步确定墩位和查明其工程地質条件起重大作用。

7号墩的勘探对确定全桥各墩位置有直接关系，能否在較大范圍断层破碎中找出足以保証桥墩穩定的完整岩石带，是技勘鈷探的首要任务。我們假

·30·

定C17为墩心以直徑24公尺为园，沿桥位中綫两側进行（如P_{7-1}、P_{7-4}鉆孔）后發現P_{7-4}孔岩心破碎为数条横向挤压破碎带所切割，因此鉆孔轉往单向加密如P_{7-9}，P_{7-8} P_{7-7}鉆孔P_{7-7}遇到一側断层上盘，中綫比較完整，岩石被挤側在P_{7-8}～P_{7-9}間，墩心位置也由C17处向浦口方向移动6公尺其里程为DK110+56。上下游鉆孔原計划均置于园周上，各距中綫为10～11公尺即P_{7-2} P_{7-3} P_{7-5} P_{7-6}鉆孔。以后为了解决某些鉆孔岩心抗压試件不足，代表性不够，补加了P_{7-10} P_{7-11}鉆孔。为了获得較完整岩心，大多数鉆孔开孔，終孔直徑为130个别有为110的。遇有严重风化层或破碎带，均采用110双重岩心管鉆进，以防止冲洗液冲毁岩心。但由于冲洗不良，岩心遭于鉆，岩石原来結构受破坏不易鑑定。鉆孔鉆入岩石深度一般为20～25公尺。采岩率70～85%，但个别鉆孔有为60%左右的。所鉆頁岩和砂质頁岩，均属研磨性小硬度度的II～V，岩石一般完整。

(二)7号墩工程地质条件說明：

1.桥墩的地质結构：

(1)复盖层：

本墩河底标高約为－20～－21 m水深均一，复盖层平均厚度为37.5公尺。上部为細砂厚約26公尺，細砂呈灰黄色較松散，矿物成份以石英、云母为主黑色矿物次之。颗粒較均匀，几乎不含>0.5公厘之颗粒0.25～0.1約占70～80%<0.1的約占5～10%，砂层的底部和局部地点偶夾有少量砾砂（1～2公厘）和薄层（10～20公分）砂粘土。中部为粉砂层（出現标高約为－48公尺，平均厚7公尺，呈灰色，云母含量显著颗粒变小，均少于0.5公厘，<0.1約占30～40%偶有少量砂粘土。底部为园砾卵石层出現标高約为－54公尺，一般厚3.5公尺呈灰至灰白色，砾石多由石英岩和燧石組成，具次园形，一般直徑为2～4公分最大直徑8～10公分>2公分約占25～30%，砾砂10～2公厘約占40～45%砂粒0.5～0.1約占30～40%組織中密。

·31·

本墩复盖层組成簡单在水平和垂直方向厚度穏定規律性較好。

⑵基岩：

由老第三紀浦口层暗紅色粘土质頁岩和砂质頁岩組成以粘土质頁岩为主，偶出现有渐变状薄层粉砂岩和少量灰綠色有机质斑点，岩性总的組成仍較均一。层理不显，地层走向N45°～50°E傾向NW傾角为20°～25°，本墩因位于頁岩断层挤压破碎带 局部較完整的岩石中故在墩位的順流向的两側各10公尺存在有規模較大，高角度的走向断层，因而基岩以破碎构造为主，NW NEE 順层的裂隙較发育且多为石膏充填。与两外側断层相垂直的方向普遍出现横向挤压破碎带(NW向)由于頁岩遇水变軟和破碎构造的作用，岩面出现較低标高約为－57～58公尺普遍具有不等厚的风化层(1·0～2·5公尺)。

本墩基岩岩性組成較均一但由于两側断层的影响作用，墩位上横向破碎多大大降低岩石完整性和均一性。

2.桥墩的工程地质条件：

⑴风化层：

本墩风化层普遍出现最大厚度2·5公尺，最小厚度0·30公尺，一般厚度1公尺左往往由于破碎带的作用局部风化变厚(厚4～5公尺)，风化层已成土状不具岩石結构，但也稍含原岩細小碎屑多为硬塑或 坚硬状态。

⑵断层与挤压破碎带：

在孔C26，P_{7-7}顶部和C22均遇到高角度走向断层，岩石受挤压破碎严重出现断层角砾岩。与两側断层近乎垂直的方向(NW)出现鱗状横向挤压破碎带，全部鉆孔都在不同高程上遇到。P_{7-4}尤其岩石的結构和完整性均遭破坏，破碎带破碎程度一般不重但不均一(个别鉆孔P_{7-10}挤压較重(見图)，仅为多向裂隙(NW NE NEE)所切割成鱗状块段 可見明显鏡面和以水平方向为主的擦痕，張开的裂隙多为石膏所充填寬度約为1～15mm密閉裂隙也很多，但位移很小，岩石仍有一定的完整性，能取出不規則的柱

·32·

状岩心。

图12

横向挤压破碎带破裂面倾陡約为75～85°，以傾向NE为主。根据鉆孔資料分析其出現寬度較小約为0·5～1·0公尺不等，但数目較多。基岩中裂隙和挤压破碎中普遍出現次生石膏脈，石膏虽具可溶性，但由于其埋藏条件的限制不适于地下水向岩石深部进行剧烈循环和溶解，所以石膏的存在並不引起严重不良影响。

⑶岩石水理性和抗压强度：

頁岩和砂質頁岩都属于可軟化岩石遇水崩解，經試驗室崩解試驗觀察浸水30—60分鐘开始穩定，先开始片狀和粒狀下落繼而沿裂隙裂开。完整的裂隙小的14小时崩解量約10～15%。裂隙密集的約14小时崩解量40～50%已不保持原來形态。頁岩在天然的埋藏条件下除裂隙作用外是不透水的，应具有較大的抗压强度和結构上的穩定，由于温度和湿度的变化，强度变低岩經风干岩石水份蒸发产生裂紋若浸水飽和产生崩解。

本墩共进行岩心抗压試驗151块試件均为圆柱体長与直徑相等，直徑以11公分为主約占60%，9公分（士）約占40%試件以天然湿度（偏干）抗压为主，飽和水的占极少数（5%），現对試驗强度变化作如下分析：

·33·

試件狀态	块数	%	强度变化主要区段(Kg/Cm²)
完整无裂隙	35	56	70～100
有裂隙	40	26	25～30
外形不完整	6	4·5	45～50
严重构造破碎	13	8·5	13
飽和水的	7	5	25～30

考虑到横向挤压破碎带的存在，代表性完整强度値，应采主要变化区段的低値即为70Kg/Cm²。

3.結論和建議:

⑴本墩園位于第三組較大范圍的断层挤压破碎带的局部完整岩石中，虽経証实区域的最新构造运动不强烈，处于較稳定状态，但考虑到近代地震对断裂的影响，建議把地震烈度提高2級作为基础結构抗震性的檢算。

⑵因两側断层出現的限制墩心不宜变动基底尺寸以园形直徑20公尺士为宜，在P_{7-8}，P_{7-9}間这样可减小两侧断层的不良影响。

⑶基底范圍內分布有数量較多的彼此大体平行的横向(NW)挤压破碎带，由于破碎面陡，平面出现宽度不大，一般在0·5~1·0公尺間，虽然絕大部分破碎不严重但也降低了岩石的完整性和强度，因此管柱嵌岩深度尽可根据施工中的超前鉆孔所获得的地層情况予以决定，所以其深度变化可能在一基本深度值的上下2～4公尺，这样可以减小破碎带在承压面上出现的面积和带数，但要完全躲开它恐怕有困难，按有利的情况估計在3公尺直徑的园形承压面积上有一条破碎带以宽約0·5～1·0公尺组形面积出现則破碎面积約占全面积20～30%(可能小些)，若破碎面积分布在柱底面的上下游方面的边缘，可能产生不均匀沉陷，在其它位置此性质不显。为現除此現象应以降低基底岩石抗压强度来适应。对岩石試件的抗压强度的使用若不考虑其它因素(如試件面积水份状态有无側限)，

·84·

分析裂隙和破碎带的出現，基底岩石使用极限抗压强度值（F）可按下列方法估計：

$F=F_0\times K_0\times K_C=70\times0\cdot8\times0\cdot8=45Kg/Cm^2$

代表完整岩石极限强度 F_0 $70Kg/Cm^2$

普遍性裂隙系数 $KC=0\cdot8$

一般性破碎带系数 $K_0=0\cdot8$

(4)本墩普遍出現风化层，一般厚度为1公尺，个别鉆孔 P_{7-8} 因构造影响竟厚达7·20公尺，且岩面上有卵石层，为了防止孔口崩塌和卵石掉入孔内除管柱强力下沉保証进入风化层一定深度外，若經超前鉆孔証实有特厚且不稳定之风化层时即要作鋼管桩下沉处理。鉆孔孔壁可能遇到1条以上的挤压破碎带，但由于破碎角度陡，估計不会产生严重块状塌孔在鉆进有阻力时可用泥浆护孔或作清洗液循环。頁岩或砂质頁岩在鉆进中不会产生重岩粉，一般情况下可以冲洗清洁（根据我們使用KAM—300型鉆机孔徑130水泵30/100型徑15—20分鉆能洗孔清洁（从試驗室觀察30分鈡发生絮状碎屑2—5%，也証明泥化不重）。但要注意减小管柱封底时間，不使承压面浸水过久以致引起岩石含水状态的改变崩解。

(5)为了进一步証实两側断层的性质，范圍及其对墩位的影响以及横向挤压破碎带的性质和規律在下期勘探时可用适当鉆孔加以查明。

九、8号墩工程地质条件

共鉆孔5个，一般以127及110两种规格鉆进，个别孔下部因岩石坚硬难进尺或漏砂影响鉆进时也有用91的。孔深为45—53公尺，鉆入基岩10—15公尺，基岩采岩率70—90%，个别孔較低約50%

复盖层变化极为簡单除去35~38公尺段有些透鏡体状砾砂外，几乎全为細砂及中砂，其性质均为松散，飽和状态。复盖层厚約36—37公尺。

·35·

基岩均为老第三紀浦口层紅褐色角砾岩，岩性单一，滚圓度較差，分选較9墩为优，砾石排列也較9墩紧密，但仍为基底式胶結。砾石成份有石灰岩，石英岩，砂岩，火成岩中有安山岩，斑岩，安山斑岩等，砾石大小不等，一般为2—4公分，偶夹有20—30公分坚硬石英岩，灰岩巨砾。砾岩多为鉄质胶結，少部分为鈣质胶結，溶蝕极不明显，只在局部地方可見到溶蝕掉块現象，岩心柱面与断面也較整齐，由于层面不清，无法分层对比，故产状由6墩推测过来，大致为N41°E傾向NW∠25°

經探明确认工程地质条件极为良好，属坚硬岩石，其具有极好的抗水性和耐风化性，无裂隙也无风化現象，遇水后不崩解，不泥化，强度也大，岩面平整。

經作过65块試件知抗压强度較大，絕大部分在200—400Kg/Cm²，也有不少大于500Kg的其中100—150Kg/Cm²的3块，150—250Kg/Cm²的14个，250—350Kg22个，350—450Kg/Cm²的14个，450—600Kg/Cm²11个，由此可知，强度用250—350Kg/Cm²也偏于安全，可考虑300—400Kg/Cm²。

結論及处理意見：

本墩为正桥唯一的最好墩台，无論从复盖层变化，基岩的地质与工程地质特性都极良好，其管柱嵌岩深度可以 4 公尺为限，施工若有困难，还可减小，因基岩坚实完整，施工鉆岩时，要使用新型鉆机以提高功效。

十、9号墩工程地质条件

共鉆孔8个，內P9—2，P9—5，P9—6，P9—7为了专門解决角砾岩喀斯特溶洞問題。孔徑一般为127及110，孔深55—60公尺，鉆入基岩10—15公尺。正常鉆进时，难进尺，每班进尺2—3公尺，但遇到喀斯特溶洞时，进尺陡增，如P9—2鉆至孔深58·28公尺时，一分鐘进尺1·2公尺。采岩率不高，均在40—75%之間，其严格受到砾岩胶

·35·

结性质与钻进方法控制，规律是上部采岩率低，一般２０—３０%个别岩段可小到１５%。

复盖层：墩近南京岸，为长江缓流地段，堆积单一，复盖层厚44·2—45·5公尺，绝大部分为细砂、中砂，下部约有４公尺的砂粘土与中砂、砾砂以及圆砾层。细、中砂，松散、饱和圆砾大小在０·５公分±部分的大于１公分，极个别的有达１２公分者。

基岩：岩性单一，均为老第三纪浦口层之下部江褐色角砾岩，属坚硬岩石，岩石成分多为石灰岩、石英岩、砂岩、火成岩中有斑岩、安山岩与安山斑岩，部分火山岩砾石已风化，不甚坚实。颗粒滚圆变差，分选亦不良，胶结质主要是Ca质，局部地方有铁质胶结，为基底式胶结，胶结不好，受力后易从砾石与胶结质接触处裂开，故岩心柱面及岩心断面多呈嵯峨不齐状。岩面的总趋势有些反常，按河槽特点自南京岸往浦口岸应以12%坡度低下，但本墩岩面反比８号墩低１·5—2·5公尺，一般在—53·5～—54·5公尺之間，以南北方向变化最大，推其因，实为钙质胶结带被溶蚀的特点，加之江水的冲刷导致。还无构造迹象，岩层产状NE41°倾向NW∠25°。

本墩主要的工程地质問題是角砾岩的喀斯特，广泛的钙质胶结物给发育喀斯特提供了良好的条件，但由于岩性、地下水活动，地壳运动等关系使喀斯特的发育受到了一定的限制，根据大量钻孔岩心分析，我們認为喀斯特溶蝕有下列三种形式：

(一)顺定向发育：也是最为强烈，最影响工程建筑的一組先后在P9—2 P9—5 P9—6发现。該溶蝕帶出現最高标高为—56·63公尺，最低标高为—62·95，P9—2出現較低也較宽，钻至此层时，漏水严重，但經１刻鐘后迴水又正常了，故其为盲洞（P6—5 P6—6只是砾岩松散）。这种溶蝕带与灰岩区溶洞亦有区别，洞内仍有卵石堆置其中，但无近代砂土充填，

·37·

有一些方介石沉积。

㈠沿裂隙溶蝕：裂隙寬0．5－2公分，充填有方介石脉，經溶蝕后有規則空隙，淘空亦无充填物（見图）。

㈢不規則的蜂窩状溶蝕：P9—4、P9—5、P9—6、P9—7孔均見到，經溶蝕后部分物質已风化成高岭土。

前已提及溶蝕带的成因，是岩性及水溶蝕力2个主要条件，当时应为地下水虹吸循环带产物。地处吴淞海平面侵蝕基准面以下已无再活动性；在已溶蝕成小洞中，大都可見良好的方介石結晶，这也将是其停止溶蝕的有力証明。目前地質条件与工程地質条件业已探清，遺下的只是施工处理問題了。

总的說，由鈣質胶結的角砾岩，有一定的抗水性和耐风化性，裂隙少，风化也不深，仍是一良好基础。

抗压强度的确定及其評价

共作試件39块，但分布不均匀，由于挑样人队为已有强度資料証明問題不大而造成的結果，强度除极个别块段受方介石被溶蝕略低外，一般均較高，在39块試件中<100Kg/Cm^2共2块，100—200Kg/Cm^2的15块，200—300Kg/Cm^2的13块，300—400Kg/Cm^2的5块，大于400Kg/Cm^2的4块，根据深度及强度的分析，浦口岸下游之伞墩，在洛

·38·

蝕带上部因风化、溶蝕影响、未取成試件，强度亦不詳，溶蝕带下部强度大多在200—400Kg/Cm^2。其他各处强度也較均匀，可用150—250Kg/Cm^2，因此对强度的数值还是比較乐观的。

結論及处理意見

經探明喀斯特溶蝕带已属盲洞，且只限于局部地区，其他地区强度也大，因此本墩的建筑基础經处理后仍是很好的，我們認为在里程ⅡK113+69至ⅡK113+75中綫 下游3—11公尺的区間內，經比較后可用下列之一措施：

1.在下管柱时应用超前鉆証明有溶蝕带时，可进行灌注水泥浆，待凝固后，测其强度，如能滿足設計需要，可以嵌岩4公尺为准。

2.嵌岩穿过溶蝕带，上部也应灌滿泥浆。

可見二方案各有利弊，前者經济上是合理的，但强度上可能偏低一些，后者造价增加，且施工困难，但强度保險大。

十、河槽各墩台工程地質条件总評

由上列分段論証，可見河槽各墩台有着不同类型岩石作为基础，从而具备着不同的工程地質条件，我們認为：

(一)8号墩复盖层簡单，基岩特性好，其物理、力学、水理等性質均优，岩面起伏不大，实为本桥唯一最佳桥墩。

(二)9号墩虽发育着不同程度喀斯特溶蝕，但規律基本掌握，並已肯定其无再活动性，因而只要在施工过程中加以处理，仍不失为良好基础类型。

(三)1号墩位于复盖层之上，其变化規律基本掌握，其下之深槽形态也能控制，問題不大，其承載力稍差，虽然基础过深，接近深槽，造价增高，施工也困难，但基础过浅又将遇到冲刷深度的威脅和承載力不足的困难，由此看来，应对基础进行灌浆处理，才能更加安全。

(四)2、4、5諸墩，均为砂頁岩互层，复盖层簡单，基础特性也較好(

·32·

(相对6、7二墩言)岩石尚完整，缺陷是2号墩的局部松散砂岩和5号墩的一条挤压带，性属轻微，只要基础躲过該带，仍可保基础稳定。

(四)3号墩条件稍复杂，左半墩情况良好，右半墩中岩层走向，倾角急骤变化，岩层的不連續都使人怀疑其有构造問題，加之P_3孔抗压值之偏低，P_{3-2}，P_{3-3}試件的过少，至今还很难作出最后結論。，有待洪水期后查明。

(六)6、7二墩为最差的类型，断裂规模大，基础岩石受影响明显，从而而强度較差，6墩又兼出現松散砂岩，条件更為复杂，断裂规模在施工前还需探明，以求心中有数。

总之南京大桥正桥工程地质条件是異常复杂的，不仅桥墩附近出現了断裂，同时各墩台基础下間或夹有不同形式和不同严重程度的工程地质，軟弱夹层(軟弱頁岩，松散砂岩，受断裂影响破碎岩石)，加之分布的不規則，更增加了其复杂性，因此要求設計上，施工上积极地加以認真对待，妥善处理，方可保証基础稳定安全。

第六章　引桥及桥台工程地质条件

一、两岸第四紀地层沉积規律

概論

Ⅲ-57至Ⅲ-132的长江河谷内广泛发育着谷内式Q_4松散沉积物，在底部有古长江沉积的园砾、砾砂和少量中细砂及砂粘土；上部为细砂、粉砂、砂粘土和淤泥；表层为最近代泛滥沉积的砂粘土。历次水流冲刷南京岸，浦口岸水流緩慢、稳定，因而沉积較規律、层次明显。其寬度浦口岸达3·5公里，南京岸达1·5公里，成谷内式Q_4沉积有两个輪迴：即第一期古长江沉积；第二三期为近代沉积。第二第三期的沉积形成了目前长江两岸的漫滩和河槽的产物。

谷内第四紀沉积規律

第四紀沉积物甚为发育，組成了河槽和河漫滩和阶地，不同类型的第四紀沉积受着地形条件和地貌单元的控制，因而出路的地段不同。河流虽經多次变化沉积仍較規律，岩性亦甚为单一。目前河槽内仍在不断地、緩慢地継續沉积中。

1. Q_{III}的沉积：

Q_{III}下蜀系粘性土在河谷外缘分布甚广，多組成基本河岸。前人对該层成因就风成和水成持有不同看法，我們认为水流沉积是比較合理的。下蜀系粘性土在长江漫流时期沿江两岸以大山为界沉积下来，故沿江丘陵低洼处均可見。

2. Q_{IV}的沉积可分三期：

第一期古长江沉积。

江岸以Q_{III}下蜀系粘性土所堆积的地貌为界，将Q_{III}、Pg和Cr侵蝕为不对称的阶地，構成古长江稳定的河道，且水深流急。开始了Q_{IV}的底砾沉积，不均匀的复盖在基岩侵蝕面之上；緩流区出現于岸側，漫滩

I.

相的雏形也开始出现。后因洪水渐退，粗砂、中砂及更細的砂粘土也沉积下来，当时主流居于江道中心继續侵蝕，古长江深槽也隨之而生（見图）。

14

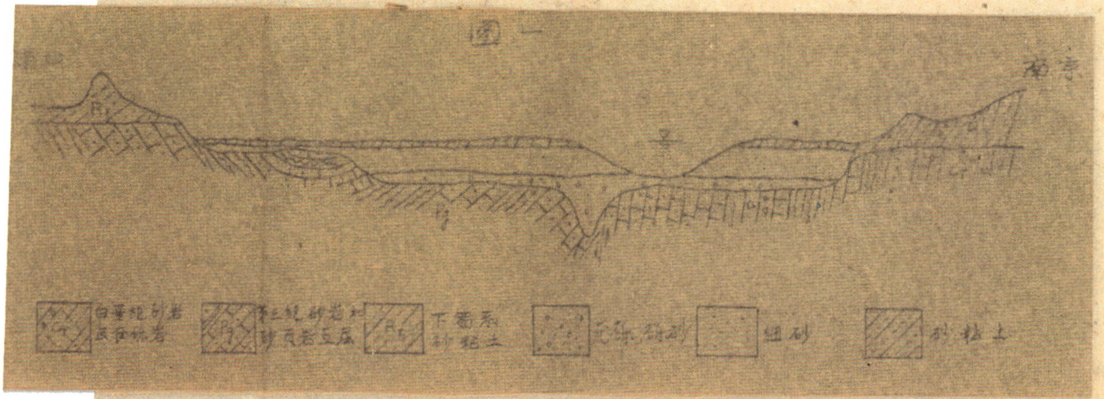

圣14

第二期近代沉积。

第一期古长江的沉积物形成后，洪水又携带大量泥砂汹涌而来。

洪水来势汹涌冲刷甚剧，在主流部分直接冲刷古长江的沉积物、穿过中砂、粗砂和砾砂，部分地点直逼至基岩面。而主流两侧亦将本来沉积不厚的砂粘土加以冲洗，形成了在断面图上看到的不规則厚度不等的砂粘土透鏡体。与侵蝕作用的同时开始了第二个輪迴的沉积。

江水普遍地携带大量的粉細砂，在广濶的河谷內沉积下来以后，主流略向浦口方面移动，南京岸边出現淺水緩流区，在紧靠基岩陡坡处，沉积了砂粘土和粉砂，加寬了岸边，以后由于河流水量变少，上游出現沙洲，江流遭分散至主流区收縮，在浦口和南京两侧开始出現漫滩緩流区，上部的砂粘土也隨着水速和流量的減低而沉积下来，基本上构成目前江岸和漫滩的眉目。江水最后退縮到目前河槽附近，而浦口方面的漫滩上仍有数条溪流在冲刷沉积中，这些溪流与长江主流仍有水利方面的联系，后来溪流

·2·

的上流受沉积的堵塞和主流水利争夺的影响，水源逐渐断絕，而形成现有浦口漫滩上較厚的砂粘土沉积。在南京岸也同样有此現象（見图15）

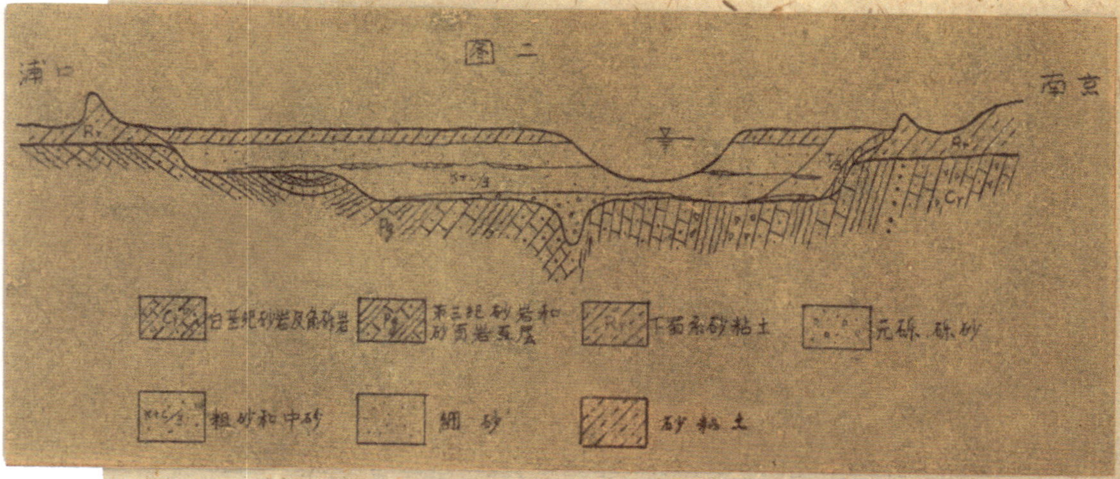

第三期近代长江泛濫沉积

长江河道漫滩形成后，水流完全沿着河槽运行，主流浒动范圍較小，但仍有洪水上漲，淹沒漫滩，但只限于洪水期的間歇性，泛濫也只限于顆粒細砂的砂粘土沉积，自从有了人为筑堤后，最近代沉积作用差不多已經停止，所以只在原有漫滩之上仅均匀的复盖一层厚度不大的砂粘土即目前的耕植土而矣。

第四紀沉积层的分类

其沉积类型虽有不同，而每一时期其沉积物甚为单一。下蜀系粘土主要分布在两岸第一二級阶地，底砾分布在古长江河道之上，砂及粘性土构成漫滩和河槽中的組成物，詳見于后：

1.Q III下蜀系粘性土

底部：棕黃色、黃褐色，含有鐵锌质結核，該层夹有砂砾，約占

10～15%，及少量的砾石，最大的直徑达8公分，一般的为1～25公分，具有稜角，成份有石英岩、矽質灰岩和燧石等，本层直接复盖在Cr之上。分布在7～27公尺段內成薄层状，厚度1～6.5公尺。

上部：褐黄色、紅黄色，成碎粒和結核状結构，具有孔隙，沿裂隙有綠色有机質、铁質充塡物。粘性很大，湿度接近半坚硬的。出露在长江两岸，在标高-10～-40公尺阶段构成第一級潜蝕阶地。

2.Q_{IV} 松散沉积

第四紀地質近代沉积物在两岸普遍的发育，並多受长江流水的侵蝕和堆积作用所控制，其主要有三部分組成：下部为古长江沉积，中部有近代漫滩相沉积，頂部有近代泛濫沉积。古长江沉积为粗砂，砾砂，园砾組成，分布在标高-35～-60^{m}間，近代漫滩相沉积为粉砂、細砂和砂粘土，分布在1～-40m間，近代泛濫沉积为砂粘土构成，分布在标高1～6^m。浦口岸长达3.5^{Km}，南京岸长达1.5^{Km}。依其沉积先后分述于后：

(1)古长江沉积(Ⅳ)，底砾和砂土沉积。

甲、底砾：有砾砂，园砾为主，园砾卵石最大直径5～8Cm，約占20～25%，出露厚度不一，厚者达22m上下，薄者为6公尺左右，由楚河往江岸方面变厚，到南京岸ПK125处消失。

园砾：灰白色，分选不好，渾园度較好，少量具有稜角，卵石最大直徑6～8Cm，約占20%，一般的2.0～3.0Cm占55.5%，成分以石英岩为主，灰岩、燧石、砂岩等次之。

砾砂：灰白色，顆粒不均匀，顆粒直徑>2^{mm}約占30～50%，成分以石英为主，黑色矿物、长石等少量。

乙、砂土沉积：中粗砂和砂粘土透鏡体。

中粗砂：灰白色，顆粒均匀，成分以石英为主，云母黑色矿物次之，出露厚度不一，最厚达12公尺。其頂部有不連續厚度不一的砂粘土透鏡

·4·

体，厚度一般为2～3公尺呈流动状态。其顶面标高在−25～−27公尺左右。

⑵近代沉积（ⅢⅡ）粉細砂和砂粘土

甲、粉細砂（Ⅲ）

粉細砂：以粉砂为主，顶板与底板处具渐变关系，其厚度一般为30～40 m，出露标高0.0～−38 m。在标高−10～40 m 間夹有厚2～4 m 之砂粘土透鏡体，多具流动状态或接近流动状态。

粉砂：灰色，顆粒均匀，粒徑小于0.1 mm的占75～80%。成分以石英、云母为主，长石次之。

細砂：灰色，顆粒均匀，0.1 mm的約占56.36%，成分以石英为主，黑色矿物及长石少量。

乙、砂粘土（Ⅱ）

砂粘土分布普遍，厚度不一，最后达30～35 m，薄者达5 m，出露标高介于5～−40 m 之間，浦口岸从蒸河向江岸边逐渐变薄，南京岸从ⅡK117（孔 H_5）起亦向陆地内部逐渐变薄。呈黄褐色及褐色，具明显薄层理，层面間夹有黄色粉砂，粉岩中云母較多和少量的有机质，为流动或近于流动状态，一些地段具有淤泥性质。

⑶近代长江泛滥沉积（Ⅰ）

砂粘土，为近代长江多次泛滥而沉积的，因而結构不一，夹有碎磚瓦块，煤屑和植物根黑色有机质等，表土已成耕植土。均匀的复蓋在高河漫滩上，标高2～6公尺。厚度一般在1.5～3.0公尺，呈可塑状态。

3.残积层：角砾岩残积层，棕紅色为角砾岩风化所致，以砾石及砂为主，並夹有粘土，砾石直徑5～8 cm，一般为1～2.5 cm 有石英岩、灰岩和砂岩等。

二、二岸第四紀工程地質評价

㈠砂类土：（ⅣⅢ）

·5·

除粗砂、砾砂、园砾外，其絕大部分之粉細砂都具有不良之工程地質特性，它們均 飽和水，顆粒均一而細，一般>0.5^{mm}的顆粒少或沒有，而直徑<0.1^{mm}的顆粒可达75～80%，組成顆粒的矿物成份除石英外，还有較多之云母鱗片，因此使它們具有松散性和流动性。

隨顆粒的粗細不同，其摩擦力之大小也不同，顆粒愈小摩擦力愈少。

据柯洛明斯基工程地質學表27以及鉄路桥涵設計規范表65、66查得砂类指标的大小如下：

土　名	摩擦角	摩擦系数	承載力（Kg/Cm^2）
粉、細砂	15°～20°	0.30～0.36	粉砂=1.0，細砂=1.5
中砂	25°	0.47	2.5
园砾	30°	0.58	4.5

在两岸鉆探过程中，未发現任何障碍物，在砂中虽夾有砂粘土透鏡体，但多半为流动或近于流动，所以对下桩基无影响，若下桩深度大于45～50^{m}（−40～−50^{m}）則需考慮不連續的砂砾膠結层的存在。可能引起沉桩的困难。

㈡粘性土（ⅡⅠ）

粘性土都具有不良的工程地質特征，一般天然含水量大于液限或接近液限（35～43%），孔隙比达0.85～1.10，天然容重1.75～1.84。稠度都大于1或接近1（0.9左右），因而普遍具有流动性，仅局部地方呈可塑状态，有机物含量达2～5%，其抗剪强度大小也不一，且較低，固結快剪C值为0.05～0.10Kg/Cm^2，φ值为18°～34°，由以上物理力学性质上反映出土質的松軟及工程地質不良性。

据我国1959年1月份鉄道部公布的鉄路桥涵設計規范中規定：凡是在天然状态下含水量超过液限，且砂粘土的孔隙比大于1或粘土孔隙比大于1.5者，則均为淤泥。據本規定有不少地段之砂粘土其天然含水量大于液限，而且孔隙比亦大于1，由此說明浦口岸普遍分布为淤泥，南京

·6·

岸主要为砂粘土，詳見下表：

类别	区段	W	γ	ε
浦口岸鉄路引桥	ⅡA	38	1.70	0.6–0.
	ⅡB	31–41	1.7–1.8	1.0–1.
	ⅡC	37–45 35–37	1.7–1.8 1.80	1.0–1. 0.9–1.
浦口岸公路引桥	ⅡA	33	1.86	0.94
	ⅡB	35–42	1.70–1.85	1.0–1.
	ⅡC	35–42 37	1.80 1.8–1.85	1.0–1. 0.9
浦口岸桥台	ⅡC	40.8 34.9	1.75–1.82 1.84	1.09–1. 0.88–1.
南京岸鉄路引桥	ⅡA	36	1.86	0.97
南京岸公路引桥	ⅡA	33.1	1.84	0.96
	ⅡB	37	1.82	1.04
南京岸桥台	ⅡA	32	1.835	0.95
两岸之表土	Ⅰ	28	1.90	0.80

W_T	B	抗剪强度 c	φ	土名
-45	<1	0.2-04	16°-22°	砂粘土
5-40	>1	0.05-0.10	18°-25°	淤泥
3-40 -39	>1 <1	0.1±	15°-20°	淤泥 砂粘土
31.8	>1	0.07	28°	砂粘土
2-35	>1	0.05	25°	淤泥
3-39 4-36	>1 <1	0.05	25°-30°	淤泥 砂粘土
33.2 34	>1 0.86-1.0	0.10 0.03	24°-34°	淤泥 砂粘土
37	0.93	0.14	23°30′	砂粘土
32.3	1.08	0.10	25°	〃
2.3	1.45	0.06	28°	淤泥
0.3	1.17	0	34°30′	砂粘土
0.3	0.81	0.30	18°	〃

为了便于处理，将全部按名称不同情况（天然含水量，孔隙比，液限值之大小来划分），划分为三类：以砂粘土为主（ⅡA），淤泥为主（$Ⅱ_B$），其次两者相間的（ⅡC），浦口岸以$Ⅱ_B$和$Ⅱ_C$分布普遍，$Ⅱ_A$仅个别地段，而南京岸却以$Ⅱ_A$占絕对优势。现分别描述如下：

1.第一类（ⅡA）以砂粘土为主，在局部地方夹有淤泥其物理力学特性都比ⅡB、ⅡC略优，一般天然含水量为33－36%，孔隙比为0.6—0.9，液限值为30－39大部为可塑状态和接近微流动状态，显然在ⅡA段內工程地質特性較ⅡB、ⅡC要好。

2.第二类（ⅡB）：在本段中全以淤泥为主，其中夹有少量的砂粘土，一般天然含水量都大于液限或接近液限，含水量达35－42%，液限值达32－40，孔隙比大于1，由此反应出本段中的砂粘土全为流动的，其存在无疑将使各个建筑系統复杂化了。

3.第三类（ⅡC）：本段中相間的出现砂粘土和淤泥，其工程地質特性都介于ⅡA和ⅡB之間，具流动和可塑的。

4.表土（Ⅰ）：砂粘土因受人为活动的影响，主要为可塑的，含水量較Ⅱ均小，孔隙比与液限亦为低，其抗剪力比Ⅱ为高。

㈢下蜀系砂粘土（Ⅴ）

該砂粘土的工程地質性質，在各方面均比$Ⅱ_A$、$Ⅱ_B$、$Ⅱ_C$为好，其天然含水量一般多在20～25%之間。甚至还有小于20%，所有的天然含水量均小于液限（多在30以上），孔隙比在0.6—0.7間，稠度小于0.55都具高塑性。局部地段呈半堅硬状态，其抗剪强度亦比Ⅱ为高。为了适用列表如下：

·8·

区段	范围	ω	γ	ε	ω_T	B	抗剪强度		土名	允許承压力
							C	φ		
$H_{22,23,25}$ 浅17	下蜀系开始 至下.00m	23	2.04	0.63	20	0.23	0.70	26°	砂粘土	2.0 Kg/cm²
$H_{24,26,27}$ 浅4	- 〃	26	1.97	0.72	32	0.54			〃	1.5 〃
全段	18m以下	22	2.05	0.63	34	0.08	0.70	35°	〃	2.5 〃

上表多主要为施工所用。一般的W、B、ε值都随深度而变小，在深度１２公尺以下，稠度小于０．５，无疑其承載力亦随之增高，在１８公尺以下，允許承压力达２.５Kg/Cm²（其数值不是均匀增加）。該段作為本地区开挖基础之基底或筑路基之土层不失为較好土层，由于个别地段不同，承載力有所不同，施工方法需采取不同对待。

㈣角砾岩殘积层：（Ⅴ）

本层虽为基岩风化崩解所致，但未經搬运，其分选不良，且为粘土所充填，成紧密的状态，承載力虽远不如白垩紀角砾岩，却高于砾石层无疑，故单位允許承压力采用10Kg/Cm²実为可靠。

总之全段內，普遍分布的第四紀近代沉积中，除顆粒較粗的中砂、粗砂、砾砂外，其絕大部分的砂粘土（Ⅱ） 的淤泥化，粉砂的液化及其游动性都給基础带来了建筑的复杂化。

結論

南京大桥初勘、技勘工作前后經过将近１０个月，基本告一段落，初勘中发现的１墩下基岩深槽、７墩附近的断裂带和石膏脈的充填，以及技勘中相継发现的６号墩沿走向反傾斜断层，９墩下角砾岩喀斯特的溶蝕，２、６墩局部松散砂岩的出现等，截止目前业已基本探明，並作出了初步結論，对二岸不少地区出現的淤泥及流砂也进行了評价。当然由于条件的

·9·

复杂实还存在一些問題，同时在施工过程中也还将会碰到新的問題，都要加以查明。在半坚硬岩石和断裂上修建大型管柱基礎的特大桥，今为首創，因此无論在勘探和总結上都会指导今后长江上其他以紅层为基底的桥梁勘探工作的。

·一〇·

三

地理环境

晉王山
朱家山
曠口山
歷史
(三)洪武四年(一
(四)洪武九年(一
(五)洪武二十四
於曠口山之
而清晰。
口段歷史沿革圖(六)
大河沙
八卦洲
長
江

长江新生洲至七里洲间流向图（第1次）

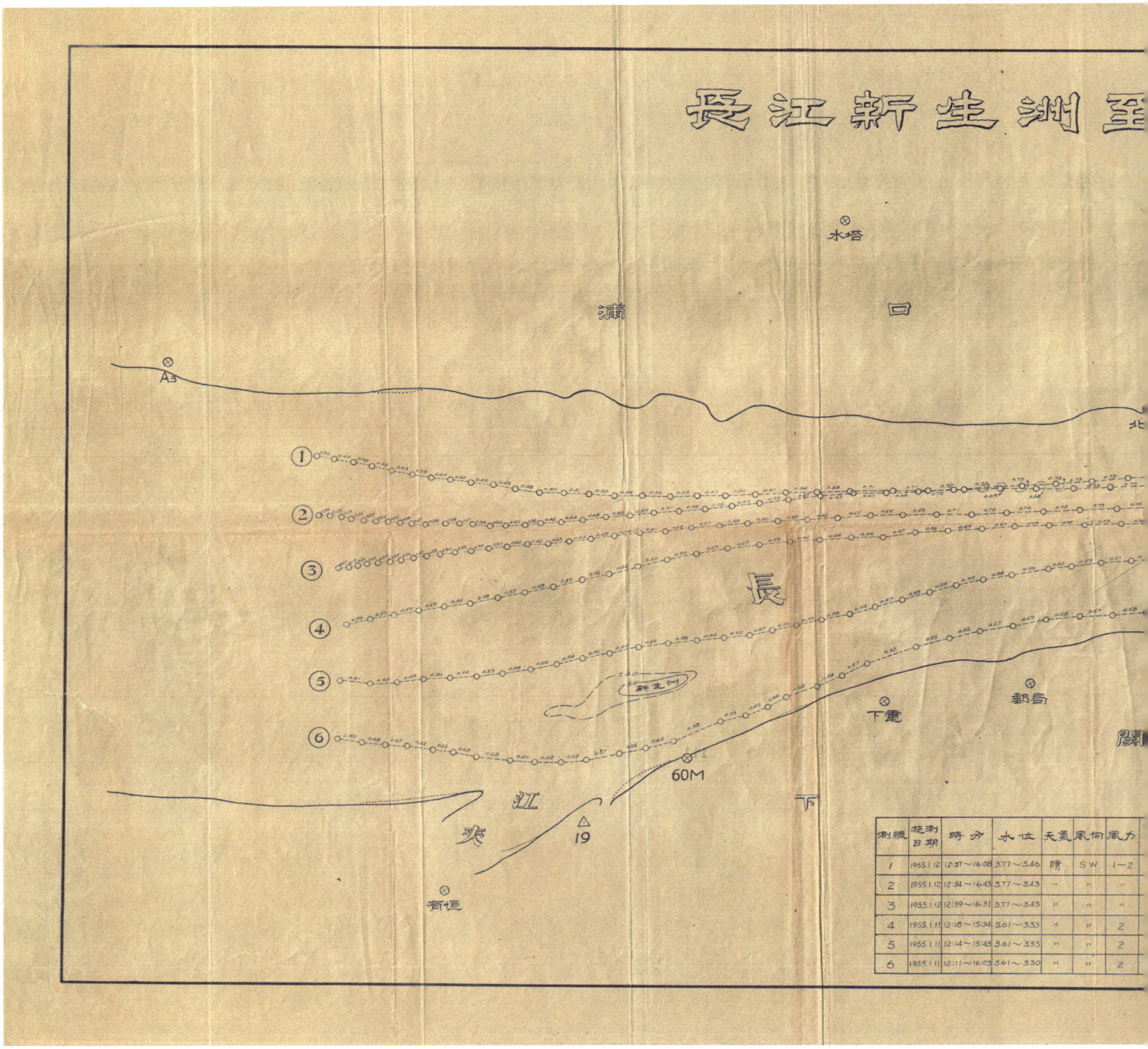

測線	施測日期	時分	水位	天氣	風向	風力
1	1955.1.12	12:37～16:08	3.77～3.46	晴	SW	1～2
2	1955.1.12	12:34～16:43	3.77～3.43	"	"	"
3	1955.1.12	12:39～16:31	3.77～3.43	"	"	"
4	1955.1.11	12:18～15:34	3.61～3.33	"	"	2
5	1955.1.11	12:14～15:43	3.61～3.33	"	"	2
6	1955.1.11	12:11～16:03	3.61～3.30	"	"	2

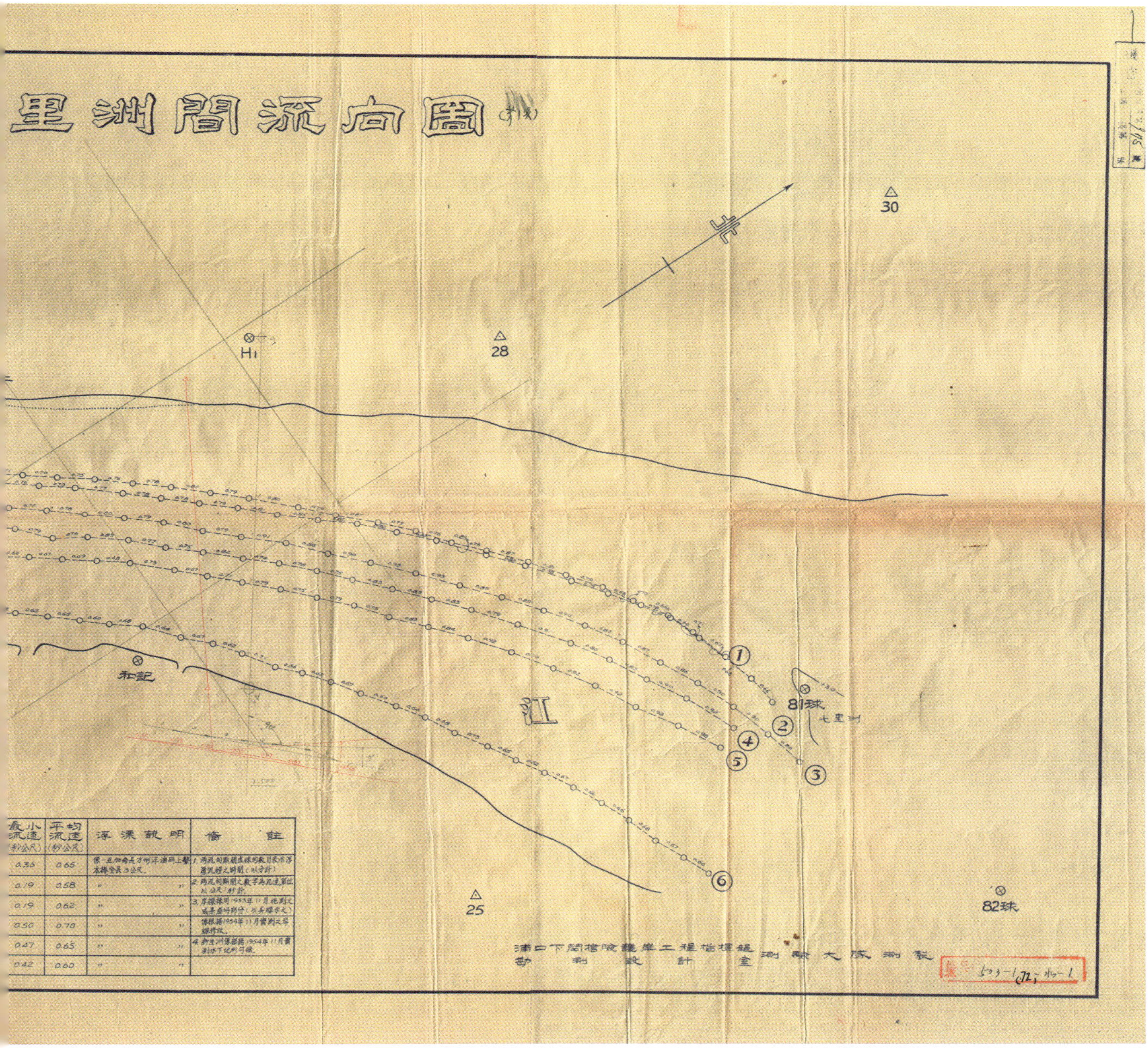

最小流速（秒公尺）	平均流速（秒公尺）	浮漂說明	備註
0.36	0.65	係一五加侖長方形浮油桶上繫木椿全長3公尺。	1. 兩汎間斷圈虛線的數目表示浮漂流經之時間（以分計）
0.19	0.58	" "	2. 兩汎間斷間之數字為流速單位以公尺/秒計。
0.19	0.62	" "	3. 岸線採用1953年11月施測之成果唯將部分（以兵線表之）
0.50	0.70	" "	係根據1954年11月實測之岸線修改。
0.47	0.65	" "	4. 新生洲係根據1954年11月實測水下地形描繪。
0.42	0.60	" "	

长江新生洲至七里洲间流向图（第2次）

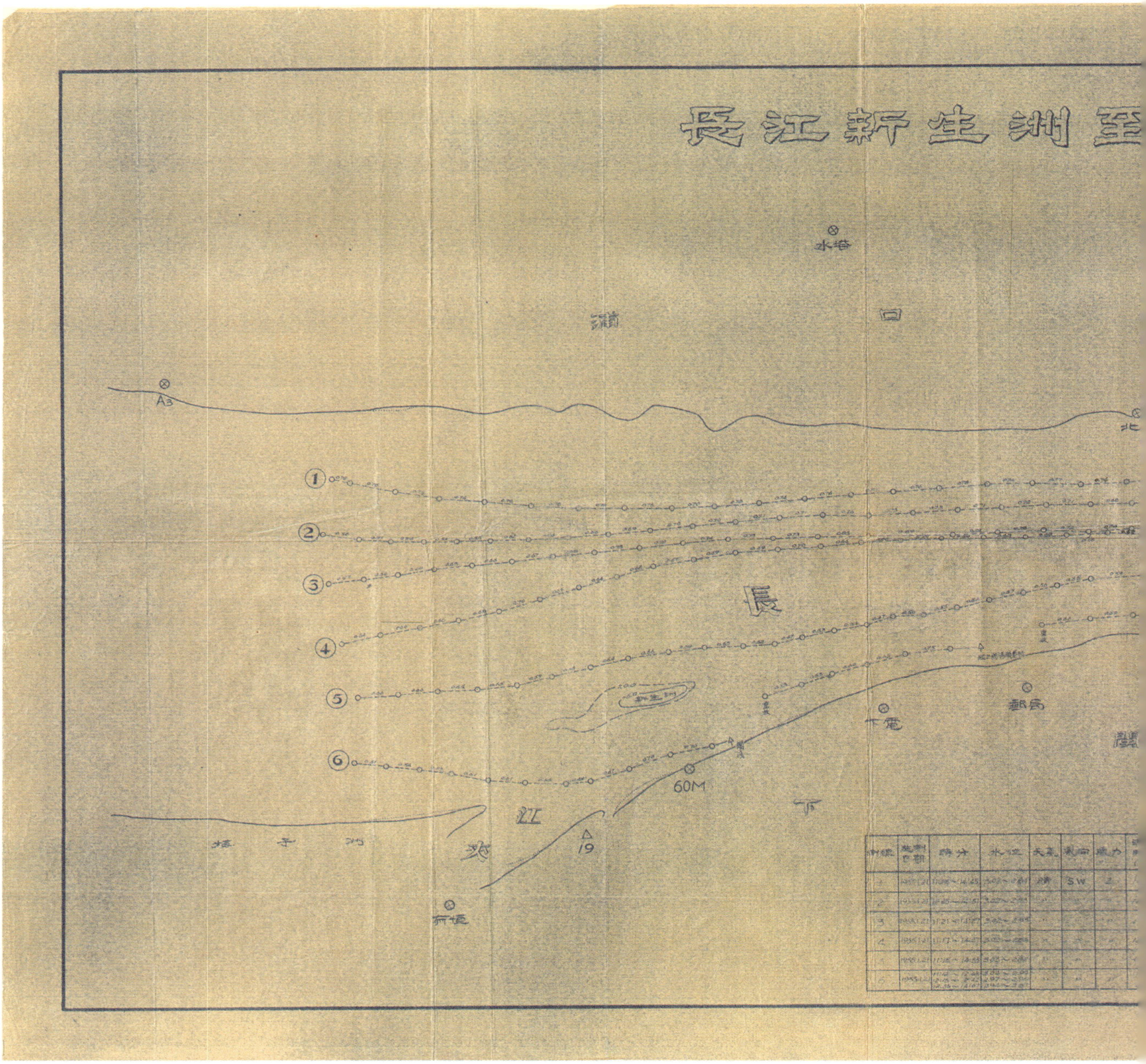

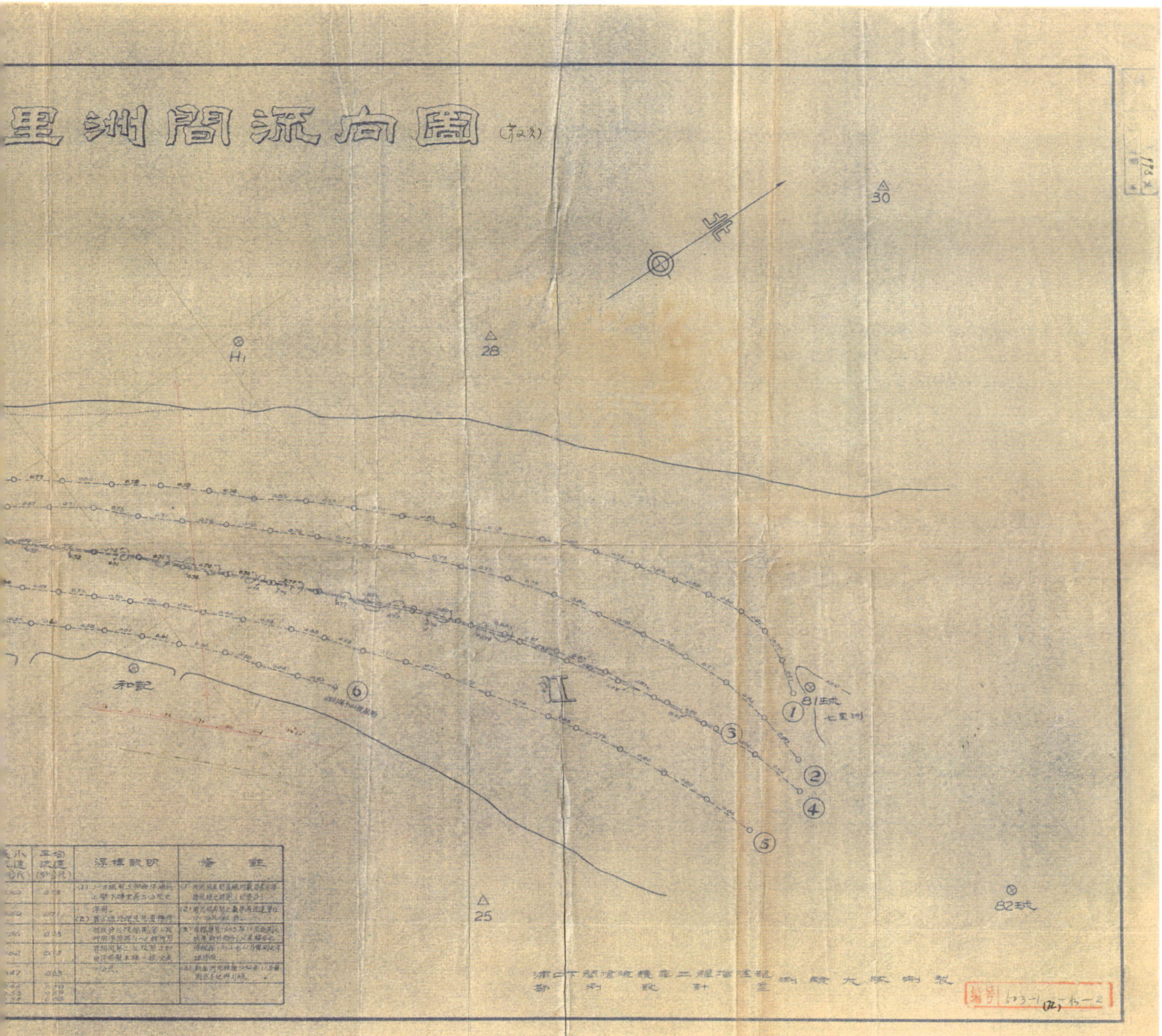
里洲間流向圖
北
H1
28
30
和記
江
81
七里洲
82
25
浮標說明
備註

长江新生洲至七里洲间流向图（第3次）

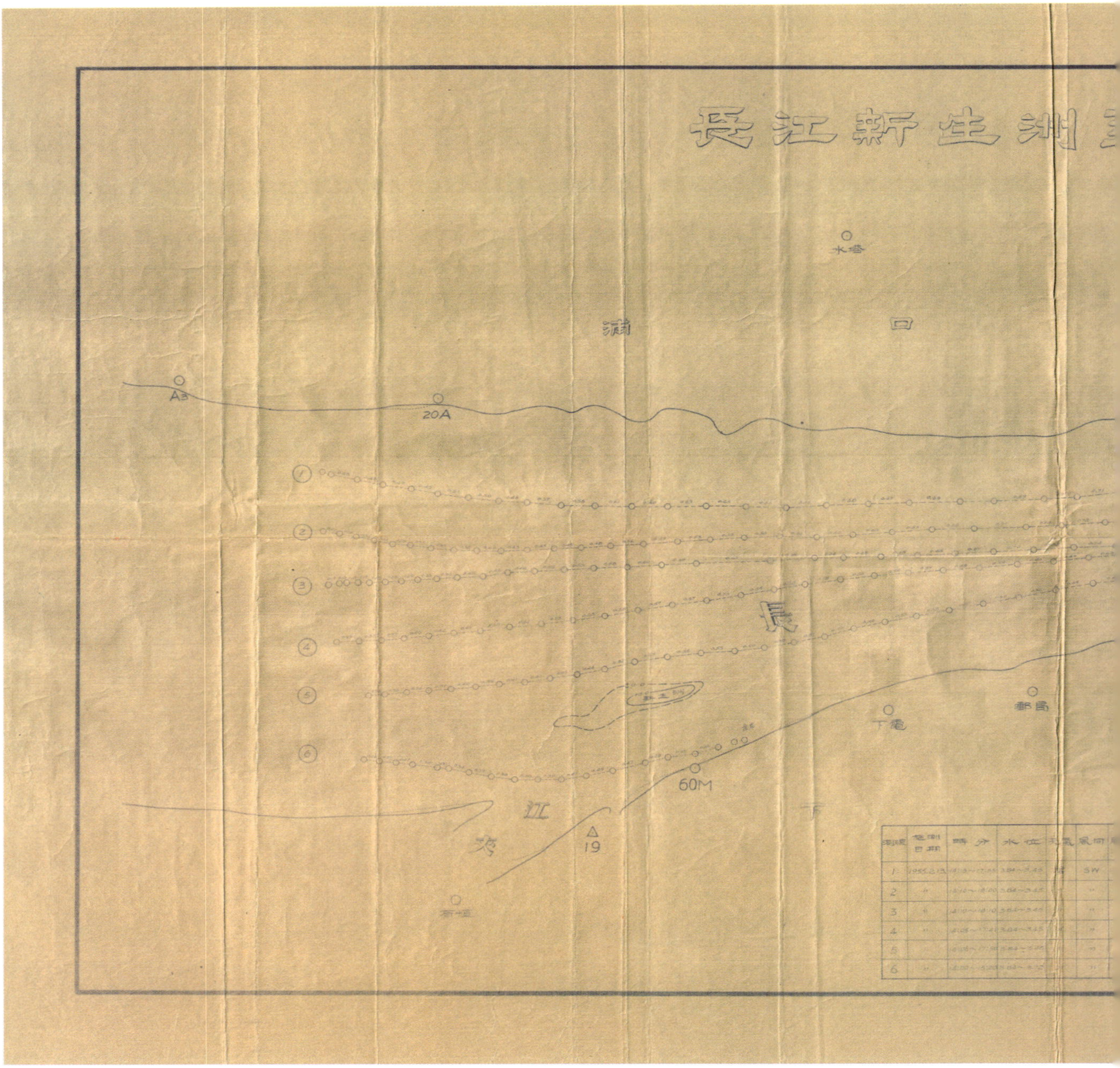

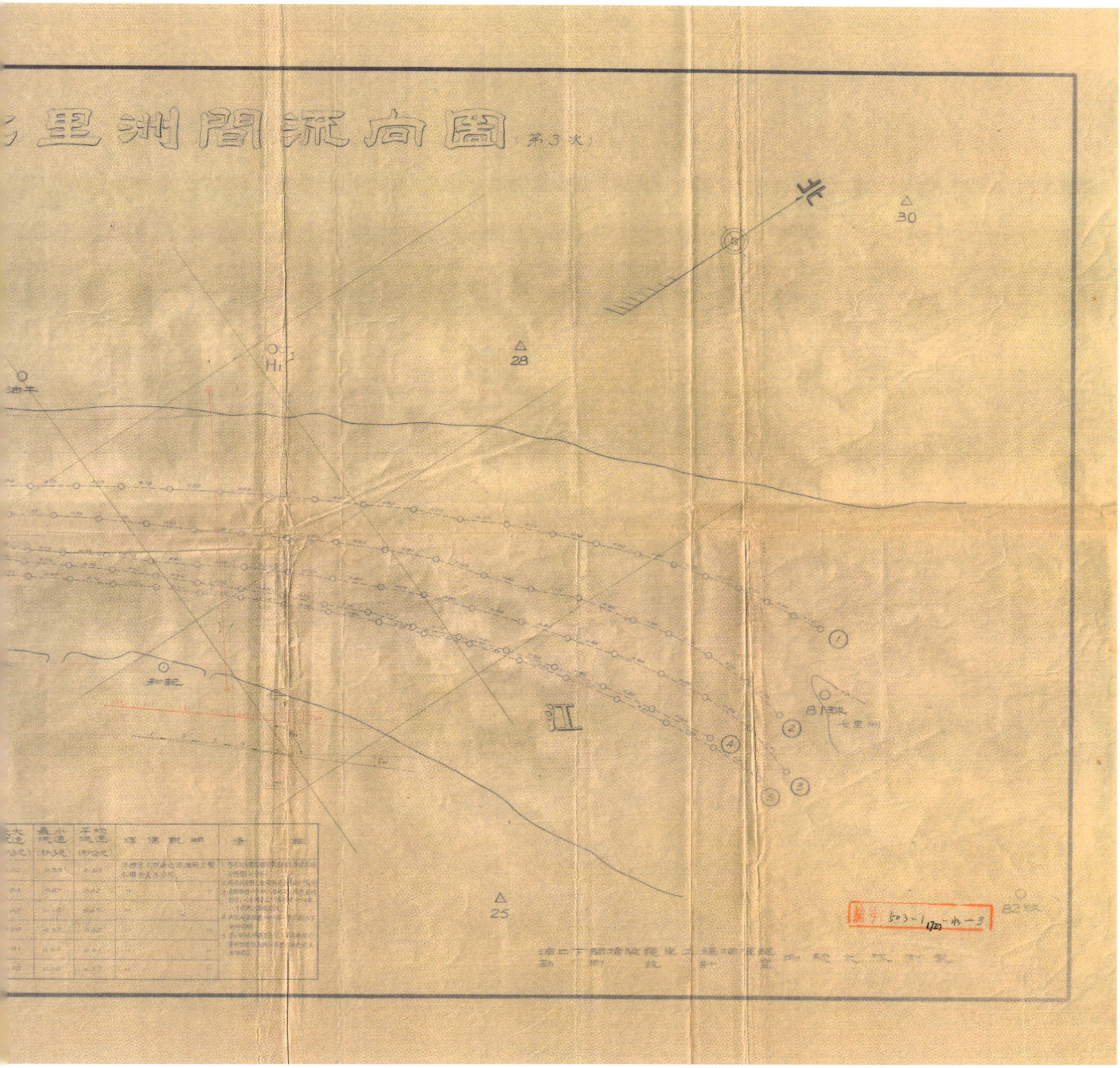
里洲間流向圖 (第3次)
北
30
28
25
H1
和記
江
七里洲
82

长江新生洲至七里洲间流向图（第 4 次）

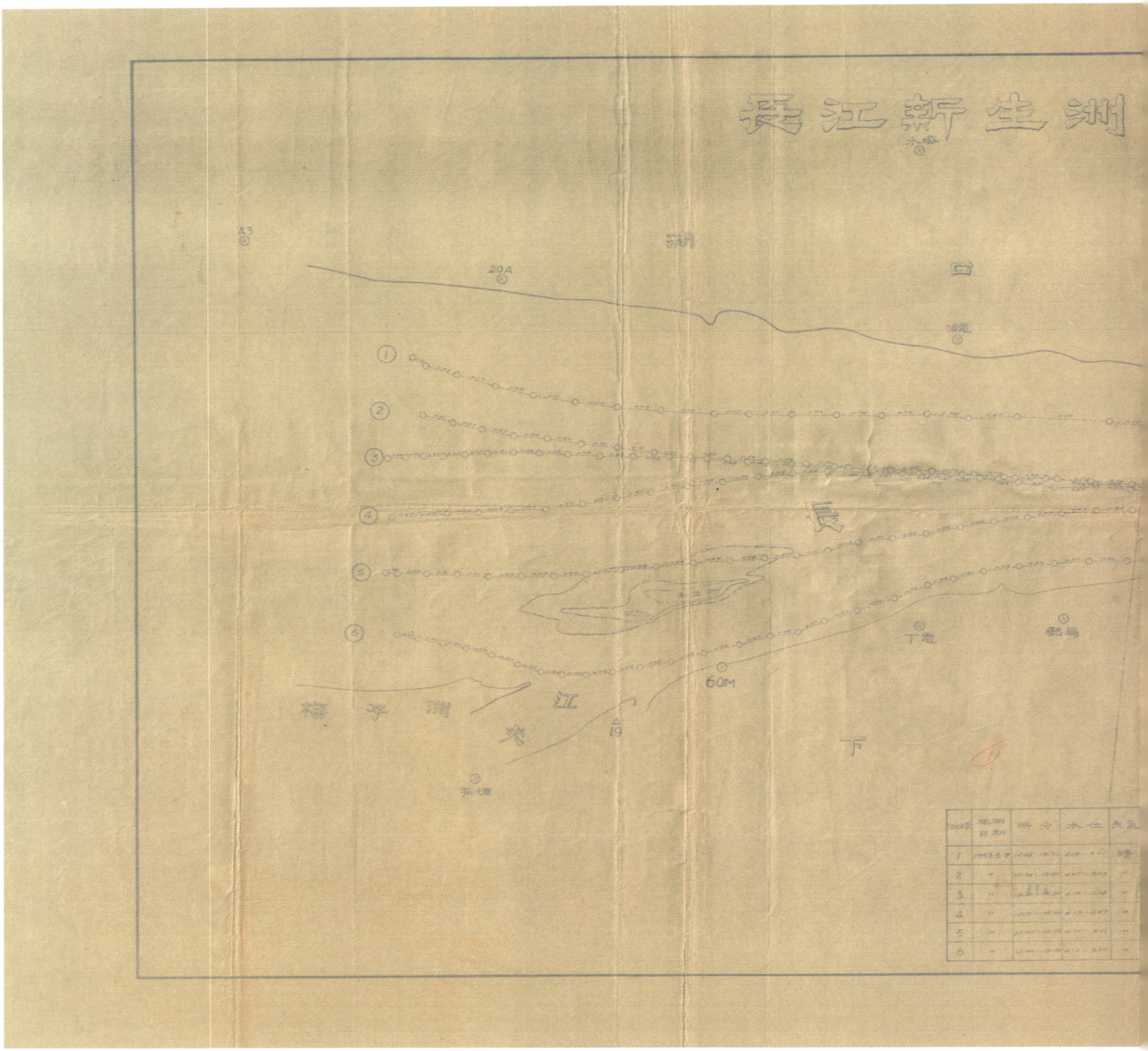

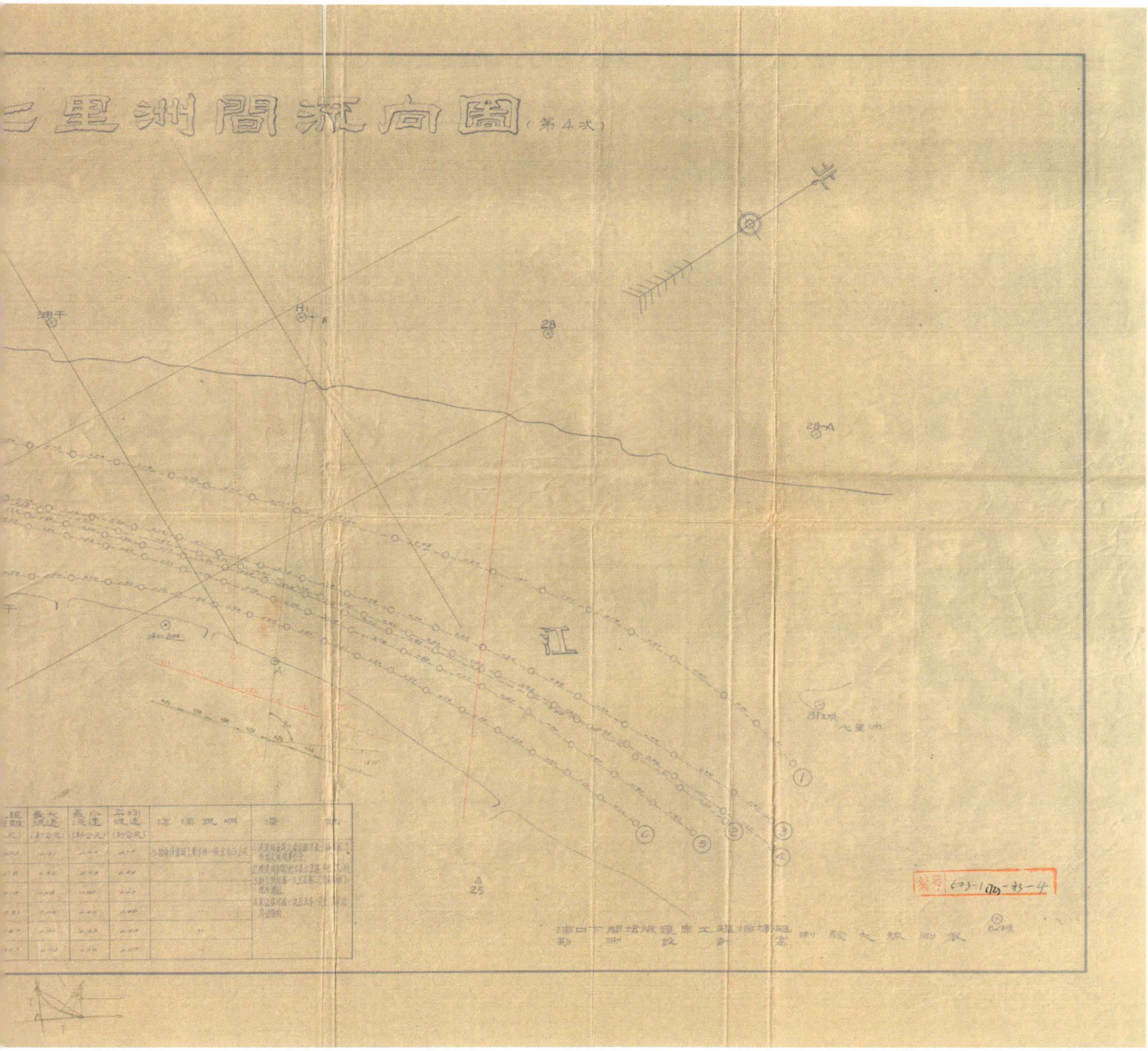
三里洲間流向圖
(第4次)
北
28
28-A
25
江
①
②
③
④
⑤
⑥
最大流速
最小流速
平均流速

长江干流新生洲至七里洲间流向图（第6次）

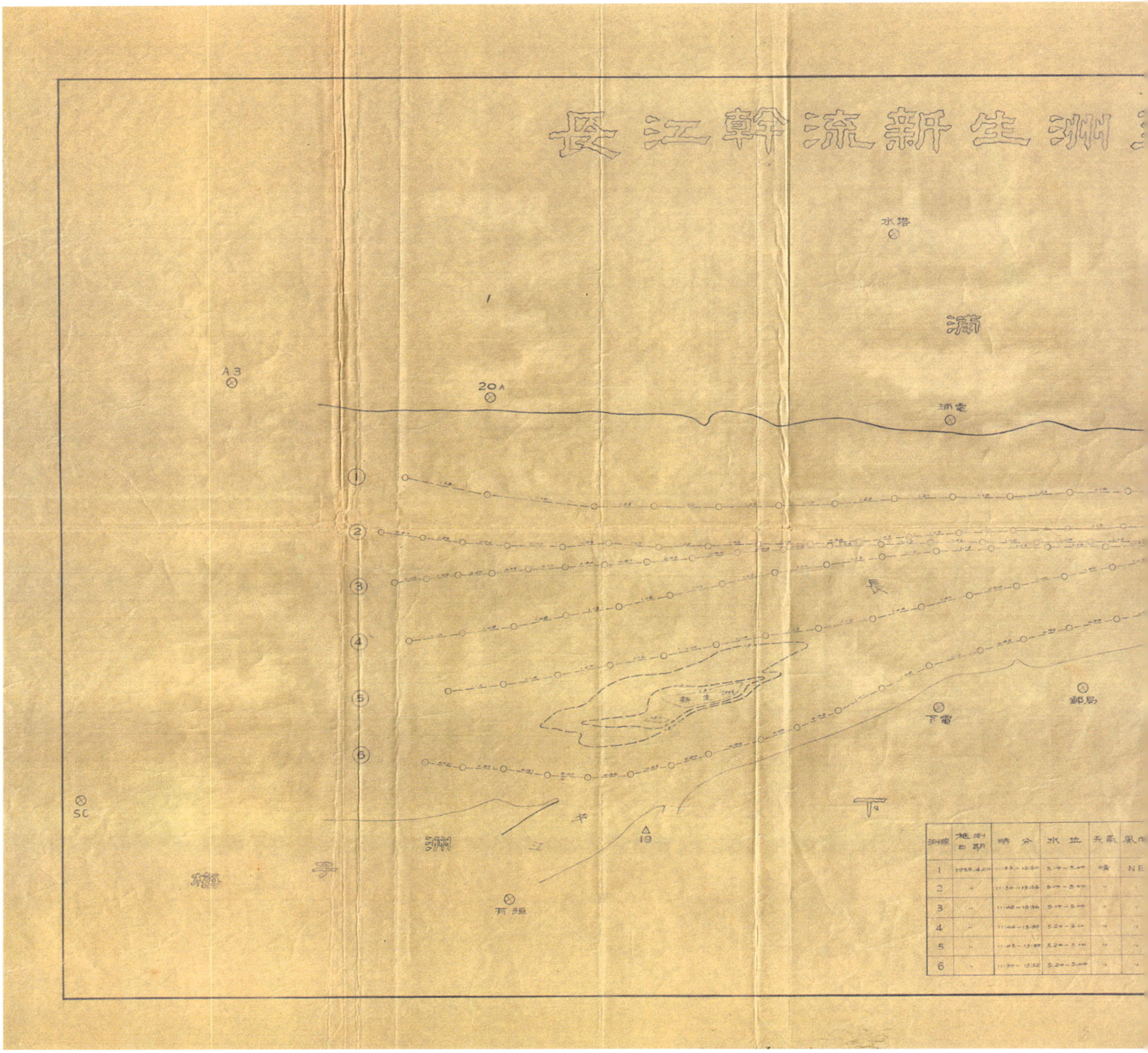

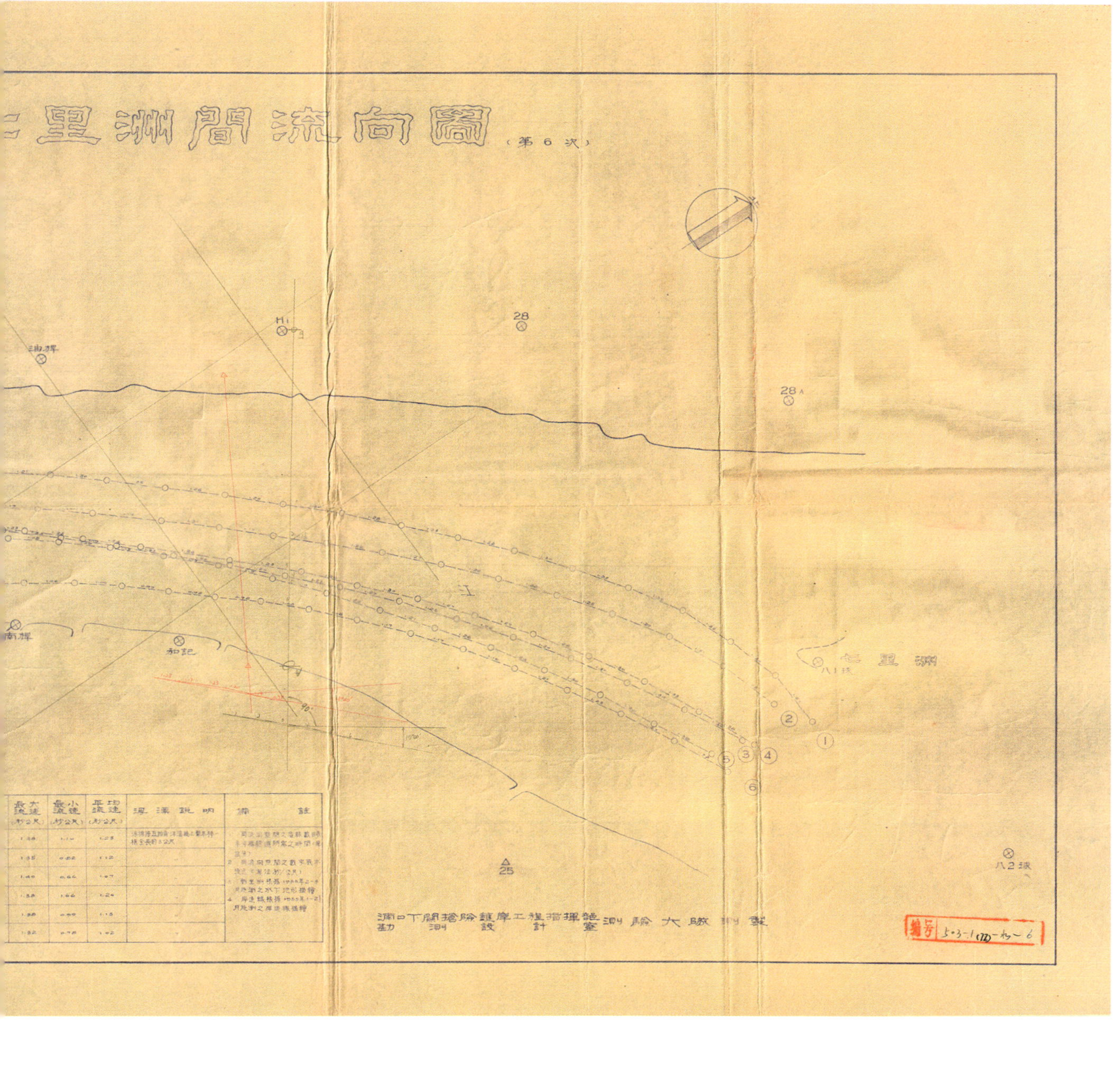
七里洲間流向圖
(第6次)
28
28A
七里洲
25
八2號
編号 5-3-1(72)-長-6

长江干流新生洲至七里洲间流向图（第7次）

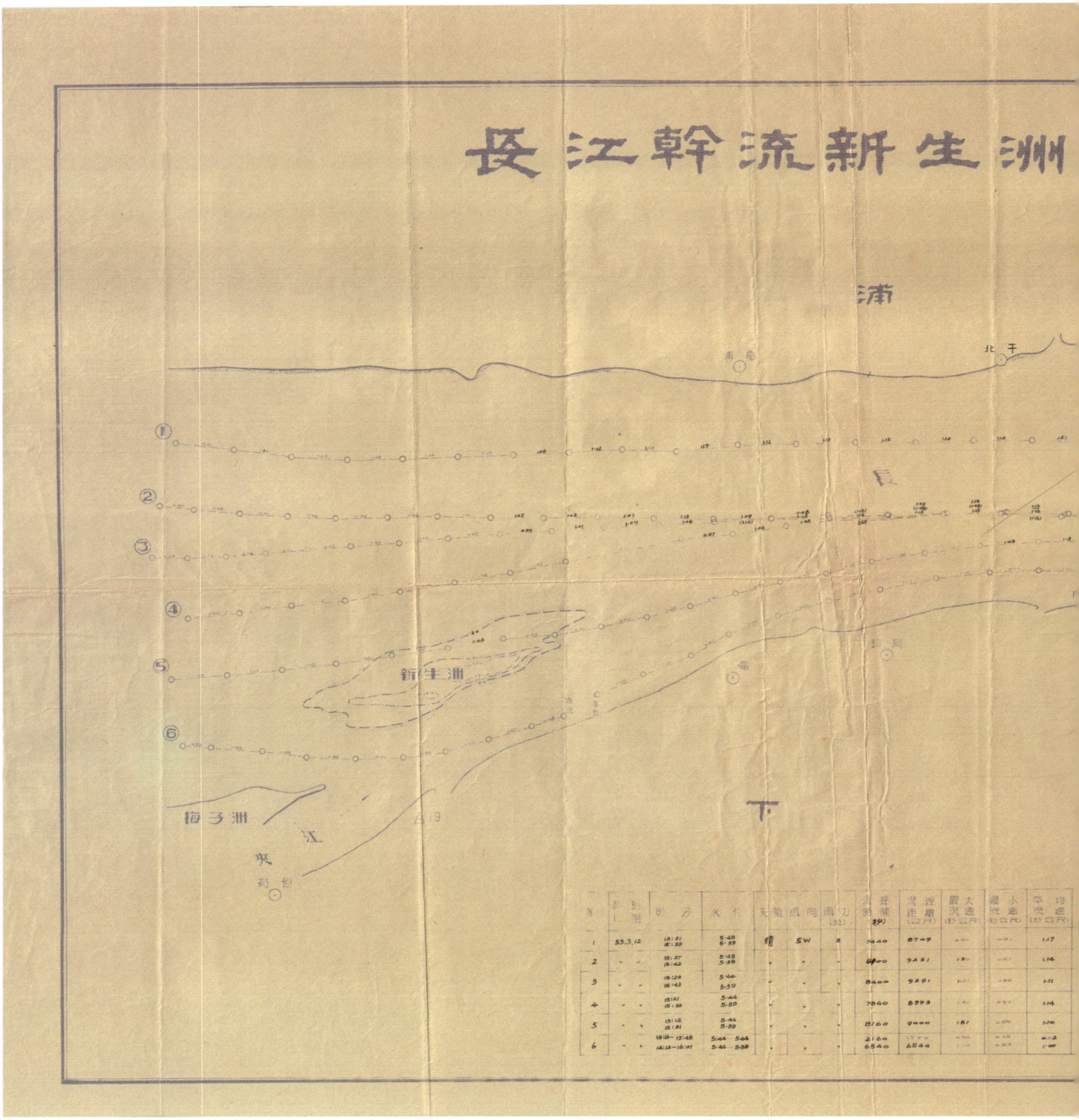

No	測定日期	时分	水位	天氣	風向	風力（級）	流經時間（秒）	流經距離（公尺）	最大流速（秒公尺）	最小流速（秒公尺）	平均流速（秒公尺）
1	55.5.12	13:31 15:35	5.45 5.39	晴	SW	3	7440	8709	[illegible]	[illegible]	1.17
2	〃 〃	13:27 15:42	5.45 5.39	〃	〃	〃	[illegible]	9231	[illegible]	[illegible]	1.14
3	〃 〃	13:24 15:43	5.44 5.39	〃	〃	〃	8400	9291	[illegible]	[illegible]	1.11
4	〃 〃	13:21 15:32	5.44 5.39	〃	〃	〃	7860	8993	[illegible]	[illegible]	1.14
5	〃 〃	13:16 15:31	5.44 5.39	〃	〃	〃	8160	9000	1.87	[illegible]	1.10
6	〃 〃	13:12–13:48 14:12–16:01	5.44 5.44 5.44 5.38	〃	〃	〃	2160 6540	[illegible] 6544	[illegible]	[illegible]	0.82 1.00

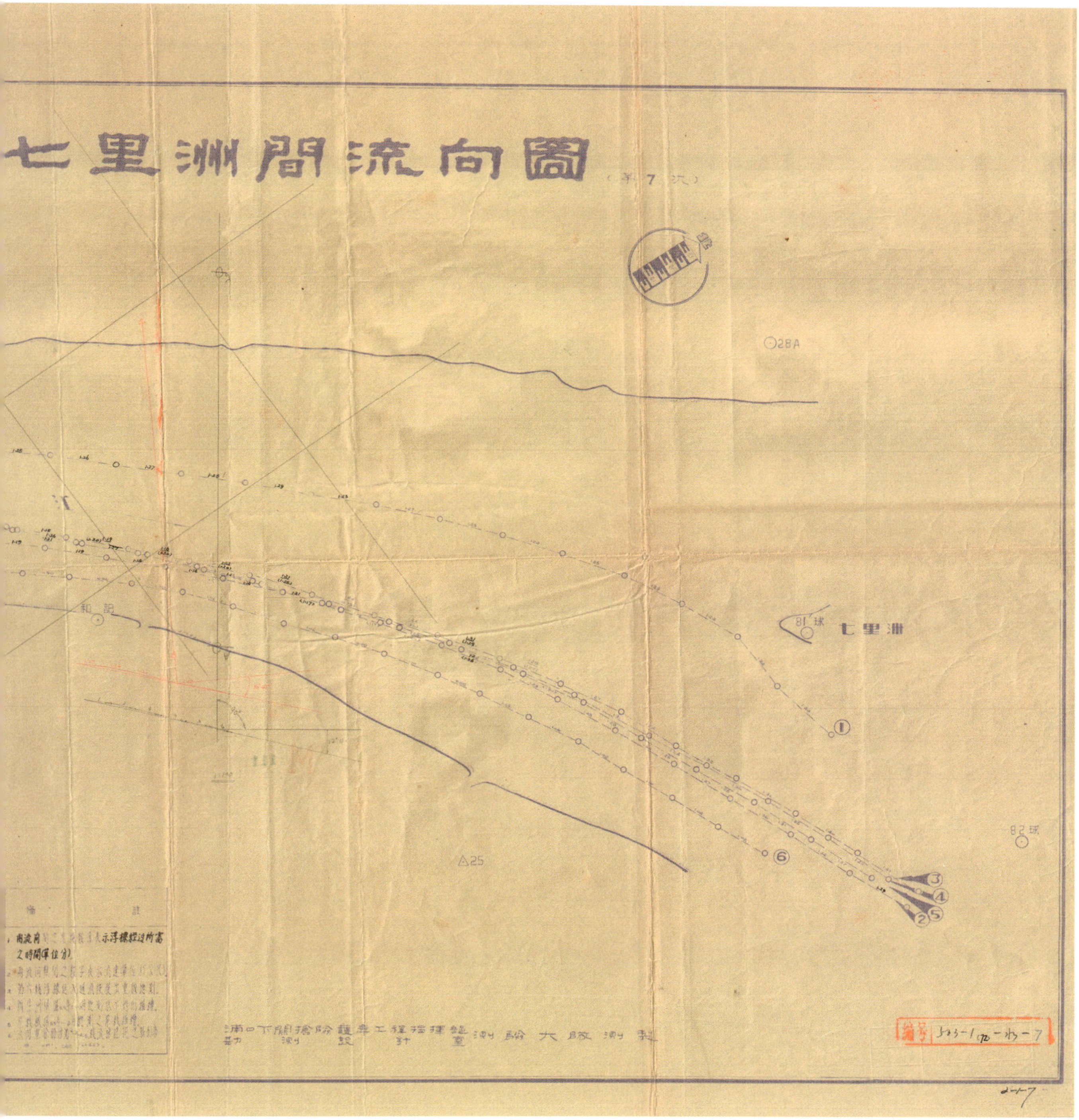

七里洲間流向圖
(第7次)
O28A
和記
七里洲
81球
82球
△25
①
②
③
④
⑤
⑥
備註
浦口下關擔除鐵路工程指揮部勘測設計室測驗大隊測製

长江干流新生洲至七里洲间流向图（第8次）

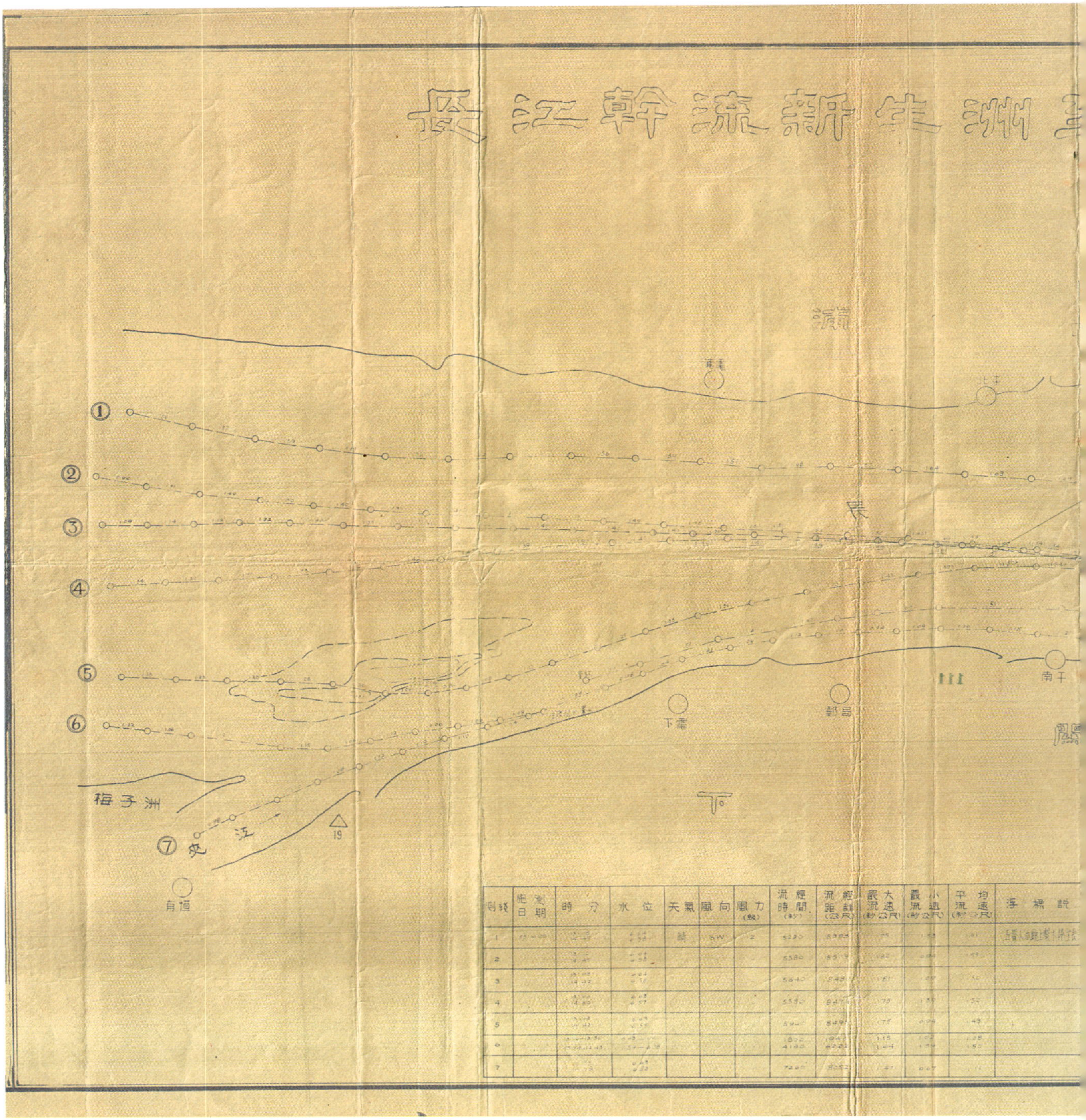

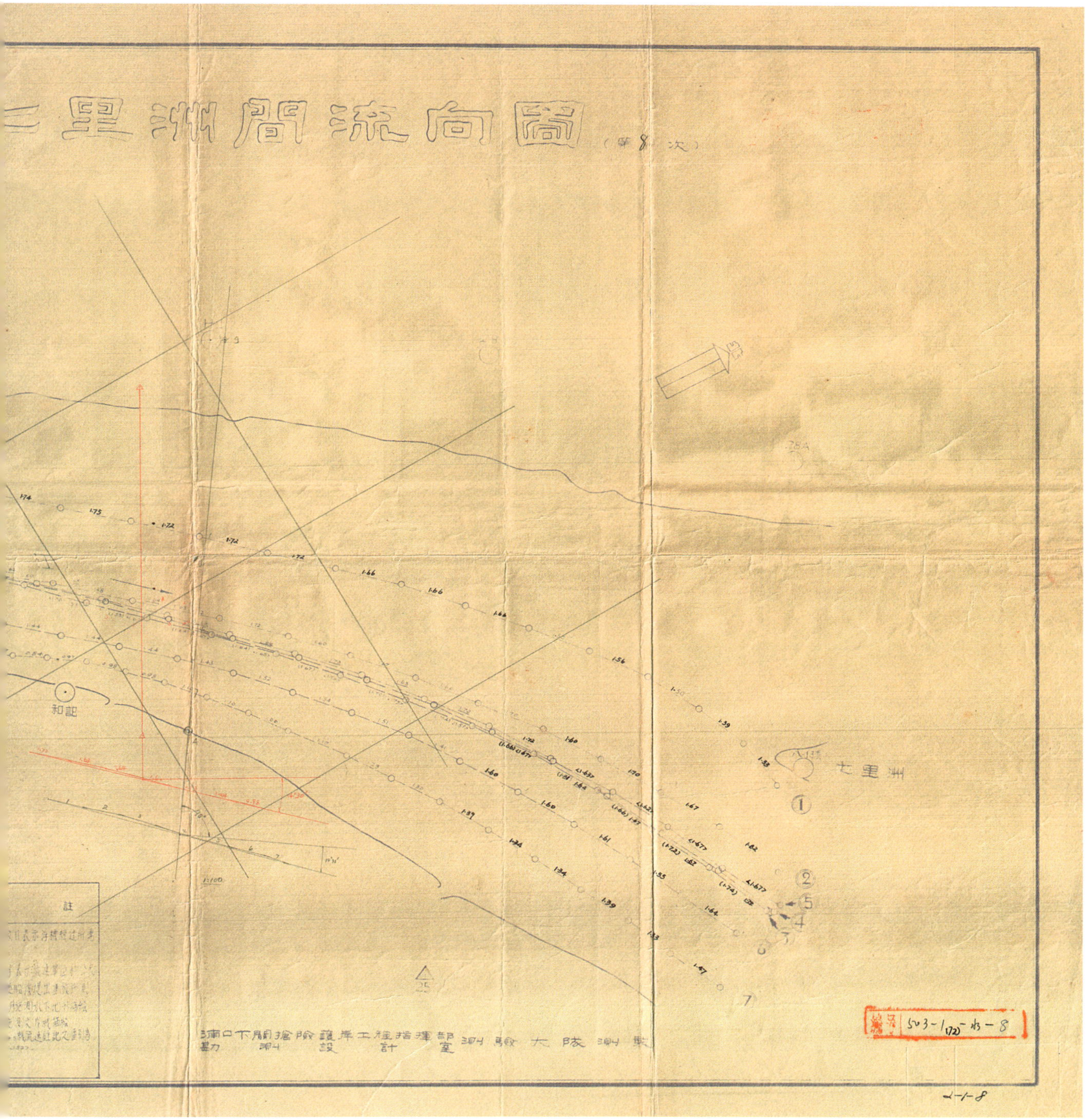
三里洲間流向圖
(第8次)
和記
七里洲
1
2
3
4
5
7
25
註
浦口下關搶險護岸工程指揮部勘測設計室測驗大隊測製
編号 503-1(72)-13-8
2-1-8

长江干流新生洲至七里洲间流向图（第 11 次）

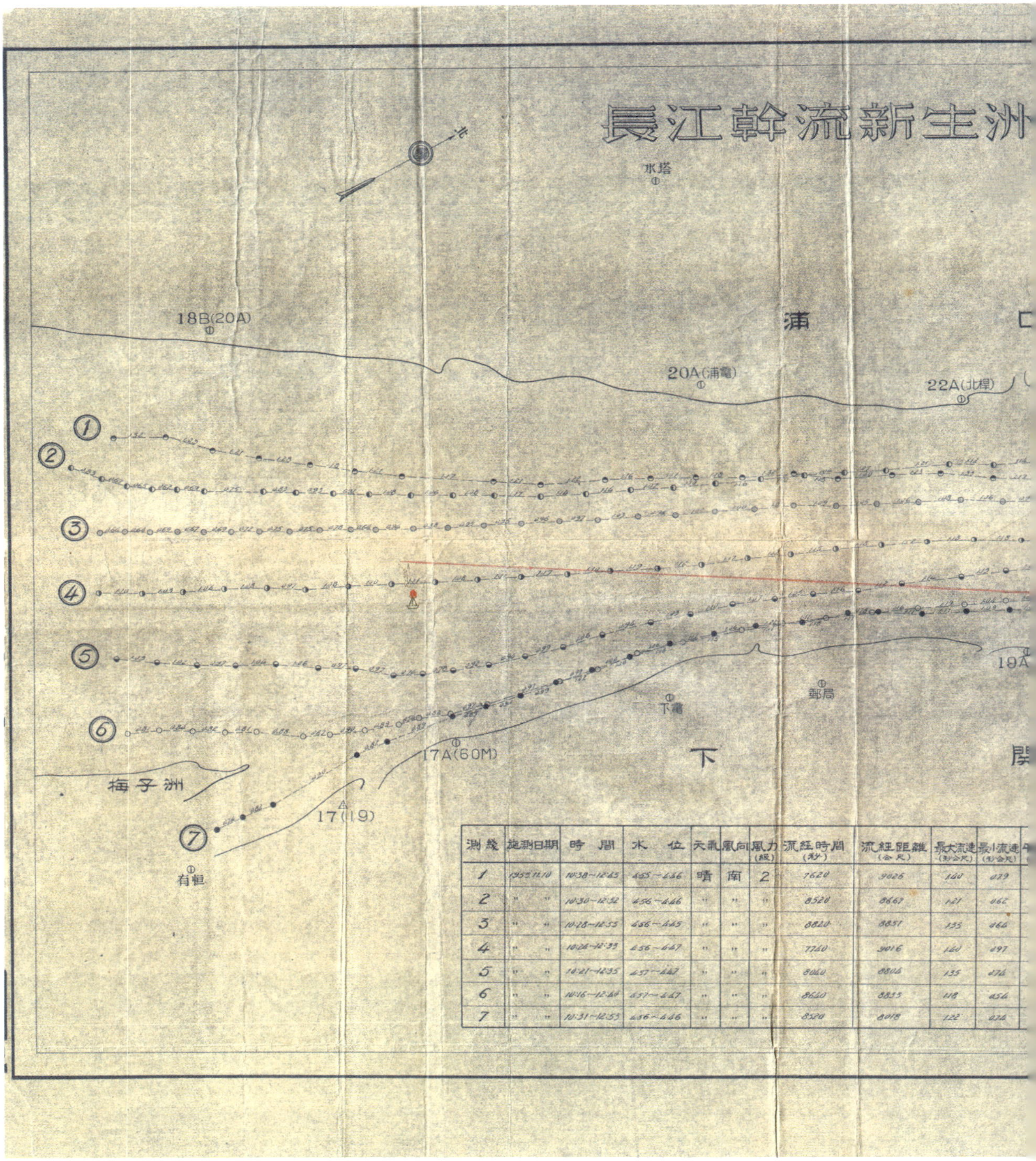

測綫	施測日期	時間	水位	天氣	風向	風力(級)	流經時間(秒)	流經距離(公尺)	最大流速(秒公尺)	最小流速(秒公尺)
1	1955.11.10	10:38~12:45	4.55~4.66	晴	南	2	7620	9026	1.40	0.79
2	" "	10:30~12:52	4.56~4.46	"	"	"	8520	8667	1.21	0.62
3	" "	10:28~12:55	4.56~4.45	"	"	"	8820	8851	1.35	0.66
4	" "	10:26~12:33	4.56~4.47	"	"	"	7760	9016	1.60	0.97
5	" "	10:21~12:35	4.57~4.47	"	"	"	8040	8806	1.35	0.74
6	" "	10:16~12:44	4.57~4.47	"	"	"	8640	8835	1.18	0.54
7	" "	10:31~12:53	4.56~4.46	"	"	"	8520	8018	1.22	0.74

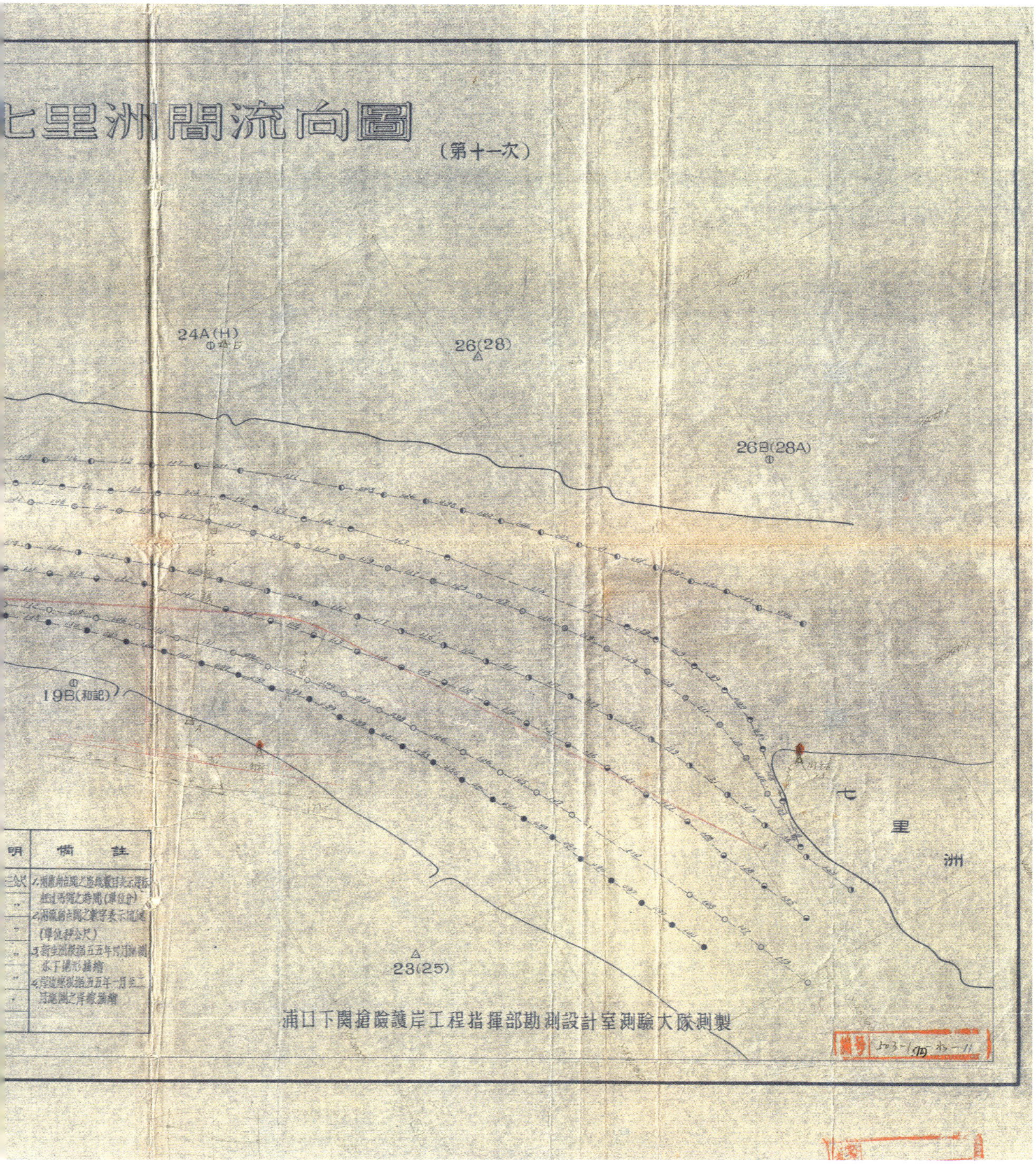
七里洲間流向圖
(第十一次)
24A(H)
26(28)
26B(28A)
19B(和記)
23(25)
七
里
洲
明
備　註
浦口下関搶險護岸工程指揮部勘測設計室測驗大隊測製

长江干流新生洲至七里洲间流向图（$\frac{1}{56}$）

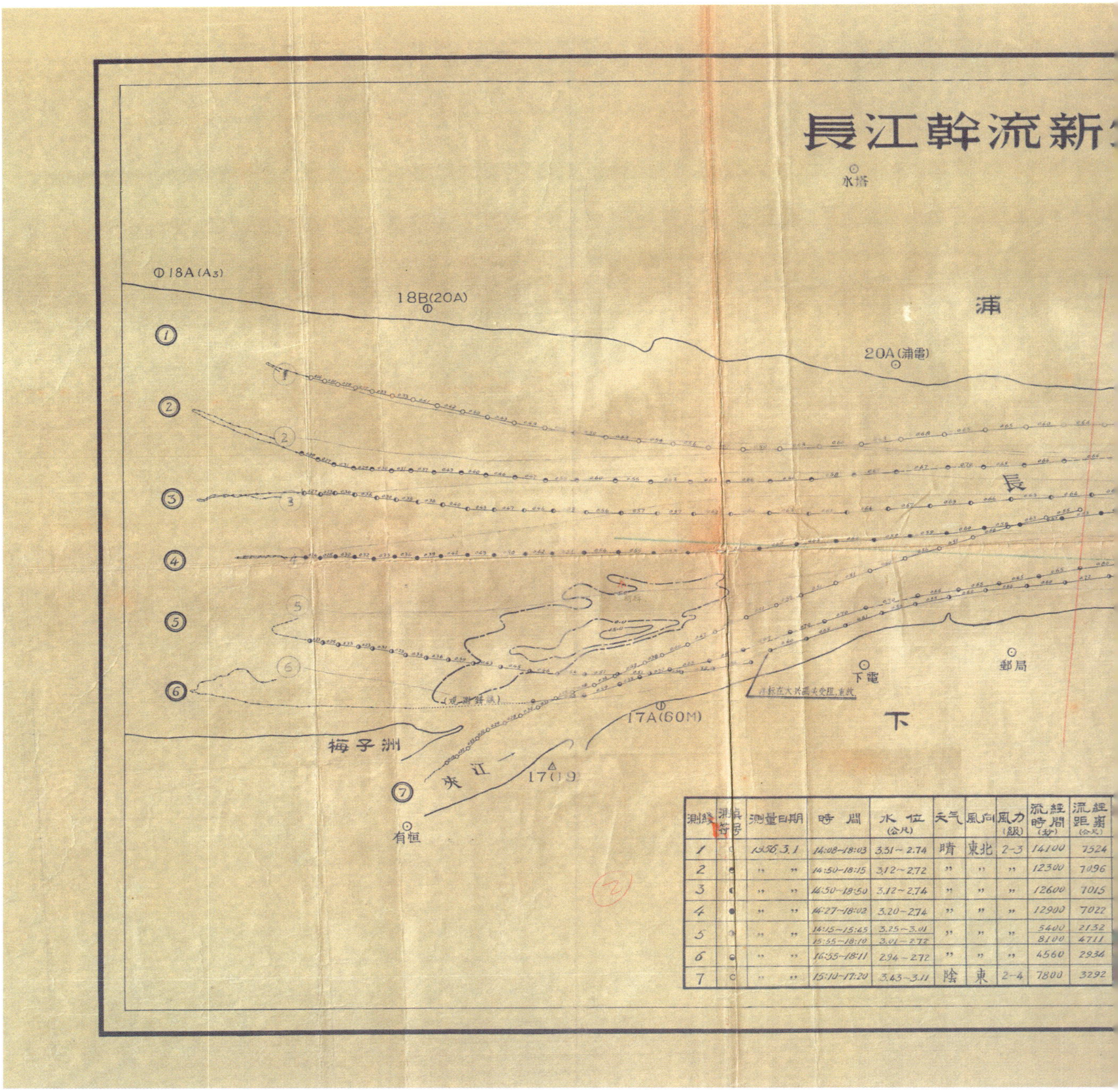

測線	測線符号	測量日期	時間	水位（公尺）	天气	風向	風力（級）	流經時間（秒）	流經距離（公尺）
1	○	1956.3.1	14:08~18:03	3.31~2.74	晴	東北	2-3	14100	7524
2	◒	〃 〃	14:50~18:15	3.12~2.72	〃	〃	〃	12300	7096
3	◐	〃 〃	14:50~18:50	3.12~2.74	〃	〃	〃	12600	7015
4	●	〃 〃	14:27~18:02	3.20~2.74	〃	〃	〃	12900	7022
5	◑	〃 〃	14:15~15:45 15:55~18:10	3.25~3.01 3.01~2.72	〃	〃	〃	5400 8100	2132 4711
6	◓	〃 〃	16:55~18:11	2.94~2.72	〃	〃	〃	4560	2934
7	○	〃 〃	15:10~17:20	3.43~3.11	陰	東	2-4	7800	3292

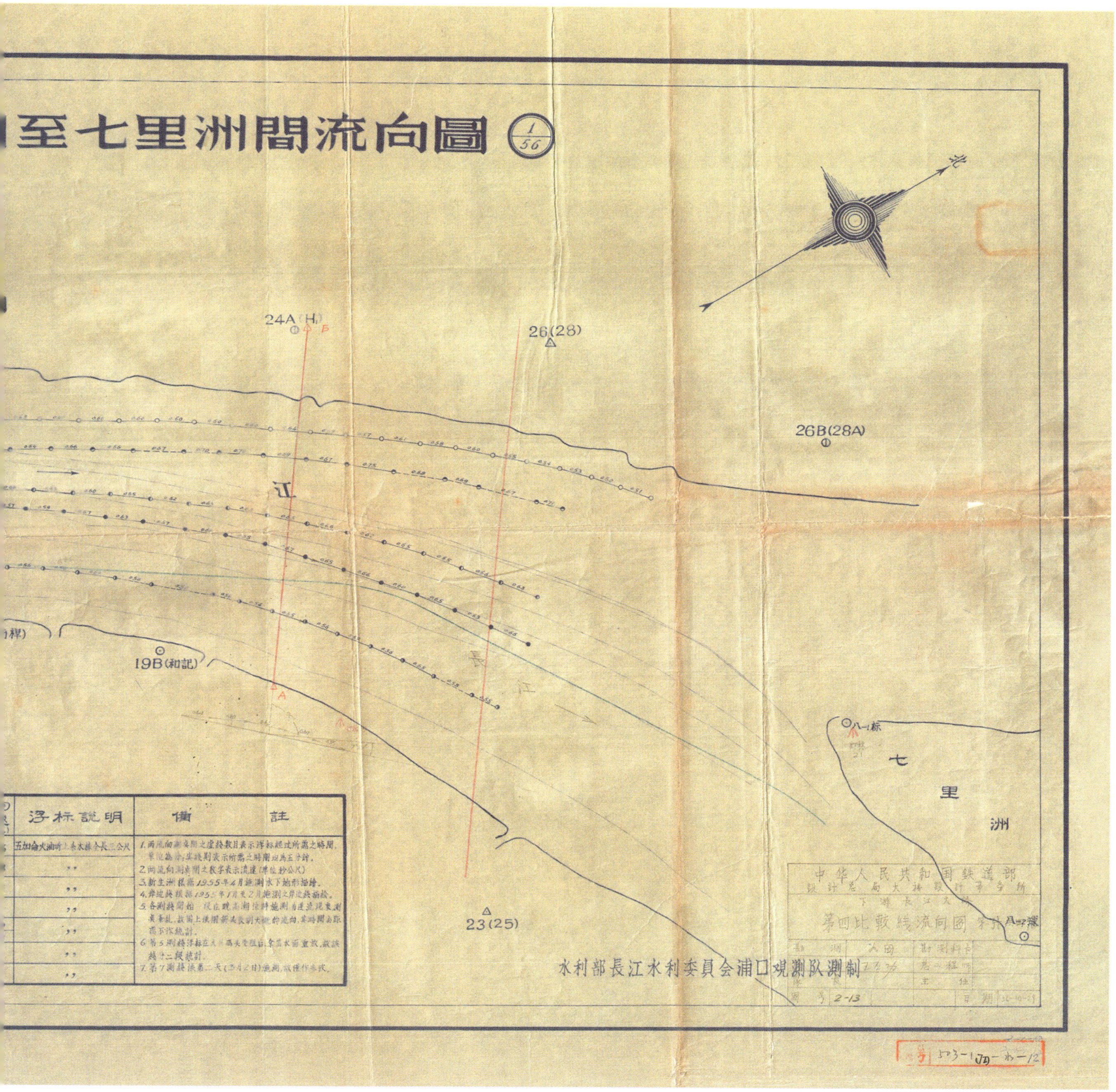
至七里洲間流向圖
1/56
北
24A(H)
26(28)
26B(28A)
19B(和記)
23(25)
七
里
洲
浮标説明
備
註
水利部長江水利委員会浦口观測队測制
中华人民共和国铁道部
2-13

长江干流新生洲至七里洲间流向图（$\frac{2}{56}$）

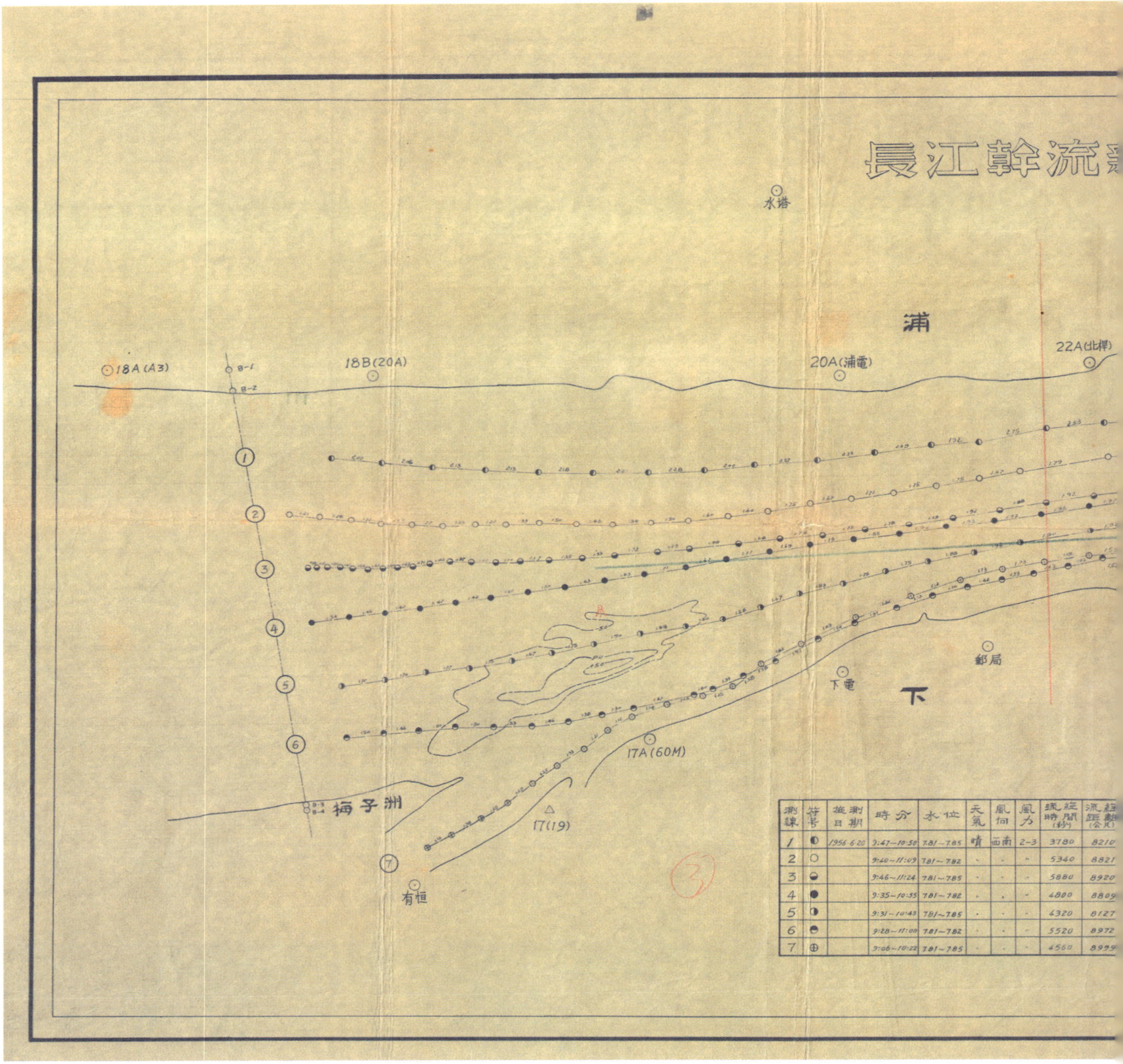

測線	符号	施測日期	時分	水位	天氣	風向	風力	流経時間(秒)	流経距離(公尺)
1	◐	1956.6.20	9:47~10:50	7.81~7.85	晴	西南	2-3	3780	8210
2	○		9:40~11:09	7.81~7.82	〃	〃	〃	5340	8821
3	◒		9:46~11:24	7.81~7.85	〃	〃	〃	5880	8920
4	●		9:35~10:55	7.81~7.82	〃	〃	〃	4800	8809
5	◑		9:31~10:43	7.81~7.85	〃	〃	〃	4320	8127
6	◓		9:28~11:00	7.81~7.82	〃	〃	〃	5520	8972
7	⊕		9:06~10:22	7.81~7.85	〃	〃	〃	4560	8999

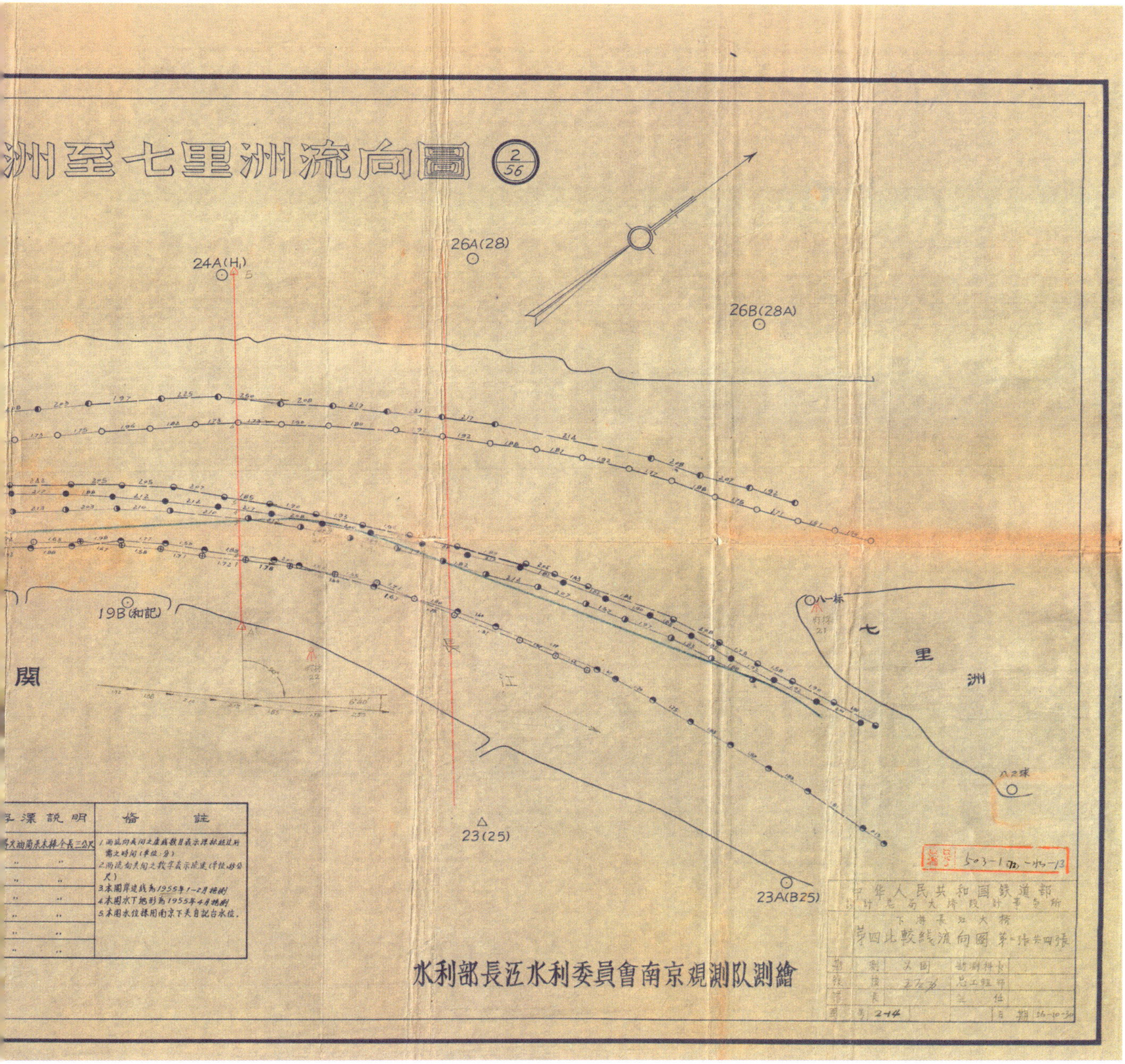
洲至七里洲流向圖
2/56
24A(H1)
26A(28)
26B(28A)
19B(和記)
23(25)
23A(B25)
七
里
洲
關
江
八二球
字標說明
備註
1.兩流向夹间之虚线数目表示浮标经过所需之时间(单位:分)
2.两流向夹间之数字表示流速(单位:秒公尺)
3.本图岸边线為1955年1—2月施测
4.本图水下地形為1955年4月施测
5.本图水位採用南京下关自記台水位.
水利部長江水利委員會南京觀測队測繪
中华人民共和国铁道部
下游長江大桥
第四比較綫流向圖
圖号 244
503-1

长江干流新生洲至七里洲间流向图（$\frac{3}{56}$）

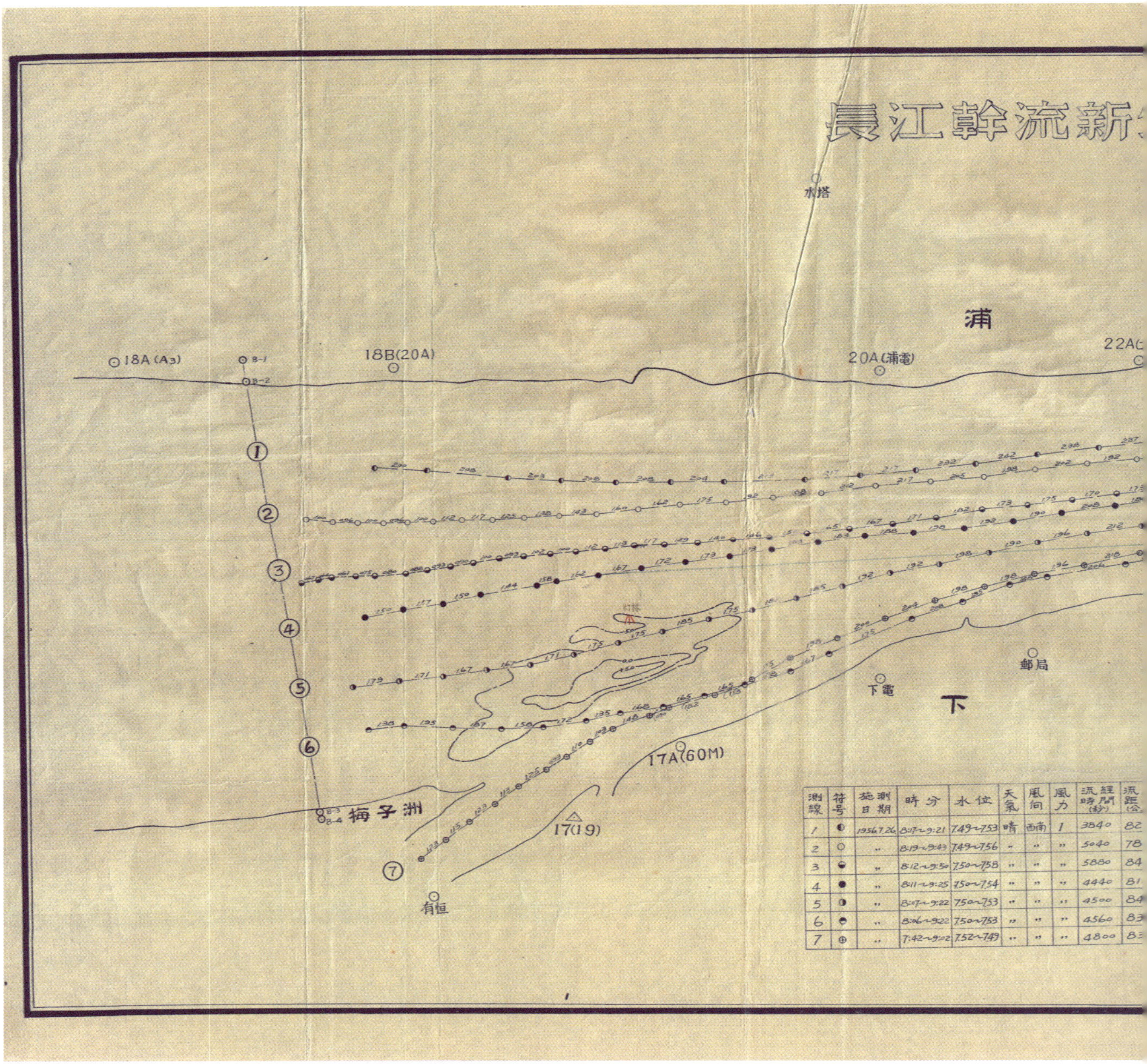

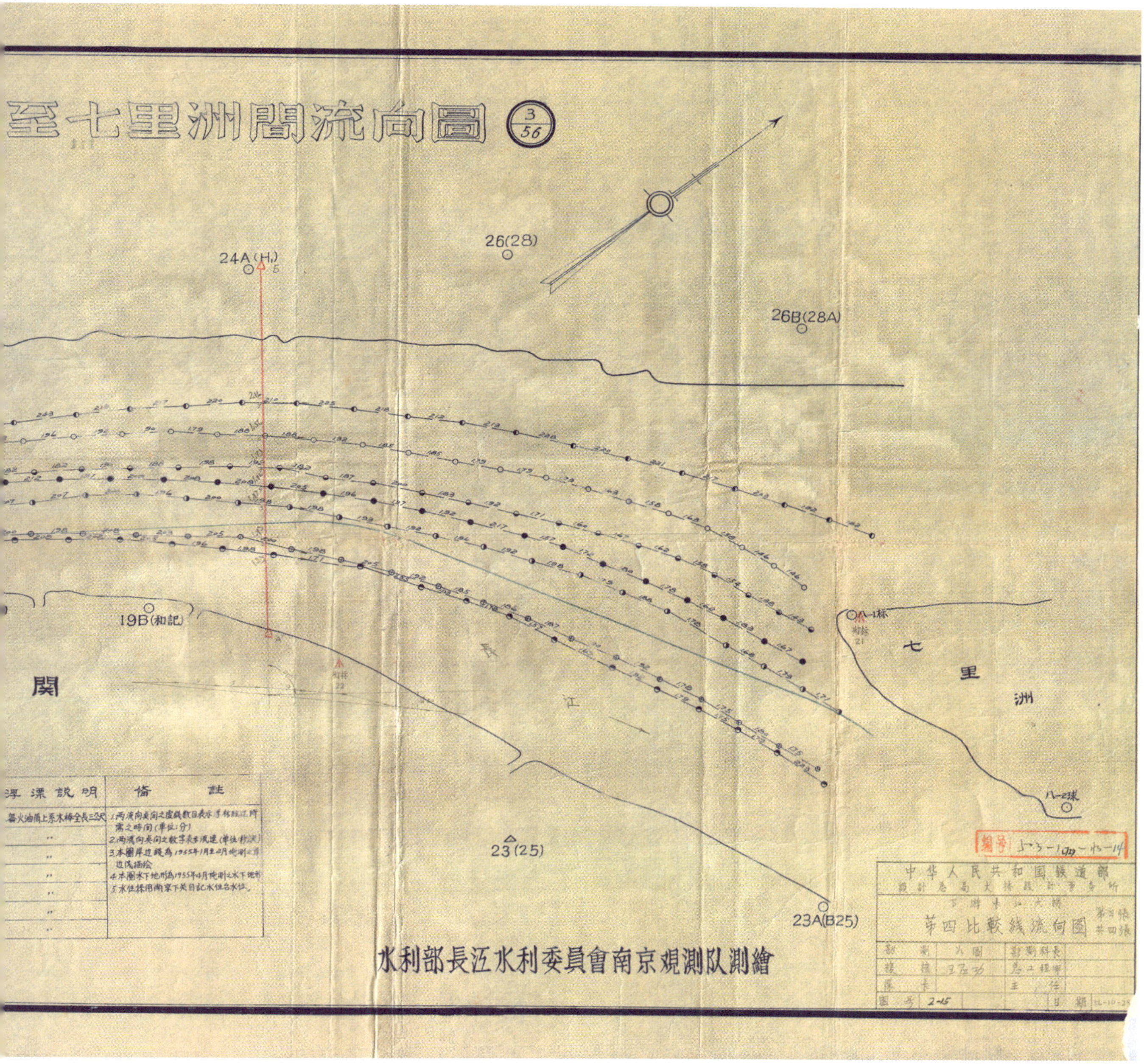
至七里洲間流向圖
3/56
24A(H1)
26(28)
26B(28A)
19B(和記)
關
七
里
洲
八-2球
23(25)
23A(B25)
浮漂說明
器火油筒上系木棒全長三公尺
備註
1.兩滴向点间之虚线数目表示浮标经过所需之時间（单位：分）
2.两滴向点间之数字表示流速（单位：秒尺）
3.本圖岸边线为1955年1月至2月施测之岸边线插绘
4.本圖水下地形為1955年4月施测之水下地形
5.水位採用南京下关日記水位台水位。
編号 5-3-1-15-14
中华人民共和国铁道部
設計總局大橋設計事務所
下游長江大桥
第四比較線流向圖
第三張
共四張
圖号 2-15
日期
水利部長江水利委員會南京觀測队測繪

长江干流新生洲至七里洲流向图（$\frac{4}{56}$）

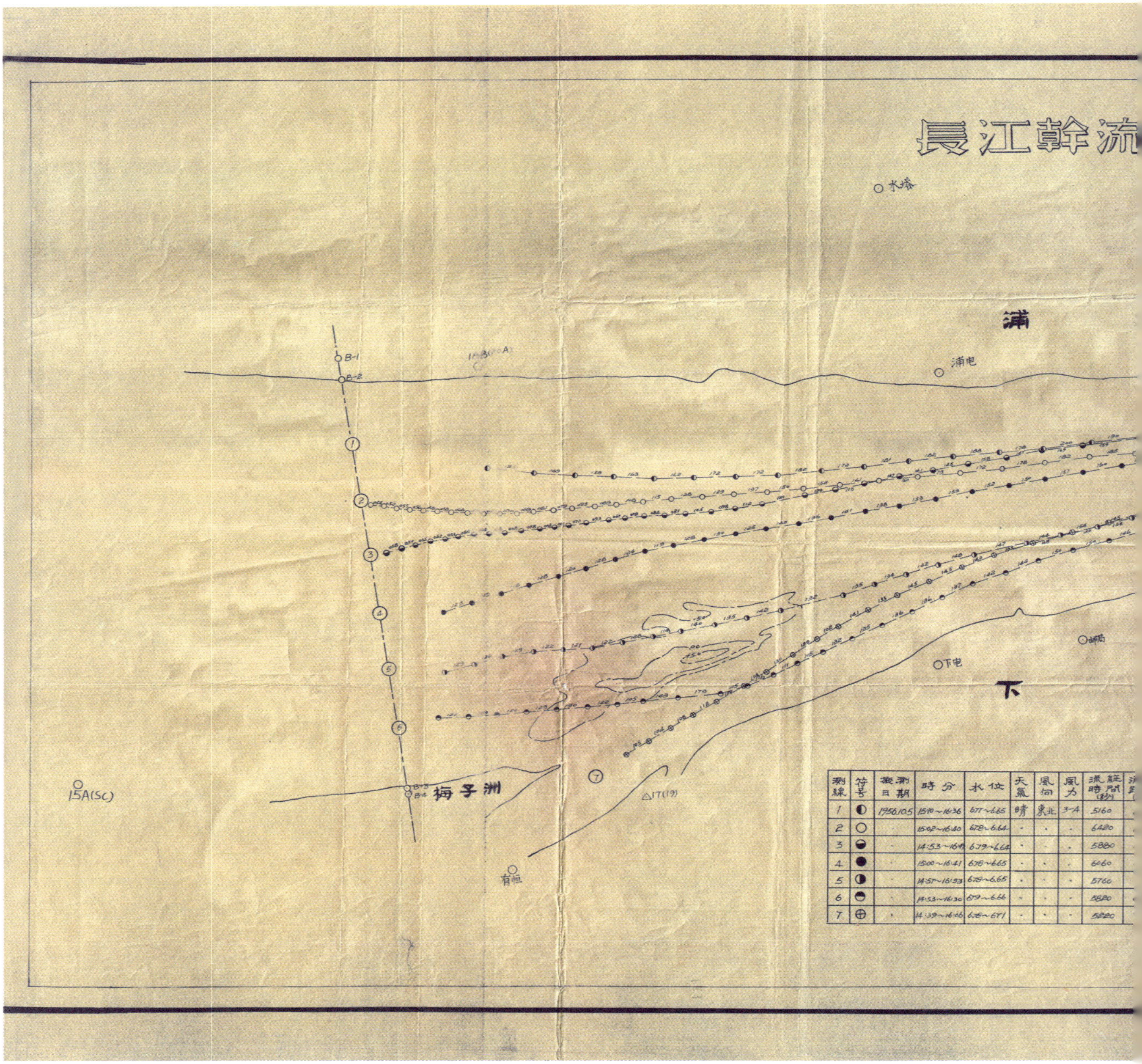

測線	符号	施測日期	時分	水位	天氣	風向	風力	流経時間(秒)
1	◐	1956.10.5	15:10~16:36	6.77~6.65	晴	東北	3-4	5160
2	○	·	15:02~16:40	6.78~6.64	·	·	·	6420
3	◒	·	14:53~16:49	6.79~6.64	·	·	·	5880
4	●	·	15:00~16:41	6.78~6.65	·	·	·	6060
5	◑	·	14:57~16:53	6.78~6.65	·	·	·	5760
6	◓	·	14:53~16:30	6.79~6.66	·	·	·	5820
7	⊕	·	14:39~16:06	6.76~6.71	·	·	·	5820

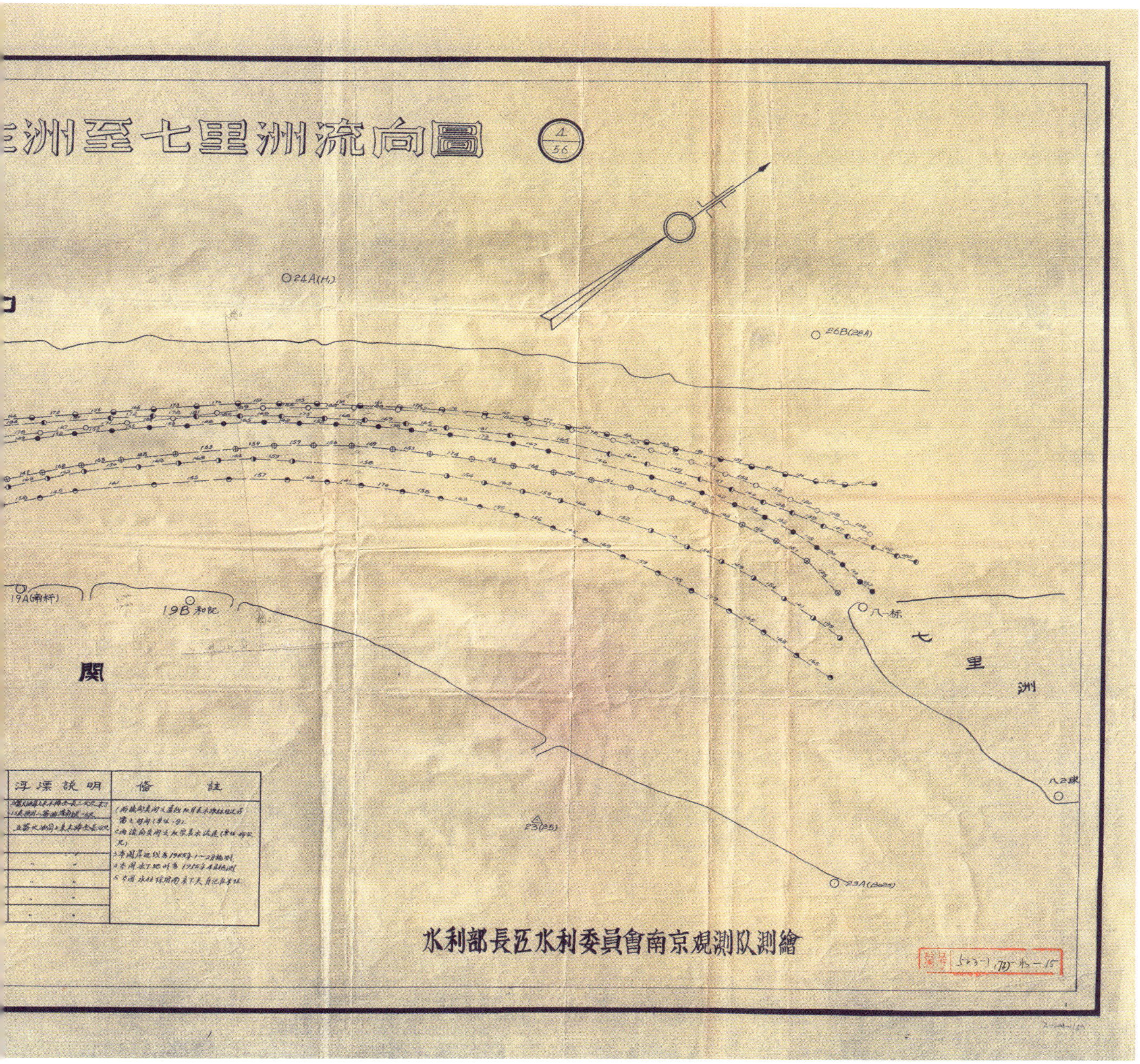
洲至七里洲流向圖
4/56
24A(H)
26B(28A)
19A(南杆)
19B
八一标
七
里
洲
八二标
23(25)
浮漂說明
備註
3.本圖岸边线为1965年1~2月施测
水利部長江水利委員會南京观測队測繪

长江干流新生洲至七里洲流向图（$\frac{5}{56}$）

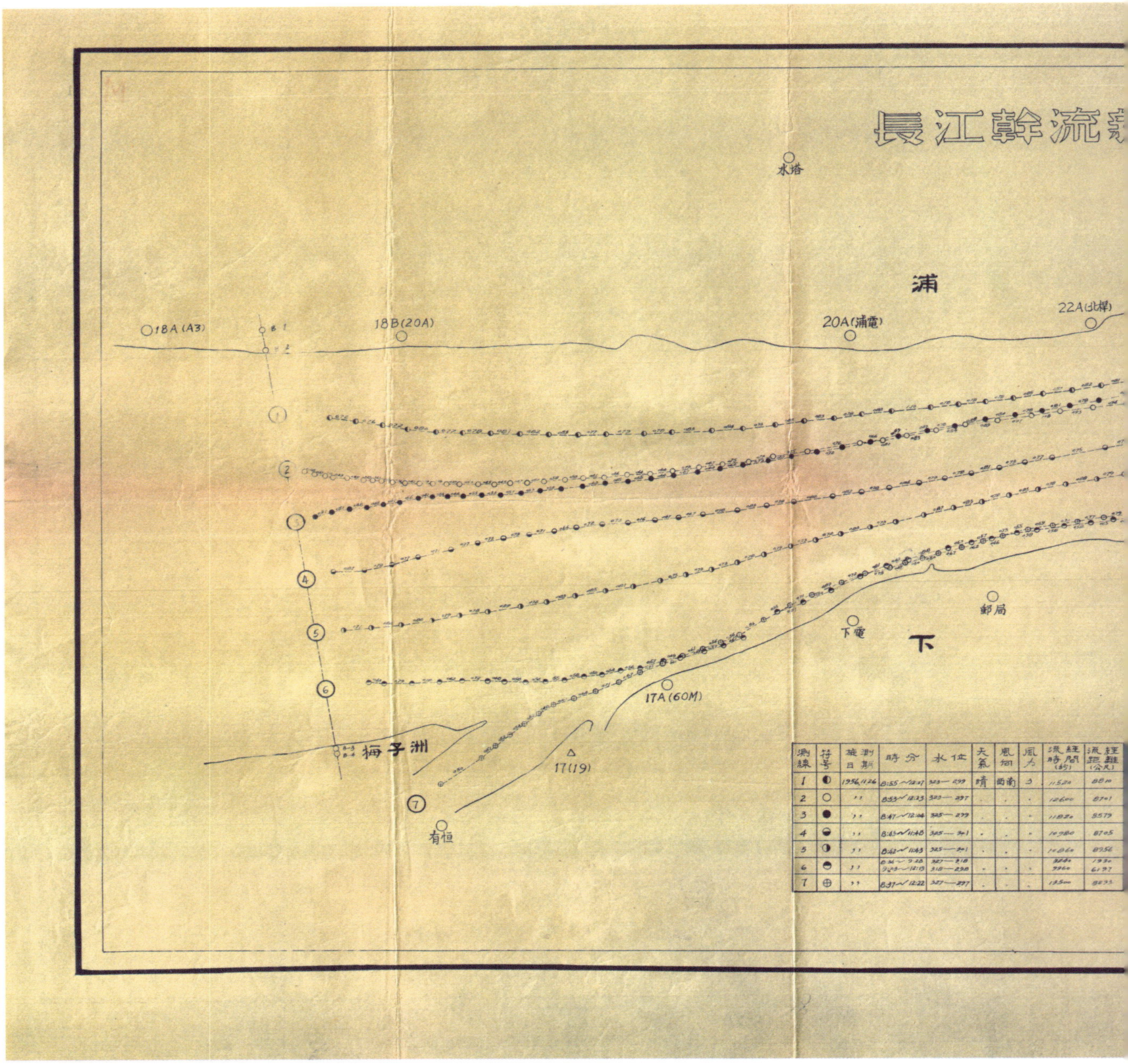

測線	符号	施測日期	時分	水位	天氣	風向	風力	流經時間（秒）	流經距離（公尺）
1	◐	1956.11.26	8:55～12:07	323—299	晴	西南	3	11520	8810
2	○	,,	8:53～12:23	323—297	.	.	.	12600	8701
3	●	,,	8:47～12:04	325—299	.	.	.	11820	8579
4	◒	,,	8:43～11:48	325—301	.	.	.	10980	8705
5	◑	,,	8:42～11:43	325—301	.	.	.	10860	8756
6	◓	,,	8:36～9:28 9:23～12:13	327—318 318—298	.	.	.	3240 9960	1930 6197
7	⊕	,,	8:37～12:22	327—297	.	.	.	13500	8893

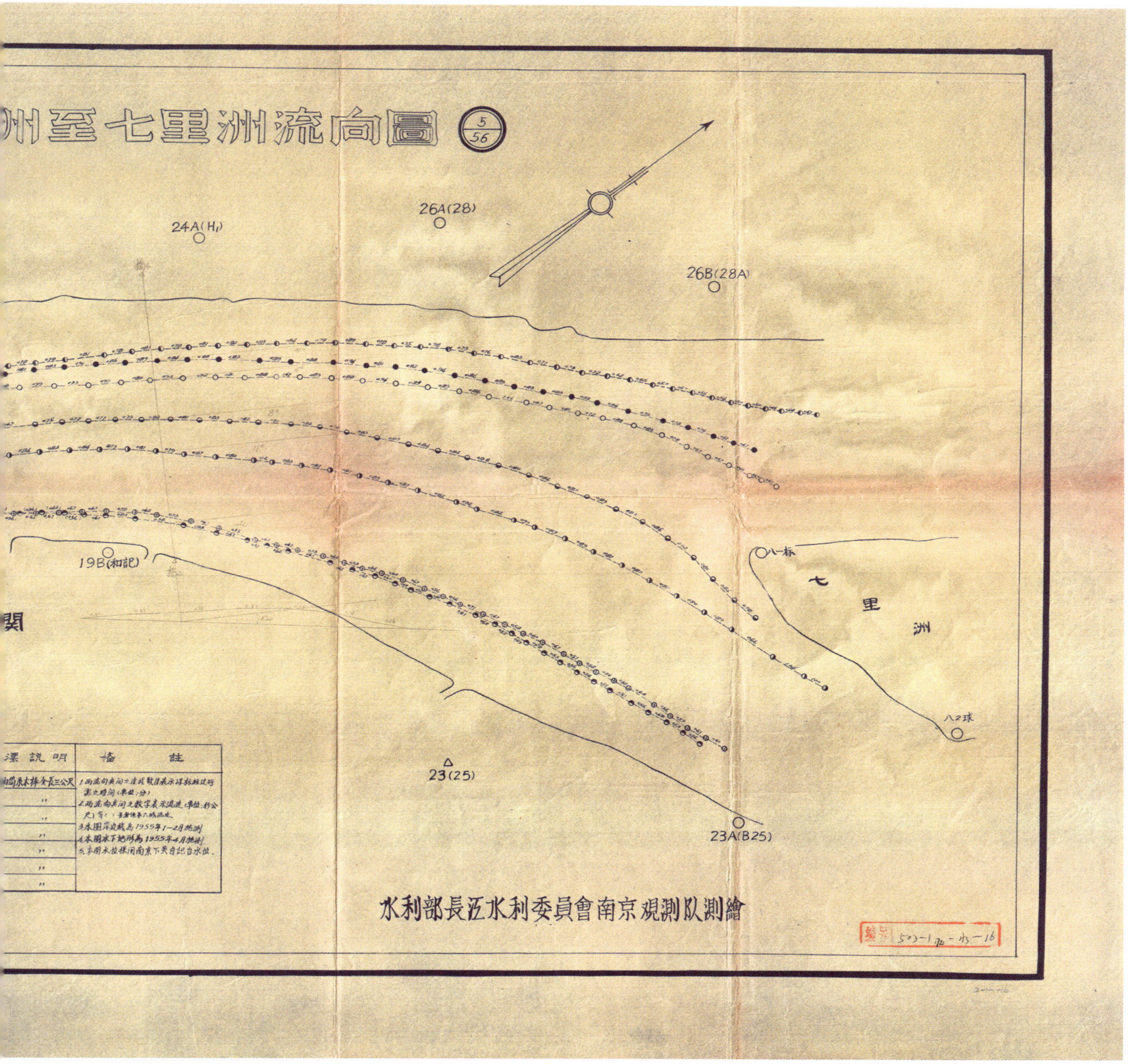
州至七里洲流向圖
5
56
24A(H1)
26A(28)
26B(28A)
19B(和記)
七
里
洲
八卦
八卦洲
23(25)
23A(B25)
標說明
備註
4.本圖水下地形爲1955年4月施測
5.本圖水位採用南京下关自記台水位。
水利部長江水利委員會南京觀測队測繪

长江南京段新生洲至七里洲河段地形及表面流速流向图（1957年6月）

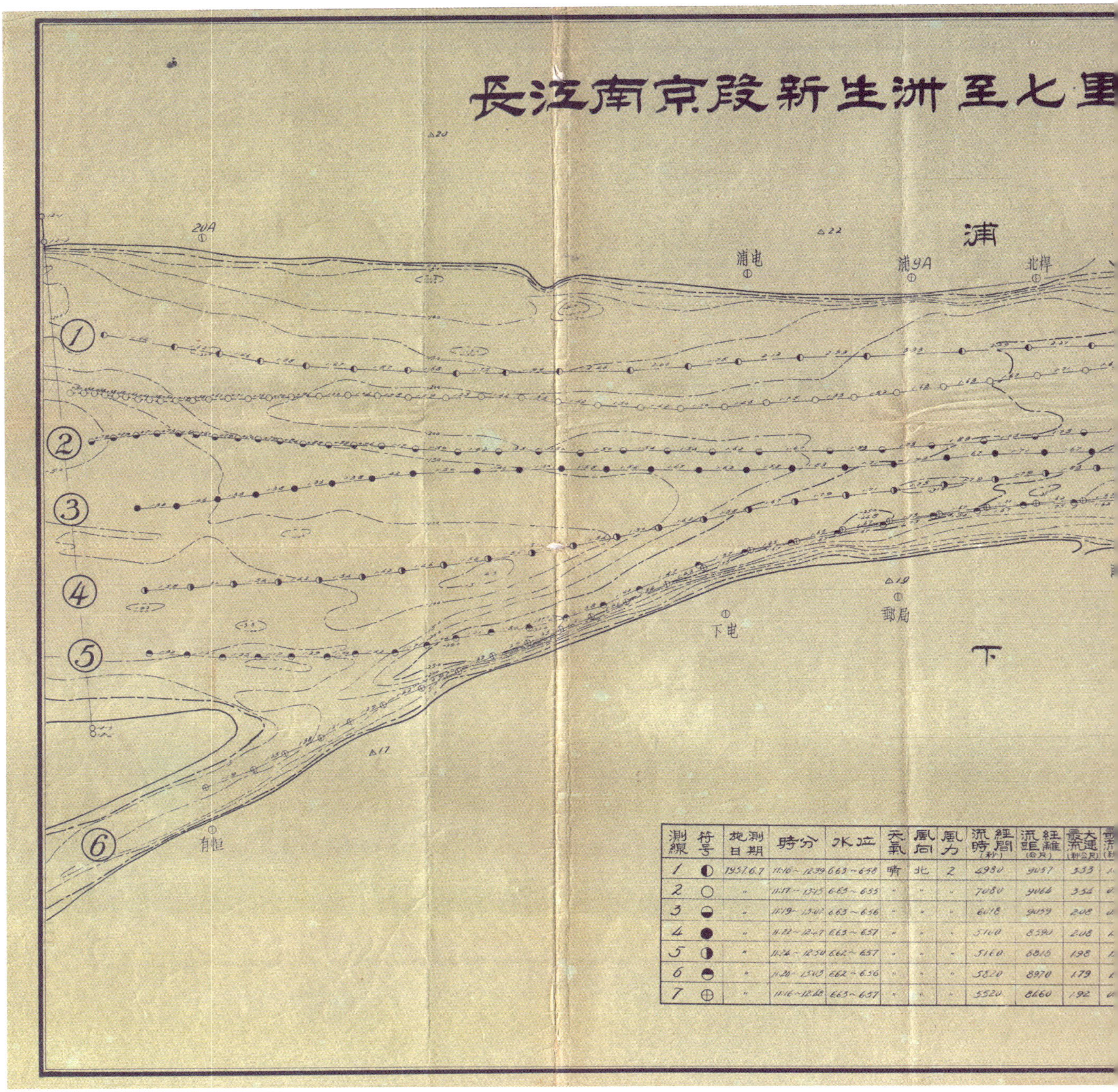

測線	符号	施測日期	時分	水位	天氣	風向	風力	流經時間（秒）	流經距離（公尺）	最大流速（秒公尺）
1	◐	1957.6.7	11:10～12:39	6.63～6.58	晴	北	2	4980	9057	3.33
2	○	〃	11:17～13:45	6.63～6.55	〃	〃	〃	7080	9064	3.54
3	◒	〃	11:19～13:02	6.63～6.56	〃	〃	〃	6018	9059	2.08
4	●	〃	11:22～12:47	6.63～6.57	〃	〃	〃	5100	8590	2.08
5	◑	〃	11:26～12:50	6.62～6.57	〃	〃	〃	5160	8816	1.98
6	◓	〃	11:20～13:03	6.62～6.56	〃	〃	〃	5820	8970	1.79
7	⊕	〃	11:16～12:48	6.63～6.57	〃	〃	〃	5520	8660	1.92

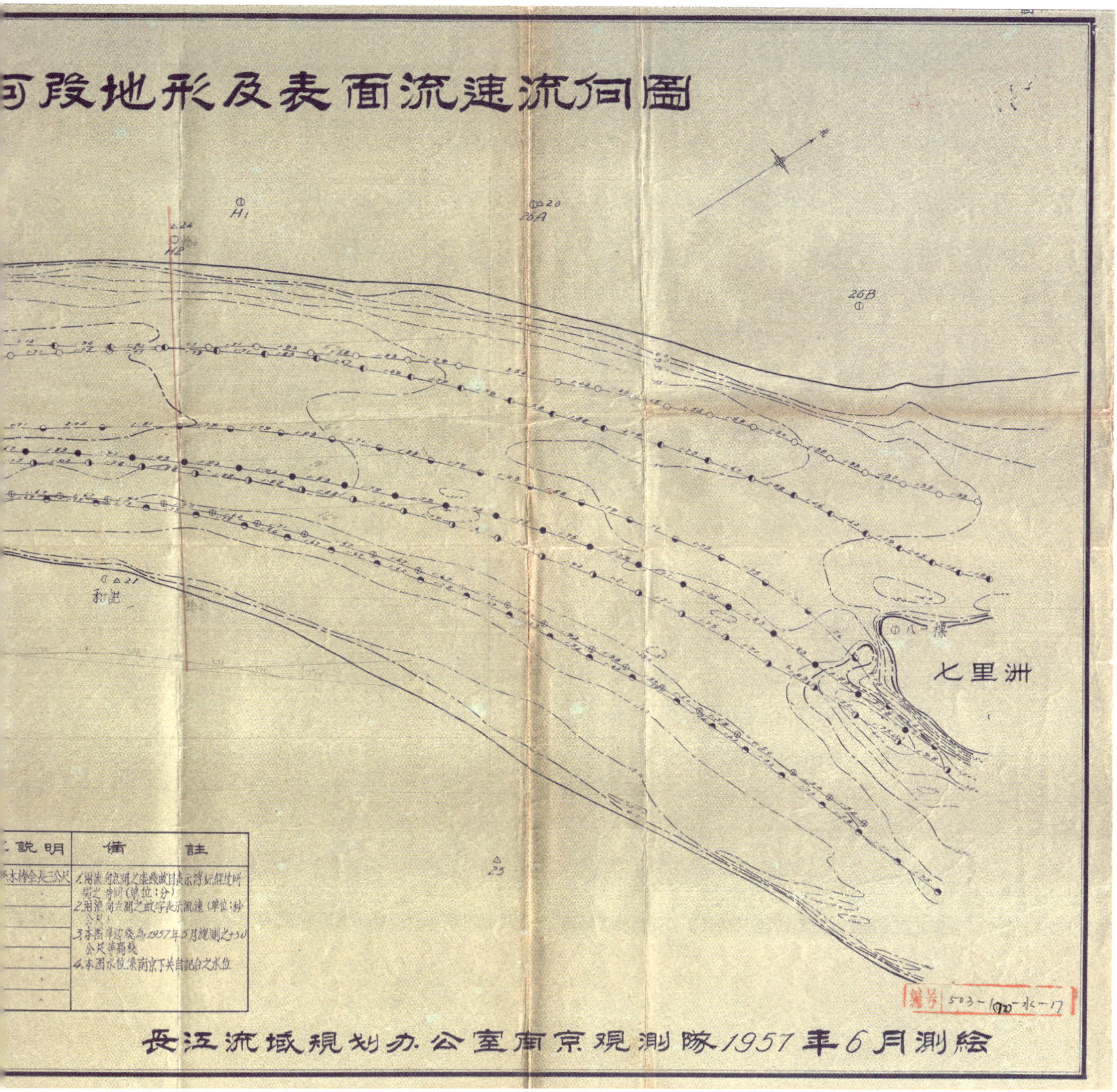
河段地形及表面流速流向圖
H1
H2
26A
26B
七里洲
和記
說明
備註
4.本图水位係南京下关自記台之水位
長江流域規划办公室南京观測隊1957年6月測繪

长江南京段新生洲至七里洲河段地形及表面流速流向图（1957年10月）

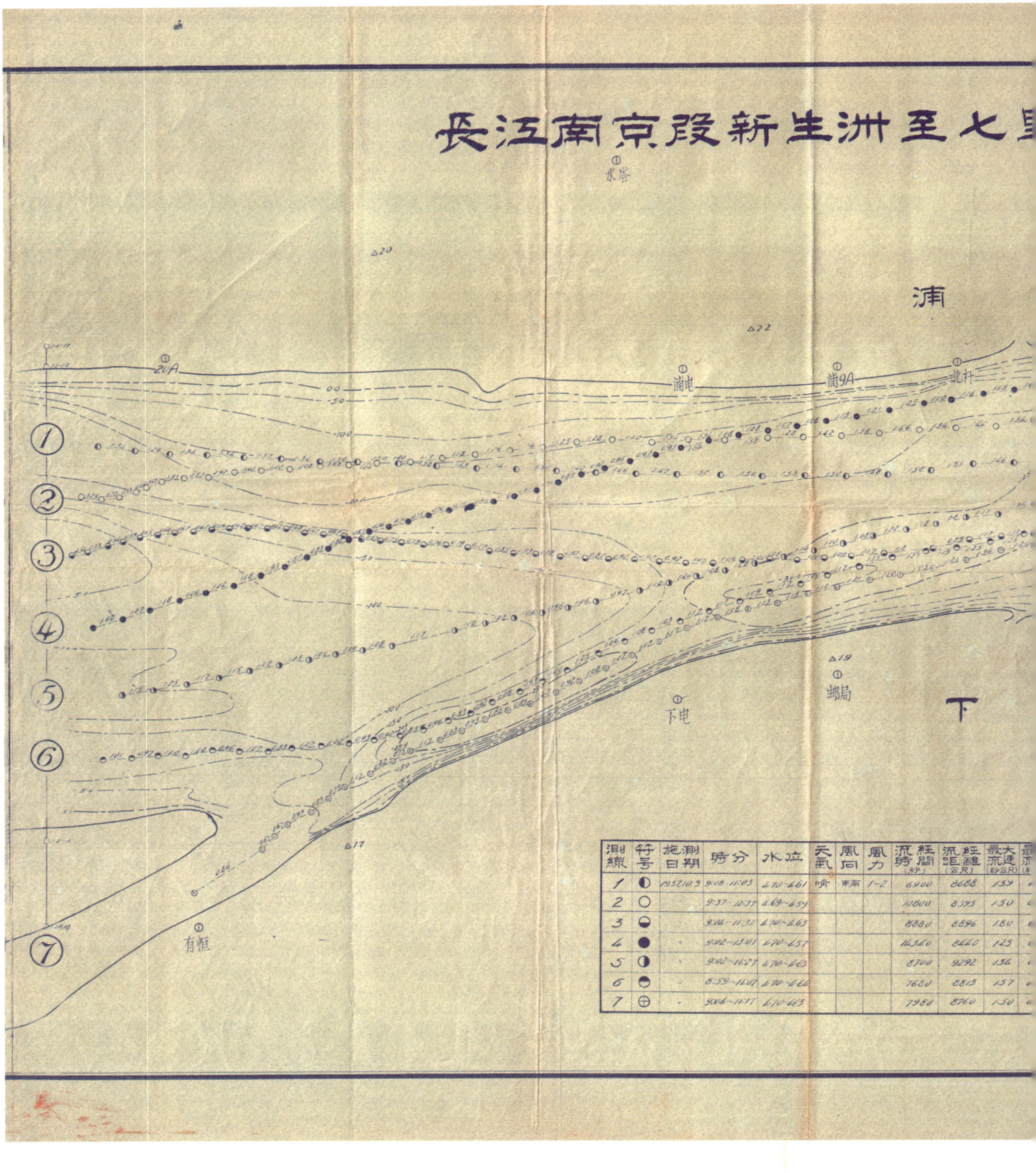

測線	符号	施測日期	時分	水位	天氣	風向	風力	流經時間（秒）	流經距離（公尺）	最大流速（秒公尺）
1	◐	1957.10.3	9:08~11:05	6.70~6.61	晴	東南	1~2	6900	8688	1.59
2	○	〃	9:37~12:37	6.69~6.59				10800	8595	1.50
3	◒	〃	9:06~11:32	6.70~6.63				8880	8896	1.80
4	●	〃	9:02~13:01	6.70~6.57				14360	8660	1.25
5	◑	〃	9:02~11:27	6.70~6.63				8700	9292	1.36
6	◓	〃	8:59~11:07	6.70~6.66				7680	8813	1.57
7	⊕	〃	9:06~11:17	6.70~6.63				7980	8760	1.50

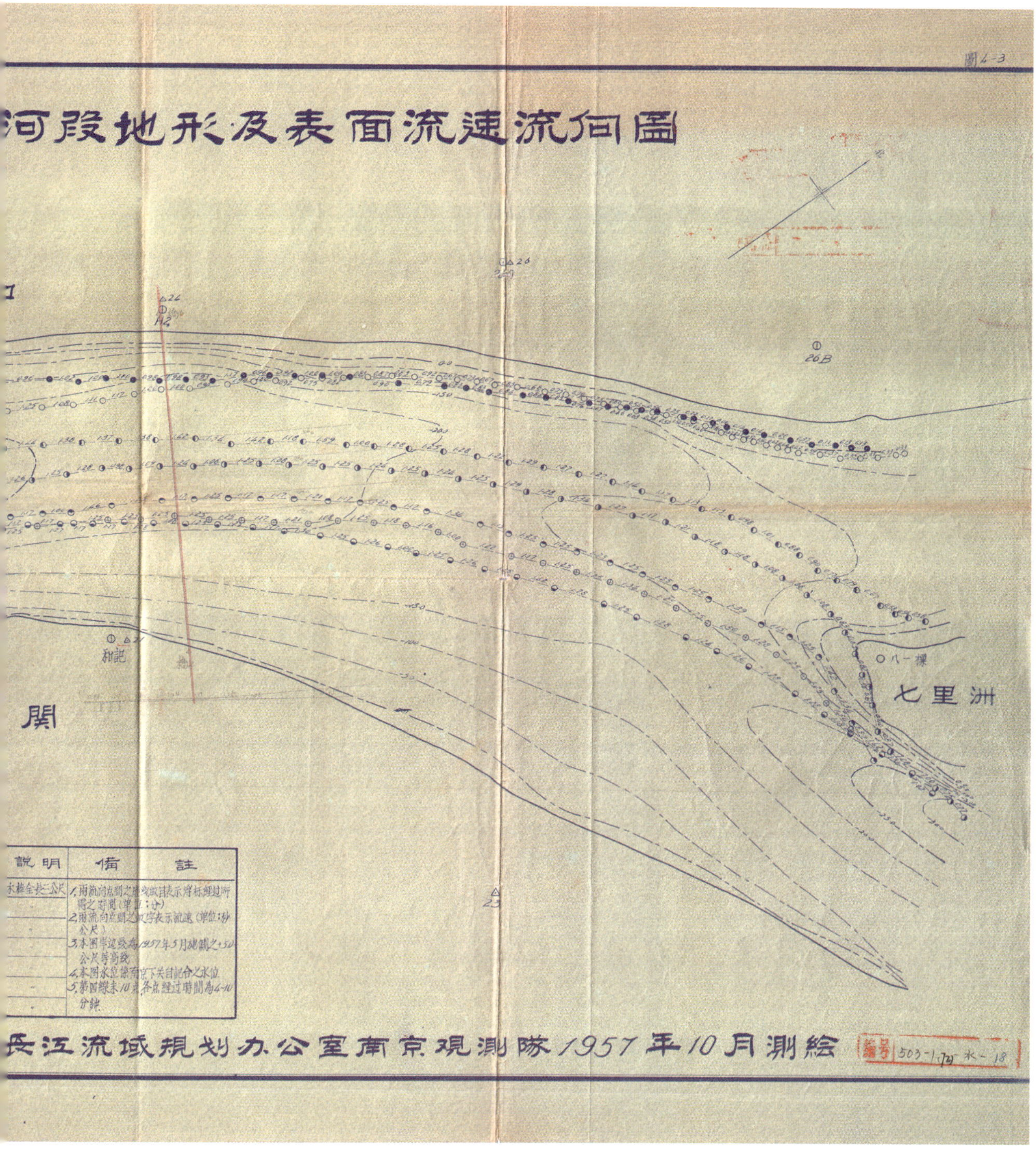

圖4-3
河段地形及表面流速流向圖
七里洲
說明
備註
長江流域規划办公室南京观測隊1957年10月測绘

长江南京段推移质输沙率河床质代表粒径 d50 及垂线平均流速综合平面图

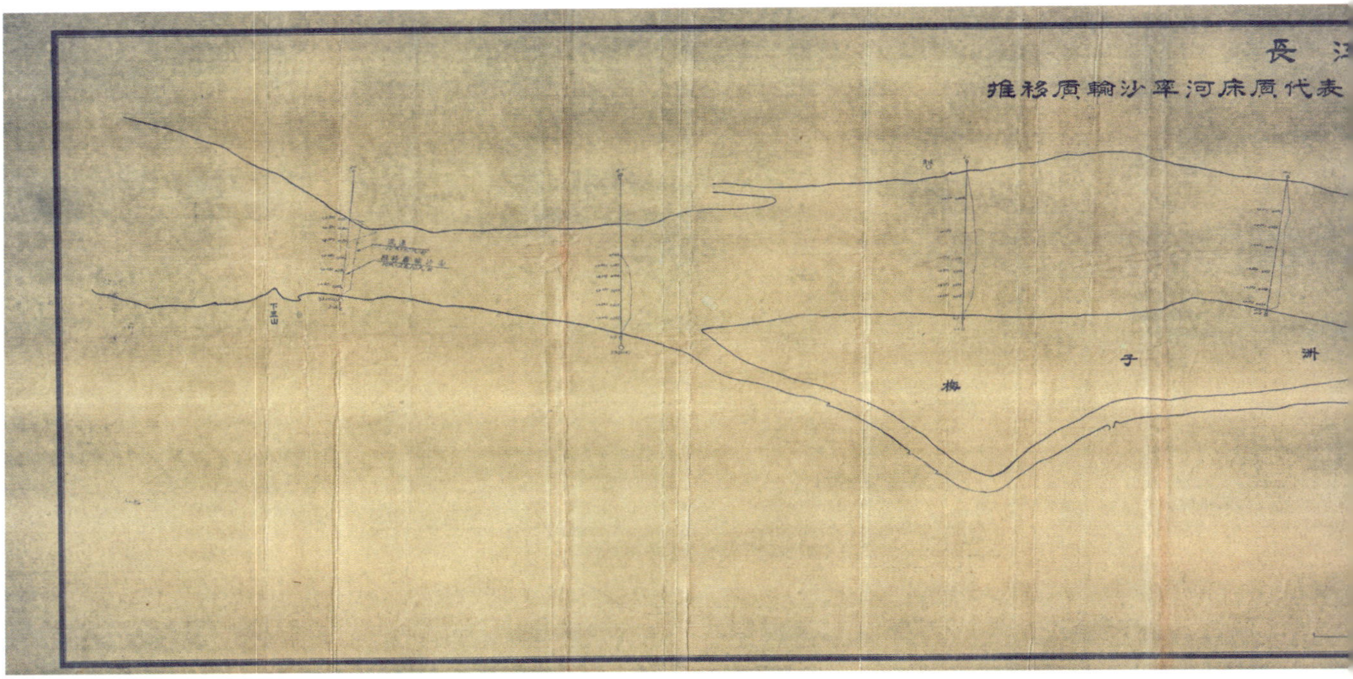

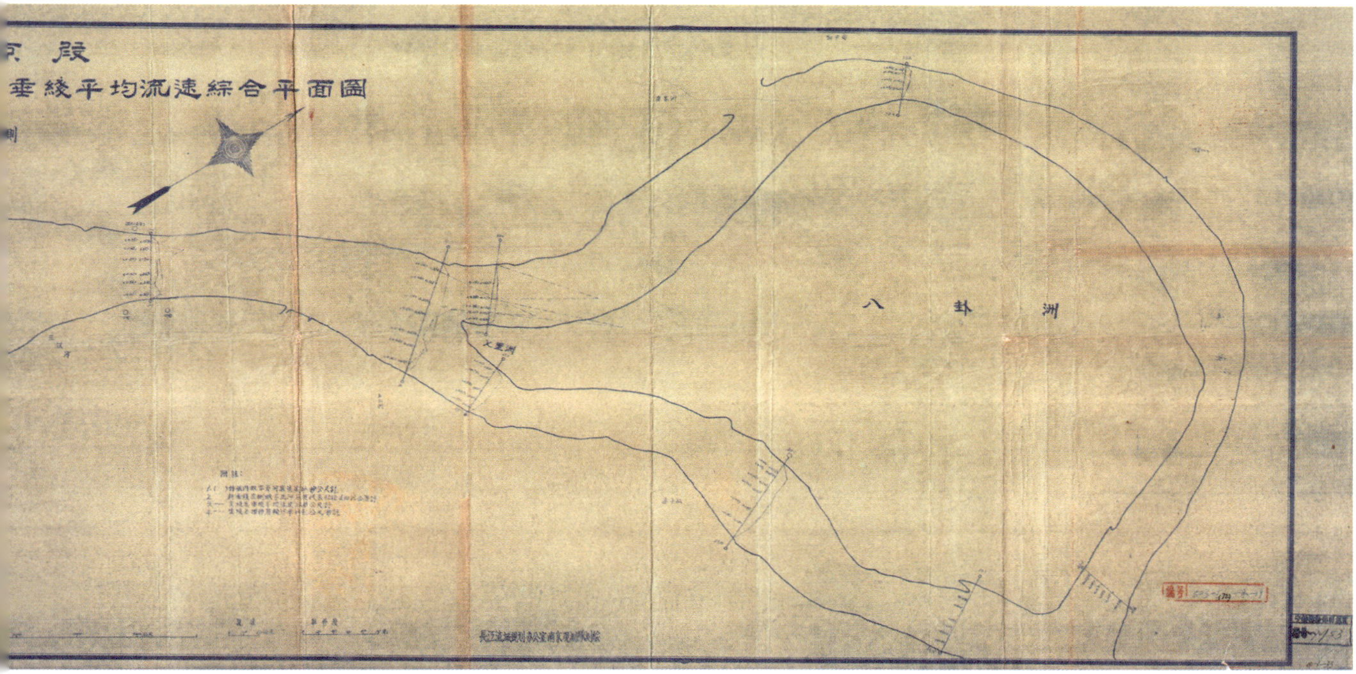
段
垂綫平均流速綜合平面圖
八 卦 洲

南京长江大桥桥墩附近冲刷深度实验研究报告

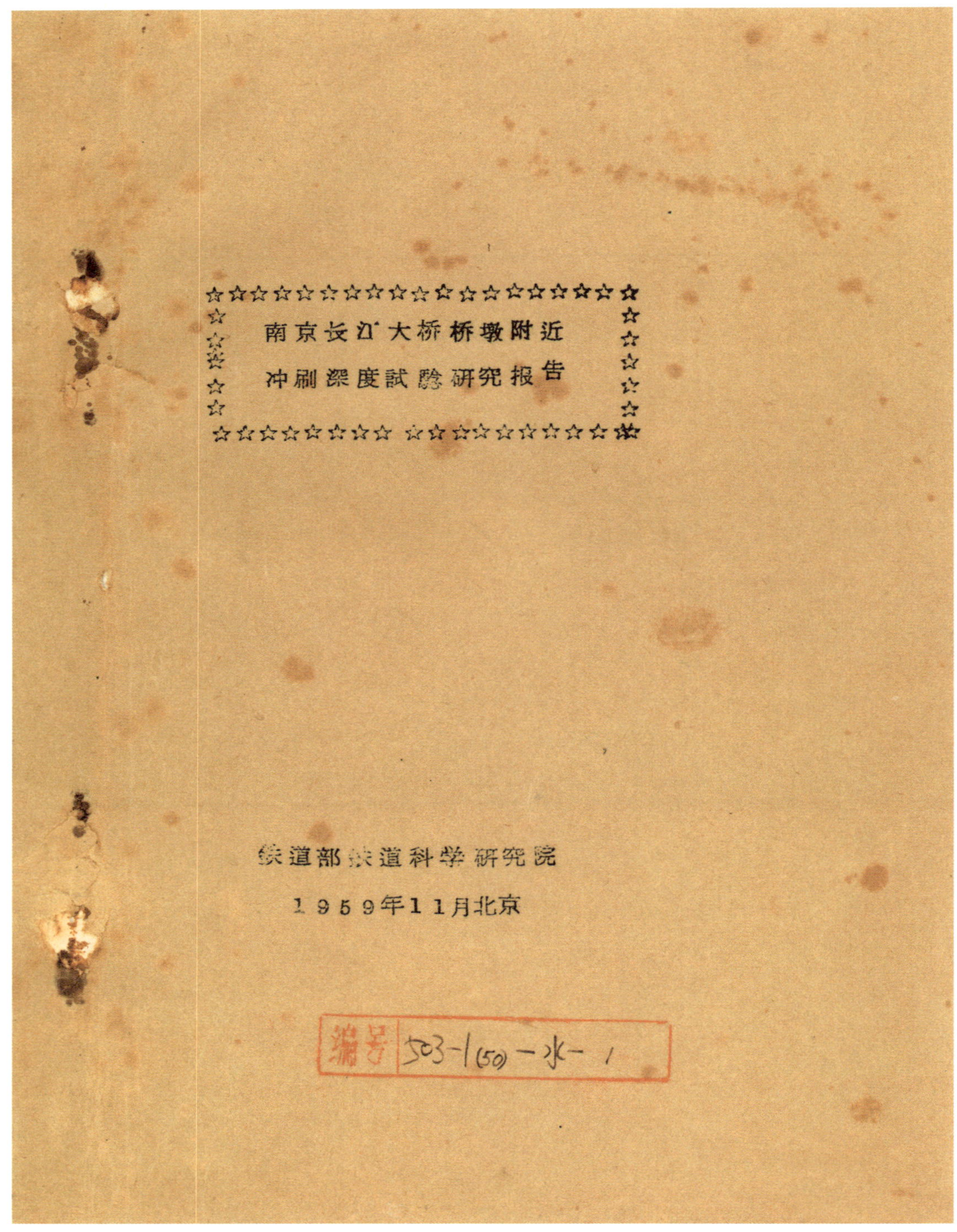

南京長江大桥桥墩附近
冲刷深度試驗研究报告

铁道部铁道科学研究院

1959年11月北京

目　　录

动图（50·9～58·11）

图7：1862年南京附近长江水道图

图8：长江下三山——七里洲段深泓变迁图（51～58）

图9：长江下三山——七里洲段深泓变迁图（54～58）

图10：长江南京段浦口窄段历年变化图（1943～1958）

图11：桥址河床断面变化图（1950～1959）

图12：长江南京浦口窄段历年沿深泓纵断面变化图

图13：下关浦口窄段南北岸汇流冲刷坑位置及深度变迁图

图14：　A1　1号墩测点布置图　A2　1号墩纵断面图

　　　　A3　1号墩横断面图　A4　1号墩冲刷地形图

图15：1B3井　3号墩测点布置图

　　　1B5井　5〃〃〃〃〃〃〃

　　　1B9井　9〃〃〃〃〃〃〃

图16：2B3井　3号墩纵断面图

　　　2B5井　5〃〃〃〃〃〃

　　　2B9井　9〃〃〃〃〃〃

图17：3B3井　3号墩横断面图

　　　3B5井　5〃〃〃〃〃〃

　　　3B9井　9〃〃〃〃〃〃

图18：4B3井　3号墩冲刷地形图

　　　4B5井　5〃〃〃〃〃〃〃

　　　4B9井　9〃〃〃〃〃〃〃

图19：南京浦口下关沉排护岸工程及近岸断面位置图

图20：南京港（下三山——七里洲段）水道地形图（1955·2）

图21：下三山——七里洲水下地形图（1958、10～11）

图22：南京长江大桥桥址河床断面变迁图。

南京長江大桥桥墩附近冲刷深度試驗研究

(甲) 摘　　要

拟修建的南京長江大桥位于南京下关浦口間，桥梁中心綫位置在下关下关浦口窄段出口(图1a)。大桥共10孔9个桥墩，其中2至9号墩均置于标高(吳淞零点)—60·00公尺左右的基岩上，因此不发生冲刷問題。惟1号墩处于長江古河道深槽中，槽寬150公尺，槽底最深点达标高—90·00公尺，設計水位为标高10·22公尺(图2)若将墩基置于基岩上，則水深約达一百公尺，施工困难。因此就提出一号墩附近河底冲刷最深可能达到标高多少公尺的問題，这是研究題目的第一部分。为了考慮施工的安全并使下沉基础的設备如围令等設計及施工的依据，大桥工程局提出确定3号、5号、9号三个桥墩施工水位时的冲刷深度問題，这是研究題目的第二部分。根据天然資料的分析及水槽試驗的結果，对于1号墩的冲刷深度建議采用标高—39至—40公尺，根据水槽試驗結果，建議3号墩采用标高—35、60公尺，5号墩采用—34·20公尺，9号墩采用—13·90公尺。

本报告共包括两部分，第一部分是南京長江大桥1号墩附近冲刷深度分析、試驗、研究报告；第二部分是南京長江大桥第3、5、9号墩施工水位冲刷深度水槽試驗研究报告。

(乙) 南京長江大桥1号墩附近冲刷深度分析試驗报告(第一部分)

(一) 前言

(1)南京長江大桥1号墩冲刷深度問題的提出：南京長江大桥位于南京浦口窄段下游出口处(图1)。桥址河底基岩一般均在标高—60·06

公尺上下；但左岸附近有一古河道深槽（为向斜层河谷），河底基岩标高为—90·00公尺，槽寬达150公尺。桥式如图2所示，共10孔9个桥墩，2至9号墩均置于基岩上，1号墩位于古河道深槽中，由設計水位10·22公尺到基岩面深达100公尺以上，1号墩靠近北岸岸边为ПК100+00，1号墩为ПК100+90公尺参閱图2。河底标高为+2.0公尺左右，由河底到基岩面深达90公尺，如基础仍置于基岩上，施工实有困难。因而1号墩埋置深度的合理决定，无論在經济意义上或使用的安全性和施工的可能性上来看，都是一个重大問題。决定桥墩的埋置深度必須考虑以下几个因素：(a)桥墩附近可能的冲刷深度，(b)土壤的承載能力，(B)目前施工的技术能力。大桥工程設計部門設計桥梁基础时，考虑(b)及(B)两因素，我們拟对第一个因素进行研究。

(2)1号墩冲刷問題的性質，根据 ЦНИИС · О. В. Андреев专家意見（見大桥孔徑計标基本原理中譯本第6頁）："在每一个桥墩台附近都可能发生三种冲刷，河床的自然演变，由桥头引堤的压縮所引起的一般河底冲刷及局部的漏斗形冲刷。桥墩台基础的埋置深度应該根据墩台所在地点垂綫上的变形之和去規定"。長江南京段沙洲变化复杂，江床深度变化剧烈。因而河床自然演变引起的深度变化，就可能构成桥墩附近全部冲刷深度的主要部分。

(3)南京長江大桥1号墩冲刷深度的研究方法鑑于上述問題的性質，决定以天然資料分析为主，輔以水槽断面模型試驗，並于搜集天然資料之同时，向国内中外专家請教。

(4)工作进行的經过：59年7月下旬至8月上旬赴南京、芦山、武汉等地，搜集南京段河床演变資料。並請教長办A·N·Козловский苏联专家、南京华东水利学院張书农教授、武汉水利电力学院張瑞瑾付院長及謝鑑衡付博士等人。8月中旬至9月底进行該段河床演变天然資料的分析与水槽断面模型試驗。

~2~

（二）长江大桥水文資料及地質資料

(1)水文資料：长江南京段位于感潮区内，水流受潮水頂托影响，各項水力因素如水位比降，流速等均随时間作周期性变化，水位与流量不表現为簡单正常的关系。因此水文站在南京段不作經常性之流速断面測量，只进行各时期之水位測量；至於南京各时期的流量則根据南京水位与大通流量間关系換算而得（大通为长江感潮区最上游的分界点，南京距大通224公里，南京的經流量几乎全部來自大通，故大通有关測驗成果可以应用于南京）。

現将1950年至1958年大通站最大流量摘录如下：

年代	发生最大洪水日期（大通）	流量（秒公方）	註
1950	9·11	43,500(最小)	九年中比較
1951	8·8	49,700	
1952	9·22	58,600	
1953	6·12	45,400	
1954	8·5	93,200(最大)	九年中比較
1955	7·8	59,600	
1956	6·29	53,000	
1957	8·14	51,900	
1958	5.22	57,900	

南京历史最高水位发生于1954年8月17日，水位标高H＝10.22公尺，相应流量（南京）＝95，200秒公方。

(2)地質資料：大桥工程局于桥址处进行了地層鉆探，取得了各墩位置的地質資料。（参閱图3）1号墩地質資料（見图4）：

~五~

(4)復盖层性質：復盖层極厚，在89—92公尺之間。上部为砂質粘土层，厚12～15公尺。由P_1-1往南逐漸加厚。土层性質湿潤軟塑。靠頂部約5公尺呈流动状态，底部与粉砂接界处，砂粒含量漸增。往下为粉砂，細砂，中砂，粗砂。显然为一沉积輪迴。其下又是細砂，礫砂，卵石等。但在細砂与中砂間夾有一层砂粘土，厚3～4公尺。經取样試驗結果表明，土层具有塑性，但含水量变化較大。下部沉积有二层园礫或卵石，成分多为石英岩，石灰岩以及火成岩等。其滚园度較好，分选不良，一般粒徑多为2～5公分，最大者达13公分。

(5)基岩特性：墩下为一基岩深槽，由松散状暗紅色砂岩組成。深槽为古長江所切割而成，但右側岩石呈不同角度擠壓(20°～60°)以及在擠壓帶中采岩率降低約(5%)与部分岩心松散、强度低下、均表明还有走向断层的存在；其性質也为高角度正断层，下盘組成新槽，槽两側呈不对称状，南側比北側略高3～4公尺，且北陡(70°)左右，南稍緩(55°)左右，寬深比1:0.65，谷縱坡度$\frac{1}{10}$～$\frac{2}{10}$，谷之最高最低点相差25公尺，由河床表面至谷底深97.5公尺，若以标高—70公尺計标，槽寬175公尺；若以变坡点計标，則为200公尺左右，愈往桥線下游，槽口愈寬，且深度並有加深之趋势。

（三）南京附近長江江床（主要为沙洲）的自然演变和桥址上下游的冲淤变化：

桥墩附近的冲刷深度决定于桥梁上下游的冲淤变化；而桥梁上下游的冲淤变化又决定于这一段沙洲的消長和移动。南京長江桥位于下关浦口窄段的出口，沙洲的罗列大都在窄段之外，現在要研究的有下三山下关各沙洲的情况和下关以下八卦洲的情况。說明沙洲的变迁以后，再談談桥址上下游冲淤变化的情况。

(1)南京附近長江江床（主要为沙洲）自然演变的情况。

～3～

先談历史上（远期的）的情况，再談近期的情况。

在这一段，江床的变化主要受沙洲移动的影响，人为的因素也起着一定的作用。根据前南京水利实验处1955年研究試验报告彙编中“长江浦口段冲淤問題文献資料”一文，将历史上的沙洲移动及有关現象摘要敍述于后（图5）。

长江浦口段上起三山下至黄天荡間自古以来江流偏近南岸。梅子洲在宋代（960～1279）文献中开始出現，当时称迷子洲，至清代形成現在形势。八卦洲自元朝至明洪武时代（1279～1376）初出現时为草鞋洲等小沙洲。自明洪武至清道光年初（1281～1376）出現了七里洲、八卦洲和大河沙等較大沙洲，由清道光初年到光緒末年（1821～1908）合而为一，称为八卦洲。

清光緒23年（1897）开下关为商埠。1908年宁沪铁路竣工。1912年津浦鉄路通車。于是下关浦口渐次建起港埠設施，江面人为地束狭，从而江床也固定下来。（参閱图5，长江浦口段历史沿革图。）

沙洲的近期演变情况可約略敍述如后（图6）：

自下三山至八卦洲尾一段江床，包括大小沙洲甚多，此等沙洲移動消长变化复杂，兹分述于下。

白沙洲：1931年开始生长，1941年高出尋常洪水位。1943至1948年向下移动1.7公里。1949年向下移动0.4公里。浦口码头搶修委員会以“护岸为主”的原則整治江道，于1950～51年将白沙洲挖除。

新生洲：位于梅子洲尾，1948年露出水面，1949年显著淤高，1954年特大洪水，新生洲被冲刷消失。

潛洲与边滩：潛洲于1949年始被人注意。潛洲逐年下移，至1954年移至原白沙洲位置，至1957年发展最大，1958年

～7～

洪水冲击很多。由1950年10月至1957年5月洲头移动5·8公里，洲尾移动5·1公里。西江口边滩1950年至1951年是发展的，1952年以后减少，经过1954年洪水边滩移至黄球以下。1956年以后西江口之左岸边滩又开始发展。黄瓜墩边滩自1950年10月至1957年5月下移7·3公里。

八卦洲：比较清同治年間（1962）的水道图和1933年的航测图可以看出（图7）在同治年間八卦洲右泓还很少，主流在左泓，此种情况維持到30年以前。經过最近30年的时間，主流已經改走右泓。八卦洲亦在向下游移动。

由下三山至七星洲长約30公里。形为一个大肚子口袋，下三山为上口，浦口为下口。按目前形势，梅子洲长12公里余。洲地高程（卽标高）十7·0公尺。右泓夹江綫窄弯曲，夹江长13·7公里，平均河寬350公尺。左泓順直寬闊，历年張生沙洲，变化甚大。据1955年实测資料，左泓寬度为右泓的8倍，左泓过水面积为右泓的9～13倍。河底高程左泓低于右泓3～6公尺。左泓流量佔全流量的十五分之十四，而右泓則仅佔十五分之一。按近三、五年前的形势，八卦洲长11·5公里，寬6·5公里。右泓长11·5公里，深槽逼临南岸。平均水深24·0公尺。左泓长21·5公里，深槽位置沿河弯改变。平均水深10·0公尺。右泓流量佔全流量的四分之三，而左泓仅佔四分之一。

梅子洲和八卦洲系洲中之大者，存在历史較久，位置比較（与小沙洲比）穩定，对江流的影响，大都以沙洲体积的消长为主。其他小沙洲則生命較短，移动很快，近期下关浦口間江床断面的变化主要取决于小沙洲的消长移动，从而桥址附近的近期冲淤变化亦以小沙洲的演变为主。

(II)桥址上下游冲淤变化的情况。

(1)前边已經談到桥址上下游的冲淤变化主要地决定于下三山大河口間的沙洲变化。现在还不能由沙洲的移动定量地决定冲淤变化，但至少可以

～8～

解释一些有关的現象。現在就将这些現象分述如下：

深泓綫的摆动系由于沙洲的变迁。当深泓綫逼近河岸时就会引起河岸的崩塌。在下关方面1831～1833年有崩塌，1905～1911、1933年均有坍昭，而以1947年3月和12月为最严重。在浦口方面1931、1945、1948、1949年均有崩坍。崩坍地点逐漸下移

沙洲的变迁与水文經流条件有关，洪水年变化大，枯水年变化小。在一年之内洪水时变化大，枯水时几乎无变化。在长江南京段漲水时淤积，落水时冲刷；在枯水时期江床相当穩定。在最近过去的若干年内，中小水年冲刷下关江岸，大水年冲刷浦口江岸。

沙洲的生长，发展和消亡具有不太規律的周期性。

(2)为了決定桥梁中綫上最大可能的冲刷深度，现在从下列各方面作具体的分析。

(a)深泓綫的变迁（参閱图8和图9）：长江南京段主流深泓上自下三山下至梅子洲尾分流为三。大主流沿左泓而下，小主流沿夹江而下，大主流至潜洲位置附近又复分为二；一沿左泓北面走，一沿左泓南面走，至梅子洲尾处二叉复合而为一；迸至与夹江汇合处再与夹江主流合而为一；流至七里洲头处，又分为二股水流。水流汇合之处常为冲刷最深之处（以下为敘述方便，由水流汇合所形成之最深处簡称坑）。現将1951年～1958年深泓坑底位置列入下表：

年代	梅子洲北泓主流与夹江主流汇合点（坑点）位置的变化			
	与北岸边距离	与桥址断面距离		该年最大流量（大通）
1951·12	950 公尺	上1100公尺		49，700秒公方
52·12	980		下700公尺	58，600
53·11	900		下 530	45，400
54·7	680	上1510		93，200
54·11	300	上 1120		93,200
55·9	450	上 280		59，600
56·10	无交点			53，000
57·5	420	上 820		51,900
58·10~11	580	上 360		57,900

※岸边线以54年岸边线作为比較标準。

由上表可以看出：深泓交点（坑点）在桥址上下游变化范围＝1.510公里＋0·700公里＝2·2公里。

二股主流深泓交点大多数集中在桥址上游，最远距离1.5公里；当流量大时靠近北岸，流量小时远离北岸。

深泓交点距北岸岸边的变化范围为自300至980公尺。

⑸横断面变化（参阅图8，图9）：由长江南京浦口窄段历年变化图叠10（1948~1958）可以看出：在E断面上的深槽位置以下。

~10~

年 月	深槽位置		与左岸距离（公尺）	最低点标高（公尺）
	在左边	在右边		
1943·2		右	900	－41·0
1948·2		右	855	－41·0
1951·9		右	900	－30·0
1952·9	左	右	300；830	－29·0
1953.10	左	右	375；825	－26·0
1954·8	中		540	－25·0
1954·11	左		280	－35·4
1955·3～4	左		330	－35·0
1955·5～10	左		280	－35·4
1956·7～11	左		300	－30·0
1957·9		右	800	－27·4
1958·5～11		右	785	－29·6

冲刷最深点位置的变化是自右至左再自左向右逐渐变化的。

冲刷最深点位置为－41·0公尺。最小值为－25·2公尺。

由图11可以看出在50～59年間桥址处南岸逐渐淤积，北岸逐渐冲刷，在1号墩处十年間已冲达12～13公尺。

(3)纵断面变化（参閱图12，图13）

由图上可以看出下述各点：

(1)在深泓纵断面上历年最深点（坑点）的位置多集中于D、断面（即

C.S 1 7）此种最深点的分布在图上以E_1断面（C.S.2 0）为限，但由于断面布置不够，尚不能断定断面E_1就是此种最深点向下游移动的极限。

(丙)在深泓线上的历年最深点（坑点），在一定时期，向下游的桥址断面（在C.S.2 1左近）移动，坑点愈向下游移动，标高愈高。

(丁)河弯的影响

长江水流由下关浦口古段流出后，与七里洲相遇，水流分为南北两泓，北泓流量只占全流量四分之一，南泓占四分之三，目前形势是南泓增强，北泓减弱，从而南泓河槽曲率亦随之增加，桥址中线位于浦口窄段直线段转向至七里洲南泓之弯曲河段中。南岸岸线曲率半径现为5000公尺将来可能发展到2500公尺。根据桥渡勘测设计规程下册（中译本）第30页，河弯处冲刷深度計算公尺式为：

$$h_{BOrH} = h_{np}\left(1+\sqrt{\frac{B}{r}}\right)$$

式中 h_{BOrH}：___ 弯曲段凹岸处最大水深，（公尺）

h_{np}：___ 直线段的最大水深，（公尺）

r：___ 河槽弯曲部分的平均曲率半径

τ：___ 系数，按 $\frac{r}{B}$ 之比例而定

B：___ 河槽宽度。（公尺）

計算結果如下：

半　徑	B	h_{np}	$\frac{r}{B}$	τ	h_{BOrH}（公尺）
r=5000公尺	1450公尺	35公尺	3.45	0.705	48.4
r=4500公尺	1450公尺	»	3.10	0.740	49.7
r=4000公尺	1450公尺	»	2.76	0.774	51.0
r=3000公尺	1450公尺	»	2.07	0.843	55.4
r=~~2800~~2500公尺	1450公尺	»	1.72	1.162	65.8

~12~

自直线段变化Y＝5000公尺时，河湾冲刷深度为13·4公尺。

自Y＝5000公尺变化至Y＝4000公尺时，河湾冲刷深度增加3.6公尺。

自Y＝5000公尺变化至Y＝3000公尺时，河湾冲刷深度增加7·0公尺。

自Y＝5000公尺变化至Y＝2500公尺时，河湾冲刷深度增加17·4公尺。

最大冲刷深度发生凹岸一边，亦即靠近1号墩所在之北岸一边。

（四）中外专家意见（详细情况请参阅附件）。

长办（长江流域规划办公室）和兹洛夫斯基专家提出三个方案。第一方案：将1号墩所在的左岸加以防护，使1号墩附近免予冲刷。第二方案：基础放在标高－50·00公尺，冲刷达到－45·00公尺时不致于发生危险。第三方案：1号墩基础置于标高－45·00公尺至－50·00公尺之间，由水工试验决定具体的最后数字。武汉水利电力学院维尔希宁教授的意见主要是上游深槽有下移到桥址的可能（未提具体数字），防护工程是必不可少的。武汉水利电力学院许协庆同志的意见是关于单宽流量如何决定的，未提具体数字。华东水利学院张书农教授的意见是关于分析研究如何进行的，未提具体数字，但主张采取防护措施。南京水利科学研究所李昌华工程师的意见主要地是把基础放在标高－45·00公尺

（五）长江大桥一号墩断面模型试验

(1)试验目的

南京长江大桥1号墩位于覆盖层厚度达89－92公尺的可冲刷的土

壤上(地质資料見图4)。因此正确确定河底标高极为重要。

(2)試驗方法

根据长江流域規划办公室苏联专家A·N科兹洛夫斯基的建議,在定床床模型上进行;冲刷試驗采用逐步改变地形的办法:

試驗时首先需知:

单寬流量 q:—根据資料分析求出;

允許流速 v:—借用大通水文站动力平衡流速;

然后根据模型上实测流速逐次把坑挖深,当实际通过的流速等于土壤动力平衡流速时,認为冲刷停止。

冲刷深度按下面公式計算:

$$h_p=\left(\frac{q}{\alpha}\right)^{0.6}$$

式中:

q:—意义同上;

α:—$h=1$公尺时动力平衡流速的数值,本試驗 $\alpha=0.219$ 公尺/秒。

相似条件:保持几何相似

$\lambda_L=100$

並遵守重力相似

$\lambda_v=\lambda_L^{1/2}=10$　　　　$\lambda_Q=\lambda_L^{2.5}=10^5$

由于水槽寬度的限制取半个跨度进行試驗,測驗布置見图A

(3)試驗設备:

模型設在寬60公分的水槽上。地形高程用水平仪控制,河床用1:20水泥沙浆制成。

測驗仪器:

1、流量:根据矩形堰堰頂水头测定

計算流量的公式为:

~14~

$$Q=(1.782+0.24\frac{h_e}{p})L\,h_e^{1.5}$$

式中：

Q：—流量，以公方/秒，

h：—堰顶水头，公尺計，

h_e：—h+0.0011，公尺計；

L：—堰寬，公尺計；

P：—堰高，公尺計。

本試驗：

L =0.6003公尺

P =0.3131公尺

2、流速：用毕托管及测压計测定，流速用下式計示：

$$v=C\sqrt{2g\Delta h}$$

v：—流速，以公分/秒計；

Δh：—测压計压差讀数，以公分計；

g：—重力加速度，以公分/秒²計；

C：—流速系数，按施放与实測流量調整求得。

(4)試驗組次：

在Q=95,200秒公方，H=10.22公尺条件下，

做下面三組試驗：

①q=30秒公方，河床标高为－25公尺；

②q=110秒公方，河床标高为－25公尺；

③q=140 " —— " ——。

(5)試驗成果及建議：

根据模型实測資料繪制了：（仅繪制第二組的資料）

1、縱断面（距墩中心綫10及20公尺之縱10及縱20断面

~七五~

及其相应流速(見图A $_2$)。

2、横断面(距桥中心线上游10公尺，下游10公尺之中，上10下10断面)及其相应流速(見图A $_3$)

3、为了了解冲刷大概的形状繪制冲刷地形图(見图A $_4$)

試验成果：

組　次	(秒公方)	冲刷前河底标高(公尺)	冲刷后河底最低标高(公尺)	备　註
1	80	—25	—27·4	第1及3組仅供参考之用
2	110	—25	—35·9	
3	140	—25	—40·7	

建議：根据河床演变分析1号墩处的单寬流量約为110—120秒公方，因此河底标高較—35·9公尺为低，根据单寬流量河底冲刷标高建立的关系来看，河底标高在q=120公方/秒时大約为—38·0公尺左右，再考虑地層条件，冲刷标高定为—39·0至—40·0公尺为宜，因此建議按—39·0公尺标高作設計，—40·0公尺标高作檢核。

~F6~

（六）有关長江大桥1号墩附近冲刷問題的探討。

1、为解决1号墩的冲刷深度問題，需要考慮江床的天然演変、一般冲刷和局部冲刷三种影响。每种影响又涉及若干因素，現一一加以分析。

(1)江床演変的情况，前边已有詳細敍述。在本桥的具体情况下，江床演変之所以影响桥址冲刷深度，首先在于两岸水流集中时常常冲成深槽，此种深槽之最低点虽然都在桥址上游，但其影响于桥址断面的标高亦甚显著。根据图12和13可以推得以下各点。

①在南京下关浦口舞段内，一般河底标高在－30.0公尺至－35.0公尺之間，深槽之最低点曾达标高－45.00公尺，两者相差10至15公尺。此－45.00公尺的地点在D_1断面上，即在桥址上游約2.0公里处。

②在桥址处近年来河床的一般标高約为－25.0公尺，1950年发現深槽底最低标高为－30.56公尺，由于水流集中产生之冲刷深度达5.56公尺。

③在D_1断面曾出現几次深槽的最低点，如1954年为－36.4公尺，1948年为－44.60公尺，1943年为－45.00公尺。此种深槽向下游桥址伸延，槽底标高愈向下游愈高（因标高为負值，故絕对数值愈小）。但在桥址断面（即断面C.R.21附近）处与上述各年D_1断面槽底標高相应的标高不曾实測，根据图上各年槽底标高変化趋势，将D_1断面1954年标高－36.40公尺向下游延长至桥址得标高－28.80公尺，同样将D_1断面1943年标高－45.00公尺延至桥址得标高－34.1公尺。如均以近年来桥址断面一般标高－25.00公尺計算，則水流集中的影响表現在桥址断面上的数据，1954年为3.80公尺，1943年为9.10公尺。流量愈大，深槽愈靠近北岸，所以估計冲刷深度时应採取最坏的情况，即1943年的9.10公尺。

~17~

1

⑵江床演变的第二种影响系河弯曲率的增加。八卦洲靠弘系主流，目前河弯曲率半径約为５０００公尺，如認为不会太远的將来可能发展到４０００公尺，則由河弯曲率增加所引起的槽底标高的变化为５１.０～４８.４＝２.６公尺。

⑶关于單寬流量的决定。根据現有公式进行計算冲刷深度或利用水工模型試驗測定冲刷深度时，最重要的数据是可能发生的最大單寬流量。为了計算單寬流量，在下三山至七里　一段图上选取了六个断面。按計算流量＝９５,２００秒公方，計算水位＝１０.２２公尺和１９５４年１１月实測水下地形进行單寬流量計算。計算結果列表如下：

断面号碼	河面寬度（公尺）	过水断面面积（平方公尺）	最大單寬流量（公方/秒/公尺）			断面平均流速（公尺/秒）	
NO.1	1550	41,066	126.0	121.0	112.3	2.32	
NO.2	2520	38,699	92.4	80.7		2.30	未考慮夾江下关流口窄段标志
NO.3	3050	45,450	76.3	75.2		1.96	
NO.4	1230	39,280	172.2	121.0	116.6	2.42	
NO.5	1520	33,860	104.4	90.0	77.3	2.81	
NO.6	3140	46,449	67.7	60.0	59.8	2.04	

依照上表計算数值可以看出，在窄段最大單寬流量达１７０秒公方，在桥址断面最大單寬流量为１０４.４秒公方。但１９５４年的断面形式尚不如１９５０年的断面形式集中。参考其他断面，如与桥址河面寬度乎相等的NO.1断面的單寬流量为１２６.０，１２１.０，和１１２.３秒公方，可以認为桥址断面应采取單寬流量 $\frac{Q}{B}$＝１１０—１２０秒公方。

２、根据苏联运輸建設部設計总局莫斯科国家勘測設計院編的桥渡勘測設計規程下册第一章的規定（中譯本第１０—１３頁），計算得河底冲刷标高如下表：

～18～

1

单宽流量 q（秒公方）	冲刷后的水深 h_p（公尺）	冲刷前的水深 h（公尺）	一般冲刷深度 h_p-h	按三К公式計算的局部冲刷深度 h_B	h_p+h_B (2)+(5)	冲刷后的标高（設計水位 H =10.22）{(6)-H}
(1)	(2)	(3)	(4)	(5)	(6)	(7)
70	37.0	19.8	17.2	1.9	38.9	—28.7
80	40.7	23.5	17.2	2.0	42.7	—32.5
90	44.2	27.0	17.2	2.0	46.2	—36.0
110	51.4	35.0	16.4	2.2	53.6	—43.4
120	54.0	35.0	19.0	2.4	56.4	-46.2

3、水工模型試驗結果見（五）。

（七）各种方案的比較：

1、長办A．H．科狃洛夫斯基专家提出三个方案（詳見（四）及附件2）第一方案依靠防护不考慮冲刷。長江南京桥系重大工程，目前防护工程尚不能保証不会被水冲毁，故不拟采用此方案。第三方案可能过于安全。第二方案拟定冲刷深度标高为—45.0至—50.0公尺。确切数字由試驗决定。

2、武汉水利电力学院張瑞瑾副院長的意見認为上游深槽河底标高有推移至桥址的可能，虽然不一定出現—45.0公尺的最深数字。可以認为这种看法有道理。謝鑒衡講师未提出肯定的数字。

3、南京水利学院張志农教授未提出肯定数字。

4、南京水利科学研究所李昌华工程师意見認为設計时冲深应以—45.00公尺为准。

5、有人認为在1号墩臨近地質鉆探时曾在—37.70公尺处发現木塊，应即以—37.70公尺为最大設計冲深指标。我們認为既然历史上有此数字，这应是一个重要参考根据（設計冲刷线不应高于此数），但这一个簡单数字不能由河道演变（而且资料不够）

-19-

原因解释，而尤其不能包括将来的发展。(如曲率增加等)

参考以上各家意見与方案，再加上我們的分析研究，我們認为应由近年来一般的河底标高出发，再考慮河床的天然演变和局部冲刷的影响去決定冲刷的最大深度。用数字表示即：　　河床天然演变

25（一般河底标高(1)）+9.1（集中影响）(2)+2.6（曲率增加）+2.2（桥墩局部冲刷）=38.9公尺=39公尺。

註：(1)河底标高原为負値，为計算方便，取絕对値。

(2)因为水流集中影响发生于窄而深的深槽中，此时桥墩虽佔距一部分过水断面面积，但余下的有效河寬仍远較深槽的寬度为大，故不致影响集中的程度。由桥墩引起的平均一般冲刷估計为~~4.05~~最多为4.20公尺~~（桥墩所佔面積÷152.0(河寬)=4.4公尺）~~。此値較集中影响9.1公尺为小，故取集中影响进行計算。

再参考水工模型（参閱第五節）試驗的結果，我們建議採取标高-32.0至-40.0公尺作为設計的冲刷深度。

（八）結束語

由于河床演变的預报和水工模型冲刷試驗技术，到目前为止，技术水平还有一定的限度，不能完全地定量地解决实际問題，所以上一節得到的各方案的結果，无論是院外专家的意見或是我們自己的推斷，都是提出来供大桥工程局参考的。

在专題工作的进程中，曾請教过长办A·И·科兹洛夫斯基专家，武汉水利电力学院張瑞瑾副院長及謝鑑衡副博士、講师，南京华东水利学院張书农教授，南京水利科学研究所李昌华工程师，从他們那里得到很多宝貴意見，特在这里表示謝意。

本专題系在鉄道科学研究院孙振東研究員和大桥工程局王家璟工程师指导下进行，参加工作人員有鉄研院魏金石（工作負責人），大桥局申天成，鉄研院朱炳祥等。

—20—

（丙）南京长江大桥第3，5，9号墩施工水位冲刷深度水槽試驗研究报告

㈠試驗目的：为了正确确定施工时鋼钣桩圍堰，鋼沉井的長度。現把不同的河底标高的3号、5号、9号墩作为代表进行試驗，确定其冲刷深度。其他未經試驗各墩的冲刷深度，参照第3、5、9号墩数据决定。

㈡試驗方法設备：参閲本报告圖五。本試驗采用的λ值为~~0.17~~ <0.219 公尺/秒。測点布置分别見图 1_{B_3} \# 图 1_{B_5} \# 图 1_{B_9} \#。

㈢試驗組次：

在施工水位 H＝7.5公尺，相应流量 Q＝48，000公方/秒条件下进行三組試驗：

(1)第三号墩： q＝60公方/秒， 河底标高为－25.0公尺

(2)第五号墩： q＝60公方/秒， 河底标高为－25.0公尺

(3)第九号墩： q＝20公方/秒， 河底标高为－7.5公尺

㈣試驗成果：

根据模型中实測資料繪制：

(1)縱断面（距墩中心10及20公尺之縱10及20断面）及其流速分布（分别見图 2_{B_3} \# 图 2_{B_5} \# 图 2_{B_9} \#。）。

(2)横断面（距桥中心綫，上游10公尺及下游10公尺之中、上、下断面）及其流速分布（分别見图 3_{B_3} \# 图 3_{B_5} \# 图 3_{B_9} \#）。

(3)各墩的冲刷地形图（分别見图 4_{B_3} \# 图 4_{B_5} \# 图 4_{B_9} \#）。

試驗成果列表如下：

組次	q（公方/秒）	冲刷前河底标高（公尺）	冲刷后墩底最低标高（公尺）	备註
1（3号墩）	60	－25.0	－35.6	3号5号9号各墩单寬流量数值根据設計中采用的断面分布求得
2（5号墩）	60	－25.0	－34.2	
3（9号墩）	20	－7.5	－13.9	

說明：(1)3号5号9号墩在Q＝48，000公方/秒、H＝7.5公尺的条件下进行，大於此流量者未予考慮。

(2)9号墩試驗係在現有河底的条件下进行，未估計河床演变；如在施工时有大的河床变化，則請另行計算或試驗。

（丁）附件

(1)对於防护措施的意見：長江南京段於1949年发生較大洪水，浦口江岸发生崩坍，危及車站碼头建筑物，中央責成有关各部进行搶护。1954年发生百年特大洪水，江床变形異常剧烈，浦口下关两岸連續发生崩坍，情勢严重。經中苏专家研究后，报請国务院批准采用頁岩沉排护岸。1954年12月开始籌备，至1956年5月底止分两期进行，計完成浦口方面自食品公司碼头至輪渡棧桥，下关方面自自記水位台至南京纱厂共長5849公尺的沉排护岸工程。1956年汛后継續进行了八卦洲左汊即甲甸永利宁厂段和下关自自記水位台上延至三汊河的第三期工程。（图19）

南京長江大桥桥址位於上述三期防护工程之下游，距防护工程末端南北两岸均不甚远（北岸約1.2公里，南岸約0.3公里）。

为保証南京長江大桥遇特大洪水主流北移产生冲刷时不致影响河岸稳定及桥台安全，应在桥址左右岸上下游铺設沉排，使与上述第三期防护工程联在一起，以策安全。

(二)中外专家对於南京長江大桥一号墩附近可能冲刷深度的意見

目　次

(一)А.Н.Козловский专家的意見。

(二)武汉水利电力学院張瑞瑾付院長的意見。

(三)武汉水利电力学院謝鑒衡講师的意見。

(四)华东水利学院張书农教授的意見。

(四)南京水利科学研究所李昌华工程师的意見。

(一)長办水工究院A. N. Ko3ΛoBCkuŭ专家的意見。

詳細內容隋参閱后附专家意見的譯文，現仅根据几次談話主要內容摘录如下：

(I)关於河床演变的意見

(1)河床演变問題应通过整体动床模型試驗来研究(作为研究方法是如此，但不一定有很好的效果)。

(2)根据实测資料专家認为：从桥址历年断面圖看来，浦口岸发生冲刷，下关岸发生淤积，冲刷寬度达120公尺，冲刷深度达25公尺。从历年水下地形来看，窄段深坑有下移趋势。故一号墩附近有冲至一45.0公尺之可能。

(3)河床演变所产生的冲刷深度，会比考慮建桥影响所計算之数值还深。在此处河床演变是比較复杂的，因而它佔有重要地位。

(4)根据長时期的南京河道历史变迁資料可以說明長江南京段过去河床擺动很寬。最近地層鉆探中在1号墩处一37.0公尺标高发現木块。根据这种現象可以推断以前長江主槽可能在一号墩附近。

(5)关於单寬流量选取的意見

据专家計算公式(詳見专家意見譯文)

$$q=\left(\frac{q}{K}\right)^{0.6}$$

当河床演变可能至一37.0公尺时，q=110秒公方

当河床演变可能至一45.0公尺时，q=140秒公方

进行单寬流量分配时，应根据建桥前的过水断面。

( )关於試驗問題：

(1)断面模型試驗的作用只能是，在标高已經通过河床演变分析确定以后驗証局部冲刷深度。

～23～

(2)关於利用定床挖坑的試驗方法詳見专家意見譯文。

(四)防护問題：

(1)防护措施問題不能进行模型試驗：模型試驗只能决定各点流速数值，設計工程师按此数值去进行設計防护構築物。至於沉排能承受多大流速冲击，应根据原体观測資料解决。

(2)防护措施可考慮应用桥墩周圍防护及冲刷坑前之石堆防护等方法。

（二）武汉水利电力学院張瑞瑾付院長的意見：

(1) 1号墩所处位置为深泓线由南岸向北岸再返回南岸过渡点变化范圍内。（自上而下的移动是逐渐的，不会跳跃。）

在这个变化范圍内，有以下几种可能性：

(a)这个过渡点提前或推后都可能移至1号墩附近。

(b)南岸水下边滩之升漲有可能使七里洲北泓复变为主流。

(B)浦口段上游之护岸工程被冲毁

从以上各点可以看出过渡点移动的可能性是存在的。一定会冲至已出現之最深标高，这話很难講。特别是七里洲分流情況之改变的可能性是很大的。

(2)这样重大的問題，仅仅依靠实驗决定，很危險。因为作实驗不过仅等於校核他人的公式而已。这样作不一定比分析計算可靠。

(3)解决問題的意見：

(a)考慮河床主流擺动可能性，进行冲刷深度計算。

(b)桥址位置河面寬度放寬比較少，是在窄段的尾部。护岸工程一定要作，护岸工程与护底工程要結合起来。

(B)改变桥墩位置及跨度，进行經济比較。

（三）武汉水利电力学院謝鑑衡講师的意見：

(1)根据武汉水利电力学院的"長江中下游水流挾沙力研究"（泥沙研

究4卷2期和3期）一文，对於以悬移泥沙为主的挾沙水流，在含沙量饱和的状态下，含沙量的公式为：

$$S=K\left(\frac{V^3}{g\,R\omega}\right)^m$$

式中S代表含沙量，容积百分比。

对於长江中下游，

$$\rho=K\frac{V^3}{gR\omega}$$

式中ρ为含沙量，公斤/公方。

由上式得，

$$\begin{cases} V=\left(\dfrac{\rho g}{K}\right)^{1/3}\omega^{1/3}h^{1/3} \\ q=hV \end{cases}$$

联立解之，得

$$h=\left(\frac{K}{gR\omega}\right)^{1/4}q^{3/4}$$

已知：K=0.070，

ρ=0.50 Kg/m3—0.25 Kg/m3，

W=0.015 m/CeK。

根据上式算得结果如下：

q	h_1（当ρ=0.50）	h_2（当P=0.25）
110秒公方	34.0公尺（Д=—24.0公尺）	40.0公尺（Д=—30.0公尺）
150	42.5公尺（Д=—32.5公尺）	51.0公尺（Д=—41.0公尺）

附註：h代表水深；Д代表标高

根据以上計算結果及已出现过之冲刷深度，說明选用q＝110秒公方是偏小的。可找其他寬度相同之长江区段进行q分析。

(2)根据粗化現象考虑

一般粗化計算方法，根据沙莫夫（Шамов）公式：

～25～

q　　$q = hv = 5.98\,d^{1/3}\,h^{7/6}$：（群动），

$$h = \left(\frac{q}{5.98\,d^{1/3}}\right)^{6/7}$$

如依河床表面土壤颗粒粒徑 d ＝ 0．015公分計算，

則当 q ＝ 110秒公方时，h ＝ 40．0公尺

　　q ＝ 150秒公方时，h ＝ 52．0公尺。

亦即 q ＝ 110秒公方时，H ＝－30．0公尺　发生粗化

　　q ＝ 150秒公方时，H ＝－42．0公尺　发生粗化

如卵石佔20%，則至上列标高处繼續冲刷1公尺后，粗化20公分，則停止冲刷。

如卵石佔10%，則至上列标高处繼續冲刷2公尺后，粗化20公分，則停止冲刷。

根据以上計算結果及已出现过之冲刷深度，說明选用 q ＝ 110秒公方亦是偏小的。

（四）华东水利学院張书农教授的意見：

(1)单宽流量应按窄段最深冲刷断面进行分配計算（或用最大水深或最陡可能的岸坡換算至桥址若干分配单宽流量）。

(2)水槽实验可選了PoHOB法，用天然沙，作各种不同比例的实验，將結果推至原体。

(3)防护措施，桥台、岸边都要进行。

（五）南京水利科学研究所李昌华工程师的意見：

(1)决定冲刷深度时，可以根据以下两个原則进行計算：

(a)根据下关岸曾冲至－45．0公尺，考虑向北移的可能性。

(b)根据浦口岸曾冲至－35．0公尺决定。

考虑到此桥工程重大，政治影响亦关重要，設計标准应以－45．0

公尺作根据。

依个人看法，放在一35．0公尺还是可以的（因桥出口还是比較稳定的定的。）

(2)进行試驗意义不大。只起校核作用。

(3)桥上下游都应进行防护。沉排是比較成功的（但对处於水位时涨时落情况下效果不好）。

1959，9，7

关於南京長江大桥局部冲刷試驗的問題

（A.Л.科兹洛夫斯基专家意見譯文）

从1954年11月至1958年11月南京地区長江段的地形資料說明，在該河段上長江的河床发生剧烈的变形，特别是沿左岸观测到河床深度方面的冲刷。例如，1955年2月（图20）桥址基線上游2公里左岸冲刷坑的标高达一45．0公尺；平均河底标高为一25．0公尺。到1958年10月（图21）冲刷坑标高为一33．0公尺，趋向了右岸。

从1954年11月至1956年10在桥址断面上左岸向里冲了大約120公尺；此时河床左部分的河底冲深了6．0公尺，平均标高为一25．0公尺（图22）。在該时期内河床右側部分产生了大量的淤积，河底抬高12.0公尺，标高大約为一10．0公尺。

从1956年10月到1958年1月桥址断面上的河床比較稳定。

建桥以后，由於桥墩的压縮在桥址断面上河床产生了附加的局部冲刷。因为在設計流量Q＝95,200秒公方时河床压縮的程度为1/8，即压縮比比較小，那么局部冲刷与河床演变的产生的一般冲刷来比，相形之下也不大了。因此，在設計桥墩基础时，应該根据河床演变的产生的一般冲刷的条件作根据。

在桥址断面区域内观测到的最低河底冲刷标高，正如以上指出，为

~27~

一45.0公尺。

大桥工程局(武汉)的計算表明，达到标高一45.0公尺的冲刷河底是設計流量Q=95.,200秒公方的极限值，即在此种流量下河床大於此种冲刷深度看来是不可能的了。因此在設計桥墩基础时，应該根据桥址断面可能冲刷的标高一45.0公尺作根据。

对1号墩可能采取的决定是这样的：

(1)在需要保持現有左岸堤岸的条件下，桥址断面左岸边坡需用适当的方法加固。此时1号墩将不发生淘刷的危險。

(2)桥址断面左岸允許自由冲刷时，基础埋置在标高一50.0公尺(砾石层)，桥墩处冲刷标高达一45.0公尺不致发生危險。

(3)1号墩的基础置於标高一45.0公尺至一50.0公尺的細砂上，桥址左岸不加固。

第一、二方案1号墩完全沒有淘刷的危冒，因此这些方案沒有提出1号墩局部冲刷試驗的需要。

对第三方案用試驗研究来探討一下1号墩局部冲刷的深度和面积将是有益处的。

建筑物附近局部冲刷試驗可以在动床上，也可以在定床模型上进行。

动床模型研究的方法无論在理論上，或者在技术上都有一系列的困难。主要的困难在於模型材料的选擇，特别是在模型砂制造时。除此以外，当河床土壤种类不同时，則試驗完全不可能了。

因此这种方法在大多数情况下是在大颗粒土壤(砾石、卵石等等)作冲刷試驗时采用。

按不冲刷流速在定床模型上进行局部冲刷的研究方法是比較簡单的，在河床內土壤种类不同时亦能采用。这个研究方法的簡单叙述和挾沙水流中計算局部冲刷的主要計算关係此时可采用之。

在断面模型上研究建筑物个別部分时，比例尺采取1：100或者更大一些。研究的部分尽可能遵守对称定律。

A.科兹洛夫斯基(签字) 30/7 1959年

~28~

水工建筑物压縮河槽区段上河底局部冲刷的計算

1、河槽水流均匀运动的基本計算公式

流量 $Q = WU$ ———————————————— (2)

式中 W—水流断面面积；

U—断面平均流速；

$U = C\sqrt{RJ}$ ———————————————— (2)

謝才系数　　$C = \frac{1}{n}R^{1/6}$　　（按滿宁公式）

R—水力半徑，对於寬闊的河槽該值等於水深即 $R = h$

J—坡度；　　n—粗糙係数。

将上列数值代入(2)式后，流速的式子如下：

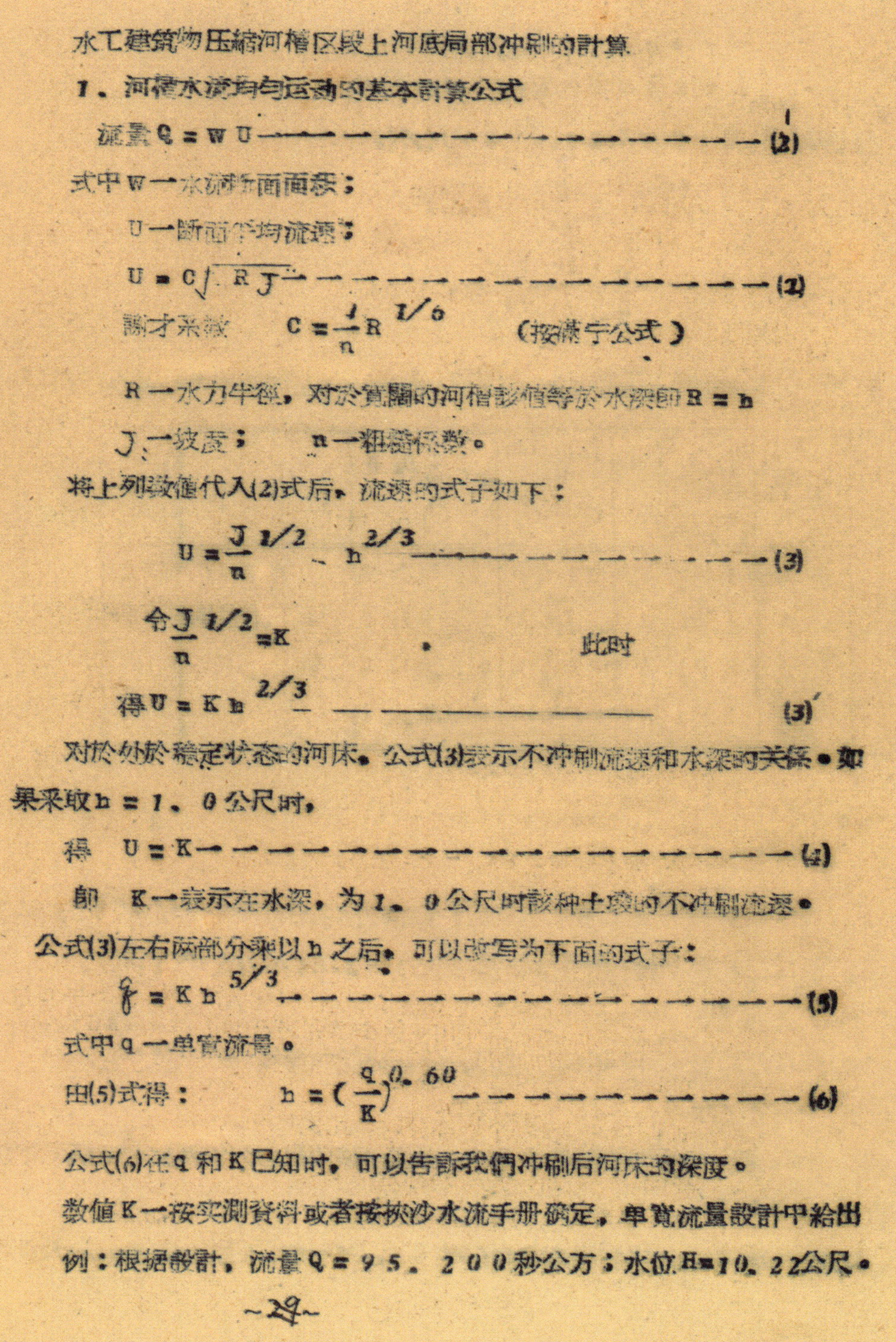

$U = \frac{J^{1/2}}{n} \cdot h^{2/3}$ ———————————— (3)

令 $\frac{J^{1/2}}{n} = K$　　．　　此时

得 $U = Kh^{2/3}$ ———————————— (3)′

对於处於穩定状态的河床，公式(3)表示不冲刷流速和水深的关係。如果采取 $h = 1.0$ 公尺时，

得　$U = K$ ———————————————— (4)

即　K—表示在水深，为 1.0 公尺时該种土壤的不冲刷流速。

公式(3)左右两部分乘以 h 之后，可以改写为下面的式子：

$q = Kh^{5/3}$ ———————————————— (5)

式中 q—单寬流量。

由(5)式得：　　$h = \left(\frac{q}{K}\right)^{0.60}$ ———————————— (6)

公式(6)在 q 和 K 已知时，可以告訴我們冲刷后河床的深度。

数值 K—按实測資料或者按挾沙水流手册确定，单寬流量設計中給出例：根据設計，流量 $Q = 95.200$ 秒公方；水位 $H = 10.22$ 公尺。

—29—

ω＝40300公尺^{2}一断面面积；

L＝1500公尺一沿水边的河流宽度。

計算得： $U_{cp}=\frac{Q}{\omega}=2.36$公尺／秒

$h_{cp}=\frac{\omega}{L}=26.9$公尺

$K=\frac{U}{h^{2/3}}=0.26$

已知沿河床宽度的分配，按公式(6)計算設計断面上的局部冲刷深度

墩号	天然深度 B 公尺	q 秒公方	$h_p=(\frac{q}{K})^{0.6}$	备 註
2	30.3	110.0	37.4	q和h取自
6	27.0	90.0	33.4	大桥工程局
1	23.6	80.0	31.3	計算单
7	19.8	70.0	28.7	

(九)参考文献

1、长江浦口段冲淤問題文献資料，南实处研究試验报告汇編(1958年)

2、长江南京段的河床演变观測，泥沙研究4卷2期(长江专号)(1959年)

3、长江南京段河床演变与护岸工程效果初步分析，长江水利委員会(1956年)

4、长江南京段河床演变测验技术总結，长江流域规化办公室南京观测队(1957年)

5、长江流域综合利用规划要点报告(草案)，第一册，第二册，长江流

域规化办公室（58.6）

0. 历年長江流域水文資料。長江水利委員会

7. 長江水文分析。長办（58.12）

3. 南京長江大桥水文計算（局部冲刷計算）大桥工程局

9. 大桥孔徑計算基本原理。O. B. Андреев 著。铁研院译 [illegible]
(1958年)

10. 桥渡勘测設計規程（草案）下册。铁道部第三設計院。

~34~

南京长江大桥附近位置图

编号 503-1(50)-水-3

图 I （Б）南京长江大桥附近位置图

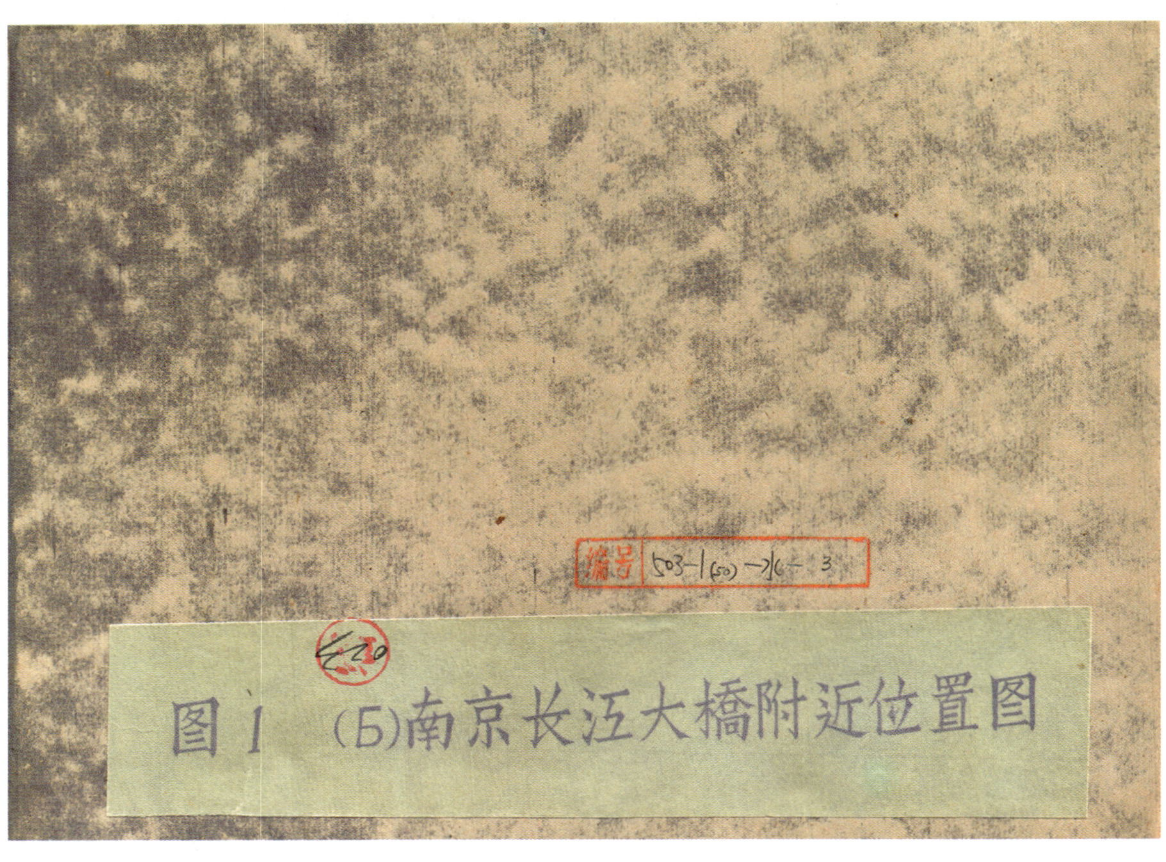

長

图 1(Б)南京长江大桥附近位置图

一号墩地质剖视图

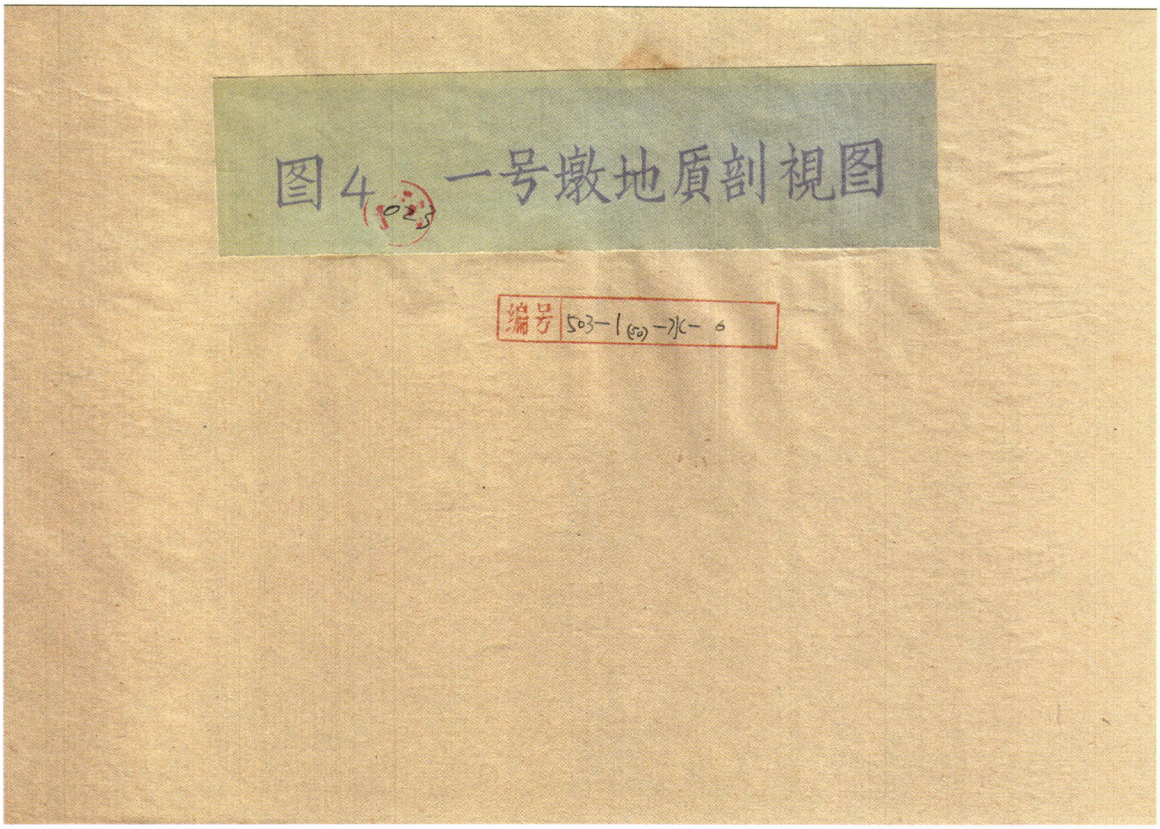
图4 一号墩地质剖视图

编号 503-1(50)-水-6

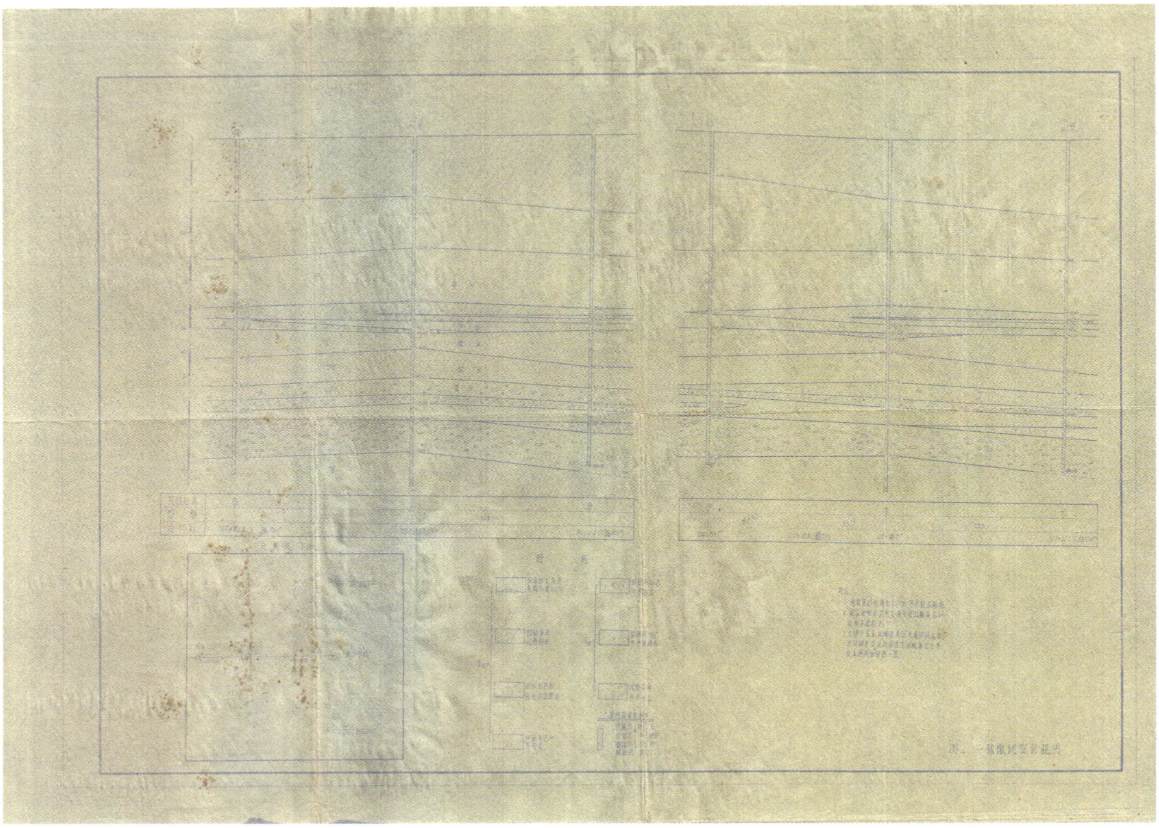

长江浦口段冲淤问题文献资料

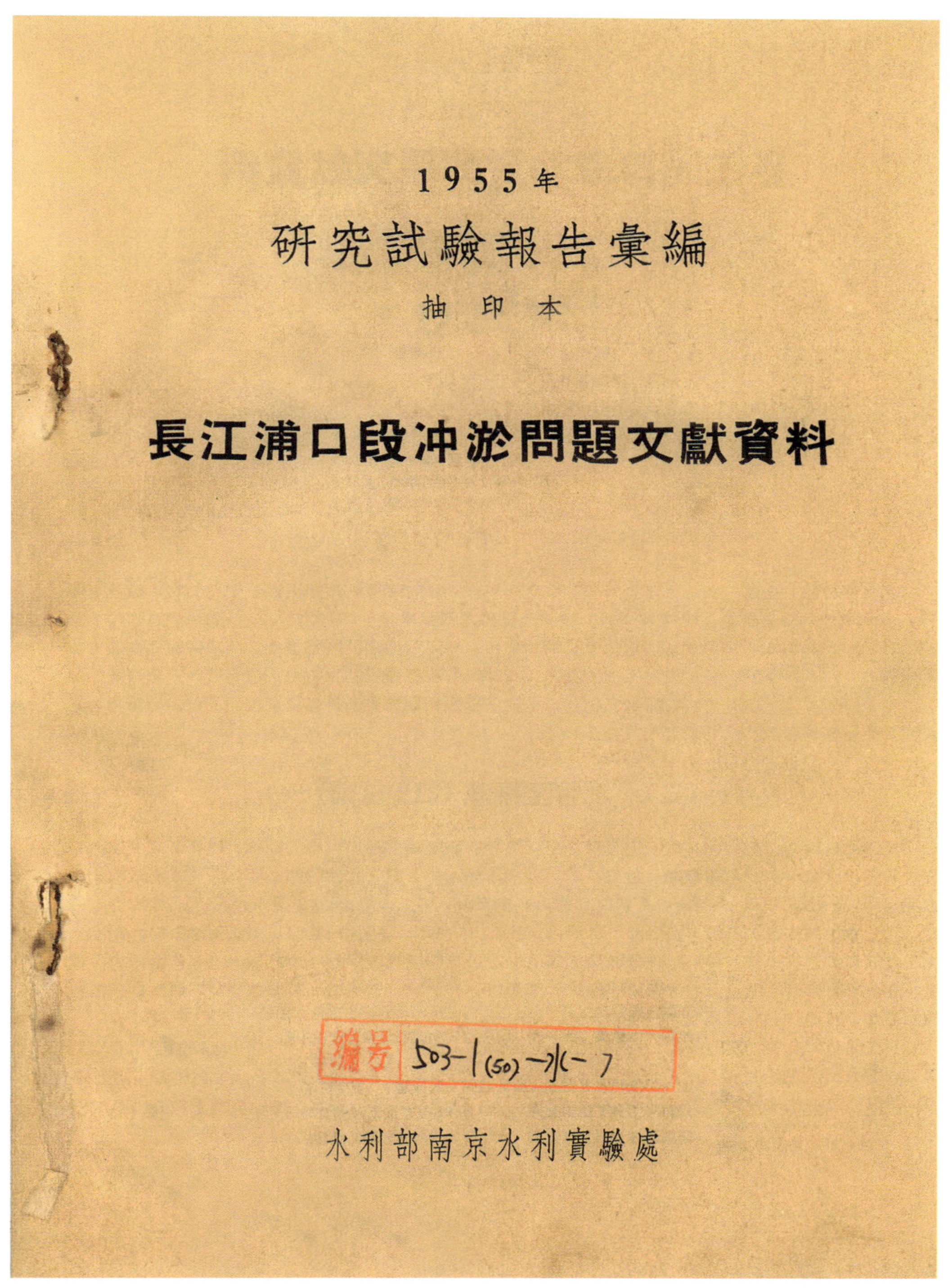

1955年

研究試驗報告彙編

抽印本

長江浦口段冲淤問題文獻資料

水利部南京水利實驗處

長江浦口段冲淤問題文獻資料

吳 釗

(一) 前 言

長江浦口段，上起三山，下至黃天蕩間，自古以來，江流遷徙，沙洲出沒，變化無常。近數十年間，南北兩岸，時有坍塌。1947年3月，南京下關碼頭發生坍塌；1949年9月，對岸浦口碼頭，又發生坍塌；情勢嚴重，更引起各方面注意。癥結所在，以泥沙冲淤問題爲核心。此項問題，在過去文獻資料中，沒有科學的記載，很少系統的敘述。並且許多零星片段的記載中，還有彼此矛盾牴觸的地方。本篇僅就手頭接觸的資料，略加條理化，並附示意圖，期於有助於歷史現象的了解。自維譾陋，疏誤必多，僅供參攷，仍希讀者不吝指正！

(二) 上古至秦漢(219以前)

長江浦口段的江流沙洲，在歷史上雖然變化無常，總未越出兩岸山崗的範圍。述水者必先述山，要說明這段江流沙洲的沿革變遷，故有將這一段沿江兩岸的山崗先行說明的必要。這一段沿江兩岸的山崗，北岸有龍洞山、伏龍山、馬鞍山、定山、朱家山、晉王山等山，下接六合諸山。南岸有上三山、下三山、雨花台、石頭、盧龍山、幕府山、烏龍山、攝山(棲霞山)等山。南北兩岸山崗的距離，從十四五里到二三十里，儼然是這段江流天然的堤防。此外逼近江岸的，還有些小山，像北岸的白雲山、鯉魚山、常山、浦子山等，南岸的陰山、勞勞山、石子岡、鳳凰山、冶城山等，不過是些斷斷續續的培塿小丘而已，見沿革圖(一)。

長江浦口段上古時期的情況，文獻無徵，難於攷定。據讀史方輿紀要，明代牛渚磯附近江面寬約50里。烏江以東的石跋河口附近江面寬約40里[1]。則緊接在下面的浦口段，上古的時期，農業未興，絕無後世與水爭地的現象，泥沙淤積的影響不大，江面以兩岸山崗爲範圍，寬到十四五里至二三

註(1) 見讀史方輿紀要卷二十九和州下。

十里，並非不可能的事，見沿革圖（一）。但以現勢推測，太寬的地方江流未必能舖滿全槽。起碼航道深泓，主流方向，僅祇偏向一邊。因此江流有了緩急，容易引起沙洲消長江道變遷的作用，也有可能。

直到春秋時，（前722——前481）吳越與楚爭霸，周敬王24年（前496）吳在冶城山（今朝天宮）築城，周元王4年（前472）越在長干里（今中華門外）築城，才略有人爲的設施，可資考證。周顯王48年（前321）楚滅越，築城石頭，江南沿岸，又添了一個足資考證的地點。據陳沂的金陵古今圖攷，當時長江主流是靠近南岸山崗的。從東面鍾山而下，過三山，沿鳳凰山下（今城西南角）轉向北流。過冶城石頭（今清涼山），至盧龍山（今獅子山）轉而東，經幕府山東去。吳城、越城、楚城的興築，皆有憑江設險的作用，是可想而知的。

秦始皇37年（前210）東巡會稽，「還過吳，從江乘渡[2]」，江南沿岸除吳城、越城、楚城外，又添了一個足資攷據的地點。並因爲鑿鍾阜、斷長隴、開秦淮河自今東水關西流出今西水關至石頭會江，會合處，適成丁字形，兩水相鬥，流緩沙停，更助長了後來沙洲消長江道變遷的許多變化。

漢獻帝建安17年（212）孫權築城石頭，治水軍於小江。小江疑即石頭附近的夾江，白鷺洲等洲此時可能已有雛形。

以上均係靠近南岸的情況，至於北岸情況，則以記載缺略，祇好存疑待攷了，見沿革圖（二）。

（三） 三國至南北朝（220—589）

長江浦口段三國至南北朝370年間，江岸變遷，沙洲消長，漸有跡象可尋。

三國時（220——265）長江流域，生齒日繁，農作興盛，泥沙隨流而下。日積月累，秦淮河口遂有白鷺洲、蔡洲等見諸記載[3]。幕府山北，亦有新洲見諸記載[4]。從此沙洲江流，漸漸有了攷證的依據。

魏黃初5年（224），即吳黃武3年，魏師出廣陵侵吳，吳安東將軍徐盛，獻計植木衣葦，爲疑城假樓，自石頭至江乘，綿延相接，一夕而成。又大浮舟艦於江，魏人望之愕退。石頭至江乘，爲臨江最衝要處。當時江流形勢，歷歷如在目前。

吳太平元年（256），呂據討孫綝，綝遣據於新洲，爲南京城北江中沙洲最早的記錄。

晉武帝太康初（280）王濬平吳，樓船東下，過三山直指建業，鼓譟入石頭，吳主孫皓降於軍門。據金陵古今圖攷，前節所述小江，此時還三山以東，歷殷山（陰山）、勞勞亭（勞勞山在今饅頭山）、新林浦（在今大勝關）、石子崗，東會秦淮於石頭。大江過三山後，則由白鷺洲西，直達石頭。王濬過三山後，直指建業，當是走的大江，形勢頗爲明晰。

晉元帝渡江（307）爲長江浦口段留下不少的史跡，有記載可考的，有五馬渡、馬昂洲、五馬亭[5]這是接近下關浦口間水上交通最早的記錄。

江南斷斷續續的山崗下，勞勞亭爲臨水送別之地，新亭爲名流遊宴之地，新林浦爲濱江兵爭

註（2）據史記秦始皇本紀。又正義云：「江乘故縣，在潤州句容縣北六十里，本秦舊縣也，渡謂濟渡也」。

註（3）白鷺洲的出現，據金陵古今圖考。蔡洲，據洪亮吉補三國疆域志卷下：「建業下有蔡洲」。註云：「丹陽記，吳時客館在此洲上，以舍遠使」。其發生當更早。

註（4）新洲，景定建康志：「亦名薛家洲，去城四十里」。以現勢推測，當在八卦洲一帶，其發生當更早於太平元年（256）。

註（5）五馬渡，江浦埤乘：「又名安陽渡，晉五王南奔處」。大約在今浦口城附近。馬昂洲，景定建康志：「在城西北二十三里，周迴十五里。晉元帝渡江，牧馬於此，因以名之」。五馬亭，張敦頤六朝事迹編類：「晉元帝渡江處，去城西（北）二十五里幕府山側」。

之地[6]。石頭一帶，尤爲江流頂衝的地方。從晉穆帝永和7年（351）直到後來梁武帝天監6年（507），一百五十多年間，濤水入石頭漂殺沿淮（秦淮）居民演成重大災害的記載，有12次之多。最厲害的一次，江濤竟衝上「御道」。可見得那時江水是直逼石頭城下，倒灌秦淮河的。現在水西門漢中門外，那時都是茫茫大江，並非陸地。

南朝（420——589）白鷺洲更擴大，秦淮河口外形成夾江。致令秦淮河向南北延伸，爲今日西南至大勝關，東北至下關的濫觴。南京城西，除白鷺洲、蔡洲外，又出現許多沙洲，有記載可考的，有張公洲、加子洲、長命洲等洲[7]。南京城北，除幕府山北的新洲、馬昂洲外，也出現許多沙洲。有記載可考的，有稗洲等洲[8]。形勢顯有變化。其間梁武帝天監6年（507）濤水入石頭，勢頗嚴重。但此等記載、以後即不復見。這證明大江主流已漸離石頭，改行白鷺洲外，江道已經變遷，改向西北移動。而其時期，可能在南朝之末，見沿革圖（三）。

（四）隋唐宋時期（589——1279）

長江浦口段隋唐宋七百多年間，江岸變遷，沙洲消長，變化很大。

隋代（589——618）大江過三山以後，北移形勢，更爲顯著。浦口北岸的晉王山，本叫桃葉山，以隋煬帝楊廣伐陳駐軍得名。江浦埤乘：「桃葉渡在桃葉山下，古建康北，江中之洲，其形甚長，殆可百里[9]，北來之兵，自大峴山（在安徽含山縣東北30里）至江，不能逕渡南岸，必西上歷陽（和縣）至采石，方得過江。惟陳之亡（589），韓擒虎賀若弼旣破陳矣[10]，晉王廣乃自六合鎭桃葉山，乘陳船而渡。（至燕子磯登陸）蓋渡至江上，又有陳船相接，故可至南岸」。可知古時長江浦口段北岸，是一片平灘淺瀨，沙洲綿亘，不利通航。到楊廣從桃葉渡渡江，下關浦口附近交通，才於石馬渡之外，又添新紀錄。至於沙洲名稱，當時記載缺略，無從考證。後來的太平寰宇記、景定建康志所載，也祇有前面見過的新洲、馬昂洲，不過新洲已分上下兩洲，馬昂洲的位置也有移動，與三國六朝時情況不同。其餘祇有給我們留下一個印象，即除此以外還有許多不知名的沙洲罷了。

唐代（618——907）北岸形勢不詳，南岸在三國六朝時，見諸記載的沙洲，已經有白鷺洲、蔡洲、張公洲、加子洲、長命洲，可能還有些不知名的沙洲。但直到宋太宗興國4年（979）以後，樂史修太平寰宇記時，並無新的記載。惟據金陵古今圖攷，白鷺洲更擴大。李白登金陵鳳凰台詩有「鳳去

註（6）勞勞亭，明統一志：「在應天府治西南，吳時置」。太平御覽輿地志：「勞勞亭行人分別之所」。新亭，晉書王導傳：「過江人士每至暇日相邀出新亭飲宴，周顗曰：風景不殊，舉目有江山之異。王導曰：當戮力王室，克復神洲，何至作楚囚對泣耶」？即此地。新林浦，景定建康志：「在城西南二十里，長十二里，源出牛頭山西入大江，侯景圍臺城，柳仲禮韋粲合軍屯新林即此地」。

註（7）張公洲，太平寰宇記：「在縣南四里，周迴三里，梁太清二年（548）裴之高等舟師二萬次張公洲」。景定建康志：「王僧辯陳霸先破侯景，屯軍於張公洲」。又「加子洲在城西南十三里，周迴一十二里，陶侃赴援討蘇峻，泊加子洲郗鑒自廣陵來會於此」。長命洲，太平寰宇記：「在縣西四里，周十五里，梁武帝放生於此」。

註（8）金陵通記：「宋文帝二十七年伐魏敗還，魏主引兵南下至瓜步，內外戒嚴。命諸將劉遵考等守橫江，劉興祖等守白下，蕭元邕等守稗洲，孟宗嗣守新洲上，秦容守新洲下，陳艦列營，巡邏周帀」。稗洲約在今八卦洲迤下。

註（9）按「江中之洲，殆可百里」，未免誇大，難於置信。以現勢推測，當是許多沙洲成爲一個沙洲羣，其範圍合計約達百里。

註（10）秣陵集：「賀若弼克南徐州（鎭江），斷曲阿（丹陽）之衝，而入頓白土岡之東南，進攻宮城，燒北掖門。韓擒虎自采石濟江，自新林至石子岡，任忠出降，引軍經朱雀航趨宮城，自南掖門入」。可知當時從桃葉山渡江，尙非行軍利涉之地。

合空江自流」及「三山半落青天外，二水中分白鷺洲」之句。並且當時白鷺洲上早已有了建築物（孫楚樓），後來因爲紀念李白，改爲太白酒樓，這是較爲顯著的事實。

五代時（907——960），南唐保大中（943——957）治宮室，取材於上江，成巨筏，曾潮退爲浮沙所沒，漲成蘺槍洲。宋景德3年（1006），曾濆出大枋木二十餘條[11]。

宋代（960——1279）建康城西，據景定建康志，又有許多沙洲見諸記載。在長江浦口段範圍以內的，列表如下：

洲名	方位	距離	幅圓	備註
1.白鷺洲	在城西（寰宇記在縣西）	與城相望（寰宇記3里）	周15里	（寰宇記南邊新林浦在大江中）
2.長命洲	在石頭城前（寰宇記縣西）	（寰宇記4里）	（寰宇記周15里）	原註據舊志
3.張公洲	在城西南	5里（寰宇記4里）	周3里	原註據舊志
4.蔡洲（蔡家沙）	在城西南	12里	周55里（寰宇記50里）	原註據舊志
5.加子洲	在城西南	13里	周12里	原註據舊志（寰宇記全同）
6.董雲洲	在城西南	15里	其上有田500頃	
7.楊林洲	在城西南	25里	周11里	
8.丁翁洲	在城西南	25里	周15里	
9.木瓜洲	在城西南	28里	周20里	
10.落星洲	在城西南	30里	周11里	
11.鷄距洲	在城西南	35里	周30里	
12.烏沙洲	在城西南	35里	周20里	
13.蘺槍洲	在城西南	35里	周17里	
14.迷子洲	在城西南	40里	周30里	

上表各洲方位，除了白鷺洲、長命洲在城西外，其餘皆在城西南。各洲的方位相同，距城的遠近，又大致相同，面積大小幾乎相等的又很多，可知當時南京城西南，約當今沙洲圩的地方，幾乎布滿了沙洲，很密集的一個靠一個，這是不難想像的。這些沙洲，當然不是到宋代才突然出現的。而是潛滋暗長，積年累月，由不知名漸漸變爲知名的。這許多沙洲，逐漸發展，逐漸靠攏，遂使原來浩浩蕩蕩的大江，連成一片陸地。在未經完全成爲陸地之前，沙洲與沙洲之間，還保留一些空隙，形成許多錯綜紛歧的小江小港，景定建康志董雲洲下，就有「西有小江，故名澧江場」的話，可以爲證。

人事方面，亦有可述：宋太祖開寶7年（974）曹彬伐南唐，自采石渡江，敗南唐兵於新林寨白鷺洲。8年（975）拔昇州關城，南唐亡，白鷺洲仍然是軍事要衝。江浦埤乘：「沙河舊在治東三十里。宋眞宗天禧間（1017——1021），范仲淹領東南漕運，避大江風濤之險，乃開此河，上引江水支流，下通瓜步復入江」。證明長江北岸，必有夾江。夾江之外，必有許多沙洲，分隔大江，一如南岸形勢。高宗建炎3年（1129）金兀朮侵宋，破和洲，陷六合，由馬家渡（在三山上游）渡江。4年

註（11）據景定建康志。

(1130)北退，由黃天蕩渡江屯六合，輜重自瓜步轉運。石頭險要，更移於下游，形勢顯有改變。到了紹興2年(1132)韓世忠措置江南北屯田，沿江修守備，更說明當時長江南北岸，已經有了大塊陸地，適應這個需要。長江的沙洲消長，江道變遷，主流方向，已經進入新的階段，見沿革圖(四)。

(五) 元明清時期(1279——1911)

長江浦口段元明清時期六百八十餘年間，時代較近，江岸變遷，沙洲消長，情形更爲複雜。略述如下。

元代(1279 — 1368)情况，以金陵至正新志資料爲豐富，但所載沙洲名稱、方位、面積，竟與前後相距百年的景定建康志完全相同，恐不可靠。據金陵古今圖考，此時白鷺洲更擴大，遙接三山。秦淮河口外，向西南延伸的河線更長，原有的小江更縮小，稱陰山運道[12]。洲北又生新洲，秦淮河口外，向西北延伸的河線，也隨之進展。更堪注意的，是白鷺洲已改稱沙洲鄉，可見已完全成爲陸地，迥非當年「二水中分」的形勢。而原來白鷺洲與陸地間的夾江，也漸漸收縮，成爲一線細流，見沿革圖(五)。

明代(1368——1644)情况，有極鮮明的印象，先從南岸說起。南岸三山東連大勝關，本來直接沙洲鄉，此時沙洲鄉又進一步築圩，改稱「沙洲圩」。沙洲圩北與新生洲連爲一片。秦淮河口外向北延伸更長，略如現勢。但三山門(今水西門)外的外郭門仍叫江東門，說明這一帶地方，原是緊靠大江東岸的。迷子洲原來很短，此時又伸長與南岸沙洲圩形成夾江。下關繼續發展，其北又出現草鞋洲、護國洲、道士洲等洲，與陸地夾成草鞋夾。南岸新長成的岸線，因爲有迷子洲、草鞋洲做外衛，減少衝激。這條新岸線上有「大勝關」、「上新河」、「中新河」、「下新河」、「北河口」等據點。「大勝關」是明初設置，爲楊璟敗陳友諒處。「上新河」是明太祖築虎口城以備陳友諒的地方。又明初曾在江寧縣儀鳳門外置龍江關，後移上新河，市廛輻輳，商賈萃止，稱沿江重鎮。又北「中新河」官私船舫泊處，明太祖曾與陳友諒爭持於此。又北「下新河」。又北「北河口」，卽秦淮河口。其下有寶船廠，鄭和七下西洋，造船於此。上新河經江東門入三山門(水西門)，爲入城通衢大道，和現在下關經挹江門入城的形勢彷彿。明英宗正統2年(1437)到7年(1442)間，這條新岸線，又屢加修築，更爲鞏固[13]。這條新岸線比較老岸線，要向北移動了十幾里。但當江南新岸線成立的時候，江北老岸線却急速坍塌，向北移動，見沿革圖(五)、(六)。

大江的北岸，在明代以前沒有城邑的建置，很難從記載中得到明確的考證。直到洪武4年(1371)在浦子河口築城，洪武9年(1376)在浦子河口設江浦縣治，洪武24年(1391)移江浦縣治於曠口山之陽(今江浦縣城)[14]。江北岸的情形，才漸漸由模糊而清晰。見沿革圖(五)。

江浦埤乘：「浦子山突起一峯，舊在浦口城中央，明弘治中(1488——1505)江水北徙，南城盡圮。萬歷中(1573——1619)改築城跨其上。今城牆下亘石壁立，猶想見怒濤衝激時也」。又「江浦自洪武9年置縣後，瀕江洲圩，半淪於水。驛路河道，興廢靡常。西南自界和州之大塘圩起，至烏江小立木圩止約四十里，約坍五里。正南自小立木圩起至老西江口止約三十里，約坍六七里不等。又自老西江口起，至新江口止，長二十里約坍十餘里。東南自新江口起至界六合之司徒圩止，約五十里，約坍十餘里」。又：「舊志謂昔時江泊石頭，長老相傳南岸居民，當在昔之北岸。自北徙後，

註(12)乾隆江南通志：「舊時江水，自三山東入，沿陰山石子岡北流，以達於石頭，故元時有陰山運道」。

註(13)乾隆江南通志：「正統二年(1437)十二月，修通江橋東西一帶江岸。五年(1440)六月，南京守備襄城伯李隆奏，積雨壞南京中新河上新河堤，請俟水退修築，從之。六年(1441)九月，修築南京江岸。七年(1442)七月，築南京浦子口大勝關堤」。

註(14)馬徵麟長江圖說卷三。

今又漸南，然尙去石頭十餘里」。證以讀史方輿紀要：「江浦縣東南三里有新江口渡。又縣東八里曰八字溝渡，縣西南十五里曰西江口渡，皆濱江處也。最衝要者浦子口，自此渡江至府城觀音門二十里而近，洲渚港汊縱橫錯雜並爲險要」，亦頗吻合。可見明初北岸岸線離江浦和浦口城均約十餘里之遠。後來因主流北偏，坍塌甚烈，江道北移，新岸線竟直逼江浦和浦口城下。到了明末清初，又有恢復舊觀之勢，見沿革圖（六）、（七）。

至於沙洲的情形，江浦埤乘也有很好的說明：「江流無定，淤沙成洲，雖蘆草叢生，而坍漲不一，故初無貢稅。自弘治間（1488——1505），改充課餉，遂致豪强兼幷，每見水底微現沙影，即豫定升科，使坍江田地，不能有抵補之土」。所以顧炎武天下郡國利病書中有幾句很感慨的話：「江浦縣成化中（1465——1487），邑民告將新生洲撥補坍江田地。弘治中（1488——1505），續漲洲新生洲，亦以補坍江之稅糧。坍江之地浦地也，方生之洲浦洲也，吾民受坍江之害，而豪家獨享新洲之利，寧不憫念哉」！可爲明證。

至於江浦以東的六合方面，瓜步自古爲臨江之地，唐代瓜步山尾始生沙洲。但直到明嘉靖30年（1551）及隆慶3年（1569），尙爲江潮出沒之地。天啓以後（1621—），迭現沙洲，見諸記載的有攔江洲、工部洲、官洲、老洲、柳洲、趙家洲、扁担洲等，幾經演變，皆逐漸淤爲大塊陸地，今瓜步山已離江岸二十多里了[15]，見沿革圖（五）、（六）。

清代（1644—）情況，南岸已成定局，迷子洲（梅子洲）本來在三山對面，已下移至沙洲圩附近，北岸情況據讀史方輿紀要，沿江沙洲，有長洲、白沙洲、梅子洲、句容洲、秀才洲、火藥洲，皆在江浦境。康熙22年（1683）于成龍查察瀕江蘆洲，以有課無洲者爲坍江，以有洲無課者爲欺隱。可見沙洲消長，是變化不停的。道光初年（1821）浦口以東，江岸也有變化。江浦埤乘：「按舊志浦口迤東濱江之地，舊有新圩司徒圩，西起晉王山下，東抵皇廠河，北爲沙河，南爲蘆洲，洲東抵六合。乾嘉間（1736——1820），洲圩始漸坍卸。道光初（1821）全部淪陷入江，今長老猶能言其地形者」。浦口以西，相反的却是增漲。同治上江兩縣志，兩岸僅有寥寥可數的幾個洲名，已成陸地。清末陸軍測地局圖中，浦口上下，有九袱、九步洲，河瀛洲。名雖爲洲，其實也均已成沿江陸地。此皆明清以來演變的結果。和南岸白鷺洲，蔡洲等洲的由沙洲變爲陸地，對江面起淤積作用的情形，完全一樣。從此這一段長江在兩面夾攻之下，當上古時代可能寬到二三十里，結果祇賸了三五里。中間還夾了許多沙洲。除前述梅子洲外，尙有救濟洲、子母洲、七里洲、八卦洲、草鞋沙、大河沙等。後來七里洲、八卦洲、草鞋沙、大河沙，又連合爲一，略如現勢，見沿革圖（七）。

至於水上交通情形金陵通紀載康熙23年（1684）清帝南巡，士民跪送儀鳳門（今興中門），夜泊燕子磯。道光22年（1842），英艦抵草鞋夾，由燕子磯登陸，掠邁皋橋，逼訂南京條約。咸豐3年（1853）太平軍自太平順流而下，陸軍經板橋江寧鎮至聚寶門，繞城西南築壘。水軍自新洲大勝關泊至草鞋夾，遂克南京，於九袱洲駐馬河徧立營壘。當日燕子磯草鞋夾一帶，是樓船巨艦暢行無阻的地方，是可以想像的。見沿革圖（七）。

（六）清緒23年(1897)至1950年

長江浦口段清末（光緒23年起）至最近約50年間，變化最烈，關係更大，致引起各方面嚴重的注意。略述如下：

下關浦口間江面的加緊束狹，起於清光緒23年（1897）的下關開放爲商埠。因爲被開放爲商埠，就有建築深水碼頭的需要。建築深水碼頭就勢必要向江面侵佔。並因滬寧鐵路於光緒34年（1908）竣工，與水爭地的現象更烈。同年（1908）浦口方面興築津浦鐵路，民國元年（1912）全綫通車，碼頭的建築，與南岸有同樣的需要。這段長江，受到兩面的加緊束狹，形成很嚴重的病態。兩岸的崩

註（15）據光緒六合縣志及乾隆江南通志。

坍，是不可避免的現象，見沿革圖（七）。

孫中山先生，民國元年（1912）草擬「實業計劃」。1947年3月4日，下關碼頭發生坍岸後，17日僞中央日報載有譚耀宗「對於下關碼頭坍陷之我見」一文。1948年，長江水利季刊第二卷第一期載有陳文彪「南京港區水道查勘報告」。1949年9月初旬，浦口碼頭發生坍岸後，1950年1月30日新華日報載有蘇龍「浦口江岸坍塌的原因」。對本問題均有參攷的價值。因爲是最近的資料，無需詳爲引述，以省篇幅。玆僅舉其要點如下：

孫中山先生「實業計劃」：主張「必以下關全市爲犧牲，而容江流直洗獅子山脚，然後河流有1英里之闊，八卦洲後幹流，應行堵塞，俾水流直下無滯。迷子洲（梅子洲）上游支流應行閉塞，另割該洲外面一幅，使本流河幅足用。南京碼頭移至迷子洲與南京外郭之間。此處比下關離南京市宅區更近，可成一工商業總匯之區」，這個計劃規模太大，一時勢難加以攷慮。

陳文彪的計算：民國元年（1912）孫中山先生草擬「實業計劃」時，下關浦口上下碼頭間寬度爲五分之三英里，合966公尺。最深處爲132英尺，合40公尺餘。最淺處36英尺，約合11公尺。到了1948年，長江局堤閘工程處實測的結果，最低水位，河寬爲1088公尺。最深點爲53公尺餘。最淺點爲18公尺。三十餘年中，河寬增加122公尺，最深點增加13公尺，最淺點增加7公尺，可知下關浦口窄道的斷面，日在增大中。但因受兩岸建築物的限制，刷深還較刷寬爲烈[16]。

譚耀宗的攷證[17]：下關方面，中山碼頭上游約1500公尺處起，以迄草鞋洲長約5公里之河床，被刷深30至51公尺，寬500至800公尺的深溝一道。距離江岸不過180公尺。不僅1、2、3號碼頭首當其衝，屢見坍塌。其實沿江全綫，處處皆被淘空可能發生崩塌的危險。浦口方面，民元（1912）情形，再與民國24年（1935）揚子江水道整理委員會浦口江岸揚子江床鍾測圖比較，得知浦口1號至10號碼頭1200公尺長度間，均被刷深。在最窄斷面上距浦口江岸四百餘公尺範圍內，13年中平均刷深約3 7公尺，逐漸向下游減少，至17號碼頭附近，始化冲爲淤，情形與南岸也正相同。更足證明浦口碼頭全綫也處處可能發生崩塌的危險。

至於促成崩塌的因素，據譚耀宗的研究：在下關方面，由於對岸三民頭碼上游約1公里處微現凸出，其上適有一灣澳，上游江水被挑向下關方面，直射1、2、3號碼頭。加上梅子洲北大江正流和梅子洲南夾江的支流，與它合而爲一，加强衝勁力，就促成崩塌的結果。

據蘇龍的研究：在浦口方面，因爲梅子洲外又於1931年新生白沙洲（一名潛洲）[18]。這兩個洲都是上坍下漲，成了逐年漸漸向下移動的現象。最近十年內移動約2公里。主流的方向也就隨之改變。主流對江岸衝擊力甚大，因之發生崩塌。又因爲沙洲逐漸下移，主流與江岸頂衝之點也隨之逐漸下移。所以江岸崩塌的地點，也是逐漸下移。譬如白沙洲在1931年就開始生長的，從此以後，白沙洲對岸浦口車站上游8公里的新河口一帶，就開始冲刷。1943年下移到盧家灘。1948年下移到三民碼頭。同時在梅子洲的下端，又出現新生洲。長江主流的方向，又生了變化。1950年6月筆者參觀機船開挖白沙洲工程，曾據長江浦口段搶修委員會某同志談：「新生洲一帶淤高，大溜盡趨北岸，浦口更受冲刷」。因此冲刷的地點，又由三民碼頭向下移動到鉄路1號碼頭。更因沙洲不斷的下移，所以鉄路1號碼頭以下3、5、6、7號諸碼頭也繼續發生影響。

相反的，下關方面因爲出現了新生洲，有保護的功效，碼頭已不受冲擊。但因爲這一段長江斷面太狹，衝擊浦口碼頭的水流，受江岸抵抗的影響，起了反射作用，主流反射到下關方面來。不過與下關江岸頂衝的地點，已經在碼頭區域以外了。

註（16）本處馮雄同志意見：五分之三英里祇是約數，不能精密的折合爲966公尺，因此得出下關浦口間刷寬的結論，似有問題。

註（17）原註根據民國14年至25年海道測量局測圖，加添民國29年測量資料。

註（18）白沙洲（潛洲），疑即讀史方輿紀要所載明清之際的白沙洲隱而復現者。

(七) 結 語

根據以上粗疏的考證，姑且描繪出長江浦口段江流變遷沙洲消長的輪廓：

1. 上古的江流，自由行動於兩岸山崗之間，不受人爲的限制。江流變遷，沙洲消長，是不會沒有的。但因文獻無徵，祇好存疑待考，見沿革圖(一)。從有記載可考的吳越時(前506—前473)起，江流偏近南岸。到了孫吳時(220—)出現白鷺洲、新洲，爲江面淤積江流變遷的起始。直到元末明初(1400前後)才完全成熟。南岸綫向北遷移了十餘里，大致略如現勢，見沿革圖(二)至(五)。

2. 長江北岸山綫之南，平灘淺瀨，因人口的繁殖，也漸漸被圍墾成爲良田。南宋紹興2年(1132)韓世忠能够有條件措置江南北屯田，就是很好的說明。北岸綫向南推進到現今浦口城與江浦縣城之南10里左右。等到元末明初南岸綫向北遷移，略如現勢的時候，北岸受到主流沖刷，就急速崩潰，向北退却，一直退到浦口江浦兩城之下，見沿革圖(六)。

3. 再因爲北岸保護江岸圩堤的工作，應時而生，並且長江北面也生了許多沙洲，對江面引起淤積作用。結果沙洲化爲陸地，到了明末清初(1660)江岸又向南推進10里左右，成爲現在北岸的形勢，見沿革圖(七)。

4. 長江江面經過以上的淤積作用，江面向中心綫收束到二、三公里的寬度，對於容水量尚未嫌不足。等到下關闢爲商埠(1899)，築了滬寧鐵路(1908)，浦口方面築了津浦鐵路(1912)，兩邊興建深水碼頭，與水爭地，江面才遭到異常的壓迫，束狹到約1公里寬，才引起嚴重的坍岸和護岸的問題，見沿革圖(八)。

5. 追溯長江江面被束狹的遠因，與沙洲的消長，有直接關係。首先應該提到的便是白鷺洲。白鷺洲出現於秦代鑿秦淮河以後四百多年(220—)它多半是長江流域農業發展，泥沙隨流下行，到了秦淮河口，又受頂阻，泥沙因之沉澱的結果。北岸在明清之際，有芝蔴河、穴子河、王家套、八字溝、西江河、浦子河等小河，雖然不如秦淮河的源遠流長，但同樣有頂阻江流，造成沙洲的可能性。

6. 江中有了沙洲，江流分而爲二，起初是靠岸的一邊，成爲夾江。另一邊成爲正流。進一步夾江愈過愈窄，成爲小河。正流愈過愈寬，儘量發展。最後沙洲與江岸相連，完成淤積階段。正流發展太寬另一邊再生沙洲，再起淤積作用。這就是現在南北兩岸岸綫經過淤積作用而完成的過程。

7. 當現勢完成以後，在寬度超過需要的情形之下，尤其是洪水低落之後仍然可以在新岸綫外發生沙洲。像梅子洲、八卦洲及1931年出現的白沙洲，1948年出現的新生洲等等，就是顯著的例證。它們以後是否對江面更要起淤積作用，或別的變化，是值得密切注意的，見沿革圖(八)。

8. 現在南北兩岸綫之外的田地，都很低窪，有時在江水位以下。1950年6月16日新華日報載南京西郊開涵洞放江水救旱的消息，共計開放22處涵洞。就說明它原是江流所經，地勢低窪，尙在江水位以下，要賴圩堤保護。莫愁湖及附近諸小湖，更明顯的是從前長江的遺跡。兩岸堤防，如有疏虞，低窪的圩田，將成澤國。民國15年(1926)關係南京民食的沙洲圩，曾被衝破，發生過嚴重的情形，就是一個證明。

關於長江浦口段沖淤問題文獻資料，本篇限於水平，倉草掇拾，疏誤必多，所附示意圖，未必果與實際符合。希望讀者作進一步的研究，當有正確豐富的收穫，抛磚引玉，不勝企幸。本篇之輯，讜堪覆瓿而已。

本篇承鍾鳳年、楊叔章、朱廣禪諸先生，多所指正，謹此誌謝。

本篇圖幅，係由鄭澧、劉慧雲兩同志繪製。又引據原文處，加註公元年份，以便讀者。原無確定年份者，酌註年份。合併註明。

长江浦口段历史沿革图

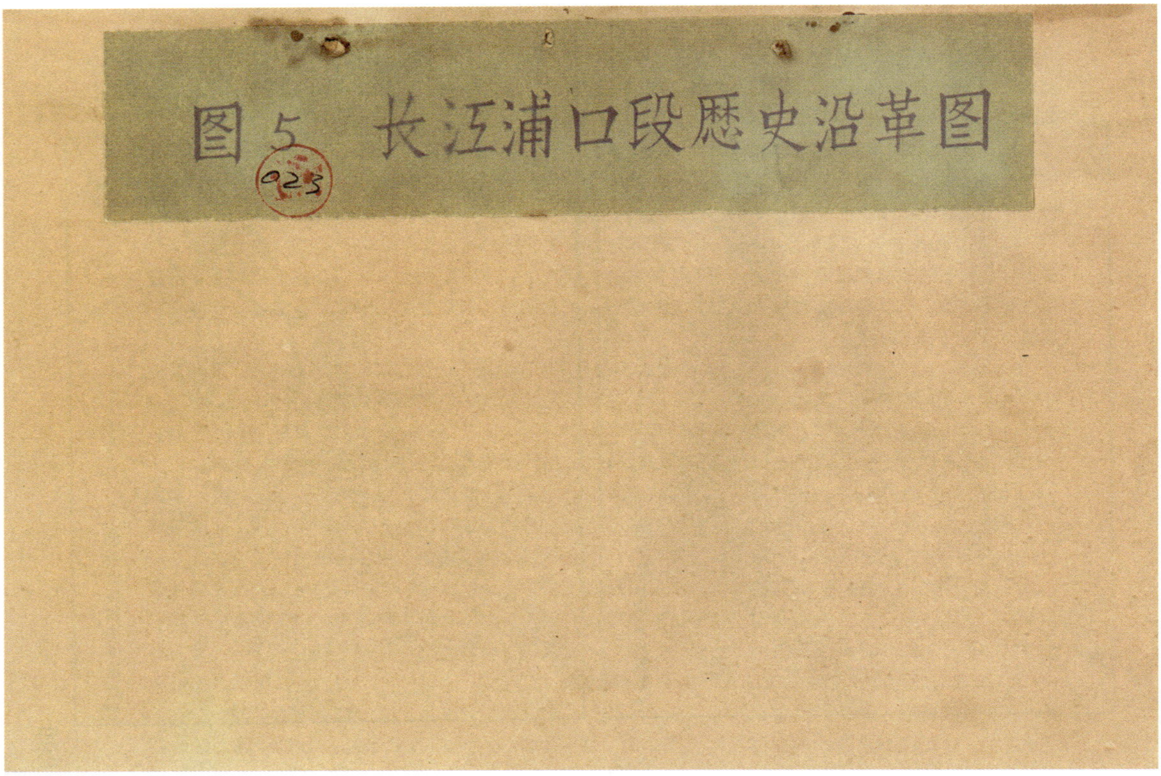

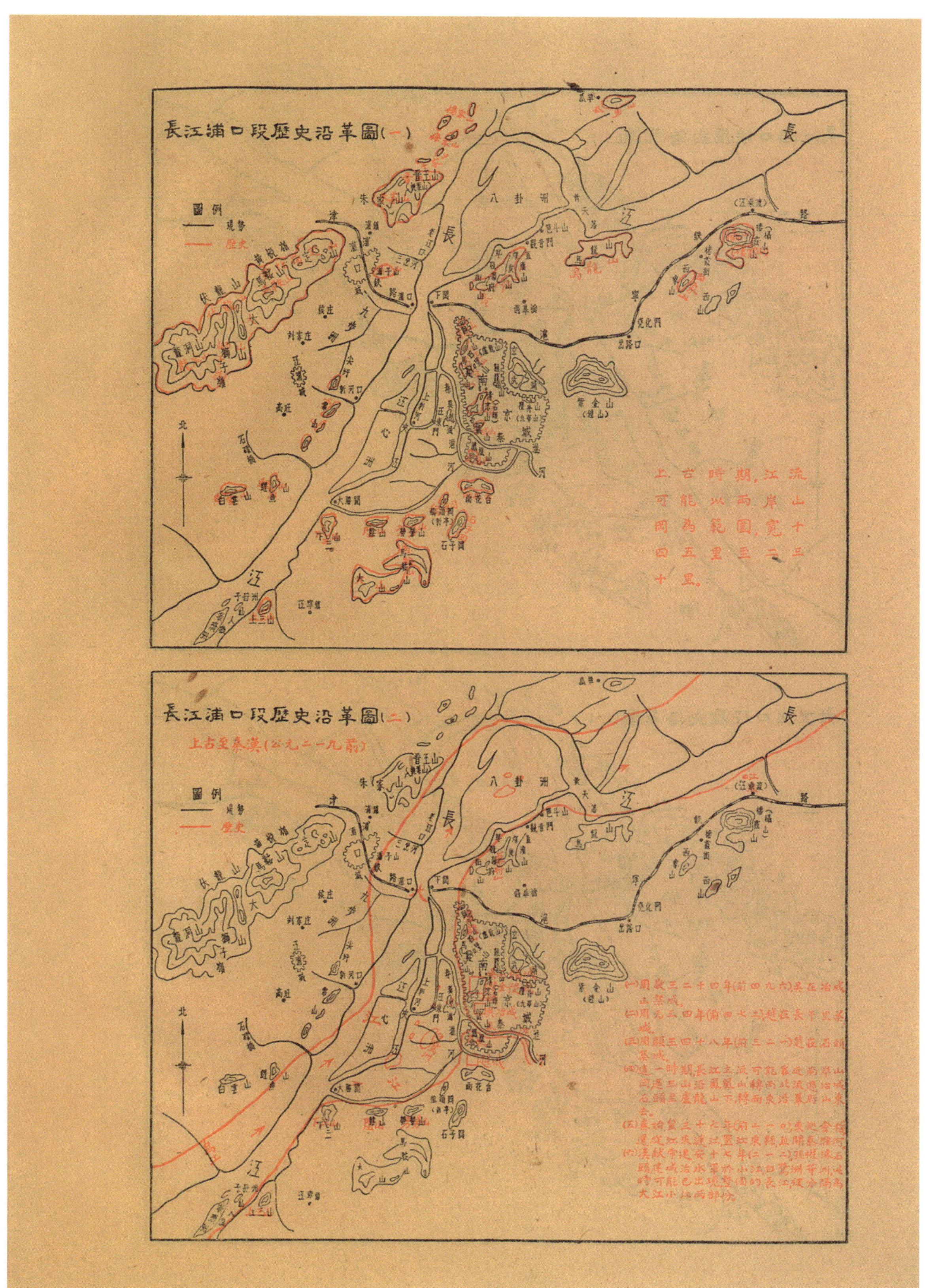

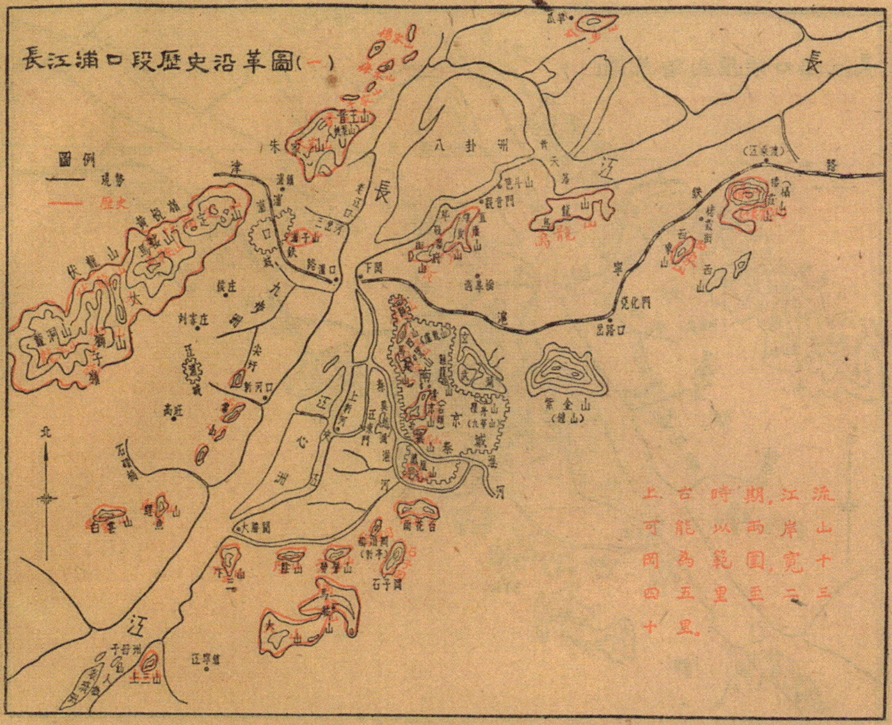
長江浦口段歷史沿革圖(一)
圖例
現勢
歷史
上古時期，江流
可能以兩岸山
岡為範圍，寬十
四五里至二三
十里。

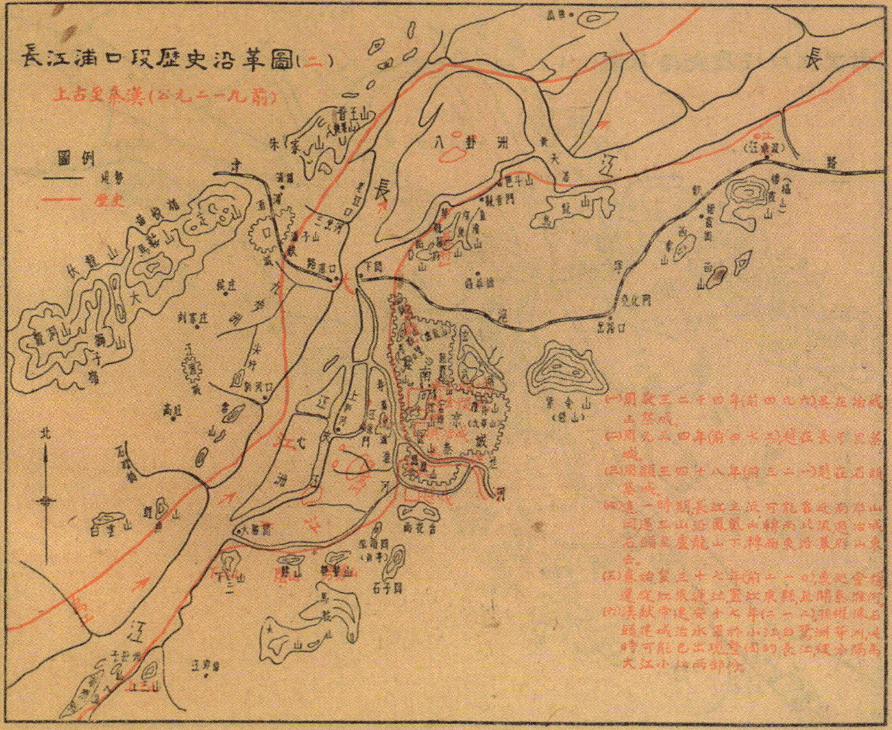
長江浦口段歷史沿革圖(二)
上古至秦漢(公元二一二前)
圖例
現勢
歷史
(一)周敬王二十四年(前四九六)吴在冶城山築城。
(二)周元王四年(前四七二)越在長干里築城。
(三)周顯王四十八年(前三二一)楚在石頭築城。
(四)這一時期長江主流可能靠近南岸山岡通三山沿鳳凰山轉而北流經冶城石頭至盧龍山下，轉而東沿幕府山東去。
(五)秦始皇三十七年(前二一〇)東巡會稽還從江乘渡江，置江乘縣並開秦淮河。
(六)漢獻帝建安十七年(二一二)孫權據石頭建城治水軍於小江，白鷺洲等洲此時可能已出現，整個的長江被分隔為大江小江兩部份。

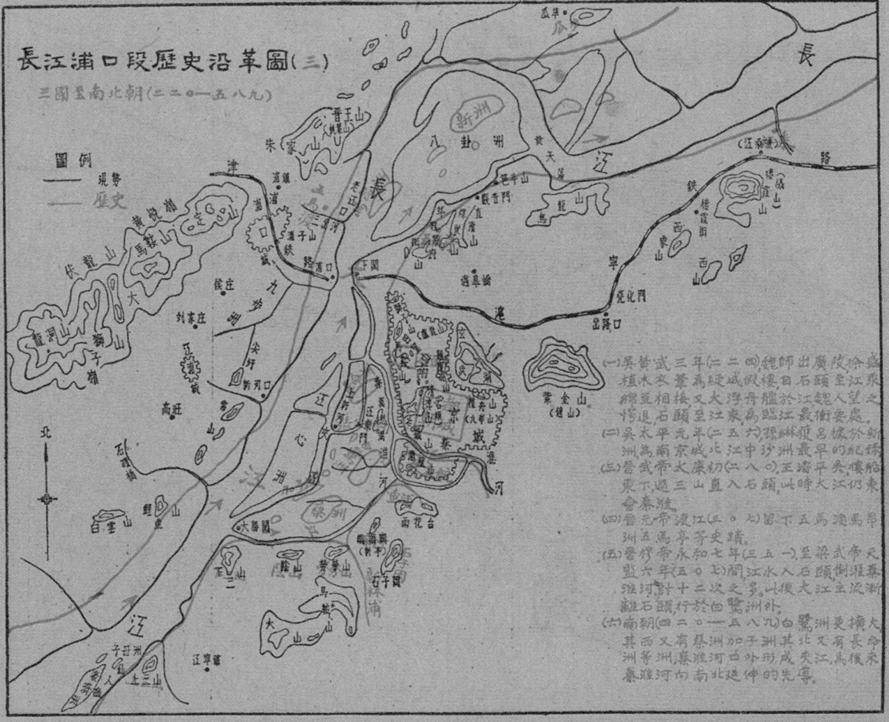

長江浦口段歷史沿革圖（三）
三國至南北朝（二二〇—五八九）
圖例
現勢
歷史
(一)吴黄武三年(二二四)魏師出廣陵,徐盛植木衣葦爲疑城假樓,自石頭至江乘,聯亘相接,又大浮舟艦於江,魏人望之皆退,石頭至江乘爲臨江最衝要處。
(二)吴太平元年(二五六)孫綝獲呂據於新洲,爲南京城北江中沙洲最早的紀錄。
(三)晉武帝太康初(二八〇)王濬平吴,樓船東下,過三山直入石頭,此時大江仍東會秦淮。
(四)晉元帝渡江(三〇七)留下五馬渡、馬昂洲、五馬亭等史蹟。
(五)晉穆帝永和七年(三五一)至梁武帝天監六年(五〇七)間,江水入石頭倒灌秦淮河計十二次之多。此後大江主流漸離石頭,行於白鷺洲外。
(六)南朝(四二〇—五八九)白鷺洲更擴大,其西又有蔡洲、加子洲,其北又有長命洲等洲,秦淮河口外形成夾江,爲後來秦淮河向南北延伸的先導。

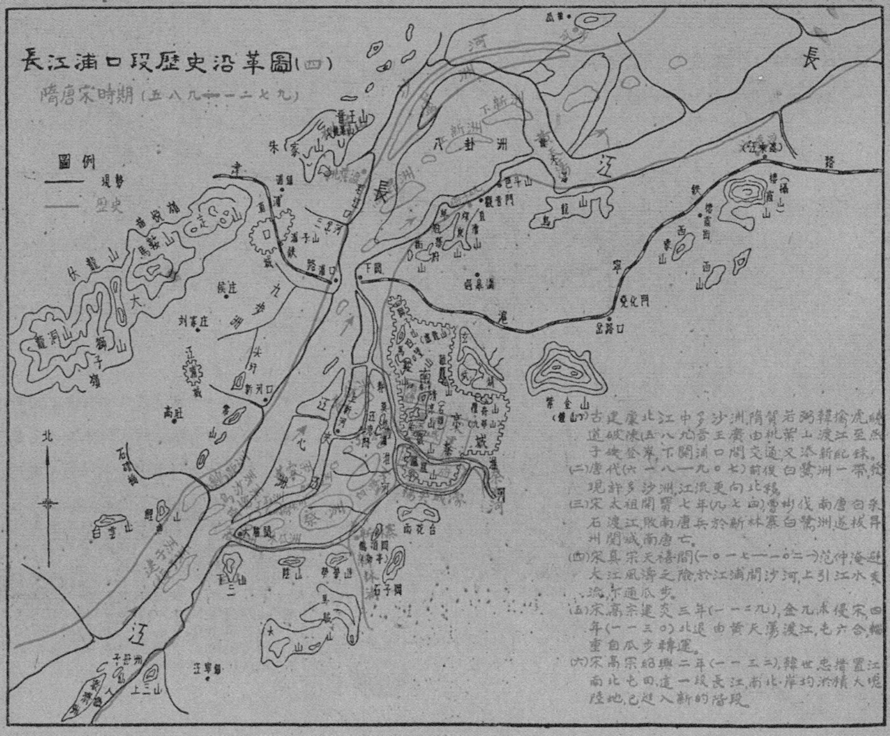

長江浦口段歷史沿革圖（四）
隋唐宋時期（五八九—一二七九）
圖例
現勢
歷史
(一)古建康北江中多沙洲,隋賀若弼韓擒虎繞道破陳(五八九)晉王廣由桃葉山渡江至燕子磯登岸,下關浦口間交通,又添新紀錄。
(二)唐代(六一八—九〇七)前後白鷺洲一帶,發現許多沙洲,江流更向北移。
(三)宋太祖開寶七年(九七四)曹彬伐南唐,自采石渡江,敗南唐兵於新林寨、白鷺洲,遂拔昇州,圍城,南唐亡。
(四)宋真宗天禧間(一〇一七—一〇二一)范仲淹避大江風濤之險,於江浦開沙河,上引江水東流,下通瓜步。
(五)宋高宗建炎三年(一一二九),金兀朮侵宋,四年(一一三〇)北退,由黄天蕩渡江,屯六合,輜重自瓜步轉運。
(六)宋高宗紹興二年(一一三二),韓世忠措置江南北屯田,這一段長江南北岸均淤積大塊陸地,已進入新的階段。

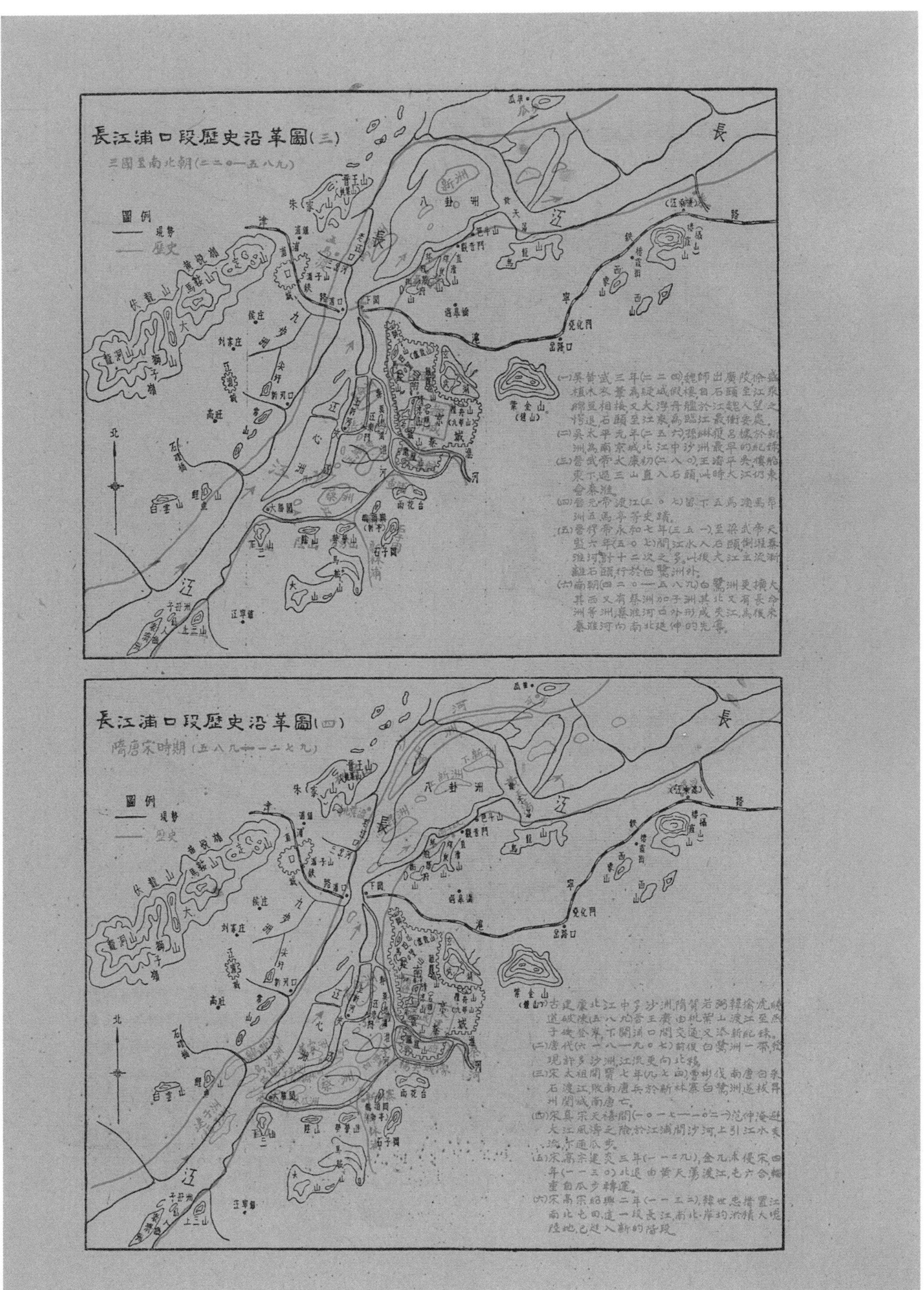

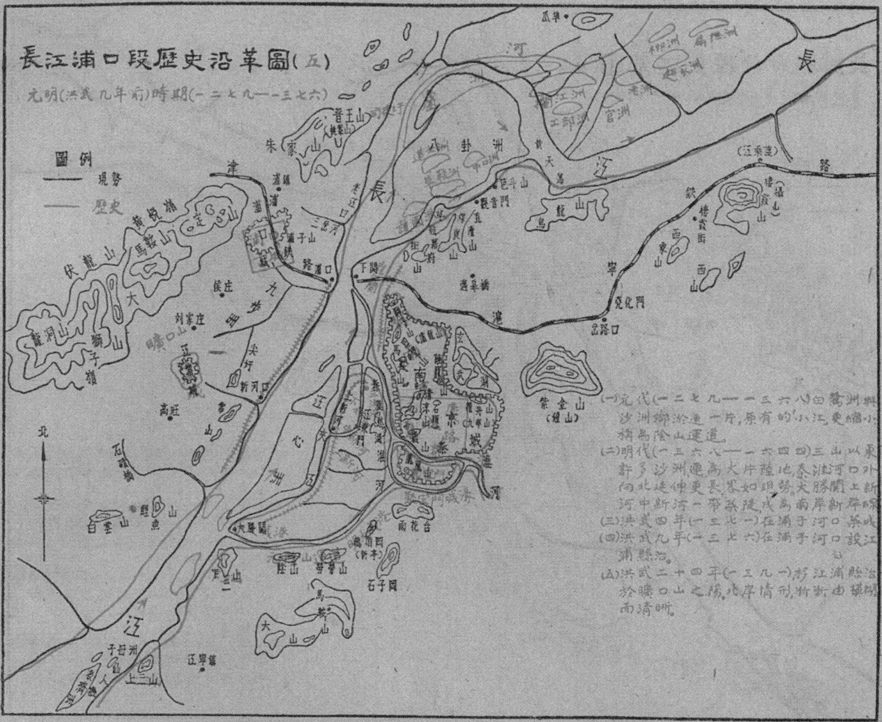
長江浦口段歷史沿革圖(五)
元明(洪武九年前)時期(一二七九——一三七六)
圖例
現勢
歷史
(三)洪武四年(一三七一)在浦子河口築城
(四)洪武九年(一三七六)在浦子河口設江浦縣治。

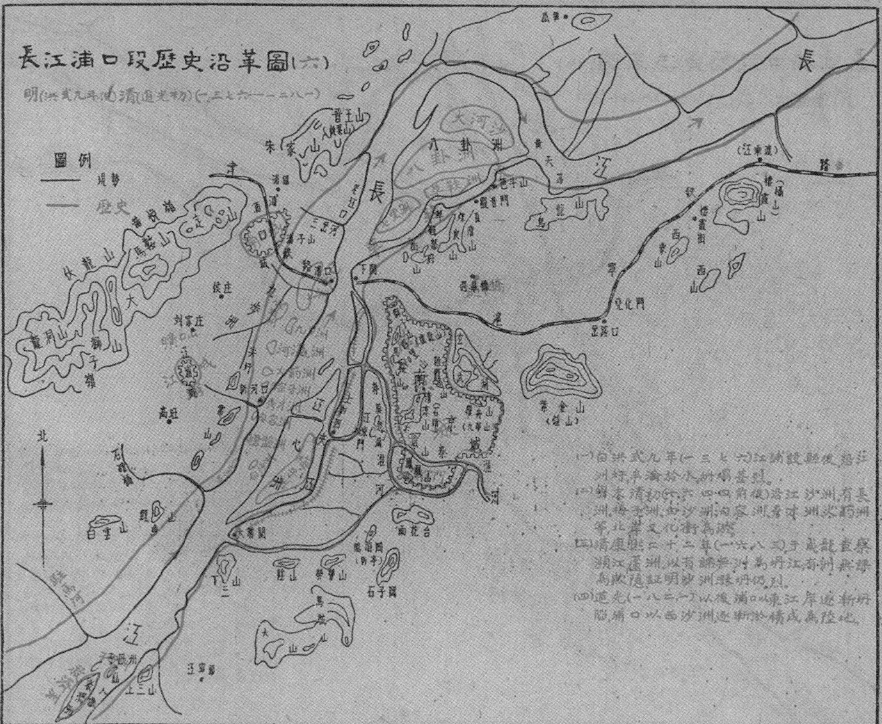
長江浦口段歷史沿革圖(六)
圖例
現勢
歷史
(四)道光(一八二一)以後浦口以東江岸逐漸坍陷,浦口以西沙洲逐漸淤積成為陸地。

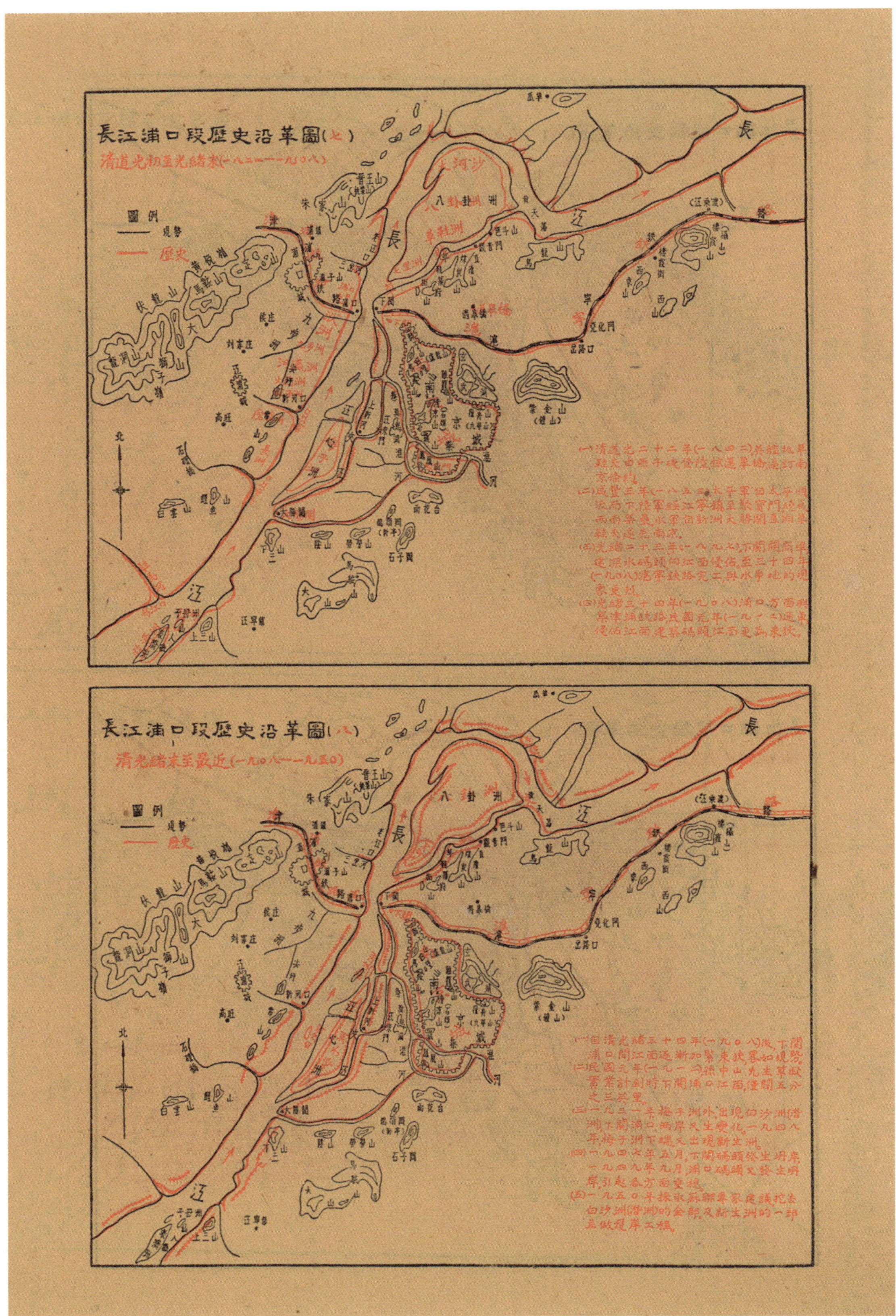

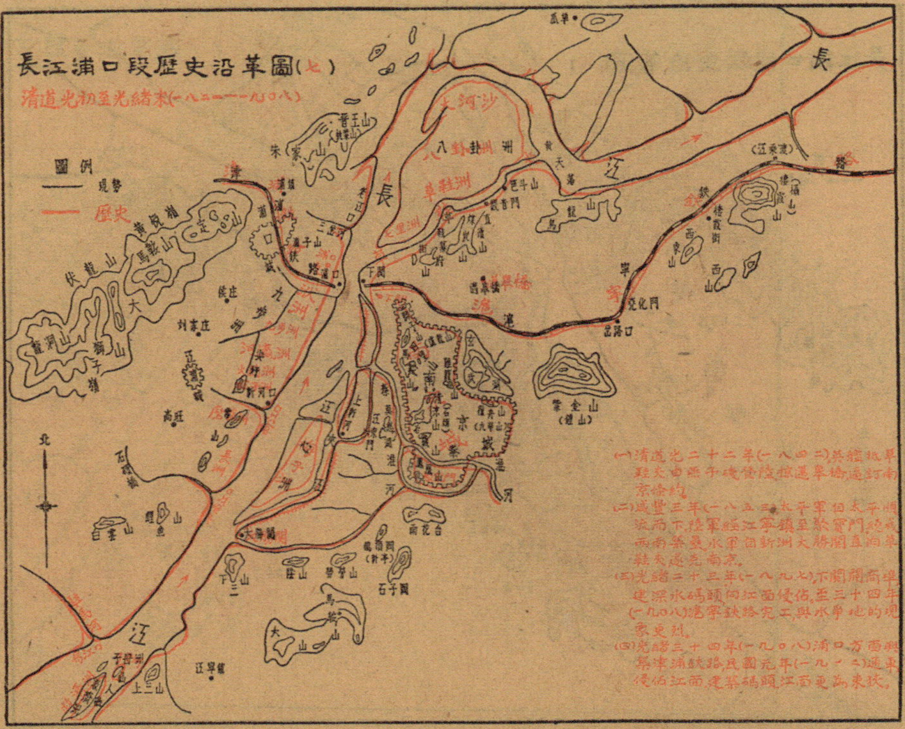
長江浦口段歷史沿革圖(七)
清道光初至光緒末(一八二一—一九〇八)
圖例
現勢
歷史
北
(一)清道光二十二年(一八四二)英艦抵草鞋夾由燕子磯登陸經過畢橋逼訂南京條約。
(二)咸豐三年(一八五三)太平軍由太平順流而下陸軍經江寧鎮至聚寶門繞城西南築壘水軍由新洲大勝關直泊草鞋夾逐克南京。
(三)光緒二十三年(一八九七)下關開商埠建深水碼頭向江面侵佔,至三十四年(一九〇八)滬寧鐵路完工與水爭地的現象更烈。
(四)光緒三十四年(一九〇八)浦口方面興築津浦鐵路民國元年(一九一二)通車侵佔江面,建築碼頭江面更為束狹。

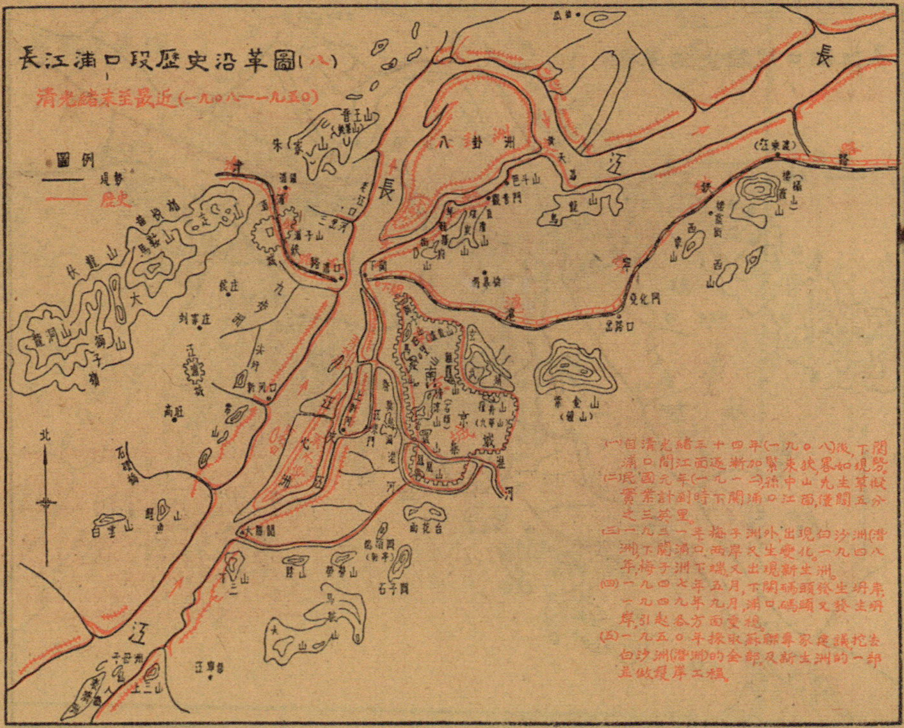
長江浦口段歷史沿革圖(八)
清光緒末至最近(一九〇八—一九五〇)
圖例
現勢
歷史
北
(一)自清光緒三十四年(一九〇八)後,下關浦口間江面逐漸加緊束狹,略如現勢。
(二)民國元年(一九一二)孫中山先生草擬實業計劃時下關浦口江面,僅闊五分之三英里。
(三)一九三一年梅子洲外,出現白沙洲(潛洲),下關浦口兩岸又生變化。一九四八年,梅子洲下端又出現新生洲。
(四)一九四七年五月,下關碼頭發生坍岸,一九四九年九月,浦口碼頭又發生坍岸,引起各方面重視。
(五)一九五〇年採取蘇聯專家建議,挖去白沙洲(潛洲)的全部及新生洲的一部並做護岸工程。

1862 年南京附近长江水道图

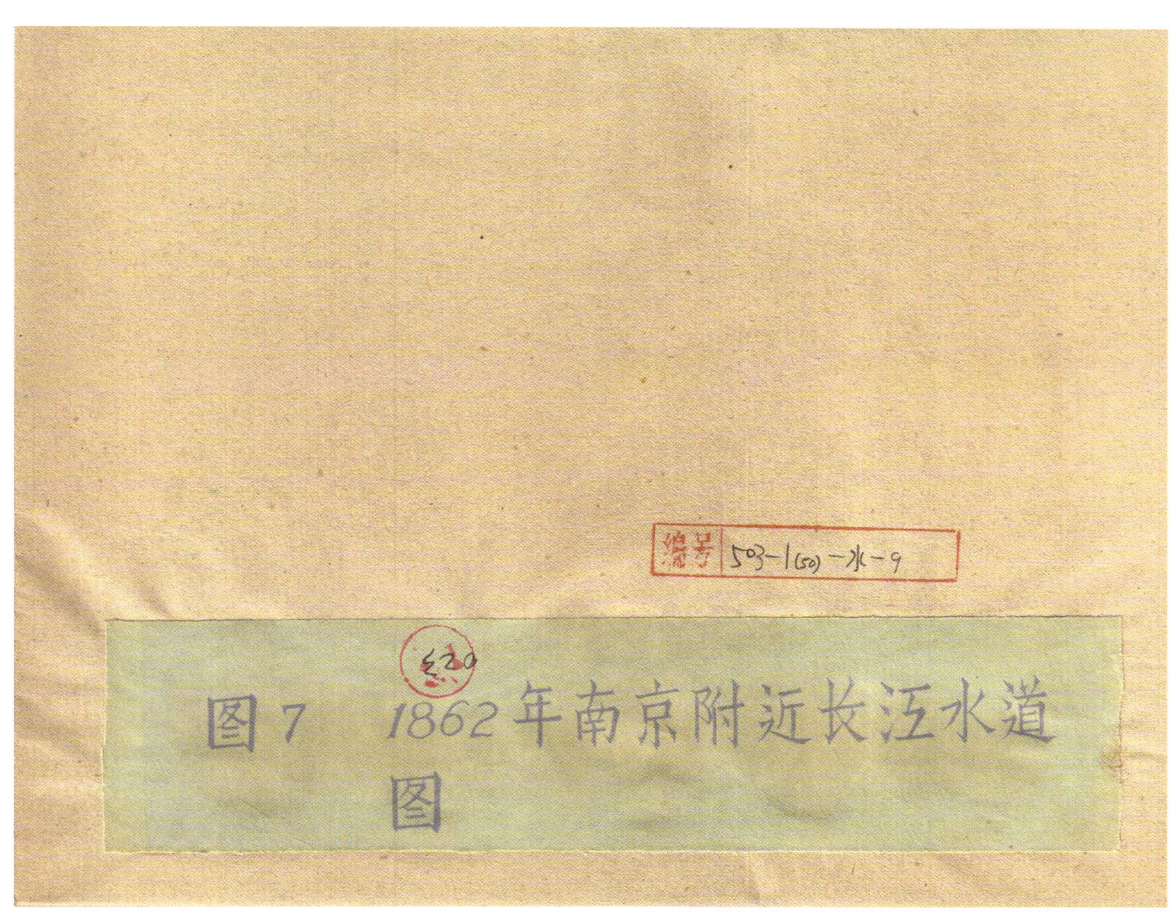

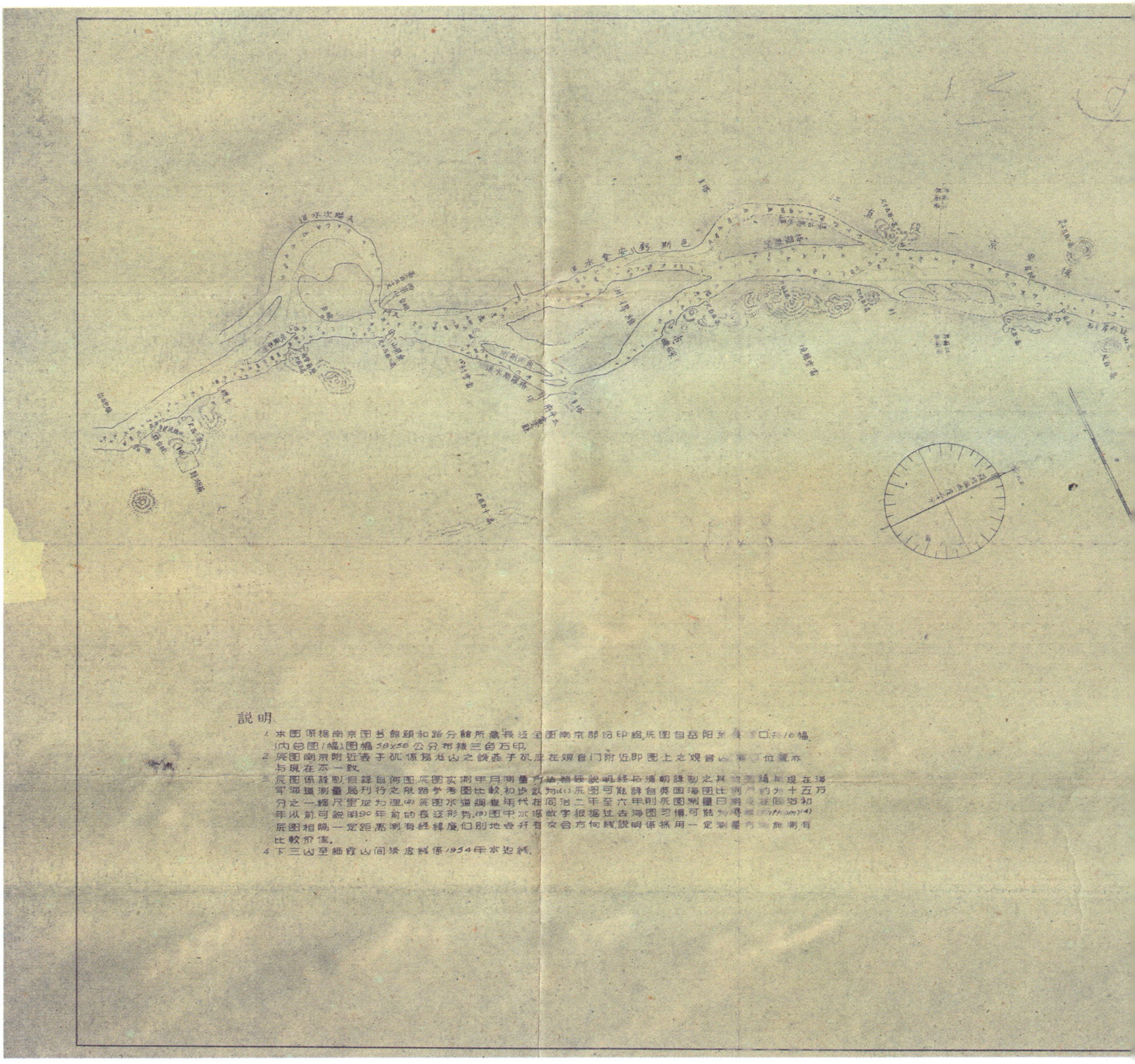
説明
1 本图係据南京图书館頤和路分館所藏長江全图南京部份印綫,原图自岳阳至…口共16幅
(内包图1幅)图幅58x56公分,布裱三色石印,
2 原图南京附近燕子矶係偈龙山之誤,燕子矶应在观音门附近,即图上之观音山…位置亦
与現在不一致,
3 原图係摹制,但詳自何图,原图实测年月,测量方法,均無説明,経与清朝摹制之…現在海
军海道测量局刊行之航路参考图比較,初步認为(1)原图可能譯自英国海图,比例尺約为十五万
分之一,縮尺里应为浬(2)原图水道调查年代在同治二年至六年,則原图测量日期…同治初
年以前,可説明90年前的長江形势,(3)图中水深数字根据过去海图习惯,可能为…(fathom)(4)
原图相隔一定距离測有経緯度,但別地点并有交会方向綫,説明係採用一定测量方法…有
比較价值,
4 下三山至栖霞山间淡虚綫係1954年水边綫,

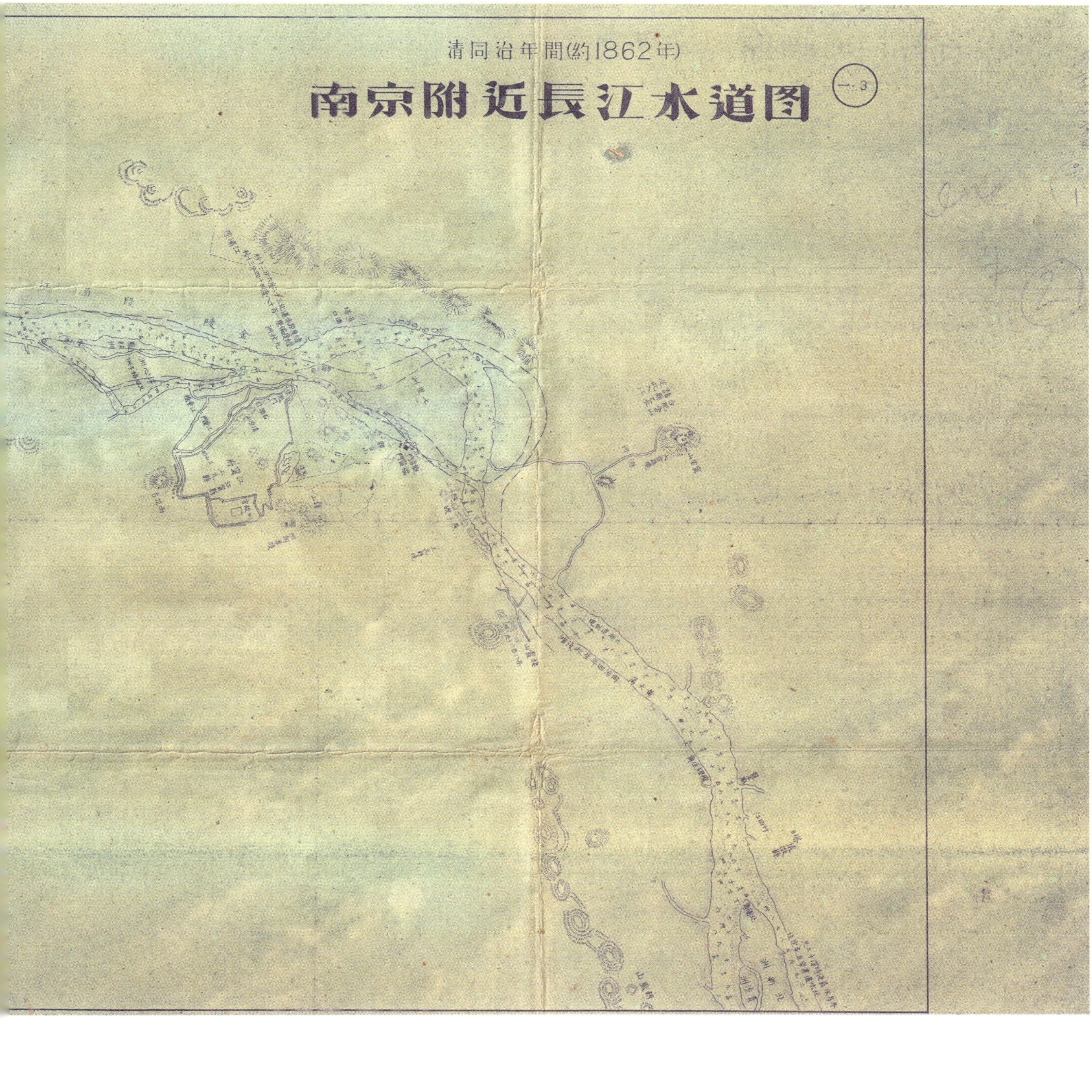
清同治年間(約1862年)
南京附近長江水道图
一.3

南京长江大桥浦口岸桥轴线上游岸边河床地形图

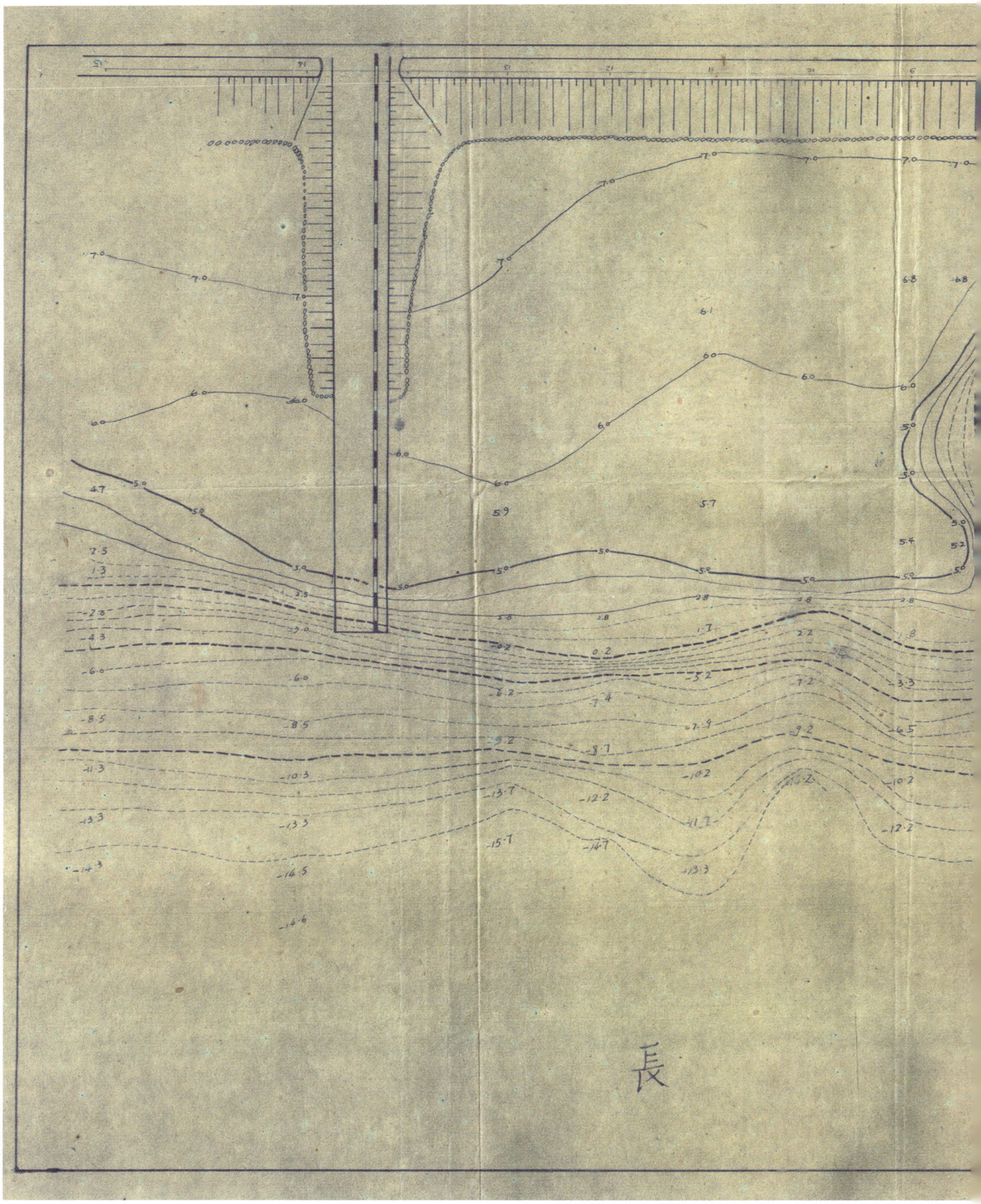

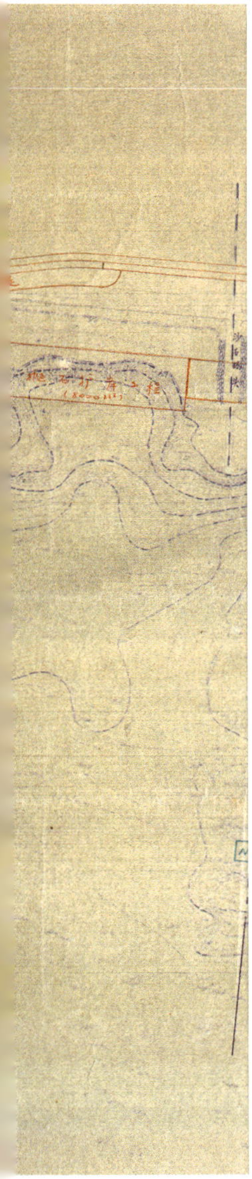

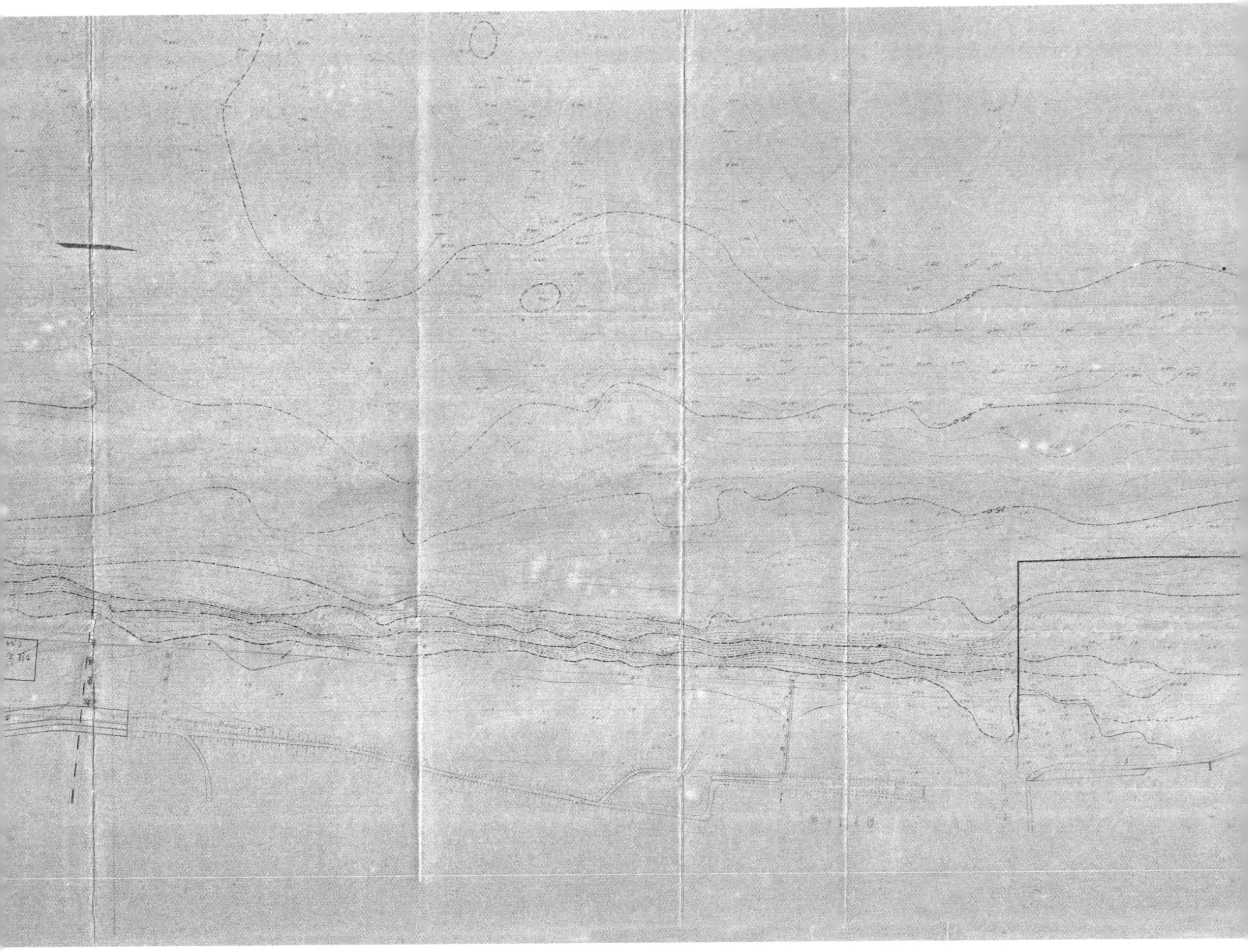

南京长江大桥临时防护区域图

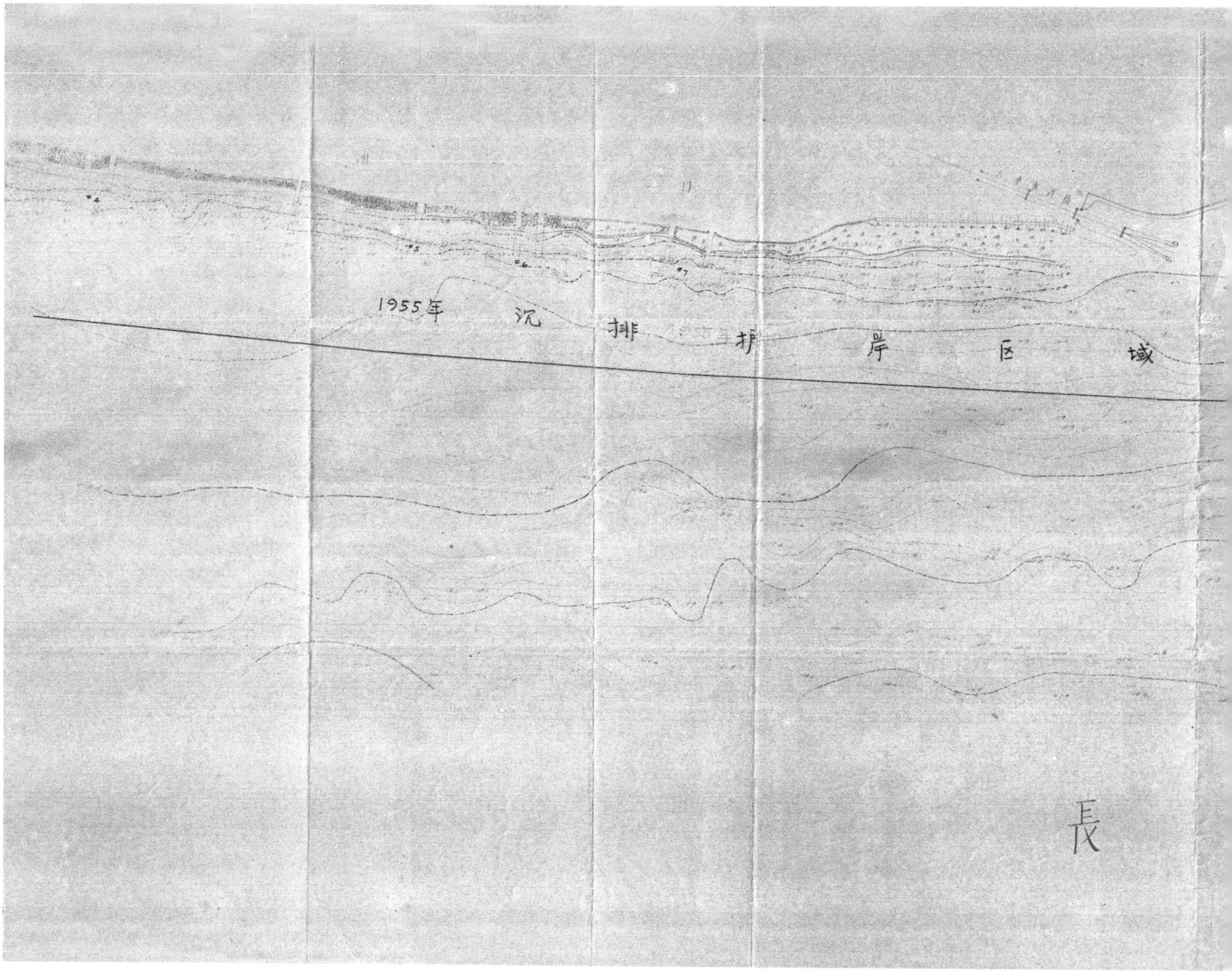

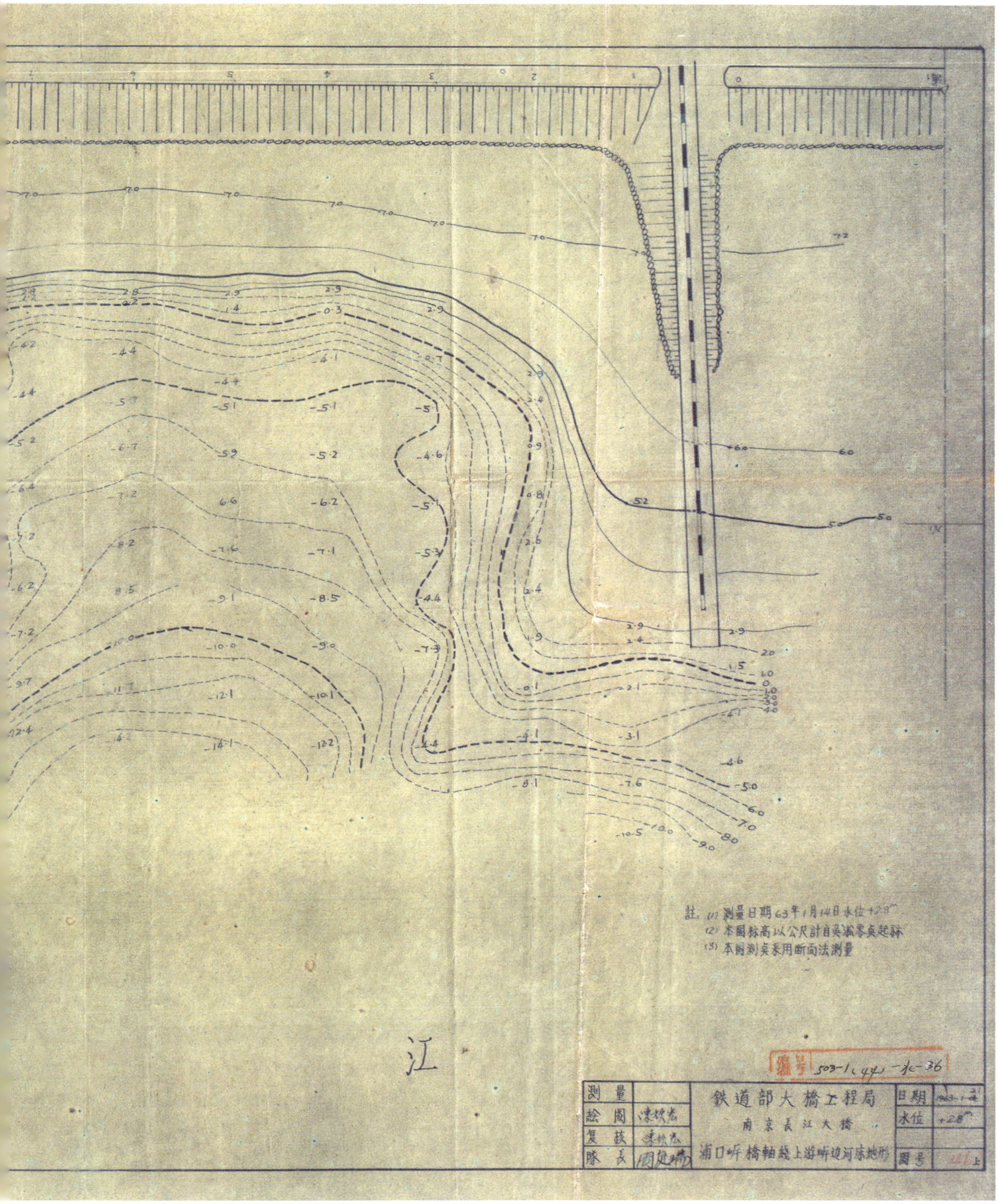
註. (1) 测量日期63年1月14日水位+2.8m
(2) 本圖标高以公尺計自吴淞零点起算
(3) 本圖测点采用断面法测量
江
编号 503-1（47）-水-36
测量
绘圖
复核
队長
鉄道部大橋工程局
南京長江大橋
浦口岸橋軸綫上游岸边河床地形
日期
水位 +2.8m
圖号

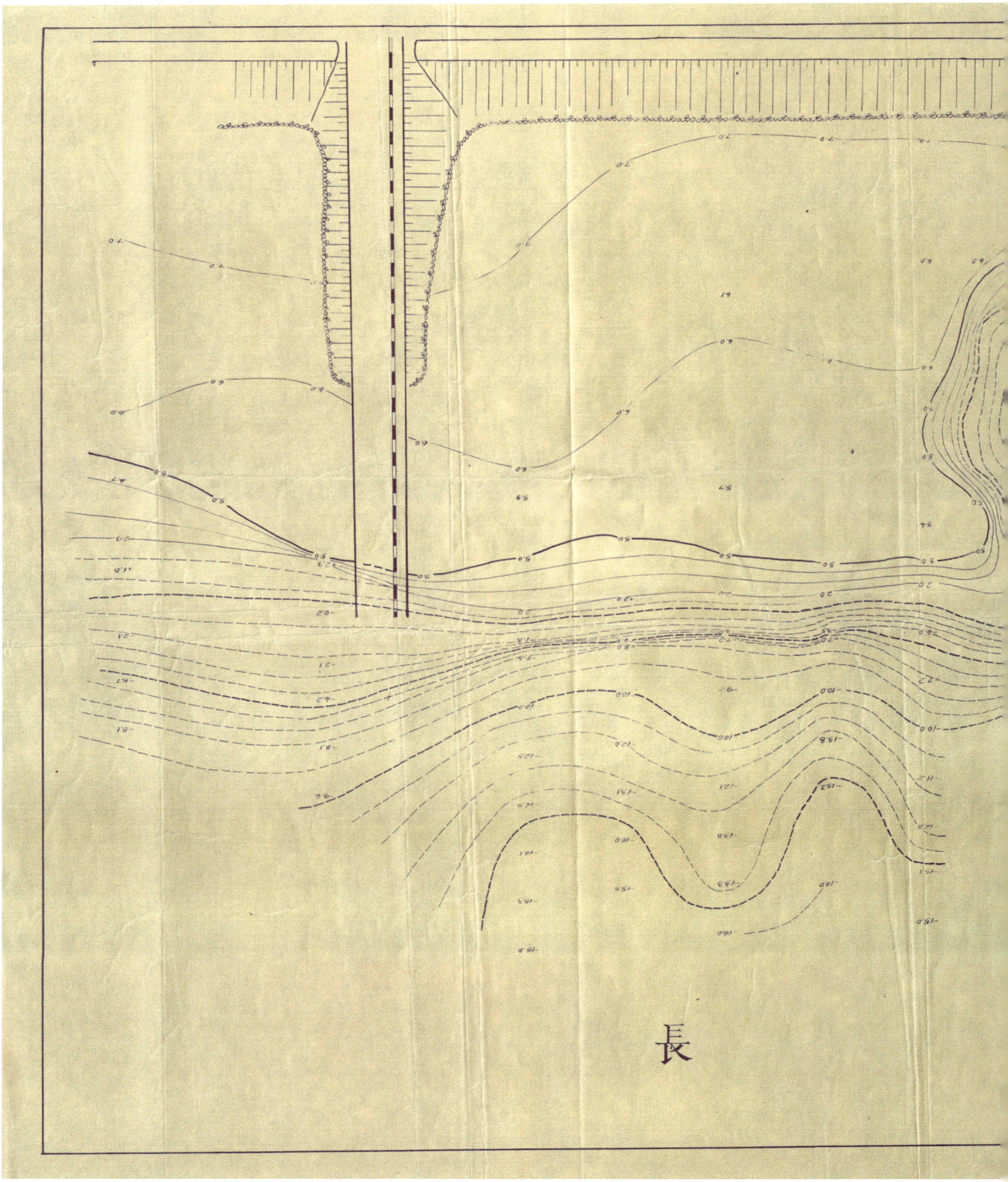
長

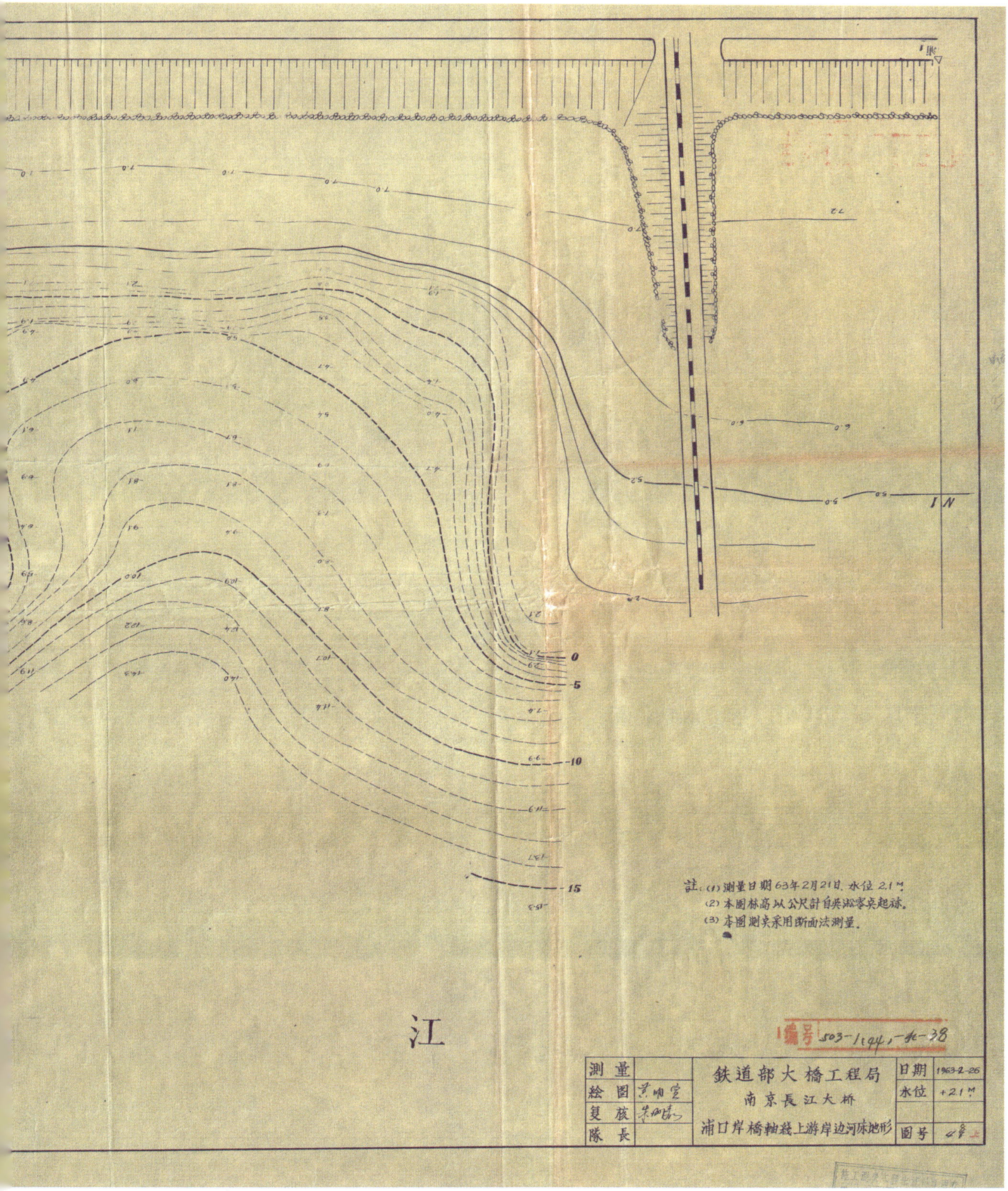
N
0
5
10
15
江
註：(1) 测量日期63年2月21日、水位2.1M。
(2) 本图标高以公尺計自吳淞零点起算。
(3) 本图测点采用断面法测量。
编号 503-1，94，-46-38
测量
绘图
复核
隊長
铁道部大橋工程局
南京長江大桥
浦口岸橋軸綫上游岸边河床地形
日期 1963-2-26
水位 +2.1M
图号 48上

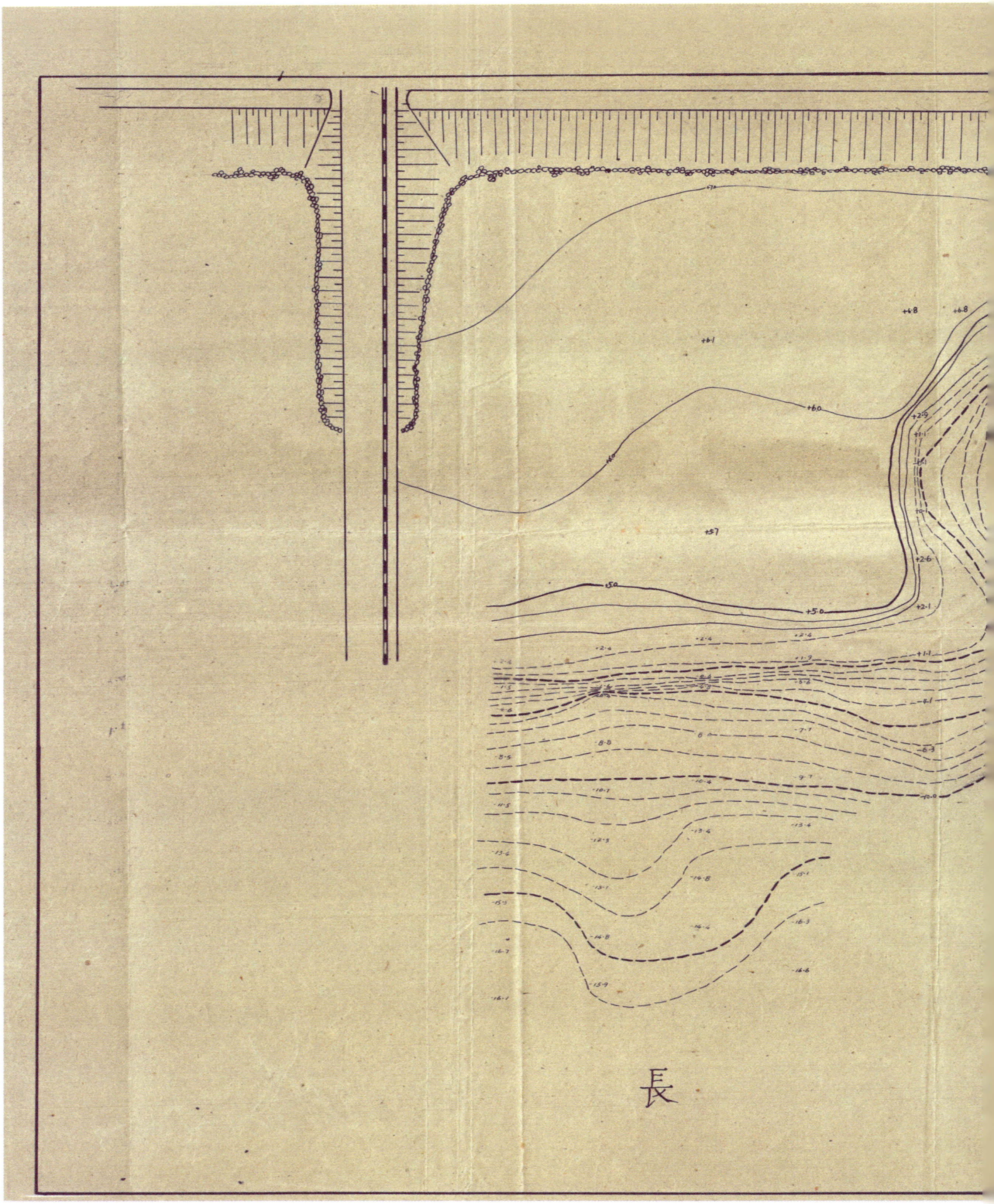
長

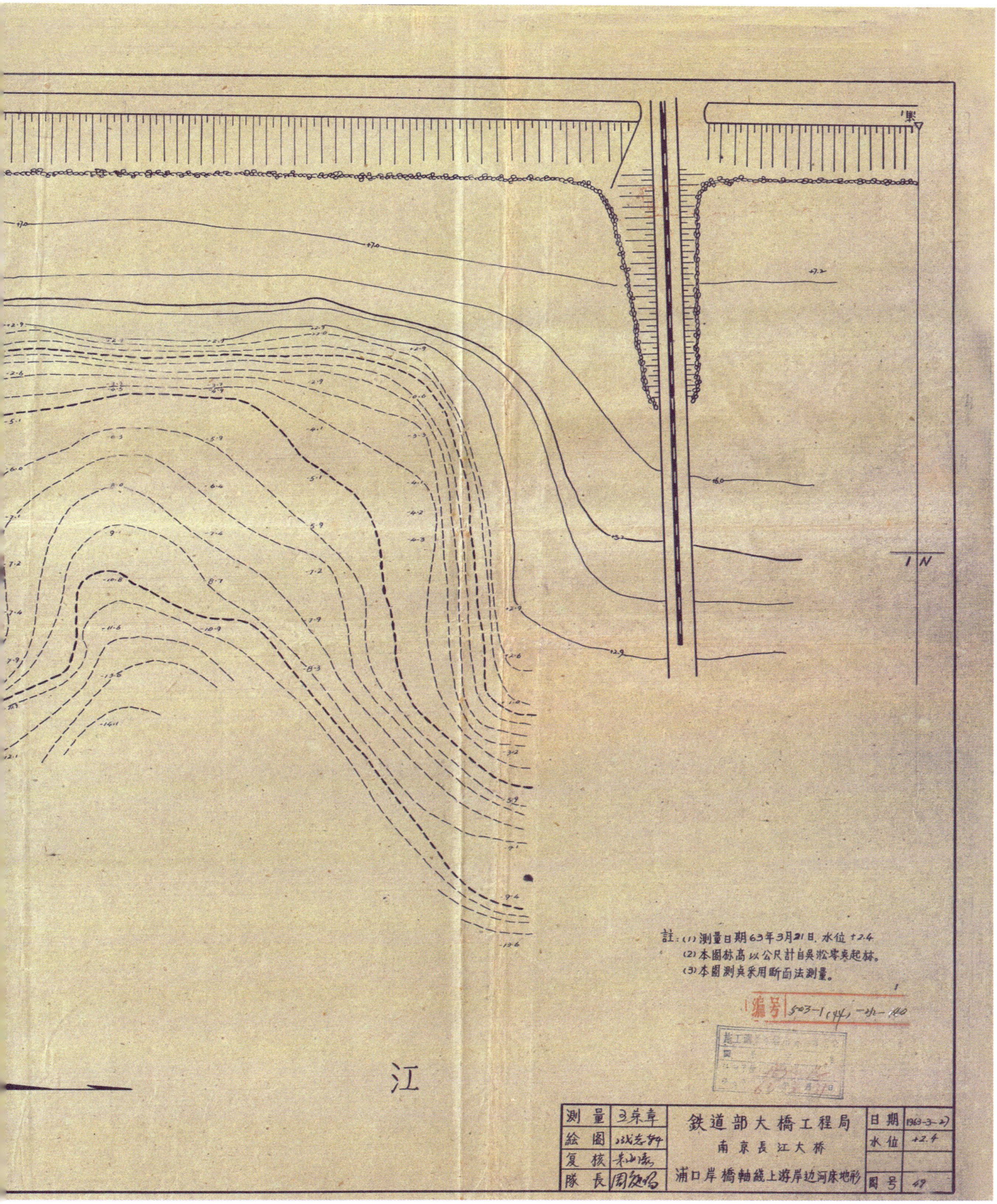
江
註：(1) 测量日期63年3月21日，水位 +2.4
(2) 本圖标高以公尺計自吳淞零点起标。
(3) 本圖测点采用断面法测量。
编号 503-1(44)-42-140
测量
絵圖
复核
隊長
鉄道部大橋工程局
南京長江大桥
浦口岸橋軸綫上游岸边河床地形
日期 1963-3-27
水位 +2.4
圖号 49

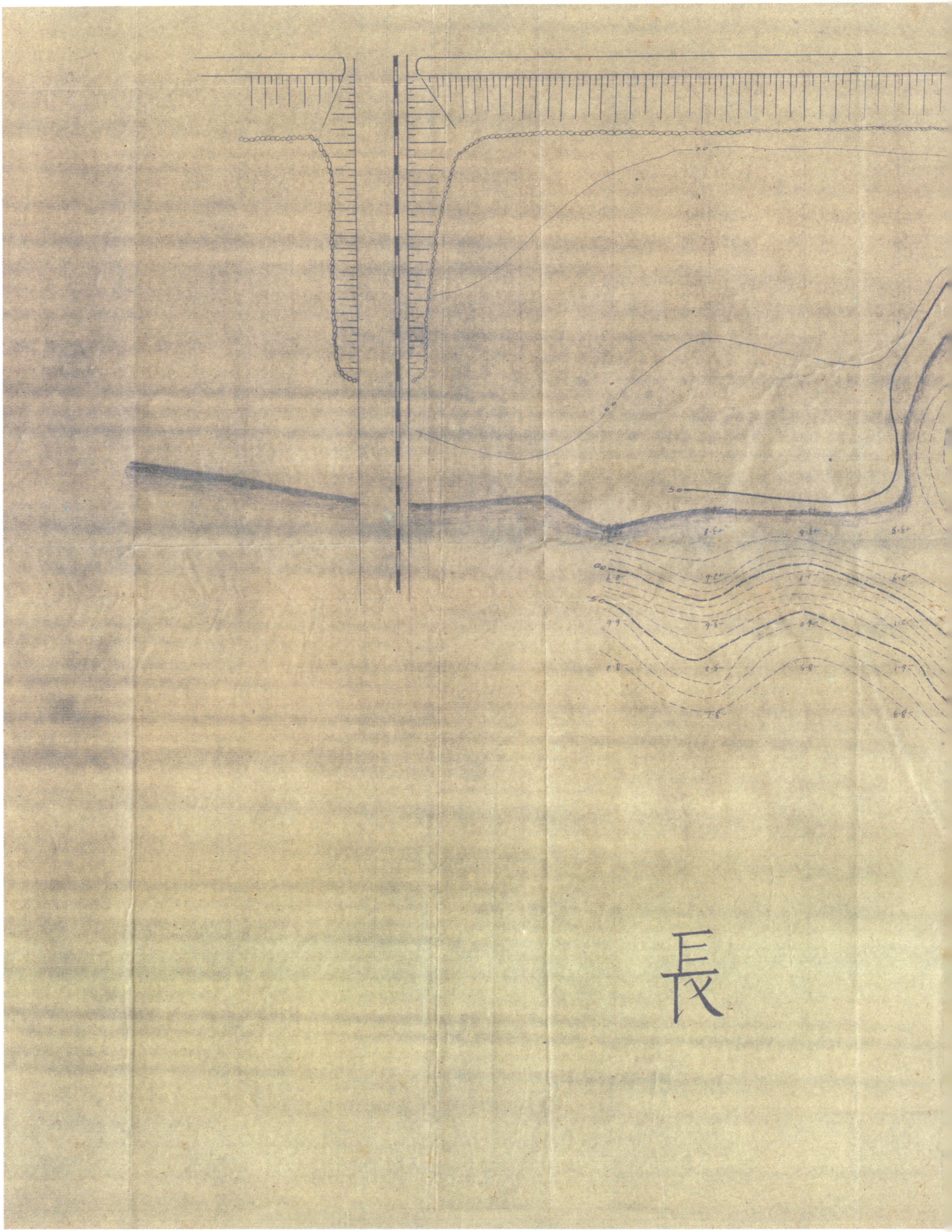
長

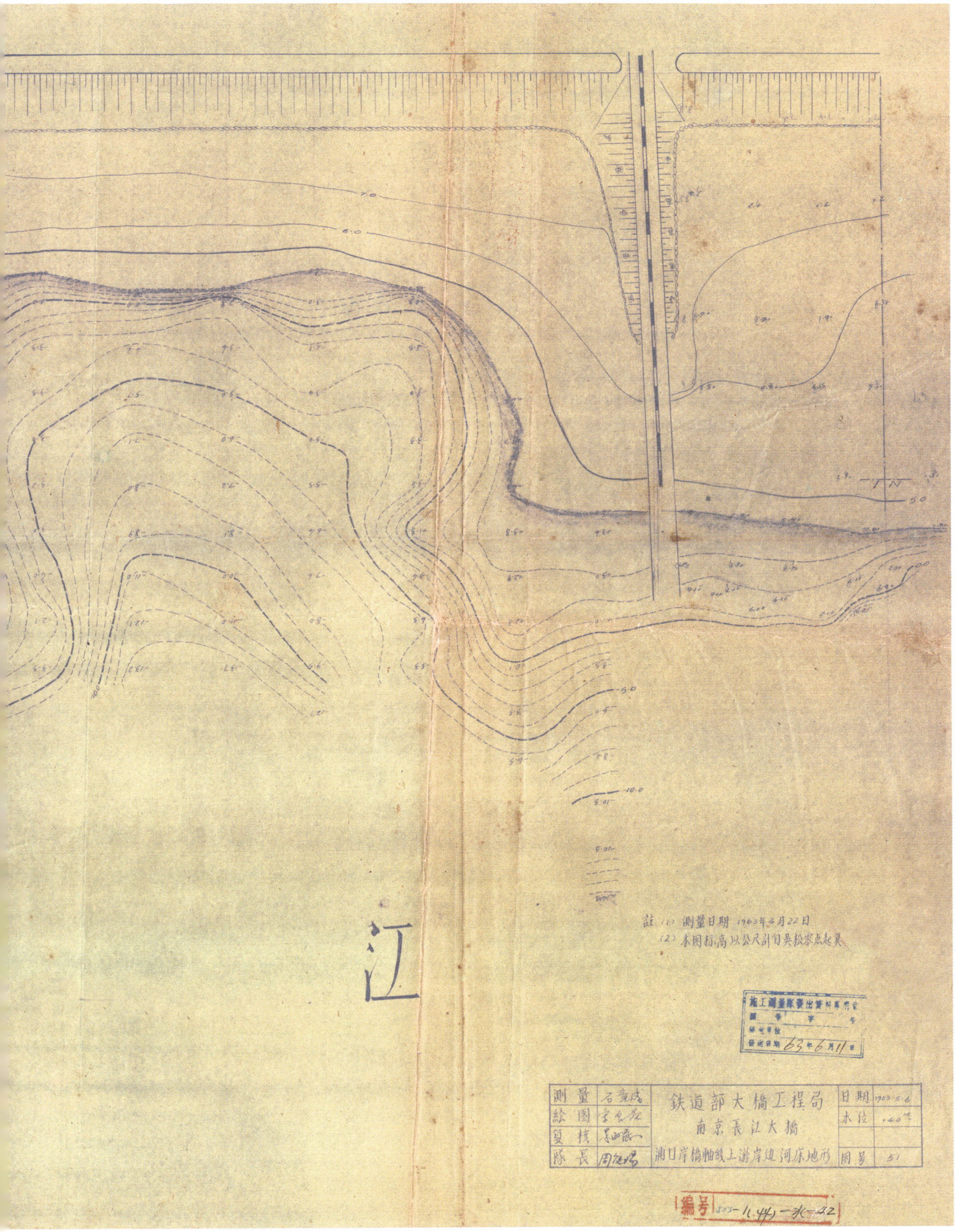
江
註 (1) 测量日期 1963年4月22日
(2) 本图标高以公尺計自吳淞零点起算
鉄道部大橋工程局
南京長江大橋
浦口岸橋軸线上游岸边河床地形
測量
絵图
复核
隊長
日期 1963.5.6
水位 +4.0公尺
图号 51
编号

南京长江大桥浦口岸桥轴线下游岸边河床地形图

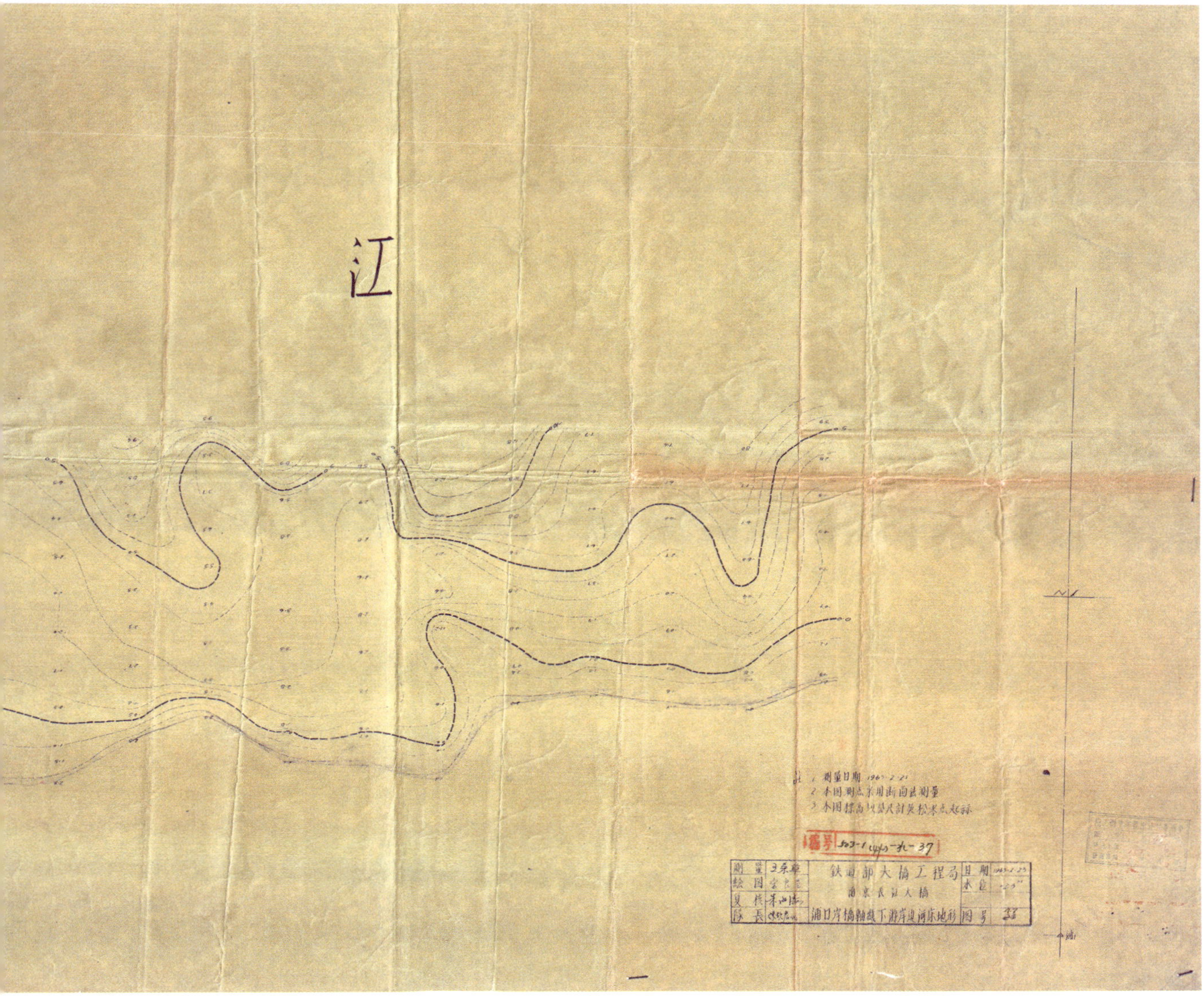
江
注 1 测量日期 1963-2-21
2 本图测点采用断面法测量
编号 503-1(49)-九-37
测量 王荣华
绘图
复核
隊长
铁道部大桥工程局
南京长江大桥
浦口岸桥轴线下游岸边河床地形
日期 1963-2-23
水位
图号 33

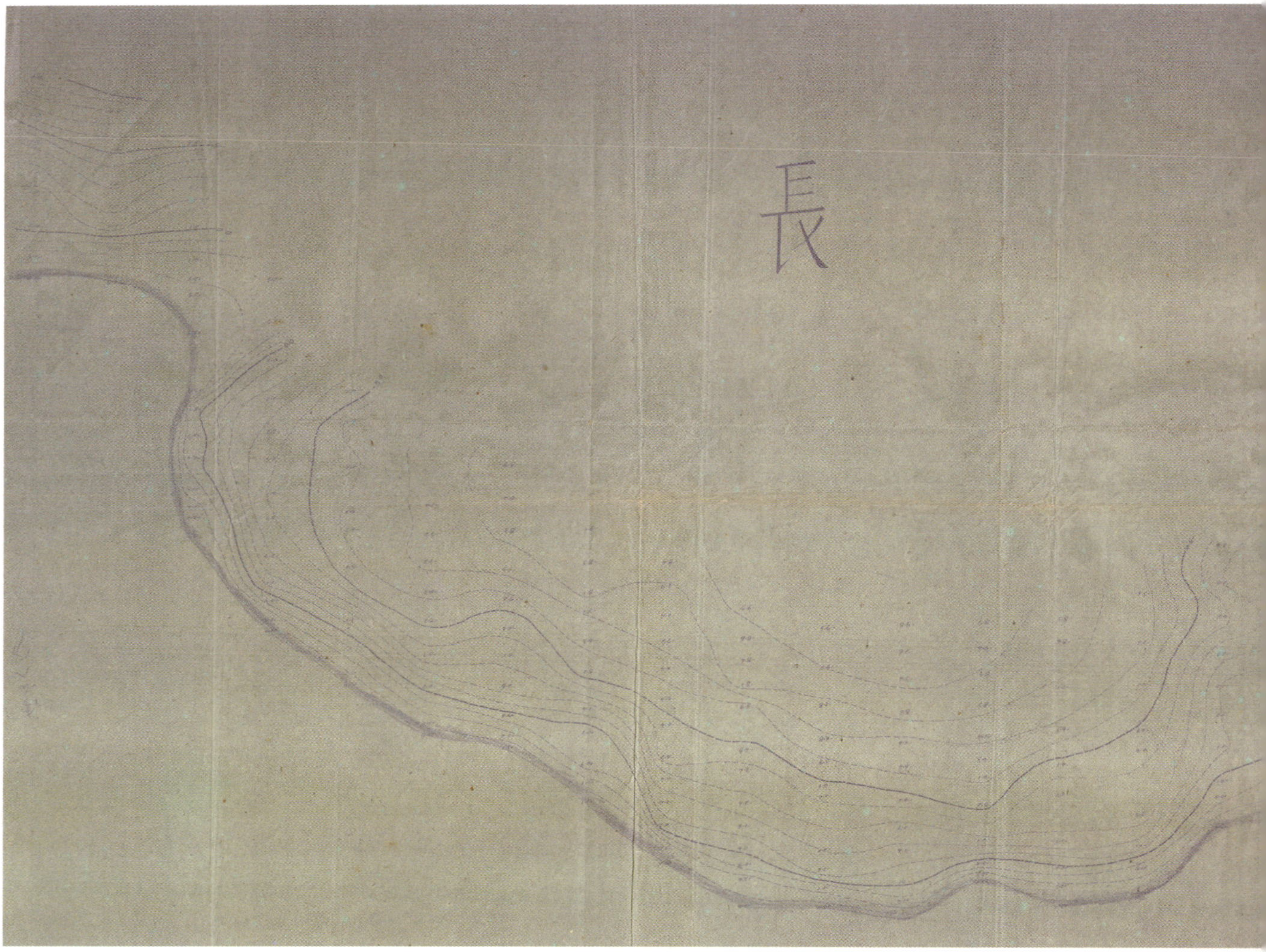
長

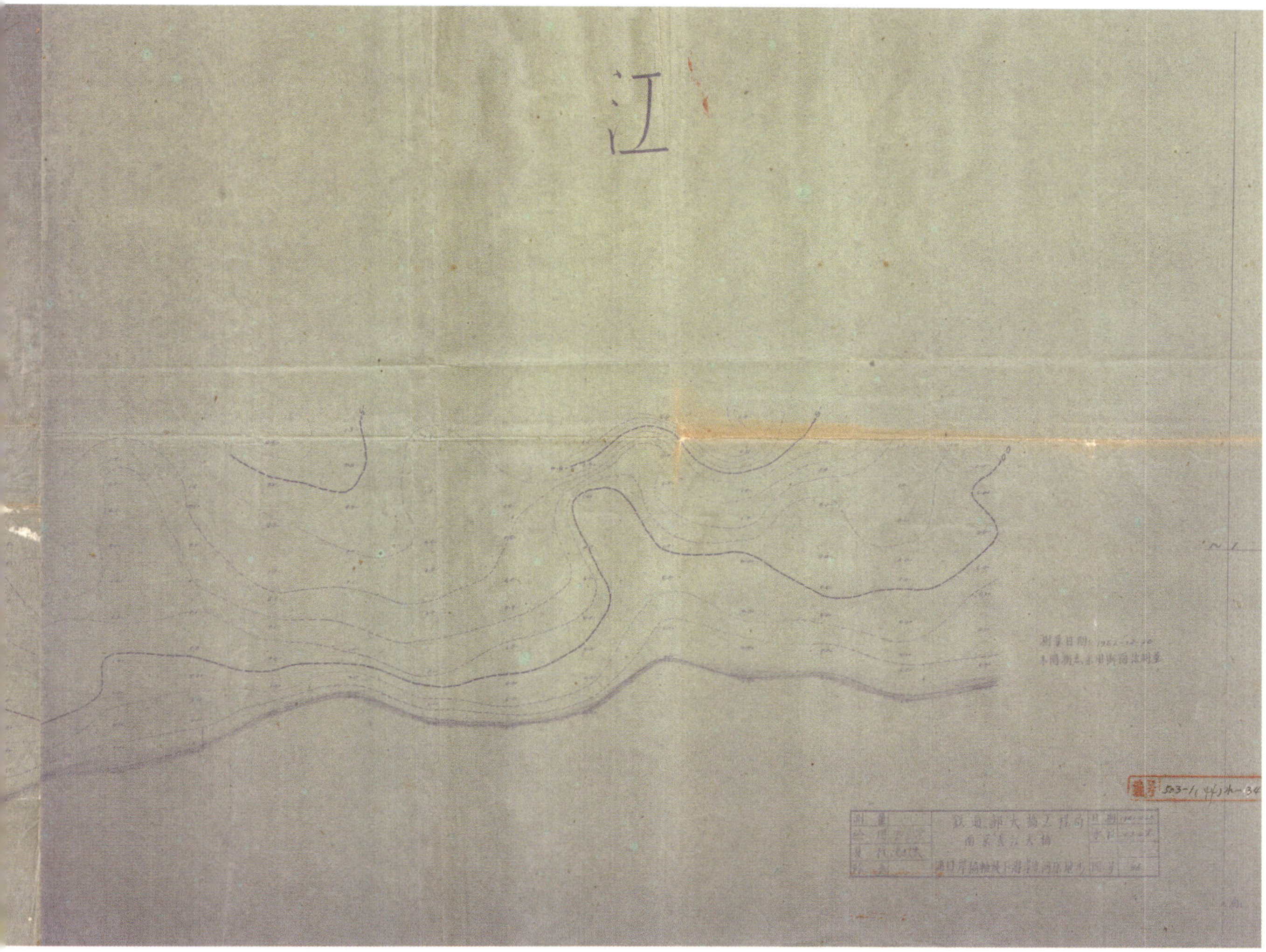
江
铁道部大桥工程局
南京长江大桥

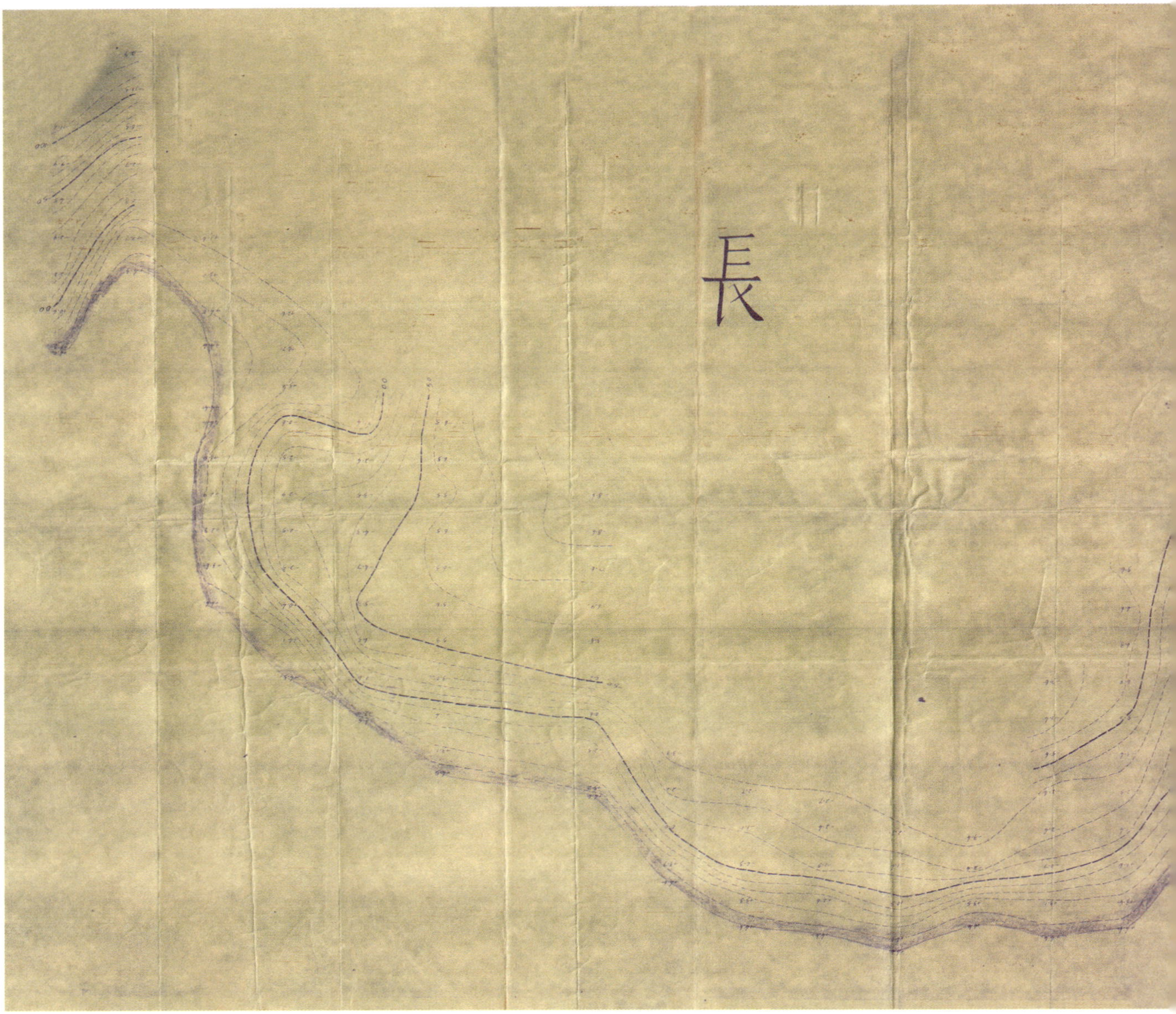
長

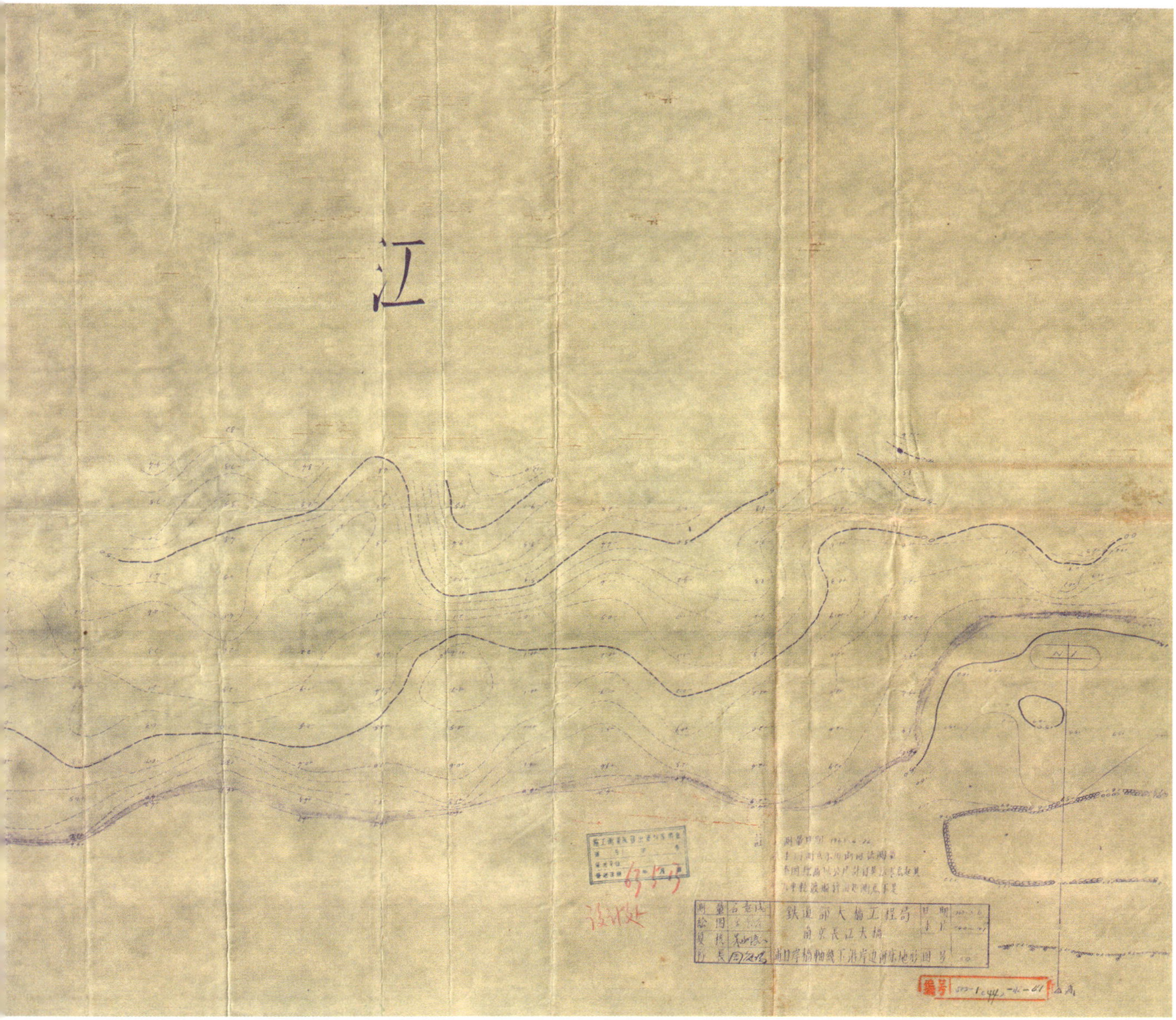
江
测量
绘图
复核
队长
铁道部大桥工程局
南京长江大桥
日期
编号

南京长江大桥桥轴线上下游浦口岸边河床地形图

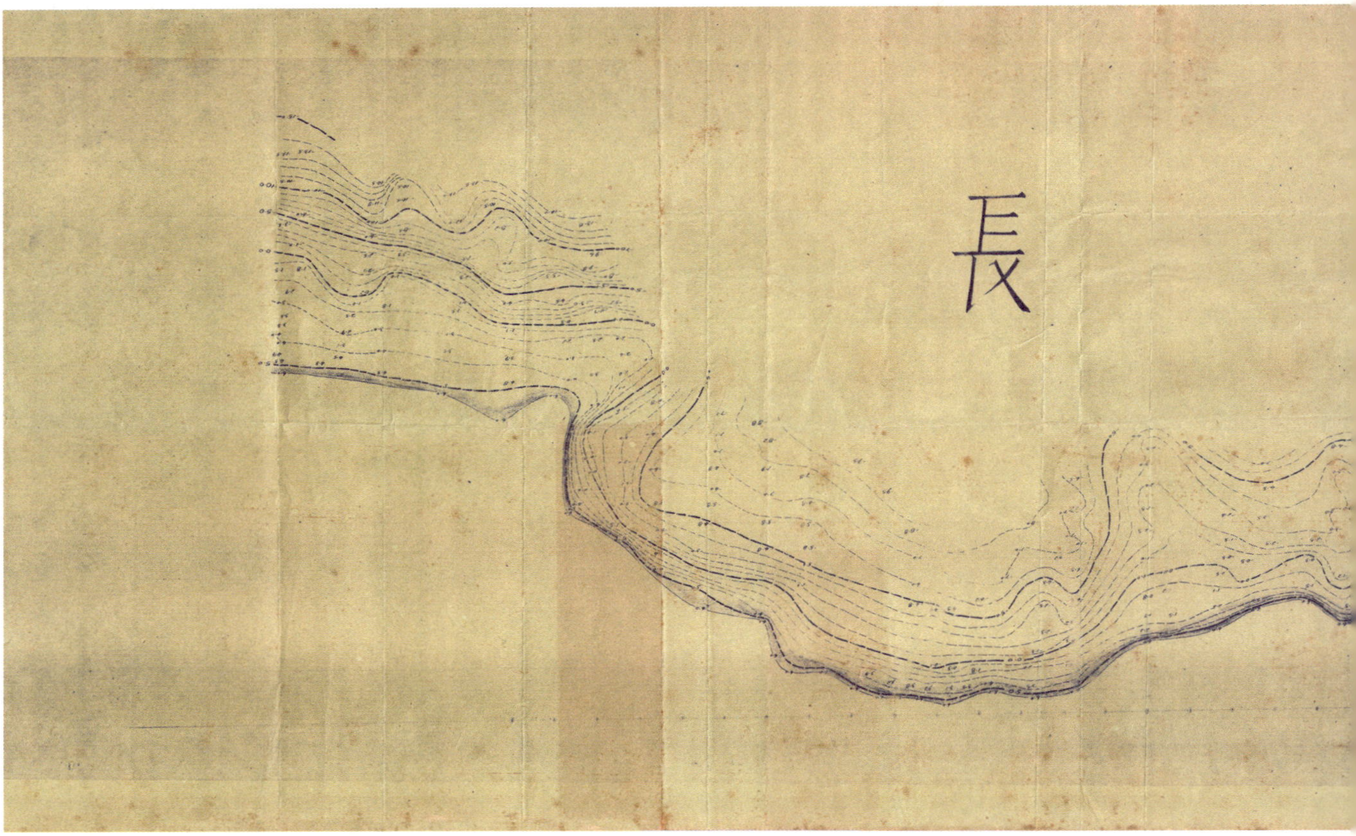

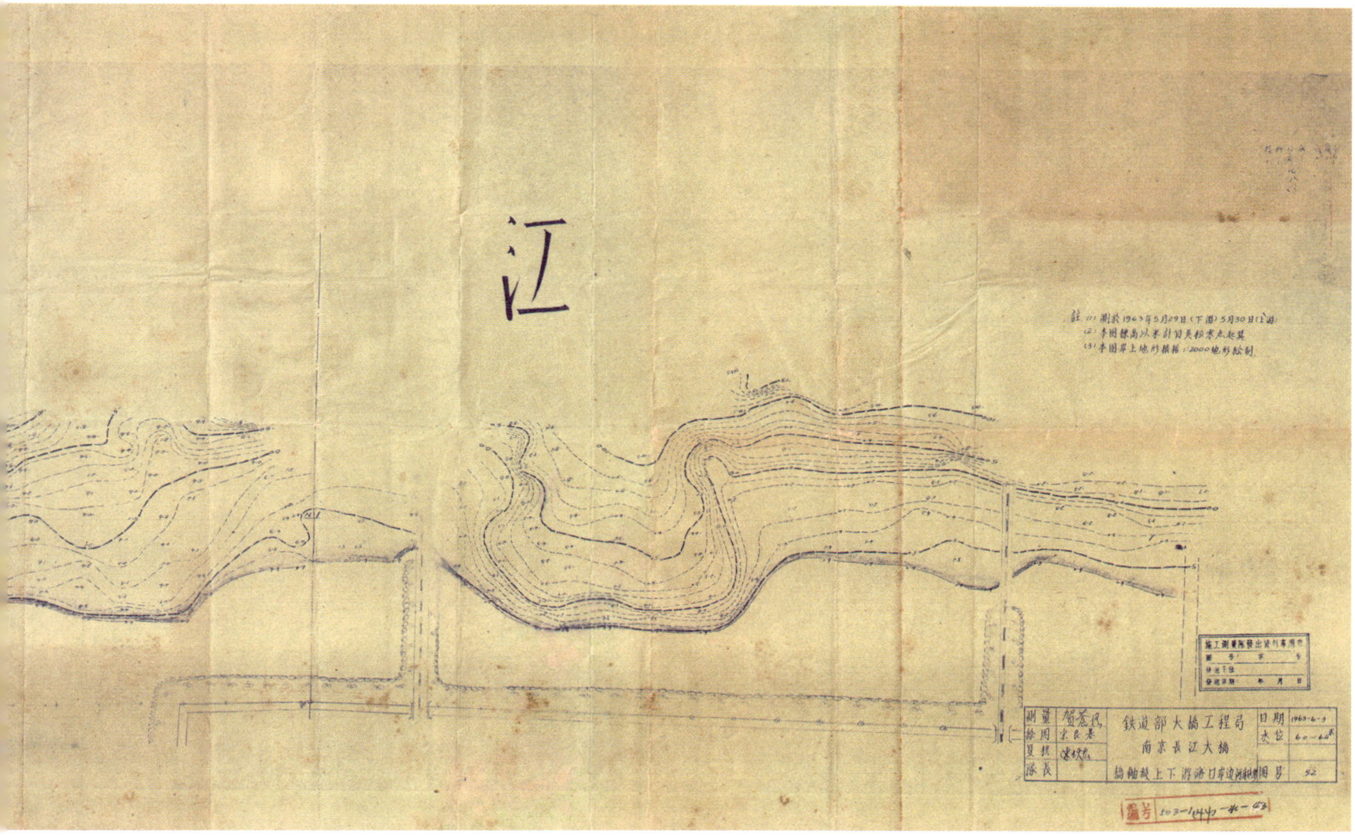
江
註 (1) 測於1963年5月29日(下游) 5月30日(上游)
铁道部大橋工程局
南京長江大橋
測量 賀蓋民
繪圖 宋良寿
日期 1963-6-5
水位 6.0-6.4
圖号 52
编号

“十三五”国家重点档案保护与开发利用项目

南京长江大桥档案

项目筹备（下）

《南京长江大桥档案》编委会　编

南京出版传媒集团 南京出版社

图书在版编目(CIP)数据

南京长江大桥档案. 项目筹备：全2册/《南京长江大桥档案》编委会编. -- 南京：南京出版社，2018.12

（南京长江大桥档案）

ISBN 978-7-5533-2452-4

Ⅰ. ①南… Ⅱ. ①南… Ⅲ. ①铁路公路两用桥－桥梁工程－工程档案－南京 Ⅳ. ①U448.12②G275.3

中国版本图书馆CIP数据核字（2018）第267662号

书　　名：南京长江大桥档案
编　　者：《南京长江大桥档案》编委会
出版发行：南京出版传媒集团
　　　　　南 京 出 版 社

社址：南京市太平门街53号　　邮编：210016
网址：http://www.njcbs.cn　　电子信箱：njcbs1988@163.com
天猫1店：https://njcbcmjtts.tmall.com/　　天猫2店：https://nanjingchubanshets.tmall.com/
联系电话：025-83283893、83283864（营销）　025-83112257（编务）

出 版 人：项晓宁
出 品 人：卢海鸣
责任编辑：朱天乐　凌　霄
装帧设计：王　俊
责任印制：杨福彬

排　　版：南京新华丰制版有限公司
印　　刷：南京爱德印刷有限公司
开　　本：889毫米×1194毫米　1/16
印　　张：59.5
版　　次：2018年12月第1版
印　　次：2018年12月第1次印刷
书　　号：ISBN 978-7-5533-2452-4
定　　价：2000.00元（全二册）

天猫1店　天猫2店

四

技术协作

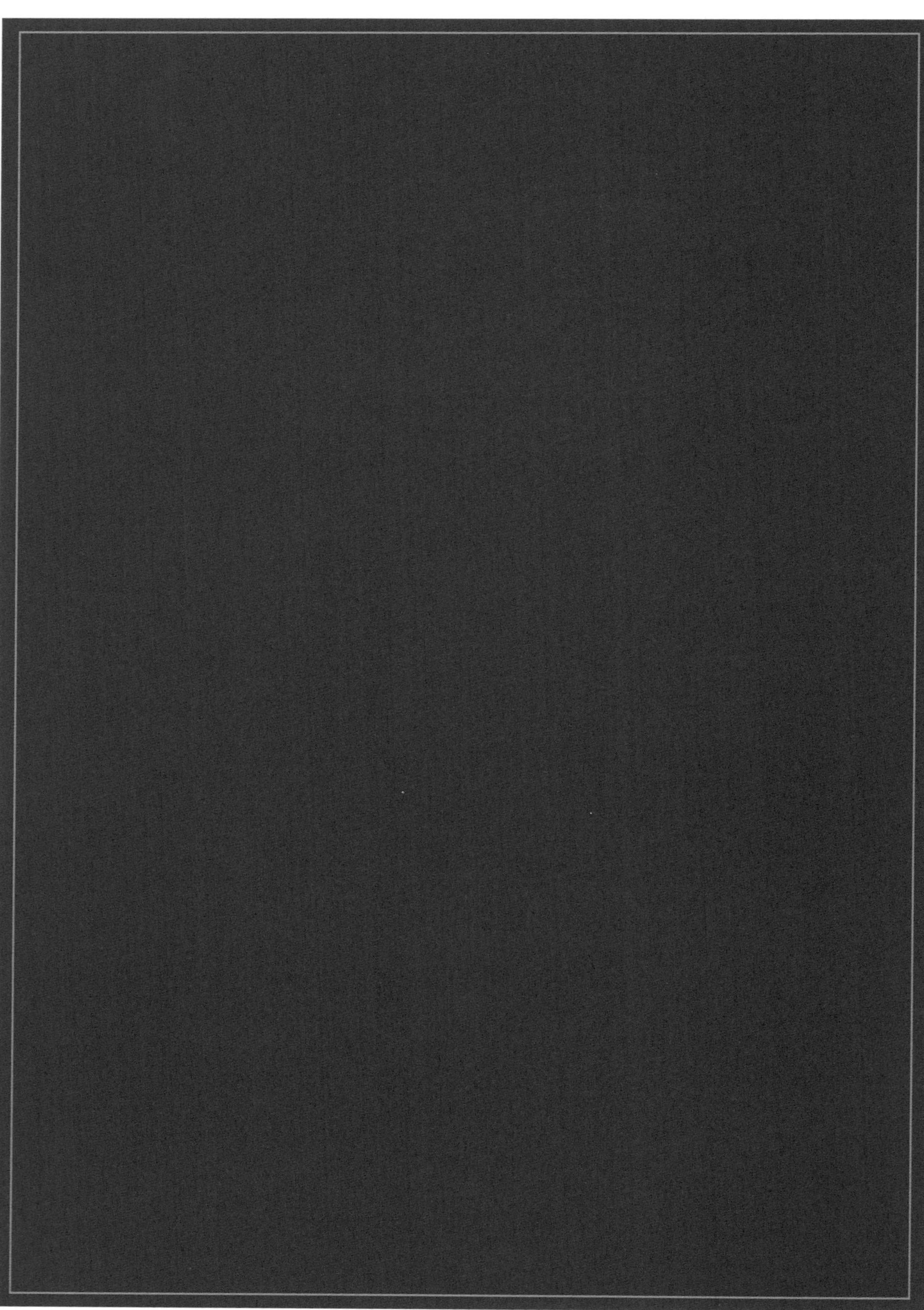

长江三大桥技术协作会议第二次大会材料

三大桥技术协作会議第二次大会議程

12月22日上午　开会詞

报告技术协作工作进行情况

下午
23日　}各方案报告

1.集中編制之方案～上部

2.　〃　〃　～下部

3.唐山鉄道学院

4.土建研究所

5.大連工学院

6.公路研究所及鉄道科学院

7.地質

8.南京工学院～美术方案

9.桥梁厂

24日　分組活动，研究資料，了解情况交换意見，准备小組发言

25日
26日上午　}按桥分組討論

26日下午　各組在大会上发言

27日　1.領导組集中研究提出建議方案征求意見

2.协作問題研究及下部工作討論

28日　大会总結

开会时間：上午八时半至十二时

下午二时半至六时

长江三大桥初步設計审查会議开幕詞　　大桥工程局長彭　敏

同志們：这次会議是根据10月下旬中国科学院技术科学部和鉄道部大桥工程局联合召开的长江三大桥科学研究协作会議召开的，上次会議集中了我国桥梁工程及有关科学研究与教育单位，使科学研究及教育与生产相結合，发揮了协作精神，为了准备初步設計提出了許多方案，这次会議范圍更为扩大，上次没有参加的单位，这次也邀請参加了，特别是江苏省委、安徽省委、南京市、蕪湖市也参加了，还有制造使用单位也参加了，上次会議务了虚解决了大协作思想問題及以速度为綱的方針問題，各单位都愉快踊跃的承担了研究項目，集体研究与个别专題研究相結合，五十天来，大家作了不少工作，地質組也作了进一步勘探工作，資料更多了，足以提供初步設計的依据。

同济大学、北京鉄道学院、唐山鉄道学院、南京工学院、天津大学、湖南工学院、一机部三局与勘測設計处进行了集体研究，提出了許多方案南京桥上部七个，下部三个，蕪湖上部七个，下部四个，宜都上部一个，下部两个，其他单位也提出了許多方案，唐山鉄道学院：上部四个，下部一个，大連工学院：南京桥上部五个，蕪湖桥上部四个，土建研究所上部五个，黑色冶金設計院罗英先生提了一个，鉄道科学研究院与公路科学研究所联合提了五个，总共三大桥上部有三十九个，下部有十个方案，南京工学院在楊廷宝先生領导下提出了各桥美术方案三十五幅，唐院提美术方案二幅，在武汉提美术方案三幅，各个专門研究項目已有初步結果的有11項，正在进行的有24項，总計完成了100項眞可謂百花齐放，这証明党的科研教育生产相結合的方針的正确性，这样初步設計的准备工作在任何桥梁史上也没有过，五十天来放了一个高产卫星，眞是丰富多彩，史无前例。

这次会議的任务領导小組研究了一下，是如何提出几个比較方案和一个建議方案，正确的說是在百花中挑出精华集中起来搞出几个切实可行符合多快好省的建議方案（一般是三个比較方案）供政府选擇，所以这次是更进一步的集体創作每个参加会議者，都負有这样重大的責任，也就是这次会議的目的。

这次会議要多一些时間来务实——对每个方案进行仔細認眞的研究，但还是应政治掛帅，以虚带实，以共产主义精神进行协作。我們不是資本主义式的投标，而是集体創作，所以无論对自己的方案别人的方案都要客观的認眞的挑出精华，无論挑选那个方案都是集体的創作，沒有选上也不是劳动白費了，沒有比較也得不出好的方案，每个方案都起了作用，挑选出来以后，我們还应协作进行技术設計工作，修建工作。

应該把这个工作看作非常有意义的工作，对提高研究、教育、生产都有意义，平常研究工作教学工作也不可能有这样多实际的資料現在許多方案一比，每人都是先生又都是学生，可以共同研究共同提高，特别是这次会議請了許多施工制造单位参加也是創举，不但有工程师也有丰富工作經驗的工人，如石景仁同志参加过修建南京輪渡碼头，高进德同志参加了天津金剛桥，他們都年近六十，他們参加討論，实踐經驗一定能丰富我們討論的內容，一定能提出許多問題，这是会議的一个特点，桥梁制造厂、桥梁机械厂也参加了，也可以听听他們的意見，使提出的方案更切实可行。

会議預計进行七天，完了进行初步設計，于一月十五提出，进行鑑定

这次会議怎样进行討論呢？主要方式是大爭大辯，爭辯才能得出眞理，对每一个方案既希望能提出优点也希望能指出缺点，大家不要以为这是教授作的就不敢提意見，应該不分彼此，打破任何顧虑，但也不要太謙虛，毛主席說謙虛是实际，应該实事求是，不認眞，有顧虑就爭不起来，不要模棱两可应該肯定方案的优缺点，如果不謙虛也得不出結果，我們总不能把三十九个方案，全送給政府，請政府自己去挑选。

討論的方式不妨活潑一些，报告时也可以提問題，能当时解答的就解答，或者用大字报公佈也可，这次分組主要是按桥分，得出各桥用什么样的上部結构什么样的下部結构什么样的美术方案等明确的結論，在中間也

可以組織些横的会作一些专門研究，提出問題交各桥小組，最后研究一下下一步怎样协作問題。

最后再明确一下会議的目的：(一)选出三大桥比較方案，提出建議方案
(二)在建議方案选定之后各协作单位商定下一步协作工作。

我想这次大会，在大家的共同努力之下，一定能开的很好，完成我們这次会議的任务。

技术协作工作进行情况　　　大桥局李宗达工程师

一、第一次技术协作会議后至目前的工作概况

上次协作会議时确定編制比較方案有两种方式，一种是各参加单位集中在武汉作的，另一种是分散在各单位內进行的，至於研究项目，大致都是分散在各单位做的。分散作的比較方案到目前为止，提出文件的单位有：

唐山鉄道学院

黑色冶金設計院罗英先生

南京工学院

大連工学院

土建研究所

公路科学研究所与鉄道科学研究院合作

在武汉集中編制方案的，除大桥局外，有以下单位参加

同济大学	教师5人	同学5人
北京鉄道学院	教师8人	
唐山鉄道学院	教师2人	同学11人
南京工学院	教师1人	
天津大学	教师1人	
湖南工学院	教师2人	同学8人
一机部三局	工程师及技术員共7人	

在本阶段地質工作进行的情况

南京桥在正桥桥址中綫上鉆孔7个，另外两条輔助綫上鉆了5个孔。

蕪湖桥在广福磯桥址中綫上鉆孔共33个，其中在河槽內21个，在两岸引桥上共12个，四褐山方案鉆了9个孔。

宜都桥在桥址中綫上鉆孔13个，其中10个在正桥河槽內，3个在引桥上，另在輔助綫上鉆了7孔。

二、三大桥初步設計比較方案及研究題目及提出的情况：

比較方案　上部39个，下部10个，美术方案40張。

(一)在武汉集体提出的方案（包括同济大学，北京铁道学院，唐山铁道学院，南京工学院，天津大学来武汉人員及大桥局共同提出的方案）。

1.南京桥

上部結构

(1)160公尺伸臂梁　(2)190公尺連續梁

(3)220公尺連續梁　(4)甲、231公尺伸臂梁（两片主桁）

乙、231公尺伸臂梁（四片主桁）

(5)160+176+160連續梁　(6)220+280+220柔拱剛性連續桁梁

(7)192公尺柔拱剛性連續桁梁

下部結构

(1)管柱鋼鈑桩圍堰　(2)管柱高承台

(3)管柱沉井組合

2.蕪湖桥

上部結构

广福磯方案：

(1)160公尺伸臂梁　(2)200公尺連續梁

(3)231公尺伸臂梁　(4)甲、160+176+160公尺連續梁

乙、176公尺連續梁

四褐山方案右槽

(1)160公尺伸臂梁　(2)192公尺伸臂梁

(3)210公尺連續梁

四褐山方案左槽

(1)96公尺連續梁　(2)128公尺連續梁

下部結构

(1)管柱鋼鈑桩圍堰　(2)管柱高承台

(3)管柱沉井組合方案　(4)鋼桩沉井組合

3.宜都桥

上部結构：128公尺連續梁方案

下部結构　(1)沉井或中空管柱　　(2)3・0公尺管柱高承台基础

4.美术方案　共提出3張

(二)分散在各单位提出的方案

1.唐山鉄道学院提出南京桥四个方案

(1)242公尺三跨連續柔性拱　(2)240公尺三跨連續梁

(3)甲、192+264+192公尺連續梁 (4)180+240+240+180公尺連續梁

乙、216+240+216公尺連續梁

此外並提出美术方案2張・在基础上提出管柱及矽化土壤方案

2.黑色冶金設計院罗英先生为南京桥提出水下桥方案

3.南京工学院提出三大桥美术方案計有：

(1)南京12張　(2)蕪湖10張　(3)宜都13張

4.大連工学院提出南京桥5个方案蕪湖桥4个方案

南京桥

(1)130+260+130公尺三跨連續悬式梁

(2)192公尺二等跨平拉連續梁

(3)180公尺二孔簡支悬式梁

(4)192公尺伸臂柔性拱

(5)240公尺伸臂柔性拱

蕪湖桥

(1)130+260+130公尺三跨連續悬式梁

(2)192公尺二等跨平拉連續梁

(3)180公尺二孔簡支悬式梁

(4)192公尺伸臂柔性拱

5.土建研究所提出5个方案：

(1)250公尺空腹剛拱（分甲、乙、丙、丁四种形式）

(2)240公尺柔性簡支系拱

(3)240公尺刚性简支系拱

(4)120+400+120公尺悬式桥

(5)160+480+480+160公尺悬式桥

6.公路科学研究所及铁道科学研究院提出5个方案

(1)160公尺上弦再分式三跨連續梁

(2)160公尺下弦再分式三跨連續梁

(3)160+192+160公尺連續梁

(4)192公尺連續柔性拱

(5)160公尺米字形三跨連續梁

(三)个别研究的题目，接目前不完全的統計，結果如下：

1.已有初步結果的計11項

(1)桥梁建筑艺术問題　　(2)上部結构形式和跨度

(3)高强度輕質砼　　(4)公路桥面防水层

(5)大跨度預应力鈑梁　　(6)八卦洲的防护問題

(7)墩台是否考慮水浮力問題　　(8)3·0M鉆机設計

(9)船舶对桥墩可能的水平冲击力　　(10)深水潛水設备与技术

(11)水上施工通訊設备

2.正在进行的有24項

(1)低合金鋼性能研究　　(2)鋼桥焊接研究

(3)防銹涂料研究　　(4)鋼平鈑桥面的研究

(5)鉄路桥面研究　　(6)高强度鋼絲力学性能

(7)确定冲刷縫及防止冲刷　　(8)确定基础承載力

(9)管柱合理結构的研究　　(10)管柱管桩預应力研究

(11)裕溪口浦口承载力研究　　(12)未达岩层大管柱群承载力研究

(13)管柱沉井联合作用下荷載計算　　(14)土壤加固

(15)深水灌浆問題　　(16)淤泥上建筑高填土路基問題

(17)管柱内挖泥机械　　(18)管柱通过卵石及粒土的施工方法

(19)管柱起吊、导向、下沉等問題　　(20)沉井及围令的稳定进一步研究

(21)長鋼鈑桩的起吊，捶打与拔出的研究　　(22)施工場地[illegible]

(23)高强度螺栓研究　　(24)引桥的形式研究

(三)本次到会情况

共計到会单位有

(1)江苏省　(2)安徽省　(3)鄂西工委　(4)南京市

(5)蕪湖市　(6)南京建桥委員会　(7)中国科学院技术科学部

(8)綜合运輸研究所　(9)力学研究所　(10)地質研究所

(11)建筑科学研究院　(12)土建研究所　(13)水利科学院

(14)公路研究所　(15)鉄道科学研究院　(16)一机部三局

(17)長办　(18)清华大学　(19)同济大学

(20)湖南工学院　(21)天津大学　(22)大連工学院

(23)南京工学院　(24)鉄道部技术委員会　(25)山海关桥梁厂

(26)沈阳桥梁厂　(27)丰台桥梁厂　(28)兰州鉄道学院

(29)北京鉄道学院　(30)唐山鉄道学院　(31)桥梁学院

(32)鉄道部第四設計院　(32)合肥鉄路局　(34)大桥工程局

共３４个单位

出席人数共計１２７人

列席人数共計１１５人

总　計２４２人

(四)蕪湖長江大桥的桥址問題

蕪湖長江大桥之桥址，初步設計原用广福磯方案，５８年９月又組成工作小組到現場查勘，因考虑此方案存在引桥太長及正桥跨过断层的問題故认为四褐山方案还有同时进行研究比較之必要，並經报部备案，所以在上次科学技术协作会議上，討論蕪湖長江大桥时，包括四褐山与广福磯两个桥位，經过这一个多月的搜集資料並加以研究，說明两桥位建桥均有可能，为了照顾省市工业规划，故拟建議採用广福磯方案为桥址方案，在这

次燕湖桥初步比较方案工作中，重点放在广福矶方案。

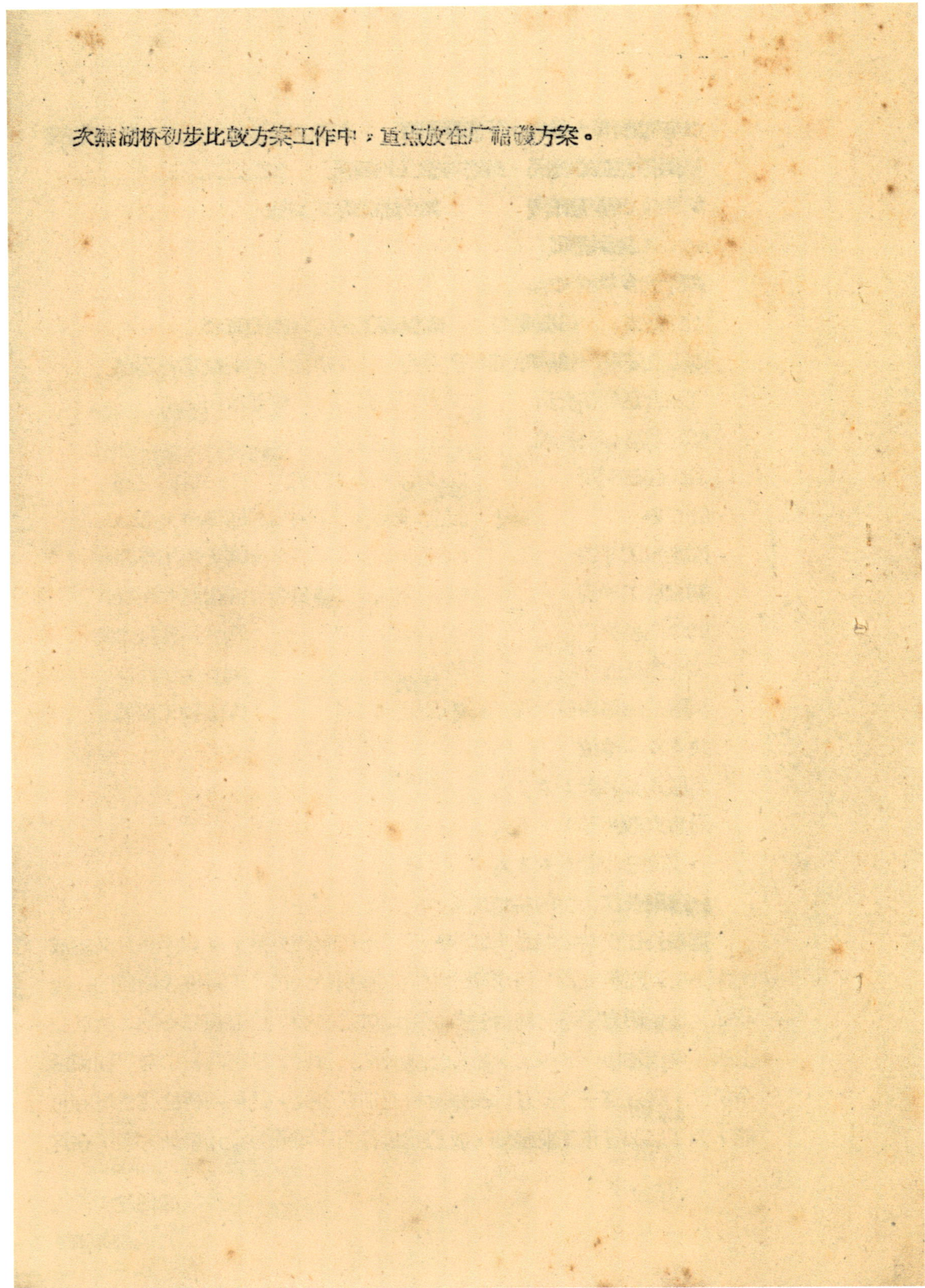

長江三大桥比較方案的介绍

(一) 关于上部结構方案的介绍

(1) 本年8月20、21日，铁道部召开了長江大桥的会议，对以下问题，作了討論：

1. 鋼料：可供应ST52号合金鋼的国产材料

2. 铁路荷重：双线中-24级，上下部结構同（長跨度桥定可达中-36级）

   公路荷重：四車道，汽13，用拖60^T校核（宜都桥汽-18，拖80^T）

3. 桥面佈置：提出了三種可能的佈置：(1)上层公路，下层铁路；(2)公路中穿，下层铁路；(3)铁公同层

2. 关于南京桥、芜湖桥到目前收到了八个方案，我们作了一些简略的研究，提出一些概念，供会议及進一步设计的参考（见挂图）

1. 第一方案：跨長160^m伸臂梁，主要目的是利用武漢大桥的制造设备（机器样板）和安装設备，同时避免了与武漢桥的简单重复，过于单调。

   此外，亦可利用伸臂梁的比例，控制弦杆应力均匀。並考虑到南京有一部份打桩不能做到至岩层，伸臂梁比較合適些，伸臂缺点是安装应力与永久应力不相配合，需要增大杆件截面。

   第二方案：跨度長164.5^m三跨連續梁，主要目的是采用常用 (1)

编号 503-2(5)-24

的三角形桁架，以变化桁高来适应应力的变化，希望达到简单、美观、经济的要求，但在三联相接处是平弦，外观欠美观。

3. 第三方案：跨長 160^m 平弦連續梁，目的是希望通过调整反力的措施，均匀杆件应力，以最简单的布置，便利制造和安装。

缺点如用 16^m 桁高安装有困難；如用 20^m 桁高则不能利用武汉桥固定樣钣另外外形和武汉大桥一樣，过于单调。

4. 第四方案：跨長 184^m 繫拱，目的在于研究這一类型常见的長跨梁，用在長江大桥的效果。初步发现，由于杆件斜度不同，制造时恐難以利用机器樣钣這个简单有效的制造方法。

5. 第五方案：跨長 176^m 结合梁，目的在改善上述繫拱方案的细节，可以部分利用机器樣钣制造，但在安装上有些困難。

6. 第六方案：跨長 160^m 左右的两跨連續梁，目的在使桥梁有較好的外观，同时使其不在应力及制造上产生不利的后果。初步研究安装較一般連續梁複雜，但是可以採取一些措施（如利用本梁杆件或桁梁上部吊杆杆件临时加高梁端平弦及平衡梁部份）加以克服。

7. 第7方案：刘恢先所长提出的跨长200M系拱，拱肋高4M，以钢作盒子中填石，初步估計需用1000级合系桿用高强度钢丝作成並作为加劲桁的弦桿，桥面系用钢与钢材的结合断面。

不用支座使梁与桥墩直接相联，温度伸縮由拱矢高低調节。

8. 第8方案：钱令希教授提出桁式与第六方案相似将桁梁上部剛性吊桿改用高强度钢丝代替成为悬索式（直通至桥全长），使全桥成为一体应力分佈較好並便利安装。一般悬索桥缺点在于中部撓度不够，但是本桁式由于中部加有桥墩，可以克服，同时每孔跨度可增加到240公尺。

(Ⅲ) 做桁式方案中已发现的一些问题：

1. 跨度问题：航行净宽要求是120M，用St52低合金钢按一般跨长和桁高直线比例为最大断面和武汉相当，跨度在160～170M之间，更大跨度在供应材料，组合桿件，製造安装上会有一些困难，需要進一步研究采用新技术加以克服。

2. 桥面佈置：公路上系相差約14公尺，以4%坡度計引（見桥每端约增长350^M。

公路中穿：路面布置不便，桁高在20^{M}以上时方可考虑。

公路与铁路同在一层：伸臂端问题不大，有先例，但对主桁竖刚性的影响和公路使用效率需要考虑研究。

(Ⅳ) 在上部结构設計中急待解决的问题：

1. St52 低合金鋼的設計規程的拟定问题，如何使德国合金鋼規程与苏联 $HЛ_2$ 合金鋼規程的配合问题。
2. 輕質石路面和防水层的问题：以武漢桥在32^T/M（每桁）（其中活俑恒俑各佔約一半）中，公路之面部即佔6.4^T/m左右，如能采用轻质石路面及取消防水层在节約鋼料上有很大意义。

(Ⅴ) 宜都桥上部结构桁式：七月中由于要求甚急已由鉄道部按武漢大桥三联9孔訂了3号鋼的材料，我们这次看了桥址，也没有很大意見，是否需要变更，希望提出意見。

关於下部基础方案的介绍

1. 三大桥的地質水文方面均比武汉大桥複雜和困难，在敢想敢说的基础上為了抛磚引玉拳出了以下基础形式请给意見。

2. 所提8种基础形式基本上属於4種类型

第一種属沉井类型（包括1.2.3方案）

第一方案　完全是开口沉井，有些地方可以适合，如宜都有很深的卵石层，如冲刷容许想直接置放在卵石层上因自重的关係，這種基础不能沉得很深，不能普遍使用，同時浮运，定位都困难

第2方案　是沉井加管柱方案考虑沉井不能沉得太深，所以至一定的深度后，用管柱接深

第3方案　是装配式沉井加管柱方案，考虑沉井的接高，如用普通方法灌注，在长江風浪中在時间上都有困难，因此考虑用装配式方法接高，但接頭等都待进一步研究

第2種属锁口管柱类型（第4方案）

第4方案　　是鎖口管柱可以圈成一大圈并可以分成二小圈逐个下沉，再在管柱中鑽孔，這样可避免下沉井的困难，防水问题并可解决，但下沉管柱的傾斜及合攏等都存在有问題，有考慮把管柱先围成一圈加蓋设浮运至桥位，或在桥位上围成一圈加蓋设壳逐个下沉，這对要下沉很深也存在着问

第三種屬大管柱类型（第5、6、7方案）

第5方案　　大管柱方案想把武汉大桥管柱扩大到5.8 M，如在干江用的但在水深时重量大，起吊机具能力不足，震动打桩机能量也不够，同时也没有这样大的鑽孔机

第6方案　　大管柱加小鑽孔方案，主要是补上方案之不足，但起吊设備及震动打桩机等问题不能解决。

第7方案　　大管柱不下到岩层方案，如基底有足够承載力的卵石层，如冲刷许可则直接就放在卵石层上，但对各管柱如沉陷不均及有傾斜等问题要研究

第4种属武汉大桥相似的小管柱钢钣桩围堰类型(第8方案)

第8方案　　由於下游桥基礎比武汉桥深，考慮剛度问题，同時在鉆孔机及起重設備可能的情况下把管柱直径由1.55公尺改成2~2.5公尺，因為有武汉桥的經验這种方法可以实行，但水深围令深重量大其定位工作及下沉等问题，同時在冲刷前如河床較高则需分次下沉围令及钢钣桩，又需约50公尺長的鋼鈑桩，工序上也複雜。

3. 根据以上的对各项基礎情况的初步分析，初步有下列几点看法，请各方研究

(一) 南京桥浦口岸及蕪湖桥有引桥下卧层地質很坏，岩层深並有流砂层，基礎下到岩层有困难，如打桩过去江汉桥発生桩群下沉不均等问题，单桩承载力已够，但桩群発生沉陷，如何防止同类□□発生。

(二) 管柱在軟弱岩层中的承载力问题，在岩层中管柱鉆孔達到相当深度后其承载力如何决定，尤其是宜都桥岩层很弱，关係更大。

(三) 管柱下沉傾斜如何處理。

(四) 冲刷问題，河床冲刷线如何决定，尤其宜都桥在上游□□后的清水冲刷问题

(五)芜湖桥有些地方要通过30公尺多厚的粘土层,宜都桥也有很厚的大卵石层,如何处理.

(六)大型管柱的起吊,需要很大的起重机

(七)大型管柱内的钻孔,除冲击钻机,还有那些办法可用.

(八)斜管柱问题,滹沱河桥用过,有困难,但稳定性好,斜管柱钻孔已有一些经验,看来可能解决,但还需研究.

(九)管柱正下沉时容易发生破损或裂纹,如何施加预应力或其他办法

(十)南京芜湖初步钻探在接近岩面有一层卵石层,在下沉管柱时如何处理.

(十一)深水中潜水工作及设备.

(4)

南京市

长江三大桥初步設計比較方案

資料目录

本次长江三大桥初步設計比較方案由各学校研究单位，設計单位及大桥局提出。除已打印复制分装成册陈列于閱覽室外，特彙編成本資料目录，以供参考。为閱覽便利起見，兹拟出下列办法：

1、参加本次会議者均可凭出席証进入閱覽室借閱本目录所列資料。

2、为便于出席会議者更多閱覽，資料請勿携出閱覽室以外，閱后請归还原处。

3、閱覽时間由每日上午八时起至晚九时止。需要时可延长。

4、本資料目录按提出方案单位划分。

*　*　*　*

南京大桥初步設計（土建研究所部份）

說明书一本

計算书二本

設計图編号	图名
1	南京桥拱型桥式比較方案图
2	〃 实腹剛拱方案图
3	〃 〃 应力图
4	〃 〃 拱圈架設比較方案
5	〃 〃 安装示意图
6	〃 剛性桁梁柔性拱桁方案图
7	〃 〃 〃 安装示意图

設計图編号	图　　名
8	南京桥柔性系杆刚性拱桁方案图
9	〃　工程数量表

*　*　*　*

南京大桥初步設計（唐山鐵道学院部分）

說明书編号	名　　称
1	建筑艺术处理的說明
2	正桥上部結构說明书
3	第一方案正桥上部結构計算书及說明书
4	第二方案　〃　〃
5	第三方案　〃　〃
6	第四A、B方案正桥上部結构計算书及說明书
7	正桥公路桥面設計說明书
8	正桥下部結构設計說明书
9	引桥設計說明书

設計图編号	图　　名
1	建筑部分平立面图
2	透视图
3	第一方案总剖面图
4	第一方案正桥上部結构总图　(1)
5	〃　〃　(2)
6	第二方案总剖面图
7	第二方案正桥上部結构总图
8	〃　〃　施工示意图

設計图編号	图　　名
9	第三方案总剖面图
10	第三方案正桥上部結构总图
11	々　　々　施工示意图
12	第四A方案总剖面图
13	々　　々
14	第四A方案影响綫图
15	々　　々
16	第四B方案总剖面图
17	々　正桥上部結构总图
18	々　影响綫图
19	々　　々
20	々　　々
21	正桥桥墩基础图
22	鋼壳空壁合沉井比較方案图
23	桥墩基础施工示意图
24	正桥公路桥面佈置图
25	32Ⅱ引桥方案图
26	32Ⅱ公路引桥Ⅱ・T梁大样图
27	40Ⅱ引桥方案图
28	40Ⅱ公路引桥Ⅱ・T梁大样图
29	引桥桥墩图
30	引桥[illegible]图

*　　*　　*　　*

南京、蕪湖二大桥初步設計(大連工学院部份)

說明书編号	名称
1	三跨連續懸式方案
2	双跨連續平弦方案
3	双跨簡支懸式方案
4	伸臂式柔性系拱方案(甲)
5	〃 〃 (乙)

設計图編号	图名
001	第一方案南京長江大桥桥式佈置图
002	〃 蕪湖長江大桥第三桥址方案桥式图
003	〃 南京長江大桥施工示意图
004	〃 南京長江大桥綜合內力表
005	〃 三跨連續懸式方案杆件断面初步設計
006	第二方案南京長江大桥桥式佈置图
007	〃 蕪湖長江大桥第三桥址方案桥式图
008	〃 安装示意图
009	〃 主桁杆件断面及应力表
010	第三方案南京大桥佈置图
011	〃 蕪湖大桥佈置图
012	〃 安装示意图
013	〃 主梁断面初步設計
014	第四方案蕪湖長江大桥桥式佈置图
015	〃 南京 〃 〃
016	〃 杆件断面选擇
017	〃 CD段S上弦感应图

設計图編号	图名
018	第四方案H及CD段V感应图
019	〃 CD段M感应图
020	〃 內力分佈图
021	第五方案南京長江大桥桥式佈置图
022	〃 南京長江大桥施工示意图
023	〃 〃 〃
024	〃 南京長江大桥連工方案图

Д001	第一方案南京長江大桥三跨連續悬式方案
Д002	〃 南京長江大桥节点A的构造图
Д003	〃 南京長江大桥节点Г自錨裝置方案(1)
Д004	〃 〃 〃 (2)
Д005	〃 南京長江大桥塔架柱与桁架的联接
Д006	〃 南京長江大桥塔頂构造图
Д007	第三方案南京長江大桥自錨支脚的构造
Д008	第四、五方案悬跨与錨跨連接节点細部

* * * *

南京長江大桥初步設計(有色冶金設計总院部分)
文件一套(說明书及图8張)

* * * *

长江三大桥初步設計比較方案(南京工学院部份)

美朮方案造价 1份

美朮方案图 2 2張

南京长江大桥比較方案图目录

（大桥局部份）

图号	图名	数量	附註
02-0101	总位置图	1	
2	桥址平面图	1	
3	桥址流向图	1	
4	桥址河床断面变迁图	1	
5	历年水位漲落图	1	
6	桥址地区地質平面图	1	
7	桥址地質剖面图	1	
8	桥式比較方案图(一)	1	
9	桥式比較方案图(二)	1	
0110	桥式比較方案图(三)	1	
1	160公尺伸臂梁总佈置图	1	
2	160公尺伸臂梁安装示意图	1	
3	220公尺連續梁总佈置图	1	
4	220公尺連續梁安裝第一方案示意图	1	
5	220公尺連續梁安裝第二方案示意图	1	
6	231公尺伸臂梁（甲式）总佈置图	1	
7	231公尺伸臂梁（甲式）安裝第一方案示意图	1	
8	231公尺伸臂梁（甲式）安裝第二方案	1	

图号	图名	数量	附註
0119	231公尺伸臂梁(乙式)总佈置图	1	
0120	231公尺伸臂梁(乙式)安装示意图	1	
1	4跨190公尺連續梁总佈置图	1	
2	4跨190公尺連續梁安装第一方案示意图	1	
3	4跨190公尺連續梁安装第二方案示意图	1	
4	上部結构比較方案鋼料及鋪路面数量汇总表	1	
5	160公尺伸臂梁下部結构比較方案图(一)	1	
6	160公尺伸臂梁下部結构比較方案图(二)	1	
7	220公尺連續梁 231公尺伸臂梁 下部結构比較方案图(一)		
8	220公尺連續梁 231公尺伸臂梁 下部結构比較方案图(二)		
9	190公尺連續梁下部結构比較方案图(一)	1	
0130	190公尺連續梁下部結构比較方案图(二)	1	
1	鋼沉井設計图	1	
2	桥式比較方案图	1	
3	引桥总佈置图	1	
4	公路桥面佈置示意图	1	
5	引桥鉄路桥墩比較方案图	1	
6	引桥公路桥墩比較方案图	1	
7	浮运鋼沉井施工示意图	1	
8	管柱高承台施工示意图	1	
9	管柱鋼飯桩围堰基础施工示意图	1	
0140	浮运鋼沉井施工示意图	1	
1	管柱高承台施工示意图 比較方案	1	
2	引桥双层及分岔佈置图	1	

蕪湖長江大桥比較方案图目录

（大桥局部份）

图号	图名	数量	附註
03-0101	桥址地貌图	1	
2	四褐山方案桥址平面图	1	
3	广福磯方案桥址平面图	1	
4	水文曲綫图	1	
5	四褐山方案桥址河床变迁图	1	
6	广福磯方案桥址河床变迁图	1	
7	四褐山方案桥址流向图	1	
8	广福磯方案桥址流向图	1	
9	四褐山方案桥址地質剖面图	1	
0110	广福磯方案桥址地質剖面图	1	
1	160公尺伸臂梁桥式比較方案图	1	四褐山右槽
2	192公尺伸臂梁桥式比較方案图	1	〃 〃
3	210公尺連續梁桥式比較方案图	1	〃 〃
4	96公尺連續梁桥式比較方案图	1	〃 左
5	128公尺連續梁桥式比較方案图	1	〃 左
6	160公尺伸臂梁桥式比較方案图	1	广福磯
7	231公尺伸臂梁桥式比較方案图	1	〃
8	200公尺連續梁桥式比較方案图	1	〃
9	176公尺連續梁桥式比較方案图	1	〃
0120	160公尺伸臂梁总佈置图	1	
1	192公尺伸臂梁总佈置图	1	
2	231公尺伸臂梁（甲式）总佈置图	1	

图号	图名	数量	附註
03—0123	231公尺伸臂梁（乙式）总佈置图	1	
4	3跨176公尺連續桁梁总佈置图	1	
5	4跨200公尺連續桁梁总佈置图	1	
6	4跨210公尺連續桁梁总佈置图	1	
7	公路路面佈置示意图	1	
8	上部結构比較方案鋼料及鋪路面数量汇总表	1	
9	160公尺伸臂梁安裝示意图	1	
0130	192公尺伸臂梁安裝第二方案示意图	1	
1	231公尺伸臂梁（甲式）安装第一方案示意图	1	
2	〃 （〃）〃二〃〃	1	
3	〃 （乙式）安装示意图	1	
4	176公尺連續桁梁伸臂安装示意图	1	
5	200公尺連續桁梁安装第一方案示意图	1	
6	4跨200公尺連續桁梁安装第二方案示意图	1	
7	〃 〃 三〃〃	1	
8	4跨210公尺連續桁梁安装第一方案示意图	1	
9	〃〃〃〃二〃〃	1	
0140	160公尺伸臂梁下部結构比較方案图(一)	1	四褐山右槽
1	〃〃〃〃〃〃(二)	1	〃〃
2	192公尺〃〃〃〃	1	〃〃
3	210公尺連續梁〃〃〃	1	〃〃
4	128公尺〃〃〃〃		〃左
5	曹姑洲防护示意图	1	四褐山

圖号	图名	数量	附註
03-0146	160公尺伸臂梁下部結构比較方案图(一)	1	广福磯
7	〃 〃 〃 〃 (二)	1	〃
8	231公尺伸臂梁 〃 〃 (一)	1	〃
9	〃 〃 〃 〃 (二)	1	〃
0150	200公尺連續梁 〃 〃 (一)	1	〃
1	〃 〃 〃 〃 (二)	1	〃
2	〃 〃 〃 〃 (三)	1	〃
3	176公尺連續梁下部結构方案图(一)	1	〃
4	〃 〃 〃 〃 (二)	1	〃
5	〃 〃 〃 〃 (三)	1	〃
6	管柱高承台施工示意图	1	
7	管柱鋼鈑桩围堰基础施工示意图	1	
8	浮运鉛沉井施工示意图	1	
9	浮运鋼沉井施工示意图	1	
0160	鋼沉井設計图	1	
1	管柱高承台施工示意图比較方案	1	
2	引桥孔跨及分孔佈置图	1	
3	引桥鉄路桥墩比較方案图	1	
4	引桥公路桥墩比較方案图	1	

宜都長江大桥比較方案图目录

（大桥局部份）

图号	图名	数量	附註
04-0101	总位置图	1	
2	桥址平面图	1	
3	桥址地区地质平面图	1	
4	桥址地質剖面图	1	
5	枝江水文站水位漲落图	1	
6	桥址河床断面变迁图	1	
7	桥址地区流向图	1	
8	正桥鋼梁及安装示意图	1	
9	128公尺連續梁下部結构比較方案图(一)	1	
0110	128公尺連續梁下部結构比較方案图(二)	1	
11	128公尺連續梁下部結构比較方案图(三)	1	
12	引桥双层及分岔佈置图	1	
13	引桥公路桥墩比較方案图	1	
14	桥式方案图	1	
15	管柱鋼鈑桩围堰基础施工示意图	1	
16	浮运鋼沉井施工示意图	1	
17	浮运鋁沉井施工示意图	1	
18	管柱高承台施工示意图	1	
19	围令結构示意图	1	
0120	鋼沉井結构示意图	1	
21	管柱高承台施工示意图比較方案	1	

宜都長江大桥初步設計补充比較方案目录

（大桥工程局部分）

說明书　　1本

图紙：

編号	图名	張数
04-0122	补充桥式比較方案图	1
04-0123	128公尺連續梁下部結构补充方案图	1
04-0124	3·0公尺管柱高承台基础施工示意图	1

蕪湖長江大桥初步設計补充比較方案目录

（大桥工程局部分）

說明书　　1本

图紙：

編号	图名	張数
03-0165	补充桥式比較方案图	1
03-0166	160-176-160公尺連續梁下部結构方案图	1
03-0167	3·0公尺管柱高承台基础施工示意图	1

南京長江大桥初步設計补充比較方案目录

（大桥工程局部分）

說明书　　1本

图紙：

編号	图名	張数
02-0143	补充桥式比較方案图(一)	1
02-0144	160-176-160公尺連續梁下部結构方案图	1

編号	图名	張数
02-0145	3.0公尺管柱高承台基础施工示意图	1
02-0146	补充桥式比較方案图(二)	1
02-0147	柔拱剛性連續桁梁方案总佈置图	1
02-0148	柔拱剛性連續桁梁安装示意图	1
02-0149	柔拱剛性連續梁下部結构方案图	1

192M柔拱剛性連續桁梁比較方案：

說明书　1本

图紙：

編号	图名
02-0150	192M柔拱剛性連續桁梁总佈置图
02-0151	192M　〃　安装示意图

☆*☆*☆*☆*☆*☆*☆*☆*☆*☆*☆*☆*☆

南京長江大桥

初步設計比較方案說明

☆*☆*☆*☆*☆*☆*☆*☆*☆*☆*☆*☆*☆

鉄道部大桥工程局

1958年12月15日 武汉

序言

南京長江大桥北接津浦鉄路，东南接沪宁鉄路，西南接宁蕪鉄路。1956年鉄道部对于下游長江大桥进行了初步勘测，拟定了南京与蕪湖两地区的桥址方案。

1958年6月，中共江苏省委提出二五計划貨运测算，考虑到将南北运河可以担負的4000万吨运量除外，每年必須經由浦口过江的貨运数量如下：

主要物資	1959年	1960年	1961年	1962年
一、江苏省				
1、煤炭	550	1,200	1,700	2,000
2、建筑	300	500	650	850
3、粮食	40	120	150	200
4、木材	10	35	40	50
5、其他	300	545	860	1,100
共計	1,200	2,400	3,400	4,200
二、上海市				
1、煤炭	710	……	……	1,000

以上数字单位以万吨計

上表仅列去上海市方面的煤炭运量，其他物資从略。60及61两年去上海市方面的煤炭，估計当在710～1000万吨之間。假定60年去上海市煤运仍为710万吨，則全年过江貨运已达3,110万吨，超过了南京火車輪渡的单向最大通过能力（以三只渡輪計算）1,400万吨。修建南京長江大桥，实属迫不容緩。

因此，鉄道部於1958年8月20日及21两日召請有关省市及部内外各部門开会討論下游長江大桥問題。会議（会議記录見鉄道部鉄基[illegible]字第288号文附件）決定了以下三大原則：

一、同意两大桥的建議桥址方案，即蕪湖大桥采用广福磯方案，南京大桥采用宝塔桥方案；

二、同意两大桥都按公路鉄路两用桥設計，並考虑万吨海輪可以通过桥下；

三、大桥的修建应根据多快好省的方針來进行，並适当的考虑到城市需要及美观方面的要求。

此外，会議也确定了下列具体的設計条件：

一、鉄路采用双綫，鉄路載重于初步設計时，由設計单位提出研究決定；

二、公路按四車道設計，載重采用汽—13級，以拖—60檢算；公路两側各設寬1.5～2.25公尺的人行道。如公路在上层，人行道寬可用2.25公尺；如公路与鉄路在同一平面致使过長設計有困难时，人行道寬可考虑用1.5公尺，在設計时具体考虑；

三、桥下淨空——鉄道部建議桥下淨空按最高允許航行水位（此項水位由地方根据防汛要求通知鉄道部，水利部及交通部，以便按照进行設計）以上保留21公尺左右的高度进行設計，要求交通部商机械工业部将較大江海輪的桅杆烟筒柱等高度減低。能否照办，請交通部負責会同机械工业部研究，尽速通知鉄道部。

四、两大桥鋼梁的鋼料問題——决定采用CT—32合金鋼，並应全部由国内生产，报国务院批准后由鉄道部与冶金部会商供应协議。

五、江底隧道方案，由于造价貴高，需要时間長，故不采用。

我局即根据此次会議的各項決議进行初步設計。

第一章 总 则

(一)勘測設計工作的經过：

1956年鉄道部設計总局大桥設計事务所，对于南京与蕪湖两处長江大桥进行了初步勘探工作，並于1957年8月編制了設計意見书。根据是項設計意見书的資料，我局进一步佈置了初步設計的勘測設計工作。

南京市城市建設局对于市区大江南北两岸，均經測有詳細地形图，可以充分利用，无須另行測量。我局測量工作，仅限于桥址中綫三角网及大桥两端联絡綫的縱斷面图，工作量不大。

由于桥址地質情况比較复杂，可能有褶曲或斷裂存在，在初步設計中必須进行相当数量的鉆探工作，以資澄清。在我局鉆探力量尚未能集以前，先由南京市方面抽調一个机班与两部鉆机前來支援鉆探工作，于9月23日开始。嗣后由局陆續組成四个机班並加發四部鉆机，加速进行。11月底初步鉆探工作結束。

水文測量，由我局商得長江流域規划办公室南京观測隊同意，代为測量桥址斷面，流速与流向。至于輪船行走綫，則由我局測量隊自行測繪。

南京長江大桥桥長与水深，均超过武汉長江大桥；而地質情况，亦比較复杂。由于两岸地勢低洼，引桥長度，勢将比正桥尤长。为了发动群众智慧，提高設計質量，並結合国家教育与研究为生产服务的方針，我局与中国科学院技朮科学部於10月21至23日在武汉共同召开了長江三大桥科学技朮研究协作会議，广泛地交换了对于桥式方案的意見，提出了一系列的有关設計方面的技朮研究項目，成立上部結构、下部結构、总体与施工四个組对于各項問題进行深入研究。各組於11月底提出初步意見，本桥初步設計，即系根据各項研究結果而提出。

(二)已完成的勘測工作

本桥已完成的初步勘測工作如表一1。

表一1 已完成的勘測工作統計表

工作項目	单位	完成数量	附註
三角点	个	7	
基綫	公尺	1，520	
桥头联絡綫纵断面	公尺	5，772	
輪船行走綫	条	4	
地質鉆探	公尺		
河床断面	个	2	南京观測队代測
流速（垂綫）	条	12	
流向	測次	16	南京观測队代測

㈢水准基点与三角点的体系

本文件所附各項图紙，一律採用吳淞零点作为各項标高的水准基点。桥址三角网的各三角点均与長委会的三角点相联接。

㈣綫路等級及載重等級

联接於南京長江大桥之津浦、沪宁、宁蕪三綫，均为Ⅰ級干綫。

鉄路載重，考虑到将來1－5－1型大机車，上下部結构均採用中－24級活載。

第二章 桥址附近的自然地理情况

㈠河川的地理情况

長江为我国第一大河；发源於青海西部位置为东經90°－50′，北緯34°－01′处。自发源地至海口長約5，800公里；至南京5，400公里。長江汇水面积到南京止，为1，745，000平方公里。宜宾至至上海，長約2900公里，終年輪船可以通航。

㈡桥址处河川的描述

下关一带江面最窄，寬度为1，100公尺。惟江水深，河床底最深达标高－34.0公尺；江流急，冲刷两岸甚剧，防护南岸則冲北岸，防护北岸則冲南岸，河道頗不稳定。

宝塔桥南京长江大桥桥址处江流已經脫离瓶口，江面寬度扩展为1，500公尺，江流緩和，河床底最深为标高－23.0公尺，两岸冲刷甚微，河道稳定。

在桥址下游約2.8公里处江中出現一大沙洲（七里洲），将大江分为南北二漕，主流走南漕。因此，江流在桥址处即偏向南流，与桥位中綫的垂直綫形成最大約为15°的傾角。但根据观測，桥位中綫与大型輪船的航行綫接近垂直，流向傾角虽稍嫌大，尚不影响通航。且本桥各种比較方案，採用跨度均在160公尺以上，考虑到流向傾角15°，淨空寬度亦足敷120公尺的航行要求。

(三)桥址附近的气象条件

1.降水量

根据1905～1936及1946～1954的記录，南京全年平均降水量为995.3公厘，全年最大降水量为1915年的1621.3公厘，24小时內最大降水量为1931年7月24日的198.5公厘。

2.风向风速

根据1929～1936及1951～1953的記录，南京最多风向为1935年11月頻率为35%的北北东。另根据1929～1936及1951～1955的記录，南京最大风速为1934年7月的27.8公尺/秒。

3.气溫

根据1922～1936及1946～1955的記录，南京最低气溫发生在12，1及2月間，最低为1955年1月的－14.0℃；最高气溫发生在7，8及9月間，最高为1934年7月的43.0℃。

㈣地震資料

根據中国科学院地球物理研究所1956年对于南京地震烈度鑑定意見：南京地震烈度，宜作Ⅶ度考慮。

第三章　桥址地区的水文勘測資料

㈠历年水位特征

南京水位記录有1912～1937及1947～1955共35年的資料。在这些年代中，有下列水位特征年：

表一2　南京水位特征年

水位特征年	年	月	日	水位标高
洪水最早的一年	1914	6	28	7.84
洪水最晚的一年	1952	9.	24	8.26
洪水最高的一年	1954	8	17	10.22
洪水最低的一年	1928	9	2	6.91
普通水位最高的一年	1935	1--4，12		6.00
普通水位最低的一年	1918	1—3		3.50

㈡計算水位及流量

根據新近蒐集的資料，重新进行計算，算得南京長江大桥的計算水位及量列於表一3

表一3　南京大桥的計算水位及流量

周　　期　　性	水位（公尺）	流量（公方／秒）	附　　註
一百年周期	9.81		
三百年周期	10.02		
历史观测最大的一次	10.22		1954年

由于实际观测的水位及流量大於計算水位及流量，本桥採用1954年的水位及流量进行設計。

㈢水流速度及河流坡度

当水位为設計水位（1954年观测的洪水位）时，桥位中綫的平均流速为2.36公尺/秒。

桥址处水面坡度一般为0.02～0.03‰。

㈣航行水位

按照苏联1952年公佈的HCП103—52号标准通航水位計算办法算得南京計算航行水位为10.10公尺。另外根據鉄道部与交通部协商的結果，最高允許航行水位可以自計算航行水位降低2公尺，即10.10—2.00=8.10公尺。**

㈤通航淨空

桥下通航淨空，寬度已經在設計意見书中取得交通部同意，採用120公尺。高度問題，經鉄道部与交通部一再协商，最后确定为在最高允許航行水位8.10公尺之上26公尺。**

㈥冰冻情况

長江在南京一带終年无冰冻情况。

第四章 地质概况

㈠桥址的工程地质特征

桥址附近左右两岸地形較为平坦，两岸河槽坡度亦較平緩，江底与江岸高差31米左右，河槽及两岸桥头的地层結构ㄇK99+00——ㄇK108+00段的复盖层，由砂粘土、細砂、粗砂、砾砂和园砾砂土壤层构成在細砂层中夹有砂粘土和粗砂的透鏡体，ㄇK108+00——ㄇK116+00段的复盖层主要由不稳定的細砂构成間夹一些厚度不大的砾砂、粗砂、中砂的透鏡体。

**見附件六

河槽及两岸及两岸桥头基岩埋藏深度相差不大，在标高—51——69公尺范圍內变化岩层傾角25°—85°，□K99+00——□K110+00段基岩系老第三紀浦口层之砂岩頁岩和砂頁岩互层的岩层其力学強度稍差砂岩极限抗压強度估計为200——400公斤/平方公分，頁岩为60—100公斤/平方公分，□K110+00——116+00段基岩系老第三紀浦口砾岩和角砾岩层其力学強度較高砾岩的极限抗压強度一般在230—538公斤/平方公分（飽和状态下）低者（指桥址中綫言）95—130公斤/平方公分。

角砾岩极限強度一般在300—450公斤/平方公分低者210—240公斤/平方公分。桥址附近的地質构造較为复杂，勘探中在C12孔处遇到了断层該断层破碎带可能穿过桥址中綫，除此河槽中可能还有另外的构造破碎带 通 过桥址中綫需要在下一步勘探中确定。

(二)桥址的工程地質評价：

根据河槽两岸的地形特征，河槽及两岸桥头的复盖层的厚度和性質与基岩頂的形态和岩石力学強度从地質的观点看在該处建桥是适宜的，而且是可能的，致桥址处可能出現的构造破碎带待下阶段詳细勘探确定后，設法解决。

第五章 桥式比較方案

(一)上部結构的研究

1.設計标准

本桥正桥全长約1520公尺，在比較方案中桥式考虑了連續梁与伸臂梁二大类，全是鋼桁梁。

材料主桁部份（231公尺伸臂梁的悬孔除外）及桁寬15.5公尺的鉄路橫梁採用ST－52低合金鋼，其他桥面系，联接系，檢查設备及工作人員走道等，採用3号桥梁鋼。

基本容許应力，3号桥梁鋼按1400公斤/公分^{2}計，ST－52低合金鋼因尚无規程規定，暫按2100公斤/公分^{2}計。

設計規程採用如下：

1951年12月鉄道部頒佈的鉄路桥涵設計規程；

1956年鉄道部頒佈的鉄路桥涵設計規程第三章修訂版；

1956年交通部頒佈的公路工程設計准則。

其中ST－52号低合金鋼除容許应力外，均比照НЛ－2低合金鋼的有关規定办理。

公路桥面採用輕質合，容重按1.5吨/公尺^{3}計。取消原有的防水层及保护层，仅在鉿版上噴一层聚氯乙烯以資防水。摩擦层厚4公分（詳見02－0134图）。採取这一措施，估計每延公尺可減少重量3.7吨，減少全部恒載的14%。

2.各比較方案概述：

(1)190公尺連續梁

全桥由二联四孔190公尺等跨連續梁組成，共长1522公尺。

桁高19公尺，每节間長9.5公尺，菱形桁式，在中間支点附近加上加勁杆，桁高增至42公尺。二主桁中心距为10公尺，鉄路与公路均为下承式，公路桥面安設在主桁外側的托架上，如公路改为上承式，主桁中心距将增至15.5公尺，增加钢料約2000吨(詳見02—0121号图)。

杆件最大主应力为+3333吨(耐劳强度折減后相当於3560吨)最大截面为2016平方公分，与武汉長江桥最大截面同最重杆件为29吨(安装时包括节点鈑等共約44吨)。最長杆件23公尺。

安装考虑了三种方法。

第一种安装方法是利用一端孔作为滿佈式脚手梁，先将該孔略加改短在岸边拼好后，利用預先做好的碼头，托置到浮船上，将梁浮运至二墩間並擱置在桥墩承台上的临时支架上，即作为拼装該孔的滿佈式脚手梁等一孔梁拼装完毕后，再用浮船将脚手梁浮至下一桥孔，繼續拼装。最后一孔拼装时修建一临时墩，用半伸臂拼装。在这一种安装方法中，也可以不利用端孔，而是另制滿佈式脚手梁，这样最后一孔，也能在脚手梁上拼装，而毋需修临时墩和用半伸臂拼装。

第二种安装方法是伸臂安装，伸臂171公尺后，便支承在迎安装方向的下一个墩墩旁所安設的临时托架上，托架伸出19公尺。

第三种安装方法是在水中修建临时墩，鋼梁伸臂114公尺后便支承在临时墩上，繼續向前伸臂安装。

临时墩由4根直徑3.6公尺鋼管柱組成，下沉至岩层，上安置万能杆件組成的鋼塔架，岩盘最低处临时墩高达90公尺。

第一种与第三种安装方法的安装应力不控制設計，第二种安装方法的杆件最大安装应力換算为主应力后为3410吨。(安装步驟詳見02—0122及0123号图)。

边孔跨中最大活載撓度为19公分，为跨長的千分之一，符合規程要求。

(2)220公尺連續梁

全桥由二联二孔220公尺等跨連續梁及一联三孔220公尺等跨連

续梁组成共长1544公尺。

桁高22公尺，每节間長11公尺。桁式为再分三角形，在支点附近加下加勁弦杆，桁高增为42公尺。二主桁中心距15.5公尺，鉄路为下承式，公路为中承式。（詳見02－0113号图）。

杆件最大主应力为4619吨。最大截面为2568平方公分，比武汉長江桥的最大截面增加28%。最重杆件41吨（安裝时連节点飯等共約重61吨）。最長杆件为31.1公尺。

安裝方法考慮了二种。

第一种安裝方法是在水中修建临时墩，鋼梁伸臂132公尺后，便支承在临时墩上，継續向前伸臂安裝。

第二种安裝方法是在伸臂末端上弦杆44公尺長度范圍內，加高强度鋼絲，在安裝过程中逐步增加拉应力至1000吨，伸臂176公尺后，便支承在迎安裝方向的下一个桥墩旁所安設的临时托架上，托架伸出44公尺。

临时托架用万能杆件組成。临时墩結构同190公尺連續梁方案的临时墩。

第一种安裝方法最大安裝应力换算为主应力后为3660吨，第二种安裝方法为4130吨。（安裝步驟詳見02－0114及0115号图）

跨中最大撓度未超过容許数值。

(3)160公尺伸臂梁

全桥除二端孔跨度为120公尺外，中間8孔均为160公尺，全桥总長1520公尺。

桁高16公尺，每节間長8公尺。菱形桁式，在支点附近加下加勁杆桁高增为32公尺。二主桁中心距10公尺，鉄路为下承式，公路为上承式，除加勁杆部份外，桁式及主要尺寸与武汉長江桥完全一致（詳見02－0111图）。

杆件最大主应力为－2690吨及＋446吨（耐劳强度折減后相当於3460吨），最大杆件截面为2016平方公分，与武汉長江大桥的最大截面相同。最重杆件为25吨（安裝时連节点鈑等共約37吨），最長杆件18.9公尺。

安裝考虑了二种方法，都是伸臂安裝。

第一种安裝方法是伸臂128公尺后便支承在迎安裝方向的下一个桥墩旁所安設的临时托架上，托架伸出32公尺。

第二种安裝方法与第一方法相似，但伸臂144公尺后始支承在墩旁托架上，托架伸出16公尺。

临时托架用万能杆件組成。

第一种安裝方法，最大安裝应力换算为主应力后为2700吨，第二种安裝方法为3565吨（安裝步驟詳見02－0112号图）。

伸臂端最大活載撓度按第一种安裝方法設計时为16.6公分，为臂長的$\frac{1}{240}$，超过容許撓度24.8%；按第二种安裝方法設計时为15.2公分，为臂長的$\frac{1}{264}$，超过容許撓度14.3%；

(4)231公尺伸臂梁

全桥除二端孔跨度为178.5公尺外，中間5孔均为231公尺，总長1512公尺。

桁高24公尺，每节間長10.5公尺，菱形桁式，但斜杆与弦杆交角不是45°，在支点附近加下加劲杆，桁高增为44公尺。二主桁中心距为15.5公尺，鉄路为下承式，公路为中穿式（詳見02－0116号图）。

主桁部份为了增加悬孔重量以減小錨孔跨中最大杆件应力起見，悬孔主桁材料採用3号桥梁鋼。

杆件最大主应力为＋4192吨，（耐劳强度折減后相当於4900吨），最大杆件截面为2655平方公分，比武汉長江桥的最大截面增加

32%；鉚釘最大握度为180公厘。最重杆件为40吨（安裝时連节点鈑等共約60吨）最長杆件为24.4公尺。

安裝考虑了二种方法。

第一种安裝方法是在水中修建临时墩，鋼梁伸臂147公尺后便支承在临时墩上，继續向前伸臂安裝。

第二种安裝方法是在伸臂末端上弦杆84公尺長度范圍内加高强度鋼絲，在安裝过程中逐步增加拉应力至950吨，伸臂189公尺后便支承在迎安裝方向的下一个桥墩旁所安設的临时托架上，托架伸出42公尺。

临时托架用万能杆件組成。临时墩結构同190公尺連續梁方案的临时墩。

第一种安裝方法，最大安裝应力換算为主应力后为2324吨，第二种安裝方法为3620吨（安裝步驟詳見02－0117及0118号图）

伸臂端最大活載撓度按第一种安裝方法設計时为19.1公分，为臂長的$\frac{1}{274}$，超过容許撓度9.4%，按第二种安裝方法設計时为17.3公分，为臂長的$\frac{1}{304}$，符合規程要求。

本方案由于跨度大，杆件应力及杆件截面太大，截面积超过武汉長江大桥的最大截面甚多，在制造、拼裝、鉚合方面都将增加很多困难，因此又考虑了四主桁的方案。

四主桁方案的跨度与二主桁完全一样。

桁高21公尺，每节間長10.5公尺菱形桁式，斜杆与弦杆交角仍維持45，在支点附近加下加劲杆，桁高增为41公尺。四主桁中心距各为6＋3＋6公尺，鉄路为下承式，公路为上承式，（詳見02－0119号图）

杆件最大应力为－2899吨，最大截面为1883平方公分，仅及武汉長江桥最大截面的94%，最重杆件为30吨，（安裝时連节点鈑等共約45吨），最長杆件为24.4公尺。

安装方法是根據四主桁的特点設計的，四片主桁同时伸臂安装８４公尺，便在伸臂端上弦上安装横向分配梁，再継續伸臂安装外側两片主桁１２６公尺至距迎安装方向下一桥墩２１公尺时便支承在墩旁的临时托架上，在托架上拼装至桥墩后，再用同样方法拼装內側两片主桁。在伸臂安装外側两片主桁时須用临时縱向联接系將二桁联起。最大安装应力换算为主应力后为２４００吨（詳見０２－０１２０号图）

伸臂端最大活載撓度为１９．０公分，为臂長的$\frac{1}{276}$，超过容許撓度８．６％。

当一側車道悬孔有車，另一側車道錨孔有車时，二側桁架在悬孔中点处相对之撓度达３８公分，在活动支座处之相对縱向移动达１３公分，两內桁架之間之联接极难处理，如不加以联接，則桁寬仅６公尺，仅及跨度的$\frac{1}{38.5}$，稳定性太差。

3. 各方案的比較

各方案可从下列各主要方面进行比較：

1. 鋼料

各方案鋼料数量比較表

桁式	安装方法	鋼 低合金鋼	炭鋼	总計	料 每延公尺
		吨	吨	吨	吨/公尺
190公尺連續梁	第一安装方法	16,000	11,300	27,300	17.9
	〃二〃〃〃〃	17,900	11,300	29,200	19.2
	〃三〃〃〃〃	16,000	11,300	27,300	17.9
220公尺連續梁	〃一〃〃〃〃	24,550	11,256	35,806	23.2
	〃二〃〃〃〃	25,630	11,256	36,886	25.2
160公尺伸臂梁	〃一〃〃〃〃	15,500	9,982	25,482	16.8
	〃二〃〃〃〃	17,350	9,982	27,332	18.0
231公尺伸臂梁(甲式)	〃一〃〃〃〃	18,360	16,360	34,720	22.9
	〃二〃〃〃〃	20,130	17,748	37,878	25.0
231公尺伸臂梁(乙式)		28,640	10,958	39,598	26.1

2.最大杆件截面

190公尺連續梁	220公尺連續梁	231公尺伸臂梁(甲式)	231公尺伸臂梁(乙式)	160公尺伸臂梁
2,016公分^2	2,568公分^2	2,655公分^2	1,883公分^2	2,016公分^2
与武汉長江桥相同	为武汉長江桥的128%	为武汉長江桥的132%	为武汉長江桥的94%	与武汉長江桥相同

3.能否利用現有設备制造桁梁

190公尺連續梁	220公尺連續梁	231公尺伸臂梁(甲式)	231公尺伸臂梁(乙式)	160公尺伸臂梁
仅能利用很少部份現有設备	仅能利用极少部份現有設备	仅能利用极少一部份現有設备	仅能利用很少一部份現有設备	可以利用大部份現有設备

4.技术复杂性

190公尺連續梁	220公尺連續梁	231公尺伸臂梁(甲式)	231公尺伸臂梁(乙式)	160公尺伸臂梁
比較簡单	比較复杂	复 杂	极复杂，桁間相对挠度与位移甚难处理	比較簡单

5.最大活载挠度

190公尺連續梁	220公尺連續梁	231公尺伸臂梁(甲式)	231公尺伸臂梁(乙式)	160公尺伸臂梁
为跨長$\frac{1}{1000}$，符合規程要求	符合規程要求	为伸臂長$\frac{1}{304}$，符合規程要求	为伸臂長$\frac{1}{276}$，超过$\frac{1}{300}$的要求	为伸臂長$\frac{1}{240}$，超过$\frac{1}{300}$的要求

6.桥墩高（公尺）

190公尺連續梁	220公尺連續梁	231公尺伸臂梁（甲式）	231公尺伸臂梁（乙式）	160公尺伸臂梁
31.0	10.5	11.0	11.0	15.0

7.以160公尺伸臂梁为基础，每减少一个水中桥墩，所增加之鋼料，安裝方法均按全伸臂計

桁式	鋼料（吨）	水中桥墩（个）	与160公尺伸臂梁方案比較		
			減少墩数 个	增加鋼料 吨	每減一墩增加鋼料 吨/个
190公尺連續梁	29,200	7	2	3,718	1,859
220公尺連續梁	36,386	6	3	11,404	3,801
231公尺伸臂梁（甲式）	37,878	6	3	12,396	4,132
231公尺伸臂梁（乙式）	39,598	6	3	14,116	4,705
160公尺伸臂梁	25,482	9	0	～	～

㈡下部結构的研究

(1)設計依靠和一般假定

1.各項基础均根據51年鉄路桥涵設計規范設計，並参照了下列規范：

(1)1956年公路設計准則。

(2)苏联“标准軌距桥涵設計技术准則（ТУПМ－56）”

(3)苏联“桥梁及涵洞新建及修复施工規程”。

(4)苏联交通部运輸設計总局“桥梁施工中临时結构設計之技术指示”

2.活載等級为中－24級与汽－13級；

3.岩层試件平均强度按300K /Cm^2設計，根據ТУПМ－56 §461，允許应力为71K /Cm^2；

4.一般冲刷綫标高为－42.0，局部冲刷綫为－45.0复盖层剩余厚度最小为5公尺，計算中均略去土壤約束影响；

5.外力計算中带管柱的沉井与承台位于卵石上时水浮力为100%，船撞力按“ТУПМ－56”§129計算，船長按我国自制万吨輪計为164.2M，南京地震等級在6級以下，不予考虑；

6.在所有的計算中均假定承台为理想剛体，管柱上下端剛性联結於承台及岩盘上，φ3.6与φ1.6管柱群，佈置較近，管柱剛度較大，考虑了承台轉动影响，φ2.0管柱由于承台轉动影响甚微，故略而不計；

7.鉆孔直徑按大鉆孔考虑。

φ2.0管柱，孔徑1.7M， φ5.6管柱，孔徑5.2M

φ3.6管柱，孔徑3.3M；

(2)各种基础类型概述

1.管柱鋼鈑桩围堰

管柱鋼鈑桩围堰方案之結构形式及施工方法与武汉長江大桥基本相同承台採用圓形，鋼鈑桩围堰所用鈑桩每块長达42M以上，須在工厂預先焊接。由于管柱自由長度过大，在初步設計中採用了φ2.0管柱，並在填心砼中配置鋼筋骨架以抵抗弯矩。本方案所需之施工設备亦多与武汉長江大桥相同，唯ϕ２．０管柱最大吊重約４０吨以上，可用２艘３０T吊船下沉。由于鋼圍令过重，須要在部份管柱下沉位置中安放浮筒。１９０公尺連續梁方案制动墩圍令过大，需用２艘８００T鉄駁做导向船，其施工步驟如下：(一)在岸边拼装圍令及导向船(二)安設錨碇設备及定位船，(三)浮运圍令至墩位，(四)下沉圍令至設計标高，(五)下沉定位管柱，(六)下沉管柱及插打鋼鈑桩圍堰，(七)吸泥，进行圍堰水下砼封底(八)管柱內鉆岩，安放鋼筋骨架，填充水下砼，(九)抽水灌注承台及墩身。

兹將計算結果列表如下：

支座情况		上部結构方案		
		160M 190M	220M 231M	190M
		制、活 活	（制 活）	制
管柱根数	根	30	35	42
承台直徑	公尺	21·6	22·4	24·4
管柱自由長度	”	26～30	26～29	26～28
鉆孔深度	”	4	4	4
控制外力組合		横向先車＋船撞力	横向先車＋船撞力	縱向＋制动力
管柱最大軸向力（主＋附）	吨	1500	1565	1530
管柱最大弯矩	吨－公尺	370	435	390
岩石应力	吨／公尺^2	660	690	670
鉆孔內水下合应力*	”	995	1100	1030

*加鋼筋40根 ϕ38

2.管柱高承台

管柱高承台方案系以管柱4～6根下沉至岩面，进行鉆孔，立鋼筋骨架，灌注水下仝，使与岩层結牢，頂部与鉛承台联結，由于管柱高达73公尺，为抵抗弯矩和減少桥墩变位起見，採用了φ5.6大管柱。承台系在吊箱圍堰內抽水灌注。为減少吊箱圍堰高度，将承台頂提高至最低水位（+1.58）以上，其标高为+7.50。圍堰抽水6公尺。其施工步驟如下：(一)在岸边用联結梁将导向船2艘联在一起，在船上安設200T可走行的龙門吊机及4个輔助吊点，吊机亦由У－И－К－М組成，(二)安設錨定設备及定位船，(三)就地拼装吊箱圍堰，(四)用龙門吊机及輔助吊点起吊及下沉圍堰。(五)插下φ1.0鋼管定位桩，将圍堰掛在定位桩上，使之脫离导向船，(六)用龙門吊机下沉φ5.6管柱，(七)在管柱內鉆岩、吸泥、下鋼筋骨架、灌水下仝封底，(八)在吊箱圍堰內灌注封底仝，抽水，灌注承台。

吊箱圍堰亦可在岸边拼装，与导向船一起拖运至墩位下沉，为減輕吊重，亦可考虑先将吊箱圍堰骨架（約重90T）下沉就位，再插木制板壁

本方案所用导向船为800T鉄駁。

計算結果如下表

		上部結构方案			
		160M	190M		220M 231M
支座情况		制 活	制	活	制 活
管柱根数	根	4	6	4	4
承台尺寸(長×寬×高)	公尺	18×16×6	24×16×6	18×16×6	22×16×6
鉆孔深度	公尺	4	5	·5	6
控制情况		横向无車+船撞力	纵向+制动力	横向无車+船撞力	横向无車+船撞力
管柱最大軸向力	吨	6940	9270	9020	9360
管柱最大弯矩	吨-公尺	6400	5950	5370	7240
岩石应力	吨/公尺^2	254	437	425	442
鉆孔内水下合应力	〃	+756 -379	868 -166**	+949 -261	+966 -204

負应力由最小M及最大M求得　　**由横向无車組合求出

3.管柱沉井組合

管柱沉井組合方案实質上为管柱高承台方案。由于复盖层厚达34M～65M，施工水面至岩面高达67公尺，直徑較大之管柱下沉及定位均有困难，沉井管柱組合可以起到以下三个作用：(1)下沉沉井吸泥，减少复盖层厚度，以便管柱沉至岩面，(2)沉井兼作下沉管柱之导向框，(3)减少管柱自由長度，以减小管柱內力矩，管柱沉井組合有鋼沉井及鉿沉井两种，其平面尺寸决定於管柱根数及墩身寬度。鋼沉井井壁高度决定於施工水深其高度須保証沉井入土稳定前井壁內部不进水。兹将其結构尺寸，制造特点及施工步驟，列述如下：

結构設計原則

鋼沉井：

甲、井壁为施工結构，施工完毕即失去作用，全部荷載均由管柱直接支承。

乙、井筒內不抽水，水压力仅作用於井壁上，井內支撑仅承受土压力不承受水压力，管柱由岩面直通上承台。

丙、沉井本身可浮起，不加底。

丁、井壁为双壁式，均由鋼鈑焊接。井壁以上为鋼撑架及鈑桩組成的箱形圍堰用以灌注上承台。井壁分节分片焊接，每片吊重約30吨。

鉿沉井：

甲、沉井即为桥墩基础之組成部份，上部反力經由沉井壁傳至管柱再傳至岩层。

乙、井筒在封底后抽水拆除，井內做为送桩部份的管柱。

丙、由于自重大，須加底方能浮起。

丁、井壁为实壁鉿，外模为鋼模內模及支撑为木模及方木。为减少支撑受力要求合早强。部份外模为可拆式。

結构尺寸

上部結构方案	鋼沉井				鉛沉井			
	160M	190M	220M	231M	160M	190M	220M	231M
頂节尺寸(長×寬)	21·2×12	21·2×16·6	21·2×16·6	21·2×16·6	10.6×19·8	16·2×19·8	15·2×20·4	15·2×20·4
底节尺寸(長×寬)	”	”	”	”	11·0×20·2	15·6×20·2	15·6×20·8	15·6×20·8

底节制造

鋼沉井～底节为双壁式空心井壁，高5公尺，每公尺約重22吨，每公尺浮力为103吨。在岸上制造，刃脚予注少量仝。

鉛沉井～底节高5公尺，在浮鯨組合体上制造，並予立上节外鋼模及內木模。在距刃脚底1．2公尺高处予設临时底，临时底上預留吸泥管。

底节浮运下沉

鋼沉井～由滑道滑入水中与导向船連在一起，拖至墩位錨固定位。在井壁內加仝並接高井壁，使之逐渐下沉。

鉛沉井～底节制成后，浮鯨內注水排气使之下沉。底节借临时底浮起与导向船連在一起，拖至墩位，錨固定位，注仝，接高井壁和外模，使之逐渐下沉。

接高井壁沉井下沉至河底

鋼沉井～用整块預制井壁連同井內支撑在工地拼焊接高，在壁內注仝下沉。

鉛沉井～先接高內外模，再注仝下沉。俟已打好之仝达到一定强度后在水下将外鋼模拆除。

沉井沉入河底至設計标高

鋼沉井～刃脚沉入河床，沉井站稳后，在井壁上接高支架，在壁內灌仝或塡砂，並在井內吸泥，連續下沉至設計标高。

鉛沉井～通过吸泥管在临时底下吸泥，接高外模，灌注仝，使沉井下沉，稳定后，先接高井壁仝出水面，在井內注水，拆除临时底，繼續下沉至設計标高。

吊插及下沉管柱

鋼沉井～将管柱吊起插入井筒，逐节接高下沉，用震动打桩机及射水管射水下沉至岩面。

鉿沉井～同鋼沉井。

封底及灌注下承台

鋼沉井～在管柱內鉆岩，下鋼筋骨架，灌注水下砼，並在沉井內灌注水下砼封底，管柱直通承台頂。

鉿沉井～管柱內鉆岩，下鋼筋骨架，灌注水下砼至封底砼頂，进行井內水下砼封底，然后井內抽水拆去做为送桩的管柱，灌注使管柱与沉井連接的鉿承台。

灌注上承台

鋼沉井～灌注箱形圍堰水下砼，抽水灌注承台及墩身鉿。

鉿沉井～灌注沉井封頂鉿及墩身。

鉿沉井底节除上述制造及浮运方法外尚可用船塢法，唯底节連上一节鋼模总重达１７００Ｔ，吃水达６．２公尺，所用船塢挖掘过深，在南京地区防水困难，如能改用鋼制底节，所用鋼料虽略有增加，但施工則簡便迅速得多。

鉿沉井原曾考慮用輕質砼，后因目前对輕質砼的質量及原料供应尚无把握，故留待以后施工設計阶段再行考慮。

採用管柱沉井組合方案在施工設計时如探明岩面較平或可以克服深水不平岩面之困难亦可将沉井沉至岩面。唯鋼沉井应在井內加筑鉿隔墙，鉿沉井則須根据計算，增加鋼筋和壁厚，当沉井沉至岩面时，应射水清除井內泥沙，然后即灌水下砼，或用短鋼管打入岩层鉆孔然后灌注封底砼使沉井与岩盘結牢。

只有在１６０公尺伸臂梁方案中的一号墩因水深在１０公尺左右，可能用筑島下沉之鉿沉井管柱組合，其他墩及其他桥式，均因水深，筑島方法不宜採用。

沉井管柱組合之計算結果如下：

		上部結构方案				
		190M		160M	220M	231M
		制	活	制、活	制、活	制、活
管柱根数 φ3·6	根	12	10	8	10	10
鉆孔深度	公尺	3	3	3	3	3
控制組合		縱向＋制动力	（横向无車＋船撞力）			
管柱最大軸向力	吨	4800	4720	4930	4600	4371
管柱最大弯矩	吨－公尺	1350	1378	1168	1720	1100
岩层应力	吨/公尺^2	564	553	580	540	510
鉆孔截面水下合应力	”	+947 −294	+895 −181	+912 −176	+895 −154	+823 −197

(3)基础类型的比較

本桥两岸河床复盖层較厚，約在41～65公尺之間。在此区段管柱无法直接下沉至岩面；而鋼鈑桩圍堰，则以吸泥过深，圍堰內安道撑环，並且鋼鈑桩長度过大，施工困难，均不宜採用。故全桥除研沉井管柱組合的方案外，仅在中間数墩进行了对于鋼鈑桩圍堰及大管承台两个基础方案的比較。

为簡便計，以下簡称鋼鈑桩圍堰方案为基础方案Ⅰ，大管柱方案础方案Ⅱ，沉井管柱組合方案为基础方案Ⅲ。

在三种基础类型中，方案Ⅰ施工方面較有經驗，有把握。但需用42公尺长的鋼鈑桩（每墩8000公尺）。此外，由于圍堰內吸泥受到施工技术上的限制，不能过深，封底合位置不能合理的降低，致柱自由長度过大，柱內由于局部弯矩而产生的合压应力高达150公平方公分，需配置大量受压鋼筋，加上圍令鋼料（每墩300～40一个桥墩用鋼料达1400T左右。

方案Ⅱ受力情况較好，但总高約70公尺的大型管柱穿过35公复盖层，在技术上缺乏把握。同时管柱內鉆孔直徑达5.2公尺，亦术上的困难。由于吊箱圍堰不能抽水过高，承台頂面須高出低水位，全桥的外观。在施工时，需用200T龙門吊机，亦較其他方案为大

方案Ⅲ，由于採用了沉井管柱接力的形式，沉井及管柱穿过的复均不甚深，既解决了沉井深入复盖层和正平岩面的困难，又使管柱容易。为了避免浮运上的困难，沉井以鋼制的較为合适。但鋼沉井多的鋼料（比鉿沉井每墩約多700吨），則是其缺点。

南京大桥初步設計方案說明书

（唐山鉄道学院）

报告人：唐院張万久

1958年12月22日

南京大桥初步設計方案总的說明（唐山铁道学院張牧教授）

同志们我現在代表唐山铁道学院出席这次会議的同志们向大会会報一下我们所进行的南京長江大桥的初步設計工作。

在上一次会議之后，我们回到唐院向領导上会汇報了会議情况，学院的党组织十分重視南京大桥的設計工作，經过考虑研究，組织了一个毕業班同学共35人和教师十一人，从十月底起至十一月廿日止共三週的時间，日夜不断地用突击方式，完成了我们所提出的初步設計方案的任務。同時，参加工作的同志们仍然以工作日本的時间进行煉鋼和煉铁的任務。

由於我们經驗缺乏，三星期的工作時间限制又比較緊，所以我们这工作上难免有很多疏漏的地方，我们誠懇地希望出席会議的同志们加以指正。

我現在分三部份來說明我们的工作：

1. 設計根据的几个原則
2. 設計根据的資料
3. 正桥方案比较說明

1. 設計根据的几个原則——由於津浦线运輸任務很緊張，浦口輪渡运輸能力不足，所以要以"快"为綱，把南京長江大桥迅速地建成。

南京長江大桥將为我国第一大桥，就基礎深度、水深和江面寬度來說世界上也实在罕見。因此，南京大桥的建築必須在"多、快、好、省"的原則上，作到莊嚴，朴素、經济、美观，在技术上赶过世界水平，以反映我国社会主义建設大跃进的時代背景。

从上述原則出發，我们首先認为桥梁的跨度应該大些，以便減少桥墩數目，从而加速施工进度，跨度大又可以便利通航，可以襯托出雄伟的江面。当然增大跨度，会使用鋼量增加，但可以从省去桥墩數目，节省工费和縮短工期來得到补償。例如使用160公尺連續梁時，用鋼量約为每公尺16吨，而当使用240公尺的连续的連合系統桥跨時，用鋼量为每公尺20～21吨，则全桥約多用鋼料4～5×1500＝6000～7500吨，照武汉長江大桥1500元/吨算，合9,000,000～11,250,000元，充其量不过相当於1～2个桥墩的造价，但由於跨度增大可以省去2～3个桥墩，在經济上当然可以得到补償，此外在施工時间，勞动力數量及下部结構所需施工机具方面，都可大量节約，这是符合於"多、快、好、省"尤其是以"快"为綱的原則的。

其次我们主张采用连续式的桥跨结构以保证全桥的整体性，使桥跨结构之抗破坏的潜力增大，我们不主张用悬臂梁，因为铰的构造复杂，刚性可能有问题，有人认为在战时可以把悬臂梁连结起来，以保证悬臂梁的整体性，但终究不如连续梁可以省去许多麻烦，因为它本来就是连起来的。

由於以"快"为纲，我们主张尽量利用武汉长江大桥已有的安装和制造设备，以缩短造桥的时间，我们作过各种腹杆系统（但比较觉得米字形腹杆系统）还是合用的，我们提出的正桥方案一律尽量采用米字形腹杆系统。

在好些大至超过240公尺的跨度中，我们也把杆件的截面尺寸，做得可以利用武汉长江大桥的制造设备

此外，在正桥上部结构，我们赞成使用52号钢，因为这是国产的低合金钢强度较3号钢高得多，可以减轻钢梁的重量。

关於公路桥面，我们建议使用200～250号轻质混凝土与公路桥面纵梁构成的结合梁，桥面重量估计只达5.2吨/公尺，比武汉长江大桥的减轻一半有余。

在下部结构方面，我们觉得广泛地采用管柱是合适的，不仅因为大型管柱是首先用於我国武汉长江大桥的先进基础结构形式，同时我国桥梁工作者们对它有丰富的施工经验，而且把管柱使用於建筑南京长江大桥还有许多其它基础结构形式所达不到的优点。然而，我们不主张完全仿照武汉长江大桥的施工方法，我们的方案是用六根3.6或5.8公尺的管柱作为桥墩的基础，管柱高出施工水位之后，再建造厚5公尺的承台，在其上建筑由两根8公尺空心圆柱构成的桥墩。在河床以上的管柱用一道或二道钢环箍住，使管柱的自由长度限於10公尺以下，河床的覆盖层建议用矽化法局部加固土壤，使六根管柱连成整体，所以桥墩的稳定性是没有问题的。此外我们还提出一个在钢沉井内下管柱的方案。

根据地形粗略估计，南京岸引桥约长1800公尺，浦口岸2000公尺

引桥最大高度达48公尺，加以引桥基础全为细砂，承载力不高，须用深基础，所以引桥跨度，不宜过小，我们的方案建议采用32或40公尺的跨度，这样的跨度与宏伟的正桥，也能很好的配合，由於引桥工程数量很大，所以经济问题及节省钢料问题需要特别注意，我们认为采用予应力钢结构是合适的，建议的公路桥面用门字形纵梁，铁路采用箱型梁，公路桥墩为双柱刚架，铁路桥墩为宽2.5M的空心墩，装配式重45T/M

在建筑处理方面，我们也本着庄严、朴素、经济美观的原则适当地反映民族风格，进行了初步設計。並力求反映出社会主义建設大跃进的時代特徵和大桥本身的宏大壮美，考慮到大桥应該以本身的结構形式作为主要的艺术表現力，因此在設計中不作过多的裝飾，力求在原有结構和使用要求的基础上，真实地反映出固有的结構形式並提高到建筑艺术水平上来。当然桥梁建筑应与城市建筑相調和，可惜我们不熟悉当地情形未能充分考慮。

2、設計根据的資料——我们根据大桥局供给的地形图和方案图结合上次会議上各有关負責同志提出的數据，进行了設計，若采用數据有不合实际的地方請大家指正，这些數据如下：

a、使用別：公路鉄路两用桥，鉄路双线，公路四线，公路、鉄路两側各設寬2.25公尺人行道，

Б、荷載：鉄路　中——24级　匀布荷載不小於8.0吨/公尺，

公路　汽13级（未用60T拖拉机桥算）

公路人行道　400公斤/公尺²

鉄路人行道　300　〃

（同時加載折減系數=0.75）

В、容許应力2000 kg/cm²

Г、因通航条件限制的梁底标高+34.10

Д、正桥全長：1422～1536公尺——根据大桥局的今年十月间提出的六个方案图正桥全長为1414～1520公尺，在我们提出的Ⅰ Ⅱ Ⅲ方案中，正桥全長各为1436、1443、1422公尺，第Ⅳ方案为1536公尺，由於正桥全長未有明確規定，所以后来大桥局来信要我们把桥長定为1520公尺的時候，我们提出将各方案的正桥全長各改为1518、1523、1520和1536公尺，我们希望对於正桥总長能作出合理的決定，估計正桥每公尺用鋼量约为18～20T，相差100公尺的桥長可使用鋼量增或減1800～2000吨，正桥全長与桥址附近河岸线的处理有关，从地形平面图上看，若将浦口岸的柳洲加以提高，1420公尺左右的桥長是可以用的，由於我们没有到过現场地形图比例尺又太小，因此对这个问题，不能作较深入的研究

3、正桥方案——我们提出四个不同的方案，供会議参攷

我将把这些方案的优缺点提出来，然而，我们不拟推荐任何方案，因为我们觉得和其他机構的方案一同研究，会得出更合理的结果，各方案的比較结果如下：

方案	结构形式	分跨办法	中间墩数	全桥钢梁长度	钢梁总T用钢量	每公尺钢梁所用钢量	每公尺钢梁T/M主桁架重量	每公尺钢梁所用…	最大杆件T重量	最大杆件应力	施工时最大杆件应力
I		2×176+3×242+2×176	6	1436	37400	边跨17·1 中跨21·2	10·6 13·78 (包括拱肋)	23·9 28·0	54 48 29·3	34[illegible]	[illegible]810
II	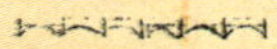	3×240+3×[illegible]40	5	1443	31600	24·06	18	30·86	[illegible]3·06	4940	2260
III		2×192+192·264·192+2×192	6	1422	31100	边跨20·98 中跨23·10	14·52 16·64	27·78 29·90	29	5538	3950
IV 13		1×192+216·240·216+216·240·216	6	1536	(缺)	19·71(中跨)	13·25	25·55	31·6T	3560	

这里值得把架設方法提出来談一下，我们建議的第Ⅱ、Ⅲ方案均係於采用平衡悬臂法即从一个桥墩向双方拼装計算结果如下

方案	最大施工主力(吨)	托架荷重(吨)	架設時梁自由端最大撓度(公分)	拼装時托架上支点需要提高度(公分)	弦桿变形及温度变化所引起的鋼梁伸缩量(公分)
Ⅰ	1800	1800	11.8	3	4.99~2.91
Ⅱ	2060	4640	16.55	2.76	1.82~1.02
Ⅲ	3950	——	16.1	1.23	13.36~10.24

上述数据指出平衡悬臂拼装是可行的，而且由於每一个桥墩可有两个工作面，比单向的悬臂拼装要快速的多

至於第一方案的拱肋的拼装亦系用悬臂法，估計毫无困难

以上是我代表唐山鉄道学院的同志们，向会議所作的彙報，我们的工作不免有疏漏，甚至是错誤的地方，

請出席会議的全体同志们加以指正。

上述钢梁的连续梁部份，都用米字形腹杆，斜度45°，并适用于用机器样板制造的。第一和第四方案所用杆件[illegible]宽度不大于1100公厘，可全部使用现有武汉长江大桥的制造工具，必要时第二第三方案的腹杆也可能利用武汉长江大桥制造工具

第一方案的优点，在于用钢量小，外形优美，中间桥墩只有6个，施工期间可以缩短，下部结构费用也可减小，估计钢梁拼装方面，不至於有意外的困难，钢梁1/4点的挠度不因节省钢料而加大，小于规范所定梁跨度的1/800

第二方案是我们熟悉的结构形式，钢梁的刚性大，构造简单，制造及架设便利，外形美观，桥墩高度可减小20公尺以上，用钢梁虽较多，但只有5个桥墩，这是有利的。

第三方案用钢量较第一方案为多，假如在分跨度及调整应力（链弦及支座高度）方面设法，仍有减少若干重量的可能（例如最大杆件应力可从5538吨减至2000吨左右），中跨杆件与边跨的大致相同，但中跨增至264M，钢梁与链索的接头稍为複杂

第四B方案的特点在于其内力的分配明确，用钢量少，采用悬臂或半悬臂拼装所需的附属结构较少，抗挠度滚滑力较大，在审美方面，另有其风格。

关於唐山鉄道学院所提的南京長江大桥上部結构初步設計的説明

(一) 总 説

唐院对南京长江大桥上部結构初步設計拟推荐4个方案。其正桥的主体部份的特征如下：

第Ⅰ方案是用柔拱加强的連續梁，三跨均242M；

第Ⅱ方案是用牛腿加强的連續梁，三跨均240M；

第Ⅲ方案是用自錨式悬桥，跨度是192+264+192M；

第Ⅳ方案是用第三弦加强的三跨連續梁，跨度是216+240+216M；

总的説来，各方案的跨度均在240M或以上，均是連續梁，均採用結构上的措施（柔拱，鏈弦……）来加强平行弦杆桁梁。

經过分析研究，决定採用米字形腹杆体系；公路鉄路則分为上下层，計公路在上弦之上駛过。

几个方案均用悬臂拼装，特别是平衡悬臂拼装。这使工作面多，总的进度快，而杆件內的安装应力小。

荷载方面，鉄路及公路乃至人行道荷載均按規定进行。所採用的恒載如下：

鉄路桥面	1.6T/M	(桥)
鉄路桥面系	3.0 〃	(桥)
公路桥面	5.2 〃	(桥)
公路桥面系	1.86 〃	(桥)
联結系	1.6(最輕的用1.2，最重的用1.6)	

容許应力是按2000公斤/公分^{2}計的。(民主德国規程採用2100公斤/公分^2)。

(二) 第Ⅰ方案

第Ⅰ方案的特点是三等跨由柔性拱加强的連續梁。跨度为3×242公尺，桁架高22公尺，节間長度11公尺，矢高（从下弦算起）为60公尺。桁架中至中距离为15公尺。

由于柔性拱加强了連續梁，故跨度虽增至242公尺，但桁架杆件的内应力比之边跨176公尺的两跨連續梁減少許多（参閱計算书）。

上述三等跨用柔性拱加固的連續梁可作为5次超靜定結构（假定桁架为一等剛度的梁）計算。冗力为：三个拱的推力X_1，X_2，X_3和連續梁两个中間支点的力矩X_4 和X_5 基本体系为三跨簡支梁。根据公式

$$X_k = \frac{\delta_{pk}}{\delta_{kk}}$$

可作X_1，X_2，X_3， X_4，和X_5的影响綫。

在計算过程中，为簡化起見，暫将X_4和X_5化为一对对称力矩X_4和另一对反对称力矩X_5 ，求影响綫时，将計算的冗力X 作为等于1。列出其余冗力施力点的位移，並令其等于0，即得4个联立方程式。由求得的冗力可作$X_h=1$时的力矩图，因而求得撓度曲綫，以δ_{kk}除撓度曲綫各点的縱距，即为X_k 影响綫的縱距。

由求得的冗力影响綫，即可作各跨的力矩及剪力影响綫，其公式如下：

第一跨力矩影响綫 $M_{I\alpha} = M^{0}_{\alpha} + 2X^{1}_{4} -$

第二跨力矩影响綫 $M_{II\alpha} = M^{0}_{\alpha} + X^{x}_{4}(1-\alpha) + X'_5 x - X_2 y_2$

第一跨剪力影响綫 $Q_{I\alpha} = Q^{0}_{\alpha} + \frac{x'_4}{l} + X_1 \frac{8f}{2l^2}(l-2x)$

第二跨剪力影响綫 $Q_{II\alpha} = Q^{0}_{\alpha} + (X_5 - X_4)\frac{1}{l} + X_2 \frac{8f}{2l^2}(l-2x)$

加載后得

$M_{I恒}$ =17，000TM　　$M_{I活}$ =15，700TM

$M_{0恒}$ =63，600TM　　$M_{0活}$ =49010TM

由此可見，恒載所引起的跨中正号力矩是相当大的，如不設法調整应力，势必将截面設計的过大。調整应力的办法是使拱承受全部恒載。适当的拼装步驟即可达到这目的。拼装步驟如下：

1.用悬臂法拼装拱，並使其閉合。

2.安装吊杆及桁架的上弦，使上弦作为拱的系杆。

3.安装下弦及腹杆和桥面系。

4.閉合鋼梁。

經过調整以后的桁架最大桿件內力，仅达2680T，拱的最大內力則为3470T。桥跨結构的用鋼量为21.2T/M(建筑系数一般用1.22，吊杆用1.10)。

第一跨$\frac{1}{4}l$点的撓度为32.5公分。

由于拱对桁架的加强作用很大故用鋼量小，經过应力調整以后，桁架的截面大大減小，而拱的截面不大增加。

由于截面的控制尺寸与武汉大桥的相同，所以可以利用現有制造設备。

由于拱的使用，使鋼梁大大美化。

在施工方面，由于工作面多，所以非常迅速。拱的拼装，当无意外困难。边孔两等跨連續梁，建議用平衡悬臂法拼装，以增加工作面，提高施工进度，並免去单向悬臂拼装所引起的巨大拼装应力。

在拼装时伸出的悬臂长度为88公尺(跨度176公尺)。自由端撓度为11.8公分。托架垫高3公分即可克服，故0～1跨徑的閉合毫无問題。閉合以后，將1号墩左边托架卸下，0～1跨間可在1号墩处产生撓角θ，1～2跨間的自由端因而向上撓曲22.3公分，再在0～1跨間增加少許恒載，即可抵消1～2跨間的自由端的全部向下撓度(23.0公分)。閉合时由于弦杆变形和溫度变化所需的縱向移动为4.99或2.91公分，假定閉合时的溫度与假定的相差±10°C。由于縱向移动量不大，这可以靠活动支座来办到。

在計算安装应力时，施工設备的重量假定为0.6T/M(武汉大桥2.4T/M)

本方案的正桥总长为1436公尺，如中間三跨改为264+286+264公尺；正桥全长可增为1518公尺，估計其时弦杆最大內力將增至3140T，拱的內力增至4820T。

(三) 第Ⅱ方案

第Ⅱ方案采二联三孔連續桁架桥3×240+3×240，桁架为变腹米字形式跨度中央部份高24M，支座处加牛腿21M，共高35M，形成上承拱外形；主桁間距12M，节間長度10M，属一般經济跨度范围（纵梁）。

牛腿除对桁架起加强作用外，使桁架形成拱形，改进了一般平行弦的外廓。

桁架本身系內部五次超定，加上外部二次超定共为七次超定。但在初步設計阶段，为了簡化計算，将桁架考虑为实腹的，即按外部二次超定的变截面实腹鈑梁計算按連續梁的影响綫形状及范围決定荷載位置后用一般計算連續梁的計算法进行計算。（力矩分配法）。在本設計中对計算书中的杆件內力未作調正，截面採用外廓是1500×920的工字形，最大杆件內力为4930T，重28.6T，用鋼量估計每公尺24.06T。（建筑系数用1.22）。

本方案除具有一般的連續桥的优点外（包括連續性好，桥梁剛度大等）由于加了牛腿使桥墩減低了21公尺。本方案桥墩数目較少，这在南京的地質情况下也是有利的，同时可以在一定程度上減短工期，作为連續桥还可以採用我們所比較熟悉的平行悬臂架設法。

在採用平行悬臂架設法时，根据計算估計当悬臂为120公尺时自由端的撓度为16.5公分，採用墊高托架的办法，墊高点距桥墩中綫26公尺（約2.76公分）即可使一端自由悬臂閉合，待此端閉合並取走墊块后由于桥跨重量所引起的撓度即可使另一端自由悬臂閉合。

本方案用鋼量虽然較大，但从总的經济指标說还是节省的，这在总的說明里已經提到过，假使我們再进一步将內力加以調整，还可进一步改进沿跨度的力矩分佈情况。

根据大桥局的通知，本方案1440公尺总長度与南京实际地形不相适应，为了加長桥梁的总長度我們建議将現有跨度調整为二联三孔240+280+240增加中間跨度。一般地說会减少边跨的力矩值（控制截面設計的数值），而中間跨度力矩值的改变可採用应力調整的办法使它維持在控制数值以內。

(四) 第Ⅲ方案

第Ⅲ方案的跨度分配如下：

2×192+192·264·192+2×192

桁梁高＝24M　　节間长＝12M

立柱高出桁梁上弦　48M

这是自錨式悬桥。主索是鏈弦，其截面高度为50CM。主索錨系地点是桁梁端立柱中点。作者的意图是采用悬桥式样以加大跨度，並采用强大的劲性桁梁以保証鉄路桥剛度。

分析方法在于先求H（即鏈弦的水平分力）的影响綫。次根据H的影响綫将沿梁若干点的M及Q的影响綫画出。求活載应力时，按影响綫形状求算換算均布荷載，再将該荷載下的H及相应的吊杆内力求出。于是，反力的数值成为已知，桁梁杆件等的内力就不难求出。

初步分析的結果表明：鏈弦所分担的内力不大。为发揮鏈弦的作用，决定調整内力，也就是人为地将恒載的一半让鏈弦完全承担，而恒載的另一半和活載的全部方才按照上面求出的比值分摊。这样調整的結果，杆件最大内力为5538T，截面輪廓尺寸为760×1200CMM。但应指出，如采用調整支座高度的方法，則該内力仍可降低，估計可調整到4000余T左右。

本方案之主体部分的指标：用鋼量为23.1T/M（沿桥），主桁用鋼量为16.64T/M（桥）。（弦杆建筑系数用1.30，腹杆用1.10）

本方案所包括的特殊細节是鏈弦，在桁梁之端立杆中点的錨系。这使端立杆受撓。經将該杆連同端节間的腹杆視作一組合体系的結构进行計算，端立杆的应力方才合适。（掛图上所繪的巨大截面正是該立柱，截面积达6000cm²以上。应該声明，这不是大多数杆件是那样大）

本方案的外貌壮丽雄偉，只是細节較为复杂。用鋼量虽大一些，但做技术設計时可以使之降低。

本方案的安装是采用平衡悬臂法。链弦是在劲性桁梁合龙之后再行安装。在采用平衡拼装的过程中，自由端挠度达16.1CM。这可以用調整托架上的支点高度的方法来消除。合龙前所需的纵向位移是10.24至13.36CM其中由于弦杆受力而压縮的是11.8CM。而由于温度(按10度差計)的是1.56CM。

(五) 第Ⅳ方案

第Ⅳ方案經过两次修改。现决定推荐的是其第二次修改后的(即ⅣB)方案。跨度分配如下：

216·240·216+216·240·216+192=1536

作者的意图在于用第三弦加强連續梁的中間支承部分，使該部分能承受巨大的負弯矩。于是，在連續桁梁合龙之后，先可以用落低外端两支座的方法使全梁均受負弯矩，俾各个跨度中央的正力矩减小，繼而用千斤頂在第三弦所賴以支承的立柱內加力，使第三弦受拉，这就使位于第三弦之下的桁梁部分的負弯矩大为降低，而跨中正力矩並不因此而提高。

正桥的主体部分具有悬桥的外貌。桁梁高24M，节長12M，支承第三弦之立柱高出桁架之上33.75M。

按四次超靜定体系分析。在分析中，作者采用了以下一系列措施来簡化計算，而且不影响到精确度：

1、各影响綫均用相应的撓度曲綫除以δKK而得(和第Ⅰ方案一样)

2、为避免多元联立方程式的求解，采用超靜定次数更少的体系如基本体系，求出其在相应的冗力之下各別的撓度曲綫，而后将这些曲綫迭加起来；(由于各該曲綫每是对称的，因此，需要进行的計算工作量就大为减少)。

3、在計算中，用节長做長度单位，用(公尺^2)做面积单位，用(公尺^2×节^2)做慣矩单位，用(吨×节)做力矩单位——这使数字运算簡化很多。

在拟定上述措施的过程中，曾經由于考虑不周和計算疏忽而帶来一些錯误。这就使得原Ⅳ方案用鋼量偏低不少，而ⅣA方案（四跨連續）的計算結果也欠可靠（主要是其超靜定次数过多，複查其計算不易）；現所推荐的ⅣB方案則經过較仔細的複查，認为其前两条冗力（反力）影响綫正确可靠，第三条冗力影响綫（立柱內力）則須改正。而受第三条影响綫影响的杆件內力則仅限于第三弦所复盖之下的各杆件的活載內力（恒載內力完全可以通过調整內力予以肯定）。經过最近的重新計算，得知杆件內的最大內力，在ⅣB方案仍为3600T弱。

（現在挂图上所列的是$Ⅳ_A$方案，其杆件截面較大的原因則是由于該桁梁的高度是20M，而ⅣB方案的桁梁高度是24M，致使ⅣA桁梁杆件內力达4300T）。

現推荐的ⅣB方案的指标：用鋼量是20.75T/L（沿米），主桁梁用鋼量为13.25T/M（桥）。

本方案的特点是：

1、內力明确，且恒載內力容易控制；

2、杆件完全可采用武汉大桥曾用过的截面，第三弦以及其吊杆都是剛性杆件，节点全用铆釘或螺栓（不必采用巨大的鉸或鑄件之类）；

3、中間墩上的門形架可以在安装时有效地用来扣系拉索，以減少安装应力；

4、中間支承处結构所能受的負弯矩很大，抗☐破坏的潛力很大，这在保卫上是很好的；

5、在平原地区，尖形結构可能更和附近的高楼之类的建筑及树木等相諧和；第三弦将吸引岸上观光者的視綫而以其輕盈姿态使人感觉横越長江是豪迈爽俊的事而不是沉重的負担；桥門是竖的長方形，而不是扁的盒子形；公路上的旅客的头上还将因沒有联結系而感到舒畅。

由于时間匆促，本方案对于中間支承上的立柱的箱形截面还未經充分考慮安排。

本方案曾經考慮到从一端用悬臂法拼装到另一端的架設方法。如果从每一中間墩均伸出24M長的托架，則一端伸臂拼装可达到192M，（假定桁架受力最大部分的高度已用临时杆件加高到48M）。这时，可从对面桥墩上所已拼好的門架頂上放出吊索，用218T的力就能将伸臂的自由端提住，則安装应力就不超过容許值。

（六）引　桥

設計条件：

两岸細砂，深达40～50公尺。

在南京岸桥头，鉄路桥梁距地面26公尺左右，在浦口岸約28公尺左右，如适当地利用地形，估計南京岸引桥長約1800公尺，浦口岸2，200公尺。

为了节省材料，加速施工，建議采用装配式鋼筋混凝土和予应力混凝土結构。

梁部結构：

为了便于制造，可采用一种或两种跨度数值。在桥头附近，桥高較大初步假定采用32公尺或40公尺的跨度（因缺少基础工程单价，未作經济比較）。

为了尽量提高施工速度，建議采用簡支梁，公路部份用予应力π形梁每片安装重量为60～100吨，鉄路部份也以采用仅在从向分块的块件为宜。

桥墩結构：

由于桥墩較高，制动力及縱向风力較大，不宜用Π形的双层单排架，經研究后，認为采用上层为刚架，下层为空心墩的結构形式比較合适上层刚架用普通鋼筋混凝土做成，横梁部份也可用予应力鋼筋混凝土，刚架的支柱和横梁均为予制，具有施工接头，下层空心墩用水平缝分成若干段，在工地用竖向予应力鋼絲来連成整体，吊車运吊能力不宜小于100吨。

引桥基础：

由于两岸土壤承載力較低，若使用管柱，可能須深达40公尺以上，且必須填筑大量的混凝土。建議采用管桩，兰图中的桩数显然过多，因为对土壤的摩阻力估計太低（$\tau_0 = 4 \cdot 5\ T/m^2$）。

几个問題：

引桥的平面佈置因缺乏資料来深入研究。

建議重新考虑鉄路桥面上几行道的寬度是否紧縮些。

(七) 公路桥面

按照汽—13設計，拖—60驗算。

經过研究，桥面不宜予加应力。若采用一般的重混凝土，桥面厚18CM；若采用#250輕混凝土，則厚20CM。

縱梁跨度按11·5M計算，縱梁間距用2·9M，假定主桁的中心距是12M。縱梁用迭合梁，使混凝土和銲接鋼鈑梁联合工作。縱梁下翼緣及腹鈑拟用S-T52，上翼緣拟用CT3 鋼，縱梁高度（由梁底到桥面）是65CM。

桥面重量如下（包括縱梁）：

普通混凝土	9·02	T/M（桥）
輕混凝土	6·2	T/M（桥）

建議采用輕混凝土桥面及迭合梁。

(八) 关于采用新技术的研究

对于第Ⅰ方案，曾經研究过是否宜用高强度鋼絲对主梁弦杆施加予应力。結果表明：采用这些措施在經济上沒有显著效果，所以不必采用。

对于引桥的支座，曾經收集到一些关于采用特种橡皮做支座的資料。这一措施頗有采用价值，值得进一步研究。

对于公路桥面，曾經在研究鋼格式空桥面的基础上，探討过采用球墨鑄鉄鑄制格形桥面的可能性。这在节省桥面重量上的作用是明显的。經济效果如何則待进一步研究。

南京長江大橋正橋下部結構説明

（唐山鉄道学院）

我来介绍一下唐院提出的南京大桥正桥桥墩基礎方案。

大桥正桥的基礎工程控制桥的完工日期，所以更应体现以速度为纲的多快好省方針。我们提出的高承台大管柱基礎施工程序比较簡单，承台以下部分全部在水中施工，是可以符合高速度施工要求的。

由於設計和計算时間比较紧，而且和上部結構同时进行，所以我们没能对四个方案都進行計算，而只就第一方案桥墩進行了草算。計算时各桥墩用了不同的方案（如围堰法、沉井法等等），而最后经討論后認为大管柱高承台者比較好，故制施工示意圖、绘圖时即以這种基礎为主。

可惜我们手边資料不全，如冲刷深度、覆蓋层和岩层的力学性質都不肯定，有些計算很难有较可靠基礎。用的荷载鉄路中—24、公路汽—13。我们沒計算水的浮力和船舶冲击力。

我们建議的桥墩基礎为6根大管柱，凡覆蓋层厚度在30公尺以内者，用6根直径3.6公尺者直到岩层；覆蓋层再厚的，用6根直径5.8公尺管柱，下接一段20公尺左右直径3.6公尺者。管柱下端仍用鉆孔法伸入岩层；不过岩层中鉆孔速度太慢，我们認为不必太深，一般地說1～3公尺即可。同时为增加整个基礎穩定度，建议岩层面以上20公尺多厚的覆盖层用矽化法加固，须矽化的土除管柱之间者外，其范围在平台上看应超出管柱外相当距离。钻岩后而将覆盖层矽化，我们主观地想可加快工程（矽化可和其他工序同时進行）而同时又大大加强了地基，使基礎管柱好像插入硬层中20多公尺一样。因此計算时我们是假定管柱可视固着在矽化层下2公尺深处的。岩层受的应力只加矽化层内管柱重量而不計該深度增出的力矩了。

照鉆探資料看，岩层以上20公尺左右厚的覆盖层是细沙，矽化法是可以应用的。不过在這样的深水大桥，桥基礎用矽化法，在世界上恐怕也是创举，当然还有許多問題須進一步好好研究。

承台底标高我们定在+6.0公尺标高，因根据水文資料這样可保証一年中有8～10个月都可使承台在水面以上施工。在承台和河底之間想用水下澆灌的混凝土环将管柱箍成一体。水深在20公尺以上者用两道混凝土环，一道在河底，一道在河底和承台之間。水較淺者只用河底一道环。环厚約3公尺。這样，实际上管柱的所謂自由長度，最多只約15公尺。

承台厚度估计5公尺。承台以上的墩身由两根直径8公尺的圆柱（中间约四公尺空心）组成。我们建設墩身用两根粗圆柱而不用普通形式者，是因考虑到承台经常露出水面，用常見的实体桥墩外形比較难看。

至于施工方法請看施工示意图，其大致程序如下：

1. 管柱定位用钢的导向架。灌水下混凝土环的模板就連在這架上。淺水用的导向架固环只一道，可在河底深度处四周加钢一道。深水用的除河底处一道鋼箍外，在中間高度处也加一道，下面有底，不过底上留出管柱圆孔。当然河底土若被冲刷走，河底一道环也将悬空，但它仍可起将管柱箍在一起的环的作用。

2. 导向架先拼装好一段，船运就位，以后起吊下沉，边沉边和武汉長江大桥沉围囹办法相同。沉到河底后打直径55公分管10～14根，将导向架固定于桩上。

3. 在导向架空档間插打管柱。若用两种管柱，打了大的再下小。大管柱底标高可視覆盖层情况酌量变更。管柱打好后在岩层钻孔。

4. 钻孔完毕后，在管柱中和管柱外环箍处灌水下混凝土。管内一定要填满。和这同时進行矽化加固。

5. 在水面以上修筑鋼筋混凝土承台和双柱式墩身。拆除环箍上导向架和直径55公分定位管桩。

6. 做承台下圍板。這圍板使承台下管柱不露出空中，可免水漂浮物進入管柱间和增加外形美观。

高承台之管柱基礎特点如下：

1. 施工可快——导向架的下沉、拼接和定位虽仍费时，但比全省去插打钢板桩围堰等手续，因不抽水，导向架亦较比围囹省事。所有工程可在水中連續施工，承台则完全在水上做。覆蓋层的矽化加固，可和管柱中灌混凝土和承台修筑等同时进行，丝毫不阻碍工作进度。

2. 稳定问题——除管柱下端伸入岩层外覆盖层20多公尺以用矽化加固，而且另有一道或两道环箍将管柱连成一体。這样整个基礎稳定度很高。這种基礎不能将它看作仅是少数杆件搭出来的结构，好像稳定会差些。实际上它接近一块大的混凝土块所不过稍为挖去了些。

3. 相当美观——墩身是两根粗圆柱，很雄伟。承台下若再用预制混凝土围板则管柱并不露出水面，经处理后，我们認为非但不难看，还可說很好看。

根据我们的草稿以第一方案固定支座的4#墩为例，一根管柱受的載荷大约9500多吨，岩层石受力约97公斤/公分²。但后一數值并不代表实际情况，因矽化后应力不会沒有变化，即事实上管柱不会一根根单独地傳递压力。

此外，我们也考虑了沉井下接管柱基礎，而且覺得它也很好。我们相信沉井下沉十五、六公尺是完全可能的，因此它既成一围堰又可使管柱一种尺寸都沉到岩层，施工簡便。我们想沉井以用钢架钢筋空壁为比較方便，因這种沉井完全有可能用起吊下沉法而不必浮运。起吊下沉法我国工程師有丰富经验，我们想来想去仍覺是最合用的。

现在将我们想到的沉井方案特点簡单地介绍一下：

1. 沉井为钢壳空壁式者，估計每公尺重约20吨左右，而浮力可到百吨，所以采和沉围令相同的起吊下沉法完全可能。第一节可做成8～9公尺高，在空壁間灌若干混凝土仍可用起重船吊住下沉。为了使拼接得快些，以后为5公尺一节，分两块焊接。当然在沉入河底后，也可考虑用预制钢筋混凝土块壁接上去，可省些钢料。预制钢筋混凝土块可分成十五块，则一块重量约16～17吨。但钢筋混凝土块拼接似乎不及钢壁者较为简单。

2. 沉井沉入河底15公尺左右后，打直径3.6公尺管柱6～8根，中填混凝土。管柱顶井孔可先灌水下混凝土封底层然后抽水，再在封底层上将钢筋架焊在孔壁钢板上以后浇制每一根管柱顶上的承台。由于沉井孔还要起管柱导向作用，所以它比管柱大了多少，如何使管柱顶通过其上钢筋混凝土块和沉井壁牢固地連系起来是很重要的。

3. 管柱下端仍须钻入岩层。岩石以上覆盖层的矽化加固並非必要。

4. 每根管柱上承台以上的井孔不必填混凝土而令其空心以减少重量，

5. 沉井基础以上的墩身不一定要做成双圆柱，而可做成普通形式者，

沉井基础的优点在绝对稳定（尤其沉井能沉到冲刷线以下或沉井底以下覆盖层矽化加固）和施工手续也还简单。我们認为如建議

似地只下沉15公尺多，应该没大问题。至于拼接井壁并不如何特别费事，施工进展因此也可相当快。估计一个深水墩沉井要用钢料七、八百吨，约比旧合法可能多三、四百吨。当然要省钢还可用钢筋混凝土砌块代钢料。

南京長江大橋

建筑藝術處理說明

（唐山鐵道學院）

南京長江大橋是我国及世界上大型橋梁之一，它的修建是我国社会主义社会制度無比优越的标誌，是澎湃的社会主义建設，生產大跃进的產物，是向最終目标——共產主义邁進的里程碑。所有這些令人無限鼓舞的一切，在大橋的建筑藝術处理上，都应在社会主义建設总路线即多快好省以快为綱的前提下得到充分的反映。

根据大橋局所提出的建筑处理原则应当是：莊嚴、朴素、經濟美观。我们認为這是正確的，因为這样大型橋梁的建筑艺术主要表现在上部結构，墩台、引橋等主要部份的体型、色彩、比例、尺度感等々的安排上，表現在結构和建筑的有机結合上。橋头堡也是表现建筑艺术思想的重要元件之一，也應当給予极大的注意。考虑到上述的一些基本原则，我们力求在使用要求的基礎上，真实結构的基礎上，和施工迅速的基礎上進行各部件（包括橋头堡在内）的建筑处理，不做虚誇的修飾，全部构件的基本体型和尺寸都是以結构設計的实际需要为依据，努力学习中国古典建筑中型式与内容、型式与构造有机统一的优良傳統。

为了便于叙述，现分下列四部分說明：

一、正橋上部結构：這主要是原有的型鋼橋式，除人行道欄杆、道面舖砌、路灯型式外，不作处理，在色彩方面建議用淺灰，以能保持原鋼鉄构件的特色，又給人以明快尚宗的印象。在所提出的橋式中，从造型的角度来看，六跨鋼桁（第二方案）、七跨三連拱（第一方案）較好，另两方案由于中部索、弦太小，在全部的比例和六力上都不够完善，结合正桥長度由1440M增为1520M，对三連拱的方案建議可改为七跨五連拱（160+5X240+160），较现在的三連拱方案更好些。

二、正橋橋墩：为了便于施工，争取速度，在60年汛期前造好部结构，橋墩结构方案采用了高樁承台，承台在水面上施工，为避免江面上的漂浮物淤塞于管柱間隙之中，和在低水位時露出管柱給人以不穩定的感覺，在承台下，管柱週围先裨入鋼围板（約4～5M高）。由于承台寬度較大平面呈長方形，橋墩如仍用普通扁長形墩台較難配合，如采用两个烟囱形的圆形管柱狀橋墩則較好些。同時也更明確出基礎的结构型式。表面除綫飾外，建議用滑动鋼模板或等長度等寬度的鉋光木模板，不再飾面，以免脱落和不經濟。

三、引橋：为了便于施工和争取時間，引橋结构方案是予制，予應力梁柱框架和扁形墩台。建築上除结合结构固有型式做一些綫飾外，不做過多的裝飾，頂层人行道襯板拟与人行道梁平接，外面平光，避免過分纖弱，同時距地甚高，细致裝飾是没有意义的，橋板内部和人行道舖砌仍可修飾。路灯位置建議在人行道内側，利用道边石处不便行走地帶，照度亦較均匀。梁柱墩台的表面处理同前，但在墩基四周可進行飾面。

四、橋头堡：我們認为橋头堡的主要作用有下列三方面：

1.行人上下橋的交通、休息、眺望和展覽。

2. 引橋和正橋在体型上的過渡。

3. 表現本橋特徵（如前所述）。

考慮到本橋跨度、高度均甚雄大，橋头堡在体量应与之相适应。如向高向发展（如塔狀、凱旋門狀等々）均無适用意义和不经濟。故結合平面使用上的要求，佈置成扁寬形．增加正立面的寬度（28M），使之给人以穩定雄厚感。公路面外从使用上应有楼、电梯間，如按普通建筑物处理．在这样長的橋面上和高大的橋身对比之下，会给人以渺小的印象。采用紀念性建筑型式，可能改变这种情况。因而配合使用和平面型式，在正橋入口外，采用了对面的裝飾性柱廊。列柱的透視效果並和路灯杆座相接續以及牆壁处理（可做浮雕），是有助于提高建筑艺术的表現力。在体型和綫飾上、材料、色彩上力求簡洁有力和反应民族風格。

在平面上首层门厅直通四层，两側楼、电梯間形成层廊与主厅相通，这样既可增加主厅的宏大感又可节省分层外墙的工程量。主厅中部可利用于各种用途。在公路层下，鐵路净空之上設休息過厅，可用于休息及人行交通連繫。

兩岸地坪标高根据資料为吳淞7－8M，原大堤距江岸較远，为免于高水位時岸边被水淹没，造成交通方面的障碍，建議將大堤移至江岸（或局部改至江岸），橋头堡入口位于堤上，既可提高标高（堤頂至吳淞口11.0M）又使橋头堡及入口更显雄偉。

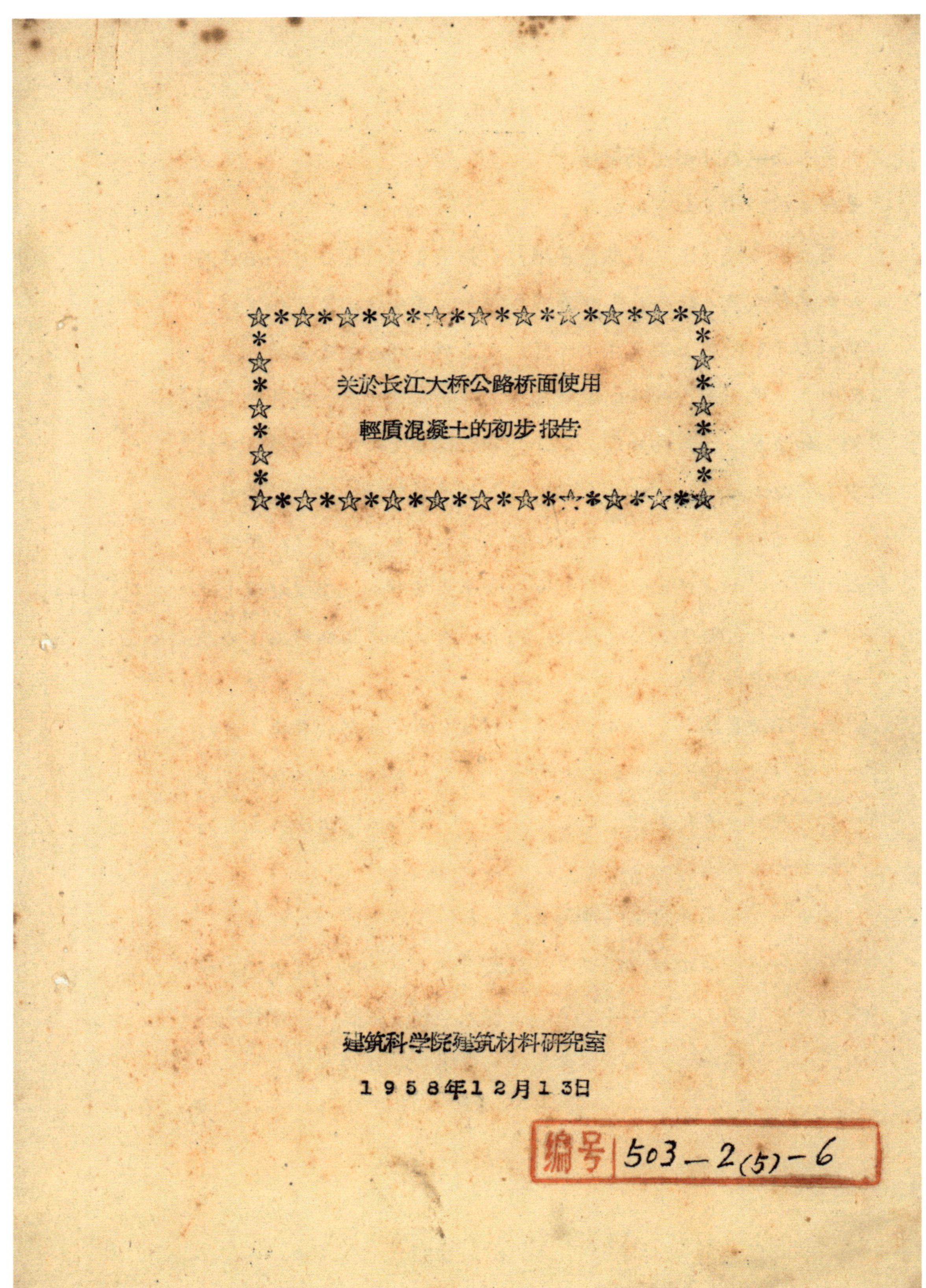

关於長江大桥公路桥面使用
輕質混凝土的初步报告

建筑科学院建筑材料研究室

1958年12月13日

关于长江大桥公路桥面使用轻质混凝土的問題，現在我室根据我們自己的研究結果及了解到的情况向你室提出下列的初步报告。

首先我們認为在大桥的公路桥面采用輕質混凝土是完全合理的，而且也是完全有可能的。根据我們現在所得到的一些結果看来，輕質混凝土是可以达到你們所提出的指标。

現在我們所做的較多的亦即目前較为普遍使用的輕質混凝土是陶粒混凝土和浮石混凝土，現在分別介紹如下，供选用材料时參考：

1、陶粒混凝土：是用人造輕骨料——燒制陶粒所制成的，这种混凝土具有較輕的容重，根据我們的試驗結果，陶粒混凝土强度在200級以上，其干燥容重仅在1300 KΓ/m³左右，如果欲得到更高的标号也完全可能，只是容重稍微增加一些。

陶粒混凝土其他的若干特性介紹如下：

当陶粒混凝土的抗压强度为300級时

(1)、其抗拉强度在25～28 KΓ/cm²；

(2)、抗弯时的抗拉强度为52 KΓ/cm²；

(3)、与鋼筋的粘接力为28 KΓ/cm²；

(4)、弹性模量为2×10^5 KΓ/cm²；

(5)、抗滲性：可耐15个大气压力以上不透水；

(6)、抗冻性：做过75次冻溶循环完全合格。

这种混凝土所需用的骨料，需經人工的专門制造，但其所用之原料——粘土，有着广闊的来源，上面所介紹的試驗結果，是用北京所产之粘土燒制的陶粒，根据南京工学院的初步調查和試驗，在南京燕子机附近的粘土亦可燒制陶粒，因为尚未大量燒制所以还沒有利用这种用当地材料燒制的陶粒进行混凝土試驗，由于陶粒目前尚未大批生产，故其成本很难精确估計，但根据我們的初步估計其成本每立方公尺大約在15元左右。

2、浮石混凝土：是利用天然所产之浮石做骨料所制成的混凝土，这种混凝土的强度可达350級以上，根据目前的結果看来，浮石混凝土强度在200KΓ/cm²以上，其干燥容重可維持在1600KΓ/m³左右。但在很大程度上，浮石本身的質量对所制成混凝土的容量起很大的影响。如果找到質量較好的浮石，則所制成混凝土的容重还可降低。

浮石混凝土的若干特性介紹如下：

(1)、抗拉强度为抗压强度的$\frac{1}{12}\sim\frac{1}{18}$

(2)、与鋼筋粘接力符合要求；

(3)、弹性模量：当混凝土强度为250KΓ/cm²时为2×10^{5}KΓ/cm²；

(4)、抗滲性：由于設备問題，只做到12个大气压力，在此压力下混凝土不透水；

(5)、抗冻性：目前做过50次冻溶循环，完全合格。

上面这些試驗結果是利用山西省大同市附近所产的浮石进行了混凝土試驗，这种浮石有紅色及黑色两种，其本身抗压强度在70—90KΓ/cm²，顆粒容重1360KΓ/m³，比重2.9，浮石級配后的緊密容重为710KΓ/m³。

根据南京工学院的初步調查，在江苏安徽一带在下列的地方出产浮石南京万山、江苏省六合县，和安徽省嘉山省，他們仅是开始进行調查，还沒有利用当地的浮石进行混凝土試驗(最近浮石运到即将开始)。

据南京工学院談南京万山的浮石質量不佳，而江苏六合及安徽嘉山的浮石較好，而且估計貯藏量也很丰富，产地的交通运輸亦称方便，产地至南京有水陆交通。我們認为南京万山的浮石还可以做进一步的調查，因为很可能表面一层由于年久风化而質量不佳，下面亦可能質量較好。

上海建筑材料研究所今年曾利用安徽省嘉山县所产之浮石进行了一些試驗。

該浮石产地位于安徽省嘉山县女山，距离南京100余公里，产地距离最近的鉄路站——明光車站，为35公里，並有水路可並通山前，运輸非常方便。貯藏量估計这座山即由浮石构成，該山高約100余公尺，並綿延有400～500公尺。这种浮石亦具有紅黑两种顏色，其抗压強度約在50～60KГ/cm^2，抗拉強度10KГ/cm^2左右，比重2.84，浮石級配后的緊密容重为710KГ/m^3。

利用这种浮石所制成的浮石混凝土达250級以上，其干燥容重在1600KГ/m^3左右，弹性模量在16×10^4～18×10^4KГ/cm^2

由浮石本身的若干特性及得到的結果看来，安徽嘉山所产之浮石基本上和山西大同所产之浮石相同，仅強度相差較多，这也可能由于取样及試驗方法的問題，其他性能均很相同，他們的化学分析結果亦很相近（此处将化学分析結果略去）。

該处所产之浮石經过开采並运至上海，价格为每立方公尺浮石12.5元（包括开采費及运費）这还是少量的开采及运輸，将来如果大量开采而且是运至南京，那么价格还要远远小于此数，其价格要比碎石便宜，而且有着充足的材料来源。

总的說来，輕質混凝土在許多特性上，都是满足我們的要求，而在材料来源上（如采用天然浮石）亦有足够的来源，在施工上亦无特殊的要求（仅在生产工艺上稍有不同）而在重量上要比使用普通混凝土降低很多，所以如果将它用于大桥的公路桥面，不仅可以大大減輕大桥的自重，而且一定会对构件的运输和吊装带来极为有利的影响，一定会降低整个结构物的造价。

根据以上的情况，我們認为長江大桥的公路桥面使用輕質混凝土是完全可能的，而且也是十分有利的。

長江大橋公路橋面系統比較方案

南京工學院土木系

1958年12月

单向加劲板桥面系统説明　（第一方案）

1. 本桥面系统係据我国公路现行规范采用汽-18及拖-80载重計标，参照武汉大桥。桥面宽度18.8^{M}（主桁架间距），設計考虑4^{CM}桥面复盖层，适用于任何桥面宽度及节間長度为8^{M}、10^{M}及12^{M}之钢桥。

2. 桥面系统的面层係由10^{MM}厚钢钣加焊纵向（沿行車方向）肋梁构成2.0^{M}長及3.2^{M}宽面层体系块，以供吊装，两端焊接于槽形小横梁上。肋梁間距为20^{CM}，以便增减肋梁数目适合任何桥面宽度。

3. 面层体系厚度为16^{CM}，荷载自面层经小横梁、纵梁而大横梁以至主桁架。由於最小挠度的限制，纵梁高度随节间長度8^{M}、10^{M}、12^{M}而各为60^{CM}、80^{CM}及100^{CM}。纵梁間距为3.2^{M}，大横梁亦随桥宽（主桁架間距）而定为1.6^{M}。

4. 全部桥面系统采用焊接联结，便於快速施工。纵横梁的拼合加長暂考虑采用对焊式焊缝。

5. 作为初步估計，各梁间的弹性支承性质暂不考虑。各梁高度多受最大挠度控制，所用挠度均係按简支端梁估計，故如按各梁真实挠度估計时，其高度仍可酌予降低。

第一方案 單向加劲 桥面系统

1）平面布置图

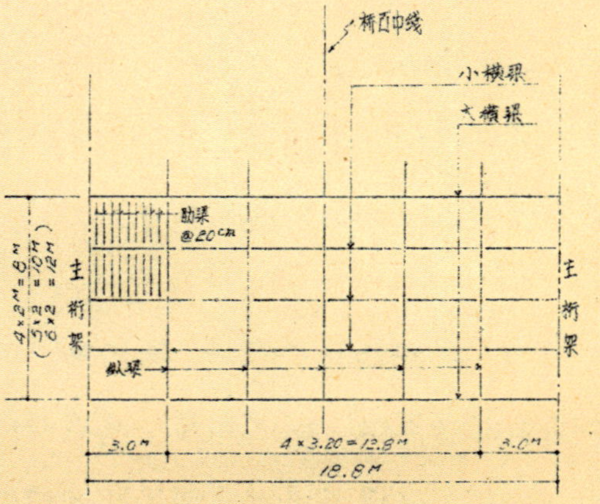

2）截面图

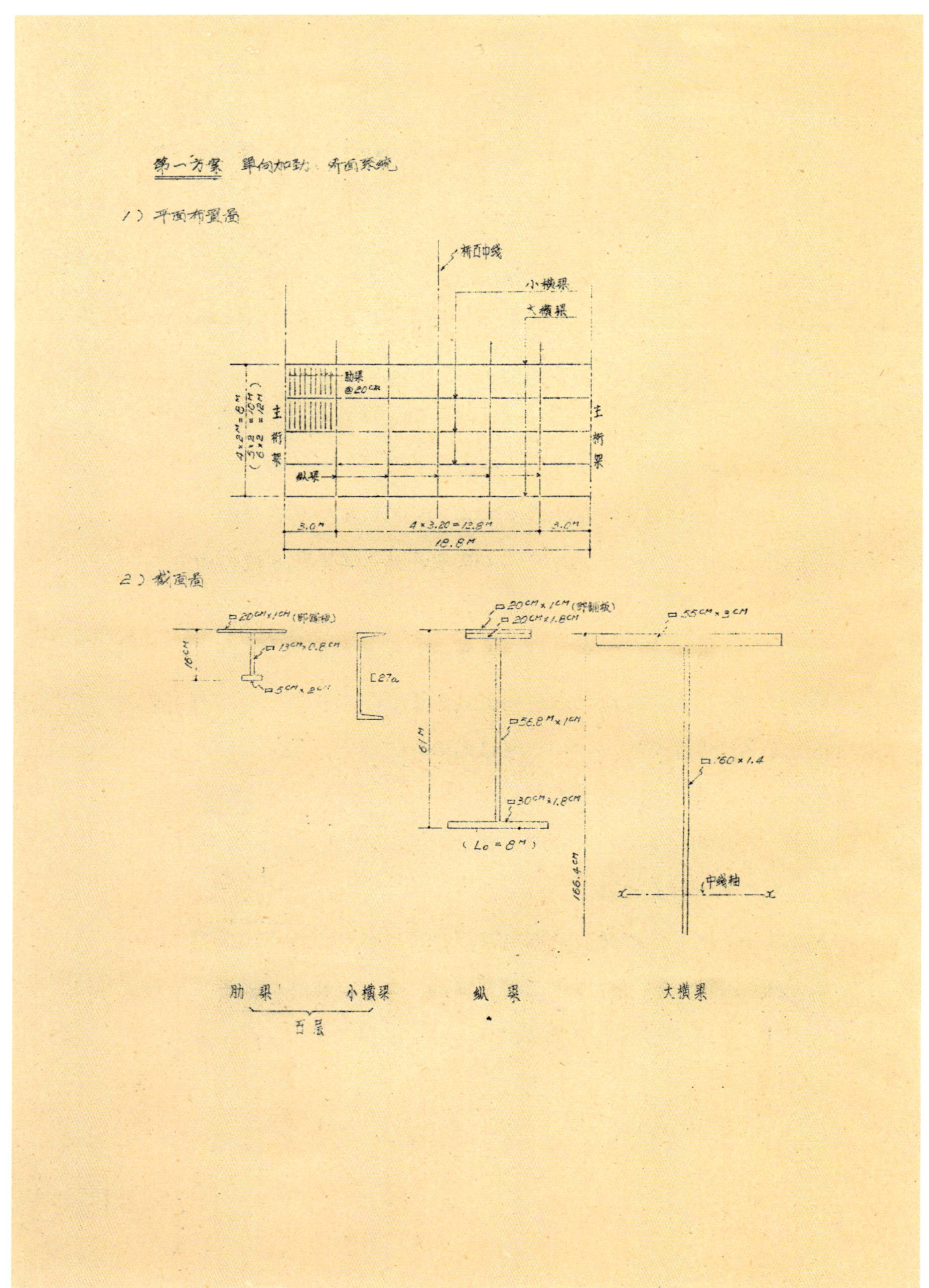

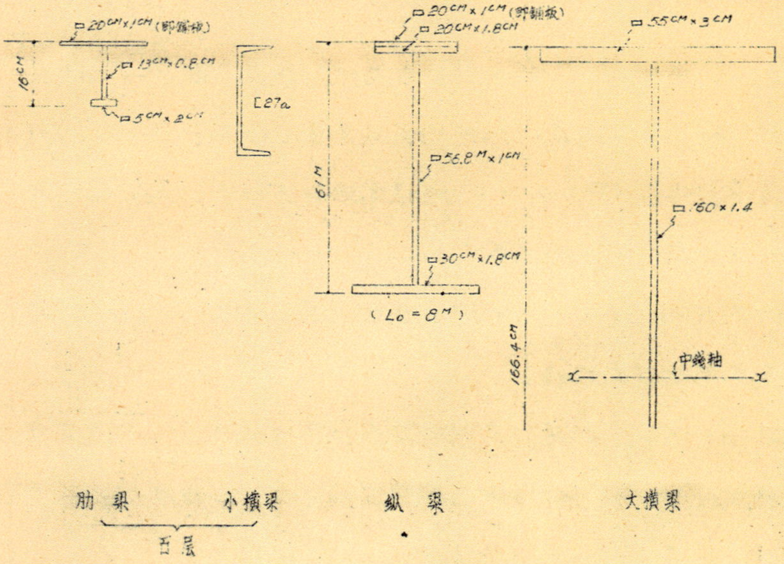

3）鋼材消耗統計

項目	示意	8ᴹ	10ᴹ	12ᴹ
鋼板厚 1CM	——	0.01×18.8×8×7850＝11800	0.01×18.8×10×7850＝14750	0.01×18.8×12×7850＝17700
肋梁	20.4 CM² @20 CM	0.00204×7850×2＝32 KГ/根 32×4×88＝11300	32×5×88＝14100	32×6×88＝16900
縱梁	20×1.8 56.8×10（8） 76.8×10（10） 96.8×10（12） 30×1.8	0.018×0.2×8×7850＝226 KГ 0.018×0.3×8×7850＝338 KГ 0.010×0.568×8×7850＝357 KГ Σ＝921 921×5＝4605 KГ	0.018×0.2×10×7850＝283 0.018×0.3×10×7850＝423 0.010×0.768×10×7850＝605 Σ＝1311 1311×5＝6555 KГ	0.018×0.2×12×7850＝340 0.018×0.3×12×7850＝508 0.968×0.01×12×7850＝912 Σ＝1760 1760×5＝8800 KГ
横梁		8280 KГ	8560 KГ	8750 KГ
總重		11800＋11300＋4605＋8280 ＝35985	14750＋14100＋6555＋8560 ＝43965	17700＋16900＋8800＋8750 ＝52150
單位重		$\frac{35985}{8\times18.8}$＝240 KГ/M²	$\frac{43965}{10\times18.8}$＝234 KГ/M²	$\frac{52150}{12\times18.8}$＝232 KГ/M²

减輕长江三大桥正桥公路桥面系恒載的研究

交通部公路科学研究所
铁道部铁道科学研究院

1958年12月

减轻长江三大桥正桥公路桥面系恒载的研究

长江三大桥的正桥公路桥面系恒载与其防水层的构造关系，在此次长江三大桥科学技术协作会议的文件中着重地指出了：在正桥每延公尺自重中公路桥面系的自重约占 $\frac{6.4}{32}\times 100=20\%$，而减轻正桥公路桥面系的自重就可使正桥钢桁的耗钢量减低，这一课题的提出不仅说明了过去在武汉大桥的正桥公路，桥面系的结构形式中大有潜力可挖，同时也指出了节约正桥钢桁的钢材耗用量，不单具有经济意义，也富有政治意义。

根据武汉长江大桥的設計来研究这个问题，是为了在吸取武汉大桥修建工作中的宝贵经验，在这个基础上进一步研究提高，当长江三大桥的設計方案还未肯定的时候，朝着这个方向来探索问题的症结所在，在武汉大桥的成功经验所启发下而作进一步的提高，这样的可能是切合实际的做法。因此在以下的叙述中，一切数据和新技术措施的提出是以武汉大桥的经验为基础的。

对于减轻长江三大桥的正桥公路桥面系统恒载与其防水层的构造的关系问题，作为公路建設的从业部门在以往的工作中也体会到这个问题是多年来没有很好解决的一桩大事，解决了长江三大桥的问题也就是解决了公路部门本身存在的问题。通过有系统的研究来解决这一问题也是富有政治和经济意义的。

在以下的论述中我们就下述几方面来提出我们的意见：

(一)公路桥面系的防水层与桥面系恒载的关系

(二)减轻公路桥面系恒载的途径与

有关减轻公路桥面系恒载的措施的技术论据

(三)結语

—2—

(一) 公路桥面系的防水层与桥面系恒载的关系

在武汉长江大桥的原设计中，虽然已考虑了钢梁与钢筋混凝土桥面的协同工作，但钢筋混凝土桥面的厚度仅达13公分而防水层的厚度仅为1公分。另一方面如混凝土桥面板的各标号与钢筋的强度用得过低，板的设计系按梁式板进行的，在整个桥面系的钢筋混凝土桥面自重中防水层占全部重量 $\frac{0.015}{0.552}\times100\%=2.72\%$，它在公路桥面系的钢筋混凝土桥面自重中所占的比重很小，所以在减轻公路桥面系的恒载的问题，它不是一个重点。但是这防水层在公路桥面中能否取消的问题，以下另作讨论。从上述的比较中可以看出，公路桥面系的防水层与桥面系恒载的关系甚为明显，而减轻公路桥面系的途径如仅就取消防水层着眼，收效并不大。

按公路桥面系统中防水层的设置，其主要目的是由于：(一)雨水在桥面上流过当排水不畅时可能存留而下渗使会受潮而引起板内钢筋的锈蚀；(二)未使各板表面的潮湿空气经防水层隔绝不致侵入由于普通钢筋混凝土构件本身存在的缺点而发生的裂缝，以致使板内钢筋锈蚀。(三)防止钢筋混凝土板受风化冻融作用而缩短其使用寿命。以上这些作用，对于悬臂式钢筋混凝土板更为显著，尤其是在经常冰冻地区在钢筋混凝土桥梁中设置防水层其意义更为重大。但在温暖地区，钢筋混凝土桥面中防水层的作用在我国已引起了很多争论。在我国和苏联都曾建造过无防水层的钢筋混凝土行车道板，对于是项钢筋混凝土桥的钢筋锈蚀情况的调查，在我国还未进行；而在苏联已由О.М.Приходько工程师对25座不同型式而且处于不同气候情况下使用近20—50年的无防水层桥梁作过了调查。[1]同时也提供了在西德Ганновер所建造的20座无防水层的钢桥及予应力钢桥面系的钢桥的调查资料。从上述文献中指出的事实和引伸的结论说明无防水层的钢筋混凝土桥梁也可使用相当长久。对于不设防水层的装配式T型梁其翼板可用不小于8～10公分厚的较高标号的憎水性混凝土。（掺加环氧酸皂松脂油）妥善设置滴水管以防止雨水下渗并提高人行道块件的混凝土标号和保证行车道面平整与足够的横向坡度使桥面上雨水能快畅地流走；

国外文献说明采取一定的技术措施，纵使在冰冻地区修筑无防水层的钢筋混凝土桥面系的桥梁也是可以的。何况长江三大桥所处地区冰冻现象并不严重，则更可考虑不设防水层。

本所将在1959年对于不设防水层的钢筋混凝土桥梁的使用情形进行一次调查研究，另行提出报告，以供最后决定设不设防水层时作为参考资料。

（二）减轻公路桥面系恒载的途径

在明确了减轻公路桥面铺装的防水层与桥面系恒载的关系，并不排斥在适当的情况下取消公路桥面防水层的可能性，阐明这一关系，是为了弄清减轻公路桥面系恒载的主要方向。由于我们对于修造大型桥梁还缺少足够的经验，我们所认为是主要方向也不过就公路桥梁工程的建筑中所能体会到的一些粗浅知识，辨明这些方向，是为了使我们对这个问题能够进一步地深入探讨。在下面我们将就桥面铺装和公路桥面系构造型式两方面来进行研究；

（甲）桥面铺装

这里所指的桥面铺装係包括桥面磨耗层、保护层、防水层及水泥砂浆抹平等部分，也即指行車道板面以上的那一部分。在这方面拟从铺装的几种型式来进行比较，找出桥面铺装的最小重量。

1）　1公分沥青砂　　$0.01\times1\times1\times1.5=0.015\ T/M^2$

—4—

3公分沥青合（热拌热铺或热拌冷铺） 0.03×1×1×2.4＝0.072 T/M²

4 〃 合保护层 0.04×1×1×2.5＝0.100 〃

1 〃 防水层 0.01×1×1×1.5＝0.015 〃

2 〃 水泥砂浆抹平 0.02×1×1×2.2＝0.044 〃

g_1＝0.246 〃

2） 5 〃 沥青合 ↑ 0.05×1×1×2.4＝0.120 〃

4 〃 陶粒合（热拌热铺或热拌冷铺） 0.04×1×1×1.8＝0.072 〃

1 〃 防水层 0.01×1×1×1.5＝0.015 〃

2 〃 水泥砂浆抹平 0.02×1×1×2.2＝0.044 〃

g_2＝0.251 〃

3） 1.5 〃 沥青瓜子片磨耗层 0.015×1×1×1.5＝0.023 〃

6 〃 陶粒合（防水合）（M-300） 0.06×1×1×1.8＝0.108 〃

1 〃 防水层 ＝0.015 〃

2 〃 水泥砂浆抹平 ＝0.044 〃

0.190 〃

4） 2.0 〃 沥青瓜子片磨耗层 0.02×1×1×1.5＝0.030 〃

8 〃 陶粒合（防水合） 0.08×1×1×1.8＝0.144 〃

0.174 〃

5） 2.0 〃 沥青瓜子片磨耗层 0.02×1×1×1.5＝0.03 〃

8 〃 普通防水合 0.08×1×1×2.5＝0.20

0.23 T/M²

按上面的比较数值，考虑到公路桥面系下面即系正桥钢桁为了确保钢桁不受雨水侵蚀的影响以致降低其使用价值和年限我们认为第（3）种桥面铺装在施工方面比较简单而且比第（4）种增加重量并不太大，故在下面的论述中都以此为据。关于陶粒混凝土（烧胀陶粒混凝土）或浮石混凝土的资料见建筑研究院资料［D.建筑材料内总66 分类D19-25烧胀陶粒混凝土试

验振捣及碎石混凝土初步小结]

至于轻质合在桥梁工程上的应用据已搜集到的资料文献[2]所得出的结论和对于轻质合的使用问题将在"桥面系的结构型式"中加以论述。

（乙）桥面系的构造型式

对于桥面系的构造型式问题，我们首先考虑钢筋混凝土版到底采用予制装配的还是就地浇筑的？其次考虑桥面版是用普通钢筋混凝土还是用予应力混凝土，采用轻质混凝土还是重混凝土，再其次考虑桥面版是按梁式版设计还是按四边支承版设计采用了四边支承版后对于与桥面版共同作用的钢梁系统如何进行变革；

以上这些问题的研究对于减轻公路桥面系恒载具有决定性的作用。下面是有关这几个问题的初步意见：

（I）为了快速施工，公路桥面系的钢筋混凝土行车道版以在工厂予制为宜。这样可以与钢桁的拼装工作平行作业，而且工程质量得到保证。同时集中加工予制也可以节约劳动力与材料。

（II）在按梁式版的计算中，当计算跨径为190cm而桥面铺装厚度为10.5cm时，版中最大活载力矩为$M_{(H-13)}=2.58^{TM}$（H-18，H下-60及HK-80活载在同样情况下均较小），假定版厚为10公分，则由于版的恒载和桥面铺设合併作用而产生的力矩为

$$M_n=0.125\cdot0.44\cdot1.9^2\approx0.20^{TM}$$

$\Sigma M_0=2.78^{TM}$ （采用普通的重混凝土时 M-600）

$\Sigma M_0=2.75^{TM}$ （采用轻质合M-300时）

在上情况下版厚10公分是不够的，为了达到这个要求可在

予制板安装完成后在纵梁上进行刚性连接，同时，在全部桥面板吊装完成后在各中建立予应力（采用予留管道或电热张拉粗钢筋的方法来实现采取上述措施时支力矩 $M=0.7M_0=-1.95^{TM}$ 每公尺板宽内需用4根16Φ5钢丝束（$\sigma_p=17000^{kg/cm^2}$）这样即可使每一平方公尺桥面中桥面铺装加钢筋混凝土板自重的总和比武汉长江大桥的桥面铺装垫与板的自量总和减少 $\frac{0.552-0.44}{0.552}\times 100\%=20.3\%$（即每延公尺桥长的恒载 $6.4^{T}/_{M}$ 的20.3%）。

在以上的比较中，係单纯地按梁式板来考虑，所以不拟采用予应力混凝土板的原因是由于

（一）轻质混凝土的收缩与徐变较大，会引起予应力的损失（但可用超张办法来解决这个问题）。

（二）在采用轻质混凝土时钢丝束的控制应力采用 $0.5\sigma_p$ 这项损失甚大（要考虑轻质混凝土的收缩徐变而引起予应力的损失达 $0.28\sigma_p$ 以上）。[2]

（三）采用予应力轻质混凝土并不能使桥面恒载减低很多；与予应力损失同时考虑便觉得不偿失。

（四）以上所考虑的问题仅按武汉大桥公路桥面系统的结构型式而进行比较，并未涉及有关变革整个桥面系结构的问题。为了更进一步摸清公路桥面自重减低的最大限度我们认为有必要来改革桥面行车系统的构造。（在考虑变革整个公路桥面行车系统时，上述的桥面铺装型式仍然不变）。

（一）纵梁中距改为 $l_a=2.3^{M}$ 加设次梁则 $l_B=4.0^{M}$，桥面板厚仍为 10^{CM}，桥面恒载仍为 $g=0.44^{T}/_{M^2}$（桥面铺装厚度为 10.5^{CM}），

$$\frac{l_B}{l_a}=1.74$$

当活载为H−13时　$M_a=1.80^{TM}$　$M_B=1.94^{TM}$

（H1-60、H-18及HK-80不控制设计）

恒载力矩的修正系数　$\alpha=0.0911$ ，$\beta=0.0441$

故　$M_a^g=0.0911\times0.44\times2.3^2\approx0.21^{TM}$

$M_b^g=0.0441\times0.44\times2.3^2\approx0.10^{T-M}$

$\Sigma M_a=1.80+0.21=2.01^{TM}$

$\Sigma M_b=1.94+0.10=2.04^{TM}$

在板的支承边缘：$\begin{cases}M_a=-0.75\times2.01\approx-1.51^{TM}\\M_b=-0.75\times2.04\approx-1.53\end{cases}$

在板的中央：　$M_a=0.525\times2.01\approx+1.05$

$M_b=0.525\times2.04\approx+1.07$

采用(1)项中的措施与加筋方法也能得到减轻桥面恒载的同样效果。但钢筋亦须以同强度的钢绞线代替。以便进行双向加筋或采用连续配筋的施工方法。

(二) 纵梁中距仍为 $l_a=1.90^M$ 加设两根钢横梁则 $l_B=\frac{8}{3}\approx2.7^M$ 其余数据同前。

$$\frac{l_B}{l_a}=1.42$$

当活载为H 13时　$M_a=1.42TM$ ，$M_b=1.26^{TM}$

恒载力矩的修正系数

$$\alpha=0.0849-\frac{(0.0849-0.0738)\times0.02}{0.2}=0.0838$$

$$\beta=0.0472-\frac{(0.0472-0.0454)\times0.02}{0.2}=0.047$$

$$M_a^g=0.0838\times0.44\times1.9^2\approx0.13^{TM}$$

$$M_b^g=0.047\times0.44\times1.9^2\approx0.07$$

在板的支承边缘：$M_a=-0.75(1.42+0.13)\approx-1.16^{TM}$

$M_b=-0.75(1.26+0.07)\approx-1.0^{TM}$

—8—

在板的中央　　　$M_a = 0.525 \times 1.55 = +0.81^{TM}$

$$M_0 = 0.525 \times 1.33 \approx +0.7^{TM}$$

此时可以将行车道板的厚度减为9公分并采用轻质合M—400，加筋可用$\Phi 12$螺纹钢筋每公尺板宽约为11根，当予制件吊装时必须在纵横梁上进行刚性连接，同时为了避免在支点处的裂缝出现，可以在支点处进行刚性连接时予埋25T2C钢筋以电热法进行张拉在混凝土中建立予应力。如改用予应力轻质混凝土（M-350）板，此时板中力矩较小，建议采用连续配筋的方法进行施工，同时板的厚度可以改为8公分（如用$\sigma_p = 17000$公斤/厘米²的钢丝束则每公尺板宽仍须用4根16—$\Phi 5$ m/m）

由于采用予应力轻质混凝土而从板厚缩减为8公分并同第4种桥面铺装对于正桥公路桥面恒载（与武汉大桥比较）将降低很多：

$$q = 0.174 + 0.08 \times 1 \times 1 \times 1.8 \text{（按浮石混凝土的容重）}$$

$$= 0.174 + 0.144 = 0.318^{T}/M^2$$

$$\frac{0.552 - 0.318}{0.552} \times 100 = 42.4\%$$

按照 H.C. Стрелецко 教授的公式计算：

$$\Delta S = \frac{\Delta_{пл} B}{\frac{[\sigma]}{\gamma_{CT}} - B L_p} L_p$$

$$= \frac{0.424 \times 6.4 \times 25.6 \times 128}{\frac{1400}{7.85} - 25.6 \times 128}$$

$$= \frac{2.72 \times 25.6 \times 128}{178.5 - 3276.8} = \frac{8910}{-3098.3}$$

$$= -2.88^{T}/_{M}$$

即每延公尺正桥钢桁的用钢量可以减少2.88^{T}

以长江三大桥科学技术协作会议资料为据，因改用轻质混凝土公路桥面而减少正桥钢桁耗钢量为数甚巨。至因改变公路桥面系统结构型式而增加的钢横梁重量为数不多未予扣除。

（三）结 语

根据上述论证，我们认为在正桥的公路桥面行车系上可以采取下述措施以减轻桥面行车道板自重：

(一)桥面铺装仍采用第(二)项中第三类的结构型式

(二)不变更公路桥面系的钢纵梁中距而在每个节间中加设两根次纵梁使公路桥面系的纵横梁构成一个格式系统。同时采用装配式预应力轻质混凝土行车道板，并采取措施以减少收缩徐变的预应力损失值

(三)在钢纵横梁的格式系统中除考虑钢筋混凝土行车道板与钢纵横梁的共同作用外尚可采取在钢筋混凝土行车道板的跨径中间以千斤顶予加反拱[5]；另一方面为节约钢纵横梁的耗钢量，在钢纵横梁中也拟采用预应力钢结构。

(四)为仍维持武汉大桥公路桥面的设计时，建议采用沥青陶粒（浮石）混凝土及轻质混凝土保护层。

至于公路引桥的桥面防水层，我们认为长江三大桥都在气候温和地区，可以考虑不设，为了更进一步弄清楚这一措施是符合我国的现实情况在59年上半年将进行对处于华东及华中地区一些无防水层钢筋混凝土公路桥的调查作出总结报告以便作最后决定时参考。有关公路引桥的上部构造结构型式与公路桥面行车道部分的结构，本所已会同铁道科学研究院拟订了初步设计方案在此不拟赘述。

又防水层所用材料在过氯乙烯和增韧剂的供应不缺时，可以采用铁道科学研究院所提出的处理方法。[6]但我们认为国

—10—

内塑料工业正在飞跃发展，如用塑料布（厚度1公分或塑胶粘结的多层塑料布）作为防水层材料并以胶合剂处理塑料布的接头部分及与混凝土贴接部分，则为保证防水层不漏水的上策。有关这方面的研究工作，另待拟定计划后，送请协作办公室协助进行。

参攷資料

1. АВТОМОБИЛЬНЫЕ ДОРОГИ I/1957，及 IV/1957
VII/1956
2. АВТОМОБИЛЬНЫЕ ДОРОГИ II/1957
" " IV/1957
XII/1957
3. Н. А. КАЛАШНИКОВ, Е. В. ТУМАС
—"ТАБЛИЦЫ И ГРАФИКИ ДЛЯ РАСЧЕТА ПЛИТ ПРОЕЗЖЕЙ ЧАСТИ МОСТОВ НА АВТОМОБИЛЬНУЮ НАГРУЗКУ"
4. Е. Я. БЕРГЕР
"ПРИМЕРЫ РАСЧЕТА БАЛОЧНЫХ ЖЕЛЕЗОБЕТОННЫХ МОСТОВ"
5. АВТОМОБИЛЬНЫЕ ДОРОГИ IX/1958
6. " " VIII/1958

土建所刘恢先所长发言

58年12月23日

从上次开会到现在，土建所共做了五个方案，其中三个是拱的方案，两个是吊桥方案。现分述如下：

一、实腹刚性拱方案：

桥墩中至中距离为250公尺，拱矢高与跨度比为1：6。

特点：

1、截面标准化——拱的外侧为一个圓弧，內側由三个圓弧組成，中間150公尺范围內拱肋等高两端加大。

2、为了节約鋼料，拱肋由两个鋼鈑梁組成，上下翼緣以砼填充，砼用600～800号。

3、系杆用鋼絲繩，承受拱的推力，同时用作弦杆，省鋼並省了接头。

4、安装时用鉸支，一端固定，一端可以滚动，安装完毕将相邻两孔連續起来。在恒載作用下，相当于双鉸拱，活載作用下为連續拱，接近固端拱。

5、采用单桥面，因为拱下面是系杆而不是桁梁，由于跨度較大，采用单桥面，桁寬較大，比較穩定，此外还可节省公路引桥。

細节：比較特殊的有两点。

1、系杆和拱的錨定——系杆用60根鋼絲繩，两端分散，每根装入套管，灌鋅凝固，錨定在拱端。

2、系杆和水平支撑的联結——用鑄鋼箍把系杆箍起来，在鋼箍套上装联結鈑与水平支撑联結。

架設方法：分六个工序。

(1)、架設鋼拱壳；

(2)、安設系杆；

(3)、安装部分桥面系及吊杆；

(4)、灌筑拱圈合；

(5)、在合龍固后，安装所有桥面；

(6)、固定拱端。

架設鋼拱亮用伸臂法由桥台开始，在墩子上平衡伸臂，伸臂至最大限度时建临时浮墩，或用扒杆悬吊方法代替浮墩，拱肋閉合可以两端伸臂在中間合龙，或伸臂一部分，中間一段整段起吊合龙。

南京水深約40公尺，临时墩做固定的不合算，最好用浮墩用鋼做成上小下大形的沉井式，封底浮运至墩位，放水下沉，快到河底时，围繞导向槽打鋼板桩入复盖层，浮墩有刃脚卡在复盖层上，可承受荷載，如果反力太大，可抽水利用一部分浮力。用压縮空气比較复杂，不如抽水方便，浮墩上設柱子，柱子放在浮墩內一道运送到墩位吊起来，以千斤頂調整柱子高低。

安設系杆，張拉予应力有两个要求：

1、每根鋼絲繩受力要均匀；

2、張拉完毕加恒載后支座要剛好滚动到需要的位置。

灌筑拱圈合要保持平衡快速。

优点：

1、省鋼——拱圈以合代替鋼，系杆用鋼絲繩，节省了鋼，除单桥面横梁可用低合金鋼外，其他均不需用低合金鋼。

2、制作簡便——截面比較标准，接头較少，精密加工少，仅拱圈每段間需要鉋光頂紧，拱肋可以考虑工厂銲接，可能不需要机器样板，

3、施工便利——安装重量較小，工地接头少，剛性較大可整段起吊。

4、連續拱桥墩是弹性的，下部結构可以采用高桩承台，不受桥墩偏移影响。

5、制动力分佈在几个桥墩，不集中在一个桥墩。

6、公路引桥长度縮短。

7、跨度还可放大到300公尺没有多大問題。

缺点：灌筑合比較費时。

存在問題：

1、剛度問題——曾作两个模型試驗結果与結算結果相差太大。

2、鋼和合共同作用問題。

3、鋼壳中打合，如何快干和不受震动影响。

曾作了很簡单的三个比較試驗，一种用素合，一种用含4％鋼筋的鉿一种用鋼鈑壳內灌合（鋼鈑也佔4％），結果素合柱受力21T，鉿柱受31T，鋼壳合柱受43T（破坏在端部，为局部丧失穩定）。

二、剛性梁柔性拱方案：

利用武汉桥桁式加拱，按簡支考慮。

特点：

1、柔性拱单純受压，用鋼壳灌合做成，每个拱圈可受內力4000～5000T，每孔估計省鋼料1000T。

2、用千斤頂調整应力，千斤頂需特制。

三、空腹剛性拱方案：

国外經驗可做很大的跨度，如美国 Hell Ga 在桥跨度在500公尺以上，截面不算大。

和实腹拱方案比較，用鋼量較大，横梁不落在节点上，系杆需承受局部弯矩。

四、吊桥方案：

鉄路上用吊桥缺少經驗。

吊桥的缺点：

1、不快——安装鋼塔，鋼绽纜桁架等无法平行作业；

2、不省——两个鋼塔用鋼多；

3、变位大，剛度不足；

4、国防上易受破坏。

克服上述缺点的方法：

1、用两个懸吊系統可克服上述1、3、4等缺点；

2、部分自錨，可节省錨定鋼料；

3、塔用鋼壳，灌混合，上弦自錨部分也用鋼壳灌合，可节省鋼。

安装方法：

1、用斜拉杆系統安装桁架，桥台端伸臂，桥墩上平衡伸臂安装在中間閉合，或整段吊起閉合；

2、澆灌鋼壳中合；

3、安装桥面系；

4、安装主纜和桥面；

5、塔頂用千斤頂調整纜索的內力。

鋼塔用4个箱形单元組成，其中两个灌合，中間設升降机。

吊桥方案有两种佈置：

1、120m+400m+120m用两联中間有一个平衡墩；

2、150+500+500+150用一联。

待研究的問題：

1、岩层过深时，考虑全部自錨；

2、考虑取消懸吊系統，全部由斜拉杆系統承受。

唐山铁道学院 吴炳焜教授发言 1958-12-23下午

在上次开会到现在这一个多月的时间内，对下部结构的研究做了一些工作，但以快为纲结合生产是做得不够好，现将关于下部结构主要研究内容和经过情况简要报告如下：

（一）关于管柱的研究如予应力管柱的制造及管柱制造工艺，<1>予应力管柱制造研究的参加单位很多，如同济大学等，过去二个月来开过二次会，在唐院集中工作过，其研究方法和内容分下列几个方面：<甲>对现有管柱破坏情况，管柱破裂是否可用予应力解决，考虑到现有法兰盘是有缺点的。<乙>研究了要加多少予应力保证管柱不破裂，现在是加50～60公斤/平方公分。<丙>明年第一季度准备试验予应力管柱6根，有一半是纵向预应力的，另一半是横向也有予应力的，管柱是φ155公分長6公尺，管桩是φ55公分長6公尺，现在已在草拟予应力管柱管桩的计算方法。<2>管柱设计的问题，我们工作偏于一个，对现有管柱在震动下沉中其应力的情况如何考虑得少一些，有些现场工作的同志說：如管柱沉不下不能多震动，我们要研究在震动力的作用下管柱下沉中的应力，<甲>震动时管柱受力的理论分析，法兰盘与管柱及钢箍与混凝土不能是理想的連在一起，不能說是均質的，现在作为一个整体来研究，以后再作薄壁杆来研究，工作已在进行，<乙>如只以理论计算是不够的，

（1）

编号 503-2(5)-18

想在实际下沉震动中去实测，想用电阻应变仪去量，已作准备，想去黄河桥工地试一下，学校設备少，如只試一点是看不出問題，希望有設备的单位多加協助。其他还有些技术上的問題也不簡单，我们尽量做。听說同济有利用超声波来测量应力，希望能协同来做。(丙)想用活动模板来灌注管柱。

关於地基承載力的问题：

(一)宜都桥的岩石的压力試驗，岩样作三度压力試驗，想判明宜都這种岩石是粘土还是砾石？這在力学性上有很大区别，因为土有内摩擦角，岩石沒有。我们做了20多个試样，我们用圆柱体加压，最差的一个也只有6公斤/平方公分，這种岩样是接近土，因为受侧压后增加承压力很少，是接近土的，但試样很易散，所以很难对整个岩层作判断。

(二)南京大桥浦口岸引桥及芜湖大桥唐家湾岸引桥的基礎，因为地质承压力很低，所以基桩的可能大，所以初步研究桩的承载力問题，因为資料不够，所以只初步做了一些組织工作，考虑做Φ55公分、Φ40公分及25×25公分方桩做試驗，前二种是常用的类型，用25公分方桩是想做桩台試驗，在引桥中做三处，每处三个，這项工作量很大，但对5公里長的引桥来說，又似太少。

(三)用25公分方桩找出单桩与群桩之間的关系。

(四)做打桩試驗。

(五)打桩用震动及汽锤同做，想得到一些記录，這些計划要的机具設备很多，請大桥局多方支持。

对管柱基礎承載力的問题：

（一）管柱未下到岩层的受力情况，這一方面和我们合作的力学研究所已有研究結果。

（二）管柱已下到岩层的研究我们准备做模型試验。

关於予应力管柱要解决的問題：

（一）現有管柱管檐破坏的情况，請多继續提供資料，改進現有法兰盘，做予应力管柱的試验，怎样使試验达到目的。

（二）黄河桥工地也在研究予应力管柱，希能組织配合起来。

（三）关於試验用的ST-52鋼及予应力鋼丝，請大桥局提供材料。

周[illegible]工程师的发言記录

我代表鉄道科学研究院，公路研究院一部份为三桥方案工作的同志发言，提供一些参考意見（包括有专家莫經斯科同志的意見），我們对三桥方案的选擇，是以多快好省，以快为綱，吸取武汉大桥經驗設备的基础上尽量利用国内的先进技术。現在分对南京蕪湖二桥正桥鋼梁，两岸引桥最梁基础三部份提供一些意見。

一、正桥鋼梁　用低合金鋼，高强度螺栓。

1.再分式三角形桁架

(1)3－160M連續梁　主桁上弦附加小桁架，墩上加第三曲弦。

(2)3－160M連續梁　主桁下弦附加小桁架，墩上加第三曲弦。

(3)160+192+160連續梁　主桁下弦附加小桁架，墩上加吊杆。

2.柔性拱剛性梁　中間孔192M，两端悬臂64M，悬掛簡支梁128M

3.160M菱形桁架墩上加三角形架。

第1、3两种桁式优点

(1)絕大部份制造上与架設上可用武汉桥的設备

(2)把梁加高，即可加大跨度

第2式整体性差，制造不利，安装困难。

主張偏重第1式(1)

二、引桥部份

1.縱梁

鉄路：4片40M預应力T梁，整片預制不分块，每片重140T，下翼緣用鋼弦，油頂先張。腹版鐙筋上翼緣用鋼筋，电热法后張。

公路：40M跨徑，有4种形式

(1)7片預应力工字形梁，上加盖鈑，用鋼弦横穿。

(2)7片預应力T梁，用鋼弦横穿

(3)7片"凵"梁，上加盖鈑成箱形

编号 503－2(5)－19

(4)5片箱形，上加盖饭，两端格撑。

2.横梁　公路铁路都是“⊥”形预应力鉇梁

3.桥墩　公路　1.8M直徑預应力管柱体及預应力腰形，空心壳体

铁路　3.2M直徑預应力管柱体，后填实心。

4.制造　用流水机組法

(1)两桥建立一个基地集中制造

(2)工場佈置一条运料綫，三条生产綫，一个船塢

每道生产綫上分八个作业位置，第一二个捆紮鋼筋，第三个立模板，張拉下翼緣，第四个灌合，第五六七个养生（蒸汽），第八个張拉上翼緣鋼筋。

每条綫每天可生产40MT梁两片，全年720片，三綫同时生产，一年可产完两大桥的預制构件，按26公尺淨空計两桥引桥約需鉄路梁1300片，公路梁500片，横梁750片。

5.架設

(1)用高52公尺，跨徑42公尺龙門架4台（用万能杆件拼成）可吊重75T。

(2)用高10公尺，跨徑25公尺龙門架2台，吊重10T。

希望做到

1.結构标准化

2.制造工厂化

3.施工机械化

除基桩承台外，全部构件預应力。全部用装配式，所有构件都标准化。

三、基础

1.鋼沉井有很多方便，但鋼很貴，可否改用玻璃絲合板代替中間加合隔牆。

2.頭口管柱合龙困难，可否先在岸上化零为整，把管柱拼成一整节的

沉井，和沉井一样节节下沉，到达岩层后再化整为零。

四、最后意見：

1.公路引桥上部完全用輕質台，标号不低於300重1·8T/m^3

2.公路活載汽－13改汽－18，拖60改拖－80

3.鉄路引桥不用道碴桥面。

4.引桥跨度加大一些，用輕質台，減輕梁重。

5.加一些临时杆件，浮运架設正桥。

南京工学院 杨廷宝教授発言　　1958-12-23 下午

南京工学院接受三大桥美术处理任务后，学校党委很重视，同学师生很兴奋，组织了老师同学在党委直接领导下在很短的时间内交出了若干方案。這些方案同志们看了也易理解建筑上的处理最取决於大桥结构方案的决定，在這以前任何画的方案只能代表一些可能的想法和意图，也只能仅仅代表如在鸣放中的大字报這些样代，只能是一部分人主的。我们工作是分了若干组，各组先討論后提出若干方案，大家认为你可能后再進一步发展，一共提出了11个方案和2个参考方案，這些方案的细部手法大已是可以互换的，這是我们的初步草图的做法的概况。

在研究方案之前，有几句話應先提一下，即是依什么原则下考虑的，我们国家的方针是实用经济，在可能条件下考虑美观，這是所有的建筑的总的原则。三大桥是以快为纲，在考虑這些方案的过程中，师生同学们首先研究使重量的比较使简单化一些，使能符合实际角度外面很经济，在施工方面很便当，总的来説是在总体外上是简单朴素、庄严美观，既代表民族气派也具有大跃進气象。

关於桥的两头环境问题，桥不能单单孤立在江上，在两头引桥附近要有适当的布置，使成有机的综合，如像然的生成而不是突然而来，因此两头桥头堡对上部有适当的绿化布置，不管哪一个桥都考虑了适当的美术布置，不但过桥的人能欣赏，也要照顾城市的规划，使文娱活动能尽量的利用这些地方。新桥不但通过铁路且亦通过公路，公路下桥的布置在计划中要适当的考虑能和城市结合是最好，有几个方案考虑到这些做法。

在桥头堡处理上桥头堡的设计的好看、美观、合适，与大桥的结构方案不同，没有数据可称，在建筑方面则无法以数据来衡量，各人有不同的看法，不过在工作过程中也应该的征求了群众的意见，以后在更深入的时候宜更多的征求各方面的意见是更好的。

我们就桥头堡的分析，如南京、芜湖桥在很多方案中的形体的个数有类似的但都部分有不同，在所有的方案中，同学们用四个墩子来解决，这主要是因桥很长，如在桥头做一大段不通空的桥头堡，火车经过如过山洞，惹不易数，差不多的方案照顾这一缺点，因此用大段实体是不适宜，但如用空的在西边有一个桥头堡则看来似乎太轻，但这也可以不算的，这些方案都是这样考虑的。但要用四个桥头堡不能一样高一样粗，要有所变换些，所以各小组在考虑前后的高底左右[illegible]各有不同，因此就产生不同的方案，何者好，希大家发表意见。总的说来与武汉大桥基本不同在体系方面，用方亭子的体系方案四亭子做得高大一些，使得更雄壮一些。有的说不用亭子因为与武汉大桥一样，因此有的组用别的体形，相似同塔的来处理，有的用灯柱，有的用牌坊的体形来作装饰性的处理。在结构上有的用[illegible]用雕刻、镶石的等。总的说来是要表现壮大的感觉，但有的也用水泥的本色来表达有朴实之感，内部布置和武汉大桥不同，使缩小到最低限度，不预备在内部有很大的建筑面积，但考虑到桥头堡有上下交通的作用，所以很多方案都布置有步梯及电梯，有的用4部有的12部。也有方案考虑用外步梯的形式，一方面可以看到外边的风景，一方面可以上桥。再有一点在色彩方面用什么材料什么色立面环境配合，有的用黑色，有的尽量用深而引桥的一致，使整个连成一体。以上是这些方案概括的介绍。

末了想简单的提一些问题，也是组内讨论时提出的可供参考：

（一）桥本身的结构形式问题，武汉大桥公路在上面，很开朗，这是优点，今后南京、芜湖两大桥在结构经济合理的条件下用这种开朗的形式，是符合大多数人的想法的。

（二）桥墩是否另外还有什么要求，因互邀入一下去有进一步的安排。

（三）引桥结构方案对桥头堡的关係很大，引桥形式一变，对桥头堡的形式也不同。

（四）结构方案处理和建筑处理的协作问题，是否可再增进一步，同时也联系到施工问题，过去在学校中是有些脱离实际，所以提出的方案在结构中的合理性，施工方面的方便性等，请同志们多提意见。

唐山铁道学院　钱冬生教授发言

Ⅰ　关于唐院所主办的St—52钢焊接性能（即可焊性）的专题研究：

曾经派人到山海关桥梁厂商订初步计划，共计要做试验4种，包括常温静载试验，可焊性试验，焊接后低温拉伸及疲劳试验，疲劳试验（纵梁的、厚钣的、工字截面的……小试件的）要做试件约72个所需要的St52钣的厚度自12MM至25MM所需的协作单位为10个

协作的主要内容，山海关桥梁厂做各种试件，唐院提出试验要求并派人联系，铁道科学研究院，同济大学、天津大学、冶金部等单位做疲劳试验，铁道科学研究院及清华大学协助完成，低温拉伸及疲劳试验，纵梁疲劳试验由大桥工程局协助完成。

目前工作进行情况；已收集到兄弟单位的一些资料，做了一些搭钣（即小件）的试验，鞍钢已允许在12月份轧出5T左右的钢料，但尚未交货。

除可焊性试验以外，焊接工艺及胎型设计等主要由山海关桥梁厂负责。

关於可焊性问题苏联教授认为钣厚大於20MM时可加些铝硅钢认为三大江都加铝，成本太贵。

关於基建总局领导的规程编制工作，唐院所承担的St52钢铁路焊接桥梁设计及制作规范，已在20日完成初稿，其中较大问题为：厚钢钣之焊接，疲劳强度如何计标，焊接后如何机械加工及如何检查等：目前初稿已按疲劳强度的计标按照民主德国出版的小册子中所叙述的，而焊接后的机械加工则采用苏联对於碳素钢加工的规程

Ⅱ　关於焊接支座问题

打标用电渣焊正和山海关桥梁厂洽商进行之中；

Ⅲ　关於高强度钢丝

目前正在寻将试件天津钢厂对170 kg/MM2钢丝尚未生产，希望大会领导组派人与天津钢厂联系在新添的设备尚未生产前利用原来设备制造一批供试验用的钢丝。

编号 503-2(5)-22

大連工学院錢令希教授的發言

上次會議以后，我们党委重视這工作，領导成立三橋設計小組，青年同志勤学苦钻的干劲，完成了五种橋式方案。

研究的方案分为三种类型：

方案(一)(三)懸吊式

方案(二) 梁式

方案(四)(五)拱式

設計的原則：

(1)截面用試以大為　　(2)使撓度满足 $1/1000$

懸吊式方案(I)

三跨連續自锚式 130+260+130，南京橋用三联，（8墩）蕪湖橋用四联（广福矶，10墩子），用鋼量 $16.6^T/_M$。鋼料 ST52 59%，CT3 35%，鋼索 6%。桁高 20^M，寬10 $b=40^M$ $\frac{b}{L}=\frac{1}{6.5}$。

双层公路在上面，铁路在下面，中跨撓度 $\frac{L}{1000}$；

世界上懸桥不用在铁路上，可打破陳规，锚在梁的半高，

恒载的一半和活载由梁索共同作承担，索的水平拉力 $H=1754^T$

架梁方案：用伸臂法，架設半跨后加索子，可以省去吊車，用索子代替，然后加吊桿使梁的恒載傳至吊索，調整应力，可以調整吊桿長度，架梁調整吊桿 $62^T/_2=31^T$。

最大截面 2016^{Cm^2}　$S=3776^T$（考虑了架設应力）

编号 503-2(5)-23

缺点：(1)用钢料多。(2)基礎若沉陷则影响应力。

(3)锚在半高，不太合理。

懸吊式方案(Ⅱ)

双跨简支自锚式 180+180 南京用4联，燕湖用6联。

用钢量15.8T/M 其中 ST52 56% CT3 35%，钢索9%

锚在下弦，使下弦拉压相抵，桁架是再分式，桁高20^{M}。

公路、铁路均在下弦，应力均匀。最大断面=1699^{CM^2} $S=3000^{T}$

吊索水平拉力3073^{T}，恒載分配一半吊桿一半梁上，吊杆调整拉力$62/L=31^{T}$。

最不利情况下杆件应力只超過40%。

优点：(1)不怕沉陷（因简支） (2)经济 (3)样式新。

梁式方案(Ⅲ)

双跨平弦连续 192+192 梁高24^{M} 中—中宽10^{M}。

铁路在下面，公路在1/3高度。

南京用4联，燕湖用5联

公路有两条慢車道穿過铁路，快車道挑出两边。

几何尺寸是把武汉大橋放大了1.5倍（跨度、桁高、桁式）

是3分式或称1米半 $L'=1.5L$

弦杆应力大1.52倍，但$H'=1.5H$，$[\sigma]'=1.5[\sigma]$故恰好可用武汉大橋断面，腹杆应力大1.5倍，3分式，2分式，恰多1.5倍，故恰好用武汉橋断面。

但为什么我们采用双孔連續，而不采用三孔連续呢？

(1)公路活载比武汉桥小，桥面也轻（用輕積合）。

(2)对地基要求也小，

(3)安装应力不致控制过多断面，可用武桥安装方法，

(4)二跨在各个江面上容易配。

梁重17.2T/M。 ST52 66% CT3桥 34%。

計标中采用

(1)調整应力 50^{T} 最大断面 1910^{CM^2} 最大应力 S=4140，

挠度在 $\frac{1}{1000}$ 之内，净截面不放松。

优点：(1)以拱为纲，全套搬用武汉大桥試验和经验。

(2)架設可靠。

缺点：也许說和武汉大桥样式相同，但不是主要，可以說是發展，加了一道公路線条，可能还稍美观。

系拱方案(IV) 懸臂系拱 160+192+160

拱高 $\frac{f}{l}=\frac{1}{5}$ 桁高 16^{M} 宽(中—中) 10^{M}。

端跨 40+80+40，

南京用4拱 1488^{M}，芜湖用5拱 1840^{M}（不够）

特点（从应力经济効益上考虑）

(1)支在上弦 比支在下弦在应力方面合理，鋼料 $14.6^{T}/M$（最輕）

上弦基本上受拉，故支於上弦，使拉压相抵。

(2)美观較好，应力上考虑二端悬加[illegible]拱荷重减輕，使中央[illegible]

生负弯矩，

(3)不論恒載，活載都由拱和梁共同作用承担。

(4)加連接曲弦 〈对強度上不需要，只是美观。
刚度有利，（因端跨懸臂要满足 1/300）

最大断面 1254 cm²　应力 2694T

重 14.6 T/M　一共中 ST52 占 60%　ST3 占 40%

优点：(1)经济、(2)美观

(3)细节簡单，基本上和武汉橋相同　(4)施工来説可靠

(5)全部用（T3 鋼）就可以，不用 ST52 底合金鋼。

缺点：拱高可以降低，梁的潛力很大。

拱方案（V）懸臂桑拱方案 200+240+200 几何为方案IV的 1.25 倍

南京橋用 3 拱 1420 M　蕪湖橋 5 拱 1900 M

最大断面 2003 cm²，最大应力 3640　梁重 18.6　撓度满足 $\frac{1}{1000}$ ·L

优缺点同方案IV　更经济，快些，省了两个墩子（多用 4600 T 鋼）。

初步考虑架設方案

(1)中间立临時墩子，φ155 四根管柱，出水面后连接。

(2)懸臂十浮运，先懸到纵膜再起浮，(3)用平衡懸臂法。

(4)臨時拱（過去法国制過[illegible]半架用臨時拱来代替，浮运，我们方案做架設臨時拱，在拱背加东西，浮运，計算结果拱重 1T/M。拉杆可以拉二条，這样可調整跨度。

总的說来：懸吊方案比較新些，可能性是有。

平衡方案现实意义很大，最可靠，快。

桑拱方案经济、美观，可靠性上来説新的因素不多。

长江三大桥美术方案造价

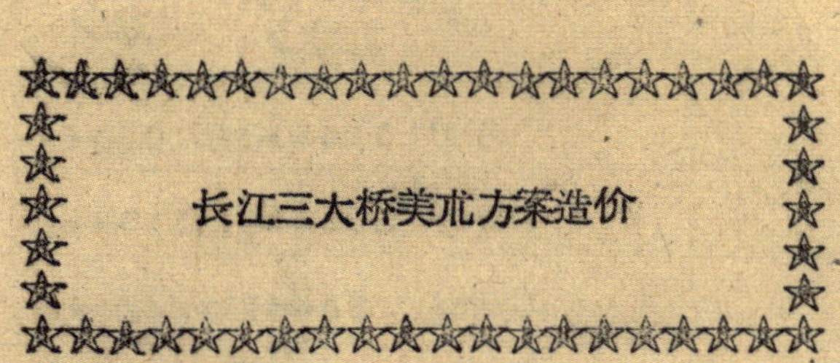

南京工学院

1958年12月

南京長江大桥桥头堡概算

（第一方案）

編号	項目	单位	单价（元）	工程量	合計（万元）
1	梁	10m³	1662·34	100·8	16·7
2	柱	10m³	1312·61	517·44	67·7
3	牆	10m³	756·07	445·2	33·7
4	路面	10m³	1089·46	804	87·6
5	楼板	10m³	1089·46	43·56	4·7
6	楼梯	10m²	512·3	18	0·9
7	栏杆（靠牆木扶手）	10m	32·39	21·2	0·1
8	石栏杆	10m	100	336	3·4
9	綠化	（10000m²）1公頃	17985	96	172·7
10	彫刻	10m³	756·07	25·6	1·9
11	粉刷	100m²	76·66	119	0·9
12	电梯	部	26500	12	31·8
13	門窗	10m²	350	120	4·2
共計					416·2

如除去綠化以及两堡中間部份而只算两桥头堡，则造价为78·2万元。

蕪湖長江大桥第一方案概算

編号	項目	定額单位	单价（元）	工程量	合計（万元）
1	柱	1 m^3	131·08	3846	50·2
2	梁	1 m^3	156·05	3600	56·6
3	栏杆	每10延長公尺	100	78·0	0·8
4	楼梯	每1 m^2投影面	51·05	600	3·1
5	路面板	1 m^3	108·95	1920	24·8
6	楼板	1 m^3	108·95	789·4	8·6
7	脚手架	1 m^2	1·943	21440	4·2
8	土方	1000 m^3	332·63	510000	17·0
9	綠化（包括道路造价）	每公頃	17985	58·5	105·0
10	牆	1 m^3	75·607	5056	38·6
11	电梯	1架	26500	12	31·8
12	鋼窗	1 m^2	35元	141	0·5
13	彫刻	1 m^3	80	464	3·7
14	外粉刷	1 m^2	0·7666	19200	1·5
15	內粉刷	1 m^2	0·3225	38400	12·4
共計					358·6

蕪湖長江大桥第三方案概算

編号	項目	定額单位	单价（元）	工程量	合計（万元）
1	柱	1 m^3	131·08	3648	48·0
2	梁	1 m^3	156·05	2050	34·4
3	栏杆	每10延長公尺	100	109·6	1·1
4	楼梯	每1 m^2投影面	51·05	408	2·4
5	路面板	1 m^3	108·95	1460·8	16·0
6	楼板	1 m^3	108·95	520	5·6
7	脚手架	1 m^2	1.943	22500	4·4
8	土方	1000 m^3	332·63	510000	17·0
9	綠化（包括造价）	每公頃	17985	85·5	105·0
10	牆	1 m^3	75·607	6680	50·5
11	电梯	1架	26500	4	10·6
12	鋼窗	1 m^2	35	888	3·1
13	彫刻	1 m^3	80	128	1·0
14	外粉刷	1 m^2	0·7666	15740	1·2
15	內粉刷	1 m^2	0·3225	20500	6·5
共計					304·5

宜都長江大桥桥头堡工程概算表（第一方案）　　1958.12.1

編号	項目	定額单位	单价	工程量	合計（万元）	备註
	桩					情况不詳
	基础					…………
	柱	m^3	131.08 元	6028.72 m^3	78.8	
	梁	m^3	156.05 元	1003.96 m^3	15.6	
	鋼門窗	m^2		255.6 m^2		
	木門窗	m^2	9.081 元	54.92 m^2	0.1	
	彫刻					
	栏杆	延長公尺	97.87 元	207.6 m	2.4	
	楼梯	投影面m^2	51.05 元	387.9 m^2	2.0	
	公鉄路楼板	m^3	108.95 元	120.6 m^3	1.3	
	堡內楼板	m^3	108.95 元	192 m^3	2.1	
	装修	100m^2	76.66 元	1746.5 m^2	0.1	（外粉刷）
	脚手架	m^2	1.943 元	500 m^2	0.1	
	土方					
	綠化	公頃	17985 元	18公頃	32.4	
	混凝土牆	m^3	43.825 元	1370.424 m^3	6.2	
	电梯	部	26500 元	4	10.6	
	总計				151.6	

总体美术佈置小組会議記录

日　期：1958－12－24日8：30～12：00

出席人：大桥局第五桥工处　石景仁

〃　二　〃　楊守高　商进德　殷万寿　刘麟祥　王同熙

〃　四　〃　陈昌言

〃　一　〃　赵燧章　区隆昌

中国科学院地質所　谷德振

第四設計院　袁　毅　陈長风　李嘉昌　苏振声　楊椿年　楊鑫基

大桥局第三桥工处　戴尔宾

大桥局　梅暘春　彭　敏　顧懋勛　李　芬　胡世悌

南京市　刘树勛　庄　郧

蕪湖市　赵奇峰　刘克明

勘测处　王序森　曹　禎　詹恩宁　胡竟銘　王庆璋　李宗达　潘际炎　是彬材　王家璋　黄丕佑　潘詠唐

綜合运輸研究所　陈瑞之

清华大学　楊曾艺

唐山鉄道学院　苏富州

主　席：楊延宝

記　录：潘际炎　潘詠唐

楊延宝：总体美术佈置組今天开会討論的問題有五个

1. 确定桥位的中綫問題
2. 南京蕪湖正桥設坡問題是否可以
3. 公路桥面設在上层，中层或下层的問題
4. 引桥的形式問題
5. 桥头堡在建筑和美化設施上有何要求

梅暘春：

昨天听了谷同志的地质报告，我認为可以先定中綫，用桥式来挪移桥墩位置，設法跨越或避免断层等不良地带，将来正确位置不在面上找，要在綫上找。

坡度起点应設在那里，我的意見是南京平坡，浦口降坡，蕪湖平坡，唐家湾降坡对淤泥地带的塡土是有利的。

桁架中～中是10公尺或15.5公尺，我以为不要为了桥长，就过份的去考慮寬度的問題。

刘树勛：

南京江面窄，冲刷很厉害，現用沉排来防护，水道极不穩定，左右摆动，要考虑两面通航，虽南京正桥降坡对引綫可縮短些，但对通航孔徑不可忽视；同时桥上設坡，車輛水平推力大，影响車輛行駛，故最好桥上不設坡。

桁梁中～中的距离应为15.5公尺，三条火車道当然以15多公尺为宜，不过市里省里贊成6車道，这可避免車輛的堵塞現象，再則人力車輛上桥时，亦不能阻止他們不上桥。

汽車载重应为汽-18　拖-80

公路位置最好設在上层其次中层，下层通行时，两边各为二車道，如車輛在桥上坏了，会造成交通堵塞現象，害多利少是不現实的。

李嘉昌：三大桥的运量和通过能力介紹如下：

1.蕪湖：64年由裕溪口方向通过大桥的为5464万吨，由江南（蕪湖岸）通过大桥的为1800万吨，需要通过能力72对。

69年由裕溪口方向通过大桥的为7650万吨，由江南（蕪湖岸）通过大桥的为2670万吨需要通过能力为84对如考虑复綫和自动闭塞通过能力可达140对以上，大桥通过能力10年内运量不需3車道。

2.南京：65年运量为4500万吨，70年为6000万吨

1－5－1車輛可通过

65年为77对；70年为102对，如考虑电气化后65年为52对；70年为68对。

3.宜都：65年下行2056万吨　上行3215万吨

70年　〃2519万吨　〃　5082万吨

按$TƎ_3$型牵引4350吨曳車71輛計　65年　82对

70年　125对

按M_{51}型牵引3600吨曳車59輛計　65年　98对

70年　151对

梅暘春：

南京通过能力在70年需要102对，有否包括复綫和小运输在內，总的运量如何。

李嘉昌：現正在搜集資料中，20天后可以統計总的运量。

谷德振：

三大桥的桥位中綫确定的問題，今天就地質和現有勘探資料上加以研究，根据前天在地質队的討論情況，在南京岸有断层，浦口岸有深槽，都不易避开，如照目前資料来看往上游移些，对深槽比較好点，可以先定，再研究跨度的問題。

广福磯方案中綫勘探量比較多，在月底前后可以摸清断层范围，上下移动些是可能的，現在断层寬約200多公尺，上游似乎窄些，我認为这地区不会有多大变化，估計新的資料得到后，往上移动些是不会太多的。

宜都三綫，不論放在那条綫上，地質情況不会太好，其中以A綫較好其承載力約在40～50公斤左右。

此外浦口唐家灣的引桥分界点問題要加研究，对于泥灰岩的厚度，深度范围需要勘探清楚。

断层泥的承載力約为5～6公斤／平方公分

李　芬：

桥位中綫如无很大必要可以不动，在宜都採用A綫，蕪湖为广福磯，南京为上游綫。

坡度中間应有一段平的，如偏在蕪湖岸对唐家灣引桥虽好，但对蕪湖樞紐站則不利；公路面最好是上中层，不得已才採用下层。

石景仁：

桥址綫可先定下来，地質断层問題可以採用扩大基础，正桥不应該有坡度，江中深槽忽南忽北，降坡不能满足航行需要，並且車在坡道上行駛对支座和伸縮都不利，美观上亦不好，南京运量大可考虑三綫道，蕪湖只考虑二綫道，关於承載力的問題我認为鉆探样品取出作試驗时无原在地层中为高。

区陰昌：

蕪湖桥址可以定下来，現在断层寬度为280公尺，可能是二个断层的接触带避开是不可能的，除断层一个墩子外，其余岩层强度都比武汉高这断层泥的压力亦不坏，可以有办法，現在定下来，是符合以快为綱的原則的，石同志說的試驗样品的抗压强度不若岩基自然强度为高，我認为是对的。

胡世悌：三个大桥的桥址中綫我認为完全可以定下来。

梅暘春：可以定下来，断层問題以后在基础上考虑，桥式亦可以照顾到这点。

王同熙：

南京桥址上下的变动范围，希望有一限度，以便配合施工需要，原議变动范围为150公尺可否縮短在4～50公尺間。

桥上有坡度可以縮短引桥长度，如南京岸降坡后在象山后可毋需筑引桥，平坡放在中間，两端降坡从远处来看，亦显得很美观。

公路面放在上中层都好，下层則对悬臂部的設計很困难，亦缺乏实际意义，应該避免长江桥桥头堡的美化問題，应該是重型配合，以資相称。

淨孔決定为26公尺，我認为太高了，一年走不了几趟海船，可以重加考虑。

顾懋勋：桥上可以有坡度。

[illegible]：

[illegible]湖桥位希望定下来，在原桥位附近想找一条可以避免断层的线，不容易，按照运量我认为两线就够了，三线固然是好，但增加了工程量和材料，同时别的地方亦要修桥，需要照顾施工力量，拿以快为纲来说，南京芜湖都应採用二线，桥上可以降坡，芜湖平坡放在中孔，两面降坡，不能影响高水位航道。

王同熙：南京岸在中間孔降坡，和平門車站的問題可以解决。

李嘉昌：

桥上降坡，可以減少土方，对樞紐編組站等亦有利，我們希望降坡，如果不降坡我們亦可設法服从大桥要求。

杨樁年：桥上不降坡，芜湖樞紐編組站位置有問題，要移到青弋江以南去

李　芬：

２６公尺既然定了，可以考虑一孔活动孔，減少引桥長度，升降部份放在墩子里，外表亦好看，如加以美化处理，更显得美观，这对交通部和航运部都无問題。

张万久：活动孔要減少通过能力約８对，按照运量要求，不相宜。

李宗达：設計意見书曾提过活动孔，因影响运量，今年８－２０日开会时否定了。

胡竟銘：过去考虑万T海輪进江每月一、二次，但在部开会时，要求每日开孔４～６小时，影响运行太大，故否定了活动孔。

戴尔宾：

活动孔对通过能力不利，可考虑中間留一平孔，两端降坡，減少引桥長度，桥位中线可以定下来，如移动位置，要增加勘探量，估計再需要82天才能完成勘探工作，不符合以快为纲的原則，目前桥位，只一个墩子在断层內，我想可以处理的。

引桥最好用拼装式，在工厂大量預制可以縮短建桥时間。

公路以上层最好，其次中层，下层不好。

赵燧章：

基本同意戴总意見，鉄路引桥墩身，要考虑重型，桥头堡實成用四个的方式，要全部就地灌注，以免同拼装搞在一起，造成修建时的困难。

胡竟銘：

南京桥中綫可以定上游綫，对避开深槽有利，但南京岸斫层仍不能避免，可另加处理，蕪湖亦然。

在桥上降坡，对南京和平門車站可以降低2～3公尺的填土，引桥縮短約500公尺，都是有利的，蕪湖桥尽量靠唐家灣降坡，以照顧到运槽河淨空問題，蕪湖岸降坡对飞机場和樞紐站都有利。

公路中穿式不好，車辆在桥上通行时不开朗，火車煤烟冲熏亦不好，美化處亦不容易处理，我認为上承最好。

陈昌言：

南京桥中綫可採用上游綫，希望以后变动范围不要太大，以便三类工程开工后不致返工。

正桥应該設坡，長江与黄河情况不同，河床較穩定，上下航道可留两孔外，其余下坡，可以下降3公尺左右，能減少椎墩台等很多工程量，有实际意义。

浦口引桥要先通車，担負从北向南的建桥运輸任务，必須快速施工，引桥樁应採用爆破樁尖的方法，樁可以打得少，速度可以加快，墩身应用輕型，鉄路採用預应力梁，公路採用預制拼装式梁。

戴尔宾：蕪湖市建設局希望公路寬度不要較武汉窄，桥面应为18公尺。

姚富州：

公路桥面放在中层，只減少了公路与鉄路分家处300公尺的引桥，但桁架、栏杆阻碍視綫开展，行走中間有关在籠子里的感覺，这不是很好处理的方式，希望南工要考虑上承的美化处理桥头堡用四个亭子处理，有其优越性，到頂可不加收縮，以显示其雄偉气概，但不宜过高，以节省材料。

王家璋：

南京桥中线的流向偏角在左岸約为18° 按照通航河流的規定为5° 現在是否可在左岸从浦口方向偏下10° 左右，（南京岸不动）这对綫路可以縮短些，但对地質是否有影响，可加考慮。

梅暘春：公路桥面放在中层，对桁架的稳定性比較为好

刘树勛：

如果桁架很高，仍可走中层，可作模型試驗，以后两用桥不准許用下层，都要用上层的。

楊廷香：

公路在中层走，因車輛行驶快，对桁架上各种纵横交叉的构件影响長时間后会使人产生不舒服的感覚。

戴尔宾：公路面放在那一层，应根据梁高，最好放在上层。

石景仁：

公路放在上层可以保护鋼梁，免得雨浸潮湿后見风容易損坏，中层受烟熏和风雨影响对鋼梁不利。

李　咏：浦口往上游移較好，南京亦向上移，可离食品加工厂远些，流向上要求浦口向下移，是否可考慮都往上移。

桥上設坡有好处，对排水有利，武汉桥就因为沒有纵坡对排洩雨水有問題。

公路桥面我認为三层都要，上层走人，中层走汽車，下层走火車，三綫三层，桥头堡可作昇降小汽車的設备，建筑得雄偉些，可名为鎮海楼。

謝富州：

桥式可以早些定下来，这对桥头布置可早作研究处理，宜都採用武汉桥桥式，可以先迈进一步，但南京是交通要道桥式可考慮特殊化，桥头堡亦然。

戴尔宾：

要快必須考慮現有設备和可能补充的設备，結构太复杂化，現有施工力量有困难。

公路在桁梁中层穿行，两边构件交錯，很远有一个孔道，会有天罗地网的感覺。

曹　楨：人行道都是按2·25公尺的二道設計的，裕溪口前途发展不大蕪湖桥可減窄些。

是栋材：

武汉桥头堡体量不夠，三大桥要考虑体量，同意南工提出四个桥头堡来处理同时要表現民族气概和风格，应該高些，可設立桥头堡公园。利用桥头堡作图书閱覽室，休息室，如分为二层，在高度綫条上作适当处理，公路鉄路应为同一体而又是独立体。

李　淥：

同意楊教授的四个桥头堡的处理，武汉桥头堡上下二部份未合成一个整体，我的意見可分三层收縮如象宝塔形式，外表可筑成六角形，里面可筑閱覽室，休息室，养路室，厕所亦要大些，窗戶配用五光十色的玻璃。

是栋材：

二个桥头堡中間的公路引桥，要特殊化与其他引桥跨度区分开，以配合沿江大道的設施。

戴尔宾：

楼梯可放在外边，以增加內部使用面积，同意是同志許的二桥头堡中間的三孔加以特殊化。

是栋材：窗戶不能开得太多，否則表示不出雄偉来

曹　楨：引桥部份隔一二公里亦可作一小桥头堡，作为养路工休息和放工具之用，下部筑成房屋形式有楼梯上下。

李　芬：同意曹的意見，桥头堡非但鉄路需要，公路亦需要，可以容許人員上下，引桥的美术处理要特殊化，不能抄襲武汉桥的形式，楼梯放在外面不美观。

刘树勛：人多游玩的地方要多考虑厕所的設备。

大橋工程局勘測設計處副总工程師曹楨的報告記录

在今年十月第一次协作会議后，在武汉参加三大桥下部结构研究設計的同志計有：同济大学5人，唐院6人，京院2人，南京工院1人，湖南工学院5人及設計处26人，共計45人。

這三座大桥桥址处水面至岩层距离都很大，南京桥址至岩层有公尺，芜湖及宜都兩桥址水面至岩层都有50公尺。复盖层也厚，如南京桥址处两岸复盖层厚达40～50公尺，芜湖裕溪口复盖层厚约40公尺，宜都桥桥址处复盖层最厚的也有30～40公尺，且有十多公尺厚的卵石层，因此基礎設計就相当复杂。我们的经验不足，在发挥了敢想敢做的精神以后，才做出了初步設計。现在，我将工作情况和成果汇报如下：

基礎的基本类型

由於上述三大桥情况是水深且复盖层厚，考虑到如仍沿用武汉江桥1.55公尺直径管柱，則自由长度会太大而允許应力不够，如采用直径过大的管柱，則因管柱本身重量太大，起吊設备也有题。因此开始时，考虑用2.0公尺直径管柱，在這种情况下，我们設計的基礎基本类型如下：

（1）用鋼板桩围堰

南京桥桥址处，江水平均深30公尺，复盖层厚35公尺，我

编号 503—2(5)—13

们考虑用43公尺钢钣樁，打入河床13公尺，则吸泥8公尺后还有5公尺固着在河床内。在围堰内下沉長27公尺管柱，各墩管柱数有30、3.5及42根。我们計算结果，這样的结构，桥墩刚度、位移都无問題。各墩围堰直径最大的达24公尺，围令重400吨。

（2）管柱高承台

這种基礎型式采用直徑5.6公尺的管柱，导向架考虑用万能脚手架杆件拼装。管柱内鉆孔直径为5.2公尺。這种基礎在十月間第一次協作会議討論结果是要在大管柱内鉆4个小孔，但在設計过程中发现這样的基礎结构，承載力就大大地降低，需要增多管柱数目和加大承台尺寸。因此，我们为了节约投資，根据一机部三局同志研究，認为有可能制成大直径的鉆岩机械。因此，我们大胆地采用大直径的管柱。现在每墩一般用4根直径5.6公尺的管柱，最多的也只用6根。

這种基礎类型施工时拟采用吊箱围堰，下鋪木板，管柱穿过木板間的孔下沉。這样，下沉管柱、鉆孔、封底的工序很簡单，但需要配备大型机械，如起重机的起重能力要求在150吨以上，震动打樁机也需要大型的，因为長江大桥桥址处的覆盖层厚度一般都在35公尺左右，因此下沉管柱和鉆岩設备都比较复杂。

我们也另外考虑了用直径三[illegible]尺的管柱来做高承台管柱，经过計算，需要這样的管柱12根，承台也要加大。所以我们只在160-176-160连续梁的方案上進行了計算，其他方案没有進行際。用這种管柱，在江中間的几个墩位下沉及鉆岩，估計問題不大（因复盖层不厚），但在江边的墩位則因河床的复盖层厚达40公尺以上将近50公尺，下沉這样的管柱就很难說无問題。因此，我們又考虑了先下直徑3.6公尺的管柱到一半复盖层时再下直徑3.0公尺的管柱。

這种基礎，在計标南京桥結果墩頂位移达9.5公分，比较規程容許位移5.0公分大了一些，我們在進行這些計标时，是根据冲刷至-45公尺計标的，但未考虑未被冲刷的土壤对管柱的固着力。

（3）沉井与管柱組合的方案

我們考虑先用沉井下沉至河床下距岩石20公尺，再在沉井中下沉直徑3.6公尺的管柱。各案計标結果，最多的用管柱12根，最少的用8根。排列方式是用3排，每排4根，（如图），如用10根管柱，則取消中間排的当中兩根，如只要8根管柱，就取消当中一排。

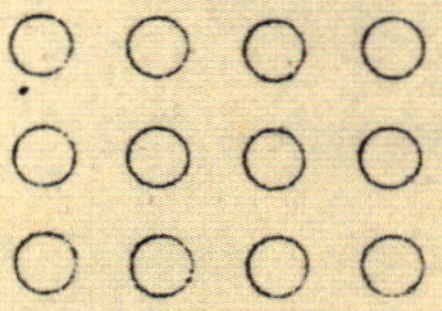

沉井和管柱都下沉至設計标高后，就用水下混凝土封底，抽干水后，再灌注混凝土使沉井与管柱結合为一整体。

我們也考虑了鋼沉井方案，鋼沉井中的管柱是通到桥墩的基礎承台，這是与混凝土沉井不同之处。鋼沉井在永久結构中不起作用，只在施工过程中起围堰和导向的作用。

在這方案內，我們考虑了用水下混凝土作腰帶以减小管柱的自由長度。

鋼沉井方案需用鋼料較多，每公尺沉井高度要用鋼料21吨，但需要的混凝土則較少。混凝土沉井第一节估計重1700吨，如在浮鯨上制造，則要浮鯨44个，但如在混凝土沉井装假底，則可浮運。

鋼沉井的井壁用双层鋼鈑，本身为空心，内有支撑，用不着做底，它和普通沉井不同之处是可作为管柱导向，并在沉井内吸泥，所以实际上是一个带鋼鈑墙的围堰。

我們在沉井与管柱組合方案中采用直径3.6公尺管柱的理由是因为这样可以减少沉井下沉深度，如采用直径較小的管柱，則沉井就要下得深些。

Ⅱ. 現在再分析說明如下：

（1）南京桥：

上部結构先考慮了4种方案：

① 160M 伸臂梁　共9墩

② 190M 連續梁　共7墩

③ 220M 連續梁　共6墩

④ 231M 懸臂梁　共6墩

根据桥式布置進行計算，定出了桥墩基礎尺寸。

認为沉井管柱組合基礎对各方案都可能，故在各方案中均考慮了此种基礎类型。

在中間部分之桥墩，水深30公尺，复盖层35公尺左右，認为下沉大管柱是可能的，考虑了直径5.6公尺管柱高承台基礎，同样可采用較長的鋼鈑樁，将水下混凝土灌注在较低标高（复盖层下），故亦考虑了直径2.0公尺管柱鋼鈑樁围堰基礎。

另按160-176-160連續梁上部结构方案，研究了几种基礎方案。正桥共8墩，除1号及8号墩外，其他桥墩复盖层均在40公尺以下，考虑了直径3.0公尺管柱高承台基礎。为了减少管柱自由長度，承台設置在较低标高，每墩皆用直径3.0公尺管柱12根。1、8号墩复盖层深，用12根直径3.6公尺管柱下至河床一定深度，再在其内下直径3.0公尺管柱至岩层。

另按220-280-220公尺連續柔性拱刚性梁上部结构方案（共6墩），考虑了用鋼沉井管柱组合，但未作其他基礎类型来作比較。

（2）芜湖桥：

上部结构曾考虑了3种方案：

① 160M 伸臂梁　共12墩

② 200M 連續梁　共9墩

③ 231M 伸臂梁　共8墩

左岸及中間部分岩层在-40至-41，水面至岩层约50公尺。河床变化較大，复盖层相差很大，左岸桥墩（12墩方案的1、2、3号墩，9墩方案的1、2号墩及8墩方案的1、2号墩）水深在10

公尺以下，复盖层40公尺，用钢筋混凝土沉井管柱组合基础，水浅，沉井用筑岛下沉，每墩用8～12根直径3.6公尺管柱。右岸桥墩（12墩方案之11、12号墩，9墩方案之9号墩，8墩方案之8号墩）水深在20公尺以下，几乎没有复盖层，考虑用直径2.0钢钣桩围堰基础。中间部分之桥墩（12墩方案之4～9号墩，9墩方案之3～7号墩，8墩方案之3～6号墩），作了较多的方案来比较，如沉井管柱组合、直径5.6公尺管柱高承台及直径2.0公尺管柱钢钣桩围堰基础。沉井管柱组合每墩用8～10根直径3.6公尺管柱。直径5.6公尺管柱高承台每墩用4～6根。直径2.0公尺管柱钢钣桩围堰基础每墩为21～42根管柱。直径5.6公尺管柱高承台管柱应力较低，检算了一下，用4根直径5.6公尺管柱的桥墩亦可用4根直径4.6公尺管柱。

有一桥墩位于断层泥上，内夹火成岩碎块，其尺寸很小仅数公分，此外水深26公尺，沙厚17公尺，以下为断层泥，厚20～30公尺（由于岩层倾斜，依桥墩位置而定）需采用特别的办法：

1.管柱组合，管柱下在断层泥内（不至岩层），按粘土来计算，估计应力无问题，但岩层倾斜不均匀，沉落问题需要考虑。

2.沉井管柱组合，沉井至断层泥，管柱至岩层。

3.沉井加钢桩，沉井至断层泥，工字形钢桩至岩层，穿过20～30公尺断层泥问题不大，估计用钢桩200根，每根受力200吨，需钢料1000多吨。

另按160-176-160连续梁上部结构方案，研究了直径3.0公尺管柱高承台方案，靠右岸（芜湖）之一墩只需6根，其他墩每墩均需9根，在断层泥处的桥墩则先用直径3.6公尺的管柱沉至断层泥上面，再在每根管柱内下沉直径3.0公尺管柱到岩层。

（3）宜都桥：

上部结构只一方案，为96+3×128+3×128+96公尺

宜都桥河床岩层相差很大：

#1墩施工时水深11公尺（按施工水位+42），覆盖层为3公尺卵石；

#2墩施工时水深21.5公尺（按施工水位+46），覆盖层约为5公尺卵石。

#3 #4墩施工时水深约25公尺及21.5公尺（按施工水位+46），覆盖层约为10公尺及20公尺，其中卵石层为6公尺及11公尺。

#5墩施工时水深15公尺（按施工水位+46），覆盖层厚34公尺，其中卵石层有10多公尺。

#6墩施工时水深5公尺（按施工水位+42），覆盖层厚31公尺，其中卵石层有6公尺。

#7墩施工时水深2公尺（按施工水位+42），覆盖层厚34公尺，其中卵石层有10多公尺。

宜都桥基底砂岩立方强度为10～30公斤/公分^2，平均作为25

公斤/公分²看待，按設計規程允許承壓力只6公斤/公分²，認为按立方强度来看岩层承压力是偏低的，同时按允許承压力6公斤/公分²来設計，基礎需要很大，令人难以相信。我們在設計中按允許承压力12公斤/公分²来考虑。#1墩水深11公尺，卵石层3公尺，考虑用鋼鈑樁围堰抽水明挖。#2～#5墩水深約15～25公尺，覆盖层約5～34公尺，进行了几种基礎方案的比較，用直徑2.0公尺管柱鋼筋混凝土基礎，#2墩为24根，#3 #4墩为28根，#5墩用直徑3.6公尺管柱鋼筋混凝土基礎，为方形，用12根，另考虑了直徑5.6公尺管柱高承台，每墩者用6根，管柱數較多，是由於岩石承載力較低，并考虑了浮运沉井，沉井尺寸#2墩为10×18公尺，#3～#5墩为12×22公尺，#6 #7墩水浅，用築島沉井，尺寸为14×20公尺，由於目前对卵石层之承載力与冲刷情况認識不足，暫按沉井下至岩層計算，将来根据实际情况可考虑（并解决了卵石加固问题）将沉井基底提高。

另補充了直徑3.0公尺管柱高承台方案，#1墩用6根外，其他每墩均用9根。

大桥局勘測設計处曹楨副总工程师关於引桥方面工作的补充发言

南京長江大桥浦口岸引桥長达3500公尺，蕪湖長江大桥唐家灣岸引桥長达5000公尺，在这样大的工程量中，如何使引桥快速建成將是一个重要問題。根据以快为綱的原則，引桥上部結构採用預制裝配式結构下部結构採用拼裝式桥墩。在上部結构中考虑了四种方案：24M，32M 40M預应力鉻梁，及33M鉻拱。从基础中比較32M較24M省10%如採用拱式方案，則因自重較大，基础工程量較32M多18%。在40M的預应力鉻梁中，如考虑[illegible]分中部接头，則需做临时墩，不方便，而如果考虑为一整片，則需要起重量就較大。根据这些比較，我們認为32M預应力鉻梁較佔优势。

下部結构桥墩最高达28M最低为10M，做了八种方案，其中四种为鉻結构其余四种几乎不需鋼筋。第一、二、三、四方案桥墩几乎不需要鋼筋，第二方案是框架式重型桥墩。根据桥墩高度平均以20M計算：第二方案桥墩及基础合355m^3，φ550管桩18根，鋼筋3.2T，第六方案合163m^3，φ550管桩15根，鋼筋11.4T（裝配式鉻剛构，第八方案也是拼裝式結构，合219m^3，φ550管桩15根鋼筋26.9T（由八根圓柱組成），从这些数字中可以看出，第六方案用鋼量較少与第二方案比較减少合数量較多，增加8T鋼筋，但减少了三根桩每根桩以1T鋼料計，又差三吨。

根据南京引桥部份地質情况来看，大部份为砂粘土，含水量很高，下面为粉砂，因此需考虑採用管桩基础或其他旁的基础形式。宜都在洛阳岸有砂夾卵石可考虑用扩大基础。蕪湖引桥鉆土层为20M以上，土質較好基础可考虑採用明挖有人提出用大型管柱来做引桥基础，但需要較多的施工机具設备。

上部組討論記录

1958年12月24日下午

区隆昌发言：

1.武汉、南京、蕪湖及宜都桥式不宜相同。

2.若用伸臂安装，則桥跨最大可至176公尺，故蕪湖宜採用3×176公尺三孔連續梁，下加勁桁式較好，桥墩可低及公路面佈置較好。

3.南京桥可採用浮运脚手梁安装方法，故跨度可較大，用柔性拱方案較好。

4.由运量及国防要求考虑，南京桥可不必採用三軌鉄路桥。

5.反对中穿式公路及开启桥。

6.实腹剛拱，因国内經驗不足，故不宜採用。悬吊桥国防条件較差。

錢冬生发言：

1.採用240公尺連續梁的优点：

(1)經过应力調整后，最大杆件应力为3600吨，用ST52，杆件截面可不超过武汉桥，可全部利用武汉桥全部模样鈑，但机器样鈑需另做一套。

(2)採用新技术，可提高技术水平，若跨度採用240公尺，則超过美帝已有之236公尺跨度。

2.240公尺連續梁原拟採用平衡悬臂安装方法，經施工单位提意見后，拟改用下列三种安装方法：

(1)伸臂192公尺后，在迎面桥墩上用吊索起吊伸臂端点，然后繼續拼装至桥墩上。

(2)伸臂拼装168公尺后，其余72公尺梁用浮运拼接。

(3)伸臂拼装168公尺后，其余72公尺利用24公尺支架及48公尺导梁拼装到桥墩上。

3.大跨度梁每公尺重量必定較小跨度大，一般說混合体系桁式重量应該比平弦梁輕，採用大跨度梁主要是減少桥墩。

4.鋼梁預应力，主要是採用千斤頂加力，这个方法对施工並不困难，且可节省大量鋼料。

王序森发言

1.鋼梁估重

在初步設計中，主桁重量系利用建筑系数或結构系数进行估算，应注意的几个問題：

(1)用跨度較小桥梁較正确，对大跨度桥梁所估重量偏輕。

(2)我們所用系数是根据武汉桥的，对于菱形桁式跨度在128～160公尺时較可靠，跨度在160～192公尺时，因細节增加，故所估重量偏輕。

(3)柔性拱基本上是屬于梁的形式，吊杆承重很大，不能只作为一根拉杆考慮，故所估重量較輕，且柔性拱联結系数量較一般梁要增加一倍半至二倍。

2.桁架稳定

(1)梁本身是立体結构，故梁高与梁寬的比例应考慮，一般为3：1。

(2)桁寬与跨度之比，照規定应为1／20，若不遵照此規定也可以，但应有根据。

(3)鉄路与公路併行佈置稳定性质，在偏載条件下，以200公尺連續梁为例，跨中两主桁相对位移为15公分，公路托架悬臂端与主桁相对位移为32公分，若用檢定等級載重計算，影响更大，故两側公路托架伸臂不宜过大。

3.預应力問題

(1)可用支座抬高或降低調整应力。

(2)用千斤頂加力，在汉水公路桥調整的結果，計算及实际相差很大，且造成施工复杂，尤其对柔性拱杆件更难保証。

4.桥跨

桥跨大，安裝困难，桁高增加，增大引桥工程数量甚巨，故採用較小跨度較好。

刘桂先发言

1.对剛性拱的意見：

(1)鈑梁式結构制造較易。

(2)容易浮运安裝。

(3)若灌合困难，可全部採用鋼結构。

(4)若不宜採用鋼絲索，則可改用勁性系杆。

(5)可不必用ＳＴ５２

2.大連工学院所提２×１９２公尺連續梁方案很好，但应作适当修改使公路在中間穿过。

刘树勛发言

1.柔性拱重量較大，稳定亦有問題，且施工复杂，故採用梁式体系較宜。

2.大連工学院２×１９２公尺連續梁方案，制造及結构均合理，虽較武汉桥省一个墩子，但梁本身鋼料至少增加３，６００吨，故应慎重考慮。

3.柔性拱車道不易佈置，且桁寬１０公尺，可能有問題。

4.引桥宜採用３２公尺預应力鋼筋混凝土梁。

（发言未經本人审閱，錯者記录負責）

下部結构討論記录

1958年12月24日下午

記录：陈守容　愼　俊

（发言未經本人审阅，錯誤由記录負責）

李　芬：

这次討論范围主要是对于初步設計提出的方案，是否适用于三大桥下部基础，討論主要精神如下：

1、方案的可能性和存在的困难；

2、提出更好的方案；

3、有关研究单位提出具体問題的意見。

曾　楨：

武汉工作組初期按結构形式分組，在11月8日后提出研究初步意見然后分析展开工作，根据研究初步意見后，曾作以下的决定及供进一步設計，主要决定内容如下：

1、鋁沉井采用輕質合問題——由于考虑到来源困难，暂时不考虑采用，俟技术上有条件时再采用。

2、沉井用临时底的問題——由于拆除假底时沉井可能傾斜所以考虑想用双层底分层拆除，有的同志認为在底上开孔，預設吸泥管，使沉井沉入一定深度灌水拆去假底。

3、采用浮鯨的范围——为使沉井浮运和下沉时，使沉井浮起可采用浮鯨，由于沉井很重，浮鯨数量須用几十个，排列須分几层，我們考虑由于各层浮鯨受力情形不同，因而輸入的压力也因而不同，故設备复杂，因此以二层排列为原則。

4、各块件由于起吊能力的限止故以30T为标准。

5、沉井管柱組合基础，沉井一般沉入深度問題——暂根据以下三个条件：

(1)、刃脚离岩面最多20M以減少管柱下沉困难。

编号 503-2(5)-32

(2)、根据永久結构的强度来考虑管柱不宜过长。

(3)、沉井必要沉入深度，使沉井本身稳定。

6、駁船大小問題——我們制造了12×47×3M方头800T駁船12只，根据这些資料来考虑使用。

7、水浮力計算問題——暂定天然地基以桥涵設計規程不計水浮力，在管柱桩基基础时在承底面可以考虑100%的浮力，但应扣去桩所佔的面积。如在粘土中不考虑水浮力。

8、管柱群在土壤中固着力的問題——暂不考虑。

9、鋼沉井与鉿沉井作为一种方案，还是两种——鋼沉井在結构上不起作用，因此与鉿結构不同，故作两种方案处理。

10、鋼沉井由双壁組成，自己就能浮起，管柱通到承台，因而鋼沉井不抽水，鋼支撑略少。鉿沉井部份可采用鋼壳，內壁采用木料。

11、筑島問題——我們认为水深在15公尺以內可以采用筑島，但由于水、土压力很大鋼料用得太多，暂定水深約10公尺考虑筑島。

12、宜都桥的承載力問題，以試件与規程計算得岩面承載力（允許）仅6 KG/cm²，希望能做大立方体試驗，在試驗前我們暂按12 KG/cm²来設計，並不計浮力及土壤固着力。

13、大管柱加小管柱共同作同問題——当大管柱沉到岩面，再鉆若干小孔时是否二者同时，現暂不考虑采用小鉆孔。

14、計算管柱应力以二端固端計算。

15、管柱結构中由于水平力作用，承台发生旋轉，影响管柱力矩40%，考虑决定应計算。

16、管柱的間距問題——暂定φ5.6M間距为8M，φ3.6M間距为6M，φ2.0M为2.8M，沉井內φ3.6M間距为4.6M。

17、鉆孔水下合强度，再采用250級。

18、大管柱沉入复盖层深度暂定不得超过35公尺。

除上述决定外本人对高承台管柱方案尚有下列几个問題：

1、管柱高承台方面：

(1)、管柱通过复盖层最大的深度为若干？

(2)、大直徑鉆孔的可能性。

(3)、管柱高承台方案用吊箱围堰在下沉管柱时是否稳妥，风浪的影响如何？插打定位桩最深达70公尺左右才到岩石有否可能？

2、管柱今暂考虑用鉛制造，可否考虑其他鉛予应力和鋼管柱。

3、沉井管柱組合方面：

(1)、沉井的摩擦力由于深度不同应如何考虑，刃脚尖端的阻力如何？

(2)、假底如何保証不漏水，拆假底时如何才能使沉井不傾斜？

(3)、沉井管柱組合方案須要两套設备，所以想到沉井下深一些是否可以可以省去下沉管柱的步驟，其基底承載力如何考虑：

A、土壤可否加固。

B、基底下到岩层面仅計中間一部份清除的面积。

赵燧章：

沉井是否只考虑自重下沉，如何处理傾斜，当下沉管柱射水时，沉井可能发生傾斜如何克服。

曹 楨：

沉井下沉至少沉入15M井内並有若干格，沉井下沉发生傾斜可在井孔内吸泥糾正。

李 芬：

这里只就基础形式对三大桥的可能性进行广泛之討論，例如起重，鉆孔移位，穩定鋼环作用，鋼鈑桩围堰，桩长围令下沉吸泥，施工中的困难那些有现实性没有等等，现在基础形式基本上分三类：

1、大管柱；2、鋼或鉛沉井与管柱組合；3、鋼鈑桩与小管柱。

此外还可对宜都桥的地质問題，承載力計算，基础形式，有否建桥可能和广福磯关于断层的三个方案是否合适，如何处理，希大家提出意見。

段万寿：

高承台方案具体高到什么程度，其好处如何？

曹禎：

直徑5．6M管柱强度位移均无問題，管柱內应力較大，估計須會2%以上鋼筋，並要保証水下台質量，位移計算方法，縱向以三跨連續梁制动力和风力，横向为无車时风力和船撞力320T，水流冲击力不計，並假定下端与岩盘剛性固結。蕪湖桥以三孔160M計算时φ3．0M，管柱須用9根，φ3．8M，管柱須用6根，φ4．6M管柱須用4根，墩頂位移合乎要求，宜都桥移轉小，但水流冲击力較大，在計算水流冲击力而不計船撞力时位移和岩层承載力均能滿足。

吳炳焜：

管柱的位移穩定性問題。今大管柱的間距很近，似乎接近大块基础，仅把中間若干小部份固結，我們覺得看成高承台計算有些保守，位移是否会出現很大值得研究，其次新技术能否实行，在土层上进行矽化，由于南京桥土层大部为細砂不很紧密，我認为矽化是有可能性，希能立即进行試驗。台腰箍作用不会太大，但可使基础更接近一个整体。

赵燧章：

在施工人員来說，大管柱φ3．6M方案优点較多，在下沉大管柱过程中尽量使大管柱强迫下沉，如不能达到岩层，則在其中再補以較小的管柱。沉井只靠自重下沉容易傾斜，南京桥可考慮用φ4．6公尺，下面用片石台加腰箍。

陈昌言：

南京桥水深40M，复盖层又40M左右用鋼沉井管柱方案（管柱φ3．6M）較有把握，缺点就是鋼料較多，但用鋼料对全桥来說比例亦不太大，而对施工上提供許多便利。其他方案如小管柱由于水深复盖层很采用可能性不大，直徑5·6M管柱起吊和下沉深复盖层均有困难，鈴沉井須做假底，下拆时一定要傾斜，而鈴沉井各节有接縫，使井壁很厚才免不漏水，而鋼沉井較輕，傾斜时可以重新浮起糾正，管柱直徑的大小主要决定于鉆孔的大小，目前鉆孔3M問題不大。矽化問題由于在深层如何取原样土，目前为止，还无可能，故对如何矽化尚有困难。

周籛青：

宜都桥的岩层情况，宜用大面积基础較好，管柱直徑2·0M为宜。

我們在宜都桥露头岩石做了一些試驗，試件尺寸25×23·5×26CM σ_{min}=20KG/cm^2，11·5×13·5×11·5 σ_{max}=69KG/cm^2露头岩石与鉆孔强度差不多，我們曾做三向受压，結果加側压的大小影响强度很大加水量的多少亦影响强度試驗，我們又根据吳炳焜教授的公式計算，其結果比試驗較大。

段万寿：

管柱大小：由于考虑起吊能力，管柱直徑不宜大于3·6M，如用鋼鈑桩則長度可达40—50公尺，掸打困难时亦可分二次考虑，材料缺少时可用H型鋼鈑桩改制，我們贊成这个方案，管柱（ϕ3·6M）入土深可达30 米，管柱材料最好采用鋼料，將来亦可考虑給予加应力。

我們不贊成用鈴沉井，因过去所做沉井大小經驗不多。

桥处曾开过若干次会，总的意見是贊成管柱高承台方案。

矽化法可在施工过程中試驗作为以后設計参考。

戴尔濱：

三种基础形式，我們認为以吊箱圍堰管柱高承台方案为佳，鈴沉井筑島面积較大，鋼沉井鋼料太多，下沉15M亦比較困难，因此吊箱圍堰較好其为鋼木結构，高度可达20M，其中鋼料大部可取回。管柱大小宜用小于ϕ3·6M管柱，今下沉管柱没有达到40M，我建議先在唐家灣深复盖层中試下二根（ϕ5·8M及ϕ2·9M）作試驗，此試驗墩將来作为临时墩用，希在明年4、5月得出結論。

謝德全：对岩石特性作一些补充：

1、宜都桥岩石試驗中加力后变形很快，而即又停止，由于有这样的特点可在桥墩上予留一高度作将来調整桥墩沉陷。

2、岩层与水作易分解，故計算鉆孔深度应注意这点。

秦鴻鈞：

管柱鉆沉井可否使沉井分成若干小沉井（用管柱法下沉）用鎖口連系做成基础。

張季勤：基础形式三种方案我認为都有可能适用。

1、鋼鈑桩围堰适用于水淺复盖层薄的桥墩。

2、高承台方案——过去武汉大桥已有成功經驗。

3、鉆沉井傾斜有可能发生如沉井嵌入河床宜当深度而根据地質来看孤石不多。

岩面較平因此下沉井随时注意傾斜問題不大。在浮运时吊箱围堰办要經受风浪而其时間更长，而沉井时間較短，鋼沉井优点较多，但鋼料可能不太多，我認为用鋼量多一些，但能解决問題，还是值得考虑。

4、管柱大小不宜过大φ5.6M管柱起吊等困难，宜用φ3.6M比較合适。

周　履：

高承台管柱方案比較經济，結构形式合理。沉井下沉以自重克服摩擦力問題不大，如南京桥沉井在水上尚有30M，因此自重很大。輕質岩和鉄道研究院提出用玻璃絲会，我們将来可考虑采用。矽化法現在在苏联已有成功的經驗，但其有效面积不大，需插很多导管，但有可能，应由举办单位試驗。

宜都桥宜采用管柱尺寸不大于φ1.55M，这样打入岩层鉆孔部份不易透水，可以保証岩层应力不降低。

陈 琦：

管柱大小以不超过ϕ 3·6M 最好，而基础形式不宜太多，使設备增多，其中高承台管柱方案为佳，在鉆孔时至少考虑风化岩层因冲刷而增加1公尺。在宜都不宜用ϕ 1·55管柱因为有大卵石打不下去。

吊箱围堰与鋼鈑桩施工都可以，但鋼鈑桩长度不宜超过40M。

宜都桥由于三峽的建成形成冲刷問題，我們認为在作高承台管柱方案时将来可考虑在下面作擺。

唐国俊：

南京蕪湖桥管柱直徑用3。6M，因其与武汉大桥地質相似，我們在天兴洲已作試驗，故下沉40M問題不大，鉆孔可以用若干小鉆孔組合为大孔，上面用吊箱围堰，鋼木結构，在管柱下沉后再下吊箱围堰。宜都桥以小管柱比較好，同武汉大桥七号墩的方法来建筑。

周異青：管柱下沉时在复盖层較深时，管柱最下一节易发生裂縫应加研究。

在船上起重时，由于起吊很高，重量很大，其穩定性問題須要考虑。

李秀芝：管柱高承台下沉无經驗，贊成在施工前先作試驗，但試驗的管柱宜用鉛予应力的管柱。

华祖琨：我們認为：(1)高承台管柱方案可能性小，因ϕ 1·55 M的穩定性小在管柱上受力很可能一根受力，同时鉆大直徑孔是否能保証很圓，这都有問題；(2)鋼鈑桩方案还有可能，但須一次下沉固合，施工比較困难；(3)沉井方案比較好，但不贊成用临时假底及底板下吸泥，我們認为采用浮鯨来解决較好

宜都桥采用比較小的管柱ϕ2·0M以下鉆孔10M左右，鉆孔可用冲击和旋轉鉆机。

鈴森：宜都桥采用ϕ2·0M管柱净距仅80CM鉆孔10M，将来可能每孔互相連通，灌注1孔水下砼时影响其他鉆孔質量。

琦：根据过去經驗不一定会連通。

鑑章：1、管柱可下沉深一些，目前震动打桩机震动力並未用足。

2、管柱中心可加 鈑，下面打气增加一些浮力。

南京長江大橋会議記录 1958-12-25上午

主席：刘樹勛

記录：何兆林 王世雄

主 席：今日开始按桥分組討論，我们這組要討論南京桥的上下部結构、施工、美术处理，整个來考虑這些問題，根据各單位提出的方案，用集体智慧來选定。

今日討論题为：

（一）桥址中綫問題：目前南京桥拟定采用上綫，如有不同意見也可提出討論。

（二）正桥縱坡問題：目前南京桥拟在中間采用平坡，向两端下坡，以节約引桥。

（三）綫路數目及活动孔問題：在討論中拟定方案，小組可在三个方案中取一个，采用三軌道及六車道。

（四）桥台美术处理問題：昨日总組提出用護式桥台，即每端用桥头堡四个。

（五）上部結构：原則为：

（1）現有样鈑的应用不限制在某桥，亦不限制一桥全用原有样鈑。

（2）跨度大小不因守其城市之大小而定，在200公尺跨長

编号 503-2(5)-33

以内用梁式，更大的跨度可用柔性拱来加强。

（3）所提出的三个方案都须要是切实可行的，任何一个方案都有采用可能。

（4）具体原则：

总的原则：

① 快。

② 在技术上有把握。

③ 在前两点基础上发展新技术。

④ 照顾实用坚固及国防要求。

制造上原则：

① 尽量利用工厂现有设备。

② 桥孔大小在一个桥上的变化不要复杂。

③ 杆件式样少。

施工上原则：

① 尽可能不用临时墩。

② 减少设备。

③ 工序要少（复杂了影响进度）且要稳妥可靠。

形式上原则：

① 跨度不要过大。

② 照顾国防要求，不易破坏。

③ 在前两点基础上采用新技术，照顾经济和美观。

（5）基礎类型：

① 高承台.

② 沉井加管柱.

③ 鋼橋加管柱.

要求研究計祘好位移，要穩妥可靠.

在几种类型中根据地质情况每桥可采用一、二种（不限于一种）.

（6）小組具体选出三个方案並提出一个作为推荐方案，每一方案要包括上下部结构、施工方法、美术方案、引桥形式及基礎。

引桥形式可为全装配式或为一部份装配一部份就地灌筑。

上述原則是領导組决定的，如有意見可提出討論，否則按上述原則進行。

唐院 姚富洲：要先决定引桥与高填土分界点在何处.

主 席：要先决定用什么方案，否則先决定了分界点后如用上承公路路面240M跨長的方案就不好提.

南京水利科学研究所 郭忠林：今天小組討論題目除正桥外，还应包括路堤，因为南京土壤質量不好，兩岸路堤又很高，高填土是否可能也是决定桥式的一个因素.

大桥局 王序森：我不贊成200M以上的大跨度梁，理由昨天已經說了，今天補充一些对柔拱的意見，根据武汉桥經驗：

（1）梁的公路托架如伸出太長，影响主梁的坚强性。

（2）大跨度梁的联接系强度不足，更影响纵梁的坚劲性。

因此，我不赞成柔拱。因为武汉長江桥用了很强的联接系（如右上图），在桥上人多时还感到晃动，而柔拱在截面Ⅰ-Ⅰ处十分薄弱（如右下图），除桥门架处，其他杆件都很细，不能把梁与拱联接得好，所有中间支架的腿，不可能做得如武汉桥一样强，拱与加劲梁在200公尺范围内，有大量相对移位，侧向刚度不够，除非加强拉杆，成为能够受压杆件，但加强即失去柔拱意義，且梁式结构也能解决長跨問題，所以我不赞成用柔拱。

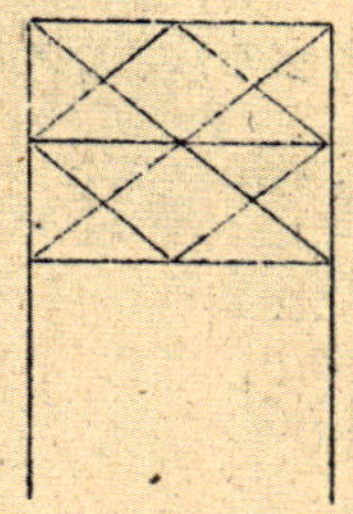

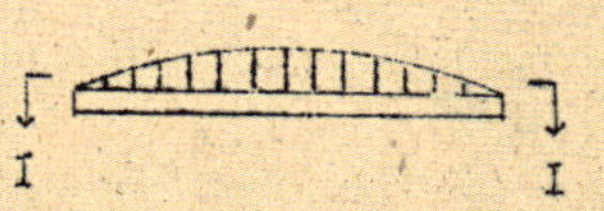

主　席：昨日上部结构组討論时，否定了悬吊式和伸臂式，刚才又提出不宜用柔拱，這樣很好，可以先去掉不用的几种梁式，然后在留下的式样中选擇。

兰院　胡春农：不同意王总意見，我是赞成大桥用連續梁的，但中跨要大，特别是在南京桥，建立偿量大，故我赞成中跨用柔性拱加强的三孔連續梁方案。

梁的穩定性是很重要，我也知道武汉長江桥在建成正式开放的那天，武汉市有十多万人涌到桥上后，曾产生有摆动現象，虽在允許限度以内，也有異常的感覚。武汉大桥的擺动現象，主要是由于联结系的細节構造有問題。

我認为柔拱可以考虑作为推荐方案，因主要結构是在下面，柔拱只要自己站得住就行，我建議降低柔拱高度至桁高的1.5倍左右，這样就可以大大地加長中跨。

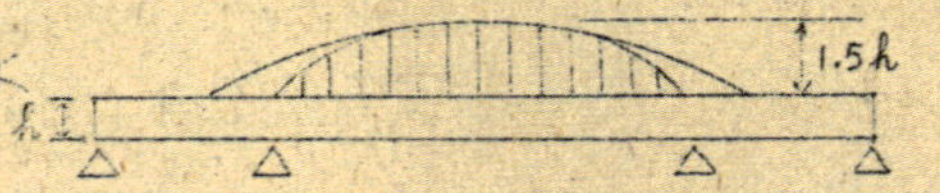

柔拱只要設計布置得好，即加强联接系和竖桿就能坚固、且经济。南京桥要求坚固和美观，我認为中跨用柔拱是最合适的。在安装方面，先架梁然后再架拱，困难不会多，至于穩定問題只要把主桁加寬，联接系加强，也是可以解决的。

科学院土建研究所 胡聿賢：

（1）虽然我们是南京桥小組，但是应該将長江上已有和将要建筑的四个大桥一齐考虑，如果将来四个大桥的形式都差不多就不好。

（2）柔拱与簡单的平行弦桥式显然不同，可以避免長江四大桥都是平行弦桥式的单調重复；并且我認为柔拱与相同跨長的平行弦鋼梁比較所用鋼料不見得会加多。

（3）武汉長江桥虽发生过擺动，但未达不能使用地步。柔拱可用加大寬度办法如加寬至15.5公尺来解决側向剛度問題。柔拱的側向剛度是可以解决的，武汉桥人行道是懸臂出去的，现加宽了主桁中距，人行道可不悬出那么多，行人在上面走就不会如武汉长江桥那样感到摆动了。

大桥局 顾懋勋：我推荐192M三跨连续梁。

我不同意胡聿贤同志所说梁拱可不震动的问题，我曾听到侯家源说过，他在美国时，有一次在刚拱桥上行走，正遇火车通过那桥，他被振动得站立不住。所以我认为拱桥的震动是大些不是小些。

同济大学 李国豪：对一座靠大城市的大桥——南京大桥——来说，使用是最重要的因素，美观也重要，结构上应服从使用上的需要。

如做刚拱则只能做系杆拱，系杆拱可做到跨长200公尺，但在要求三轨六车道的南京大桥用系杆拱，一定是很重而不经济的。如用梁拱加劲，则在很多的河上架设是较便的，但在要求决的南京大桥上使用，拌梁超过200公尺的加劲桁，就不现实了。192公尺梁拱方案可以考虑，但是总体安排很难做得好，伸臂拱容易破坏，不易修复，此外，在大江上搞三个拱，不见得美观。考虑到连续梁也可达到192公尺的跨度，而拱的架设又较难而费时，所以我倾向于用梁。

武汉长江桥平弦、等跨、公路上承的优点应吸取下来，我认为可以考虑下列三种跨度：

（1）192公尺，用E孔。

（2） 168公尺，用9孔。

（3） 約152公尺，用10孔。

小于160公尺的跨長，桥墩就多了，所以168公尺～192公尺的跨長是比較好的。

大連工学院提出的192公尺跨径、24公尺桁高的方案，不适于上承式的公路，如公路上承，則桥的整体穩定可能有問題，因为几何体系如長、寬、高都是武汉長江桥的1.5倍，而武汉長江桥的穩定問題还不能下断語，錢令希先生是知道存在这問題的，所以將公路桥面放下。但是降低公路桥面后是否可抵消MST-52提高应力1.5倍对穩定的影响，还很难肯定。

因此，出路是用168公尺的跨長了，我考虑了快和利用現成設备，提出一个不成熟的方案，用9孔三跨等跨連續梁，全長1512公尺，节間長8公尺，桁高20公尺，主桁中距15公尺，公路上承。

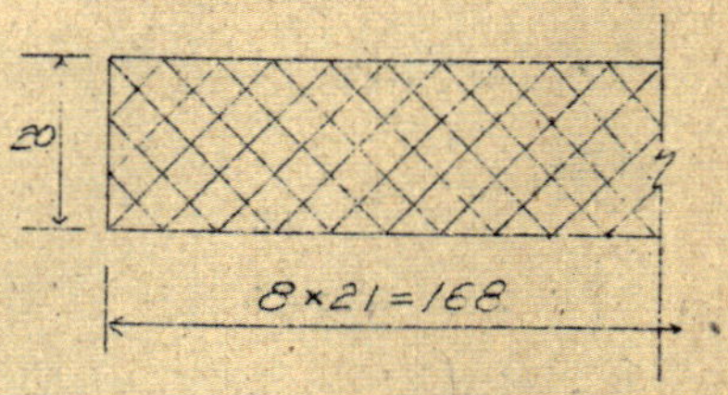

此梁的弦杆可利用武汉長江桥的現成样鈑，可以伸臂架設，是平弦梁可免戴帽或加腋的缺点。

此方案节点小，腹杆细，节間联接方便，梁長与高都是武汉長江桥的1.2倍，但主桁中距則为1.5倍，故穩定是无問題的。另外，在制造、施工、美观和使用方面都无問題。经过粗估，杆件应力約較武汉桥增加30%，用MST-52钢料制造可无問題，如采用鉄路三綫主桁应力不会超过20%，我估計此梁可以解决三軌六車道問題，而且式样美観。

大連工学院 錢令希：王总所提意見是有理的，我昨晚考慮了領导組意見，大家不赞成伸臂，我認为用杆件冷鉸連死，大連方案就变成連續梁（如圖），這样可利用現有样鋼制造，对于穩定問題，可将主桁中距增至15.5公尺並做两个桥門架来来加强。

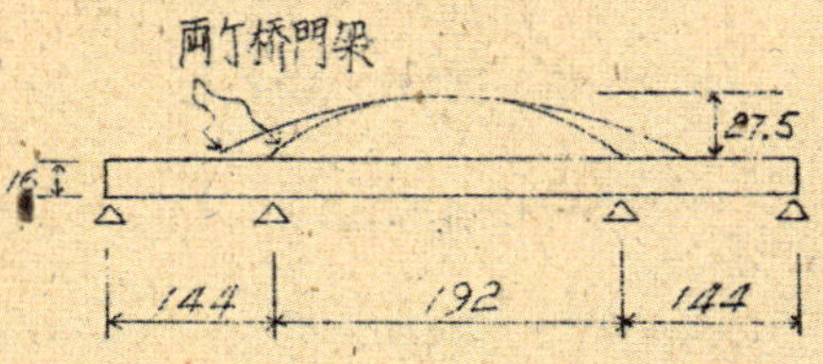

架梁时，可用伸臂法先架144公尺，然后再叠加一层以后再伸臂出去，架完梁以后再架拱，这样就没有問題，柔拱在中間合攏。

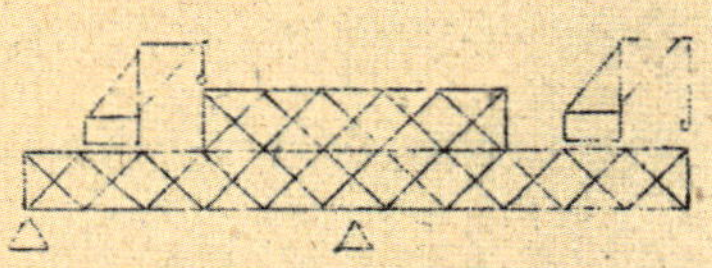

这样桁高仍为16M，估計用MST-52鋼制造可走三軌六車道，如用CT-3号鋼制造可走二軌四車道。

顧老所介紹美国某一桥梁的振动情况，似乎是共振情况，因为自振頻率設計得不好而产生，如自振頻率設計得好，是不会出現這現象的。

王总提到的武汉桥振动問題，可能是支撑不好，柔拱有不少成

功能的。另外也必须采用 1/1000 横度坡度，這方案可滿足此軍道的要求。192M 一个米式穿形的桁式施工可以快，美觀方面則各人看法不同，我認为所有大桥都是沒有难看的。

我不赞成將公路放到 24M 上面，因为太高了。

這方案我曾用静力学核过，稳定是沒有問題的。

对于三角式棱形桁梁的全伸臂架設沒有很大問題，如果還追求更大的安全，可在伸臂安装至 2/3 跨度处，搭着只伸臂安装公路面以下 1/3 的梁高，加临时的弦杆伸至对面桥墩后，再铺安装上部 2/3 的梁。

大桥工程局 梅暘春：

关于桁架的稳定問題，这里可以不必多谈，因为有规程规定。对于柔拱問題，先架梁后架拱是可能的，但梁部作全伸臂时要另外加上临时杆件，装上去，拆下来，需要的时間就多，是否符合快的要求，而且这部分构造設計时是比较困难的。如先架拱，用几条钢索拉拉，恐怕也有困难。但這些困难不是不可克服的，問題在于用别的梁式也可达到這样跨度，当然别的梁式也存在一定困难，但究竟那种梁式存在的困难多，用柔性拱是否花得来，是我們大家所应該研究的。

（接下頁）

橋處王同熙發言

从施工方面看，南京橋有一段100^{m}的断層，如用160^{m}的跨度是可以跨越了，但是如果跨度加大，显然桿件加重，如超過40^{T}，在起重設备上给施工帶来了困难，从下東、装运、起吊等就產生一連串的問題，如果跨度大，起重量大，設备就不足，另外跨長，伸臂就長，结果在伸臂端单側起吊桿件，這个梁就產生了显著的扭轉，故要求跨度不大於160公尺。

关於鋼梁的形式問題，首先应当推荐的是平弦，在应力容許的条件下尽量做平弦，這樣施工方便，武汉橋的成套经验可以用上去，但如应力实在不行了，那末我們還是加斜杆，至於摇晃問題，武汉橋是由于支撑不強，這里可以加強。

对基础問題，宜採用管柱，但管柱希用3.0^{m}，不超過3.6^{m}，主要是起重能力限制，如管柱用得過大，而鉆机祇能鉆孔2.6^{m}，這樣管柱用大了也没有多大意义，为了解决管柱的穩定問題，可以在河床上作防護江底处理，不使過多的冲刷。

另外在一个橋墩上最好用一种方法施工，不要用多种方法施工，否則施工過慢。在南京橋儘量用鋼鈑桩来施工，至於橋墩的多少，不会影响到施工的期限，8个墩与9个墩，可一样的時間内完成，但梁的跨度一長，在架設上就会使工期拖長，所以跨度不宜過大。

同濟大學李國豪發言

多腹式梁构造上会問題，為了避免柱豎桿，但也帶来了缺点。不過对横梁与節点的联接，可以用加高節点鈑来解决。腹桿中沒有豎的"虛桿"都可以承受剪力，不過斜撐架長一些，可以从减少主柱来得到補償。从施工上看，小方格多了，不至於引起施工的麻煩，它可以把腹桿制成二种長度，且腹桿小，連接上還方便。

不過上面的這些問題，全是次要的，而更主要的应該从制造、施工、使用、美观等方面来衡量一下。

同濟大學蕭振群發言

我承認柔拱在施工上的確是比梁困難，所以柔拱可以作为比較方案向国家提出。

在梁式橋中，我傾向於160～176的跨度，平弦、公路上承，視線了闊，車輛長驅直入，但爬行較高，$h = 24^{m}$這是缺点。

李院長提的方案多腹桿式，外形美观，但去了立柱，且腹桿又小，因而剛性也較差，小方格太多，這样会引起施工上的困難。

如施工上不太麻煩，我贊成$160 \sim 176^{m}$，用菱形桁式，下面加劲的組合体系，既不同於武汉橋，且又能利用武汉橋之經驗。

瀋陽橋梁厂孫國驥發言

多腹桿式的梁，不能利用武汉橋的样板，但它的腹桿系统是可以用焊接，先可以在机床上鑽孔。

从国防上来看，我贊成用三弦梁，在下面加劲，因为上面有公路，桁梁的破坏，一般在橋面处破坏程度較大。

对于伸臂梁的問題，我不贊成用它，因为它的鉸孔不易制造。

大橋局四橋處陳昌言發言

(1)南京橋不能因江大或大便意用大跨，也应考慮尽量節省鋼料，祗要滿足水文、地質及航运条件，尽量採用小跨度，以利上部結构的架吊工作，拟用160m。

(2)形式問題，我倾向于平弦，便於採用懸臂安裝，且用三孔連续較好，以利国防，如鋼梁需要加劲，則应採在梁下用靴(即拱托)加劲，這样又可使墩台圬工節省，由於該橋需要赶工，以快为綱，拟採用米字形桁式，利用原有样板。

(3)下部結构：

(甲)吊箱围堰，在南京橋江水深，岩层低，風浪大的情况下，不能保証下沉管柱的準確位置，故不宜採用。

(乙)50公尺左右的長鋼鈑椿，起吊較困難，目前大橋局现有数量也不够多，应補充，此外用鋼鈑椿施工時必須要用鋼围令，化鋼料也很多，在制造浮运方面也是困難，不如用此項鋼料改做鋼沉井，因为南京橋的復蓋层很厚，达到40公尺左右，加之河床内还夹有粘泥层，单用管柱，能否下得去，很成疑問，除应做試验外，我認为应採用沉井与管柱組合法施工，当沉井不能再下時，用管柱來接力，這样可以保証管柱沉到基本岩层。

我認为鋼沉井的本身就是一隻浮船，不需要浮鯨等設备，容易滑下水，而且下水后，拼装接高都快，下沉也安全可靠。

管柱不宜太大，用3.0～3.6 m.，因目前现有的水上吊船的起吊能力有限制，而且鉆机的鉆孔直徑也有限制，故不能太大。

对于管柱結构应加改善，我認为应做鋼筋予应力管柱，使管柱在承受震动打桩机衝打的力量時避免开裂，加速下沉。

北京鉄道學院張季勤發言

对多腹桿式的梁的意見，認为中間横向联接（框架）較弱，对横梁反力偏心作用抵抗亦較差，因此我傾向于帶豎桿者。

对三分式棱形桁架（一米半），我認为可作为一个方案，但净空安排要進一步考慮。至于柔拱与梁的比較，特别在制造和安装上比梁困难，故不如用梁为当。至于柔拱穩定問題，如果把柔拱和其平联做得剛性恰当，而柔拱並不直接承受活載，可不至有問題。

南京組会議記录　　　　58－12－25日下午

記录：胡壮卿　張玉善

姚玲森发言：

1.錢令希先生所提的伸臂式系拱方案在总体佈置上尚不錯，但是，如不用伸臂式而改成連續式的話，那就不好了，因为两跨相連接处要設一桥墩，很不好看，有些象临时墩。

2.鉴於上述原因，故若要用拱，还是用中承式的好些，理由如下：

(一)由于跨度較大，故桁寬基本上由側向穩定決定，不致因中承式的公路面而导致增加鋼料。

(二)中承式的公路面在行車上要比全穿式的舒暢些。

(三)系拱高出加勁梁的高度降低了，克服了拱太高穩定性差的缺点。

(四)桥墩高度至少可以降低16公尺，一方面节省了墩身圬工数量，对于制动墩說来更为有利。

(五)可免除象武汉大桥梁高墩窄的缺点，使上下部結构的配合协調。

(六)施工方面虽要麻煩些，如果将支点加腿的杆件与伸臂托架先拼好估計問題也不大。

胡春农补充发言：

1.姚同志所提拱式方案，梁很高，将拱的上下隔断，显得並不美观，而且梁在拱之中部，对穩定也不好。

2.錢令希先生所提的系拱方案，在总体佈置上並不难看。

华祖焜发言：

在南京建造長江大桥有下述特殊意义：(一)南京是中国的大城市在这里造桥机会不多(二)結合我国大跃进形勢桥也应翻一番(三)各方面都在搞尖端科学，桥上也应考慮，上午領导談跨度大有困难，但目前中学也都在搞原子能大桥也应跃进一下，根据上述情况如桥跨仍用160公尺左右，是否能与上述情况相适应？大桥建造是以快为綱，我們考慮是否可把三大桥結合起来考慮，如某一桥以速度为主，某一桥則表現新技术，解決貨运是否可先有械轉的可能？南京桥跨度宜在200公尺左右，建議用柔拱加强，中間为3孔連續两边各为2孔連續，共为7孔，公路在上面走开郎不夠，但也能滿足要求。

大跨度梁架設問題，不能悬臂过大可在支点加临时杆件或用平衡伸臂安装而在中間連接，接头有困难可在支点处置千斤頂，千斤頂下有滾輪这样便於調准。同时，我們也認为在河中建造临时墩的方法，也是可行的。临时墩的建造估計不太費事。

下部結构不贊成用高承台，因大直徑管柱不好鉆孔也太大，如用ϕ3公尺管柱則如高度太大不穩定，怕船撞单根管柱受損，我們同意用鋼柱管柱或沉井管柱方案，比较可靠，管柱自由長度可縮短，撓度也可減小。

胡竟銘发言：

我的理論水平低經驗少有不对的地方請大家指正。

(一)对上部結构上午大家討論偏向是160公尺左右的小跨，但我看法是大一些，有几点理由：(1)南京桥要考虑基础問題，南京桥基础很难，認为多些墩子問題不大这要考虑，基础深在60～70公尺以下是世界少有苏联也沒有，我認为多一个墩子对快是要考虑，假定用220公尺跨度有6个墩，190是7个，170則要9个，相差3个墩，在这样大的桥是很成問題的，下部有問題有时很难解決，上部則較容易，南京桥是省一个是一个不能說多一个墩不增加时間(2)在施工上如多一个墩也能如期完这是有条件的，得看机具和人力的多少，这样深的基础，增加一个桥墩，一般說来是要增长施工期限的。(3)跨度大鋼料多，但要比較到底多多少？現在160公尺跨度是25500吨鋼料，190是27330，多用鋼1800吨但用160比190多二个墩，如用鋼沉井則每个要鋼料800～900吨，二个約1800吨，二者差不多，此外利用大跨則避开断层可能性大(4)政治方面的意义，南京是长江上最大的城市，国际意义很大，虽长江上要造很多桥南京則只一个，且国际友人往来很多，如与武汉大桥形式一样則太单調，在建桥上也要大跃进。对大跨度會提到的問題1.稳定問題，这完全可以解决的，武汉大桥我同意上午教授說的是联接系的問題2.制造方面的問題，桥梁厂有两套样鈑已有宜都蕪湖可利用，可以　做样鈑也无問題，但实际上研究的大跨也多少照顾到現有样鈑3.安装問題，我們是否可脫离悬臂安装，如用脚手梁来解决。我具体意見是190公尺三孔連續梁上面加拱托或下面加都好，但190公尺跨度有一墩正好在断层上，这以后可調整桥位去避免它。

(二)对下部同意陈昌言工程师的意見，吊箱圍堰定位困难，南京常有7～8級大风，用沉井管柱的組合是合式的，正好发揚沉井的优点及現有管柱的經驗，沉井过去爭論的是沉得下沉不下的問題，沉井下不去常是重量不夠，但南京則沒有这缺点，因南京水深30多公尺，自然沒有問題，則其优点就更显出来，此外南 京 岩面較平，这对下沉沉井优点大，如沉井下得下則可一直下到底。

段万寿发言：

1.我們施工单位希望採用較小跨度，主要是考虑速度快。

2.南京浦口岸距河床內約200公尺处有断层，此段內复盖层达70余公尺，管柱不能下沉至岩层，故与下至岩层的其他桥墩間的相对沉陷可能較大，对連續梁是有影响的，故建議在此段內採用两孔較小跨度的簡支梁。

3.希望採用較小直徑的管柱3公尺～3·6公尺基礎最好是用鋼鈑桩或用鋼沉井做中承台形式，用鋼沉井加管柱的低承台在施工上因目前我們的技术水平上如何防止沉井傾斜問題尚无把握。

4.引桥用預应力梁及桩基是合适的，但希望不採用拼装式桥墩因技术工缺乏及装吊設备不足。

錢冬生发言

关於240公尺桥跨的安装問題，可以伸臂安装168公尺，再用有效长度为48公尺（实际长度是72公尺）的临时性小梁，浮运至梁下，用滑車提升，俾一端与伸臂端連接，另一端伸至桥墩托架上，計临时性小梁和伸臂梁連成一体，继在托架上用千斤頂将小梁的端頂起，便可以調整杆件的安装应力。随后拼装工作就可以在临时性小梁上进行。这就解决了大跨度伸臂安装的困难。我認为：施工单位要多想点办法来解决安装应力过大和施工安装的問題，不宜强调困难，以延長工期为条件而拒絕更大跨度的考慮，这一意見是否正确，欢迎同志們指教。

胡春农发言

1.反对在南京用小跨度桥梁。

2.南京桥可以採用錢令希先生所提的三孔連續梁加柔拱方案。

3.蕪湖桥可以採用李国豪先生所提的新方案，虽无豎杆，横梁連結也并无問題，武汉桥中亦有此种情况，細节及傳力並无問題。

4.希望能考慮採用銲焊桥梁，对这个問題应該慎重，但也应該大胆，焊接桥梁在国外已做过很多，如苏联於1952～1954年曾建造过2孔159·3公尺跨度的連續梁，是双綫鉄路桥所有杆件全部是焊接的工字形截面。在战后，德国也建造过很多，系採用ST52号鋼的焊接杆件工地連接用鉚釘或高强度螺栓，这些都是鉄路桥。从1955年开始，我国沈阳桥梁厂也先后制造过20孔24公尺跨度採用自动电焊的全焊鈑梁今年山海关桥梁厂也曾制造过一孔44公尺銲焊桁梁，經使用观測，质量都良好。目前对于銲焊桥梁制造工艺已基本掌握，过去我們在試制的銲焊桁梁上是用CT3号桥梁鋼，还得到这样好的成績，而現在大桥所用的ST52号鋼，可焊性更好，若加铝則更好，故建議較小截面的主桁杆件，桥面系纵梁横梁及联結系杆件都採用焊接截面，达到省鋼料及制造安装簡单迅速的目的，同时也反映我国在桥梁上的新技术成就，不仅在經济上有意义，而且在政治上也有重大意义的。

楊廷宝发言

我在使用及建筑处理角度来談一談，南京桥不但在交通运輸量大，不但全国注意全世界也在注意如别处的桥在其他条件都好在美观上差一些尚可考慮但南京則不同，当然首先还得滿足使用方面。南京城发展很快，将来浦口也都变成工厂連起来，所以大桥对两岸公路的联系很重要，我們不能忽略，同时这桥在施工中及完工后各方面去参观的不但国内可能全世界都有，个人看法考虑这桥不但在使用上要满足要求且行走也要暢快，穿式的不夠开郎，把公路放在上承对南京桥是合适些。

在壮观方面我有这样看法，物体看来很壮观可以从它体形方面来看，如很高很長等，但另一方面不在它体形的大小及跨度的長短而在頻率方面如頻率很均匀也能产生严肃的感覺，又壮观不仅产生在富丽堂皇有时世界上最簡单的体形却产生最壮观的景色，如世界上的名建筑物有的方有的長如金字塔、天坛，我們祖先善於用簡单的形式产生隆重的感覺，根据这些情况如160公尺跨度也可採用，如下面加拱托的也未尝不可，跨度虽短但有頻率也能产生偉大的气概。如上面有悬吊的对桥头堡的处理較难，採用有規律的跨度大些我也同意，但跨度有大有小的則不好。如用李校長提出的方案我也同意，也很好看，国內也是倡举，公路在上承是好，鉄路淨空高对散烟也有好处，公路較高但在桥头可用多层立体交錯也很好。如上面有吊杆或拱式的桥汽車在上开行不痛快，最低联結系虽不会侵入淨空但对人心理感覺上不好受。

姚富洲发言

我意見在选擇方案时不要把拱的去掉(一)考虑应把三桥結合起来，因为三大桥差不多同时开工能先完工二桥能滿足部份运輸需要(二)現有武汉大桥样飯是二套可考虑用在宜都蕪湖二桥，南京要另制，則可不受样飯的限制(三)南京桥位置重要以后長江桥很多，这种位置不可多得，不宜过份强調武汉大桥的形式(四)系拱优缺点上午說得很多，我們不能放棄应具备說明請領导考虑(五)建桥也得放卫星，美国最大連續梁是220公尺我們是否可用240公尺，有困难但也可克服的。

南京桥小組討論会发言記录

（发言未經本人审閱，有錯記录負責）

时　間：1958年12月26日下午

主　席：刘树勛

王序森：向小組会汇报領导小組关於南京长江大桥的意見：

根据目前地质情况，推荐160M桁高16M，加下加劲杆的三跨連續桁梁方案进行初步設計。如地质情况有变化可採用跨度为192M桁高24M方案作为推荐方案。

基礎：根据地质情况可为吊箱承台或为沉井加管柱等。

引桥上部为梁式，下部为柱式或实体。

周　丰：基本上同意这个决定，但一个半米字方案（即192M跨度24M桁高的方案），公路在中間穿不合适，因此第二方案可推荐李国豪校长的方案。

公路引桥的縱坡問題，与交通部公路总局連系可为4%。

几个小伙子的书面意見：希望考虑这样一个方案：以李国豪校长的多腹斜杆桁式为基礎，將跨度增至192M，桁高为19～20M連續梁，於支点上加下加劲杆，这样的桁式，可避免与武汉大桥一样，並仍可利用原有机器样飯。

高敬德：

下面加加劲杆有这样一个缺点，在悬臂拼装时，最后在下加劲杆处，对不上眼，修建汉水公路桥时就有过这种經驗，化費一个多星期还没有对上。

胡聿賢：

領导小組提的方案是符合总的原則的，但尚有这样一个問題，在几个大桥中形式几乎是一致的未免不好，因此請領导小組是否可以把柔拱144+192+144M方案也列入比較方案之内，柔拱方案虽然有缺点，但不是不可以克服的。

姚玲森：领导小組所提的方案很好。

但是我認为在这几个方案是沒有比較意义的，因为除了腹杆形式不一样，基本上是一致的。比較方案的意义我理解是应該优缺点分明及各种形式的，因此是否也应該把其他結构形式的方案也列入比較方案中去，以作比較。

錢冬生：

下面加托架梁有一缺点，在端支点上，托架不是結构上所必需，而是为了美观，因此，在推荐方案中，应指出这一缺点。

第二次会議总結报告

同志們：

总結前我考虑了一下，認为这次总結，好做，也不好做。說好做是因为会議解决了許多問題，說不好做，則是因为对方案的选擇在思想上有些分歧。

会議进行得很好，通过这次会議，选出了最后的方案，对协作做了檢查，並商定了以后协作問題。

协作方面今后需要更加密切配合研究教学单位与生产单位相結合，十分需要，只有这样才能更好地完成任务。

这次会議是严肃的，並在自由活潑的气氛中进行的。大会、小会反复进行，如南京桥大談到小談，小談又談到大談later，反复討論和研究，才得出結論。

在大会上，小組会上，大家都无拘束地发表了自己意見，热的冷的会議上，都有过热烈的爭論，这說明全体同志，不管看法如何，都是以負責認真的态度来看待这个建桥的任务。

在討論中，思想方法上爭論，对大家都有所提高。南京桥从原則問題到具体問題，由具体問題又討論到原則問題，昨天会議上所談到的科学尖端，卫星，農业亩产30万斤，以及石老所提的活动桥問題等，都是原則問題。

但我們也有缺点，昨天会議时間短了些，如果时間多一点再討論下去，認識上会更有帮助。議程內沒有排檢查上阶段研究工作的內容，实际上作了檢查，資料方面，各单位提出的都是足夠充分的，从成果看来收效很大，这說明了設計工作走群众路綫是可能的也是必要的。当資料方面，也还是有缺点，如考虑三大桥这样大的工程来說，地質及个別情况未全部搞清楚，但这只是十个指头中的一个指头，而且还是受着客观条件限制。另外，考虑得不夠广泛，研究单位未及时掌握施工力量設备等情况，以致研究还不十分充足，也是缺点。

总之，协作工作做得还是好的。由于能这样协作，技术設計时将更好地完成任务。

现在提出几个問題来談談：

一、关于方案的选择：

选择方案，大家都是先生，也都是学生。总的原則应該是多快好省。但碰到具体問題上，往往会强調了某一点，而忽略了另一点。一般原則是：

1、要求建筑物首先符合使用要求。桥梁首先要滿足运輸要求，可不能以省为名，把需要6車道改为4車道，更不能認为这就是以快为綱。

2、技术上的可能性，技术上如果不可能，那就不行了。

3、經济上合理性，經济还不能单从数字上比較，要考虑速度、材料供应情况等。有些材料容易生产，有些目前生产不出来，有些材料是国內自制的，有些却須要进口，至于时間也佔着重要位置，桥梁早一月开始使用，在經济上产生的价值是很大的，輪渡与桥梁能直接用数字比較一下，但我們建桥早通車一个月，其工厂提早一月生产，到某矿山，某矿山提早一月开采，这样，算一个具体数字，还並不容易。考虑的时候必需包括上述这些因素。我們要唯物論，也要辯証法。这样考虑問題，是复杂些，但必需这样考虑。

如引桥工程，有人提出制造工厂化，安装机械化等等。一般来說这是对的。但由于数量太大，在工厂制造，一个大規模工厂不見得多。但这样情况下，工厂化固然合理，但我們並不排斥就地制造的方法，所謂土洋結合也是这个道理，洋的不夠，加上土的，不是更好嗎？裝配式与就地灌注，予应力与不予应力同时並举，豈不更快，因此，不能单純以裝配和就地来比較。

予应力梁比一般合梁省，但当数量多，鋼絲生产也成問題，可能来不及。对这些問題，領导小組还考虑到三大桥是重要的，但在整个国家建設中，还不是高于一切，决不能說全国都服从三大桥的需要，其他方面建設，也需要大量的材料。

4、形式上美观，上述条件都具备了，才考虑美观問題。例：使用上要求公路6車道，但在上面走或下面走，使用上却一样，但美观上，就以上面走为好。所以我們还是在技术上可能，經济上不影响大的情况下来考虑美观的。

平弦的梁，美术好处理。拱在远处好看，但如果在拱内看，就会感到不好，上下都是杆件，可以說人在美中不知其美了，因此美观方面，也要以辯証法考虑。

原則問題互相有联系，但有主有次，有許多矛盾，这就得用辯証法来考虑，看主要矛盾是什么，先把它解决。

技术上可能性不等于現实可能性。

現在談談現实性和可能性：

这是辯証的。可能性有二种，一种是現实的，另一种是不現实的。孟子說"挾太山以超北海"，是不可能。如：为长者折枝，一般說来是可能的，但也得有条件，在沙漠上折枝就变成不可能了。有人渴了給一碗水也是很可能的，但如果像上甘岭那样情况，要水就困难了。明年鋼产1800万吨，要是以今年1073万或其天放卫星可能性来拟訂明年計划，至少应該在5000万吨以上，这也是二种可能性，但我們不能把許多工作都停下来，去追求大的数字，而应該用二条腿走路。毛主席号召大家破除迷信，但他指示我們不要破科学，如一人每天睡8小时，是生理科学，一天吃足够的飯，吃了飯才能产生热，这也是科学，不能破除。对于1800万吨鋼，我也感到不够过瘾，但中央就英明地主張把可能性建筑在非常可靠的基础上。

河南煉鋼成績好，但也得了一条經验，还得照顾全面，11、12月运輸有些紧張，継續下去，将产生一些付作用。因此，明年8000万吨也有可能，但代价多大，就得考虑。中央就是根据这种不影响其他方面而定出1800米的。

在技术上可能性問題，不論放卫星，走尖端，都要注意技术为政治服务。

大跨度梁不要說200公尺就是200公尺也是可能的，但要看有沒有必要不能光从技术观点出发，如果桥必需2000公尺，那我們想什么法子也要解决，但如果160，170公尺就能过去，做大的跨度意义何在？昨天有同志发言說得对我們和資本主义比賽就得在整个国民經济发展上比，不能光以跨度来比。李校長說得对，浪漫主义和现实主义要相結合，文学上也提倡这样，不能离开现实太远。

有人認为这样对新技术保守，我說不是。如予应力梁，我們就很支持，但跨度是否要大就得考虑，大了，經济效果不見得好，国内高强度鋼絲产量还不大，我們現在只好根据現有情况来确定。

平弦梁做到192公尺跨度，世界上也並不多見，这就是卫星。

我是在青年和老年之間。我說不能保守，也不能离开現实。卫星我贊成放，新型方案大家都感兴趣，但一开始就放在大桥上不好，还是放在另地試驗，我們研究結果，建議在禹門口黃河桥上先做試驗。

美国放卫星想赶苏联，放了不行，再放还是不行，放不上天去，結果影响更大。

我們現在放真卫星还不行，但将来要放。

如果我們在三年內修建成这三座大桥，就是世界桥梁史上最大的卫星了。不信的話，大家可把桥梁史翻开看看。

我最近到苏联去，作了一次报告，談到桥梁施工速度，每个桥情况都受到热烈鼓掌，这不是沒有理由，如郑州黃河桥只要一年另几个月就可完成，这速度的确是惊人的。

长江大桥建成后，世界各国极力贊揚。

至于吊桥在南京来試用，那不免有些浪漫主义。但我们並不放棄这种研究，而准备把它放在其他桥上，如济黄加固工程，就可以考虑。

領导小組並不是一群老保守，不会采取置之不理的态度的。昨天的会議上尚有下面几个意見，值得考虑：

(1)、活动桥問題，要把右老的反对理由补充进去，不过，在蕪湖桥引桥的确太長了，每边能少2公里，共省4公里，因此还值得列上作为比較。对于桥的通航淨空問題，的确有不合理的地方，26公尺淨空用到的时候太少，我們想一般情况不开放的。这个意見也正在向上級反映。

(2)、沉井施工后退問題，我們这里所談的沉井，並不等于一般沉井，而是相当于一个围令，不下很深的，有人还說它是不倒翁式，至于是否有問題，我们在設計时当然要搞清楚注意把握住。

(3)、在不影响工作进度的情况下，对梁式桥进行研究，形式上改进是可以的。三角形比米字形在力方面好些，但采用了米字形鈑的尺寸和杆件度，鞍鋼均能出产，各杆能互换使用，因选擇这种米字形式并不单純是机器样鈑問題。实际上是鋼料出产规格問題。

二、关于研究工作：

研究工作教学工作与生产相結合，是党中央的方針，在三大桥来説，进行研究工作时間是紧一些，但我們不能因为时間紧不研究，也不能只研究三大桥内的問題，研究工作必須先行一步，这次会議中体会到了，急时抱佛脚是不行的，今后可能在長江上修更多的桥，因此对長江沿岸地质可以先行勘探試驗，如谷德振同志談到長江沿岸有許多地方是紅色砂岩，做承压試験很是必要，新技术在三大桥上用不着的也应該进行試驗，各单位承担了許多研究項目値得表揚，我們施工单位也必須重視研究任务，因为科学研究是長远的事情。

教学方面必須結合实际培养出来的人貢献更大过去与生产脱离，从政治方面来考虑，經济价值不夠，經过这样一次协作，在学习时就結合了生产有設計与施工方面明确的知識毕业后就是很好的工程师，这样結合一方面充实了教学内容，一方面增强了生产力量，这次会議以后，教学单位有人参加施工，必須很好的欢迎，在工作选择的活动范围放大些，应尽量照顾，也希望学校作好思想工作，不要重視南京、芜湖，不重視宜都。

我們这次結上了緣，我們以后是一家人，把生产研究教学搞好。

三、关于技术設計：

我們的口号是苦战半年提出技术設計，技术設計任务是比較繁重的，同时进行施工。

明年1月20初步設計进行鑑定，1月底完成再进行技术設計，先作試驗墩的設計及提鋼料材料表，材料表必須准确工厂在接到料单以后必須馬上进行准备工作。

引桥数量很大，不容忽視，必須在一年半到两年内完成，才不致影响正桥架梁工作，明年下半年南京、芜湖必須掀起修引桥的高潮。

为了节省力量，各桥上部結构物集中作引桥及基础分开作三个桥成立三个設計单位。

希望各院校研究单位尽量供給力量参加工作，非常欢迎。

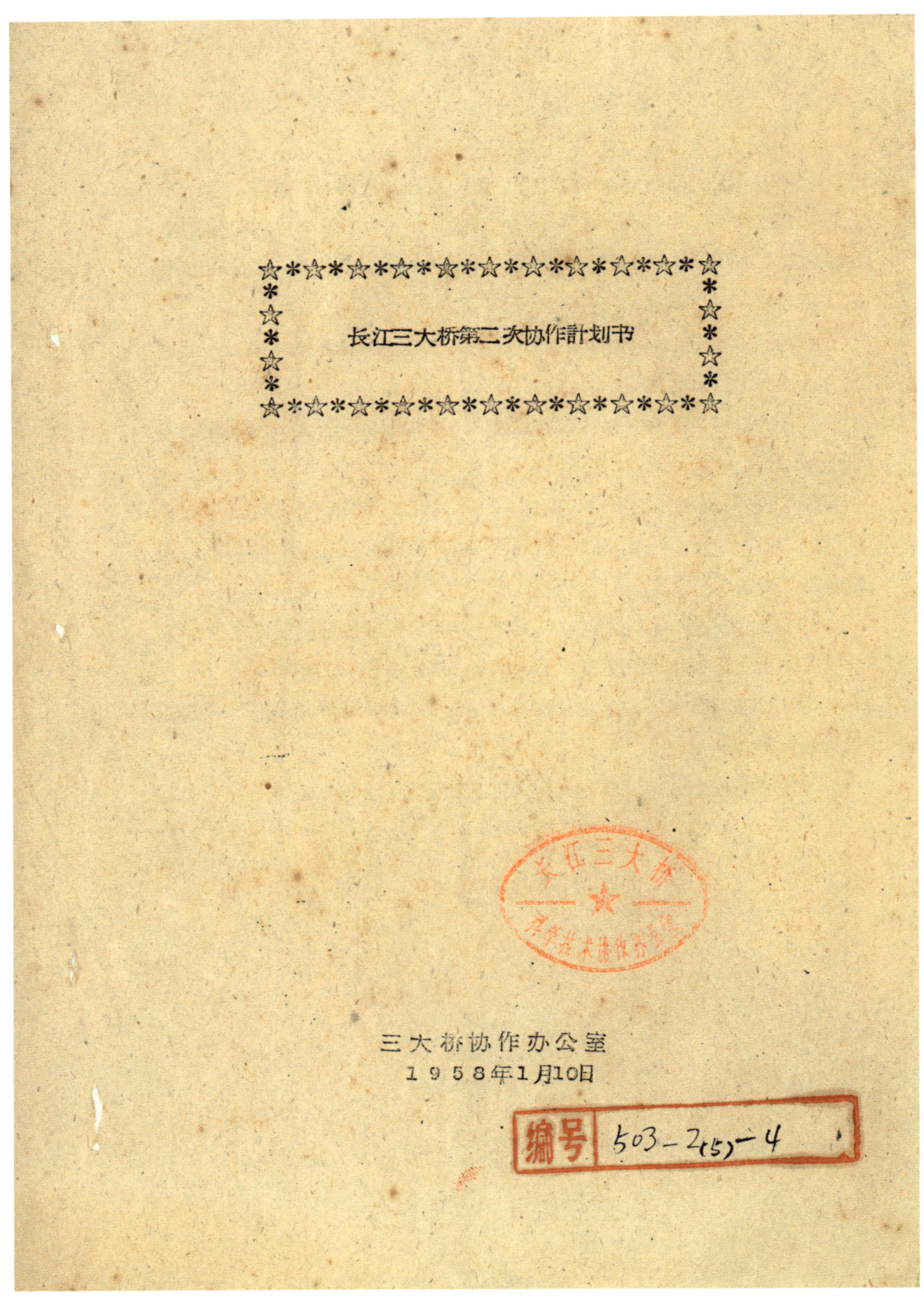

長江三大桥第二次协作計划书

长江三大桥
科学技术协作办公室

三大桥协作办公室
1958年1月10日

1958年12月22日到同月28日在武汉召开了長江三大桥第二次协作会議。会上对桥式比較方案和建議方案进行了認眞的討論，最后对下一段协作工作也进行了研究。

会議交換並同意了下述各点意見：

(一)初步設計於59年元月15日左右向国家提出，要求南京工学院的美术方案（修正）能配合进度。

(二)施工設計於59年5月起到同年8月止絡續交出。会議認为各項研究工作及初步設計时的比較方案工作可以各单位分开进行，但是編制施工設計文件工作是不宜分开进行的，因为編施工設計时与施工单位及材料供应单位等有密切联系。

(三)各单位参加下阶段协作人数如下：

单　　位	人　　数
湖南工学院	12
同济大学	35～55
唐　院	回院后決定
兰　院	〃
南京工学院	〃
天津大学	1
土建研究所	1～2

(四)各院校到大桥局参加协作人員待遇：学生每月25元，非学生每月50元。該款由协作单位財务部門办理財务手續后，大桥局按季度統一轉帳。

其他各項生活待遇按58－11－6日协作办公室公佈的“各协作单位人員参加長江三大桥工作时生活待遇的几項初步意見”执行。

(五)会議非常重視“淤泥中建筑高壩土路基”的研究題目，認为这是南京蕪湖两大桥能否如期建成的重要关鍵，为此請求南京長江大桥建桥委員会及蕪湖長江大桥籌备处立即把这項工作全面地抓起来，組織有关力量解决土样化驗，高填土試驗段的工具，仪器以及劳动力，务必保証研究計划順利进行。

××*×*×*×*×*×*×*×*×*×*×*×*

以上各点均作为58年10月29日"关於修建宜都、蕪湖、南京三大長江桥协作計划书"的补充說份。

协作办公室

1959年元月10日

长江三大桥第二阶段研究项目表

分类	项目	目的	主办单位	协作单位	完成日期	备註
一总体佈置及美术	建筑艺术設計	完成初步及施工設計	南京工学院	唐山鉄道学院，大桥局勘設处	初設59—1月中旬	施設由59年3月起絡續交出
二上部結构	1.計算合理的研究 甲、整体稳定 乙、次应力 丙、侧向振动 丁、支撑系		甲、同济 乙、湖南工 丙、力学所 丁、南工	甲、兰州鉄道学院，大桥局勘設处 乙、同济大学，大桥局勘設处 丙、天津大学、大連工学院、大桥局勘設处 丁、兰州鉄道学院、湖南工学院、大桥局勘設处		土建所参加項目待回所后确定

甲項整体稳定問題：

Ⅰ問題产生的原因：主桁主应力按平面桁架計算，不能体現出横向稳定及扭力的性能，但整个桁架是一个立体結构，对横向稳定及扭力的抵抗性能如何确定？主結构的主要尺寸及比例应如何安排最为合适？有些旧桥撓度过大，超过規程容許數值，可否继續使用，对行車有无妨碍？

Ⅱ要求研究：(1)对第二次大会推选的几种桁式方案研究稳定性。(2)对第二次大会推选的几种桁式之跨长与桁寬比，以及桁高与桁寬比提出意見。(3)桥面佈置，公路上、中、下承及两桁外側安装伸臂托架对稳定性的影响如何？(4)联接系对稳定性的影响如何（另有专題）

Ⅲ目的：用理論研究与模型試驗相結合的方法解决本問題。

乙項次应力問題：

Ⅰ問題产生的原因：大跨度鋼梁多为靜不定結构，主应力計算已較費时，对次应力計算更为复杂，費时太多。

Ⅱ要求研究：(1)对第二次大会推选的几种桁式有无計算次应力的簡化方法？(2)中国設計規范101条（弦杆高度与节間長度比对次应力計算范围的規定）是否对各种桁式（如菱形、三角形等）都一样适用？(3)各杆件次应力的計算能否将活載仅佈置同一位置（或2～3种位置），求出次应力与主应力的百分比，作为計算次应力的依据？

Ⅲ目的：提出具体計算方法及数据。

丙項側向振动問題：

Ⅰ問題产生的原因：武汉大桥通車时因人群过多，略有摇擺現象。

Ⅱ要求研究：(1)在垂直荷載作用下产生側向振动的主要原因是什么？(2)影响鋼梁側向稳定的主要因素是側向振动的频率还是振幅？还是其他原因(3)鋼梁側向振动的容許值应如何确定？苏联56年新規程54条是否适用于連續梁或其他类型的桁式？

Ⅲ目的：研究上述三个問題，並提出各种桥跨結构側向振动的計算办法。

丁項支撑系問題：

Ⅰ問題产生的原因：根据中国設計規程110条的規定，大跨及双軌桥梁的联接系断面並不比小跨单軌桥梁的联接系相应地增加，因此大跨鋼梁的联接系便显得比較弱。

Ⅱ要求研究：(1)規程110条是否适用于大跨度鋼梁？大跨鋼梁联接系要怎样計算？(2)加强鋼梁的縱向及断面联接系对增强桥梁稳定性如何？

Ⅲ目的：通过理論与模型試驗，解决上述二問題。

分类	项目	目的	主办单位	协作单位	完成日期	备註
	2.吊索鉄路桥的研究	完成初設	大連工学院			施工設計如何进行待初設完成后确定
	3.大跨鋼梁連接的研究	〃	土建研究所		59—1	同上
	4.低合金鋼性能的研究 (甲)(1)MST—52鉚接設計規范 (2) 〃 焊接 〃 (3) 〃 鉚接制造規范 (4) 〃 焊接 〃 (5) 〃 鉚接安装規范 (乙)其他合金鋼使用的建議	甲、完成設計規范 乙、提出研究報告	甲、鉄道部基建总局 乙、金屬所 冶陶所	甲項：兰院，建研院，沈阳桥梁厂 甲(1)：鉄研院 甲(2)：唐院 甲(3)：山海关桥梁厂 甲(4)：唐院 甲(5)：大桥局勘設处	甲59—1 乙	
	5.焊接研究 (甲)国产CT—3及MST—52鋼焊接强度与应力 应变的研究 (乙)焊接桁架构件的工艺研究	提出研究報告	唐院（召集人） 兰院 山海关桥梁厂	沈阳桥梁厂、建研院、鉄研院、大連工学院、金屬所	59—3	59—3提初步報告 为了进行低温冲击試驗及測量应形，鋼鉄研院于冬季安排試件的低冲試驗及供应量焊接应力用之变形仪六套。
	6.高强度螺栓 (甲)高强度螺栓結点的力学性能 (乙)拧紧工具的研究 (丙)設計規范 (丁)螺栓联接与鉚接的經济比較	(甲)(乙)(丁)提出研究報告 (丙)完成設計規范	鉄研院	山海关桥梁厂 沈阳桥梁厂	59—2	
	7.鋼梁防銹及去銹 (甲)寻找不易脱落的防銹涂料 (乙)去銹工艺的研究	(甲)試制成功 (乙)提出研究報告	鉄研院（召集人） 山海关桥梁厂	(甲)大桥局桥梁學院	59—12	
	8.支座 (甲)大跨度鉄桥鑄鋼支座合理形式及制造方法（避免开裂和气孔） (乙)焊接支座的研究	試制成功	山海关桥梁厂	唐院、兰院、沈阳桥梁厂。 (甲)項：大桥局勘設处 (乙)項：金屬所	(甲)59—12 (乙)59—6	

分类	項目	目的	主办单位	协作单位	完成日期	备註
	9.預应力鋼結构 (甲)預应力鋼梁的研究 (乙)施工中用預应力鋼結构的研究和設計	提出研究报告	鉄研院	清华大学、唐院、京院、天津大学、湖南工学院 (乙)項：大桥局勘設处（調整反力为主）	(甲)59—12 (乙)59—8	
	10.200級以上輕質合	提出研究报告及設計規范	建研所	南工、南水所、津大、鉄研院、唐院、京院、土建所、冶陶所	59—6	
	11.鋼鈑桥面設計，制造及經济比較	提出研究报告並試制	南京工学院	山海关桥梁厂	59—4	
	12.公路面防水层 (甲)滲透防水层的研究 (乙)防水层接头形式和填充材料的研究	提出研究报告	公研所	鉄研院、大桥局桥梁学院	59—6	
	13.鉄路桥面的研究 (甲)桥上鋼軌接头形式的研究或採用焊接長鋼軌的研究 (乙)鋼梁桥面佈置的研究 (丙)鉛桥面佈置的研究 (丁)桥上鉄路伸縮縫裝置的研究	〃	鉄研院	湖南工学院、唐院、京院。 津大（胶合木軌枕）	59—6	
	14.高强度鋼絲力学性能的研究	〃	唐院	南工、運工、建研院、鉄研院、土建所、冶陶所	59—3	
	15.預应力鉛梁 (甲)32M先張法鉄路梁設計 (乙)〃〃公路〃 (丙)預制梁及預应力鉛梁产生裂縫的原因及其影响 (丁)輕质混合預应力梁	(甲)(乙)完成設計並試制 (丙)提出研究报告 (丁)完成初設	鉄研院	丰台桥梁厂、湖南工、唐院、京院、南工、建研院、公研所、土建所。 (丁)項：津大	(甲)(乙)均于59—1完成設計	鉄研院交出鉄路梁公研所交出公路梁並於59—3各完成一片試驗梁

分类	項目	目的	主办单位	协作单位	完成日期	备註
三、下部結构	1.冲刷線 (甲)确定宜福桥冲刷線	(甲)解決一般冲刷、局部冲刷、清水冲刷等深度，並做模型試驗	长办	大桥局勘設处及鉄研院	59年3月	試驗室的建筑材料无法解决时，完成日期可延至59年5月。
	(乙)确定南京、蕪湖桥冲刷線	(乙)决定冲刷線	大桥局勘設处	长办、南水所	59年3月	
	2.确定基岩和土壤安全承载力	提出卵石和軟弱岩层承載力結論	大桥局桥梁研究所	唐院、建研院、力学所、地质所	58年12月提出初步意見	結論意見配合基础設計進度提出 大桥局勘設处中心試驗室成立后由勘設处主办。
	3.管柱合理結构研究（包括直径、法兰盘、岩盘、鋼筋制模及壁厚等）	提出設計方案进行試	〃 〃	唐院、湖南工、京院、大桥局一、三桥处、施工处、兰院、大桥局勘設处	58年11月交初步报告 59年2月交出結論	
	4.管柱和管柱中予应力問題	設計、試制、震动試驗。	唐院	建研院、京院、同济、丰台、兰院、大桥局各桥处及勘設处	59年2月完成設計 59年6月交出結論	
	5.裕溪口、浦口岸与桥位基础及其他基础形式的研究	提出結論	唐院	建研院、力学所、大桥局蕪湖、南京各桥处	58年12月提初步报告 59年3月交出結論	
	6.未达到岩层的大型管柱群的計算		唐院	力学所、建研院、大桥局勘設处	59年2月 59年6月	初步意見 結論
	7.管柱与沉井組合中的設計算		唐院		59年2月	
	8.土壤加固	粘土、砂层砂卵石层及軟弱岩层等加固办法的可能性	建研院（召集人） 大桥局桥梁研究所	天津大学、土建所、南工院、长办（供应資料）	58年11月 59年3月	探討可能性 工地試驗
	9.管柱中片石混凝土問題的研究		大桥局一桥处	南工院		
	10.拼裝式墩台的应用与实施	研究可能性	湖南工院	公路科学院、大桥局勘設处、施工处、三桥处	59年2月	初步方案
	11.沉井磨擦力估計	搜集資料与分析	大桥局三桥处	大桥局五桥处、力学所	59年6月	
	12.震动打桩机公式		大桥局桥梁研究所	唐院、大桥局一桥处、大連工院、土建所、兰院	59年12月	提交阶段报告

分类	项目	目的	主办单位	协作单位	完成日期	备註
	13. 淤泥中填筑高填土路基	找出南京与芜湖地质确定填土高度与施工方法	天津大学（负责人）南水所、[illegible]、局两研所、选的施工单位	建研院、铁研院、铁道部第四设計院	59年8月	与两施工单位由南京、芜湖建桥委员会指定
	14. 高承台墩顶位移观测试验	验証計算結果	土研所	大桥局設計处	59年2月	設計处1月中旬供給計算书及图紙
四、施工及机械	1. 大直徑新型鉆机	設計与試制	一机部三局水利所	大桥局桥机厂	59年6月	58年底已进行φ3·2M旋轉鉆的設計現再作冲击鉆的設計与試制。
	2. 管内挖土机械	〃	〃 〃	〃 〃	59年6月	
	3. 重型水上吊机	完成設計	上海船舶产品設計院	大桥局桥机厂、大桥局机械处	59年3月提交初設	船舶設計院由大桥局机械处联系。初設提出后再确定施設提出日期。
	4. 鉆岩新技术的应用 (甲)高压射水 (乙)高频率电磁波 (丙)风力	探討可能性	(甲)大桥局三桥处		59年6月	乙、丙两項由协作办公室向科学院、力学所、三峡工程有关部門联系后决定主办单位.
	5. 钢管柱下沉与鉆孔的机械	提出报告	大桥局桥机厂	一机部三局水利所	59年3月	
	6. 管柱通过卵石层及粘土层的施工方法	提出总結报告	大桥局四桥处（卵石）大桥局一桥处（粘土）		58年12月	
	7. 水下电焊机的应用	探討在深水中应用可能性				主办单位待清华[illegible]教授复信确定
	8. 下沉大型管柱的震动打桩机的改进		大桥局桥机厂	大桥局一、三桥处	59年3月	
	9. 大型管柱制造工艺的改进		大桥局三桥处	建研院、大桥局一桥处	59年3月	

长江三大桥第三次技术协作会议材料

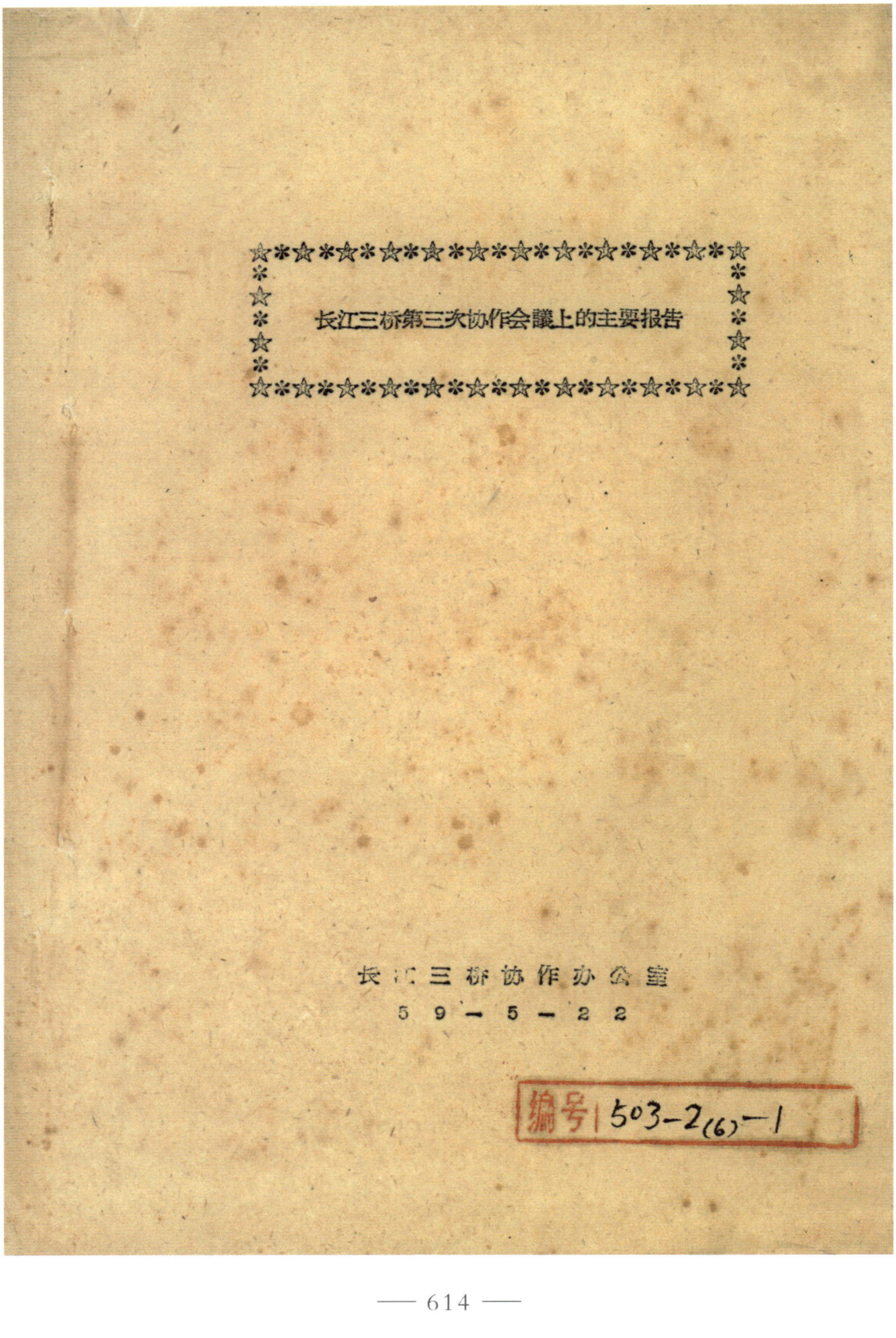

长江三桥第三次协作会議上的主要报告

长江三桥协作办公室

59-5-22

编号 503-2(6)-1

长江三大桥第三次技术协作会議开幕詞

大桥工程局长　彭　敏

同志們:

这次会議是为了研究南京长江大桥基础試驗工作而召开的。

經过上两次会議研究完成的南京长江桥設計方案，已經鉄道部鑑定通过，正报送国务院审批中。鉄道部批准的原則是：

桥　址：原輪渡下游1·4公里。

正　桥：9墩，10孔，其中1孔128公尺簡支梁，3孔3联160公尺連續梁，长1，574公尺。

正桥墩：1号墩为沉井，其他均为管柱。施工方法經試驗后确定。

鉄路引桥：浦口岸3025公尺，南京岸1491公尺。

公路引桥：浦口岸　783公尺，南京岸　752公尺。

桥　台：128公尺長式桥台。

公　路：18公尺寬。

鉄　路：双　軌。

人行道：两側各寬2·25公尺。

坡　度：鉄路4‰。　　公路3·5%。

半　徑：鉄路1200公尺，　公路250公尺。

美术方案：由南京工学院根据南京市意見完成后报国务院审批。

总概算：2·7949亿元。

工　期：第一方案37月，第二方案46月，第三方案53月。

我們建議用第三方案。

今年国家在南京大桥投資2，000万元，除作准备工程外，主要是进行引桥及試驗工程。如果試驗工作做得順利，正桥工程也有可能于今年进行，这就要看大家的努力了。所以試驗工程是我們工作的重点。

·1·

我們的研究工作一次比一次細致了。現在已不再是研究設計方案的会議，而是要具体研究基础怎样施工？用多大直徑的管柱？用何种施工机械？

南京大桥基础試驗研究工作是这个工程非常重大的关鍵問題，水下73—78公尺深的基础是世界上的难題。据說現在最深基础是美帝的旧金山海灣桥，深238呎（約为72·5公尺），並且只是公路桥，而我們不仅深度超过了它，並且是公鉄两用桥。所以我們絕对不能冒然去做，一定要认眞踏实地經过試驗，得出結論才能进行。

我們要有信心在中国能建成这座桥，不能做怀疑派，我們的試驗研究工作，要有信心和干勁，这就是所謂战略上要蔑視敌人。但是在战术上要重視敌人，这个自然敌人，也是不簡单，不光有干勁而且要依靠科学才能征服它。我們这次会議卽是为了认眞对付自然敌人而召开的。

能否修成南京桥？我們不能做怀疑派。但是在具体工作方法上我們欢迎各式各样的怀疑——这絕不是怀疑派——只有这样才能有对立面，有了对立面，問題的研究才会深入，有助于研究工作的开展。

我們的試驗工作是規模巨大的研究工作，要在江中眞正建一个試驗墩。毛主席說：一切通过試驗。我們拟投資数百万元来做这个試驗工作，不仅是在理論說可以，在試驗室和計算紙上得出結論，而用实际的結果作結論，一定要在江中修成一个临时墩子。在这个墩子上用各种施工方法来試驗，通过它，不仅要証明用我們設計的結构和方法，在南京江中修建桥墩的可能性外，还要找出最合理的施工方法。試驗时間上希望在今后5—8月左右。

对于施工单位来說，这是一場实彈演习，希望桥处也重視这項工作。

这样規模的試驗工作是少有的，是国內各高等院校及研究机构不能单独解决和进行的，所以应該說这是科学研究、生产与教学結合的一次难得的机会。

我們現在是在向桥梁基础科学的尖端进軍。有些人認为卫星上天是尖端，但是我們入地是尖端，我們要到70公尺以下的岩盘里建筑基础。

我們的研究工作不仅是为建成南京长江大桥——世界上最深基础提供方法，並且使武汉長江大桥发展起来的新型基础結构的理論和完整施工方法系統化。如果实現了，在中国就不会有那条河流能阻擋我們了，那我們就可以說已經掌握了桥梁基础这門科学的最新和最深的知識。要将深水基础工程的教科书由我們来写。

我們热烈希望各高等院校及研究机构通过这次会議把大家的力量組織起来，認眞做好試驗埸工作。希望这次会議作为正式向南京长江宣战的会議，我們一定要而且一定会在桥梁基础这門科学上东风压倒西风。

1959年5月6日

·3·

南京市刘树勋付市长讲話

記錄整理：陈守容

日　　期：1959.5.6.

我代表中共南京市委会和南京市人委热烈地欢迎参加这次会議的专家們和教授們。大家在武汉已經开过两次这样的会議，解决了有关南京長江大桥的很多問题，这次到南京开会，对南京長江大桥的基础部分将进行进一步的研究和試驗工作。这次会議对保証大桥的修建质量和加速大桥施工都起着决定性的作用。大家都知道，南京長江大桥与武汉長江大桥相比，在跨度方面和基础深度等各方面都是一个很大的跃进。解决南京長江大桥的基础修建問题，对中国，甚至对全世界的桥梁工程說来都可說是前进了一大步。现在各方面都在跃进，修桥也应跃进，相信70多公尺的深基础施工的困难一定可以克服，我們有了武汉長江大桥的宝貴經驗，再加上即将进行的巨大规模的研究和試驗工作，就使大桥的建造更加穩妥可靠了。

大桥建成后，将本市两岸工业連成一体，使火車运輸縮短一个半小时以上，对支援工农业建設，特别是上海和各地区的工业发展有着极重要的作用。江苏省和南京市的人民和全国人民一样，都殷切的盼望大桥早日修成，在工厂和农村，經常可以听到群众关切地問"大桥什么时候修"。因此南京長江大桥只要一动工，就将給各方面以巨大的鼓舞。大桥虽非四大指标，但如果正桥能及早动工，对各方面的鼓舞和促进就更大，可是正桥能否提早开工，首先取决于我們的試驗工作的进展是否順利，因此这次会議就更加重要了。第二屆全国人代会第一次会議是胜利、跃进和团結的大会，我們这次协作会議，也充分証明，这次会議是在前两次会議胜利的基础上更加团結和更大胜利的会議。市委很重視大桥的修建，由于在南京修建大桥还是一个新的工作，有关部門可能有些問题没有預料到，希望大家安心开会，有問题提出来，帮助把这項工作做好。在这里我还代表南京工学院表示南工将尽力参加这次工作。

最后我祝大会胜利进行，各位代表身体健康。

大会总結

大桥工程局总工程师　　梅暘春

5月10日

各位专家們、各位同志們：

我們这次協作会議开了四天半胜利地結束了大家对南京长江大桥的基础問題进行了熱烈的討論，对今后有关的研究工作作了規划，我代表大桥工程局向参加会議的各位专家和同志表示感謝，在这会議結束的时候我想对今后的研究工作如何进行表示一点个人的意見供大家参考；首先会后協作办公室应抓紧时間在１０天到兩週內把科研計划的小組討論結果汇总整理制成文件並將計划先給各有关单位。会后，趁各方面的同志們都在这理，由協作办公室可与有关单位共同研究將第二次協作計划中关於基础的一部分按目前情況修訂一下，或者由協作办公室提出修訂意見寄有关協作单位。協作項目很多，科研工作繁重，大桥工程局希望不論研究題目大或小，点滴都要有所收获。由於大家都有着很繁重的工作任务，如何安排有关大桥的科学研究工作是一个問題。我們是把科学研究工作列入生产任务的，認为科研就是生产任务，全体人員都是研究人員，从而解决了安排科研工作的問題，这种做法是否适用於各院校和研究单位；为了使計划落实，能否將大桥的科研工作訂到本单位教学和研究計划中去，請大家研究。

关於研究經費材料，仪器，机具，劳动力等問題，在第二次協作会議上已經談过，在这理可以重新提一下；在試驗室內进行工作时所需經費，材料及設备应請研究单位自行解决，有特殊困难的，如果大桥局有，当設法供应。在現場进行試驗所需經費，材料和設备除一些特殊的仪器仍需請大家協助解决外，都由大桥局筹备，最后我还希望大家回去后能將研究題目交群众（研究人員，学校师生）討論一番，大鳴大放，多发动大家动脑筋，我們的研究題目是非常有趣味的，如起重用的鋼浮筒，下水震动打桩机，射水咀的設計等等，我相信群众会提出很多珍貴的意見的。

試驗墩設計报告

报告人：黄丕佑　　記錄：万方　金文扬

一、做試驗墩的目的和要求：

(一)概况介紹：南京长江大桥正桥9个桥墩，除1号墩为沉井基础外，其余均为大型管柱基础，經过初步設計總定認为适当。但以南京桥高（軌底至岩面达97公尺），复盖层厚（最厚达49公尺），水深（最大达到31公尺）。在施工时，水面至岩面最高达70公尺，在这样复杂的情况下修建桥梁基础必然要产生許多新的問題。

(二)管柱制造：在管柱制造方面就存在有法兰盘接触面不平和彈性变形太大（在250型震动打桩机震动时达750T的拉压反复应力引起10公分左右的拉伸量），远远超过震动打桩机的振幅，因之必須采用預应力鋼筋混凝土結构才能将拉伸量大大减少，估計可减到1.10公分，至于怎样才能做好，有待試制取得經驗。

(三)震动下沉：管柱在震动下沉时受力情况也有很多参变数：如土壤对管柱的側面土压力及側面摩阻力；端部支承力以及受水平力时的位移，和錨固点的位置，土壤压縮系数等等都缺乏資料，要通过試驗取得。

(四)在管柱下沉时及鉆岩过程中采用那些施工方法和机械較为合理。管柱下沉的极限深度，大直徑鉆岩和管柱內灌注水下混凝土的工艺，也要通过試驗才能取得。从以上几方面綜合来看管柱基础試驗工作应該包括下述4个方面：

1.管柱制造　　2.管柱下沉　　3.管柱承载力　　4.施工机械

因此要求通过試驗墩工程的实践，来解决在正式工程中可能遇到一系列的問題和取得許多宝貴的資料。以促使南京大桥大桥基础工程有把握的順利进行，和帮助解决管柱基础发展中的設計和施工問題。

·1·

二、~~設計內容~~：試验墩基礎佈置

試驗墩位于离1 0号桥台9 6公尺，里程为百尺标114+39

河床标高最高約为－∇3·0

河床标高最低約为－∇11·0

岩层标高約为　　－∇52·5

复盖层厚度約为5 0公尺，絕大部分为細砂，中間夹有粘砂土及近岩层处砂粘土各一层，分别約为2·5公尺及1·0公尺。

岩层为角砾岩，7公分园柱体极限抗压强度平均为300公斤／公分^2。

施工时水面至岩层面約为6 0公尺。

試驗墩基础布置，拟用3种直徑（φ3·6、φ3·0、φ2·4），鋼筋混凝土預应力管柱各一根及φ2·4公尺鋼管柱一根，共4根管柱組成一行，均下至岩层，並鉆孔，倘如φ3·6公尺管柱下不到岩层时，則在其內再下沉φ3·0公尺管柱至岩层，布置見示意图：

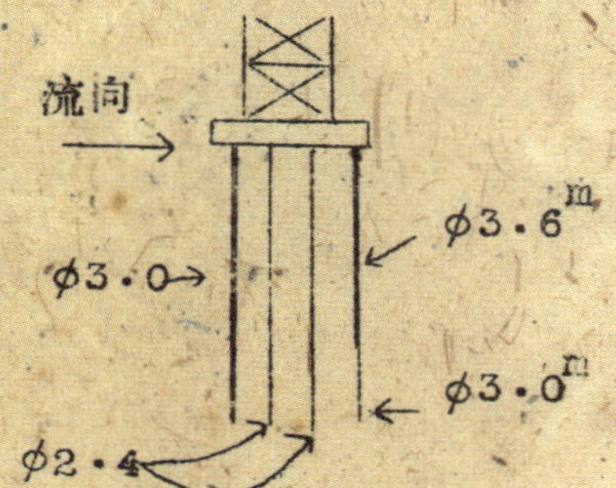

根据这样的布置經过初步計算，管柱下至岩层和岩层良好的接触即可滿足架設鋼梁时需要，勿須进行鉆岩。如果下不到岩层而进入复盖层4 0公尺以上时也能滿足要求，但从試驗墩的要求来看，应該下到岩层，而且要做鉆岩工作，以取得这些方面的經驗。

三、預应力鋼筋混凝土管柱：結构和制造

㈠預应力鋼筋混凝土管柱結构，目前設計了直徑3·6公尺及3·0公尺2种，混凝土等級为2 5 0級，每节高7·5公尺，管壁厚1 4公分。主鋼筋为直徑2 0公厘的5号热軋螺紋鋼，3·6公尺管柱共用8 0根，3·0公尺管柱用6 8根，鋼筋間距均为1 3·6公分左右。

法兰盘型式与武汉大桥所用者相似，如图所示，但板厚增大，其中水

·2·

平法兰盘板（板１）厚２４公厘，园筒板（板２）厚１４公厘，板３厚20公厘，板４厚１０公厘。另外增加一板５厚１０公厘，以减少板２的彎矩。

法兰盘連接螺栓亦用５号热軋鋼制成，直徑２７公厘，数量与主鋼筋根数相同。其間距亦为１３．６公分。

(二)φ３．６公尺管柱下沉时采用２台Вп－２５０型震动打桩机，每台震动力为２５０吨，总震动力为５００吨；φ３．０公尺管柱下沉时采用１台Вп－$у_Б$型震动打桩机，震动力为４２０吨。

冲击系数按５０％估算即：假定φ３．６公尺管栓将承受７５０吨拉应力和压应力，~~和于压力~~φ３．０公尺管柱将承受６３０吨。

５号螺紋鋼筋的屈伏点按国內生产的一般之实际出厂数值3200公斤／公分^{2}計，預拉应力采用屈伏点的０．９倍即2880公斤／公分^{2}計。将来由于混凝土收縮，假定鋼筋应力損耗为800公斤／公分^2，有效的鋼筋預拉应力只是2080公斤／公分^2。

混凝土的抗拉极限强度为19公斤／公分^2，抗裂安全系数按1.3計，震动时容許拉力为14.6公斤／公分^2。

各項計算都是根据彈性理論进行的，塑性变形未預計入。

預应力是采用先張法，以φ３．６公尺管柱为例，張拉时鋼筋单位应力拉至2880公斤／公分^2，总張拉力为７２３吨，扣除損耗后单位应力为2080公斤／公分^2，有效总張拉力为５２２吨。等混凝土养生期滿松千斤頂后，鋼筋的預拉应力将施加在混凝土上一压应力，鋼筋的拉应力将相应的減少，此时混凝土的单位压应力为３１．４公斤／公分^2，鋼筋的单位拉应力将降为1875公斤／公分^2。

在震动的过程中，管柱将受反复的拉力与压力，由于管柱已預施了很大的应力，所以拉力与压力一样是由鋼筋与混凝土共同来承受。混凝土所受的拉应力为７５０吨，除以管柱截面的換算面积減去預施的压应力，鋼

・3・

筋所受的拉应力为750吨，除以管柱的换算面积乘n再加預施的拉应力。

由于混凝土受压时的彈性模量与受拉时彈性模量数值不等(E拉：200,000，E压：320,000)，而在受力时混凝土的应力又由压力变为拉力，所以在計算时，要分为两阶段进行。

第一阶段当上拔力由〇吨增至522吨时，鋼筋的应力由1875公斤/公分^{2}增至原先預加应力的数值即2080公斤/公分^2，混凝土的应力由31.4公斤/公分^{2}压力减为〇。第二阶段当上拔力由522吨增至750吨时，混凝土应力由零增至

$$\frac{750^t-522^t}{F_б换算/_{1000}}=\frac{228}{17640}=12.9公斤/公分^2$$

鋼筋应力由2080增至

$$2080+n\times12.9=2216公斤/公分^2\ (这里n用10.5)$$

混凝土应力尚未超过容許数值，不致开裂能与鋼筋共同承担拉力。由于混凝土共同承担拉力，在震动，承受上拔力750吨时鋼筋的拉应力由1875公斤/公分^{2}增至2216公斤/公分^2，仅增加了341公斤/公分^2，因而达到了大大减少拉伸量的目的。

(三)預加应力是采用先張法，加力台架如图所示，由一座鋼筋混凝土基础4根鋼筋混凝土柱和一鋼頂盖組成，鋼頂盖是一圆筒形鋼筒，内部有井字形梁，井字形梁的交点与4鋼筋混凝土柱的中心綫相符，圆筒下平面板能与法兰盘連接。基础面上亦預埋一法兰盘，能与即将制造的管柱法兰盘連接。預加应力是用4个300吨或500吨千斤頂。

施工步驟如下：

1.将管柱下端的法兰盘用螺栓固定在台架基础上。

2.将4个千斤頂安放在台架立柱頂部。

3.将管柱上端的法兰盘用螺栓固定在鋼頂盖的下部。

·4·

4.将鋼頂蓋連同法兰盘吊起安放于台架上部支承在千斤頂上，並对准位置，使固定在基础上的法兰盘与固定在頂蓋上的法兰盘中綫相符，並互相平行。

5.安装内模板。

6.安装鋼筋。

7.起頂千斤頂，張拉鋼筋至設計的預拉应力。

8.安装外模板。

9.灌筑混凝土。

10.养　生。

11.放松千斤頂。

12.折　模。

13.将鋼頂蓋吊离台架並将制成的管柱吊出送至存放場。

管柱鋼筋在預拉时，应当严格控制上下法兰盘互相平行，並且二中点在同一鉛垂綫上。为了达到这目的，必須有导向設备，目前所推荐的办法是在4根井字形梁的中心下翼緣处各安装一个由板束組成的导向卡，長約1.4公尺，寬20公分，厚6公分，在4个混凝土柱之間的横梁頂部相应位置处，各安装一个凹形鋼制导向槽，当鋼頂蓋吊放至千斤頂上时，井字形梁下的导向卡，剛好对准混凝土柱間的凹形导向槽内起导向作用。这种导向設备比較簡单，只要經过一次精密的測量，将井字形鋼頂蓋平面位置和水平校准之后，按其下垂的4根鋼舌地位，在鋼筋混凝土柱間的横梁上装配鋼制导向槽並进行固定，則以后吊放鋼頂蓋使其导向卡落入鋼导向槽内，即能保証上下法兰盘的两个中心点在同一鉛垂綫上，或者只有半个公厘的差误，至于鋼頂蓋放在千斤頂上，应該不会横移，只有在千斤頂施頂时，由于每个千斤頂上頂力的不等而发生不是水平的情况，但是只要在其园筒周边上放上4个精密的水平仪，就很容易发現而将各个千斤頂的頂

·5·

力加以調整，使上下法兰盘平面互相平行。因此在千斤顶施顶时，导向卡也不会受多大的横推力。在設計过程中又曾考虑了一种比較重型的导向設备，即：在台架外侧加設4根ϕ1.55公尺的管柱，在管柱顶部用型鋼做一三角形架，顶在鋼顶盖上，作为导向之用。虽然管柱刚度較导向卡大得多，但长度亦增加了几倍，就整个导向架来說刚度增加得不多，所以未予推荐。如要重新考虑这一方案时，还应进一步研究是否在ϕ1.55公尺管柱的外侧再加一斜柱以增大刚度。

主要工程项目鋼料表

项目	单位	型鋼	鋼筋	
			5号鋼	3号鋼
		吨	吨	吨
ϕ3.6公尺管柱，长7.5公尺	节	1.76	1.42	0.90
ϕ3.0 〃 〃	〃	1.39	1.20	0.70
ϕ3.6公尺管靴	个	2.71	—	—
ϕ3.0 〃	个	2.61	—	—
預拉台架	台	1.92	—	3.32
ϕ3.6公尺預拉台架顶盖	个	8.38	—	—
ϕ3.0公尺預拉台架顶盖	个	6.81	—	—

四、（試驗打）施工方法及步驟：

(一)拚装导向架和导向船：导向架用万能杆件組成，中央部分寬8M，长26M，高6M，两側各伸出2个2M高2M寬的梁和导向船連接，全部重量为105吨。导向架在400吨鉄駁或用k.C浮箱組成的趸船上拚装。导向船为2—400吨，鉄駁临时用工字梁連結以固定其相互位置。

(二)将导向船及导向架拖至墩位定位。

(三)下沉导向架：在每个导向船上安設两个枕木垛，上設油压千斤顶，

·6·

抬起导向架，退出拼装船，下沉导向架和导向船連接。

(四)下沉ϕ3·0及ϕ3·6^{M}管柱——施工水位不高于+8·0。

1.用震动打桩机附射水吸泥下沉管柱至岩层。

2.震动打桩机采用以下3种类型，即Bny—8 Bny_6和Bn—250着重于Bny_6和Bn—250的試驗。

3.ϕ3·0M管柱重3·14^{t}/M，每节长7·5M重23·5^{t}，用30^{t}吊船吊接，最后下沉至河床的。重量为47至61^{t}（2节至3节管柱）用75吨吊船吊起下沉。

4.ϕ3·6^{M}管柱重3·8^{t}/M，每节长7·5M，重28·5^{t}，用75^{t}吊船吊接，最后下沉至河床的重量为55^{t}至73^{t}（2节至3节管柱），用75^{t}吊船吊起或用上述2艘吊船抬吊下沉。

5.当ϕ3·6M管柱下不至岩层时，則在其內下沉ϕ3·0M管柱至岩层，此时最后下沉至河床（ϕ3·6M管柱內已吸泥）的重量約为120吨；管柱吊接用30吨吊船进行，下沉管柱則借在安装于ϕ3·0M管柱內的鋼质浮筒內打气（气压不大于2·5个大气压）排水以产生浮力並用30吨吊船吊起下沉。气筒直徑为2·6公尺，长34·5公尺，重20吨，其結构和使用情況，隨后再加說明。

(五)下沉管柱至岩层后，將导向架掛在ϕ3·0M及ϕ3·6M管柱上，拆除导向船。

(六)鉆岩，並下沉ϕ2·5，ϕ2·0^{M}管柱及鉆岩。

在ϕ3·0M管柱內用31型冲击式鉆机（Yk、C），带ϕ2·6公尺铆接鉆头及54型冲击式鉆机带重約8^{t}的鑄鋼鉆头进行鉆孔。

(七)管柱內灌注水下混凝土：

用多根环状排列的射水管向下向上射水，淨水后，立即用垂直导管法灌注水下混凝土。

·7·

(八)修建承台。

(九)試驗墩建造完毕。

卡桩箍

由于水深管柱需逐节接长后方能下至河床，在逐节接长过程中，管柱支承在擱置于导向架頂面的卡桩箍上。

現在設計的卡桩箍，允許的支承重量为120吨，是由8根工字梁組合而成的密閉方格，每边計各有两根工字梁，各安設1个支点，共4个支点，以托住管柱。每个支点包括5个卡点，为安全計，每卡点按受力10吨計算，卡点由直杆、横杆和螺旋杆組成，横杆伸入法兰盘槽口內，管柱支承在它上面。螺旋杆和横杆以絲扣相連，底部支在內側工字梁上。直杆和两工字梁間隔板及横杆以鉸連接，可以自由轉动。横杆随直杆之轉动並由于本身能够轉动，而可方便的进入或退出管柱法兰盘槽口。由于螺旋杆和横杆以螺絲扣相連，可拧螺旋杆，以調节横杆高度，使横杆和法兰盘紧密接触各卤可較好的均匀受力。

設計的卡桩箍适用于3种不同直徑的管柱。1至6号梁公用，依据管柱直徑改变其相对位置，而7、8号，9、10号，及11、12号梁則分別按ϕ3.6、ϕ3.0、及ϕ2.4管柱采用。

卡桩箍支承管柱的方法如下：吊起管柱使法兰盘槽口頂面和横杆頂面接近在同一高度，轉动直杆和横杆使横杆插入法兰盘槽口，拧动螺旋杆使横杆和法兰盘貼紧，将管柱支承在横杆上。管柱接好后，吊起管柱使法兰盘和横杆离开，退出横杆。

鋼浮筒

浮筒直徑为2.6公尺，全长34.5公尺，分3段拼成，重約20吨。气筒用4公厘鋼板作成，下端敞开，上部为密封艙室，高9公尺，在不打气的情况下，可借密封艙室之浮力以支持浮筒本身重量而浮于水面。浮筒頂

·8·

面安設进气管，以和通至压风机之气管連接，浮筒內安設多根出气小鋼管。其底面分別置于不同的高度上，其頂面位于气筒密閉艙室之上，装有開關可以启閉，下沉管柱时，按序启閉上述小鋼管之開關，以調节气筒內排水量使产生之浮力不致过小和过大，避免吊船超载及管柱不能下沉的情况。

利用吊船和浮筒在φ3.6管柱內下沉φ3.0M管柱的具体步驟如下：

1.用30吨吊船吊起和下沉第一节管柱，用卡桩箍将管柱卡住在φ3.6管柱上。

2.用吊船吊起第一段鋼浮筒置于管柱內，卡住后，再吊第二段浮筒，使与第一段联結。用吊船将联結好的浮筒吊起，松去卡箍使浮筒下沉，卡住后，联結第三段浮筒，然后再下沉。由于密封艙室的作用，浮筒在不加气压的情况下能浮于水面，其頂面与管柱頂面大致在同一頂面。

3.接高第二节管柱，管柱頂法兰盘上带一联結扁担，用吊船吊起浮筒，使与扁担联結。将浮筒頂面之进气管和連至压风机之胶皮气管連結好。

4.于浮筒內打气，使浮筒內水位下降，为了控制水位下降深度，打气时开放一个出气管閥（开放气閥号数，根据管柱自重和水位下降深度而选定。）

5.管柱用吊船吊住，松卡桩箍，下放吊鈎，使管柱逐漸下沉，但浮力漸增加管柱不再下沉时，开另一出气管閥放气，同时吊鈎下放，使管柱继續下沉至适当标高后，用卡桩箍将管柱卡住。

6.拆去浮筒和联結扁担間的螺栓；放气，拆除連至压风机之胶皮气管，放气后拆除联結扁担。

7.同前步驟接高第3、4……諸节管柱，直至管柱下沉到复盖层。

8.吊出鋼浮筒。

五、存在問題，

(一)震动下沉时，管柱拉应力的大小問題：

·9·

上拔力的大小，对管柱的强度有很大关系，現在管柱鋼筋，法兰盘連接螺栓等的强度都是上拔力控制的，管壁厚度与上拔力亦有直接关系，現在假定上拔力ϕ3.6公尺管柱为750吨，ϕ3.0公尺管柱为630吨，是否合式，尚无足够的依据。

㈡拉力傳給混凝土的傳遞問題。

这一問題在一般的梁型結构里並不存在，因为梁型結构中的应力，是逐漸增加的，鋼筋中的拉应力要傳遞給混凝土，可依靠在一定的长度內鋼筋与混凝土間的粘結力。但在受軸向力的柱型結构中情况便不同了，管柱頂部所受的拉力是突然加在結构上的，因此便希望亦能突然地傳給混凝土，而不能通过一定长度的鋼筋与混凝土間的粘結力来傳遞。因为如果我們在接近管柱頂面处切一断面甲一甲，当甲一甲断面以上部份从鋼筋傳至混凝土里的拉应力（靠粘結力傳遞）大于甲一甲断面混凝土所能承受的极限拉力时，則在甲一甲断面处混凝土便开裂，开裂后，甲一甲断面上鋼筋所受的拉力仍为T吨，並未減少。既然甲一甲断面处鋼筋所受拉力未減少，則与上述情况相同，在甲一甲断面下若干距离乙一乙断面处仍然要产生裂紋，产生裂紋后，乙一乙断面处鋼筋所受拉力仍为T吨，並未減少，如此裂紋延續产生，拉应力无法傳至混凝土上。

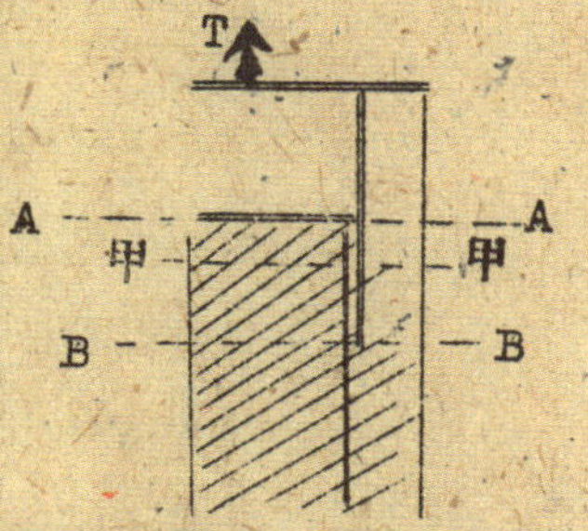

現在的設計情况与上述情况有所不同，卽混凝土預受有压应力，我們是根据下述假定进行設計的：

預压应力完全由于法兰盘与混凝土接触面承受压应力傳遞給混凝土的。在震动时当总的拉应力等于預应力数值时（以ϕ3.6公尺管柱为例为522吨），法兰盘与混凝土接触面处压应力又变为〇，亦卽这一部分拉应力不是靠鋼筋与混凝土之間的粘結力傳遞的，而是靠二者之間的压应力消失而

·10·

傳遞的。

当总的拉应力大于預应力数値时，超过部分拉应力（即 $750^T-522^T=228^T$）由法兰盘园筒A—A与B—B之間的粘結力傳給混凝土。为了达到这一目的要能满足下列2个条件：

1.法兰盘园筒在A—A截面以下受 228^T 拉力时，单位拉应力不超过 $n\times\frac{R_p}{m}$

n是 $\frac{E_m}{E_6}$ 鋼的彈性模量和混凝土的彈性模量之比。

R_p 是混凝土拉力极限强度＝19公斤／公分^2

m 是抗裂安全系数

2.A—A至B—B段有足够的长度其粘結力足以傳遞 228^T 拉力。

現在的設計能滿足上述2条件所以認为是能承受在震动时承受的上拔力。

这項假定是否合适？

(三)鋼筋的屈伏点問題。

按預应力規程所規定的5号热軋螺紋鋼的屈伏点是3500公斤／公分^2，重工业部的标准是2800公斤／公分^{2}我国所生产的产品根据試驗資料一般皆在3200公斤／公分^{2}以上，現在采用了实际产生的屈伏点作为計算屈伏点。是否恰当。

(四)管壁厚度問題：

管壁厚度目前是比照京汉綫漳河桥管柱采用14公分。如增加厚度可以增大容許上拔力，或者在同一上拔力作用下可以減少鋼筋数量，但增加厚度将增加起吊重量，而且在同一震动力作用下，要減少强迫振幅。因此目前仍按14公分設計，是否合适請大家提供意見。

(五)張拉导向設备：

現在設計的导向設备，有的同志認为剛度較差，但由于导向設备究竟

·11·

受多大外力难以决定，对导向設备需要的剛度难以計算，现在設計的导向卡如在距　与井字梁下翼緣1公尺处加1^{T}外力，将产生0.4公厘撓度。

这样的导向卡剛度是否足够，没有充分的把握。

引桥基础結构的研究及1号墩沉井基础下沉方法的研究

报告人　　王偉民

記錄：金文揚　万方

一、引桥部分：

概　况：北岸有110个桥墩。　　南岸有63个桥墩。

桥墩型式，鐵路引桥采用中間挖空座型結构。高約20公尺，基础系用ϕ55公分管桩20—28根，順桥方向共4排，边緣一排坡度为10:1的斜桩，中間2排是垂直桩組成。

工程数量：全桥5800根，长32公尺，共180000延长公尺。

地质情况：砂土和砂粘土。

南岸复盖层平均厚度为57公尺。

北岸复盖层平均厚度为67公尺。（待以后小組会上詳細介紹）

研究問題：因为工程数量很大，如何能做到較合理的布置，值得研究。

⑴增加桩的长度。　⑵桩尖爆破法。　⑶加固土壤。

二、1号墩沉井基础問題：

河床标高：—▽3.0—+▽6.5

施工水位：　　　+▽7.5

地质情况：砂粘土和粉砂，厚30公尺，下有粗砂、砾砂。

岩层标高：—▽80.5

沉井刃脚　在标高　—▽50砾砂层上。

为了克服摩阻力使之下沉采用：

1.重型結构刃脚部分平面尺寸为18×24公尺。分布有ϕ3.0公尺12个取土井孔，重量18000吨，能克服約4.5T/M^{2}摩阻力。

2.縱横方向装有射水孔，减少摩阻力。

計算結果：

	縱向	横向	土壤容許应力
主力（公斤/公分^2）	12.9		14.6
主力+附加力（公斤/公分）	14.3	16.1	17.38

研究問題：

1.这样大的沉井怎样順利地下沉至需要設計标高？

2.怎样克服摩阻力的問題。

一机部水利起重运輸与施工机械研究所張工程师报告

5月7日

关於大型鉆机的設計，在去年八月因三峡工程中亦有此一项鉆岩任务，因此开始与地质学院、石油学院合作做大直經鉆机方案，对大直徑鉆孔究竟采用什么方式，曾考虑过用冲击式、牙齿式及滚輪鉆，但始終未能定案，因为每一种都有一些困难，正好三峡工程延期，因此暂停三峡鉆孔的研究，集中研究大桥施工所需的鉆孔机具。

对於鉆机設計的参考資料太少，我們主要依靠国外УКБ—3·6及УЗТМ—6·2米二种鉆机及三峡工程所用鉆机方案的一部份意見做成一种方案11月份来武汉研究，經大桥局提出了这方案一些缺点，第一使用功率过大，牙輪鉆头要280瓩，另外吸泥設备需要几十馬力，还有一套冲刷系統需要600瓩，加起来要900瓩的容量，这样不能适合桥处施工需要，第二鉆杆很长，安装連接起来很費时間。根据这些缺点，我們作了修改，但对鉆机中还有許多参数均按国外数据，如鉆速及功率不一定可靠，鉆头所施加的压力也不太清楚，因此就将这鉆机工作停了一下，想作一个小型鉆机作試驗，大桥局过去曾試驗过一台小型旋轉鉆机，因存在很多缺点未使用，現在想利用它来作試驗，研究要用多大轉速和施加压力可得到較高的鉆进效率，我們将鉆头形式改小适合小型鉆机，並取相同之綫速与类似之功率。二月份开始在兰州厂及武汉桥机厂同时进行修复工作。

我們感到短期內不能将旋轉鉆搞出，桥局提出目前先搞冲击式方案，我們也曾派人去重庆了解冲击鉆机使用情况，二月份冲击式方案已定，由局召集会議决定同意此方案。但提出以下問題：1.鉆机把桿太弱，原考虑只受十吨力，实际上冲击力很大，因此把它加强了；2.在鉆机后部加平衡重；3.冲击时冲击容易跳动，这样鉆头不易对准中心，希望利用小軌道对中心；4.冲击次数可以比小型鉆机少一些；5.对於易损另件用較好材料，如彈簧軸等；6.对於鉆头在南京希望用輕一些，考虑有些地方做成空心；7.离合器原采用　压式，考虑不易做，改用液压操纵的摩擦式。根据桥局上述意見，即做詳細設計与施工图，另件图已送汉口，总图带此分組討論再詳細介紹。

目前試驗用小型旋轉鉆机鉆头是兰州厂制的，加工、材料都有困难，已經过三个月未做成，估計五月份才能做好，同时在这里还缺少水泵，动力綫路及仪表等，試驗时間太久因此在制造大型鉆机时希望及早做好准备。

旋轉式鉆机的規格及作用原理介紹一下，鉆孔直徑为3，2公尺，有一能　鉆成W形的牙輪鉆头，中間还有一导向鉆头插入預先鉆好的直徑半公尺的导向孔內，这导向孔准备用KAM－500型鉆机預先鉆好的，經过鉆桿加压后，旋轉的牙輪鉆头即将岩石破碎，这种型式的鉆头在苏候亦是很新的方案，認为效果很好，鉆桿內部还有一吸泥机，用压縮空气通到下部将岩浆吸出，关於吸泥的布置，現在还在研究，目前是放在W形槽的底部。

鉆孔的深度为100公尺，鉆孔直徑3，2公尺，鉆进方式是全面破碎，碎，鉆速有三种：即35，25，15轉/分，鉆桿施压最大110吨，压力来源由油压缸夹住鉆桿傳递，鉆桿直徑350公厘，壁厚32公厘，鉆进效率估計1.0公尺/小时，外形尺寸約7000长×3800寬×11000高公厘，鉆头約15吨，鉆桿在70公尺长时为20吨，地面上設备約25吨，总重約60吨，此种机器对於少量工程来說不太經济，而且材料的要求很高。

旋轉鉆机存在的問題：1.先鉆直徑0，5公尺的孔，应該用什么鉆机鉆，开始时如何能对准管柱中心；2.深水中用空气吸泥机吸泥需用高压风机要15公斤/公分^{2}以上，风量亦很大 3立方/分以上 这种設备較难找；3.鉆头磨損很快，打几个孔 便要坏，一般制造厂不易做，鉆头牙輪最大直徑有一公尺，約二吨重，热处理很难行；4.鉆头牙輪用料是合金鋼，目前供应很紧張，不易买到；5.鉆头采用的軸承，不用彈子和銅瓦，而用胶軸承，优点是耐用价廉，但須协作厂制作；6.鉆桿加压时可能彎曲很厉害，初步考虑中部加支承設备，但同时亦增加起吊困难；7.鉆桿接头，普通是用螺紋連接这样很慢，現在采用快速結合，是否好須要試驗；8.鉆机固定在管柱法兰盘上，鉆头旋轉时，管柱产生反扭矩，要求管柱能承受，另外对管柱还有側向力；9.起吊鉆头时，鉆头鉆桿重35吨，須要較大能力的吊船。

关於旋轉鉆机的工作計划，拟在五月底前能夠做小型鉆机的鉆岩試驗，六月份能得到試驗的参数，另外先打一500公厘的鉆孔的試驗。七、八月完成施工图紙的設計，九、十月份交付兰州厂制做，考虑到兰州厂任务忙，最好桥机厂能配合起来共同制做。 否則制 成已很迟，恐不能赶上試驗墩的試驗工作。

冲击鉆机：主要参考 уKC—31，уKC—30型及уKC—22，уKC—20 БУ—20—2及уA—75型設計

冲击式在目前先做很恰当，因为結构簡单，成本低，适於用来做試驗墩的施工。新型鉆机的結构，后面是电力控制板，电动机經过減速器及三角皮帶傳动 主要傳动軸，上面有三套离合器，一套离合器經过鏈輪齿輪傳至起吊工具用大滚筒 ，另一离合器經过齿輪曲拐連桿傳至冲击部份，使鉆头上下冲击岩石，第三离合器傳至小滚筒为取岩用，把桿上二个滑輪，一个是起吊鉆头，一个是取岩用。

冲击鉆机的主要規格，鉆孔直徑3，2公尺，鉆头重9吨，冲击行程有 1100 950 800公厘三种，电动机功率为210瓩，

工具滚筒起重能力最大１２吨，繩速０，６Ｍ／秒。鋼絲繩直徑为３９公厘，滚筒直徑７００公厘，长７８０公厘，容繩量１００公尺，把桿高度为１０公尺，向前傾斜为１５度，取岩滚筒起重能力５吨，繩速１Ｍ／秒，鋼絲繩直徑２６公厘，滚筒直徑４７０公厘，长８４２公厘，容繩量为１００公尺，鉆机外形尺寸长７２４０×寬２３６０×高１００００，总重２７吨（不包括鉆头），此結构比３０及３１型紧湊，只用一台电动机，起动因有离合器，減少馬达起动轉距，高度比３０型低６Ｍ。

須要研究的問題：1.鉆机移动如何使之能容易对中；2.液压方式操纵的刹車不如手刹灵活，当起落高度很小时不容易控制；3.液压操纵机构，怕鉆机工作时跳动厉害容易漏油；4.把桿受力情况不好決定，冲击彈簧的受力情况不好計算，現請北京航空学院协助测定应力；5.电气控制板是否放在鉆机上恰当；6.軸选用４０Ｘ，重約二吨，供应可能有困难；7.３９厘鋼絲繩应及早准备；8.鉆进过程中不易摸清鉆头給进，需要多少时間松放多少鋼絲繩，目前将把桿項上加橡皮緩冲裝置，不知是否行；8.上面没有手摇捲揚机是否要。

現在的工作計划：1.希望大家提意見，並按照桥机厂設备和材料等問題来改进图紙；2.通过应力测定，希望求出把桿等受力的經驗公式；3.希望能寻找冲击鉆机的新型結构，如气动式鉆机等。

桥机厂錢学新总工程师的报告

一、关于250型震动打桩机是根据过去Bп—yA Bп—$y_б$ 亦即160型和400型震动打桩机，結合南京长江大桥的施工需要而設計的，因此南京长江大桥的管柱直徑大而下沉的深度亦很深，250型震动打桩机具有250吨—300吨的震动力，2台並联后可以得到500—600吨的震动力。目前对这种型式打桩机設計了三种方案。現将这三种方案的性能规格及与160型和400型震动打桩机的性能比較列表如下：（見附表）

第一方案，靜力矩为74000公斤公分，比160型增加了一倍，机壳成一长方形，內部有4根軸，每根軸由2个弹子軸承支承的，軸的直徑很大，达210公厘，因此使用的彈子軸承亦要3640号內徑为200公厘，軸的应力为1300公斤／公分^2，須用合金鋼材料。

第二方案，靜力矩为76000公斤公分，机壳外形亦为长方形，內部亦有4根軸，每根軸由4个軸承支承，这样軸的直徑就減少了，而彈子軸承亦可改用3628号，这种軸承目前我們是具有的。

第三方案，靜力矩为80000公斤公分，这种形式与160型完全一样，仅将尺寸放大，但因此方案总重16.5吨，比其他方案都重，而且起动的內阻力亦很大，因此不准备推荐这方案。

以上三个方案优缺点比較：

第一方案，优：⑴結构簡单；⑵制造使用維修方便，較易起动；⑶外形尺寸较紧凑，每一吨震动力化的鋼料少，可用30吨吊船起吊。

缺：⑴使用材料較高要求3640弹子盘与合金鋼的軸料不易购到；⑵軸应力較大达1300公斤／公分^2

第二方案，优：⑴材料与已經制成的160型差不多，3628，3626

·1·

彈子盘都有；⑵軸应力低于732公斤／公分^2，可以使用＃45鋼。

缺：⑴制造及維修較困难，使用中檢查不太方便；⑵比第一方案重，两台併联重达29吨，加上底座不易起吊。

第三方案，优点很少，缺点很多，不多讲了。

存在問题：⑴静力矩采用已很大，280瓩是否能够起动，不能肯定。根据过去的使用情况，如果静力矩太大，起动很困难，静力矩与馬达功率的关系如何合理确定？⑵静力矩与轉速間之关系如何确定？静力矩大起动困难，但根据过去使用情况，如轉速很高，对下沉管柱的效果不很显著，目前根据經驗定在500—600轉／分之間是否合适？⑶单频率与双频率究竟那种較好？

二、关于水下震动打桩机，现在仅提出2个方案，但很不成熟。

第一方案：震动打桩机放在中部密閉筒內，下部成鍵成搁在管柱一节特制鋼圈斜面上，上部利用液压将槓杆頂住在上部管柱的一节特制鋼圈斜面上，这样打桩机就将管柱上下頂住一起震动了。

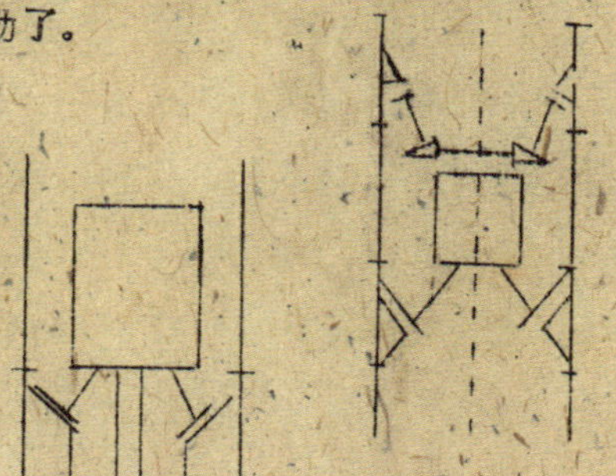

第二方案：亦是利用两个斜面与管柱的特制鋼圈的斜面密接。所不同的，两个斜面都在下部，只要一个特制鋼圈即够了，下面的斜面利用一密閉的缸內的液压推动若干活塞，前面的斜面即与鋼圈斜面密合了，活塞的松开是利用彈簧彈回。

这两方案的优缺点：

第一方案，优：⑴液压部分在打桩机上部，发生故障容易下去排除；⑵斜面的斜度可以做小，减少水平力。

缺：⑴密封的打桩机壳受力很大，用材較多；⑵联結的槓杆容易松动；⑶須用两个鋼圈，还要一节特制鋼筋混凝土管柱。

·2·

第二方案，优：⑴结构較簡单；⑵联結較牢靠；⑶仅須做一节鋼圈即可，不須要特制管柱。

缺：⑴液压作用在打桩机下部，打桩机与管壁間隙很小，发生故障，无法下去排除；⑵对管壁的水平力較大。

水下震动打桩机待研究的問題：

1.从連結方法来看，是否很牢固，液压部分在震动过程中是否会发生变化。

2.鋼圈因有斜面，加工要求較高，如何制造？及制造設备？

3.馬达密閉在壳內，外面是水，而馬达轉动产生热量，无法排出，在內形成水珠，影响馬达絕緣，如何解決防潮及通风問題？

4.按現在使用的馬达中，在震动过程中須經常檢查，特別是炭刷部分，現在馬达放在壳內又在水中工作，就无法知道馬达的运轉情况。

·3·

2 5 0 型震动

规格名称	单位	2 5 0 型	
		I	II
震动力	吨	300 260 206	310 256
轉 速	轉/分	603 556 504	604 550
静力矩	公斤公分	74000	76000
偏心距	公分	17	20
偏心锤总重	公斤	4340	3600
偏心锤个数	个	10	18
軸 数	根	4	4
电动机 功率/轉数	瓩/轉	280/985	280/9
静力矩/馬达功率	公斤公尺/瓩	740/280=2.64	760/280=
外形尺寸 长×寛×高	公厘	1743×1561×2866	1950×160
机体总重	吨	13.5	15
負荷軸彎曲应力	公斤/公分^2	1300	732

格比较表

	P60型(Bп-ya)	400型(Bп-y6)
Ⅲ		
290 198	165 125 100	420 310 265 195
56 0/410 746/373	1010/505 898/499 808/404	860 737 630 582
0000	35200	51800
/8.5	12.84/6.15	24.8/13.7
5600	3340	2478
20	20	6
8	8	2
0/985	155/763	2×225/1150
80=2.86	352/155=2.27	259/225=1.11
1505×3886	1630×1200×3100	2050×2450×1970
16.5	13.34	13
1020		

关于管柱管桩沉井試驗計划

桥研所 周翼青
整 理 郭文耀

目前研究项目分三大类进行：㈠管柱，㈡管桩，㈢沉井。現分述如下：

㈠ 管 柱

在管柱这个研究課題中，准备作如下的研究：1.管柱結构。2.管柱下沉。3.管柱承載力。4.施工机械。5.鉆岩。6.水下混凝土。

一、管柱結构：

目前主要存在几个問題：即管柱内应力分布如何？裂縫产生原因？如何防止接头松动等。为此，拟进行設計制造，管柱应力，管柱振幅三方面来研究。

甲、管柱設計制造方面：进行下列研究。

⑴模型試驗：用6根φ55管桩作具体模型，鋼筋按φ3.6[M]管柱作模拟布置，其中2根管桩为普通管桩，4根为預应力管桩（其中2根用鋼絲，2根用鋼筋），分别进行在靜載下的压力和应力，及震动情况下的試驗，利用电阻絲来测量，这些电阻絲分别貼在管柱中部及两端。

⑵鋼筋数量及分布問題：現在一层鋼筋，接触面較小，抗局部彎应力差，故拟做1－2节双筋的作試驗。

⑶法兰盘，現在連接螺栓采用普通鋼，容易松动及断裂，拟用高强度螺栓代替。

⑷管柱接头的式样和結构：現在所用的法兰盘愈大愈不易平整，容易松动，希望在保持足够剛性的条件下，提出一些新型接头式样。

⑸管柱順直問題：如何防止60－70[M]高的管柱不歪扭，这里除了改善法兰盘平整外，还有管柱制造过程中，法兰盘本身及其与鋼筋接头方面如何保証几何尺寸，並定出允許公差。

·1·

⑹在5号鋼的屈服点究竟采用多少？

⑺預应力管柱与普通預应力构件不同，准备作試驗研究。

⑻鋼管柱研究：現在鋼筋混凝土管柱不預加应力很难沉得深，若預应力則張拉台架、法兰盘等均要加强，所費鋼材也不少，而鋼管柱本身經震动打桩机在下沉鋼管柱时負担就減少了，下沉会比較順利的，所以采用鋼管柱，还是鋼筋混凝土管柱呢？宜作出一系列的比較。

乙、管柱应力：

⑴拟在大管柱下沉时，分別在鋼筋及混凝土上貼上电阻丝，量其应力。

⑵土壤压力对管壁应力的影响：在管壁四周貼上电阻丝，測其应变籍以求出土壤对管壁的影响。

丙、管柱振幅，下沉快，振幅就大，应力小，反之下沉慢，振幅小，应力大，所以要加快下沉就要振幅大，不使振幅被彈性变形所消耗，为此要研究从上至下的振幅情况。

量振幅系利用加速測量器进行，埋在接头，中間及下端分别量出其振幅。

二、管柱下沉：

甲、射水吸泥的改善，射水咀水量水压，风压风量如何互相配合，需要研究，現在射水管是隨管柱一同下去的，如何提高单根射水管的剛性（因为現在有70公尺长）射水咀如何耐磨。

乙、射水管分布問題：南京桥上倒底需要多大的射水威力？拟預定φ55桩两根各設一根射水管来測其有效半徑。

丙、φ3.6м管柱的下沉极限深度。

丁、各种参变数对下沉速度的影响，要找出規律，找出一系列的参变数，如震动打桩机的（单、双頻率）震动力，射水和吸泥的配合，管柱結

·2·

构的预应力及非预应力，管柱强度等均影响下沉，准备在3.0米管柱作试验。

戊、試驗鋼管柱下沉，並将其記錄与鋼筋混凝土管柱作比較。

三、管柱承載力：

管柱承載力不同于沉井、不同于管桩，拟在試驗墩中間下沉φ0.8米—φ1.0米鋼管柱並作位移試驗。

甲、在下沉至某一深度后，测其表面摩擦，正面阻力及两者之和（利用拔出方法求摩擦力）。

乙、拟做单根柱的水平位移試驗：利用位移情况計算反弯点又于管柱二边貼电阻絲来测反弯点。

丙、管柱灌浆加压扩大提高承載力。

四、施工机械：

甲、震动打桩机水下工作的連接办法，因这样减少管柱弹性变形消失的能力，比在水上工作有效些。

乙、BП250震动打桩机的制造。

丙、射水咀自动閉塞設备；現在水一停則射水咀为沙土堵塞，应設法改善。

丁、起重浮筒。

戊、管柱接头用自动电焊或半自动电焊。

已、水下切割办法。

五、鉆岩：

甲、ykC—3J鉆机要改善，現在动力不够。

乙、φ3.0米及φ3.2米旋轉式鉆机。

丙、鉆岩如何防止翻沙，以前用封底办法解决，是否要用压浆或其他办法。

·3·

六、水下混凝土：

水下混凝土至70^{M}深的操作問題、工艺問題，拟进行下列研究：

甲、在导管上放一振动器加速混凝土下注。

乙、导管的法兰盘，如何保証不漏水：以前是用橡皮填塞。

丙、片石灌浆方法。

丁、水下混凝土质量問題：检查其均匀性及保証其均匀性。

戊、测量混凝土标高能否用放射性同位素进行。

㈡ 管 桩

一、预应力管桩：

1.测下沉应力情况贴电阻絲进行。

2.观察桩的沉震情况、裂痕情况。

二、单桩承載：

1.静載試驗：做一活动桩尖，下沉至一定深度后先压下桩尖，拔出求其摩擦力，再压下求其共同作用的阻力。

2.用同位素量土壤密度求其承载力。

3.震动下沉时的沉落度。

三、桩基础的沉落度資料的收集、承台在完成后的沉落公差。

四、爆破扩大桩端，灌浆或加深桩长来作承載力的比較。

㈢ 沉 井

一、如何下沉50^{M}沉井，怎样防止其傾斜。

二、收集摩擦系数。

1959年5月6日

·4·

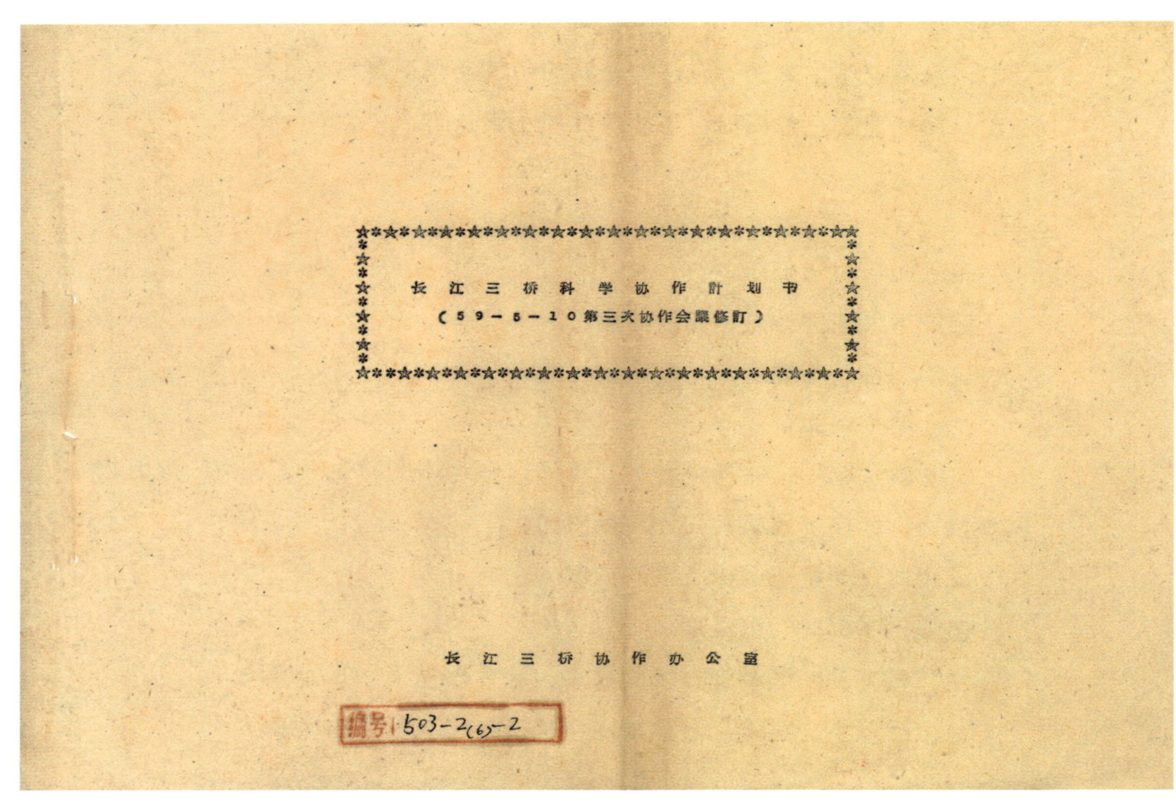

长江三桥科学协作計划书

（59－5－10第三次协作会議修訂）

长江三桥协作办公室

1.59年5月6日到5月10日在南京召开了长江三桥与下部结构及施工机械有关的第三次協作現場会議，会議着重研究了南京桥江中試驗墩及二岸引桥的結构形式，施工机具，施工方法，以及相应的試驗研究項目，还討論了具体分工。

2.国家为了从南京桥江中試驗墩及二岸引桥中引得足够的設計，施工及研究資料，决定进行大規模的現場試驗工作。为此請求各協作单位在具体安排本单位的机具，仪器，人力和經費时能考慮长江三桥的要求。

3.这次計划实际上是第二次協作計划的修訂，修訂的根据有三：

(1)部分題目根据鉄道部頒布的59年科研計划作了修改。

(2)部分題目是根据南京桥試驗墩的需要，作了調整。

(3)部分題目根据有关单位对某項研究題提出修訂的要求。

4.凡是在大桥局及其所屬单位現場进行的一切試驗研究所需之机具，劳动力，材料，經費，均由大桥局負責。仪器希由有关单位借給。不在現場做的一切試驗研究所需經費，材料，机具，人力，仪器均請協作单位列入本单位計划内自行解决，有特殊困难时由大桥局協助。

长江三桥協作办公室

长江三大桥 科学技术協作办公室

1959年5月20日

长江三大

分类	项目	說明
一、总体佈置及美术	建筑艺术設計	
二、上部結构	1.計算合理的研究 甲、整体稳定 乙、次应力 丙、側向振动 丁、支持系	
	甲項整体稳定問題： Ⅰ問題产生的原因：主桁主应力按平面桁架計算， 性能如何确定？主結构的主要尺寸及比例应如何 Ⅱ要求研究：(1)对第二次大会推选的几种桁式方案 (3)桥面佈置，公路上、中、下承及两桁外側安装 Ⅲ目的：用理論研究与模型試验相結合的方法解决 乙項次应力問題： Ⅰ問題产生的原因：大跨度鋼梁多为静不定結构， Ⅱ要求研究：(1)对第二次大会推选的几种桁式有无 圍的规定）是否对各种桁式（如菱形、三角形） 次应力与主应力的百分比，作为計算次应力的依 Ⅲ目的：提出具体計算方法及数据。 丙項側向振动問題： Ⅰ問題产生的原因：武汉大桥通車时因人群过多， Ⅱ要求研究：(1)在垂直荷载作用下产生側向振动的 因(3)鋼梁側向振动的容許值应如何确定？苏联5 Ⅲ目的：研究上述三个問題，並提出各种桥跨結构 丁項支撑系問題： Ⅰ問題产生的原因：根据中国設計規程110条的 梁的联接系便显得比較弱。 Ⅱ要求研究：(1)規程110条是否适用于大跨度鋼梁 Ⅲ目的：通过理論与模型試驗，解决上述二問題。	

计划表

主办单位	协作单位
南京工学院	唐山鉄道学院，大桥局勘設处
甲、同济 乙、湖南工 丙、 丁、南工	甲、兰州鉄道学院，大桥局勘設处 乙、同济大学，大桥局勘設处 丙、天津大学、大連工学院、大桥局勘設处 丁、兰州鉄道学院、湖南工学院、大桥局勘設处

及扭力的性能，但整个桁架是一个立体結构，对横向稳定及扭力的抵抗
旧桥撓度过大，超过規程容許数值，可否継續使用，对行車有无妨碍？
二次大会推选的几种桁式之跨長与桁寬比，以及桁高与桁寬比提出意見
影响如何？(4)联接系对稳定性的影响如何（另有专題）

，对次应力計算更为复杂，費时太多。
法？(2)中国設計規范１０１条（弦杆高度与节間長度比对次应力計算范
件次应力的計算能否将活載仅佈置同一位置（或２～３种位置），求出

影响鋼梁側向稳定的主要因素是側向振动的頻率还是振幅？还是其他原
否适用于連續梁或其他类型的桁式？
。

梁的联接系断面並不比小跨单軌桥梁的联接系相应地增加，因此大跨鋼

怎样計算？(2)加强鋼梁的縱向及断面联接系对增强桥梁稳定性如何？

分　　类	項　　　　　　　　目	說　　　　明	进
	2.MST52低合金鋼梁部結构及高强度螺栓 甲、提出有关MST52設計規程條文草案 乙、焊接設計与制造規范（普通鋼与MST52）草案 丙、高强度螺栓的鋼梁設計，制造造与施工細則草案（包括擰紧工具的研究） 丁、高强度螺栓联接的44M桁梁試驗		甲、" 乙、" 丙" 丁、8
	3.鋼梁防銹及去銹 甲、寻找不易脫落的防銹涂料 乙、去銹工艺的研究	甲、試制成功 乙、提出研究报告	59-
	4.支座 甲、大跨度鋼桥鑄鋼支座合理形式及制造方法（避免开裂和气孔） 乙、焊接支座的研究	試制成功	甲、5 乙、5
	5.250級以上輕質合	提出研究报告及設計数据	59
	6.鋼鈑桥面設計及經济比較	提出研究报告	5
	7.公路面防水层 甲、減輕防水层的研究 乙、防水层接头形式和填充材料的研究	提出研究报告	5
	8.鉄路桥面的研究 甲、桥上鋼軌接头形式的研究或採用焊接長鋼軌的研究 乙、鋼梁桥面佈置的研究 丙、鉛桥面佈置的研究 丁、桥上綫路伸縮縫裝置的研究		5

办单位	协作单位
总局 院	甲、大桥局勘設处、唐院、兰院、金属所、冶陶所 同济、建研所、专业院 乙、大桥局勘設处、山海关、兰院、鉄研院、金属 所、冶陶所、同济、建研院、专业院
院	丙、山海关、同济、专业院
总局	丁、广州局、大桥局、勘設处、山海关、沈阳厂 鉄研院
召集人） 梁厂	甲、大桥局桥梁学院
梁厂	唐院、兰院、沈阳桥梁厂 甲項：大桥局勘設处 乙項：金属所
	南工、南水所、津大、鉄研院、京院、土建所、 冶陶所、二桥处、勘設处
院	山海关桥梁厂
	鉄研院、大桥局桥梁学院、勘設处
	湖南工学院、唐院、京院

分类	项目	說明	进
	9.32M預应力鉄路梁設計及制造的研究		59—6
三、下部結构	1.冲刷綫 甲、确定宜都桥冲刷綫 乙、确定南京、蕪湖桥冲刷綫	甲、解决一般冲刷，局部冲刷，清水冲刷等深度，並做模型試验 乙、决定冲刷綫	59—5
	2.未达到岩层的大型管柱群的計算		59—6
	3.管柱与沉井組合中荷载計算		
	~~4.管柱中片石灌today浆問題的研究~~		
	5.震动沉桩模型試验	試驗用震动打桩机由一部水利所設計，桥机厂制造。年底提中間試驗报告	59—1
	6.高承台墩頂位移模型試驗		
	7.管柱設計及制造工艺的研究	为了使长达60～70M大直徑鈴管柱能通过深度在50M以上復盖层，要求对管柱結构形式及管柱强度进行研究及改进	
	甲、管柱結构設計 (一)粗筋先張法，預应力鈴管柱設計	1.管柱直徑为3.6米3.0米及2.4米三种 2.主筋及螺栓筋均作双层排列 3.φ3.6米管柱上拔力以900T計算；φ3.0米及φ2.4米管柱計算荷载根据所使用的震动打桩机之震动力，参照φ3.6米管柱酌减	5月底

位	协 作 单 位
局	大桥局勘設处、京院、唐院、湖南工、南工、建研院、土建所
办 勘設处	大桥局勘設处、鉄研院 長办、南水所
	建研院、大桥局勘設处
~~桥处~~	~~南工院~~
梁研究	唐院、大連工院、土建所、兰院、鉄研院、桥机厂、一部水利所
	大桥局設計处
	建研院

分类	项目	説
	㈡高强度鋼絲先張法預应力鉻管柱設計	1～3同上（但直 4分別用鋼鈑及鑄
	㈢φ3.0M鋼管柱設計	
	㈣鋼管柱与鉻管柱的比較	从用鋼量，施工方 比較
	乙、制造工艺設計	
	㈠預应力管柱制造之工艺設計	1.φ3.6Mφ3 張法（包括張拉 2.φ3.6Mφ3
	㈡电热先張法予应力管柱制造工艺研究	1.工艺研究 2.模型試驗
	丙、管柱接头办法之研究	研究如何保証原法 連接螺栓之松动 改进
	㈠法兰盘制造工艺	
	(1)鋼鈑法兰盘制造工艺	1.工艺及胎具設計 2.車平法兰盘之土 3.車平用土机床制 4.法兰盘制造
	(2)鑄鋼法兰盘研究	1.設　計 2.鑄造研究 3.加工及拼組 4.鑄鋼与5号鋼
	㈡高强度螺栓連接	1.螺栓及搬手之設 2.　〃　制 3.在震动打桩机上
	㈢管柱連接新办法之研究 (1)管柱接头各种方案的拟定及比較 (2)管柱接头模型試驗	 在湖南工学院試驗

明	进度	主办单位	协作单位
）	6月	唐院	建研院
	6月底	設計处	
方面进行技术經济	12月	設計处	二桥处
之5号鋼粗筋先	5月底	設計处	建研院、湖南工学院
高强度鋼絲先張法	6 月	唐院	〃 〃
	9 月	同济	
防止在震动荷载下 法兰盘的缺点研究			
	6 月	桥机厂	
	〃	〃	
	〃	〃	
	7 月	二桥处	
	6月底	設計处 唐院	
	8 月	山海关桥梁厂	
		〃	
		桥机厂	山海关、丰台桥梁厂
	6 月	桥研所	鉄研院
	7 月	桥机厂	〃
	8～10月	二桥处	
	6 月	湖南工学院	設計处
方案	9 月	〃	

分类	項　　目	說
	8.模型管柱試驗	目的：比較各种管
	甲、模型管柱設計	1.普通鈆模型管
		2.先張法預应力管
		3.后張法預应力管
	乙、模型管柱制造	以上三种設計各三
	丙、模型管柱試驗	靜压，靜拉及震
	9.管柱应力測定及分析	目的：研究在震动 力状态及管 理論根据。
	甲、管柱內应力測定方法之研究	
	乙、加速測量器設計及制造	
	丙、管柱內鋼筋受力情況之研究（試件試驗）	1.普通鈆試件靜 以单筋先均佈 三个，总共九 力。
		2.先張法預应力
		3.后張法預应力
	丁、垂直震动荷載下管柱应力之研究	1.应力測量
		2.理論分析
	戊、側压力下管柱应力之研究	1.应力測量
		2.理論分析
	巳、震幅与下沉速度关系的研究	1.震幅測量
		2.理論分析
	10.預应力管桩	目的：研究預应 提高管桩
	甲、先張法預应力鈆管桩	1.設計
		2.制造

明	进 度	主办单位	协作单位
合理方案			
		設計处	桥研所
	6 月		二桥处
	7 月	二桥处	
测量管壁应力情况	8 月	二桥处	鉄研院
应力傳遞情况，应 出管柱設計計算的理			
	6月底	兰 院	鉄研院
	7月底	兰 院	桥机厂
鋼筋和双筋之試件各 测量鋼筋及合內之应	7 月	建研院 桥研所	
	7 月	建研院 桥研所	
念	7 月	建研院 桥研所	
	12月	鉄研院	二桥处、唐院、京院、同济、湖南工学院、建研院、兰院、設計处
	12月	鉄研院	同 上
	12月	兰 院	同上，鉄研院
工艺。			
	12月	唐院、丰台 二桥处	

分类	项目	說
	乙、后張法預应力鋁管柱	1.設計 2.制造
	丙震动动試驗	进行震动試驗比較 預应力后張法管柱
	11.管柱和管柱基础的承載力	目的：研究在不同 的φ55管
	甲、φ55CM管柱在土中承载力的研究	1.承載力（为南京 2.柱尖和管壁摩擦 3.下沉过程中土的 措施： (一)擬訂总計划 (二)設計和制造試驗 (1)設計工作 (2)制造工作 (3)貼电阻絲 (三)下沉管柱，进行 (1)沉管柱（作詞 (2)測量沉柱时土 (3)靜載試驗（包 測量应力包括 (四)資料的整理和分
	乙、爆破柱的試驗研究	目的： (1)研究爆破柱在南 (2)如可能使用，則 載力与爆破梨形

明	进　　度	主办单位	协 作 单 位
	7月底	唐院、丰台厂 丰台厂	
先張法和	12月	二桥处、唐院 丰台厂	
方法下沉 計資料） 用、情况			
	6月1日前提出	唐院、桥研所、	二、四、桥处（由唐院負責收集各方面資料）
	6月10日前完成	二桥处	
	6月15日开始	二、四桥处	
	6月15日开始	兰院	唐院、建研院
	6月20日开始	二、四桥处	
	6月25日开始	兰院	鉄研院、唐院、建研院 桥研所、湖南工学院、 同济、大連工学院、二 四桥处
	6月25日开始	兰院	同　上
	10月底完成	唐院、桥研所、桥处	建研院、湖南工学院、 同济、兰院、大連工学院 鉄研院、勘設处
用的可能性 土层中之承 关系			

分类	项目	說
		措施： (一)拟訂总計划 (1)收集資料 (2)訂出具体試驗
		(二)設計試驗桩及有
		(三)制造
		(四)沉桩和桩尖爆破
		(五)靜載試驗
		(六)如有必要則进行
		(七)資料的整理和分
	丙、施工时和完工后，管柱的承載力和桩基沉陷量的測量	目的：由引桥桩基 試驗資料作
		措施： (1)收集資料的計 (2)施工过程中的 (3)完工后的观察 (4)資料的整理和
	丁、管柱和管柱基础在岩层中承載力的研究	
	(一)山洞試驗	在汉阳山洞內做南 压力試驗，包括水 27块40立方公
	(二)光彈塑性模型試驗	管柱和管柱群下岩
	(三)理論分析	力学分析和討論已
	戊、管柱和管柱基础在土层中承載力和沉陷的研究	(1)在試驗墩取得靜 (一)拟訂計划和提

明	进度	主办单位	协作单位
	5月20日前	唐院、二、四桥处	桥研所、鉄研所、唐院、湖南工院
	6月1日前	桥研所、二四桥处、唐院	鉄研院、湖南工学院
	6月15日完成	二桥处	
	6月20日开始	〃	
	6月底开始	〃	
	7月开始	〃	唐院、湖南工学院
乍	8月开始		
	10月底完成	二四桥处、桥研所、唐院	鉄研院、湖南工学院
静载桩			
	8月底以前	唐院	鉄研院、建研院、桥研所、二、四桥处
		桥处	
		南京局	
		唐院、二、四桥处	同上
型之管柱 在南京取	年底前完成試驗並提出报告	勘設处	湖南工学院
分析	年底前完成部份試驗並提出报告	兰院	
	年底前提出初步报告	唐院	鉄研院、勘設处、桥研所、兰院、湖工、同济、京院、二桥处、四桥处
	6月底提出	桥研所	二桥处、唐院、鉄研院設計处

分类	项　　　　　　目	説
		(二)設計試驗管柱 (三)制造試驗管柱 (四)管柱下沉及 (五)資料的整理和 (2)理論分析 力学分析和討論 (一)收集資料和提 (二)提出綜合报告
	已、土壤加固方法研究	目的：研究在不增 况下，用加 法提高其承 (一)研究学习灌注 (二)室內試驗(待 (三)野外試驗在管 中間管柱刃脚 井下(細沙土
	42.5 0公尺深沉井基础的研究 甲、沉井摩擦阻力	目的：研究重力沉 力數值供設 措施： (1)由有关单位收 料，分析研究 汇总提出报告 (2)由有关单位提 同济大学，汇

明	进　　度	主办单位	协　作　单　位
	9月底完成	設計处	
	10月	二桥处	
	12月	二桥处	桥研所
	60年第一季度	桥研所	二桥处、鉄研院、設計处 唐院
		唐　院	鉄研院、設計处、桥研所 京院、兰院、湖南工学院 同济、二、四桥处
	9月底以前 年底以前		
土深度的情 止土壤的办 盆計划 主） ）及試驗墩 这1号墩沉 卡表面摩阻	10月	南工、桥研所	二、四桥处
力方面的資 斥勘設处，	6月中旬資料 7月中旬提出报告	勘設处	鉄研院、唐院、四桥处 大連工学院
吉果，寄交	7月底供資料 8月底提出报告	同　济	鉄研院、唐院、四桥处 勘設处、大連工学院

分　　类	項　　　　　　　　　　　　　目	説
	乙、地基砂礫层的承载力	根据南京长江大桥 研究沙砾层的允許
	13地质和水文地质資料的搜集 甲、取原状沙样，测定天然空隙比和緊密度 乙、测量地下水流速	 (1)学习並掌握取原 (2)在两岸引桥线上 (3)在1号墩水下取 探討地下水流速測

明	进度	主办单位	协作单位
，从理論上	7月底提出研究成果 8月底由主持者提出报告	鉄研院	湖南工学院、唐院 大連工学院、勘設处、四桥处
	年底完成 年底完成	南京勘測队 南京勘測队	

分类	項目	説明	进
四、施工及机械	1.管內挖土机械	設計与試驗	59—
	2.重型水上吊机	完成設計	59—6（
	3.鉆岩新技术的应用 甲、高压射水 乙、高頻率电磁波 丙、热力	探討可能性	
	4.水下电視机	探討在50米深江水中应用的可能性	
	5.$\phi 3\cdot 2m$冲击鉆机及其他新型鉆机結构的研究	目的：1.要求制造适用于在$\phi 3\cdot 6m$及$3\cdot 0^{m}$管柱內鉆岩的重力冲击鉆机 2.探求用其他动力的冲击鉆机	
	甲、$\phi 3\cdot 2^{m}$冲击鉆机	1.設計	5—3
		2.制造（油泵、离合器主轴及其他桥机厂不能制造者請一机部代为加工	10—
		3.試驗	11—
	乙、其他新型鉆机結构的探討	收集資料並作探討性的設計	不定
	6.$\phi 3\cdot 2^{m}$旋轉鉆机	目的：要求制造适用于$\phi 3\cdot 6^{M}$ $3\cdot 0$管柱內鉆岩的旋轉鉆机	
	甲、$\phi 1\cdot 3^{M}$模型試驗	1.設計	已
		2.制造	5—2
		3.試驗	6—3
	乙、$\phi 3\cdot 2^{M}$旋轉鉆机	1.設計	9—3
		2.制造	1960—
		3.試驗	不定

位	协作单位
刂所	桥机厂
产品設院	桥机厂 机械处
部 厂 处 部	桥机厂 一机部 一机部 桥机厂 桥机厂
部 部 处	 桥机厂 桥机厂 一机部 桥机厂

分类	項目	說明	进
	7.冲击鉆头之研究	目的：要求制造用于φ3·6φ3·0管柱內鉆岩的冲击鉆头	
	甲、φ3·2·2·6^{M}鉚合式鉆头	1.設計 2.制造 3.試驗	7— 8—
	乙、φ3·2^{M}2·6^{M}鑄鋼鉆头	1.設計 2.向外訂制 3.試驗	6— 11—
	8.改进УКС—31型鉆机 实用于φ2·6冲击鉆头	目的：原УКС—31型鉆机用于帶动φ2·6^{M}鉆头鉆岩时鉆架强度、电机功率均不夠要求加以改进 1.改进設計 2.制造 3.試驗	 6— 9— 10—
	9.新型震动打桩机	目的：要求制造250型震动打桩机 1.設計 2.制造 3.試驗	 5— 8— 9—
	10.震动打桩机在水下工作的研究	目的：要求震动打桩机不放在管柱頂上，改为放到管柱內，並在水中震动，加大震动打桩机对破坏土壤的作用 1.方案之研究 2.模型試驗設計 3.模型制造 4.模型試驗	 6— 6— 7— 8—

单位	协作单位
設計处 二桥处 設計处	一机部
厂 处	
厂	一机部 二桥处
厂	一机部

分类	項目	説明	进
	11.深水下切割管柱之办法	目的：ϕ3·6^{M}管柱内，套着下沉ϕ3·0管柱，为了把套在ϕ3·6^{M}管柱内的一段ϕ3·0管柱拆出来須要在水中割断ϕ3·0^{M}管柱	
	甲、燒割法	1.收集深水下(40～70^{M})燒割之現有資料提出燒割方法	8-
		2.試驗	10-
	乙、探討机械切割法		10-
	12.管柱接头自动或半自动电焊	目的：为了应用电焊，作为管柱接头联結办法以及提高电焊質量的研究	
		1.筹备机具	6-
		2.設計制造（焊接工艺及附属設备）	設計 6- 制造 7-
		3.試驗	7-
	13.下沉管柱起吊設备的研究	目的：为了减輕水上吊船等起重設备，进行研究利用浮筒及其他起吊管柱新法	
		1.改善現有浮筒設計	5-
		2.提出新方案並进行設計	
		3.比較选擇合理方案	
	14.70M垂直导管法灌注水下合	目的：研究能保証合質量的操作办法	
	甲、导管改善	1.設計	8-
		2.制造	9-
		3.試驗	9-
	乙、水下附着震盪器	1.研究	8-
		2.設計	8-
		3.制造	9-
		4.試驗	9-

单位	协作单位
学院 处 厂	
处 处	山海关、丰台桥梁厂、沈阳桥梁厂
处	
、二桥处 厂 处	

分类	项目	說
	15.片石灌浆	目的：研究水下用片石 替大体积灌注水 1.收集資料 2.研究方案 3.試驗办法拟定 4.試驗
	16.φ3·6M予应力管柱下沉到岩层的方法研究	目的：探求下沉φ3·6 层的設备要求及 1.試驗方法拟定 2.試驗
	17.下沉管柱合理工艺之研究	目的：研究下沉管柱工
	甲、下沉φ3·0M予应力鉛管柱	1.各种下沉方法之組合
	乙、下沉φ3·0M鋼管柱	1.各种下沉方法之組合 2.鋼管柱与鉛管柱之比
	丙、下沉φ2·4M非予应力鉛管柱	1.合理配合方法之確定
	18.射水系統之研究	目的：覆盖层厚到5 0 不能完全利用以 要求考虑其他方 組的改进
	甲、射水管合理佈置	1.方案比較与研究 (1)射水咀放于刃脚內 于管柱內，向管柱 (2)射水管放于管柱 射水咀通到刃脚 (3)用数根射水管組成 在管柱外射水 (4)按武汉大桥施工 用卡环把射水管 壁上，进行射水。

度	主办单位	协作单位
30	湖南工学院	二、一桥处
	〃	
	〃	
定	未定	
10	設計处、二桥处	
1	二桥、处	
30	〃	鉄研院 桥研所
1	〃	鉄研院
	〃	桥研所
	〃	桥研所 鉄研院
10	設計处	湖南工学院 二桥处

分类	項目	說明	进
		2.設計	6—
		3.制造	7—
		4.試驗	7—
	乙、射水咀自动封閉装置	1.設計	6—
		2.制造	7—
		3.試驗	8—
	19.射水影响范圍及加风作用	目的：了解射水影响范圍及加风作用，用作佈償射水系統的參考	
	甲、射水管影响范圍	1.直接在地面上射水观察	7—
		2.射水管夹管柱进行射水下沉，观察管柱下沉情况进行分析推測	7—
	乙、射水及加压縮空气之影响	1.单根射水管加风与不加风之比較	7—

单位	协作单位
二桥处	
处	
桥制厂	
处	
处	
处	

长江三桥科学协作計划书（附件）
59—5—10第三次会議修訂

（本附件只是对几个重点題作些說明）

长江三桥协作办公室

长江三桥第三次協作会議上討論並拟訂了南京长江大桥管柱基础科学研究計划（已列入５月１０日修訂的长江三大桥科学協作計划书内）除会上对以下几个問題作了比較詳尽的討論外，为了使这些問題能更广泛地征得专家們的意見，特將討論情况作为附件隨協作书印发，希各单位將情况广为介紹並代搜集意見寄交協作办公室，以便轉主持研究单位参考。

1.管柱合理結构着重征求下列几方面的意見：

(1)張拉台架的改善。

(2)法兰盘結构的改善，如何在制造法兰盘时能保証平正。

(3)管柱接头的新方案。

2.用浮筒下沉管柱方法。

3.射水系統的改善。

4.射水咀自动閉塞装置。

5.在水下安放震动打桩机的办法。

一、管柱合理結构的研究——管柱設計及制造工艺

(一)原設計

原設計为鋼筋混凝土預应力管柱，直徑分 ϕ3·6公尺及 ϕ3·0公尺2种，每节长皆为7·5公尺，管壁厚皆为14公分。混凝土为250級；鋼筋：主鋼筋为 ϕ20公厘5号热軋螺紋鋼，单层排列，ϕ3·6公尺管柱共80根，ϕ3·0公尺管柱共68根在两端法兰盤附近主鋼筋外側另加 ϕ10公厘，长890公厘的分布鋼筋，根数与主鋼筋同，材料为3号热軋鋼，螺旋筋为 ϕ12公厘3号热軋鋼，間距为100公厘。

法兰盤用鋼板焊成。

震动下沉时 ϕ3·6公尺管柱用2台Bn—250型震动打桩机，每台震动力都是250吨，另加冲击力50%管柱强度設計的上拔力及下压力均为750吨；ϕ3·0公尺管柱用1台 $Bn-y_6$ 型震动打桩机，震动力是420吨，另加冲击力50%，管柱强度設計时的上拔力及下压力均为630吨。

5号鋼的計算屈伏点按3200公斤/公分 ^{2} 計，張拉时最大拉应力采用屈伏点的0·9倍，即2880公斤/公分 ^{2}。

混凝土在震动上拔时的抗裂安全系数采用1·3。

管柱及法兰盤結构見图7。

鋼筋張拉，采用先張法，張拉台架示意見图1，張拉步驟如下：

1.将管柱下端的法兰盤用螺栓固定在預埋在台架基础上的法兰盤上。

2.将4个千斤頂安放在台架立柱頂部。

3.将管柱上端的法兰盤用螺栓固定在鋼頂蓋的下部。

4.将鋼頂蓋連同法兰盤吊起，安放于台架上部，支承在千斤頂上，並对准位置，使固定在基础上的法兰盤与固定在頂蓋上的法兰盤中綫相符，並互相平行。

5.安装內模板。

·1·

6.安装鋼筋。

7.起頂千斤頂張拉鋼筋至設計的預拉应力。

8.安装外模板。

9.灌筑混凝土。

10.养生

11.放松千斤頂。

12.折模。

13.将鋼頂蓋吊离台架並将制成的管柱吊出送至存放場。

(二)討論后綜合意見(不同于原設計者)

φ2.4公尺鋼筋混凝土管柱也采用預应力結構。

管壁厚度应根据垂直荷載时的强度及管壁的穩定性加以驗算,混凝土等級采用300至450級。主筋除考慮粗鋼筋(5号热軋螺紋鋼或25—пC热軋螺紋鋼)外,还应考慮高强度鋼絲方案。

粗鋼筋共有下列3方案:

1.先張法

(1)主筋改为双排。

(2)主筋为单排,用螺栓与法兰盤連接,加分布鋼筋一层,如图2。

(3)主筋为单排,用螺栓与法兰盤連接,加分布鋼筋2层如图3。

(4)主筋为单排,焊在法兰盤上,加分布鋼筋一层,如图4。

2.后張法,在混凝土管壁內預留孔眼,鋼筋由孔眼中穿过,用后張法張拉。

3.可折式鋼筋方案,如图5所示。

管柱連接共有下列4方案:

1.鑄鋼法兰盤方案,法兰盤在平面內分为4块或8块,分块加工后用螺栓或电焊拼成一整体,鑄鋼結构宜于加工刨平,能保証法兰盤平直,管柱連

·2·

接时能密贴。如图8所示。

2.电焊連接，管柱端部有水平板，連接时二水平板互相接触，連接时在二板的边緣电焊，如图9所示。

3.电焊連接，适用于双排主筋方案，管柱端部有2垂直板，連接时二端的2块垂直板对齐对焊，垂直板上还有螺栓孔，备預加应力及連接震动打桩机之用，如图10所示。

4.鋼板用电焊組成法兰盤，适用于双排主筋方案，垂直板改为波浪形，便于用双排螺栓。如图11所示。

震动下沉时，管柱所受的上拔力或預加应力数值有下列2种假定。

(1)φ3.6公尺管柱所承上拔力按900吨計，φ3.0公尺及φ2.4公尺管柱所受上拔力，根据具体情况决定。

(2)φ3.6公尺管柱預加拉力1000吨，混凝土有效預压应力60公斤/公分^2

(3)混凝土有效預压应力按40公斤/公分^{2}計。

5号鋼的計算屈伏点按3000公斤/公分^{2}計，張拉时最大拉应力采用計算屈伏点的0.9或0.85倍。

張拉采用下列3方案：

1.用千斤頂、台架張拉：

(1)用原設計的台架但应加强导向設备。

(2)用图12所示張拉台架。管柱法兰盤借助“錨固星形架”的工具式鋼筋，錨在“張拉星形架”上，張拉前只拧紧螺帽B，然后开动千斤頂頂移“張拉星形架”所張拉預应力鋼筋，待拉到設計应力后，拧紧螺帽A，将張拉力移至錨固星形架上，然后放松千斤頂及螺帽B。这样可加速千斤頂的周轉。

(3)用千斤頂、台架張拉高强度鋼絲，在張拉前，先将鋼絲在一特制的工作台上繞好，如图13所示。

2.用如图14所示的特别設計的纏繞机及張拉台架，張拉高强度鋼絲。

·3·

纏絲机可沿着設在管柱外圍的軌道移动，机械上設有一可以上下运动的拔絲刀架。纏絲时拔絲刀架上下反复运动，纏絲机同时沿着管柱外圍的軌道移动，鋼絲通过拔絲刀架拉至預計的拉应力，便掛在法兰盤的鈎子上如图6所示。法兰盤支承在台架上，当纏絲机移动一圓周后，一根管柱的預应力鋼絲便都掛好在法兰盤上。

3.用电热法張拉

各方案鋼筋在預拉前，应給予一初拉应力，以保証鋼筋挺直，不致在張拉时产生应力不均匀現象。

除了鋼筋混凝土預应力管柱外，还应考慮鋼管柱方案。

·4·

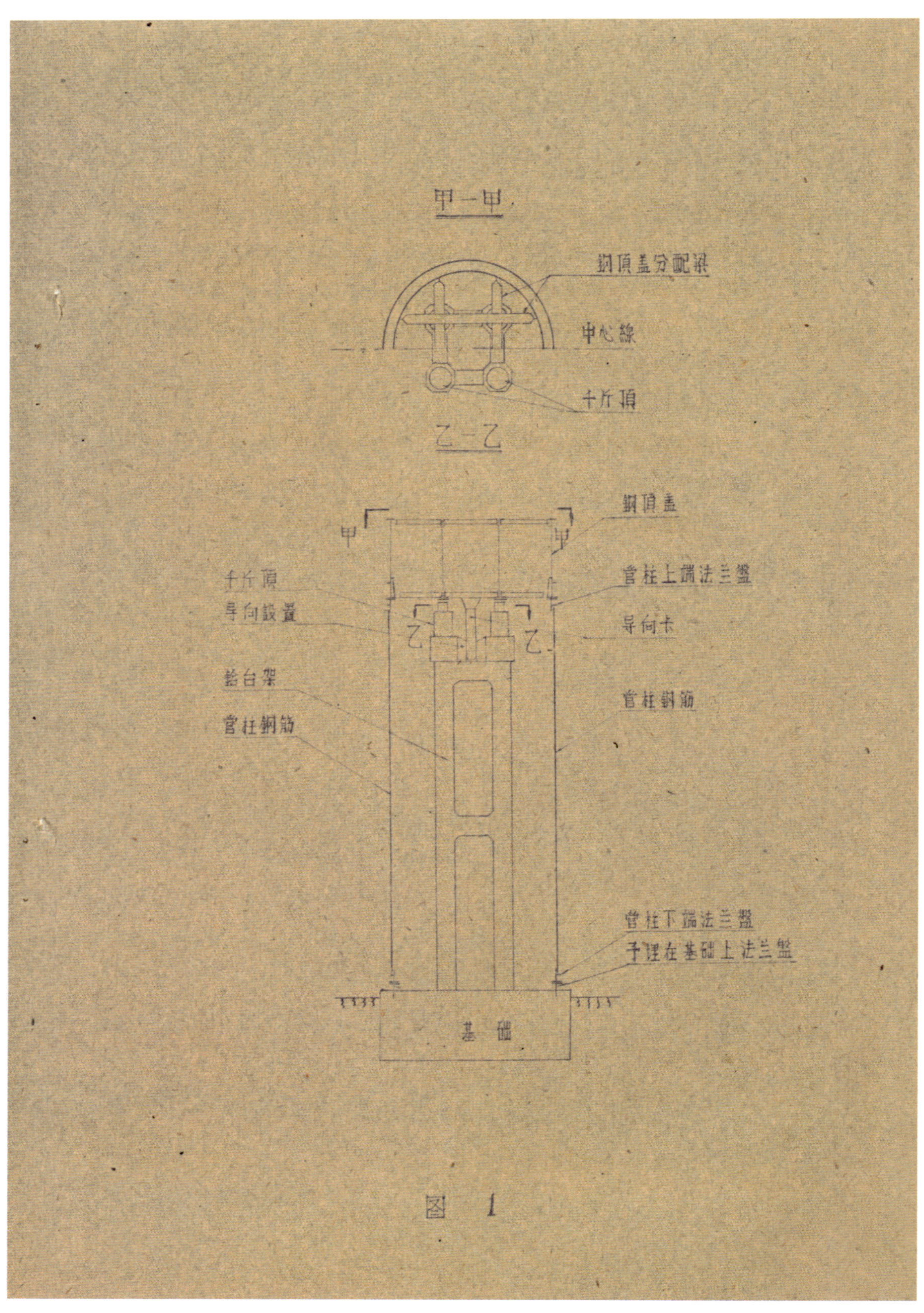

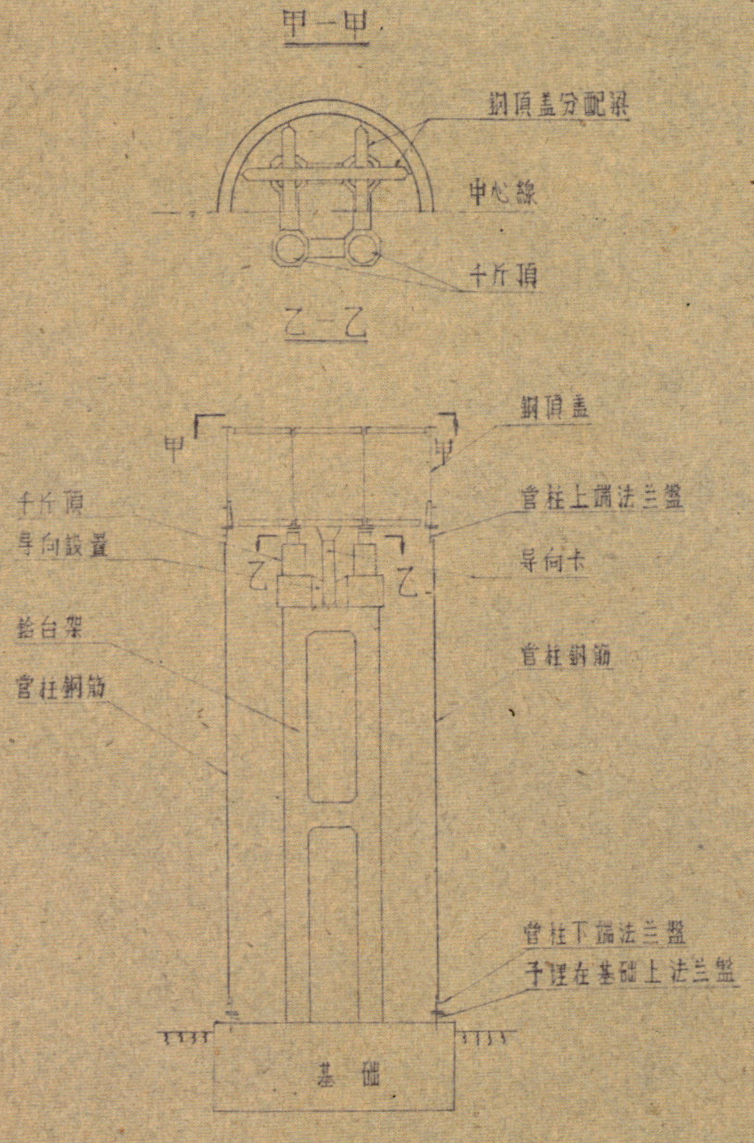

甲—甲
鋼頂盖分配梁
中心線
千斤頂
乙—乙
鋼頂盖
甲
甲
千斤頂
导向設置
管柱上端法兰盘
导向卡
乙
乙
鉆台架
管柱鋼筋
管柱鋼筋
管柱下端法兰盘
予埋在基础上法兰盘
基础

图 1

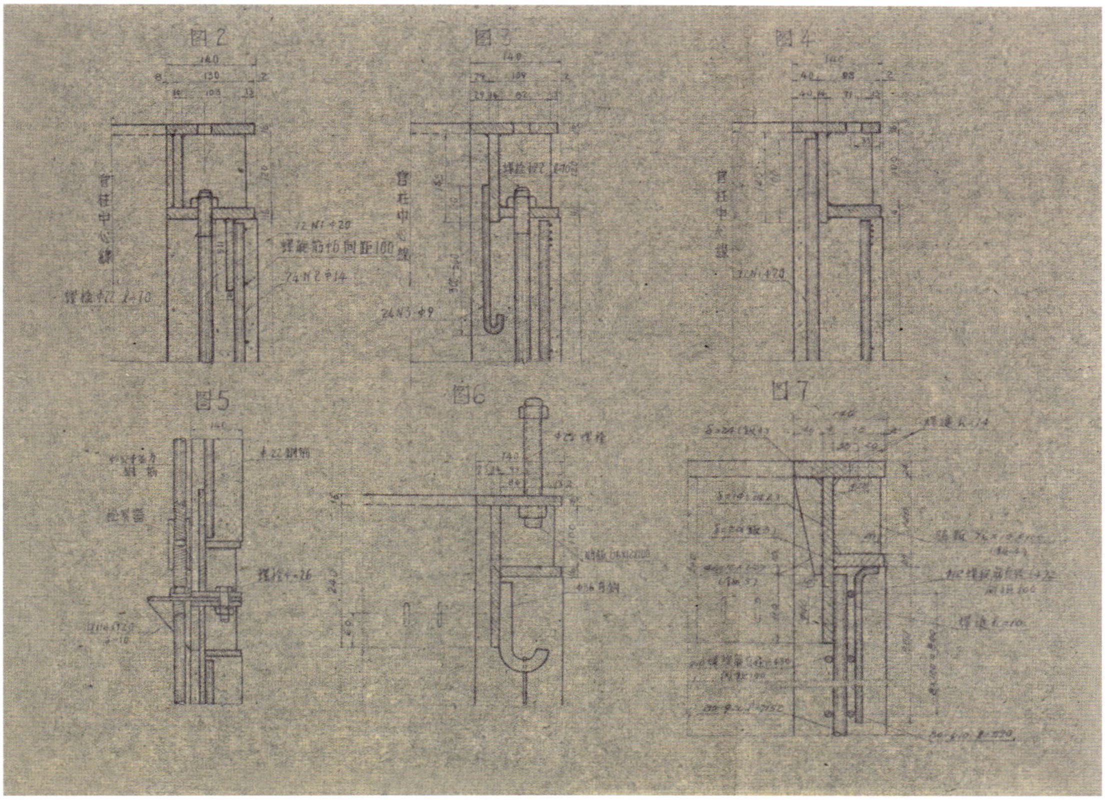
图2
图3
图4
图5
图6
图7
螺旋筋φ6间距100

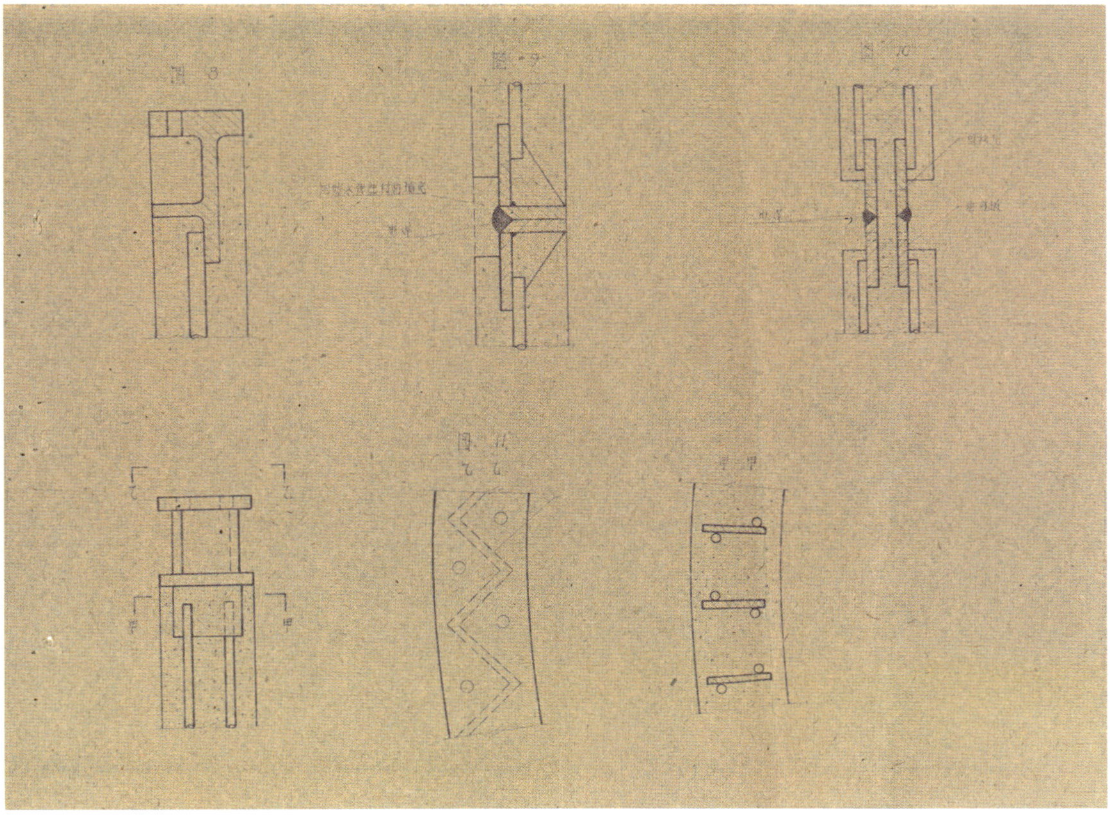
图8
图9
图10
图11

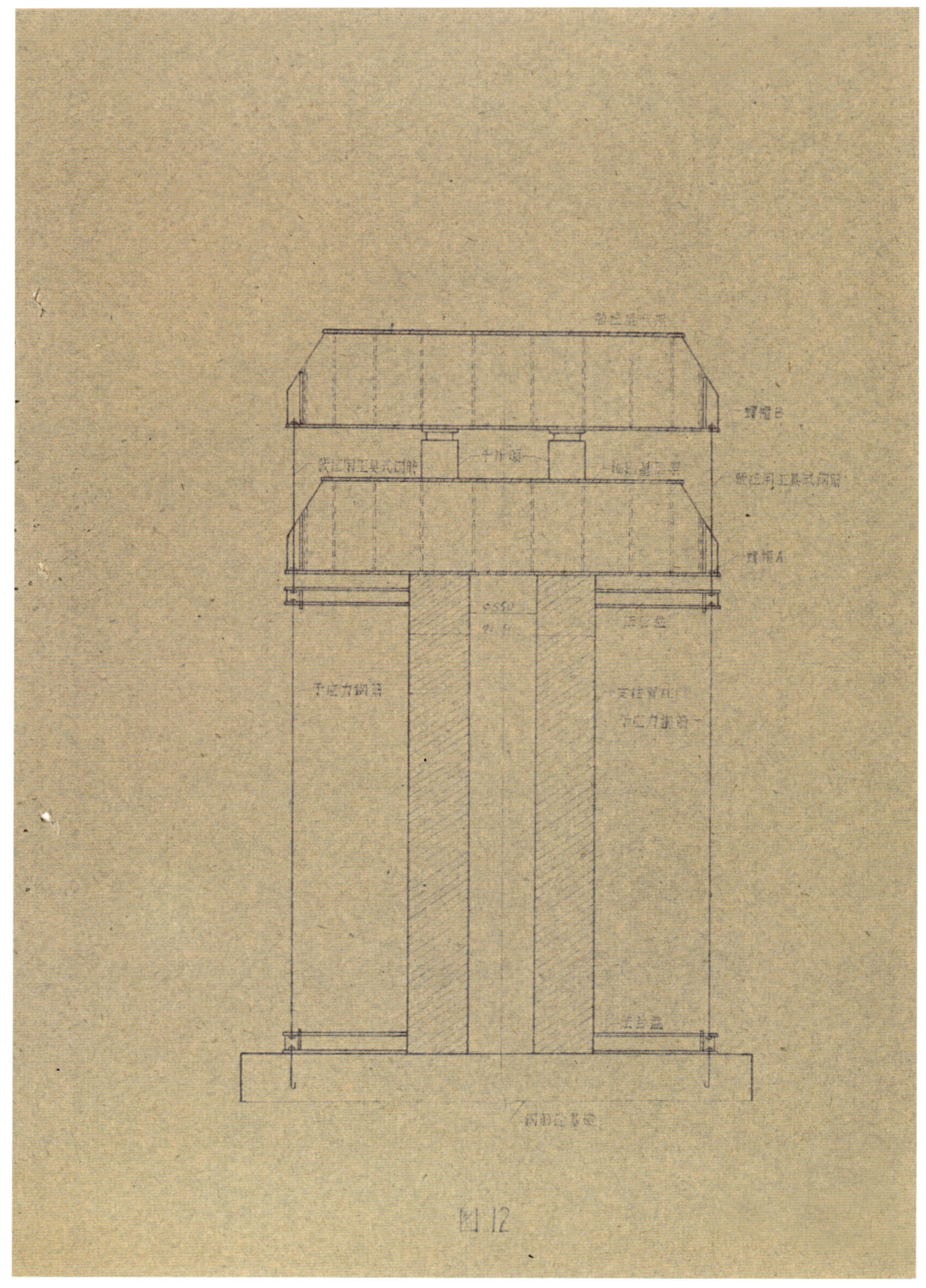

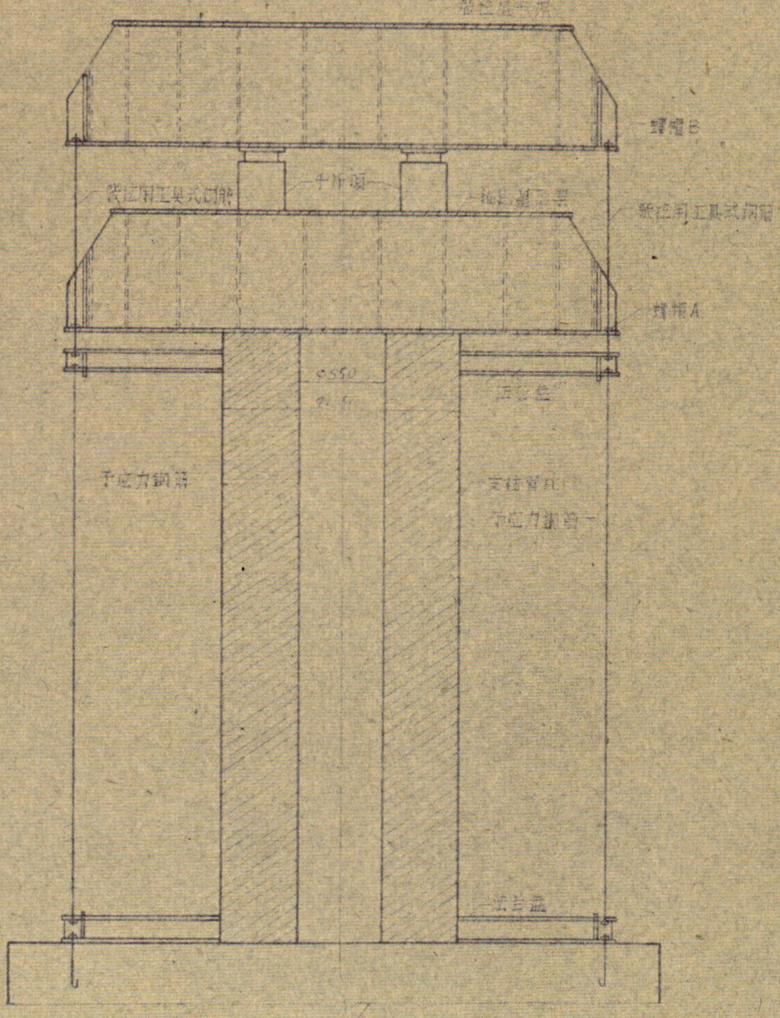

图12

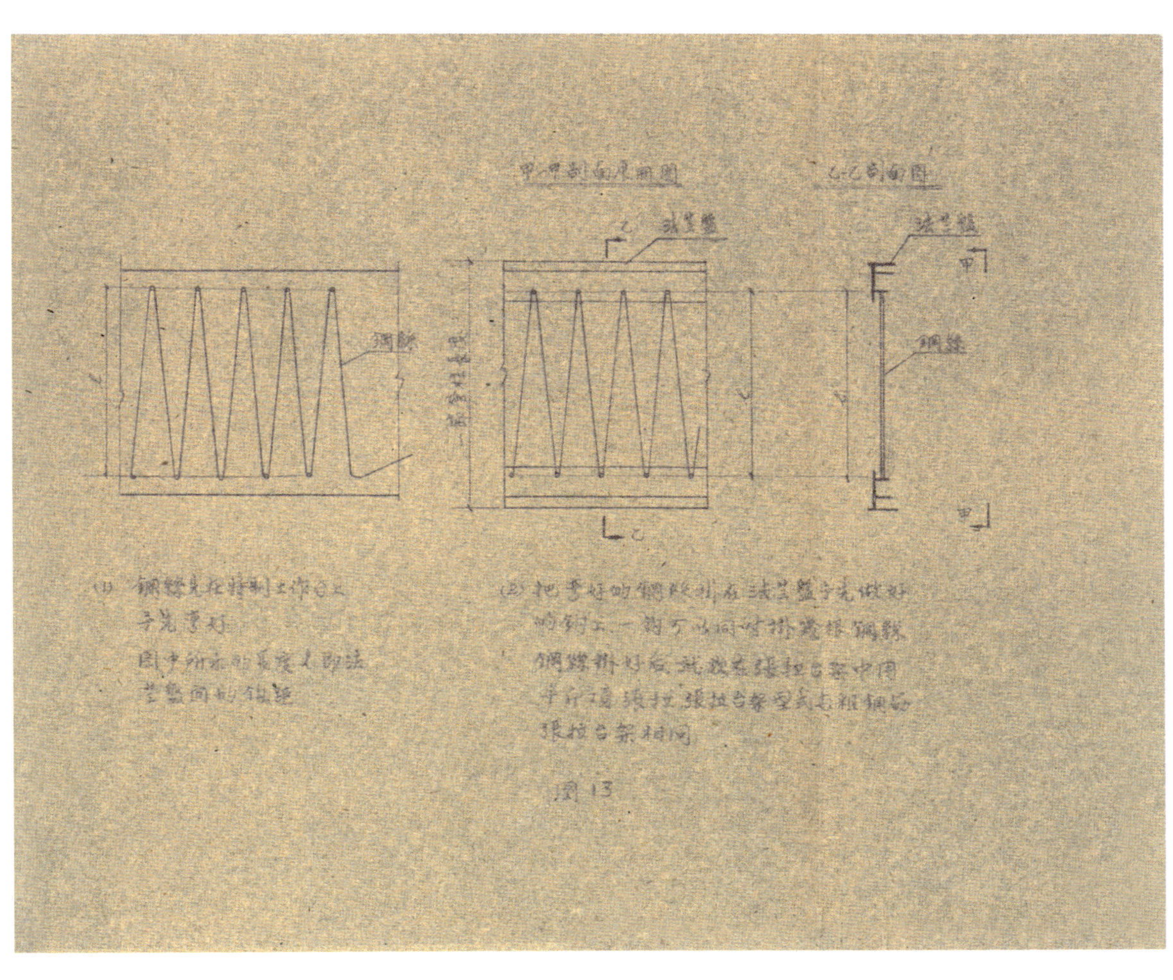

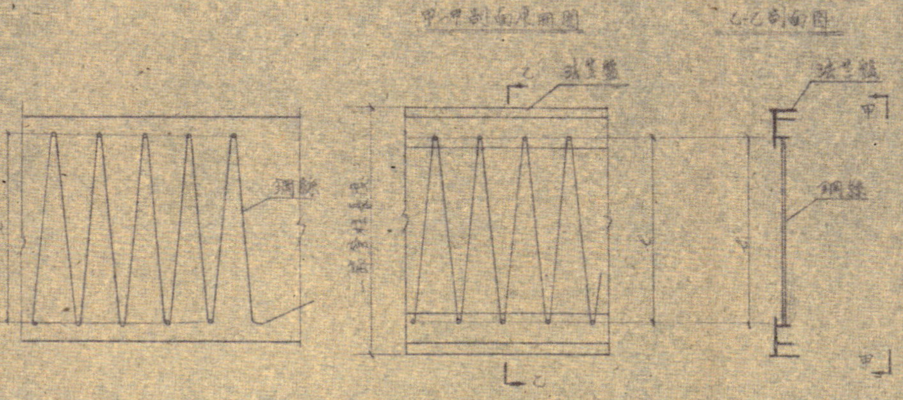

(1) 钢丝先在特制工作台上
予先弯好
图中所示的系按人的法
兰盘间的钢距

(2) 把弯好的钢丝挂在法兰盘予先做好
的钩上，一端可以同时排齐钢丝
钢丝排好后就放在张拉台架中间
进行张拉，张拉台架型式与粗钢筋
张拉台架相同

图 13

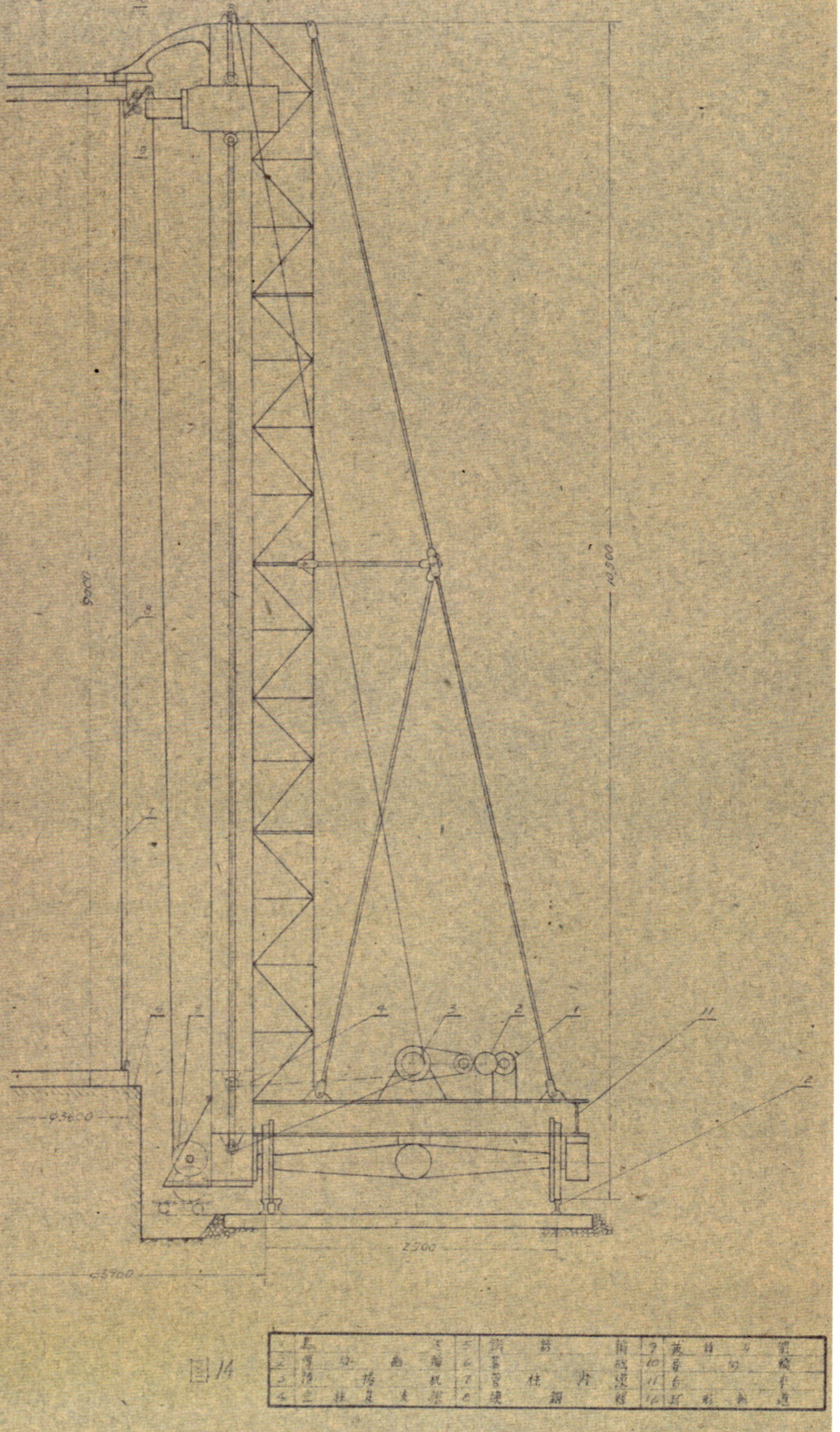

图14

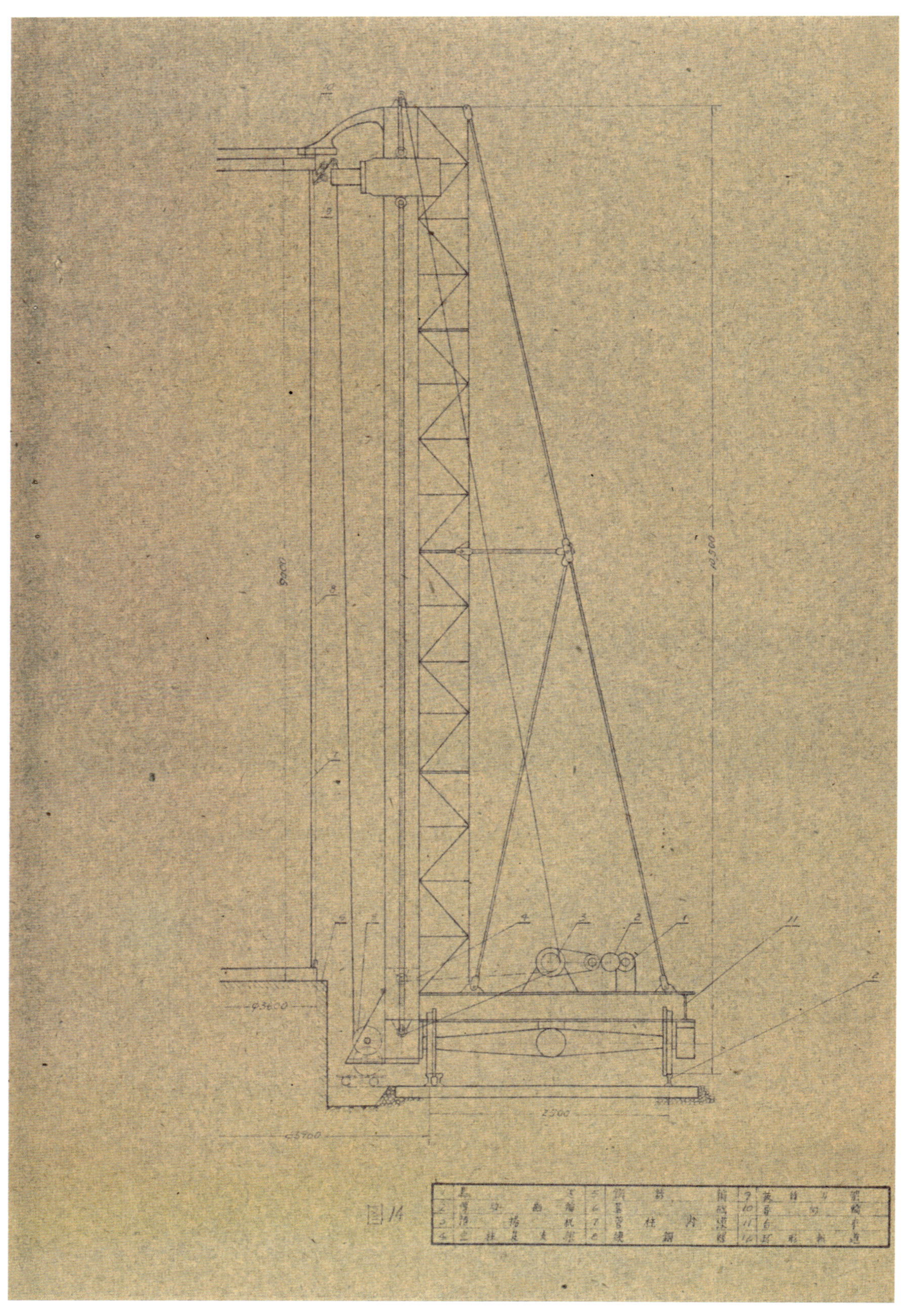

用浮筒下沉管柱方法的研究

一、大桥局設計处原拟之方案:

(一)浮筒結构(見图1)

在試驗墩中ϕ3·6公尺管柱內下沉ϕ3·0公尺管柱所用之浮筒，直徑为2·6公尺，全长34·5公尺，分3节拚接而成，共重20吨，浮筒外壳用4公厘鋼饭作成，底端敞开，中間設有密封，气蓋頂面設有密封平合，气蓋和平合組成密封艙室，借此浮筒可自浮于水面。气蓋上設有1—ϕ48公厘的进气管，通至平合以上；以和通至压风机之管路連接，管路上設有開關並装有压力表。进气管周圍設有6根ϕ60公厘的出气管及3根ϕ60輔助出气管，长度不等，頂端均伸出平合，装有開關，底端分別置于不同的高度上，管柱下沉时，按序启閉，出气管之開關，調节浮筒內水面下降高度，使浮筒产生之浮力不致过大过小，而避免因浮力过大管柱不能下沉及因浮力过小而致吊船超載的情况。浮筒和管柱联結用联結扁担，联結扁担伸出出ϕ3.6公尺管柱以外，当万一浮筒放气太多时，ϕ3·0公尺管柱不致掉入水中而支承于ϕ3·6公尺管柱上。

(二)下沉管柱步驟(見图2)

二、协作会議討論的綜合意見:

首先对大桥局設計处所提的用浮筒下沉管柱方案进行了討論，一致認为利用水浮力来减輕管柱的起吊重量的这个想法是很好的。但認为所提的方法有2个显著的缺点：其一是在深水中(如在圍令內下沉管柱时)先下30公尺长的浮筒会被水流冲由而傾歪，其二在施工步驟上过于繁瑣。要求进一步予以研究。

在会上亦提出了几个方案(見附图3)

第一方案：浮筒为下端开口的。支承于附在管柱的活动鈎上，根据需要

·1·

可以每节管柱放一个或者几节管柱放一个。管柱上的活动鈎，它只能承受向上頂的力，浮筒一松就会掉下来。浮筒內充气，产生浮力頂住活动鈎，浮筒內放气浮筒借本身重量下落，活动鈎松开，浮筒就能取出。

第二个方案：做一个四面封閉的浮筒，有固定的容积能滿足整个管柱下沉过程所要求減輕重量的需要。而在其中充气或充水可以調节其浮力。浮筒和管柱的連接类似第一方案。

第三方案：考慮到大桥局設計处的所提出的方案一次下沉30公尺长的浮筒受到水流冲击力会傾歪。所以建議为浮筒分节（其中的气管亦相应的分节）随着接一节管柱就接一节浮筒及其中的气管。每次下沉管柱时浮筒頂上設有浮筒蓋，浮筒蓋系逐节的往上　用。連接的方法是把浮筒和管柱一起吊起，而浮筒下端稍伸出管柱以外，上端用卡箍固定在管柱頂上。下节浮筒亦用卡箍固定在已經下沉的管柱頂上。对准后接序把气管浮筒接上，再接管柱。

·2·

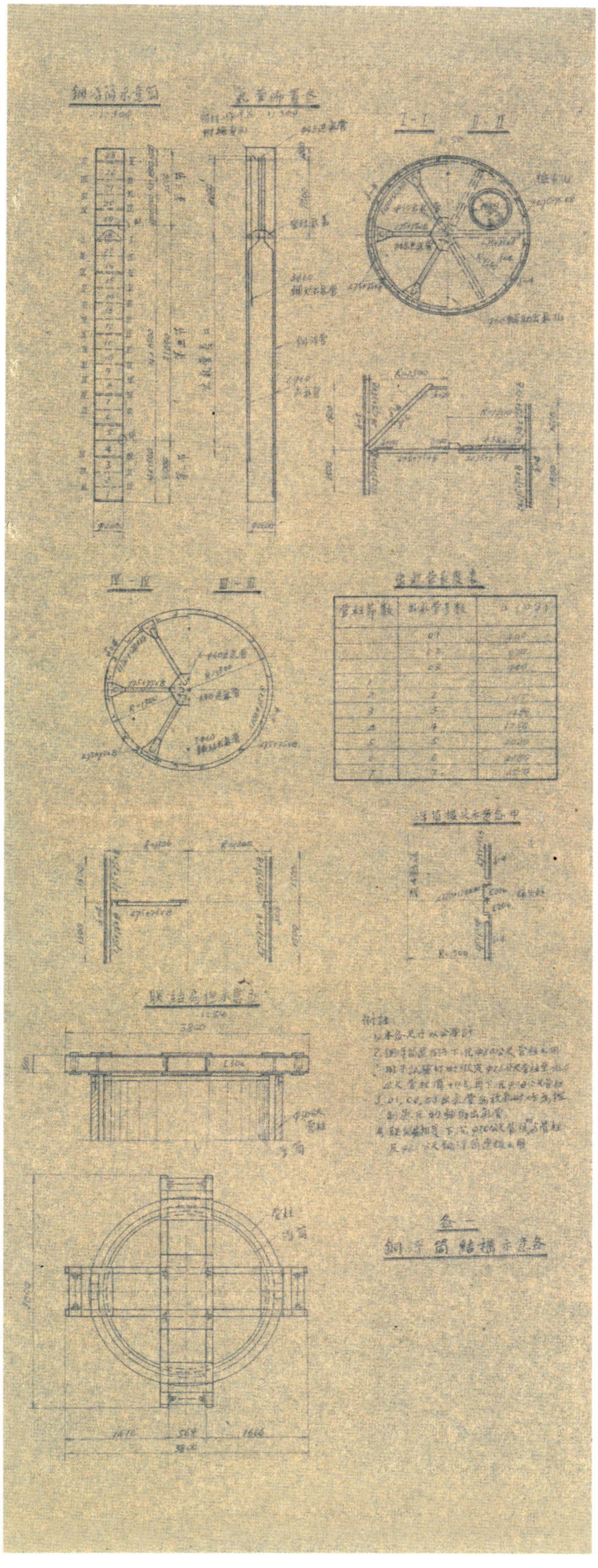

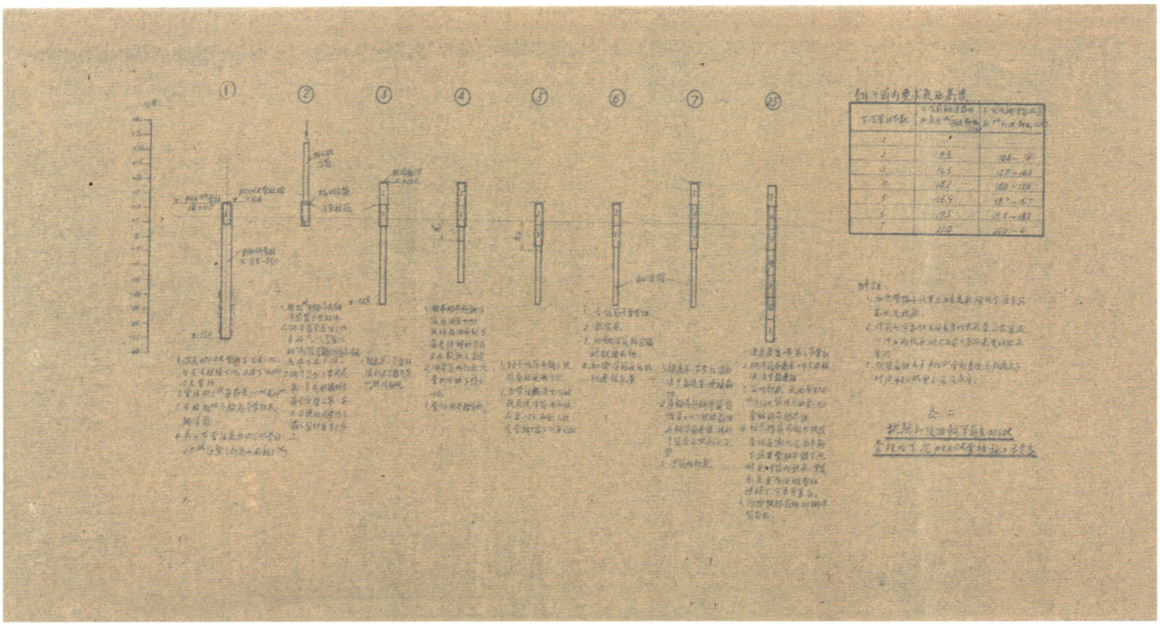

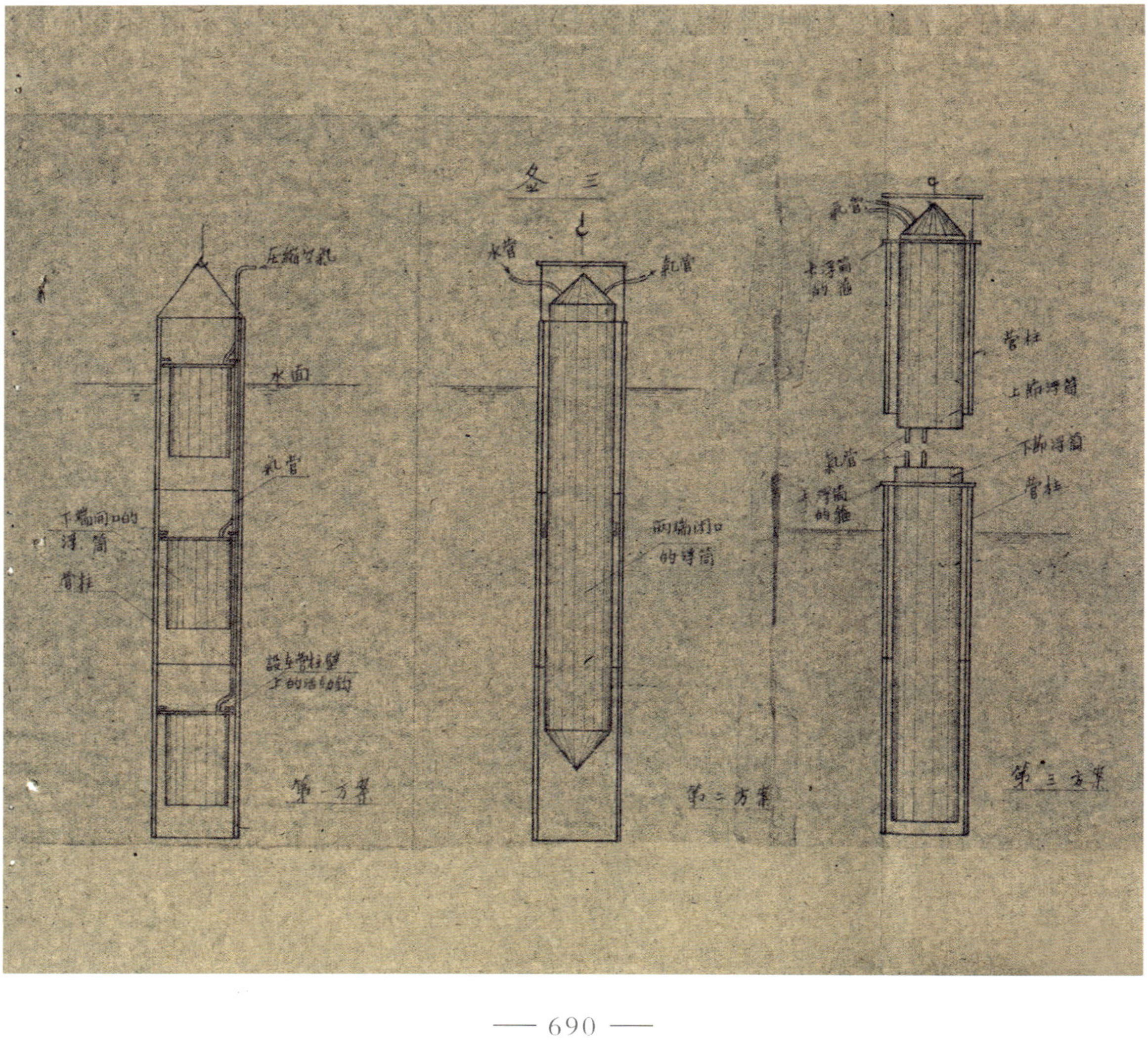

图三
压缩空氣
水面
氣管
下端開口的浮筒
管柱
設在管柱壁上的活動鈎
第一方案
水管
氣管
兩端閉口的浮筒
第二方案
氣管
卡浮筒的箍
管柱
上節浮筒
下節浮筒
氣管
卡浮筒的箍
管柱
第三方案

有关射水系統改善問題的研究：

管柱下沉主要是依靠射水吸泥輔以震动来破坏和減少土壤对管柱的各种阻力，然后依靠自重和震动打桩机的震动力强迫管柱使之沉入土中，因此射水系統的是否合理直接影响到管柱的下沉深度和速度，关於水泵的輸水管路的选擇方面，我們認为除了根据已有資料可以初步計算选定外，認为将来通过試驗墩的实际驗証后，就能得出比較合理和肯定的結果，但是在射水管方面，由于南京桥試驗墩水太深（２０Ｍ），和复盖層太厚（５０Ｍ）的緣故，使射水管的长度就由原来經常使用的３０—４０Ｍ增长到７０—８０Ｍ才夠，这样长的射水管不論在結构强度上和拆装手續上都存在很多問題需要改善，例如：

(1)射水管的直徑，为了起吊輕便一般均採用ϕ７５ｍｍ鋼管，这种細而长的水管过份柔軟在射水沉入土层时，因受水流冲击和土的阻力影响，就很难保証在要求的位置垂直下沉，致使射水对管柱下沉的效用降低。

(2)估計每根管柱至少要１０根射水管（外６內４）这１０根７０多公尺长的射水管不論拆装提放操作都相当繁杂，直接影响工程进度。

根据以上所說問題我們曾經考慮过下列的几种不成熟的改善方法，为了便于研究，把它提出来，作为参考之用。

(1)把射水管全部放管柱內部，其中６根射水管的射水咀在管柱刃脚处伸到管柱外部，以便破坏管壁外摩擦力，这个方法的好处是射水位置不会离开管柱太远，不受水流冲击力，管柱內泥沙吸空，射水管容易跟隨管柱下沉等等，但最大的問題是射水咀必須事先固定在刃脚处，不能隨意取出檢查，若被泥沙堵死即无法处理，另外管柱下沉完毕后射水管不易拆除。

(2)把射水管放在管壁內預留的孔洞里，这个办法可以克服射水管本身柔軟等困难，但因管壁太薄，不易留孔，並且当射水管通过管柱法兰盘时，在結构上也很复杂。

(3)射水管仍然放在管柱外部，但与管柱壁联結在一起（与武汉大桥方法）这个方法的缺点是每下一节管柱就要接一次射水管，操作繁瑣費时，並且当射水管中途提出檢查时，就再无法放回原位，仍不避免所述缺点。

(4)把射水管3根至4根集中在一起或加大射水管，射水咀在下部分开，它的缺点对射水管下沉阻力加大，並且当一个射水咀堵死后不能单独处理。

总之，当射水管增长之70M以上时存在問題是很多的，虽然事情不大，但是影响管柱下沉速度和深度的最重要因素，希望收集各方面的宝貴意見。

射水咀自动閉塞問題的研究

在粉沙細沙层射水时下沉管柱时最常碰到的困难是射水咀在射水停止时，被泥沙堵塞，处理被堵塞的射水咀不但費时，最主要的是限制了射水管的安放方法（不能固定在管柱上）因此希望能就射水咀的結构上安放有能有自动閉塞的装置，即射水时可以利用水的压力冲开射水咀，但当停止射水时射水咀能以自动閉塞防止泥沙堵死水咀，我們目前想出的办法只有在射水管頂利用三通閥，保証在接长管柱时不停止射水，这样虽可初步解决这一問題，但仍然認为不是根本解决，所以仍然希望在射水咀的本身設法安置自动閉塞設备，例如彈簧装置，柴油机的噴油咀类似的装置等等，它的具体要求是：

射水管直徑为$\phi 75^{mm}$—$\phi 100^{mm}$

射水咀噴水口的直徑$\phi 20$

水压为40—50Kg/Cm^2

水量約120m^3/小时

强度至少要能下沉一根管柱完毕后才能更换。

水下震动打桩机

1.問題的提出：

在目前使用的震动打桩机，都是放在管柱頂部，用螺栓与管柱連接起来，一起发生震动，这种方法如果用在南京長江大桥，因水深有７０多公尺，根据計算，下沉直徑３·６公尺管柱通过３０～６０公尺深的复蓋层直到江底岩石上，約需５００吨左右的震动力，管柱要承受这样大的反复載荷，必須大大加强管柱强度，要研究管柱的預应力問題，增加了材料，增加了制造的工艺，而且还不一定能保証能将管柱下到岩层，震动的大部份能量都被管柱本身的弹性变形所吸取。

2.为什么要将震动打桩机放到水下去？正是由于上述的困难，因此想将震动打桩机放入管柱內下部第一节管柱附近，这样做的好处是震动力发生在管柱的下部，管柱除了复蓋层这一部份須受反复应力外，复蓋层上面几十公尺的管柱就不受力，这样就大大減少了管柱的受力，同时管柱下沉的情况要比以前的方法更有利，因为这样震动的能量剛好作用在管柱受阻力最大的地方，更重要的是減少管柱本身弹性变形与法兰盘接合不平正等能量的損失，那就可以以小的力量起大的作用。

3.震动打桩机放到水下必須的条件：

要将震动打桩机放到水下去，必須滿足下面几个条件：

第一、震动打桩机要放在管柱底下第一节管柱与第二节管柱之間，这样做是为了在下沉过程中有空間可排除障碍物。如吸泥等。

第二、震动打桩机与管柱的連結方法，是最主要的問題，要求人不下水去連接，而是在水面上操作，放下时能保証不偏斜，連接牢固，在震动过程中不发生松动，需要取出时亦很方便，万一发生故障提不上时，能夠設法排除。

第三、在考虑連接問題时，同时应注意，射水系統及吸泥机能夠放入还要不影响管柱內鉆孔和安放管柱內的鋼筋骨架。

第四、馬达放入水中，必須考慮馬达的防水防潮問題，还要能便于檢查，因为現在打桩机使用的馬达，如炭刷部份容易燒坏，放入水中就不容易发現。

4.水下震动时可能发生的問題：震动打桩机在水下震动时必須具有一定的振幅，但在打桩机上面有70公尺高的水柱，这是一个很大的压力，这样会影响打桩机的振幅，消耗大量的能量，使管柱不能下沉。

对于这个問題亦有另一种看法，可能有好处，震动力向上的时候，水柱的重量能抵消上拔力，震动力向下的时候，水柱有向下的加速度，能增加压力，帮助管柱下沉。

究竟是好处还是坏处，需要試驗才能解決。

5.目前对水下震动打桩机提出的几个方案共有六种

現介紹如下：

第一、打桩机做一个密閉外壳，下部是一錐形底面的底座，可以放在具有二个斜面的特殊鋼圈上，这鋼圈放在第一节与第二节管柱之間，打桩机的底座就擱在上斜面上，打桩机底座下部有一个水平方向多活塞的液压缸，由高压水泵来的高水压推动活塞，使活塞前面的斜面，压在鋼圈的下斜面上，这样打桩机与管柱就牢固結合了，当取出打桩机时，放出高压水彈簧就将活塞彈回，即可以取出了。

第二、打桩机下部亦是錐面底座，放在一节特殊鋼圈的斜面上，打桩机外面有一个很坚实的外壳，頂部亦有一液压缸，几个具有斜面的活塞推出时，就抬高上面的圓圈，此圈上有許多銷子，銷子的頂面卡在上面一节特殊鋼圈的斜面上，这样結合就牢固了，提出时，放出液压，活塞被彈簧退回，銷子脫离斜面，即可被取出。

第三、这方案結构与第一种完全一样，所不同的，打桩机放在底座的下面，其好处就是当液压部份发生故障时容易排除。

第四、打桩机擱在管柱上突出的一部份上，这部份上面有一鈎子，利用彈簧的作用，能把打桩机底座的上部扣住，在鈎子外面再揷一道圈，防止松出，当取出打桩机时先取出外圈，再放一內徑較小的圈松开鈎子卽可提出。

第五、打桩机擱在管柱上突出的一部份上，在打桩机与管壁之間乕入一斜楔来固定，斜楔是由螺旋或鋼絲繩滑輪等操縱。

第六、打桩机底座的斜面擱在管柱的斜面上，这样震动时可以越巳越紧，但取出时須用油压机或鋼絲繩滑輪提出。

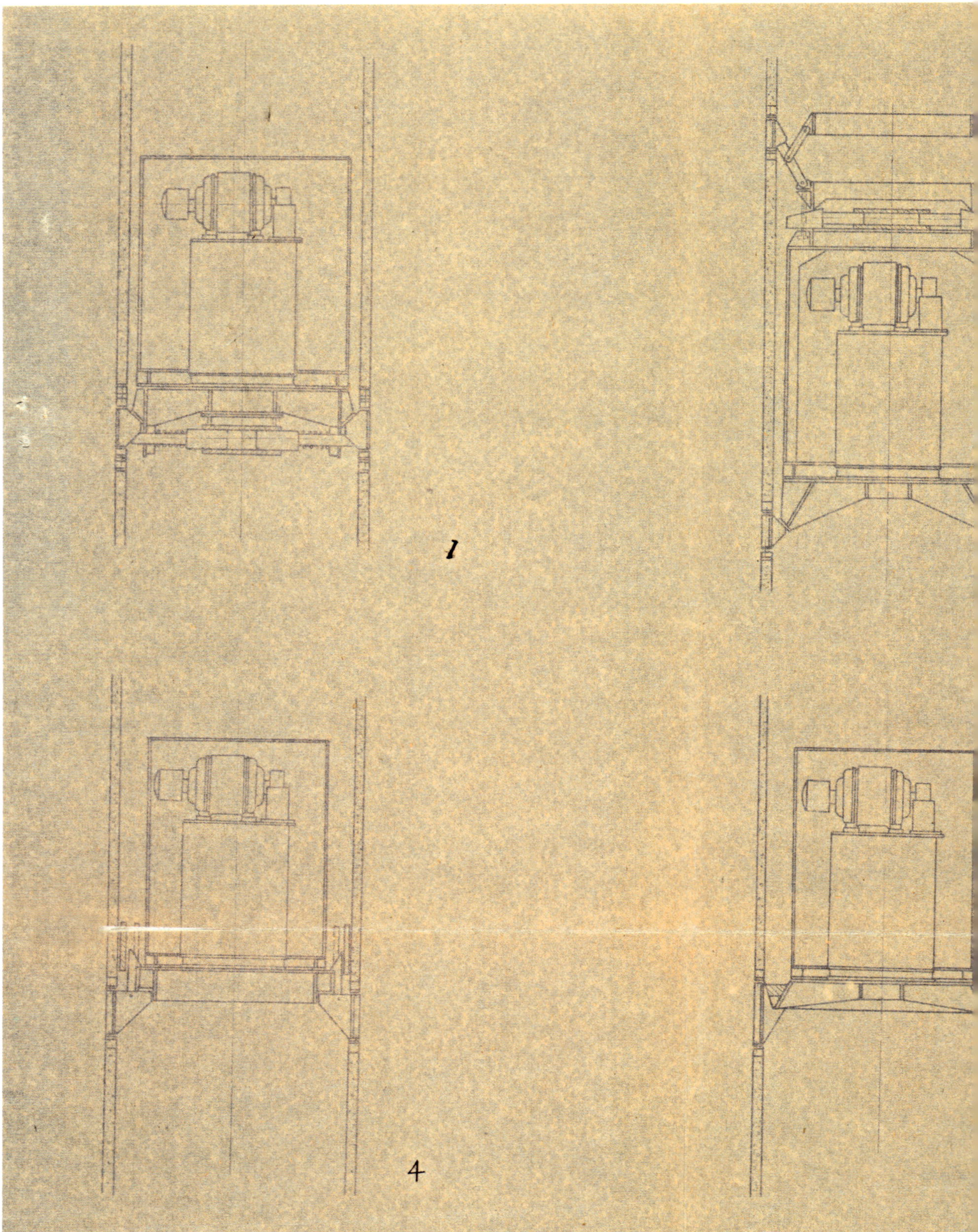
1
4

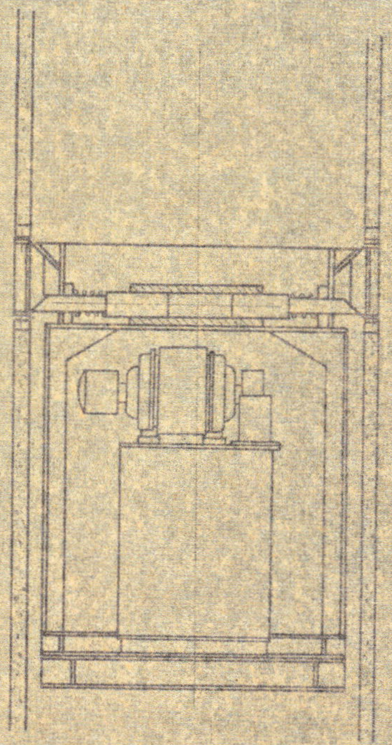

3

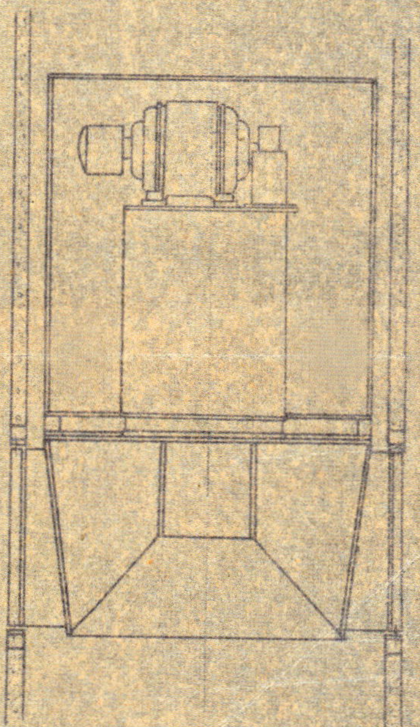

6

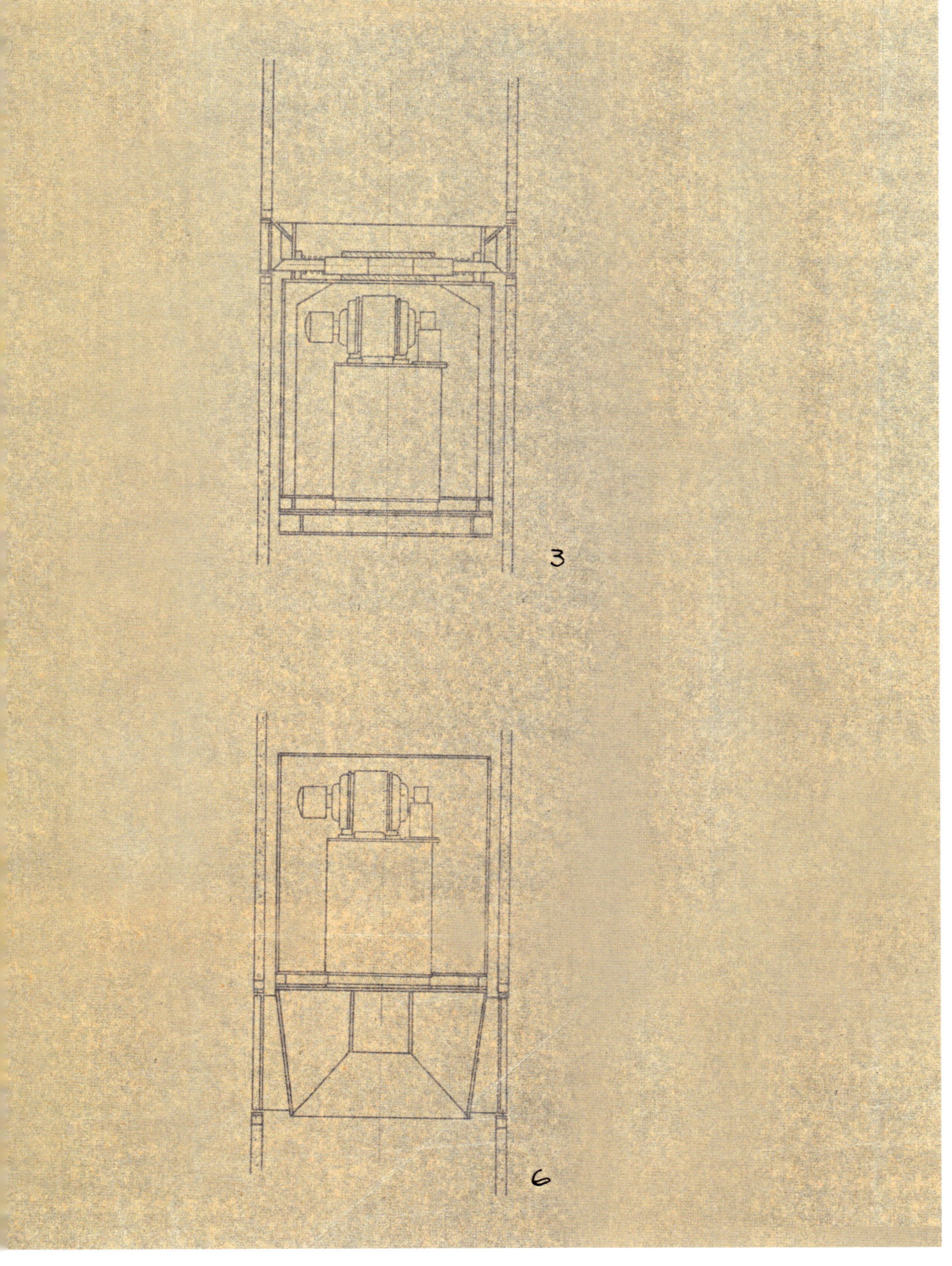

長江大桥引線高填土科学研究工作第三次协作会議协議書

按照在武漢召开的長江大桥引線高填土科学研究工作第二次协作会議的商定，二月廿日至二十三日在南京召开了第三次会議。参加会議的一共有十一个單位，除原协議八个單位外，南京鉄路局、合肥鉄路局及南京城建局参加了这次会議。会議是在大桥局及南京建桥委員会指導下進行的。

会議听了关于南京、蕪湖兩地引線的地質勘探工作、試驗工作的报告，初步分析了試驗成　果，進一步研究了修建高填土的可能性，研究并确定了南京高填土試驗段的計划，也研究了蕪湖試驗段的作法及准备工作，对今后工作進行了安排及分工。

一、从鑽探試驗結果分析并参考其他地方軟基建築情况，大家認为南京地区浦口岸高填土采用一定的排水措施築至15公尺高（到椿号6+800）还是可以的。与引桥作比較如果有利，高填土还可以再多做一些。南京岸象山附近孙家洼地区土的力学性質較坏，填土又較高（设計填高1·8公尺）故建議加長引桥，兩端可做部分填土。象山另端由象山到紫霞路線（由椿号127+50到象山边）表層軟土很薄，其下为粉砂及較好的下蜀系土層，虽填土較高，估計可做高填土。

蕪湖地区裕溪口岸土質較坏，但如应用砂墊層并打部分排水边井，估計可能填築至12公尺，如采用排水砂井，再　高的填土也是可以築起的。

二、确切的决定高填土修築高度及填築方法，一方面要根据計算，另方面也需要在当地做高填土的試驗段，以驗証計算，指導施工。会議研究確定在南京浦口岸滁河与永和圩路基線之間（由椿号66+00到69+00）做試驗段填土高15公尺，長300公尺（試驗段另有計划）。这个試驗段可以指導它的前后兩端高填土的設計及施工。

蕪湖裕溪口岸做試驗段填土高12公尺，長200公尺，建議应用砂墊層及袋砂井。这个試驗段既可指導較低部分，也可使填築高过12

—1—

公尺部分的参考。

三、盛、蔡两地勘测队已基本完成了第一次会上确定的勘探任务，室内试验工作也基本完成，但尚待对结果的整理及分析。由于情况的变化，个别试验不够精确及试验段的需要，尚有相当数量的勘探、试验任务有待完成。这方面的任务及分工说明如下：

1.前一阶段所取土样的试验结果急待整理。请勘测队催促南水所、南工、同济等负责试验单位于最近（提出试验成果报告）集总后分发各协作单位。

2.南京浦口岸粉细砂层的分布有待进一步的了解。为此需在高填土部分原钻孔之间各补钻孔一个，以便进一步了解砂层分布；粉细砂的物理力学性质及透水性质也需试验。室外的标准贯入试验，本项工作希于上项工作完成后即能进行。

试验段的钻探、试验工作已有试验段计划。为设计工作的开展，南京试验段应先期进行5个孔的钻探、试验（必要时需补钻孔）并在现场做十字板剪力、标准贯入等试验，希望能在五月上旬提出结果。这五个孔的布置是顺线路三个孔纵向间隔为100公尺，垂直方向间隔为20公尺。中孔深达软土层，其它不浅于20公尺左右的孔深。

3.勘探工作由大桥局南京勘测队负责，野外试验也由勘测队负责，技术及特殊工具由南水所协助，必要时邀请有关部门协助。上述室内试验工作由南水所负责。

四、试验段也是高填土路基的一部分，应需进行正规的设计计算。土的物理力学性质指标值由南水所根据试验段5孔资料并参考附近其他资料分析确定，这一工作希能于五月下旬做出。

具体设计工作由第四设计院负责，建议于五月下旬或六月上旬组织设计人员到南京现场作设计。设计中所用的不同时期基底孔隙水压力值由津大派人与四院共同进行，计算应采用分期施工，有砂垫层；无砂垫层及有排水砂井等情况，均按二元问题计算。

—2—

計算方法与試驗樣由鉄研所四院及南大共同研定・浦口岸高填土高于15公尺部分估計有可能多作約一公里・但需与引桥作經济比較由四院進行。

五、試驗段爭取在七月一日开工・为此开工前必須作好机具及观測仪器的准备工作・包括：

1. 电流式孔隙水压力仪25套及附屬設备。

电阻式孔隙水压力仪18套。

由鉄研院負責制作・南京路局于3月中提供原料・不迟于五月底制作完成。

2. 深層、表層沉降观測及水平位移观測設备・由鉄研院提供圖紙・南京路局制作・不迟于五月底完成。

3. 施工前南京路局应配备电阻应变仪一具水平仪・經緯仪各一架・人力鑽机一套・以备試驗使用。并好能有十字板剪力仪・試驗取土土樣使用。若路局有困难时・可商請南京水利科学研究所协助借用。

4. 施工前路局应准备好全部施工用机具包括运土机具輾压工具・打砂樁机具。

六、蕪湖方面因线路尚未确定・試驗段工作具体开展有一定条件限制・但应积极進行准备工作・包括：

1. 进一步核准可能作試驗段的土質情况・勘測隊完成第二项勘定任务外尚需在目前引線运粮河北岸沿运粮河作一定数量鑽孔・孔距为200公尺孔数根据实际情况决定。

2. 收集输送引線坍方段的具体資料（包括断面形狀・填筑速度・填筑方法等）并鑽孔1至2个取原狀土進行物理力学性質試驗。

在填好的堤部分（沒發生坍方部分）选一与引線基底相似地段鑽孔1至2个取原狀土進行物理力学性質試驗。

3. 待引線線路确定后・应馬上進行試驗段勘探（要求可参照南京試驗段）不迟于兩个月作完鑽探及化驗工作。

—3—

4. 四院整理芜湖地基的现有资料，必要时作补充試驗，待地基数据提供后，不迟于1个月内完成設計工作。

5. 合肥路局应积极进行施工准备工作，創造条件設計批准后不迟于2个月正式开工。准备工作包括：

(1)向鉄道部提出初步計划和請拨款。

(2)从现在起即应指定專人負責試驗段及引線施工的准备工作，最好能派人参加南京試驗段的工作，以便取得經驗。

(3)开工前应作好覆核設計各墩基处理設备、安土、分项設备等机具的准备工作，具体参照南京試驗段計划。

七、排水井砂及代用料，由建筑科学研究院继续研究在下次协作会議上提出报告，确定代用料的可能性及具体使用范围，争取在南京試驗段或芜湖試驗段使用。

八、第四次协作会議暂定于五月下旬或六月上旬在南京召开。会議上由各单位提出各项任务的完成情况的报告，研究設計方法及試驗段施工步骤及其他有关工作。

协議者：

大桥局协作办公室	汪炳溪。
大桥局南京勘測队	黄紹國。
大桥局芜湖勘測队	李青山。
第四設計院	張緒毅。
南京鉄路局	于大緯 李服年。
合肥鉄路局	李金銘。
南京城建局	李大锡。
天津大学	郭原 陈环。
铁道 ~~南京水利~~科学研究院	盧肇鈞 歐陽荘方。
建筑科学研究院	張秋民。 郭思?，吴日璧.

南京水利科学研究所 1959年2月23日于南京

—4—

附件

試驗段的观测与施工

一、观测設备的制造、校准和埋設工作

1. 需要的設备名称和数量。

(1)孔隙水压仪38个，其中 电流式25个
电阻式13个

(3个断面，間距50m
每断面10个)

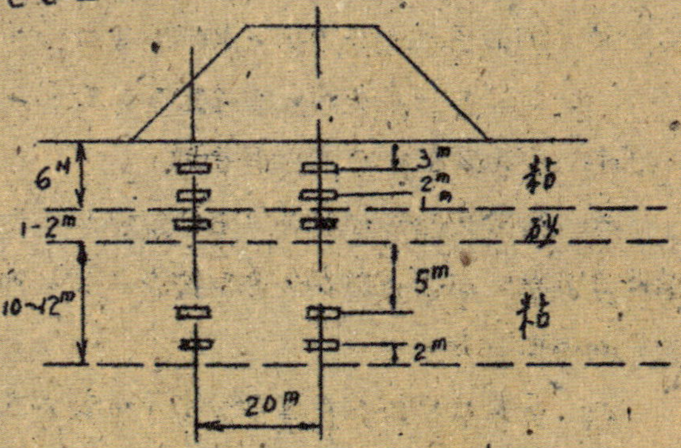

(2)沉降观测設备
深層沉降标9个地面鋼沉降标3个地面竹沉降标12个
三角架标尺1个(立在远处)
(3个断面，間距50m每断面包括3个深層沉降标，1个地面鋼沉降标，4个竹地面沉降标)。

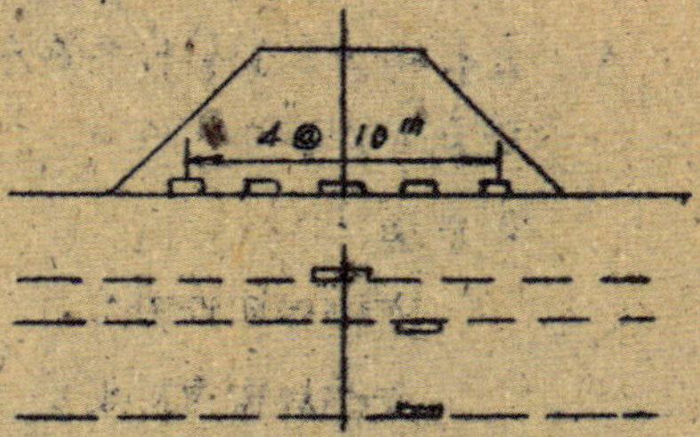

(3)边桩：

每边三行，(距坡脚2m、8m、12m)每行11个，間距30m，远处作12个固定标桩(每行2个)

(4)其他：水平仪1架
經緯仪1架
电阻应变仪1套
十字板剪力仪，薄壁取土器，手摇绞机1套
压力表、电流表……等

2 制造校准和埋設工作的分工和進度

(1)鉄研院負責联系制造孔隙水压仪，材料由南京鉄路局在三月中旬提供，爭取在五月底完成制造和校准工作。

(2)沉降观测設备由南京局在当地制造，由鉄研院在三月底供給圖紙

(3)边桩由南京局于开工前設置。

—1—

(4)孔隙水压力仪和沉降观测設备均须于开工前完成，埋設工作，由南京局負責埋設，并由鉄研院派人协同解决埋設中的技术問題。

(5)其他設备项目中所列各种仪器，由南京局于开工前購買，十字板剪力仪和薄壁取土器圖紙，由鉄研院供給。

(二)施工过程的大致要求：

（施工方案決定前，首先要摸清砂層和第二層粘土情况，如砂層透水性好可考慮用砂墊層并加密布置的砂井）。

(1)在施工前应做好砂井、砂垫層的設置和观測設备的埋設工作。

(2)砂井的設置，须保证砂料在井中填满无間断。

(3)观測設备的埋設須按照特殊的技术指示進行（將另有文件由鉄研院提出）。

(4)填土未超过5公尺时，可尽快填築，同时应经常观測記錄孔隙水压力、沉降标和边椿的变化。

(5)填土超过5公尺后，应控制施工速度，若观測記錄中边椿位移和沉降超过允許数值时，应暂停施工，俟变形稳定后再續填。

(6)施工控制和观測工作須由施工单位指定專人負責，由鉄研院于施工前提出詳細的施工控制和观測工作細則，并派人到现場协同施工单位指导观測控制工作。

(7)在施工过程中，应选定几个断面，分层对软粘土進行鑽探取样和十字板剪力試驗，并進行室內試驗工作以了解其强度的变化。

—2—

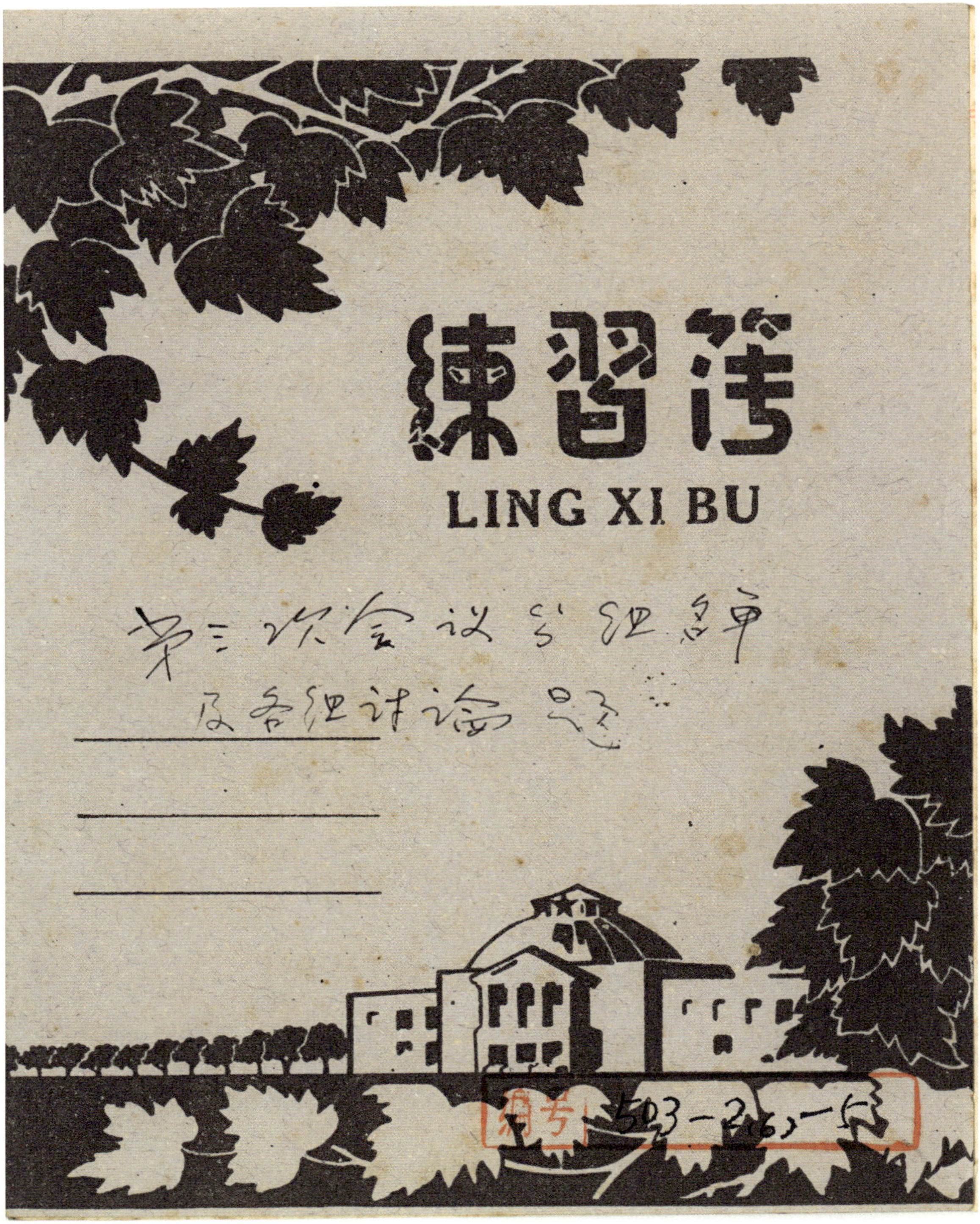
練習簿
LING XI BU
第三次会议分组名单
及各组讨论问题
卷号 503-2(6)-5

重大问

① 意见不一致或一致但是你要向大家介绍好

② ~~廿日~~ 5-20 左右定 ~~稿报告~~ 收

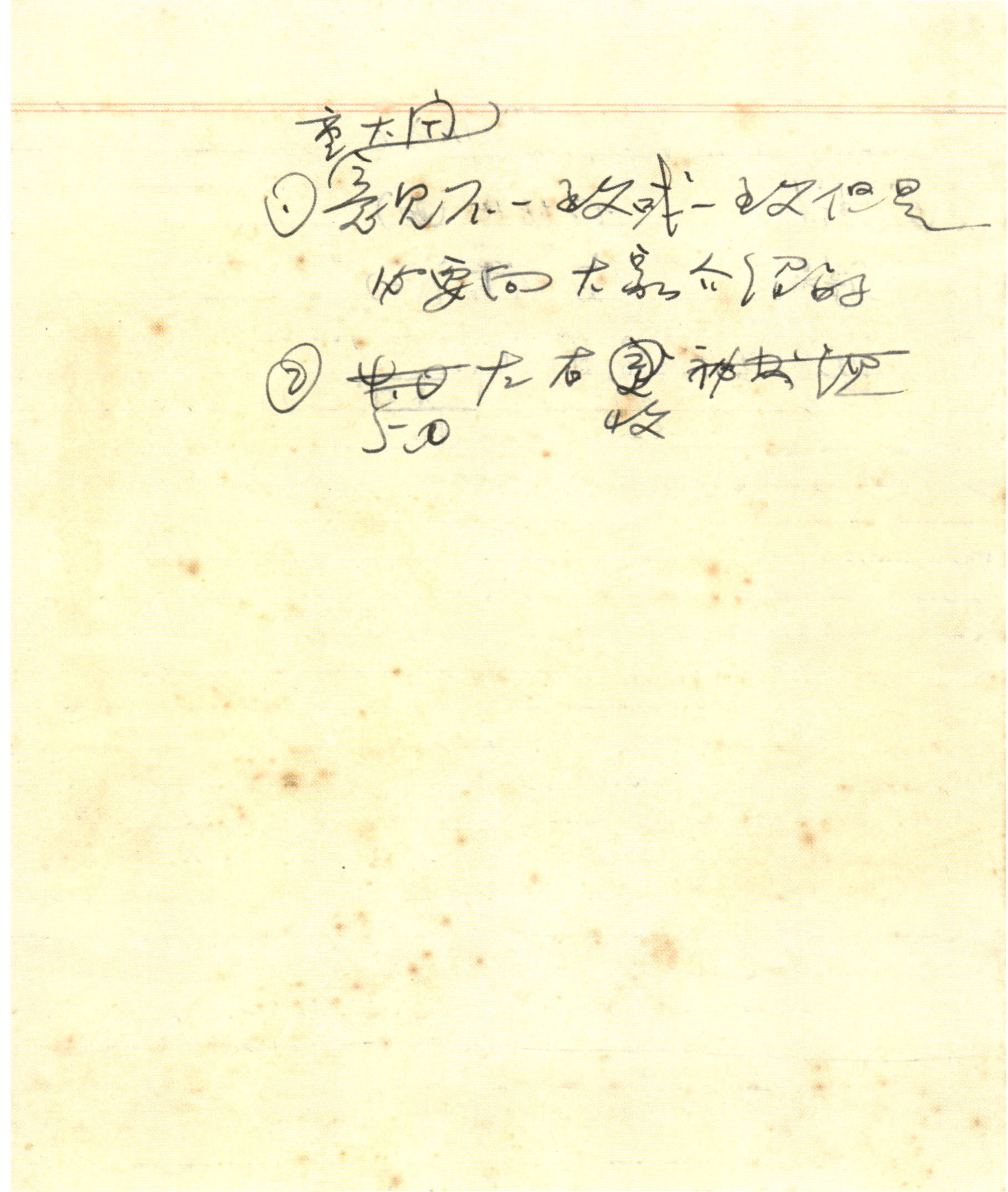

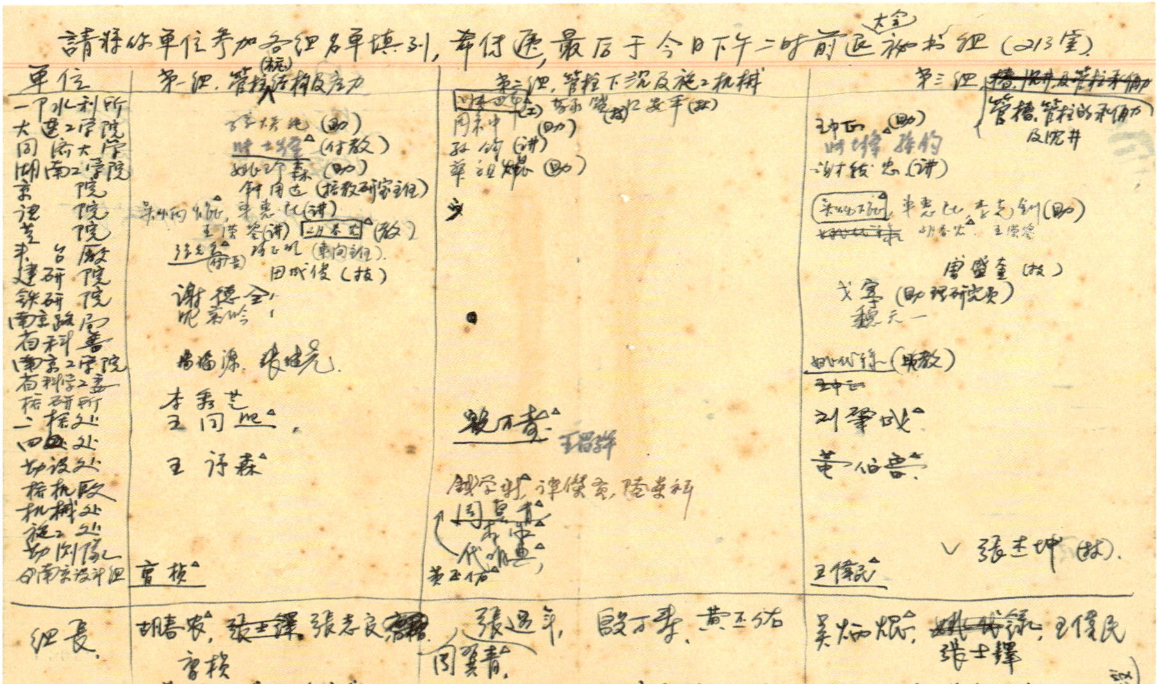
請将你單位参加各组名單填列，希付还，最后于今日下午二时前送大会秘书组（213室）
單位
第一组，管桩结构及应力
第二组，管桩下沉及施工机械
第三组，管桩、管柱的承力及沉井
组長

第一组　管柱管桩结构及其应力问题：

甲．钢管柱设计及制造

1．φ55管柱模型试验

2．钢筋数量及分布

3．防止法兰盘松动

4．管柱新接头形式的研究

5．〃〃联接后收直问题

乙．预应力钢管柱

1．5#钢屈服点，钢筋布置．

2．预应力管柱和一般预应力构件比较

丙．管柱应力

1．振动荷重作用时管柱应力

2．土压力下管壁应力

丁．管柱振动时的振幅研究

戊．预应力管桩

1．测量应力

2．观察耐振情况

3．提出设计．

第一組　　組長　　胡春农

付組長　　張志良，曹桢

参加人员：孫煥純，張士鐸，姚玲森

鍾用达，吴炳焜，卑惠民，王学堃

路正明，田成俊，谢德全，沈慕吟，

楊福民，張继尧，李秀芸，王同熙，

王訡森，李本安。

记録：李嘉威，張勤慎，郭文辉，孜華

第二组　管柱下沉及施工机械

问题：甲、管柱下沉：

1. 射水系统及吸土系统结构的改进
2. " " 影响范围及加压作用
3. φ3.6管柱下沉极限
4. 各种参变数对钻管柱下沉的影响
5. 提出下沉钻管柱时各方面合理配合办法，并验证
6. 各种参变化数对钢管柱下沉的影响。

乙、施工机械：

1. 振动打桩机水下装置
2. 巨型振动打桩机
3. 射水咀自动封闭设备
4. 起重浮筒
5. 管柱接头自动或半自动电焊
6. 深水下割切管柱办法。

丙、钻岩及其机械：

1. 改进YKC-31，以适合2.6公尺钻头
2. 3.2M旋转及冲击钻机
3. 冲击钻头的改进
4. 钻岩时如何防止坍方。
5. 液压（压石）式冲击钻　导管法

导管法　丁、水下砼及灌浆：（70公尺水深）~~用垂直导管提升法~~

1. 导管上设水下振动器的设计及试用，
2. " " 接头的改善，
3. 水下砼离析问题的研究
4. " " " 面标高的测量
7. 5. 水下砼与管壁结合质量的检查，
8. 6. 砼强度与均匀性
5. 7. 压石灌浆设备
6. 8. " " " 施工方法。

第二组　　组　長　　周翼青

　　　　　付组長　　張遐年，殷丁寿，黄玉怡，

参加人员：高承盛，国安平，周秉中，孙钧，华祖焜

王昌骅，钱学新，谭傑贤，陈荣祥，李泆，

代明典，

记录：秉傑，陈荣祥，陈新

第三组　管柱、管桩承载力及沉井

问题：甲　管柱承载力：（0.8～1.0的钢管柱）

①单根，在土壤内：1. 侧面摩擦力

2. 尖端阻力

3. 尖端与侧面共同作用

②单根，水平荷载下的位移

③管柱底旋转扩大的研究，

乙、单根管桩承载力：

1. 由静载试验求承载力

2. 由沉落度，桩材强度求承载力。

（1.2两项在浦宁两岸各试若干根桩）

3. 在施工中收集管桩下沉各项参数资料及长期观察沉落度

4. 对爆扩，压浆和加深桩长三种提高承载力办法进行比较。

丙、沉井：

1. 研究下沉50公尺沉井办法，怎样保证不歪。

2. 〃 〃 〃 的摩擦系数。

3. 钢沉井的研究。

第三班　班長　吴炳焜
　　　　付班長　張士鐸，王伟民

参加人员：王中石，孫鈞，谢绶忠
　　　　車惠民，李克钊，胡春农
　　　　王荣墉，曹盛奎，弋宇，
　　　　魏天一，姚代禄，刘肇成，
　　　　黄伯富，張述坤。

记录：胡壮卿，丁方，金文楞，[illegible]

尚未打印!

本人已看 5-7

第一组發言記錄

1959-5-7 下午

共11份

25×20=500

横直两用小稿纸
20—468

曹桢发言　5-7

一、管柱在震动时承受750T的来源

根据桥梁研究所供给并参阅吴炳焜教授的"管柱震动下沉时的应力"一文，该文章是纯数学理论推求最大应力数字，按震动波从上而下从下而上反复计算，结果最大应力不一定在上面也不一定在下面，发现最大拉应力为50～60 kg/cm²，而在φ3.6M管柱中面积为1.5M²，按此推算有800～900T的作用力。刚才冉同志说采用60 kg/cm²，我想是符合吴教授所建议的数字。我们设计管柱考虑作用力为750T，若以面积1.5M²计，则拉应力为50 kg/cm²，若除去预加压应力，则在15 kg/cm²左右，故能保证有1.3的抗裂安全系数。

二、法兰盘是否再能设计得坚固些

因为法兰盘钢厚已为24公厘，螺栓用80-φ27，若要加强，则钢厚可能变为30公厘，而螺栓数目已不能增加多少，且材料供应有困难，故要加强法兰盘实有困难，考虑结果仍按桥梁研究所供给的750T设计。

25×20=500

横直两用小稿紙
20—468

1959年5月7日下午大桥局二桥处王同熙同志發言

1. 管柱的目的有二：(1)作钻岩时作为钻头的导向设备(2)管柱内填充砼时作为模板。设计管柱要能满足上二项目的，亦即要能承担管柱在下沉时的震动力及侧向土压力。

考虑上述受力情况主筋改为双排可能更合适，螺旋筋亦应重新安排。

2. 管柱产生裂纹不完全是由于由下沉时的上拔力产生，过去裂纹多发生在法兰盘附近，一是因为该处砼的质量最坏，应加以改进，二是因为上拔力直接由法兰盘传至钢筋，再由钢筋在法兰盘附近传给砼上的缘故。

3. 管柱预应力张拉拟采用先张法，但现在的台架不易保证质量。

建议先做一水平台架，将螺旋筋~~先在水平~~主筋与法兰盘先焊成一整体的骨架，再吊起放入张拉台张拉，水平台架二端应有鼓面即将法兰盘固定在上面，使其平直。

钢筋应先予拉一次产生一初应力，使其平直，避免在张拉时由于长短不一致产生应力不均的现象。

模板应强一些，避免在浇砼时变形。

砼与上法兰盘间应如何密贴是问题，应研究用灌浆压力灌注砼等方法加以改进。

25×20=500　　横直两用小稿紙 20—468

4.送桩用鋼筒管柱較相宜。

5.各号级应提高到300至350级。

6.予应力数值应增加，使各所有的予压应力达到40公斤/公分²左右。

25×20=500

横直两用小稿紙
20—468

大桥局设计处　王序森工程师谈方　5.7. 下午

1. 张拉应力不要达到σ_T的0.9倍，太高，已经很接近流限了。

2. 起吊钢筋时用个架子，将钢筋夹住，防止钢筋弯曲。

25×20=500　横直两用小稿纸 20—468

王序森发言　　5-7

一、管柱下沉。

同意首先解决管柱通过很深的覆盖层，及能否钻这么大的孔和灌注70M深的水下混凝土问题是否可能。因此第一根管柱应以最快速度下沉到底，宜把第一根管柱结构加强，使其在下沉过程中不为强度本身所控制，便利迅速下沉。

二、5号钢屈服点。

同意转数按意见化学成分要作出规定。

系数用0.9认为太高，其与张拉法有联系，每根钢丝受力是不平均的，宜降低系数，否则恐有些会超过屈服点。

三、预应力损失。

预应力损失用800 kg/cm²是太大了，因为管柱预应力只在震动下沉时需要，时间不长，徐变可不考虑。

四、预应力台架。

在焊钢丝时应先焊上面，再焊下面，上面与下面架子不容易平，宜有联接，以防止焊时的走动。

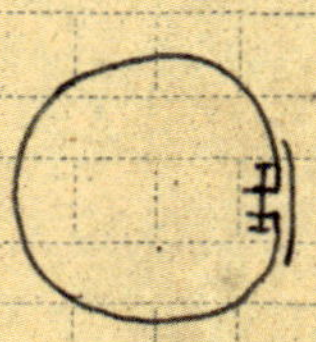

千斤顶应有保险支承。

内模板最好每节焊连成一体，如图所示。

法兰盘连接困难，可採用电焊法兰盘，这样螺栓强度不够的问题可以解决。

25×20=500　　横直两用小稿纸 20—468

王濮鋆发言　　5-7

一、下沉管柱所需的震动力：

目前下沉70m长的管柱重量有300T要强迫振动下沉，则震动力要足以使这300T重的管柱上下震动，加上使管柱周围的巨大土体也产生强迫振动以破坏土壤使其顺利下沉。这需要的震动力要比300T大很多倍。因此用750T震动力能否使其下沉到50m，这样的设计是有些问题的。若震动力大于750T，则管柱设计须提高。

二、管柱钢筋：

预应力管柱钢筋对抗裂性来说最好用直径小数量多比较合适，最好用钢缘，如采用钢丝最好用连续配筋，并分二层。

钢筋在安装时本身已经弯曲，则在张拉时其应力就差了。建议一端焊好，另一端先用外力拉直后再焊，或用螺栓架之，调整一定初应力后再焊好，螺栓可以先加工好再对焊在钢筋上。

三、顶盘平直问题：

在用四个千斤顶起顶时，稍有倾斜则下面之导向设备就不起作用，故建议导向设备加强，如图。台座中间加高，导向设备如千斤顶的活塞的型式相似。

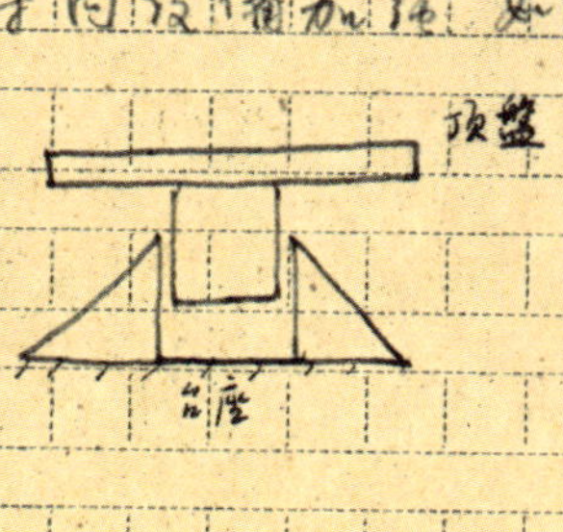

25×20=500

横直两用小稿纸
20—468

1959年5月7日下午大桥局設計处李家咸同志發言

鋼筋在張拉之前是否要予拉在設計时曾加攷慮，但当时根据下列二点意见，認为可以不要予拉：

(1) 如鋼筋不挺直按圆曲線弯曲如图所示，当8公尺长鋼筋由於弯曲縮短量大为1公厘时，f为5.5公分，5.5公分的凸出是很大容易發現校正，而1公厘的伸縮量影响鋼筋应力只为270公斤/公分²，因此由於鋼筋不挺直对应力不均匀的影响不太大。

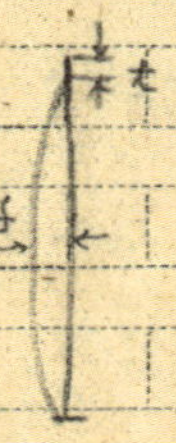

(2) 过去制造電桿时鋼筋的弯曲並不利害。

如需要予拉建議用下列方法：

用卡夾將鋼筋卡緊，卡夾是二片组合起来的，依靠拧緊卡夾上的二个垂直螺栓給鋼筋以予拉应力。

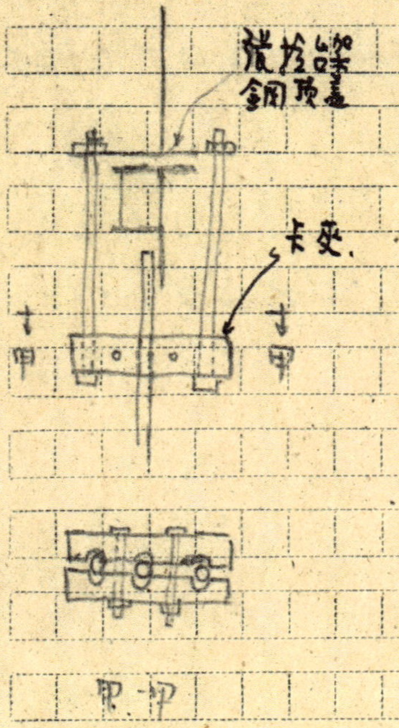

甲-甲

張士鐸发言

5-7

一、管柱应力：

我认为应力单纯用数学推求是不可靠的，一定要通过试验找出土压等影响。目前世界上各国大都采用50～60 kg/cm²，有达80 kg/cm²不等。我个人意见采用40 kg/cm²之预加压应力较为安全。

二、管壁厚度：

管壁厚度苏联采用[在压力加管内采用]1/10倍直径，英美采用1/12～1/15倍直径，我们[在管柱内]用14 cm可能薄些，建议用1/15倍直径。

三、5号钢屈服点：

建议 $\sigma_K = 3000$ kg/cm²，[控制应力 σ_K 用]系数用0.85。行

四、管柱钢筋张拉：

建议用后张电热法进行，这对于应力损失较为少些。也许会震动，比先张法差。

五、预应力损失：

目前管柱内预应力损失考虑得较大，建议用600 kg/cm²。

因为管柱在水下，徐变收缩已经停止。

25×20=500　　横直两用小稿纸 20—468

同济大學 張士鐸 教授 發言　　　　59.5.7. 下午

1. 用5#鋼筋和250#砼做予应力，是違犯予应力原则的，这样做经济上是否合算。予应力结构应该用高强度鋼丝，高标号砼，用0号很高的。用软鋼做予应力是值得研究的，经济性不太好，鋼筋損失很多。用高强度材料的予应力，可以减少其增大抗拉水平力，抗拉振动力，管壁还可减薄，（易于震动。）

2. 用什么方法制造管柱

采用电热法是好的，许多细节问题还須改进，如现在的张~~设备的方~~法，快的话须改进，砼质量是个问题，很难保证好。

3. 用电阻丝应片测量应力问题：不要把它看得太简（单）了，其中最主要的一个问题是湿度对电阻本身的影响，几次失败教训告诉我们，在水下测量浸动荷载是没有把握的，虽然电阻片贴了很多，也不能準确测出。上海建筑局（工程）（金属）試驗中贴了九百（多）个片，在大气中進行試驗还须得到準确结果。

是否可以采用一种杠杆式的简便仪器测其应力。电阻片保证绝对绝缘很难，在水下湿度变化很大，难得出準确结果。除非作些可以依靠的实验之后再断定比较有效。（主要在绝缘电阻不能改变）

4. 予应力張拉时是否可把上拱盘先转动一个角度再

25×20=500　　　　横直两用小稿紙 20—468

灌砼后．当砼到达某一定强度时松掉，转动时钢丝伸长放松后即产生预应力、不需要千斤顶了，产生的预应力也很大。

5，为使钢筋初拉力均匀些：管柱本身受力就是不均匀的，不要过分强度［求］初拉均匀一样了，有些偏差影响也不大，到相差不多准确就行了。

25×20=500

横直两用小稿紙
20—468

关于对管柱震动下沉时的应力测量资料问： 5-7

现在正进行震动下沉时对管柱钢筋应力进行测量，这种应力的测量是很必要的，除这以外我认为尚需测定一项对管柱应力分布的了解及将来计算管柱下沉震动能力有较大关系的资料，就是测定管柱位移的周期及位移速度。这样可以决定震动应力的变化区域。这是比较重要的，因为管柱受强迫震动时各点受力情况不一样，它的交变区域可能比整个管柱短，这样在整个管柱中表现摩擦力在同一时期内有上有下（互相对消）。这样要克服整个摩擦力下沉需要的力就要小。这可能是震动沉桩能克服巨大摩擦力的原因之一。这一资料对震动打桩机能力选择管柱内各点应力了解都是直接关连的。这资料这样测量尚没有效果好。

对于模型试验我建议是否可以先从人工给定外界条件来进行试验，求模拟出一些规律，为以后大型试验的资料进行分析打基础。

1）作小型模型震动打桩机及震动台（钢刚性基础）。

2）在固定台上设立多弹簧（各种不同刚度系数）。

3）测量能有稳定承载时管柱各点应力及应变交变区间长度。

3）在有模拟试验后，在震动台间设有管柱摩擦

25×20=500　　横直两用小稿纸 20—468

3).作侧面摩擦力对管柱的应力的影响：

即在震动沉入过程外套筒内放入土壤，内部安设有土压力盒，因为可以对土壤加以压力，这样土压力为已知时的各种应力及位移变长度。

4) 在端部及侧面共同作用时组合的管柱内各点应力及管柱各点位移及变长度。

5) 在测量应力时：a)由于疲劳作用，钢管柱塑性变形产生，电阻片反应的应变值不能代表真正管柱应力。建议对此进行试验，疲劳荷载次数对应变的校正。

6) 为了对管柱的应力进行计算，需求其应力集中。应力集中在管柱法兰盘处是存在的，从上至下力的传递要通过法兰盘处就会出现应力集中现象，故考虑它对承载力的影响是必要的，建议1)在模型柱上测应力时测定它。2)作模型光弹性试验来了解这种应力集中的真实情况。

7).管柱在下沉时出现纵向裂纹很多，这样对横向应力的探讨是很必要的，这次测定时听说没有测量这一项目，建议是否测量一下。

谢德全

25×20=500　　横直两用小稿纸 20—468

湖南工学院 姚玲森 代表发言 5.7.下午

1. 怎样使焊接的钢筋没有初拉力差，并且使上下法兰盘平行，除了用一端电焊一端用螺旋外可解决；如两端都用电焊接，则应在电焊钢筋时，交叉地均衡地进行焊接，这样可以使拉力差减小。

2. 对于预应力钢管桩，可以先对混凝土施预压力，这样可以提高混凝土的承压力，并减少混凝土收缩作用，提高管柱混凝土质量。

3. 张拉台架的纵向中心支架太小，加上很难保证顶盖不偏，是否可将张拉台做大些，并使张拉台和顶盖有一种直接的导向联接。

4. 混凝土凝结的时候，还应考虑内模板，当钢筋受拉后要伸长，内模板也就缩短了。是否内模板采用可以局部滑动的钢模板（如图），使张拉钢筋时内模板也全部被拉起，在预加压时，内模板也可以自由缩短，使内模板和法兰盘紧密，没有缝隙。

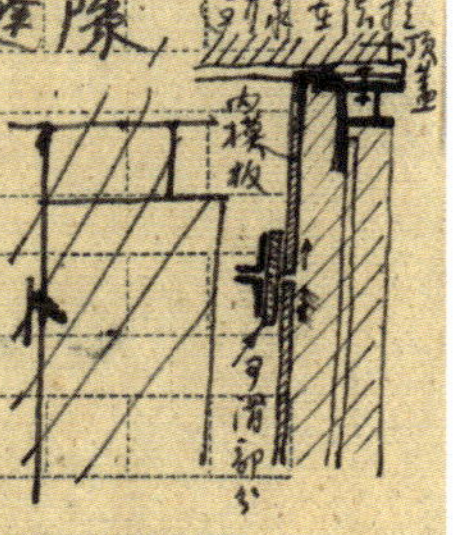

5. 做钢筋骨架，比一根一根的钢筋在张拉台架上焊接要好得多（不但可以提高配筋质量并且），这样可以工业化。建议可以试做一下，由于电焊钢筋变形很大，影响预应力。

25×20=500　　横直两用小稿纸 20—468

钱用达发言

5号钢屈服点，不知最低屈服点为多少，现採用之数字为最低的或什么比例，合理选择的屈服应力不是最小，是百分率多少的最低值应由试验用统计方法确定。

对钢筋伸长率应该考虑对其物理化学成分和金相组织的确定也应作规定。

张拉台架建议作成装配式。

25×20=500

横直两用小稿纸
20—468

1959-5-7 南京市刘樹勋同志發言 土建座谈会

1. 合收缩一般是考虑初凝后的收缩，如将初凝前的收缩较大，如不用压力或其他方法使合浇满，就在千斤顶时，由这种影响，由于收缩所产生的应力损失恐将增大。

2. 管柱很大时，在震动时将产生如图所示的变形。

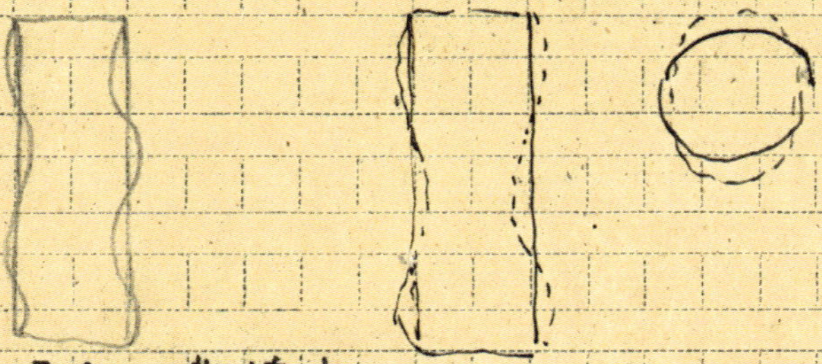

3. 予应力数值太小。

4. 台架柱横向稳定小，有扭的可能。

由导向卡太單薄。

25×20=500

横直两用小稿紙
20—468

1959年5月7日下午大桥局科研究李秀芝同志发言

1. 管桩预应力設計时上拔力按750吨計算。这項上拔力是按2台BN-250型震动打桩机共同作用，每台上拔力按250吨計，再加50%衝击力求算得的。

管桩受力有二个来源：(i)运送、起吊、承受荷載时產生的应力；(ii)震动下沉时產生的应力。震动下沉时產生的应力极为複杂，一般書籍上曾記載（锤击是桩下沉时）含受拉应力约为50至60公斤/公分²，但未說明在那一种情况下產生这样大的拉应力，由於桩锤及地質等情况的不同產生的拉应力肯定是不同的，但書籍上未作詳细說明，所以这项數字存在一定的问题。

（另外各应力因素很多计算有困难）

至于震动下沉会拉应力有多大，至今没有可参考的资料。[illegible]

因此管桩下沉时的受力情况主要是要靠测量决定。在未测定前祇能按上述假定作为計算的依据。

桥机厂目前的震动打桩机震动力已由250吨提高到300吨，建議上拔力亦应相应地修改为900吨。

（如前指出，会拉应力[illegible]不只是上拔，[illegible]还有弹性[illegible]震动，与[illegible]决定）

（预拉应力大小如果用900T计算是可以的。[illegible]）

2. φ3.6公尺及φ3.0公尺管桩下沉时很可能采用同一类型的震动打桩时，設計时上拔力建議亦采用同一數值。（应考虑加大些）

3. 管桩预应力張拉赞成采用先張法。因管桩结构不同於一般梁型结构，外在拉力是直接作用在鋼筋上，由鋼筋传至仝上，如采用后張法在管壁内预留孔眼，等鋼筋预拉好后再灌漿，未必能很好地保证粘結力的良好，对传递上述的拉应力

[illegible]

25×20=500

横直两用小稿紙
20—468

是不合式的。

4.張拉前,每一鋼筋应先~~予拉~~给予一定的予拉应力,使鋼筋平直,將来張拉时每一鋼筋受力可均匀,不致越应力。

5.贊成采用高強度鋼丝,連續配筋代替粗鋼筋。

6.管壳砼标号以350级较好。

7.管壁厚度問題。鋼筋数量与管壁厚度有直接关係,应先決定了壁厚,才能計算鋼筋。管壁厚应由檢算它的穩定性加以決定。

8.連續配筋建議用下列方法:

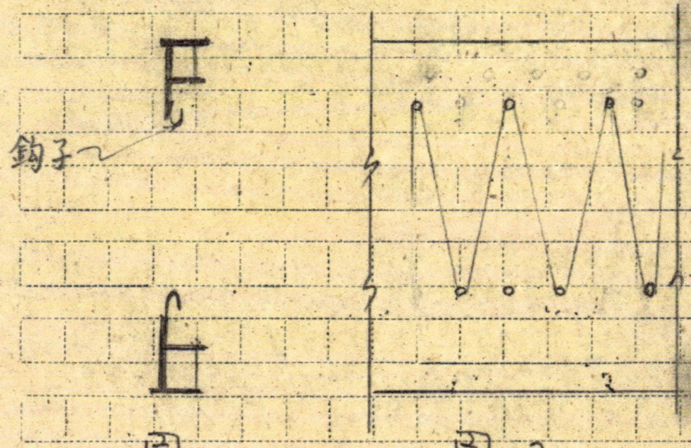

图1　图2

在法兰盤上每隔一定距离做一鈎子,备鈎鋼丝之用(如图1)。另外做一固定的纏鋼丝的工作台,~~台上做一排固定~~如图2所示,將鋼先在工作台上纏好,取下,套在法兰盤鈎子上,將法兰盤放到張拉台架上張拉。

25×20=500　横直两用小稿紙 20—468

5-8

本人已看

第一組發言記錄

1959-5-8

12份（未完）

張士鐸教授發言　　　　5、8、上午

1、用铸钢底垫盘我是同意的，連接、制造问题都不大可以試驗。

2、对用~~两块~~二水平钣互相接触的电焊钣的联结，采用预应力会可以予加应力使节板问题还不能解决

25×20=500

横直两用小稿紙
20—468

1959-5-8上午　　張士锋发言

一、予应力管柱

1.认为是否有必要做双动，建议双动和单动均做试验，如认为单动没有问题则可用单动。

2.予应力目的：a.不生裂缝 b.使管壁厚度减薄，重量减轻。

对于用钢问题认为有硬钢应尽量用硬钢。

对于張拉方面认为先張法不用灌浆抗震能力好。

二、予应力管柱计算

对变形的值10cm减少至1.5cm表示怀疑

在计算方面认为Ep=200000 kg/cm² 用得大了，此数值是与变形有关的，此外n值也不能一致。

25×20=500　　横直两用小稿紙 20—468

1959-5-8 上午　　梅旸春发言　　一.四

一、关于法兰盘型式

建议用铸钢制做，分成四块，先加工后再用焊接好。這類铸钢法兰盘可和連續配合法结合採用，把高强度钢絲掛在法兰盘上予先鑄好的~~[illegible]~~突出物上，這樣可避免在铸钢上進行电焊的困难。至於偏斜问题，可考虑使钢丝和螺栓孔对齐，使其中心线一致，则不会生偏载。

25×20=500　　横直两用小稿纸 20—468

1959-5-8 上午　　刘树勋发言。

一、法兰盘。

建议：1.在电焊方面想办法 2.对机接触面不平是否可以用水泥垫平（加边焊垫板）。3.把法兰盘子先制做好经过校正后再放一个时间才用，或可解决不平的问题。

对曹总所提的方案认为对变形角度来看是有利的，就是焊起来麻烦，可做试验看看。

至于变形的产生认为管柱倾斜后受力不均匀就会变形。

二、对于应力管柱计算。

认为计算中对不予应力管柱的变形值是有问题的，予应力后不见得比不予应力时变形会改善那么多（从10cm变成为1.1mm）

25×20=500

横直两用小稿纸
20—468

1959-5-8上午　　曹桢发言

一.关于法兰盘型式

建议如图的形式

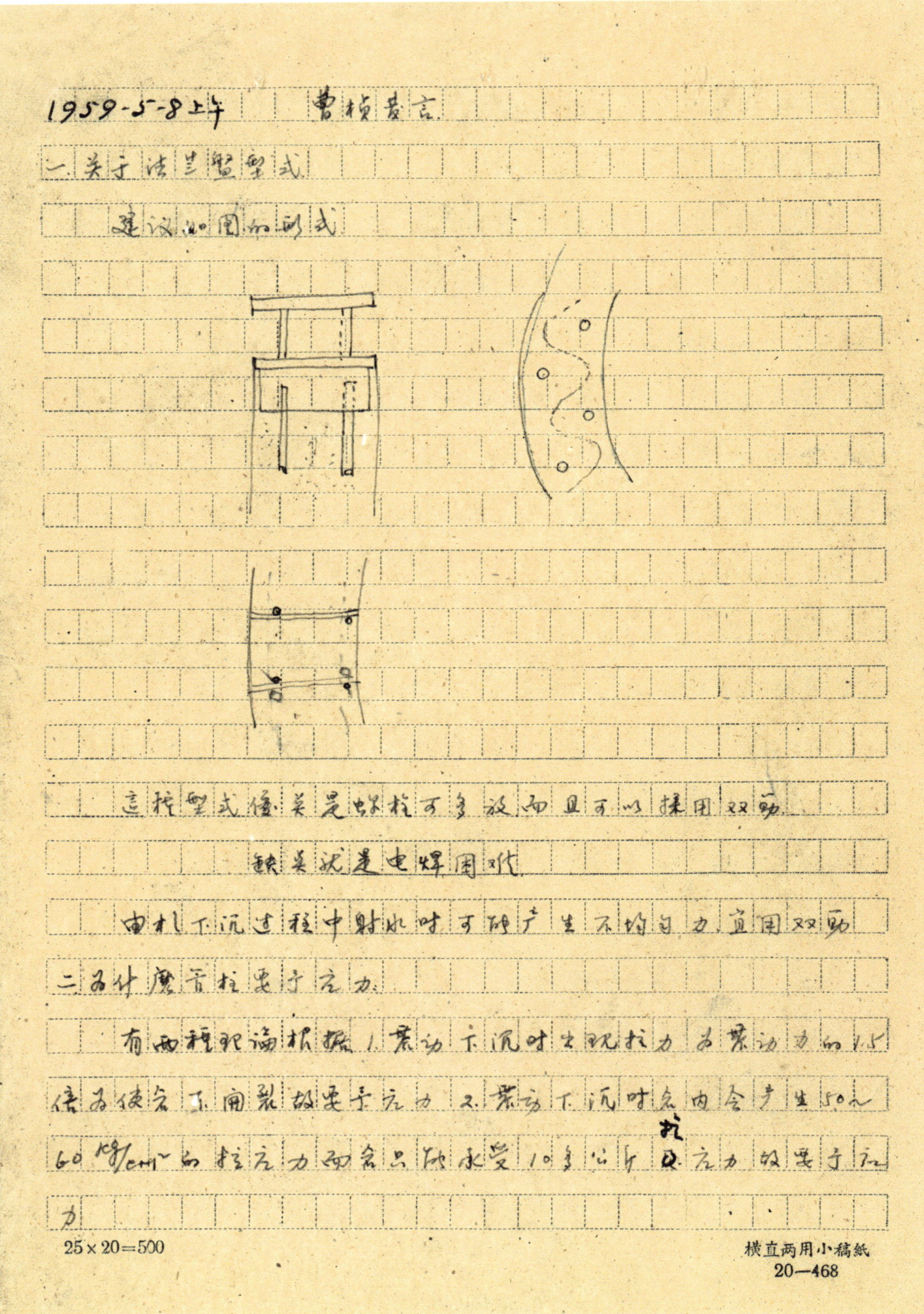

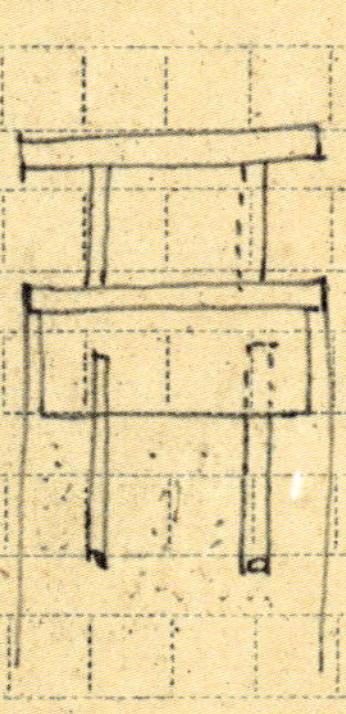

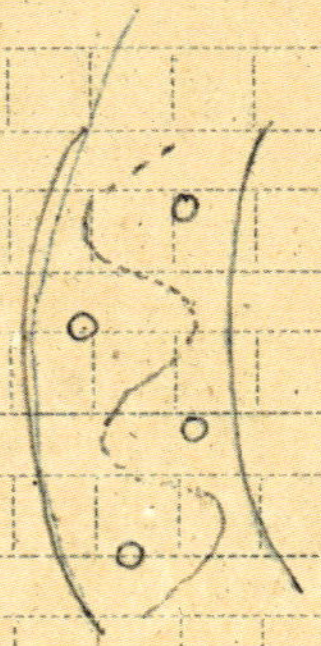

这種型式優点是螺栓可多放而且可以採用双動

缺点就是电焊困难

由于下沉过程中射水时可能产生不均匀力，宜用双動

二.为什麽管柱要予应力

有两種理论根据 1.震动下沉时出现拉力为震动力的1.5倍易使它开裂故要予应力 2.震动下沉时在内会产生50～60 kg/cm² 的拉应力而它只能承受10多公斤拉应力故要予应力

25×20=500　　横直两用小稿紙 20—468

三、双筋：

在平面上受力则用双筋后螺旋筋可放两根很有好处

25×20=500

横直两用小稿紙
20—468

王序森工程師發言　　5.8 上午

1、吊桩时重量很大有120多吨，张拉时，受力达900多吨，连接螺栓也有900吨的作用力，需很多螺栓，不能承受焊，因此如四边均采用法兰盘就没有办法卡桩，和字使达适当力量。

2、张拉台架，顶梁上加一个十字的梁组，可以增强台架，便利拆卸钢筋和张拉。

25×20=500　　横直两用小稿紙 20—468

1959.5.8上午　　王序森发言

一、法兰盘：

认为对原来的法兰盘施工要上着手改进以保证法兰盘接触面平整

对车同志所提的方案认为~~[illegible]~~，~~是不行~~。仍有水平接触面，施工困难，没有解决预应力的弱点。

对机电焊方面认为两种不同材料焊起来会有困难

二、管柱予应力目的

主要是解决下沉问题，因为想藉予应力减少弹性变形并增加刚度，这个理论提出后，~~[illegible]~~因为发现震动沉桩时在若干节后就不下沉了，观察结果认为桩有相当长度后其弹性变形大于震动打桩机的振幅，则桩好像一弹簧体，很难将震动力传下去，基于这种假说就考虑用予应力管柱使弹性变形减少至小于震动打桩机的振幅，则下沉或许会顺利

至于这种假说是把桩看作四周无土壤的弹簧体是否对，还要进一步证实

25×20=500　　横直两用小稿纸 20—468

李本安同志发言　　　　　　5、8、上午

1、铸钢法兰盘，~~制造方面还~~、可以并用高强度螺栓联结的方案~~可以用，两个比~~较好。建议在试验段中考虑试用。

2、对李秀芝提出的法兰盘方案受力情况是好的，但制造和施工可能困难还多。

25×20=500　　　　横直两用小稿紙 20—468

王潆鋆代表发言　　　　5、8、下午

1、法兰盘压水的形式是比较好的，当拉力增大了可以采用高强度螺栓。铸钢的也可试验一下。

2、预加应力用电热法没有千斤顶有把握，其温度控制很困难，耗电量很大，~~可以进行一些试验~~

25×20=500　　　　横直两用小稿紙 20—468

1959-5-18上午　　王潆鉴发言

因苏法兰盘面不平，是否用在车床上加工。

对于车同志提出的苏联铁路科学院建议用于小型桥的法兰盘方案，认为内面仍应加电焊，否则若有空隙就会消耗震动能，且震动打桩机用铺钉来联接，整体性是不够好的。~~恐怕是受不了。~~

对于法兰盘制造工艺方面，曾观察黄河桥对于接触的平面，都是未经加工的。

25×20=500　　横直两用小稿紙 20—468

1959-5-8上午 法兰盘制造工艺　　　　钱学新发言

I. φ1550管桩法兰盘是用四种款型铁板组成

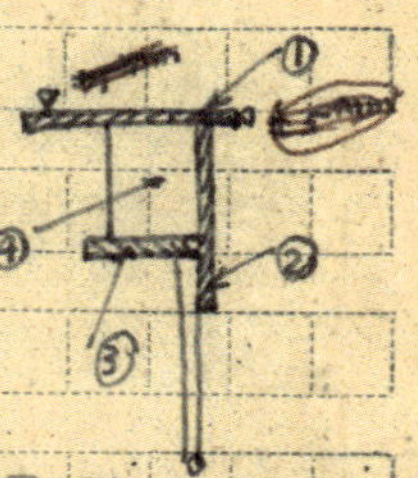

钣1 根据废钢材之大小，以四块或三块拼装起来。有的先下成条状铁板，经加热弯制成圆弧形。有的直接在铁板上用氧气烧割下来（根据圆弧形尺寸）

钣2 用剪钣机或氧气切割下来，再经滚筒机，滚成圆筒。但在滚筒成圆形前先钻上~~好没有一定要求规格的~~孔眼。

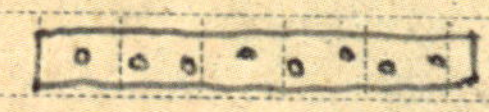

并因钣2与钣1接触处需要经车床车平。

钣3与钣1制造相同。钣4是用切割机切下。但与钣①②③接触之三边均须压平。——钣2未打平。

II. 施工工序

1. 把钣1先安放於平台上，用螺栓压紧（压板），然后在上面依次安焊上钣2、钣4、钣3，（安全焊好以后）用电焊机焊接时，对称的内外方向一齐焊，要求之焊缝……

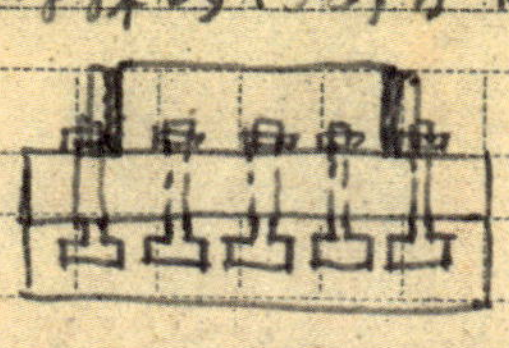

当检查平面线，用样到另外之平台上来调直平面。调平以后再上车床机车平面及内圆，最后用钢样板钻孔。（加工公差数字可参考武汉大桥技术总结）

根据以往经验制好之φ1550法兰盘如不加工，则两二法兰盘接触处外侧都有空隙约3-4公厘左右。如为φ3000则约在5-6公厘左右。特别不好的有时可达8-10公厘。

25×20=500　　　　横直两用小稿纸 20—468

武汉大桥所用φ550法兰盘是加工的。而目前黄河渡河所用φ3600法兰盘均未加工。

钟用达教授发言　　　　5.8.上午

1. 原来的法兰盘较好，刚性比较大，它的歪斜度问题可以~~改进电焊工艺得到改进~~
~~在电焊时改进，也可采用铣光~~。如由电焊工艺上改进，如歪斜不大，可以采用较厚钢板加工，用端头铣床、铣平整些平

2. 高强度螺栓价钱很贵，是否一定需要采用。若为了防 设计单位
止松动，可以用双帽螺栓，比较经济

3. 如采用铸钢支座，可以避免电焊变形缺点。

25×20=500　　　　横直两用小稿纸 20—468

1959-5-8上午　　東惠民发言

一、关于法兰盘型式：

应把目前法兰盘连接方法彻底改变接头可以用电焊如图。这样传力情况要好得多了，但这是一种用于普通桩的型式，而当需动打桩机连接或于应力方面尚需继续考虑

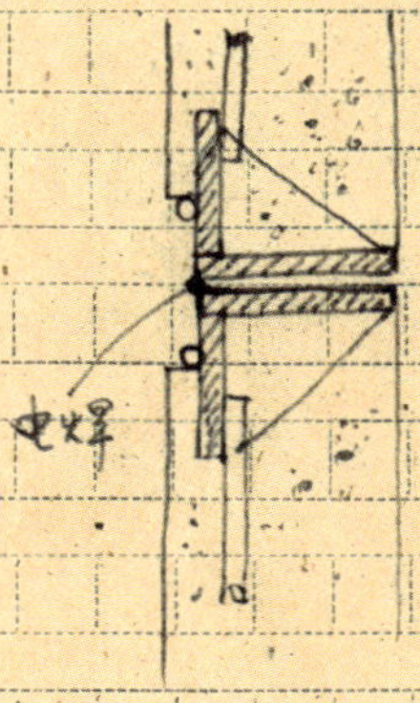

~~二、关于双筋~~

~~认为双筋对纵向裂缝的防止是效果不大的~~

25×20=500　　横直两用小稿纸 20—468

姚玲森代表发言　　　　　　　　5.8.上午

1、法兰盘的螺栓接头，螺栓受力是有把握的，可以承受很大的向上的拉力。~~也可受压力~~。李黍工程师所提方案~~而电焊~~受拉受压都靠焊缝~~受压时靠两块垫钢板~~，受力情况不太好，苏联有一种电焊接是

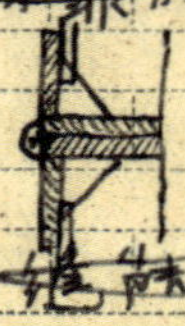

在传力上主要靠钢板传压的，焊缝主要传拉力，是比较好的，这样焊缝所受反复应力的幅度就小多了。

~~焊缝缺乏承受反复的力~~

2、电热法在建筑方面的小钢筋~~可以~~用得很多，而在桥梁上的粗钢筋有困难，电压需要很高，钢筋和各向的粘结力存在问题，湖南交通厅也曾研究这个问题。在桥上应用资料还很少。

25×20=500　　　　　　　　横直两用小稿纸 20—468

1959-5-8上午　姚玲森发言

1.采用电焊法兰盘，根据苏联书本上介绍，可在二铁板之间先挖去一部份用电焊可使焊缝加厚。

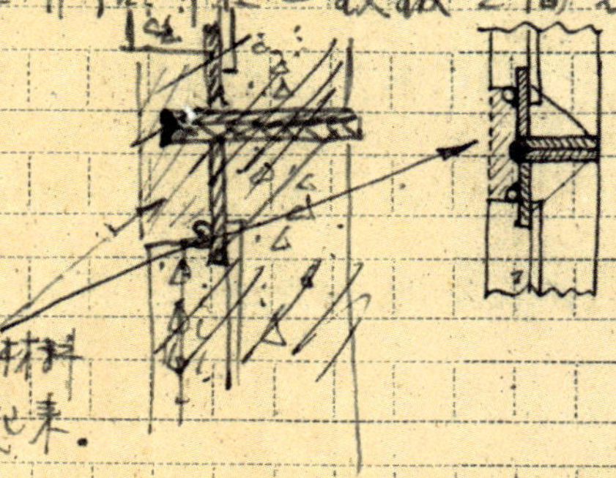

为了防止铁板处将来锈蚀则可在外侧用防水材料堵塞起来。

使用这种形状（可以节省钢料很多，但）基本上法兰盘面平正问题仍未解决。

2.有些同志认为由于管柱发生横向变形，故考虑用双筋，如果在施工中的确有这种现象，则可采用双筋，如无则还是采用单筋，以使施工方便。

但在从前说明布置双筋之目的是从抗裂性方面考虑的，而今管柱经过预加应力，则对抗裂性已有保证，是否还需要用双筋。

25×20=500　　横直两用小稿纸 20—468

路正明代表发言 5.8.上午

1. 整成用铸钢底垫盘，制造时分成四段，手弧焊接，用电焊焊接同样材料焊接困难不大，山海关桥梁厂大概可以制造。丰台桥梁厂也改进制造。

2. 连续配筋还是比较现实的，苏联已有资料可以参考

3. 郑桥梁厂使用的摇法兰盘一般3#钢同时用5#罗纹钢在焊时发生裂纹这种钢的性质不同收缩也不同

25×20=500　　横直两用小稿紙 20—468

5月8日

5.8日 下午

第一组小组会

（已整理发言稿）

25×20=500

横直两用小稿纸
20—468

鐵研究（本）李國安同志發言 5-8 下午

予应力管桩~~的目的一~~是用在高桩承台~~中，一是避免在~~基桩施打及拔桩~~車時產生裂紋~~。管桩起吊时所产生的弯矩和用震动打桩~~以~~拔桩时的上拔力是有着很明显的好处，~~因~~其抗裂性强。

但予应力是否能完全解决管桩裂纹问题~~还很难肯定~~呢？恐怕还不能~~震動的傳遞与時間有关，但不会延續太长~~。这样说。譬如由于锤击作用在桩头附近所可能产生的裂纹，就需要采取另外的措施来解决。

裂纹的管桩在震动沉桩时，对震动力的传递和震幅的变化影响很大，因此保证管桩不产生任何细微的裂纹对震动沉桩讲，意义很大。

25×20=500

横直两用小稿紙
20—468

大桥局設計处曹楨同志發言　　　5-8 下午

I. 鋼管柱过去曾~~经常~~研究过，有一初步想法，如图所示，管壁用10公厘鋼鈑，水平加劲用鈑，间距50至60公分，纵向加劲用鈑，間距约100公分。~~耗鋼量每公尺1吨。~~

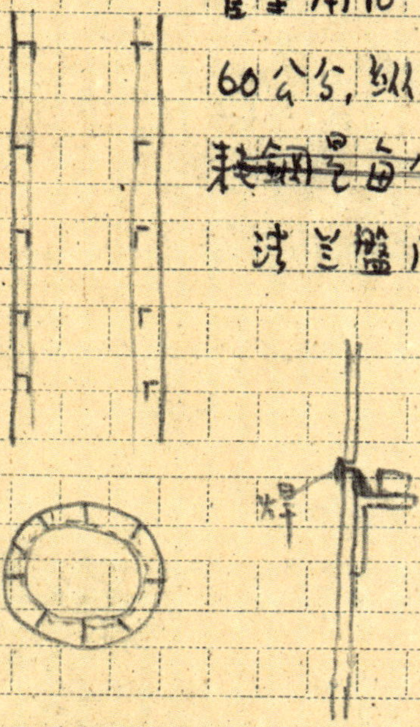

法兰盤用鈑制成如图所示，第二节管柱連接时先用螺栓連接，再焊牢。

耗鋼量每公尺1吨强，虽比砼管柱耗鋼量大一些，但由于重量減輕施工所用机具和鋼料就要減少一些，下沉亦有可能要方便些，但实际情况究竟如何祇有通过試驗才能知道。

II. 引桥砼管桩初步想法是用6吨单打錘打桩，震动打桩机亦想試用一下。

根据过去的經驗用震动打桩机打的桩，裂纹要比用单打錘打的多一些。

25×20=500　　　横直两用小稿紙 20—468

胡春农发言

5-8上午

1. 粗钢筋预应力损失建议还按800 kg/cm²计算,是否恰当,请考虑。

2. 钢筋预加应力数值采用屈服点的90%,是相当大的。但如果在张拉前采取措施,使预应力比较均匀,选择就可用(0.9σT);否则建议用0.85σT来计算。

3. #5钢屈服点问题,#5钢的实际屈服点以前都在3500 kg/cm²左右,现在由于钢料含硫高,故屈服点比较低,甚至有个别的还不足2800 kg/cm²。目前,在管柱设计中建议用3000 kg/cm²来计算,但必须对钢料的物理化学性能和成分提出要求或对所用钢料取样试验。

4. 管柱级数250太低,故决定用300~350级的。

5. 管壁厚度14公分是否恰当,还需进一步来检讨一下。

6. 钢筋布置用单层或双层问题:为了抵抗不均匀土压力和防止管柱纵向裂纹的产生,用双层筋比较更好些,因为用双层主筋后,螺旋筋可以用二层。另外,用双层主筋对管柱预压应力的分布均匀性方面,也有好处。

7. 预应力张拉问题

连续配筋法由于机具设备多,对当前试验虽有现实意义但不大,但可以继续进行研究,不作为今后大量生产时用。

粗钢筋与钢丝二者都可用在试验柱上来试验一下。用高强度钢丝管柱结构设计请由唐院负责。

8. 管柱制造工艺和张拉法之建造中若干问题及新型接头方法今天可讨论研究一下。

25×20=500

横直两用小稿纸
20—468

湖南工学院姚玲森同志发言 5-8 下午

国内外文献中尚未见到在低桩承台中采用预应力管桩的例子。

如避免裂纹产生仅因打桩需要则可采用其他方法，如加固桩头多加钢筋网等，不一定要预加应力。

震动打桩机与一般桩锤对管桩裂纹产生的影响，差别亦可能很大。

大体积结构物应力的传递与时间有关。苏联大拱桥在拱顶施顶后要一、二天后拱顶张开才达到设计数值~~应力才能传到拱脚~~。

测量振幅如何把时间因素考虑进去，是一问题。振幅的传递对时间的敏感如何，对长度的影响如何亦是问题。

从上面的情况看来，要求柱的变幅大于震动打桩机的振幅才能下沉的说法就不存在了。

25×20=500

横直两用小稿纸 20—468

王同熙发言　　5-8 日

由于目前管柱入土深度特别长,故弹性变形太大,所以有人就认为用予应力管柱为合适,这样就要去研究用钢丝的或用#5钢筋的,我认为这样化不来,目前应这样做:

1. 照原样管柱来做。

2. 用变截面#5钢筋来控一下,或行,这样施工时也方便。

关于讨论用什么形状的骨架,首先应决定原则:

1. 用钢丝还是钢筋。

2. 先张法还是后张法。

如用钢丝配筋,则钢丝的滑移处分布情况很难了解,另外施工中弯制圆形也不方便,故在试验时还是用钢筋采用先张法。

25×20=500　　横直两用小稿纸 20—468

唐院車惠民同志發言　　　　5-8 下午

φ55公分鋼管桩使用在低桩承台中，如承载力祇要求在100吨左右，不加予应力問題亦不大，因低承台中桩有裂紋尚不致影响承载力，要求的承载力在100吨左右，虽有裂纹发生尚不致影响基桩不能下沉到設計深度。

如承载力要提高到150至200吨，裂紋的問题就比較大，很可能因为裂紋産生影响基桩不能下沉到設計深度。

如鋼管桩用在高桩承台中，裂纹的産生影响到桩的耐久性。若能予施应力，则不仅可以提高桩基结构的耐久性，而且可以提高其刚度的改善在使用荷载下的应力情况，从而能節约鋼材和水泥。

但予加应力后是否就完全能防止开裂还有些問题，根据国外资料，管桩虽予加应力，在端部还有裂纹发生。他们是用加密端头螺旋筋间距的方法来加强。

予应力管桩有可能在管桩下沉完毕后将鋼筋抽出。

建筑工程部"建筑技術快报"59年第8期曾介绍过这样的经验，予应力管桩打完后将鋼筋抽出，再进行桩尖爆破。

25×20=500　　　　横直两用小稿紙 20—468

李秀芝发言

試驗項目：

1. 鋼筋數量及其分佈。　　於7月10日前完成。

採用单筋或双筋事先进行計算及理論分析，並以φ55管柱作模型試驗，以静压静拉及动力方面試驗，以电阻丝来测量应力分佈情况，並观察裂缝发生情况。

2. 管柱应力：　　9月底試驗完成，年底前把资料整理出来。

①垂直振动荷載下管柱应力分佈情况。

②测量管柱之横向应力。

横向应力产生原因

a. 由于震动打桩机在震动时横向摇摆而产生。

b. 由于土壤侧压力而产生。

③弹性振幅。

测量管柱底下是否有振幅，测量时同时测上面，及测下面。

上下之差即为最大弹性振幅。

3. 改进管柱连接。　　5月底做好结构设计图，9月份把結論得出。

①法兰盘质量问题

a. 鑄鋼法兰盘。

b. 焊接法兰盘但需上車床車平。

②防止松动问题

25×20=500　　横直两用小稿紙 20—468

使用高强度螺栓，并試驗观察其情况，材料使用#5鋼或#40鋼。

③管柱接头之新結構。

4.管柱应力传布情况及预应力用先张法或后张法之比較。

先作模型試驗 ①局部模型試驗 試件

②整体的模型試驗（φ550管柱）

5.预应力管柱

①粗筋先张法 a.模型試驗 7月10日前完成

b.試驗墩上試驗 9月15完成

②鋼絲先张法 a.模型試驗 7月10日前完成

b.試驗墩上試驗 9月15完成

张拉方法上考虑用水压机来代替千斤顶。

6.预应力管桩

採用以先张法、后张法、普通的鋼管柱，进行下沉再作比較。

7.鋼管柱联接結構。

25×20=500

横直两用小稿紙
20—468

李秀芝代表发言　　5.8.上午

1. 双筋法兰盘问题

其优点可以节省料大约50%左右，没有详细计算，

在接头处外面不加套了。

法兰盘在水下的锈蚀问

不太大，可稍把钢板加厚

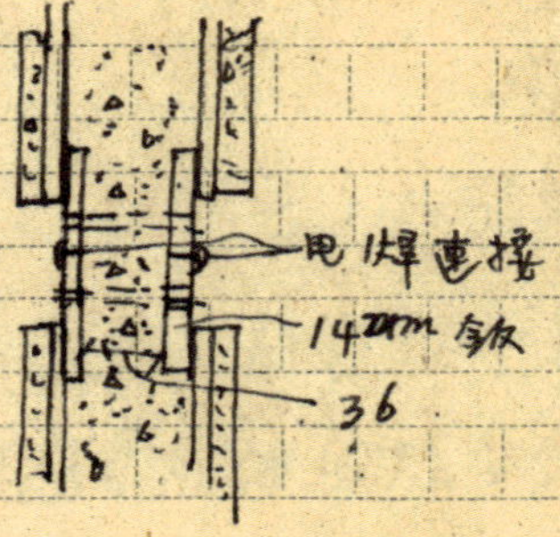

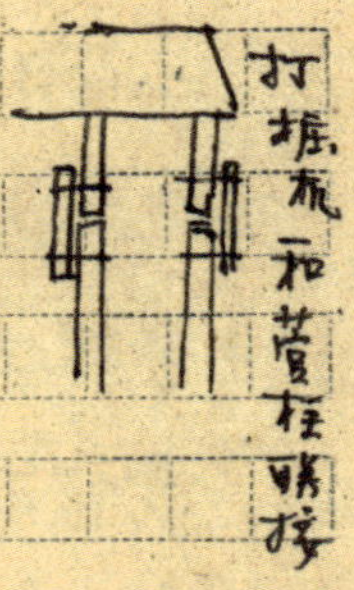

2. 铸钢法兰盘，桥机厂是否可以做或南京工厂可制。最好能在试验打中就进行试验。

25×20=500　　横直两用小稿纸 20—468

孙香芝发言　　　　5-8 上午

1. 管柱采用预应力之第一目的，由于在施工中管柱如一出现裂纹，施工单位就不敢继续震动，怕把管柱损坏，因为损坏后不像管桩样易于处理，这样就限制了打桩机之功效了。

故希望管柱采用预应力，这样可增加其强度，同时也可发挥震动打桩机之威力

25×20=500

横直两用小稿纸
20—468

桥研所李秀艺同志发言 5-8 下午

新港曾用过予应力方桩，根据他们的总结认为予应力基本上解决了裂纹問題，可见予应力是可以解决裂纹问题的。

25×20=500 横直两用小稿纸 20—468

王序森发言

结合试验打应做重点的试验工作

1. 沿管柱各段在下沉时的振幅，用加速测量器来测量。

2. 管壁纵向与横向应力之测量，下沉中和下沉后。

3. 管柱下沉时各阶段的震动力为多少，利用电传进行。下沉中和后，以千斤顶顶动管柱和上拔的力若干。

由以上资料，研究今后管柱结构的合理设计方法。

25×20=500

横直两用小稿纸
20—468

丰台桥梁厂張志良同志發言　　　　5-8 下午

鋼管桩使过去在使用中在法兰盘附近常發现裂纹，现在南京桥引桥基桩入土深土加長，对裂纹问题將更重要，是否应予加应力应当考虑。

一般予加应力有二个目的，一是避免裂纹，一是减少鋼筋数目量。

预应力管桩大批生產目前尚有困难

对予应力与非予应力管桩应做試驗比較。如普通桩不致因過度開裂而不能打入所需深度時在低桩承台情况下不用予应力桩亦可，高桩承台冲刷线以上部分再考虑採用予应力桩

25×20=500　　　　横直两用小稿紙 20—468

京院钟用达同志發言　　　　　　5-8 下午

如采用鋼管柱，［要使用更多的鋼材］造价~~也要~~比鉛管柱貴一些；但如因能而加快修延速度，经济上的意义亦是很重大的。

鋼管柱是薄壁結构，如何設計支撑系是一問題，~~在筒内加十字形支撑效果是比較好的。~~

25×20=500　　　　横直两用小稿紙 20—468

第一小组

記錄底稿

59-5-7

第一小组发言：

胡：着重讨论以下几个问题

1. 钻孔机械制造

(1) 55管柱模型试验，

(2) 钢筋[illegible]，

(3) 防止漏气[illegible]检验

(4) 管柱的接头型式研究

(5) 管柱壁体[illegible]问题

2. 预应力的管柱：

(1) φ5钢丝代之。

(2) 预应力管柱与一般预应力构件比较。

3. 管柱应力

(1) 应力与深度的管柱应力。

(2) 土压力下管柱应力、

4. 管柱的振动与振幅研究

5. 预应力管柱

(1) 侧压应力

(2) 抗裂性质情况。

(3) 孔中灌浆

25×20=500

横直两用小稿紙
20—468

5—7 上午

管柱设计及制造.

1. 管柱接头（中断管柱）
2. 钢筋数量及布置.
3. 混凝土振动
4. 管柱接头形式
5. 管柱竖直问题

预应力管柱.

1. 5号钢屈服点。
2. 高强钢丝体比较。
3. 管柱应力。
   a.张力放松时
   b.土压下管壁应力.
4. 管柱在动力荷载中的研究。
5. 预应力管柱。
   a.制作工艺
   b.观察试验.
   c.提出设计。

今后继续和试做工作。

协作的问题。

第一组、静力、静力结構及动力。

组長 胡春农、 付组長 張志良、曹桢。

组员：孙焕纯、張士铎、姚玲森、钱用达、吴炳焜、韦志民、
王澄銮、路飞明 田成俊、谢法全、沈英吟 杨福源
張继光、李秀生、王同照、王行森。

通过二次试点，我们对管柱施工法将更为熟悉一些。

其他工作内容与设计条件方面，我们当然一定跟据以上的目

标进行研究。

我建议现在会上先做决定办法，以试验与管柱法特（这个方案）

（加力工作）与钻孔方法的讨论。

今后在做这些试验、研究，去制造时需要（因而关机的）

要有二部份内容

协作分工要有三部份内容。

大陆会议继上列三项问题。

上午会议谈一谈特别对机关会员之宣传工作，开

美机出，因此对上列等项意见还需确定，或者需要讨论的问

题来提出的都可以提出。

章惠民：予充分管柱施工法，沉降与近年除，大陆各单位

召开过一些工作，在设计行政（管柱），管柱还有一定的，未有

试制成功。

一、黄运治——钻孔结构

二、予充分——工艺方案

三、

四、计划部与会议

25×20=500

横直两用小稿纸
20—468

五、结尾

预加应力方案：

1. 粗钢筋先张法
2. 连续配筋法、先张法、高强钢丝
3. 可拆式钢筋方案
4. 粗钢筋后张法

1. 管柱外径3.6m，厚14cm，企图加预应力60kg/cm²，其后为抵抗由于吊运、纪律等，初预应力不会大于60kg/cm²，抵抗一些拉力，其后管柱60~70kg/cm²，300~350t，钢筋25锰硅热轧螺纹或CT15，需要72-φ20公厘，顶拉力1000T，另加24-φ14纵向构造钢筋。

图2 1

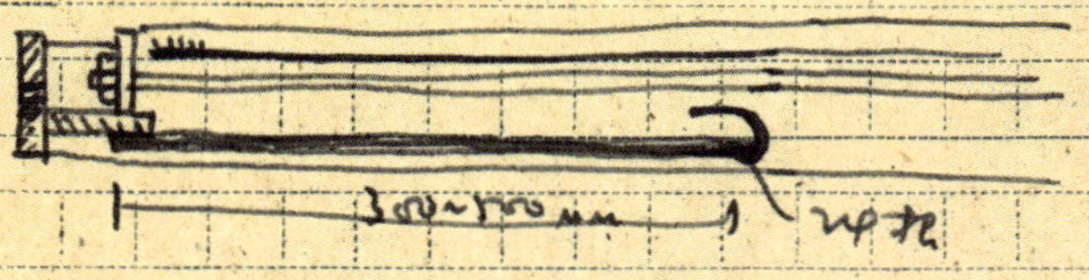

图3 2

图(4) 3.

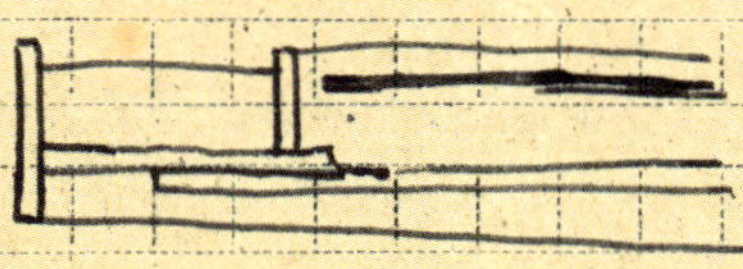

第三种是仿效苏联南方一铁路桥用钢筋拉紧不一，另加预应力

25×20=500

横直两用小稿纸
20—468

不够了。

加了几个钢台架。台架与大桥分开的。

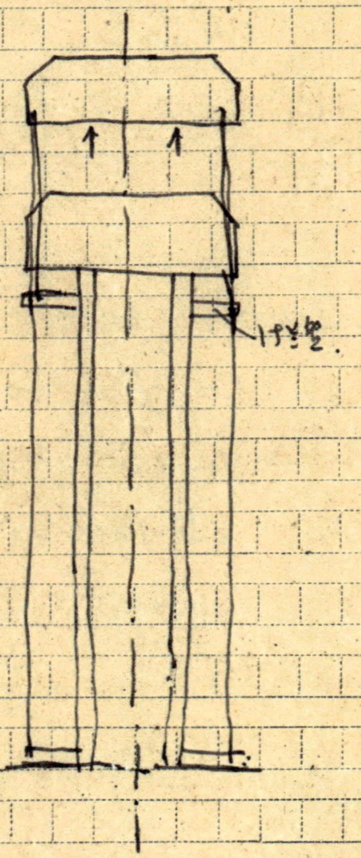

可以加固[illegible]，不[illegible]钢板桩[illegible]，有一[illegible]也较大。

1. 要把[illegible]空心柱，可以更加固。

2. 壁厚14cm。 [illegible] 60kg/m。 300~350[illegible]。

[illegible] 17000。 φ3.6m 5mm-460根 [illegible]

[illegible]

25×20=500

横直两用小稿纸
20—468

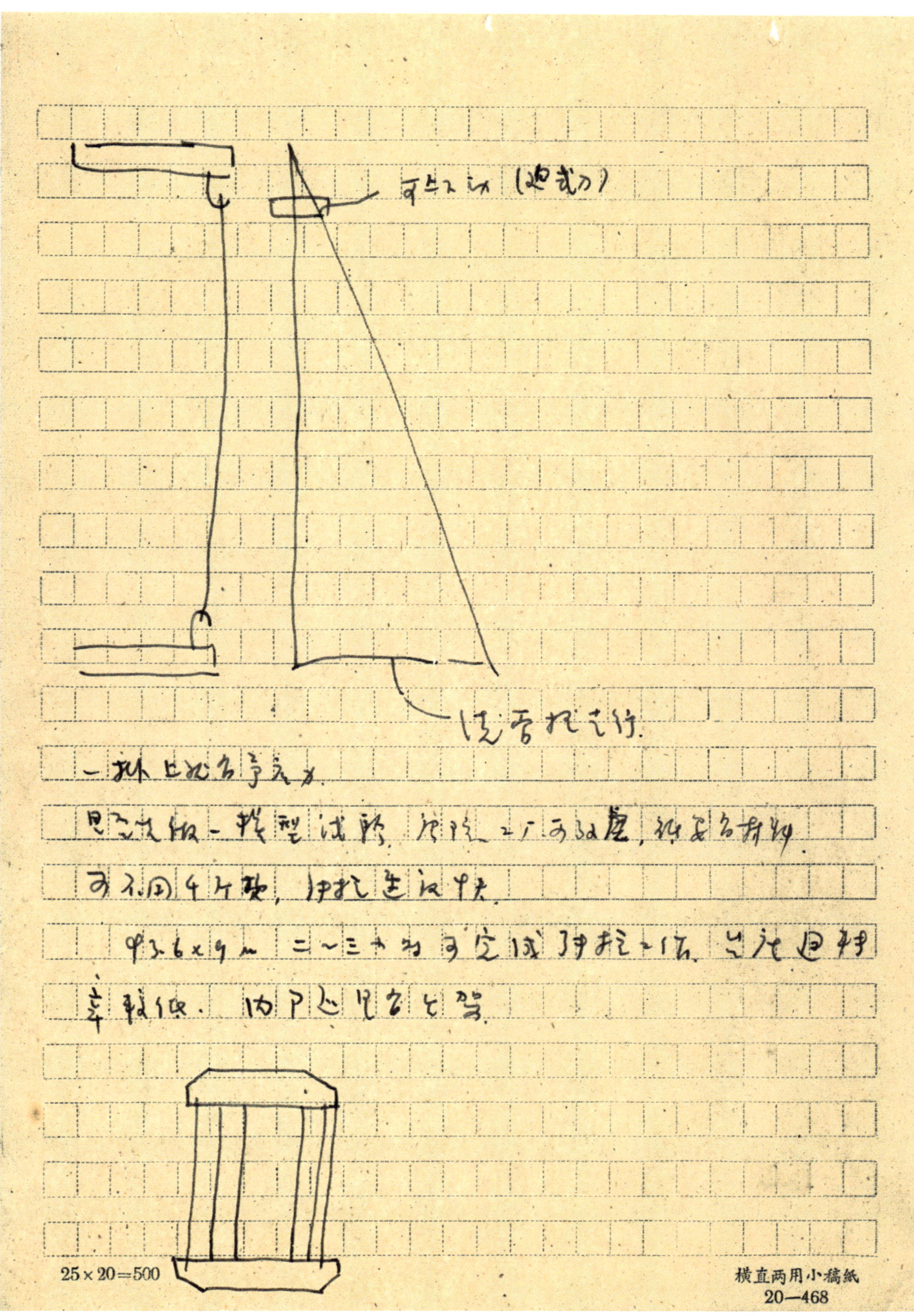

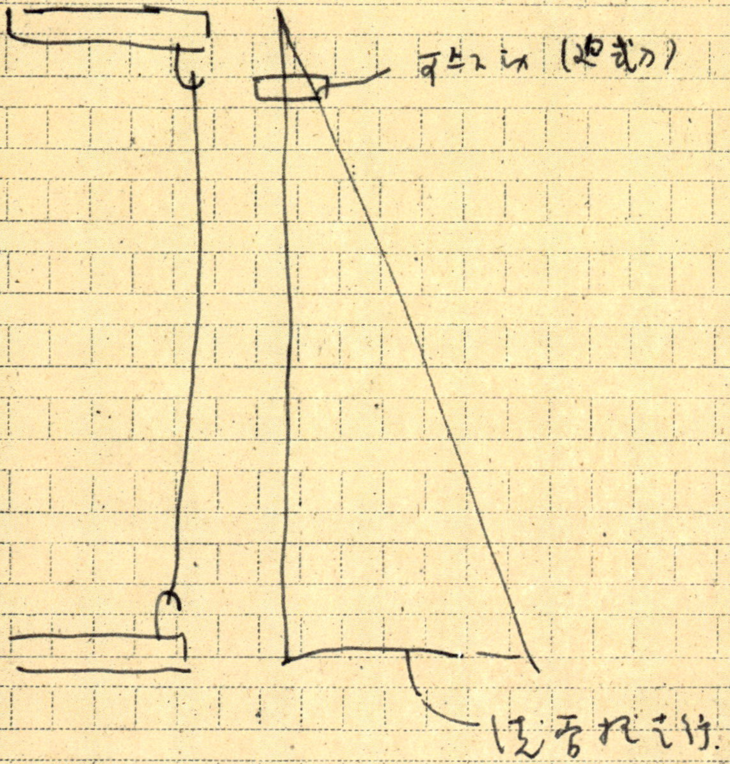

一排上述各方式.

是否做一模型试验，应从二厂另设座，结合各材料.

可不用4个墩，伸拉速度快.

φ3.6×9m 二～三节均可完成伸拉工作，然后回转

车移位. 内部还是各支架.

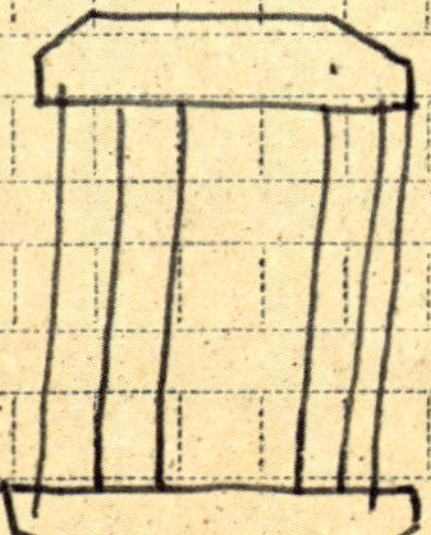

25×20=500

横直两用小稿紙
20—468

3.

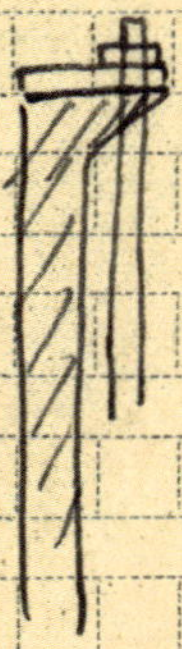

现灌比较差。

4. 予应力管柱，再予加应力。

予应力管桩

①二次张拉合同后不能完成。

最初设想，目的是予加应力对桩有些作用。最大限度利用丰厂现有设备，采用后张法（可利用丰广钢设备）尺寸规格丰丁尺寸：外径55公分，内径39公分，壁厚8公分。以予应力桩打入时产生的打桩时的拉应力（60公斤/cm²），它得承受1部分拉力，按照安全系数1.3。

②吊桩（l=24M）时，其弯矩也可产生，动力系数1.5。

最初采用冷拉后用钢丝钢筋，存在一问题钢筋对焊，焊接后拉伸强度降低很多。丰厂8根钢，采用3根冷拉，二根电焊一根用闪光电焊，一根用电弧焊接，另一根手焊

25×20=500

横直两用小稿纸
20—468

一(2)次 47.1吨/公分？

二 〃 〃 〃 47.1～49.9吨/公分。

三 〃 〃 〃 70.2～84.6 〃。

用此数值为4吨

后张如何张拉：终于冲剂用丰厂法方，用丰厂双作用千斤顶张拉。在钢索上涂油之后，再穿过去后张拉不粘结。效果好。张拉0.9屈服点，预应力8000公斤/cm²。

$$k_T M = W_n(\sigma_{51} + r A_p)$$

安全系数 同时的应力

$$r = \frac{2Sy}{W_n}$$

安全用1.5

法兰盘构造 焊缝

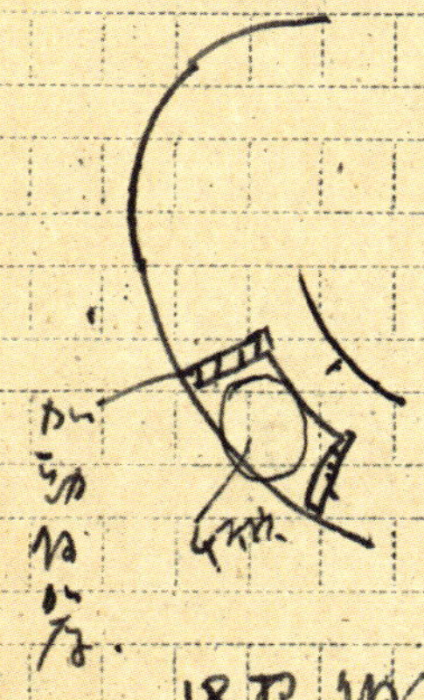

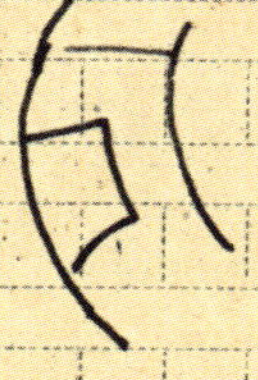

18根钢索6根一束。每个法兰盘有三个螺D

25×20=500

横直两用小稿纸
20—468

对选择钢的不大。

予加应力 第一次拉5吨，后放松至零再拉第二次，应力为13T（Φ22）以避免一根钢的偏心太大。

第一次做的有几根松弛。

存在问题：

1. 做予应力们各麻烦（缓110号）

2. 张拉麻烦（一根一拉）。

但从总的用钢量讲较省。

如大量工厂先张法予应力可用。

螺栓、锚的松动损失。钢筋与混凝土间的收缩的会损失比。

问题。

1. 问题是什么原因造成偏心的，是否加劲后予应力。

对予应力空心板，提出意见：

1. 加上了予应力的问题（用筋）。

虽然在张拉后不受力的钢筋也很小，但这样小钢筋很容易与混凝土分离。如果用大型的予应力钢筋还好。

可加大予应力进行试验。在四周放加宽的后，以免出现裂缝，同时且加上补强较好的纵筋。

25×20=500

横直两用小稿紙
20—468

Fleming 400#/公 不够 要用800#/公.

Wardlaw 300#/公 " "

900#/公 ⎫ 够.
600#/公 ⎭

[illegible] 700#/公 不够.

1200#/公 上吨（含泥较大些）.

（[illegible]）

2. 进一步研究：[illegible]损失 大概估计下[illegible]损失（由于[illegible]损失）[illegible]。[illegible]

[illegible]损失[illegible]。

[illegible]，[illegible]。

[illegible]。

[illegible]测量.

25×20=500

横直两用小稿纸
20—468

1

5-7 下午

陈士铨：①用如此低屈伏点的250号是否合式进行研究。

预应力结构方式：高标号混凝土，高强度钢筋。现在这些均是低的。应该考虑用高强度的钢丝做合格的预应力结构才合式。可考虑。

用软钢做预应力结构进行试验，钢筋太大，结构也很有（？）这二种材料不适合预应力。

②用什么方法制造骨料，如果用电热法，会弄一个新的问题做一根，不符合结构的要求；会使它如何保证它是否起作用。

③电阻应变片测应力。在试验时测应力不便而且高温，电阻仪受温度影响很大。

将来是否用一种较简单的机械仪器，比应变片好得多。最好做一个对试验，会放入水中，看变片的变化如何。

李秀芝：750T　2×250×150吨＝750T

现在应力计算二条1次；①振动力，化学，温度附加应力。

①振动方法时的应力估计

一般未上过50~60%，在很大问题，未考虑什么当时作用，什么情况未考虑。如确不同，它应力是不同的。

振动方法，估计又是如何的呢。

25×20=500

横直两用小稿紙
20—468

5. 如用铁打管桩为，它的缺点大，但相差比例不多[illegible]，[illegible]因此[illegible]，[illegible]力比拉力，[illegible]摩力及拉力则比较很大。

这些主要应从测量决定。目前能作的，从这几个数字估计参考了。

桩机下的了300吨打桩机，功力应为 600×1.5=900T

φ3.6，φ3.0管的功力不同，但事实上可使用同样打桩机，功力无须相同，这样子[illegible]差很大。

基础桩正在测入力，但实在是主要问题。测则如何还是一个问题。全面测是不可能的事。钢筋只能在[illegible]上，但管在水下面很难放在里测。

预拉：先后张，管桩的接头用后张法不合式。因拉力在桩中从不是从于钢筋中传至全中的，而[illegible]却是不对。如后张法可使[illegible]一个压应力，但实际不使钢筋拉长，力不会传至全上。受拉力全[illegible]钢筋承受，如混凝土[illegible]，但全未[illegible]，实未[illegible]，则[illegible]会[illegible]如此，子孔后[illegible]不[illegible]承受拉力。因除如用[illegible]钢筋，先用先张法。

如何预拉：现在[illegible]洞（钢筋）受力较固，最好先作一预拉，但不[illegible]受力不均，在设计时[illegible]。

[illegible]稿。

25×20=500　横直两用小稿紙 20—468

管成运行很多次。（他之）③用高炉废钢丝 用Ck5压铁之六个大约2800，太低，用高炉废钢丝绕方孔当。

、合格子250吨3，350吨的。

坚牢，钢管放了以后受力直接关系。当之后交叉全部不同作用钢与放置。每一方面各点应受力按个计算。

·法兰盘接头的管桩比直，打不进。

王同志①：管桩用的钢管的钢管多，还有几个合格板。二种力：1.打桩力，2.侧向土压力。

打土侧向土压力对于钢管的影响不大，……所未来。

②联接：~~由于~~不完全由打桩打拉起。现在尺寸是以靠在法兰盘附近。因法兰盘受压时，应将它做进。因为它直接由法兰盘传至钢管上，再由钢管传至混凝土上，受位置尺寸是关键。管径与尺寸在设计中。

③予拉法：管成先焊接 现在做法焊……同一机关焊接……一律。必须

现场工人……，手工焊的方法悬架。手工电焊类……钢管……一下。

模板，用于内模板，……

25×20=500

横直两用小稿纸
20—468

梅旸春总工程师的意见：

今上次讨论要定出下一步的问题。如用焊接，应力集中[illegible]。

这样用钢的时候，要考虑各横梁的受力。

全焊的应了300～350度。

冷应力数值σ=-31.4公斤，在40公斤/毫米²左右。

姚玲森：

今天讨论焊接应力，把它看了好几次。焊接时材料[illegible]结构[illegible]

的问题。

支撑：如何使钢结构先扎一下，[illegible]相关。

王同志的九年工作，[illegible]先算[illegible]

应力。

对中心线的问题难保证，是否要做好一些。

[illegible]一段了。

[illegible]，两横梁[illegible]一段，是否做一个[illegible]

式上面[illegible]上。

刘树勋：①一般[illegible]

[illegible]800。

25×20=500　　横直两用小稿纸 20—468

②[illegible]

③ 有些大的要比用车刨.

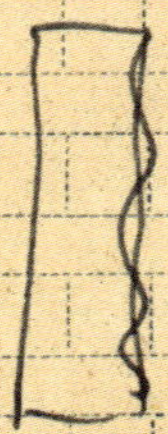

④ 车床加工能力太小.

⑤ 六角车床的稳定性小，有些的寸缺.
马力也太差.

王学琴：老的按钢筋长了的弯曲
(兰陵)

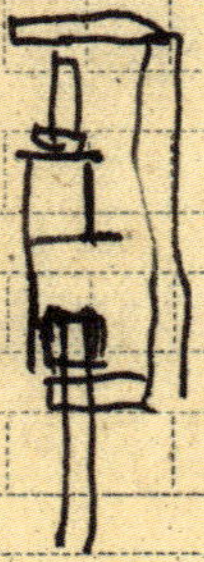

由于焊，钢筋的拉力不一样.
因此一般用于托段的.
若减速铁的筋，被焊子容易，但钢了不好.

设备二尺

陈士强：

电焊钢筋伸长，

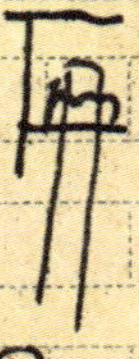

接时比较慢.
15分钟焊好.

谢德全：① 上部是焊的，下部是加的 4万吨.
② 无伸缩

25×20=500

横直两用小稿纸
20—468

[illegible]

第一次小组会　　59.5.7.　　第一组　1

胡春：设计院：　兰州铁道科学研究院

1、钢管柱设计和制造　①模型试验 ②钢筋设置 ③结上法兰板护 ④节头形式 ⑤连接后垂直问

2. 予应管柱　①No5钢筋应用点　②予柱和一般予应柱作比较

3. 管柱受力

(1) 振动荷载时应力　(2) 土压力下管壁应力

4、振动时振幅研究。

5、予应力管柱、①测量应力 以便分析情况 ②综合设计

其他两组和我们有关，设计不限以上几个问题，要分头作试验所对适当问题进行分析。在会上明确，如测试方法可作为重点带队研究、依基建部需要上报请示解决的

今后作那些试验，是否就这些问，其他可再。

第三部份是协作分工问。

今天大家座谈一下，提出意见初步意见看是否恰当，是否还有须提到的，大家提出。想到什么说什么。

车惠民：小型~~管桩~~、预加应力管柱管柱、研究设计

我们（铁研究所）和丰台桥梁厂等单位设计试制已做的工作谈一下，初步介绍一下，分下列几部份

一）普通管柱破损情况。　四）予管柱设计计算。

主要谈第二部和三部份

(一) 破损情况不详谈了

(二) 几个予应力管柱方案

1、粗钢先张法　3、可拆式钢筋。　4、后张法

1、采用Φ26 壁厚14cm 对管柱施予应力用60kg/cm²，试验打桩时其情况是复杂，按看到资料美国已到60~70kg/cm²压力，全长等~~250~~~300~350，螺旋筋

25×20=500　Φ20~25 需20根 张拉力到1000T，管壁内发　纵向
横直两用小稿纸
20—468

59.5.7. 下午

张士铎：1. 用做预应力结构要求高强度钢筋和砼。而用这么大径管柱是否能得来。应用高强钢丝和砼，现用多少高强钢丝则还应用很大的。用软钢做预应力是否能保证结构，经济性不好，用高强预应力，可抵抗水平力，抵抗振动。这种材料就不适合。

2. 用什么方法制造管柱：

用电热法张拉钢筋很方便，这样做法快，是否因温度会使质量降低，能否保证。

3. 用电阻丝电片测量应力还不能满足要求，最主要是温度对它的影响，电阻本身稳定性。几次失败经验告诉在水下测验，就更没把握，贴得多可能不正确。上海建筑局做了几个月大气中还得好。用杠杆式仪器好。电阻丝绝缘很难，温度变化很大。需做一系列试验找到温度的影响。

李秀之：1. 计算应力问题：1) 起吊

(2) 振动下沉产生应力，还没知道。50、60 都是根据日本用进来的经验，什么打桩机，桩帽怎样，是否都一样呢，没有数字，二桥知道锤打紧比振动机大，其影响也不知道，计算中很复杂，桩端土阻力影响很大，还是从测量试验得出。50、60 应作参考。桥机厂振打机 300T 了，是否按 600T×1.5=900T。

当 φ3.0 也用 300 型打桩机，计算出预应力要多。

2. 管壁应力测量方法值得——黄河桥主要问题是电阻丝绝缘问题，有一次应要检测就受压了，是否因阳面关系呢，肯定是电阻丝绝缘问题，测量方法需要解决的，需要探讨一下。

3. 张拉方法：对管柱后张法不合适，它和其他不同，梁是受挠下部受拉，是整个梁受，只要张几股钢丝就可以，管柱各面钢丝走向，粘结力很大，若仅用钢筋和砼是否能作用呢，因仅靠混凝土后张拉，可能被坏了。

25×20=500　　横直两用小稿纸 20—468

计算时可能是，外力除钢筋截面了。钢筋就够了。

后拉法：依我看来是可以调整的，有一阶应使钢筋均匀受力。黄老提出来钢丝是不能满足的，主要在钢筋是否有局部钢筋超应力

4 我主张用连续配筋法，若欧根是之400公斤不能提高，作试验不一定代表全体的，可能中有2800的也是合格，提高可能产生的可以用高强钢丝作试验。

250#含太低了，最少用350#。

钢筋率百分比：一一管壁应力还是应力呢？从拉力和剪力计算、多角度按薄壁件计算请学院或研究部门分决

4，

王同熙：1. 管柱作用 和头吃力差不多，①是指土作用和打桩，是否改变单，双筋的。

2，管柱裂缝：好像是打桩拉力，我看不一定，我认为裂缝都在法兰盘附近。其原因仅在有时，如何保证焊接质量，法兰盘直接传到钢筋再传到混凝土，是很复杂的。拉力是个原因。

3、怎样做法：赞成先张法，后张法张拉很麻烦，张拉法很难保证质量，我建议钢筋安装后再安装，做成骨架，比较容易保证好。平放

保证质量。

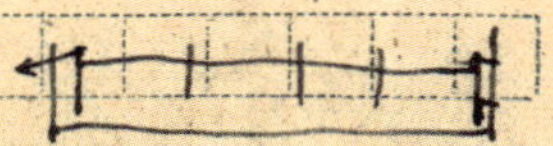

2. 内模板要强度很大的刚性内模，以免混凝土收缩和上盘不能贴紧，减少了应力了，是加压灌浆养生方法第几法

3. 钢丝用钢很多。这样可用钢的可以收回，

各种级别结构不管是否预应力或普通的要用300~350#以上

预应力利用较大，外部好像小了应提到40公斤左右

25×20=500

横直两用小稿紙
20—468

湖南工学院 王令森

1. ~~普通管柱~~ 预应力管柱，首先以个压力使其结硬，张拉力先拉足，过一段时间再检一下千斤顶，给它一个初压力。

2. 怎样使焊上钢筋没有初应力，除了一端用螺栓，使上下法兰盘平行。王提出做一模胚正是不能钢筋内初始应力。焊钢筋是否交叉焊，对称焊。

3. 对中心，有一个支架很难保证其不偏。张拉台可做大些，拉台和顶盖有一联结。

4. 仅靠紧密强度内模，钢丝伸长了内模板短了一段，是否内模用两节中间可动的，保证内模足长使模板和法兰盘间没缝隙。

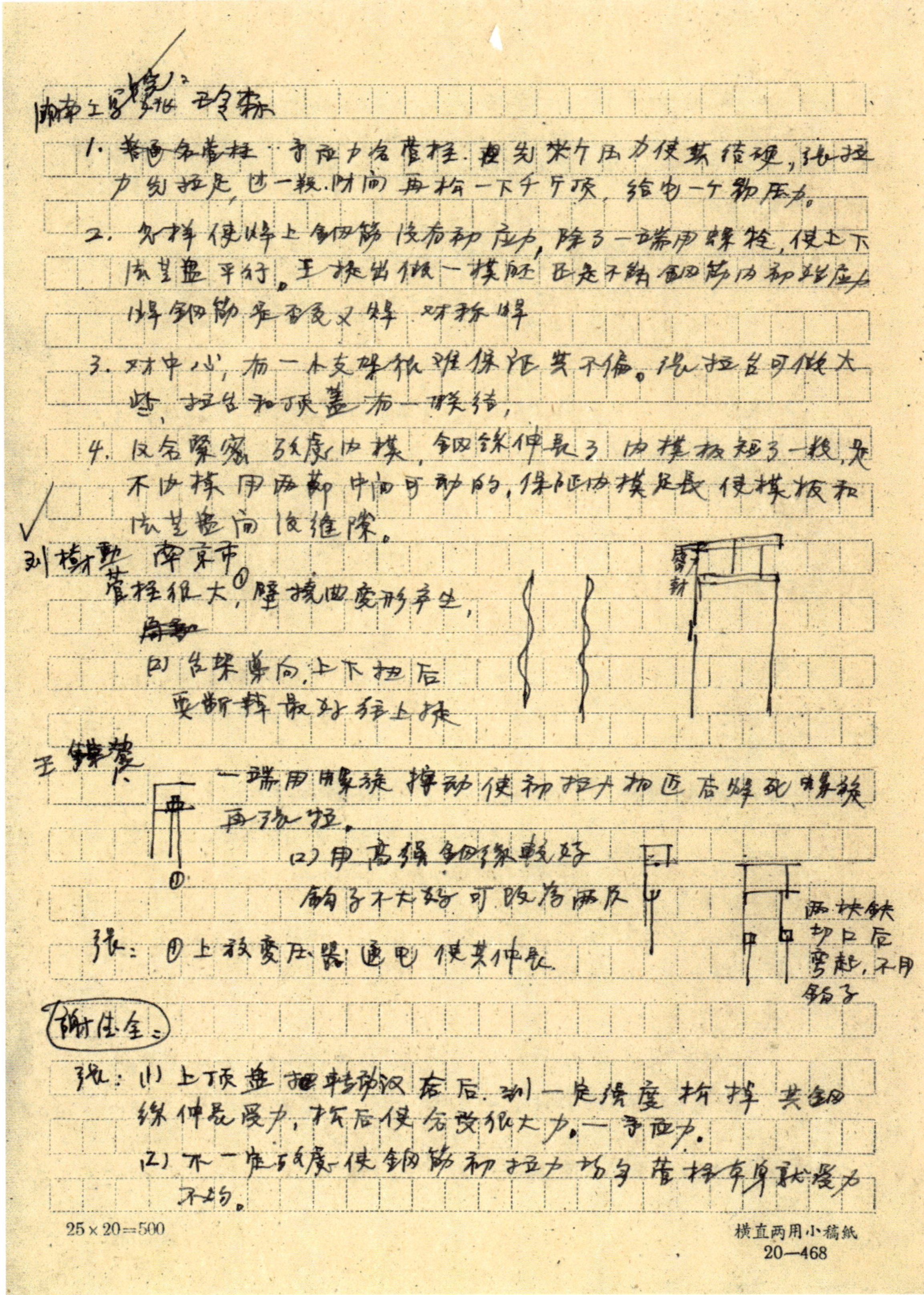

√

刘树勋 南京市

管柱很大，①壁挠曲变形产生，

~~局部~~

(2) 台架导向，上下扣后

要断掉最好往上提

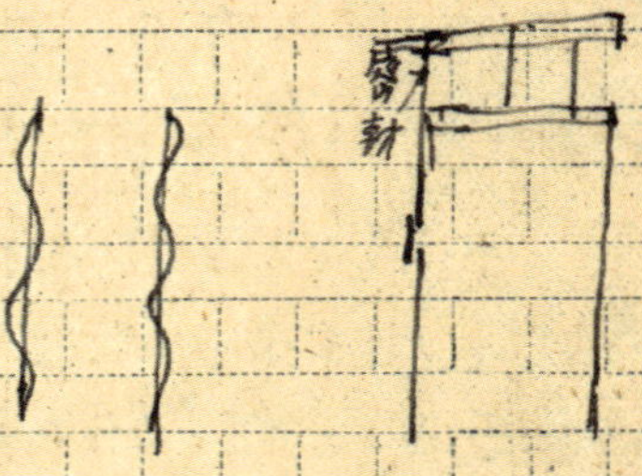

王铎荣：

一端用螺旋拧动使初拉力相近后焊死螺旋再张拉。

(2) 用高强钢丝较好

销子不大好可改为两反

张：① 上放变压器通电使其伸长

两块铁切口后弯起，不用销子

谢佳全：

张：(1) 上顶盘拧转动以后，到一定温度拆掉，其钢丝伸长受力，拆后使各受很大力。一预应力。

(2) 不一定强度使钢筋初拉力均匀，管柱本身就受力不均。

25×20=500　　横直两用小稿紙 20—468

焊缝能否承受反复应力。带岸操的加 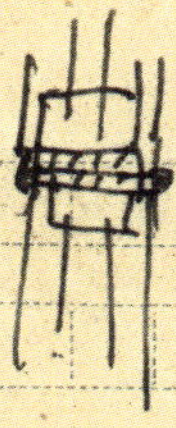 两块板顶紧焊上即可。

用螺栓和拉帽联结，螺栓插进转90°即行。 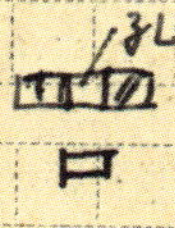

张士：1、铸钢问题，制造连接件都不大可以做到。

2、两板联接，由应力会加大应力达40kg，吊拉件不能解决

王序：吊拉时重量很大120T，3. 需很多螺栓，需要多孔。卡拉时两块板光不能卡。~~张拉~~

常桢：法兰盘一定有几个槽，可以卡住，一定要出槽。张拉，吊拉，卡拉、上拉力，都需承受拉力，螺栓联结。

王荣：人电热法没有什么把握，~~测~~控制温度比较困难需试验，耗电量也很大。

姚：人电热法在建筑上钢筋小可以，在桥上粗钢筋有困难，电压很高，其粘结力也不好，湖南交通厅也在研究这个问题，在桥梁上资料还很少。

王序森：张拉台架，顶架上放十字梁。把梁的卡头缩短。

25×20=500

横直两用小稿纸
20—468

59.5.7. 下午

曹桢：管柱受拉力750T的来源，是假倘按照分段计算，從上到下，從下到上反覆计算最大力不一定在上面也不一定在下面，以传的復算受力是否750T呢？是个估计，这里的管柱这个例子750T，也不是全部开裂。别的条件不大许，不管长短，壁厚薄只要一打桩就产生50～60 kg/cm²的应力。我们考虑750T已是个很大的应力了，思想上希望坚固些不致产生开裂，若再加强钢筋就要30mm了。螺栓已80多个再增加就困难了，用高强度螺栓材料也有困难。

振动拉力也不一定为打桩机振动力的1.5倍，

張士鐸 1.不管拉幅计算50～60数字计算是不可靠的，重要的要通过试验较可靠，去年各国都是用50～60万的可达80 kg/cm²，在上海试验没做，产生应力可能达80，要看波传的，按40管柱为较安全。

2.壁厚度，管柱是环形物中心受压，厚为d，欧美用15～20 d，我们厚度用14cm是希薄些，控制20～25 d为好，介乎粗柱与细柱之间，

3.5#钢筋屈服点，试验结果最高中3000～3100，建议用3000系数0.9不是很安全的，0.9是按疲劳极限得的，管柱可能在4百万次，建议用σ_T=3000 系数用0.85

4.张拉台座，先张法每台可搞一个，是否用后张电热法，工序省去很多，损失也可减少。现在800，一年后就更少，水中可减少50%，建议用600 kg。

鍾 X.一般产品屈服点比质量屈服点高一些，钢筋引伸率化学含量对振动都有影响

管架是否用装配式

王序森 屈服点：还应考虑钢的化学成份及其他性能，影响强度。

用0.9，由于张拉各千斤顶用力不均，0.9太接近极限了，预应力损失800太大了，含糊定可以不考虑，

25×20=500

横直两用小稿紙
20—468

关于钢管柱设计及制造。

梅：是否再介绍750T的来源。

答：根据桥研所来的"关于钢管柱震动下沉力之章"是从数学理论推出之力数字，从上而下及由下而上的震动波计算结果需要有50～60 kg/cm²的摩擦力，而φ3.6为1.5 M²，共计800～900T，而東採用60 kg/cm²是符合故接受意见。我们为31.2 kg/cm²符合。考虑750T以1.5M²除之为 ~~桥研所~~ 50 kg/cm²，若考虑土压缩者则有φ10或7 kg/cm²，除以K=1.3安全系数，经过专家按经验（试桩）为300～400T，试其量为15～16 mm。过去震动经验不足情有怀疑。

管柱是否有打桩的经验情况故不敢武断，过去黄浦河的15～16 mm肯定只有300～400T，现已750T感觉很大，恐怕需要非常钻孔坚固。

若要更坚固些则壁厚可以变为30、增加80～φ27，也搞不通，且材料供应困难，故经过讨论实在困难，故接受桥研所意见设计。

φ3.0M比φ3.6M少用630T，震动总受力为震动力加上1.5倍也是欠缺根据的，也不一定用φ3.0M用8m/5下沉。

張士祥：我认为之力用数学公式计算是不可靠，一定要试验找出土压系数的，世界均在50～60，有达80 kg/cm²。在上海作过试验拉之力产生可能大，用40 kg/cm²设为决定。

25×20=500

横直两用小稿紙
20—468

对钢管柱设计和制造之问题讨论.

梅

曹桢：750T由桥研所供给铁道院吴炳焜写的文章上把管柱分成若干段.来算从上往下.从下往上反覆算.计算结果最大应力不一定在上面也不一定在下面.最大应力在40~50kg/cm²

以Φ3.6M管柱截面为1.5M²可拉力到达1000多吨.

假若这种数字的确可靠.因得出应力为50kg/cm²，考虑钢筋在内还不到60kg/cm²、摊去损失应力.余内拉应力还在15kg/cm²左右.

故抗裂安全係数还在1.5左右.

从过去螺栓强度在300~400T 法兰盘厚度还与以前一样.只是增加了钢筋5，而钢板也由16mm增为24mm.故

根据应力计算.不考虑其他条件.总说振一打内冲动为50~60kg/cm²

（不考虑振并短钢筋及分布等）管柱情况是否一样.

现在用750T认为已经很大.思想上对试验打管柱应该坚固一些，是否这种作坚固一些可以抗裂性更强，也是希望的.

联接螺栓用80~27mm，已经很粗.再加多也加不进去了.

螺栓材料用更多钢材来做.也材料也是困难.法兰盘料也是困难.故采择用750T.

Φ3.0M管柱比Φ3.6M小一些.用630T

震动力等于震动打桩机之1.5倍也是估计的

25×20=500　　横直两用小稿纸 20—468

容易平，宜有联结，因焊时走动很大
千斤顶应有保险支承。
两模型板最好每片紧连成一起
加强钢筋后焊只要连接在围圈

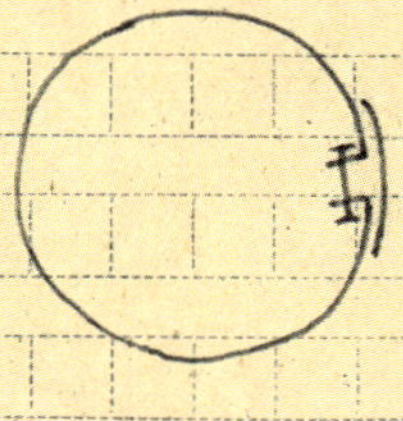

好像不能采先焊好

谢院今　测定侧向力。

1. 每个震动时之力，须先求得，震动时波的传递

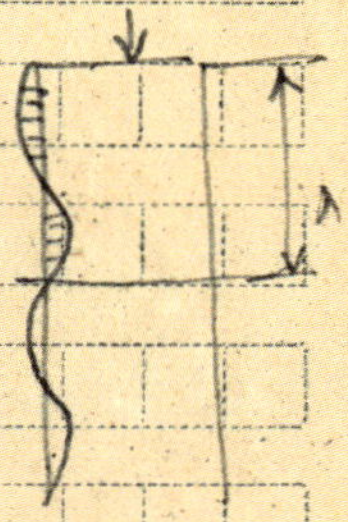

入值根据材料性质，λ=30M时就要论
抗力，试验应测定λ值。
2. 用超声波仪 数字 在长期震动后土体化、作用下
是否如此代的数据计算。

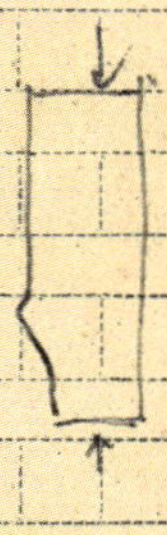

3. 桩的应力破坏，是否可作模型的充分试验。
4. 小模型试验，用2~7T震动打桩机。
侧面摩擦可试验
5. 震打震动时的横向摆动，观察土壤挤
挤力。

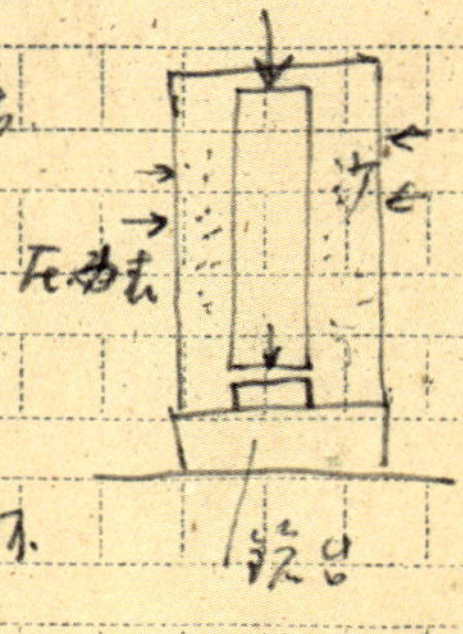

王谦德　下沉70M管柱约10节可随之振动。
完成后就需要300T使土的摩擦力破坏
至震动则比300T要大许多倍才能通过
地面时旁边一个大面土面均振动。

25×20=500

横直两用小稿纸
20—468

王洪泰

1. 下沉管柱总重量很大，(300T) 而用震动锤来帮助振动，则需300T震动打桩机，且是桩与土壤有粘着力，要想下沉必须破坏其粘着力。故要想使管柱下沉需要之震动力要比300T大得多。故用250T之震动力能否下沉到选择深度有些问题。可以采用φ3.6 φ3。旁挂帮助下沉方法。

下沉深度与震动力增加情况主要是一个直线关系。

2. 管柱钢筋直径对抗裂性来说用直径小数量多为比较合适。采用钢筋在拼装时本身已经弯曲，则在张拉时其应力数就差得很多。建议一端焊住然后在焊另一端时用一个外力拉直然后来焊。或采用一端螺栓拴先上到预应力数字。

3. 上端顶盘如何平整。

在用四个顶在顶时，必需有锁铁，则下面之导向要不起作用。否则放上时之导向，故这个导向应加强，导向伸出部分不要太长。

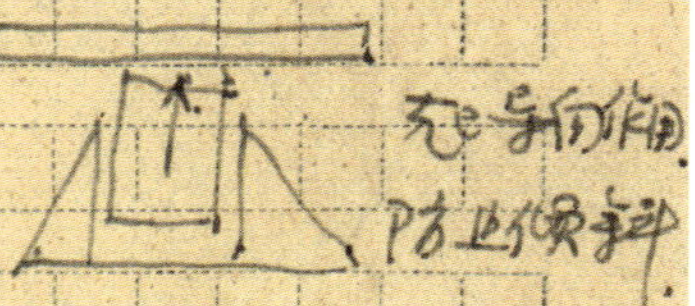

25×20=500

横直两用小稿纸
20—468

因此按750T对于下沉有怀疑，根据设备能力不成下比，而是如成井方问题，因此建议要求稳妥。

千斤顶拉梁，钢筋直径应用小，数量用多，因这顶张拉设備最好用钢绞。根据黄河桥中之钢筋焊上就弯，以后受力不一样，是否一段焊死一段再拉直，或用螺栓顶之，调整后焊好再张拉。

横顶置平直问题，因有导向设備，在起顶时力量不平时导向设備不对防止倾斜，故最好加强，改变形式。

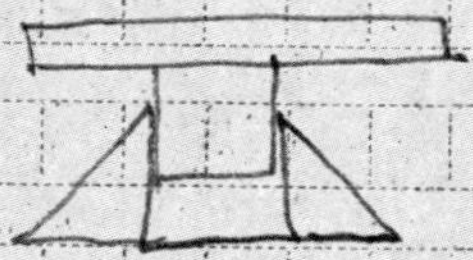

25×20=500

横直两用小稿紙
20—468

陈上经：

预应力索放置要扭一个角度。

束、粗钢筋的时候容易绕着，必须有办法。

李秀芝：

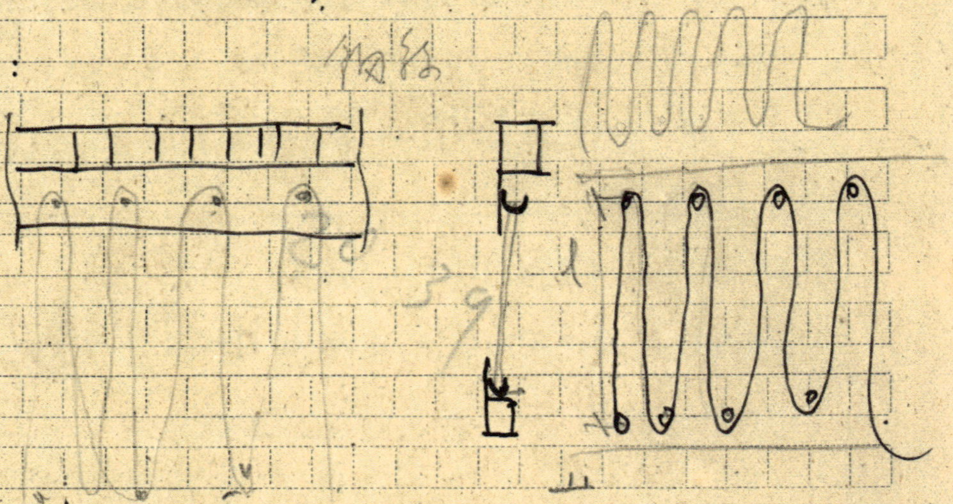

连续钢丝放在什么之上，自锚上可用的机具机。如不均匀可自动滑动调整。

王方森：①张拉的时候可以两面每一根各不同，以达到均匀。

②张拉的应力不宜太大。

陈云鹏：钢丝束是否可以先后张拉。

姚玖森：可先做钢筋分层张拉主筋连成一个整体，

再决定今后七根应力可做一试验，将来在什么地方有变形，头不能动，可用套板及防锈，

保护钢丝连在一起。

25×20=500 横直两用小格纸 20—1681

李兆 陈瑛 李秀 王明 姚玖森 刘柏 王学 陈法全 陈

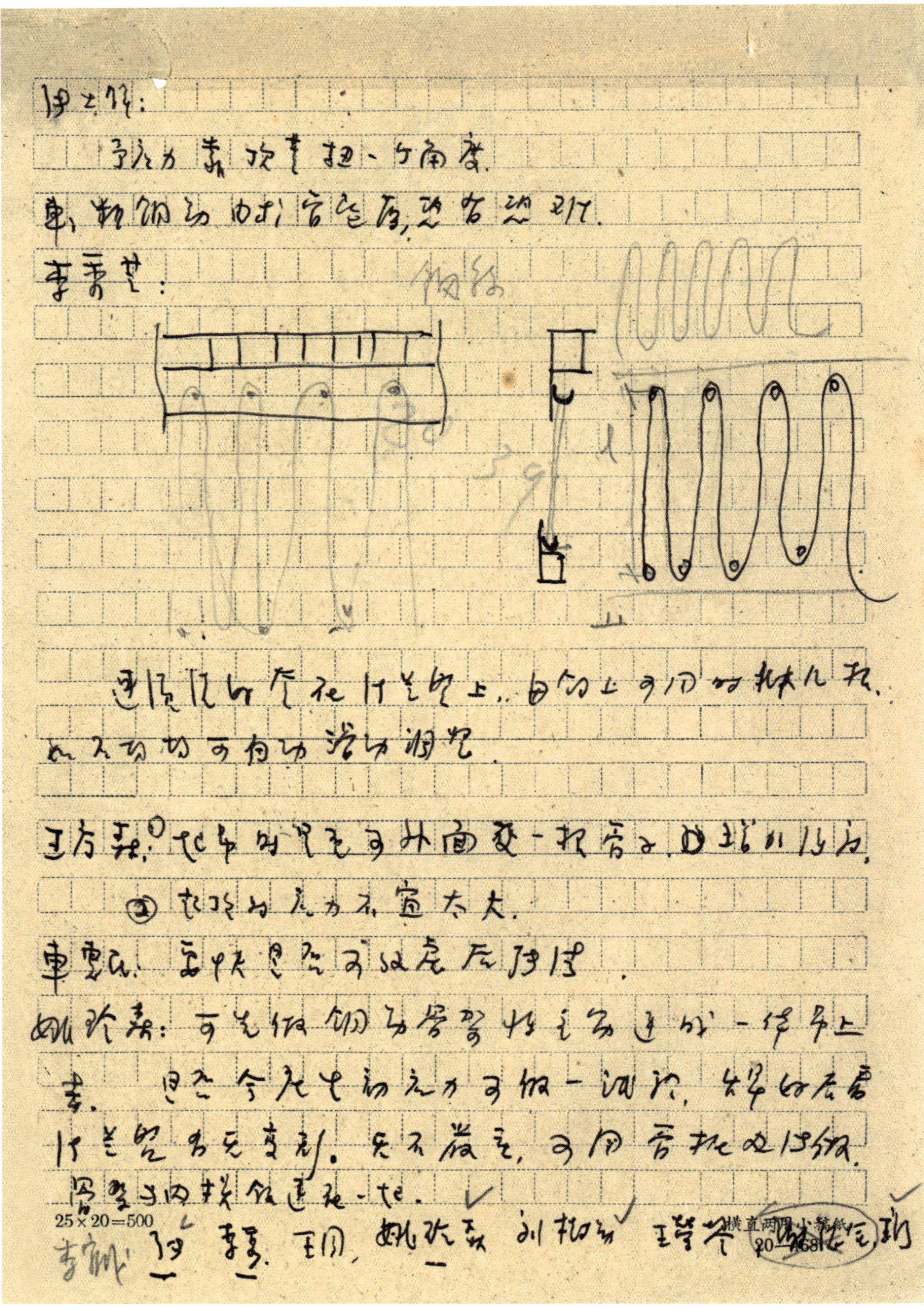

倪茂：1、钢筋旋的
可做模型试验，是否
可用于试验场

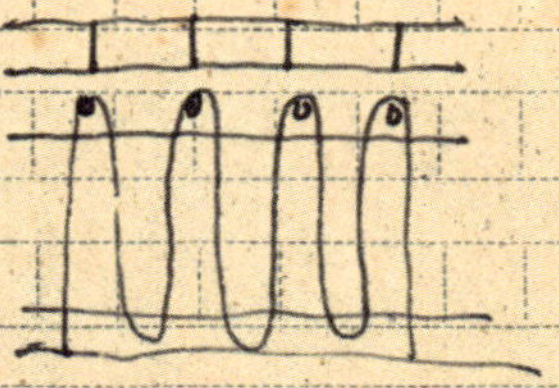

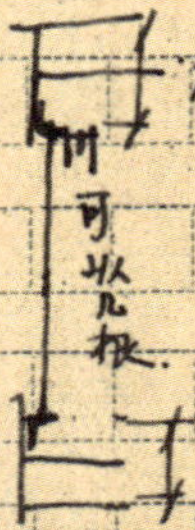

李家威：
1、钢筋不直对于应力影响　假定为圆弧形（便于计算）

若下2mm
f=7.8cm.

当f=5.5cm容易接现的
计算出弯曲对于应力影响不大。

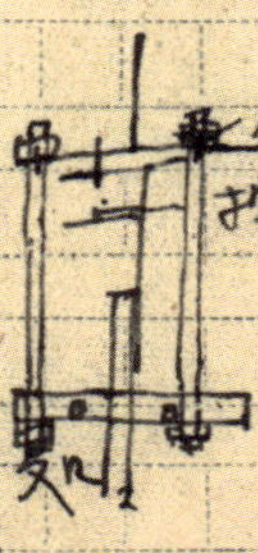

2、搭孔螺栓. 每钢筋都要螺丝扣. 费工复杂

平面图 →

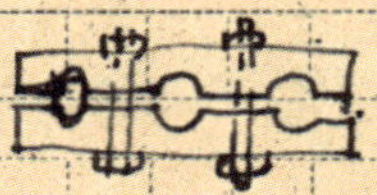

大桥局段计算组

√ 王荣鏊
唐森：1、张拉应力不要达到0.9即太高，当达
2、起吊钢筋用个架子防止钢筋弯曲，

姚玲森：1、做钢筋骨架，比一根一根焊好得多，可以工业化。是否产生初拉力，做下试验，是否有先焊后焊使应力差值扭的很大。若不大用旋转法工厂化制造

胡：做钢筋骨架与模板便做得很准，联结一起。

25×20=500　　横直两用小稿紙 20—468

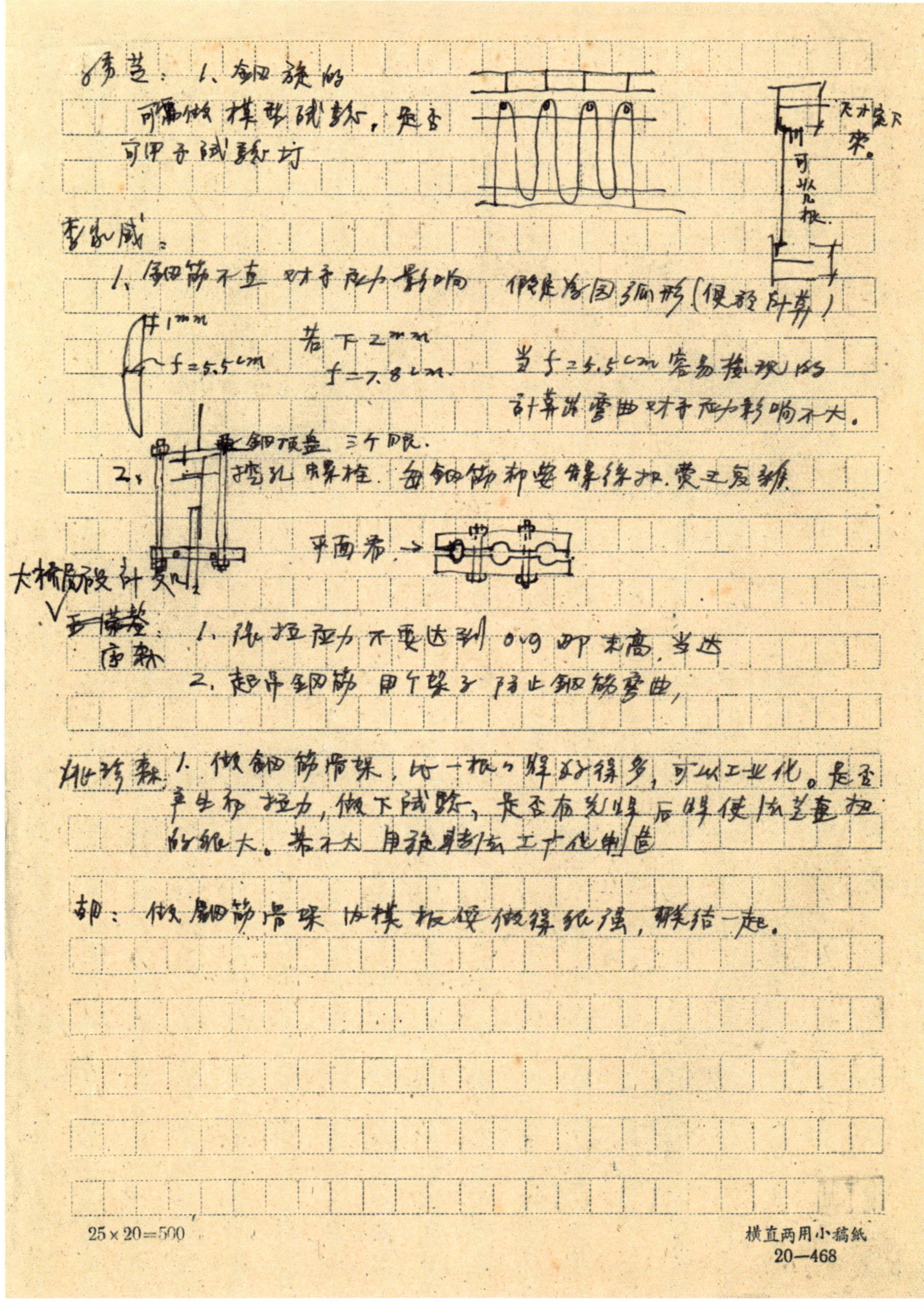

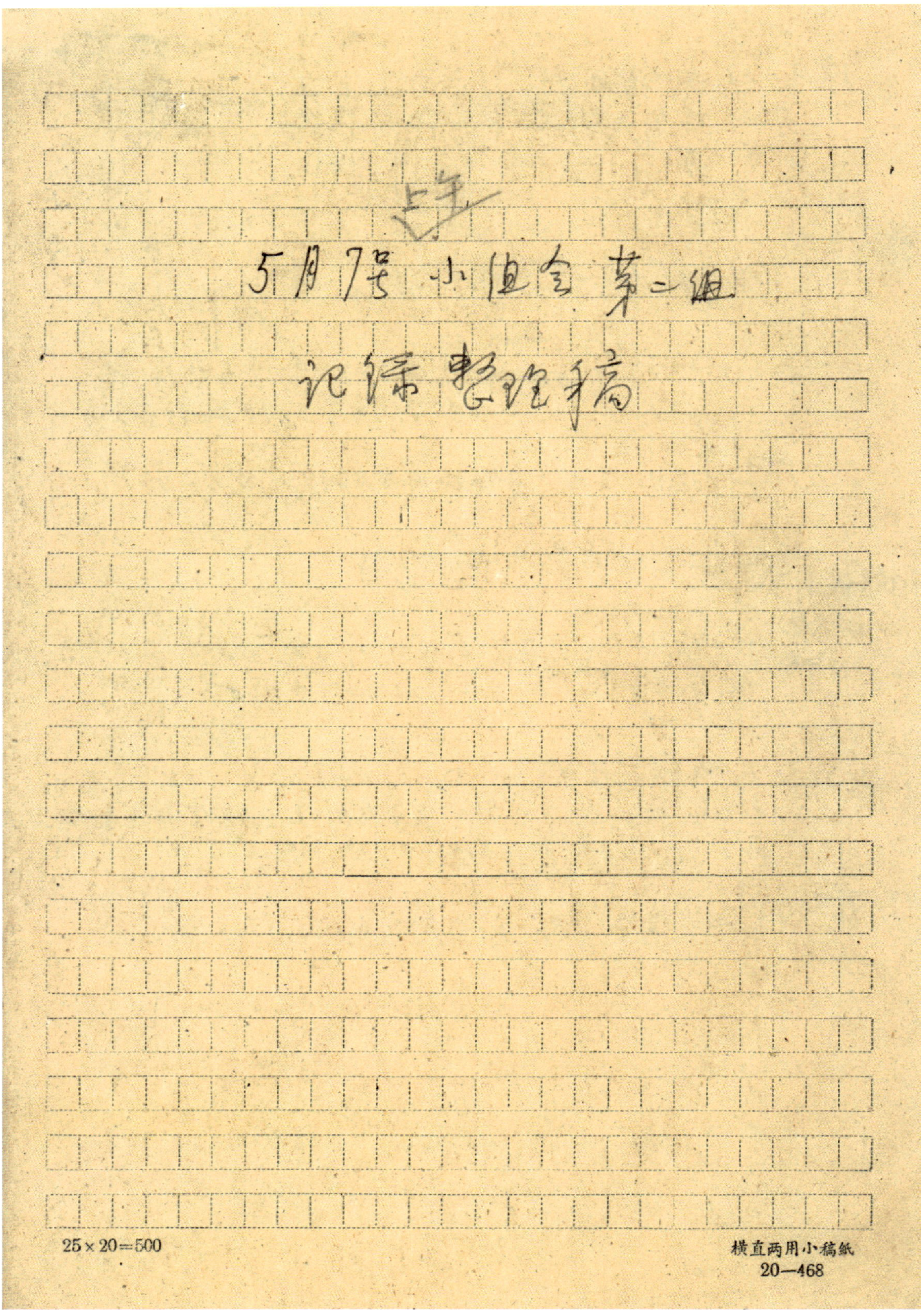

上注

5月7号 小组会 第二组

记录整理稿

25×20=500

横直两用小稿紙
20—468

第二组　1957.5.9.上午

周翼青——大桥局桥梁研究所

(一)领導组意见，昨天各方面提出的问题分為三類

①作為試験墩設計依据及試験墩工作中马上需要解决的问题

②為南京长江大桥正式施工需解决的问题

③不僅為南京桥而為今後桥樑深水基础所需解决的問题。

第①類需要~~与文件~~在会上作出答案，第②類需要解决一部份，第③類可以从長計議。

(二)昨天各方面提出的問題秘書组已彙總，~~管柱下沉及施工机械方面有許多問題~~現在準備①依据彙總的问题按上述類型分類②如有遺漏請大家提出補充③然後再按第一第二第三类型进行讨论。大家是否同意此办法。

秘書组彙總的关於管柱下沉及施工机械方面的题目

(甲)管柱下沉

①射水系統及吸泥系統的结構

②射水系統影响範圍及加風压的作用

③為何將中3.6公尺下沉至岩層

④各种参变数对管柱下沉的影响

25×20=500

横直两用小稿紙 20—468

⑤下沉管柱時各方面配合的方法.

⑥鋼管柱下沉時纪録各项参變數.

(乙)施工機械

①震動打樁机水下和管柱連接装置.

②巨型打樁机(250T).

③射水嘴自動密塞办法.

④起重浮筒.

⑤管柱接头的自動及半自動电焊方法.

⑥水下切割管柱的方法.

(丙)鑽岩及鑽岩机械.

①改進XKC—3)适用鑽机于φ2.6公尺鑽头

②φ3.2公尺旋轉式及冲击式鑽机.

③冲击鑽头的改進

④鑽岩時如何防止塌沙

⑤液压式的冲击式鑽头.

(丁)导管法灌注水下合成石灌漿的問題.

①导管上的震動器安装於水下的設计和試驗.

②導管接头的改善.

③水下合離析問題的研究(~~導管在一定深度水下導管接头漏水使水下合離~~水下合在一定深度,水透進而

25×20=500

横直两用小稿紙
20—468

產生离析)

④.水下合面标高的测量

⑤水下压石灌浆的設備(不是全靠重力)

⑥.水下压石灌浆的施工方法

⑦水下合及压石灌浆与管柱及岩层結合情况的检查

⑧水下合的均匀性

25×20=500

横直两用小稿紙
20—468

李芬——大桥局付总工程師（第一次发言）

問題很多，要在三天内都解决有困难，也不可能說一討论就都解决，以後还要根据科学的分析和試驗。今天討论第一目的是解决修試驗墩的問題，譬如鑽机行不行，应採用何种形式，250T震动打樁机究竟用那一个設計，起重浮筒目前看来在沒有大吊机时是好办法，大家討论一下是不是可以改进。這些屬於需要解决决定的問題是第一類。試驗墩是為了修南京大桥，管柱下沉，管柱大小，用鋁或鋼管柱等等問题需要在試驗墩上試驗的，屬於第二類。不能把南京大桥不用的一概不做，機力化不多，有价值的亦应該研究，属於第三類，如管柱不支承在岩石上而支持在土壤中的承載力問题。

分類有必要，但不要分得太绝对化。可用这种方式討論：試驗墩身上要解决的問題是討論（~~[illegible]~~）震動打樁机的类型，鉆机的類型，起重浮筒，震動打樁机的水下連結装置，然後考慮試驗墩的研究項目，協作分工，~~可用这种方式討論~~。

25×20=500

横直两用小稿紙
20—468

1959.5.7 下午2-4时小组会

第二组记录整理稿

万方

陈荣伟

25×20=500

横直两用小稿纸
20—468

五月七日下午讨论　　记录 陈学行 [illegible]

1. 关于钻机问题：

张远年：旋转式钻机需要先钻一直径500公厘中心孔，据说过去曾用KAM-500型钻机钻过这样大的孔，我们应能够试钻一下，同时还希望通过试钻，研究钻孔如何符合管柱中心。

黄丕依：先讨论冲击式钻机，较为现实，冲击钻机使用的钢丝绳直径多少，是什么式样。

张远年：顺绕6股37丝。

万方：过去大桥使用5T钻头时採用37丝钢丝绳，仍容易折断，现在用37丝钢丝绳，按计算是够了，但实际是否够？

高永盛：目前钢丝绳易损坏之处是在滑轮接触部分，因为新型钻机滑轮直径小，钢丝绳弯曲厉害，容易磨损折断，现在已将滑轮直径加大，与钢丝绳直径之比为25，可以减少磨损。

周昊青：新型钻机的轴很容易弯，这也是一个很大问题。

高永盛：新型钻机按设计轴径为140公厘直径即够，现用了200公厘，同时计算了些45号钢，许用应力600公斤/公分²计算，实际使用的是40X，另外将二轴承间的距离缩短，减少轴受弯曲应力。

张远年：关于钢丝绳安全係数採用了7，如要完全採用更大些係数，把握不大。

25×20=500　　横直两用小稿纸 20—468

张鸿年：钢丝绳安全系数采用了。如再加大直径恐怕链绳更不好。采用多大安全系数要把握。用6×37号钢丝绳柔性较好。

丁力：钢丝绳按使用期限来检修，但很难上钢丝绳。设计中未考虑钻头打空的因素，实际上是有的，这样使钢丝绳受力很大。究竟多大应该知道。

毕祖煜：可以估计，根据伸长来反过来推算应力。如是5公尺冲程（落到绳的应力是多少）[750]

$$\left[\Delta=\frac{PL}{EF}=\frac{\sigma L}{E}\ \therefore\ 6=\frac{E\Delta}{L}=\frac{12\times10^{6}\times5}{8000}=\frac{6000}{8}=750\right]$$

李蕃：冲问题①钻机冲击多少，希望加快冲程能升起，防止卡住打了。②各种铁件自动开关装在机上，我认为不宜装上。③断钢丝来制动，能否采用多大钢丝卸扣。④钢丝绳究竟用多大，钻头都不能太重，否则对钻机有妨碍。⑤钻机在上面如何移动，还有一些移动等问题。以上问题希望研究。

毕祖煜：钻头形式现在仍用十字形。希望能加十辅助十字，如果用十字钻在5吨即行，加辅助十字，可减少十字槽。

李蕃：七十公尺深水，人不好下去。希望搞一辅助绳子，重量太大不便用。不一钢丝绳折断，另一根绳子可以把它吊起来，值得研究。钻头不宜过重，大桥宜保持用3吨以内，不大用5吨。

李洙：（根据现在资料）钻进速度一般小时钻进2尺。据试验200～300千公斤/公分²应力9～10千公斤/公分²。如用重钻头（易）发生十字槽很难发现，冲击不如旋转好，要不向前问题。（如何保证钻头在不透重的情况下钻头旋转，是个问题。）

丁力：现在钻机各处都加了新东西，锭定性能问题。依据风在城上耐在钻（磨损）的，当推移动时实际上问题不大，要每工作有办法。

高福（高）：钻头重量可以减少，不要少希望增加，另外钻机2吨。

25×20=500　横直两用小稿纸 20—468

李贞芬：钻孔完成可以向两侧这管柱，选择可以增加稳定。

高越嵩：关于本体问题，手动方案不好，改加了一个棘轮，可以作为保险。

钱学新：主要谈试验中问题，钻孔抗结构和机杆等部分问题。最大的就是上面的问题，最难做的是合营，另外使用时最大问题油不够用，油泵出问题就停机械全停止工作。希望油泵仅在钻孔合作用下使用，使用完毕时则有另外的来油作用。核心方面因机杆粗了，且后面重大的多，可不成问题。希望能够合作，主要看机械合作，我认为可以合作，即使不行，拆掉机杆再行运输，主要拆机械部分，等上试验使用看情况，希望一机一行地进行。根据大家谈钻头不重，我认为可以利用现有的 YKC 型钻机用大一点的导向，可以接上使用。关于钻头的型式应该改变。

旋转钻机已在制作，待验收试验后再决定，可能存在有三套研究。

谭杰贤：关于油的问题，但不用油也应是好办法，仍按照如前述。

不言：希望增加一些设备，应当另外加吊头。

高越嵩：总之设计了几种形式，可以装上可以拆掉。

李贞芬：加上一套手动设备刹车，以防万一。

关于钻头的旋转可以在钻头加一些旋转叶片，利用水力使之旋转。

华祖焜：管柱焊接加工，上下中心线不很垂直，钻头在上面可以对准管柱中心，但在管柱接缝部位，是否仍在中心上，这是一个问题。

25×20＝500　　横直两用小稿纸 20—468

2. 关于震动打桩机问题：

李××：根据专家的意见 BT-250型震动打桩机应根下列数字条件设计制造：

① 转速：按500 550 600 转/分钟

② 静力矩：不低于 60000 kg-cm

③ 震动力在250ᵀ左右 当600转时

④ 马达功率：2×280=560KW 因为太多不设设备。

⑤ 用四支点单轴率 以率在2左右。

以上标由桥机厂设计制造两个供南京桥试验时用

25×20=500

横直两用小稿紙
20—468

1959. 5.7. 下午4—6时小组会

5.8 上午8—10时小组会

第二组记录整理稿.

雲偉

陈新

25×20=500

横直两用小稿紙
20—468

第二组 5月7日下午讨论记录

关于震动打桩机在水下工作的问题。

李芬：按在南京长江大桥的情况，从水面到岩层约有70公尺高，若震动打桩机仍旧放在管柱上端震动，则大部分的能量要被管柱本身的弹性变形所吸收，估计管柱下沉非常困难，所以要研究管柱受压力的问题，若是把能把震动打桩机放在管柱下端震动，也就是要在水下震动，这样震动的能量刚好作用在管柱受阻力最大的地方，更重要的是减少在管柱本身弹性变形中能量的损失，那就可以以小的力量收大的作用。~~现在研究~~

目前研究震动打桩机在水下工作的问题首先要解决的是可能不可能的问题，好像电动马达能不能防水，和放在水下和管柱的联结的问题能否解决，其余像散热的问题，工作条件的问题可以逐步解决。

李洙：震动打桩机在水下震动时，水会给予正面的压力，因此降低震动打桩机震幅。

陆荣祥：想来这可能还有好处，向上震动的时候，水柱重量能抵消上拔力，向下震动，水柱有向下的加速度，能增加下沉力。

殷万寿：李处长的说法有道理，这样震动打桩就座不了那末

25×20=500

横直两用小稿紙

20—468

的振幅，所以失去震动打桩机原有的效用。

时逊华：由于是在水下工作，受到四面水的压力，震动打桩机震动时，水受振动所引成的波来不及散开，就必须要减小振动打桩机的振幅。

周冀青：震动打桩机在比空气密度来得大的水中工作时震幅是要减小的。

李国芬：这个问题可以待试验以后再来证明。现在要研究的是能不能的试验。

张超印：做个小型的试验，先研究水下震动的效果如何。

周冀青：桥机厂设计的两个方案，抵抗上拔力的是靠油缸的摩阻，震动力有大有小时，油缸不能控制，不能自行调整。

殷万寿：震动打桩机机壳部份可以精密加工，但是管柱部份不能做得很精密，有1~2公分误差是很可能的。

李洙：~~震动时摩擦~~振动时油管容易漏油，这样就要联结部份就要松动。

陆荣祥：现在~~设计~~计算得的油缸在500吨的上拔力时为15个气压，~~实际使用的只有40个气压~~。设计的比须要的来得大，稍有漏油现象并不影响它的工作。若顾虑漏油，可以把油缸再适当放大。~~现在设计的气缸是比较简单的，用无缝钢管三轴做成~~。

25×20=500　　横直两用小稿纸 20—468

殷万春：第二方案是把撑杆设在机壳的下方，这样出了故障根本没有办法修理，从这方面看第一方案好些。

李芬：在撑杆的油压系统出故障后还能把撑杆缩回，最好不用弹簧来把撑杆缩回，而另外按装一个系统，利用在水面以上按装的绳索来做工作。

周冀生：第三方案油压设用在支撑向撑杆，而在震动打桩机震动时油压不受力，这是第一方案比第二方案好的地方。

李芬：第二方案的优点是所需要加工的部件较少，震动打桩机的机壳不受震动力。

刘兆和：由于震动打桩机和管壁间有空隙，所以放下去的时震动打桩机会一定要倾斜，那撑杆撑开后不在一个平面上，就不能每一点撑紧。

陆荣祥：可以在机壳上做滚轮导向。

周冀生：提这样一个方案。

震动打桩机还是不动放，

把机壳适当的加强。

特製的钢管柱可以做得短，

这样和仅加强一个震动打桩机的机壳比起来还是经济的。

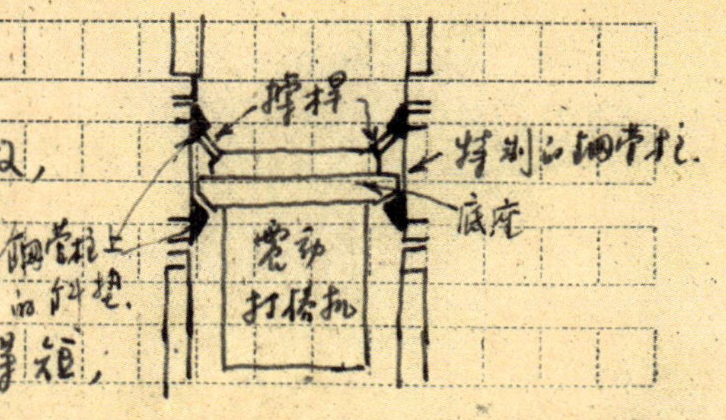

25×20=500

横直两用小稿紙
20—468

李芬：建议在管柱周围隔一定距离佈置有弹簧片，当震动打桩机通过弹簧片，弹簧片就把机座扣住，抵抗上拔力。要把打桩机取出时先套入一箍卷，把弹簧片压紧，随后随震动打桩机一起取出。

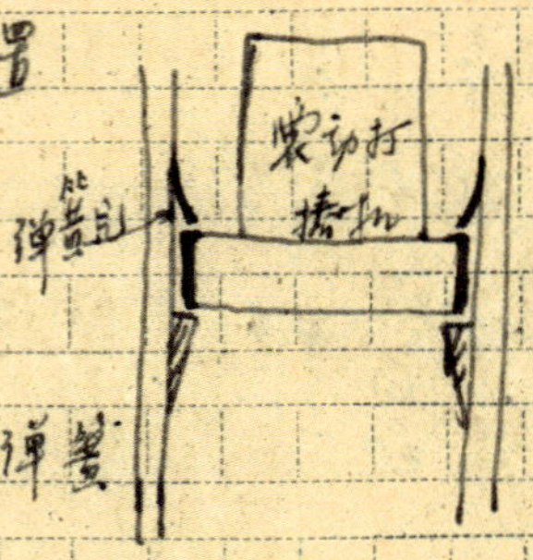

25×20=500

横直两用小稿纸
20—468

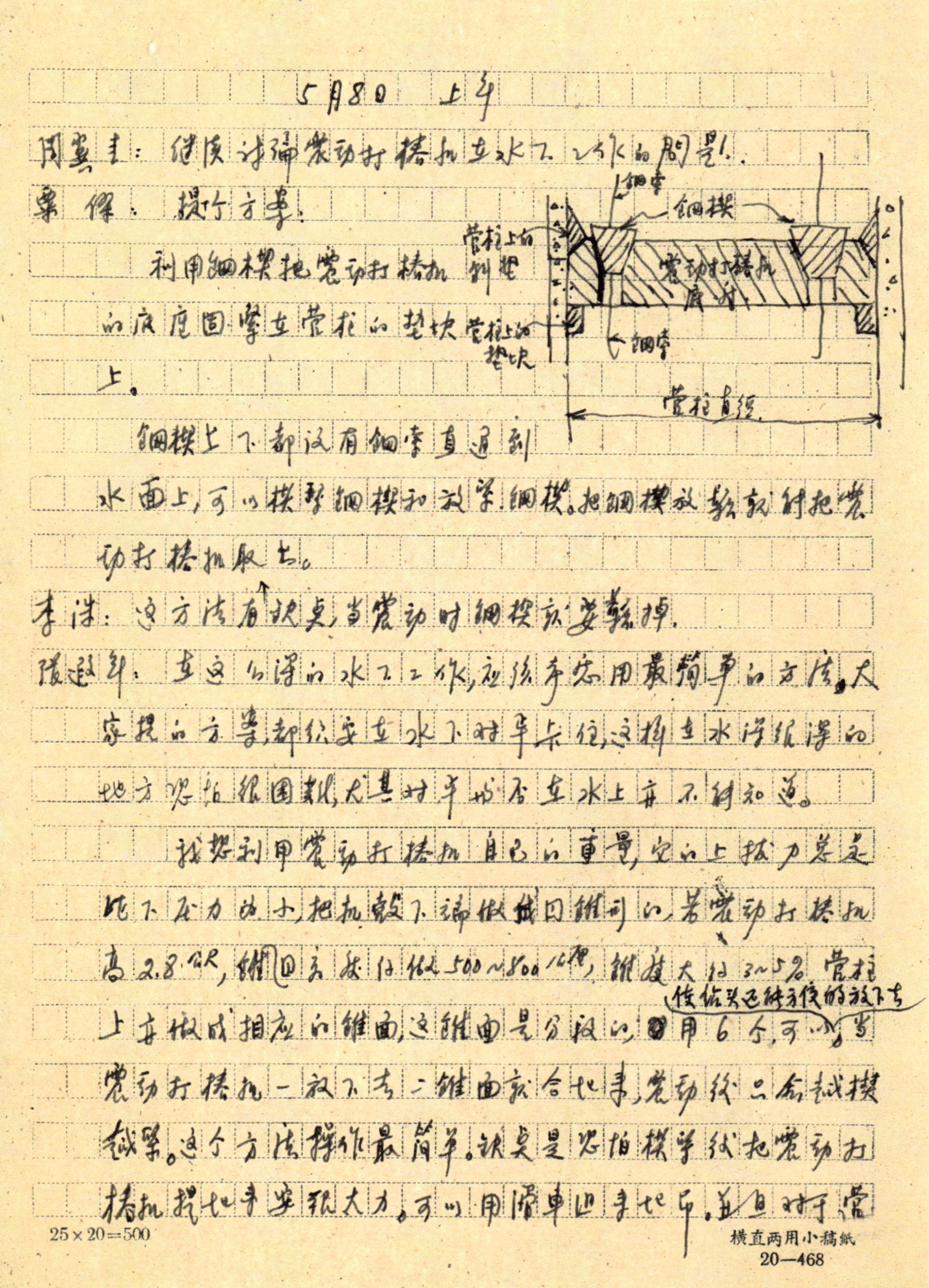

5月8日 上午

周寅圭：继续讨论震动打桩机在水下工作的问题。

粟保：提个方案。

利用钢楔把震动打桩机的底座固紧在管柱的垫块上。

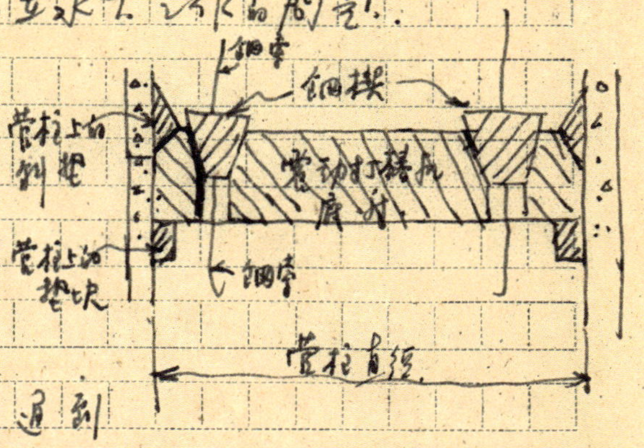

钢楔上下都设有钢索直通到水面上，可以楔紧钢楔和放松钢楔。把钢楔放松就能把震动打桩机取出。

李洪：这方法有缺点，当震动时钢楔就要松掉。

张通年：在这么深的水下工作，应该多采用最简单的方法。大家提的方案，都要在水下对準桩位，这样在水深很深的地方恐怕很困难，尤其对准与否在水上并不能知道。

我想利用震动打桩机自己的重量，它的上拔力总是比下压力为小，把机座下端做成园锥就可以。若震动打桩机高2.8公尺，锥四周可做500~800公厘，锥度大约3~5%。管柱上端做成相应的锥面，这锥面是分段的，用6个，可以使结头更能方便的放下去，当震动打桩机一放下去二锥面就合起来，震动後只会越楔越紧。这个方法操作最简单。缺点是恐怕楔紧後把震动打桩机提起来要很大力，可以用滑车迴来起吊。並且对于管

25×20=500　横直两用小稿紙 20—468

桩要产生横向力，要求管柱的外壳加强，可以加钢箍。

梁保：钢板太小，拔力就太大。

时近邦：当二者楔紧后，管柱并不就是受到500吨震动力所产生的横向力，所以这要小得多。

殷万寿：~~大家把意见看看吧~~

这次先用BП-1震动打桩机在岸上进行试验。

~~周冀圭~~

李芬：讨论这个问题，当然不可能一下都解决了，首先是要大家~~注意~~知道这么事，回去还好好想一想，并可发动群众一起来想办法，~~不管~~成熟的意见好，不成熟的意见也好，以后可以写信告诉我们。其次对现在打桩机厂提出的方案认为有那些缺点需要改进的，还要决定如何进行试验的问题，最后再考虑震动打桩机在水下工作的技术问题。

周冀圭：这个问题是比较複杂的，决不是现在就能解决的，可以根据会上提出的桥机厂建议的油压摔锤的建议，以及锥斜曲轮的方案，~~以及~~用钢楔楔紧的方案以及弹簧比卡等的方案交桥机厂进一步的进行研究。

这个问题就讨论到这里。

25×20=500　　横直两用小稿紙 20—468

1959.5.8 上午 10—12时
下午 2—4时

小组会第二组纪录整理稿

万方
陈孝祥

25×20=500 横直两用小稿纸 20—468

59年5月8日　上午　　记录 万方，陆荣祥

(1) ~~周翼青~~：射水咀的防堵问题请大家发表意见：

殷榛：我们目前想到的办法就是用三通管使永不断水。

周翼青：黄河桥下面是用射水咀套装弹簧，能够自动关水启开。

陆荣祥：用内燃机喷油咀的原理设计个自动开关。

李芬：仿照自行车的气门塞设计一套东西。

根据大家的意见桥机厂多设计几种型式二处进行试验。

(2) ~~周翼青~~：请大家对自动电焊和半自动电焊管柱接头的问题发表意见。

谭保贤：做个架子让自动电焊机沿着轨道跑就行了。

周翼青：自动电焊机当然是可以用的，就是增加一些附属设备。

大家没有反对意见。

(3) ~~周翼青~~：水下切割中3公尺管柱有什么办法。

黄玉信：在预计切割处先一个环形槽钢，单做水下切割，不知有无问题。

殷万寿：除了用水下烧割办法外，因为我们的具体情况，被切割部分形状是规则的，因此就有可能不必一定使用水下烧割的办法，而採用水下机械切割办法，故请机械人员想想办法，能否利用机械切割。

谭保贤
陆荣祥：可用TM-1300改装为切割机械切割壁板。

周翼青：1. 水下切割请华组编找些资料，由湖南工学院提出方案。

2. 利用机械切割由桥机厂用TM-1300改装想法解决。

25×20=500　　横直两用小稿紙 20—468

(4) 管柱内钻岩，如何解决漏沙和基石不平的问题？

周翼春：先在刃脚处打一层水下砼，然后压浆进去筑成灰浆壁。

殷万寿、李芬：水下砼封底只要将沙子冲空，还是有一部分作用的，因之南京桥没新方法还可用。

万方：作为黄泥填入堵塞漏沙，筑成新孔壁。

这三种方法都是要在今后工作中试用的，

5、射水下沉管柱时，对射水系统的结构如何和安装的方法？防堵的方法？

李芬：把外射水管移向内去，装一水包（环形）管壁上预埋上射水嘴，再射，但必须解决射水嘴堵塞问题。

黄文信：把外射水管三根或多根一联，组合好下沉加强刚度。

华祖焜：在管柱打8根#40管桩在管桩内再插射水管，边下管柱边打桩。

25×20=500

横直两用小稿紙
20—468

59年5月8日下午。　　记录：才材，陆学详。

1. 射水管的影响范围：想进行试验得出射水管的位置分该，好找出一些规律，便于今后施工。

殷才寿：我们想先在施工之前，用吊船吊住单根和双根射水管用各种用各种水压往下放，在两根射水管间放一个55管桩看不同的距离对土壤破坏的影响。

华祖焜：我们也可以在旱地进行试验，首先看在空气中作用范围多大射到土壤上各种冲刷范围和力有多大〈在不同土壤中〉也可得出一些近似的资料。

周翼著：大家都认为有必要试验同时化钱不多我们就用殷总讲的办法试一下好了。

2. φ3.6米管柱如何下到底，φ3，2.4米的管柱射水震动如何配合才合适，及钢管柱的问题，这些题目在这里不好讨论，等以后实践中再去研究〈大家没有不同意见〉。

3. 用导管法在70M深的水中灌水下混凝土导管结构方法有那些改进？

殷才寿：我们初步研究导管法兰盘方法，加以改进使之不漏水才能保证混凝土质量，改法将上下法兰盘车出槽子防漏

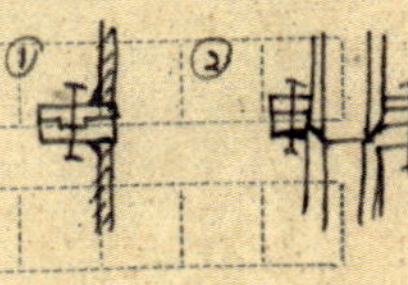

陆学详：在法兰处做个錐体，把接缝堵住。

李芬：导管接头是设法做得精密，并且导管可以考虑利用无缝钢管做，则重量轻强度大。

25×20=500　　横直两用小稿纸 20—468

4. 水下震动~~打插拔~~器的问题，大家看行不行？

殷才寿：为了减少导管的摩擦力和增加混凝土的流动性，拟在导管底部及中部附以震捣器，用什么样的震动器，多少电压，我们都不知道，只是从书本上看到过，关于防水绝缘安设问题，据知机械人员曾研究过，认为问题不大，但我们希望大家能多多发表意见，例如在降低电压和防水方法问题等，认为应该采用附着式震动器。

周翼青：列入试验项目，以后进行研究。

5. 水下混凝土标高如何作精确测量？

殷才寿：如何准确测量水下混凝土标高问题，事情虽小，但意义很大，因灌注水下混凝土的面积很大，高度差十公分，体积就相差很多，所以在施工上迫切要求得出一种简单易行的准确测量方法，其主要的困难是因水太深，用一般测锤法测量，锤太轻，感觉不灵敏，锤太重锤又易埋入混凝土内，吴教授曾建议用放射性的办法，我们认为很好，可惜不知向何处接头购置，希望大家多介绍和提出意见。

李珠：用密度测量器，混凝土砂浆和水的密度不同，做一种潜水浮标，比水密度大，比砂浆轻，那么将浮标（密封的）沉在水中来看当时的标高。

华祖焜：在上部不用手试而改用弹簧秤测量两种差别密度标志，

李芬：在测锤的上部装一个半球体，其大小根据混凝土砂浆和水的密度差来决定，使之能在水中下沉不能陷入混凝土内。

25×20=500　　　　横直两用小稿纸 20—468

殷之寿：将来在试验墩管柱填充时按可能办到的办法进行试验。

6. 片石灌浆法的技术问题研究？

李芬：片石灌浆搞好了可以解决深水中水下分段施工问题，同时也可以加快速度，在美国采用过应用了，质量较好，据说他们加一种结合剂，但具体内容范围不得其详，应要主请大家（学院）协助研究。

殷之寿：在施工简单的观点上，我们迫切需要解决这种方法，但这种办法又有其不可避免的缺点，例如管柱底部的沙层清除，不能就提升导管法一样可以用射水管冲开，并且在质量保证问题上钢筋骨架阻碍片石填充等等，所以想请大家研究一下希望找出一个试验的方法来。

华祖焜：可以不用压浆求的灌浆法，採用上升灌浆法。

李芬：片石灌浆法，根据在黄河桥使用的情况来看，存在有下列问题：1. 片石级配不好，隙缝不易填满；

2. 砂浆的浓度不易掌握；

3. 导管容易被卡住，造成折断事故。

25×20=500　　横直两用小稿纸 20—468

1959.5.8.上午8-10时

第二组纪录整理稿

窦保

陈新

25×20=500

横直两用小稿紙

20—468

1959.5.8. 上午 第二组.

雷傑
陈新

打氣浮筒

李　洙(大桥工程局)：浮筒如何做直，不直则下不下去。

華祖焜(湖南工学院)：只要氧压比水压大就不需继续打氣

周璧青(大桥局)：氧氣345公尺很长，在固合中用浮筒一次插入，浮筒会被水流冲斜。

華祖焜：手续太繁，不要作整体的，分段做，每段下端設閘連在管柱裡面(用自動脱鉤办法)，有浮力时顶住管柱，水进入浮筒後則靠浮筒本身重量使鉤自動脱掉，可拿出浮筒。

李　芬(大桥局)：可用打捞公司用的加固的袋子，打氣就浮起来。

熊丕佑(大桥局)：進氣管只一根，出氣管6～9根，每管底高度相差2.7公尺，是根据每节管柱在水中的重量而定的。吊船只能起吊一节管柱，第二节管柱装上後就需要浮筒来作用起。華祖焜同志的提方法，折装氧管还是免不了的。

方　方(大桥局)：浮筒主要為了以後用，在試驗墩用試驗一下，否則试验墩Φ3.6M管柱内下Φ3.0管柱可不用浮筒而採用Φ3.6管柱内填沙，以後吸出的方法来下沉Φ3.0管柱。

周璧青：化整為零是对的，应该考虑不在深度上发展，而在平面上化整為零，即利用浮船上安设龙门架和管

25×20=500　　横直两用小稿紙 20—468

柱連接，升降浮缆来下沉管柱。 2，

殷万春（大桥局）：浮筒的出发点是好的，但施工上很困难。如管柱下沉重量只有120吨，可加导向船上之塔架，即上做个活动梁来起吊下沉管柱。

李芬：浮筒不成功的话，一般的办法的对的，现在是要大家来讨论，集中群众智慧来改进浮筒。

栗傑（大桥局）：华提的方法化整为零，道路很广，干脆改为带底的浮筒，約长20m，接好二节管柱并下沉后往上移一次，以后一直不再拆卸，直至管柱下沉至河床为止。①避免水流冲，②减轻了管柱拆去時全上的重量。

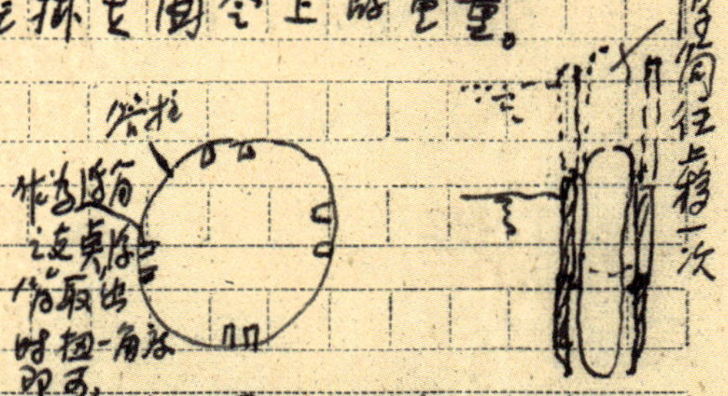

殷万春：浮力应小于管柱重量，否则管柱会歪。

李芬：金门桥是鋼管柱，採用充氣的办法很简单，我们採用合管柱，太大的氣压会使管壁受拉力而開裂。金门大桥使用时是接一次管柱换一下氣量，我们亦可採用這办法来接浮筒一节一节和合管柱一起往上接。

周寰生：這么长的管柱放在水流中，在深井风至0.36公尺

25×20=500 横直两用小稿纸 20—468

管柱内下沉φ3.0公尺管柱时使用的无问题，而在围囹上使用时，受水流冲击就要倾斜。

殷万寿：下沉合管柱不怕水流冲击，那下沉3公尺直径的钢管也没有问题。

秉铎：问题是下沉钢浮筒没有导向木。

李芬：合管柱重，钢浮筒轻，轻重对于倾斜是有影响的。这样看来，原来设计的钢浮筒一次下沉是有问题的。

殷万寿：目前利用钢浮筒减轻地中重量，而围囹上还要承受那么大的力。既然这样何必不就~~做个~~在围囹上做个龙门吊机来起吊。

李洙：钢浮筒打气以后浮加上低的重心很高，在水中恐怕不稳定。

秉铎：稳定没有问题，钢浮筒的重心很低。

~~李芬：~~

华泅炳：稳定看来是有问题。

陆荣祥：没有φ3.6公尺管柱来导向看来就更不稳。

万方：建议接一节合管柱再接一节钢浮筒，连接的办法可以像以前下沉管柱时联接射水管的办法一样。

黄玉培：假如怕一次下沉钢浮筒会被水流冲歪，那就一节一节的接装。

李芬：还是这样的办法行得通。

25×20=500

横直两用小稿紙
20—468

华道元：建议在管柱下端需要的地方加一个活的底盘，就依靠水压把它与管柱缝上做成的凸缘贴紧，水不流上来，以减轻重量。在管柱内适当的充水可以取得适当的浮力。待下沉完成管柱内全部充水以后就可以把活的底盘拖回取出。

殷万寿：这样就一定要考虑法兰接头处及活底盘接头处不漏水，恐怕很困难。

李荣：这样不安全，（浮筒有倒翻可能，或者需要侧面支撑。）~~水的波动将使底板不稳定。不安全的原因是~~

~~李谦：现在~~ 浮心低于重心，浮心与重心高差与浮筒[redacted]底面大小比例有一定限度，这是属于造船设计理论。

陆学祥：建议在管柱底端法兰盘上做个活动钩，在四个方面设置起重滑车组，可以把管柱吊起下沉。

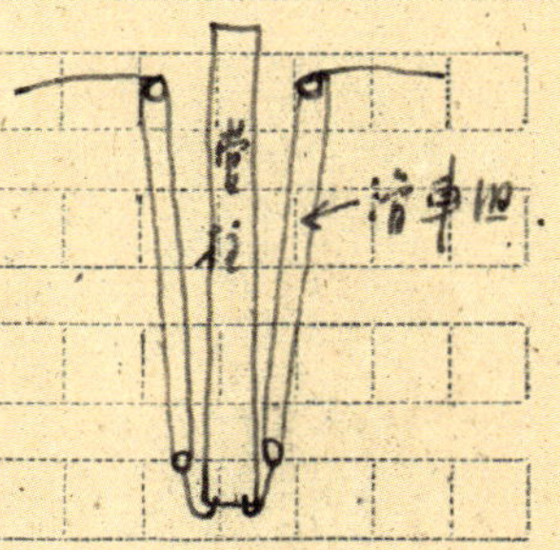

学纲：现在认为管柱不能承受内侧的气压，是根据现在上的容许拉应力来说的，若把拉应力安全系数降底些就能承受大一些的气压。现在按φ3.6公尺管柱来说容许拉应力为16公斤/平方公分。

周冀生：关于用打气的办法来减少起吊重量的想法是很好的，但在南京桥上用途不大，主要是一次放下35公尺的钢浮

25×20=500　　横直两用小稿纸 20—468

筒要被水流冲歪，同时施工手续麻烦。大家提出了几个修改意见：

① 用五公尺长密封的浮筒的方法

② 化整为零，改成很多节接上。

③ 还是设计处提出的方案，但是改为多节的接头。

设计处根据这些意见改定设计改进并进行实际试验。

25×20=500

横直两用小稿紙
20—468

1959.5.8. 下午4-6时大组会

第二组记录整理稿

李傑 陈新

25×20=500

横直两用小稿紙
20—468

5月8日　下午　4—6时

关于旋转钻机的讨论

张遐年：现在存在的主要问题是制造出来赶不上试验墩的使用。作为试验用的用1300钻机的试验钻机，5月中旬才能从兰州厂制造出牙輪，试验需用的电源、水泵还未解决。估计下试验还要到6月初才能开始。兰州所做的蜗輪、蜗桿精密度不高，很可能在使用中出问题。若试验顺利的话6月份可以得出一部份结论。但现在进行的大型钻机的设计是採用苏联新型钻机的资料和小型钻有些不同，因此所得的数据还不一定适用。设计工作还需要三个多月，那就到九月份了，制造二三个月就到年底了，就赶不上试验墩的需要。在我们的工程中要不要这个钻机，大家是不是确定一下。

另外在钻机钻进以前，先要在岩石上钻φ50公分的中心孔来固定钻机的位置，但这孔如何办法。我们考虑是用KAM500型钻机，但是否可用。φ500公重的钻石油部倒有，可以去借。如果条件许可，希望在管柱中进行试验。并希望明确何单位来做。

抽岩浆时需要高压的风机，这一套东西要需早作準備。

钻头的磨损很厉害，约钻入20公尺就要报废。材料的要求很高，要用20XH或20XM钢，这样成本就高。关于合

25×20=500　　横直两用小稿紙 20—468

金钢的供应问题要及早和钢厂取得协议。若在兰州石油化工厂制造，运来就很不经济，桥机厂是否可以自己建立车间加工。

大直径钻孔由於面积大，需要加压钻杆在加压时，钻杆受力很大，钻杆是否能经受得住，需作进一步研究。

钻杆的連结和拆降採用了新型的接头，要经过试验才能知道是否合用。

对于管柱的要求是能够承受钻机钻进时钻机传来的扭矩，但扭矩多大还不清楚。

钻杆上预备加一些支承，支承在管壁上来保证钻杆在受压时的稳定性，这样管柱就要受到水平力，但究竟水平力多大现在还不大清楚。

这套钻机较重，若在70公尺水下钻岩约要重30～40吨，要求浮船的起重能力略嫌大了一些。

李　洋：KAM-500型钻机可以向地质部借用。

中心孔用φ300公厘不知是否可以。

先钻中心孔是有必要的，能保证钻孔的质量。

要求中心孔对准管柱中心是可以做到的。

这里岩石不硬，用KAM300型钻机，换个钻头钻φ500公厘的孔不知是否可以，可以研究。

25×20=500

横直两用小稿纸
20—468

張邀年：目前中心孔的钻进深度只要求10公尺左右，所以用KAM300来钻φ500公厘孔估计是可以的。

若这个中心孔顺利解决，可以利用这个钻机来钻斜孔。

黄亚佑：中心孔不可能很准，差误总是有的。

張邀年：钻头上还没有导向轮，可以适当的导向。

黄亚佑：李荣副总谈也，认为试验上採用冲击钻机是合适的，但对于旋转钻机的设计不能放弃，还是要抓紧做。

正式工程上钻孔工作要在明年，若这设计成功的话是很好的。

冲抓机只要求15～20个大氧瓶，問題不大。

? 二机部 ~~国家~~ 國安平

苏联的设计的中心孔是φ120公分。

所以确定φ500公厘的中心孔是根据目前国内能找到的最大~~钻机KAM500~~牙輪直径是φ490公厘，再减小的话钻头~~容易损坏~~牙輪佈置及导向装置的強度都有困难。

黄亚佑：钻头損耗的资料有没有

張邀年：现在没有。根据苏联小型钻机的经验用一、二天就要付焊。不过它的转速快，~~牙輪~~齿小，我们现在转速慢，齿大并且地质较软，可能是有利些的。

在武汉做的试验可能可以得出些资料。

錢学新：~~武汉~~个钻机的试验准备工作基本上已完成，估计正在试验准备，大致

25×20=500

横直两用小稿紙
20—468

七月一号以前可以得出一部份结论。

二机部设计的钻头是按在φ2.6公尺管柱内使用的，钻头直径φ2.2公尺，应该按在φ3.0公尺管柱内使用的情况设计钻头直径φ2.6公尺的。

所提出的钻杆接头，中间设有万向接头，因为管柱很可能是偏斜的，但最好用二个万向接头，在钻杆发生弯曲的时候，在万向接头处可以自由转动。但是这样接装就有很多困难，因为要喷水、吸泥的话，管路不能通过万向接头，中间改用一段软管，可解决，但接装手续复杂，是否须要，有待研究。

张遐年：钻机在深水下工作，钻杆本身是具有柔性的，所以想来钻杆要弯曲的话，不接装万向接头问题也不大。

目前在试做的小型钻机试验，仅做一根管柱内的试验，这样对钻头的摆动情况的测量恐怕还得不出，是否可以再加一根做试验。

钱学新：可以在钻孔段直灌入砂，再钻。不过这样时间会长些。

黄玉佑：现在试验钻机仅在10公尺长的管柱内进行，和将来70公尺的深水下工作情况不同，可能得出的结论不一定准确，是否需要在试验场打上φ2.4公尺管柱内再进行试验。

张遐年：值得在深水中再做一次试验。如有30公尺深的工作条件就有可能推测70公尺深的工作条件。

钱学新：现在选择较浅的工作条件，主要是为以前的钻机，

25×20=500　　横直两用小稿紙　20—468

那台~~TH1300~~ YKC-32的钻杆只有20公尺長，以後再試驗則需換鑽桿。

目前进行的这个试验其目的主要是观测钻进的可钻性和速度，以及初步摸索钻头磨耗情况。

谭保贤：将来钻杆要加长，万向接头就不够用了。

李沐：这裡地質較軟可利用高压射水就可把岩层冲动。假如是旋转钻和水冲一起作用，那就会增加效率。

張淑年：我们亦考虑过这問題，但是所需高压水泵的电动率达600瓩，功率太大。

钱学新：在武汉桥6号墩做试验时，钻头磨损很利害。而南京桥岩石软，因此旋转式钻机比冲击式稍有利。並且目前对于冲击钻的效果还很难估计，所以旋转钻机的设计，试验工作还是要抓紧进行。

钻头的磨损問題，若钻进一个孔後才需要更换的话，那就很简单，由於其经济价值亦是很值得的。就是冲击钻机利用而不从钻进速度上看，旋转钻还有本身的价值。

单就钻在试验墩上试验小钻机，如在试验初步获得结果的话。

黄玉儒：应该做二种直径φ3.2及φ2.6公尺的钻头設計。

对于试验小钻机的工作不要放松，主要观测钻进速度及磨耗情况，其他一些問題再在试验墩上来测定。

打中心孔的問題服务钻探队，用KAM300钻机钻φ500公厘的孔。

25×20=500

横直两用小稿紙
20—468

5月8日下午

对于试验钻头的设计有无其他意见：

谭[illegible]贤：若钻头重量採用6吨要保持钻头高度与宽度的比例在1:1可能做不到，因为需要有一定的直径、一定的高度、一定的重量，但由于结构和冲击的需要就不一定做得出来。

钱学新：若钻头的高度连导向框架包括在内，那要达到这个比例还是可能的。若小于1:1则该钻头要偏斜。应指这是最小的比例：

黄丕佑：现在1:1的比例还不够。

不小于这个比例，6吨重是否能做出来，请设计单位回去进行研究肯定。

25×20=500　　　　横直两用小稿纸 20—468

5月8日　下午

关于改进YKC-31钻机，试验φ2.6公尺直径的钻头的讨论。

谭保贤：钻头重量若从4.5吨增加到6.0吨，那么钻机结构问题不大。

钱学新：这个问题可以不需要什么讨论。只要领导上决定了就成了。新设计的冲击钻机工期上赶不上需要，这段时期就用YKC-31型改了用。在汉江桥使用过的，已经加固了的，更换常变材料，只要是把功率加大一些，减速器模数加大。钻头在是现成的，没有有8吨钻头，适当的减轻些。在汉江桥的这台钻机，就曾经带动过6吨的钻头。

方　方：李洪处长可以考虑把汉江的钻机调桥机厂进行改装修理。

钱学新总工程师谈到的8吨钻头没有张开，应该考虑加上张开。

用YKC-31改装是最稳妥的办法。

黄亚佑：可以把钻机和钻头集中到桥机厂进行改装修配。

可以把这问题提供领导上细研究。

25×20=500　　横直两用小稿纸 20—468

5月8日 · 下午

~~讨论~~ 关于如何检查水下混凝土管柱壁接缝是否良好的讨论。

李洙：可以钻斜孔来检查。

华祖焜：在试验做过试验，是先把管柱放进水里，灌注水下混凝土後再提出来检查，结果还是满意的。但是对接缝面的剪切阻力就没有检查。

黄丕俶：在深水中灌注水下混凝土就不一定像这个试验情况。

钱学新：提个方案：先在管柱下部凸出一块，并在其中预埋钢管，将来就可以在管中进行钻孔。

~~李洙：是否可以根据水下混凝土管柱壁贴紧的程度而密实程度不同的情况来测量。~~

25×20=500　　横直两用小稿纸 20—468

5月7日 下午

第三小组发言記録（原始記録）

25×20=500

横直两用小稿紙
20—468

5-7　第二次会议纪录

57.5.7.下午2:30.

吴获培：1.关于用桥墩钢管桩[illegible]955[illegible]

一份[illegible]

2.[illegible]桥[illegible]试验[illegible]

谢[illegible]：[illegible]一般[illegible]用空心桩[illegible]，用空心[illegible]

[illegible]。[illegible]55、50—60。

[illegible]70—80[illegible]6—7[illegible]

不宜>60 cm.

[illegible]大管柱[illegible]二—三根。[illegible]（[illegible]）

[illegible]

吴：40—50[illegible]50[illegible]

王[illegible]：[illegible]试验。

[illegible]

[illegible]36[illegible]50×50（空心）[illegible]

[illegible]（…）[illegible]

[illegible]钢桥[illegible]

钢[illegible] 12000

[illegible]

[illegible]

用管柱打桩机[illegible]如何？[illegible]

谢[illegible]：10[illegible]管柱用小[illegible]

25×20=500

横直两用小稿紙
20—468

谢：预应力桥较普通桥能省多少钢材？

孙：主钢筋、箍筋均节省材料，六七成。

吴：摩擦桩桥不够安全，支承桩会好些。

不知道可否在36"桩试一试。

孙：以海拉尔来说：预打的空心40"桩，40×40。

谢：用于预应力的普通的桥，至于何种方法，以便可以用何种方法进行预应力，主张先做研究试验一下为好。

吴：预应力桥不能推翻

李先钊：普通预应力解决了以下问题，而在普桥之间是否存在，本身结构不需要，而在于预应力是否打不打的问题。

孙：据苏联了解预应力桩的很多，打不好了，但预应力钢丝锚固问题未曾很好研究。

吴：预应力不论桩和桥都一样，均会打裂……的钢丝锚具问题解决，为了试验一一桥工处做些研究工作做，预应力提高厂设备桥头也应该加以解决。

用于预应力钢丝和用高强度钢丝不太相同。

25×20=500

横直两用小稿紙
20—468

关：　桥的种类[illegible]有

1. 普通桥(保一头)

2. 爆[illegible]桥

3. 桥头[illegible]

4. 〃 [illegible]大桥

5. [illegible]桥

针对[illegible]桥[illegible]试验—

[illegible]试验

② 桥头[illegible]

③ [illegible]桥的[illegible]

桥打进去桥头后的土坑的情况

桥头+侧摩擦力+[illegible]试验做实。

[illegible]：1. 试验[illegible]桩子做10、20、30。[illegible]的承载力。

2. 爆[illegible]桩子做，[illegible]的情况

过去在[illegible]上试验，爆[illegible]也有增加(巴黎[illegible])。

[illegible]在3～5个地方

试验项目：

a. 试验可用快速试验[illegible]，[illegible]

[illegible]

b. 测桥[illegible]及摩擦力、试验方法。

c. …… 吴侯 [illegible]

25×20=500　　横直两用小稿紙 20—468

因桥墩不够有间断的

因此沉降较多。

桥墩不做成连续的，只发生沉降，桥身坚好。

可承受动力作用。

另外试验已有用过，但桥墩部分不多。

实：桥头连续梁和拱桥结构一起做。

快速试桥墩安全。

戈时：加荷载后不能停止沉降状态，得依靠加荷载。

破坏处曲线转折。

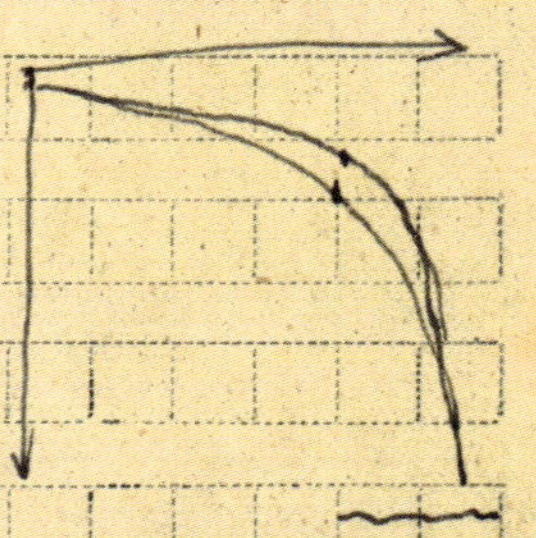

实：快速加载和普通加载。

群桩做什么试验可研究。

王：单打钢桩较多。

实：冲水沉桩也有实践经验，经冲后打桩到>20吨/平方。

冲水的干打结果相同。

刘：>20吨干打，冲水……试验。

机器方面还有……1（试验）套打沉桩。

取原状土不怕麻烦，只要保持原状，试验……

试验方法研究一套，打出来……

汪：南北岸可找一个试验场，单独在一个场地进行试验。

25×20=500

横直两用小稿纸

20—468

吴：试验一根单桩承载力的时间很长。
群桩与单桩干扰很大。
设计处设计的斜桩是否没有考虑一下。
水平荷载是否可以研究一下。

弋：……前好试验一下。在沈阳几根桩
多试验一下。
振动沉桩法，在冲水的、和无冲水的打桩上还
都测验一下。

吴：附加除泥法很好。[illegible]
[illegible]

孙：[illegible]
吴：[illegible]
[illegible]
[illegible] 40、50 [illegible]

弋：[illegible] 试验 [illegible] 相同。
[illegible] 一定一样。

许：[illegible] 较好 [illegible]
[illegible]
打 [illegible] 打不下 [illegible] 来。

吴：[illegible]
[illegible]

许：试验桩前好在一个打二根做好，也做
[illegible] 试验。

25×20=500

横直两用小稿紙
20—468

刘：　　试桩位置小组讨论会

王中正：桥址钻孔资料已编完，如何进行试桩[illegible]。

[illegible]

[illegible]

吴：　　[illegible]

试验[illegible]。

王中正：　　桥[illegible]

[illegible]

[illegible]

王中正：桥头下面的土相同的话，[illegible]做试验。

吴：　取原状土做压缩试验求 E_s。

用公式计算沉陷是不正确，[illegible]

取原状土也有困难，[illegible]沉陷

[illegible]

王

（砂粘土部分
桥头下面）在7～8m的砂层……

长　　分段试验较好，在一个地方试验[illegible]

一根桥墩[illegible]

因地质情况不一定，要分开做。

1.[illegible]

第一组[illegible]
桩[illegible]

[illegible]

[illegible]

吴：　4种典型，每种典型都应做到。

分别爆破，[illegible]

25×20=500　　　　横直两用小稿紙 20—468

吴：建议5种地质情况进行试验
　　每孔一根打桩分析。可先选四种典型土质做试验
长：决定4种，每种做4根，另加爆扩桩20根
　　工作量在5月
吴：爆扩试验，在1条20"
长：……桥位试桩……做到。去岸上试桩确定位后再决定
李：加长桥长增加水到时间，对设计较容易
　　东岸的桥……40"……级钢较好，对于设计有意见可以桥长……比较
　　设计支持：40公尺安排临时好
长：江桥39公尺一些，工字49
孙：搭架爆扩试验，加强打夯做
　　①现在年水位再爆扩不会……如何
　　②在土层中夯
吴：①…… ②做摩擦试验决定
　　电控钻探电阻各根都有小个别
长：蒸汽套护40公尺。打电阻保护
刘：试桩用做1立方打
吴：电控保护伸出钢管保护
谢：……线与铁机钢筋
吴：……位置的……间。做蒸汽套护做全一个
　　间

25×20=500　　横直两用小稿纸 20—468

长：电阻丝搭在桥的上面做的，测量应力的情况。
对粘土、石头、混凝土，各个地方埋几根，3～4根
千斤、千克，都能测出来。

实：放射性同位素法，铁道部建筑科学研究院做了。

长：了解一下情况。

吴：专业搞研究，陶瓷的做机理。

李：桥梁的工作情况不知，需要加强情况来分析。
我们做的试验：一、电阻丝做试验，电阻丝的可靠性如何。

长：电阻丝在桥上的大的试验，我们做，不一定都公开，给一份。

吴：需要机械设计钻头（浙江省在宜昌的钻头）。

长：如不能多做试验，几根也可。

刘：设备库问（3个月），普通的不能用。

王：地质性察实的石头高射出来的很。

王：上海材料。

吴：比较大的工作。

陆：应在试验在钻孔内打基础试点一根。

吴谢刘：备设备不一定一根，多做几根。

吴：普通楼、楼板楼、沉井都可做。
任何测定那些。

25×20=500

楼板在桥钢的也是一定的，可能试验~~楼板~~
子分力性的考查。

横直两用小稿纸
20—468

谢、梁、李、王.

用4个地震波测了.

梁：钢桥梁波反射了.

李：斜桥打桩好.

吴：[illegible]梁[illegible]，[illegible]，波反射地面波，找出关系.

戈：[illegible]桥[illegible]了.

刘：做[illegible]桥试验[illegible].

毛：[illegible]桥间距[illegible]大一些，桥[illegible].

黄刘：斜桥之[illegible]方向[illegible].

吴：同时[illegible]的[illegible].

…… [illegible]，单桥[illegible]的试验.

梁：如不[illegible]，我们只[illegible]桥，我[illegible]决定.

吴：[illegible]，[illegible]一[illegible]试.

王：每打8根[illegible]桩.

吴刘：斜桥(大[illegible])方向

吴：[illegible]了.

许：[illegible]试验，[illegible]一般[illegible]

提高一倍以上，~~[illegible]~~[illegible]一[illegible]

[illegible]试[illegible]出来看.

[illegible].

[illegible]试验.

吴：[illegible]研究，[illegible]，[illegible]大的.

[illegible]试验[illegible]，[illegible]4[illegible]一个，[illegible]

[illegible]桥.

25×20=500　　横直两用小稿纸 20—468

吴：　1. 54. 桥址：四

2. 几个主孔用大跨钢梁，较为经济，其余的可以用

的小跨不能用预应力混凝土用、

请外边如等等设计论格式用。

长：　不应用一小跨二不太好，应用一小跨二

新旧搭好

25×20=500　　　　横直两用小稿紙 20—468

5月8日

第三小组会议记录（唐培纪录）

25×20=500

横直两用小稿纸
20—468

59.5.8. 上午

关：50m 深的沉井讨论：

王序森：▽平均22.2

河底标高 ▽+20.0　可能冲刷以后 -▽35.0

沉井 -▽40.　岩层 -▽59.5

斜杆.拉杆.细砂

理由：管柱φ3m. 因为岩层有问题. 为了减少管柱入岩深度.

小径30m直入深度入钢筋笼约12m.

柱距4.6m.

问：

1. 下沉管柱时如何纠正倾斜的位置.

2. 冲刷问题如何解决. [illegible]

[illegible]

3. 管柱下沉中问题 [illegible]

[illegible] 50—100 [illegible] 9～10m.

[illegible]

4. [illegible]

[illegible]

-▽50

一根.N=3800～4000T　H=720T (横向) 共600吨 (34m)

钢沉井 880T

1. 与②同.

2. [illegible]

关：

[illegible]

25×20=500　横直两用小稿纸 20—468

3. 承台底面内管柱(层)摩阻力问题，[illegible]。

王：轴向力 $= mK(0.4\frac{h}{d}+1)R_cF$ （苏联铁道科学研究院公式）

m：2　　R_c 岩石极限抗压强度

K：1.7　　F 管柱面积（入岩部份）

吴式：管柱的入岩深度[illegible]。

[illegible] 较为保守。

[illegible]

8～9个管柱[illegible]。

[illegible]

R_c [illegible]

[illegible]

1.[illegible]

[illegible]

[illegible]

[illegible]

汪：[illegible]

吴：…… …… …… [illegible]

[illegible]

丁：管柱中间力[illegible]。

25×20=500

横直两用小稿紙
20—468

吴：打下管柱试验作业刚出来。

在这种土质中的小一些。（钱先生）

同沉井不同。[illegible]

再试验打得[illegible]的一些资料。

2.（主桥）钢管柱摩擦力[illegible]

[illegible]一些资料。

吴：试打钢管柱做一个摩擦试验（后一个）做为

设计。

钱：沉井摩擦力试验打出一些资料

冲刷情况要好，[illegible]一些。[illegible]

估计摩擦力，在试打后出资料[illegible]。

谢：下不去[illegible]怎么办。

王：[illegible]

吴：[illegible]

王：[illegible]

吴：[illegible]

[illegible]

谢：[illegible]

[illegible]

杨：① [illegible]

② [illegible]

[illegible]

25×20=500

横直两用小稿纸

20—468

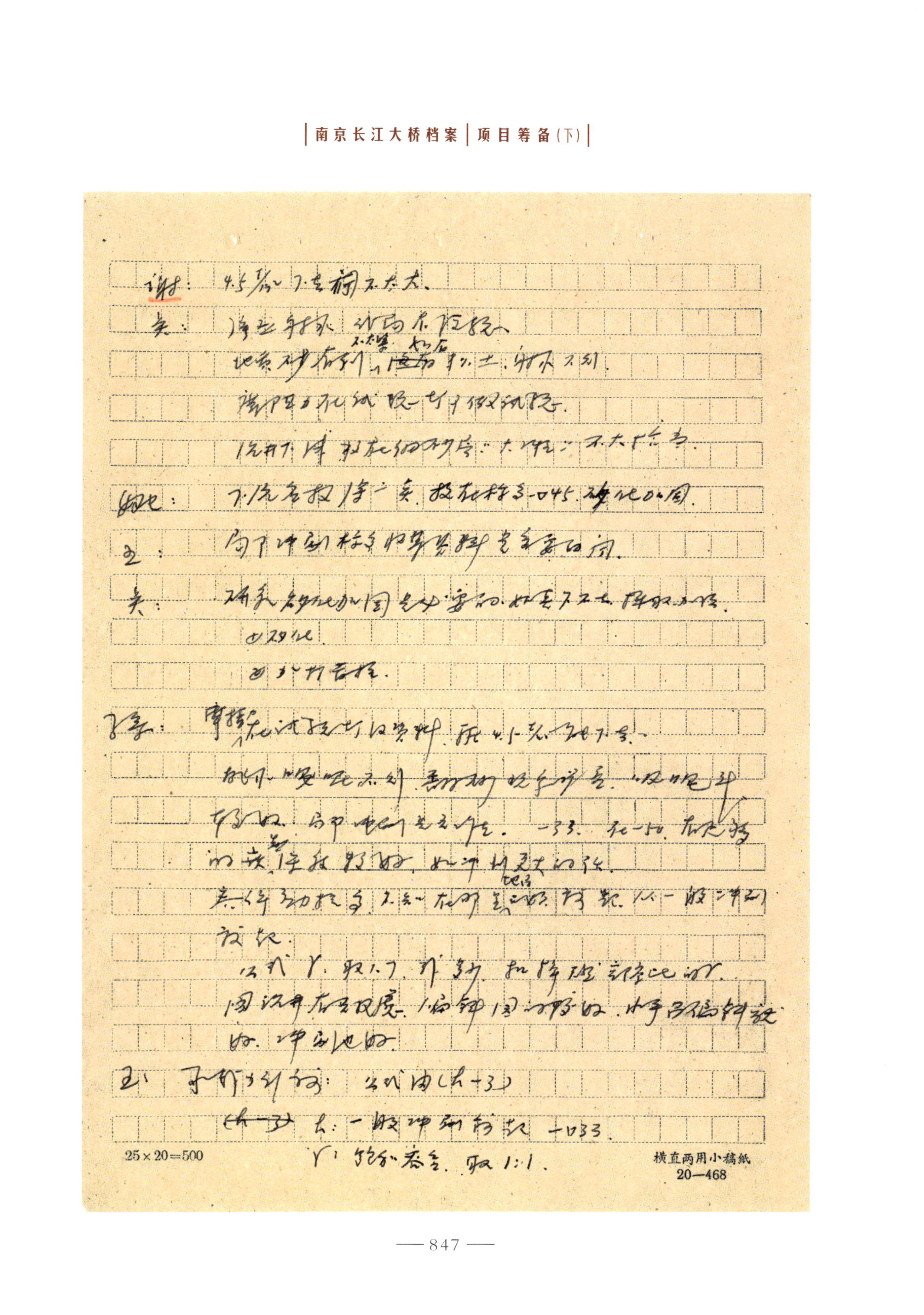

谢：4.5公分下去问题不太大。

吴：流速多大 冲刷不能控制。

地质砂有[illegible]，[illegible]打不下去，打不到。

[illegible]机械设备[illegible]做试验。

沉井下沉 打桩的[illegible] 不太[illegible]。

姚：下沉[illegible] 板桩标高-045，硅化加固。

王：为了冲刷标高问题资料需要[illegible]。

吴：硅化加固是必要的，如果不[illegible]，[illegible]。

①硅化

②打钢板桩。

[illegible]：[illegible]资料，[illegible]。

[illegible]，[illegible]。-33，在-50，[illegible]

[illegible]，[illegible]。

[illegible]，从一般冲刷[illegible]。

公式[illegible]，[illegible]。

[illegible]，[illegible]，[illegible]。

[illegible]，冲刷[illegible]。

王：[illegible]：公式由(六-3)

~~(六-3)~~ 六：一般冲刷[illegible] -033。

25×20=500

[illegible]，[illegible] 1:1。

横直两用小稿紙 20—468

吴：可以补打几根低桩[illegible]，以上意见待分析。
大的意见：设计的桩基承力不够大，易发生沉陷。
从桩顶看，[illegible]偏大，[illegible]桩的承载力16.1
吨太大，[illegible]加固，[illegible]试验。

王：1号墩[illegible]桩基[illegible]承载[illegible]吴。

吴：在桩顶有16.1吨，影响不太多。

王[illegible]：16.1吨[illegible]不够了，可能需要做试验研究。
另外[illegible]比较。

许：土层意见，对桩侧摩阻力大些，仍需要分析。
[illegible]对土的摩阻力有
帮助。

吴：1. [illegible]不大，[illegible]
[illegible]不大。
② [illegible]
[illegible]不[illegible]
③ 承载力[illegible]16.1偏大。
应降低加固土壤方法。

长：以上讨论（不够）意见，[illegible]
[illegible]意见[illegible]
[illegible]
[illegible]

25×20=500

横直两用小稿紙
20—468

钢板桩16.1 稍大

r=1.1 [illegible]

[illegible]

矣：每1米水深加0.1 [illegible]

[illegible] 都要计算一下 0.1 [illegible]

[illegible]一下

长：[illegible] 拉杆 [illegible] 不足(16.1)是9.1左右

计算一下

袁：[illegible]

[illegible]

矣：[illegible]

长：[illegible]

矣：[illegible] 不到 [illegible] 不平

钢沉井的问题交换一下意见

[illegible]

① [illegible] V不大 ② [illegible]

③ [illegible]

④ [illegible]

李：一年以沉井 [illegible]

[illegible]

坤：[illegible] 不大 都要做试验一

25×20=500

横直两用小稿紙 20—468

吴：[illegible]，根据桥墩 -40～-050 [illegible]

钟：上午对钢桁桥不甚了解，同意[illegible]。

杨：对管柱式基础设计没意见，[illegible] -40，[illegible] 0.4B。

[illegible]

[illegible]

吴：① 管柱沉的很慢。

② [illegible]

③ 冲刷的如何？

④ 本桥桥墩管柱式中心设计，[illegible]

很好，依据设计。

⑤ [illegible]。⑥ [illegible]。

王：小直径钢板桩[illegible]，[illegible]。

吴：[illegible]

[illegible]

杨：① [illegible]

② [illegible] } [illegible]

③ [illegible]

吴：[illegible]

[illegible]

王：[illegible]（5～7[illegible]）。

[illegible]

[illegible]

25×20=500　　　　横直两用小稿紙 20—468

吴：交先不过，用旋转式试验好。

孙：机动力不以R为[illegible]。(0.1R)

长：如增加1倍[illegible]

许：[illegible]

[illegible]做试验。

关于许：需要交先做试验，[illegible]

王：[illegible]

[illegible]做试验。

吴：[illegible]做好[illegible]

25×20=500

横直两用小稿紙
20—468

徐河

1、沙．粒径 >20 mm　0.7%
2~10　4.7%
1~2.0　16%
0.5~1.0　30%
0.25~0.5　29.1
0.1~0.25　11.9

容许压力　1.5~2.5 kg/cm²

桩径中55公分．

入土 14~15 m

计算承载力均大于200t/每根

共96根（3根坏了，2根基受损未修）．

根据钻探孔实际直径
<0.1 m　1根
1~1.2　5
>1.2　86
>1.3　30
不能钻孔检查的桩，根据计算．

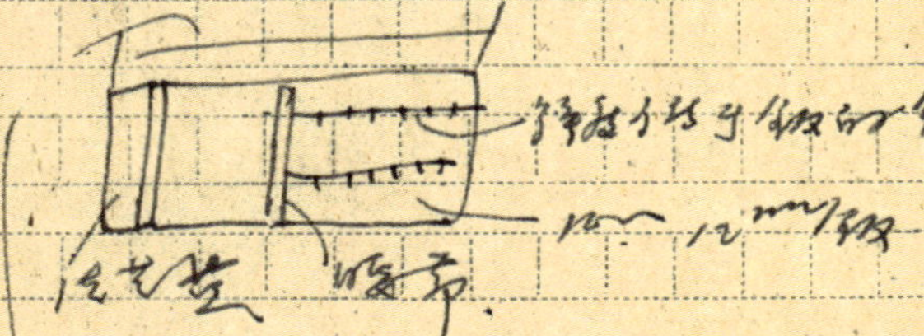

底地质为岩石，在砂砾粘土 2~4 m．

[illegible]

桩间距：2倍桩径．[illegible]

φ2.69　[illegible]

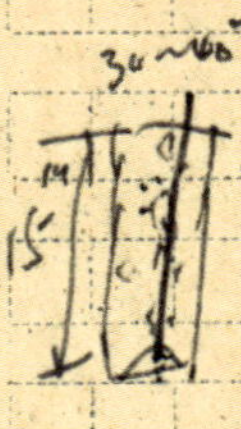

一根一根[illegible]，[illegible]，[illegible]

[illegible]，插入30cm

钢管[illegible]．

在[illegible]试验．

[illegible]

25×20=500　横直两用小稿紙 20—468

如何打下去是一个问题，斜桩。

吴：钢板桩打下去有问题，下面要也研究，但这个桩的断面是一个问题。土层结构桩承载力如何问题，是否斜桩设计以外的，但是设计的承载力还差一个承载力。

下面打下的土层桩承载力问题不大。

我们现在土层会被达到有多少的压力，再试试，还是要的承载力是可靠的。

我们认为可以用，设计是必要的。

李：我们的实验数如何。

汪：打入1米钢管桩出，反之则大。

李用35″桩 三米时间。

：钢板桩14″ 三分钟

吴：试桩设计不够力，[illegible]

后来用的[illegible]。

长：我们一土层试桩[illegible]出来很大，但还可以。

试桩，再试[illegible]

吴：怎么办，[illegible]

汪：拉出一根。

长：[illegible]

[illegible]

吴：[illegible]

[illegible]

25×20=500

横直两用小稿纸
20—468

吴：除混凝土试验和静载试验外，还要有其他方法的试验。

谭：多做试验，估计静载力，和自然状态下作比较，
原状土试验，相当不一致。

孙：桩基不只是桩的承载力试验，而是土的摩阻力与摩阻力的
问题。

桩长2.6、14~15、200T，承载力相当大，
是否可以做桩基的试验，而且在桩长和桩
的深度中做出很多，多做试验。

姚：按美国资料有增加60%，我们土不大会是这样，对于桩的
小组我们认为不一定可以，静载与试验中的程度。

吴：中国增加50~100%

秦王埃：
细砂
砂粘土　混凝土试验，每种土试验2~3个桩者。
可以静力触探来代替静载试验作为参考。
桩尖土压实，桩尖扩大，如何因素？

吴：砂的密实度对承载力作用影响大，取土打桩。

胡：取原状土来试验时有困难，这是很难做到的。
但打下去取样，其结果会有出入，加长打15~20公尺即可取。
不太准确，精确的沉桩也做过一个作为对比。

刘：桩长：往下摩擦力的端承力未作考虑，摩擦力估计过大。
作用不应当计摩擦力的作用。
按照陈院长的意见，保留静载试验。

25×20=500　　横直两用小稿纸 20—468

[illegible]

每根桩[illegible]都可以[illegible]大小[illegible]的[illegible]。

[illegible]桩的[illegible]。

一般设[illegible]，不全试验

如果主桩不作大[illegible]，[illegible]

吴：爆[illegible]，[illegible]很大，[illegible]的[illegible]。如不[illegible]，[illegible]不太[illegible]，[illegible]

不太[illegible]，[illegible]有时间。

姚：爆扩[illegible]土的[illegible]，用大[illegible]

不要[illegible]大概估计一下。

吴：同土质不一，爆[illegible]很大，[illegible]，[illegible]土的[illegible]。

戈：管桩[illegible] >3d，桩[illegible]达到150T。

爆破桩2.6m 在14～15m处[illegible]，[illegible]大些，桩[illegible]一半，每根桩约200T。

试桩不[illegible]一下，[illegible]可否。

[illegible]做试验，[illegible]决定。

东北[illegible]已[illegible]一步试桩。

如在同一土质[illegible]确定了。

[illegible]试桩[illegible]，用爆[illegible]。

[illegible]

吴：① [illegible]试验决定桩[illegible]

② 决定[illegible]采用的桩做大[illegible]桩的试验。

于：全桥[illegible]，不一定[用]爆破桩，也可用管桩。

25×20=500

横直两用小稿紙 20—468

吴：长桥试验在四个不同类型都完成，还比不出来。
的。碎桩不大会做，比较现的新在这当中做[illegible]桩。
钟桩只能试[illegible]桩，也要大的一根，不会太多。
[illegible]桩只在[illegible]不同的[illegible]比较之。

（李）[illegible]桩地点。
[illegible]桩土，[illegible]。
∴ [illegible]决什么用。
① [illegible]与[illegible]，做那些试验。
② [illegible]
③ [illegible]一[illegible]加工作。
[illegible]
[illegible]
[illegible]～7[illegible]研究。
[illegible]
[illegible]

吴：[illegible]
[illegible]一样的[illegible]。
[illegible]
二[illegible]
① [illegible]
② [illegible]
③ [illegible]

25×20=500

横直两用小稿紙
20—468

梅：[illegible]如何控制，孔大，手[illegible]快，软[illegible]。

二根位置分别在上下。

同步量太多，效果不太大。

吴：(1) [illegible]

(2) 爆破打桩。

汪：[illegible]爆破，[illegible]，一根桩[illegible]

试验。

爆破桩[illegible]

[illegible]

[illegible] 15" 150'

[illegible] 20" 200' 问题不太大。

木桩试验[illegible]，试验。

戈：试验[illegible]没有。

吴：大桩[illegible]

木桩[illegible]试验[illegible]

[illegible]

爆破桩[illegible]

[illegible]

[illegible]

[illegible]

戈：爆破打桩，[illegible]

开爆，[illegible]

吴：一根[illegible]，爆破桩[illegible]根。

25×20=500　　横直两用小稿纸 20—468

李：讨论阶段要试验打多少桩，是不是集中进行的。

试验，与方法量也有限

桩的承载力多大，与～

有些试验，结果不好说，多做一些

同一土层，同一直径，结果相差很大，总的多大，了以推测，结论总是要

做一些研究。

王：前桥 打多少根，[illegible]

[illegible]，在[illegible]根上[illegible]做一根

不够，至少三根（[illegible]打桩和[illegible]打，[illegible]附[illegible]。

[illegible]总共几根。

干打水冲 [illegible]做一根，[illegible]做干打，[illegible]

如下不去射水下沉，在射水前做[illegible]试验。

[illegible]：水冲干打对承载力有影响

[illegible]干打一[illegible]

[illegible]：[illegible]试验是[illegible]干打的，下去[illegible]，[illegible]射水，也[illegible]，[illegible]

，[illegible]力[illegible]。

[illegible]：[illegible]，[illegible]，[illegible]数字不一定准。

~~[illegible]~~

①[illegible]。②[illegible]。

[illegible]

桩之试验，[illegible]

[illegible]试验，在大桥[illegible]。

4根3.6″ ℓ 20+″（[illegible]）[illegible]。

25×20=500

横直两用小稿紙
20—468

李任：主要看桩之锤击能力的问题。

用高出地土比较不能倚。

王：管柱在土壤中的承载力问题要研究：

吴：在桩尖之下30多如何做试验。

汪总：①在管柱（桩）上试验之桩，模型设计管柱。

②如何试法。

许：所试验者难，试打中间一根桩土分析。

打下一根做，再打下一根。

土壤冲刷有关，压桩长也不同。

加固办法试一下。

李：管柱加水平力作用其应力分析，空的，受力弯矩

变时内偏心，计算公式如何决定。

周瑞辉：桩之头部的问题，在（未谈）一般钢管，些许混凝土，埋钢板，以打断之，使试验。

许：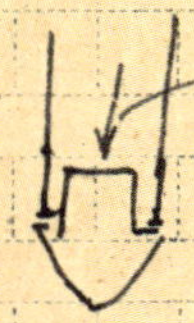用钢管桩之，径30"顶也有困难。受到破坏

成桥：用一般打桩方法一样。

李：考虑做出试验，那时一些空样。

周：小部分试验 公式应不能代替试验，在管柱时要用什么程度。

汪总：从此以后桩承载力是否要程度，做为一个问。

25×20=500

横直两用小稿紙
20—468

陈：爆炸法桥墩做几根钢桩能挖出来看一下。

　　但不能(做)重新试验。

长：钟振兴同志作用。（爆炸法桥墩可以节约）

王序正：钟振兴……

　　打木桩的话桩会受损坏。

长：心中了解？

胡倩：砂层爆破桩在土下部分很大，[illegible]。答：[illegible]

　　问题加大，[illegible]有把握。

姚：[illegible]

　　[illegible]。

王：[illegible]

　　爆破桩可以做试验，[illegible]。

25×20=500　　横直两用小稿紙 20—468

第二小组　　5-8日上午　　钢沉井

吴：岩柱入岩石这问题不论用钢沉井都存在的。
我们公式是假定刚塑体假定为岩不同。

王：本公式 桩身等于柱顶承载 30%，摩擦力占 5%。
苏联公式是：　抗倾力 = mK(0.4 $\frac{h}{d}$+1) R_c F　　m=2　K=0.17　F=岩柱面积(入岩部份)　R_c=岩石抗压强度。

吴：这公式缺点是岩柱直径大小的影响没有考虑，这样公式很难保证是经验的，一般按岩柱入岩 8-9 公尺，三面抗的作用，同时这里的 R_c 为岩石标强，假定的不同而出入很大，因之对于岩层系统性能全面的分析和研究，对 R_c 怎样定，按照不同岩性各种都可能。

张：目前样品是变质岩，是红色，有的不平，另外地质岩石不好，在某些 7号墩附近 千瓦 可能水压，岩列不大，砾岩的砂化的与已风化的数量，可能有溶洞。

大江：这公式如果联机苏联用来的对于岩柱对岩做的还可能符合。

吴：问题在于颈部取大块样岩以试验，岩石的强度对岩柱的选择和大的少用，要大而小的多用，要抗钻孔入。

潘：岩柱太细抵抗弯矩不行。

吴：个人意见公式也很简单，但 $\frac{h}{d}$ 是比值大些否则 [R] 差小了，这样看不能深了，就是这种较软的土摩擦力以及至于偏小。

黄：覆盖层也可不考虑。

王怀：试验打钢桩，按各不同土层取得各种不同摩擦力。

吴：如试验打钢桩岩柱也可以拔一下以得其摩擦力，一方打的同时也可结合工作[illegible]，还有对个别情况处一方打的摩擦力也可以也可试验打个先拔一下以取得其摩擦力。
沉井虽然覆盖层也考虑的，土上下砂冲刷后也都到达试验到摩擦力只能由[illegible]试验结果得到。

大谢：这打不下去应采用何办法

王伟：反压、射水、抽水都是办法，但也能不打下去，不下去后有考虑别的方法。

吴：如打不下去加岩柱是否能够将来再下去呢，能否不要加岩柱下沉，要加强，下面即可以加固。
摸不沉则需要砂层是射水抽水看程度需要沉下下。

谢：我看沉也不好打，主要是砂黄土，加重不要全靠吸泥冲水，要好的结构射水管位置也可以控制。

李钧：粉砂摩擦力要到 4.5 T/m²，不能算太小。

陶柏欣：是否会由钢材增造成不能下沉，要做好初步的试验工作。

吴：过去沉井沉不下去的主要原因是遇上粘性土，也由于未能做好射水设备，和把钢沉井直径做得也不相当。

赵代斌：过去考虑冲刷比(约 4.5 公尺深)，现已加深改 50，承载力可能够，主要看各层砂化可考虑。

孙伯：根据沉井情况不加不下，但沉井外壁及底部沉不行，主要细砂粉砂。一50 标高是粘土，因为局部冲刷已经也不一定可靠，其桩位在哪可靠处，因为考虑一定的冲刷，土放回，我是可以一般冲刷起来，公式中 h 的问题其实主要按钻孔资料，另外因为沉井是否考虑过，在水平向上偏的问题等。

王伟：不仅如此，加以一般冲刷外，h 以底[illegible]计。

长：局部冲刷是按算的。

吴：下沉做模型试验也是不太可靠的，承载力是大工程不但以公式算，同时也要作精确计算，按照公式一下犯规得出他是一般性的，对粘砂土在 16 t/m² 也不能算小的，同时局部冲刷也不可靠，要考虑土壤加固。

王伟：同意，要考虑多种做试验。

谢：对可试验一下对冲刷减少些，保证土壤承载力有保证。

吴：沉井局部冲刷也是沉井下，不要射水要打桩，摩擦力分析数字不高，要想法做试验打中取样试验，否则 5 不要砂承载力不能算小要考虑土壤加固。

长：对局部冲刷的措施要考虑，承载力这大工程究竟根据数据是否要另外再试验算一下，把钢沉井及实
25×20=500　验一下，下沉后是否沉井是否稳这也是要综合的一面

魏云一：外面细砂是否会流入沉井内。

吴：局部流砂怕免不了。

吴：对钢沉井大家是否交换一下意见，我个人认为还是好的方案。主张设计、材料，管柱不碰等问。
看看过去有要的资料是否能在试验中取得。

李克钊：因体大小要摸明，前一下不去，所以事先要考虑。（主要对重大块的）

张杰侠：因体不大，估计过时不须处理。

杨：刚才取得资料不够在-40，则沉井是否深了，且其形式也得考虑流线型的。钢沉井中是否可把管柱打出。

吴：钢沉井横形的好处，管柱土的阻力为自由表层减少，我考虑的通过钢沉井作用的好处，因为下沉后有管柱的连接不同难。倾孔之间的关系位置不要变换，在出回旋转倾斜有利的。

吴：大家对爆扩桩都有兴趣，总之问题是要承载力和未经过静压的桩进去打桩沉落度来定，是否可按计算的推理变经来计算解决。过去做的我们经常爆炸孔不可靠，但经过做的是可行的，但还是个承载力问题。

吴：对4种桩大家讨论是否同时多种桩式，提得的量不同。对地质过去提过各种地质孔，还要做钻探。

大王：爆扩桩与桩同样地位考虑，经济缩短工期，除了加大桩尖，只有增加强度。基本上粘土和细砂粘土，应上述土中去试。与打入2~3种深度，关于承载力关系接近是否可考虑，可经过计算试验得出桩尖与管之关系，找出其间关系，以后对打的也有价值。爆炸前后地质的测定，如何来测定要作好的考虑。

吴：爆扩桩同样细砂和深度不同，其密实度有很大差别，因此砂的密实影响承载力的确定的资料。（无此孔压也行）

张：以前过去的设计者的地质钻孔较大陆以下，我没有做过，各种内容，若管塞冲掉下面，又对有向压摩擦力使其能取出。在有解决的向下压要摸到有多大，以求的稠度。孔孔之间，还不来已在钻浅是可能与因中下旬运来，较备用在管口有填土，他们不但粘细砂，粗砂也取过二次取之。

刘学成：有些问不清，爆扩下面装大桩对摩擦力如何考虑，是否按一般考虑。同意其作用已达桩桩的作用，一爆破没有冲出线，一般桩也有是参考价值，因其出入很大，过去主要靠静载。因之如冲出不能判其不要控制关键，则静载得多做。——而以爆后否控制作为参考，依靠该处原来测是一法，但较少则以针十加有桩大的数定，可知何依据判数是可以。如何证明其合判要求——仍是静用，其条件不能太深，不然只靠其试验，如在40^m左右则好。

吴：土十问题还有问，爆扩与土的性质有关，土的变化很大，我们是以综合来定来的肯定。关于承载力如两岸有连续静载试验，则能推出其他的特性，则有判同不同打也问不太。

（南京工学院）胡式铭：爆炸成桩后土的紧密不可知，土的密实不能由爆药控制，——增十问题可以先多加。

吴：我意如用简单办法去控制，则要把土的性质了解得详细，刚才我同意说取二种数量土做试验。

老宁：管柱（钻桩）间距以3d计则略小一些，要加大则同样承台桩要减少，每根则要加大到150^T，如用爆破者用2.6^m，其它15^m深，如我们用20^m，则其间距比较适合，则用爆扩200^T，首先比较是桩好还是爆扩桩好，在两岸定桩位后再在各种土中试，如爆扩桩在各种土中试验完了，则用爆扩桩还是可以的。——至桩孔基则不一定全部做爆扩桩，看其试验合适度而定。

吴：我意爆扩试验在各种土中也要做，可能不作在此要土十试验桩爆，如能采取已在以后作实际以后用爆，我们估计其不能多则试验的数不能太少，10~20根不算多，做爆要在后来做静载的爆扩附近，这样可以比较。——中英交桩做几种试作比较，不要孙之种办理要做，做多少。

李克钊：爆扩试验以桩作为钻土桩位，试验土层比较好定，爆扩桩主要决定什么问题，如桩头形状，则要做那些试验，如是没有问题，承载力怎样定，如到之桩底直径，中间就要通过可以分析桩型。——另外桩径可能超控制到要控，地下水（?）有困难。

×20=500 横直两用稿纸 20-468

吴：对于台北支承问题，我意见摩擦力还是多多起作用，因经验公式上面土的影响是，于今看来不大大有规则的也不可能[illegible]的。沉箱土底宽，所以摩擦力是多方面的，桩侧面可承受的垂直荷[illegible]。我意见要做这工作要求加强细项目以上[illegible]分析清楚些。(2)[illegible]一[illegible]地面[illegible]情况。(3)同时[illegible]。桩不能是[illegible]一些的，这些也要[illegible]出来的。 ③

梅旸春：炸药是否控制[illegible]，孔要多大？炸炸是在不同水平可能好一些。

吴：国外[illegible]过去研究过，以后[illegible]桩头[illegible]大[illegible]，过去大的研究过。

汪：桩的研究，[illegible]到20^m^为止，[illegible]不[illegible]可做[illegible]，一根可做[illegible]试验——[illegible]桩[illegible]

4 是[illegible]成形，所以要多做些试验，更是加静载，过去[illegible]的资料可[illegible]一致，如一致则不再有不放心——[illegible]试验，不知如何打法，其有[illegible]我们讨论一下，要不要试，如何打法。

张：小组对试验统计编拟了，但具体多少[illegible]不多，是否由小组选人先拟一个[illegible]再大家讨论一下。

吴：我意见[illegible]好一些，我看要在桩做四种土层，每种做四种打桩法，表土层分别压，后来[illegible]再压，[illegible]桩先少做几个，先细的细，有[illegible]再比较多的做，也可不打定也可可[illegible]桩[illegible]做[illegible]，这数量能决定。

张：[illegible]所以那[illegible]决定。

吴：我意[illegible]桩是另外做的。

李文训：讨论各项[illegible]，这样做数量要多，先[illegible]定下来，有些能做就做，不能做也就不到[illegible]，做一做[illegible]，[illegible]可以在[illegible]做些试验，这[illegible]科研项目。

王序：试桩范围是按4种土做4种，[illegible]桩另外做，一[illegible]讨论细一些，把具体地位都决定下来。

张：我意见[illegible]4种土做4种，在[illegible]做一[illegible]，是三根，[illegible]还没有结果，[illegible]三根——另外[illegible]可做在一根桩上，如[illegible]了，则不[illegible]了。所以[illegible]数是十几二十根桩。

戴元一：[illegible]问

王序：[illegible]范围[illegible]大家统一下。

谢：[illegible]，[illegible]一定要[illegible]一部份，又[illegible]，[illegible]决定[illegible]，[illegible]大桥了——[illegible]管柱[illegible]一些，用4个管柱来代替[illegible]

李文训：[illegible]

王序：试桩[illegible]大家先[illegible]我们[illegible]一下。

另一问题是管柱在土中[illegible]要做一些试验。

张：[illegible]如何把[illegible]下？

王世：管柱内[illegible]如何能[illegible]与管柱[illegible]？

谢：[illegible]试验[illegible]打[illegible]，[illegible]大的压力，我是向下压不可靠，向上拔[illegible]可靠。我[illegible]计[illegible]力不大好[illegible]。这[illegible]可用加[illegible]的办法来试一下。

李文训：管柱加水平力的计算方法，是否能[illegible]这个问题有一些问题的。

張士偉：用[illegible]的方法加[illegible]钢板？——……

谢：

25×20=500

横直两用小稿紙
20—468

完 水泥 爆破 ……

桥梁组：一、

李春刚：这些基岩当时做过一些试验，粗出粘结量似不能达到15~左右

戈：上部覆盖减浮力（孔隙比）的

王伟、二者是有关的，从爆破桩摩擦力来看起作用

戈：应该也起作用的

钟正树：我看也会起作用，桩的~~摩阻力~~增大但不很大，从我们看来还是要注意在土中加强基础的桩减少可能成为一种，但不会有大作用的。

戈：桩100"長32"是否按照计算的？

張士铎：砂中摩擦力很大一部份摩阻力作用了，所以基本上是支承桩，因之长桩的极限承载力因摩阻能够估计。

以、则看来在砂中摩擦力减低了，因为受压砂层能使摩阻力增加，因之爆破桩还是一个途径

张士：下面是黏土上面怎样？

王恒：桩表面与侧壁摩擦力不同是相关的，（连合作用的）如果冲孔大则摩阻力一定起作用的，是很小。

25×20=500　　　　横直两用小稿紙 20—468

1.34×0.4
1.36

8/Ⅴ：

王伟民：介绍沉井。

问下：①沉井下沉倾斜如何纠正

②沉井下沉冲刷问题如何解决？能否利用冲刷下沉？

③.管柱承载力如何合理计算：岩层冲刷，塌陷，

吴：

摩擦系数用理论还不行，深沉井资料又较少，解决是有困难

钢管柱理论公式不能用。苏联公式每有缺点与直径无关，对于软岩层不太适用。管柱进入8-9公尺分析有困难。岩石的侧压力又很大。只有对页岩本身有较深入的分析，不能单凭一下就定了。试桩方法也有问题，如放到岩层里也锚接大得。南京可能是1~2倍。

谢：最近试桩很需要，是用钢管柱的，要做哪些项目早提出。但以后不作为桩基不可。

二号三号地质不好。

白：建议按如何试桩到实际做试验。因为公式是自由选，对此所不能用途很不研究。

吴：岩石很差，可能由管柱好。

现在试桩有多少？（很多）能否将试桩不同条件的经验标准来：（可以）

对岩层厚度大的，0.1的系数低了一些，低估了因而计算就保守了。可考虑取实测试验。

钢沉井不能用试验研究帮助，能否在试验中取得资料。

王恒：是否可以在试验中测得的摩擦资料求得？

吴：可以。如果做一层钢的校一下还是比较可靠一些。

25×20=500

横直两用小稿纸
20—468

吴、对1号墩的位置是满意的，可以了。

1号墩外壁摩擦力可否由试验墩中取得资料？✓比翻文献好。

如冲刷资料有的，控制倾斜要研究。

谢：如果下不去，你们如何解决？

王、加重、射水、排水减少阻力。

吴、万一下去加重就是不够了的，沉井太重了。

王、冲刷情况不知道，现在是按冲刷到-33，假如在沉井下不去时用加抽土[illegible]方法解决。

吴、对、王局、我对沉井较乐观，如果射水布置较好，沉井是能下得去的。

谢：下沉时，稳定问题，这是不可忽视的，稳定冲刷，倘若水流会过去。✓

遇沉时，可能深沙，如何解决。

杨锡阶：井内填心，可否做成空心的？可以做成框架结构，沉得更快些。

谢：箱式不会有什么，下沉时都下得去。

吴、强力排水，大桥局有经验，如果沉井下不去要采取措施，以后射水会射水容易，这程度不很紧。

沉井再下沉时不到，放在细沙层上不好，现在的设计放于砾石较好。

杨：以前是-45。

✓谢：可否不提高一些，放在河床上。

王、研究冲刷是很大的。

△吴、研究砂化还是必要的，万一下不去就要要了。

杨、下不去排水吸泥不到含卵沙，若果不排水，沉井会[illegible]打几才好。

25×20=500　　横直两用小稿紙 20—468

2、冲刷很不可靠，如果冲刷-33，和-50还是比较好的，如果冲得到基岩，最好留下一层。

3、K_1K_2冲刷线由那个算起：应从一般冲刷线算起。

4、γ 用多少：如能做试验，不能算1.7。

5、回流井水平条件：可能做倾斜的好办法。看是比较。

王、$h=17^m$，$\gamma=\gamma_{浮}=1.1$。

吴、局部冲刷多少。

王、算不出来。

吴、如从局部冲刷算不出来。

吴、局部冲刷不可靠，但我估计的比较。承压力计算它是如何规定的，而且是依靠经验。在粗砂层上，16.1吨/m²，不能算太小，只加到我们公式里面来。如何估计砂层的承压力，留着研究，下面加深防护考虑。

△王、赞成吴老意见，要做些试验，在砂中流水泥浆的办法来做试验。

吴、重量不能减少，对承压力不利，允许应力16公斤是够大的，需要考虑下面加固。

王仲西、16吨很大，只有50吨还需要分析，可根据粗砂的摩擦角推算地基承载力一下。

谢、同意吴，对基础讨论的。

黄、如基础形状改变，减少冲刷（和防护）值得研究。

吴、1、

25×20=500　横直两用小稿纸 20—468

吴：航孔宽度全主布置，不一定跨下要，[illegible]不一。

①. 新的沉箱[illegible]不[illegible]，[illegible]，有浮力[illegible]太大。

② 每只 4~5T/个 的摩擦力不算小，在试验中也取得资料在内。

③ 承载力问题，设计[illegible]差之[illegible]，但要进一步确定。同时下部土壤加固的研究。

吴：1) 下沉[illegible]问[illegible]，[illegible]一下[illegible]措施。

2) 承载力问题，完全根据[illegible]，[illegible]用其[illegible]，[illegible]也[illegible]做。同时[illegible]研究。[illegible]

[illegible]。

吴：每[illegible]水加大 0.1 [illegible]，[illegible]加[illegible]。英法也不[illegible]太[illegible]。

[illegible]：[illegible]不算太大了。

魏：[illegible]沉井下沉？

吴：[illegible]。排水量[illegible]。

[illegible]：[illegible]，[illegible]，[illegible]，[illegible]不会太平[illegible]。

吴：[illegible]沉井[illegible]一下[illegible]。

[illegible]沉井[illegible]，把[illegible]沉井[illegible]一[illegible]。

1）冲刷[illegible]、2）承载力。

主要是从试验中[illegible]的资料？

[illegible]：① [illegible] [illegible]大[illegible]不[illegible]

② 下[illegible]航孔[illegible]！

[illegible]：[illegible]不太大。[illegible]，[illegible]在 -40~50。

陈：局部冲刷[illegible]大的。

[illegible]：[illegible]。

25×20=500

横直两用小稿纸
20—468

[illegible]

3.6 a36×0.4×50

杨：1）为何局部冲刷一般为0.4B，而冲至-40，加上局部冲刷其覆盖层应比太浅了。

2）钢沉井须要拔桩沉井内黄桩是否拆掉？

王：不拆。

杨：钢沉井就要拆掉。

吴：有作用，1）减少覆盖层，2）减少黄桩的电焊接，3）顶住，稳定。

钢要拆掉黄桩，那么还有何考虑牢固方面的。

取出来，不然不取出来！

王：我以为钢沉井小坡底部冲一些。为此须减覆盖层中时就可用管子方法。

吴：为了钢沉井基下承受压力，构造很困难。

孙：为减外壁受力，如下承受压力不会变，钢沉井覆盖会留。

吴：下承不受压力不会塌。

吴：会不会钻头太深把岩层打碎？打通？

王：重庆钻机45~70M，钻岩就换合金头。在岩层打，钻头不会打通（最深0.7M）

孙：是打的会不会冲坏了？0.1[R]，是黄桩相当于覆盖层。

吴：可考虑用旋转式钻头挖泥。

史：0.1为何来的？如取得0.1钻孔就可减1米。

梁：我想来实验进行试验。可能是从地质上考虑的，我们可研究，但最后还是要根据。

梅：可否在南京找一个钻机，或送其他单位试验。

孙：可以看出是否表示。

吴：建议在南京先做研究考虑。

王：钻孔时先考虑如何，黄桩还会同时，0.1[R]不完全固定的。

25×20=500

横直两用小稿紙
20—468

吴、这个临时结构试桥结果，有可能作用围堰。

王、会议要在底阀和现浇间，每入土深30公尺，爆破入土14～16公尺，大部分在15公尺左右。坡点均用爆破桩。

均用黄色炸药装爆。

桩都设在在沙及沙粘土中2～4公尺。

颇能减少桩基长度。

炸药要放在基底标高进行试。

桩距按爆破体直径的2倍计，按土质定。

爆破法是逐次爆的，（每次1根，共8根），有的在第一次爆后再爆。

首根内填料后爆炸。

药包用量，（1公斤600公斤混凝土），供参下考。

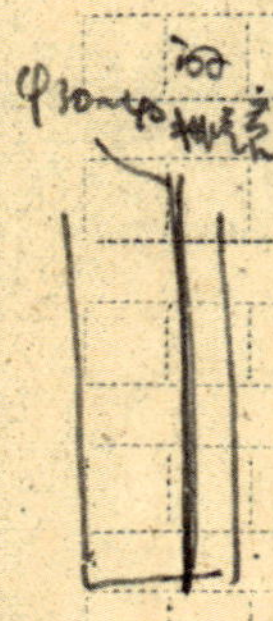

在试桩，填路，建筑，都经过试验，共25根，做静载试验

砂粘土　粘土，沙夹卵石

沙河/试验 结构表

问：以后有何桥梁方法？

能否用斜桩。

吴：爆破桩施工比较简单，但这种桥梁的作用害处太了，不是经过静载试验的时候不好办：一般不用斜桩为好。爆破桩的经验一定要

25×20=500　　（下页）　　横直两用小稿紙 20—468

土壤情况之承载力如何一般计？

朱：200T是容许的。

汪：是容许的。 $\varepsilon=0.56$

~~李树~~吴：质量可保证，但不适用承载力计算公式。我们人的看法，还要靠些试验资料进行分析，承载力是应该可以解决。

我们下午要讨论桩基础试验和应当采用之最合适方法？

苏：印度用的，就不清楚，是紧密或是松的？

汪：$\varepsilon=0.56$

吴：较紧密，较好。直径更小，承载力要大。

汪：原桩是半年内完全之间。

吴：如果可以承载力估计，得做较多数量试验，对以实地工作要求，

朱：一般情况桩沉是当有一些时间。试验如何能统计用途以合于试验的目的。

汪：在7~8年如何提到25吨。

朱：是经过对土质是否完全了解的？要群桩试验的问题。

吴：如果可能沉降量，还有少斜桩问题，要分开考虑。

汪：其次是单一个桩，做试验的反应力，桩柱之间有问题。

吴：静载试验少，不能解决，是否能作何试验？

孙：桩是不会堵的，还得做些试验，已有所研究的几种土质中做，有的土壤不能用。下午主要在那种土壤进行。

孙：冲打，只需要填实表土后，桩尖粗糙，桩身上顶部分实整桩孔，桩承载力能够如桩下土情况。间距要增一倍，容许荷重增一倍，桩作用不完全相同。

25×20=500

横直两用小稿紙
20—468

孙：会下去研究。为何设计铁道桥要慎重些。我主张多做试验，以测定影响。

梅：修河对爆炸桥是否有大的影响，至增加60%左右。

武桥为何布置、布置得保证的研究，要关心。

25×20=500　　横直两用小稿纸 20—468

8/V 下午：

吴：四种桩是否须要都做？如何做？爆破桩如何选地址？

王士忠：爆破桩与普通桩同样重要，经济。
若在有两类粉沙、细沙、砂粘土，可在这两种土试，每种土试2~3种深度。
须通过静载试验和以土质计算两种结果比较最好定出一个关系。
桩头爆炸后扩大头形状变化如何能测定，也需考虑。

吴：同样土质，在不同深度是否密实度有很大差别？如则在对的深度做，最好能测定一下，能否试试。

孙：根据状况，试验成功的最大是12~13M，而深了种种困难，试用泥浆试试可以，最好在5月中下旬，那时仪器在坑边已来。

吴：可否两做几套。

孙：仪器多，但人要务之才行。

刘鸿城：1、爆破后头状大，是否摩擦力还能算？若成扩桩了。
2、用“ ”桩，至隆冲击试验，普通桩摩擦力影响不大，主要靠静载试验，因此摩擦力不是问题。爆式静载试验每种情况各做几次。
3、每次爆炸后外形能否达到要求形状，以及数量是一样。
4、

吴：爆破用药量有关，但土性质有关，如能由扩孔桩得到承载力和形状，则承载力问题不大，但是否理想形状，也有问题，中间可能脱节。

姚：土性质也不一定了解很精确，会多些不会脱节，土的坚实度不足也很好。

吴：如考虑通过间接方法测量有关，须精确地知道土的密实度，否则只是一个比例了。

先：如加大桩距，每桩就要150T，如用爆桩2.6M，如桩长是否还要大些，即假用2.6M，则桩只能用1半，每桩要300T，试桩先试不爆破的，看看试了要多长才能达到150T，再要爆破桩增加承载力多少，确定哪一种好，对哪一种多做试验。

如定为爆破桩，深度确定了，每土质（在多处地方）爆破5~10根，要其任意挖开，看有无差别，以便作研究。若不同地方同样药量爆炸结果相近，则爆破桩可用。

25×20=500

横直两用小稿纸
20—468

桥纵长、也不一定都用爆破桩，有地方可能长桩好。

吴：开始长桩在四个地区都可做，而爆破桩大量做些，（修正）正式爆破桩可以

一二十根。开始做的爆破桩之后长桩试验也完了，这才可以比较。

采用桩头爆破桩，在那里做？为什么两种桩。做时要把爆破桩试验内容

为什么则可说是否需要？

寸：试验土层分布。

爆破桩要求了解什么内力？（形状的测定；承载内力，如何做到？）

除静载试验外是否有其他方法可做？

另外，爆破桩将来为何工作？可否爆破头单测，可以综合决定。

两边接地来看是否能参加工作。这要看下桩的刚性与侧土的刚度有关。

上部承担100吨，桩头面积1.0m²，内力承担100吨，则σ=10kg/cm²，而承载力只有二十几kg

是否侧面摩擦力可担负大部份？

形状内力要控制在100～150吨，能担负周边扩大，也应在几十吨左右

吴：摩擦力的作用很大，这都要考虑。）~~作用以~~

爆炸时，桩状不规则，有些是好的，控制的不一定，可能很大些，其他地区也要控

制，下面就要它会扩大

桩头底可能有松弛，不连，桩状不规则

可增加：

1、做好灌注土的成形和桩头等段。

2、测地层变动情况。

3、要控几个炮的。

杨：打孔炸药要如何控制，是否可用更多的炸药打更大孔？桩头刺破之打扩大？

头大则间距要大，桩就少。

是否可将炸头分到四五段

杨振

25×20=500

横直两用小稿紙
20—468

吴：用药太多效果反而不好，炸坏，浪费太多。

汪：爆、炸、流泥，可能会 打20~25M后之，流泥再爆破。可以要求哪些是不需要的。

在两岸可做几根，如间距不大，则就有把握了。试验可做几种的试验

陈：这样20公尺来做是够了。可能15—20~25M左右就足够了，不要再浅。

整根基桩试验，如何打法？不知道是否适当？

吴：最好是根据方案大家补充。

吴：基桩、基本上要做试验，钢板桩各做几种 [illegible]

不同深度后，最后做桩头。

桩头爆破可做一个，搞三次，然后看价值，可在两岸做几根。

各个典型地区做几根桩来定。

要在本地方做一批桩，如将来可做桩基，更好。

吴：爆破桩要有参考，[illegible]

在了以后爆破在了以后，太浅了。

吴：爆破打后再打加。一根桩做几种试验也有好处。

胡：试验要因为有把握了。这样做效果要更好。最好集中几个主要问题。有些不能做的不要做。如爆破搞不能爆破把握时，不要做两试验。

另外，有些试验要求很高的，炸药品质一定，时间一定，可由炸药量，炸状形，推测土的密实度。

王：四种地质四种不同方法。 号码：

做基桩，也做一部分爆破试桩。

25×20=500　　横直两用小稿纸 20—468

上拔了跷跷。

吴：四种情况以外，对管柱摩阻力试验做一根到七根的，至少做三根（两组），

（不动、加动力打拔）

干打下沉、射水，打做一根上拔，先干打下沉30米后就不要了，如果打不下去20米以后再进行静力试验，再射水。以后可做两根。

梁：求孔隙动水力就不需要了，至少要增加一种下沉的。

谢：管柱的内侧已经确定了，我们会来研究确定原则性的。具体的意见下去找些人。试验的究竟，需要做：①要揭（深水不管是否通过岩层都不做）如果管壁破了，上部套管打入的影响太大。因为打的过程就试孔隙动水压形状。大家都要的做的力，我们有着需要，可做多点。今后可能对应力做一些。算法 32×15.5=496，可不可以做一下？

孙：前两次报道，究竟因为机具问题没有设备、钢、电力。

王：机具，也不一定够使用，做就是了。现在仍可进一步比较各地方做的不大，打下去孔隙水压力不大的，即可不做。

王：管柱（打入）土壤中孔隙水压力问题。

管柱侧面摩阻力在试验时做。

吴：管柱端部阻力如何做？太深了。有无特殊设备？在稽内如何反映？材料长，变形太大。

王坤：管柱中间土壤压力如何决定？

谢：只能在试验时做。其它可以做出大压力，应根据试验利用：上拔可以，下压不可靠。请孔隙水压力不准确。在这了管柱把试验可以试验孔加固土壤。

孙：管柱是空的，如何加水平力？计算方法如何？与前不会压偏了。

25×20=500　　横直两用小稿紙 20—468

吴，组合钢，一边出来节，两层子接通了。

张樑，桥头处节间钢筋，如遇中流截之，两折，使之脱开。

谢，不需要，[illegible]。

胡，可在中间做个钢接头，但不见会出什么问题。

张，这是前提。

吴，何处找信号。

梁，用一般打桩方法，由北岸连续作出[illegible]问题来。

王，是试验方法。

胡，长桥铁道，虚埋力不会因爆炸而损失，下应按照上面一步来办。

姚，虚埋力是否减少还不一定。爆破桥还是下游[illegible]。星号[illegible]。

王，爆破后连续工作有变化，在爆破前后要和都做试验，最好能够测一下。

25×20=500

横直两用小稿紙
20—468

1959-5-8日

第三小组会议纪录(整理后的記錄)

25×20=500

横直两用小稿紙
20—468

1959-5-8日 第三小组

刘肇式

1. 螺扩桩下面梁状头大桩侧摩擦力如何考虑，是否仍按一般计算方法，有否有起柱桩作用。

2. 螺扩桩无法做冲击试验问题，过去一般桩做冲击试验也只是参考用的，因为其出入很大，主要是靠静载试验，因之螺扩桩不能做冲击试验并不成为控制关键，但静载试验开始时最好多做一些。

3. 螺扩台的形状如何控制，测定的极限荷载是一法，但如何证明其已到规定形状，这是困难的一个问题。

4. 如果用螺扩桩，则不宜太深，不然就失去一部分优点，最深在20公尺左右。

25×20=500

横直两用小稿纸
20—468

1959-5-8日　　　　第三小组

张杰坤

1.搞些岩石试样目前是用手工锯的质量不好，地基岩石比以前所了解的差，硅岩硅化的好与钙化的很差，可能有溶洞，当心千万与承水压差别不大。

2.在第1号墩的将在覆盖层中发现过煤和木头。

3.南水所取的原样砂是最深取过12公尺的，是靠泥浆及活塞取土器的作用取出砂样，还有问题没有解决，如~~[illegible]~~压活塞取土器的速度，泥浆的稠度，这套设备现在总结中，~~还未来~~，尚未运来，在五月下旬可能到，他们在粗砂中也取过原状土。

25×20=500　　　　横直两用小稿纸 20—468

1959-5-8日　　第三小组

张钧

1. 1#沉井基底在-50是较稳妥，因河床部冲刷深度不能算得十分可靠，基础应落在可靠处且要考虑一定的富余。

2. 公式中的土壤容许承载力的h值可在一般冲刷线起算，公式中的h怎样算是一个问题。

3. 是否研究过圆的沉井，对冲刷较好。

25×20=500　　横直两用小稿纸 20—468

1959-5-8日　　第三小组

张士铎

1.关于桩尖支承力与桩壁摩擦力的测量是否可在桩头外用钢板圈起来，通电自加热后可以脱开，再分别加压试验。

（除了一部分本身重力）

2.爆破桩，因桩尖扩大了，所以基本上是支承桩作用，摩阻力即没有了，因之同长的摩擦桩比较有把握，因为摩擦力始终可靠存在。

25×20=500

横直两用小稿纸
20—468

59.5.8　东江组

汪炳烈发言：

1. 在页岩露头处取40×40的立方体送淮阴县去做试验。

2. 爆破桩、长桩、灌浆桩结合进行，可在一根桩上试验。

3. 爆破桩承载力的问题要多做静载试验，以便与已得有关资料互相比较，这样把握性较大。

25×20=500　　　　横直两用小稿紙 20—468

1959-5-8日　　第三小组

弋宁

1.沉井第一次沉不下的措施要考虑，这工程很大，采取减力除桩（桩）灌推针外尚需有他法验证，上的试验是考虑够了的。

2.引桥很长，不一定採用同一基础形式，依其试验结合适度而定。

3.管桩及桩在四种类型土壤中做四种不同打桩方法的试验，在均质土中每种打桩法只做一根不够，可做三根，不然受到钻有损坏就没有结果，同时振打下沉与射水的可做在一根桩上，因为打深度够了就可不用射水。

25×20=500　　横直两用小稿纸 20—468

1959-5-8日　第三小组

杨裕源

1. 1#沉井是否因翻砂而使沉井不能下沉，考虑可以将上部做成钢筋混凝土的轻型结构以减轻重量，使基底可以提高。

2. 勘测局队仍在-40公尺处未探到岩层，对沉井是否能沉到，可考虑沉井外形做成流线形的以减小冲刷。

3. 铁路桥梁支点是否可放在不是同一水平上，可上下能错开可减小桥间距。

25×20=500　　横直两用小稿纸 20—468

1959-5-8日　　第三小组

姚代禄

1. 1#窝#过去考虑基底砂化是标高在-45米，现已改到-50承载力可提高，是否有必要砂化土壤。

2. 裸炸花、裸炸后土壤的密实度不易知道，是否增加炸药量使土壤密实，有时裸炸后尚不能填满，是否可增加余量。

25×20=500　　横直两用小稿纸 20—468

59.5.18. 补记

李亮钊发言

1. 爆破桩试验能决定桩的承载力与观察扩大头的大小形状，可做静载试验。为了解其工作性质，将扩大头和桩杆分开，以及整个爆破桩分别做试验，以便推算侧面摩擦力和头部承压力。在现阶段后一试验有困难，可集中先做静载试验。

2. 爆破桩扩大头可挖出来观察，但在细砂层10～15公尺处（爆破后地下水降十多公尺）~~约有5公尺深的水~~，挖也有困难。

3. 有关爆破桩的试验研究工作，铁道科学研究院可以做一些小型模型试验。

4. 管柱桩位移试验，水平力作用下管壁会产生变形，其计算公式如何决定。（空心钢管桩）

25×20=500　　横直两用小稿纸 20—468

1959-5-8日　第三小组

王中[illegible] 发言：

1. 沉井基底设计应力、动加附加力达到16.1吨/公方，按粗砂土层看来是不够的，可根据（经验公式按）粗砂的摩擦角计算一下以便做比较。（除了按设计数据计算以外还）

2. 钢沉井的（侧壁）摩擦力问题可以在试验打中打钢板桩（或钢管桩）的试验资料中取得。

3. 管柱嵌岩深达9公尺，（管柱在岩石中侧壁粘着力与）深度有关，是一重大问题，应做试验，可能减小管柱入岩石的深度。

4. 爆破（试验应）与长桩同样的重视，可以在细砂和砂粘土二种土层做试验，每种土层做2～3种深度，通过静载力的试验和其他土壤性质的计算可以得出若干关系。
桩头加爆破前后土壤变化情况如何测定，也要考虑。

5. 爆破桩之头支承和桩侧摩擦力共同作用（在工作共同发挥）。
有部份桩头扩大部份的土重也应计入桩的自重中。
桩在爆破前后均做静载试验，桩头部份与桩身分别也要试验，如从桩的静载试验求得力减去桩侧摩擦力得出，其数值恐怕偏小。

桩侧摩擦力仍会像普通桩发挥作用的。不过桩端与侧壁所承担的载荷各占多大比重，恐与桩头扩大而改变着。

25×20=500　　横直两用小稿纸 20—468

1959-5-8日　　第三小組

吴炳焜（在小组会上发言摘要）

1. 管柱下入基岩的承載力的苏联公式，主要缺点是对管柱直径大小的影响未能表示出来，它仅表現出管柱基底面积及管壁摩擦面积的关係，所以可能是偏安全的。同時Rc ~~的数值与岩石强度等不同而有很大的出入~~ 如估計有出入，將使承載力大不相同，因之对此需要作全面的分析和研究，同時如岩性很大则用a1(Rc)作承載力对这数較软的岩石是否偏小？

2. 同意在桥两岸岩石露頭处取大块試样作試驗

3. 試驗打有钢管柱是否可拔一下以測其摩擦力，这对1#沉井的井壁摩擦力值也有帮助，因为这不易從理論分析中得到，只能從試驗中求得

4. 1#沉井穿过的都是砂層，配合射水，同時設計摩擦力以4.5T/m²亦不算太小，我对沉井下沉速度、精度有把握的，过去沉井下沉發生困難主要是通过粘性土層和緊砂層。

5. 对沉井下土壤承載力計算的公式：规范中的公式是一般性的，对这巨大工程尚需用其他方法驗証，一般認为粉砂土压力到16kg/cm²不能算小，同時局部冲刷也不十分可靠，要考慮土壤加固。

6. 对钢沉井加管柱我認为應該設計方案較为合适。

7. 爆破桩，与土壤性質关係很大，橋址土質变化很大，如只测岩層入量来定爆破是否良好不能十分肯定，关于承載力问题，如两岸有足够静载試驗数据（且土質了解比較清楚，再加上爆破时气体深入变化资料），则桩的承載力的确定问题不會很大。

8. 爆破桩的側面摩擦力还是起些作用的，因经震后上面土壤有所改善，在試驗中要增加爆破前土壤分析要清楚，以及測地面震動情况，同時得挖出桩仔细检查。

9. 摩擦桩的試驗可在四种类型土壤中每种做四种打桩方法的桩，打入不同深度到加压，爆破桩至少做几根，至少做四根，初步資料可作为参考，[illegible]

25×20=500　　20—468

59.5.8. 第二小组

谭[illegible]俊 发言：

1. 根据钻研地质情况，沉井自重能克服45T/m²摩擦力，下沉问题不大。如下沉有困难时，可辅射水下沉，则须在射水管路上先予应有考虑。

2. 沉井基础下土壤承载力问题，除按桩柱状等的公式计算以外，还要特别做各方面的分析。基础的型式要进行研究。为了减少冲刷加防护。

3. 由试桩结果计算出来的管柱承载力计算公式，是有一定的适用范围。在南京桥址地质情况是否合适，故应在露头页岩处做试验以证实。

4. 螺旋桩的承载力问题，由于土壤的性质不同，应在各种不同的土壤里多做试验。而在螺旋桩可将桩尖带刺状的头挖出来进行观察，以求彻底解决承载力的问题。

5. 管柱在土壤里的承载力的试验，应在试验打做，应该很好加以利用，并且还可以做加固土壤的试验。

6. 为了试验管柱的摩擦力，可在桩下端附带一个桩靴，此桩靴与管柱不必连接，利用钢杆施加压力使之与管柱脱离，达到试验的目的。

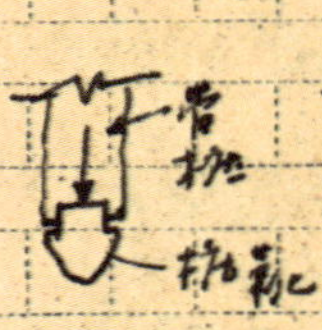

25×20=500

横直两用小稿纸
20—468

59-5-7上午，第三组讨论会

记录：胡世卿
田炳孙

吴炳焜：

①砂的天然孔隙比如何可以找到？希望例除了解南水所采样取原状砂的。

②爆扩桩可以缩短桩长，承价力大，但是试验工作量要多一些，如10～20根。

③砂的物理性指标是值得探讨的，即使在一个工程上化了很大劲取得了数据，不能普遍用到所有工程上，那还是用处不大的。

④桩尖机械扩孔法可以试一下，但是要看该部分装置有无图纸，有图纸的话也大概还来得及用上。否则还要解决设计单位的问题。

⑤飞浆法看有无飞泵合的设备，如果有可以一试。当然飞下的可能性是小的。

⑥在活动桩尖与桩身的空缝中飞浆法可以在测单桩承载时试1～2根桩，因为那时用的可能是活动桩尖，并且必需要将桩尖与桩身造成一个空隙以便单独测尖端阻力或单独测侧壁摩擦力。

25×20

横直两用小稿紙
20—468

1959-5-7日下午　　第三小组会议

吴炳琨　发言记录

1. 预应力桩：如用整桩而不分段则打桩费用难遣，与码头上情况不同，同时控制上是否方便，请大家讨论，但是要采用预应力的桩对试验影响不大，且预应力值用多少，是否用高强度钢丝等，这可归于第一组讨论。

2. 对于桩的类型，是否要做摩擦桩，爆破桩，桩尖灌浆，桩尖扩大，等是否有新的类型

3. 关于试验集中在一个墩上可以试一试，分散的也要做，试验要得单桩的承载力，桩多怕互相干扰，尤其是水冲打的桩。桥址地质复杂，分散做可代表得多一些。将来需做的。

4. 地质很复杂，具体指定试桩地点不易，是否可提供原则，看地质情况分四种，有全部在砂粘土的，全部在砂中的，有上一半是砂粘土下一半是砂，有上一半是砂，下一半是砂粘土的。

5. 打桩完全用震动和打的国内未做过，可试一试，其他干震，干打，射水震，射水打，不同深度爆破扩大，挖空桩尖等要试的桩则很多，爆破桩以支承为主，在地质上面是砂下面是土的是否可不做，且各种深度爆破是否可分为一种深度，大家意见爆破深度要静力试验结果及土壤性质而定，我同意，桩尖挖空的效果可能比爆破的小些，有否现成的桩状。

6. 关于电阻丝的问题，我们研究一下，如何贴，其怕高温蒸汽养护，对控制摩擦是否有影响，这是否请铁研及建研研究。

7. 沉桩的及挖孔的要特殊设备，我们以后再研究。关于震桩及爆破桩怎样试，测些什么，希望大家提出，是否可研究测地震波来定爆破的好坏，在未爆破前打桩测地波，爆时再测，爆完后再打再测，看其变化的关系。

8. 关于不同地质处不同桩和不同情况具体化，明天再讨论。

25×20=500　　横直两用小稿纸 20—468

1959-5-7 上午（第三小组）

谢绶之：

①桩头机械扩孔法可以在南京岸试作验；扩大直径（最大）为1.5公尺左右，有些书籍上有此介绍，但该设备的图纸无。

②爆扩桩可以在几种不同土壤中进行试验，以便找出有关规律。

一、~~[illegible]桩~~　　1957-5-7　下午会议（第三小组）

谢（绂）：(1) 根据地质情况一般要采用30～40"长的桩，用实心桩是不可能，所以用空心桩，直径不宜大于60公分，~~因为各直径~~ 55公分较好，以便设计情况[illegible]

~~各50、55、60公分的桩[illegible]~~。至于打多少桩的问题，在低承台桩可不予考虑，是否可采用2～3根大管柱为基础，并[illegible]。如长度至40公尺的管柱，用不着打桩机具，~~[illegible]~~就可以。

(2) 试验桩在一个墩上做三根桩的试验较好，但也可做一根的试验。

~~电阻丝可贴在钢筋上~~。

(3) 压桩桩的试验，如设备条件许可的话，可多试验几根。

25×20=500　　横直两用小稿纸 20—468

張㊀杰坤：①南水所有取原状粉细砂的办法。

②试验所需要研究试验室提出的标准，希早些确定，以便安排出小土坐介绍方法。

③管桩试验地点确定后我们可对这些资料再一次研究提出较详细的资料。

1959-5-7日上午　（第三小组）　③

張士澤：

~~①覆盖层很厚，能用爆扩桩吗？~~

②地质好一些地方可以用爆扩桩，但在粉砂中我看还是用長桩。

25×20=500　　横直两用小稿紙 20—468

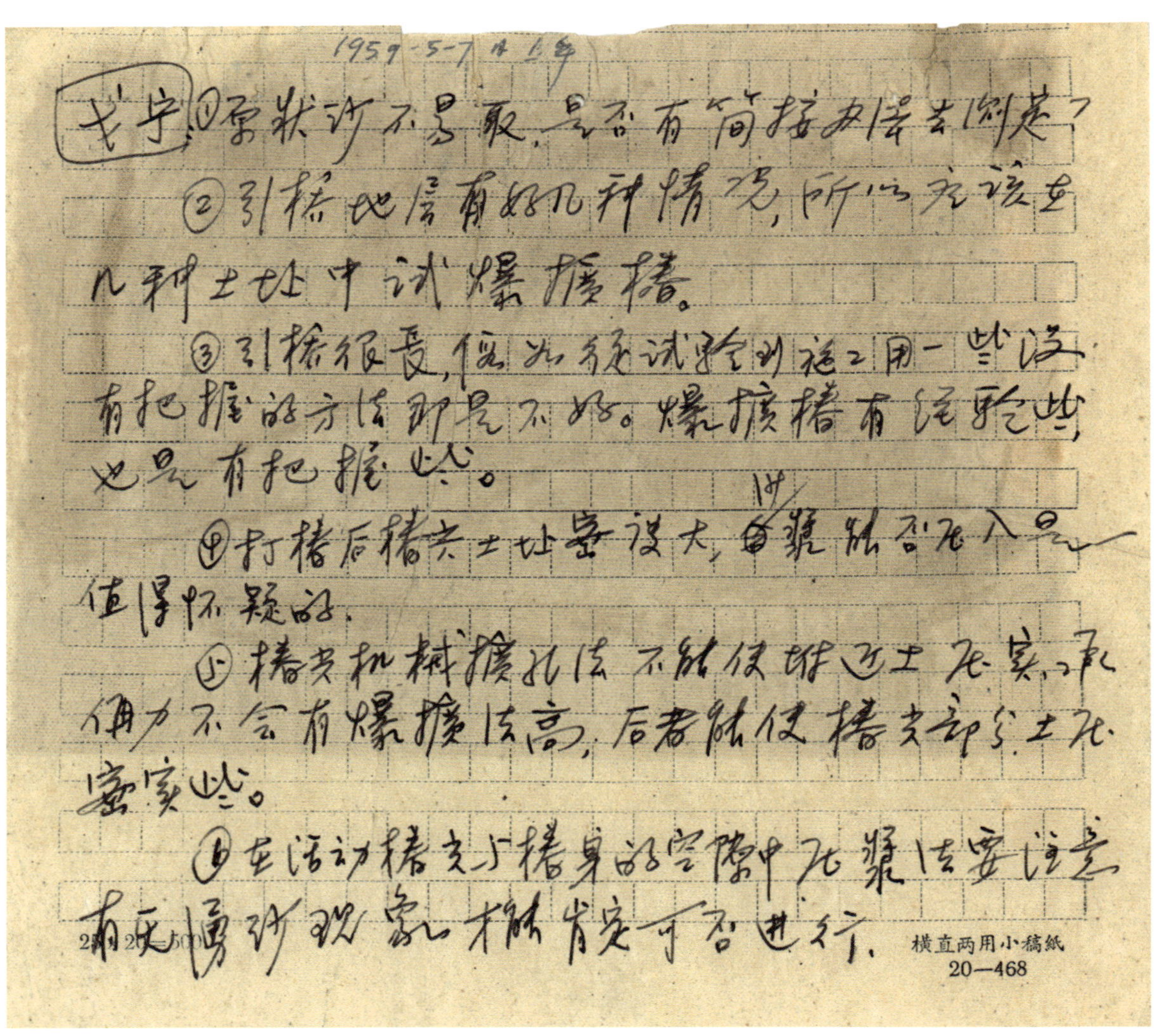

1959-5-7 …

长宇：①原状样不易取，是否有简捷办法去测定？

②引桥地层有好几种情况，所以应该在几种土壤中试爆扩桩。

③引桥很长，仅从施试验到施工用一些没有把握的方法那是不好。爆扩桩有经验些，也是有把握些。

④打桩后桩尖土壤密度大，管桩能否压入是值得怀疑的。

⑤桩尖机械扩孔法不能使附近土压实，承载力不会有爆扩法高，后者能使桩尖部分土压密实些。

⑥在活动桩尖与桩身的空隙中压浆法要注意有无漏浆现象，才能肯定可否进行。

20×20=500　　横直两用小稿纸 20—468

59.5.7. 下午 （第三小组）

[illegible]：汪菊潜：

1. 摩擦桩桩用长一些和细一些，（但当桩身周那样大）螺旋桩可短粗一些（打桩时较便利但桩大）落到粉砂层上。螺旋桩穿[illegible]土壤达到什么数量，仍需通过试验证实。

2. 关于预应力桩的问题，曾设计了50×50公分方木桩（空心）长36公尺（因袭用时曾采用了临时预应力，当时所以仍可）使用二条钢筋，在这里[illegible]可到[illegible]何先。

（不大容易生产的）在[illegible]预应力钢丝不容易得到，宜改用CT-5粗钢筋先张代替。（如经研究试验接入土段，[illegible]初钢筋[illegible]）

在以往施工时没有[illegible]附近各柱之间打桩的影响产生裂缝，（因为）预应力的桩也可以试一下。

3. 螺旋桩试验方案土层情况：（结合打桩施工）可校定各桩不同再下沉的土层处做试验。

配合射水下沉试打做螺旋钻试验，证明其效果。

4. 同济大学（试制有一根 空心的预应力桩）[illegible]预应力的[illegible]在[illegible]（初步测定仅但参数未确定出来故结果不够稳定。）

普通桩（试验时）是否可作改用

震[illegible]丝的方法相互校对（的检定）。

5-7 下午 （第三小组）

刘肇成：

1. 管桩入土依过20M时就打一般不易打下。正式开工以后可能各种款式的打桩机都有，现在已有BП-1振沉机，6T单打汽锤。对於试验工作施工单位不太了解，但希望设计给出做什么试验，要求达到什么目的和具体办法，希望设计给出一套可行的办法。因为施工单位力量也是有限的。

2. 对於底端加固根据实践需要了解将来如何获得这样的桩。又根据灌水沉桩的经验，土质稍硬水就从桩内侧翻出来了。

3. 按此桩地质情况将试桩挖出有问题，因为地下水很高。

4. 前阶计划中试桩是Φ40公分，将来用的是Φ55公分，是否会有问题？

25×20=500

横直两用小稿纸
20—468

李克训

59-5-7下午 第三小组

1. 管柱加强支力主要的是解决更快更深地下沉问题。而管柱打到降一段所需深度是否已有这种必要，如没有这种问题，我们的试验就不必考虑加强支力。从管柱结构考虑也没有必要。

2. 设计是用φ55cm管桩，试验的桩本是可以打行。用加长桩来打了单桩承载力的方的试验，应考虑一下几个深，如打32公尺的某深度，32公尺时承载力，达到粘土或中间层时的承载力为更正确地设计桩基进行比较比较时提供资料。本报告文件中提到，每桩之间比较的桩子了，间距太大打3d也对桩群作用也可有利。用冲射方法下沉到上述深度，根据实际的可能来定，如能干些平打最好，否则就根据实际需要射水加平衡再打下沉。从这个角度讲，φ40管桩就不合适，但φ40管桩可以平打平需要更深的深度，研究土的性质，研究冲孔后的影响来看，也可考虑作一、二根。

3、桩群的工作困难情况，到目前为止，世界上都未弄清楚，这方面目前有许多大型模型试验结果。为了取得足尺寸的桩群的工作性质，以在我们的试验中，贴电阻丝工作也有很大把握的话，建议在一个墩子的桩中全贴上电阻丝，在筑墩子及以后整个使用过程中来取得很有价值的资料，为今后更正确地设计桩群提供较实际的资料。

59.5.7.下午　（第三小组）

汪菊潜 陈昌：

1. 拉森板桩试验在桥位附近土质试验一根。

2. 南北两岸各做一个打试验桩，以便管柱~~打~~打桩机器的使用

[illegible]

25×20=500

横直两用小稿紙
20—468

1959-5-7日下午　第三小组会议

王中正 發言記錄

1. 如果直径55公分管桩尚未最后决定，则40公分的可不要試了。不然~~应经济上~~再价值由可以試一試，看其在经济上价值如何，如有价值，也可考虑采用这种直径。

2. 单桩进行的测量，将来基础是群桩，从单桩测得的承载力与沉陷是否能一致？关系如何，特别桩尖上是值得考虑的，与群桩沉陷。桩尖沉陷大小对决定桩之承载力起主要作用。

看到在砂粘土中的桩，在桩尖下尚有相当厚度的砂粘土，应~~由~~故取样做試驗（室内压缩），或有条件时最好做深孔载重試驗求土壤变形模量E，以便从理论上计算桩尖的沉陷，以与将来的实测结合起来。

1959.5.7. 下午　　　　整理：陈斗宏

戈宁：

1、试桩类型~~和根数~~：

同意做普通桩和桩尖爆破的试验。桩尖灌浆加固的试验如果没有什么特殊的设备也可以做几根试试。桩的直径最好用将来使用的φ55公分。

2、~~试验地点~~：

~~爆破桩~~普通桩的试验地点仍以分散打好。我们需要单根桩的实验资料，集中地点试桩互相干扰。同时分开试验地点可适合桥址地质变化情况。因意在四种土质地进行试验，但试桩数目不宜多。用电阻丝做试验的桩，为了测定桩的侧面摩阻力分布情况，土质最好选上下均匀的，可选砂粘土和纯砂土两种地区。这样试验的结果较有普遍意义，用处大。每个地方做3-4根（包括不同的下沉方式），以防电阻丝坏掉。

同意在一个桥墩的一半桩上加电阻丝，在桥建成后测，所费不多，可能很有价值。

对于普通桩的试验方法：承压力试验要在三～四个地方按不同方法做，可以做一两根快速试验。（快速试验主要是不等下沉停止就加压）锤打，振动，冲水打，冲水振四种方法都可以做，~~（不一定在每种地区，试桩数目不宜过多）~~每种下沉方法的~~数~~试桩数目不必一样。下沉后的桩可用锤打或振动，冲水冲或冲水震动下沉出用于长桩下不去的时候也就行了。震动沉桩最后是否需要锤击以增加承载力，苏联专家们见解不同，我们亦可试一下做个比较，以示震锤对施工的方法。

做静载试验的桩，也需要分开测量桩的侧面摩阻力和桩尖承载力，这对今后研究工作很有价值。但我们认为分别测验所得数据之和与整个在一起试验的结果是不会相同的。前者两种应力分布互不影响，而后者两种因素对应力分布互有影响。同时拔桩与压桩之摩阻力也是不同的。

赞成贴电阻线做桩的试验，在侧面贴电阻线可测得摩阻力分布情况，对桩尖也应贴电阻线。

贴电阻线的试桩应测水压和水流。打桩时和用各种方法下沉时都应用它测一下，至少可以看出趋势。

电阻线在40°的温度下是可以的，铁道科学研究院作了几根4公尺长的，可去试验。

深桩间距3d不够，我们主张至少4d。

25×20=500

横直两用小稿纸 20—468

3，爆破桩主要是扩头，因此只须（接）扩头土层性质适宜试验地点试验）。爆破桩无需在不同深度测验。粘土层爆破不一定降低承载力，列宁格勒有提高承载力的实际例子。爆破桩单桩究竟在何种深度试验要求提高承载力的倍数有关，因此需要经过试桩确定之。由于爆破桩要求大大增加桩间距而桩（的根）数大减，因而要求提高桩的承载力不是100T而是100T以上。对桩群的桩尖爆破尚有很多问题。

4. 桩尖加固如果要求的设备不太复杂也可以做些试验。

5. 予应力桩可不必讨论。因为此问题在第一组中讨论。

25×20=500

横直两用小稿纸
20—468

第二、三两组，整理已完

项目	意见	单位	姓名
起重浮筒	目前设计的浮筒长35M，放在水中受水流冲力会歪斜	全体意见	
	导管太多，筒身太长，施工麻烦，且不稳定。（重心高）	大桥局 湖南工学院	殷万寿 李洪 万方 周璧臣 华祖焜
	改进方案：将气筒分段化整为零		华祖焜
	可用改浮筒带底	大桥局	章杰

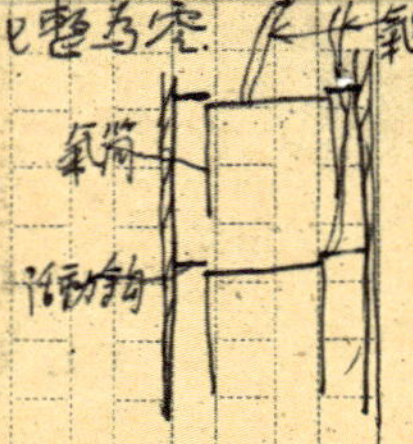

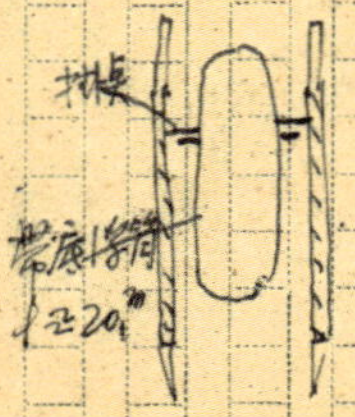

项目	意见	单位	姓名
	方案：管柱内装钢套筒，套上加盖，像接射水管一样接法。	大桥局	万方
	周璧臣组长提出：现设计钢浮筒受水流冲水会歪，施工麻烦，尚有缺点，设计处可根据这些意见及提出的三个方案改进原设计，进行试验		
	方案：坐平台化整为零。	大桥局	周璧臣

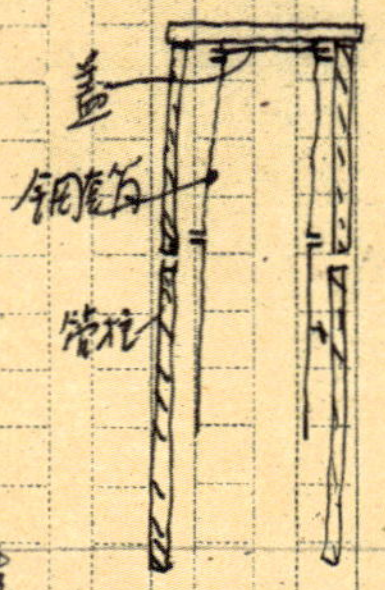

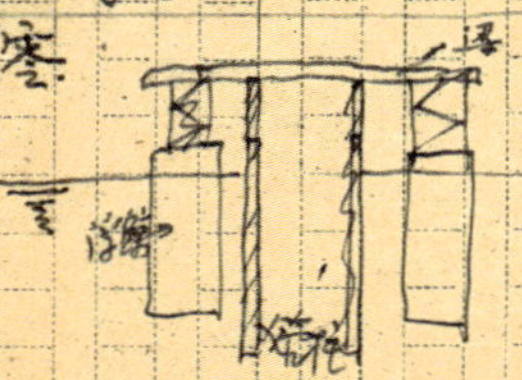

第二组小

項目	意見	單位	姓名
震動打樁机	应採用單頻率	湖南工学院	華祖焜 大桥局黄丕佑
	过去设计的震動打樁机单双去頻率都有，均可使用	桥机厂	钱学新
	轉数不要太高，宜不超过600转/分	大桥局	黄丕佑 華祖焜 钱学新
	静力矩原设计74000公斤-公分不宜减少		華祖焜
	静力矩可以适宜减小	大桥局 桥机厂	李芬 譚傑贊
	震動力应在250T以内不要太大		李芬 黄丕佑
	马達功率不应超过280K.W.		李芬 黄丕佑
	震動打樁机設计按： ①轉数. 500，550，600转/分钟.	大桥局 李芬归纳 小组意見	

横直两用小稿纸 20—468

25×20=500

項目	意見	單位	姓名
	②静力矩 不超过60000公斤-公分 ③震動力. 在250吨以内. ④马達功率：2×280=560千瓦. ⑤比率： 在2左右. ~~{电动机功率(千瓦) 和偏心块静力矩}~~ 偏心块静力矩(公斤-公尺) / 电动机功率(千瓦) ⑥支点 4支点. ⑦頻率 单頻率		

横直两用小稿纸 20—468

25×20=500

项目	意见	单位	姓名
钻机	用冲击式钻机较为现实 冲击式钻机不如旋转式好	大桥局	黄丕佑 李洙
	同意一机部设计的Φ3200型冲击式钻式作如下几点修正	小组意见	
	①加人力刹车设备一套		全体
	②油压设备要保证质量精密防止漏油	大桥局 一机部	陈崇祥 高永盛
	③电气开关不放在钻机上以防震动	大桥局	~~钱~~ 李芬
	④扒杆要能在一定范围内起落		李芬 ~~高永盛~~
	⑤大车轴端部应加轴头一个，供附属设备使用		万方 高永盛
	⑥钢绕 用30mm中 [illegible] [illegible]		

横直两用小稿纸 20—468
25×20=500

项目	意见	单位	姓名
钻头	周翼青组长总结钻头按下列原则设计		
	①钻头重量按南京桥岩石强度设计	✓	李芬、周翼青
	②钻头型式以十字形加短圆弧型为主，并考虑在刃脚上面加二、三个横刃脚的型式及Y形铸钢钻头两种	✓	李芬 华祖焜
作为拼合 Y型试	③~~钻头直径先设计~~作Φ26的十字形拼合式钻头，其他型式亦同时进行设计	✓	殷万春 周翼清
	④钻头高度与直径比不小于1:1	✓	殷万春
	⑤由二桥处对外联系铸钢钻头的制造问题		

横直两用小稿纸 20—468
25×20=500

项目	意見	单位	姓名
震動打桩机在水下工作的問題.	1、震动打桩机在水中工作其振幅会减小，减低震动打桩机效用	大桥局 一机部	李浩、殷万寿、周冀青、时进斗
	2、震动打桩机在水中工作由于打桩机上部的水压，当向上震动时可以减少上拔力；向下震动时水柱产生加速度，加大下压力	大桥局	陆华祥
	3、认为桩机厂设计的用油压撑开撑杆办法：当震动时震動时，油管漏油容易错动	大桥局	周冀青 李浩
	4、~~[illegible]~~ 只需把油压设计的比需要加大，稍有漏油，不致有问题	大桥局	陆华祥
	5、方案： 可以缩短特制的钢管柱 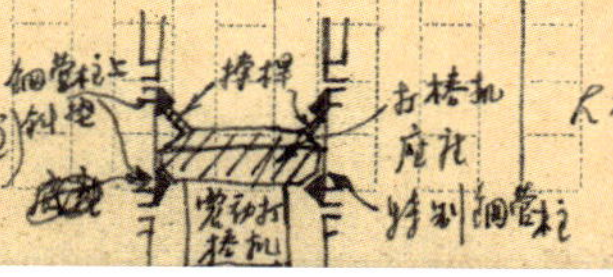	大桥局	周冀青

项目	意見	单位	姓名
震动打桩机在水下工作 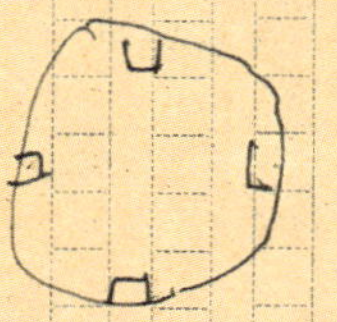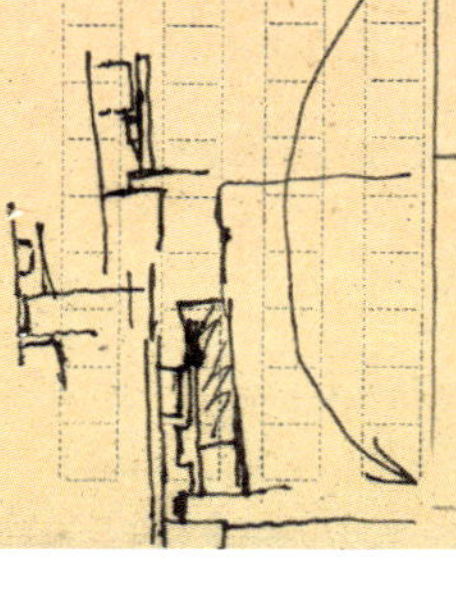	6、方案：把震动打桩机的机壳下部做成凹槽形，在管柱上亦做成相应的凸体，依靠两者的摩阻力来承受打桩机的上拔力 这样操作最简单	一机部	张进钊
	7、方案：利用钢楔把打桩机的底托固定在管柱的挡块上。 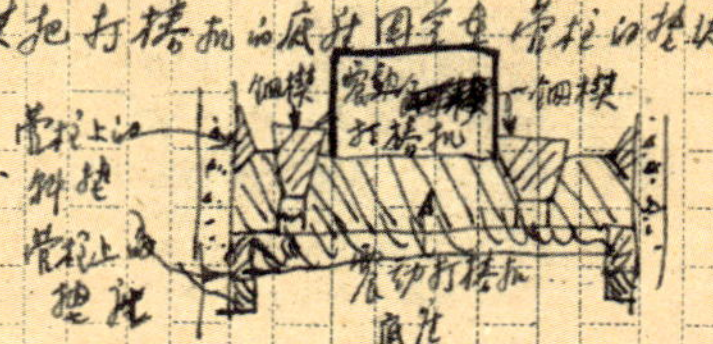	大桥局	叶绪
	9、根据以上提出方案以及李寿桥机厂所的方案由桥机厂进一步研究。 先用BП-1型振动打桩机在岸上进行试验		周冀青 [illegible]恳陆
	8、方案：在管柱上设置弹簧片 震动打桩机放下后就能定位了，取出时，先放下一个箍圈把弹簧片压紧后就随震动打桩机一次取出 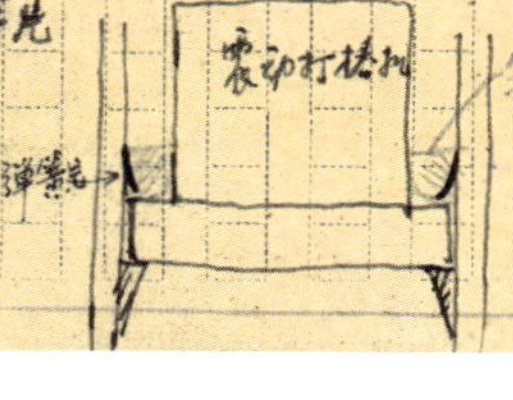		李芬

项目	意见	单位	姓名
射水管	射水管太长，联[?]太软，用下列方法解决		
	① 射水管置于管柱内，经椿靴射水 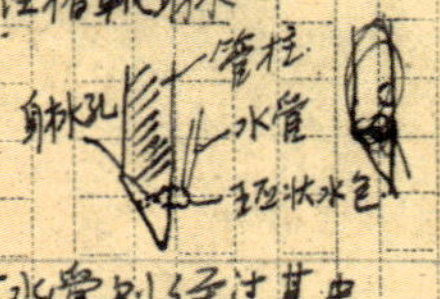	大桥局	李芬
	② 管柱内壁留孔，射水管则经过其中	大桥局	殷万寿
	③ 多根射水管组合成束，下沉射水	大桥局	黄亚仿
	④ 和武汉大桥一样，用卡箍将射水管卡住，下沉射水 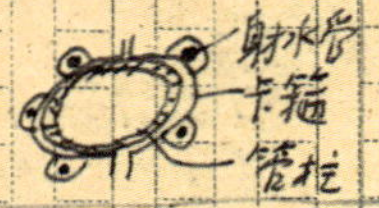	湖南工学院	華祖焜

1959-5-8 第三小组

项目	意见	单位姓名
#1 墩沉井侧面摩阻力	摩擦系数不能用理论求出，建议试验墩之前拉七拔试验做依据，	南院吴炳焜
#1 墩下沉及控制倾斜问题	4.5T/m²摩擦力已不算小，如以合理布置射水管可以下得去，	吴炳焜提[illegible]小组一致同意。
	单靠自重沉下得去，但自重不可能，主张射水管	湖工谢绪恩
	射水管应沿沉井全面布置；强大射水系统可以控制倾斜。	吴炳焜
	下沉无问题，但仍应准备下不去时的办法。	铁研院 吴宁
	主准备下不去的问题，同时为加强考虑承酒力可试验化学灌浆	吴炳焜，王[illegible]民
#1 墩涌砂问题	吸泥和排水可能涌砂，排水不到。	同意孙钧，湖工[illegible]，南京局意见一致
	涌砂会有，如取砂快，墩外水位差不多，问题不大。	吴炳焜，戈宁
	井内可将水位抬高，减少涌砂	孙钧
#1 墩基底位置	设计在标高-50，对冲刷-35说合适，较安全。	吴炳焜，孙钧
	为何不放在风化层上（提高5公尺）	谢绪恩
	如局部冲刷到-40以下，-50的埋置还太浅。	湖工[illegible]
#1 墩冲刷问题	#1墩在-40（-50？）位置如有砾石煤块，木块	勘测院[illegible]
	#1墩冲刷应研究，猫口岸冲得利害。	吴炳焜，王[illegible]民
	可研究改善沉井外形和其它防止冲刷的方法	谢绪恩
#1 墩承酒力问题	设计如计算正确，除一般冲刷慢些外，冲刷深度一般差不多，但值得重视，应用其它不同方法检算，不能[illegible]	吴炳焜，戈宁，谢绪恩
	南京的不坚密，承受16公斤/cm²压力太大，再	戈、吴
	最好能取得实际承酒力试验资料	戈宁
其它	#1墩下有煤块木块，沉井能否下去继续查清	孙[illegible]，王作民
	四不能射水有无问题？	孙[illegible]

1959-5-7 第三小组

项目		意见	单位	姓名
地质资料		南水所有取原状沙的办法，试验打的地点应该尽早确定	钻探队	张[illegible]
预应力管桩是否要做试验		经济上可能较省	同济大学	张[illegible]
		不像管柱受震动的影响，施工上要小心，要做到可不塌落	唐院	李克钊
		对预应力桩是否经得住振动	湖南工学院	谢铨忠
桩的大小尺寸问题		最大不超过直径60公分	湖南工学院	谢铨忠
		如φ40的桩将价值也可统一些	大连工学院	王中[illegible]
桩的类型	1.直桩（管柱桩）	是基本的要做试验	全体一致的意见	
	2.爆破桩	地质好的地方可用，在钻孔中还是用直桩	同济	张士铎
		在各种不同土壤中试，找出规律	湖南	谢铨忠
		其质量如何检查是主要问题	唐院	李克钊
	3.桩头压浆	需要特别注意	二处	刘崇武
		在软滦土中试一批	设计处	汪炳[illegible]
		在桩尖桩身土层压实，压浆有困难	铁研	戈宁
	4.桩头扩大	苏联有些数据资料	湖南	谢铨忠
		某机械较省方面资料	唐院	吴炳焜
		有爆炸桩不同土壤没有压实，承力方面不管的爆炸桩高	铁研	戈宁
桩的施工方法		将来各种桩施工的方法应[illegible]	二处	刘崇武
		做试验各种打桩的都要做，震动打桩过去资料少也得做	全体一致的意见	
试桩的位置		土壤有全部在砂粘土中，全部在砂土中，有一半砂粘土一半砂，在一半砂一半砂粘土，试验也可集中在一个地区或分散各种典型土壤都做	明日再具体研究	

没有讨论

横直两用小稿纸 20—468

25×20=500

1959-5-8 第三小组

项目	意见	单位 姓名
管柱承载力问题	1.公式：$p=mK(0.4\frac{h}{d}+1)R_cF$ 按此式算得结果偏于保守。	唐院 吴炳焜
	2.岩石的极限抗压强度要做详细的试验和分析研究。	〃
	3.公式的应用有一定的范围，在南京桥的地质情况是否合适，建议在岩石露头处做试验	小组意见
	4.岩石宜钻孔用旋转式钻机较好	唐院 吴炳焜
	~~5.群桩与单桩的承载力分析~~	
钢沉井问题	1.由钢壁传力，沉井内管柱取消	南工 [illegible]院
	2.~~[illegible] 同济 唐院 [illegible]~~ 种类较为合理	同济 唐院
	3.钢沉井有无摩擦力的问题建议在试验打的试验过程中争取可以取得一些资料	唐院 吴炳焜

横直两用小稿纸 20—468

25×20=500

铁道部大桥工程局

勘測設計处

計算紙

工程名称＿＿＿＿　第 1 頁共＿＿頁

試驗墩設計報告

做试验墩的目的和要求：

南京長江大桥正桥2至9号八个桥墩在初步設計中建議採用管柱基础，並经鑑定認為适当，但是由於桥高，水深，覆盖层厚，施工時(在桥墩处)水面至岩层面最高達70公尺(其中最大水深達31公尺，最厚覆盖层達49公尺)，钢轨底面至岩层面達97公尺，同時岩层地質並不太好，这些複雜情况，遠非过去已建長江大桥所能比拟，因此就必須通过試驗墩工程实践来解決在正式工程中可能遇到的一系列問題，以促使南京長江大桥的基础工程有把握地顺利進行，并藉此求得解决将来管柱基础發展中的一些設計和施工問題，(因为我们以试验墩作为……)例如管柱下沉柱很深度和工藝，大直径鑽岩和灌注管柱内水下

計算者＿＿＿＿＿＿　＿＿年＿＿月＿＿日　复核者＿＿＿＿＿＿＿　＿＿年＿＿月＿＿日

完全需要用多大力量来克服，就要通过试验打的基础工程的实践才能充分明了，对于用多大的直径比较好，也就能够确定。

困难，这些困难

中华人民共和国铁道部
大桥設計事务所

計 算 紙

工程名称 最大70M 66Mn以上　第　頁共　頁

譬如说，设若水面到岩面很高，就需要用大于直
径1.55公尺的管柱，但是管柱直径大了，而且很长，就
要使起吊和下沉发生许多困难
时。过去管柱法兰盘接头，往往做的不够
平直，现在直径大了，更不易做的平直，但是接头不
平，就要形成下斜和更大的变形，对于管柱下
到岩层有致命的影响，过去管柱不是预应力的，管
柱在震动下沉时，承受反复的拉力与压力，同时产
生反复的拉伸与压缩。当拉伸与压缩量大于震动
打桩机的振幅时，管柱仅作一弹簧体，震动能量
完全消耗在弹性变形上，无法使管柱下沉。过去我们设
计大桥的管柱在下沉时没有遇到不能下沉的现
象，是因为管柱下沉时的长度未超过40公尺，震动打
桩机的上拔力对管柱所产生的单位拉应力较小
的缘故，但是南京长江大桥由于岩面很低，管柱下沉
时的长度达70公尺，且需采用9吨巨型的震动打桩机，
如管柱仍采用普通非预应力的结构，则下沉时
最大拉伸量可能达10公分左右（假定钢筋所受
拉应力为预应力后钢筋在震动时所受之拉应力
相等）远远超过震动打桩机的振幅，要下沉到设计
深度，必将产生极大的困难。震动下沉时管柱产生
如此大的拉伸量是由于管柱受拉力时，合已拉裂，
全部拉力仅由钢筋承受的缘故，如能
减小。因此需要将
管桩改为预应力结构使它先受了一定数值的
压应力，这样使大大地减小了受拉时的拉伸量，根
据设计的拉伸量可由10公分减至1.1公分

計算者　年　月　日　复核者　年　月　日

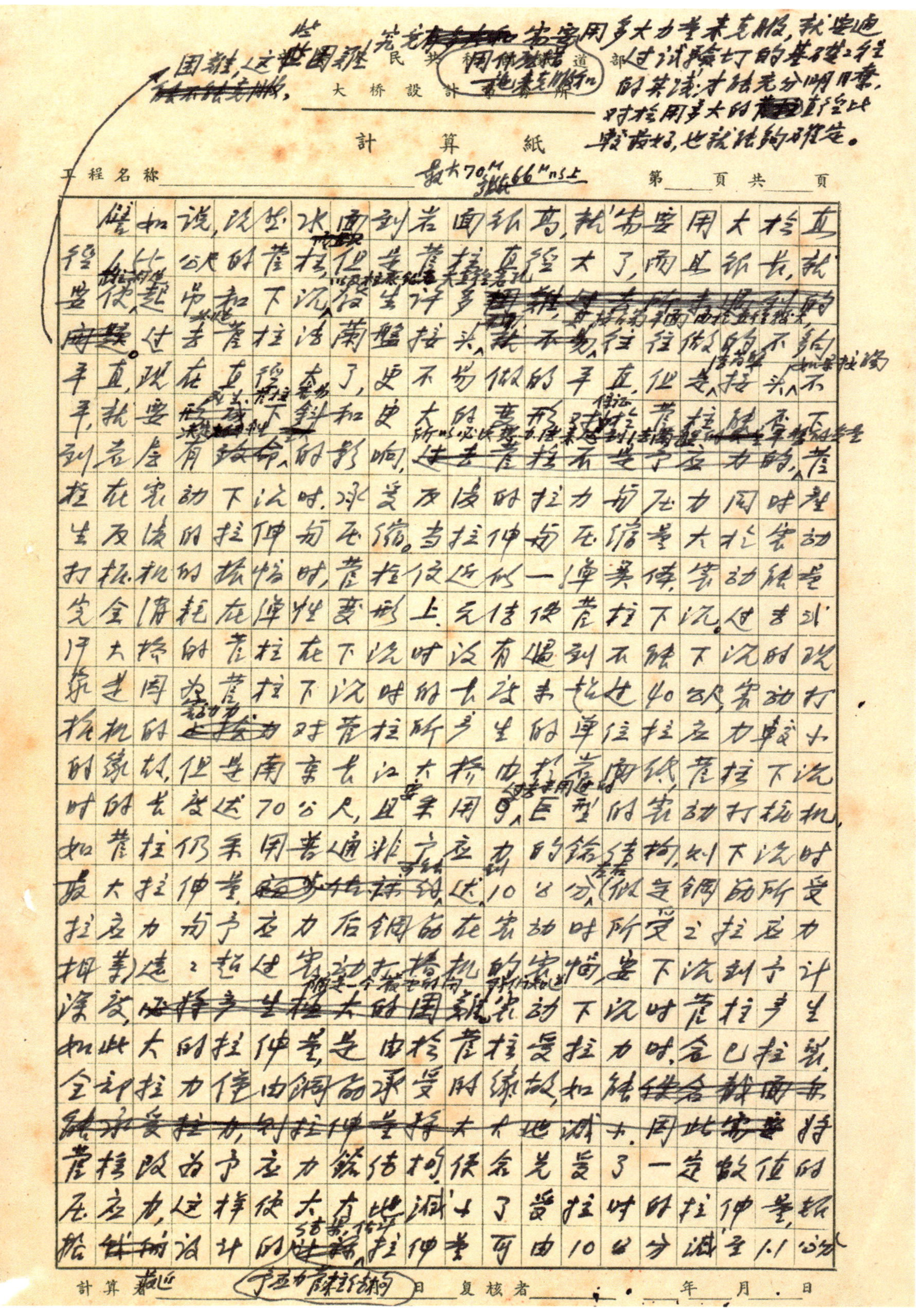

中華人民共和國鐵道部
大桥設計事务所

計算紙

工程名称＿＿＿＿＿＿ 第＿＿頁共＿＿頁

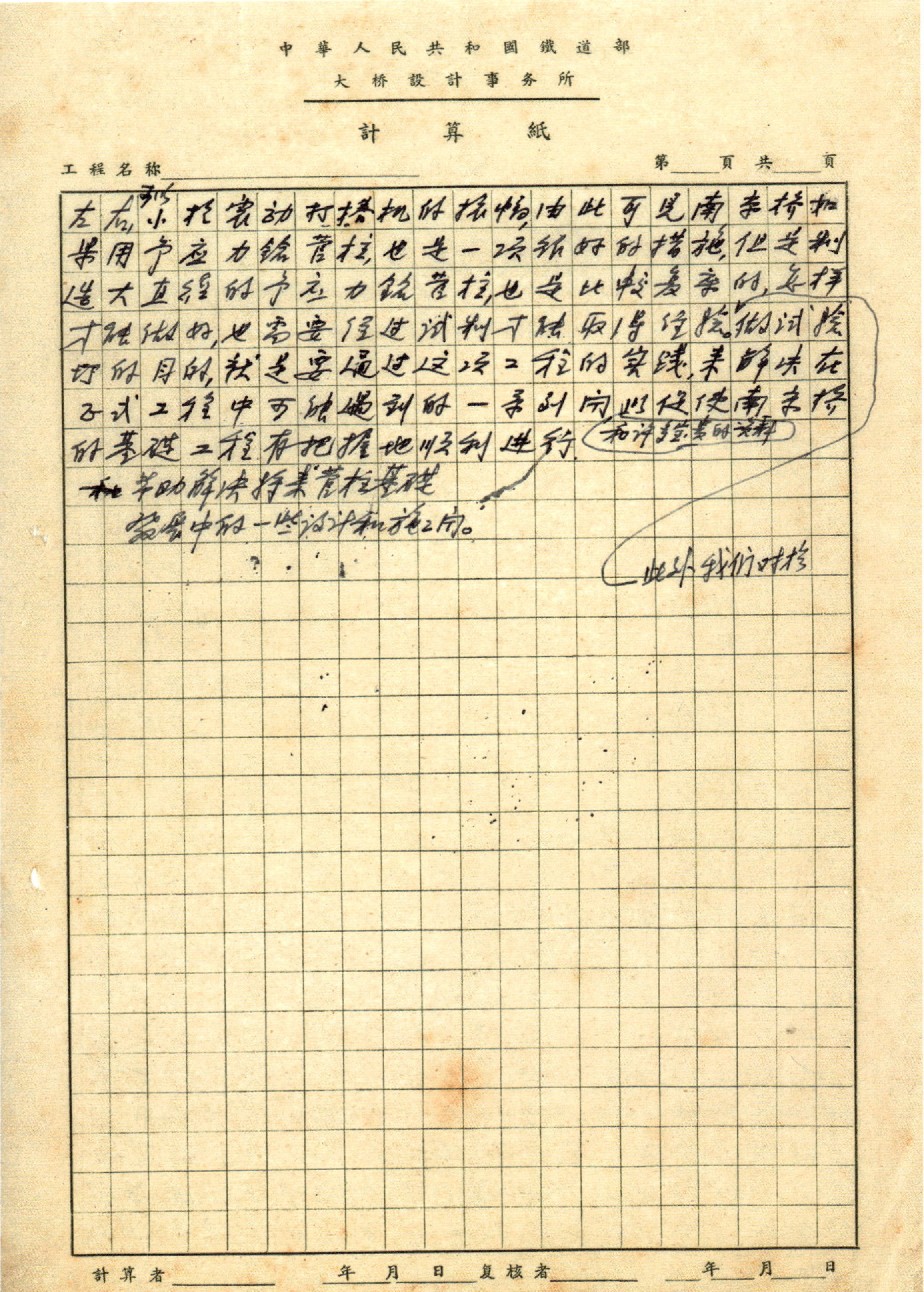

左右，较小于震动打桩机的振幅，由此可见南京桥如采用予应力钢管桩，也是一项很好的措施，但是制造大直径的予应力钢管桩，也是比较复杂的，怎样才能做好，也需要经过试制才能取得经验。做试验的目的，就是要通过这项工程的实践，来解决在子式工程中可能遇到的一系列问题，以便使南京桥的基础工程有把握地顺利进行（和许多技术上的资料）

~~和~~帮助解决将来管柱基础实践中的一些设计和施工问题。

此外我们对桥

計算者＿＿＿＿ 年 月 日 复核者＿＿＿＿ 年 月 日

铁道部大橋工程局

勘測設計处

計算紙

工程名称________ 第 2 頁共____頁

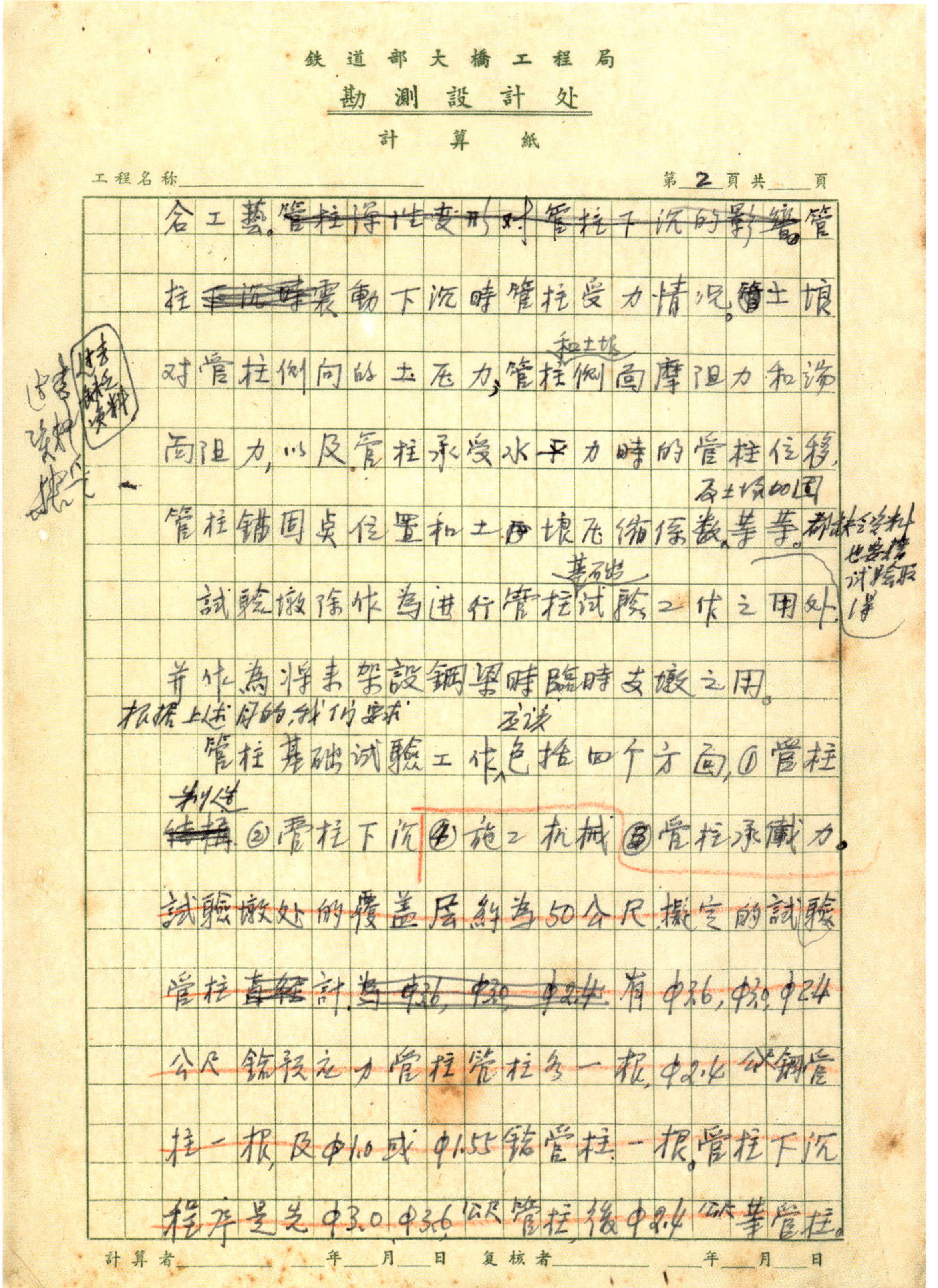

合工藝。~~管柱停止震动对管柱下沉的影響~~管

柱~~下沉時~~震動下沉時管柱受力情況，管土壤

对管柱側向的土压力，管柱和土壤側面摩阻力和端

面阻力，以及管柱承受水平力時的管柱位移，

及土壤的回...

管柱锚固点位置和土壤压缩係数等等。都是设计资料，也要通过试验取得

試驗墩除作為进行管柱基础試驗工作之用外，

并作為将来架設鋼梁時臨時支墩之用。

根据上述目的，我們要求

管柱基础试驗工作主要包括四个方面，①管柱

~~结构~~制造 ②管柱下沉 ③施工机械 ④管柱承載力。

~~試驗墩处的覆盖层约為50公尺，擬定的試驗~~

~~管柱直徑計為φ3.6，φ3.0，φ2.4有φ3.6，φ3.0，φ2.4~~

~~公尺鋼筋混凝土管柱管柱各一根，φ2.4公尺鋼管~~

~~柱一根，及φ1.0或φ1.55鋼管柱一根。管柱下沉~~

~~程序是先φ3.0 φ3.6公尺管柱，後φ2.4公尺等管柱。~~

（左侧批注：设计资料根据；桂林材料）

計算者________年___月___日 复核者________年___月___日

铁道部大桥工程局
勘测設計处
計算紙

工程名称　而其中最主要的　抗力管柱的制造工艺和　第　頁共　頁

~~試驗工作的首要任务是~~得出管柱下沉的極
和　　的工艺和
限深度~~是否能~~下至岩层，鑽大直径岩孔工藝
的~~技术总结~~。经验和总结，　今后　　和施工
~~問題的結束論~~，作以為施工設计~~時~~的依据，如
~~有些試驗項目存碍於及時達到上述目的，則~~
~~不在最先下沉的管柱中進行試驗而在較後~~
~~下沉的管柱中進行試驗。~~

計算者＿＿＿＿年＿＿月＿＿日　复核者＿＿＿＿年＿＿月＿＿日

铁道部大橋工程局

勘測設計处

計算紙

工程名称 II.设计内容　　第4頁共　頁

~~設計資料~~ 试验墩的位置情况

試驗墩位置於鄰10号橋台96公里程為直尺桩NK-114+39之处，河床标高最高約為-3.0，最低（钻探资料）約為-11.0，岩层标高約為-52.5，覆盖层厚度約為50公尺，绝大部份為细砂，中夹粘砂土及近岩层砂粘土各一层，其厚度分别為約2.5公尺及約1.0公尺，岩层為角砾岩，近岩面有粗砂。7公分圆柱体極限抗压强度平均為300公斤/平方公分。施工時水面至岩层高約為60公尺。

试验墩基础佈置

試驗墩基础佈置初步擬定為打探用的4根管柱，4根3种直径，φ3.6，φ3.0，φ2.4鋼筋应力管柱各一根及φ2.4公尺鋼管柱一根，共4根管柱组成，排成一行，皆下至岩层並鑽孔，若φ3.6公尺下不至岩层，則在其内再下沉φ3.0公尺管柱至岩层，試驗墩佈置見示意图。

計算者＿＿＿＿　＿＿年＿＿月＿＿日　复核者＿＿＿＿　＿＿年＿＿月＿＿日

铁道部大橋工程局
勘測設計处
計算紙

工程名称________ 第 5 頁共____頁

~~進行了試驗墩作為架設鋼梁臨時支~~
根据这样的布置往往 (按苏联桩柱轨距铁路桥涵技术规范计算)
~~墩時受力情况的~~初步計算~~計算結果表明~~如下,管
柱只要下至岩层和岩层良好接触即可满足
如果不到岩层,而打入覆盖层40公尺以上,也能满足要求
架設鋼梁時需要,勿須進行鑽岩。計算時的數
应该至少下到40公尺深度.
但从设计所要求来看应该下到岩
据及假設如下.
层而且要做钻岩工作,以取得这些方面的经验.

設計荷載. 鋼梁反力. 按鋼梁自重等20噸/公尺計算.
拼裝吊机, 130噸.
鋼塔架,承台,管柱自重等.
風力: 按南京歷史記錄.
最大風速27.9公尺/秒計
採為 80公斤/公尺².
水流衝击力 未計.

計算假定.
(甲).管柱下至岩層,(不計算)管柱側面土壤摩阻力
~~(乙).管柱入土很深約為40公尺(按最低~~

計算者________年___月___日 复核者________年___月___日

[illegible]周莫二人.　　　　~~李大已阅.~~

[illegible]. 五月九日上午全体会议上发言.　~~[illegible]~~

第一组代表胡春农发言　　　　整理人　郭文达

现在我把第一小组讨论情况汇报如下：讨论题目是管柱管桩结构及其应力。

I. 管柱结构

包括预应力管柱及钢管柱。主要对预应力管柱设计及制造工艺方面提出了意见。

1. 预应力数字：认为预应力大小与震动打桩机的震动力有关。现按2台250型震动打桩机计其震动力约为500T，管柱强度应与震动打桩机能力一致，以便发挥震动打桩机的效能。并考虑到震动打桩机的能力、管柱疲劳折减等因素，建议管柱按900T设计（指中3.6M管柱），预压应力应达40 kg/cm²左右。

2. 预应力管柱材料：建议采用300～350级，钢筋采用5号钢。在可能范围内，也用高强度钢丝设计一根预应力管柱。

3. 预加应力5号钢钢筋数值及其屈服点的数值：5号钢按验收规定屈服点为2800 kg/cm²，但据本处桥梁厂了解，以往的5号钢实际屈服点约在3500 kg/cm²左右；最近由于钢料含硫较高，屈服点较低，甚至有个别的不到2800 kg/cm²。我们建议用3000 kg/cm²（计算时）在作物理性能和化学成分的规定。至于预加应力问题，认为最大不超过0.9 σ_T（σ_T为钢筋屈服点，采用数值为3000 kg/cm²为宜），而且还必须采取措施保证钢筋在张拉时均匀，避免有局部超过屈服点，否则应按0.85 σ_T计算。至于

25×20=500　　　　横直两用小稿纸 20—468

应力损失建议仍按800 kg/cm²计。

4.钢筋布置，建议采用双筋。主要因为管柱在震动下沉时产生[很大]拉力，需要钢筋数量很多，采用双筋可避免钢筋排得过密。[同时]另外，双筋对抵抗[不均匀]水平压力及防止[管柱]纵向裂缝有好处，因为竖筋也可以箍两圈。[另外，]在管壁厚度达14cm[的情况下，]采用双筋~~在~~[对各种预压]应力[的]~~对管壁施压压力~~[分布均匀性]比单筋~~均匀，使免避免有应力集中~~[布置较好]。

5.管柱壁厚14cm[问题：]是否适当，须[~~进行~~核算一下强度和管壁稳定性问题]~~需作研究并作薄壁检查~~。

6.管柱接头及法兰盘：对法兰盘[和管柱接头]共提出5个方案：

a.用铸钢[法兰盘]制造，分块铸造，特点是省去焊接工序，主要是制造问题，建议山海关桥梁厂试制[主要解决45#5钢钢筋的焊接问题]（如图）。

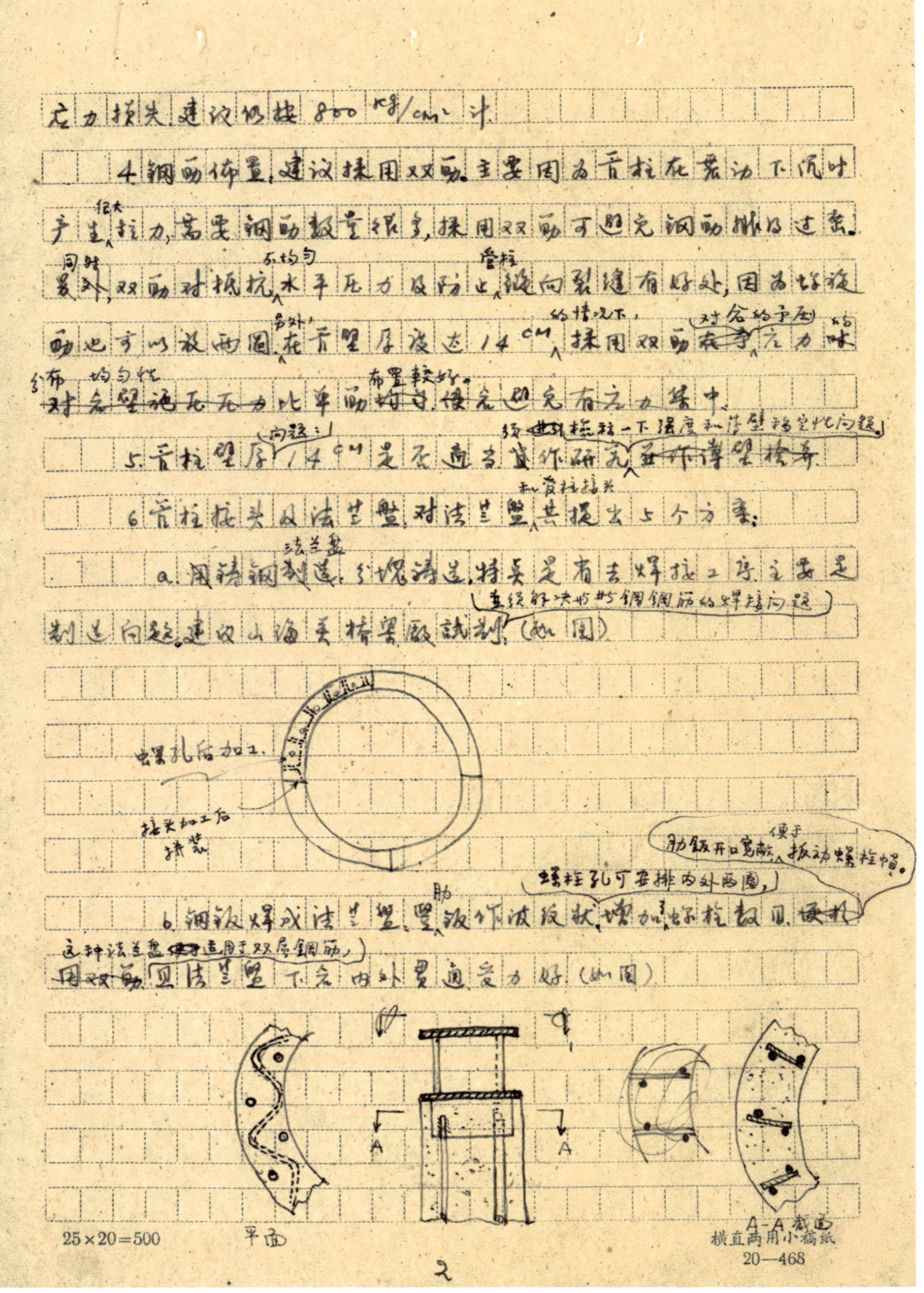

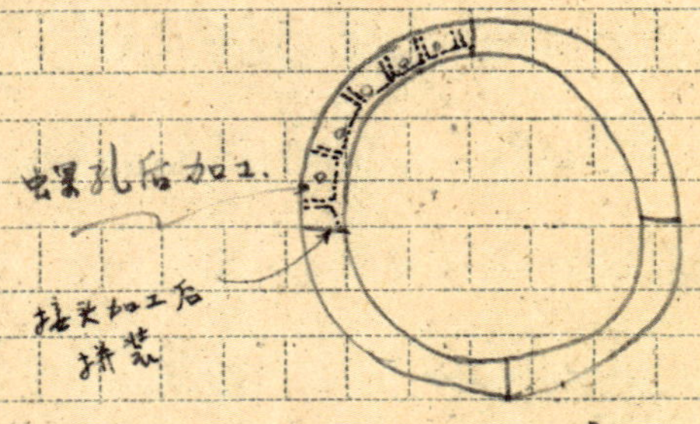

b.钢板焊成法兰盘，[肋]板作波纹状，增加了螺栓数目，~~便于~~[螺栓孔可安排内外两圈，肋板开口宽敞，便于扳动螺栓帽。]
[这种法兰盘~~便于~~适用于双层钢筋，]~~因双筋~~且法兰盘不会内外贯通受力好（如图）。

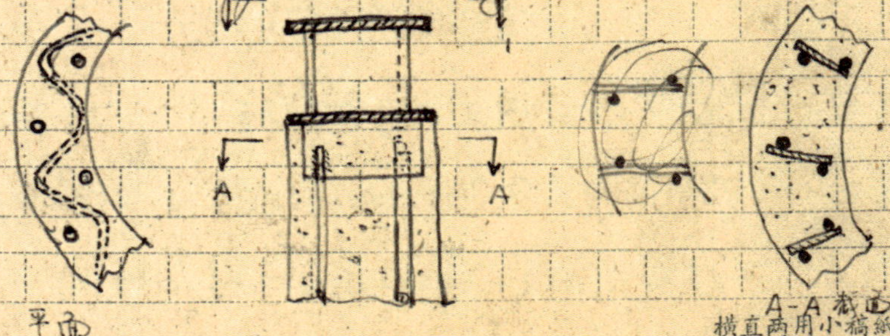

25×20=500　横直两用小稿纸 20—468

2

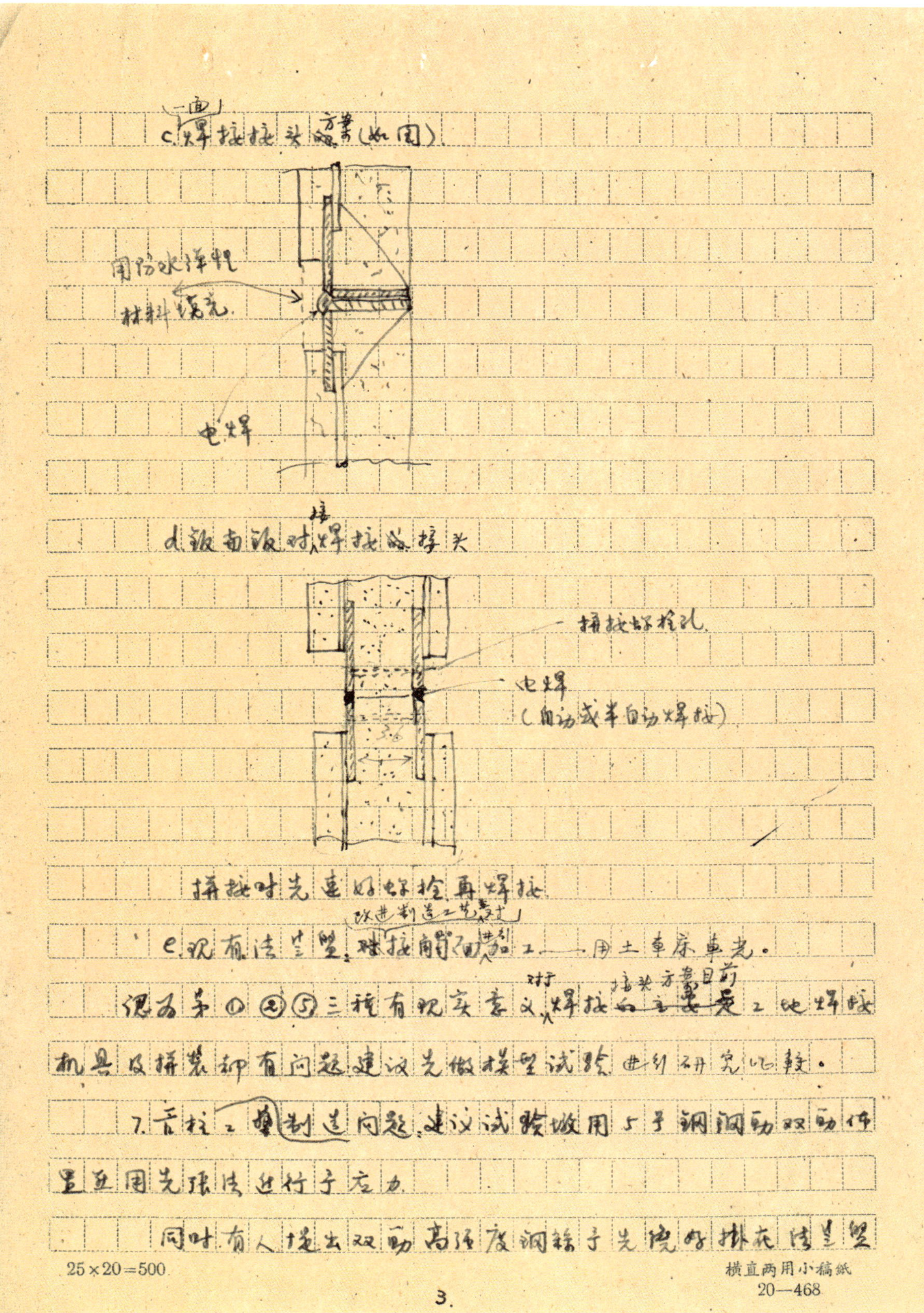

c.一面焊接接头方案(如图).

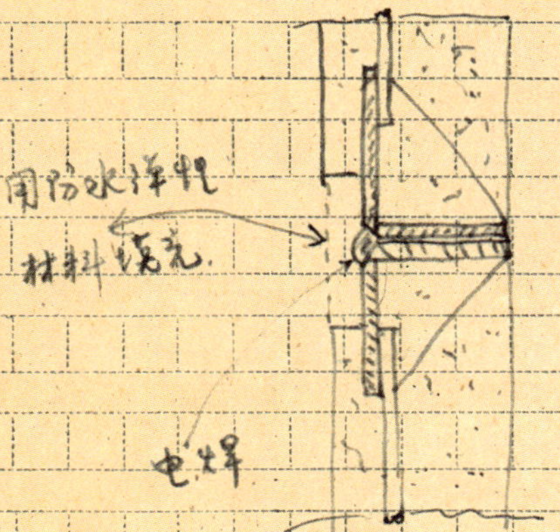

d.钢面板对接焊接的接头

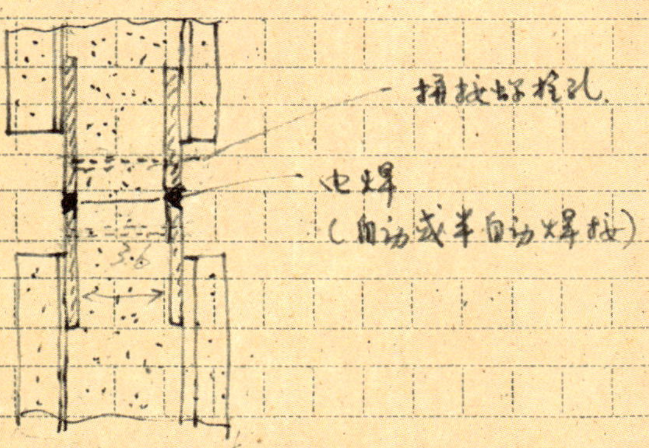

拼接时先连好螺栓再焊接.

e.现有管柱壁：(改进制造工艺)螺接部位进行加工——用土车床车光。

认为第①②⑤三种有现实意义，对焊接接头方案目前电焊机具及拼装都有问题，建议先做模型试验进行研究比较。

7.管柱：制造问题：建议试验改用5号钢调动双动作置并用先张法进行予应力.

同时有人提出双动高强度钢丝子先浇好排在管柱壁

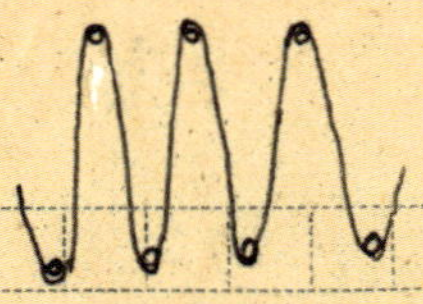

上进行张拉（如图）

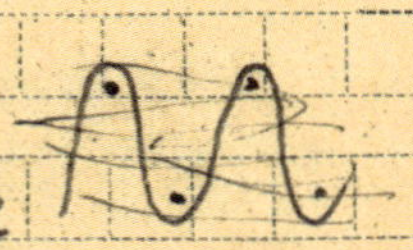

至于采用千斤顶法张拉还是采用电热法，认为电热法对粗钢筋而言问题较多，尚缺乏经验，因此建议试验墩仍用千斤顶法张拉。

对张拉台架一致认为原设计较单薄，难以保证准确性。有人建议加一个十字架或把台柱部分抬高并在中心做一轴通到顶盖上，保证了方向并有足够刚性。建议对现有设计加以改进。

对高强度钢筋连接配筋法建议列为今后研究对象。

建议法兰盘采用高强度螺栓连接以防止松动。

Ⅱ管柱应力测定：在试验墩上要做一系列试验研究工作。

1.管柱内应力测定方法的试验和研究，用电阻丝测量合管柱内的应力还存在困难和问题，必须进行试验研究。

2.管柱在侧压力下纵向和横向应力的测定，可以通过模型进行静载和动载试验。

3.对于垂直震动荷载下的应力测定。

4.测定震幅问题，沿管柱不同高度的震幅大小进行测定。为此，对测量震幅的仪器"加速测量器"进行设计和制造。

Ⅲ预应力管桩：建议做预应力管桩的试验，在制造上要求先张法和后张法均进行。

Ⅳ钢管柱：建议设计一根钢管柱并做钢管柱试验与普通管柱（预应力的）作比较。

25×20=500　　横直两用小稿紙 20—468

1

1959年5月9日上午大会發言

周翼青：(代表第二小組發言)　　整理：陈新

我們討論的題目是"管柱下沉及其施工机械、鉆岩机械以及水下客"，共討論了17个課題，把討論的結果大致可以分為四种类型。第一种是完全的肯定的，必須做的工作。第二是討論以後，对所提的方案提出些意見，但認為須要研究的。第三种是对原来提出方案予以否定的意見，並建議进行進一步設計和製造和試驗的。第四种是認為所討論的問題是很重要的，並指出了研究的方向，但認為不是一時能解決。

下面就談談这几方面的情况：

一、关于第一种类型的問題就不談了。

二、关于第二种类型的問題談二个問題，水上操纵水下割切的方法以及起重浮管的問題。

①水上操縱水下割切的方法：

在武汉大桥时曾在20公尺以下的深水中進行过水下燒割，但在40公尺的深水中没有經驗，但指出有苏联的书本介紹关于在海底燒割方法，可以搜集这方面的資料进行研究。

并提出有不用燒割而用机械割切的方法，具体的

25×20=500　　横直两用小稿紙 20—468

2

提出利用TM1300旋转钻机改装横力钻支横向钻孔，大家并认为这是可以做得到的。

②关于加重浮筒的问题。

一致认为利用水浮力来减轻管柱的这个想法是很好的。但认为原设计在施工上讲过于繁琐，在浮水中下沉被水流冲坏并会倾倒，因此要求一步予以研究。

同时提出了几个方案。

第一个方案：是把氧管(下详用氧的)附着在管柱上，根据设计要求每节管柱放一个或者几节管柱放一个。管柱上设有活动的扣，它只能承受向上顶的力，浮筒一松开就会掉下来。浮筒充氧就产生浮力，浮筒内放氧浮筒对活动扣没有了顶力，活动扣一松，浮筒就能取出。

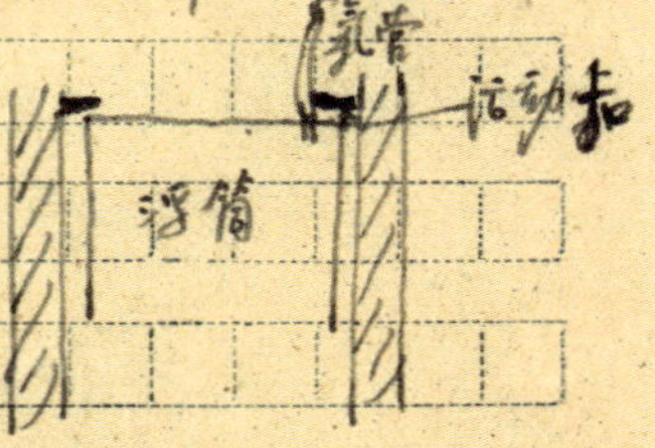

第二个方案：做一个四面封闭的浮筒，有固定的容积能满足每个管柱下沉过程所要求减轻重量的需要。而在其中充氧或充水可以调节其浮力。

第三个方案：就是参考到设计处提出的设计中，一次把20公尺的浮筒放在水中要受到水流力要倾斜，所以改为一节一节的，跟着管柱一路下放一节管柱接一节

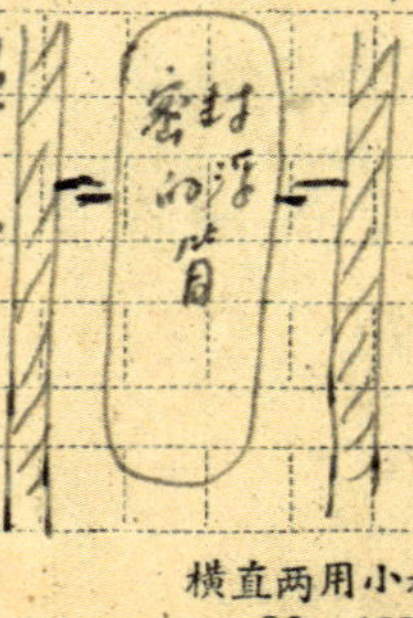

25×20=500

横直两用小稿纸 20—468

浮筒。接的方法是把浮筒和管柱一起吊起，而浮筒的下端比管柱較長，上端固定在管柱上端，对准后先把浮筒接上，再接上管柱。

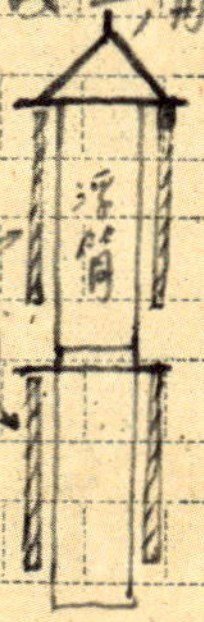

三、关于第三种类型的問題談了三个問題。250吨震动打桩机，新設計的一种冲击式钻机和钻头的型式。

① 250吨震动打桩机：

討論了是用單軸承还是用双軸承，認为在实际工程上的使用情况是單軸承比双軸承有效。認为轉速不宜太高，太高了反而减低震动打桩机的效率。討論了偏心锤的静力矩用多大的問題，有認为应该大一些，能够加大震幅，但是有認为静力矩太大了电动机功率需要太大。認为震动力最好在250吨以内，否則对于管柱的設計就不能适应。

最後決定：

轉速在500～600轉/分左右

偏心锤静力矩在60,000公分-公斤左右

震动力不大于250吨

电动机的功率用2台280瓩

偏心锤静力矩与电动机功率在之后決定

轉軸用四个支点，

採用單軸承。

25×20=500　　横直两用小稿紙 20—468

② 新设计的冲击式钻机：

认为设计是从YKC-30发展的原则上差不多，只是新设计的底盘反而比YKC-30的来得小，但检验过稳定没有问题。同意这个设计的原则。

并提出一些问题和意见：

对于利用油压来操纵离合器和制动器是可靠的问题需要进一步研究。

为了避免操纵方便除油压的制动器外另外加一个手制动器。

电气仪表可以不装在机架上。

实际使用中需要另外加一个捞筒。

没有解决的问题是钢索容易断，但目前设计已用到φ39公厘钢索，再粗的不容易得到，操作上不便，还是同意用这种钢索。（与相应的设备有关系）

并认为应该抓紧研究旋转式钻机。

③ 钻头：

考虑到YKC型钻机几乎已经发展到完全承担冲击力的极限，钻头重量不宜太重，再要加大钻头重量就应该是改变的问题，重量已经不能满足。同时考虑到南京桥岩层较软，因此认为应该根据试验钻孔的岩石资料来设计钻头重量

25×20=500　　横直两用小稿纸 20—468

钻头的型式基本有三种，第一种是武汉大桥所採用的型式，十字型加圆形短边的钻头。第二种是把上一型式再在圆形短边内再加横十字 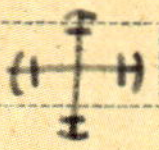 的型式。第三种是铸钢钻头，型式是 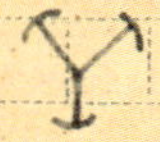

设计先应该设计制造φ2.6公尺的联合钻头。

钻头的高度和宽度之比不小于1:1的比例。

铸钢钻头的铸造应该早进行联系。

四、关于第四种类型的问题谈二个问题，射水管位置和震动打桩机在水下工作的问题。

① 射水管的问题。

武汉大桥使用过二种型式，一种单根下沉，另一种是附着管柱上和管柱一起下沉。若用单根下沉的办法在南京桥既然是不利的，太长，太软。射水管不能控制那沉桩就会有问题。

会上提出了几种办法

第一种办法：把射水管安装到管柱内面，并在管柱及脚处内予留水包，~~射水咀~~水管通向水包，水包上接有射水咀，射水咀还是向外侧的。

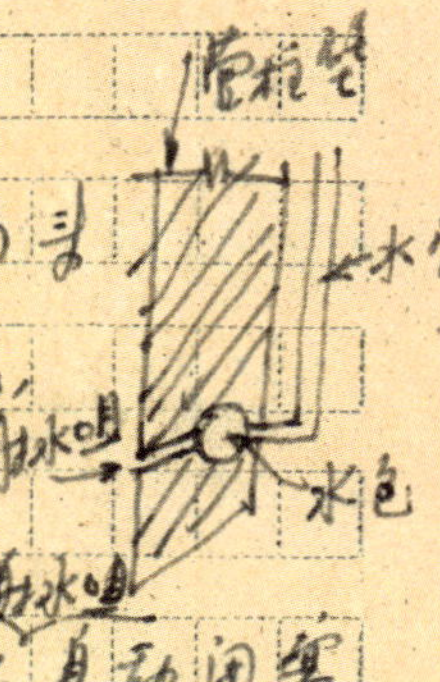

问题是射水咀一堵塞就不好办。因此提出自动闭塞的问题。设计是有可能的。

25×20=500

横直两用小稿紙
20—468

第二种办法是在管柱上多穿很多射水孔，一直从从脚通到顶上。问题是多节管柱要每节对准这么多孔有困难，射水眼堵死了也不好办。

第三种办法是把几根水管束起来，加强它的刚度和强度。

第四种办法是加导向箍，使射水管附着在管柱上跟管柱一起下。

②震动打桩机在水下工作的问题、

这问题讨论了很久。认为若把震动打桩机放到管柱下端去工作，对管柱下沉更有利，一方面是震动力刚好作用在阻力最大的地方，其次是也不在管柱顶端震动，减少了由于管柱弹性变形所吸收的能量。尤其在南京桥更为重要。

有人认为震动体的震幅与它本身的重量有关，而震动打桩机在水下工作，其上的一段水柱重量会使其震幅减小，减小效用。亦有人认为在震动打桩机上面水柱的重量能够减少向上的震动力，而向下震动时水柱产生向下的加速度，增加下沉力，从这个观点来看，反为有利。这二者意见是有分歧的。

对桩机厂提出的方案的意见，认为主要把震动打桩机固定在管柱上的是油压系统，方但是该有办法

25×20=500　　横直两用小稿紙　20—468

很好的控制油压。应该继续进行研究。

会上提出几个方案：

第一种方案：把震动打桩机的机壳外部做成圆锥形的斜面，管柱上亦有相应的斜面，二者密贴，愈震愈紧不会移动。但缺点对管柱的偏向压力太大，同时箍紧了拍拿不出来。提出可以用滑车把它和打桩机取出。（由固定用）

第二种方案：在管柱所设的挂块上设置弹簧块，震动打桩机能通过弹簧块，但被弹簧块卡住不能向上移动，并用固定箍把弹簧块固定。要取出打桩机先套入一套箍把弹簧块向外推开，把震动打桩机和套箍一起取出。

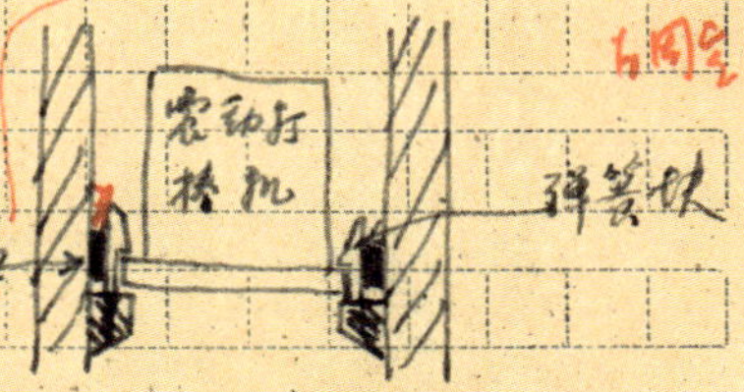

第三种方案：撑杆是用油压撑开，撑开後放在管柱的斜楔上，要把打桩机取出，只要把撑杆松开。

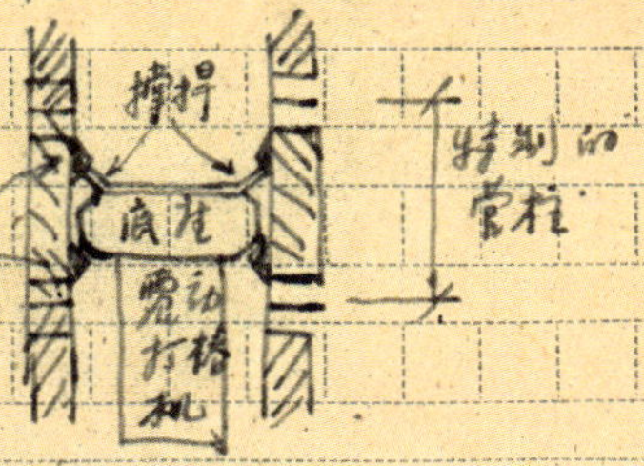

第四种方案：利用钢楔把滑块撑开而把打桩机固定在管柱上的斜楔上。

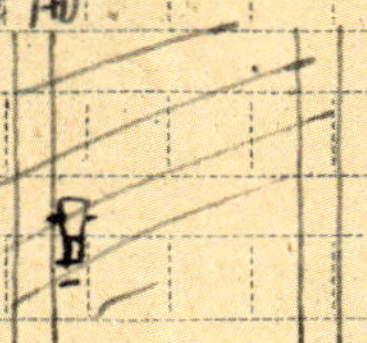

钢楔上下设有钢索通到水面上，

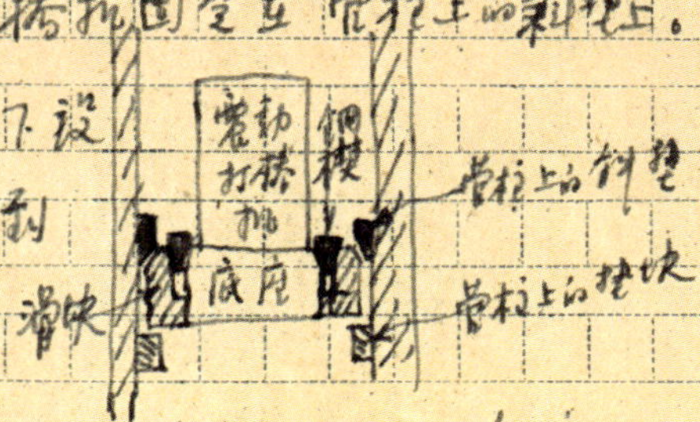

用完了把钢楔拉出来放松，放松钢楔就可将打桩机取出。

25×20=500　　横直两用小稿纸 20—468

据说下沉70多公尺长的管柱通过40多公尺的覆盖层，过去下沉管柱的一套经验就不一定全部合适了。这种变化不仅仅是一种量变，而是质的变。对这个问题没有经验。希望大家解放思想的考虑，回去后可以发动你们那里的同志一起来想想，有什么意见就写信来告诉我们。

25×20=500　　横直两用小稿纸 20—468

9/V

芸绮

吴炳焜教授代表第三组发言

第三组主要讨论了以下三个问题：

①引桥桥基 ②[illegible]打沉井和[illegible]打沉井 ③大管柱的承载力。小组讨论情况简单向大会汇报如下：

I. 引桥基础

①引桥基础形式：小组没有人提出异议，仅有个别同志提出用大型管柱代替管桩的意见。对于桩基的类型，①是普通长管桩，②爆破桩（南京土质不十分松，应该可以使用）③桩尖掏空，美联曾用过 ④桩尖压浆。

②关于试验桩（普通桩）问题：大家认为引桥桩基的承载力必须经过试验，同时，试验也可以取得有关一般桩基承载力的资料。

①为把全桥将来采用的管桩，试桩亦应用此的。

②未考虑到干震干打不能下沉40公尺，同时有采取工机具的多样性，应做干震、干打中水泵冲水、锤打四种下沉方式的试验。试验地点不宜选土质过分复杂的地区，建议选全砂，全沙粘土，上砂下沙粘土，上沙粘土下沙四种典型地区试验。试验内容同专家试验计划，同一根桩在不同的深度均要做一次静载试验，试桩可能要做

25×20=500

横直两用小稿紙
20—468

到40M深度(大於设计深度)。对於估计承载力的基本性问题，除同意所分别共同测桩尖及桩壁承载能力之静载试验外，建议用电阻丝测量摩擦力分布情况，(算应变以求出应力再来推算)，这样就须先求出管桩的应力和应变的关系(可通过加压试验)。试桩的根数小组未具体加以规定。

Ⅲ、2.爆破桩，小组认为①南京桥可以采用。②爆破桩承载能力的主要因素之一为桩尖附近的土质的性质，建议钻动测了以后取出原状土，求得砂土的天然孔隙比和紧密度。③爆破桩深入20公尺，承载力就可能比32公尺深管桩提高很多，因管桩能一步步的放得够大，爆破桩可能是节约的。④试验分两阶段，先做几根，看看承载力是否可以大大提高；如果可以提高很多，再大量做试验。第二次试验的主要目的是取得设计和施工所需的资料，(即打爆破桩的把握)估计承载力。

3.桩尖扩宽？南京土质恐不能扩宽，同时机械设计费时，现算意义不大。

4.桩尖压浆：南京(15公尺基桩)设计标高附近为细砂和微砂，用水泥压浆效果不好，用水玻璃也有很多问题，但如果有机器可一试。

Ⅱ、沉井问题：

1.开口沉井能否下沉到设计标高？如何控制倾斜？

小组认为①沉井穿过的土层为微砂与细砂，下沉对稳定不会有大问题。ⓑ冲水孔适当布置后在强力射水下对沉井控制倾斜都会大有帮助。ⓒ井壁摩阻力不易用理论分析，可收集国内外实际资料，但亦仅能做参考。此外，要在试验墩中取得些较可靠数据。

2、新墩河床冲刷深度和基底标高：有人认为如果冲刷未能到-40则基底标高不太安全，同时基底附近有粗砂层，压力达14公斤/公分²以上，不能全照规范公式算。应用各种方法将基层少量设法弄清楚的物性。但亦有同志认为冲刷到-40则基底土之压力不足10公斤/公分²，另外还应考虑基底加固土壤的问题。

3、天然基础承载力：①天然试件极限承压力由于试验方法不同出入极大，应继续深入研究，②荷兰公式是否稳妥的值，但对南京桥情形不一定吻合，应深入研究，可找出后需要进行进一步的试验。

4、钢沉井设计：多数同志认为设计是切实可行的，钢沉井可以起到成为管柱入土的深度，围令和腰箍三个作用。有人建议拆除沉井中管柱，多数同志反对，认为用沉井直接持力将引起钢井钢料增加，承受连接困难。

Ⅲ、管柱承载力：由于时间关系未详加讨论，大家认为应在试验墩上进行必要的试验。

25×20=500　　横直两用小稿紙 20—468

示人已阅

蒂板工程师发言

对射水方面的意见：射水的目的是(1)破坏土粒(2)使水向上冒出减少管壁和土壤摩擦力。现在的向下垂直的水管向上的水量很小，单靠加大水泵的压力是不行的。是否管嘴向上来破坏上面的土壤，射水管佈成一部份向下，大部份管嘴向上。

整理人　王文华

25×20=500

横直两用小稿紙
20—468

本人已阅

张士铎教授发言　　5.9. 上午

1. 对引桥桩：建议采用后张法的电热法，上海已做过试验，对粗钢筋效果很好。引桥管桩加预应力不是为了下沉而是吊挂受力问题，预拉的钢筋也可想办法抽出来。

2. 管柱中法兰盘和各传力处：在薄壁中钢筋和砼还是共同作用的，其出现的裂缝不一定是受拉产生，很可能因承压产生应力集中破坏的，建议在两端法兰盘处，加两层钢筋网，其长度为壁厚的二倍。

3. 测量管壁应力时：绝缘电阻没有办法控制，我想可在制应变片以前，先用万能胶贴上锡片，并有电线连接出来，以便测量绝缘电阻。

整理人　王文华

25×20=500　　横直两用小稿纸 20—468

本人已阅

王涤鑾 代表发言　　　　5-9

1、一号墩沉井序：沉井有这么大重量，下沉沉到这样深度可能性还是~~可以~~有的。倾斜时又靠射水校正是有门的，不一定有把握，用水冲把土壤胶密度原状均匀性都破坏了，沉井四围土的松紧很不一致，很难準确控制，~~靠射水~~尤其是下沉到一定深度时，土的夹持力很大，射水来校正，恐怕效果达不到。这样庞大的重物出了毛病~~最好是~~就难以处理了。

1号墩是否採用管柱，把土壤压泥层加固，圆砾和粗砂中有可能压浆，其强度是能承担的，这种基础的重量也大大减轻，基底压力会减小，另一方面管柱倾斜些没有多大所，造承台时可以解决。

2、深水中切割问题可改用排水后切割来进行，即先将中间接力的φ3.0m管柱底进行水下合圈封底，再将φ3.6m管柱底与φ3.0m管柱间的空间隙也用水下合成压(灌)浆封底，然后抽水到φ3.6m管柱底以下再进行~~水中~~空气内的切割，这就不必进行困难的水下切割了。

整理人 王文华

25×20=500　　　　横直两用小稿纸 20—468

殷萬寿工程師：

1. 沉井下沉时可能阻力不大，但不应盲目下沉，建议用4个顶下有空心管的方法测量摩阻力。

2. 万一沉井下不去如何办？现在应研究沉井下不去时第二步的措施。

3. 沉井侧面积太大，要下沉若把射水管固定在沉井内并不适宜，因所需水量太大，不能全部同时射水，只有把射水咀固定在下沉时射水咀可能堵死，因此只能采用局部活动射水管局部射水的办法，所以把射水管固定在沉井中的办法是不可靠的。

4. 射水管向上射的问题，有规定，20M以内，做向下的4个射水孔，超过20M做平的射水孔时即作平的向下的射水孔外另加4个向上的射水孔。我们应当接受工程师的意见。但水压因之不宜降低。

25×20=500

横直两用小稿纸
20—468

教授发表

吴炳焜发言：

尤其是管柱传力方式特殊：①钢筋全焊在法兰盘上，由这钢桥系统直接传力 ②受振动力（每秒约十转）

1. 管柱动力性能须加研究。我认为在动荷作用下，传至盘钢与混凝土二者振动情况可能不是"同步"的，因而前者可能脱离作用，而后者可能粘结破坏作用。建议做一经过不断周期变化的管柱，设法测定钢与混凝土振动的频率。

2. 对于振动管柱壁下沉时的位移和应力之前先弄清土的性质。此外，应尽量将管柱下至岩层，施力振动至破坏为止，并于此同时，进行观测。

25×20=500

横直两用小稿纸
20—468